Großkommentare der Praxis

BRUCK/MÖLLER

Versicherungsvertragsgesetz

Großkommentar

10., völlig neu bearbeitete Auflage

herausgegeben von
Roland Michael Beckmann und Robert Koch

vormals mit herausgegeben von
Horst Baumann (†), Katharina Johannsen (†) und Ralf Johannsen (†)

Sechster Band
§§ 125–129; ARB 2010/2012/2021; Strafrechtsschutz

Bearbeiter:
§§ Vor 125–129: Alexander Bruns
ARB 2010/2012/2021: Alexander Bruns, Julian P. Rapp
§ 2 II 9, 10, III, IV; § 5 D V, F 2 ARB 2010/2012/2021; SSR: Bernd Guntermann
Sachregister: Christian Klie

DE GRUYTER

Stand der Bearbeitung: Februar 2024

Zitiervorschlag: Bruck/Möller/*Bruns* Bd. 6 § 125 VVG Rn. 10

ISBN 978-3-11-052040-8
e-ISBN (PDF) 978-3-11-052270-9
e-ISBN (EPUB) 978-3-11-052092-7

Library of Congress Control Number: 2024930846

Bibliografische Information der Deutschen Nationalbibliothek
Die Deutsche Nationalbibliothek verzeichnet diese Publikation in der Deutschen Nationalbibliografie; detaillierte bibliografische Daten sind im Internet über http://dnb.dnb.de abrufbar.

Satz: Meta Systems Publishing & Printservices GmbH, Wustermark
Druck und Bindung: CPI books GmbH, Leck

MIX
Papier | Fördert gute Waldnutzung
FSC® C083411

www.degruyter.com

Verzeichnis der Bearbeiter der 10. Auflage

Erwin Abele, ehem. Rechtsanwalt in Göppingen
Dr. **Christian Armbrüster**, Professor an der Freien Universität Berlin, Richter am Kammergericht a.D.
Dr. **Frank Baumann**, LL.M., Rechtanwalt und Fachanwalt für Versicherungsrecht in Hamm
Dr. **Horst Baumann** (†), emeritierter Professor an der Technischen Universität Berlin
Dr. **Roland Michael Beckmann**, Professor an der Universität des Saarlandes, Saarbrücken
Dr. **Oliver Brand**, LL.M. (Cambridge), Professor an der Universität Mannheim
Dr. **Alexander Bruns**, LL.M. (Duke Univ.), Professor an der Albert-Ludwigs-Universität Freiburg
Dr. **Christoph Brömmelmeyer**, Professor an der Europa-Universität Viadrina Frankfurt (Oder)
Carsten Dietert, Rechtsanwalt in Fernwald, Leiter der Rechtsabteilung und Rechtsanwalt (Syndikusrechtsanwalt) bei dem Vereinigte Hagelversicherung VVaG in Gießen
Charlotte Echarti, Bereichsleiterin Run Off Solutions, E+S Rückversicherung AG, Hannover
Christiane Eifler, LL.M., Rechtsanwältin in Nürnberg
Anne Fischer, LL.M., Rechtsanwältin in Düsseldorf
Dr. **Alexander Figl**, Rechtsanwaltsanwärter in Wien
Dr. **Thomas Gädtke**, Rechtsanwalt in München und Lehrbeauftragter an der Ludwig-Maximilians Universität München
Dr. **Jens Gal**, Maître en droit (Lyon 2), Privatdozent und Lehrstuhlvertreter an der Goethe-Universität, Frankfurt am Main
Dr. **Bernd Guntermann**, LL.M., Rechtsanwalt und Fachanwalt für Steuerrecht, Fachanwalt für Handels- und Gesellschaftsrecht sowie Fachanwalt für Strafrecht in Düsseldorf, Lehrbeauftragter an der Universität Greifswald
Dr. **Maximilian Guth**, LL.M. (Southampton), Rechtsanwalt in Hamburg, Solicitor of England & Wales
Dr. **Olaf Hartenstein**, D.E.A. (Sorbonne), LL.M. (Assas), Rechtsanwalt in Hamburg
Dr. Dr. h.c. **Helmut Heiss**, LL.M., Professor an der Universität Zürich und Rechtsanwalt in Zürich
Dr. **Jörg Henzler**, Rechtsanwalt in Stuttgart
Dr. **Harald Herrmann**, emeritierter Professor an der Friedrich-Alexander-Universität Erlangen-Nürnberg
Jens Jaeger, Rechtsanwalt in Hamburg, Lehrbeauftragter an der Universität Hamburg
Dr. **Ralf Johannsen** (†), Rechtsanwalt in Hamburg
Dr. **Katharina Johannsen** (†), Vorsitzende Richterin am Hanseatischen OLG a.D., Hamburg
Dr. **Rocco Jula**, Rechtsanwalt und Fachanwalt für Versicherungsrecht in Berlin
Dr. **Kai-Oliver Knops**, Professor an der Universität Hamburg
Dr. **Robert Koch**, LL.M. (McGill), Professor an der Universität Hamburg
Dr. **Hubertus W. Labes**, Rechtsanwalt in Hamburg
Dr. **Mark Makowsky**, Professor an der Universität Mannheim
Dr. **Annemarie Matusche-Beckmann**, Professorin an der Universität des Saarlandes, Saarbrücken
André Naumann, Rechtsanwalt in Bornheim
Dr. **Ernst Niederleithinger**, Ministerialdirektor beim Bundesministerium der Justiz a.D., Honorarprofessor der Ruhr-Universität Bochum
Dr. **Stefan Perner**, Professor und Vorstand am Institut für Zivil- und Zivilverfahrensrecht an der Wirtschaftsuniversität Wien
Jürgen Raab, Rechtsanwalt in Hamburg
Dr. **Julian Rapp**, LL.M. (Cambridge), Privatdozent an der Albert-Ludwigs-Universität Freiburg
Dr. **Jens-Berghe Riemer**, Rechtsanwalt und Fachanwalt für Versicherungsrecht sowie Transport- und Speditionsrecht in München
Dr. **Claus von Rintelen**, Rechtsanwalt und Fachanwalt für Versicherungsrecht in Hamburg
Dr. **Christian Rolfs**, Professor an der Universität zu Köln

https://doi.org/10.1515/9783110522709-202

Dr. **Christian Schneider**, Rechtsanwalt und Fachanwalt für Versicherungsrecht in Köln
Dr. **Winfried Schnepp**, Rechtsanwalt und Fachanwalt für Versicherungsrecht in Köln
Arno Schubach, Rechtsanwalt und Fachanwalt für Versicherungsrecht in Frankfurt am Main
Dr. **Dieter Schwampe**, Professor an der Universität Hamburg, Rechtsanwalt in Hamburg
Dr. **Hans-Peter Schwintowski**, Professor an der Humboldt-Universität zu Berlin
Dr. **Ansgar Staudinger**, Professor an der Universität Bielefeld
Dr. **Wolfgang Voit**, Professor an der Philipps-Universität Marburg
Dr. **Isabelle Vonkilch**, LL.M. (Hamburg), Universitätsassistentin an der Wirtschaftsuniversität Wien
Dr. **Conrad Waldkirch**, akademischer Rat a.Z. an der Universität Mannheim
Dr. **Gerrit Winter (†)**, emeritierter Professor an der Universität Hamburg
Dr. **Moritz Zoppel**, LL.M. (Cambridge), Habilitand an der Wirtschaftsuniversität Wien

Vorwort

Der Band Rechtsschutzversicherung enthält die Kommentierung der speziell für die Rechtsschutzversicherung geltenden gesetzlichen Regelungen (§§ 125–129 VVG) sowie der Musterbedingungen des Gesamtverbands der Deutschen Versicherungswirtschaft e.V. (GDV). Im Zentrum steht die Kommentierung der Allgemeinen Bedingungen für die Rechtsschutzversicherung (ARB) in der Fassung 2010. Auf die ARB 2012/2021, die nach wie vor nur einem vergleichsweise kleinen Teil aller Verträge zu Grunde liegen, wird jeweils am Schluss der einzelnen Erläuterungen eingegangen. Ältere Klauseltexte werden nur insoweit berücksichtigt, als sie von den ARB 2010 abweichen. In der 10. Auflage sind Julian Rapp und Bernd Guntermann, der die Kommentierung der Spezial-Straf-Rechtsschutzversicherung übernommen hat, als neue Autoren hinzugewonnen worden. Entsprechend dem zentralen Anliegen der aktuellen Auflage wurden von ihm vorab die gesetzlichen Bestimmungen und anschließend die Vertragsbedingungen systematisch erläutert und vertieft wissenschaftlich analysiert. Rechtsprechung und Literatur sind auf dem Stand von Februar 2024. Für Anregungen und Hinweise sind wir stets offen und dankbar.

Berlin und Hamburg im Februar 2024

Roland Michael Beckmann — Robert Koch

https://doi.org/10.1515/9783110522709-203

Inhaltsverzeichnis

Verzeichnis der Abkürzungen und der abgekürzt zitierten Literatur

a.A.	anderer Ansicht
a.a.O.	am angegebenen Ort
ABBV	Allgemeine Bedingungen für die Baubestandsversicherung
ABE	Allgemeine Bedingungen für die Elektronikversicherung
ABG	Allgemeine Bedingungen für die Kaskoversicherung von Baugeräten
ABGB	Allgemeines Bürgerliches Gesetzbuch (Österreich)
abgedr.	abgedruckt
ABGF	Allgemeine Bedingungen für die dynamische Sachversicherung des Gewerbes und der Freien Berufe
Abk.	Abkommen
abl.	ablehnend
ABl.	Amtsblatt
ABMG	Allgemeine Bedingungen für die Maschinen- und Kasko-Versicherung von fahrbaren und transportablen Geräten
ABN	Allgemeine Bedingungen für die Bauleistungsversicherung von Gebäudeneubauten durch Auftraggeber
ABRK	Allgemeine Bedingungen für die Reparaturkosten von Kraftwagen
ABRV	Allgemeine Bedingungen für die Reise-Rücktrittskosten-Versicherung
ABS	Allgemeine Bedingungen für die Sachversicherung (Österreich)
Abs.	Absatz
Abschlussbericht	siehe KomE
Abschn.	Abschnitt
ABU	Allgemeine Bedingungen für die Bauleistungsversicherung von Unternehmerleistungen
ABVerm	Allgemeine Bedingungen für die Vermögenshaftpflichtversicherung
abw.	abweichend
AcP	Archiv für civilistische Praxis (zit. nach Band, Jahr u. Seite)
a.E.	am Ende
AEB	Allgemeine Einbruchdiebstahlversicherungsbedingungen
ÄndG	Änderungsgesetz
ÄndVO	Änderungsverordnung
AERB	Allgemeine Bedingungen für die Einbruchdiebstahl- und Raubversicherung
AEUV	Vertrag über die Arbeitsweise der Europäischen Union
AFB	Allgemeine Bedingungen für die Feuerversicherung
a.F.	alte Fassung
AG	Amtsgericht; Aktiengesellschaft
AGG	Allgemeines Gleichbehandlungsgesetz
AGBG	Gesetz zur Regelung des Rechts der Allgemeinen Geschäftsbedingungen (AGB-Gesetz)
AGlB	Allgemeine Bedingungen für die Glasversicherung
AHagB	Allgemeine Hagelversicherungs-Bedingungen
AHB	Allgemeine Versicherungsbedingungen für die Haftpflichtversicherung
AKB	Allgemeine Bedingungen für die Kfz-Versicherung
AktG	Gesetz über Aktiengesellschaften und Kommanditgesellschaften auf Aktien
ALB	Allgemeine Bedingungen für die kapitalbildende Lebensversicherung
allg.	allgemein
allg.M.	allgemeine Meinung
Alt.	Alternative
AltZertG	Gesetz über die Zertifizierung von Altersvorsorgeverträgen
a.M.	anderer Meinung
AMB	Allgemeine Maschinen-Versicherungsbedingungen; ab 2008: Allgemeine Bedingungen für die Maschinenversicherung von stationären Maschinen
AMBUB	Allgemeine Maschinen-Betriebsunterbrechungs-Versicherungsbedingungen
AMG	Arzneimittelgesetz
AMoB	Allgemeine Montageversicherungsbedingungen
amtl.Begr.	amtliche Begründung

https://doi.org/10.1515/9783110522709-205

Anh.	Anhang
Anl.	Anlage
Anm.	Anmerkung
AnwBl.	Anwaltsblatt
AnwKom	siehe NK-BGB
ao	außerordentlich
AO	Abgabenordnung
ARB	Allgemeine Bedingungen für die Rechtsschutz-Versicherung
Art.	Artikel
Armbrüster	Privatversicherungsrecht, 2. Aufl. (2019)
AStB	Allgemeine Bedingungen für die Sturmversicherung
AT	Allgemeiner Teil
AtG	Gesetz über die friedliche Verwendung der Kernenergie und den Schutz gegen ihre Gefahren (Atomgesetz)
AUB	Allgemeine Unfallversicherungsbedingungen
Auff.	Auffassung
Aufl.	Auflage
AuR	Arbeit und Recht
ausdrückl.	ausdrücklich
ausführl.	ausführlich
AusfVO	Ausführungsverordnung
ausl.	ausländisch
AuslG	Ausländergesetz
AuslKfzPflVV	Verordnung über die Kraftfahrzeug-Haftpflichtversicherung ausländischer Kraftfahrzeuge und Kraftfahrzeuganhänger
AuslPflVG	Gesetz über die Haftpflichtversicherung für ausländische Kraftfahrzeuge und Kraftfahrzeuganhänger
AusnVO	Ausnahmeverordnung
ausschl.	ausschließlich
Ausschussbericht	Beschlussempfehlung und Bericht des Rechtsausschusses zum Regierungsentwurf eines Gesetzes zur Reform des Versicherungsvertragsrechts (BTDrucks. 16/5862)
AV	Allgemeine Verfügung
AVB	Allgemeine Versicherungsbedingungen
AVB-AVG	Allgemeine Versicherungsbedingungen für die Vermögensschaden-Haftpflichtversicherung von Aufsichtsräten, Vorständen und Geschäftsführern
AVB BU	Allgemeine Bedingungen für die Berufsunfähigkeits-Versicherung
AVB BUZ	Allgemeine Bedingungen für die Berufsunfähigkeits-Zusatzversicherung
AVB MaV	Allgemeine Bedingungen für die Versicherung von Maschinen, maschinellen Einrichtungen und Apparaten
AVBR	Allgemeine Bedingungen für die Versicherung von Reisegepäck
AVBSP	Allgemeine Bedingungen für die Versicherung von Juwelen, Schmuck- und Pelzsachen im Privatbesitz
AVB Vermögen	Allgemeine Versicherungsbedingungen zur Haftpflichtversicherung für Vermögensschäden
AVBW	Allgemeine Bedingungen für die Kasko-Versicherung von Wassersportfahrzeugen
AVFE	Allgemeine Versicherungsbedingungen für Fernmelde- und sonstige elektronische Anlagen
AVFEBU	Allgemeine Betriebsunterbrechungs-Bedingungen bei Fernmelde- und sonstigen elektrotechnischen Anlagen
AVFEM	Allgemeine Bedingungen für die Mehrkostenversicherung bei Fernmeldeanlagen und sonstigen elektrotechnischen Anlagen
AVG	Angestelltenversicherungsgesetz
AVP	Allgemeine Bedingungen für die Versicherung von Pferden und anderen Einhufern
AVR	Allgemeine Bedingungen für die Versicherung von Rindern
AVSZ	Allgemeine Bedingungen für die Versicherung von Schweinen, Schafen und Ziegen
AVTHK	Allgemeine Bedingungen für die Tierkrankenversicherung von Hunden und Katzen

AWaB	Allgemeine Versicherungs-Bedingungen für die Waldbrandversicherung
AWB	Allgemeine Bedingungen für die Leitungswasserversicherung
AWG	Außenwirtschaftsgesetz
Az.	Aktenzeichen
Bach/Moser/*Bearbeiter*	Private Krankenversicherung, MB/KK- und MB/KT-Kommentar, 6. Aufl. (2023)
BaFin	Bundesanstalt für Finanzdienstleistungsaufsicht
BAG	1. Bundesarbeitsgericht 2. Bundesamt für Güterverkehr
Bähr	Handbuch des Versicherungsaufsichtsrechts: VAG-Handbuch, hrsg. v. Bähr (2011)
Bamberger/Roth/Hau/Poseck/*Bearbeiter*	Kommentar zum Bürgerlichen Gesetzbuch in fünf Bänden, 5. Aufl. (2022 f.); auch zitiert: BRHP/*Bearbeiter*
BAnz.	Bundesanzeiger
Basedow/Fock	Europäisches Versicherungsvertragsrecht, Bd. I–III (2002/03)
Bauer	Die Kraftfahrtversicherung, 6. Aufl. (2010)
BauGB	Baugesetzbuch
Baumbach/Hopt/*Bearbeiter*	s. Hopt
BAV (BAA)	Bundesaufsichtsamt für das Versicherungs- (bis 1973) und Bausparwesen (bis 2001)
BayGaStellv	Bayerische Garagen- und Stellplatzverordnung
BayObLG	Bayerisches Oberstes Landesgericht
BB	Der Betriebs-Berater
BBG	Bundesbeamtengesetz
BBR	Besondere Bedingungen und Risikobeschreibungen
BBR ITD	Besondere Bedingungen und Risikobeschreibungen für die Haftpflichtversicherung von IT-Dienstleistern
Bd.	Band
BDSG	Bundesdatenschutzgesetz
Bearb.	Bearbeitung
Beckmann/Matusche-Beckmann/*Bearbeiter*	Versicherungsrechts-Handbuch, 3. Aufl. (2015)
BeckOGK-BGB/*Bearbeiter*	beck-online.GROSSKOMMENTAR zum Zivilrecht, hrsg. von Gsell/Krüger/Lorenz/Reymann (2015 ff.)
BeckOK-BGB/*Bearbeiter*	Beck'scher Online-Kommentar BGB, hrsg. von Hau/Poseck (Stand: 1.11.2023)
BeckOK-GG/*Bearbeiter*	Beck'scher Online-Kommentar GG, hrsg. von Epping/Hillgruber (Stand 15.5.2023)
BeckOK-HGB/*Bearbeiter*	Beck'scher Online-Kommentar Transportrecht, hrsg. von Henssler/Paschke (2021)
BeckOK IT-Recht/*Bearbeiter*	Beck'scher Online-Kommentar IT-Recht, hrsg. von Borges/Hilber (Stand: 1.7.2023)
BeckOK-OWiG/*Bearbeiter*	Beck'scher Online-Kommentar OWiG, hrsg. von Graf (Stand: 1.10.2023)
BeckOK-StGB/*Bearbeiter*	Beck'scher Online-Kommentar StGB, hrsg. von Heintschel-Heinegg (Stand: 1.11.2023)
BeckOK-StPO/*Bearbeiter*	Beck'scher Online-Kommentar StPO, hrsg. von Graf (Stand 1.10.2023)
BeckOK-VVG/*Bearbeiter*	Beck'scher Online-Kommentar VVG, hrsg. von Marlow/Spuhl (Stand: 1.11.2023)
BeckOK-ZPO/*Bearbeiter*	Beck'scher Online-Kommentar ZPO, hrsg. von Vorwerk/Wolf (Stand: 1.9.2023)
BeckRS	Elektronische Entscheidungsdatenbank in beck-online (zitiert mit Jahrgang und lfd. Nummer)
begl.	beglaubigt
Begr.	Begründung
Bek.	Bekanntmachung
Bekl.	Beklagter
Bem.	Bemerkung
Benkel/Hirschberg	Lebens- und Berufsunfähigkeitsversicherung, ALB- und BUZ-Kommentar, 2. Aufl. (2011)
ber.	berichtigt
Berliner Kommentar/*Bearbeiter*	Berliner Kommentar zum Versicherungsvertragsgesetz: Kommentar zum deutschen und österreichischen VVG, hrsg. von H. Honsell (2012)
Berz/Burmann/*Bearbeiter*	Handbuch des Straßenverkehrsrechts, hrsg. von Berz/Burmann, 48. EL, August 2023
bes.	besonders
BesBed Priv	Besondere Bedingungen und Risikobeschreibungen für die Privathaftpflichtversicherung

Beschl.	Beschluss
Beschw.	Beschwerde
Bespr.	Besprechung
Best.	Bestimmung
bestr.	bestritten
betr.	betreffend
BeurkG	Beurkundungsgesetz
BFH	Bundesfinanzhof
BGB	Bürgerliches Gesetzbuch
BGBl.	Bundesgesetzblatt
BGH	Bundesgerichtshof
BGHGrS	Bundesgerichtshof, Großer Senat
BGHR	BGH-Rechtsprechung Zivilsachen
BGHSt	Entscheidungen des Bundesgerichtshofes in Strafsachen (zit. nach Band u. Seite)
BGHZ	Entscheidungen des Bundesgerichtshofes in Zivilsachen (zit. nach Band u. Seite)
BHHJ/*Bearbeiter*	Burmann/Heß/Hühnermann/Jahnke, Straßenverkehrsrecht, 28. Aufl. (2024)
BMI	Bundesminister(ium) des Inneren
BMJ	Bundesminister(ium) der Justiz
Böhme/Biela/Tomson	Kraftverkehrs-Haftpflicht-Schäden. Handbuch für die Praxis, 26. Aufl. (2018) (bis zur 22. Aufl. Becker/Böhme)
BR	Bundesrat
BRAK	Bundesrechtsanwaltskammer
Brand/Baroch Castellvi/ *Bearbeiter*	Versicherungsaufsichtsgesetz, 2. Auflage (2024)
BRAO	Bundesrechtsanwaltsordnung
BRDrucks.	Bundesrats-Drucksache
BReg.	Bundesregierung
BRHP/*Bearbeiter*	siehe Bamberger/Roth/Hau/Poseck
BRProt.	Protokolle des Bundesrates
BRRG	Beamtenrechtsrahmengesetz
Bruck	Das Privatversicherungsrecht (1930)
Bruck Versicherungsvertrag	Kommentar zum Reichsgesetz über den Versicherungsvertrag, 7. Aufl. (1932)
Bruck/Möller/*Bearbeiter*[8]	Kommentar zum Versicherungsvertragsgesetz und zu den Allgemeinen Versicherungsbedingungen unter Einschluss des Versicherungsvermittlerrechtes, 8. Aufl. (1961–2002)
Bruck/Möller/*Bearbeiter*[9]	Großkommentar zum Versicherungsvertragsgesetz und zu den Allgemeinen Versicherungsbedingungen, herausgegeben von Horst Baumann/Roland Michael Beckmann/Katharina Johannsen/Ralf Johannsen/Robert Koch, 9. Aufl. (2008–2020)
Bruck/Möller/*Bearbeiter*	Großkommentar zum Versicherungsvertragsgesetz und zu den Allgemeinen Versicherungsbedingungen, geschäftsführend herausgegeben von Roland Michael Beckmann und Robert Koch, weitere Herausgeber Horst Baumann und Katharina Johannsen, 10. Aufl. (2021 ff.)
Brunn	Erläuterungen zu den Allgemeinen Bedingungen für die Versicherung von Flusskasko-Risiken 1992, 1992
Bruns	Privatversicherungsrecht
BSG	Bundessozialgericht
BSHG	Bundessozialhilfegesetz
Bsp.	Beispiel
BStBl.	Bundessteuerblatt
BT	Besonderer Teil, Bundestag
BTDrucks.	Bundestagsdrucksache
BU	Betriebsunterbrechung
Buchst.	Buchstabe
BuVAB	AVB Berufsunfähigkeitsversicherung
van Bühren	Das versicherungsrechtliche Mandat, 5. Aufl. (2015)

van Bühren/*Bearbeiter* Hdb.	Handbuch Versicherungsrecht, 7. Aufl. (2017)
van Bühren/Plote/*Bearbeiter*	Allgemeine Bedingungen für die Rechtsschutzversicherung, 3. Aufl. (2013)
Buschbell/Hering/*Bearbeiter*	Handbuch Rechtsschutzversicherung, 6. Aufl. (2015)
BVerfG	Bundesverfassungsgericht
BVerfGE	Entscheidungen des Bundesverfassungsgerichts (zit. nach Band u. Seite)
BVerfGG	Gesetz über das Bundesverfassungsgericht
BVerwG	Bundesverwaltungsgericht
BVerwGE	Entscheidungen des Bundesverwaltungsgerichts (zit. nach Band u. Seite)
bzgl.	bezüglich
bzw.	beziehungsweise
ca.	circa
CR	Computer und Recht
dagg.	dagegen
DAR	Deutsches Autorecht
DAV	Deutscher Anwaltsverein; Deutsche Aktuarvereinigung
Dauses/Ludwigs/*Bearbeiter*	Handbuch des EU-Wirtschaftsrechts (Loseblattsammlung)
DB	Der Betrieb
DBGK	Deutsches Büro Grüne Karte e.V.
Derleder/Knops/Bamberger/*Bearbeiter*	Deutsches und europäisches Bank- und Kapitalmarktrecht, 3. Aufl. (2017)
ders.	derselbe
Deutsch/Iversen	Versicherungsvertragsrecht, 7. Aufl. (2015)
dgl.	dergleichen
d.h.	das heißt
dies.	dieselbe(n)
Diff., diff.	Differenzierung, differenzierend
Dig.	Digesta
DIN	Deutsche Industrie Norm
Diss.	Dissertation
DJ	Deutsche Justiz
DJT	Deutscher Juristentag
DöV	Deutsche öffentlich-rechtliche Versicherung
Dörner AVB	Allgemeine Versicherungsbedingungen, Textausgabe, 7. Aufl. (2015)
D&O	Directors and Officers (Liability Insurance)
DR	Deutsches Recht, Wochenausgabe (vereinigt mit Juristische Wochenschrift) (1931–1945)
DRechtsw.	Deutsche Rechtswissenschaft (1936–1943)
DRiB	Deutscher Richterbund
DRiG	Deutsches Richtergesetz
DRiZ	Deutsche Richterzeitung
Drucks.	Drucksache
DS	Der Sachverständige
DSB	Datenschutzberater
DStR	Deutsches Steuerrecht
dt.	deutsch
DTV-VHV	DTV-Verkehrshaftungsversicherung
Dürig/Herzog/Scholz/*Bearbeiter*	Grundgesetz, Loseblatt-Kommentar, 102. EL (9/2023) (vormals Maunz/Dürig)
DVBl.	Deutsches Verwaltungsblatt
DVO	Durchführungsverordnung
DZWIR	Deutsche Zeitschrift für Wirtschaftsrecht
E	Entwurf bzw. Entscheidung
ebd.	ebenda

EBJS/*Bearbeiter*	Ebenroth/Boujong/Joost/Strohn, Handelsgesetzbuch, Band 1: §§ 1–342r, 5. Aufl. (2024), hrsg. von Joost/Strohn/Poelzig/Sander; Band 2: §§ 343–475h, Transportrecht, Bank- und Börsenrecht, 4. Aufl. (2020), hrsg. Joost/Strohn
ebso.	ebenso
ECB	Bedingungen für die Versicherung zusätzlicher Gefahren zur Feuerversicherung für Industrie- und Handelsbetriebe
ECBUB	Bedingungen für die Versicherung zusätzlicher Gefahren zur Feuer-Betriebsunterbrechungs-Versicherung für Industrie- und Handelsbetriebe
ED	Einbruchdiebstahl
ed(s)	editor(s)
EG	Einführungsgesetz bzw. Europäische Gemeinschaft(en) bzw. Erinnerungsgabe
EGBGB	Einführungsgesetz zum Bürgerlichen Gesetzbuch
EGGVG	Einführungsgesetz zum Gerichtsverfassungsgesetz v. 27.1.1877
EGV	Vertrag zur Gründung der Europäischen Gemeinschaft
EGVVG	Einführungsgesetz zum VVG
ehem.	ehemalig
Ehrenzweig	Deutsches (österreichisches) Versicherungs-Vertragsrecht (1952)
Einf.	Einführung
eingeh.	eingehend
einschl.	einschließlich
einschr.	einschränkend
Einl.	Einleitung
EL	Ergänzungslieferung
Enge/Schwampe	Transportversicherung, 4. Aufl. (2012)
entgg.	entgegen
Entsch.	Entscheidung
entspr.	entsprechend
Entw.	Entwurf
ErfK/*Bearbeiter*	Erfurter Kommentar zum Arbeitsrecht, hrsg. von Müller-Glöge/Preis/Gallner/Schmidt, 24. Aufl. (2024)
Erg.	Ergebnis bzw. Ergänzung
ErgBd.	Ergänzungsband
Erl.	Erläuterung
Erdmann/Kaulbach	Grundzüge des Versicherungsaufsichtsrechts, 2. Aufl. (2019)
Erman/*Bearbeiter*	Kommentar zum Bürgerlichen Gesetzbuch, hrsg. von Westermann/Grunewald/Maier-Reimer, 17. Aufl. (2023)
Erw.	Erwiderung
EStG	Einkommensteuergesetz
etc.	et cetera
EU	Europäische Union
EuGH	Gerichtshof der Europäischen Gemeinschaft
EuGHE	Entscheidungen des Gerichtshofs der Europäischen Gemeinschaften – Amtliche Sammlung
EuGVVO	Verordnung des Rates über die gerichtliche Zuständigkeit und die Anerkennung und Vollstreckung von Entscheidungen in Zivil- und Handelssachen (EG-Verordnung Nr. 44/2001)
EuR	Europarecht
europ.	europäisch
EUV	Vertrag über die Europäische Union (Lissabon-Vertrag)
EuZW	Europäische Zeitschrift für Wirtschaftsrecht
evtl.	eventuell
EWG	Europäische Wirtschaftsgemeinschaft
EWGV	Vertrag zur Gründung der Europäischen Wirtschaftsgemeinschaft
EWiR	Entscheidungen zum Wirtschaftsrecht
EWR	Europäischer Wirtschaftsraum

f., ff.	folgende
FAG	Gesetz über Fernmeldeanlagen
FamRZ	Ehe und Familie im privaten und öffentlichen Recht, Zeitschrift für das gesamte Familienrecht
FAO	Fachanwaltsordnung
Farny	Versicherungsbetriebslehre, 5. Aufl. (2011)
FBUB	Allgemeine Feuer-Betriebsunterbrechungs-Versicherungsbedingungen
Fenyves/Perner/Riedler/ *Bearbeiter*	VersVG – Versicherungsvertragsgesetz, Loseblattwerk mit 12. Aktualisierung (bis zur 4. Aktualisierung Fenyves/Schauer/*Bearbeiter*), hrsg. v. Fenyves/Perner/Riedler (2014 ff.) (vormals hrsg. von Fenyves/Schauer)
FeV	Fahrerlaubnis-Verordnung
Feyock/Jacobsen/Lemor/ *Bearbeiter*	Kraftfahrtversicherung, 3. Aufl. (2009)
FG	Finanzgericht
FGG	Gesetz über die Angelegenheiten der freiwilligen Gerichtsbarkeit
FGO	Finanzgerichtsordnung
FHB	Feuerhaftungs-Versicherungsbedingung
FinDAG	Finanzdienstleistungsaufsichtsgesetz
Fischer	Strafgesetzbuch, 71. Aufl. (2024)
Fn.	Fußnote
fragl.	fraglich
FS	Festschrift
v. Fürstenwerth/Weiß/ Consten/Präve	VersicherungsAlphabet (VA), 11. Aufl. (2019)
FZV	Fahrzeug-Zulassungsverordnung
G	Gesetz
Gabler Versicherungslexikon	Gabler Versicherungslexikon, hrsg. von Wagner, 2. Aufl. (2017)
GB BAV	Geschäftsbericht des Bundesaufsichtsamtes für das Versicherungswesen
GB GDV	Geschäftsbericht des Gesamtverbandes der Deutschen Versicherungswirtschaft e.V.
GBl.	Gesetzblatt
GbR	Gesellschaft bürgerlichen Rechts
GDV	Gesamtverband der Deutschen Versicherungswirtschaft e.V.
GE	Geschäftsplanmäßige Erklärung
Geigel/*Bearbeiter*	Der Haftpflichtprozess, 29. Aufl. (2024)
gem.	gemäß
GenG	Gesetz betreffend die Erwerbs- und Wirtschaftsgenossenschaften
GeschO	Geschäftsordnung
gesetzl.	gesetzlich
GewArch	Gewerbearchiv, Zeitschrift für Gewerbe- u. Wirtschaftsverwaltungsrecht
GewO	Gewerbeordnung
GewSchG	Gewaltschutzgesetz
gg.	gegen
GG	Grundgesetz für die Bundesrepublik Deutschland
ggf.	gegebenenfalls
GI aktuell	Informationen für wirtschaftsprüfende, rechts- und steuerberatende Berufe
GKG	Gerichtskostengesetz
GKV	Gesetzliche Krankenversicherung
gl.	gleich
GmbHG	Gesetz betr. die Gesellschaften mit beschränkter Haftung
GmbHR	GmbH-Rundschau (vorher: Rundschau für GmbH)
grdl.	grundlegend
grds.	grundsätzlich
Grigoleit/*Bearbeiter*	Aktiengesetz, Kommentar, 2. Aufl. (2020)
Grimm/Kloth	Unfallversicherung: AUB, 6. Aufl. (2021)

GrS	Großer Senat
GrSZ	Großer Senat in Zivilsachen
Grüneberg/*Bearbeiter*	Bürgerliches Gesetzbuch, 83. Aufl. (2024) (vormals Palandt)
GRUR	Gewerblicher Rechtsschutz und Urheberrecht
GS	Gedächtnisschrift
GüKG	Güterkraftverkehrsgesetz
GVBl.	Gesetz- und Verordnungsblatt
GVG	Gerichtsverfassungsgesetz
GWB	Gesetz gegen Wettbewerbsbeschränkungen
Halbs.	Halbsatz
Halm/Engelbrecht/Krahe	Handbuch des Fachanwalts Versicherungsrecht, 6. Aufl. (2018)
Halm/Kreuter/Schwab/*Bearbeiter*	Allgemeine Kraftfahrtbedingungen (AKB), hrsg. von Halm/Kreuter/Schwab, 2. Aufl. (2015)
Hansen Beweislast	Beweislast und Beweiswürdigung im Versicherungsrecht (1990)
HansRGZ	Hanseatische Rechts- und Gerichtszeitschrift
HansRZ	Hanseatische Rechts-Zeitschrift
Harbauer	Rechtsschutzversicherung. Kommentar zu den Allgemeinen Bedingungen für die Rechtsschutzversicherung (ARB), 9. Aufl. (2018)
Hartenstein/Reuschle/*Bearbeiter*	Handbuch des Fachanwalts Transport- und Speditionsrecht, 3. Aufl. (2015)
HbgGarVO	Hamburger Verordnung über den Bau und Betrieb von Garagen und offenen Stellplätzen
Hdb.	Handbuch
HdV	Handwörterbuch der Versicherung, hrsg. von Farny/Helten/Koch/Schmidt (1988)
Hentschel/König/Dauer/*Bearbeiter*	Straßenverkehrsrecht, hrsg. von Hentschel/König/Dauer, 47. Aufl. (2023)
HGB	Handelsgesetzbuch
hins.	hinsichtlich
Hinw.	Hinweis
HK-BGB/*Bearbeiter*	Bürgerliches Gesetzbuch Handkommentar, hrsg. von Schulze/Dörner/Ebert et al., 12. Aufl. (2024)
HK-ZPO/*Bearbeiter*	Zivilprozessordnung Handkommentar, hrsg. von Saenger, 10. Aufl. (2023)
HK-BU/*Bearbeiter*	Berufsunfähigkeitsversicherung Handkommentar, hrsg. von Ernst/Rogler (2018)
HK-VVG	siehe Rüffer/Halbach/Schimikowski
h.A.	herrschende Ansicht, herrschende Auffassung
h.L.	herrschende Lehre
h.M.	herrschende Meinung
Hofmann	Privatversicherungsrecht, 4. Aufl. (1998)
Hofmann, Schutzbriefversicherung	Schutzbriefversicherung (1996)
Hölters/Weber/*Bearbeiter*	Aktiengesetz, Kommentar, 4. Aufl. (2022)
Hopt/*Bearbeiter*	Handelsgesetzbuch: HGB, 43. Aufl. (2024)
Hrsg./hrsg.	Herausgeber/herausgegeben
h.Rspr.	herrschende Rechtsprechung
Hüffer/Koch	siehe Koch
i.Allg.	im Allgemeinen
i.d.F.	in der Fassung
i.d.R.	in der Regel
i.d.S.	in diesem Sinne
i.E.	im Ergebnis
i.e.S.	im engeren Sinne
IFG	Informationsfreiheitsgesetz
i.gl.S.	im gleichen Sinne
i.Grds.	im Grundsatz

IHK	Industrie- und Handelskammer
i.H.v.	in Höhe von
InfoV	siehe VVG-InfoV
inl.	inländisch
insbes.	insbesondere
insges.	insgesamt
InsO	Insolvenzordnung
inzw.	inzwischen
i.R.d.	im Rahmen der/des
i.R.v.	im Rahmen von
i.S.	im Sinne
i.S.d.	im Sinne der/des
i.S.e.	im Sinne einer(s)
ISRS	Industrie-Strafrechtsschutzversicherung
i.S.v.	im Sinne von
i.techn.S.	im technischen Sinne
i.U.	im Unterschied
i.Üb.	im Übrigen
i.V.m.	in Verbindung mit
i.W.	im Wesentlichen
i.w.S.	im weiteren Sinne
i.Z.m.	im Zusammenhang mit
JA	Juristische Arbeitsblätter für Ausbildung und Examen
Jauernig/*Bearbeiter*	Bürgerliches Gesetzbuch: BGB, 19. Aufl. (2023)
jew.	jeweils
Jura	Juristische Ausbildung
JurBüro	Das Juristische Büro
jurisPK/*Bearbeiter*	juris Praxiskommentar BGB, hrsg. von Herberger/Martinek/Rüßmann/Weth/Würdinger, 9. Aufl. (2020)
jurisPR	juris PraxisReport
JuS	Juristische Schulung. Zeitschrift für Studium und Ausbildung
JW	Juristische Wochenschrift
JZ	Juristenzeitung
KalV	Verordnung über die versicherungsmathematischen Methoden zur Prämienkalkulation und zur Berechnung der Alterungsrückstellung in der privaten Krankenversicherung (Kalkulationsverordnung – KalV) (aufgehoben m.W.v. 1.1.2016)
Kap.	Kapitel
Kaulbach/Bähr/Pohlmann	Versicherungsaufsichtsgesetz, 6. Aufl. (2019) (bis zur 4. Aufl. Fahr/Kaulbach/Bähr)
Kfz	Kraftfahrzeug
KfzEFondsV	Verordnung über den Entschädigungsfonds für Schäden aus Kraftfahrzeugunfällen
KfzPflVV	Kraftfahrzeugpflichtversicherungsverordnung
KfzSBHH	Sonderbedingungen zur Kfz-Haftpflicht- und Kaskoversicherung für Kfz-Handel und -Handwerk
KG	Kammergericht, Kommanditgesellschaft
KH	Kraftfahrzeug-Haftpflicht
KHVG	Österreichisches Kraftfahrzeug-Haftpflichtversicherungsgesetz (1994)
Kindhäuser/Neumann/Paeffgen/Salinger	StGB, 6. Aufl. (2023)
KK-OWiG/*Bearbeiter*	Karlsruher Kommentar zum Gesetz über Ordnungswidrigkeiten, 5. Aufl. (2018)
KK-StPO/*Bearbeiter*	Karlsruher Kommentar zur StPO, 9. Aufl. (2023)
Kl.	1. Klausel 2. Kläger/in
Knorre/Demuth/Schmid/*Bearbeiter*	Handbuch des Transportrechts, 3. Aufl. (2022)

KO	Konkursordnung
Koch	Aktiengesetz, 18. Aufl. (2024) (vormals Hüffer/Koch)
Koller	Transportrecht, 11. Aufl. (2023)
KomE	Kommissionsentwurf zur Reform des Versicherungsvertragsrechts; zitiert nach: Abschlussbericht der Kommission zur Reform des Versicherungsvertragsrechts vom 19. April (2004), hrsg. von Egon Lorenz (2004)
K&R	Kommunikation und Recht
krit.	kritisch
KritVj	Kritische Vierteljahresschrift für Gesetzgebung und Rechtsprechung
KSchG	Österreichisches Konsumentenschutzgesetz (1979)
KStG	Körperschaftsteuergesetz
KVAV	Verordnung betreffend die Aufsicht über die Geschäftstätigkeit in der privaten Krankenversicherung (Krankenversicherungsaufsichtsverordnung – KVAV)
Lackner/Kühl/Heger/ *Bearbeiter*	StGB, 30. Aufl. (2023)
Langheid/Rixecker/ *Bearbeiter*	Versicherungsvertragsgesetz, 7. Aufl. (2022) (vormals Römer/Langheid)
Langheid/Wandt/*Bearbeiter*	Münchener Kommentar Versicherungsvertragsgesetz: VVG; Band 1: §§ 1–99 VVG und VVG-InfoV, 3. Aufl. (2022); Band 2: §§ 100–216 VVG, 3. Aufl. (2024); Band 3: Nebengesetze, Systematische Darstellungen, 2. Aufl. (2017)
LG	Landgericht
lit.	littera (Buchstabe)
Lit.	Literatur
LM	Nachschlagewerk des Bundesgerichtshofs, hrsg. von Lindenmaier/Möhring u.a. (zit. nach Paragraph u. Nummer)
LMK	Kommentierte BGH-Rechtsprechung Lindenmaier-Möhring
Looschelders/Paffenholz	ARB Allgemeine Bedingungen für die Rechtsschutzversicherung, 2. Aufl. (2019)
Looschelders/Pohlmann/ *Bearbeiter*	VVG Versicherungsvertragsgesetz, Kommentar, 4. Aufl. (2023)
LPK-SGB VI	Sozialgesetzbuch VI: SGB VI. Gesetzliche Rentenversicherung. Lehr- und Praxiskommentar, hrsg. von Reinhardt/Silber, 5. Aufl. (2021)
Ls.	Leitsatz
lt.	laut
Littbarski AHB	Allgemeine Versicherungsbedingungen für die Haftpflichtversicherung (AHB) (2001)
LugÜ	Übereinkommen über die gerichtliche Zuständigkeit und die Anerkennung und Vollstreckung von Entscheidungen in Zivil- und Handelssachen (Lugano-Übereinkommen)
Lutter/Hommelhoff/ *Bearbeiter*	GmbH-Gesetz, Kommentar, 21. Aufl. (2023)
m.	mit
Martin	Sachversicherungsrecht, Kommentar, 3. Aufl. (1992)
Martin/Reusch/ Schimikowski/Wandt	Sachversicherungsrecht, Kommentar, 4. Aufl. (2022)
MAH Versicherungsrecht/ *Bearbeiter*	Münchener Anwaltshandbuch Versicherungsrecht, hrsg. von Höra/Schubert, 5. Aufl. (2022)
MAH/Wirtschaftsstrafrecht/ *Bearbeiter*	Münchener Anwaltshandbuch Verteidigung in Wirtschafts- und Steuerstrafverfahren, 3. Aufl. (2020)
Maunz/Dürig	siehe Dürig/Herzog/Scholz
m.a.W.	mit anderen Worten
m.Bespr.	mit Besprechung
MB/KK	Musterbedingungen für die Krankheitskosten- und Krankenhaustagegeldversicherung
MB/KT	Musterbedingungen für die Krankentagegeldversicherung
MB/PPV	Musterbedingungen für die private Pflegeversicherung
MBUB	Allgemeine Maschinen-Betriebsunterbrechungs-Versicherungsbedingungen

MdB	Mitglied des Bundestags
MDR	Monatsschrift für Deutsches Recht
MedR	Medizinrecht
Meixner/Steinbeck	Allgemeines Versicherungsvertragsrecht, 2. Aufl. (2011)
Meyer-Goßner/Schmitt	Kommentar zur StPO, 66. Aufl. (2023)
missverst.	missverständlich
m.krit.Anm.	mit kritischer Anmerkung (von)
MMR	MultiMedia und Recht
MMW	Münchner Medizinische Wochenschrift
MontÜG	Montrealer-Übereinkommen-Durchführungsgesetz vom 6.4.2004
Motive	Motive zum VVG, Nachdruck (1963)
MÜ	Montrealer Übereinkommen (Übereinkommen zur Vereinheitlichung bestimmter Vorschriften über die Beförderung im internationalen Luftverkehr vom 28.5.1999)
MüKoAktG/*Bearbeiter*	Münchener Kommentar zum Aktiengesetz, hrsg. von Goette/Habersack/Kalss, 5. Aufl. (2019 ff.), 6. Aufl. (2023 ff.)
MüKoBGB/*Bearbeiter*	Münchener Kommentar zum Bürgerlichen Gesetzbuch, hrsg. von Säcker/Rixecker/Oetker/Limperg, 8. Aufl. (2018 ff.), 9. Aufl. (2021 ff.)
MüKoGmbHG	Münchener Kommentar zum Gesetz betr. die Gesellschaften mit beschränkter Haftung, hrsg. von Fleischer/Goette, 4. Aufl. (2022 ff.)
MüKoHGB/*Bearbeiter*	Münchener Kommentar zum Handelsgesetzbuch, hrsg. von Schmid/Ebke, 4. Aufl. (2020); 5. Aufl. hrsg. von Drescher/Fleischer/Schmidt (2021 ff.)
MüKoInsO	Münchener Kommentar zur Insolvenzordnung, hrsg. von Stürner/Eidenmüller/Schoppmeyer, 4. Aufl. (2019 ff.)
MüKoStGB/*Bearbeiter*	Münchener Kommentar zum Strafgesetzbuch, hrsg. von Erb/Schäfer, 4. Aufl. (2020 ff.)
MüKoStPO/*Bearbeiter*	Münchener Kommentar zur Strafprozessordnung, 1. Aufl. (2018), 2. Aufl. (2023 f.)
MüKoStVR/*Bearbeiter*	Münchener Kommentar zum Straßenverkehrsrecht, hrsg. von Bender/König, (2016 ff.)
MükoVVG/*Bearbeiter*	s. Langheid/Wandt
MüKoZPO/*Bearbeiter*	Münchener Kommentar zur Zivilprozessordnung mit Gerichtsverfassungsgesetz und Nebengesetzen, hrsg. von Krüger/Rauscher, 6. Aufl. (2020)
MünchHdbGesR/*Bearbeiter*	Münchener Handbuch des Gesellschaftsrechts, Bd. 3: Gesellschaft mit beschränkter Haftung: GmbH, 6. Aufl. (2023), Bd. 7: Gesellschaftsrechtliche Streitigkeiten, 6. Aufl. (2020), Bd. 9: Recht der Familienunternehmen, 6. Aufl. (2021)
Musielak/Voit/*Bearbeiter*	Kommentar zur Zivilprozessordnung, 21. Aufl. (2024)
m.w.N.	mit weiteren Nachweisen
m.W.v.	mit Wirkung vom
m.zust.Anm.	mit zustimmender Anmerkung
N.	Nachweise
Nachtr.	Nachtrag
Neuhaus	Berufsunfähigkeitsversicherung, 4. Aufl. (2020)
n.F.	neue Fassung
Niederleithinger	Das neue VVG. Erläuterungen, Texte, Synopse, 1. Aufl. (2007)
NJ	Neue Justiz
NJOZ	Neue Juristische Online Zeitung
NJW	Neue Juristische Wochenschrift
NJWE-VHR	NJW-Entscheidungsdienst Versicherungs-/Haftungsrecht
NJW-RR	NJW-Rechtsprechungs-Report Zivilrecht
NK-BGB/*Bearbeiter*	NomosKommentar BGB, hrsg. von Dauner-Lieb/Heidel/Ring, 6 Bände (2022 ff.) (ehemaliger AnwaltKommentar BGB)
Noack/Servatius/Haas/*Bearbeiter*	GmbHG, Kommentar, 23. Aufl. (2022) (vormals Baumbach/Hueck)
Nr.	Nummer
NStZ	Neue Zeitschrift für Strafrecht
NTS-ZA	Nato-Truppenstatut-Zusatzabkommen
NVersZ	Neue Zeitschrift für Versicherung und Recht

NVwZ	Neue Zeitschrift für Verwaltungsrecht
NZA	Neue Zeitschrift für Arbeits- und Sozialrecht
NZG	Neue Zeitschrift für Gesellschaftsrecht
NZI	Neue Zeitschrift für Insolvenzrecht
NZS	Neue Zeitschrift für Sozialrecht
NZV	Neue Zeitschrift für Verkehrsrecht
o.	oben
o.ä.	oder ähnlich
ob.dict.	obiter dictum
Oetker/*Bearbeiter*	Handelsgesetzbuch, 8. Aufl. (2024)
ÖBGBl	Österreichisches Bundesgesetzblatt
öffentl.	öffentlich
o.g.	oben genannt
ÖOGH	Österreichischer Oberster Gerichtshof
OHG	Offene Handelsgesellschaft
OLG	Oberlandesgericht
OLGZ	Entscheidungen der Oberlandesgerichte in Zivilsachen, einschließlich der freiwilligen Gerichtsbarkeit
OVG	Oberverwaltungsgericht
Ovie/Berger/Harnischmacher/*Bearbeiter*	Praxishandbuch Transport, 2. Aufl. (2017)
OWiG	Gesetz über Ordnungswidrigkeiten
PartGG	Partnerschaftsgesellschaftsgesetz
PflVG	Pflichtversicherungsgesetz
PfP-Truppenstatut	Übereinkommen zwischen den Vertragsstaaten des Nordatlantikvertrags und den anderen an der Partnerschaft für den Frieden teilnehmenden Staaten über die Rechtsstellung ihrer Truppen (PfP-Truppenstatut)
PHi	Haftpflicht international (vormals Produkthaftpflicht international)
PKV	Private Krankenversicherung
polit.	politisch
Präve/*Bearbeiter*	Lebensversicherung, Kommentar zu den Allgemeinen Bedingungen der Lebens- und der Rentenversicherung (2016)
ProdHM	Besondere Bedingungen und Risikobeschreibungen für die Produkthaftpflichtversicherung von Industrie- und Handelsbetrieben
Prölss/Martin/*Bearbeiter*	Versicherungsvertragsgesetz, 31. Aufl. (2021)
Prölss/Dreher/*Bearbeiter*	Versicherungsaufsichtsgesetz, hrsg. von Dreher, 13. Aufl. (2018)
PStG	Personenstandsgesetz
psych.	psychisch
PsyErkr.	Begutachtung bei psychischen und psychosomatischen Erkrankungen, hrsg. von Schneider/Henningsen/Dohrenbusch/Freyberger/Irle/Köllner/Widder, 2. Aufl. (2016)
PWW/*Bearbeiter*	BGB-Kommentar, hrsg. von Prütting/Wegen/Weinreich, 18. Aufl. (2023)
RAA	Reichsaufsichtsamt für Privatversicherung
Rabe/Bahnsen/*Bearbeiter*	Seehandelsrecht, 5. Aufl. (2018)
Ramming	Seehandelsrecht (2017)
RBerG	Rechtsberatungsgesetz (bis 1962: Gesetz zur Verhütung von Mißbräuchen auf dem Gebiete der Rechtsberatung)
RdA	Recht der Arbeit
RdErl.	Runderlaß/Runderlass
RDG	Rechtsdienstleistungsgesetz
RdK	Das Recht des Kraftfahrers, Unabhängige Monatsschrift des Kraftverkehrsrechts (1926–43, 1949–55)
RDV	Recht der Datenverarbeitung
RdW	Recht der Wirtschaft (Österreich)

rechtspol.	rechtspolitisch
rechtsvergl.	rechtsvergleichend
RefE	Referentenentwurf des Bundesministeriums der Justiz zur Reform des Versicherungsvertragsrechts mit Begründung (nicht veröffentlicht; zitiert nach der vom BMJ online zur Verfügung gestellten PDF-Datei)
ReformG	Gesetz zur Reform des Versicherungsvertragsrechts vom 23.11.2007 (BGBl. I S. 2631) (siehe auch VVG-Reform 2008)
Reg.	Regierung
RegE	Regierungsentwurf eines Gesetzes zur Reform des Versicherungsvertragsrechts (BTDrucks. 16/3945); siehe auch Ausschussbericht
RegBl.	Regierungsblatt
rel.	relativ
RG	Reichsgericht
RGBl.	Reichsgesetzblatt
RGRK/*Bearbeiter*	Reichsgerichtsrätekommentar – Das Bürgerliche Gesetzbuch. Kommentar, hrsg. von den Mitgliedern des Bundesgerichtshofs, 12. Aufl. (1975 ff.)
RGZ	Entscheidungen des Reichsgerichts in Zivilsachen (zit. nach Band u. Seite)
RHG	Reichshaftpflichtgesetz
Ritter/Abraham	Das Recht der Seeversicherung, 2. Aufl. (1967)
RL	Richtlinie
Rn.	Randnummer(n)
RNotZ	Rheinische Notarzeitschrift
Rom I-VO	Rom I-Verordnung (Verordnung (EG) Nr. 593/2008 des Europäischen Parlaments und des Rates über das auf vertragliche Schuldverhältnisse anzuwendende Recht)
Rom II-Verordnung	Rom II-Verordnung (Verordnung (EG) Nr. 864/2007 des Europäischen Parlaments und des Rates über das auf außervertragliche Schuldverhältnisse anzuwendende Recht)
Römer/Langheid	siehe Langheid/Rixecker
Rpfleger	Der Deutsche Rechtspfleger
RpflG	Rechtspflegergesetz
Rspr.	Rechtsprechung
RStBl.	Reichssteuerblatt
RT	Reichstag
RTDrucks.	Drucksachen des Reichstags
RuS	Recht und Schaden
Rüffer/Halbach/Schimikowski/*Bearbeiter*	Versicherungsvertragsgesetz Handkommentar, hrsg. von Rüffer/Halbach/Schimikowski, 4. Aufl. (2019)
RVerkBl.	Reichsverkehrsblatt
RVG	Rechtsanwaltsvergütungsgesetz
RVO	Reichsversicherungsordnung
s.	siehe
S.	Satz, Seite
s.a.	siehe auch
Sachs/*Bearbeiter*	Grundgesetz, Kommentar, hrsg. von Sachs, 9. Aufl. (2021)
Sasse	Deutsche Seeversicherung 1923–1957, Hamburg, 1958
SB	Selbstbeteiligung
ScheckG	Scheckgesetz
SchiedsVZ	Zeitschrift für Schiedsverfahren – German Arbitration Journal
Schimikowski	Versicherungsvertragsrecht, 7. Aufl. (2024)
Schmidt/*Bearbeiter*	COVID-19, Rechtsfragen zur Corona-Krise, 3. Aufl. (2021)
Schmidt/Lutter/*Bearbeiter*	Aktiengesetz, Kommentar, hrsg. von Schmidt/Lutter, 5. Aufl. (2024)
Schönke/Schröder/*Bearbeiter*	Strafgesetzbuch, Kommentar, 30. Aufl. (2019)
Schwintowski/Brömmelmeyer/Ebers/*Bearbeiter*	Praxiskommentar zum Versicherungsvertragsrecht, 4. Aufl. (2021)
Sen.	Senat

Seuff. Arch.	Seuffert's Archiv für die Entscheidungen der obersten Gerichte in den deutschen Staaten (8.1855)
SF	Schadensfreiheit
SGB I, IV, V, VIII, X, XI	I: Sozialgesetzbuch, Allgemeiner Teil IV: Sozialgesetzbuch, Gemeinsame Vorschriften für die Sozialversicherung V: Sozialgesetzbuch, Gesetzliche Krankenversicherung VIII: Sozialgesetzbuch, Kinder- und Jugendhilfe X: Sozialgesetzbuch, Verwaltungsverfahren, Zusammenarbeit der Leistungsträger und ihre Beziehung zu Dritten XI: Soziale Pflegeversicherung
SGb.	Sozialgerichtsbarkeit/Die Sozialgerichtsbarkeit (Zeitschrift)
SGG	Sozialgerichtsgesetz
SGlN	Sonderbedingungen für die gleitende Neuwertversicherung von Wohn-, Geschäfts- und landwirtschaftlichen Gebäuden
SkAufG	Streitkräfteaufenthaltsgesetz
s.o.	siehe oben
Soergel/*Bearbeiter*	Bürgerliches Gesetzbuch, 13. Aufl. (2000 ff.), 14. Aufl. (2021 ff.)
sog.	sogenannt(e)
SP	Schaden-Praxis
Späte/Schimikowski/*Bearbeiter*	Haftpflichtversicherung, 2. Aufl. (2015)
spez.	speziell
Spindler/Stilz/*Bearbeiter*	Aktienrecht, 5. Aufl. (2022)
SpV	Spektrum für Versicherungsrecht
Stadler/Gail	Die Kfz-Versicherung (2015)
Staudinger/*Bearbeiter*	Kommentar zum Bürgerlichen Gesetzbuch mit Einführungsgesetz und Nebengesetzen, 13. Bearbeitung (1993 ff.)
Staudinger/Halm/Wendt/*Bearbeiter*	Versicherungsrechtskommentar, 3. Aufl. (2023)
Stein/Jonas/*Bearbeiter*	Kommentar zur Zivilprozessordnung, 23. Aufl. (2013 ff.)
StGB	Strafgesetzbuch
Stiefel/Maier	Kraftfahrtversicherung. Kommentar zu den Allgemeinen Bedingungen für die Kraftfahrtversicherung – AKB sowie zu weiteren Gesetzes- und Regelwerken in der Kraftfahrtversicherung, 19. Aufl. (2017)
StPO	Strafprozessordnung
str.	strittig, streitig
st.Rspr.	ständige Rechtsprechung
StuR	Staat und Recht
StVG	Straßenverkehrsgesetz
StVj	Steuerliche Vierteljahresschrift
StVO	Straßenverkehrsordnung
SLVS	Speditions-, Logistik- und Lagerversicherungsschein
SSR	Spezial-Straf-Rechtsschutzversicherung
SVS	Speditions-Versicherungsschein
SVS/RVS	Speditions- und Rollfuhr-Versicherungsschein
StVZO	Straßenverkehrs-Zulassungs-Ordnung
s.u.	siehe unten
SV	Sachverhalt
SZ	Entscheidungen des Österreichischen Obersten Gerichtshofes in Zivil- und Justizverwaltungssachen
t	Tonne
TarifVO	Verordnung über die Tarife in der Kfz-Haftpflichtversicherung
TB	Tarifbestimmung
TDG	Gesetz über die Nutzung von Telediensten
Thume/de la Motte/Ehlers/*Bearbeiter*	Transportversicherungsrecht, 2. Aufl. (2011)

Thume/Schwampe/*Bearbeiter*	Transportversicherungsrecht, 3. Aufl. (2024)
Tit.	Titel
TKG	Telekommunikationsgesetz
TranspR	Transportrecht
TumSchG	Gesetz über die durch innere Unruhen verursachten Schäden vom 12.5.1920
TV	Truppenvertrag
Tz.	Textzahl
u.	unten
u.a.	unter anderem
u.ä.	und ähnlich
u.a.m.	und anderes mehr
Üb.	Überblick, Übersicht
ÜbergangsAO	Übergangsanordnung
Übk.	Übereinkommen
ü.M.	überwiegende Meinung
Ulmer/Brandner/Hensen/*Bearbeiter*	AGB-Recht, 13. Aufl. (2022)
umstr.	umstritten
UmweltHM	Besondere Bedingungen und Risikobeschreibungen für die Versicherung der Haftpflicht wegen Schäden durch Umwelteinwirkung
UN/UNO	United Nations Organization (Vereinte Nationen)
unv.	unveröffentlicht
u.ö.	und öfter
UrhG	Gesetz über Urheberrecht und verwandte Schutzrechte (Urheberrechtsgesetz)
USRB	Spezial-Rechtsschutz-Bedingungen für Unternehmensleiter
UStG	Umsatzsteuergesetz
USV	Allgemeine Versicherungsbedingungen für die Umweltschadensversicherung
usw.	und so weiter
u.U.	unter Umständen
UWG	Gesetz gegen den unlauteren Wettbewerb
VA	Veröffentlichungen des Reichsaufsichtsamtes für Privatversicherung, ab 1947: ... des Zonenamtes des Reichsaufsichtsamtes für das Versicherungswesen (Hamburg)
VAG	Gesetz über die Beaufsichtigung der Versicherungsunternehmen (Versicherungsaufsichtsgesetz)
v.A.w.	von Amts wegen
VD	Verkehrsdienst
VE	Vorentwurf
Veith/Gräfe/Lange/Rogler/*Bearbeiter*	Der Versicherungsprozess, 54. Aufl. (2023)
VerBAV/VerBaFin	Veröffentlichungen des Bundesaufsichtsamtes für das Versicherungs- und Bausparwesen, ab 1973: ... des Bundesaufsichtsamtes für das Versicherungswesen, ab Mai 2002: VerBAFin = Veröffentlichungen der Bundesanstalt für Finanzdienstleistungsaufsicht (Versicherungsbereich)
VerfGH	Verfassungsgerichtshof
VerglO	Vergleichsordnung
Verh.	Verhandlungen des Deutschen Bundestages (BT), des Deutschen Juristentages (DJT) usw.
VerkMitt	Verkehrsrechtliche Mitteilungen
vermitt.	vermittelnd
VersG	Gesetz über Versammlungen und Aufzüge (Versammlungsgesetz)
VersAG	Versicherungsaktiengesellschaft
VersArch	Versicherungsarchiv
VersM	Versicherungsmedizin
VersPrax, VP	Die Versicherungspraxis
VersR	Versicherungsrecht, Zeitschrift für Versicherungsrecht, Haftungs- und Schadensrecht

VersRAI	Versicherungsrecht, Beilage Ausland
VersRdsch.	Versicherungsrundschau (Österreich)
VersVermV	Verordnung über die Versicherungsvermittlung und -beratung
VersVG	österreichisches Versicherungsvertragsgesetz
VersWissArch	Versicherungswissenschaftliches Archiv
VersWiss. Stud.	Versicherungswissenschaftliche Studien, hrsg. von Brömmelmeyer et al.
VerwArch.	Verwaltungsarchiv
VG	Verwaltungsgericht
VGB	Allgemeine Bedingungen für die Neuwertversicherung von Wohngebäuden gegen Feuer-, Leitungswasser- und Sturmschäden
VGB 2008, 2010	Allgemeine Wohngebäude-Versicherungsbedingungen
VGH	Verwaltungsgerichtshof
vgl.	vergleiche
VGS	Vereinigter Großer Senat
VHB	Allgemeine Bedingungen für die Neuwertversicherung des Hausrats gegen Feuer-, Einbruchdiebstahl-, Beraubungs-, Leitungswasser-, Sturm- und Glasbruchschäden/ Allgemeine Hausratversicherungsbedingungen
VHB 2008	Allgemeine Hausrat-Versicherungsbedingungen 2008
VHV	Verkehrshaftungsversicherung
VN	Versicherungsnehmer/in
VO	Verordnung
VOBl.	Verordnungsblatt
VomVO	Verfahrensordnung des Versicherungsombudsmanns
vorangeh.	vorangehend
Voraufl.	Vorauflage
Vorbem.	Vorbemerkung
vorgen.	vorgenannt
VRR	Verkehrsrechtliche Rundschau
VR	Versicherer
VRS	Verkehrsrechts-Sammlung, Entscheidungen aus allen Gebieten des Verkehrsrechts (zit. nach Band u. Seite)
VU	Versicherungsunternehmen
VuR	Verbraucher und Recht
VVaG	Versicherungsverein auf Gegenseitigkeit
VVG	Gesetz über den Versicherungsvertrag (Versicherungsvertragsgesetz)
VVG-InfoV	Verordnung über Informationspflichten bei Versicherungsverträgen
VVGE	Entscheidungssammlung zum Versicherungsvertragsrecht (VVGE): Entscheidungen zum Versicherungsvertragsgesetz (VVG) und zu den Allgemeinen Versicherungsbedingungen (AVB), hrsg. von Dietrich Müller
VVG-Kommission	Kommission zur Reform des Versicherungsvertragsrechts
VVGRefG bzw. VVG-Reform 2008	Gesetz zur Reform des Versicherungsvertragsrechts vom 23.11.2007 (BGBl. I S. 2631) (siehe auch ReformG)
VVV	Versicherungswissenschaft, Versicherungspraxis, insbesondere Versicherungsmedizin; später DVZ
VW	Versicherungswirtschaft
VwGO	Verwaltungsgerichtsordnung
VwV	Verwaltungsvorschrift
VwVfG	Verwaltungsverfahrensgesetz
VwVG	Verwaltungsvollstreckungsgesetz
VwZG	Verwaltungszustellungsgesetz
Waldstein/Holland	Binnenschifffahrtsrecht, 5. Aufl. (2007)
Wandt	Versicherungsrecht, 6. Aufl. (2016)
WaffG	Waffengesetz
weitergeh.	weitergehend
WM	Wertpapier-Mitteilungen

Wolf/Lindacher/Pfeiffer/ *Bearbeiter*	AGB-Recht, Kommentar, 7. Aufl. (2020)
WRP	Wettbewerb in Recht und Praxis
WuM	Wohnungswirtschaft und Mietrecht
Wussow	Unfallhaftpflichtrecht, 17. Aufl. (2021)
(Z)	Entscheidung in Zivilsachen
z.B.	zum Beispiel
ZEuP	Zeitschrift für Europäisches Privatrecht
ZfIR	Zeitschrift für Immobilienrecht
ZfRV	Zeitschrift für Rechtsvergleichung, Internationales Privatrecht u. Europarecht
ZfS/zfs	Zeitschrift für Schadensrecht
ZfV	Zeitschrift für Versicherungswesen
ZGR	Zeitschrift für Unternehmens- und Gesellschaftsrecht
Ziff.	Ziffer
ZIP	Zeitschrift für Wirtschaftsrecht
zit.	zitiert
ZMR	Zeitschrift für Miet- und Raumrecht
ZNotP	Zeitschrift für die Notarpraxis
Zöller/*Bearbeiter*	ZPO: Zivilprozessordnung mit Gerichtsverfassungsgesetz und Nebengesetzen, 354. Aufl. (2024)
ZollG	Zollgesetz
ZPO	Zivilprozessordnung
ZRP	Zeitschrift für Rechtspolitik
ZSW	Zeitschrift für das gesamte Sachverständigenwesen
z.T.	zum Teil
ZusBedIT	Zusatzbedingungen zur Betriebshaftpflichtversicherung für die Nutzer von Internet-Technologien
zusf.	zusammenfassend
zust.	zustimmend
ZustG	Zustimmungsgesetz
zutr.	zutreffend
z.V.b.	zur Veröffentlichung bestimmt
ZVersWiss	Zeitschrift für die gesamte Versicherungswissenschaft (zitiert nach Jahr und Seite)
ZVG	Gesetz über die Zwangsversteigerung und die Zwangsverwaltung (Zwangsversteigerungsgesetz)
zw.	zweifelhaft
zz.	zurzeit
ZZP	Zeitschrift für Zivilprozess
ZZPInt	Zeitschrift für Zivilprozess International

Versicherungsvertragsgesetz

Artikel 1 des Gesetzes vom 23.11.2007 (BGBl. I S. 2631),
in Kraft getreten am 1.1.2008,
zuletzt geändert durch Art. 4 GesundheitsversorgungsweiterentwicklungsG
vom 11.7.2021 (BGBl. I S. 2754)

Teil 2 Einzelne Versicherungszweige

Kapitel 2 Rechtsschutzversicherung

Vorbemerkungen zu §§ 125–129

Schrifttum

v. Ammon Zur Rechtsnatur der Kautionsversicherung, ZVersWiss **1966** 401; *ders.* Betrachtungen zur Rechtsnatur der Kautionsversicherung, ZVersWiss **1970** 521; *Baur* Armenrecht und Rechtsschutzversicherung, JZ **1972** 75; *Bruns* Das Verbot der quota litis und die erfolgshonorierte Prozeßfinanzierung, JZ **2000** 232; *ders.* Die Vertragsfreiheit und ihre Grenzen in Europa und den USA – Movement from Contract to Status? JZ **2007** 385; *ders.* Third-Party Financing in the Perspective of German Law – Useful Instrument for Improvement of the Civil Justice System or Speculative Immoral Investment? Journal of Law, Economics & Policy 525 **8** (2012); *ders.* Die zivilprozessuale Dimension der Justizgewährleistung, Festschrift Stürner, 1. Teilband Deutsches Recht (2013) 257; *ders.* Zivilrichterliche Rechtsschöpfung und Gewaltenteilung, JZ **2014** 162; *Burmann* Aktuelle Entwicklungen in der Rechtsschutzversicherung, RuS **2022** 1; *Buschbell/Hering* Handbuch Rechtsschutzversicherung 6. Aufl. (2015); *Canaris* Die Übertragung des Regelungsmodells der §§ 125–130 HGB auf die Gesellschaft bürgerlichen Rechts als unzulässige Rechtsfortbildung contra legem, ZGR **2004** 69; *Cornelius-Winkler* Die jüngere Rechtsprechung des BGH zur Rechtsschutzversicherung und darauf basierende Änderungen in den aktuellen ARB der Rechtsschutzversicherer, RuS **2020** 545; *Dallwig* Der Anwaltsregress des Rechtsschutzversicherers, RuS **2020** 181; *Dethloff* Verträge zur Prozessfinanzierung gegen Erfolgsbeteiligung, NJW **2000** 2225; *Eberhardt* Rechtsschutzversicherung im Wandel – Mit der Anwaltschaft gemeinsam in schwierigem Gelände, Gedächtnisschrift Hübner (2012) 63; *ders.* Rechtsschutzversicherung im Wandel, VersR **2013** 802; *Felsch* Die Rechtsprechung des IV. Zivilsenats des BGH zum Versicherungsrecht – Rechtsschutzversicherung, RuS **2020** 301; *Frechem/Kochheim* Fremdfinanzierung von Prozessen gegen Erfolgsbeteiligung, NJW **2004** 1213; *Fritzsche/Schmidt* Eine neue Form der Versicherung? NJW **1999** 2998; *Gleußner* Prozessfinanzierung, Festschrift Vollkommer (2006) 25; *Graf/Johannes* Forderungsübergang auf den Rechtsschutzversicherer, Quotenvorrecht und Aufrechnung des Rechtsanwalts, VersR **2020** 871; *Grunewald* Prozessfinanzierungsvertrag mit gewerbsmäßigem Prozessfinanzierer – ein Gesellschaftsvertrag, BB **2000** 729; *Habersack* Die Anerkennung der Rechts- und Parteifähigkeit der GbR und der akzessorischen Gesellschafterhaftung durch den BGH, BB **2001** 477; *Harbauer* Rechtsschutzversicherung 9. Aufl. 2018; *Heinsen* Rechtsschutzversicherer und Anwälte in einem Boot, VW **2013** 18; *Hellberg/D.H. Wendt* Die Mediation in der Versicherungspraxis, VW **2009** 1336; *Henke* Extra Geschäftsgebühr für die Deckungsanfrage? AnwBl. **2009** 207; *Henssler* Rechtsschutzversicherungen und Rechtsverfolgungskosten, ZVersWiss **1999** 3; *Karczewski* Die Rechtsprechung des BGH zum Versicherungsrecht – Rechtsschutzversicherung; § 86 VVG, RuS **2022** 361; *Langheid* Die Reform des Versicherungsvertragsgesetzes – 2. Teil: Die einzelnen Versicherungssparten, NJW **2007** 3745; *Lysaught/Hazelgrove* Economic Implications of Third-Party Litigation Financing on the U.S. Civil Justice System, Journal of Law, Economics & Policy **8** (2012) 645; *Müller-Güldemeister/Rollmann* Die Prozeßfinanzierung der FORIS AG ist keine Versicherung, NJW **1999** 3540; *Obarowski* Rechtsschutzversicherung: Hinweise für die anwaltliche Praxis – unter besonderer Berücksichtigung des Arbeitsrechts, VersR **2006** 1178; *Plote* Rechtsschutzversicherung 2. Aufl. (2010); *Proske* Die Kautionsversicherung in der Insolvenz des Unternehmers, ZIP **2006** 1035; *Rind/Wendt* Die Kautionsversicherung und die Besteuerung der „Kautionsrückversicherung", VersR **2008** 1601; *K. Schmidt* Die BGB-Außengesellschaft: rechts- und parteifähig – Besprechung des Grundlagenurteils II ZR 331/00 vom 29.1.2001, NJW **2001** 993; *Schons* Rechtsschutzversicherer – Partner, Kontrolleur oder des Anwalts Konkurrent? AnwBl. **2010** 861; *Shepherd* Ideal versus Reality in Third-Party Litigation Financing, Journal of Law, Economics & Policy 8 (2012) 593; *Stürner* Zugang zum Recht durch Erfolgshonorar? – Eine Kritik der verfassungsgerichtlichen Entscheidung, NJW-Sonderheft 4. Hannoveraner ZPO-Symposion **2008** 9; *Thomas/Dreher* Der Kautionsversicherungsvertrag im System des Privatversicherungsrechts, VersR **2007** 731; *Ulmer* Die höchstrichterlich „enträtselte" Gesellschaft bürgerlichen

https://doi.org/10.1515/9783110522709-001

Rechts – Zugleich Besprechung zu BGH ZIP 2001, 330, ZIP **2001** 585; *Vassel* Böhme, Wolfgang, Allgemeine Bedingungen für die Rechtsschutzversicherung (ARB), ZVersWiss **1980** 491; *D.H. Wendt* Leistungspflichten des Rechtsschutzversicherers nach § 125 VVG, VersR **2014** 420; *R. Wendt* Der Rechtsschutzversicherer und sein „durchschnittlicher Versicherungsnehmer", MDR **2012** 821; *Westermann* Erste Folgerungen aus der Anerkennung der Rechtsfähigkeit der BGB-Gesellschaft, NZG **2001** 289; *Wiedemann* Zur Rechtsfähigkeit und Parteifähigkeit sowie zur Haftungsverfassung der GbR, JZ **2001** 661.

Übersicht

A. Grundlagen der Rechtsschutzversicherung

I. Geschichte

1. Mittelalterliche Vorläufer

Erste frühe Vorläufer der Rechtsschutzversicherung finden sich bereits im Mittelalter.[1] Wahrscheinlich seit dem 6. Jahrhundert schließen sich Mitglieder durch Eidesleistung vornehmlich zur Verfolgung karitativer Zwecke zu Gilden zusammen. Vorrangiger Zweck der Gilden ist die Caritas. Ein erster urkundlicher Nachweis findet sich in der Capitulare Heristalense Karls des Großen (779 n.Chr.). Das Gildestatut kann die Mitglieder zur Hilfe in Notlagen nicht nur bei Brand, Verarmung, Krankheit und Schiffbruch, sondern unter anderem auch bei der Rechtsverfolgung verpflichten.[2] Teilweise anzutreffen ist auch eine Pflicht zur Prozesshilfe in Gestalt der Zeugnis- und Eideshilfe im germanischen Prozess. Berührungspunkte mit der geschichtlichen Entwicklung der Haftpflichtversicherung erscheinen denkbar. Insgesamt sind die historischen Wurzeln der Rechtsschutzversicherung im Mittelalter eher spärlich erforscht. 1

2. Kodifikationszeitalter

Trotz dieser ersten frühen Wurzeln gilt die Rechtsschutzversicherung heute als vergleichsweise junger Versicherungszweig.[3] Im VVG von 1908 war die Rechtsschutzversicherung ursprünglich nicht als besonderer Versicherungszweig geregelt, was mit der anfänglich eingeschränkten wirtschaftlichen Bedeutung zusammenhängen mag. Die spätere Entwicklung zur modernen Rechtsschutzversicherung dürfte ihre Hauptgründe in der Entstehung einer für breite Bevölkerungskreise zugänglichen Justiz und in der gewachsenen wirtschaftlichen und gesellschaftlichen Bedeutung der Rechtsverfolgung haben. Die Gründung eines Schutzvereins für Reeder zur Gewährung von Rechtsschutz bei Fracht- und Versicherungsverträgen sowie bei Entschädigungsansprüchen wird auf 1901 datiert.[4] Vereine auf Gegenseitigkeit zur Deckung der Kosten von Klagen von Grundbesitzern aus Bergschäden werden 1910 in Dortmund und 1924 in Duisburg notiert. Stimmen in der Literatur plädieren 1912 für die Schaffung einer allgemeinen Rechtsschutzversicherung.[5] Erst mit dem Anwachsen des Automobilverkehrs gewinnt die Rechtsschutzversicherung zunehmend an Bedeutung: Gründung der Deutschen Automobilschutz Aktiengesellschaft 1928 (D. A. S.), 1935 der Deutschen Auto-Rechtsschutz-AG (DARAG).[6] Nach dem Zweiten Weltkrieg wird im Jahr 1949 der Betrieb einer allgemeinen Rechtsschutzversicherung genehmigt.[7] Die Rechtsschutzversicherung erlebt im Folgenden eine dynamische Entwicklung.[8] Gleichwohl erfolgt ein besonderer kodifikatorischer Zugriff im deutschen Versicherungsvertragsrecht bemerkenswerterweise erst im Zuge der Umsetzung der Richtlinie des Rates vom 22.6.1987 zur Koordinierung der Rechts- und Verwaltungsvorschriften für die Rechts- 2

1 Hierzu *Bruns* (2015) § 3 Rn. 5.
2 Genossenschaftliche Wurzeln im Mittelalter erwähnt auch *Buschbell*/Hering § 1 Rn. 1.
3 *Looschelders*/Paffenholz Einf. Rn. 7; Harbauer/*Bauer* Einl. ARB 2000 Rn. 10.
4 *Manes* Versicherungslexikon 3. Aufl. (1930) Sp. 1202; Harbauer/*Bauer* Einl. ARB 2000 Rn. 11; *Looschelders*/Paffenholz Einf. Rn. 7.
5 *Manes* Versicherungslexikon 3. Aufl. (1930) Sp. 1203.
6 Z.B. *Koch* Geschichte der Versicherungswirtschaft in Deutschland (2012) 244 f.
7 Hierzu *Buschbell*/Hering § 1 Rn. 19 ff.
8 *Eberhardt* GS Hübner 63 ff.; *Looschelders*/Paffenholz Einf. Rn. 9.

schutzversicherung (87/344/EWG).[9] Mit Wirkung vom 1.7.1990 wird in das VVG 1908 ein 7. Titel Rechtsschutzversicherung aufgenommen (§§ 158l–158o a.F.).[10] Die Regelung hat – ergänzt um eine typisierende Umschreibung der Leistung des Rechtsschutzversicherers – in den §§ 125–129 im Wesentlichen unverändert Eingang in das reformierte VVG 2008 gefunden. Mittlerweile betreiben in Deutschland knapp 44 Versicherungsunternehmen die Rechtsschutzversicherung bei einem jährlichen Beitragsaufkommen von rund € 4,73 Mrd. und einem Leistungsvolumen von rund € 3,2 Mrd. pro Jahr.[11]

II. Begriff und Rechtsnatur

1. Begriff der Rechtsschutzversicherung

3 **a) Grundparameter.** Der Gesetzgeber hat von einer abschließenden gesetzlichen Definition der Rechtsschutzversicherung bewusst abgesehen, wie es in der Gesetzesbegründung heißt, „[u]*m die künftige Produktentwicklung nicht zu hemmen*".[12] Aus diesem Grund habe man auch *„darauf verzichtet, den Versicherungsfall gesetzlich zu regeln"*.[13] Unabhängig davon, ob man diesen Ansatz und die dafür gegebene Begründung für richtig erachtet oder nicht, ist zwischen der Bestimmung des Begriffs der Rechtsschutzversicherung und der Regelung des Versicherungsfalls sorgsam zu unterscheiden. Die Definition des Versicherungsfalls ist – im Unterschied zum Begriff der Rechtsschutzversicherung – systematisch bei den Leistungspflichten des VR zu verorten.[14] Der Begriff der Rechtsschutzversicherung setzt sich zusammen aus dem Element der Versicherung, wie er dem Versicherungsvertragsgesetz zugrunde gelegt ist (§ 1),[15] und dem Element des Rechtsschutzes. Soweit die gesetzliche Regelung im VVG der Umsetzung der Art. 198 bis 205 der Richtlinie des Europäischen Parlaments und des Rates betreffend die Aufnahme und Ausübung der Versicherungs- und der Rückversicherungstätigkeit (*Solvabilität bzw. Solvency II*)[16] dient, ist der Begriff der Rechtsschutzversicherung im Kern europarechtlich vorgeprägt.

4 **b) Versicherung.** BGH und h.M. in der Literatur gehen in bemerkenswerter terminologischer Nähe zu frühen Definitionsversuchen *Victor Ehrenbergs*[17] von einem Versicherungsverhältnis aus, wenn sich jemand als VR gegen Entgelt verpflichtet, einem anderen (VN) eine vermögenswerte Leistung für den Fall eines ungewissen Ereignisses zu erbringen, das damit übernommene wirtschaftliche Risiko auf eine Mehrzahl von gleicher Gefahr bedrohter Personen verteilt wird und der Risikoübernahme eine auf dem Gesetz der großen Zahl beruhende Kalkulation zugrunde liegt.[18] Im Versicherungsaufsichtsrecht definieren BVerwG und Aufsichtsbehörden weitestgehend gleich.[19] Die wohl h.L. hält

9 ABl. EG Nr. L 185 vom 4.7.1987 S. 77 ff.

10 Gesetz zur Durchführung versicherungsrechtlicher Richtlinien des Rates der Europäischen Gemeinschaft vom 18.6.1990 (BGBl. I 1249).

11 Datenmaterial für 2022 laut GDV (Hrsg.) Statistiken zur deutschen Versicherungswirtschaft (2023) Nr. 81.

12 Regierungsbegründung BTDrucks. 16/3945 S. 91 l.Sp.

13 Regierungsbegründung *ibid.*

14 Siehe § 125 Rn. 10 f.

15 Hierzu statt vieler *Bruns* § 1 Rn. 1 f. m.N.

16 Richtlinie des Europäischen Parlaments und des Rates vom 25.11.2009 (2009/138/EG), ABl. EU Nr. L 335 vom 17.12.2009 S. 1; siehe Rn. 7.

17 *Ehrenberg* Privatversicherungsrecht (1923) 3.

18 BGH 6.6.1962 VersR **1962** 974, 976; BGH 12.3.1964 VersR **1964** 497, 498; BGH 29.9.1994 VersR **1995** 344, 345; aus der Literatur z.B. Bruck/Möller/*H. Baumann/Koch* § 1 Rn. 15 ff. m.w.N.; Langheid/Wandt/*Looschelders* § 1 Rn. 6; Looschelders/Pohlmann/*Pohlmann* § 1 Rn. 5 ff.; *Wandt* Rn. 25; *Bruns* § 1 Rn. 2.

19 BVerwG 19.5.1987 VersR **1987** 701; BVerwG 12.5.1992 VersR **1992** 1381; gleich *Müller-Güldemeister/Rollmann* NJW **1999** 3540 (BAV: Prozessfinanzierung keine Versicherung).

eine abweichende Begriffsbestimmung in VVG und VAG für möglich.[20] Beispiele aus der Rechtsprechung und der Praxis der Aufsichtsbehörden finden sich indessen – soweit ersichtlich – nicht und sind letztlich schwer vorstellbar.[21] Allerdings wird man den Aufsichtsbehörden eine Zuständigkeit und Prüfungskompetenz zuerkennen müssen, die nicht notwendig voraussetzt, dass am Ende tatsächlich von einer Versicherung auszugehen ist.

c) Rechtsschutz. Das Begriffselement Rechtsschutz ist unklar und bedarf konkretisierender Aus- 5
legung.[22] Dabei ist zwischen der Gesetzesauslegung und der Auslegung von AVB streng zu unterscheiden. Das Ergebnis der Auslegung der vom GDV vorgeschlagenen ARB oder der AVB des Rechtsschutzversicherers ist für die Gesetzesauslegung nicht maßgeblich. Im Sinne der vom Gesetzgeber intendierten größtmöglichen Produktentwicklungsfreiheit ist bei der Gesetzesauslegung von einem weiten Begriffsverständnis auszugehen. Danach umfasst Rechtsschutz jedwede Wahrnehmung rechtlicher Interessen (*arg. ex* § 125).[23] Auf Erforderlichkeit oder die Vereinbarung im Versicherungsvertrag kommt es für die Definition des Gesetzesbegriffs des Rechtsschutzes nicht an.[24] Rechtsschutz im privatversicherungsrechtlichen Sinne ist damit keineswegs auf die justizförmige Verwirklichung von Rechten im Sinne der verfassungsmäßigen Rechtsschutzgarantie (Art. 19 Abs. 4 GG) oder der Justizgewährleistung beschränkt, wie sie das Bundesverfassungsgericht den Grundrechten (insbes. Art. 2 Abs. 1, 14 Abs. 1 GG) in Verbindung mit dem Rechtsstaatsprinzip (Art. 20 III GG) entnimmt.[25] Vielmehr ist neben dem gerichtlichen Rechtsschutz und der Interessenwahrnehmung in behördlichen oder staatsanwaltlichen Verfahren auch die Rechtswahrnehmung vor nichtstaatlichen Stellen erfasst, wie z.B. vor Schiedsgerichten, privaten Schlichtungsstellen oder in Ombudsverfahren. Richtigerweise ist auch die Wahrnehmung rechtlicher Interessen in Anbahnung oder Durchführung von außergerichtlichen Vergleichsverhandlungen sowie in der Mediation dem Rechtsschutz im versicherungsrechtlichen Sinne zuzuordnen. Das gilt auch für die Erteilung von Rechtsrat und die gerichtliche wie außergerichtliche Mandatswahrnehmung, sei es durch deutsche, niedergelassene europäische oder ausländische Rechtsanwälte. Zum Rechtsschutz im Sinne des Gesetzes gehört ebenso die Erbringung von Rechtsdienstleistungen nach dem Rechtsdienstleistungsgesetz. Schließlich wird auch die Wahrnehmung rechtlicher Interessen in Verfahren der vorsorgenden Rechtspflege vom weit verstandenen Begriff des Rechtsschutzes erfasst, wie z.B. im Beurkundungsverfahren vor einem Notar.

Trifft die Wahrnehmung rechtlicher Interessen mit der Verfolgung anderer, insbesondere 6
wirtschaftlicher Interessen zusammen, steht das der Subsumtion unter den Begriff des Rechtsschutzes selbst dann nicht entgegen, wenn der Schwerpunkt nicht auf der rechtlichen Interessenwahrnehmung liegt. Die Rechtsprechung des BGH zur Auslegung von § 1 Abs. 1 Satz 1 ARB 75 bestätigt diesen Befund.[26] Die Grenze ist erst dann erreicht, wenn es unter keinem denkbaren Gesichtspunkt um die Wahrnehmung rechtlicher Interessen, sondern ausschließlich um die Wahrnehmung anderer Belange geht, wie etwa wirtschaftlicher, sozialer, familiärer, gesundheitlicher oder beruflicher Interessen. Von der Frage, ob Rechtsschutz, also die Wahrnehmung rechtlicher Interessen im Sinne der gesetzlichen Regelung vorliegt, ist die Frage streng zu trennen, ob und

---

20 Langheid/Wandt/*Looschelders* § 1 Rn. 7; Looschelders/Pohlmann/*Looschelders* § 1 Rn. 30; *Wandt* Rn. 25; *Armbrüster* Rn. 618 ff., 629; **a.A.** offenbar *Deutsch/Iversen* Rn. 2; Beckmann/Matusche-Beckmann/*Lorenz* § 1 Rn. 122 ff., 118 ff.

21 So bereits *Bruns* § 1 Rn. 2.

22 Hierzu Langheid/Wandt/*Obarowski* § 125 Rn. 1 („*mehrdeutig*").

23 *Looschelders*/Paffenholz Einf. Rn. 1; Looschelders/Pohlmann/*Paffenholz* § 125 Rn. 6; *Bruns* § 23 Rn. 6; anders *Buschbell*/Hering § 2 Rn. 1 („*Hilfe und Beistand in einer bestimmten rechtlichen Angelegenheit*").

24 Eine abweichende Definition des Rechtsschutzes, die eher auf den Leistungsumfang abstellt, findet sich in § 1 Abs. 1 Satz 1 ARB 2010: „*Der Versicherer erbringt die für die Wahrnehmung der rechtlichen Interessen des Versicherungsnehmers erforderlichen Leistungen im vereinbarten Umfang (Rechtsschutz).*".

25 Zur zivilprozessualen Dimension der Justizgewährleistung ausführlich *Bruns* FS Stürner I (2013) 257 ff. m.N.

26 BGH 22.5.1991 VersR **1991** 919; OLG Saarbrücken 30.6.2010 – 5 U 52/10, VersR **2011** 108, 109.

inwieweit die rechtliche Interessenwahrnehmung von der Versicherungsdeckung erfasst ist. Die Reichweite der Versicherungsdeckung bestimmt sich von Gesetzes wegen nach der Erforderlichkeit und nach der vertraglichen Vereinbarung in den AVB (§ 125).[27] Die kautelarjuristische Produktgestaltung folgt dabei dem Prinzip der Spezialität des versicherten Risikos und nicht dem Prinzip der Allgefahrendeckung.[28]

7 **d) Europarecht.** Im europäischen Richtlinienrecht wird ein etwas anderer Begriff der Rechtsschutzversicherung zugrunde gelegt als im deutschen Versicherungsvertragsrecht. Das war schon in der Rechtsschutzversicherungs-RiL der Fall,[29] die mittlerweile durch Art. 310 der Solvabilitätsrichtlinie II mit Wirkung zum 1.1.2016 aufgehoben ist. Art. 1 Rechtsschutzversicherungs-RiL nahm auf Buchstabe A Ziffer 17 des Anhangs der Richtlinie 73/239/EWG Bezug. In Art. 2 Abs. 1 Rechtsschutzversicherungs-RiL hieß es dann: *„Diese Richtlinie gilt für die Rechtsschutzversicherung. Diese besteht darin, dass gegen Zahlung einer Prämie die Verpflichtung eingegangen wird, die Kosten des Gerichtsverfahrens zu übernehmen und andere sich aus dem Versicherungsvertrag ergebende Leistungen zu erbringen* [...].“ Grundsätzlich waren mithin lediglich die Kosten der gerichtlichen Rechtswahrnehmung automatisch erfasst, die Einbeziehung weiterer Leistungen bedurfte kautelarjuristischer Regelung. Eine Erweiterung auf die außergerichtliche Rechtswahrnehmung erschien möglich, wenn man sie unter den Terminus der *„anderen Leistungen“* fasste. Rechtsschutz im Sinne einer Naturalleistung schuldete der Rechtsschutzversicherer nach der Rechtsschutzversicherungs-RiL nicht. Ausdrücklich vom Anwendungsbereich ausgenommen waren gemäß Art. 2 Abs. 2 Rechtsschutzversicherungs-RiL Rechtsschutzversicherungen, die sich auf Streitigkeiten oder Ansprüche beziehen, die aus dem Einsatz von Schiffen auf See entstehen oder damit zusammenhängen, Haftpflichtversicherungen sowie – nach Maßgabe mitgliedstaatlicher Entscheidung – Rechtsschutzleistungen im Zusammenhang mit Reiseverträgen. Das bedeutete indessen keine weitergehende Abweichung vom Begriff der Rechtsschutzversicherung, wie er im deutschen Versicherungsvertragsrecht galt und gilt, sondern dürfte lediglich als Bestimmung des Anwendungsbereichs der Richtlinie zu verstehen gewesen sein.

8 Auch der in der Solvabilitätsrichtlinie II zugrunde gelegte Begriff der Rechtsschutzversicherung ist tendenziell eher etwas enger als im VVG.[30] Die Rechtsschutzversicherung ist dort ebenso wenig abschließend definiert wie in der außer Kraft getretenen Rechtsschutzversicherungs-RiL und im VVG. Unter der Überschrift *„Geltungsbereich“* heißt es in Art. 198 Solvabilitäts-RiL II: *„Dieser Abschnitt gilt für die in Zweig 17 von Anhang I Teil A genannte Rechtsschutzversicherung, bei der ein Versicherungsunternehmen zusagt, gegen Zahlung einer Prämie die Kosten des Gerichtsverfahrens zu übernehmen und andere sich aus dem Versicherungsvertrag ergebende Leistungen zu erbringen.“* Anwendungsbereich und Begriffsbestimmung sind in der Solvabilitätsrichtlinie II weniger deutlich getrennt als in der Rechtsschutzversicherungs-RiL alten Rechts. Die ausdrückliche Erwähnung nur der Kosten eines Gerichtsverfahrens im Unterschied zur außergerichtlichen Rechtswahrnehmung spricht auch hier für einen etwas engeren gesetzlichen Begriff des Rechtsschutzes als im nationalen Recht. Außergerichtlicher Rechtsschutz kann kraft AVB jedoch auch nach dieser richtlinienrechtlichen Bestimmung in den Rechtsschutz einbezogen werden. Rechtsschutz ist hier ebenso wenig wie in der Vorgängerregelung und im VVG *naturaliter* geschuldet. Es hat bei der bloßen Kostentragung des Rechtsschutzversicherers sein Bewenden, wenn die AVB im Rahmen des gesetzlich Zulässigen nichts Abweichendes bestimmen. Allerdings handelt es sich nunmehr eher lediglich um eine Bestimmung des Anwendungsbereichs der Richtlinie, sodass die

---

27 Siehe § 125 Rn. 11, 16.

28 Langheid/Wandt/*Obarowski* § 125 ARB Rn. 17; *Looschelders*/Paffenholz Einf. Rn. 5; Harbauer/*Obarowski* ARB 2010 § 2 Rn. 1.

29 Richtlinie des Rates vom 22.6.1987 zur Koordinierung der Rechts- und Verwaltungsvorschriften für die Rechtsschutzversicherung (87/344/EWG), ABl. EG Nr. L 185 vom 4.7.1987 S. 77.

30 *Bruns* § 23 Rn. 1; siehe noch Rn. 34ff.

abweichende Formulierung im Richtlinientext für den Begriff des Rechtsschutzes letztlich nur von eingeschränkter Aussagekraft ist.

2. Rechtsnatur

Die Rechtsnatur der Rechtsschutzversicherung ist weithin unstreitig. Nach ganz h.M. handelt es sich um eine Schadensversicherung.[31] In der Rechtsschutzversicherung geht es um die Deckung von Schadensrisiken im Zusammenhang mit der Wahrnehmung rechtlicher Interessen. Dabei handelt es sich um Vermögensschäden, die in der Entstehung von Verbindlichkeiten bestehen, deren Eingehung durch die Rechtswahrnehmung veranlasst ist.[32] Weil sie keine Aktiva, sondern mögliche künftige Passiva in der Vermögensbilanz deckt, ist die Rechtsschutzversicherung zugleich als Passivenversicherung zu qualifizieren.[33] 9

III. Funktion und Bedeutung

1. Funktion

a) Schadensersatztheorie. Die Funktion der Rechtsschutzversicherung ist im Ausgangspunkt mit der allgemeinen privatversicherungsrechtlichen Funktionslehre verknüpft. Beim Versuch einer Erfassung der Funktion der Privatversicherung wird man richtigerweise zwischen juristischen und anderen Funktionslehren zu unterscheiden haben.[34] Traditionell stehen sich bei der Beschreibung der juristischen Funktion die Schadensersatztheorie, die Bedarfsdeckungstheorie und die Plansicherungstheorie gegenüber. Die Schadensersatztheorie erblickt die Funktion der Versicherung in der Beseitigung oder Minderung der negativen wirtschaftlichen Folgen künftiger ungewisser Schadensereignisse. Dieser theoretische Ansatz könnte zwar die Rechtsschutzversicherung als Schadensversicherung erklären, wird aber als allgemeiner Erklärungsversuch im Privatversicherungsrecht nahezu einhellig abgelehnt, weil er die Erscheinungsformen der Summenversicherung nicht zu erklären vermag.[35] Deshalb lässt sich die Schadensersatztheorie zur Erfassung der Funktion der Rechtsschutzversicherung nicht ohne Bruch mit der allgemeinen privatversicherungsrechtlichen Dogmatik heranziehen. Darüber hinaus vermag die Schadensersatztheorie die Abgrenzung zu anderen Formen der Schadensvorsorge nicht zu erklären.[36] 10

b) Bedarfdeckungstheorie. Nach der Bedarfdeckungstheorie, wie sie unter Geltung des VVG 1908 vorherrschend war, dient die Privatversicherung der Deckung eines künftigen Bedarfs.[37] Der 11

---

31 BGH 10.6.2021 – IX ZR 76/20, NJW **2021** 2589, 2590 m.N.; BGH 24.4.1967 VersR **1967** 774 (vor der Existenz der gesetzlichen Regelung der Rechtsschutzversicherung zum alten Recht); BGH 14.4.1999 VersR **1999** 706, 707 (Vertrag unter Geltung der ARB 75); Prölss/Martin/*Piontek* Vorbem. §§ 125–129 Rn. 2; Langheid/Wandt/*Obarowski* § 125 Rn. 5; *Looschelders*/Paffenholz Einf. Rn. 15 m.w.N.; Looschelders/Pohlmann/*Paffenholz* § 125 Rn. 1; van Bühren/Plote/*van Bühren* Einl. Rn. 10; *Bruns* § 23 Rn. 1.

32 In den Worten des Bundesgerichtshofes: *„Die daraus entstehenden Kostenzahlungen bilden den Schaden, dessen Deckung der Rechtsschutzversicherer übernommen hat.“*; BGH 24.4.1967 VersR **1967** 774 (ad II 2); auch BGH 14.4.1999 VersR **1999** 706, 708. Zum Begriff der Schadensversicherung allgemein *Bruns* § 20 Rn. 1.

33 Vgl. BGH 24.4.1967 VersR **1967** 774, 775; *Looschelders*/Paffenholz Einf. Rn. 15; Harbauer/*Schneider* ARB 2000 § 5 Rn. 262. Zum Begriffspaar *„Aktivenversicherung – Passivenversicherung“* *Bruns* § 20 Rn. 2 m.N.

34 Ausführlicher hierzu und zum Folgenden bereits *Bruns* § 1 Rn. 4ff. m.N.; Bruck/Möller/*H. Baumann*/*Koch* § 1 Rn. 7 ff.

35 Statt vieler Bruck/Möller/*H. Baumann*/*Koch* § 1 Rn. 10; Langheid/Wandt/*Looschelders* § 1 Rn. 10; *Deutsch*/*Iversen* Rn. 11.

36 Hierzu bereits *Bruns* § 1 Rn. 14.

37 *Bruck* Privatversicherungsrecht (1930) 52 f.; Bruck/Möller/*Möller*[8] § 1 Anm. 7, 23–26 m.w.N.

Bedarfsbegriff sucht die Funktionslehre für Schadens- und Summenversicherung gleichermaßen zu öffnen und damit die Schwäche der Schadensersatztheorie zu überwinden. Allerdings ist der der Ökonomie entlehnte Begriff des Bedarfs durchaus schillernd und muss zur Erklärung der Summenversicherung sehr strapaziert werden, wenn der Bedarfsbegriff auf einen abstrakten oder typischen Bedarf reduziert wird.[38] Die Bedarfdeckungstheorie teilt mit der Schadensersatz- und der moderneren Plansicherungstheorie die Schwäche, dass sie keine Abgrenzung zu anderen Formen der Risikovorsorge ermöglicht. Die Rechtsschutzversicherung ließe sich wie jede Schadensversicherung im Prinzip nach der Bedarfdeckungslehre erfassen. Wenn man die Bedarfdeckungstheorie jedoch mit der inzwischen wohl h.L. zur Funktionsbeschreibung der Privatversicherung im Allgemeinen ablehnt, muss sie auch zur Erklärung der Rechtsschutzversicherung ausscheiden, weil die Funktionsdogmatik sonst nicht widerspruchsfrei bleibt.

12 **c) Plansicherungstheorie.** Die modernere Plansicherungstheorie, die sich in jüngerer Zeit zunehmender Unterstützung erfreut, sieht die Funktion der Privatversicherung im Ausgleich von Störungen der Wirtschaftspläne der VN.[39] Danach dient die Privatversicherung zur Kompensation von planwidrigen Ausgaben oder Einnahmeverlusten in Folge ungewisser Ereignisse. Die Rechtsschutzversicherung ließe sich dadurch so überzeugend oder so wenig überzeugend erklären wie jede andere Versicherung. Die Plansicherungstheorie überwindet die Schwächen des schillernden Bedarfsbegriffs, leidet allerdings in ihrer Überzeugungskraft deutlich aufgrund des Planungskriteriums.[40] Die dogmatische Figur des planerisch wirtschaftenden Menschen mag sich in planwirtschaftliche Modelle leichter einfügen. Zu den das Wirtschaftsleben beherrschenden Prinzipien der Privatautonomie und der freien Marktwirtschaft passt sie – wenn überhaupt – nur mit ganz erheblichen Einschränkungen. Zwar gibt es unbestreitbar wirtschaftlich planvoll handelnde Menschen, aber insbesondere im Massengeschäft ist die Annahme konkreter Wirtschaftspläne, die über die Tatsache des bloßen Abschlusses eines Versicherungsvertrages hinausgehen, letztlich kaum mehr als eine Fiktion.

13 **d) Privatautonomer Transfer von wirtschaftlichen Risiken der Rechtswahrnehmung auf eine Gefahrengemeinschaft.** Die bislang entwickelten Theorien zur Funktion der Privatversicherung teilen im Ausgangspunkt eine individualvertragliche Perspektive und bemühen sich um eine Bestimmung des materiellen Leistungsinteresses des VN.[41] Das gelingt der Bedarfdeckungstheorie und der Plansicherungstheorie – vorbehaltlich der dargelegten Schwächen – besser als der Schadensersatztheorie, die im Grunde genommen bereits am Versuch einer Erklärung der Summenversicherung zerbricht. Bedarfdeckungslehre und Plansicherungstheorie sind deutlich sichtbar von einer ökonomischen Betrachtungsweise geprägt, wenn nicht beherrscht. Die überkommenen Deutungsversuche nehmen das Merkmal der Risikoübernahme, wie es für die Privatversicherung charakteristisch ist, wenig oder gar nicht auf. Der individualvertragliche Ausgangspunkt vernachlässigt darüber hinaus den Gefahrengemeinschaftsgedanken. Vorzugswürdig erscheint deshalb eine Neubestimmung der juristischen Funktion unter Einbeziehung dieser zentralen Elemente der modernen Privatversicherung. Das mündet in die Formel vom privatautonomen Risikotransfer auf eine Gefahrengemeinschaft. Die Rechtsschutzversicherung hat demnach die Funktion des privatautonomen Transfers von wirtschaftlichen Risiken der Rechtswahrnehmung auf eine Gefahrengemeinschaft.

---

38 In diese Richtung auch die zusammenfassende Kritik von Bruck/Möller/*H. Baumann*/*Koch* § 1 Rn. 10 m.N.

39 *Schmidt-Rimpler* FS Heymann, Bd. 2 (1931) 1211 ff.; *ders.* VersR **1963** 493 ff.; *ders.* **1964** 792 ff.; *Braeß* ZVersWiss **1970** 1 ff.; *Deutsch*/*Iversen* Rn. 12 f.; *Dreher* Die Versicherung als Rechtsprodukt (1991) 38 ff.; *Armbrüster* Rn. 39 ff.

40 Hierzu bereits *Bruns* § 1 Rn. 10.

41 Hierzu und zum Folgenden bereits *Bruns* § 1 Rn. 14 ff.

2. Bedeutung

Die moderne Rechtsschutzversicherung ist ein relativ junger Versicherungszweig von nicht zu unterschätzender Bedeutung.[42] Das Beitragsaufkommen betrug in der Rechtsschutzversicherung im Jahre 2022 rund € 4,72 Mrd. bei einem Gesamtleistungsvolumen von € 3,2 Mrd.[43] Im Jahr 2021 waren rund 23,4 Mio. Rechtsschutzversicherungsverträge und etwas mehr als 4,23 Mio. Schadensfälle dokumentiert.[44] Neben der volkswirtschaftlichen kommt der Rechtsschutzversicherung auch eine erhebliche einzelwirtschaftliche Bedeutung zu, weil die Kosten der Rechtswahrnehmung unter Umständen rasch Summen erreichen können, die selbst für einkommensstärkere Rechtsuchende keineswegs trivial sind. Die gegenüber einer bestehenden Rechtsschutzversicherung subsidiäre Prozesskostenhilfe allein vermag keineswegs alle Fälle aufzufangen (§§ 114–127 ZPO).[45] Im Unterschied zur gewerblichen Prozessfinanzierung, die in aller Regel erst nach Streitentstehung zustande kommt, ist die vorsorgende Rechtsschutzversicherung mit prozessrechtlichen Grundsätzen zweifelsohne vereinbar, insbesondere verletzt sie nicht die prozessuale Waffengleichheit.[46] Gelegentlich vorgebrachte Vorschläge, die Rechtsschutzversicherung de lege ferenda als obligatorische Jedermannversicherung auszugestalten, sind bislang nicht Gesetz geworden und tendenziell eher mit Zurückhaltung zu betrachten.[47] 14

IV. Arten

1. Ursprünge

Die Arten der Rechtsschutzversicherung sind in erster Linie das Ergebnis kautelarjuristischer Gestaltung und Typisierung, die letztlich Ausdruck unternehmerischer Entscheidungen der Assekuranz unter Marktbedingungen sind. Im Ausgangspunkt sind Herausbildung und Ausformung der Arten der Rechtsschutzversicherung deshalb das Resultat privatautonomer Gestaltung durch die Versicherungsunternehmen. Die Gestaltungsfreiheit der Assekuranz ist dabei nicht schrankenlos, aber doch sehr groß. Gesetzliche Prägung erfährt die Rechtsschutzversicherung nicht nur aufgrund ihrer Rechtsnatur als Schadensversicherung, sondern auch durch die Systematik des VVG, durch das Recht der Allgemeinen Geschäftsbedingungen, durch aufsichtsrechtliche Vorgaben und europäisches Recht. 15

2. Deckungskonzepte

Die ARB 2010 unterscheiden Leistungspakete für vier verschiedene Lebensbereiche: Verkehrsbereich betreffend die Teilnahme am motorisierten Verkehr, Privatbereich einschließlich unselbstständiger Berufstätigkeit, selbstständige Tätigkeit in Gewerbe, Freiberuf oder anderer Form sowie den Grundstücks- und Mietbereich.[48] Diese Leistungspakete können einzeln, teilweise aber auch gebündelt Deckung bieten.[49] 16

---

42 Beckmann/Matusche-Beckmann/*Obarowski* § 37 Rn. 2 ff. m.N.; *Looschelders*/Paffenholz Einf. Rn. 9 f.; zum Ganzen bereits *Bruns* § 23 Rn. 2.

43 GDV (Hrsg.) Statistiken zur deutschen Versicherungswirtschaft (2023) Nr. 81.

44 GDV (Hrsg.) Statistisches Taschenbuch der Versicherungswirtschaft (2022) Nr. 64f.

45 Zum Verhältnis zur Prozesskostenhilfe *Looschelders*/Paffenholz Einf. Rn. 11 f. m.N.; siehe noch Rn. 23.

46 Zur Problematik der Prozessfinanzierung näher *Bruns* JZ **2000** 232 ff.; *ders.* Third-Party Financing in the Perspective of German Law – Useful Instrument for Improvement of the Civil Justice System or Speculative Immoral Investment?, 8 Journal of Law, Economics & Policy 525 ff. (2011–2012).

47 Hierzu *Baur* JZ **1972** 75 ff.; *Hedderich* Pflichtversicherung (2011) 454 ff. m.w.N.

48 Im Überblick Langheid/Wandt/*Obarowski* Anh. zu § 125 Rn. 18, 21 ff.

49 Näher Bruck/Möller/*Bruns* §§ 21 ff. ARB 2010.

3. Versicherbare Rechtsbereiche

17 Zu den versicherbaren Rechtsbereichen gehören etwa der Schadensersatz-Rechtsschutz, der Arbeits-Rechtsschutz, der Wohnungs- und Grundstücksrechtsschutz, der Vertrags- und Sachenrechts-Rechtsschutz, der Steuerrechtsschutz vor Gerichten, der Verwaltungs-Rechtsschutz in Verkehrssachen, der Disziplinar- und Standes-Rechtsschutz, der Strafrechts-Rechtsschutz, der Ordnungswidrigkeiten-Rechtsschutz, aber auch weitere Spezialformen.[50] Dem kautelarjuristischen Ideenreichtum sind bei der Entwicklung neuer maßgeschneiderter Rechtsschutz-Produkte praktisch kaum Grenzen gesetzt.

V. Systematik

18 Selbstverständlich unterliegt die Rechtsschutzversicherung den für alle Versicherungszweige geltenden Vorschriften des Allgemeinen Teils des VVG (Kap. 1, §§ 1–73).[51] Aufgrund ihrer Rechtsnatur findet außerdem die allgemeine gesetzliche Regelung der Schadensversicherung Anwendung (Kap. 2, Abschnitt 1, §§ 74–87).[52] Hinzu kommen die besonderen Vorschriften für die Rechtsschutzversicherung (Teil 2, Kap. 2, §§ 125–129), die mit Ausnahme der Eingangsnorm des § 125 zugunsten des VN halbzwingenden Charakter haben (§ 129). Die zweigspezifische Regelung der Rechtsschutzversicherung dient der Umsetzung der Rechtsschutzversicherungs-RiL und ist deshalb im Kern europarechtlich präformiert.[53]

VI. Rechtsschutzversicherung für fremde Rechnung

19 Wie jede Versicherung kann auch die Rechtsschutzversicherung grundsätzlich als Versicherung für fremde Rechnung genommen werden (§ 43 Abs. 1). Weil es sich bei der Rechtsschutzversicherung um eine Schadensversicherung handelt, gilt das zweifelsohne nicht erst seit der Reform des VVG 2008, die den Anwendungsbereich der Versicherung für fremde Rechnung bewusst auf alle Versicherungen ausgedehnt hat.[54] Eine Rechtsschutzversicherung für fremde Rechnung stellt wie jede zulässige Fremdversicherung eine Ausnahme vom Interesseerfordernis der Schadensversicherung dar.[55] Der VN kann im Rahmen der §§ 43 ff. auch die Wahrnehmung rechtlicher Interessen Dritter unter Versicherungsdeckung bringen. Wird der Versicherungsvertrag für einen anderen geschlossen, liegt im Zweifel eine solche Rechtsschutzversicherung für fremde Rechnung vor (§ 43 Abs. 2). Ob und inwieweit die AVB den Vertragsschluss *„für einen anderen"* vorsehen, ist Auslegungsfrage.

20 Ein praktischer Anwendungsfall ist die Rechtsschutzversicherung einer OHG, insofern die Rechtswahrnehmung der Gesellschafter wegen ihrer persönlichen Haftung in die Deckung einbezogen ist, wenn und soweit die AVB nichts Abweichendes bestimmen. Entsprechendes gilt richtigerweise für die Einbeziehung des Rechtsschutzes des Komplementärs in die Rechtsschutzversicherung der Kommanditgesellschaft hinsichtlich seiner persönlichen Haftung[56] und folgerichtig auch im Hinblick auf die persönliche Haftung des Kommanditisten. Konsequenterweise sind die BGB-Gesellschafter wegen ihrer persönlichen Haftung (§ 721 BGB) im Zweifel mit ihrem Rechts-

---

50 Hierzu Langheid/Wandt/*Obarowski* Anh. Zu § 125 Rn. 55ff. m.N.

51 Zur Systematik der Rechtsschutzversicherung im VVG *Bruns* § 2 Rn. 19 ff. mit § 23 Rn. 5.

52 Langheid/Wandt/*Obarowski* § 125 Rn. 7. Das schließt die Schadensminderungsobliegenheit gemäß § 82 mit ein; hierzu Prölss/Martin/*Piontek* Vor §§ 125–129 Rn. 2; *D. Wendt* VersR **2014** 420, 423.

53 *Beispielsfall* EuGH 7.11.2013 – C-442/12, VersR **2013** 1530 ff. (zur freien Anwaltswahl); näher § 127 Rn. 1.

54 *Bruns* § 17 Rn. 2 m.N.

55 *Bruns* § 17 Rn. 2, § 20 Rn. 6 ff.

56 Beispielsfall BGH 24.1.1990 NJW **1990** 1181.

wahrnehmungsinteresse in die Rechtsschutzversicherung der rechtsfähigen Außen-GbR (§ 705 Abs. 2 Alt. 1 BGB)[57] als Versicherte mit einbezogen.[58] Dementsprechend grundsätzlich denkbar ist die Versicherung von Drittinteressen in der Rechtsschutzversicherung in allen Fällen möglicher akzessorischer Haftung, also z.B. auch bei Bürgschaft und Hypothek. Darüber hinaus kommt eine Rechtsschutzversicherung für fremde Rechnung durch eine Kapitalgesellschaft im Interesse ihrer Geschäftsführer bzw. Vorstands- oder Aufsichtsratsmitglieder in Betracht.

Auch die rechtliche Verfolgung von Ansprüchen Dritter kann Gegenstand einer Rechtsschutz- 21
versicherung für fremde Rechnung sein. Nach wohl h.M. erfassen AVB nach dem Muster der ARB 75 jedoch nicht die Verfolgung einer vom VN zedierten Forderung durch den mit ihm nicht identischen Zessionar.[59] Das wird im Regelfall auch für andere Klauselwerke anzunehmen sein, weil das vom VR übernommene Risiko anderenfalls schwer überschaubar wäre. Etwas anderes kann bei Rückermächtigung des Zedenten durch den Zessionar zur Einziehung bzw. Prozessführung gelten (Einziehungsermächtigung bzw. gewillkürte Prozessstandschaft), weil dann wieder ein eigenes Interesse des VN vorliegt und ein Drittinteresse lediglich mittelbar berührt ist.

VII. Konkurrierende Instrumente der Rechtsschutzfinanzierung

1. Haftpflichtversicherung

Das prominenteste konkurrierende versicherungsrechtliche Instrument der Finanzierung von 22
Rechtsschutz ist zweifelsohne die Haftpflichtversicherung.[60] Neben der Freistellung des VN schuldet der Haftpflichtversicherer die Abwehr unbegründeter Ansprüche (§ 100 Alt. 2) sowie die Tragung gerichtlicher und außergerichtlicher Verteidigungskosten, die durch die Abwehr entstehen, im gebotenen Umfang (§ 101 Abs. 1 Satz 1). Hinzu kommen die auf Weisung des VR aufgewendeten Kosten der Verteidigung in einem Strafverfahren, das wegen einer Tat eingeleitet wurde, welche die Verantwortlichkeit des VN gegenüber einem Dritten zur Folge haben könnte (§ 101 Abs. 1 Satz 2). Der VR hat diese Kosten auf Verlangen vorzuschießen (§ 101 Abs. 1 Satz 3). Die Rechtsschutzverpflichtung des Haftpflichtversicherers ist Hauptleistungspflicht.[61] Rechtsschutzversicherung und Haftpflichtversicherung schließen sich typologisch im Ausgangspunkt gegenseitig aus: entweder es handelt sich um eine Rechtsschutzversicherung oder es liegt eine Haftpflichtversicherung vor. Die gesetzliche Regelung der Rechtsschutzdeckung in der Haftpflichtversicherung findet deshalb auf die Rechtsschutzversicherung grundsätzlich keine Anwendung, obwohl beide Versicherungen als Schadensversicherung zu qualifizieren sind.[62] Die §§ 125 bis 129 sind insoweit leges speciales. Doch können produktgestaltende AVB in der Rechtsschutzversicherung unter Umständen weithin entsprechende Bestimmungen treffen. Umgekehrt sind auch die Vorschriften über die Rechtsschutzversicherung in der Haftpflichtversicherung grundsätzlich unanwendbar. Auch insoweit besteht allerdings im Rahmen der gesetzlichen Grenzen kautelarjuristische Gestaltungsfreiheit, die in bestimmten Punkten zu einer gewissen Annäherung der Deckung führen kann.

---

57 Zuvor schon BGH 29.1.2001 BGHZ **146** 341 ff.; BGH 18.2.2002 NJW **2002** 1207, 1208; *K. Schmidt* NJW **2001** 993 ff.; *Ulmer* ZIP **2001** 585, 586; *Habersack* BB **2001** 477 ff.; *Westermann* NZG **2001** 289, 290; *Wiedemann* JZ **2001** 661 ff.; krit. *Jauernig/Stürner* § 705 Rn. 1; *Canaris* ZGR **2004** 69 ff.; *Bruns* JZ **2014** 162, 167 f. (Rechtsfortbildung).

58 Grundsätzlich in diese Richtung Prölss/Martin/*Klimke* § 43 Rn. 10.

59 OLG Köln 7.11.2008 – 20 U 106/08, NJW-RR **2009** 1692 m.N. (Abtretung zur Ermöglichung einer Zeugenaussage des Versicherungsnehmers); Looschelders/Pohlmann/*Paffenholz* § 125 Rn. 6.

60 Hierzu *Bruns* § 22 Rn. 1 ff., 9 ff., 18 f. m.N.

61 BGH 30.9.1992 BGHZ **119** 276, 282; BGH 7.2.2007 – IV ZR 149/03, VersR **2007** 1116; BGH 14.2.2007 – IV ZR 54/04, VersR **2007** 1119, 1120; Prölss/Martin/*Lücke* § 100 Rn. 10.

62 Hierzu bereits Rn. 9; für die Haftpflichtversicherung BGH 30.10.1954 BGHZ **15** 154, 158; Langheid/Wandt/*Littbarski* Vor §§ 100–112 Rn. 148 ff.; *Wandt* Rn. 1050; *Bruns* § 22 Rn. 1.

2. Prozesskostenhilfe und Beratungshilfe

23 Wer nach seinen persönlichen und wirtschaftlichen Verhältnissen Rechtswahrnehmungskosten nicht, nur zum Teil oder nur in Raten aufbringen kann, erhält unter bestimmten Voraussetzungen auf Antrag Prozesskostenhilfe zur Führung von Prozessen (§§ 114 ff. ZPO) bzw. Beratungshilfe zur außergerichtlichen Rechtswahrnehmung und zur Wahrnehmung von Rechten im obligatorischen Güteverfahren nach § 15a EGZPO (§§ 1 ff. BerHG). Prozesskostenhilfe setzt hinreichende Erfolgsaussichten voraus (§ 114 Abs. 1 Satz 1 ZPO). Prozesskosten- und Beratungshilfe scheiden aus, wenn die Rechtswahrnehmung mutwillig erscheint (§ 114 Abs. 1 Satz 1 a.E. ZPO, § 1 Abs. 1 Nr. 3 BerHG). Ergänzende Bestimmungen über die Gewährung von grenzüberschreitender Prozesskostenhilfe innerhalb der Europäischen Union enthalten die §§ 1076–1078 ZPO, die den europarechtlichen Anforderungen der Richtlinie 2003/8/EG des Rates vom 27.1.2003 zur Verbesserung des Zugangs zum Recht bei Streitsachen mit grenzüberschreitendem Bezug durch Festlegung gemeinsamer Mindestvorschriften für die Prozesskostenhilfe[63] Rechnung tragen sollen (§§ 1076, 114 Abs. 1 Satz 2 ZPO).[64] Die staatliche Gewährung von Prozesskosten- und Beratungshilfe entspricht im Kern einem Verfassungsgebot. Das BVerfG bemüht zur Begründung das in Art. 20 Abs. 1 GG verankerte objektivrechtliche Sozialstaatsprinzip.[65] Die verfassungsrechtliche Rechtsschutzgewährleistung (Art. 2 Abs. 1, 14 Abs. 1, 20 Abs. 3 GG) und der allgemeine Gleichheitssatz (Art. 3 Abs. 1 GG) eröffnen weitergehend eine subjektivrechtliche Gewährleistung, wie sie auch durch Art. 6 Abs. 1 EMRK und Art. 47 Abs. 3 EUGRCh geboten ist.[66]

3. Prozessfinanzierung

24 Ein weiteres konkurrierendes Instrument der Finanzierung von Rechtswahrnehmungskosten ist die gewerbliche Prozessfinanzierung.[67] Die Prozessfinanzierung basiert auf der Grundidee angloamerikanischer anwaltlicher Erfolgshonorare und modifiziert sie durch Einschaltung eines Dritten, der das wirtschaftliche Risiko gegen Erfolgsbeteiligung übernimmt, zu einem gewerblichen Geschäftsmodell.[68] Der Prozessfinanzierer streckt die Kosten klägerischer Rechtsverfolgung vor und wird an der erstrittenen Summe prozentual beteiligt.[69] Im Fall einer Niederlage erhält der Prozessfinanzierer nichts. Der Gläubiger tritt die streitige Forderung typischerweise sicherungshalber im Wege der stillen Zession mit Rückermächtigung an den Finanzier ab. Streitigkeiten zwischen Finanzier und Gläubiger werden einer Schiedsvereinbarung unterstellt. Nach h.M. stellt die gewerbliche Prozessfinanzierung keine Versicherung dar,[70] richtigerweise dürfte von einem besonderen partiarischen Darlehen auszugehen sein.[71] Gerichtliche Rechtsverfolgung und Zivil-

63 ABl. EG Nr. L 26 S. 41, ABl. EU Nr. L 32 S. 15.

64 *Herbert Roth* in: Leible/Terhechte (Hrsg.) Europäischer Rechtsschutz und Verfahrensrecht, 2. Aufl. (2022) § 28 Rn. 33; *Linke/Hau* Internationales Zivilverfahrensrecht, 8. Aufl. (2021) Rn. 8.10.

65 BVerfG 19.2.2008 – 1 BvR 1807/07, NJW **2008** 1060, 1061; BVerfG 14.10.2008 – 1 BvR 2310/06, NJW **2009** 209, 209f.; BVerfG 18.11.2009 – 1 BvR 2455/08, NJW **2010** 988, 989; instruktiver Überblick bei Zöller/*Schultzky* Vor § 114 Rn. 1 ff. m.w.N.

66 EuGH 22.12.2010 – C-279/09, ZIP **2011** 143, 145 f.; Zöller/*Schultzky* Vor § 114 Rn. 1; **a.A.** z.B. *Frowein/Peukert* Art. 6 EMRK Rn. 54.

67 Hierzu *Schepke* Das Erfolgshonorar des Rechtsanwalts (1998); *Bruns* JZ **2000** 232 ff.; *ders.* Journal of Law, Economics & Policy **8** (2012) 525; *Dethloff* NJW **2000** 2225; *Frechem/Kochheim* NJW **2004** 1213; *Gleußner* FS Vollkommer 25.

68 Zur Prozessfinanzierung in den USA *Shepherd* Journal of Law, Economics & Policy **8** (2012) 593; *Lysaught/Hazelgrove* Journal of Law, Economics & Policy **8** (2012) 645.

69 Siehe bereits *Bruns* JZ **2000** 232, 233 l.Sp.

70 BAV VerBAV **1999** 167; Bruck/Möller/*H. Baumann/Koch* § 1 Rn. 327; Prölss/Martin/*Armbrüster* § 1 Rn. 23 m.w.N.; Looschelders/Pohlmann/*Pohlmann* § 1 Rn. 39; *Looschelders*/Paffenholz Einf. Rn. 20 m.w.N.

71 *Bruns* JZ **2000** 232, 238 l.Sp.; *ders.* Journal of Law, Economics & Policy **8** (2012) 525, 542 f.; tendenziell in eine ähnliche Richtung (Garantie gegen Erfolgsbeteiligung – partiarisches Rechtsverhältnis) LG Bonn 25.8.2006 JZ **2007** 203, 205; vor-

rechtspflege werden kommerzialisiert. Das Interesse des Rechtsuchenden an der Interessenvertretung durch den Rechtsanwalt als unabhängiges Organ der Rechtspflege tritt in den Hintergrund. Die wirtschaftlichen Risiken gerichtlicher Rechtswahrnehmung werden zu Ungunsten des Beklagten verschoben. Das Gleichgewicht der Kräfte im Zivilprozess wird – unter Umständen ganz empfindlich – gestört, weil der Beklagte keine entsprechende Finanzierungsmöglichkeit hat. Trotz erheblicher rechtlicher Bedenken gegen die Zulässigkeit gewerblicher Prozessfinanzierung hat sich das Geschäftsmodell in der Praxis etabliert.[72] Geht man mit dem BVerfG davon aus, dass die Zulässigkeit anwaltlicher Erfolgshonorare unter dem Gesichtspunkt der Rechtsschutzgewährleistung in bestimmten Fällen einem Verfassungsgebot entsprechen kann,[73] erhebt sich diese Frage auch für die gewerbliche Prozessfinanzierung. Die ursprünglich recht hohen wirtschaftlichen Erwartungen haben sich letztlich offenbar nur teilweise erfüllt.[74]

4. Prozessuale Sicherheitsleistung und Kautionsversicherung

Prozessuale Sicherheiten können grundsätzlich durch schriftliche, unwiderrufliche, unbedingte und unbefristete Bürgschaft eines im Inland zum Geschäftsbetrieb befugten Kreditinstituts erbracht werden (§ 108 Abs. 1 ZPO). Die anfallenden Kosten sind grundsätzlich ein geeigneter Gegenstand einer Rechtsschutzversicherung. Von der Sicherheitsleistung durch Bankbürgschaft scharf zu unterscheiden ist die Kautionsversicherung, welche die ältere Rechtsprechung des BGH und des BFH sowie überwiegend auch die Literatur als Schadensversicherung qualifiziert,[75] während der BGH in einer jüngeren Entwicklungslinie bei isolierter Kautionsübernahme von einem Geschäftsbesorgungsvertrag ausgeht.[76] Auch die Kautionsleistung kann kraft kautelarjuristischer Gestaltung in AVB in den Deckungsumfang der Rechtsschutzversicherung einbezogen werden. **25**

VIII. Verhältnis zum Rechtsdienstleistungsgesetz

1. Begriff der Rechtsdienstleistung und Erlaubniserfordernis

Bereits unter dem inzwischen außer Kraft getretenen Rechtsberatungsgesetz war die Wahrnehmung rechtlicher Interessen des VN oder Versicherten durch den Rechtsschutzversicherer in natura nach ganz h.M. als Besorgung fremder Rechtsangelegenheiten im Sinne von § 1 RBerG a.F. zu qualifizieren.[77] Nach geltendem Recht ist eine Rechtsdienstleistung im Sinne von § 2 Abs. 1 RDG „jede Tätigkeit in konkreten fremden Angelegenheiten, sobald sie eine rechtliche Prüfung des Einzelfalles erfordert." Die selbständige Erbringung von Rechtsdienstleistungen ist nur zulässig, soweit sie durch Gesetz oder aufgrund Gesetzes erlaubt ist (§ 3 RDG). Die Wahrnehmung eigener **26**

---

sichtig auch Bruck/Möller/*H. Baumann/Koch* § 1 Rn. 327 a.E.; **a.A.** (Gesellschaft) *Dethloff* NJW **2000** 2225, 2227; *Grunewald* BB **2000** 729, 731; Prölss/Martin/*Armbrüster* § 1 Rn. 23 e.E.; *Looschelders*/Paffenholz Einf. Rn. 20 m.w.N.; *Jaskolla* Prozessfinanzierung gegen Erfolgsbeteiligung (2004) 62 ff.; noch anders (Versicherungsvertrag) *Fritzsche/Schmidt* NJW **1999** 2998, 3000 f.

72 Hierzu *Bruns* JZ **2000** 232, 236 ff.; *ders.* Journal of Law, Economics & Policy **8** (2012) 525, 547 f.

73 BVerfG 12.12.2006 – 1 BvR 2576/04, NJW **2007** 979; krit. *Stürner* NJW-Sonderheft **2008** 9 ff.

74 Siehe Handelsblatt vom 26.16.2011 (*„Allianz stellt Prozessfinanzierung ein"*); Handelsblatt vom 22.12.2011 (*„Allianz mottet Prozessfinanzierung ein" – „Geschäft ist schwierig aber lukrativ"*).

75 BGH 11.7.1960 BGHZ **33** 97, 98; auch BFH 9.12.1969 VersR **1970** 1115, 1116; Langheid/Wandt/*Looschelders* § 1 Rn. 105 (gemischter Vertrag, der alle Merkmale einer Versicherung aufweist); Prölss/Martin/*Armbrüster* § 1 Rn. 7; *v. Ammon* ZVersWiss **1966** 401 ff.; *ders.* ZVersWiss **1970** 521 ff.; *Thomas/Dreher* VersR **2007** 731, 734; *Rind/Wendt* VersR **2008** 1601, 1603.

76 BGH 6.7.2006 – IX ZR 121/05, VersR **2006** 1637, 1638; BGH 18.1.2007 – IX ZR 202/05, NJW-RR **2007** 848 f.; BGH 13.3.2008 – IX ZR 14/07, VersR **2008** 826, 827 Rn. 7; *Proske* ZIP **2006** 1035, 1036.

77 BGH 20.2.1961 NJW **1961** 1113 (Verhandlungen des VR mit Anspruchsgegnern des VN).

Angelegenheiten ist grundsätzlich nicht erfasst. Doch dürfen Rechtsdienstleistungen, die unmittelbaren Einfluss auf die Erfüllung einer anderen Leistungspflicht haben können, nicht erbracht werden, wenn hierdurch die ordnungsgemäße Erbringung der Rechtsdienstleistung gefährdet wird (§ 4 RDG).[78]

2. Rechtsschutzgewährung und Rechtsdienstleistung

27 **a) Erlaubniserfordernis und Erlaubnisfreiheit bei Rechtsschutzgewährung.** Die *naturaliter* erfolgende Wahrnehmung konkreter rechtlicher Interessen des VN oder Versicherten ist erlaubnispflichtige Rechtsdienstleistung (§ 3 RDG), wenn und soweit sie eine rechtliche Einzelfallprüfung erfordert. Das ist beispielsweise der Fall bei konkreter fundierter Rechtsberatung oder bei der Führung von Verhandlungen mit Anspruchstellern oder Anspruchsgegnern des VN[79] oder bei Prozessführung. Die bloße Erteilung abstrakt genereller Auskünfte über den Deckungsumfang nach Gesetz oder AVB oder über das Regulierungsverfahren ist hingegen als Wahrnehmung eigener Angelegenheiten, nicht als Rechtsdienstleistung einzuordnen.[80] Keine Rechtsdienstleistung, sondern Wahrnehmung eigener rechtlicher Angelegenheiten durch den VR, soll nach verbreiteter Rechtsansicht auch die Auskunft über die rechtliche Bewertung der Rechtsangelegenheit des VN sein.[81] Die Abgrenzung zur echten Rechtsberatung im Sinne einer „*Erstberatung*" kann dabei unter Umständen erhebliche Schwierigkeiten bereiten. Immerhin lassen sich bloße Auskunftserteilung und Beratung rechtlich durchaus unterscheiden, mag auch die Informationserteilung Bestandteil einer umfassenderen Beratungspflicht sein oder diese ergänzen.[82] Die Grenze zur Rechtsberatung dürfte jedenfalls dort überschritten sein, wo der Rechtsschutzversicherer nicht nur seine vorläufige Einschätzung der Rechtslage mitteilt, sondern dem VN eine konkrete Handlungsempfehlung gibt. Deshalb kann pauschal letztlich auch keine Rede davon sein, dass eine „*Erstberatung*" außerhalb des Anwendungsbereichs des Rechtsdienstleistungsgesetzes liege.[83] Innerhalb der skizzierten Grenzen unterliegt die Tätigkeit des Rechtsschutzversicherers nicht dem Rechtsdienstleistungsgesetz.

28 **b) Zulässigkeit von Rechtsdienstleistungen des Versicherers kraft Nebenleistungsprivilegs?** Das Rechtsdienstleistungsgesetz erlaubt Rechtsdienstleistungen, die im Zusammenhang mit einer anderen Tätigkeit erbracht werden, wenn sie als Nebenleistung zum Berufs- oder Tätigkeitsbild gehören (§ 5 Abs. 1 Satz 1 RDG). Ob eine Nebenleistung vorliegt, ist nach ihrem Inhalt, Umfang und sachlichen Zusammenhang mit der Haupttätigkeit unter Berücksichtigung der Rechtskenntnisse zu beurteilen, die für die Haupttätigkeit erforderlich sind (§ 5 Abs. 1 Satz 1 RDG). *Prima vista* scheint dieses Nebenleistungsprivileg auch für Rechtsschutzversicherer einschlägig zu sein. Näher betrachtet ist allerdings manches unklar und umstritten. Die wohl h.M. geht davon aus, dass Rechtsschutzversicherer – vorbehaltlich der Spezialregelung in § 4 RDG bei Unvereinbarkeit – Rechtsdienstleistungen als Nebenleistung erbringen können. Die Ausgangsfrage lautet indes, ob die Rechtsdienstleistung überhaupt eine Nebenleistung darstellt oder ob es sich nicht vielmehr um die Hauptleistung oder zumindest einen ihrer Bestandteile handelt. Im Zuge der Reform des VVG ist in § 125 eine Beschreibung der Leistung des VR neu ins Gesetz aufgenommen worden, derzufolge der VR verpflichtet ist, „*die für die Wahrnehmung der rechtlichen Interessen des VN*

---

78 Kritisch gegenüber § 4 RDG *Looschelders*/Paffenholz Einf. Rn. 28–30 m.w.N.

79 Wie unter dem Rechtsberatungsgesetz a.F.; hierzu BGH 20.2.1961 NJW **1961** 1113.

80 So auch *Deckenbrock/Henssler* § 2 RDG Rn. 26.

81 Regierungsbegründung zum Rechtsdienstleistungsgesetz BTDrucks. 16/3655 S. 51 r.Sp. (zu § 4 RDG).

82 Grundlegend *Heese* Beratungspflichten (2015) 13 ff., 347 ff., 360 ff.

83 A.A. *Deckenbrock/Henssler* § 2 RDG Rn. 26 und 31 unter Hinweis auf die Regierungsbegründung BTDrucks. 16/3556 S. 51, wo zwar von „Auskunft", nicht aber von „Erst*beratung*" die Rede ist.

oder des Versicherten erforderlichen Leistungen im vereinbarten Umfang zu erbringen.“ Anders als im europäischen Richtlinienrecht besteht keine grundsätzliche Festlegung oder Beschränkung auf Kostentragung.[84] Auch die ARB 2010 und 2012 legen im Ausgangspunkt diese weite Umschreibung der Leistungspflicht zugrunde. Jedenfalls bei Versicherungsverträgen, die dieses Modell verwirklichen, spricht vieles dafür, Rechtsdienstleistungen des Rechtsschutzversicherers, die unmittelbar der Gewährung von Rechtsschutz dienen, nicht als Nebenleistung, sondern vielmehr als Element der Hauptleistung anzusehen. Das könnte unter Geltung von § 125 zumindest im Grundsatz durchaus für alle Rechtsschutzversicherungsverträge zutreffen, weil es dogmatisch wenig überzeugend erscheint, die Bestimmung von Haupt- und Nebenleistungspflicht ohne Weiteres zur freien Disposition der Parteien zu stellen und damit praktisch weitgehend der kautelarjuristischen Gestaltungsfreiheit des VR zu überlassen. Die Sichtweise, dass es sich um eine einheitliche Pflicht zur Gewährung von Rechtsschutz handeln könnte, findet überdies eine gewisse konstruktive Entsprechung in der Haftpflichtversicherung, wenn man mit der wohl h.M. davon ausgeht, dass die Verpflichtung zur Gewährung von Rechtsschutz gemeinsam mit der Freistellung eine einheitliche Hauptleistungspflicht des VR darstellt.[85] Dann wäre § 5 RDG gänzlich unanwendbar.

Dieses Ergebnis ist praktisch wenig befriedigend und vom Gesetzgeber offenbar nicht gewollt. 29
Abhilfe ist *de lege lata* allerdings nicht ohne Weiteres möglich. Nur wenn man die Hauptleistungspflicht des Rechtsschutzversicherers in der Kostentragung erblickt, die durch Nebenpflichten zur Erbringung bestimmter Rechtsdienstleistungen flankiert wird, erscheint die Anwendbarkeit von § 5 RDG ohne Weiteres plausibel. Als Alternative käme noch in Betracht, von einer Hauptleistung in Gestalt der Rechtsschutzgewährung auszugehen, die wiederum um Nebenleistungspflichten zur Erbringung von Rechtsdienstleistungen ergänzt wird, was letztlich etwas gekünstelt wirkt. Man kann sich des Eindrucks schwer erwehren, dass in beiden Alternativkonstellationen das Rechtsdienstleistungsrecht das Pflichtenprogramm des Versicherungsvertrages prädestinieren würde, ohne dass dies in § 125 angelegt oder in der Kautelarpraxis hinreichend vorgeprägt erscheint. Der Gesetzgeber ist bei der Schaffung des RDG ganz offenbar von dieser Deutung ausgegangen, ohne sich mit der parallel vorbereiteten, aber zeitlich früher in Kraft getretenen VVG-Reform oder der Dogmatik des Rechtsschutzversicherungsvertrages auseinander zu setzen.[86] Die Literatur ist ihm darin weitgehend gefolgt, ebenfalls ohne die Problematik grundsätzlich aufzurollen. Wenn man davon ausgeht, dass die Hauptleistung des Rechtsschutzversicherers unter dem reformierten VVG 2008 in der Erbringung von Rechtsschutz im umfassenden Sinne besteht, ist einer Anwendung von § 5 RDG die Grundlage entzogen. Anderenfalls zwingt man die Dogmatik des Pflichtenprogramms der Rechtsschutzversicherung in das Prokrustesbett des Rechtsdienstleistungsrechts.

c) Unzulässigkeit kraft Unvereinbarkeit? Gemäß § 4 RDG dürfen Rechtsdienstleistungen, die 30
unmittelbaren Einfluss auf die Erfüllung einer anderen Leistungspflicht haben können, nicht erbracht werden, wenn hierdurch die ordnungsgemäße Erbringung der Rechtsdienstleistung gefährdet wird. Die in der Formulierung nicht sehr geglückte Vorschrift soll Interessenkonflikte vermeiden, welche die Qualität der Rechtsdienstleistung und damit die Rechtspflege beeinträchtigen können.[87] Die Regelung geht dem allgemeineren Erlaubnistatbestand des § 5 RDG als *lex specialis* vor. Der Hauptanwendungsbereich der Verbotsnorm liegt nach Ansicht des historischen Gesetzgebers und der wohl h.M. in der Literatur in der Rechtsschutzversicherung, soweit die Rechtsdienstleistung die Geltendmachung oder Abwehr von Ansprüchen betrifft.[88] Diese h.M. ist mit dem gesetzlichen Leistungsprogramm der Rechtsschutzversicherung nur vereinbar, wenn man davon

84 Hierzu bereits Rn. 7 f.
85 Zum alten Recht BGH 21.5.2003 VersR **2003** 900, 901; Prölss/Martin/*Lücke* § 100 Rn. 12; zweifelnd *Bruns* § 22 Rn. 18.
86 Regierungsbegründung BTDrucks. 16/3556 S. 51 l.Sp. (zu § 4 RDG).
87 *Looschelders*/Paffenholz Einf. Rn. 30; Henssler/Prütting/*Overkamp*/*Overkamp*, 6. Aufl. 2024, § 4 RDG Rn. 1.
88 Regierungsbegründung BTDrucks. 16/3556 S. 51 l.Sp. (zu § 4 RDG); *Kleine-Cosack* § 4 RDG Rn. 2; Krenzler/*Remmertz* § 4 RDG Rn. 1 f.; *Looschelders*/Paffenholz Einf. Rn. 27.

ausgeht, dass die Gewährung von Rechtsschutz und die Erbringung der jeweiligen Rechtsdienstleistung Gegenstand verschiedener Pflichten des VR ist. Das ist ohne Weiteres plausibel, wenn die Hauptleistung des VR in der Kostenerstattung liegt, stößt aber auf Bedenken, wenn die Hauptleistungspflicht des VR in der Gewährung von Rechtsschutz besteht. Immerhin könnte man ein Gesamtpaket „*Rechtsschutz*" so konstruieren, dass mehrere Leistungspflichten darin enthalten sind, von denen eine oder mehrere als Haupt- und andere als Nebenleistungspflicht einzuordnen sind. Hingegen scheitert die Anwendung von § 4 RDG ganz, wenn es sich bei der Gewährung von Rechtsschutz – ähnlich wie nach h.M. in der Haftpflichtversicherung bei Rechtsschutz und Freistellung[89] – um eine einheitliche Leistungspflicht handelt.

31 Geht man von der grundsätzlichen Anwendbarkeit von § 4 RDG auf die Rechtsschutzversicherung aus, weil Rechtsdienstleistung und Rechtsschutz Gegenstände trennbarer Leistungspflichten sind, ist die Erbringung von Rechtsdienstleistungen durch den Rechtsschutzversicherer weithin unzulässig. Denn die ordnungsgemäße Erbringung der Rechtsdienstleistung ist angesichts drohender Interessenkollision nicht selten in Gefahr: zur Vermeidung von Aufwand bzw. Kosten könnte der VR dazu neigen, Rechtsdienstleistungen nicht am besten Interesse des Rechtsuchenden zu orientieren, sondern an dem entsprechenden Umfang der von ihm zu erbringenden Leistungen. Die Rechtspflege wäre dann in Gefahr und der Verbotstatbestand erfüllt. Dabei ist darauf hinzuweisen, dass eine Gefährdung ordnungsgemäßer Rechtsdienstleistung nicht einfach unterstellt werden darf, sondern dass es einer genauen Prüfung und Differenzierung nach Fallgruppen bedarf. Eine Interessenkollision mag etwa bei der Führung von Verhandlungen mit Anspruchstellern oder Anspruchsgegnern gegeben sein, wenn der Rechtsschutzversicherer eine eher nachgiebige Linie vertritt, nicht aber bei harter und unnachgiebiger Verhandlungsführung. Die Erteilung von Rechtsrat kann beispielsweise mit einem Interessenkonflikt einhergehen, wenn der VR zur Kostenersparnis von weiteren Maßnahmen der Rechtswahrnehmung abrät, nicht aber wenn er dem VN und Rechtsuchenden zu weiteren Schritten rät, die von der Police gedeckt sind. Pauschalurteile sind mithin zu vermeiden.

3. Würdigung der gesetzlichen Regelung

32 Das Zusammenspiel von Rechtsschutzversicherungsrecht und Rechtsdienstleistungsrecht ist nicht frei von vermeidbaren Unklarheiten und Ungereimtheiten. RDG und reformiertes VVG wirken nicht passgenau aufeinander abgestimmt. Wenn die Hauptleistungspflicht des Rechtsschutzversicherers in der Gewährung von Rechtsschutz im weitesten Sinne zu erblicken sein sollte, wie es § 125 und moderne AVB nach dem Modell der ARB 2010 und ARB 2012 nahelegen, wäre der Anwendung von §§ 4 und 5 RDG jede Grundlage entzogen. Die Zulässigkeit von Rechtsdienstleistungen des VR müsste sich dann aus § 125 ergeben oder wäre ganz zu verneinen – letztlich keine sinnvolle und wünschenswerte Alternative. Voll handhabbar wird das Rechtsdienstleistungsrecht de lege lata nur dann, wenn man Rechtsdienstleistungen des Rechtsschutzversicherers als Gegenstand einzelner Nebenleistungspflichten separiert: dann greift die grundsätzliche Erlaubnis gemäß § 5 RDG und ausnahmsweise das Verbot gemäß § 4 RDG bei Unvereinbarkeit. Es erscheint aber insgesamt wenig glücklich, das Pflichtenprogramm im Rechtsschutzversicherungsvertrag nach Maßgabe des Rechtsdienstleistungsrechts zu bestimmen. Vorzugswürdig ist eine versicherungsvertragsrechtliche Anknüpfung. Wenn der Reformgesetzgeber 2008 die Überarbeitung des VVG nicht zum Anlass genommen hat, das Pflichtenprogramm in der Rechtsschutzversicherung näher zu präzisieren, um die Möglichkeit zukünftiger Produktentwicklung offen zu halten, spricht das letztlich ebenfalls gegen eine typisierende Fixierung nach Maßgabe des Rechtsdienstleistungsrechts. Selbst wenn man die Annahme einer einheitlichen Pflicht des VR zur Rechtsschutzgewährung gegenwärtig ablehnt, wäre doch einer künftigen Entwicklung in diese Richtung der Weg verstellt. Der Gesetzgeber ist gut beraten, die Materie einer klärenden Lösung zuzuführen.

---

89 Hierzu bereits Rn. 28 m.N.

B. Europarechtliche Rahmung

I. Allgemeine privatversicherungsrechtliche Vorgaben

Die Rechtsschutzversicherung steht wie das gesamte Privatversicherungsrecht unter erheblichem europarechtlichem Einfluss.[90] Die europäischen Grundfreiheiten der Niederlassungsfreiheit (Art. 49 ff. AEUV), Dienstleistungsfreiheit (Art. 56ff. AEUV) sowie der Kapital- und Zahlungsverkehrsfreiheit setzen essentielle Parameter für den Betrieb des Privatversicherungsgeschäfts in Europa. Hinzu kommen wichtige Grundgewährleistungen in Gestalt von Menschenwürdegarantie (Art. 1 EUGRCh), Recht auf Freiheit (Art. 6 EUGRCh), Berufsfreiheit (Art. 15 EUGRCh), unternehmerischer Freiheit (Art. 16 EUGRCh) und Eigentumsrecht (Art. 17 EUGRCh), denen unter anderem auch eine Gewährleistung der Privatautonomie entnommen werden kann.[91] Diesen Rahmen gestalten zahlreiche Richtlinien von privatversicherungsrechtlichem Gehalt aus, die zum Teil auch für die Rechtsschutzversicherung relevant sind, daneben existieren einige privatversicherungsrechtsrelevante Verordnungen.[92] In der Phase der Vertragsanbahnung bestehen richtlinienrechtliche Vorgaben für umfassende Informationspflichten des VR, wenn der VN eine natürliche Person ist.[93] Zusätzliche Informationspflichten sind durch die Richtlinie über Versicherungsvermittlung vorgegeben, darüber hinaus Dokumentationspflichten bei tatsächlich erfolgter Raterteilung.[94] Das Erfordernis der Verbraucherinformation vor Vertragsschluss steht dem früher üblichen Verfahren nach dem sogenannten Policenmodell entgegen.[95] Nach Art. 6 der Finanzdienstleistungsfernabsatzrichtlinie muss ein Verbraucher im Fernabsatz abgeschlossene Versicherungsverträge grundsätzlich innerhalb von vierzehn Tagen widerrufen können.[96] Die Einbeziehung und Inhaltskontrolle von ARB unterliegt dem gemeineuropäischen AGB-rechtlichen Mindeststandard, wie er in der Richtlinie über missbräuchliche Klauseln in Verbraucherverträgen niedergelegt ist.[97] 33

II. Besondere Vorgaben für die Rechtsschutzversicherung

1. Rechtsquellen, Regelungsgegenstände und Anwendungsbereich

Europarechtliche Vorgaben mit spezifischem Bezug zur Rechtsschutzversicherung finden sich in den Art. 198–205 Solvabilitäts-RiL II, die mit Wirkung zum 1.1.2016 an die Stelle der alten Rechtsschutzversicherungs-RiL getreten ist (Art. 310 Solvabilitäts-RiL II).[98] Die Solvabilitätsrichtlinie II enthält neben aufsichtsrechtlichen und anderen Rechtsvorschriften insbesondere auch versicherungsvertragsrechtliche Vorgaben für die Rechtsschutzversicherung, die für das Verständnis und die Anwendung des geltenden nationalen Rechts von Bedeutung sind. Neben dem Versicherungsvertragsrecht sind für das Gesamtverständnis auch die aufsichtsrechtlichen und sonstigen europarechtlichen Vorgaben von Interesse. Der Anwendungsbereich erstreckt sich auf die Rechtsschutzversicherung im Sinne von Anhang I, Teil A, Zweig 17 der Richtlinie (Art. 198 Abs. 1 Solvabilitäts-RiL II).[99] Haftpflichtversicherung (Zweige 10 bis 13) sowie direkte und indirekte Kautionsversiche- 34

---

90 Im Überblick hierzu *Armbrüster* Rn. 2246 ff.; Beckmann/Matusche-Beckmann/*Mönnich* § 2 Rn. 1 ff.; *Bruns* § 36 Rn. 1 ff. m.N.

91 *Bruns* JZ **2007** 385, 392 l.Sp.

92 *Bruns* § 36 Rn. 4 f.

93 Hierzu Beckmann/Matusche-Beckmann/*Mönnich* § 2 Rn. 48 ff. m.N.

94 Näher *Bruns* § 12 Rn. 1 ff., § 36 Rn. 8.

95 *Bruns* § 9 Rn. 2, § 36 Rn. 9.

96 Beckmann/Matusche-Beckmann/*Mönnich* § 2 Rn. 116.

97 Zu den Einzelheiten Langheid/Wandt/*Bruns* Vor §§ 307–309 BGB Rn. 17 ff. m.N.; *Bruns* § 10 Rn. 1 ff.

98 Zur Versicherungsaufsicht in Europa im Überblick *Bruns* § 33 Rn. 19 ff.

99 Zum Begriff der Rechtsschutzversicherung bereits Rn. 8.

rung (Zweig 15) sind folglich ausgenommen. Keine Anwendung findet die Regelung auf die Rechtsschutzversicherung im Zusammenhang mit Rechtsschutzfällen aus dem Einsatz von Schiffen auf See (Art. 198 Abs. 2 lit. a Solvabilitäts-RiL II). Ebenfalls ausdrücklich ausgenommen ist die Tätigkeit von Haftpflichtversicherungsunternehmen zur Verteidigung oder Vertretung ihrer Versicherten im Rahmen von Gerichts- oder Verwaltungsverfahren, wenn diese Tätigkeit aufgrund dieser Versicherung auch im eigenen Interesse des VR liegt (Art. 198 Abs. 2 lit. b Solvabilitäts-RiL II), was angesichts der Beschränkung des Anwendungsbereichs auf Rechtsschutzversicherung im Sinne von Anhang I, Teil A, Zweig 17 letztlich redundant erscheint. Die Mitgliedstaaten können überdies unter bestimmten Voraussetzungen die Tätigkeit von Rechtsschutzversicherern vom Anwendungsbereich der richtlinienrechtlichen Vorgaben ausnehmen, soweit sie Beistandsleistungen zugunsten von Personen auf Reisen oder während der Abwesenheit von ihrem Wohnsitz oder gewöhnlichen Aufenthalt betrifft (Art. 198 Abs. 2 lit. c Solvabilitäts-RiL II), wovon der deutsche Gesetzgeber – soweit ersichtlich – bislang keinen Gebrauch gemacht hat.

2. Versicherungsvertragsrecht

35 **a) Gegenständliche Trennung in der Vertragsgestaltung.** Das Richtlinienrecht schreibt für die Rechtsschutzversicherung eine besondere gegenständliche Trennung vor (Art. 199 Solvabilitäts-RiL II). Die Rechtsschutzgarantie muss danach entweder Gegenstand eines von den anderen Versicherungszweigen gesonderten Vertrages oder eines gesonderten Kapitels einer Police mit Angabe der Rechtsschutzgarantie und – wenn es der Mitgliedstaat vorschreibt – der entsprechenden Prämie sein. Der Begriff der *„Police“* ist unklar und auslegungsbedürftig. Entweder es handelt sich dabei um den Versicherungsschein, den die im deutschen Versicherungsrecht ganz h.M. als textförmliche oder urkundliche Erklärung des VR über den Versicherungsvertrag definiert (§ 3 Abs. 1 a.F. 1908),[100] oder es handelt sich – entsprechend der etwas schillernden angloamerikanischen Terminologie[101] – um den Versicherungsvertrag einschließlich der AVB selbst oder um beides. Die Überschrift von Art. 199 Solvabilitäts-RiL II *„Gesonderte Verträge“* spricht gegen die erste Lesart und für eine der beiden anderen Lösungen, der Regelungszweck der Typenklarheit und Transparenz eher für die letzte Möglichkeit, weil die vertragliche Sonderung aus Gründen der Transparenz auch Eingang in den Inhalt der Police finden sollte. Deshalb ist davon auszugehen, dass *„Police“* im Sinne von Art. 199 den Versicherungsvertrag und den Versicherungsschein meint.

36 Auf der Grundlage dieses Normverständnisses ergibt sich die grundsätzliche europarechtliche Zulässigkeit der Verbindung von Rechtsschutzversicherung und einer anderen Versicherungsart. Die Kombination der Rechtsschutzgarantie mit mehreren Versicherungen anderer Zweige ist nach Art. 199 Solvabilitäts-RiL II ebenfalls grundsätzlich zulässig. Unklar ist, ob sich die Regelung lediglich auf Fälle der äußeren Verbindung mehrerer eigenständiger Verträge in einer Urkunde bezieht oder ob Typenkombinationsverträge oder gar Typenverschmelzungsverträge miterfasst sind. Eindeutig in den Anwendungsbereich von Art. 199 Solvabilitäts-RiL II fällt zweifelsohne die äußere urkundliche Verbindung verschiedener Versicherungsverträge. Unzulässig dürfte hingegen die äußere Verbindung von einer Rechtsschutzversicherung mit einem versicherungsfremden Geschäft in einer einheitlichen Urkunde sein, weil es sich dann nicht mehr um eine *„Police“* im Sinne eines einheitlichen *Versicherungs*vertrages handelt. Ebenfalls unklar ist dabei, ob und gegebenenfalls inwieweit das mitgliedstaatliche Versicherungsvertragsrecht derartige Kombinationen zulassen muss, um den richtlinienrechtlichen Anforderungen zu entsprechen.

37 Bei einer *inhaltlichen* Verbindung mehrerer Verträge zu einem einheitlichen Gesamtvertrag muss die Anwendung von Art. 199 Solvabilitäts-RiL II aber ausscheiden, wenn das Gesamtprodukt keine Rechtsschutzversicherung mehr darstellt, weil es dann an der Grundvoraussetzung gemäß

100 Statt vieler Bruns § 14 Rn. 53.

101 New Appleman on Insurance Law Vol. 1 § 5.01; New Appleman Insurance Law Practice Guide 2022 Vol. 1 Ch. 3.04; Black's Law Dictionary, 8. Aufl. (2004) 820 f. („Insurance Policy“).

Art. 198 Abs. 1 Solvabilitäts-RiL II fehlt. Das könnte zu dem paradox anmutenden Ergebnis führen, dass die Parteien das Trennungsgebot des Art. 199 Solvabilitäts-RiL II dadurch umgehen können, dass sie eine möglichst enge inhaltliche Verknüpfung von Rechtsschutzgarantie und anderen Arten der Versicherungsdeckung vereinbaren, die einen atypischen Versicherungsvertrag darstellen, der nicht mehr als Rechtsschutzversicherung einzuordnen ist. Das gilt entsprechend für die inhaltliche Verschmelzung von Rechtsschutzgarantie und versicherungsfremden Geschäften, deren Ergebnis nicht mehr als *Versicherungs*vertrag typisiert werden kann. Beide Überlegungen sprechen dafür, dass die Gestaltungsfreiheit der Vertragsparteien im Hinblick auf Typenkombinationen und Typenverschmelzung in der Rechtsschutzversicherung kraft Europarechts nicht unbeschränkt ist, weil sonst unter Umständen unerwünschte Umgehungsmöglichkeiten eröffnet sein könnten. Die europarechtliche Typisierung der Rechtsschutzversicherung ist auch deshalb bei der Auslegung der §§ 125 bis 129 zu berücksichtigen, um Europarechtskonformität zu gewährleisten. Das richtlinienrechtliche Trennungsgebot wirkt dabei allerdings insgesamt wenig durchdacht und sehr unscharf, sodass Zweifel angebracht sind, ob es sein Regelungsziel zu erreichen geeignet ist.

b) Die freie Wahl des Rechtsanwalts und ihre Grenzen

aa) Grundsatz der Wahlfreiheit. Eine zentrale europäische versicherungsvertragsrechtliche 38
Gewährleistung ist die freie Wahl des Rechtsanwalts (Art. 201 Solvabilitäts-RiL II). Rechtsanwalt ist jede Person, die ihre beruflichen Tätigkeiten gemäß der Richtlinie 77/249/EWG des Rates vom 22. März 1977 zur Erleichterung der tatsächlichen Ausübung des freien Dienstleistungsverkehrs der Rechtsanwälte ausüben darf (Art. 201 Abs. 2 Solvabilitäts-RiL II).[102] Zu gewährleisten ist die Verteidigung, Vertretung bzw. Interessenwahrnehmung durch einen vom Versicherten frei wählbaren Rechtsanwalt oder eine nach mitgliedstaatlichem Recht entsprechend qualifizierte Person (Art. 201 Abs. 1 lit. a Solvabilitäts-RiL II). Die Garantie schließt die Möglichkeit ein, zwischen anwaltlicher und sonstiger Interessenwahrnehmung zu wählen, wenn das mitgliedstaatliche Recht die Interessenwahrnehmung durch andere Personen als Anwälte eröffnet. Unklar ist, ob und gegebenenfalls inwieweit das europäische Richtlinienrecht die Reichweite zulässiger Interessenwahrnehmung durch andere Personen als Rechtsanwälte mit präjudiziert, weil eingeschränkte Zulässigkeit alternativer Interessenvertretung zwangsläufig die Reichweite des Wahlrechts mit berührt. Das könnte prima vista für einen europarechtlichen normativen Kern sprechen. Näher besehen würde damit aber der Regelungsgehalt der für die Rechtsschutzversicherung konzipierten Richtlinienregelung überdehnt, weil ohne Grund und letztlich ohne zureichende Kompetenz tief in das mitgliedstaatliche Verfahrensrecht eingegriffen würde. Die Reichweite zulässiger Interessenwahrnehmung durch andere Personen als Rechtsanwälte bleibt deshalb dem Mitgliedstaatenrecht vorbehalten. Die freie Anwaltswahl darf nach der Rechtsprechung des EuGH auch für Sammelklagen nicht beschränkt werden.[103]

Die Freiheit der Wahl eines Rechtsanwalts zur Interessenvertretung schließt den Fall der 39
Interessenkollision zwischen VN bzw. Versichertem und Rechtsschutzversicherer ausdrücklich mit ein (Art. 201 Abs. 1 lit. b Alt. 1 i.V.m. Art. 204 Solvabilitäts-RiL II). Hinsichtlich anderer Personen mit entsprechender Qualifikation ist unklar, ob und inwieweit mitgliedstaatliches Recht für die Zulässigkeit der Vertretung und des Wahlrechts maßgeblich ist (Art. 201 Abs. 1 lit. b Alt. 2 Solvabilitäts-RiL II). Die Formulierung des Normtextes in Art. 201 Abs. 1 lit. b Alt. 2 Solvabilitäts-RiL II weicht insoweit von Art. 201 Abs. 1 lit. a Solvabilitäts-RiL II ab, weil unklar ist, ob sich der Zulässigkeitsvorbehalt zugunsten des Mitgliedstaatenrechts nur auf die Zulässigkeit der Vertretung durch eine andere Person bezieht oder auf die Zulässigkeit der Wahl. Weil Eingriffe in das mitgliedstaatliche Verfahrensrecht weder vom Regelungszweck der richtlinienrechtlichen Vorgaben für die

102 ABl. EG Nr. L 78 vom 26.3.1977 S. 17.

103 EuGH 10.9.2009 – C-199/08, NJW **2010** 355, 357 (für die inhaltsgleiche Vorgängerregelung in der Rechtsschutzversicherungs-RiL).

Rechtsschutzversicherung gefordert noch kompetenziell gedeckt sind, ist auch insoweit davon auszugehen, dass die Mitgliedstaaten durch Art. 201 Abs. 1 lit. b Alt. 2 Solvabilitäts-RiL II nicht in der Ausgestaltung der Reichweite zulässiger Interessenvertretung eingeschränkt sind. Der Regelungszweck der Richtlinie ist deshalb gewahrt, wenn im Rahmen der Zulässigkeit der Vertretung durch Nicht-Rechtsanwälte nach Mitgliedstaatenrecht eine freie Wahl des VN bzw. Versicherten gewahrt ist.

40 **bb) Ausnahmen.** Die Mitgliedstaaten können die Rechtsschutzversicherung vom Erfordernis der Gewährleistung freier Anwaltswahl freistellen, wenn vier Voraussetzungen kumulativ erfüllt sind (Art. 202 Abs. 1 Solvabilitäts-RiL II): 1. Es muss sich um eine Versicherung von Rechtsschutzfällen handeln, die sich aus dem Einsatz von Straßenfahrzeugen im Hoheitsgebiet des betreffenden Mitgliedstaats ergeben (Art. 202 Abs. 1 lit. a Solvabilitäts-RiL II), 2. die Versicherung ist an den Vertrag über den Beistand gebunden, der bei einem Unfall mit oder einem Schaden an einem Straßenfahrzeug zu gewähren ist (Art. 202 Abs. 1 lit. b Solvabilitäts-RiL II), 3. weder der Rechtsschutzversicherer noch der Beistandsversicherer decken Haftpflichtversicherungszweige (Art. 202 Abs. 1 lit. c Solvabilitäts-RiL II) und 4. es werden Vorkehrungen getroffen, damit die Rechtsberatung und die Vertretung der Parteien in einem Streitfall durch völlig unabhängige Rechtsanwälte sichergestellt wird, wenn diese Parteien bei ein und demselben VR rechtsschutzversichert sind (Art. 202 Abs. 1 lit. d Solvabilitäts-RiL II). Eine solche Freistellung entbindet den Mitgliedstaat nicht von der Umsetzung der aufsichtsrechtlichen Anforderungen an die Verwaltung der Schadensfälle (Art. 202 Abs. 2, 200 Solvabilitäts-RiL II).

41 **c) Hinweispflichten.** Im Fall einer Interessenkollision oder bei Uneinigkeit über die Regelung des Streitfalls muss der Rechtsschutzversicherer oder die Schadensregulierungsstelle den Versicherten auf sein Recht auf freie Wahl des Rechtsanwalts gemäß Art. 201 Abs. 1 Solvabilitäts-RiL II und die Möglichkeit eines Schiedsverfahrens im Sinne von Art. 203 Solvabilitäts-RiL II hinweisen. Ob die Hinweispflicht als vertragliche Pflicht auszugestalten ist oder ob eine aufsichtsrechtliche Lösung ausreichend oder geboten ist, lässt sich dem Wortlaut nicht entnehmen. Dem Gebot möglichst effektiver Umsetzung, wie es vom EuGH entwickelt worden ist (*effet utile*),[104] dürfte am ehesten die vertragsrechtliche Umsetzung gerecht werden. Im VVG findet sich zwar die vertragsrechtliche Pflicht zum Hinweis auf das Gutachterverfahren gemäß § 128 Satz 1 (§ 128 Satz 2),[105] aber keine wie auch immer ausgeformte vertragliche Pflicht zum Hinweis auf die freie Rechtsanwaltswahl. Darin ist ein Umsetzungsdefizit des deutschen Versicherungsvertragsrechts zu erblicken.[106]

3. Versicherungsaufsichtsrecht

42 Die Solvabilitätsrichtlinie II enthält darüber hinaus wichtige aufsichtsrechtliche Vorgaben über die Verwaltung von Schadensfällen, um die Qualität der Rechtsschutzversicherung zu sichern (Art. 200 Solvabilitäts-RiL II). Dafür stehen den Mitgliedstaaten drei als gleichwertig anzusehende Möglichkeiten zur Verfügung (Art. 200 Abs. 1 Solvabilitäts-RiL II): 1. personelle Trennung innerhalb von Versicherungs-Konzernen bzw. innerhalb von Mehrsparten-Unternehmen (Art. 200 Abs. 2 Unterabs. 1 und 2 Solvabilitäts-RiL II), 2. Ausgliederung der Rechtsschutz-Schadensverwaltung auf ein rechtlich selbständiges Unternehmen (Art. 200 Abs. 3 Solvabilitäts-RiL II) oder 3. Einräumung des vertraglichen Rechts des Versicherten, die Vertretung seiner Interessen gegenüber dem Rechts-

104 EuGH 14.12.1995 Slg. **1995** I-4599; *Calliess*/Ruffert Art. 4 EUV Rn. 55 ff.
105 Hierzu noch § 128 Rn. 33 ff.
106 Näher hierzu Calliess/*Ruffert* Art. 288 AEUV Rn. 46 ff.

schutzversicherer einem frei wählbaren Rechtsanwalt oder – soweit nach Mitgliedstaatenrecht zulässig – einem Rechtsbeistand zu übertragen (Art. 200 Abs. 4 Solvabilitäts-RiL II). Dabei zeigt sich einmal mehr, dass Versicherungsaufsichtsrecht und Versicherungsvertragsrecht nicht immer mit letzter Klarheit voneinander geschieden werden können,[107] sind doch die ersten beiden Wege dem Aufsichtsrecht, der letztgenannte dem Versicherungsvertragsrecht zuzuordnen. Die Vorgaben für die Verwaltung von Schadensfällen rechtfertigen die Aufhebung des aufsichtsrechtlichen Verbots einer Kumulierung von Rechtsschutzversicherung und anderen Versicherungszweigen (Art. 205 Solvabilitäts-RiL II).

4. Sonstige Vorgaben

Schließlich verlangt die Solvabilitätsrichtlinie II, dass die Mitgliedstaaten – unbeschadet des gerichtlichen Rechtsschutzes – ein Schiedsverfahren oder ein anderes Verfahren vorsehen, das vergleichbare Garantien für die Objektivität bietet (Art. 203 Satz 1 Solvabilitäts-RiL II). Dieses Recht ist dem VN bzw. Versicherten im Versicherungsvertrag einzuräumen (Art. 203 Satz 2 Solvabilitäts-RiL II). Dabei handelt es sich – je nachdem, welche Lösung die Mitgliedstaaten wählen – entweder um eine prozessuale Abrede oder um eine materiellrechtliche Vereinbarung. Der deutsche Gesetzgeber hat sich für die Variante eines Gutachterverfahrens oder eines anderen Verfahrens mit vergleichbaren Garantien für die Unparteilichkeit entschieden (§ 128).[108] 43

III. Würdigung

Die Regelung der Rechtsschutzversicherung in der Solvabilitätsrichtlinie II hinterlässt einen etwas durchwachsenen Eindruck. Die Gemengelage aus versicherungsvertraglichen, versicherungsaufsichtsrechtlichen und anderen Vorgaben zeigt teilweise erhebliche Unschärfen und wirft zahlreiche Zweifelsfragen auf. Zentrale Bedeutung für das Versicherungsvertragsrecht hat vor allem die Garantie freier Wahl des Rechtsanwalts, welche die Qualität und Leistungsfähigkeit der Rechtsschutzversicherung gewährleisten soll. Hinzu kommt das vertragsrechtliche Trennungsgebot mit im Einzelnen unklarer Kontur. Flankiert werden die versicherungsvertragsrechtlichen Vorgaben durch wichtige aufsichtsrechtliche Bestimmungen zur Verwaltung von Rechtsschutzfällen. Die Gesamtregelung weist in die richtige Richtung, leidet aber darunter, dass der EuGH bislang nur wenig Gelegenheit zur Konkretisierung der für die Rechtsschutzversicherung essentiellen Materie hatte. 44

C. Rechtsschutzversicherung und Verfassung

I. Grundsätze

Wie das gesamte Privatversicherungsrecht muss auch das Recht der Rechtsschutzversicherung verfassungsrechtlichen Vorgaben entsprechen.[109] Das Versicherungsvertragsrecht ist durch mittelbare Drittwirkung der Grundrechte bzw. die moderne Schutzpflichtenlehre, das Versicherungsaufsichtsrecht durch unmittelbare Grundrechtsbindung konstitutionell geprägt. Rechtsschutzversicherer und VN kommen – in den verfassungsimmanenten Grenzen – in den Genuss der verfassungsrechtlich 45

---

107 Zu Wechselbeziehungen zwischen Versicherungsvertragsrecht und Versicherungsaufsichtsrecht allgemein *Bruns* § 33 Rn. 1ff., 5.

108 Näher § 128 Rn. 18ff.

109 Allgemein hierzu und zum Folgenden *Bruns* § 7 Rn. 1ff. m.N.

garantierten Privatautonomie.[110] Der Gesetzgeber ist grundsätzlich gehalten, einen einfachgesetzlichen Mindestbestand von Normen vorzusehen, der den Betrieb von Privatversicherung ermöglicht. Hierher gehört im Ausgangspunkt die Bereitstellung eines Normenbestandes, der auch den Abschluss von Versicherungsverträgen mit Rechtsschutzdeckung ermöglicht. Dem entspricht die Regelung der §§ 145 ff. BGB im Zusammenspiel mit den §§ 1 ff. VVG. Dabei ist die AGB-rechtliche Inhaltskontrolle grundsätzlich gerechtfertigt, im Ausnahmefall unter Umständen sogar geboten.[111] Die Rechtsschutzdeckung des VN in Gestalt eines bedingten Anspruchs auf Freistellung oder Kostenerstattung ist als Eigentum im Sinne von Art. 14 Abs. 1 Satz 1 GG geschützt.[112] Hinzu kommt die verfassungsrechtliche Garantie verfahrensmäßiger Realisierung der Versicherungsforderung durch die Justizgewährleistung.[113] Die eigentliche Schwierigkeit besteht zweifelsohne in der Konkretisierung dieser weithin anerkannten allgemeinen Grundsätze in der Rechtsschutzversicherung.

II. Typisierung und Trennungsgebot

46 Der Gesetzgeber ist aufgrund des allgemeinen Gleichheitssatzes (Art. 3 Abs. 1 GG) im Rahmen eines weiten gesetzgeberischen Gestaltungsspielraums zu sachgerechter Differenzierung berechtigt und verpflichtet. Dem entspricht im Kern die Schaffung versicherungsvertragsrechtlicher Spezialregelungen für bestimmte Versicherungszweige, die mit einer Typenbildung einhergeht. Gegen die gesonderte Typisierung der Rechtsschutzversicherung ist von Verfassungs wegen im Grundsatz nichts zu erinnern. Indessen wird man nicht ohne Weiteres davon ausgehen können, dass die Spezialregelung der §§ 125 bis 129 insgesamt verfassungsrechtlich geboten ist. Vielmehr dürften das allgemeine Versicherungsvertragsrecht und die Regelung über die Schadensversicherung als gesetzliche Mindestnormierung verfassungsrechtlich ausreichen. Doch ist die Typenbildung in § 125 europarechtlich zwingend erforderlich, um die versicherungsvertragsrechtlichen Vorgaben der Art. 198 bis 205 Solvabilitäts-RiL II in deutsches Recht umzusetzen.[114] Das gilt im Hinblick auf das Gebot der Trennung von Rechtsschutzversicherung und anderen Versicherungsarten grundsätzlich entsprechend.

III. Freie Wahl des Rechtsanwalts

47 Die Ausübung der gesetzlich vorgesehenen freien Wahl des Rechtsanwalts fällt sicherlich in den Schutzbereich der Privatautonomie (Art. 1 Abs. 1, 2 Abs. 1, 14 Abs. 1 GG) unter Umständen auch unter den Schutz der Rechtsschutzgewährleistung (Art. 2 Abs. 1, 14 Abs. 1, 20 Abs. 3 GG), soweit die Verwirklichung gerichtlicher Rechtswahrnehmung in Frage steht. Unabhängig von den europarechtlichen Vorgaben unterliegt auch die verfassungsrechtliche Zulässigkeit einer gesetzlichen unabdingbaren Garantie der freien Anwaltswahl in der Rechtsschutzversicherung letztlich keinem ernsthaften Zweifel, weil sie im Kern der Qualitätssicherung und der Schutzbedürftigkeit des VN entspricht. Hingegen ist nicht eindeutig, ob die einfachgesetzliche Garantie der freien Wahl des Rechtsanwalts, wie sie das Europarecht verlangt, auch von Verfassungs wegen zwingend geboten ist. Das könnte zwar der Fall sein, wenn ohne freie Anwaltswahl die Erreichung des Vertrags-

---

110 *Bruns* § 7 Rn. 3 ff. m.N.

111 *Bruns* § 7 Rn. 4; Langheid/Wandt/*Bruns* Vor §§ 307–309 BGB Rn. 67 ff., 71.

112 *Bruns* § 7 Rn. 6; für die Lebensversicherung BVerfG 26.7.2005 – 1 BvR 782/94 u. 1 BvR 957/96, BVerfGE **114** 1 ff.; BVerfG 26.7.2005 – 1 BvR 80/95, E **114** 73ff. (jeweils zur Überschussbeteiligung); BVerfG 15.2.2006 – 1 BvR 1317/96, VersR **2006** 489 (Rückkaufswerte).

113 BVerfG 3.7.1973 BVerfGE **35** 348, 361; BVerfG 8.11.1988 E **79** 80, 84; BVerfG 12.2.1992 E **85** 337, 345; BVerfG 2.3.1993 E **88** 118, 123; BVerfG 20.6.1995 E **93** 99, 107; BVerfG 27.1.1998 E **97** 169, 184; BVerfG 15.6.1992 NJW **1992** 2411, 2412; BVerfG 3.2.2003 NJW-RR **2003** 1164; *Baur/Stürner/Bruns* Zwangsvollstreckungsrecht Rn. 7.1; *Bruns* § 7 Rn. 8.

114 Siehe Rn. 34 ff.

zwecks für den strukturell schwächeren VN erheblich gefährdet wäre. Ein entsprechender Schutz des VN ließe sich aber durchaus auch durch eine Inhaltskontrolle nach AGB-Recht erzielen (§ 307 BGB). Das spricht gegen die verfassungsrechtliche Notwendigkeit einer ausdrücklichen gesetzlichen Garantie, die freilich den Schutz des VN erheblich stärkt.

D. Dreiecksverhältnis zwischen Versicherer, Versicherungsnehmer und Rechtsanwalt

I. Die drei Rechtsverhältnisse

Die Rechtsschutzversicherung ist typologisch geprägt durch das Dreiecksverhältnis zwischen dem VR, dem VN und seinem Rechtsanwalt.[115] Im Zentrum des versicherungsvertragsrechtlichen Interesses steht naturgemäß das Versicherungsverhältnis zwischen dem Rechtsschutzversicherer und dem VN. Praktisch wichtige Fragen stellen sich aber auch im Mandatsverhältnis zwischen dem VN und dem Rechtsanwalt. Schließlich ist das Rechtsverhältnis zwischen Rechtsanwalt und VR zu betrachten. 48

II. Versicherungsverhältnis zwischen Versicherer und Versicherungsnehmer

Das Versicherungsverhältnis zwischen dem Rechtsschutzversicherer und dem VN ist Hauptgegenstand der versicherungsvertragsgesetzlichen Regelung der §§ 125 bis 129.[116] Als Schadensversicherung unterliegt die Rechtsschutzversicherung den für alle Versicherungszweige geltenden Regeln des Privatversicherungsrechts und den allgemeinen Vorschriften für die Schadensversicherung. Der mit der Wahrnehmung der rechtlichen Interessen betraute Rechtsanwalt wird, soweit er im Auftrag seines Mandanten die Abwicklung des Rechtsschutzfalles erledigt, zum Repräsentanten des VN.[117] Deshalb sind dem VN Wissen, Verhalten und Verschulden des Rechtsanwalts insoweit zuzurechnen. Die Einzelheiten sind in den Grenzen kautelarjuristischer Gestaltungsfreiheit der Ausformung in ARB zugänglich. 49

III. Mandatsverhältnis zwischen Versicherungsnehmer und Rechtsanwalt

Das Mandatsverhältnis zwischen dem VN und seinem Rechtsanwalt ist nach ganz h.M. ein besonderer Geschäftsbesorgungsdienstvertrag (§§ 675, 611 BGB).[118] Der Beweis einer vom Rechtsschutz durch den VR unabhängigen Mandatierung obliegt nach obergerichtlicher Rechtsprechung dem Rechtsanwalt.[119] Die Einholung der Deckungszusage und die Führung der Korrespondenz mit dem Rechtsschutzversicherer sind nach h.L. Gegenstand eines eigenständigen Auftrags (§ 15 RVG), für den eine gesonderte Vergütung anfällt (VV 2300).[120] Nach der Gegenansicht handelt es sich – wie bei den Kosten des Prozesskostenhilfeverfahrens (§ 16 Nr. 2 RVG) – lediglich um einen Annex zum Mandat.[121] Wieder andere nehmen einen gesondert zu vergütenden eigenständigen Auftrag nur 50

---

115 Langheid/Wandt/*Obarowski* Anh. zu § 125 Rn. 414 ff.; *Bruns* § 23 Rn. 19.

116 Im Überblick *Bruns* § 23 Rn. 20 ff.

117 Langheid/Wandt/*Obarowski* Anh. zu § 125 Rn. 400; *Bruns* § 23 Rn. 21.

118 BGH 20.10.1964 NJW **1965** 106; *Bruns* § 23 Rn. 23.

119 OLG Düsseldorf 6.11.1975 VersR **1976** 892; OLG Nürnberg 29.6.1989 NJW-RR **1989** 1370, 1371; OLG Naumburg 30.9.2002 BeckRS **2002** 30285619; str.

120 Gerold/Schmidt/*Müller-Rabe* § 1 RVG Rn. 324 m.w.N.

121 OLG München 4.12.1990 JurBüro **1993** 163.

dann an, wenn die Deckungspflicht des VR zweifelhaft ist und der Rechtsanwalt gerade deshalb eingeschaltet wird.[122] Schließlich wird vertreten, die Einholung der Deckungszusage sei zwar eine besondere Angelegenheit im Sinne von § 15 RVG, doch treffe den Rechtsanwalt eine besondere Hinweispflicht gegenüber seinem Mandanten, wenn er eine gesonderte Vergütung beanspruchen wolle.[123] Richtigerweise ist der h.L. ohne Einschränkung zu folgen, weil es um die Wahrnehmung rechtlicher Interessen des Mandanten in einem separaten zivilrechtlichen Rechtsverhältnis geht. Von einer bloßen Annexsache kann keine Rede sein. Die Abgrenzung nach Streitigkeit der Deckungspflicht ist letztlich ungeeignet, weil die Kostenpflichtigkeit von Anfang an zweifelsfrei feststehen muss. Und die teilweise postulierte Hinweispflicht des Rechtsanwalts findet im geltenden Recht letztlich keine Stütze. Eine andere Frage ist, ob der VR Rechtsschutz auch insoweit zu gewähren hat: das beurteilt sich nach der zulässigen Bestimmung des Leistungsumfangs in den ARB.[124] Obliegenheitsverletzungen durch den Rechtsanwalt, die den Versicherungsschutz schmälern, können Schadensersatzansprüche des Mandanten und VN begründen (§§ 675, 611, 280 BGB). Mit begründeten Schadensersatzforderungen kann der Mandant gegen die anwaltliche Honorarforderung aufrechnen (§§ 389, 387, 388 BGB).[125]

IV. Rechtsverhältnis zwischen Rechtsanwalt und Versicherer

51 Im Verhältnis zwischen dem vom VN mandatierten Rechtsanwalt und dem Rechtsschutzversicherer bestehen grundsätzlich keine vertraglichen Rechtsbeziehungen.[126] Aufklärung über Prozessrisiken und Durchführung des Anwaltsvertrages schuldet der Rechtsanwalt allein seinem Mandanten; in diesem Mandatsverhältnis ist der Rechtsschutzversicherer auch nicht Erfüllungsgehilfe des VN.[127] Schadensersatzansprüche des VN gegen den Rechtsanwalt können jedoch im Wege der Legalzession gemäß § 86 Abs. 1 Satz 1 auf den Rechtsschutzversicherer übergehen.[128] Beispielsfälle aus der Praxis sind die Führung eines aussichtslosen Prozesses[129] oder die Erhebung einer unschlüssigen Klage.[130] Die Deckungspflicht des Rechtsschutzversicherers lässt den Schaden des Mandanten und VN nicht entfallen.[131] Auch Herausgabeansprüche (§§ 675 Abs. 1, 667 BGB) können von der Legalzession erfasst werden.[132] Diesen folgen in analoger Anwendung von §§ 412, 401 BGB Ansprüche auf Auskunft und Rechnungslegung (§ 666 BGB), die darauf zielen, ihren Gegenstand und Betrag zu ermitteln.[133] Darüber hinaus können quasivertragliche Ansprüche bestehen, wenn der Rechtsanwalt gegenüber dem VR besonderes Vertrauen in Anspruch genommen hat (§§ 280 Abs. 1, 241 Abs. 2, 311 Abs. 3 BGB). Möglicherweise kommt auch ein Anspruch auf Herausgabe des

---

122 OLG Schleswig 10.5.1979 JurBüro **1979** 1321, 1322; *Vassel* ZVersWiss **1980** 491, 495.

123 Grundsätzlich dafür Langheid/Wandt/*Obarowski* Anh. zu § 125 Rn. 425; für einen Sonderfall auch OLG Stuttgart 6.8.2002 JurBüro **2003** 585, 587 (mittellose Mandantin); *Henke* AnwBl. **2009** 207.

124 Hierzu Bruck/Möller/*Bruns* § 5 ARB 2010 Rn. 1 ff.

125 Z.B. OLG Koblenz 8.11.2000 MDR **2001** 720; OLG Hamburg 13.3.2002 AnwBl. **2003** 114, 115.

126 Langheid/Wandt/*Obarowski* Anh. zu § 125 Rn. 419; *Bruns* § 23 Rn. 24.

127 OLG Köln 23.5.2019 – 24 U 123/18 (juris).

128 Hierzu *Dallwig* RuS **2020** 181; *Cornelius-Winkler* RuS **2020** 431.

129 BGH 16.9.2021 – IX ZR 165/19, NJW **2021** 3324 m. Anm. *Borgmann*; OLG Frankfurt 23.8.2019 – 7 U 99/18 (juris); OLG Köln 29.6.1993 RuS **1994** 220; OLG Köln 3.3.2020 – 9 U 77/19, RuS **2020** 709 (Erteilung der Deckungszusage durch den Rechtsschutzversicherer lässt das Verhältnis von VN und Rechtsanwalt unberührt); OLG München 25.11.2020 – 15 U 2415/20 Rae, RuS **2021** 151; LG Karlsruhe 24.7.2020 – 3 O 13/19, RuS **2020** 638, 639.

130 OLG Koblenz 16.2.2006 – 5 U 271/05, NJW **2006** 3150.

131 OLG Köln 29.6.1993 RuS **1994** 220, 221; OLG Koblenz 16.2.2006 – 5 U 271/05, NJW **2006** 3150.

132 BGH 10.6.2021 – IX ZR 76/20, NJW **2021** 2589, 2591 f. m.w.N. m. Anm. *Schneider* (Herausgabeanspruch des VN gegen den Prozessbevollmächtigten nach Erstattung unverbrauchter Gerichtskosten); hierzu auch *Graf/Johannes* VersR **2020** 871, 876.

133 BGH 13.2.2020 – IX ZR 90/19, NJW **2020** 1585, 1586 m. zust. Anm. *Schwintowski*.

Erlangten aus Geschäftsführung ohne Auftrag in Betracht (§§ 667, 681 Satz 2 BGB).[134] Der VR hat unter Umständen Rückzahlung eines nicht eingezahlten Gerichtskostenvorschusses aus ungerechtfertigter Bereicherung zu verlangen, gegen den der Rechtsanwalt grundsätzlich nicht aufrechnen kann.[135]

134 Beispielsfall OLG Saarbrücken 6.6.2007 – 5 U 482/06-60, VersR **2007** 1554, 1555 f. – fragwürdig.
135 OLG Düsseldorf 1.2.2010 – I-24 U 156/09, VersR **2010** 1031.

§ 125 VVG Leistung des Versicherers

Bei der Rechtsschutzversicherung ist der Versicherer verpflichtet, die für die Wahrnehmung der rechtlichen Interessen des Versicherungsnehmers oder des Versicherten erforderlichen Leistungen im vereinbarten Umfang zu erbringen.

Schrifttum

Armbrüster Die Deckungsabfindung in der Rechtsschutzversicherung, VersR **2022** 1197; *Buschbell/Hering* Handbuch Rechtsschutzversicherung 6. Aufl. (2015); *Eberhardt* Rechtsschutzversicherung im Wandel, VersR **2013** 802; *Harbauer* Rechtsschutzversicherung 8. Aufl. (2010); *Heinsen* Rechtsschutzversicherer und Anwälte in einem Boot, VW **2013** 18; *Hellberg/D.H. Wendt* Die Mediation in der Versicherungspraxis, VW **2009** 1336; *Henssler* Rechtsschutzversicherungen und Rechtsverfolgungskosten, ZVersWiss **1999** 3; *Langheid* Die Reform des Versicherungsvertragsgesetzes, 2. Teil: Die einzelnen Versicherungssparten, NJW **2007** 3745; *Obarowski* Rechtsschutzversicherung: Hinweise für die anwaltliche Praxis – unter besonderer Berücksichtigung des Arbeitsrechts, VersR **2006** 1178; *Plote* Anwalt und Rechtsschutzversicherung, 2. Aufl. (2010); *Schons* Rechtsschutzversicherer – Partner, Kontrolleur oder des Anwalts Konkurrent? AnwBl. **2010** 861; *D.H. Wendt* Leistungspflichten des Rechtsschutzversicherers nach § 125 VVG, VersR **2014** 420; *R. Wendt* Der Rechtsschutzversicherer und sein „durchschnittlicher Versicherungsnehmer", MDR **2012** 821.

Übersicht

https://doi.org/10.1515/9783110522709-002

I. Gesetzgebungsgeschichte und Bedeutung

1. Gesetzgebungsgeschichte

1 Die Einleitungsnorm des zweiten Kapitels des zweiten Teils ist bei der Reform des Versicherungsvertragsgesetzes, die am 1. Januar 2008 in Kraft getreten ist, neu ins Gesetz aufgenommen worden.[1] Anders als der Rest der Regelung der Rechtsschutzversicherung findet sie in der Vorgängerregelung der §§ 158l bis 158o a.F., die erst zur Umsetzung der Rechtsschutzversicherungsrichtlinie ins VVG aufgenommen worden war,[2] keine Entsprechung. Der Gesetzgeber hat sich bei der Formulierung an gängige ARB angelehnt.[3] Sie gilt für Versicherungsverhältnisse, die ab 1.1.2008 entstanden sind, ohne Weiteres (Art. 1 Abs. 1 EGVVG). Auf vor diesem Stichtag entstandene Versicherungsverhältnisse (Altverträge) findet die Vorschrift seit 1.1.2009 Anwendung (Art. 1 Abs. 1 EGVVG), soweit nicht bis 31.12.2008 ein Versicherungsfall eingetreten ist (Art. 1 Abs. 2 EGVVG). Nur in Bezug auf solche Versicherungsfälle hat es bei der Anwendung alten Rechts, das eine entsprechende Norm nicht kennt, bis dato sein Bewenden.

2. Bedeutung

2 Die Bedeutung der Vorschrift liegt in rechtssystematischer Hinsicht darin, dass nunmehr – wie in der Haftpflichtversicherung, der Berufsunfähigkeitsversicherung, der Unfallversicherung und der Krankenversicherung – auch in der Rechtsschutzversicherung eine gesetzliche Normierung der vertragstypischen Leistung des VR vorliegt. Die Gesetzesformulierung soll nach der erklärten Absicht des Gesetzgebers den hauptsächlich mit einer Rechtsschutzversicherung verfolgten wirtschaftlichen Zweck beschreiben.[4] Damit ist mehr oder weniger zwangsläufig eine vorsichtige Konturierung des gesetzlichen Leitbildes verbunden.[5] Dass der Gesetzgeber davon ausgeht, der Verzicht auf eine ausdrückliche Legaldefinition der Rechtsschutzversicherung sei der künftigen Produktentwicklung dienlich,[6] spricht letztlich nicht gegen diese Annahme. Im Gesamtgefüge mögen sich die Grenzen zwischen der Freiheit privatautonomer Gestaltung und gesetzlicher Bindung etwas zugunsten normativer Prägung verschoben haben. Die praktische Bedeutung der Vorschrift dürfte eher bescheiden bleiben. Doch können sich im Einzelfall, insbesondere bei der Inhaltskontrolle von AVB, durchaus erhebliche Konsequenzen ergeben.

II. Normzweck, Regelungsgehalt und Systematik

1. Normzweck

3 **a) Meinungsstand.** Der Normzweck der Vorschrift ist unklar und erschließt sich nicht ohne Weiteres. Einigkeit besteht weithin lediglich darin, welchen Zweck die Vorschrift nicht haben soll:

---

1 BGBl. 2007 I 2631.

2 Richtlinie 87/344/EWG des Rates vom 22.6.1987 zur Koordinierung der Rechts- und Verwaltungsvorschriften für die Rechtsschutzversicherung, ABl. EG Nr. L 185/77 vom 4.7.1987 S. 77.

3 Regierungsbegründung BTDrucks. 16/3945 S. 91 l.Sp.

4 *Ibid.*

5 Dahingehend auch Harbauer/*Schmitt* § 125 Rn. 3. In eine ähnliche Richtung Langheid/Wandt/*Obarowski* § 125 Rn. 1 (*„dem Begriff ‚Rechtsschutz' Konturen geben"*); teilweise **a.A.** noch Harbauer/*Bauer*[8] § 125 Rn. 1 (*„Für die Regulierungspraxis ist diese Bestimmung, die überflüssig ist, ohne Bedeutung."*). Näher zur Leitbildfunktion noch Rn. 4; allgemein zur Bedeutung des gesetzlichen Leitbildes für die Inhaltskontrolle von AVB Langheid/Wandt/*Bruns* § 307 BGB Rn. 54, 84.

6 Regierungsbegründung BTDrucks. 16/3945 S. 91 l.Sp.

Nach h.M. enthält sie entsprechend den Gesetzesmotiven weder eine gesetzliche Definition der Rechtsschutzversicherung noch des Versicherungsfalls.[7] Im Übrigen ist das Meinungsbild in der Literatur einigermaßen diffus. Nicht selten begnügt man sich mit einer Paraphrase der Gesetzesbegründung. Wie bereits erwähnt, soll die Vorschrift nach dem erklärten Willen des Gesetzgebers *„in Anlehnung an Formulierungen gängiger AVB den hauptsächlich mit einer Rechtsschutzversicherung verfolgten wirtschaftlichen Zweck"* beschreiben,[8] was eher auf eine tatsächliche Umschreibung hindeutet. Manche Autoren stellen – mit Unterschieden im Detail – die bloße Beschreibung des wirtschaftlichen Zwecks in den Vordergrund,[9] andere betonen eher den Charakter als gesetzliche Leistungsbeschreibung.[10] Wieder andere Stellungnahmen erblicken in der Vorschrift eine Bestimmung des Vertragszwecks mit einer gewissen Bedeutung für das gesetzliche Leitbild der Rechtsschutzversicherung.[11]

4 **b) Stellungnahme: Schaffung eines typenbildenden gesetzlichen Leitbildes.** Der vom Gesetzgeber verfolgte Zweck ist unklar und kommt in der Regierungsbegründung – wenn überhaupt – nur sehr unvollkommen zum Ausdruck. Richtig ist, dass es sich nicht um eine Legaldefinition der Rechtsschutzversicherung oder des Versicherungsfalls handelt. Das bedeutet nicht zwangsläufig, dass der Begriff der Rechtsschutzversicherung gesetzlich nicht determiniert wäre,[12] denn dass eine Rechtsschutzversicherung im Sinne der §§ 125 bis 129 vorliegt, ist Grundvoraussetzung der Anwendung der gesetzlichen Regelung. Der Begriff *„Rechtsschutzversicherung"* muss mithin normativ geprägt sein, nur liegt eben keine ausdrückliche Legaldefinition vor. Die Vorschrift kann deshalb aber keineswegs als überflüssig angesehen werden. Auch wenn der Gesetzgeber sich in der Formulierung an gängige AVB angelehnt hat, verändert sich der Charakter der Norm. Mit der Aufnahme ins Gesetz wird die ursprüngliche Vertragsnorm zur Gesetzesnorm. Das hat Bedeutung einmal für die Auslegung, für die bei Gesetzen ein uneingeschränkt objektiver Maßstab gilt, während bei der Auslegung von AVB nach h.M. grundsätzlich maßgeblich ist, wie ein durchschnittlicher VN die Allgemeinen Versicherungsbedingungen bei verständiger Würdigung, aufmerksamer Durchsicht und Berücksichtigung des erkennbaren Sinnzusammenhangs zu verstehen hat, wobei Zweifel zu Lasten des VR gehen (§ 305c Abs. 2 BGB).[13] Unterschiede zeigen sich zum anderen auch bei der Bestimmung des Normzwecks. Denn die AVB der Rechtsschutzversicherung können nunmehr auch im Hinblick auf das in § 125 umschriebene Leistungsprogramm ohne Zweifel eine von Rechtsvorschriften abweichende oder diese ergänzende Regelung im Sinne des AGB-Rechts sein (§ 307 Abs. 3 Satz 1 BGB).[14] Die mit der VVG-Reform ins Gesetz aufgenommene Vorschrift dient also nicht nur der Typenbildung im Versicherungsvertragsrecht, sondern hat darüber hinaus eine gewisse Leitbildfunktion, die für die Inhaltskontrolle von AVB in der Rechtsschutzversicherung relevant ist. Der Normzweck lässt sich bei aller gebotenen Vorsicht vor zu weitreichenden Schlussfolgerungen zusammenfassend dahin bestimmen, dass ein typenbildendes Leitbild geschaffen werden soll.

---

7 Regierungsbegründung BTDrucks. 16/3945 S. 91 l.Sp.; Langheid/Wandt/*Obarowski* § 125 Rn. 3 (wörtliches Zitat der Gesetzesbegründung); Looschelders/*Paffenholz* § 125 Rn. 3; Looschelders/Pohlmann/*Paffenholz* § 125 Rn. 6.

8 Regierungsbegründung, *ibid.*

9 So etwa Harbauer/*Schmitt* § 125 Rn. 3; ähnlich Langheid/Wandt/*Obarowski* § 125 Rn. 1 (*„Sie soll den mit der Rechtsschutzversicherung verfolgten wirtschaftlichen Zweck beschreiben und damit dem mehrdeutigen Begriff „Rechtsschutz" Konturen geben"*); Looschelders/*Paffenholz* § 125 Rn. 3 (*„ … nennt [...] den wirtschaftlichen Zweck der Rechtsschutzversicherung und enthält eine allgemeine Beschreibung der Leistung des Versicherers"*).

10 In diese Richtung *Langheid* NJW **2007** 3745, 3747 (*„Leistungsbeschreibung"*); Harbauer/*Schmitt* § 125 Rn. 3 (*„Mit § 125 ist erstmals eine Norm in das Gesetz eingeführt, die – wenn auch allgemein – Aussagen über die Leistungspflichten der Rechtsschutzversicherung trifft."*).

11 So z.B. Langheid/*Rixecker* § 125 Rn. 1.

12 Hierzu bereits Vor §§ 125–129 Rn. 3 ff.

13 BGH 23.6.1993 BGHZ **123** 83, 85 m.N.; näher *Bruns* Privatversicherungsrecht § 10 Rn. 5 f. m.w.N.

14 Näher Langheid/Wandt/*Bruns* § 307 BGB Rn. 23.

2. Regelungsgehalt

a) Konkretisierung des Begriffs der Rechtsschutzversicherung. Der Regelungsgehalt der Vorschrift ist relativ beschränkt. Gleichwohl lässt sich bei genauerer Betrachtung ein Regelungskern herausdestillieren. Die Leistung des VR muss für die Wahrnehmung *rechtlicher* Interessen erforderlich sein, rein wirtschaftliche Interessen genügen dem Rechtsschutzbegriff nicht.[15] Ob damit im Zusammenspiel mit § 1 eine – ungeschriebene – Definition der Rechtsschutzversicherung vorliegt oder lediglich eine bloße Typisierung, die abweichender Vertragsgestaltung unter Umständen einen etwas größeren Spielraum eröffnet,[16] ist unklar und *in concreto* bislang wenig oder gar nicht erörtert. Die halbzwingende Ausgestaltung der §§ 126 bis 128 (§ 129) und der zwingende Charakter des Aufsichtsrechts sprechen tendenziell eher für eine ungeschriebene gesetzliche Definition denn für die normativ etwas weichere Typisierung. Wenn der Gesetzgeber in der Regierungsbegründung erklärt, die Vorschrift enthalte *„keine gesetzliche Definition der Rechtsschutzversicherung“*, um *„die künftige Produktentwicklung nicht zu hemmen“*,[17] so ist das zumindest missverständlich. Zweifelsohne liegt keine vollständige Legaldefinition vor, doch liegt in der Wahrnehmung rechtlicher Interessen ein Schlüsselelement der Begriffsprägung. Genauso wie das Vorliegen bzw. die Anbahnung eines Versicherungsvertrages die Voraussetzung für die Anwendung des VVG ist,[18] setzt die Anwendbarkeit der §§ 125 bis 129 einen Rechtsschutzversicherungsvertrag voraus. Eine gesetzliche Begriffsbildung ist deshalb letztlich unumgänglich. Nur überlässt der Gesetzgeber diese Begriffsbildung im Ausgangspunkt der Wissenschaft und der Rechtsprechung, und das völlig zu Recht. Dadurch ist die Begriffsprägung in zeitlicher Hinsicht behutsam flexibilisiert, ohne die gesetzliche Regelung weithin zur Disposition der kautelarjuristischen Produktgestaltung der Praxis zu stellen. 5

b) Konkretisierung der synallagmatischen Hauptleistungspflicht. Die Vorschrift betrifft die vertragstypische synallagmatische Hauptleistungspflicht des Rechtsschutzversicherers. Die allgemeine Regelung in § 1, gemäß der die Leistung des VR nach wohl h.M. in einer durch den Eintritt des Versicherungsfalls bedingten Leistung besteht,[19] wird in § 125 für die Rechtsschutzversicherung konkretisiert. Der VR hat die für die Wahrnehmung der rechtlichen Interessen *erforderlichen* Leistungen im vereinbarten Umfang zu erbringen. Das Kriterium der Erforderlichkeit hat sowohl den Charakter einer Deckungsgewährleistung als auch einer Deckungsbegrenzung.[20] Dabei wird die Versicherung für fremde Rechnung (§§ 43 ff.) klarstellend für zulässig erklärt,[21] indem die Wahrnehmung rechtlicher Interessen *„des Versicherten“* ausdrücklich miteinbezogen wird. Weil es sich bei der Rechtsschutzversicherung um eine Schadensversicherung handelt, liegt darin zugleich die ausdrückliche Gestattung der Versicherung fremden Interesses als Ausnahme vom Gebot der Versicherung eigenen Interesses (§ 80).[22] 6

---

15 Zum Begriff des Rechtsschutzes bereits Vor §§ 125–129 Rn. 5.

16 Hierzu *Larenz* Schuldrecht Bd. I AT S. 51 f.; *Leenen* Rechtsgeschäftslehre § 1 Rn. 42 ff.

17 Regierungsbegründung BTDrucks. 16/3945 S. 91 l.Sp.

18 Zum Begriff der Privatversicherung statt vieler *Bruns* Privatversicherungsrecht § 1 Rn. 1 f. m.N.; Bruck/Möller/*H. Baumann*/*Koch* § 1 Rn. 14 ff.

19 Zur Dogmatik der Hauptleistungspflicht des Versicherers allgemein *Bruns* Privatversicherungsrecht § 14 Rn. 1 ff., 14 ff., 24; näher noch Rn. 8.

20 Näher noch Rn. 16.

21 Im Einzelnen hierzu Langheid/Wandt/*Langheid* § 43 Rn. 1 ff.; *Bruns* Privatversicherungsrecht § 17 Rn. 1 ff.

22 Im Überblick *Bruns* Privatversicherungsrecht § 20 Rn. 7 ff.

3. Systematik

7 Die typenprägende Norm bestimmt im Zusammenwirken mit § 1 das gesetzliche Leitbild der Rechtsschutzversicherung. Systematisch entspricht sie darin den Parallelvorschriften in der Haftpflichtversicherung (§ 100), in der Berufsunfähigkeitsversicherung (§ 172 Abs. 1), in der Unfallversicherung (§ 178 Abs. 1) und in der Krankenversicherung (§ 192). Normiert wird lediglich die synallagmatische Hauptleistungspflicht des Rechtsschutzversicherers, während die Vorschrift über eine oder mehrere weitere mögliche nichtsynallagmatische Hauptpflichten schweigt. Ebenso wenig beantwortet ist durch § 125 die Frage möglicher vertraglicher Nebenpflichten. Keine Aussage trifft § 125 auch über die Pflichten und Obliegenheiten des VN oder Versicherten. Ergänzend greifen im Ausgangspunkt die für alle Versicherungszweige geltenden Vorschriften des 1. Kapitels des Allgemeinen Teils (§§ 1–73) sowie die allgemeinen Vorschriften über die Schadensversicherung (1. Teil, Kap. 2, Abschnitt 1; §§ 74–87). Hinzu treten selbstverständlich die Regeln des allgemeinen bürgerlichen Rechts.

III. Die Pflichten des Rechtsschutzversicherers

1. Synallagmatische Hauptleistungspflicht

8 **a) Grundlagen.** Die zentrale Hauptleistungspflicht des Rechtsschutzversicherers ist – im Ausgangspunkt wie bei jeder Versicherung – nicht die Gewährung von Versicherungsdeckung, sondern die Erbringung der geschuldeten Versicherungsleistung im Versicherungsfall.[23] Der Rechtsschutzversicherer schuldet keineswegs die Organisation und Sicherstellung von Versicherungsschutz im Sinne einer umfassenden Geschäftsbesorgung.[24] Vielmehr hat es bei einer bedingten Geld- oder Naturalleistung sein Bewenden. Der Versicherungsfall ist mithin eine aufschiebende rechtsgeschäftliche Bedingung im Sinne von § 158 Abs. 1 BGB. Die bedingte Hauptleistungspflicht ist mit der Prämienzahlungspflicht des VN synallagmatisch verknüpft. Voraussetzung der Leistungspflicht des Rechtsschutzversicherers ist dementsprechend der Bedingungseintritt in Gestalt des Versicherungs- oder Rechtsschutzfalles. Der Rechtsschutzfall ist von Inhalt und Umfang der Leistungspflicht scharf zu unterscheiden. Neben die synallagmatische Hauptleistungspflicht können aufgrund der versicherungsvertraglichen Vereinbarung eine oder mehrere weitere Hauptleistungspflichten, Nebenpflichten oder auch Obliegenheiten des VR treten. Maßgeblich ist grundsätzlich der Vertragsinhalt, der unter Umständen durch Auslegung zu ermitteln ist, wobei Unklarheiten zu Lasten des Rechtsschutzversicherers gehen, soweit er – wie im praktischen Regelfall – Verwender von Allgemeinen Geschäftsbedingungen ist (§ 305c Abs. 2 BGB).[25] Nach der Rechtsprechung des BGH soll das Wesen des Vertrags – in Anlehnung an den Wortlaut des § 125 – im „Versprechen einer Unterstützung der Interessenwahrnehmung" des VN bestehen, der daran zu Recht eine „Solidaritätserwartung" knüpfe, dass zum Kern des Leistungsversprechens des Rechtsschutzversicherers eine „Solidaritätszusage" gegenüber seinem VN zähle.[26] Diese Umschreibung des Wesens des Rechtsschutzversicherungsvertrages sollte nicht dahingehend missverstanden werden, dass die Hauptleistungspflicht des VR eine Solidaritätszusage zum Gegenstand hat, noch weniger, dass sie sich in einer solchen Zusage erschöpft. Richtigerweise ist davon auszugehen, dass eine gewisse – naturgemäß konkretisierungsbedürftige – „Solidarität" des VR gegenüber dem VN dem in § 242 BGB verankerten Grundsatz von Treu und Glauben entspricht, der im Privatversicherungsrecht seit jeher einen ganz besonderen Stellenwert hat (*uberrima fides*) und der Parteidis-

23 Darstellung der dogmatischen Grundlagen und des Theorienstreits bei *Bruns* Privatversicherungsrecht § 14 Rn. 1, 3 ff.

24 Näher hierzu *Bruns* Privatversicherungsrecht § 14 Rn. 3 ff., 12 f. mit § 23 Rn. 8.

25 Zur Auslegung von AVB siehe Bruck/Möller/*Beckmann* Einf. C Rn. 204 ff.; *Bruns* Privatversicherungsrecht § 10 Rn. 5 f.

26 BGH 31.3.2021 – IV ZR 221/19, NJW **2021** 2193, 2195 f.

position weitestgehend entzogen ist.[27] Dem Grundsatz von Treu und Glauben können durchaus wichtige Pflichten oder unter Umständen auch Obliegenheiten entfließen, die das Hauptleistungsversprechen des VR flankieren.[28] Soweit echte Rechtspflichten bestehen, handelt es sich dabei im Regelfall um Nebenpflichten des VR – sei es in Gestalt von Schutzpflichten im Sinne von § 241 Abs. 2 BGB oder unter Umständen auch um Nebenleistungspflichten. Schuldner der Versicherungsleistung ist der Rechtsschutzversicherer auch dann, wenn er ein selbstständiges Schadensabwicklungsunternehmen mit der Leistungsbearbeitung beauftragt (§ 126 Abs. 1). Doch liegt die Forderungszuständigkeit auf der Passivseite nach der gesetzlichen Konstruktion in diesem Fall ausschließlich bei dem eingeschalteten Schadensabwicklungsunternehmen, im Zivilprozess in Form gesetzlicher Prozessstandschaft (§ 126 Abs. 2).[29]

b) Rechtsschutzfall

aa) Gesetzliche Rahmung. Der Rechtsschutzfall ist vom Begriff der Rechtsschutzversicherung scharf zu unterscheiden.[30] Rechtsschutzfall ist der Versicherungsfall in der Rechtsschutzversicherung, hat also den Charakter einer aufschiebenden Bedingung im Sinne von § 158 Abs. 1 BGB.[31] Wie bereits dargelegt, hat der Gesetzgeber ausweislich der Gesetzesbegründung auf eine ausdrückliche Legaldefinition des Begriffs der Rechtsschutzversicherung bewusst verzichtet, „(u)m die künftige Produktentwicklung nicht zu hemmen."[32] Aus diesem Grund habe er auch „darauf verzichtet, den Versicherungsfall bei der Rechtsschutzversicherung gesetzlich zu regeln."[33] Die Bedeutung dieser Erläuterung ist unklar. Die Grundfrage lautet, ob der Terminus „Wahrnehmung der rechtlichen Interessen" lediglich eine Konkretisierung des Vertragstyps der Rechtsschutzversicherung enthält oder ob damit auch der Rechtsschutzfall zumindest im Sinne einer gesetzlichen Mindestbestimmung festgelegt ist, die privatautonomer Modifikation zugänglich ist. Im ersten Fall wäre dem Gesetz zur Bedingung, unter der die Leistungspflicht des VR entsteht, nicht mehr zu entnehmen als was sich aus § 158 Abs. 1 BGB und aus § 1 VVG in Verbindung mit den Vorschriften über die Schadensversicherung ergibt. Die Bedingung wäre im Übrigen der kautelarjuristischen Formulierung nicht nur zugänglich, sondern auch bedürftig (§ 1 Satz 1 VVG: „Eintritt des *vereinbarten* Versicherungsfalls"),[34] wobei angesichts der Rechtsnatur der Rechtsschutzversicherung als Schadensversicherung der Eintritt des Rechtsschutzfalles einen Schadenseintritt kraft Gesetzes notwendigerweise voraussetzt.[35] Ein normativer Maßstab für die AGB-rechtliche Inhaltskontrolle wäre der Vorschrift nicht zu entnehmen. Ganz im Gegenteil wäre die AGB-Kontrolle der kautelarjuristisch gefassten Bedingung in Gestalt des Rechtsschutzfalls aufgrund von Kontrollfreiheit sogar ganz gesperrt, wenn und weil die Unwirksamkeit der Bedingungsklausel dem Versicherungsvertrag der Rechtsschutzversicherung ein essentialium negotii nimmt. 9

Hermeneutische Alternative ist die Deutung der „*Wahrnehmung der rechtlichen Interessen*" als gesetzliche, vertragsdispositive Regelung des Rechtsschutzfalls.[36] Der gesetzliche Begriffskern des Rechtsschutzfalls müsste dann lauten: „*Schadenseintritt im Zusammenhang mit der Wahrnehmung rechtlicher Interessen*". Das würde in das gesetzliche Grundmodell einer allgemeinen Rechtsschutzversicherung münden, die als Leitbild der Inhaltskontrolle dienen könnte. Die Bedingung wäre damit ver- 10

27 Näher *Bruns* Privatversicherungsrecht § 6 Rn. 6; siehe noch § 4 ARB Rn. 20 ff.
28 Allgemein zum vertraglichen Pflichtenprogramm des VR *Bruns* Privatversicherungsrecht § 14 Rn. 24 ff., 53 ff., 68 ff.
29 Hierzu näher § 126 Rn. 43.
30 Hierzu bereits Vor §§ 125–129 Rn. 3.
31 Siehe auch *Bruns* Privatversicherungsrecht § 23 Rn. 6 m.N.
32 Regierungsbegründung BTDrucks. 16/3945 S. 91 l.Sp.
33 Regierungsbegründung BTDrucks. 16/3945 S. 91 l.Sp.
34 Zum Versicherungsfall näher Bruck/Möller/*H. Baumann*/*Koch* § 1 Rn. 113 ff. m.N.
35 Zur Rechtsnatur Vor §§ 125–129 Rn. 9; zum Schadenserfordernis *Bruns* Privatversicherungsrecht § 20 Rn. 4 m.w.N.
36 Zur Konkretisierung des Rechtsschutzbegriffs bereits Vor §§ 125–129 Rn. 5.

tragstypisch so konkretisiert, dass der Inhaltskontrolle auch nicht mehr mit dem Hinweis auf Kontrollfreiheit begegnet werden könnte, weil mit der Kassation der Bedingungsklausel die Geschäftsessenz unrettbar verloren ginge. Vielmehr wäre der kontrollfreie Bereich flexibler anhand anderer Kriterien zu bestimmen. Diese Deutung ist allerdings mit der in der Regierungsbegründung gewählten Formulierung, man habe darauf verzichtet, *„den Versicherungsfall bei der Rechtsschutzversicherung gesetzlich zu regeln"*, nicht ohne Weiteres vereinbar. Immerhin könnte man durchaus argumentieren, dass gemeint sei, der Gesetzgeber habe darauf verzichtet, den Rechtsschutzfall *abschließend* zu regeln. In systematischer Hinsicht spricht indessen gegen eine gesetzliche Bestimmung des Versicherungsfalls im Sinne einer definitorischen Festlegung, dass das Gesetz an anderer Stelle den Versicherungsfall – stets disponibel – sehr deutlich definiert, wie z.B. in der Berufsunfähigkeitsversicherung (§ 172 Abs. 2) und in der Unfallversicherung (§ 178 Abs. 2 Satz 1). In der Gesetzesbegründung zu diesen Vorschriften ist auch ganz klar von *„Definition"* die Rede.[37] Man wird dem historischen Gesetzgeber eine missverständliche Gesetzesfassung und Erläuterung zur Bedeutung von § 125 insofern also kaum unterstellen können. Es ist deshalb davon auszugehen, dass sich der Gesetzgeber nicht lediglich einer Legaldefinition, sondern jeglicher weiterer gesetzlicher Regelung des Versicherungsfalls enthalten wollte. Es gibt letztlich keinen hinreichenden Grund, sich über diese legislatorische Grundentscheidung hinwegzusetzen. Die privatautonome versicherungsvertragliche Bestimmung des Rechtsschutzfalls ist folglich notwendige Wirksamkeitsvoraussetzung jedes Rechtsschutzversicherungsvertrages. Im Ergebnis handelt es sich eindeutig um eine rechtsgeschäftliche Bedingung im Sinne von § 158 Abs. 1 BGB, auch wenn ein Schadenseintritt kraft Gesetzes zum Begriff des Rechtsschutzfalls zählt. Konsequenterweise lässt sich der Regelung aber auch keine besondere gesetzliche Begrenzung des Deckungsumfangs bzw. der Leistungspflicht entnehmen. Das gilt auch im Hinblick auf eine mögliche Beschränkung auf die Wahrnehmung rechtlicher Interessen.[38] Vielmehr führt die typenprägende Versicherung anderer Schadensrisiken als solcher, die mit der Wahrnehmung *rechtlicher* Interessen verbunden sind, zum Verlust der Qualität als Rechtsschutzversicherung und zur Notwendigkeit anderweitiger typologischer Einordnung. Davon scharf zu unterscheiden ist die Möglichkeit der nicht typenändernden Kombination der Deckung von Rechtsschutzrisiken mit der Deckung anderer Risiken in einem Vertrag, die im Sinne freier Produktgestaltung – mit allerdings etwas unklarer europarechtlicher Maßgabe[39] – versicherungsvertragsrechtlich grundsätzlich zulässig sein dürfte.

11 **bb) Ausgestaltung in ARB.** Das Gesetz überlässt die Bestimmung des Rechtsschutzfalls privatautonomer Gestaltung. Die Einordnung einer Bestimmung als Bedingung ist dabei in gewisser Hinsicht durch § 158 Abs. 1 BGB gesetzlich vorgegeben. Maßgeblich für die Qualifikation einer Bestimmung als Bedingung ist mithin nicht allein die Bezeichnung in den ARB, sondern ob der durch Auslegung ermittelte Inhalt einer Klausel bei normativer Betrachtung zu den Voraussetzungen der Leistungspflicht oder beispielsweise zu den Obliegenheiten oder anderen Gestaltungselementen zu rechnen ist. Zwar ist in § 125 nicht eindeutig niedergelegt, dass auch der Umfang des Rechtsschutzfalls der Gestaltungsmacht der Vertragsparteien bzw. des VR anheimgestellt ist. Denn die Formulierung „im vereinbarten Umfang" bezieht sich prima vista nur auf den Umfang der Leistungspflicht nach Eintritt des Versicherungsfalles und nicht auf den Rechtsschutzfall selbst. Daraus lässt sich aber nicht darauf schließen, dass nach der gesetzlichen Regelung jegliche Wahrnehmung rechtlicher Interessen zwingend einen Versicherungsfall auslösen muss. Dagegen spricht bereits, dass § 125 keine gesetzliche Bestimmung oder Konkretisierung des Versicherungsfalls enthält, die über die Erfordernisse des § 158 Abs. 1 BGB und des Rechts der Schadensversicherung hinausgeht.[40] Dagegen spricht auch die dem Gesetzgeber bei der Verabschiedung der Norm bekannte Gestaltungspraxis der Versicherungsunternehmen, die seit jeher unterschiedliche De-

---

37 Regierungsbegründung BTDrucks. 16/3945 S. 105 (zu § 172 Abs. 2) und S. 107 r.Sp. (zu § 178 Abs. 2).
38 A.A. offenbar Langheid/Wandt/*Obarowski* § 125 Rn. 16 (etwas unklar).
39 Hierzu Vor §§ 125–129 Rn. 35 ff.
40 Siehe § 125 Rn. 9 f.

ckungsbereiche vorsieht. Die grundsätzliche vertragliche Gestaltungsfreiheit hinsichtlich des Versicherungsfalls folgt darüber hinaus aus der einfachrechtlich und von Verfassungs wegen gewährleisteten Vertragsfreiheit sowie aus der Beschränkung der Anordnung halbzwingenden Charakters auf die §§ 126 bis 128 (§ 129).[41] Es kann also im Ergebnis kein ernsthafter Zweifel daran bestehen, dass der Rechtsschutzversicherer grundsätzlich den Rechtsschutzfall in ARB konkretisieren darf. Er muss es sogar. Den Rechtsschutzversicherer trifft dabei eine besondere Verantwortung. Zum einen hängt von der genauen Definition des Rechtsschutzfalles die Reichweite der Versicherungsdeckung und – spiegelbildlich – der Einstandspflicht des VR maßgeblich mit ab. Zum anderen birgt eine nicht hinreichend bestimmte oder gar unmögliche Bedingung die Gefahr, dass die Erreichung des Vertragszwecks gefährdet wird. Im schlimmsten Fall könnte sogar die Unwirksamkeit des Vertrags drohen, sei es weil unmögliche, gesetzes- oder sittenwidrige aufschiebende Bedingungen nach allgemeinen bürgerlichrechtlichen Regeln zur Unwirksamkeit des Rechtsgeschäfts führen,[42] sei es weil eine unrettbare Unwirksamkeit der Bedingung dem Versicherungsvertrag mit der synallagmatischen Hauptleistungspflicht des VR ein essentialium negotii nimmt.[43]

Die Kautelarpraxis hat im Laufe der Zeit allerdings sehr elaborierte Klauselwerke hervorge- **12**
bracht, die den gesetzlichen Anforderungen an die Bestimmung des Rechtsschutzfalles in der Regel entsprechen.[44] Die ARB treffen diese Festlegung in der Regel in sogenannten Leistungs- oder Risikobeschreibungen, welche die Voraussetzungen der Leistungspflicht des Rechtsschutzversicherers in sachlicher, persönlicher und zeitlicher Hinsicht determinieren (z.B. *„Leistungsarten"*, *„Versicherte"*, *„Versicherungsdauer"* etc.). Die Branche hat Deckungskonzepte für bestimmte Lebensbereiche und Versicherungen für bestimmte versicherte Rechtsbereiche entwickelt, in denen Versicherungsschutz besteht. Die ARB verwenden insoweit teilweise missverständlich den Begriff *„Leistungsarten"*.[45] Wichtige markttypische Lebensbereiche sind die Teilnahme am motorisierten Straßenverkehr, der Privatbereich einschließlich unselbstständiger Berufstätigkeit, die selbstständige Tätigkeit in Gewerbe, Freiberuf oder anderer Form sowie der Grundstücks- und Mietbereich.[46] Versicherbare Rechtsbereiche sind beispielsweise der Schadensersatz-Rechtsschutz, der Arbeits-Rechtsschutz, der Wohnungs- und Grundstücksrechtsschutz, der Vertrags- und Sachenrechts-Rechtsschutz, der Steuerrechtsschutz vor Gerichten, der Verwaltungs-Rechtsschutz in Verkehrssachen, der Disziplinar- und Standes-Rechtsschutz, der Strafrechts-Rechtsschutz, der Ordnungswidrigkeiten-Rechtsschutz, aber auch weitere Spezialformen.[47] Die den üblichen Versicherungsangeboten immanente Segmentierung nach Deckungskonzepten und Lebensbereichen geht einher mit der Geltung des Grundsatzes der Spezialität des versicherten Risikos.[48] Dabei handelt es sich nicht um einen gesetzlichen Grundsatz,[49] denn das Gesetz regelt den Umfang der Deckung gerade nicht und lässt der Produktentwicklung bewusst großen Spielraum.[50] Vielmehr liegt darin lediglich die Konsequenz der in der Praxis vorherrschenden segmentierenden Produktgestaltung.

41 Hierzu § 129 Rn. 1.

42 RG 4.12.1917 RGZ **91** 308 f.; Staudinger/*Bork* Vorbem. §§ 158 ff. Rn. 30, 33; Grüneberg/*Ellenberger* Einf. v. § 158 Rn. 11; Jauernig/*Mansel* § 158 Rn. 13 f.

43 Zum Parallelproblem bei der Inhaltskontrolle von AVB s. BGH 26.3.2014 – IV ZR 422/12, NJW **2014** 2038, 2040 (zur Haftpflichtversicherung); Langheid/Wandt/*Bruns* § 307 BGB Rn. 38; im Überblick *Bruns* Privatversicherungsrecht § 10 Rn. 23 f. mit § 22 Rn. 11.

44 Näher Bruck/Möller/*Bruns* § 4 ARB 2010 Rn. 1 ff.

45 Hierzu bereits Vor §§ 125–129 Rn. 15ff.; siehe näher noch Bruck/Möller/*Bruns* § 2 ARB 2010 Rn. 1 ff.

46 Überblick bei Langheid/Wandt/*Obarowski* Anh. zu § 125 Rn. 18, 21 ff.; im Einzelnen Bruck/Möller/*Bruns* §§ 21 ff. ARB 2010.

47 Langheid/Wandt/*Obarowski* Anh. zu § 125 Rn. 55ff. m.N.; siehe Bruck/Möller/*Bruns* § 2 ARB 2010 Rn. 3 ff.

48 Looschelders/Pohlmann/*Paffenholz* § 125 Rn. 10.

49 Grundlegend zu den privatversicherungsrechtlichen Grundsätzen *Bruns* Privatversicherungsrecht § 6 Rn. 1 ff.

50 Regierungsbegründung BTDrucks. 16/3945 S. 91 l.Sp.

13 **cc) Inhaltskontrolle.** Die Ausgestaltung des Rechtsschutzfalles in ARB unterliegt nach Maßgabe allgemeiner Grundsätze der Inhaltskontrolle nach AGB-Recht.[51] Bei der kautelarjuristischen Bestimmung des Rechtsschutzfalls handelt es sich um eine Rechtsvorschriften ergänzende Regelung im Sinne von § 307 Abs. 3 Satz 1 BGB, die einer Inhaltskontrolle gemäß §§ 307 Abs. 1 und 2, 308, 309 BGB grundsätzlich zugänglich ist.[52] Das gilt unabhängig davon, ob § 125 eine gesetzliche Kerndefinition des Rechtsschutzfalls enthält oder nicht. Denn in jedem Fall ergänzen Bestimmungen zum Versicherungsfall die übrige Regelung des § 125 ebenso wie die §§ 126 bis 128. Eine Kontrollfreiheit von Bestimmungen in ARB über den Versicherungsfall könnte sich allerdings dann ergeben, wenn bei Fortfall der ARB-Bestimmung eine Auffanglösung durch ergänzende Vertragsauslegung scheitert.[53] Weil eine entsprechende Gesetzesnorm fehlt, würde bei ersatzloser Kassation der Bedingungsregelung mangels eines Geschäftsessentialiums kein wirksamer Versicherungsvertrag mehr bestehen.[54] Die Regelung des § 125 vermag das Versicherungsverhältnis gegen diese Gefahr letztlich nicht abzuschirmen und schränkt damit die Inhaltskontrolle in einem wichtigen Bereich ein.

c) Leistungsinhalt

14 **aa) Maßgeblichkeit der vertraglichen Vereinbarung als Ausgangspunkt.** Im Rechtsschutzfall hat der VN oder Versicherte Anspruch auf die Versicherungsleistung.[55] Die kautelarpraktische Gestaltung der ARB lässt nicht immer eindeutig erkennen, ob eine Bestimmung zum Rechtsschutzfall oder zum Inhalt der Versicherungsleistung nach Eintritt des Rechtsschutzfalls vorliegt. Die synallagmatische Hauptleistung des VR gehört auch in der Rechtsschutzversicherung zweifelsohne zu den essentialia negotii.[56] Der Leistungsinhalt richtet sich mangels gesetzlicher Konkretisierung grundsätzlich nach der vertraglichen Vereinbarung.[57] Grundsätzlich denkbare Leistungsinhalte sind die Erbringung von Rechtsdienstleistungen in Natur, die Organisation und Sicherstellung von Rechtsschutz, die Erstattung von Rechtswahrnehmungskosten durch Zahlung oder – ähnlich wie in der Haftpflichtversicherung[58] – die Freistellung von privatrechtlichen oder hoheitlichen Zahlungspflichten.[59] Das Rechtsdienstleistungsgesetz schließt die Vereinbarung der Pflicht zur Erbringung von Rechtsdienstleistungen in Natur praktisch weithin aus.[60] Das Versicherungsvertragsrecht untersagt außerdem Beschränkungen der freien Rechtsanwaltswahl (§ 127), sodass die versicherungsvertragliche Gestaltung nicht etwa den Rechtsschutzversicherer zur Auswahl eines Rechtsanwalts verpflichten kann.[61] Die Annahme einer umfassenden Pflicht zur Organisation und Sicherstellung von Rechtsschutz könnte mit der vorherrschenden bedingungsrechtlichen Theorie der Versicherungsleistung unter Umständen noch vereinbar sein, wenn man den Rechtsschutzfall klar vom Leistungsinhalt abgrenzt. Eine derartige Organisationspflicht weckt jedoch Zweifel, weil sie den Versicherungsvertrag sehr in die Nähe eines Geschäftsbesorgungsvertrags rücken würde, der er nach h.M. nicht ist.

---

51 Grundlegend Langheid/Wandt/*Bruns* § 307 BGB Rn. 9 ff.; im Überblick *Bruns* Privatversicherungsrecht § 10 Rn. 1 ff., 21 ff.

52 Allgemein Langheid/Wandt/*Bruns* § 307 BGB Rn. 10 ff.

53 Zur Problematik lückenschließender ergänzender Vertragsauslegung im AGB-Recht Langheid/Wandt/*Bruns* Vor §§ 307–309 BGB Rn. 56 ff.

54 Beispielsfall aus der Haftpflichtversicherung BGH 26.3.2014 – IV ZR 422/12, NJW **2014** 2038, 2040; hierzu Langheid/Wandt/*Bruns* § 307 BGB Rn. 38; *Bruns* Privatversicherungsrecht § 10 Rn. 23 f. mit § 22 Rn. 11.

55 Siehe *Bruns* Privatversicherungsrecht § 23 Rn. 8 f.

56 *Bruns* Privatversicherungsrecht § 14 Rn. 24.

57 Zur Zulässigkeit einer Deckungsabfindung siehe *Armbrüster* VersR **2022** 1197 ff.

58 Hierzu Bruck/Möller/*Koch* § 100 Rn. 90 ff.

59 Enger Looschelders/*Paffenholz* § 125 Rn. 6 („Die Hauptleistungspflicht des Versicherers ist die Pflicht zur Kostenübernahme.").

60 Im Einzelnen Vor §§ 125–129 Rn. 26 ff.

61 Näher § 127 Rn. 5.

Zudem stößt sie de lege lata zudem im Rechtsdienstleistungsgesetz und bei der Garantie freier Anwaltswahl an ihre Grenzen.[62] Deshalb bleibt für die Hauptleistung im Wesentlichen die Alternative Zahlung oder Freistellung, die durch gesetzlich vorgesehene oder zusätzlich vereinbarte Nebenpflichten flankiert ist.[63] Je nach Ausgestaltung des Versicherungsvertrages kommt unter Umständen auch die Stellung einer Sicherheit oder ein anderer Leistungsinhalt in Betracht. Im Übrigen ist der Rechtsschutzversicherer bei der kautelarjuristischen Wahl und Ausgestaltung des Leistungsinhalts in den Grenzen zwingenden Gesetzes- und AGB-Rechts frei.

bb) Zahlung oder Freistellung. Die Rechtsschutzversicherung lässt sich wirtschaftlich in aller 15
Regel ohne Weiteres durch einen bedingten Zahlungsanspruch verwirklichen. Möglich ist jedoch, insbesondere bei Rechtsanwalts-, Gutachter- und Gerichtskosten, auch die Vereinbarung eines Freistellungsanspruchs des VN oder Versicherten gegen den Rechtsschutzversicherer.[64] Was geschuldet sein soll, ist Frage der versicherungsvertraglichen Gestaltung. In den Rechtsschutzbedingungen ist nach dem Modell der ARB 2010 in aller Regel ohne nähere Konkretisierung des Leistungsinhalts von einem „Anspruch auf Rechtsschutz" (§ 4 Abs. 1 ARB 2010) bzw. von „Kostentragung" (§ 5 Abs. 1–3 ARB 2010) die Rede. In § 5 Abs. 4 ARB 2010 heißt es: „Der Versicherer zahlt in jedem Rechtsschutzfall höchstens die vereinbarte Versicherungssumme." Unklar ist danach aber, an wen die Zahlung erbracht wird, also ob an den VN oder – mit befreiender Wirkung für ihn – an den Forderungsgläubiger gezahlt wird. Die Formulierung von § 5 Abs. 4 Satz 2 ARB 2010 deutet eher auf eine Befreiung des VN oder des Versicherten durch Drittleistung hin, wenn dort von „Zahlungen für den VN und mitversicherte Personen" anstatt von Zahlungen an diese Personen die Rede ist. Der BGH geht für die ARB 75 von einem Wahlrecht des Versicherers aus, ob er Schuldbefreiung gewährt oder an den Versicherungsnehmer zahlt.[65] Im Falle der Zusage von Abwehrdeckung komme die Umwandlung eines Befreiungs- in einen Zahlungsanspruch nur in Frage, wenn tatsächlich der Versuch der Abwehr der Forderung unternommen wurde.[66] Die Literatur ist gespalten. Teilweise entnimmt man diesen Bestimmungen eine Pflicht zur Kostenerstattung durch Zahlung an den nach dem Versicherungsvertrag Berechtigten.[67] Die Gegenansicht verneint im Regelfall einen Zahlungsanspruch und geht von einem Befreiungsanspruch aus, der sich nach Vorleistung des VN oder Versicherten automatisch in einen Zahlungsanspruch verwandelt.[68] Andere Autoren gehen – etwas unscharf – davon aus, dass die Erfüllung der typischerweise vereinbarten „Pflicht zur Kostentragung" in der Regel durch Schuldbefreiung erfolge.[69] Mangels gesetzlicher Regelung ist die konkrete Ausgestaltung der ARB entscheidend. Ein Befreiungsanspruch hat für den VN oder Versicherten den Vorteil, dass er nicht selbst in Vorleistung treten muss. Doch können Konstruktion und prozessuale Realisierung unter Umständen dornenvoll sein. Dagegen ist ein Zahlungsanspruch materiellrechtlich und verfahrensrechtlich in aller Regel weniger kompliziert handhabbar. Unklarheiten eines Klauselwerks in diesem Punkt begründen eine empfindliche Schwäche in der Gestaltung von ARB. Denn eine hinreichende Bestimmbarkeit des zur Geschäftsessenz zu rechnenden Leistungsinhalts ist eine Voraussetzung wirksamen Vertragsschlusses.[70] Natürlich besteht immer die Möglichkeit, Heil im Wege konkretisierender Auslegung oder ergänzender Auslegung zu suchen. Doch ist dieses Mittel – insbesondere

62 Hierzu bereits *Bruns* Privatversicherungsrecht § 23 Rn. 8 m.N.

63 Siehe noch Rn. 23 ff.

64 Zutreffender Grundansatz bei Harbauer/*Schneider* § 5 ARB 2010 Rn. 10.

65 BGH VersR **1984** 530, 532.

66 BGH 11.4.2018 – IV ZR 215/16, NJW **2018** 1971.

67 *Looschelders*/Paffenholz § 5 ARB 2010 Rn. 1; wohl auch Prölss/Martin/*Piontek* § 125 Rn. 3 („*Kostenersatz*"); van Bühren/Plote/*Wendt* § 125 Rn. 4.

68 BGH 10.6.2021 – IX ZR 76/20, NJW **2021** 2589, 2590 („*Anspruch auf Kostenbefreiung*"); OLG Hamm 16.10.1985 VersR **1987** 92 (zu den ARB 92 f.); Harbauer/*Schneider* § 5 ARB 2010 Rn. 10; *Buschbell*/Hering § 6 Rn. 86, § 10 Rn. 10; van Bühren/*Schneider* Hdb. § 13 Rn. 47 f.

69 Beckmann/Matusche-Beckmann/*Obarowski* § 37 Rn. 1.

70 Jauernig/*Mansel* Vor § 145 Rn. 2; MüKoBGB/*Busche* § 145 Rn. 6; Grüneberg/*Ellenberger* Einf. v. § 145 Rn. 3 m.N.

auch in Anbetracht der sonst bei der Formulierung von AVB aufgewendeten kautelarjuristischen Kunstfertigkeit – letztlich allenfalls die zweitbeste Lösung. Das gilt nicht nur ganz allgemein im Hinblick auf die Erreichung des Vertragszwecks und den Schutz des VN. Hinzu kommt, dass die drohende Anwendung der Unklarheitenregel des § 305c Abs. 2 BGB (ambiguitas contra stipulatorem) für den Rechtsschutzversicherer unerwünschte Konsequenzen zeitigen kann.[71] Das Ergebnis unzulänglicher Konkretisierung der Leistungspflicht des VR in ARB könnte also unter Umständen auch ein Wahlrecht des VN sein.

16 **cc) Erforderlichkeit der Leistung.** Gemäß § 125 hat der Rechtsschutzversicherer im Rechtsschutzfall die zur Wahrnehmung der rechtlichen Interessen des VN oder des Versicherten erforderlichen Leistungen im vereinbarten Umfang zu erbringen. Ebenso wenig wie die „Wahrnehmung der rechtlichen Interessen" ist die Erforderlichkeit der Leistung ein gesetzlich definiertes Element des Rechtsschutzfalls, dessen Bestimmung der Gesetzgeber weitestgehend der privatautonomen Gestaltung überlassen hat.[72] Richtigerweise ist die Erforderlichkeit deshalb dem Leistungsanspruch des VN nach Eintritt des Rechtsschutzfalls zuzuordnen.[73] Das Kriterium der Erforderlichkeit kann folglich auch für den Leistungsinhalt von Bedeutung sein. Geschuldet sind im Rechtsschutzfall nach der Gesetzeslage erforderliche Leistungen, nicht erforderliche Leistungen sind nicht geschuldet. Die Erforderlichkeit der Leistung hat also positiv eine Gewährleistungsfunktion zugunsten des VN oder des Versicherten, umgekehrt aber wohnt der Erforderlichkeit stets auch eine Begrenzungsfunktion inne. Das gilt insbesondere auch für die Frage, ob Freistellung oder Zahlung geschuldet ist. So ist denkbar, dass eine Freistellung des VN von einer Zahlungsverpflichtung „erforderlich" ist, während eine Zahlung an ihn – je nach Lage der Dinge und Sichtweise – nicht genügt oder nicht „erforderlich" ist. Oder umgekehrt könnte eine Zahlung an den VN „erforderlich" sein, wohingegen eine Befreiung nicht genügt oder eben nicht „erforderlich" ist. Schon diese Überlegung zeigt, dass sich das Tatbestandsmerkmal der „erforderlichen Leistung" – wenn überhaupt – nur mit erheblichen Abstrichen an Klarheit und Vorhersehbarkeit für die Konkretisierung des Leistungsinhalts in puncto Freistellung oder Zahlung fruchtbar machen lässt. Dieser Befund unterstreicht die Notwendigkeit und Bedeutung kautelarjuristischer Präzisierung.

17 **dd) Inhaltskontrolle.** Die Ausgestaltung des Leistungsinhalts in ARB unterliegt nach allgemeinen Regeln der AGB-rechtlichen Inhaltskontrolle. Die Bestimmungen über den Leistungsinhalt sind als Gesetzesergänzungen grundsätzlich kontrollfähig. Kontrollmaßstäbe sind vor allem Angemessenheit und Transparenz der Gestaltung. Würde die Kassation einer Klausel zur Konkretisierung des Inhalts der Leistungspflicht dazu führen, dass ein essentialium negotii fehlt, weil ergänzende Vertragsauslegung zur Lückenschließung ausscheidet und keine gesetzliche Auffangregelung besteht, ist allerdings von Kontrollfreiheit der Bestimmung auszugehen.[74] Der Kern der Leistungsbeschreibung kann auch im Übrigen ganz oder teilweise kontrollfrei sein.

d) Leistungsumfang

18 **aa) Grundsätzliche Maßgeblichkeit der vertraglichen Vereinbarung.** Der Leistungsumfang bestimmt sich im Prinzip ebenfalls nach der vertraglichen Vereinbarung.[75] Der Rechtsschutzversicherer schuldet gemäß § 125 „die für die Wahrnehmung der rechtlichen Interessen … erforderli-

71 Zur Bedeutung der Unklarheitenregel im Versicherungsvertragsrecht *Bruns* Privatversicherungsrecht § 10 Rn. 6 m.N.
72 Siehe Rn. 9 ff.
73 Hierzu noch Rn. 20 ff.
74 Langheid/Wandt/*Bruns* § 307 Rn. 15 ff., 38; *ders.* Privatversicherungsrecht § 10 Rn. 23 f.
75 Siehe auch *Bruns* Privatversicherungsrecht § 23 Rn. 10 m.N.

chen Leistungen im vereinbarten Umfang." Die ARB enthalten Bestimmungen zum Leistungsumfang nicht selten nach Maßgabe bestimmter Deckungskonzepte oder in Bezug auf bestimmte „Leistungsarten". Dabei ist durch Auslegung zu ermitteln, ob es sich um Regelungen zum Rechtsschutzfall handelt, dessen Eintritt aufschiebende Bedingung für die Einstandspflicht des VR ist (§ 158 Abs. 1 BGB), oder ob Leistungsausschlüsse oder Obliegenheiten statuiert werden. Die Qualifikation einer Klausel orientiert sich nicht allein daran, wie sie nach dem Wortlaut des Klauselwerks bezeichnet ist, sondern nach dem materiellen Gehalt der Bestimmung. Die richtige Einordnung einer Bestimmung ist für die rechtliche Beurteilung und die Beantwortung von Zweifelsfragen naturgemäß von vorentscheidender Bedeutung. Die große gestalterische Freiheit birgt dabei zwangsläufig gewisse rechtliche Unwägbarkeiten.

bb) Erforderlichkeit der Leistung. Nach der gesetzlichen Regelung ist der Rechtsschutzversicherer zur Erbringung „der für die Wahrnehmung der rechtlichen Interessen ... erforderlichen Leistungen im vereinbarten Umfang verpflichtet." Der Gehalt dieser Anordnung ist nicht eindeutig. Wie auch im Zusammenhang mit dem Leistungsinhalt kann das Kriterium der Erforderlichkeit sowohl eine Beschränkung als auch eine Mindestgewährleistung bedeuten.[76] Die Unklarheit rührt teilweise auch daher, dass hinsichtlich des Leistungsumfangs grundsätzlich auf die versicherungsvertragliche Vereinbarung abzustellen ist. Im Ausgangspunkt ist zwar zwischen der Erforderlichkeit der Leistung und dem Leistungsumfang zu unterscheiden. Nur kann der vereinbarte Leistungsumfang unter Umständen so gering sein, dass zur Wahrnehmung der rechtlichen Interessen erforderliche Leistungen nach dem Versicherungsvertrag nicht geschuldet sein sollen. Deshalb bedürfen der Begriff der Erforderlichkeit und sein Verhältnis zur privatautonomen Produktgestaltung einer Präzisierung. Soweit die Erbringung nicht erforderlicher Leistungen ausgeschlossen wird, handelt es sich nicht etwa um eine Konkretisierung der allgemeinen Rettungs- und Schadensminderungsobliegenheit (§ 82),[77] die entgegen der obliegenheitsrechtlichen Voraussetzungstheorie systematisch nicht den Voraussetzungen der Leistungspflicht des VR, sondern seinen Einwendungen zuzurechnen ist.[78] Vielmehr liegt darin eine Ausprägung des in der Schadensversicherung allgemein geltenden Grundsatzes des Bereicherungsverbotes.[79] Der Leistungsanspruch des VN setzt nämlich auch in der Rechtsschutzversicherung, die eine Schadensversicherung ist,[80] grundsätzlich einen ersatzfähigen Schaden voraus. Eine vollständige Entkoppelung vom Schadenserfordernis müsste der Versicherung den Charakter einer Schadensversicherung und damit auch einer Rechtsschutzversicherung nehmen; dem VN bzw. Versicherten günstige Lockerungen in Gestalt von Schadensberechnungsklauseln sind hingegen grundsätzlich zulässig.[81] Was nicht zum Schaden des VN bzw. Versicherten gehört, ist im Regelfall nicht erforderlich im Sinne von § 125. Eine weitergehende gesetzliche Begrenzung des Anspruchs folgt aus dem Terminus der Erforderlichkeit bei Lichte besehen nicht. 19

Wie bereits angedeutet, wohnt dem Begriff der Erforderlichkeit darüber hinaus ein Gewährleistungsgehalt inne. Der Rechtsschutzversicherer schuldet im Ausgangspunkt zumindest die zur Wahrnehmung der rechtlichen Interessen erforderlichen Leistungen.[82] Auch wenn der Leistungsumfang im Übrigen zur Disposition der Vertragsparteien steht, was auf die Möglichkeit kautelarjuristischer Produktgestaltung durch den Rechtsschutzversicherer in den Grenzen des AGB-Rechts hinausläuft, liefert die Erforderlichkeit einen objektiven Maßstab für einen gewissen notwendigen 20

---

76 Siehe Rn. 16.
77 So aber Langheid/Wandt/*Obarowski* § 125 Rn. 30; Looschelders/*Paffenholz* § 125 Rn. 9.
78 Grundsätzlich hierzu *Bruns* Privatversicherungsrecht § 16 Rn. 4 ff. m.N.
79 Hierzu *Bruns* Privatversicherungsrecht § 6 Rn. 17, § 20 Rn. 4 m.N.
80 Zur Rechtsnatur Vor §§ 125–129 Rn. 9.
81 *Bruns* Privatversicherungsrecht § 20 Rn. 4.
82 Im Grundansatz zutreffend Langheid/*Rixecker* § 125 Rn. 1; **a.A.** (ohne Erwähnung eines Gewährleistungsgehalts) offenbar Langheid/Wandt/*Obarowski* § 125 Rn. 30 f.; Looschelders/*Paffenholz* § 125 Rn. 9.

Mindestumfang der Leistung des Rechtsschutzversicherers.[83] Anfallende Rechtswahrnehmungskosten können nicht von der Freistellung oder Erstattung ganz ausgeschlossen werden, wenn sie zur Wahrnehmung der rechtlichen Interessen im versicherten Deckungs- und Lebensbereichs erforderlich sind, weil die Versicherungsdeckung anderenfalls völlig ausgehöhlt wäre. Dagegen sind betragsmäßige Begrenzungen des Leistungsumfangs grundsätzlich zulässig. Die allgemeine Rettungs- und Schadensminderungsobliegenheit des VN gemäß § 82, deren Verletzung die Kürzung oder den Verlust des Leistungsanspruchs nach Maßgabe obliegenheitsrechtlicher Grundsätze zur Folge haben kann,[84] ist davon scharf zu unterscheiden.[85]

21 **cc) Inhaltskontrolle.** Die Bestimmungen zum Leistungsumfang in der Rechtsschutzversicherung unterliegen als gesetzesergänzende ARB der Inhaltskontrolle nach AGB-Recht. Die Befreiung bzw. Erstattung von Kosten, die im Sinne von § 125 zur Rechtswahrnehmung erforderlich sind, gehört zum im Übrigen spärlich ausgeformten gesetzlichen Leitbild der Rechtsschutzversicherung,[86] mit dem Beschränkungen des Leistungsumfangs nicht unvereinbar sein dürfen (§ 307 Abs. 2 Nr. 1 BGB). Ausnahmen gelten für den kontrollfreien Vertragskern, dessen genaue Kontur unklar ist und sorgsamer Einzelfallprüfung bedarf.[87]

22 **e) Würdigung der gesetzlichen Regelung.** Die gesetzliche Neuregelung der Leistungspflicht des Rechtsschutzversicherers ist Ausdruck deutlicher gesetzgeberischer Selbstbeschränkung, auch wenn die Übernahme kautelarjuristischer Vorläufer und Grundmodelle in das Gesetz durchaus Einfluss auf den Normcharakter und unter Umständen auch auf den Norminhalt hat. Der Rechtsschutzfall ist, wenn man dem erklärten Willen des Gesetzgebers ausschlaggebende Bedeutung beimisst, in § 125 überhaupt nicht geregelt. Dadurch ist die Inhaltskontrolle von ARB in einem wichtigen Punkt empfindlich eingeschränkt, weil eine gesetzliche Auffangregelung fehlt. Wenn und soweit ergänzende Vertragsauslegung fehlschlägt, ist der Rechtsschutzfall mithin insgesamt zum kontrollfreien Bereich zu rechnen. Es bedarf deshalb genauer Prüfung, ob und inwieweit eine Bestimmung in AVB zur Bedingung für den Leistungsanspruch, also zum Rechtsschutzfall gehört oder ob ein anderer Gehalt anzunehmen ist, der einer Inhaltskontrolle zugänglich ist. Leistungsinhalt und Leistungsumfang sind lediglich ansatzweise durch das unklare Kriterium der Erforderlichkeit gesetzlich konturiert, was die Inhaltskontrolle einerseits erschwert, andererseits unter Umständen aber auch schwer vorhersehbare Ergebnisse zeitigen kann. Insgesamt zeugt die Regelung eher von einer sehr vorsichtigen und abwartenden gesetzgeberischen Grundhaltung, wie sie sich aus einem Grundvertrauen in die privatautonome Kautelarjurisprudenz speist. Die Möglichkeiten gesetzlicher Produktgestaltung und Standardisierung sind damit allerdings keineswegs ausgeschöpft, sondern klingen allenfalls leise an.

2. Nebenleistungspflichten des Versicherers

23 **a) Grundlagen.** Den Rechtsschutzversicherer treffen verschiedene Nebenpflichten. Die Nebenleistungspflichten unterscheiden sich von den sonstigen Neben- bzw. Schutzpflichten dadurch, dass der Gläubiger ihre Erfüllung in Natur verlangen kann. Sie lassen sich systematisch scheiden

83 Richtig insoweit Langheid/*Rixecker* § 125 Rn. 1.

84 Hierzu Langheid/Wandt/*Looschelders* § 82 Rn. 68 ff.; *Bruns* Privatversicherungsrecht § 16 Rn. 24 ff. (allgemeine Grundsätze), § 20 Rn. 53 ff. (zur Schadensabwendungs- und Schadensminderungsobliegenheit in der Schadensversicherung).

85 **A.A.** Langheid/*Rixecker* § 125 Rn. 1; Looschelders/*Paffenholz* § 125 Rn. 5.

86 Im Einzelnen hierzu Langheid/Wandt/*Bruns* § 307 BGB Rn. 72.

87 Näher Langheid/Wandt/*Bruns* § 307 BGB Rn. 16.

in solche Pflichten, die im Prinzip allgemeine Geltung für alle Versicherungszweige beanspruchen und in der Rechtsschutzversicherung allenfalls zweigspezifische Konkretisierung erfahren (hierzu b), und solche Nebenleistungspflichten, die vertragstypenspezifisch in der Rechtsschutzversicherung Platz greifen (hierzu c). Zu unterscheiden ist dabei auch danach, ob eine Pflicht unmittelbar oder mittelbar im Gesetz angelegt ist oder ob sie ihre Grundlage ausschließlich in den vereinbarten ARB hat.

b) Allgemeine Nebenleistungspflichten

aa) Übermittlung eines Versicherungsscheins. Nach allgemeinen Regeln hat der Rechts- 24
schutzversicherer dem VN einen textförmlichen Versicherungsschein zu übermitteln, auf Verlangen auch als Urkunde (§ 3 Abs. 1).[88] Das gilt im Grundsatz auch bei der Rechtsschutzversicherung für fremde Rechnung (§ 44 Abs. 1 Satz 2).[89] Der Anspruch auf die Übermittlung einer Urkunde bedeutet nach h.L. grundsätzlich nicht, dass Übermittlung in Schriftform bzw. als Privaturkunde geschuldet ist.[90] Besondere Anforderungen an den Inhalt des Versicherungsscheins, die im Kern europarechtlich präformiert sind,[91] greifen Platz, wenn Gefahren aus dem Bereich der Rechtsschutzversicherung neben anderen Gefahren versichert werden: Der Deckungsumfang der Rechtsschutzversicherung und die hierfür zu entrichtende Prämie sind dann in der Police gesondert auszuweisen (§ 126 Abs. 1 Satz 1).[92] Bedient sich der Rechtsschutzversicherer zur Leistungsbearbeitung eines selbstständigen Schadensabwicklungsunternehmens, muss auch dieses in der Police angegeben werden (§ 126 Abs. 1 Satz 2). Die europarechtliche Grundlegung dieser besonderen Anforderungen spricht dafür, dass in der Rechtsschutzversicherung auch der Urkundsbegriff europarechtlich vorgeprägt sein könnte. Deshalb erhebt sich bei der Einschaltung von Schadensabwicklungsunternehmen die Frage der Europarechtskonformität des im Rahmen von § 3 herrschenden Urkundenbegriffs, die – mit der gebotenen Vorsicht – prima vista tendenziell zu bejahen sein dürfte, solange die bezweckte Transparenz gewahrt wird. Bei Abhandenkommen der Versicherungspolice kann der VN auf eigene Kosten Ausstellung eines neuen Versicherungsscheins verlangen (§ 3 Abs. 3 Satz 1, Abs. 5).

bb) Überlassung von Abschriften. Den Rechtsschutzversicherer trifft darüber hinaus eine Ne- 25
benleistungspflicht zur Überlassung von Abschriften. Der VN kann jederzeit Abschriften der Erklärungen verlangen, die er selbst oder sein Vertreter in Bezug auf den Versicherungsvertrag abgegeben hat (§ 3 Abs. 4 Satz 1).[93] Beispiele sind der Versicherungsantrag, Anzeigen, Auskünfte, ein Widerspruch gemäß § 5 Abs. 1 oder ein Widerruf gemäß § 8, Kündigung sowie eine Abtretungs- oder Verpfändungsanzeige etc. Anspruchsinhaber sind der VN oder sein Rechtsnachfolger, nicht Dritte. Nach vollständiger Beendigung und Abwicklung des Versicherungsverhältnisses besteht der Anspruch nicht mehr.[94] Konkurrierend kommt, insbesondere im Hinblick auf die dem Ver-

88 Zum Ganzen Bruck/Möller/*Knops* § 3 Rn. 1 ff. m.w.N.; Langheid/Wandt/*Armbrüster* § 3 Rn. 3 ff., 6 ff.; *Bruns* Privatversicherungsrecht § 14 Rn. 53 ff.
89 Näher Bruck/Möller/*Brand* § 44 Rn. 9; Langheid/Wandt/*Langheid* § 44 Rn. 6; Bruck/Möller/*Bruns* Vor §§ 125–129 Rn. 19 ff.; *Bruns* Privatversicherungsrecht § 17 Rn. 11.
90 Regierungsbegründung BTDrucks. 16/3945 S. 57 l.Sp. („*Versicherungsschein in Papierform, also als Urkunde*"); Prölss/Martin/*Rudy* § 3 Rn. 3; Looschelders/Pohlmann/*C. Schneider* § 3 Rn. 22 f.
91 Zu den damit verbundenen europarechtlichen Zweifelsfragen Vor §§ 125–129 Rn. 35 ff.
92 Ausführlicher hierzu und zum Folgenden § 126 Rn. 15 m.N.
93 Im Einzelnen Bruck/Möller/*Knops* § 3 Rn. 16 ff.; Langheid/Wandt/*Armbrüster* § 3 Rn. 51 ff.; *Bruns* Privatversicherungsrecht § 14 Rn. 59 m.N.
94 OLG Köln 23.2.1989 RuS **1989** 171; *Bruns* Privatversicherungsrecht § 14 Rn. 59.

tragsschluss vorausgehende und nachfolgende Korrespondenz, eine Urkundenvorlagepflicht gemäß §§ 810, 811 BGB in Betracht.[95]

26 **cc) Beratung.** Der Rechtsschutzversicherer hat den VN nicht nur während der Vertragsanbahnung (§ 6 Abs. 1), sondern auch nach Vertragsschluss während der Dauer des Versicherungsverhältnisses zu beraten, soweit für ihn ein Anlass für eine Nachfrage und Beratung des VN erkennbar ist (§ 6 Abs. 4 Satz 1).[96] Die rechtliche Qualifikation dieser Verpflichtung des VR ist unklar und streitig. In Betracht kommt eine bloße Schutzpflicht oder eine Nebenleistungspflicht. Während einige Autoren zu dieser Frage nicht klar Stellung beziehen,[97] wird teilweise die Einordnung als besondere Schutzpflicht im Sinne von § 241 Abs. 2 BGB befürwortet. Dem vom Gesetzgeber mit der Anordnung der Beratungspflicht verfolgten umfassenden Schutz des VN[98] dürfte indessen auch in der Rechtsschutzversicherung die Einordnung als Nebenleistungspflicht am ehesten entsprechen.[99] Der VN ist folglich nicht notwendig auf Schadensersatz verwiesen, sondern kann grundsätzlich Beratung naturaliter beanspruchen und hat erst im Fall der Nicht- oder Schlechtleistung Anspruch auf Schadensersatz.

27 **dd) Solvabilitätssicherung?** Unklar und umstritten ist, ob und inwieweit den VR darüber hinaus eine vertragliche Pflicht zur Solvabilitätssicherung trifft.[100] Zwar geht die ganz h.M. völlig zu Recht davon aus, dass keine Hauptleistungspflicht des VR besteht, die abstrakte Versicherungsdeckung zu organisieren und zu sichern.[101] Das schließt aber eine auf Solvabilitätssicherung gerichtete vertragliche Nebenleistungspflicht keineswegs aus. Ebenso wenig wird man von einem abschließenden Vorrang des Versicherungsaufsichtsrechts ausgehen können. Allerdings kann eine vertragliche Solvabilitätssicherungspflicht nicht ohne erhebliche Einschränkungen anerkannt werden, ohne den VR zu überfordern und die Funktionstüchtigkeit der Versicherung ernsthaft zu gefährden. Deshalb ist ein Anspruch des VN auf Solvabilitätssicherung nur anzuerkennen, wenn ein substanzieller Verstoß gegen Solvabilitätsvorschriften, welcher die Erfüllbarkeit des künftigen Leistungsanspruchs des VN konkret gefährdet, bestandskräftig von der Aufsichtsbehörde festgestellt oder evident ist. Der VN kann in solchen – praktisch äußerst seltenen Fällen – Unterlassung aufsichtsrechtswidrigen Verhaltens oder unter Umständen auch aufsichtsrechtskonformes positives Tun verlangen.[102]

c) Besondere Nebenleistungspflichten in der Rechtsschutzversicherung

28 **aa) Sorgepflicht?** Nach seinem Wortlaut sieht das Gesetz keine Pflicht des Rechtsschutzversicherers zu umfassender Sorge für die Angelegenheiten des VN vor.[103] Mit der Feststellung, dass die Hauptleistungspflicht des VR nicht in der geschäftsbesorgungsmäßigen Organisation und Sicherstellung von Rechtsschutz besteht, ist logisch nicht gesagt, dass es keine flankierende Sorgeleis-

95 Statt vieler Jauernig/*Stadler* §§ 809–811 Rn. 9 ff. m.N.
96 Zu Einzelheiten *Bruns* Privatversicherungsrecht § 14 Rn. 60 ff.
97 Z.B. Looschelders/Pohlmann/*Pohlmann* § 6 Rn. 10ff.; Prölss/Martin/*Rudy* § 6 Rn. 44 ff., 54ff.; Bruck/Möller/*Schwintowski* § 6 Rn. 78 ff.
98 Hierzu die Regierungsbegründung BTDrucks. 16/3945 S. 58 f.
99 So bereits *Bruns* Privatversicherungsrecht § 14 Rn. 60.
100 Grundlegend *Bruns* Privatversicherungsrecht § 14 Rn. 63 ff. (auch zum Folgenden).
101 *Bruns* Privatversicherungsrecht § 14 Rn. 3ff. m.N.
102 So schon *Bruns* Privatversicherungsrecht § 14 Rn. 64.
103 Siehe auch *Bruns* Privatversicherungsrecht § 23 Rn. 9.

tungspflicht als vertragliche Nebenleistungspflicht geben könnte.[104] Der Serviceorientierung vieler Rechtsschutzversicherer könnte eine umfassende Pflicht zu Betreuung, Beratung, Organisation und Abwicklung, die neben die Kostenübernahme tritt, durchaus entsprechen. Der gesetzlichen Regelung lässt sich eine solche Pflicht indessen als Regelfall nicht entnehmen. Die bewusste gesetzgeberische Zurückhaltung bei der Festlegung des Pflichtenprogramms spricht recht eindeutig dagegen. Hinzu kommt, dass eine Beratungspflicht – anders als die Erbringung anderer Serviceleistungen – im Gesetz ausdrücklich vorgesehen ist (§ 6 Abs. 4 Satz 1).[105] Deshalb ist auch bei dem Versuch, eine derartige Sorgepflicht im Wege ergänzender Vertragsauslegung zu konstruieren, große Vorsicht geboten. Die ergänzende Auslegung findet ihre Grenze im erkennbaren Regelungswillen des Gesetzgebers. Als Grundlage einer umfassenden Sorgepflicht des Rechtsschutzversicherers kommt deshalb letztlich nur der Versicherungsvertrag in Betracht.

bb) Deckungszusage? Das geschriebene Gesetzesrecht sieht – anders als ARB nach dem Muster von § 17 Abs. 1 ARB 2010[106] – keine ausdrückliche Verpflichtung des Rechtsschutzversicherers zur Erteilung einer Deckungszusage vor. Angesichts der hohen praktischen Bedeutung einer verbindlichen Deckungszusage, die nach h.M. den Charakter eines deklaratorischen Schuldanerkenntnisses hat,[107] mag die Annahme einer ungeschriebenen Nebenleistungspflicht naheliegen. Als dogmatische Grundlage kommt ergänzende Vertragsauslegung in Betracht (§§ 133, 157, 242 BGB). Dieser Weg erscheint insbesondere auch deshalb gangbar, weil der BGH sogar im Fall der Nichteinbeziehung oder Unwirksamkeit einer entsprechenden Klausel in ARB im Individualprozess eine ergänzende Vertragsauslegung zur Lückenschließung grundsätzlich für möglich erachtet.[108] Das grundsätzliche AGB-rechtliche Verbot geltungserhaltender Reduktion steht einer ergänzenden Auslegung des Versicherungsvertrags jedenfalls dann nicht im Wege,[109] wenn die Lücke im Vertrag nicht auf der Nichteinbeziehung oder Unwirksamkeit einer Klausel beruht. Zwar erscheint es angesichts der gesetzgeberischen Enthaltsamkeit zweifelhaft, einen Anspruch auf Erteilung einer Deckungszusage in jedem Fall im Wege ergänzender Vertragsauslegung zu konstruieren. Doch kann ein solcher Anspruch das Ergebnis ergänzender Auslegung des Rechtsschutzversicherungsvertrags sein, wenn das Risiko einer vorherigen Begründung der Kostentragungspflicht dem VN oder Versicherten nach Treu und Glauben mit Rücksicht auf die Verkehrssitte nicht zumutbar ist. Das wird insbesondere bei schwer überschaubaren größeren Kostenrisiken tendenziell eher zu bejahen sein als bei geringfügigen Rechtswahrnehmungskosten. Denn die bloße Ungewissheit über die Einstandspflicht kann den VN oder Versicherten davon abhalten, von der Rechtsschutzversicherung an sich gedeckte rechtliche Interessen wahrzunehmen. Dadurch kann unter Umständen die Erreichung des Vertragszwecks gefährdet sein. Nach der jüngeren Rechtsprechung des BGH hat die Erteilung einer im Vertrag vorgesehenen Deckungszusage Erfüllungswirkung nur dann, wenn der VN endgültig von der Gefahr befreit ist, Gebührenansprüche seines Rechtsanwaltes erfüllen zu müssen.[110] 29

---

104 Zur Hauptleistungspflicht bereits Rn. 8, 14.

105 Siehe Rn. 26.

106 Hierzu statt vieler Prölss/Martin/*Piontek* § 17 ARB 2010 Rn. 10 ff.; näher Bruck/Möller/*Bruns* § 17 ARB 2010 Rn. 10 ff.

107 OLG Oldenburg 30.8.1995 VersR **1996** 1233; KG 12.7.1996 VersR **1997** 1352; OLG Düsseldorf 26.6.2001 RuS **2002** 242, 243; OLG Karlsruhe 17.7.2003 VersR **2003** 1436; OLG Celle 10.7.2008 – 8 U 30/08, VersR **2008** 1645, 1647; Prölss/Martin/*Piontek* § 17 ARB 2010 Rn. 10 m.w.N.; zu Fragen der Rechtsnatur, Bindungswirkung und Kondiktion der Deckungszusage *Spies* RuS **2019** 70 ff.

108 BGH 22.1.1992 BGHZ **117** 92, 98; BGH 13.11.1997 BGHZ **137** 153, 157; BGH 27.11.1997 BGHZ **137** 212, 218 ff.; BGH 4.7.2002 BGHZ **151** 229, 234 f.; BGH 3.11.1999 NJW **2000** 1110, 1114.

109 Hierzu instruktiv Jauernig/*Stadler* § 306 Rn. 5; für die AVB-Kontrolle Langheid/Wandt/*Bruns* Vorbem. §§ 307–309 BGB Rn. 56 ff.

110 BGH 11.4.2018 – IV ZR 215/16, NJW **2018** 197.

30 **cc) Mitwirkung im Gutachterverfahren.** Der Rechtsschutzversicherer ist verpflichtet, in einem gemäß § 128 vorzusehenden Gutachterverfahren mitzuwirken.[111] Diese Mitwirkungsverpflichtung ist angesichts ihrer Bedeutung für die Verwirklichung des Vertragszwecks richtigerweise als Nebenleistungspflicht zu qualifizieren und nicht lediglich als Schutzpflicht im Sinne von § 241 Abs. 2 BGB.[112] Von der Mitwirkungspflicht scharf zu unterscheiden sind die im Stadium der Vertragsanbahnung angesiedelte Pflicht, ein solches Gutachterverfahren vorzusehen (§ 128 Satz 1), und die vertragliche Pflicht, bei Verneinung der Leistungspflicht auf dieses Verfahren hinzuweisen (§ 128 Satz 2), die keine Leistungspflichten, sondern besondere Schutzpflichten darstellen.[113]

3. Sonstige vertragliche Pflichten

31 Den Rechtsschutzversicherer treffen wie jeden VR schadensersatzsanktionierte Schutzpflichten, die nicht naturaliter einforderbar, sondern spontan zu erfüllen sind (§§ 241 Abs. 2, 280 Abs. 1 BGB).[114] Praktisch bedeutsam waren bis zur Reformnovelle vor allem Aufklärungspflichten, die allerdings im Wesentlichen in der neuen Beratungspflicht gemäß § 6 Abs. 4 VVG aufgegangen sind. Einen gesetzlich geregelten Sonderfall stellt die Pflicht des Rechtsschutzversicherers zur Erteilung eines Hinweises auf das Gutachterverfahren gemäß § 128 Satz 2 dar.[115] Unklar ist, ob der VR auch vertraglich gegenüber dem VN verpflichtet ist, über die Unwirksamkeit von ARB zu informieren, wie es anspruchsberechtigte Stellen nach § 8 UWG verlangen können.[116] Das dürfte allenfalls als Inhalt eines Schadensersatzanspruchs aus Verschulden bei Vertragsverhandlungen (§§ 280 Abs. 1, 241 Abs. 2, 311 Abs. 2 Nr. 1 BGB) oder aus Verletzung einer vertraglichen Schutzpflicht (§§ 280 Abs. 1, 241 Abs. 2 BGB) bei Verschulden des VR in Betracht kommen, welches – eine Pflichtverletzung vorausgesetzt – zu vermuten wäre (§ 280 Abs. 1 Satz 2 BGB). Doch wird man dem VR angesichts der Vertragsfreiheit einen kautelarjuristischen Gestaltungsspielraum zuerkennen müssen, der ein Verschulden bei vertretbarer Klauselgestaltung ausschließt. Von der Frage einer Pflicht zur Information über die Unwirksamkeit zu unterscheiden ist die vorvertragliche Pflicht, keine bekanntermaßen unwirksamen Klauseln zu verwenden, sowie die Vertragspflicht, sich nicht auf als unwirksam erkannte Klauseln zu berufen. Selbstverständlich ist der Rechtsschutzversicherer darüber hinaus auch ganz allgemein zum Schutz der Integrität des VN und seiner Rechtsgüter und Interessen verpflichtet (§ 241 Abs. 2 BGB).

4. Obliegenheiten des Rechtsschutzversicherers?

32 Nach der Systematik des Versicherungsvertragsgesetzes treffen Obliegenheiten grundsätzlich den VN und nicht den VR.[117] Aus der gesetzlichen Regelung der Rechtsschutzversicherung ergibt sich nichts anderes. Obliegenheiten des Rechtsschutzversicherers können jedoch durch versicherungsvertragliche Gestaltung begründet werden. Ob eine Obliegenheit oder eine schadensersatzbewehrte Schutz- oder gar eine Nebenleistungspflicht vorliegt, ist durch Auslegung zu ermitteln. Bei verbleibendem Zweifel dürfte die Unklarheitenregel (§ 305c Abs. 2 BGB) typischerweise eher für eine schärfere schadensersatzsanktionierte Rechtspflicht sprechen denn für eine in den Rechtsfolgen kupierte Obliegenheit. Ergänzende Vertragsauslegung wird in aller Regel nicht zur Begründung von Obliegenheiten des VR führen.

---

111 Näher Bruck/Möller/*Bruns* § 128 Rn. 18 ff.
112 *Bruns* Privatversicherungsrecht § 14 Rn. 67.
113 Zum Ganzen Bruck/Möller/*Bruns* § 128 Rn. 18 ff. und 33 ff.
114 Zum Ganzen *Bruns* Privatversicherungsrecht § 14 Rn. 68 ff.
115 Bruck/Möller/*Bruns* § 128 Rn. 34.
116 Zur wettbewerbsrechtlichen Beseitigungspflicht BGH 31.3.2021 – IV ZR 221/19, RuS **2021** 325, 329 f.
117 Allgemein hierzu *Bruns* Privatversicherungsrecht § 16 Rn. 1 ff.

IV. Pflichten und Obliegenheiten des Versicherungsnehmers

1. Synallagmatische Hauptleistungspflicht

Die Hauptleistungspflicht des VN ist die Pflicht zur Zahlung der vereinbarten Prämie. Sie ist mit der Pflicht des Rechtsschutzversicherers zur Erbringung der vertraglich vereinbarten Leistung im Rechtsschutzfall synallagmatisch verknüpft.[118] Hinsichtlich der Prämienzahlungspflicht finden sich in der Rechtsschutzversicherung keine versicherungszweigspezifischen Besonderheiten. Deshalb gelten hier die allgemeinen Grundsätze.[119] Einschlägig sind die §§ 33 bis 42, auf deren Kommentierung zu verweisen ist.[120] Die Vorschriften über die vertragliche Prämienzahlungspflicht gelten für die Beiträge im Versicherungsverein auf Gegenseitigkeit im Prinzip entsprechend.[121] 33

2. Nebenleistungs- und Schutzpflichten

In der Rechtsschutzversicherung treffen den VN – wie im Prinzip bei jeder Versicherung – nach der gesetzlichen Regelung keine vertraglichen Nebenleistungspflichten.[122] Die grundsätzliche Beschränkung des vertraglichen Leistungspflichtenprogramms auf die Prämienzahlung entspricht den Besonderheiten des Privatversicherungsrechts und lässt sich als einfachgesetzliche Ausprägung des Prinzips der Gefahrengemeinschaft deuten.[123] Denn der VN soll im vertragsrechtlich gebildeten Risikokollektiv von weitergehenden Leistungspflichten bewusst abgeschirmt werden, um die Versicherung für ihn zum rechtlich ganz vorwiegend vorteilhaften und damit auch wirtschaftlich attraktiven Geschäft zu machen. Selbst soweit das Gesetz neben der Prämienzahlung ausdrücklich von Pflichten spricht, wie z.B. bei der *„Auskunftspflicht“* gemäß § 31, handelt es sich nach h.M. in aller Regel nicht um Nebenleistungspflichten oder Schutzpflichten, sondern im Interesse des Schutzes des VN um Obliegenheiten.[124] Das gilt auch für andere Normen, die dem VN ein bestimmtes Verhalten abverlangen, ohne ausdrücklich von einer Pflicht zu sprechen, wie z.B. bei der Anzeige des Versicherungsfalles (§ 30).[125] Neben der Prämienzahlungspflicht können allerdings nach allgemeinen privatversicherungsrechtlichen Grundsätzen schadensersatzbewehrte Schutzpflichten des VN bestehen (§§ 241 Abs. 2, 280 Abs. 1 BGB).[126] 34

3. Obliegenheiten

Auch in der Rechtsschutzversicherung sind die nach allgemeinen und schadensversicherungsrechtlichen Regeln bestehenden Obliegenheiten des VN von Bedeutung.[127] Nach Eintritt des Rechtsschutzfalles bestehen eine Anzeigeobliegenheit (§ 30) und eine Informationsobliegenheit (§ 31).[128] 35

---

118 Zur Hauptleistungspflicht des Rechtsschutzversicherers Rn. 8 ff.

119 Im Einzelnen hierzu *Bruns* Privatversicherungsrecht § 15 Rn. 1 ff. m.N.

120 Statt vieler hierzu Bruck/Möller/*Beckmann* § 33 Rn. 1 ff. m.N. sowie die Kommentierung der folgenden Normen.

121 *Wandt* Versicherungsrecht Rn. 487; *Bruns* Privatversicherungsrecht § 15 Rn. 32.

122 Hierzu *Bruns* Privatversicherungsrecht § 15 Rn. 33.

123 Grundlegend *Scherpe* Das Prinzip der Gefahrengemeinschaft im Privatversicherungsrecht (2011); im Überblick *Bruns* Privatversicherungsrecht § 6 Rn. 7 f.

124 Bruck/Möller/*Brömmelmeyer* § 31 Rn. 18 f. m.N.; Langheid/Wandt/*Wandt* § 31 Rn. 17; Looschelders/Pohlmann/*Looschelders* § 31 Rn. 2; *Bruns* Privatversicherungsrecht § 16 Rn. 33.

125 Regierungsbegründung BTDrucks. 16/3945 S. 69/70; Bruck/Möller/*Brömmelmeyer* § 30 Rn. 11; Langheid/Wandt/*Wandt* § 30 Rn. 8; *Bruns* Privatversicherungsrecht § 16 Rn. 30.

126 Näher *Bruns* Privatversicherungsrecht § 15 Rn. 34.

127 Siehe bereits *Bruns* Privatversicherungsrecht § 23 Rn. 15 ff. m.N.

128 Zur Rechtsnatur siehe die Nachweise bei Rn. 34.

Hinzu kommt die Schadensabwendungs- und Schadensminderungsobliegenheit gemäß § 82.[129] Die Rechtsschutzversicherer sind um kautelarjuristische Konkretisierung dieser praktisch wichtigen Obliegenheiten naturgemäß sichtlich bemüht. Auslegung und Inhaltskontrolle entsprechender Bestimmungen in ARB beschäftigen die Rechtsprechung in beträchtlichem Umfang.[130] Streitig ist, ob auch die Unterlassung der grobfahrlässigen oder vorsätzlichen Herbeiführung des Versicherungsfalls (§ 81) zu den Obliegenheiten des VN zählt oder nicht. Die bislang wohl h.L. verneint die Frage und geht stattdessen in Fortschreibung der zur Vorgängerregelung § 61 a.F. vorherrschenden Auffassung von einem subjektiven Risikoausschluss bzw. einer subjektiven Risikobegrenzung aus.[131] Die Gegenansicht qualifiziert § 81 als gesetzliche Obliegenheit.[132] Dafür sprechen zum einen systematische Gründe: Verschulden bezieht sich im Zivilrecht grundsätzlich auf Pflichtverletzungen, was zur Obliegenheit besser passt als zur subjektiven Risikobegrenzung. Drittverhalten kann nach obliegenheitsrechtlichen Grundsätzen zwanglos zugerechnet werden („Repräsentantenhaftung"). Die Einordnung als Obliegenheit harmoniert überdies mit dem Prinzip der Gefahrengemeinschaft, und der Schutz des VN ist nach Obliegenheitsrecht umfassend gewährleistet, wenn man mit der h.M. versicherungsvertragliche Abweichungen von gesetzlichen Obliegenheiten dem Schutz der §§ 28, 32 unterstellt, was der Regelung halbzwingenden Charakter verleiht.[133]

129 *Bruns* Privatversicherungsrecht § 20 Rn. 53 ff. mit § 23 Rn. 15.

130 Siehe z.B. Langheid/Wandt/*Obarowski* Anh. zu § 125 Rn. 391 ff. m.N.

131 Bruck/Möller/*Baumann* § 81 Rn. 19 ff.; *E. Lorenz* FS Deutsch (2009) 855, 857 ff.; *Wandt* Versicherungsrecht Rn. 899 m.w.N.; nach wie vor wohl auch Langheid/Wandt/*Looschelders* § 81 Rn. 5 ff.

132 *Deutsch/Iversen* Versicherungsvertragsrecht Rn. 275; Prölss/Martin/*Armbrüster* § 81 Rn. 4; *Bruns* Privatversicherungsrecht § 20 Rn. 47; wohl auch Looschelders/Pohlmann/*Schmidt-Kessel* § 81 Rn. 10f.

133 Zum Ganzen mit weiterführenden Hinweisen bereits *Bruns* Privatversicherungsrecht § 20 Rn. 47.

§ 126 VVG Schadensabwicklungsunternehmen

(1) [1]Werden Gefahren aus dem Bereich der Rechtsschutzversicherung neben anderen Gefahren versichert, müssen im Versicherungsschein der Umfang der Deckung in der Rechtsschutzversicherung und die hierfür zu entrichtende Prämie gesondert ausgewiesen werden. [2]Beauftragt der Versicherer mit der Leistungsbearbeitung ein selbständiges Schadensabwicklungsunternehmen, ist dieses im Versicherungsschein zu bezeichnen.

(2) [1]Ansprüche auf die Versicherungsleistung aus einem Vertrag über eine Rechtsschutzversicherung können, wenn ein selbständiges Schadensabwicklungsunternehmen mit der Leistungsbearbeitung beauftragt ist, nur gegen dieses geltend gemacht werden. [2]Der Titel wirkt für und gegen den Rechtsschutzversicherer. [3]§ 727 der Zivilprozessordnung ist entsprechend anzuwenden.

Schrifttum

Armbrüster Freie Anwaltswahl und Rechtsschutzversicherung, VuR **2012** 167; *ders.* Freie Anwaltswahl für rechtsschutzversicherte Mandanten in Deutschland, AnwBl. **2012** 218; *Bauer* Rechtsentwicklung bei den Allgemeinen Bedingungen für die Rechtsschutzversicherung bis Anfang 2008, NJW **2008** 1496; *ders.* Entwicklung bei den Allgemeinen Bedingungen für die Rechtsschutzversicherung bis Anfang 2013, NJW **2013** 1576; *ders.* Deckungsprozesse in der Rechtsschutzversicherung, NJW **2015** 1329; *ders.* Allgemeine Bedingungen für die Rechtsschutzversicherung (ARB 12), VersR **2013** 661; *Brieske* Alptraum des Rechtsanwaltes in der Rechtsschutzversicherung, AnwBl. **1992** 69; *Eberhardt* Rechtsschutzversicherung und außergerichtliche Konfliktlösung, ZKM **2014** 83; *ders.* Rechtsschutzversicherung im Wandel, VersR **2013** 802; *Füchtler* Deckungsklage statt Stichentscheid? VersR **1991** 156; *Harbauer* Rechtsbegriffe in der Rechtsschutzversicherung, NVersZ **1999** 193; *Henssler* Rechtschutzversicherungen und Rechtsverfolgungskosten, ZVersWiss **1999** 3; *Kilian* Kostentragung trotz Deckungsablehnung im Schiedsgutachterverfahren in der Rechtsschutzversicherung, RuS **2007** 446; *ders.* Anwälte, Rechtsschutzversicherungen, Mandanten – die Wirklichkeit, AnwBl. **2012** 226; *Kindermann* Strategien der Anwaltschaft im Umgang mit Versicherern, AnwBl. **2012** 223; *Klatt* Rechtsschutzversicherung vor stärkerem Kostendruck, VW **1987** 1573; *Kurzka* Zur Bewertung des subjektiven Risikos in der Rechtschutzversicherung, VersR **1994** 409; *Maier* Neue Bedingungen in der Rechtsschutzversicherung (ARB 94), RuS **1995** 361; *Müller* Die EWG-Rechtsschutzversicherungs-Richtlinie und ihre Auswirkungen, VW **1988** 1354; *Schier* Die Stellung des Rechtsanwaltes in der Rechtsprechung der Verfassungsgerichte, AnwBl. **1984** 410; *Schirmer* Die EWG-Rechtsschutzversicherungs-Richtlinie und ihre Auswirkungen, VW **1988** 1354; *ders.* Schiedsverfahren statt Stichentscheid – eine notwendige Reform der ARB? DAR **1990** 441; *ders.* Die Rechtschutzversicherung für den Kraftfahrer, DAR **1992** 418; *Schons* Die freie Wahl des Anwalts – Vorzug der Rechtsschutzversicherung, AnwBl. **2012** 221; *Stobbe* Das Recht auf freie Anwaltswahl, AnwBl. **1991** 500; *Trittmacher/Köster* Welchen Wert hat die freie Anwaltswahl bei der Rechtsschutzversicherung für den Verbraucher, VuR **2012** 165; *van Bühren* Die ARB 2012 – Ein Danaer-Geschenk? BRAK-Mitteilungen **6/2013** 255; *Wendt* Schadenabwicklungsunternehmen in der Versicherungswirtschaft, DB **2014** 1241.

Übersicht

https://doi.org/10.1515/9783110522709-003

A. Gesetzgebungsgeschichte und Bedeutung

I. Gesetzgebungsgeschichte

Gesetzgeberischer Hintergrund ist die Verabschiedung der Richtlinie 87/344/EWG des Rates vom 22.6.1987 zur Koordinierung der Rechts- und Verwaltungsvorschriften für die Rechtsschutzversicherung.[1] Die Vorgängerregelung von § 126 war der am 1. Juli 1990 in Kraft getretene § 158l a.F., der europarechtliche Vorgaben der Rechtsschutzversicherungsrichtlinie in deutsches Recht umsetzen sollte.[2] Diese Vorgängerregelung hat der Reformgesetzgeber mit der Novelle 2008 inhaltlich im Wesentlichen unverändert in § 126 übernommen.[3] Nachdem die Rechtsschutzversicherungsrichtlinie in der Solvabilitätsrichtlinie II aufgegangen ist, dient die Norm der Umsetzung der dort niedergelegten europarechtlichen Anforderungen an die versicherungsvertragsrechtliche Gestaltung der Rechtsschutzversicherung.[4] 1

II. Bedeutung

Schon die Rechtsschutzversicherungsrichtlinie hatte die Aufhebung des strikten Spartentrennungsgebots, wie es in Deutschland ursprünglich gegolten hatte, für die Rechtsschutzversicherung spätestens mit Wirkung zum 30.6.1990 angeordnet (Art. 8 Rechtsschutzversicherungs-RiL).[5] Die geltende Solvabilitätsrichtlinie II hält an dieser Vorgabe unverändert fest (Art. 205 Solvabilitäts-RiL II) und belässt den Mitgliedstaaten ein Wahlrecht zwischen drei als gleichwertig geltenden Möglichkeiten, wie sie drohenden Interessenkonflikten beim Betrieb der Rechtsschutzversicherung durch Kompositversicherer Rechnung tragen wollen: 1. personelle Trennung (Art. 200 Abs. 2 Unterabs. 1 und 2 Solvabilitäts-RiL II), 2. Ausgliederung der Rechtsschutz-Schadensverwaltung auf ein rechtlich selbständiges Unternehmen (Art. 200 Abs. 3 Solvabilitäts-RiL II) oder 3. Einräumung des vertraglichen Rechts des Versicherten, die Vertretung seiner Interessen gegenüber dem Rechtsschutzversicherer einem frei wählbaren Rechtsanwalt bzw. Rechtsbeistand zu übertragen (Art. 200 Abs. 4 Solvabilitäts-RiL II).[6] Der deutsche Gesetzgeber hat sich für die zweite Möglichkeit entschieden.[7] Die Vorschrift des § 126 ist dementsprechend für die Rechtsschutzversicherung von ganz erheblicher praktischer Bedeutung, weil das Versicherungsaufsichtsrecht die Funktionsausgliederung der Leistungsbearbeitung auf ein selbständiges Schadensabwicklungsunternehmen – außer für die Versicherung von Rechtsschutzrisiken im Zusammenhang mit dem Einsatz von Seeschiffen – zwingend vorschreibt (§ 164 VAG, § 8a VAG a.F.). Kompositversicherer müssen die Leistungsbearbeitung stets auf ein selbständiges Schadensabwicklungsunternehmen übertragen, sodass für sie § 126 Abs. 1 Satz 2 und Abs. 2 in aller Regel einschlägig sind. Nur für spartenreine Rechtsschutzversicherer, die kraft Versicherungsaufsichtsrechts nicht der obligatorischen Funktionsausgliederung unterliegen, sind § 126 Abs. 1 Satz 2 und Abs. 2 praktisch bedeutungslos. Die Vorschrift des § 126 Abs. 1 Satz 1 beansprucht dagegen grundsätzlich unabhängig von einer erfolgten Funktionsausgliederung auf ein Schadensabwicklungsunternehmen Geltung, wenn Gefahren aus dem Bereich der Rechtsschutzversicherung neben anderen Gefahren versichert werden. 2

---

1 ABl. EG Nr. L 185/77 vom 4.7.1987 S. 77.

2 Gesetz zur Durchführung versicherungsrechtlicher Richtlinien des Rates der Europäischen Gemeinschaften (Zweites Durchführungsgesetz/EWG zum VAG) v. 28.6. 1990, BGBl. I 1249.

3 Regierungsbegründung BTDrucks. 16/3945 S. 91 l.Sp.

4 Näher hierzu Vor §§ 125–129 Rn. 35 ff.

5 Zum Grundsatz der Spartentrennung *Bruns* Privatversicherungsrecht § 6 Rn. 29.

6 Siehe bereits Vor §§ 125–129 Rn. 42.

7 Hierzu Regierungsbegründung BTDrucks. 11/6341 S. 22 l.Sp. (zu § 8a VAG a.F.).

B. Normzweck, Regelungsgehalt und Systematik

I. Normzwecke

3 Nach teilweise vertretener Ansicht ist Zweck der Vorschrift die Vermeidung von Interessenkonflikten beim Betrieb der Rechtsschutzversicherung gleichzeitig mit anderen Versicherungssparten.[8] Das ist bei Lichte besehen zumindest ungenau. Die Vorschrift verfolgt im Grunde genommen mehrere verschiedene Zwecke. Übergeordneter Normzweck ist die Umsetzung versicherungsrechtlicher Vorgaben der Solvabilitätsrichtlinie II ins deutsche Recht. Inhaltlich verfolgt die Vorschrift die Transparenz des Versicherungsscheins beim Nebeneinander von Rechtsschutz- und anderer Deckung (§ 126 Abs. 1 Satz 1) sowie bei Ausgliederung der Leistungsbearbeitung auf ein selbständiges Schadensabwicklungsunternehmen (§ 126 Abs. 1 Satz 2). Für den Fall, dass eine solche Ausgliederung erfolgt ist, bezweckt die Norm darüber hinaus eine Zuständigkeitskonzentration auf das Schadensabwicklungsunternehmen bei der Leistungsbearbeitung (§ 126 Abs. 2 Satz 1). Hinzu kommt für ebendiesen Fall eine prozessuale Wirkungserstreckung für und gegen den Rechtsschutzversicherer. Damit dient die Norm nicht insgesamt selbst der Vermeidung von Interessenkonflikten, sondern sie flankiert die durch § 164 VAG (§ 8a VAG a.F.) aufsichtsrechtlich bezweckte Vermeidung von Interessenkonflikten durch versicherungsvertragsrechtliche Regelungen zur Transparenz, Forderungszuständigkeit und Wirkungserstreckung.[9] Letztlich geht es also um die flankierende versicherungsvertragsrechtliche und zivilprozessrechtliche Ausgestaltung und Konkretisierung des eingeschränkten versicherungsaufsichtsrechtlichen bzw. versicherungsunternehmensrechtlichen Grundsatzes der Spartentrennung im Recht der Rechtsschutzversicherung.

II. Regelungsgehalt

4 Der Regelungsgehalt von § 126 ist materiellrechtlicher, zivilprozessrechtlicher und zwangsvollstreckungsrechtlicher und damit dreifacher Natur. In § 126 Abs. 1 findet sich eine Modifikation der Nebenleistungspflicht des VR zur Übermittlung des Versicherungsscheins (§ 3).[10] Bei Mischversicherung müssen in der Police der Umfang der Deckung in der Rechtsschutzversicherung und die hierfür zu entrichtende Prämie gesondert ausgewiesen werden (§ 126 Abs. 1 Satz 1). Bei Funktionsausgliederung der Schadensbearbeitung ist das betraute Schadensabwicklungsunternehmen im Versicherungsschein zu bezeichnen (§ 126 Abs. 1 Satz 2). Eine besondere Regelung über die Passivlegitimation und die passive Prozessführungsbefugnis des beauftragten Schadensabwicklungsunternehmens, die durch eine Rechtskrafterstreckung und die Möglichkeit einer titelübertragenden Vollstreckungsklausel ergänzt wird, enthält § 126 Abs. 2.

III. Systematik

5 Während sich die Vorgaben für den Inhalt der Police in § 126 Abs. 1 auf die Nebenleistungspflicht des Rechtsschutzversicherers zur Übermittlung des Versicherungsscheins beziehen, betrifft § 126 Abs. 2 die Geltendmachung des Anspruchs auf die Erbringung der synallagmatischen Hauptleistungspflicht des Rechtsschutzversicherers.[11] Zur Vermeidung unerwünschter doppelter Prozessführung, der die Gefahr widersprechender Entscheidungen immanent ist, greift nach positiver

---

8 Z.B. Langheid/Wandt/*Richter* § 126 Rn. 1; van Bühren/Plote/*Wendt* § 126 Rn. 3.

9 Grundsätzlich zutreffend Looschelders/Pohlmann/*Paffenholz* § 126 Rn. 1; richtige Einschränkung auf § 164 VAG bei Langheid/*Rixecker* § 126 Rn. 1; Harbauer/*Schmitt* § 126 Rn. 5 f.; Looschelders/*Paffenholz* § 126 Rn. 2 (noch zu § 8a VAG a.F.).

10 Siehe § 125 Rn. 24 m.N.

11 Hierzu § 125 Rn. 8 ff.

oder negativer Titulierung der Hauptleistungspflicht des korrespondierenden prozessualen Anspruchs des VN oder Versicherten eine beiderseitige Rechtskrafterstreckung auf den Rechtsschutzversicherer (§ 126 Abs. 2 Satz 2). Hinzu kommt die Möglichkeit zwangsvollstreckungsrechtlicher Titelumschreibung für oder gegen den Rechtsschutzversicherer (§ 126 Abs. 2 Satz 3 i.V.m. § 727 ZPO). Die gesamte Regelung ist halbzwingend (§ 129).

C. Inhalt des Versicherungsscheins bei Misch- und Nebenversicherungen mit Rechtsschutzkomponente (§ 126 Abs. 1)

I. Grundlagen

1. Aufsichtsrechtliche Rahmung und Fallgruppen

Die Vorschriften des § 126 Abs. 1 sind nur dann voll verständlich, wenn man sich das Zusammenspiel von Versicherungsaufsichtsrecht und Versicherungsvertragsrecht vergegenwärtigt. Der Vertragsabschluss ohne Erlaubnis zum Geschäftsbetrieb (§§ 1, 8 VAG) führt in der Regel ebenso wenig zur Vertragsnichtigkeit gemäß § 134 BGB wie ein Verstoß gegen das Verbot versicherungsfremder Geschäfte (§ 15 VAG).[12] Dementsprechend ist davon auszugehen, dass auch ein Verstoß gegen den eingeschränkten aufsichtsrechtlichen Grundsatz der Spartentrennung in der Rechtsschutzversicherung (§ 164 VAG) grundsätzlich keine Nichtigkeit des Vertrags wegen Gesetzesverstoßes zur Folge hat (§ 134 BGB). Deshalb sind im Rahmen von § 126 Abs. 1 sechs Fallkonstellationen sorgsam zu unterscheiden: 1. isolierter reiner Rechtsschutzversicherungsvertrag ohne jede andere Deckung, 2. Rechtschutzversicherung als einheitlicher Vertrag in Kombination mit der nicht typenprägenden Deckung einer oder mehrerer anderer Gefahren, 3. Versicherungsvertrag einer anderen Versicherungssparte mit nicht typenprägender Rechtsschutzkomponente, 4. einheitlicher Typenkombinationsvertrag oder Typenverschmelzungsvertrag aus Rechtsschutzversicherung und einer oder mehreren anderen Versicherungen oder einem oder mehreren anderen Vertragstypen ohne Versicherungscharakter, 5. äußere urkundliche Verbindung einer selbständigen Rechtsschutzversicherung mit einem rechtlich selbständigen Versicherungsvertrag aus einer anderen Sparte oder einem rechtlich selbständigen anderen Vertrag und 6. Rechtsschutzversicherungsvertrag und Versicherung anderer Risiken in urkundlich und inhaltlich vollständig isolierten Verträgen. Diese Grundkonstellationen bedürfen näherer Erörterung.[13] 6

2. Allgemeine Anforderungen an den Mindestinhalt des Versicherungsscheins

Der notwendige Mindestinhalt des Versicherungsscheins ist – abgesehen vom Sonderfall des § 3 Abs. 2 – in § 3 nicht näher konkretisiert und deshalb teilweise umstritten. Nach teilweise vertretener Ansicht muss sich der gesamte Inhalt des Versicherungsvertrages aus dem Versicherungsschein ersehen lassen können, wobei jedoch verweisende Inbezugnahme unter Umständen genügt.[14] Der Umfang zulässiger Verweisung ist dabei allerdings höchstrichterlich bislang nicht abschließend geklärt. Die Gegenansicht lässt Wiedergabe des wesentlichen Vertragsinhalts genü- 7

12 RG 1.6.1937 RGZ **155** 138, 145; BGH 12.3.1964 VersR **1964** 497, 498 (jeweils zur fehlenden Erlaubnis zum Geschäftsbetrieb); OLG Hamm 25.9.2002 VersR **2003** 446, 447 (Verbot versicherungsfremder Geschäfte); *Bruns* Privatversicherungsrecht § 11 Rn. 13.

13 Ausführlich Rn. 8 ff.

14 Langheid/Wandt/*Armbrüster* § 3 Rn. 15 f.; wohl auch Prölss/Martin/*Rudy* § 3 Rn. 4; Berliner Kommentar/*Schwintowski* § 3 Rn. 22; Rüffer/Halbach/Schimikowski/*Brömmelmeyer* § 3 Rn. 18; BGH 11.1.1989 VersR **1989** 395, 396; BGH 10.3.2004 VersR **2004** 893, 894 (Nachtrag zum Versicherungsschein).

gen, wobei teilweise Unklarheit darüber herrscht, welche Vertragselemente wesentlich und welche unwesentlich sind.[15] Im Grundsatz besteht weitgehend Einigkeit, dass der Deckungsumfang im Versicherungsschein auszuweisen ist. Ob und in welcher Form auch die Prämie als *essentialium negotii* grundsätzlich in den Versicherungsschein aufzunehmen ist, ist unklar und teilweise streitig.[16] Die zentrale rechtliche und wirtschaftliche Bedeutung der Prämie spricht dabei für eine Pflicht zur Ausweisung ohne Verweisungsmöglichkeit.

II. Abschluss von Misch- und Nebenversicherungen mit Rechtsschutzkomponente (§ 126 Abs. 1 Satz 1)

1. Die Anwendbarkeit der Regelung in den verschiedenen Fallgruppen

8 **a) Isolierter reiner Rechtsschutzversicherungsvertrag ohne jede Deckung anderer Risiken.** Der spartenreine Betrieb der Rechtsschutzversicherung unterliegt nicht der aufsichtsrechtlichen Ausgliederungspflicht gemäß § 164 VAG (§ 8a VAG a.F.). Bei der ersten Fallgruppe handelt es sich um das Modell der klassischen Rechtsschutzversicherung. Sie liegt zweifelsfrei außerhalb des Anwendungsbereichs von § 126 Abs. 1, weil Gefahren aus dem Bereich der Rechtsschutzversicherung nicht neben anderen Gefahren versichert werden, wie es § 126 Abs. 1 Satz 1 voraussetzt. Die Anforderungen an den Versicherungsschein richten sich ausschließlich nach den allgemeinen Grundsätzen (§ 3).

9 **b) Einheitlicher Rechtsschutzversicherungsvertrag mit nicht typenprägender Deckung anderer Risiken.** Der einheitliche Rechtsschutzvertrag, in dem Rechtsschutzrisiken neben Gefahren aus anderen Sparten versichert sind, ist nach h.M. der Paradefall des § 126 Abs. 1 Satz 1.[17] Teilweise wird ein solcher Vertrag auch als *„Mehrspartenvertrag"* bezeichnet.[18] Das ist zumindest missverständlich, wenn nicht gar irreführend. Sofern die Deckung der anderen Gefahren nicht typenprägend ist, handelt es sich nämlich nach der allgemeinen Vertragstypenlehre schlicht um einen Rechtsschutzversicherungsvertrag.[19] Es ist nicht ersichtlich, dass der Gesetzgeber die Vertragstypenlehre ausgerechnet im Recht der Rechtsschutzversicherung aufgegeben hätte. Im Gegenteil: Die typenprägende Norm des § 125 spricht im Zusammenspiel mit der Normierung der übrigen Versicherungszweige gerade dafür, dass der Gesetzgeber die allgemeine Vertragstypenlehre – wie auch im bürgerlichen Recht und im Handelsrecht – im Versicherungsvertragsrecht durchgängig zugrunde gelegt hat.[20] Weder das Versicherungsaufsichtsrecht noch die rechtsschutzversicherungsrechtlichen Vorgaben in der Solvabilitätsrichtlinie II verlangen oder rechtfertigen eine abweichende Beurteilung.[21] Der Rechtsschutzversicherer ist und bleibt folglich Rechtsschutzversicherer und betreibt nicht gleichzeitig eine andere Versicherung. Er ist deshalb nach dem Versicherungsaufsichtsrecht nicht verpflichtet, eine Ausgliederung der Schadensabwicklung auf ein selbständiges Unternehmen vorzunehmen. Gleichwohl findet die Transparenznorm des § 126 Abs. 1 Satz 1 auf diese Fallgruppe

---

15 Z.B. Looschelders/Pohlmann/*C. Schneider* § 3 Rn. 15; Schwintowski/Brömmelmeyer/*Ebers* § 3 Rn. 10; Langheid/*Rixecker* § 3 Rn. 2; *Bruns* Privatversicherungsrecht § 14 Rn. 54; ähnlich Bruck/Möller/*Knops* § 3 Rn. 11.

16 Bejahend beispielsweise Langheid/Wandt/*Armbrüster* § 3 Rn. 17; *Bruns* Privatversicherungsrecht § 14 Rn. 54; eher ablehnend wohl Bruck/Möller/*Knops* § 3 Rn. 11 (ohne Nennung der Prämie).

17 Langheid/Wandt/*Armbrüster* § 3 Rn. 23; wohl auch Langheid/Wandt/*Richter* § 126 Rn. 4; Looschelders/*Paffenholz* § 126 Rn. 4 (*„Mehrspartenvertrag"*).

18 Looschelders/*Paffenholz* § 126 Rn. 4.

19 Grundlegend zur schuldrechtlichen Typenlehre *Leenen* Typus und Rechtsfindung (1971) insbes. S. 126 ff., 148 ff., 162 ff., 177 ff.; allgemein zur Lehre von Typen und Typenreihen *Larenz* Methodenlehre der Rechtswissenschaft 6. Aufl. (1991) 461 ff.

20 Zum Grundsatz der Typisierung näher *Bruns* Privatversicherungsrecht § 6 Rn. 5.

21 Zu den richtlinienrechtlichen Vorgaben näher Vor §§ 125–129 Rn. 34 ff.

Anwendung, weil es nicht notwendig darauf ankommt, dass rechtlich selbständige Verträge abgeschlossen werden. Vielmehr genügt nach dem Wortlaut, dass *„Gefahren aus dem Bereich der Rechtsschutzversicherung neben anderen Gefahren"* versichert werden. Richtigerweise ist davon auszugehen, dass es darauf, ob eine aufsichtsrechtliche Ausgliederungspflicht besteht oder nicht, ebenso wenig ankommt wie darauf, ob eine aufsichtsrechtlich unter Umständen gebotene Ausgliederung tatsächlich erfolgt ist oder nicht. Darin liegt kein Widerspruch zum Versicherungsaufsichtsrecht. Der Transparenzschutz des VN in der Rechtsschutzversicherung greift insoweit unabhängig vom Aufsichtsrecht.

c) Einheitlicher Versicherungsvertrag anderer Sparte mit nicht typenprägendem Rechtsschutzelement. Handelt es sich dagegen um einen Versicherungsvertrag, der insgesamt nicht als Rechtsschutzversicherungsvertrag zu qualifizieren ist, obwohl Rechtsschutzrisiken mit gedeckt sind, wie z.B. in der Haftpflichtversicherung, erhebt sich die Frage nach der Anwendbarkeit der Vorschrift in ihrer ganzen Grundsätzlichkeit. Die systematische Stellung der Norm im Recht der Rechtsschutzversicherung spricht eher dagegen, weil es sich nach der allgemeinen Vertragstypenlehre in diesen Fällen insgesamt nicht um eine Rechtsschutzversicherung handelt. Wenn man sich außerdem vergegenwärtigt, dass § 126 Abs. 1 VVG die in § 164 VAG (§ 8a VAG a.F.) angelegte eingeschränkte Spartentrennung flankieren soll, könnte sich daraus ein weiteres Argument gegen eine Anwendbarkeit des besonderen Transparenzgebotes in diesen Fällen ergeben, weil eben gerade kein Zusammentreffen von Versicherungen anderer Sparten mit einer Rechtsschutzversicherung vorliegt. Andererseits ist der Anwendungsbereich von § 126 Abs. 1 Satz 1, wie der Fall einer um nicht typenprägende Deckung von anderen Risiken ergänzten Rechtsschutzversicherung zeigt, nach der *ratio legis* gerade nicht auf die Fälle beschränkt, in denen eine Ausgliederung gemäß § 164 VAG (§ 8a VAG a.F.) geboten oder erfolgt ist.[22] Vielmehr sprechen Sinn und Zweck der Regelung, bei Rechtsschutzdeckung im Versicherungsschein eine besondere Transparenz zu gewährleisten, auch insoweit für die Anwendung der Norm. Das Richtlinienrecht bestätigt letztlich diesem Befund. Klar ist, dass das Richtlinienrecht nur die Versicherung der Rechtswahrnehmung in gerichtlichen oder behördlichen Verfahren durch die Haftpflichtversicherung ausdrücklich ausnimmt (Art. 198 Abs. 2 lit. b Solvabilitäts-RiL II). Nicht ausgenommen ist dagegen die Versicherung der außergerichtlichen Wahrnehmung rechtlicher Interessen durch einen Haftpflichtversicherer oder einen anderen VR. Art. 199 Solvabilitäts-RiL II ordnet an, dass die Rechtsschutz*garantie* Gegenstand eines von den anderen Versicherungszweigen gesonderten Vertrags oder eines gesonderten Kapitels einer Police sein muss. Ein einheitlicher Vertrag, der nicht unbedingt als Rechtsschutzversicherung zu qualifizieren sein muss, lässt sich unter diese Vorgabe zwanglos subsumieren. Denn der Begriff Rechtsschutz*garantie* ist nicht unbedingt gleichzusetzen mit Rechtsschutz*versicherung*. Insofern spricht auch das Europarecht für eine weite Auslegung von § 126 Abs. 1 Satz 1. 10

d) Einheitlicher Typenkombinations- oder Typenverschmelzungsvertrag. Die Anwendbarkeit von § 126 Abs. 1 Satz 1 bei einheitlichem Typenkombinations- oder Typenverschmelzungsvertrag kann nach den vorangegangenen Überlegungen keinem ernsthaften Zweifel unterliegen. Das von der h.M. postulierte Erfordernis eines einheitlichen Vertrages ist erfüllt, und es werden, wie es § 126 Abs. 1 Satz 1 voraussetzt, Gefahren aus dem Bereich der Rechtsschutzversicherung neben anderen Gefahren versichert. Darauf, ob der Versicherungsvertrag als Rechtsschutzversicherungsvertrag oder als anderer Versicherungsvertrag zu qualifizieren ist, kommt es nicht an. Die Vorschrift ist deshalb ohne Weiteres einschlägig. 11

22 Hierzu bereits Rn. 9.

12 **e) Äußerliche urkundliche Verbindung selbständiger Verträge.** Rechtlich selbständige Verträge können in einer Urkunde bzw. einem Dokument äußerlich verbunden sein. Das gilt auch für das Nebeneinander eines Rechtsschutzversicherungsvertrages und eines Versicherungsvertrages über ein anderes Risiko. Fraglich ist, ob auch diese Fallgruppe die Voraussetzungen für die Anwendung von § 126 Abs. 1 Satz 1 erfüllt. Das Aufsichtsrecht verlangt in diesen Fällen zweifelsohne eine Ausgliederung der Schadensbearbeitung (§ 164 VAG, § 8a VAG a.F.). Man könnte insoweit von ungleichartiger Nebenversicherung bei Identität des VR sprechen, ein Fall der Mehrfachversicherung liegt wegen Divergenz des versicherten Interesses hingegen nicht vor.[23] Dem VN steht in diesem Fall schon nach allgemeinen halbzwingenden Grundsätzen aus jedem Vertrag gesondert ein Anspruch auf Übermittlung eines Versicherungsscheins zu (§§ 3 Abs. 1, 18).[24] Das läuft grundsätzlich auf zwei Ansprüche hinaus, jeweils gerichtet auf Übermittlung eines individuellen Versicherungsscheins. Nach h.M. wird allerdings die Bündelung in einem einheitlichen Dokument grundsätzlich für zulässig erachtet (sog. *gebündelte Police*).[25] Vor diesem Hintergrund könnten sich aus § 126 über die allgemeinen Grundsätze hinaus Anforderungen ergeben, wenn es sich um einen Fall der Versicherung von *„Gefahren aus dem Bereich der Rechtsschutzversicherung neben anderen Gefahren"* handelt (§ 126 Abs. 1 Satz 1). Denn dann wäre zum einen in jedem Fall unstreitig bei Einzelpolicierung nicht nur der Deckungsumfang, sondern auch die Rechtsschutzprämie auszuweisen, zum anderen wäre klargestellt, dass bei gebündelter Policierung Deckungsumfang und Prämie für den Rechtsschutz *„gesondert"* auszuweisen sind. Die von § 126 Abs. 1 Satz 1 bezweckte Transparenz würde dadurch gestärkt. Gleichwohl wird verbreitet vertreten, dass die Norm in diesem Fall nicht greift, sondern sich ausschließlich auf den Abschluss eines einheitlichen Vertrages bezieht.[26] Diese Ansicht findet indessen weder im Gesetzeswortlaut noch in den Gesetzesmaterialien eine hinreichende Grundlage. Vielmehr sprechen die aufsichtsrechtliche Notwendigkeit einer Ausgliederung und die flankierende Funktion von § 126 Abs. 1 eher für einen Wertungsgleichlauf im Versicherungsvertragsrecht. Ob diese Ausgliederung tatsächlich erfolgt ist oder nicht, spielt für die Anwendung von § 126 Abs. 1 Satz 1 – anders als bei § 126 Abs. 1 Satz 2 – keine Rolle. Die im Interesse des VN bestehenden Transparenzanforderungen sollten auch bei gebündelter Police nicht hinter den sonst für Kompositversicherer geltenden Maßstäben zurückbleiben. Hinzu kommt, dass die wohl h.L. auch bei einem einheitlichen Mischvertrag die Rechtsschutzkomponente grundsätzlich als eigenständigen Vertrag behandelt wissen will, ohne deshalb die Anwendbarkeit von § 126 Abs. 1 Satz 1 in Zweifel zu ziehen.[27] Wenn aber zwei eigenständige Verträge über zwei verschiedene Risiken vorliegen, ist das im Ergebnis der hier erörterte Fall der ungleichartigen Nebenversicherung durch denselben VR. Das bedeutet nicht, dass der h.L. in der Annahme einer Vertragsaufspaltung notwendigerweise zu folgen wäre.[28] Die Kontrollüberlegung zeigt aber, dass es für die Transparenzanforderungen nicht zwingend darauf ankommt, ob ein einheitlicher Vertrag oder zwei separate Verträge vorliegen. Vielmehr bietet die uneingeschränkte Anwendung von § 126 Abs. 1 Satz 1 bei Vertragsmehrheit umfassenden Schutz des VN in der Rechtsschutzversicherung durch Transparenz. Sie liegt deshalb in der *ratio legis* und ist im Interesse des VN vorzugswürdig. Immerhin könnte man argumentieren, durch die rechtliche Selbständigkeit der Versicherungsverträge sei der Transparenz hinreichend Rechnung getragen. Zwar verlangt das europäische Richtlinienrecht bei vertraglicher Trennung (*„gesonderte Verträge"*) keine gesonderte

---

23 Grundsätzlich hierzu *Bruns* Privatversicherungsrecht § 20 Rn. 23 f. m.N.

24 Allgemein hierzu statt vieler *Bruns* Privatversicherungsrecht § 14 Rn. 53ff. m.w.N.

25 Langheid/Wandt/*Armbrüster* § 3 Rn. 23; Halm/Engelbrecht/Krahe/*Wandt* 1. Kap. Rn. 442; Rüffer/Halbach/Schimikowski/*Brömmelmeyer*, § 3 Rn. 21; Berliner Kommentar/*Schwintowski* § 3 Rn. 23; Looschelders/Pohlmann/*C. Schneider* § 3 Rn. 16.

26 Z.B. Langheid/Wandt/*Armbrüster* § 3 Rn. 23; wohl auch Langheid/Wandt/*Richter* § 126 Rn. 4; Looschelders/*Paffenholz* § 126 Rn. 4 (*„Mehrspartenvertrag"*).

27 Langheid/Wandt/*Richter* § 126 Rn. 5; Langheid/*Rixecker* § 126 Rn. 1; Looschelders/*Paffenholz* § 126 Rn. 4; Berliner Kommentar/*T. Honsell* § 158l Rn. 5.

28 Hierzu noch Rn. 23.

Ausweisung von Deckungsumfang und Prämie (Art. 199 Solvabilitäts-RiL II). Bei urkundlicher Verbindung liegt eine hinreichende Sonderung aber eben gerade nicht vor, sodass die Anwendung von § 126 Abs. 1 Satz 1 auf urkundlich verbundene selbständige Verträge im Kern europarechtlichen Vorgaben entspricht.

f) Rechtsschutz- und andere Risiken in vollständig isolierten Verträgen. Besteht neben 13
einer klassischen Rechtsschutzversicherung ein äußerlich und inhaltlich vollständig isolierter Versicherungsvertrag mit demselben VR über ein anderes Risiko (z.B. Haftpflichtversicherung, Hausrat-, Gebäudeversicherung), handelt es sich zweifelsohne um einen Sachverhalt, der in den Anwendungsbereich des eingeschränkten aufsichtsrechtlichen Spartentrennungsgebots fällt und eine Pflicht zur Ausgliederung der Schadensbearbeitung auslösen kann (§ 164 VAG, § 8a VAG a.F.). Die Anwendung von § 126 Abs. 1 Satz 1 kommt entgegen der h.M. trotz Vertragsmehrheit auch hier in Betracht,[29] weil man durchaus belastbar argumentieren kann, dass Gefahren aus dem Bereich der Rechtsschutzversicherung auch in diesem Fall *„neben"* anderen Gefahren versichert werden. Allerdings verlangt Art. 199 Sovabilitäts-RiL II nicht, dass in solchen Fällen hinreichender Sonderung ein gesonderter Ausweis von Deckungsumfang und Prämie in der Police erfolgt. Das könnte eine teleologische Reduktion von § 126 Abs. 1 Satz 1 rechtfertigen oder erfordern, dessen inhaltsgleiche Vorgängerregelung § 158l a.F. in Umsetzung richtlinienrechtlicher Vorgaben Eingang ins Gesetz gefunden hat. Der Wertungsgleichlauf mit dem Versicherungsaufsichtsrecht spricht allerdings entscheidend gegen eine solche teleologische Reduktion, weil es letztlich nicht überzeugt, in Fällen aufsichtsrechtlich gebotener Ausgliederung der Schadensbearbeitung (§ 164 VAG, § 8a VAG a.F.) Abstriche in der Transparenz des Versicherungsscheins zu machen.

2. Pflicht zur gesonderten Ausweisung von Deckungsumfang und Prämie

a) Ausweisung des Deckungsumfangs. Unter den Voraussetzungen des § 126 Abs. 1 Satz 1 14
Halbs. 1 muss *„im Versicherungsschein der Umfang der Deckung in der Rechtsschutzversicherung ... gesondert ausgewiesen werden."* Der Inhalt dieser Verpflichtung ist unklar und streitig. Grundsätzlich in Betracht kommen die vollständige Wiedergabe der deckungsrelevanten ARB, die Angabe wesentlicher für die Rechtsschutzdeckung prägender Kernelemente, die Angabe der auf den Rechtsschutzfall und den Anspruchsumfang bezogenen wesentlichen Parameter, Angaben zum Inhalt des Leistungsanspruchs bei Eintritt des Rechtsschutzfalls, wobei in allen Fällen eine ergänzende Verweisung auf die ARB notwendig oder entbehrlich sein kann. Die Kommentarliteratur begnügt sich teilweise mit einer bloßen Wiedergabe des Gesetzeswortlauts.[30] Etwas konkretere Stellungnahmen gehen dahin, dass eine vollständige Wiedergabe der ARB nicht erforderlich und eine verständliche Umschreibung der Leistungen der Rechtsschutzversicherung mit einem Verweis auf die ARB ausreichend sei.[31] Andere halten es für erforderlich und ausreichend, dass *„die versicherten Formen des Versicherungsschutzes ... und die Leistungsarten"* gesondert ausgewiesen werden, verbunden mit einem Hinweis auf die ARB.[32] Teilweise werden auch eine *„Kennzeichnung des Vertragstyps und die abstrakte Wiedergabe der primären Risikobeschreibung"* verlangt, worunter die *„Leistungsarten"* zu verstehen seien, wobei im Übrigen eine Verweisung auf die ARB ausreichend sei und dementsprechend wohl auch erforderlich sein soll.[33] Eine als herrschend zu bezeichnende Ansicht hat sich bislang im Grunde genommen nicht herausgebildet.

---

29 Siehe bereits Rn. 9, 12 m.N.

30 Z.B. Langheid/Wandt/*Richter* § 126 Rn. 4; Langheid/*Rixecker* § 126 Rn. 1; Looschelders/Pohlmann/*Paffenholz* § 126 Rn. 2.

31 So etwa Looschelders/*Paffenholz* § 126 Rn. 4.

32 Harbauer/*Schmitt* § 126 Rn. 2; ganz ähnlich van Bühren/Plote/*Wendt* § 126 Rn. 5.

33 Prölss/Martin/*Piontek* § 126 Rn. 2.

15 Die Transparenzanforderungen richten sich nach ihrem Sinn und Zweck im Ausgangspunkt naturgemäß ganz vorwiegend – wenn nicht ausschließlich – auf den Bereich vertraglicher Gestaltung und nicht auf den Bereich zwingenden oder halbzwingenden Rechts. Die Bestimmung des genauen Pflichteninhalts muss dabei zum einen anknüpfen an die gesetzliche Regelung und Dogmatik der synallagmatischen Hauptleistungspflicht und der Nebenleistungspflichten des Rechtsschutzversicherers[34] zum anderen muss sie den europarechtlichen Vorgaben Rechnung tragen (Art. 199 Solvabilitäts-RiL II). Bei der Hauptleistungspflicht sind Rechtsschutzfall, Leistungsinhalt und Leistungsumfang zu unterscheiden. Die *„Deckung"* bestimmt sich in erster Linie nach der vertraglichen Bestimmung des Rechtsschutzfalls und nach dem Umfang des Leistungsanspruchs, wie er mit dem Eintritt des Rechtsschutzfalls entsteht. In einem weiteren Sinne könnten auch Nebenleistungspflichten des Rechtsschutzversicherers zum Umfang der *„Deckung in der Rechtsschutzversicherung"* gerechnet werden, wobei das Hauptaugenmerk nicht auf die kraft Gesetzes bestehenden Nebenleistungspflichten, sondern auf deren zulässige Ausgestaltung sowie auf möglicherweise vereinbarte zusätzliche Nebenleistungspflichten des Rechtsschutzversicherers gerichtet ist. Allerdings widerspricht eine Überfrachtung des Versicherungsscheins mit zu vielen Detailangaben letztlich dem von der gesetzlichen Regelung verfolgten Transparenzzweck. Deshalb sind zwar Angaben zum Rechtsschutzfall einschließlich der Vertragslaufzeit und zum Leistungsumfang bei Bedingungseintritt in der Police gesondert auszuweisen, nicht aber Angaben zu Vereinbarungen über Nebenleistungspflichten. Notwendig und ausreichend ist der Ausweis des wesentlichen Vertragsinhalts zu diesen Punkten. Ein weitergehender Verweis auf die ARB ist – sofern er nicht bereits nach § 3 für notwendig erachtet wird – jedenfalls nach § 126 Abs. 1 Satz 1 Halbs. 2 nicht erforderlich. Ein gesetzlich nicht gebotener Hinweis auf die ARB ist grundsätzlich unschädlich.

16 Richtigerweise ist darüber hinaus – was in der Diskussion nicht immer hinreichend berücksichtigt wird – auch der wesentliche Inhalt des Hauptleistungsanspruchs (Zahlung oder Befreiung) des VN gesondert in der Police auszuweisen. Denn auch er ist Gegenstand vertraglicher Vereinbarung und bestimmt maßgeblich den Rechtsschutz und damit den *„Umfang der Deckung in der Rechtsschutzversicherung"* im Sinne von § 126 Abs. 1 Satz 1. Der unklare und mehrdeutige Wortlaut von § 126 Abs. 1 Satz 1 besagt das zwar nicht ausdrücklich, auf den ersten Blick mag er sogar das Gegenteil vermuten lassen. Näher betrachtet ergibt sich dagegen ein anderes Bild. Der *„Umfang der Deckung"* ist schon deshalb nicht gleichbedeutend mit dem *„Umfang des Leistungsanspruchs"*, weil auch die Bestimmung des Versicherungsfalles dazu zählt. Zum Versicherungsfall zählt letztlich auch der Zeitpunkt der Anspruchsentstehung. Ein Befreiungsanspruch kann zum Beispiel bereits bei Beauftragung eines Rechtsanwaltes und damit früher entstehen als ein Zahlungsanspruch, der unter Umständen eine vorherige Bezahlung des Rechtsanwaltshonorars durch den VN oder Versicherten voraussetzen kann. Je nach vertraglicher Gestaltung kann ein Befreiungsanspruch aber auch später entstehen als der Zahlungsanspruch, etwa wenn der Rechtsschutzversicherer verpflichtet ist, dem VN die notwendigen Kosten vorzustrecken. Insoweit bestimmt der Inhalt des Leistungsanspruchs in zeitlicher Hinsicht den Deckungsumfang. Dieses Normverständnis entspricht darüber hinaus der europarechtlichen Vorgabe in Art. 199 Solvabilitäts-RiL II. Denn dort heißt es – anders als in § 126 Abs. 1 Satz 1 – nicht, dass der Umfang der Rechtsschutzdeckung gesondert auszuweisen ist. Vielmehr ordnet die Solvabilitätsrichtlinie II an, dass der *Inhalt* der Rechtsschutzgarantie Gegenstand gesonderter Ausweisung in der Police sein muss, wenn keine gesonderten Verträge vorliegen. Die italienische und die spanische Version der Richtlinie sprechen – ähnlich oder inhaltsgleich – von *„contenuto della garanzia giudiziaria"* bzw. von *„contenido de la garantia de defensa juridica"*, die englische sowie die französische Fassung sogar – tendenziell eher noch umfassender – von der *„nature of the legal expenses cover"* bzw. von der *„nature de la couverture en protection juridique"*. Wie selbstverständlich ist in der Regierungsbegründung zu § 158l VVG a.F., dem § 164 Abs. 1 Satz 1 VAG im maßgeblichen Punkt ebenso wörtlich entspricht wie Art. 3 Abs. 1 Rechtsschutzversicherungs-RiL a.F. dem geltenden Art. 199 Solvabilitäts-RiL II,

34 Ausführlich bereits § 125 Rn. 8 ff. m.N.

davon die Rede, dass das Gesetz die richtlinienrechtliche Regelung umsetze.[35] Eine Abweichung vom Richtlinienrecht lag augenscheinlich nicht in der Absicht des Gesetzgebers. Die Einbeziehung des Inhalts des Leistungsanspruchs des Rechtsschutzversicherers in die Gewährleistung des § 126 Abs. 1 Satz 1 entspricht deshalb nicht nur der Teleologie des Transparenzgebots, sondern letztlich auch dem Gebot richtlinienkonformer Auslegung.

b) Ausweisung der Prämie. Liegt eine Misch- oder Nebenversicherung im Sinne von § 126 Abs. 1 Satz 1 vor, *„müssen im Versicherungsschein der Umfang der Deckung in der Rechtsschutzversicherung und die hierfür zu entrichtende Prämie gesondert ausgewiesen werden."* Dadurch wird die Nebenleistungspflicht des Rechtsschutzversicherers konkretisiert.[36] Der VR muss die Rechtsschutzprämie deshalb separat kalkulieren und kann sie nicht verdeckt erhöhen.[37] Mit dem Erfordernis, die Prämie gesondert auszuweisen, hat der Gesetzgeber eine durch das europäische Richtlinienrecht eröffnete Option gewählt (Art. 199 Solvabilitäts-RiL II). Die im Rahmen von § 3 Abs. 1 bestehende Unklarheit über die Reichweite der Dokumentationspflicht spielt in den Fällen des § 126 Abs. 1 Satz 1 im Hinblick auf die Prämie deshalb keine Rolle. Allerdings ist auch aufgrund dieser Regelung nicht zweifelsfrei geklärt, welche konkreten Angaben zur Prämie im Versicherungsschein auszuweisen sind und ob und inwieweit unter Umständen eine Verweisung auf die ARB gestattet ist. Eine vollständige Wiedergabe der einschlägigen ARB ist nicht erforderlich. Die mit der gesetzlichen Regelung angestrebte Transparenz verlangt aber eine Wiedergabe der wesentlichen vertraglichen Angaben zu Prämienhöhe und Prämienanpassung, Leistungszeit, Zahlungsort und Zahlungsart (Barzahlung oder Überweisung), weil für den VN nur dann richtig klar wird, wie er seine Hauptleistungspflicht ordnungsgemäß zu erfüllen hat. Eine Pauschalverweisung auf die Bestimmungen zur Prämie in den ARB genügt dagegen nicht. 17

c) Erfordernis *„gesonderter"* Ausweisung. Nach § 126 Abs. 1 Satz 1 müssen Deckungsumfang und Prämie im Versicherungsschein *„gesondert ausgewiesen"* werden. Die genaue Bedeutung dieser gesetzlichen Anordnung ist unklar. Die Stellungnahmen in der Literatur erschöpfen sich in aller Regel in einer Wiedergabe oder Paraphrase des Gesetzestextes.[38] Der gesonderte Ausweis ist mehr als eine bloße textliche Aufnahme in den Versicherungsschein. Das folgt zum einen daraus, dass es ansonsten genügt hätte, die Aufnahme in den Versicherungsschein zu verlangen, zum anderen aus dem Normzweck, der Gewährleistung besonderer Transparenz bei der Bündelung von Rechtsschutzrisiken mit anderen Risiken.[39] Hinzu kommt ein europarechtliches Argument. In Art. 199 Solvabilitäts-RiL II ist nämlich ausdrücklich angeordnet, dass die Rechtsschutzgarantie Gegenstand eines *„gesonderten Vertrags oder eines gesonderten Kapitels einer Police"* sein muss. Die Fassungen der Richtlinie in wichtigen Sprachen der Europäischen Union bestätigen im Kern diesen Befund: *„soit d'un chapitre distinct d'une police unique"*, *„bien de un capitulo aparte de una póliza única"*, etwas anders die englische Version *„shall be dealt with in a separate section of a single policy"*, ähnlich italienisch *„ogetto … di una parte destinta die una polizza unica"*. Der Wortlaut von § 126 Abs. 1 Satz 1 gibt diese Vorgabe nur sehr unvollkommen wieder. Eine europarechtskonforme Auslegung der Vorschrift, die ohne Weiteres möglich erscheint, muss also dahin gehen, dass die Police besonders untergliedert sein muss. Dabei ist unklar, was unter einem Kapitel 18

---

35 Regierungsbegründung BTDrucks. 11/6341 S. 36 r.Sp. (zu § 158 l VVG a.F.).

36 Hierzu § 125 Rn. 24 und oben Rn. 7.

37 Langheid/Wandt/*Richter* § 126 Rn. 4 m.w.N.; Prölss/Martin/*Piontek* § 126 Rn. 1; Harbauer/*Schmitt* § 126 Rn. 1; Looschelders/Pohlmann/*Paffenholz* § 126 Rn. 2; Looschelders/*Paffenholz* § 126 Rn. 4.

38 Z.B. Looschelders/Pohlmann/*Paffenholz* § 126 Rn. 2 (*„gesonderte Ausweisung"*); van Bühren/Plote/*Wendt* § 126 VVG Rn. 4 (*„gesondert auszuweisen"*); Looschelders/*Paffenholz* § 126 Rn. 4 (*„gesondert ausweisen"*); Langheid/*Rixecker* § 126 Rn. 1 (*„gesondert und transparent ausweisen"*); etwas anders Prölss/Martin/*Piontek* § 126 Rn. 2 (*„Kennzeichnung"*).

39 Zum Normzweck Rn. 3 m.N.

oder einem Teil genau zu verstehen ist. Immerhin deutet der Vergleich der unterschiedlichen sprachlichen Fassungen darauf hin, dass es sich nicht lediglich um einen Absatz handelt, weil ein Kapitel oder ein separater Abschnitt eine deutlichere Sonderung verlangt. Der Versicherungsschein muss also mindestens in zwei Hauptteile untergliedert sein, deren einer die notwendigen Angaben zum Deckungsumfang und zur Prämie enthält.

3. Rechtsfolgen von Transparenzverstößen

19 **a) Mögliche Rechtsfolgen.** Die Rechtsfolgen von Verstößen gegen das Transparenzgebot des § 126 Abs. 1 Satz 1 sind mangels ausdrücklicher Regelung unklar. Die allgemeine Missstandsaufsicht kann versicherungsaufsichtsrechtliche Maßnahmen rechtfertigen (§§ 294 Abs. 2 Satz 1, Abs. 3, 298 Abs. 1 VAG).[40] Eine aufsichtsbehördliche Vorabkontrolle der Versicherungspolice kommt allerdings nach der europarechtlich radizierten Abschaffung der allgemeinen Vorabgenehmigungspflicht für AVB seit 1994 selbst dann nicht mehr in Betracht,[41] wenn und soweit der Versicherungsschein als AVB zu qualifizieren ist.[42] Vertragsrechtlich kommen AGB-rechtliche Rechtsfolgen sowie ein Anspruch auf Übermittlung einer einwandfreien Police sowie Schadensersatzansprüche in Betracht. Denken könnte man schließlich an eine gesetzliche Sonderung reinen Rechtsschutzversicherungsvertrages ohne die Bestandteile, die der Deckung anderer Risiken als Rechtsschutzrisiken zuzuordnen sind.

20 **b) AGB-Recht.** Die Transparenzanforderungen des § 126 Abs. 1 Satz 1 berühren sich mit den allgemeinen Anforderungen an die Transparenz allgemeiner Geschäftsbedingungen. Zwar hat der mit dem Vertragsinhalt kongruente Versicherungsschein grundsätzlich lediglich deklaratorische vertragsbestätigende und keine inhaltlich vertragsgestaltende Bedeutung, sodass ihm im Regelfall nicht der Charakter von AGB innewohnt.[43] Allerdings kann der vom abgeschlossenen Vertrag inhaltlich abweichende Versicherungsschein unter den Voraussetzungen des § 5 vertragsändernde Wirkung entfalten, sodass er die Eigenschaft von AGB hat.[44] AGB-Charakter kann der Versicherungsschein auch dort haben, wo er vom Antrag des VN abweicht (§ 5 Abs. 1 Alt. 1), weil er dann den Inhalt des Versicherungsvertrages bestimmen kann.[45] In beiden Fällen dürfte deshalb AGB-Eigenschaft von Bestimmungen im Versicherungsschein anzunehmen sein. Aber auch sonst kann die Übersendung des Versicherungsscheins eine konkludente Vertragserklärung des VR darstellen, die der VN annehmen kann, mit der Folge der Einordnung als AGB. In diesen Fällen müssen die Bestimmungen im Versicherungsschein grundsätzlich AGB-rechtlichen Maßstäben einschließlich des Transparenzgebots entsprechen. Auslegungszweifel gehen nach der Unklarheitenregel (*ambiguitas contra stipulatorem*) zu Lasten des Verwenders (§ 305c Abs. 2 BGB). Die Intransparenz ausgelegter Klauseln hat hingegen – mit teilweise unklarer Abgrenzung im Detail – grundsätzlich die Unwirksamkeit der Klausel zur Folge (§§ 307 Abs. 1 Satz 2, 306 BGB).[46] Intransparenz im Sinne von § 126 Abs. 1 Satz 1 VVG bedeutet im Regelfall zugleich Intransparenz im Sinne von § 307 Abs. 1 Satz 2 BGB. Soweit AGB-rechtliche Maßstäbe verletzt sind, greifen die Rechtsfolgen nach AGB-

---

40 Hierzu im Überblick *Bruns* Privatversicherungsrecht § 33 Rn. 5. 16 ff.

41 Zur Abschaffung der Vorabkontrolle von AVB ausführlicher Langheid/Wandt/*Bruns* Vor §§ 307–309 BGB Rn. 4, 83 ff. m.N.

42 Zur Frage der Qualifikation des Versicherungsscheins als AVB noch sogleich Rn. 21.

43 Zum Erfordernis inhaltlicher Gestaltung statt vieler Bruck/Möller/*Beckmann* Einf. C Rn. 40.

44 Grundsätzlich für die Möglichkeit einer AGB-Qualität des Versicherungsscheins auch *Präve* Versicherungsbedingungen und AGB-Gesetz, 1998 Rn. 104; Langheid/Wandt/*Reiff* AVB Rn. 11 (ohne nähere Spezifikation).

45 Zu den umstrittenen Einzelheiten ausführlicher *Bruns* Privatversicherungsrecht § 9 Rn. 9 ff. m.N.

46 Zum Problem der Rechtsfolgenanordnung in der Verbraucherklauselrichtlinie näher Langheid/Wandt/*Bruns* Vor §§ 307–309 BGB Rn. 60f.

Recht auch bei Verstößen gegen § 126 Abs. 1 Satz 1 VVG (Prinzip der Meistbegünstigung).[47] Allerdings ist die AGB-rechtliche Kontrollfreiheit von Vertragskern und *essentialia negotii* sorgsam zu beachten – sie wird mangels gesetzlicher Auffangregelung bei Scheitern ergänzender Vertragsauslegung eine Transparenzkontrolle nach § 307 Abs. 1 Satz 2 BGB regelmäßig sperren.[48] Das AGB-Recht ist deshalb bei der Bekämpfung von Verstößen des VR gegen § 126 Abs. 1 Satz 1 VVG letztlich ein stumpfes Schwert.

c) Übermittlungsanspruch und Schadensersatzansprüche des Versicherungsnehmers. 21
Entspricht der Versicherungsschein nicht den Transparenzanforderungen von § 126 Abs. 1 Satz 1, hat der VN Anspruch auf Übermittlung eines einwandfreien Versicherungsscheins.[49] Unklar ist, ob sich dieser Anspruch unmittelbar aus § 3 Abs. 1 ergibt,[50] weil der Anspruch nicht erfüllt ist, oder ob es eines Rückgriffs auf die verschuldensabhängige Schadensersatzpflicht aus §§ 280 Abs. 1, 241 Abs. 1 BGB bedarf,[51] weil der Anspruch aus § 3 Abs. 1 VVG gemäß § 362 Abs. 1 BGB – wenn auch nicht vertragsgemäß – erfüllt ist. Mangels einer den §§ 433 Abs. 1 Satz 2, 633 Abs. 1 BGB entsprechenden Regelung, die Mangelfreiheit des Versicherungsscheins zum Gegenstand der Leistungspflicht erhebt, bleibt letztlich nur die Lösung über einen Schadensersatzanspruch statt der Leistung, der auf Naturalrestitution gerichtet die Übermittlung eines korrekten Versicherungsscheins zum Gegenstand hat (§§ 280 Abs. 1, 281, 241 Abs. 1, 249 Abs. 1 BGB). Zwar ist dieser Anspruch verschuldensabhängig, was unter dem Gesichtspunkt der erstrebten Transparenz etwas fragwürdig erscheint, doch wird die Widerlegung der Verschuldensvermutung dem Rechtsschutzversicherer – wenn überhaupt – praktisch kaum je gelingen. Hinzu kommt materieller Schadensersatz in Geld, wenn der VN durch den intransparenten Versicherungsschein einen Vermögensschaden erleidet. Das wird zwar nicht gerade häufig der Fall sein, ist aber keineswegs eine rein theoretische Möglichkeit.[52] Vielmehr ist ein solcher Schadensersatzanspruch etwa dann denkbar, wenn der VN Schritte zur Rechtswahrnehmung, die durch den Vertrag gedeckt sind, aufgrund der intransparenten Angaben in der Police unterlässt, oder wenn er im Vertrauen auf einen unzulänglichen Ausweis im Versicherungsschein vom Vertrag nicht gedeckte Rechtsverfolgungsmaßnahmen ergreift (§§ 280 Abs. 1, 281, 241 Abs. 1, 249, 251 Abs. 1 BGB). Dabei kommt allerdings stets ein Mitverschulden des VN in Betracht, wenn er sich des Vertragsinhalts schuldhaft nicht vergewissert hat (§ 254 Abs. 1 BGB). Denkbar ist ein Schadensersatzanspruch auch dann, wenn der VN den Widerspruch gemäß § 5 VVG unterlässt, weil er aufgrund der Intransparenz eine ihm ungünstige Abweichung des Versicherungsscheins von den getroffenen Vereinbarungen verkennt, sodass er durch die Vertragsänderung schlechter gestellt ist und dadurch einen Vermögensschaden erleidet (§ 5 Abs. 1 Alt. 2 VVG).[53] Der VN ist dann so zu stellen, als wäre der Widerspruch fristgerecht erfolgt; es gilt deshalb die ursprüngliche Vereinbarung.

---

47 Zu diesem Grundprinzip allgemein Langheid/Wandt/*Bruns* § 307 BGB Rn. 123 ff.; *ders.* Privatversicherungsrecht § 10 Rn. 33.

48 Ausführlich Langheid/Wandt/*Bruns* § 307 BGB Rn. 9 ff. m.N.

49 Prölss/Martin/*Piontek* § 126 Rn. 3; Looschelders/*Paffenholz* § 126 Rn. 5; Looschelders/Pohlmann/*Paffenholz* § 126 Rn. 2; van Bühren/Plote/*Wendt* § 126 Rn. 7; wohl auch Langheid/*Rixecker* § 126 Rn. 1 („*Schadensersatz*").

50 So wohl Prölss/Martin/*Piontek* § 126 Rn. 3 („*so kann der VN* weiterhin *die Ausfertigung eines dem Abs. 1 Satz 1 genügenden Versicherungsscheines verlangen*" – Hervorhebung nicht im Original); wegen der Unterscheidung zum Schadensersatzanspruch wohl auch, aber etwas unklar, Looschelders/*Paffenholz* § 126 Rn. 5; Looschelders/Pohlmann/*Paffenholz* § 126 Rn. 2.

51 In diesem Sinne zu verstehen wohl van Bühren/Plote/*Wendt* § 126 Rn. 7 (etwas unklar, weil Naturalrestitution nicht ausdrücklich erwähnt wird); wohl auch Langheid/*Rixecker* § 126 Rn. 1.

52 Zurückhaltender Prölss/Martin/*Piontek* § 126 Rn. 3 („*praktisch kaum bedeutsam*"); Harbauer/*Schmitt* § 126 Rn. 3 („*Schadensersatzansprüche des Versicherungsnehmers* [§ 280 BGB] *können theoretisch in Betracht kommen, sind in der Praxis aber kaum vorstellbar.*").

53 Ausführlich hierzu statt vieler Bruck/Möller/*Knops* § 5 Rn. 6 ff.; Langheid/Wandt/*Armbrüster* § 5 Rn. 16 ff. m.w.N.

22 Ist im intransparenten Versicherungsschein selbst eine Vertragserklärung verkörpert und verletzt der VR damit schuldhaft eine vorvertragliche Pflicht, kann sich ein Schadensersatzanspruch des VN unter Umständen aus §§ 280 Abs. 1, 241 Abs. 2, 311 Abs. 2 Nr. 1 BGB ergeben. Der Anspruch kann ähnlich beurteilt werden wie die Fälle unzulänglicher Beratung, abgesehen von der Vermutung beratungsrichtigen Verhaltens des VN (§ 6 VVG).[54] Grundsätzlich ist der VN so zu stellen, wie er bei Verwendung eines hinreichend transparenten Versicherungsscheins stünde. Hätte der VN bei hinreichender Transparenz des Versicherungsscheins anders disponiert, also den Vertrag nicht oder nicht so geschlossen, kommt ein Schadensersatzanspruch in Betracht – vorausgesetzt der VN kann das im Bestreitensfall beweisen, was durchaus schwierig sein kann. Eine Kausalitätsvermutung greift – anders als in den Beratungsfällen – trotz des bezweckten Transparenzschutzes nicht Platz, weil die gesetzliche Regelung keine selbständige Rechtsfolgenregelung vorsieht und der VN im Übrigen durch AGB-Recht vor intransparentem und unangemessenem Vertragsinhalt geschützt ist. Kommt ein unerwünschter Vertrag zustande, kann der VN Vertragsaufhebung verlangen, wenn im Vertragsschluss ein Vermögensschaden liegt,[55] unter Umständen auch Vertragsanpassung zu den üblichen Konditionen oder Geldersatz. Kommt aufgrund der Intransparenz kein Vertrag zustande, kann der VN Abschluss eines bedarfsgerechten transparenten Versicherungsvertrages zu üblichen Konditionen verlangen, unter Umständen auch vollen Schadensersatz im fiktiven Versicherungsfall. Doch ist in allen Fällen ein Mitverschulden des VN anzunehmen, wenn er die Intransparenz pflichtwidrig und schuldhaft nicht moniert hat (§ 254 Abs. 1 BGB).

4. Gesetzliche „Sonderung" eines „reinen" Rechtsschutzvertrages?

23 Die gesetzliche Regelung des § 126 Abs. 1 Satz 1 enthält keine ausdrückliche Anordnung darüber, ob der Versicherungsvertrag ein gesonderter Rechtsschutzversicherungsvertrag sein muss oder zumindest als solcher zu behandeln ist. Vielmehr beschränkt sich die Norm nach ihrem Wortlaut auf Vorgaben für den notwendigen Mindestinhalt des Versicherungsscheins. Gleichwohl wird in der Literatur ganz überwiegend vertreten, aus der Norm sei abzuleiten, dass die Rechtsschutzversicherung stets ein eigenständiger Vertrag ist.[56] Vereinzelt wird – etwas vorsichtiger – formuliert, aus der Norm ergebe sich, dass der „Versicherungsvertrag über die Rechtsschutzversicherung ... wie ein selbstständiger Vertrag mit den sich daraus ergebenden Rechten und Pflichten zu behandeln" sei.[57] Diese Ansicht findet jedoch keine hinreichende Grundlage im Gesetz, ihr ist deshalb zu widersprechen. Die Qualifikation eines Vertrages orientiert sich naturgemäß an den vom Gesetzgeber geschaffenen Vertragstypen, der die Grundidee einer Typenlehre zugrunde liegt, die im gesamten besonderen Schuldrecht einschließlich des Versicherungsvertragsrechts Ausdruck findet.[58] Nach allgemeinen Grundsätzen ist der Versicherungsvertrag mit prägender Rechtsschutzkomponente, die durch nicht typenprägende Elemente der Deckung anderer Risiken ergänzt wird,

54 Zu diesem rechtsähnlichen Parallelfall *Bruns* Privatversicherungsrecht § 8 Rn. 4 m.w.N. (auch zum Folgenden).

55 Die Notwendigkeit eines Vermögensschadens betont BGH 26.9.1997 NJW **1998** 302, 304; teilweise andere Akzentuierung in BGH 8.3.2005 BGHZ **162** 306, 310 = NJW **2005** 1579, 1580 (Schädigung durch einen den konkreten Vermögensinteressen eines Kapitalanlegers nicht angemessenen Vertragsschluss); **a.A.** bei Beratungspflichtverletzungen – Nachweis eines konkreten Vermögensschadens entbehrlich – teilweise die Literatur: z.B. Bruck/Möller/*Schwintowski*[9] § 6 Rn. 41 m.N.; *Armbrüster* Privatversicherungsrecht Rn. 881.

56 Langheid/Wandt/*Richter* § 126 Rn. 5; Looschelders/Pohlmann/*Paffenholz* § 126 VVG Rn. 2 („*Die Rechtsschutzversicherung ist dogmatisch also stets ein eigenständiger Vertrag.*"); Langheid/*Rixecker* § 126 Rn. 1 („*stets ein eigenständiger, von gleichzeitig übernommener weiterer Deckung zu trennender Vertrag*"); Berliner Kommentar/*T. Honsell* § 158l Rn. 5; PK/*Hillmer-Möbius* § 126 Rn. 5 („*(...) stets als selbstständiger Vertrag anzusehen (...)*").

57 Looschelders/*Paffenholz* § 126 Rn. 4 (allerdings unter Verweis auf die vorgenannten Stellungnahmen von *Honsell* und *Rixecker*).

58 Hierzu *Bruns* Privatversicherungsrecht § 6 Rn. 5; zur Bedeutung von Qualifikationsfragen für die Anwendbarkeit von § 126 Abs. 1 Satz 1 bereits Rn. 9 ff.

gleichwohl als Rechtsschutzversicherung einzuordnen.[59] Umgekehrt ist der typologisch einer anderen Sparte zuzuordnende Versicherungsvertrag nach allgemeinen Grundsätzen nicht als Rechtsschutzversicherungsvertrag anzusehen, nur weil er nicht typenprägende Rechtsschutzelemente aufweist.[60] In beiden Fällen handelt es sich jeweils um einen eigenständigen Vertrag, und es ist nicht ersichtlich, nach welchen Regeln eine Aufspaltung eines solchen Vertrages in eine „reine" Rechtsschutzversicherung und eine Restversicherung sich vollziehen sollte. Das gilt entsprechend bei einem Typenkombinations- oder Typenverschmelzungsvertrag.[61] Die gesetzliche Regelung in § 126 Abs. 1 Satz 1 gibt für eine gesetzliche Vertragsaufspaltung, die eine sehr weitgehende Abweichung von diesen allgemeinen Lehren bedeuten würde, letztlich nichts her. Dass keine gesetzliche Vertragsaufspaltung erfolgen soll, bestätigt auch der Blick ins Europarecht: Art. 199 Solvabilitäts-RiL II stellt es den Mitgliedstaaten frei, ob sie den eingeschränkten Grundsatz der Spartentrennung durch die Anordnung vollständiger Vertragsaufspaltung oder durch besondere Transparenzanforderungen an die Police verwirklichen wollen. Der deutsche Gesetzgeber hat den zweiten Weg gewählt – und das mit gutem Grund. Denn eine vollständige gesetzliche Vertragsaufspaltung wäre im geltenden Recht nicht nur ein Novum, sondern ein echter Fremdkörper. Zudem müsste eine rechtliche Regelung einigermaßen kompliziert aussehen, jedenfalls aber schwer absehbare Rechtsfolgen nach sich ziehen. Selbst die Vertreter der Gegenansicht erläutern nicht, nach welchen Regeln sich eine gesetzliche Vertragsaufspaltung konkret vollziehen soll. Dass bei Nebenversicherung in Gestalt rechtlich selbständiger spartenreiner Verträge – sei es mit urkundlicher Verbindung oder ohne[62] – eine Fusion zu einem einheitlichen Versicherungsvertrag anzunehmen sein sollte, ist noch weniger plausibel. Es hat mithin bei der Geltung allgemeiner Grundsätze und der durch § 126 Abs. 1 Satz 1 gebotenen Transparenz des Versicherungsscheins sein Bewenden.

III. Inhalt des Versicherungsscheins bei Einschaltung eines Schadensabwicklungsunternehmens (§ 126 Abs. 1 Satz 2)

1. Voraussetzungen

Beauftragt der Rechtsschutzversicherer mit der Leistungsbearbeitung ein selbständiges Schadens- 24
abwicklungsunternehmen, wie es im Aufsichtsrecht für Misch- bzw. Nebenversicherungen mit Rechtsschutzkomponente vorgesehen ist (§ 164 VAG), so ist dieses „im Versicherungsschein zu bezeichnen". Der Tatbestand ist erfüllt, wenn die Beauftragung des Schadensabwicklungsunternehmens rechtlich innere Wirksamkeit erlangt, bei unwirksamem Vertrag genügt ausnahmsweise tatsächliche Invollzugsetzung der Schadensbearbeitung. Ob eine aufsichtsrechtliche Pflicht zur Ausgliederung tatsächlich besteht oder nicht, ist für die Anwendbarkeit der Regelung unerheblich. Praktisch handeln die Rechtsschutzversicherer insoweit natürlich in aller Regel aufsichtsrechtskonform.

2. Pflicht zur Bezeichnung des Schadensabwicklungsunternehmens

Die Vorschrift modifiziert – im Prinzip wie § 126 Abs. 1 Satz 1 – die Nebenleistungspflicht des 25
Rechtsschutzversicherers zur Übermittlung eines Versicherungsscheins (§ 3 Abs. 1).[63] „Bezeichnung" bedeutet gegenüber der „gesonderten Ausweisung", wie sie gemäß § 126 Abs. 1 Satz 1 erfor-

59 Rn. 9.
60 Rn. 10.
61 Rn. 11.
62 Zu diesen Fällen Rn. 12 f.
63 Siehe Rn. 4.

derlich ist,[64] ein Minus. Der Abdruck in einem besonderen Teil der Police ist nicht notwendig. Die Bezeichnung muss so hinreichend bestimmt sein, dass der VN aus der Police ersehen kann, an wen er sich bei der Geltendmachung des Anspruchs auf die Versicherungsleistung zu wenden hat. Nach dem Sinn und Zweck der Regelung, die Zuständigkeitskonzentration auf das selbständige Schadensabwicklungsunternehmen gemäß § 126 Abs. 2 Satz 1 zu flankieren,[65] muss die Angabe so bestimmt sein, dass sie bei kompletter Übernahme in eine Klageschrift als hinreichende Parteibezeichnung im Sinne von § 253 Abs. 2 Nr. 1 ZPO genügt.[66] Die schlichte Aufnahme der Firma des Schadensabwicklungsunternehmens in den Versicherungsschein ist unzureichend, notwendig ist die Angabe einer zur Klagezustellung geeigneten Adresse.

3. Rechtsfolgen von Transparenzverstößen

26 Verletzt der Rechtsschutzversicherer seine Pflicht aus § 126 Abs. 1 Satz 2, kann das die Versicherungsaufsicht auf den Plan rufen und aufsichtsrechtliche Maßnahmen nach sich ziehen (§§ 294 Abs. 2 Satz 1, Abs. 3, 298 Abs. 1 VAG).[67] Außerdem hat der VN unter den Voraussetzungen der §§ 280 Abs. 1 und 3, 281, 249 ff. BGB Anspruch auf Schadensersatz. Als Naturalrestitution kann er Übermittlung eines hinreichend transparenten Versicherungsscheins verlangen.[68] Möglich ist auch ein Schadensersatz für erfolglose Rechtsverfolgungsmaßnahmen, wenn aus der unzulänglichen Bezeichnung des Schadensabwicklungsunternehmens zusätzliche Kosten entstehen. Sogar ein Anspruch auf Vertragsaufhebung könnte unter Umständen begründet sein. Zwar ist die Beauftragung des Schadensabwicklungsunternehmens keine vertragliche Pflicht, sondern eine aufsichtsrechtliche Verpflichtung des VR. Aber durch die zwingende Zuständigkeitskonzentration ist die Identität des Schadensabwicklungsunternehmens für den VN von zentraler Bedeutung. Hätte der VN den Vertrag nicht geschlossen, wenn er die wahre Identität des Schadensabwicklungsunternehmens gekannt hätte, weil er mit ihm schlechte Erfahrungen gemacht hat, kommt – einen kausal eingetretenen Vermögensschaden vorausgesetzt – Vertragsaufhebung im Wege der Naturalrestitution in Betracht.[69]

IV. Würdigung der Transparenzregelung

27 Die Analyse der Transparenzregelung des § 126 Abs. 1 hinterlässt einen sehr gemischten Eindruck. Die Verzahnung von Versicherungsaufsichtsrecht und Versicherungsvertragsrecht ist von Natur aus kompliziert und mit grundsätzlichen Zweifelsfragen behaftet. Die Umsetzung des europäischen Richtlinienrechts ist nur teilweise geglückt, weil die Transparenzanforderungen der Solvabilitätsrichtlinie II auch nach der Reform des Versicherungsvertragsgesetzes 2008 nicht mit der wünschenswerten Genauigkeit Eingang in die Gesetzesnorm gefunden haben. Nicht ganz überzeugend ist auch, dass die Transparenzanforderungen in Satz 1 („*gesonderte Ausweisung*") und Satz 2 („*Bezeichnung*") ohne Not divergieren. Die Schadensersatzsanktion bei Transparenzverstößen erweist sich bei näherer Betrachtung als dornenvolle Lösung, die in ihrer skizzierten Komplexität zum angestrebten Ziel einer kundenfreundlichen Transparenz in keinem angemessenen Verhältnis steht. Dabei zeigen sich letztlich die Grenzen von Bemühungen, aufsichtsrechtliche Ziele nach dem Modell und mit den Instrumenten des *private law enforcement* zu erreichen.

---

64 Rn. 18.
65 Siehe noch Rn. 28.
66 Hierzu statt vieler Stein/Jonas/*Roth* § 253 ZPO Rn. 14 ff.; MüKoZPO/*Becker-Eberhard* § 253 ZPO Rn. 46 ff.; Zöller/*Greger* § 253 ZPO Rn. 8.
67 Siehe bereits Rn. 19.
68 Vgl. Rn. 21.
69 Zum Erfordernis des Vermögensschadens bereits Rn. 22, 23 m.N.

D. Geltendmachung des Deckungsanspruchs bei Einschaltung von Schadensabwicklungsunternehmen

I. Grundlagen

Beauftragt der Rechtsschutzversicherer, wie es beim Betrieb der Rechtsschutzversicherung zusammen mit anderen Versicherungssparten gemäß § 164 VAG (§ 8a VAG a.F.) erforderlich ist, mit der Leistungsbearbeitung ein selbständiges Schadensabwicklungsunternehmen, ergibt sich bei Versicherung für eigene Rechnung ein Dreiecksverhältnis zwischen Rechtsschutzversicherer, Schadensabwicklungsunternehmen und VN. Unmittelbare Rechtsbeziehungen bestehen dann grundsätzlich in den jeweiligen Vertragsbeziehungen. Bei Versicherung für fremde Rechnung entsteht durch die Einschaltung eines Schadensabwicklungsunternehmens nicht lediglich das als Grundkonstellation bekannte Dreiecksverhältnis zwischen VR, VN und Versichertem,[70] sondern sogar ein Vierecksverhältnis. Nach allgemeinen Grundsätzen würden zwischen dem VN bzw. dem Versicherten einerseits und dem Schadensabwicklungsunternehmen andererseits keine unmittelbaren vertraglichen Rechtsbeziehungen bestehen. Hier setzt die Regelung des § 126 Abs. 2 an und statuiert in der Leistungsbearbeitung eine besondere Zuständigkeitskonzentration auf das Schadensabwicklungs-abwicklungsunternehmen, die materiellrechtliche und prozessuale Bedeutung hat. Die Zuständigkeitskonzentration dient der Verwirklichung und Flankierung der aufsichtsrechtlichen Ausgliederungspflicht, die der Gesetzgeber entsprechend europarechtlichen Vorgaben zur Vermeidung von Interessenkonflikten gewählt hat.[71] 28

II. Materiellrechtliche Regelung

1. Materiellrechtlicher Normgehalt

Zunächst bedarf der Klärung, ob der Vorschrift überhaupt materiellrechtlicher Gehalt innewohnt oder ob es sich ausschließlich um eine prozessrechtliche Regelung handelt. Die Gesetzesmaterialien zur inhaltsgleichen Vorgängerregelung (§ 158l Abs. 2 a.F.), die durch die Reform unverändert in § 126 Abs. 2 übernommen werden sollte,[72] erläutern den Regelungsinhalt dahingehend, Absatz 2 begründe einen Fall gesetzlicher Prozessstandschaft, ohne eine inhaltliche Aussage über einen materiellrechtlichen Inhalt zu treffen.[73] Für eine rein prozessuale Regelung könnten prima vista tatsächlich § 126 Abs. 2 Satz 2 und 3 sprechen, die verfahrensrechtliche Fragen regeln. Außerdem ist in § 126 Abs. 2 Satz 2 nicht von einem Titel, sondern von dem Titel die Rede, sodass man vermuten könnte, in Satz 1 der Regelung gehe es um die prozessrechtliche Handhabung des aus der prozessualen Geltendmachung des Leistungsanspruchs erwachsenen Leistungstitels. Immerhin heißt es in den Gesetzesmaterialien, es sei „folgerichtig, dass auch ein Rechtsstreit gegen das Schadensabwicklungsbüro, aber mit Wirkung für den Kompositversicherer geführt werden muss."[74] Das könnte als Indiz für einen auch materiellrechtlichen Gehalt der Norm gewertet werden, ist aber für sich genommen letztlich wenig aussagekräftig. Dessen ungeachtet geht eine starke Literaturmeinung davon aus, dass sich die Norm nicht auf einen prozessualen Inhalt beschränkt, 29

70 Zum Dreiecksverhältnis in der Grundkonstellation der Versicherung für fremde Rechnung im Überblick *Bruns* Privatversicherungsrecht § 17 Rn. 1 ff., 11 ff. m.N.

71 Hierzu bereits Rn. 2.

72 Regierungsbegründung BTDrucks. 16/3945 S. 91 l.Sp. (zu § 126 Abs. 2).

73 Regierungsbegründung BTDrucks. 11/6341 S. 37 l.Sp. (zu § 158l Abs. 2 a.F.).

74 Regierungsbegründung BTDrucks. 11/6341 S. 37 l.Sp. (zu § 158l Abs. 2 a.F. – Hervorhebung nicht im Original).

sondern auch einen unmittelbaren materiellrechtlichen Normgehalt aufweist.[75] Die Gegenansicht nimmt lediglich eine Vollmacht des Schadensabwicklungsunternehmens an, die sich aus der Beauftragung oder der Nennung im Versicherungsschein ergeben soll.[76] Das würde bedeuten, dass sich die Vertretungsmacht nicht unmittelbar aus § 126 Abs. 2 Satz 1 ergibt, sondern dass nach allgemeinen bürgerlichrechtlichen Regeln konkludent oder ausdrücklich rechtsgeschäftlich eine Vollmacht erteilt wird.

30 Richtigerweise ist davon auszugehen, dass sich die Norm nicht auf die prozessuale Geltendmachung von Ansprüchen beschränkt. Dafür spricht schon der Umstand, dass die prozessuale Geltendmachung rechtstatsächlich die Ausnahme darstellt, während die außergerichtliche Regulierung die Regel ist. Die Vorschrift würde mithin nur im praktischen Ausnahmefall Wirkung entfalten, was mit dem Sinn und Zweck, zur Vermeidung von Interessenkonflikten im Zusammenspiel mit § 164 VAG (§ 8a VAG a.F.) eine Aufgabentrennung zwischen Rechtsschutzversicherer und Schadensabwicklungsunternehmen zu verwirklichen, letztlich nicht vereinbar ist. Hinzu kommt, dass die von der h.M. in Übereinstimmung mit der Gesetzesbegründung befürwortete Annahme gesetzlicher Prozessstandschaft im Zivilprozess (§ 126 Abs. 2 Satz 1)[77] auf eine materiellrechtliche Entsprechung hindeutet, weil gesetzliche Prozessstandschaft typischerweise an materiellrechtliche Figuren anknüpft.[78] Die Annahme auch materiellrechtlichen Regelungsgehalts trotz unklarer Gesetzesformulierung ist im Versicherungsvertragsrecht überdies kein Einzelfall. Vielmehr entspricht sie der rechtsähnlichen Konstruktion der Aktivlegitimation und Prozessführungsbefugnis bei der Versicherung für fremde Rechnung. Dort ermächtigt das Gesetz trotz einer deutlich engeren Gesetzesformulierung beim Ausschluss der Einziehungsmacht des Versicherten („Rechte *gerichtlich* geltend machen") den VN nach h.M. nicht nur zur gerichtlichen Geltendmachung der Versicherungsforderung des Versicherten, sondern auch zur außergerichtlichen Einziehung im eigenen Namen (*arg. ex* § 46 Satz 2).[79] Aus diesen Gründen ist – insbesondere auch angesichts des halbzwingenden Charakters der Norm (§ 129) – die Annahme eines eigenständigen materiellrechtlichen Regelungsgehalts von § 126 Abs. 2 Satz 1 letztlich vorzugswürdig.

2. Konstruktion und Rechtsnatur

31 **a) Lösungsmodelle.** Rechtliche Konstruktion und Rechtsnatur der materiellrechtlichen Regelung in § 126 Abs. 2 Satz 1 sind unklar. Im Ausgangspunkt kommen im Wesentlichen fünf Lösungsmodelle in Betracht, darunter nämlich zwei Varianten mit der Begründung einer eigenen Verbindlichkeit des Schadensabwicklungsunternehmens und zwei Varianten, bei denen es bei einem Anspruch gegen den Rechtsschutzversicherer bleibt und lediglich die Rechts*wahrnehmung* auf der Passivseite geregelt wird: 1. Die Norm ordnet eine privative Schuldübernahme oder partielle Vertragsübernahme durch das Schadensabwicklungsunternehmen an, 2. es erfolgt ein gesetzlicher Schuldbeitritt mit ausschließlicher Geltendmachung des neu begründeten Anspruchs gegen das Schadensabwicklungsunternehmen, 3. es wird kraft Gesetzes akzessorische Haftung begründet, 4. die Regelung verleiht dem Schadensabwicklungsunternehmen eine gegenständlich auf die Schadensbearbeitung beschränkte

---

75 OLG Düsseldorf 23.10.2001 NJW-RR **2002** 454; Langheid/Wandt/*Richter* § 126 Rn. 8 m.N.; Harbauer/*Schmitt* § 126 Rn. 7; Langheid/*Rixecker* § 126 Rn. 2; van Bühren/Plote/*Wendt* § 126 Rn. 8; PK/*Hillmer-Möbius* § 126 Rn. 8; Berliner Kommentar/*T. Honsell* § 1581 Rn. 5.

76 So Prölss/Martin/*Piontek* § 126 Rn. 9 (m.E. etwas unklar: einerseits ist von „materiell-rechtlichen *Auswirkungen*", andererseits von *Bevollmächtigung* die Rede); wohl auch Looschelders/Pohlmann/*Paffenholz* § 126 Rn. 8; Looschelders/*Paffenholz* § 126 Rn. 11.

77 So im Anschluss an die Regierungsbegründung die ganz h.M.: BTDrucks. 11/6341 S. 37 l.Sp.; Langheid/Wandt/*Richter* § 126 Rn. 9; Prölss/Martin/*Piontek* § 126 Rn. 7; Looschelders/Pohlmann/*Paffenholz* § 126 Rn. 4; Looschelders/*Paffenholz* § 126 Rn. 9; Harbauer/*Schmitt* § 126 Rn. 8; van Bühren/Plote/*Wendt* § 126 Rn. 10.

78 Statt vieler *Rosenberg/Schwab/Gottwald* ZivilProzR § 46 Rn. 6 ff. m.w.N.

79 Bruck/Möller/*Brand* § 45 Rn. 4; Prölss/Martin/*Klimke* § 45 Rn. 20; Looschelders/Pohlmann/*Koch* § 45 Rn. 3; *Bruns* Privatversicherungsrecht § 17 Rn. 11.

Vertretungsmacht oder 5. sie weist ihm mit verdrängender Wirkung die Passivlegitimation für die Versicherungsforderung zu. Diese Lösungsmodelle sind im Folgenden gesondert zu untersuchen.

b) Keine privative Schuldübernahme oder partielle Vertragsübernahme. Das Modell der 32
privativen Schuldübernahme oder partiellen Vertragsübernahme mag zunächst weniger naheliegend erscheinen. Es wird in der Literatur bislang – soweit ersichtlich – wenn überhaupt nur ansatzweise diskutiert.[80] Allerdings ließe sich mit einer Schuldnerauswechslung oder partiellen Vertragsübernahme die gewünschte Zuständigkeitskonzentration auf das Schadensabwicklungsunternehmen klar und eindeutig erreichen. Eine gesetzliche Auswechslung des Schuldners wäre zwar ausnahmsweise auch ohne Zustimmung des Gläubigers denkbar, wenn seinem verfassungsrechtlich durch Art. 2 Abs. 1, 14 Abs. 1 GG geschützten Interesse hinreichend Rechnung getragen ist, wie es z.B. bei Bestandsübertragungen richtigerweise zu geschehen hat (§ 13 VAG, § 14 VAG a.F.).[81] Gegen eine solche Anordnung könnte man einwenden wollen, dass im Gesetzeswortlaut lediglich von der Geltendmachung des Anspruchs auf die Versicherungsleistung die Rede ist und nicht von der Schaffung eines neuen Anspruchs gegen das Schadensabwicklungsunternehmen anstelle des Anspruchs auf die Versicherungsleistung gegen den Rechtsschutzversicherer oder von einer Schuld- oder Vertragsübernahme. Die Verwendung der Worte *„geltend machen"* spricht allerdings nicht entscheidend gegen die Annahme eines eigenständigen Anspruchs gegen den Schadensabwickler. So nimmt die ganz h.M. für die Pflichthaftpflichtversicherung wie selbstverständlich einen selbständigen Direktanspruch des geschädigten Dritten an, obwohl es in § 115 Abs. 1 Satz 1 Halbs. 1 wörtlich heißt: „Der Dritte kann seinen Anspruch auf Schadensersatz auch gegen den VR *geltend machen* ..."[82] Überdies geht die h.M. auch in der Gebäudefeuerversicherung bei gestörtem Versicherungsverhältnis von einem eigenständigen Anspruch des angemeldeten Grundpfandgläubigers gegen den Gebäudeversicherer aus, obwohl das Gesetz lediglich besagt, dass der VR *„zur Leistung verpflichtet* [bleibt]" (§ 143 Abs. 1 Satz 1) und eine Fiktion des nicht bestehenden Versicherungsanspruchs des VN zu Gunsten des Grundpfandgläubigers systematisch genügen und besser passen würde.[83]

Gleichwohl entspricht eine privative Schuldübernahme oder partielle Vertragsübernahme of- 33
fenbar nicht dem Willen des Gesetzgebers. Anders als bei § 115 Abs. 1 Satz 1 Halbs. 1, der gesamtschuldnerische Haftung von VN und VR gegenüber dem Dritten begründen soll (§ 115 Abs. 1 Satz 4), gibt es im systematischen Kontext von § 126 Abs. 2 keinen Hinweis darauf, dass ein eigenständiger Anspruch gegen das Schadensabwicklungsunternehmen existieren soll. Die Auswechslung des Schuldners ist nicht gerechtfertigt, weil das Schadensabwicklungsunternehmen nicht in gleicher Weise Gewähr für Solvabilität bietet wie der Rechtsschutzversicherer. Denn die aufsichtsrechtlichen Solvabilitätsanforderungen gelten mangels Verweises auf die §§ 89ff. VAG in § 164 VAG nicht für Schadensabwicklungsunternehmen. Eine Entlassung des Rechtsschutzversicherers aus der Haftung wäre angesichts dessen eine kaum hinnehmbare Gefährdung der Rechtsstellung des VN, die dem verfassungsrechtlichen Schutz der Versicherungsdeckung kaum gerecht würde (Art. 2 Abs. 1, 14 Abs. 1 GG).[84] Schließlich ist der VN auch nicht derart schutzbedürftig wie der Dritte in

80 Andeutungsweise in diesem Sinne wohl Langheid/Wandt/*Richter* § 126 Rn. 8 („Das Schadenabwicklungsunternehmen ist Ansprechpartner für den Versicherungsnehmer und *übernimmt sämtliche mit der Leistungsbearbeitung zusammenhängenden Rechte und Pflichten.*" – M.E. etwas unklar!).

81 Hierzu BVerfG 26.7.2005 – 1 BvR 782/94 u. 1 BvR 957/96, BVerfGE **114** 1 ff.; *Bruns* Privatversicherungsrecht § 18 Rn. 28.

82 Statt vieler Langheid/Wandt/*W.-T. Schneider* § 115 Rn. 12; Prölss/Martin/*Klimke* § 115 Rn. 1; Looschelders/Pohlmann/*Schwartze* § 115 Rn. 1; *Bruns* Privatversicherungsrecht § 22 Rn. 52.

83 BGH 19.2.1981 VersR **1981** 521, 522; RG 5.7.1921 RGZ **102** 350, 352; RG 16.4.1929 RGZ **124** 91, 95; RG 26.6.1936 RGZ **151** 389, 392; Bruck/Möller/*K. Johannsen* § 143 Rn. 25; Langheid/Wandt/*Staudinger* § 143 Rn. 17; Looschelders/Pohlmann/*Brand* § 143 Rn. 5, 9, 14; Prölss/Martin/*Klimke* § 143 Rn. 4, 20, 30, 32; zu Bedenken *Bruns* Privatversicherungsrecht § 25 Rn. 24 f.

84 Hierzu BVerfG 26.7.2005 – 1 BvR 782/94 u. 1 BvR 957/96, BVerfGE **114** 1 ff.; *Bruns* Privatversicherungsrecht § 7 Rn. 3, 6, § 18 Rn. 28.

der Pflichthaftpflichtversicherung, und ein *„solventerer"* bzw. *„solvablerer"* Schuldner wird eben gerade nicht gewährleistet. Eine auf die Leistungsbearbeitung begrenzte partielle Vertragsübernahme würde außerdem eine komplizierte Aufspaltung des vertraglichen Pflichtenprogramms bewirken. Schließlich wäre auch nicht zu erklären, warum von gesetzlicher Prozessstandschaft des Schadensabwicklungsunternehmens für den Rechtsschutzversicherer auszugehen sein sollte, wie sie die ganz h.L. annimmt,[85] und die Wirkungserstreckung gemäß § 126 Abs. 2 Satz 2 und 3 hinge gewissermaßen völlig in der Luft. Deshalb scheidet die Annahme einer gesetzlichen privativen Schuldübernahme oder einer partiellen Vertragsübernahme durch das Schadensabwicklungsunternehmen im Ergebnis aus.

34 **c) Keine kumulative Schuldübernahme.** Die gesetzliche Regelung könnte als Anordnung eines besonderen gesetzlichen Schuldbeitritts ausgelegt werden. Der unklare oder missverständliche Gesetzeswortlaut steht letztlich nicht entscheidend entgegen.[86] Mit der Anordnung einer Gesamtschuld allein wäre das Regelungsziel der aufsichtsrechtlichen Ausgliederungspflicht (§ 164 VAG), dessen Verwirklichung § 126 Abs. 2 versicherungsvertragsrechtlich flankieren soll,[87] allerdings nicht zu erreichen. Zusätzlich wäre von einem grundsätzlichen Vorrang des Anspruchs gegen das Schadensabwicklungsunternehmen auszugehen, der mit einem materiellrechtlichen und prozessualen Durchsetzungshindernis beim Anspruch auf die Versicherungsleistung gegen den Rechtsschutzversicherer gekoppelt sein müsste. Der Rechtsschutzversicherer wäre dann nicht endgültig aus der Haftung entlassen, bei Insolvenz des Schadensabwicklungsunternehmens könnte der VN auf den vertraglichen Anspruch auf die Versicherungsleistung gegen den Rechtsschutzversicherer zurückgreifen. Allerdings lässt sich diese Konstruktion – anders als unter anderen systematischen Rahmenbedingungen in der Pflichthaftpflichtversicherung – im Grundansatz nicht mit dem Schutz des VN vor Bonitätsrisiken begründen. Gegen ein besonderes gesetzliches Gesamtschuldverhältnis sprechen auf der Grundlage der h.M. im Wesentlichen zwei Argumente. Zum einen wäre der Haftungsvorrang des Schadensabwicklungsunternehmens und das Fehlen eines grundsätzlichen wechselseitigen Regresses mit dem von der h.M. herausgearbeiteten Wesensmerkmal der Gleichstufigkeit der gesamtschuldnerischen Haftung unvereinbar.[88] Zum anderen ist ein Gesamtschuldner nach allgemeinen Grundsätzen – anders als nach den Gesetzesmotiven und h.M. das Schadensabwicklungsunternehmen[89] – nicht gesetzlicher Prozessstandschafter für den anderen Gesamtschuldner. Die Rechtskrafterstreckung gemäß § 126 Abs. 2 Satz 2 ist dementsprechend auch keine Ausnahme zu § 425 Abs. 1 und 2 BGB. Insgesamt vermag auch das Modell einer besonderen Gesamtschuld letztlich nicht zu überzeugen.

35 **d) Keine akzessorische Haftung.** Mit der Ablehnung einer gesetzlichen Gesamtschuldanordnung ist die Möglichkeit akzessorischer Haftung nicht präjudiziert. Eine gesetzliche Anordnung findet sich in § 128 Satz 1 HGB, analog nach h.M. für die Gesellschaft bürgerlichen Rechts; ein Vertragstyp mit ähnlicher Haftungsanordnung ist die Bürgschaft (§§ 765 ff. BGB). Es könnte also durchaus eine eigenständige Forderung gegen das Schadensabwicklungsunternehmen bestehen,

---

85 Nachweise bereits Rn. 30.

86 Hierzu bereits Rn. 33.

87 Siehe Rn. 3.

88 Hierzu BGH 28.10.1997 BGHZ **137** 76, 82 = NJW **1998** 537, 539; BGH 28.11.2006 – VI ZR 136/05, NJW **2007** 1208, 1209 f.; BGH 20.3.2012 – XI ZR 234/11, NJW **2012** 1946, 1947; BGH 19.6.1989 BGHZ **108** 179, 183; BGH 17.3.2008 – II ZR 45/06, BGHZ **176** 43, 56f.; aus der Literatur statt vieler *Larenz* Schuldrecht AT § 37 I; *Medicus/Lorenz* Schuldrecht AT § 66 Rn. 9; Grüneberg/*Grüneberg* § 421 Rn. 7; grundsätzlich **a.A.** (Gleichstufigkeit entbehrlich) hingegen *Ehmann* Die Gesamtschuld (1972) 62 ff., 112 ff.; *Esser/Schmidt* Schuldrecht Bd. 1 Teilbd. 2 § 39 I, S. 343; Staudinger/*Looschelders* § 421 Rn. 28 ff.; offen Jauernig/*Stürner* § 421 Rn. 2.

89 Siehe bereits Rn. 30.

ohne dass eine Gesamtschuld vorliegen muss. Das eigenartige an der Konstruktion wäre, dass der Gläubiger auf die Hauptforderung gegen den Rechtsschutzversicherer, nach deren Bestand sich die Forderung gegen das Schadensabwicklungsunternehmen richten muss, grundsätzlich nicht zugreifen kann. Vielmehr müsste und könnte er in aller Regel nur die akzessorische Forderung verfolgen. Zwar hat ein gegen den akzessorisch Haftenden ergangener Titel grundsätzlich keine Rechtskraft gegen den Hauptschuldner der Bürgschaft,[90] ebenso wenig ein Urteil gegen den OHG-Gesellschafter im Verhältnis zur OHG[91] (arg. § 129 HGB *e contrario*) oder ein Urteil im Prozess gegen einen GbR-Gesellschafter im Verhältnis zur GbR.[92] Doch könnte man § 126 Abs. 2 Satz 2 als Ausnahmevorschrift deuten. Allerdings bleibt die Ungereimtheit, dass in den genannten Fällen akzessorischer Haftung – anders als nach h.M. im Fall des § 126 Abs. 2 Satz 1[93] – grundsätzlich keine gesetzliche Prozessstandschaft vorliegt. Insgesamt würde die Konstruktion einer eigenen Forderung des VN gegen das Schadensabwicklungsunternehmen letztlich mehr Probleme aufwerfen als lösen. Sie ist deshalb im Ergebnis abzulehnen.

e) Keine gesetzliche Vertretungsmacht. Lehnt man einen eigenen Anspruch des VN bzw. 36
Versicherten gegen das Schadensabwicklungsunternehmen mit der ganz h.M. ab, kommt eine gesetzliche Vertretungsmacht des Schadensabwicklungsunternehmens in Betracht.[94] Die Lösung über eine gesetzliche Vertretungsmacht hätte gegenüber der teilweise befürworteten durch Rechtsgeschäft erteilten Vertretungsmacht (Vollmacht – § 166 Abs. 2 Satz 1 Halbs. 1 BGB) den Vorteil, dass ihr Umfang nicht zum Nachteil des VN beschränkt werden kann.[95] Allerdings könnte letztlich nur eine *„verdrängende"* Vertretungsmacht des Schadensabwicklungsunternehmens sicherstellen, dass die Geltendmachung von Ansprüchen auf die Versicherungsleistung gegen den Rechtsschutzversicherer zuverlässig ausgeschlossen ist, wie § 126 Abs. 2 Satz 1 es verlangt. Das bedeutet, dass dem Rechtsschutzversicherer nach der gesetzlichen Regelung die Passivlegitimation entzogen sein muss.[96] Zwar ist eine verdrängende Vollmachterteilung nach h.M. unzulässig,[97] doch könnte der Gesetzgeber eine solche verdrängende gesetzliche Vertretungsmacht grundsätzlich vorsehen. Systematisch spricht gegen diese Lösung aber die von der h.M. befürwortete gesetzliche Prozessstandschaft als Voraussetzung der Rechtskrafterstreckung gemäß § 126 Abs. 2 Satz 2.[98] Denn Prozessstandschaft ist nach ganz h.L. die prozessuale Wahrnehmung fremden Rechts im *eigenen* Namen und nicht, wie im Fall der Stellvertretung, das Handeln im *fremden* Namen (§ 164 Abs. 1 Satz 1 Halbs. 1 BGB).[99] Es ist systematisch nicht überzeugend, wenn die außergerichtliche Wahrnehmung fremder Rechte im fremden Namen, die gerichtliche Rechtswahrnehmung hingegen im eigenen Namen erfolgen würde. Deshalb ist das Modell gesetzlicher Vertretungsmacht abzulehnen.

---

90 MüKoZPO/*Gottwald* § 325 Rn. 86; Grüneberg/*Sprau* § 767 Rn. 4.

91 Baumbach/Hopt/*Roth* § 128 Rn. 44; vgl. auch *Rosenberg/Schwab/Gottwald* ZivilProzR § 157 Rn. 23.

92 BGH 22.3.2011 – II ZR 249/09, NJW **2011** 2048.

93 Siehe bereits Rn. 30 m.N.

94 Dafür Langheid/*Rixecker* § 126 Rn. 2 (*„Das Schadensabwicklungsunternehmen (...) ist materiell kraft Gesetzes als Inhaber der Vollmachten anzusehen, (...)"*).

95 Gleichwohl für rechtsgeschäftliche Vertretungsmacht Prölss/Martin/*Piontek* § 126 Rn. 9 ff.; wohl auch Looschelders/Pohlmann/*Paffenholz* § 126 Rn. 8; Looschelders/*Paffenholz* § 126 Rn. 11; Harbauer/*Schmitt* § 126 Rn. 10; offen Langheid/Wandt/*Richter* § 126 Rn. 10.

96 Zutreffend OLG Düsseldorf 23.10.2001 NJW-RR **2002** 454; Harbauer/*Schmitt* § 126 Rn. 7; van Bühren/Plote/*Wendt* § 126 Rn. 8.

97 BGH 10.11.1951 BGHZ **3** 354, 358; BGH 14.5.1956 BGHZ **20** 363, 364; Staudinger/*Schilken* § 168 Rn. 15; Soergel/*Bayer* § 167 Rn. 7; Grüneberg/*Ellenberger* § 167 Rn. 15; Jauernig/*Mansel* § 167 Rn. 1; **a.A.** *Gernhuber* JZ **1995** 381 ff.

98 Hierzu bereits Rn. 30 m.N.

99 Statt vieler *Rosenberg/Schwab/Gottwald* ZivilProzR § 46 Rn. 4 m.N.

37 **f) Gegenständlich beschränkte verdrängende Passivlegitimation kraft Amtes.** Geht man mit der ganz h.M. davon aus, dass kein Anspruch gegen das Schadensabwicklungsunternehmen begründet wird, liegt im Ausschluss der Geltendmachung des Anspruchs auf die Versicherungsleistung materiellrechtlich eine Entziehung der Passivlegitimation. Damit einher geht konsequenterweise die Verleihung der Passivlegitimation an das Schadensabwicklungsunternehmen, weil auch der Gesetzgeber dem Gläubiger die Geltendmachung seines Anspruchs nicht ohne Weiteres ersatzlos abschneiden kann.[100] Es geht grundsätzlich nicht an, dem Schuldner die Passivlegitimation zu nehmen, ohne sie jemand anderem zu übertragen. Die gesetzliche Regelung muss also eine Übertragung der Passivlegitimation auf das Schadensabwicklungsunternehmen vorsehen. Der verdrängende Entzug der Passivlegitimation ist dogmatisch nicht gleichzusetzen mit einem Wechsel der Schuldnerstellung, wie er bei privativer Schuldübernahme eintritt.[101] Vielmehr bleibt der VR Schuldner der Versicherungsforderung, er verliert aber gleichwohl seine materiellrechtliche Sachlegitimation auf der Passivseite. Die Passivlegitimation ist dabei von der Stellvertretung scharf zu unterscheiden. Denn es ist keineswegs so, dass mit der Annahme von Vertretungsmacht eine Aussage über die Passivlegitimation getroffen wäre. Genauso wenig ist die Vertretungsmacht notwendige Folge einer Entziehung der Passivlegitimation. Mit der Übertragung der Passivlegitimation kann nämlich auch eine gesetzliche Ermächtigung zum Handeln im eigenen Namen verbunden sein. Genau das ist hier der Fall. Das ist zwar eine in dieser Form einzigartige Konstruktion, sie kann allerdings durchaus auf rechtsähnliche Vorbilder verweisen. Sie begegnet in der Form verdrängender Aktiv- und Passivlegitimation insbesondere beim Insolvenzverwalter, auf den die Verwaltungs- und Verfügungsbefugnis für insolvenzbefangene Vermögensgegenstände übergeht (§ 80 InsO). Der Insolvenzverwalter nimmt nach ganz h.M. als Inhaber eines privaten Amtes sämtliche vermögensrechtlichen Positionen des Insolvenzschuldners wahr, ohne dass er selbst materiellrechtlich Gläubiger bzw. Schuldner würde, auch wenn im Gesetz lediglich von Vermögen die Rede ist.[102] Der Insolvenzverwalter ist nach h.M. nicht Stellvertreter des Schuldners, sondern handelt kraft Amtes im eigenen Namen mit unmittelbarer Wirkung für und gegen den Schuldner und ist im Prozess gesetzlicher Prozessstandschafter als Partei kraft Amtes.[103]

38 Ein rechtsähnliches Grundmodell liegt auch dem § 126 Abs. 2 Satz 1 zugrunde, allerdings beschränkt auf die Passivseite der Versicherungsforderung. Das Schadensabwicklungsunternehmen ist nicht nur im Prozess auf Klage des VN oder Versicherten als gesetzlicher Prozessstandschafter passiv ausschließlich prozessführungsbefugt,[104] sondern im Hinblick auf den Anspruch auf die Versicherungsleistung auch materiellrechtlich ausschließlich passivlegitimiert.[105] Dem entspricht systematisch die Befugnis zur Rechtswahrnehmung im eigenen Namen, im Prozess als gesetzlicher Prozessstandschafter. In diesem Zusammenhang kann man durchaus von einem privaten Amt sprechen. Eine behördliche oder gerichtliche Einsetzung in das Amt ist dafür, wie das Beispiel des Testamentsvollstreckers zeigt (§ 2197 Abs. 1 BGB), jedenfalls keine notwendige Voraussetzung. Die Wahrnehmung konkurrierender Interessen ist letztlich ebenso wenig notwendige Voraussetzung für ein privates Amt. Abgesehen davon sind hier das öffentliche Interesse an der Verwirklichung des aufsichtsrechtlich vorgegebenen eingeschränkten Spartentrennungsgebotes, das Interesse der VN bzw. Versicherten sowie das Interesse des Rechtsschutzversicherers zu berücksichtigen. Des-

100 Im Ergebnis zutreffend OLG Düsseldorf 23.10.2001 NJW-RR **2002** 454; Harbauer/*Schmitt* § 126 Rn. 7; van Bühren/Plote/*Wendt* § 126 Rn. 8.

101 Nicht erwogen von BGH 26.10.2016 – IV ZR 34/16, NJW **2017** 1245 f.; BGH 11.7.2018 – IV ZR 243/17, NJW **2018** 3389, 3392; BGH 30.11.2022 – IV ZR 143/21, VersR **2023** 178 f.

102 Statt vieler Uhlenbruck/*Mock* § 80 InsO Rn. 61 ff., 71; Jaeger/*Windel* § 80 InsO Rn. 19 ff.

103 BGH 24.6.1957 BGHZ **24** 393, 396; BGH 10.3.1960 BGHZ **32** 114, 118; BGH 29.5.1961 BGHZ **35** 180, 183; BGH 28.11.1962 BGHZ **38** 281, 284; BGH 6.5.1965 BGHZ **44** 1 4; BGH 30.10.1967 BGHZ **49** 11, 16; BGH 3.12.1968 BGHZ **51** 125, 128; BGH 27.10.1983 BGHZ **88** 331, 334; BGH 14.4.1987 BGHZ **100** 346, 351; BGH 5.10.1994 BGHZ **127** 156, 163 f.; BGH 26.1.2006 – IX ZR 282/03, ZInsO **2006** 260ff.; aus der Literatur statt vieler Uhlenbruck/*Mock* § 80 InsO Rn. 167 ff. m.w.N.

104 H.M.; siehe bereits Rn. 30 m.N.

105 In diese Richtung bereits Berliner Kommentar/*T. Honsell* § 158l Rn. 15; offenlassend Langheid/Wandt/*Richter* § 126 Rn. 10.

halb könnte man sehr wohl von einem privaten Amt sprechen, das mit der aufsichtsrechtskonformen privatautonomen Beauftragung des Schadensabwicklungsunternehmens mit der Leistungsbearbeitung übertragen wird. Die gegenständliche Beschränkung des Aufgabenkreises spricht nicht entscheidend gegen ein privates Amt. Deshalb kann man durchaus von einer *„Passivlegitimation kraft Amtes"* sprechen.[106] Die Rechtszuständigkeit für den Anspruch auf die Versicherungsleistung geht mit der aufsichtsrechtskonformen Übertragung der Leistungsbearbeitung auf das Schadensabwicklungsunternehmen über, das den Anspruch auf die Versicherungsleistung als Passivum verwaltet und erfüllt. Diese Konstruktion passt als einziges der erörterten Grundmodelle zwanglos zur passiven Prozessführungsbefugnis als gesetzlicher Prozessstandschafter, wie sie die ganz h.M. annimmt. Als verdrängende Passivlegitimation entspricht sie dem Normzweck flankierender versicherungsvertragsrechtlicher Verwirklichung der versicherungsaufsichtsrechtlichen Vorgaben. Diese Lösung erhält dem VN oder Versicherten den ursprünglichen solvablen Rechtsschutzversicherer als Schuldner. Das Gesamtmodell beschränkt die systematischen Komplikationen und Friktionen auf ein Mindestmaß, ist also streng zielorientiert und gewissermaßen minimalinvasiv. Insgesamt ist die verdrängende Passivlegitimation kraft Amtes die am ehesten überzeugende Lösung.

3. Umfang und Grenzen der Übertragung der Rechtszuständigkeit

Umfang und Grenzen der Übertragung der Rechtszuständigkeit vom Rechtsschutzversicherer auf 39
das Schadensabwicklungsunternehmen sind im Gesetz nicht ausdrücklich geregelt. Nach dem Sinn und Zweck der aufsichtsrechtlichen Ausgliederungspflicht müssen der Umfang der Entziehung der Rechtszuständigkeit und der Umfang der Verleihung der Passivlegitimation an das Schadensabwicklungsunternehmen im Ausgangspunkt einander entsprechen. Bei der weiteren Konkretisierung kann – bei aller gebotenen Vorsicht – behutsam auf die für den Insolvenzverwalter entwickelten Grundsätze zurückgegriffen werden. Die außergerichtliche Verfolgung des Anspruchs auf die Versicherungsleistung kann und muss sich grundsätzlich an das Schadensabwicklungsunternehmen richten, weil dem Rechtsschutzversicherer die Rechtszuständigkeit fehlt. Das Schadensabwicklungsunternehmen hat nach dem Eintritt der Bedingung in Gestalt des Rechtsschutzfalls kraft Gesetzes die ausschließliche Empfangszuständigkeit für alle Erklärungen und Anzeigen des VN, die im Zusammenhang mit der Verwirklichung des Anspruchs auf die Versicherungsleistung stehen, wie z.B. die Anzeige des Versicherungsfalls (§ 30), die Erteilung von Auskünften (§ 31), aber auch die Entgegennahme von Willenserklärungen des VN oder Versicherten zum Abschluss einer Regulierungsvereinbarung.[107] Das gilt für sämtliche mit der Schadensbearbeitung im Zusammenhang stehende Rechtshandlungen zur Erfüllung von Obliegenheiten.[108] Willens- oder Wissenserklärungen werden mit Zugang beim Schadensabwicklungsunternehmen wirksam (§ 130 Abs. 1 Satz 1 BGB). Sie wirken unmittelbar „kraft Amtes" für und gegen den Rechtsschutzversicherer, ohne dass es sich um einen Fall von Stellvertretung handeln würde. Entsprechend dem Sinn und Zweck von § 126 Abs. 2 Satz 1, die aufsichtsrechtliche Ausgliederungspflicht im Dienste der Vermeidung von Interessenskonflikten auf der Ebene des Versicherungsvertragsrechts zu flankieren, sind auch Nebenleistungen in Gestalt zusätzlicher Serviceleistungen, die der Versicherer nach der Vereinbarung mit dem VN zu erbringen hat, ausschließlich gegen das beauftragte Schadensab-

106 Ähnlich (*„Partei kraft Funktion"*) Berliner Kommentar/*T. Honsell* § 158l Rn. 15; ablehnend Prölss/Martin/*Piontek* § 126 Rn. 12.

107 Überblick über mögliche Regulierungsvereinbarungen bei *Bruns* Privatversicherungsrecht § 14 Rn. 44 ff. m.N.

108 Mit anderem dogmatischen Ausgangspunkt im Ergebnis gleich Prölss/Martin/*Piontek* § 126 Rn. 10; Harbauer/*Schmitt* § 126 Rn. 13; van Bühren/Plote/*Wendt* § 126 Rn. 15; Schwintowski/Brömmelmeyer/*Hillmer-Möbius* § 126 Rn. 9; Berliner Kommentar/*T. Honsell* § 158l Rn. 15; **a.A.** (Erfüllbarkeit von Obliegenheiten nach Versicherungsfall sowohl gegenüber dem Schadensabwicklungsunternehmen als auch gegenüber dem Rechtsschutzversicherer) Looschelders/Pohlmann/*Paffenholz* § 126 Rn. 8; Looschelders/*Paffenholz* § 126 Rn. 12; Rüffer/Halbach/Schimikowski/*Münkel* § 126 Rn. 6.

wicklungsunternehmen geltend zu machen. Denn anderenfalls droht die gebotene strikte Aufgabentrennung bei der Schadensbearbeitung unterlaufen zu werden. Der BGH erstreckt den Anwendungsbereich des § 126 Abs. 2 Satz 1 sachgerecht auf Fälle, in denen der VN wegen vorvertraglicher Pflichtverletzung des VR im Wege der so genannten „Quasideckung" Schadensersatz aus § 6 Abs. 5 VVG bzw. §§ 280 Abs. 1, 241 Abs. 2, 311 Abs. 2 BGB begehrt.[109]

40 Das Schadensabwicklungsunternehmen hat kraft Amtes die Befugnis, die für die Schadensabwicklung notwendigen oder nützlichen Rechtshandlungen gegenüber dem VN oder Versicherten im üblichen Umfang vorzunehmen, und zwar kraft Amtes mit unmittelbarer Wirkung für und gegen den Rechtsschutzversicherer. Hierzu gehört die Geltendmachung der Auskunftspflicht des VN oder Versicherten gemäß § 31 ebenso wie die Abgabe von Erklärungen zum Abschluss von Regulierungsvereinbarungen aller Art. Selbstverständlich kann das Schadensabwicklungsunternehmen auch Einreden gegen den Leistungsanspruch erheben und Einwendungen geltend machen, auch wenn es sich dazu auf Informationen des Rechtsschutzversicherers stützt. Das gilt auch dann, wenn sie auf Angaben beruhen, die der VN vor dem Rechtsschutzfall gegenüber dem Rechtsschutzversicherer gemacht hat. Nur das Schadensabwicklungsunternehmen kann im eigenen Namen die Aufrechnung mit Prämienrückständen erklären (§ 33).[110] In die Zuständigkeit des Schadensabwicklungsunternehmens fällt auch die Erbringung von Nebenleistungen, die nach der Vereinbarung im Versicherungsvertrag im Rechtsschutzfall geschuldet sein können.[111] Ebenfalls gehören hierher die Erteilung und die Rücknahme einer Deckungszusage.[112] Eine Aufspaltung der Schadensbearbeitung zwischen dem Schadensabwicklungsunternehmen und dem Rechtsschutzversicherer ist dadurch ausgeschlossen. Leistungserbringung durch das Schadensabwicklungsunternehmen kraft Amtes ist keine Drittleistung im Sinne von § 267 BGB, sondern Eigenleistung des Rechtsschutzversicherers mit der Folge, dass Ansprüche aus Leistungskondiktion grundsätzlich im Verhältnis zwischen Rechtsschutzversicherer und VN bzw. Versichertem bestehen.[113] Solche Ansprüche können, wenn sie mit dem jeweils in Leistungsbearbeitung befindlichen Versicherungsfall in Zusammenhang stehen, nach dem Sinn und Zweck von § 126 Abs. 2 Satz 1 bis zum Abschluss der Leistungsbearbeitung nur vom Schadensabwicklungsunternehmen, danach nur vom Rechtsschutzversicherer geltend gemacht werden.[114] Sonst würde über die Geltendmachung des Bereicherungsanspruchs durch den Rechtsschutzversicherer der Sinn und Zweck der Ausgliederung der Leistungsbearbeitung unterlaufen. Deshalb liegt die Rechtszuständigkeit für die Geltendmachung solcher Ansprüche bis zum Abschluss der Leistungsbearbeitung beim Schadensabwicklungsunternehmen.[115] Die Rechtszuständigkeit des Schadensabwicklungsunternehmens kraft Amtes endet mit vollständigem Abschluss der Leistungsbearbeitung sowie mit Beendigung der Beauftragung durch Zeitablauf, Widerruf, Kündigung oder aufgrund vertraglicher Vereinbarung. Sie endet überdies mit der Eröffnung des Insolvenzverfahrens über das Vermögen des Schadensabwicklungsunternehmens (§§ 116 Satz 1, 115 Abs. 1–3, 119 InsO) mit der Folge, dass die ursprüngliche Forderungszuständigkeit des Rechtsschutzversicherers wieder auflebt. Der VN oder Versicherte kann die Forderung unabhängig von der Insolvenz des Schadensabwicklungsunternehmens

---

109 BGH 11.7.2018 – IV ZR 243/17, NJW **2018** 3389, 3391 f.

110 **A.A.** (nur nach Abtretung und aufgrund rechtsgeschäftlich erteilter Vertretungsmacht) Harbauer/*Schmitt* § 126 Rn. 16.

111 Zur Hauptleistungspflicht und zu Nebenleistungspflichten des Rechtsschutzversicherers ausführlich bereits § 125 Rn. 8 ff., 23 ff.

112 Für die Entziehung AG München 29.4.2008 – 173 C 26966/07, RuS **2009** 191, 193; Prölss/Martin/*Piontek* § 126 Rn. 9; van Bühren/Plote/*Wendt* § 126 Rn. 13.

113 Im Ergebnis insoweit gleich Prölss/Martin/*Piontek* § 126 Rn. 11; van Bühren/Plote/*Wendt* § 126 Rn. 16; Looschelders/Pohlmann/*Paffenholz* § 126 Rn. 9.

114 Ähnlich Berliner Kommentar/*T. Honsell* § 158l Rn. 13 ff.

115 **A.A.** (Forderungszuständigkeit kraft Gesetzes grundsätzlich beim Rechtsschutzversicherer, ausnahmsweise zur Vermeidung von Interessenkonflikten Ermächtigung oder Bevollmächtigung des Schadensabwicklungsunternehmens) Prölss/Martin/*Piontek* § 126 Rn. 11; wohl auch Looschelders/Pohlmann/*Paffenholz* § 126 Rn. 9; van Bühren/Plote/*Wendt* § 126 Rn. 16.

solange gegen den Rechtsschutzversicherer geltend machen, bis dieser ein neues Schadensabwicklungsunternehmen beauftragt hat, auf das die Passivlegitimation kraft Amtes wiederum nach den dargelegten Grundsätzen übergeht.

4. Erklärungen und Rechtshandlungen im Verhältnis von Versicherungsnehmer und Rechtsschutzversicherer

Konsequenz der Übertragung der passiven Forderungszuständigkeit hinsichtlich des Anspruchs auf die Versicherungsleistung auf das Schadensabwicklungsunternehmen ist, dass dem Rechtsschutzversicherer eben diese Forderungszuständigkeit kraft Gesetzes genommen ist. Rechtshandlungen des Rechtsschutzversicherers in der Schadensbearbeitung, die in den Aufgabenkreis des Schadensabwicklungsunternehmens fallen, sind deshalb grundsätzlich ebenso unwirksam wie Erklärungen und Rechtshandlungen des VN gegenüber dem Rechtsschutzversicherer in diesem Aufgabenkreis. Erklärungen des VN werden erst wirksam, wenn die Zugangsvoraussetzungen beim Schadensabwicklungsunternehmen erfüllt sind (§ 130 Abs. 1 Satz 1 BGB). Dabei ist zu berücksichtigen, dass das Versicherungsverhältnis nach ganz h.M. in besonderer Art und Weise vom Grundsatz von Treu und Glauben beherrscht wird.[116] Deshalb kann die Berufung des Rechtsschutzversicherers auf fehlende Rechtszuständigkeit unter Umständen treuwidrig sein, so etwa dann, wenn er eine dem VN oder Versicherten günstige Erklärung, die bei ihm anstatt beim zuständigen Schadensabwicklungsunternehmen eingegangen ist, nicht unverzüglich weitergeleitet hat. Das entspricht in der Tendenz der wohl h.L., wobei die dogmatische Konstruktion und Begründung teilweise erheblich divergieren oder doch unklar bleiben.[117] Richtigerweise gründen derartige Pflichten des Rechtsschutzversicherers gegenüber dem VN, wenn sie sich nicht aus dem Versicherungsvertrag ergeben, in Treu und Glauben (§ 242 BGB). Treuwidrig kann die Berufung auf fehlende Rechtszuständigkeit auch sein, wenn der VN im Vertrauen auf die Wirksamkeit der Rechtshandlung einen Schaden erleidet. 41

5. Halbzwingender Charakter

Die Regelung der Rechtszuständigkeit in § 126 Abs. 2 Satz 1 ist zum Schutze des VN halbzwingend ausgestaltet. Der Versicherte genießt nach dem Sinn und Zweck der gesetzlichen Regelung grundsätzlich gleichen Schutz. Vom Schutzstandard des § 126 Abs. 2 Satz 1 kann mithin nicht zum Nachteil des VN abgewichen werden, und zwar weder durch Vereinbarung im Versicherungsvertrag oder durch Regulierungsvereinbarung noch durch einseitiges Rechtsgeschäft, wie Vollmachterteilung oder Einziehungsermächtigung oder sonstige Ermächtigungen. Eine vollständige oder teilweise Rückübertragung der passiven Forderungszuständigkeit durch Ermächtigung des Rechtsschutzversicherers, die nach allgemeinen bürgerlichrechtlichen Grundsätzen mit Zustimmung des Gläubigers möglich ist (§ 185 Abs. 1 BGB), wenn man darin in Anlehnung zur h.M. bei der Schuld- 42

---

116 RG 14.12.1934 RGZ **146** 221, 224; RG 23.8.1935 RGZ **148** 298, 301; RG 31.1.1936 RGZ **150** 147, 150; RG 14.1.1938 RGZ **156** 378, 382; BGH 28.11.1963 BGHZ **40** 387, 388; BGH 7.6.1989 BGHZ **107** 368, 373; BGH 22.5.1985 BGHZ **94** 344 = VersR **1985** 943, 944; BGH 8.7.1991 VersR **1991** 1129, 1130 f.; BGH 28.2.2007 – IV ZR 46/06, VersR **2007** 777, 778 f.; Beckmann/Matusche-Beckmann/*Lorenz* § 1 Rn. 96; *Deutsch/Iversen* Versicherungsvertragsrecht Rn. 14 ff.; Looschelders/Pohlmann/*Looschelders* Einl. A. Rn. 67 ff.; Prölss/Martin/*Armbrüster* Einl. Rn. 245 ff.; *Bruns* Privatversicherungsrecht § 6 Rn. 6.

117 Z.B. Langheid/Wandt/*Richter* § 126 Rn. 11 (*„Einigkeit besteht weitgehend darüber, dass (...) Erklärungen gegenüber dem Versicherer dieser an das beauftragte Unternehmen umgehend weiterzuleiten hat.“*); Prölss/Martin/*Piontek* § 126 Rn. 10; van Bühren/Plote/*Wendt* § 126 Rn. 13; Looschelders/Pohlmann/*Paffenholz* § 126 Rn. 8; Looschelders/*Paffenholz* § 126 Rn. 12; Schwintowski/Brömmelmeyer/*Hillmer-Möbius* § 126 Rn. 9.

übernahme eine Verfügung über die Forderung erblickt,[118] wäre nach § 129 VVG unwirksam, weil sie dem VN das zu seinem Schutz eingeschaltete selbständige Schadensabwicklungsunternehmen als für die Forderung zuständigen Passivlegitimierten entziehen würde. Unwirksam ist auch eine Erweiterung der Forderungszuständigkeit des Schadensabwicklungsunternehmens im Wege der Ermächtigung (§ 185 Abs. 1 BGB), weil sie dem VN insoweit den Rechtsschutzversicherer als zuständigen Passivlegitimierten entziehen würde. Die Erteilung einer Vollmacht durch das kraft Amtes zuständige Schadensabwicklungsunternehmen, die den Rechtsschutzversicherer zur Entgegennahme von Erklärungen autorisiert, ist unwirksam, soweit es um Erklärungen geht, die dem VN ungünstig sind, weil solche Erklärungen sonst vor Zugang beim Schadensabwicklungsunternehmen noch widerruflich sind (§ 130 Abs. 1 Satz 2 BGB).[119] Die Bevollmächtigung des Rechtsschutzversicherers durch das zuständige Schadensabwicklungsunternehmen zur Entgegennahme von dem VN günstigen Erklärungen im Zuständigkeitsbereich des Abwicklungsunternehmens ist hingegen wirksam.

III. Zivilprozessrechtliche Regelung

1. Prozessstandschaft des Schadensabwicklungsunternehmens

43 **a) Passivprozesse des Schadensabwicklungsunternehmens.** Das beauftragte Schadensabwicklungsunternehmen ist bei prozessualer Geltendmachung des Anspruchs auf die Versicherungsleistung durch den VN oder Versicherten gemäß § 126 Abs. 2 Satz 1 passiv prozessführungsbefugt. Dabei handelt es sich nach ganz allgemeiner Ansicht um einen Fall der gesetzlichen Prozessstandschaft.[120] Der Rechtsschutzversicherer verliert im Aufgabenkreis der Schadensbearbeitung nicht nur seine – von der Schuldnerstellung zu unterscheidende – materiellrechtliche Passivlegitimation für die Versicherungsforderung,[121] sondern seine Prozessführungsbefugnis.[122] Diese Lösung, die der materiellrechtlichen vollen Übertragung der Forderungszuständigkeit konstruktiv entspricht, wird der aufsichtsrechtlichen Ausgliederungspflicht (§ 164 VAG, § 8a VAG a.F.) letztlich besser gerecht als die Annahme verbleibender konkurrierender Prozessführungsbefugnis des Rechtsschutzversicherers. Eine gleichwohl gegen ihn erhobene Klage auf Erfüllung des Anspruchs auf die Versicherungsleistung ist deshalb entgegen der h.M. nicht als unbegründet abzuweisen, obwohl die Passivlegitimation fehlt,[123] sondern mangels Prozessführungsbefugnis schon als unzulässig.[124] Im Passivprozess auf Klage des VN oder des Versicherten geht es dabei nicht um die aktive Geltendmachung des prozessualen Anspruchs, sondern spiegelbildlich um eine prozes-

---

118 Zur herrschenden Verfügungstheorie der Schuldübernahme Motive II, S. 144f.; *Larenz* Schuldrecht AT § 35 I a m.w.N.; MüKoBGB/*Heinemeyer* § 415 Rn. 1; Staudinger/*Rieble* § 415 Rn. 7; Grüneberg/*Grüneberg* § 415 Rn. 1; BGH 8.12.1959 BGHZ **31** 321, 326 = NJW **1960** 621, 623; BGH 18.10.2001 NJW-RR **2002** 192, 193; Jauernig/*Stürner* §§ 414, 415 Rn. 2 ff.

119 Hierzu bereits oben Rn. 41.

120 BGH 11.7.2018 – IV ZR 243/17, NJW **2018** 3389, 3392 m.w.N.; Regierungsbegründung BTDrucks. 11/6341 S. 37 l.Sp.; Langheid/Wandt/*Richter* § 126 Rn. 9; Prölss/Martin/*Piontek* § 126 Rn. 7; Looschelders/Pohlmann/*Paffenholz* § 126 Rn. 4; Looschelders/ *Paffenholz* § 126 Rn. 9; Harbauer/*Schmitt* § 126 Rn. 8; van Bühren/Plote/*Wendt* § 126 Rn. 10.

121 Anders ohne hinreichende Differenzierung zwischen Schuldnerstellung und Passivlegitimation BGH 26.10.2016 – IV ZR 34/16, NJW **2017** 1245 f.; BGH 11.7.2018 – IV ZR 243/17, NJW **2018** 3389, 3392; BGH 30.11.2022 – IV ZR 143/21, VersR **2023** 178 f.

122 Zutreffend Langheid/*Rixecker* § 126 Rn. 2 („*ausschließende gesetzliche passive Prozessstandschaft*").

123 Prölss/Martin/*Piontek* § 126 Rn. 7; **a.A.** OLG Düsseldorf 23.10.2002 NJW-RR **2002** 454 (*in casu* im Ergebnis gleichwohl zutreffend, weil Erledigungsfeststellung eine ursprünglich zulässige und begründete Klage voraussetzt); Looschelders/Pohlmann/*Paffenholz* § 126 Rn. 4; Looschelders/*Paffenholz* § 126 Rn. 9; Langheid/Wandt/*Richter* § 126 Rn. 9; Harbauer/*Schmitt* § 126 Rn. 7.

124 Insoweit gleich BGH 11.7.2018 – IV ZR 243/17, NJW **2018** 3389, 3392. Dies liegt in der Konsequenz ausschließender gesetzlicher Prozessstandschaft, wie sie auch bei Langheid/*Rixecker* § 126 Rn. 2 zutreffend angenommen wird. Allgemein hierzu *Rosenberg/Schwab/Gottwald* ZivilProzR § 46 Rn. 47 ff., 56.

suale Wahrnehmung fremder Rechtspositionen im eigenen Namen. Das Schadensabwicklungsunternehmen erlangt die volle Parteistellung, welche die Wahrnehmung aller zur Prozessführung *lege artis* zu Gebote stehenden prozessualen Rechte umfasst, soweit sie zur pflichtgemäßen Wahrnehmung des privaten Amtes dienen. Die Prozessführungsbefugnis kann durch versicherungsvertragliche Vereinbarung nicht eingeschränkt werden, weil das für den VN stets Nachteile birgt (§ 129).

b) Aktivprozessführung bei negativer Zwischenfeststellungsklage oder auch in anderen Fällen? Eine andere Frage ist, ob dem Schadensabwicklungsunternehmen auch die Prozessführungsbefugnis zur Erhebung einer negativen Feststellungsklage in Bezug auf den Anspruch auf die Versicherungsleistung zusteht (§ 256 ZPO). Das scheint angesichts des Gesetzeswortlautes, der die Geltendmachung des Anspruchs auf die Versicherungsleistung gegen das Schadensabwicklungsunternehmen anspricht (§ 126 Abs. 2 Satz 1), zunächst nicht nahezuliegen, weil der Normtext dem Schadensabwickler eine passive Rolle zuweist. Näher betrachtet ergeben sich indessen durchaus Zweifel, ob diese Auslegung dem Sinn und Zweck der Regelung gerecht wird. So wie es im Zweiparteienprozess zwischen VR und VN Konstellationen geben kann, in denen der VR zur Erhebung einer Feststellungsklage berechtigt sein kann, wie z.B. im Fall negativer Zwischenfeststellungswiderklage nach Teilklage des VN (§ 256 Abs. 2 ZPO),[125] so kann ein legitimes Schutzbedürfnis auch im Prozess gegen das Schadensabwicklungsunternehmen bestehen. Wenn man davon ausgeht, dass durch privatautonome Gestaltung gemäß § 129 nicht zum Nachteil des VN von der gesetzlichen Regelung abgewichen werden kann, scheidet eine gewillkürte Prozessstandschaft des Schadensabwicklungsunternehmens aus.[126] Es kommt also entscheidend darauf an, ob das Schadensabwicklungsunternehmen eine solche Zwischenfeststellungswiderklage aus eigener Rechtszuständigkeit erheben kann oder nicht. Verneint man das, müsste der Rechtsschutzversicherer eine entsprechende Klage erheben können. Dadurch wäre aber wiederum die Verwirklichung des Normzwecks von § 126 Abs. 2 Satz 1 gefährdet, weil die von § 164 VAG intendierte strikte Trennung der Aufgabenkreise von Rechtsschutzversicherer und Schadensabwicklungsunternehmen nicht mehr gewährleistet wäre. Wollte man den Rechtsschutzversicherer dagegen auf eine isolierte Feststellungsklage verweisen, müsste er die strengeren Anforderungen gemäß § 256 Abs. 1 ZPO erfüllen,[127] und die Erreichung des mit der Ausgliederung verfolgten Zwecks wäre gleichwohl nicht zuverlässig gewährleistet. Deshalb ist davon auszugehen, dass § 126 Abs. 2 Satz 1 VVG dem Schadensabwicklungsunternehmen auch die ausschließende Befugnis zur Erhebung einer Zwischenfeststellungswiderklage gemäß § 256 Abs. 2 ZPO einräumt. In anderen Fällen aktiver Rechtsverfolgung von Ansprüchen des VR gegen den VN oder gar gegen Dritte dürfte eine direkte oder entsprechende Anwendung von § 126 Abs. 2 Satz 1 VVG hingegen ausscheiden.[128] 44

c) Parteiwechsel bei Beendigung des Amtes. Endet die Passivlegitimation des Schadensabwicklungsunternehmens, sei es weil die Beauftragung widerrufen, gekündigt oder aus sonstigem Grunde beendet ist, sei es weil das Insolvenzverfahren über das Vermögen des Unternehmens eröffnet wird (§ 116 Satz 1, 115 Abs. 1–3, 119 InsO),[129] erhebt sich die Frage nach den prozessualen Konsequenzen. In der Konsequenz der Beendigung des privaten Amtes liegt der Verlust der Pro- 45

125 Zu dieser Konstellation statt vieler *Rosenberg/Schwab/Gottwald* ZivilProzR § 96 Rn. 36 ff., 38.
126 Hierzu bereits Rn. 42.
127 Statt vieler hierzu *Rosenberg/Schwab/Gottwald* ZivilProzR § 91 Rn. 19 ff. und § 96 Rn. 40 ff. m.w.N.
128 Z.B. BGH 30.11.2022 – IV ZR 143/21, VersR **2023** 178, 179ff. m.w.N. (Anspruch auf Auslagenerstattung gegen die Staatskasse nach Freispruch – keine planwidrige Regelungslücke); OLG Jena 5.7.2019 – 4 U 359/18, NJOZ **2020** 1163, 1165 (Aktivklagen gegen Rechtsanwälte); OLG Karlsruhe 29.1.2021 – 12 U 216/20, VersR **2021** 442, 443 f. m.w.N. auch zur Gegenansicht (Aktivklage gegen Rechtsanwalt wegen nicht verdienter Vorschüsse).
129 Zur Passivlegitimation bereits Rn. 37 f.

zessführungsbefugnis des Schadensabwicklungsunternehmens. Folgerichtig ist davon auszugehen, dass der Rechtsschutzversicherer mit der Passivlegitimation automatisch auch wieder die Prozessführungsbefugnis zurückerhält. Die Schuldnerstellung des VR bleibt von der Beendigung des Amtes wiederum unberührt.[130] Die Auswirkungen auf den schwebenden Prozess sind im Gesetz nicht näher geregelt. Richtigerweise ist – in Gesamtanalogie zu den §§ 240, 241, 243, 244 ZPO – anzunehmen, dass ein gesetzlicher Parteiwechsel und eine Unterbrechung des Rechtsstreits eintritt. Der Rechtsschutzversicherer ist gemäß § 126 Abs. 2 Satz 1 VVG verpflichtet, den Rechtsstreit mit dem VN oder Dritten aufzunehmen, sodass der Prozess unter zulässiger Klageänderung durch Umstellung der Klage durch den VN oder Versicherten gegen den richtigen Beklagten weiterläuft (§ 264 Nr. 2 ZPO). Diese Lösung gilt für den Fall der negativen Zwischenfeststellungsklage des Schadensabwicklungsunternehmens entsprechend. Das ist spiegelbildlich auch dann anzunehmen, wenn im weiteren Verlauf eine erneute Beauftragung eines neuen Schadensabwicklungsunternehmens erfolgt: gesetzlicher Parteiwechsel und Prozessunterbrechung analog §§ 240, 241, 243, 244 ZPO mit Aufnahmepflicht des neu beauftragten Unternehmens gemäß § 126 Abs. 2 Satz 1 VVG. Schließt die Beauftragung des neuen Schadensabwicklungsunternehmens nahtlos an die Beendigung der vorhergehenden Beauftragung an, kommt aus Gründen der Prozessökonomie und Vereinfachung ein unmittelbarer Parteiwechsel vom vorhergehenden auf das nachfolgende Schadensabwicklungsunternehmen mit Prozessunterbrechung und Aufnahmepflicht des Nachfolgers in Betracht, ohne dass es eines Doppelschritts unter Einbeziehung des Rechtsschutzversicherers als Zwischenstation bedarf.

2. Erstreckung der Titelwirkung für und gegen den Rechtsschutzversicherer

46 **a) Problemstellung.** Das Gesetz ordnet in § 126 Abs. 2 Satz 2 mit knappen Worten eine Wirkungserstreckung für und gegen den Rechtsschutzversicherer an: *„Der Titel wirkt für und gegen den Rechtsschutzversicherer.“* Die Bedeutung dieser gesetzlichen Anordnung ist unklar und teilweise streitig. Die Gesetzesmaterialien sprechen lediglich davon, dass *„ein Rechtsstreit gegen das Schadensabwicklungsbüro, aber mit Wirkung für den Kompositversicherer geführt werden muß.“*[131] Der Begriff *„Titel“* meint zweifelsohne *„Vollstreckungstitel“*. Ergebnis des Zivilprozesses kann natürlich ein Endurteil sein. Die Zwangsvollstreckung findet aus rechtskräftigen sowie aus vorläufig vollstreckbaren Endurteilen statt (§ 704 ZPO). Die Wirkungserstreckung könnte insoweit gleichbedeutend sein mit einer Rechtskrafterstreckung auf den Rechtsschutzversicherer. Dann wären vorläufig vollstreckbare Urteile unter Umständen nicht erfasst, was Folgen für die Reichweite der Möglichkeit haben könnte, gemäß § 126 Abs. 2 Satz 3 eine titelübertragende Klausel zu erteilen. Das Zivilverfahren kann darüber hinaus auch durch einen von den Parteien abgeschlossenen Prozessvergleich enden. Dabei handelt es sich ebenfalls um einen Vollstreckungstitel (§ 794 Abs. 1 Nr. 1 ZPO). Allerdings ist der Prozessvergleich nach allgemeinen Grundsätzen nach ganz h.M. nicht der Rechtskraft fähig.[132] Deshalb ist zu klären, welche Vollstreckungstitel von § 126 Abs. 2 Satz 2 VVG erfasst sind und welche Wirkung sie gegenüber dem Rechtsschutzversicherer entfalten.

47 **b) Rechtskräftige Endurteile.** Die ganz h.M. versteht die in § 126 Abs. 2 Satz 2 angeordnete Wirkungserstreckung als volle beiderseitige Rechtskrafterstreckung auf den Rechtsschutzversiche-

130 Siehe Rn. 37 f.

131 Regierungsbegründung BTDrucks. 11/6341 S. 37 l.Sp. (zu § 158 l Abs. 2 a.F.).

132 Statt vieler *Rosenberg/Schwab/Gottwald* ZivilProzR § 151 Rn. 2; Stein/Jonas/*Münzberg* § 794 Rn. 34; MüKoZPO/*Wolfsteiner* § 794 Rn. 92.

rer – und zwar ausschließlich als Rechtskrafterstreckung.[133] Das materiell rechtskräftige Endurteil im Prozess zwischen dem VN bzw. Versicherten und dem Schadensabwicklungsunternehmen wirkt danach materielle Rechtskraft für und gegen den Rechtsschutzversicherer. Richtig ist, dass die materielle Rechtskraft als Urteilswirkung eine Wirkung des Titels im Sinne von § 126 Abs. 2 Satz 2 ist,[134] sodass der Titel insoweit für und gegen den Rechtsschutzversicherer wirkt. Es gelten die allgemeinen zivilprozessrechtlichen Grundsätze zu Inhalt, Umfang und Grenzen der materiellen Rechtskraftwirkung.[135] Im Sinne der vorherrschenden prozessualen Rechtskraftlehre ist die nochmalige Verhandlung und Entscheidung des rechtskräftig entschiedenen Streitgegenstandes im Folgeprozess unzulässig (*ne bis in idem*).[136] Zwar könnte der VN oder Versicherte also nach Beendigung der Schadensbearbeitung aufgrund des Wiederauflebens der Prozessführungsbefugnis im Zweitprozess zulässigerweise gegen den Rechtsschutzversicherer auf Leistung klagen, wenn er im Erstprozess gegen das Schadensabwicklungsunternehmen ganz oder teilweise unterlegen war. Aber in der Begründetheit dürfte das Gericht im Zweitprozess lediglich das Wiederaufleben der Passivlegitimation prüfen, während das rechtskräftige Urteil aus dem Erstprozess gegen das Schadensabwicklungsunternehmen hinsichtlich der Leistungspflicht des Rechtsschutzversicherers präjudiziell wirkt.

c) Vorläufig vollstreckbare Endurteile. Eine andere Frage ist, ob zu den Wirkungen des Titels, 48
die gemäß § 126 Abs. 2 Satz 2 auf den Rechtsschutzversicherer erstreckt werden, neben der Rechtskraftwirkung auch die vorläufige Vollstreckbarkeit zählt. Die ganz h.M. lehnt diese Möglichkeit mit der Festlegung auf eine Rechtskrafterstreckung implizit ab.[137] Diese Festlegung indes ist nicht frei von Zweifel. Vorläufig vollstreckbare Endurteile sind Vollstreckungstitel (§ 704 Alt. 2 ZPO), sind also als Titel im Sinne von § 126 Abs. 2 Satz 2 VVG durchaus in Betracht zu ziehen. Die Anordnung der vorläufigen Vollstreckbarkeit bildet einen Bestandteil des Erkenntnisverfahrens.[138] Die vorläufige Vollstreckbarkeit rangiert prozessrechtsdogmatisch ganz unstreitig im Kreis der Urteilswirkungen.[139] Deshalb ist eine Erstreckung der vorläufigen Vollstreckbarkeit auf den Rechtsschutzversicherer denkbar: zu seinen Lasten, soweit der Titel gegen ihn vollstreckbar ist, und zu seinen Gunsten, soweit er den Titel – wegen der Kosten – gegen den VN oder Versicherten vollstrecken kann. Entsprechend dem Grundsatz der Formalisierung der Zwangsvollstreckung[140] bedarf es dazu einer titelübertragenden Klausel, die der Vollstreckungsgläubiger gemäß § 126 Abs. 2 Satz 3 VVG analog § 727 ZPO erwirken kann, auch wenn kein Fall der Rechtsnachfolge vorliegt.[141]

Für die Erstreckung der vorläufigen Vollstreckbarkeit auf den Rechtsschutzversicherer als 49
Titelwirkung im Sinne von § 126 Abs. 2 Satz 3 sprechen zunächst alle Erwägungen, die den Gesetzgeber zur Schaffung des Instituts der vorläufigen Vollstreckbarkeit als Urteilswirkung veranlasst

133 Prölss/Martin/*Piontek* § 126 Rn. 8; Langheid/Wandt/*Richter* § 126 Rn. 9; Berliner Kommentar/*T. Honsell* § 158l Rn. 17; Looschelders/Pohlmann/*Paffenholz* § 126 Rn. 7; Looschelders/*Paffenholz* § 126 Rn. 10; van Bühren/Plote/*Wendt* § 126 Rn. 11; Langheid/*Rixecker* § 126 Rn. 2.

134 Zur materiellen Rechtskraft als Urteilswirkung statt vieler *Rosenberg/Schwab/Gottwald* ZivilProzR § 150 Rn. 2.

135 Instruktiver Überblick bei *Rosenberg/Schwab/Gottwald* ZivilProzR §§ 149–156 m.w.N.

136 Statt vieler *Rosenberg/Schwab/Gottwald* ZivilProzR § 152 Rn. 5 f., 10 ff.

137 Nachweise zur h.M. bereits Rn. 47.

138 Statt vieler *Rosenberg/Gaul/Schilken* Zwangsvollstreckungsrecht § 14 Rn. 59 ff.; *Brox/Walker* Zwangsvollstreckungsrecht § 4 Rn. 10; *Baur/Stürner/Bruns* Zwangsvollstreckungsrecht, 14. Aufl. 2022, Rn. 15.8.

139 Z.B. *Rosenberg/Schwab/Gottwald* ZivilProzR § 150 Rn. 4.

140 Hierzu *Baur/Stürner/Bruns* Zwangsvollstreckungsrecht Rn. 6.53 ff., 17.1 ff.

141 Zum zwangsvollstreckungsrechtlichen Hintergrund, allerdings ohne Erörterung von § 126 Abs. 2 Satz 2 und 3, *Rosenberg/Gaul/Schilken* Zwangsvollstreckungsrecht § 16 Rn. 63 ff., 93 ff., 117 ff.; *Baur/Stürner/Bruns* Zwangsvollstreckungsrecht Rn. 17.6 ff., 17.19 ff.

haben.[142] Es leuchtet nicht recht ein, warum sich der Rechtsschutzversicherer vollstreckungsrechtlich hinter dem Schadensabwicklungsunternehmen gleichsam in Deckung halten können sollte, wenn ein vollstreckbares Endurteil vorliegt, das gegen ihn wirken soll. Ebenso wenig ist plausibel, warum der Rechtsschutzversicherer bei Klageabweisung nicht in den Genuss der Vorteile vorläufiger Vollstreckbarkeit kommen soll, nur weil aus aufsichtsrechtlichen Gründen das Schadensabwicklungsunternehmen den Prozess führen muss. Immerhin könnte man argumentieren, die wechselseitige Beschränkung des Vollstreckungszugriffs auf rechtskräftige Endurteile wahre die Waffengleichheit und müsse als Konsequenz der aufsichtsrechtlich obligatorischen Ausgliederung eben hingenommen werden (§ 164 VAG, § 8a VAG a.F.). Es bliebe dann bei der vorläufigen Vollstreckbarkeit gegen das Schadensabwicklungsunternehmen. Systematisch spricht gegen diese Sichtweise jedoch, dass die Beschränkung einer Wirkungserstreckung auf die reine Rechtskraftwirkung an anderer Stelle im Gesetz ausdrücklich angeordnet wird, wie etwa in § 124 Abs. 1 und 2. Die Regelung in § 126 Abs. 2 Satz 2 enthält eine solche Beschränkung hingegen gerade nicht, und aus den Gesetzesmaterialien ergeben sich dafür keinerlei Anhaltspunkte. Sie ist auch durch den Zweck der Ausgliederung der Schadenbearbeitung auf das Schadensabwicklungsunternehmen, Interessenkonflikte zu vermeiden, letztlich nicht geboten. Die von der h.M. in Kauf genommene Beschneidung des wechselseitigen Vollstreckungszugriffs ist deshalb nicht gerechtfertigt. Die Einschränkung auf eine Rechtskrafterstreckung für und gegen den Rechtsschutzversicherer vermag bei Lichte besehen insgesamt nicht recht zu überzeugen. Vielmehr wirkt auch der vorläufig vollstreckbare Titel für und gegen den Rechtsschutzversicherer.

50 **d) Prozessvergleiche.** Schließlich kommt als Titel im Sinne von § 126 Abs. 2 Satz 2, dessen Wirkung auf den Rechtsschutzversicherer übertragen wird, ein zwischen den Parteien geschlossener Prozessvergleich in Betracht. Der Prozessvergleich ist – hinreichend bestimmten vollstreckbaren Inhalt vorausgesetzt – ein Vollstreckungstitel (§ 794 Abs. 1 Nr. 1 ZPO).[143] Der Prozessvergleich hat nach h.M. eine Doppelnatur: einerseits Prozesshandlung mit prozessbeendigender Wirkung, andererseits materiellrechtlicher Vergleich im Sinne von § 779 BGB.[144] Mangels Rechtskraftwirkung des Prozessvergleichs[145] scheidet eine von der h.M. ausschließlich befürwortete Rechtskrafterstreckung auf den Rechtsschutzversicherer aus.[146] Allerdings hat der Prozessvergleich prozessbeendigende Wirkung, und man könnte die Anordnung in § 126 Abs. 2 Satz 2 auch im Sinne einer Klarstellung verstehen, dass der Prozess auch im Verhältnis zum Rechtsschutzversicherer beendet ist. Das allerdings wäre etwas zu kurz gegriffen. Es wohnt dem Prozessvergleich nämlich auch die Vollstreckbarkeit inne, ohne dass es einer Anordnung vorläufiger Vollstreckbarkeit bedürfte (arg. ex § 795 ZPO). Der Gläubiger muss lediglich eine Vollstreckungsklausel (vollstreckbare Ausfertigung) erwirken (§§ 724 Abs. 1, 794 Abs. 1 Nr. 1, 795 ZPO). Die Vollstreckbarkeit des Prozessvergleichs lässt sich als eine Wirkung des Titels begreifen, die in § 126 Abs. 2 Satz 2 VVG erfasst sein kann, zumal wenn man das Zusammenspiel mit § 126 Abs. 2 Satz 3 VVG berücksichtigt, der trotz fehlender Rechtsnachfolge die Möglichkeit einer titelübertragenden Klausel analog § 727 ZPO eröffnet. Hinzu kommt die materiellrechtliche Wirkung des Prozessvergleichs (§ 779 BGB), die Wirkung für und gegen den Rechtsschutzversicherer entfalten kann. Das ist nach hier vertretener Auffassung im Geschäftskreis der Leistungsbearbeitung eine Klarstellung der Zurechnung des Handelns des

---

142 Hierzu *Rosenberg/Gaul/Schilken* Zwangsvollstreckungsrecht § 14 Rn. 1 ff.; *Brox/Walker* Zwangsvollstreckungsrecht § 4 Rn. 8 f.; *Baur/Stürner/Bruns* Zwangsvollstreckungsrecht Rn. 15.1.

143 *Rosenberg/Gaul/Schilken* Zwangsvollstreckungsrecht § 13 Rn. 5 ff.; *Brox/Walker* Zwangsvollstreckungsrecht § 5 Rn. 2 ff.; *Baur/Stürner/Bruns* Zwangsvollstreckungsrecht Rn. 16.10 ff.

144 BGH 3.12.1980 BGHZ **79**, 71, 74; BGH 31.3.1993 NJW **1993** 1995, 1996; BGH 21.3.2000 NJW **2000** 1942, 1943; aus der Literatur z.B. *Rosenberg/Schwab/Gottwald* ZivilProzR § 131 Rn. 33 ff., 36; *Baur/Stürner/Bruns* Zwangsvollstreckungsrecht Rn. 16.10.

145 Statt vieler *Rosenberg/Schwab/Gottwald* ZivilProzR § 131 Rn. 30; *Schilken/Brinkmann* Zivilprozessrecht § 13 Rn. 16.

146 Nachweise Rn. 47.

Schadensabwicklungsunternehmens kraft Amtes,[147] bei Handeln außerhalb der Leistungsbearbeitung oder wenn man eine abweichende Konstruktion befürwortet allerdings von konstitutiver Bedeutung.

IV. Möglichkeit der Titelumstellung für und gegen den Rechtsschutzversicherer

1. Erteilung einer titelübertragenden Vollstreckungsklausel

Selbstverständlich kann der VN bzw. Versicherte als Titelgläubiger auf der Grundlage einer vollstreckbaren Ausfertigung eines Vollstreckungstitels die Zwangsvollstreckung gegen das Schadensabwicklungsunternehmen betreiben (§§ 724 Abs. 1, 794 Abs. 1 Nr. 1, 795 ZPO). Im Unterliegensfall kann das Schadensabwicklungsunternehmen seinerseits nach allgemeinen Regeln die Zwangsvollstreckung gegen den VN oder Versicherten einleiten. Obwohl zwischen dem Schadensabwicklungsunternehmen und dem Rechtsschutzversicherer in aller Regel kein Rechtsnachfolgeverhältnis vorliegt, eröffnet § 126 Abs. 2 Satz 3 außerdem die Möglichkeit, eine titelübertragende Vollstreckungsklausel zu erwirken (§ 727 ZPO analog). Der VN oder Versicherte, der einen Leistungstitel gegen das Schadensabwicklungsunternehmen erwirkt hat, kann den Titel unter den Voraussetzungen des § 727 ZPO gegen den Rechtsschutzversicherer umschreiben lassen. Umgekehrt kann auch der Rechtsschutzversicherer analog § 727 ZPO die Erteilung einer titelübertragenden Klausel beantragen, soweit das Schadensabwicklungsunternehmen zur Zwangsvollstreckung aus dem Titel berechtigt ist, um zwangsweise die prozessuale Kostenerstattung realisieren zu können. Das liegt in der Konsequenz der gesetzlich angeordneten gesetzlichen Prozessstandschaft (§ 126 Abs. 2 Satz 1 VVG), der vollen beiderseitigen Wirkungserstreckung (§ 126 Abs. 2 Satz 2 VVG) und des Verweises auf § 727 ZPO (§ 126 Abs. 2 Satz 3 VVG).[148] Die h.M. will die Möglichkeit einer Titelumschreibung offenbar unausgesprochen auf den Fall des rechtskräftigen Endurteils beschränken, das Gegenstand der Rechtskrafterstreckung gemäß § 726 Abs. 2 Satz 2 ZPO ist. Richtigerweise gehören hierher allerdings auch vorläufig vollstreckbare Endurteile und Prozessvergleiche. 51

2. Offenkundigkeit oder förmlicher Nachweis der Beauftragung des Schadensabwicklungsunternehmens durch den Rechtsschutzversicherer

a) Grundlagen. Nach § 727 Abs. 1 ZPO muss die Rechtsnachfolge bei Gericht offenkundig sein oder durch öffentliche oder öffentlich beglaubigte Urkunden nachgewiesen werden. Im Anwendungsbereich von § 126 Abs. 2 Satz 3 VVG muss dementsprechend die Beauftragung des Schadensabwicklungsunternehmens durch den Rechtsschutzversicherer offenkundig sein oder in der Form des § 727 Abs. 1 ZPO nachgewiesen werden. Die vom Antragsgegner zugestandene Rechtsnachfolge bedarf nach allgemeinen Grundsätzen auch im Klauselerteilungsverfahren keines Beweises (§ 288 Abs. 1 ZPO).[149] Bei Klauselerteilung auf der Gläubigerseite bedarf es auch bei unstreitiger Rechtsnachfolge außerdem der Zustimmung des Titelgläubigers.[150] Schweigen des Titelschuldners hat allerdings mangels entsprechender Erklärungslast nach h.M. keine Geständniswirkung.[151] Wirksames Geständnis des Beauftragungsverhältnisses im Klauselerteilungsverfahren macht den urkundlichen Nachweis mithin nach Maßgabe allgemeiner Grundsätze entbehrlich, ohne dass es auf Offenkundigkeit im Sinne von § 291 ZPO ankommt. 52

---

147 Hierzu Rn. 37 ff.

148 Zur Möglichkeit der titelübertragenden Klausel bei in gesetzlicher Prozessstandschaft erstrittenen Titeln allgemein Zöller/*Seibel* § 727 Rz. 13.

149 BGH 23.10.2008 – I ZR 158/07, JurBüro **2009** 163; *Münzberg* NJW **1992** 201, 201 f.; *Zöller/Seibel* § 727 Rn. 20.

150 BGH 5.7.2005 – VII ZB 23/05, MDR **2006** 52; *Zöller/Seibel* § 727 Rn. 20.

151 BGH 23.10.2008 – I ZR 158/07, JurBüro **2009** 163; *Münzberg* NJW **1992** 201, 204 f.; *Zöller/Seibel* § 727 Rn. 20.

53 **b) Offenkundigkeit.** Ist die Rechtsnachfolge nicht nach den dargelegten Grundsätzen zugestanden (§ 288 Abs. 1 ZPO), bedarf es gleichwohl keines förmlichen Nachweises, wenn das Beauftragungsverhältnis bei Gericht offenkundig ist (§§ 727 Abs. 1, 291 ZPO). Offenkundig und deshalb keines Beweises bedürftig (§ 291 ZPO) sind auch gerichtskundige Tatsachen.[152] Wann eine Tatsache im Klauselerteilungsverfahren als gerichtskundig anzusehen ist, ist unklar und im Einzelnen umstritten. Nach h.L. ist der Nachweis des Beauftragungsverhältnisses durch öffentliche oder öffentlich beglaubigte Urkunden, der dem Nachweis des Rechtsnachfolgeverhältnisses bei direkter Anwendung von § 727 Abs. 1 ZPO entspricht, entbehrlich, weil die Beauftragung des Schadensabwicklungsunternehmens aufgrund der Bezeichnung im Versicherungsschein (§ 126 Abs. 1 Satz 2 VVG) gerichtskundig sei.[153] Dem ist so nicht zu folgen. Gerichtskundig sind Tatsachen, die dem Gericht als Institution, nicht nur als Spruchinstanz aus amtlicher – nicht bloß eigener – Tätigkeit bekannt sind, wie z.B. aus früheren Straf- oder Zivilprozessen, Vollstreckungsverfahren oder aus Rechtsakten der freiwilligen Gerichtsbarkeit oder der Justizverwaltung.[154] Bloße Aktenkundigkeit genügt nicht. Unklar und bislang nicht vollends geklärt ist schon die Frage, ob bereits die bloße Kenntnis des Urkundsbeamten Gerichtskundigkeit begründet oder ob die Befassung eines Richters oder Rechtspflegers erforderlich ist. Dass die funktionelle Zuständigkeit für die Erteilung der titelübertragenden Klausel nicht *„beim Gericht“* oder beim Richter, sondern grundsätzlich beim Urkundsbeamten der Geschäftsstelle des Gerichts des ersten Rechtszuges und, wenn der Rechtsstreit bei einem höheren Gericht anhängig ist, beim Urkundsbeamten der Geschäftsstelle dieses Gerichts liegt (§ 724 ZPO), steht der Annahme von Gerichtskundigkeit jedenfalls nicht entgegen, wenn die amtliche Kenntnis bei dessen Gericht (Richtern) vorliegt.[155] Das bedarf sorgfältiger Prüfung im Einzelfall. Erwächst das Urteil erster Instanz in Rechtskraft, kann das Beauftragungsverhältnis beim Urkundsbeamten der Geschäftsstelle dieses Gerichts gerichtskundig sein, wenn das Beauftragungsverhältnis zu amtlicher Kenntnis feststeht. Das ist dann anzunehmen, wenn das Gericht seinem Urteil die Beauftragung des Schadensabwicklungsunternehmens durch den Rechtsschutzversicherer zugrunde gelegt hat. Dabei ist umstritten, ob unstreitiges Parteivorbringen im Erkenntnisverfahren Gerichtskundigkeit im Klauselerteilungsverfahren zu begründen vermag oder ob – aufgrund des Wertungsgleichklangs zur öffentlichen Urkunde tendenziell vorzugswürdig – die Tatsachenfeststellung das Ergebnis richterlicher Beweiserhebung und Beweiswürdigung sein muss.[156] Ob und auf welcher Grundlage das Gericht im Erkenntnisverfahren das Beauftragungsverhältnis angenommen hat, wird sich in der Regel aus dem Endurteil ergeben. Wird das Urteil der Eingangsinstanz mit der Berufung erfolgreich angegriffen und wird das abändernde Berufungsurteil rechtskräftig, kann die Beauftragung des Schadensabwicklungsunternehmens beim dann wieder zuständigen Urkundsbeamten des Gerichts erster Instanz erst recht nicht ohne Weiteres als offenkundig betrachtet werden. Wenn z.B. die Klage in erster Instanz mangels Beauftragungsverhältnisses abgewiesen worden ist, aber das Berufungsgericht der Klage stattgibt, ist die Beauftragung in erster Instanz nicht gerichtskundig, bevor der Richter und der Urkundsbeamte erster Instanz von dem Berufungsurteil Kenntnis erlangt. Entgegen der im Versicherungsvertragsrecht ganz h.L. genügt die Vorlage des Versicherungsscheins, der keine öffentliche Urkunde (§ 415 ZPO), sondern eine Privaturkunde ist (§ 416 ZPO), für sich genommen zur Annahme von Gerichtskundigkeit des Beauftragungsverhältnisses im Klauselerteilungsverfahren in keinem Fall, weil die Angabe in der Police auch unzutreffend

---

152 *Rosenberg/Schwab/Gottwald* ZivilProzR § 113 Rn. 27 m.N.

153 Prölss/Martin/*Piontek* § 126 Rn. 8; Harbauer/*Schmitt* § 126 Rn. 9; Langheid/Wandt/*Richter* § 126 Rn. 12; Looschelders/Pohlmann/*Paffenholz* § 126 Rn. 7; Looschelders/*Paffenholz* § 126 Rn. 13; van Bühren/Plote/*Wendt* § 126 Rn. 11.

154 Z.B. BGH 10.12.1986 NJW **1987** 1021; BGH 2.4.1998 NJW **1998** 3498, 3499; BGH 8.11.2012 – V ZB 124/12, BGHZ **195** 292, 295; *Rosenberg/Schwab/Gottwald* ZivilProzR § 113 Rn. 27 m.N.

155 Zuständigkeit zur Erteilung der Vollstreckungsklausel bei bedingten Prozessvergleichen: § 795b ZPO.

156 Für das Erfordernis richterlicher Tatsachenfeststellung OLG Celle 10.8.1995 MDR **1995** 1262; *Zöller/Seibel* § 727 Rn. 20.

sein kann.[157] Gerichtskundig ist bei Vorlage des Versicherungsscheins allenfalls, welche Angabe die Police enthält, nicht die Wahrheit der angegebenen Tatsache.

c) Öffentliche oder öffentlich beglaubigte Urkunden. Das Endurteil stellt allerdings zugleich auch eine öffentliche Urkunde dar, die der Antragsteller im Klauselerteilungsverfahren vorlegen kann. Dabei muss man sich stets klarmachen, dass der Versicherungsschein selbst im Zivilprozess nicht unbedingt vorgelegen haben muss. Allerdings kann sich die Beauftragung des Schadensabwicklungsunternehmens durch den Rechtsschutzversicherer mit hinreichender Gewissheit aus dem Urteil ergeben. Noch deutlicher wird das Problem beim Prozessvergleich, der ebenfalls eine öffentliche Urkunde ist, wenn das Beauftragungsverhältnis vom protokollierenden Gericht gar nicht geprüft worden ist und sich auch sonst nicht aus dem Text der öffentlichen Urkunde zuverlässig ergibt. Hier bedarf es eines Nachweises durch andere öffentliche Urkunden, wie z.B. eine amtliche Auskunft der Aufsichtsbehörde. 54

3. Rechtsbehelfe

Lehnt der Urkundsbeamte die Klauselerteilung ab, steht dem Antragsteller dagegen die befristete Erinnerung mit Abhilfemöglichkeit des Urkundsbeamten zu (§§ 573 Abs. 1, 572 Abs. 1 ZPO), gegen die darauf ergehende Entscheidung des Gerichts erster Instanz die sofortige Beschwerde (§ 567 Abs. 1 ZPO). Kann der gemäß § 727 ZPO erforderliche Nachweis des Beauftragungsverhältnisses durch öffentliche oder öffentlich beglaubigte Urkunden nicht erbracht werden und ist das Beauftragungsverhältnis nicht offenkundig, muss der Titelgläubiger vor dem Gericht des ersten Rechtszuges aus dem Urteil auf Erteilung der titelübertragenden Vollstreckungsklausel klagen (§ 731 ZPO). Gegen die Erteilung der titelübertragenden Vollstreckungsklausel kann sich der Titelschuldner mit der Klauselerinnerung (§ 732 ZPO) oder der Klauselgegenklage (§ 768 ZPO) wehren. 55

V. Würdigung der Zuständigkeitskonzentration

Die Regelung der Zuständigkeitskonzentration auf das Schadensabwicklungsunternehmen in § 126 Abs. 2 lässt zu wünschen übrig. Angesichts der Komplexität des gewünschten Regelungsziels ist der Normierungsgrad der Gesetzesfassung letztlich deutlich zu knapp ausgefallen. Das zeigt schon der interpretatorische Aufwand, der notwendig ist, um die Vorschrift praktisch handhabbar zu machen. Die Knappheit der Regelung birgt etwa die Gefahr unzureichender Umsetzung der europarechtlichen Vorgaben, wenngleich die Solvabilitätsrichtlinie II in ihrem Regelungsgehalt hinsichtlich der versicherungsvertragsrechtlichen Normierung der Ausgliederung in der Rechtsschutzversicherung selbst nicht unbedingt von besonderer Substanz gekennzeichnet ist. Auch die Feinabstimmung zwischen dem deutschen Versicherungsaufsichtsrecht und der im Versicherungsvertragsrecht angesiedelten flankierenden Regelung des § 126 Abs. 2, die auch wichtigen prozessualen Regelungsgehalt hat, wirkt wenig ausgereift. Die Zurückhaltung des Gesetzgebers bei der Konkretisierung des materiellrechtlichen Norminhalts birgt manche Unwägbarkeit. Im Prozessrecht wirkt manches nicht richtig mitbedacht. Durch Klarstellungen und Präzisierungen könnte die Vorschrift *de lege ferenda* an Kontur beträchtlich gewinnen. Allerdings fragt sich in letzter Konsequenz auch, ob der gesetzgeberische Aufwand, der mit einer stringenten Verwirklichung der Ausgliederung der Schadensbearbeitung einhergeht, wirklich gerechtfertigt ist oder ob nicht die Rückkehr zur Spartentrennung die überlegene, weil besser praktikable Lösung ist. Einer solchen Rückkehr steht indessen bis auf weiteres das Europarecht entgegen. 56

157 Privaturkunden begründen auch sonst keine Gerichtskundigkeit: OLG Karlsruhe 4.3.1987 FamRZ **1987** 852, 853; OLG Stuttgart 8.4.1984 Rpfleger **1986** 438; *Baur/Stürner/Bruns* Zwangsvollstreckungsrecht Rn. 17.26 f.

§ 127 VVG Freie Anwaltswahl

(1) [1]Der Versicherungsnehmer ist berechtigt, zu seiner Vertretung in Gerichts- und Verwaltungsverfahren den Rechtsanwalt, der seine Interessen wahrnehmen soll, aus dem Kreis der Rechtsanwälte, deren Vergütung der Versicherer nach dem Versicherungsvertrag trägt, frei zu wählen. [2]Dies gilt auch, wenn der Versicherungsnehmer Rechtsschutz für die sonstige Wahrnehmung rechtlicher Interessen in Anspruch nehmen kann.

(2) Rechtsanwalt ist auch, wer berechtigt ist, unter einer der in der Anlage zu § 1 des Gesetzes über die Tätigkeit europäischer Rechtsanwälte in Deutschland vom 9. März 2000 (BGBl. I S. 182, 1349), das zuletzt durch Artikel 1 des Gesetzes vom 26. Oktober 2003 (BGBl. I S. 2074) geändert worden ist, in der jeweils geltenden Fassung genannten Bezeichnungen beruflich tätig zu werden.

Schrifttum

Armbrüster Freie Anwaltswahl für rechtsschutzversicherte Mandanten in Deutschland? Rechtliche Bewertung von Empfehlungen, Selbstbehalten und gespaltenen Tarifen, AnwBl. **2012** 218; *ders.* Freie Anwaltswahl und Rechtsschutzversicherung, VuR **2012** 167; *Eberhardt* Rechtsschutzversicherung im Wandel, GS U. Hübner (2012) 63; *Lensing* Schadenfreiheitsrabatt in der Rechtsschutzversicherung bei Verzicht auf freie Anwaltswahl, VuR **2012** 97; *Purnhagen* Einschränkung der freien Anwaltswahl bei Rechtsschutzversicherungen, NJW **2014** 374; *Samimi/Liedtke* Auf dem Prüfstand: Das Schadenmanagement der Rechtsschutzversicherer im Verkehrsrecht, NZV **2013** 20.

Übersicht

I. Gesetzgebungsgeschichte und Bedeutung

1. Gesetzgebungsgeschichte

1 Die Gewährleistung freier Anwaltswahl in der Rechtsschutzversicherung wurde wie die gesamte Regelung des Versicherungszweiges der Rechtsschutzversicherung mit dem Gesetz zur Durchfüh-

https://doi.org/10.1515/9783110522709-004

rung versicherungsrechtlicher Richtlinien vom 28.6.1990[1] in den §§ 158l bis 158o a.F. ins Versicherungsvertragsgesetz aufgenommen. Die europarechtlich in Art. 4 der Rechtsschutzversicherungsrichtlinie verankerte Garantie freier Rechtsanwaltswahl sollte in § 158m a.F. in deutsches Recht umgesetzt werden.[2] Die inhaltlich unveränderte europarechtliche Vorgabe beansprucht heute kraft Art. 201 f. Solvabilitäts-RiL II Geltung. Der durch die Reform des Versicherungsvertragsgesetzes 2008 mit neuer Zählung versehene § 127 entspricht inhaltlich der Vorgängernorm des § 158m a.F.[3] Der Vorschlag der VVG-Reformkommission, für Sammelklagen eine Beschränkung der freien Anwaltswahl zu ermöglichen, ist nicht Gesetz geworden. Maßgebende Gründe dafür waren nach der Gesetzesbegründung mangelnde Praktikabilität, drohende Beeinträchtigung berechtigter Interessen des VN und drohende Rechtsstreitigkeiten im Versicherungsverhältnis, die den Rechtsschutz in der Sache beeinträchtigen würden.[4] Nach der Rechtsprechung des EuGH wäre die Richtlinienkonformität einer solchen Einschränkung fraglich.[5]

2. Bedeutung

Die Gewährleistung freier Anwaltswahl hat innerhalb der gesetzlichen Regelung der Rechtsschutz- 2
versicherung eine gewisse Schlüsselstellung. Diese Schlüsselstellung der Norm resultiert zum einen daraus, dass es sich um eine der wenigen ausdrücklichen inhaltlichen gesetzlichen Vorgaben für die Ausgestaltung des Rechtsschutzversicherungsvertrages handelt. Zum anderen ist die freie Rechtsanwaltswahl für die Erreichung des Vertragszwecks der Rechtsschutzversicherung essentiell, weil die Wahl des Rechtsvertreters für eine erfolgreiche Rechtswahrnehmung wichtig ist und unter Umständen mit entscheidend sein kann. Reichweite und Grenzen der halbzwingenden gesetzlichen Gewährleistung freier Anwaltswahl sind für die kautelarjuristische Produktgestaltung von ganz zentraler Bedeutung. Damit stehen wirtschaftliche Interessen der Rechtsschutzversicherer, die auf dem Markt konkurrieren, in engem Zusammenhang. Die Regelung in § 127 dient – abgesehen von § 127 Abs. 1 Satz 2 – in wesentlichen Teilen der Umsetzung der Vorgaben von Art. 201 und 202 Solvabilitäts-RiL II für die Rechtsschutzversicherung. Das ist bei der Auslegung der Norm zu berücksichtigen.

II. Normzweck, Regelungsgehalt und Systematik

1. Normzweck

Der Sinn und Zweck von § 127 ist nicht abschließend geklärt und teilweise streitig. Soweit sich 3
Stellungnahmen zum Normzweck in der Literatur überhaupt finden, sind sie von eingeschränkter Aussagekraft. Teilweise wird der Normzweck dahin gehend formuliert, die Norm solle entsprechend den Vorgaben des europäischen Richtlinienrechts „bestehende Divergenzen zwischen den Mitgliedstaaten verringern und ein einheitliches Mindestmaß an Verbraucherschutz gewährleisten".[6] Richtig ist, dass europarechtliche Vorgaben bei der Zweckbestimmung Berücksichtigung erheischen. Das Europarecht beschränkt sich allerdings nicht auf Verbraucherschutz, sondern zielt auf den Schutz des VN bzw. Versicherten. Die Systematik und Teleologie des Richtlinienrechts

1 BGBl. I 1249.
2 Regierungsbegründung BTDrucks. 11/6341 S. 37 l.Sp. (zu § 158m VVG a.F.).
3 Regierungsbegründung BTDrucks. 16/3945 S. 91 l.Sp. (zu § 127 VVG).
4 Regierungsbegründung BTDrucks. 16/3945 S. 91 l.Sp.
5 Näher noch Rn. 7 f., 12 m.N.
6 Looschelders/*Paffenholz* § 127 Rn. 1 m.N.

verdient nähere Untersuchung.[7] Der Normzweck erschließt sich in erster Linie aus dem Sinn und Zweck der europarechtlichen Vorgaben in der Rechtsschutzversicherungsrichtlinie und der Solvabilitätsrichtlinie II. Der 11. Erwägungsgrund zur Rechtsschutzversicherungsrichtlinie lautet:[8] „Das Interesse des Rechtsschutzversicherten setzt voraus, dass letzterer selbst seinen Rechtsanwalt oder eine andere Person wählen kann, die die nach den einzelstaatlichen Rechtsvorschriften im Rahmen von Gerichts- und Verwaltungsverfahren anerkannten Qualifikationen besitzt, und zwar immer wenn es zu einer Interessenkollision kommt." Der EuGH hat indessen festgestellt, dass es entgegen der deutschsprachigen Fassung der Richtlinie für die Garantie der freien Rechtsanwaltswahl nicht darauf ankommt, dass eine Interessenkollision tatsächlich vorliegt.[9] Die Wahlfreiheit dient danach abstrakt-generell dem Schutz des VN bzw. Versicherten zur Vermeidung von Interessenkollisionen, und zwar durch Auswahl des Rechtsvertreters durch den VN bzw. Versicherten selbst.[10] Die Erwägungsgründe zur Solvabilitätsrichtlinie II nehmen diese Formulierung zwar im Wortlaut nicht auf, doch bestätigt und bekräftigt Erwägungsgrund 82 das Ziel der Vermeidung von Interessenkonflikten, wenn es dort in Satz 2 heißt:[11] „Interessenkonflikte, die insbesondere entstehen können, wenn das Versicherungsunternehmen eine andere Person versichert oder einen Rechtsschutzversicherten gleichzeitig anderweitig versichert hat, sollten weitest möglich ausgeschaltet oder beigelegt werden." Interessenkonflikte sollen also so weit wie möglich ausgeschaltet oder beigelegt werden,[12] und zwar nicht nur bei Kompositversicherern. Das ist einleuchtend, weil bei Einflussnahme des Rechtsschutzversicherers auf die Auswahl des Rechtsvertreters letztlich immer eine Interessenkollision droht. Können Interessenkonflikte ausgeschaltet werden, bedarf es einer Beilegung logischerweise nicht. Eine Beilegung kommt mithin nur in Betracht, wo eine Ausschaltung unmöglich ist. Der Normzweck der richtlinienrechtlichen Vorgaben lässt sich also vereinfacht gesagt auf die Formel von der weitest möglichen Vermeidung von Interessenkonflikten bringen.[13] Der deutsche Gesetzgeber wusste sich der richtlinienrechtlichen Regelung im Prinzip verpflichtet, auch wenn man in der Gesetzesbegründung eine eingehende Auseinandersetzung mit der Zielsetzung der Rechtsschutzversicherungsrichtlinie vergebens sucht.[14] Deshalb ist davon auszugehen, dass der Normzweck von § 127 der europarechtlichen Vorgabe entspricht.

2. Regelungsgehalt

4 Der Regelungsgehalt der Norm konzentriert sich auf das Versicherungsvertragsrecht. Es wird in § 127 nicht etwa ein „Grundsatz der freien Anwaltswahl" aufgestellt.[15] Ein einfachrechtliches Recht zur freien Wahl eines Rechtsanwaltes ergibt sich für jedermann bereits aus § 3 Abs. 3 BRAO.[16] Dabei handelt es sich nicht lediglich um einen Grundsatz, sondern um ein echtes Recht zur freien

---

7 Zur Bedeutung des Normzwecks für die Auslegung des Richtlinienrechts z.B. EuGH 10.9.2009 – C-199/08, NJW **2010** 355, 356 Rn. 38; EuGH 7.11.2013 – C-442/12, NJW **2014** 373, 374 Rn. 21.

8 ABl. EG Nr. L 185 vom 4.7.1987, S. 77 r.Sp. (unten).

9 EuGH 10.9.2009 – C-199/08, NJW **2010** 355, 357 Rn. 52 ff.

10 EuGH 10.9.2009 – C-199/08, NJW **2010** 355, 356 Rn. 39; EuGH 26.5.2011 – C-293/10, NJW **2011** 3077, 3078 Rn. 28; EuGH 7.11.2013 – C-442/12, NJW **2014** 373, 374 Rn. 22.

11 ABl. EG Nr. L 335 vom 17.12.2009, S. 8 r.Sp.

12 EuGH 10.9.2009 – C-199/08, NJW **2010** 355, 356 Rn. 39 („*möglichst*").

13 In diesem Sinne auch EuGH 10.9.2009 – C-199/08, NJW **2010** 355, 356 Rn. 39.

14 Regierungsbegründung BTDrucks. 11/6341 S. 36 r.Sp. (allgemein) und 37 l.Sp. (zu § 158m VVG a.F.).

15 **A.A.** offenbar Prölss/Martin/*Piontek* § 127 Rn. 1 („*Abs. 1 legt den Grundsatz der freien Wahl des Rechtsanwalts [unabdingbar: § 129] gesetzlich fest.*"); wohl auch Langheid/Rixecker/*Rixecker* § 127 Rn. 1 („*(...), die dem nationalen Recht vorschreibt, einem VN die freie Anwaltswahl zu garantieren (...)*"); m.E. etwas missverständlich Langheid/Wandt/*Richter* § 127 Rn. 4 („*Der Grundsatz der freien Anwaltswahl (...) steht im Einklang mit § 3 Abs. 3 BRAO (...)*"); ähnlich Harbauer/*Schmitt* § 127 Rn. 2 („*Neben § 127 Abs. 1 (...) bestimmt auch § 3 Abs. 3 BRAO, dass jedermann im Rahmen der gesetzlichen Vorschriften das Recht hat, sich (...) durch einen Rechtsanwalt seiner Wahl (...) vertreten zu lassen.*").

16 Zum verfassungsrechtlichen Hintergrund noch Rn. 6.

Auswahl.[17] Der § 127 trifft lediglich eine Aussage über den halbzwingenden Inhalt des Versicherungsvertrages (§ 129).[18] Eine Abweichung von § 3 Abs. 3 BRAO ist damit nicht angeordnet. Die Regelung nimmt dem VN nicht die in der Bundesrechtsanwaltsordnung garantierten Rechte. Vielmehr ergibt sich aus der Vorschrift, dass der VN auch nach dem Versicherungsvertrag berechtigt ist, den Rechtsanwalt zur Wahrnehmung seiner Interessen frei zu wählen (§ 127 Abs. 1 Satz 1). Die durch § 3 Abs. 3 BRAO gewährleistete Freiheit der Anwaltswahl bleibt also nach Maßgabe der gesetzlichen Regelung durch den Versicherungsvertrag unberührt. Soweit die vertragliche Schutzposition des VN reicht, sind schuldrechtliche Einschränkungen im Versicherungsvertrag unzulässig und unwirksam (§ 129). Damit bestimmt § 127 im Kern darüber, ob und inwieweit das Recht des VN bzw. Versicherten zur Wahl eines Rechtsanwalts schuldrechtlich vinkuliert oder sonst zum Anknüpfungspunkt für die Vertragsgestaltung erhoben werden kann. Im Übrigen schirmt sie den VN bzw. Versicherten im Zusammenwirken mit § 129 gegen abweichende nachteilige Vertragsgestaltung ab. Was genau das im Einzelnen bedeutet, ist unklar und teilweise stark umstritten.

3. Systematik

Die Auswahl des Rechtsanwalts beruht auf einem Verhalten des VN oder Versicherten nach Eintritt 5
des Rechtsschutzfalls. Dabei muss man sich im Ausgangspunkt immer klarmachen, dass Bestimmungen, die den Leistungsumfang vom Verhalten des VN nach Eintritt des Versicherungsfalls abhängig machen, im deutschen Versicherungsvertragsrecht grundsätzlich in den Anwendungsbereich des Obliegenheitsrechts fallen.[19] Das wird in der wissenschaftlichen Diskussion der Garantie freier Rechtsanwaltswahl nicht immer hinreichend berücksichtigt. Fehlverhalten des VN führt danach nur unter ganz wesentlichen Kautelen – insbesondere bei qualifiziertem Verschulden und Relevanz der Obliegenheitsverletzung – zu Schmälerung, Ausschluss oder Beendigung des Versicherungsschutzes nach Maßgabe eines bestimmten Rechtsfolgensystems.[20] Die gesetzliche Regelung der Anwaltswahl fällt in ein Schnittfeld aus dieser und anderen privatversicherungsrechtlichen Materien. Die schuldrechtliche Gewährleistung freier Rechtsanwaltswahl, wie sie § 127 vorsieht, ist nicht auf einen bestimmten rechtssystematischen Anwendungsbereich beschränkt. Beschränkungen der Wahlfreiheit sind in ganz unterschiedlichen Gestaltungen denkbar. Dabei kommen im Ausgangspunkt Einschränkungen der Wahlfreiheit durch vertragliche Gestaltung in allen Bereichen des vertraglichen Programms von Pflichten, Obliegenheiten und Ausschlüssen in Betracht. Zu denken ist zunächst an die Pflichten des Rechtsschutzversicherers. So kann eine Beeinträchtigung der Wahlfreiheit beispielsweise in der Fassung des Rechtsschutzfalls liegen, wenn die Inanspruchnahme bestimmter Rechtsanwälte die aufschiebende Bedingung für die Entstehung des Anspruchs auf die Versicherungsleistung nicht erfüllen sollte. Beschränkungen sind darüber hinaus auch denkbar in Gestalt abweichenden Inhalts der Leistungspflicht, wenn etwa der Rechtsschutzversicherer nach dem Vertrag berechtigt oder verpflichtet sein soll, den Rechtsanwalt selbst auszuwählen. Denkbar ist auch die Gestaltung, dass der VN oder Versicherte bei der Inanspruchnahme bestimmter Rechtsanwälte nicht Befreiung, sondern lediglich nachträgliche Erstattung verauslagter Anwaltskosten verlangen können sollte. Praktisch besonders bedeutsam sind natürlich entsprechende Einschränkungen hinsichtlich des Umfangs der Leistungspflicht, die auch in Form von Leistungsausschlüssen begegnen können. Bei den Pflichten und Obliegenheiten des Schuldners reichen mögliche Einschränkungen der freien Anwaltswahl von der Prämienzahlungspflicht bzw. Tarifgestaltung (Prämienzuschläge oder -ermäßigungen, Selbstbehalte, Selbstbehaltsverzichte, Gutschriften etc.) über die Vereinbarung von Sorgfaltspflichten oder Unterlassungspflichten bis hin zum Verzicht auf Ausübung des Wahlrechts, zur Übertra-

17 BGH 26.10.1989 – I ZR 242/87, NJW **1990** 578, 579 f.; zutreffend Harbauer/*Schmitt* § 127 Rn. 2; im Ergebnis auch Looschelders/*Paffenholz* § 127 Rn. 2.

18 Zum halbzwingenden Charakter noch § 129 Rn. 1 ff.

19 Hierzu grundsätzlich *Bruns* Privatversicherungsrecht § 16 Rn. 1 ff., 15 ff., § 20 Rn. 45 ff., 53 ff.

20 Statt vieler *Bruns* Privatversicherungsrecht § 16 Rn. 40 ff., 47 ff., 50 ff.

gung der Wahlrechtsausübung auf den Rechtsschutzversicherer und zum vertraglichen Totalausschluss in bestimmten Fällen. Hinzu kommt die Möglichkeit, bestimmte Auswahlobliegenheiten im Versicherungsvertrag vorzusehen. Diese Beispiele zeigen, dass die Gewährleistung der freien Rechtsanwaltswahl im Prinzip durch versicherungsvertragliche Gestaltungen in sämtlichen systematischen Bereichen des Versicherungsvertragsrechts berührt sein kann.

III. Inhalt, Umfang und Grenzen der Gewährleistung freier Anwaltswahl

1. Grundlagen

6 **a) Privatautonomie und Rechtsschutzgewährleistung.** Der Rechtsuchende ist in seiner Entscheidung, ob er einen Anwalt beauftragt oder nicht, im Ausgangspunkt frei. Diese grundsätzliche Freiheit entspricht im Kern der verfassungsrechtlich garantierten Vertragsfreiheit in Gestalt der Abschlussfreiheit (Art. 1 Abs. 1, 2 Abs. 1, 14 Abs. 1 GG).[21] Soweit das Gesetz anwaltliche Vertretung obligatorisch anordnet, wie z.B. im Anwaltsprozess (§ 78 ZPO) oder bei notwendiger Verteidigung im Strafverfahren (§ 140 StPO), liegt darin eine Einschränkung der Vertragsfreiheit des Rechtssuchenden. Jedenfalls bei gerichtlicher Rechtswahrnehmung entspricht die Vertretung durch einen Rechtsanwalt in ihrer Essenz auch der verfassungsrechtlichen Justizgewährleistung (Art. 2 Abs. 1, 14 Abs. 1, 20 Abs. 3 GG).[22] Die Freiheit der Anwaltswahl fällt in den Schutzbereich von Vertragsfreiheit und Justizgewährleistung.[23] Der Gesetzgeber kann die Freiheit der Rechtsanwaltswahl in den Grenzen gesetzgeberischen Ermessens ausgestalten. Hinsichtlich der Ausgestaltung des Rechtsschutzversicherungsvertrages steht die Inhaltsfreiheit im Vordergrund. Eine generelle gesetzliche Garantie uneingeschränkter Rechtsanwaltswahl im Versicherungsvertragsrecht ist verfassungsrechtlich nicht geboten, kann aber grundsätzlich ohne Verfassungsverstoß angeordnet werden.[24]

7 **b) Europarechtliche Gewährleistung der freien Anwaltswahl.** Das europäische Richtlinienrecht setzt im Hinblick auf die Gewährleistung der freien Anwaltswahl einen eigenständigen Maßstab im Sinne eines Mindestschutzes.[25] Der Normtext von Art. 201 Abs. 1 lit. a Solvabilitäts-RiL II, der seiner Vorgängerregelung in Art. 4 Abs. 1 lit. a Rechtsschutzversicherungs-RiL wörtlich entspricht, lautet: *„In jedem Rechtsschutz-Versicherungsvertrag ist ausdrücklich vorzusehen, dass wenn ein Rechtsanwalt oder eine sonstige nach dem nationalen Recht entsprechend qualifizierte Person in Anspruch genommen wird, um in einem Gerichts- oder Verwaltungsverfahren den Versicherten zu verteidigen, zu vertreten oder seine Interessen wahrzunehmen, es dem Versicherten freisteht, welchen Rechtsanwalt oder sonstige Person er wählt; …“* Die Wahl liegt danach beim VN oder Versicherten, und die Gewährleistung der Freiheit der Wahl unterliegt danach keinen Einschränkungen. Anders als im Anwendungsbereich von Art. 201 Abs. 1 lit. b Solvabilitäts-RiL II, der für Deutschland aufgrund des strengen Rechtsdienstleistungsrechts, das die Erbringung von Rechtsdienstleistungen durch den Rechtsschutzversicherer selbst nach h.M. ausschließt,[26] nach

21 Allgemein zur Vertragsfreiheit und ihren Grenzen *Bruns* JZ **2007** 385 ff.; zur Bedeutung im Versicherungsvertragsrecht, *ders.* Privatversicherungsrecht § 6 Rn. 4; für die Rechtsschutzversicherung Vor §§ 125–129 Rn. 45.

22 Zur Justizgewährleistung BVerfG 3.7.1973 – 1 BvR 153/69, BVerfGE **35** 348, 361; BVerfG 8.11.1988 – 1 BvR 1527/87, BVerfGE **79** 80, 84; BVerfG 12.2.1992 – 1 BvL 1/89, BVerfGE **85** 337, 345; BVerfG 2.3.1993 – 1 BvR 249/92, BVerfGE **88** 118, 123; BVerfG 20.6.1995 – 1 BvR 166/93, BVerfGE **93** 99, 107; BVerfG 27.1.1998 – 1 BvL 15/87, BVerfGE **97** 169, 185; BVerfG 15.6.1992 – 1 BvR 1725/91, NJW **1992** 2411, 2412; BVerfG 3.2.2003 – 1 BvR 619/02, NJW-RR **2003** 1164; *Baur/Stürner/Bruns* Zwangsvollstreckungsrecht Rn. 7.1; *Bruns* Privatversicherungsrecht § 7 Rn. 8.

23 Siehe bereits Vor §§ 125–129 Rn. 47.

24 Vor §§ 125–129 Rn. 47.

25 Z.B. EuGH 10.9.2009 – C-199/08, NJW **2010** 355, 356 Rn. 38 ff.; EuGH 26.5.2011 – C-293/10, NJW **2011** 3077, 3078 Rn. 28 ff.; EuGH 7.11.2013 – C-442/12, NJW **2014** 373, 374 Rn. 19 ff.

26 Näher hierzu Vor §§ 125–129 Rn. 27 ff.

Ansicht des Gesetzgebers keine Rolle spielt,[27] kommt es nicht darauf an, ob *in concreto* eine Kollision zwischen den Interessen des VN bzw. Versicherten und denen des Rechtsschutzversicherers vorliegt.[28] Das gilt gemäß Art. 201 Abs. 2 Solvabilitäts-RiL II entsprechend für die Wahl von Rechtsanwälten im Sinne der Rechtsanwaltsdienstleistungsrichtlinie.[29] Mögliche Ausnahmen in bestimmten Verkehrsrechtsschutzangelegenheiten erwähnt lediglich Art. 202 Abs. 1 Solvabilitäts-RiL II, von dem der deutsche Gesetzgeber keinen Gebrauch gemacht hat. Nach Richtlinienrecht ist also nicht davon auszugehen, dass es kraft Gesetzes Ausnahmen von der Freiheit der Rechtsanwaltswahl im Rechtsschutzversicherungsvertrag gibt. Entweder die freie Rechtsanwaltswahl ist gewahrt oder sie ist nicht gewahrt. Ist sie nicht gewahrt, verstößt das gegen den Grundgedanken der europarechtlichen Gewährleistung. Rechtfertigungsgründe für Einschränkungen sind in der Richtlinie nicht erwähnt. Das spricht zum einen gegen die Möglichkeit, Durchbrechungen der Gewährleistung im Einzelfall mit besonderer gesetzlicher Rechtfertigung zuzulassen, zum anderen spricht dieser Umstand gegen die Annahme, die Vorgabe erschöpfe sich in einem bloßen Grundsatz, der mehr oder weniger beliebig Ausnahmen duldet. Vielmehr ist die Freiheit der Rechtsanwaltswahl umfassend und ausnahmslos zu gewährleisten. Deshalb kann sich der Rechtsschutzversicherer im Versicherungsvertrag auch nicht das Recht vorbehalten, selbst den Rechtsvertreter auszuwählen, und zwar auch nicht in Massenschadensfällen.[30]

Allerdings ist der Richtlinie nicht zu entnehmen, unter welchen Voraussetzungen die Frei- 8
heit der Anwaltswahl im Widerspruch zur Gewährleistung verletzt oder beeinträchtigt ist.[31] Das Verhältnis von gewährleisteter Freiheit und unzulässiger Beeinträchtigung ist einerseits zweifelsohne europarechtlich definiert, andererseits lässt sich die genaue Abgrenzung allerdings aus dem Richtlinienrecht nicht zweifelsfrei ableiten. Beim Versuch einer Konkretisierung wäre es sicherlich die klarste Linie, jedwede noch so geringfügige Beeinträchtigung der Wahlfreiheit als unzulässig einzustufen. Doch muss eine sinnvolle Interpretation den Normzweck der richtlinienrechtlichen Gewährleistung zugrunde legen.[32] Der Sinn und Zweck der Garantie freier Anwaltswahl liegt – wie dargelegt – in der weitest möglichen Vermeidung von Interessenkonflikten zwischen dem rechtsuchenden VN bzw. Versicherten auf der einen und dem Rechtsschutzversicherer auf der anderen Seite, und zwar ohne dass es darauf ankommt, ob eine Interessenkollision im Einzelfall tatsächlich vorliegt.[33] Dem Rechtsschutzversicherer soll folglich nicht jede Einflussnahme auf die Auswahlentscheidung des VN oder Versicherten abgeschnitten sein. Dabei ist zwischen stets unzulässigen unmittelbaren Einschränkungen der Wahlfreiheit und mittelbaren Einschränkungen zu unterscheiden. Diese Differenzierung ist in der Rechtsprechung des EuGH insofern angelegt, als Wahlrecht und Konsequenzen für Leistungsumfang oder Prämienzahlungspflicht gesonderter Beurteilung unterliegen.[34] Eine unmittelbare Einschränkung liegt etwa dann vor, wenn der VN bzw. Versicherte keine Auswahlentscheidung

---

27 Regierungsbegründung BTDrucks. 11/6341 S. 37 l.Sp. (zu § 158m VVG a.F. in Bezug auf das Rechtsberatungsgesetz a.F.).

28 EuGH 10.9.2009 – C-199/08, NJW **2010** 355, 357 Rn. 52 ff.

29 Richtlinie 77/249/EWG des Rates vom 22.3.1977 zur Erleichterung der tatsächlichen Ausübung des freien Dienstleistungsverkehrs der Rechtsanwälte, ABl. EG Nr. L 78 vom 26.3.1977, S. 17.

30 EuGH 10.9.2009 – C-199/08, NJW **2010** 355, 356ff. Rn. 38ff. (zu Art. 4 Abs. 1 lit. a Rechtsschutzversicherungs-RiL a.F.).

31 Z.B. EuGH 10.9.2009 – C-199/08, NJW **2010** 355, 357 Rn. 48 ff. („*Mindestmaß an Freiheit*"); EuGH 26.5.2011 – C-293/10, NJW **2011** 3077, 3078 Rn. 30 ff., 32 f. („*(...) Frage des Umfangs der Deckung der (...) Kosten (...) nicht ausdrücklich geregelt.*" – Aushöhlungsverbot); EuGH 7.11.2013 – C-442/12, NJW **2014** 373, 374 Rn. 26, 27 ff. („*(...) Wahlfreiheit* [bedeutet] *nicht, dass die Mitgliedstaaten verpflichtet wären, Versicherern unter allen Umständen die vollständige Deckung der (...) entstandenen Kosten vorzuschreiben, sofern diese Freiheit nicht* ausgehöhlt *wird.*" – Hervorhebung nicht im Original).

32 Bestätigend z.B. EuGH 10.9.2009 – C-199/08, NJW **2010** 355, 356 Rn. 38 m.w.N.; EuGH 7.11.2013 – C-442/12, NJW **2014** 373, 374 Rn. 21.

33 Siehe bereits oben Rn. 3.

34 EuGH 10.9.2009 – C-199/08, NJW **2010** 355, 356 ff. (Wahl); EuGH 26.5.2011 – C-293/10, NJW **2011** 3077, 3078 Rn. 28 ff. (Wahl) und Rn. 32 ff. (Deckungsumfang); EuGH 7.11.2013 – C-442/12, NJW **2014** 373, 374 Rn. 21ff. (Wahl) und Rn. 26ff. (Prämienhöhe und Deckungsumfang).

treffen darf oder der Rechtsschutzversicherer den Kreis der eligiblen Anwälte abschließend vorgibt. Eine mittelbare Einschränkung liegt dagegen vor, wenn der Rechtsschutzversicherer durch vertragliche Produktgestaltung in anderer Weise auf die Auswahlentscheidung des VN oder Versicherten Einfluss zu nehmen sucht, wie z.B. durch Prämien- oder Leistungsanreize, Leistungsbegrenzungen, Selbstbehalte oder Selbstbehaltsverzichte etc. Differenzierte Prämien- und Tarifgestaltung sowie betragsmäßige Leistungsgrenzen sind danach grundsätzlich richtlinienkonform möglich.[35] Untersagt sein sollen nach Rechtsprechung des EuGH allerdings solche Beschränkungen, die die Gewährleistung der freien Anwaltswahl *„aushöhlen"*.[36] Das soll dann der Fall sein, wenn die Beschränkung der Kostenübernahme eine *„angemessene Wahl"* des Rechtsanwalts *„faktisch unmöglich machen würde"*.[37] *Prima vista* nimmt der EuGH das Gebot der weitest möglichen Vermeidung von Interessenkonflikten damit relativ weit zurück. Näher betrachtet ergeben sich indessen durchaus erhebliche Zweifel, was die Formel vom Aushöhlungsverbot besagt. Die Konkretisierung fällt nicht leicht, weil der Maßstab für die faktische Unmöglichkeit einer angemessenen Anwaltswahl nicht feststeht. Immerhin lässt sich feststellen, dass von einer Aushöhlung lediglich im Hinblick auf mittelbare Einschränkungen der Wahlfreiheit die Rede sein kann, während unmittelbare Einschränkungen stets unzulässig sind. Eine allgemeine Wesentlichkeitsschwelle lässt sich der richtlinienrechtlichen Regelung zwar nicht entnehmen, die teleologische Auslegung ergibt aber, dass nur solche mittelbaren Beschränkungen der Wahlfreiheit unzulässig sein sollen, die – bei abstrakt-generellem Maßstab – ein für die Annahme der Möglichkeit einer Interessenkollision wesentliches Maß und Gewicht erreichen. Das deutet auf das Erfordernis einer gewissen Substanz der Beeinträchtigung, deren notwendiges Gewicht allerdings nicht eindeutig ist. Je höher die Kosten der Rechtswahrnehmung und je geringer die finanziellen Möglichkeiten eines Rechtsuchenden, desto eher ist von faktischer Unmöglichkeit einer angemessenen Rechtsanwaltswahl auszugehen. Unklar ist dabei insbesondere auch, ob und inwieweit konkrete Umstände des Einzelfalles Berücksichtigung erheischen. Nach dem Sinn und Zweck der richtlinienrechtlichen Regelung wird eine Aushöhlung richtigerweise jedenfalls immer dann anzunehmen sein, wenn durch die jeweilige Gestaltung eine unerwünschte Interessenkollision tatsächlich eintritt. Weil es nach dem Normzweck der Garantie freier Rechtsanwaltswahl nicht darauf ankommt, ob eine Interessenkollision tatsächlich vorliegt, dürfte es darüber hinaus genügen, dass die Gestaltung die ernsthafte Gefahr einer Interessenkollision birgt. Dem mitgliedstaatlichen Gesetzgeber ist unbenommen, einen weitergehenden Schutz des VN oder Versicherten zu verwirklichen. Insbesondere erfordert das Richtlinienrecht keine Lockerung allgemeiner Grundsätze des mitgliedstaatlichen Versicherungsvertragsrechts zum Nachteil des VN oder Versicherten, wie sie in einer Aufweichung oder gar Umgehung der Regeln des Obliegenheitsrechts zu erblicken wäre.

9 **c) Umsetzung in § 127 Abs. 1 und ihre Defizite.** Die Umsetzungsregelung entspricht den europarechtlichen Vorgaben, insofern sich ihr Anwendungsbereich auf europäische Rechtsanwälte erstreckt (§ 127 Abs. 2). Sie geht über das richtlinienrechtlich gebotene Mindestmaß offensichtlich insoweit hinaus, als die Gewährleistung freier Rechtsanwaltswahl auch bei außergerichtlicher Rechtswahrnehmung gilt (§ 127 Abs. 1 Satz 2).[38] In einem zentralen Punkt bestehen hinsichtlich der Richtlinienkonformität allerdings ganz erhebliche Zweifel: § 127 Abs. 1 Satz 1 beschränkt die Wahlfreiheit nach seinem Wortlaut auf den *„Kreis der Rechtsanwälte, deren Vergütung der VR nach dem Versicherungsvertrag trägt"*. Eine derartige Einschränkung ist im Richtlinienrecht nicht ausdrücklich vorgesehen. Ihre Bedeutung ist unklar und teilweise streitig. Teilweise wird vertreten, die Einschränkung bedeute, dass der Rechtsschutzversicherer die Auswahl nach generellen

35 EuGH 26.5.2011 – C-293/10, NJW **2011** 3077, 3078 Rn. 32 f.; EuGH 7.11.2013 – C-442/12, NJW **2014** 373, 374 Rn. 26 ff.
36 EuGH 26.5.2011 – C-293/10, NJW **2011** 3077, 3078 Rn. 33; EuGH 7.11.2013 – C-442/12, NJW **2014** 373, 374 Rn. 27.
37 EuGH 26.5.2011 – C-293/10, NJW **2011** 3077, 3078 Rn. 33; EuGH 7.11.2013 – C-442/12, NJW **2014** 373, 374 Rn. 27.
38 Ohne nähere Erläuterung hierzu die Regierungsbegründung BTDrucks. 11/6341 S. 37 l.Sp. (zu § 158m VVG a.F.).

Kriterien einschränken könne.[39] Nach anderer Ansicht soll der VR den Kreis der wählbaren Anwälte nach Risikokriterien festlegen dürfen.[40] Vereinzelt wird aber auch lediglich konstatiert, eine *„geradezu beliebige Beauftragung von Anwälten“* werde dadurch beschränkt.[41] Die Diskrepanz zur weitgehend uneingeschränkten Gewährleistung im Richtlinienrecht ist nicht von der Hand zu weisen. Einigkeit besteht weitgehend darin, dass die Vorschrift keine Regelung gestattet, die dem Rechtsschutzversicherer erlaubt, eine Liste von Rechtsanwälten zusammenzustellen, aus welcher der VN oder Versicherte ausschließlich auswählen darf.[42] Ob die Divergenz vom Richtlinienrecht im Wege europarechtskonformer Auslegung auszuräumen ist, wie teilweise angenommen wird,[43] ist ausgesprochen fragwürdig. Denn die Eingrenzung nach Risikokriterien bezieht sich auf den Rechtsschutzfall und kann deswegen im Rahmen von § 125 ohne Weiteres erfolgen.[44] Einer ausdrücklichen Festlegung in § 127 Abs. 1 Satz 1 bedürfte es deshalb nicht. Eine Einschränkung nach *„generellen Kriterien“* ist hingegen in dieser Allgemeinheit im Richtlinienrecht nicht angelegt. Und wenn das Ergebnis einer *„richtlinienkonformen Auslegung“* letztlich auf das genaue Gegenteil der Vorschrift hinausläuft, dürften die rechtsmethodischen Grenzen der Auslegung überdehnt sein. Immerhin könnte die Vorschrift gerade noch haltbar sein, wenn man auf die – selbstverständliche – Möglichkeit einer Einschränkung nach gedeckten Risikobereichen abstellt. In dieser Auslegung wäre der einschränkende Teilsatz praktisch inhaltlich substanzlos und würde sich in einer Bestätigung der Gestaltungsfreiheit hinsichtlich des Rechtsschutzfalls erschöpfen. Doch bleiben hinsichtlich der Vereinbarkeit der Regelung mit Europarecht erhebliche Restzweifel.

2. Die vertragsrechtliche Garantie freier Anwaltswahl

a) Freiheit der Rechtsanwaltswahl als gesetzliche Garantie. Die Freiheit der Rechtsanwaltswahl ist in § 127 Abs. 1 nicht lediglich als Grundsatz niedergelegt, der Ausnahmen duldet, sondern entsprechend europarechtlicher Vorgabe als gesetzliche Garantie ausgestaltet. Die Auswahl von Schiedsrichtern und Mediatoren ist von der Gewährleistung nicht erfasst.[45] Wenn in den Gesetzesmaterialien und manchen Stellungnahmen in der Literatur lediglich vom *„Grundsatz der freien Wahl des Rechtsanwaltes“* die Rede ist,[46] darf diese Formulierung nicht dahin missverstanden werden, dass der Rechtsschutzversicherer in den ARB praktisch beliebig Ausnahmen 10

39 Z.B. Prölss/Martin/*Piontek* § 127 Rn. 1; wohl auch van Bühren/Plote/*Wendt* § 127 Rn. 2; ausdrücklich dagegen *Purnhagen* NJW **2014** 374, 375.

40 Harbauer/*Schmitt* § 127 Rn. 4; ähnlich offenbar Looschelders/Pohlmann/*Paffenholz* § 127 Rn. 2 (*„(...) Der VR ist berechtigt, im Versicherungsvertrag allgemeine Kriterien in Bezug auf den Leistungsumfang aufzustellen (...)“*).

41 Langheid/*Rixecker* § 127 Rn. 1.

42 In diesem Sinne auch EuGH 26.5.2011 – C-293/10, NJW **2011** 3077, 3078 Rn. 30 (*„Daraus folgt, dass eine nationale Regelung (...) diese Wahlfreiheit nicht auf die Rechtsanwälte, die ihren Kanzleisitz am Ort der für das durchzuführende Verfahren in erster Instanz zuständigen Gerichts- oder Verwaltungsbehörde haben, oder auf die Rechtsanwälte eingrenzen darf, die sich verpflichten, ihre Kosten wie die erstgenannten Anwälte abzurechnen.“*); Harbauer/*Schmitt* § 127 Rn. 7; Langheid/Wandt/*Richter* § 127 Rn. 6; Looschelders/Pohlmann/*Paffenholz* § 127 Rn. 3 (für vertraglich durch Rahmenverträge gebundene Vertragsanwälte); van Bühren/Plote/*Wendt* § 127 Rn. 2; Looschelders/*Paffenholz* § 127 Rn. 4; wohl auch Langheid/*Rixecker* § 127 Rn. 1; Prölss/Martin/*Piontek* § 127 Rn. 1.

43 So ausdrücklich Looschelders/*Paffenholz* § 127 Rn. 4; *Purnhagen* NJW **2014** 374, 375; etwas unklar Langheid/Wandt/*Richter* § 127 Rn. 6 (*„(...) Beschränkung der freien Anwaltswahl auf einen vom Versicherer ausgewählten Kreis von Rechtsanwälten nicht zulässig (...)“*).

44 Hierzu § 125 Rn. 9 ff.

45 OLG Frankfurt a.M. 9.4.2015 – 6 U 110/14, VersR **2016** 188, 188 f. (auch bei anwaltlichem Mediator) – bestätigt durch BGH 14.1.2016 – I ZR 98/15, RuS **2016** 235, 236; hierzu Langheid/Wandt/*Richter* § 127 Rn. 15 ff.

46 Regierungsbegründung BTDrucks. 11/6341 S. 37 l.Sp. (zu § 158m Abs. 1 VVG a.F. und Art. 4 Rechtsschutzversicherungs-RiL); aus der Literatur z.B. Langheid/Wandt/*Richter* § 127 Rn. 4; Looschelders/*Paffenholz* § 127 Rn. 1; Prölss/Martin/*Piontek* § 127 Rn. 1.

vorsehen könnte. Es handelt sich nach h.M. um eine echte rechtliche Garantie,[47] deren Inhalt und Grenzen richtlinienkonform zu konkretisieren sind. Im Ausgangspunkt muss man sich immer klarmachen, dass der deutsche Normgeber zwar den europarechtlichen Mindeststandard wahren muss, aber durchaus auch einen weitergehenden Schutz des VN bzw. Versicherten vorsehen kann. Der BGH geht allerdings davon aus, dass der Gesetzgeber – abgesehen von der Ausdehnung der Gewährleistung freier Anwaltswahl auf die außergerichtliche Rechtswahrnehmung – in § 127 keine weitergehende Garantie geschaffen hat, als durch das Richtlinienrecht geboten ist.[48]

11 Richtigerweise ist zwischen unmittelbaren und mittelbaren Einschränkungen der freien Anwaltswahl zu unterscheiden.[49] Diese Differenzierung ist auch in der Rechtsprechung des BGH insofern angelegt, als zwischen der Wahl des Rechtsanwalts und Folgen für den Leistungsumfang oder die Prämiengestaltung unterschieden wird.[50] Eine unmittelbare Einschränkung liegt vor, wenn die Wahl des Rechtsanwalts im Vertrag untersagt oder begrenzt ist mit der Folge, dass eine abweichende Entscheidung des VN oder Versicherten ganz aus der Rechtsschutzdeckung fällt. Unmittelbare Einschränkungen der freien Anwaltswahl sind unzulässig, weil in diesen Fällen stets von einer Interessenkollision auszugehen ist. Eine zum Nachteil des VN abweichende Vertragsgestaltung ist gemäß § 129 unwirksam. Mittelbare Einschränkungen sind hingegen in den Grenzen des vom EuGH entwickelten Aushöhlungsverbots grundsätzlich zulässig. Von einer mittelbaren Einschränkung kann man dann sprechen, wenn das Wahlrecht zwar nicht ganz oder teilweise mit einem Verbot belegt wird, aber im Versicherungsvertrag bzw. im Tarif an die Ausübung des Wahlrechts bestimmte dem VN ungünstige oder günstige Rechtsfolgen geknüpft sind, ohne dass automatisch die Deckung vollständig entfällt. Keine Einschränkung der freien Rechtsanwaltswahl im Sinne von § 127 Abs. 1 liegt vor, wenn Rechtsanwälte aufgrund sachlicher risikobezogener Kriterien nach Maßgabe der versicherten Gefahr für die Vertretung ausscheiden, wie z.B. ein Strafverteidiger zur Vertretung in Zivilsachen. Vielmehr liegt die Zulässigkeit derartiger Gestaltungen in der Konsequenz privatautonomer Festlegung und Ausgestaltung des Rechtsschutzfalls.[51] Schließlich ist nochmals darauf hinzuweisen, dass die Regelung des § 127 keine Einschränkung der Grundsätze des Obliegenheitsrechts bewirkt – ebenso wenig wie das Europarecht eine solche Einschränkung verlangt.[52]

12 **b) Umfassender Schutz vor unmittelbaren Einschränkungen.** VN und Versicherter sind vor unmittelbaren Einschränkungen des Rechts auf freie Wahl eines Rechtsanwaltes umfassend geschützt. Eine unmittelbare Einschränkung liegt dann vor, wenn das Wahlrecht des VN oder des Versicherten ausgeschlossen oder beschränkt wird und Abweichungen den Versicherungsschutz insoweit automatisch ganz entfallen lassen. Das Recht auf freie Wahl des Rechtsanwaltes gemäß § 3 Abs. 3 BRAO kann durch den Versicherungsvertrag nicht mit absoluter Wirkung beschnitten werden. Im Verhältnis zu Rechtsanwälten oder anderen Dritten bleibt das Wahlrecht des VN bzw. Versicherten selbstverständlich in jedem Falle unberührt. Der VN kann im Versicherungsvertrag auch nicht schuldrechtlich dazu verpflichtet werden, sein Wahlrecht ganz oder teilweise nicht auszuüben.[53] Ebenso ist ein formularmäßiger vollständiger oder teilweiser Verzicht des Wahlbe-

---

47 Im Grundsatz h.M.: Langheid/Wandt/*Richter* § 127 Rn. 4; Looschelders/Pohlmann/*Paffenholz* § 127 Rn. 1 f.; Langheid/*Rixecker* § 127 Rn. 1; van Bühren/Plote/*Wendt* § 127 Rn. 2; etwas weniger deutlich Harbauer/*Schmitt* § 127 Rn. 1 f.; Prölss/Martin/*Piontek* § 127 Rn. 1; Looschelders/*Paffenholz* § 127 Rn. 1 ff.

48 BGH 4.12.2013 – IV ZR 215/12, NJW **2014** 630, 633 Rn. 29, 30 (fragwürdig).

49 So auch die Terminologie in der Entscheidung des OLG Bamberg 20.6.2012 – 3 U 236/11, NJW **2012** 2282, 2283 (aufgehoben durch BGH 4.12.2013 – IV ZR 215/12, NJW **2014** 630); siehe außerdem bereits oben Rn. 8.

50 BGH 4.12.2013 – IV ZR 215/12, NJW **2014** 630, 632 f. Rn. 26f.; zur begrifflichen Vorprägung auf der Ebene des europäischen Richtlinienrechts bereits oben Rn. 9 m.w.N.

51 Hierzu ausführlich § 125 Rn. 9 ff.

52 Siehe oben Rn. 8.

53 Zur Unzulässigkeit einer entsprechenden Bindung durch Obliegenheiten noch Rn. 17.

rechtigten auf Ausübung des Wahlrechts in ARB unzulässig. Dass die Auswahl des Rechtsanwalts in letzter Konsequenz beim VN bzw. Versicherten liegen muss, ist auch nach der Rechtsprechung des BGH eine Grundvoraussetzung zulässiger Vertragsgestaltung.[54] Dementsprechend kann die Wahl – entgegen dem Gesetzeswortlaut, aber im Einklang mit EU-Recht[55] – nach wohl h.M. nicht absolut auf einen vom Rechtsschutzversicherer ausgewählten Kreis von Rechtsanwälten beschränkt werden.[56] Die Ausübung des Wahlrechts darf in den ARB nicht dem Rechtsschutzversicherer übertragen werden. Deshalb sind Klauseln, denen zufolge der Rechtsschutzversicherer zur Auswahl eines Anwalts berechtigt sein soll, grundsätzlich unzulässig.[57] Das gilt nach der Rechtsprechung des EuGH auch für den Fall der Rechtswahrnehmung bei Massenschäden.[58] Unzulässig ist die Einräumung oder Übertragung der Ausübung des Wahlrechts auf den Rechtsschutzversicherer in ARB selbst dann, wenn der VN oder Versicherte keinen Rechtsanwalt benennt, und zwar auch dann, wenn dem Rechtschutzversicherer die baldige Beauftragung eines Rechtsanwalts erforderlich erscheint (anders § 17 Abs. 3 Satz 2 lit. b ARB 2010).[59] Denn letztlich ist in derartigen Konstellationen eine Interessenkollision, wie sie nach dem Sinn und Zweck der richtlinienrechtlichen Vorgabe wie der Umsetzungsnorm gerade vermieden werden soll, stets unvermeidbar. Deshalb kann die Wahl des Rechtsanwalts auch nicht nachträglich im Rechtsschutzfall dem Rechtsschutzversicherer überlassen werden, und zwar selbst dann nicht, wenn der VN bzw. Versicherte dies verlangt (anders § 17 Abs. 3 Satz 2 lit. a ARB 2010).[60] In der Gruppenversicherung darf die Ausübung des Wahlrechts des Versicherten nach wohl h.M. überdies nicht einmal dem VN überlassen werden.[61] Die vom VN bzw. Versicherten getroffene Auswahl muss der Rechtsschutzversicherer grundsätzlich akzeptieren.

c) Schutz vor mittelbaren Einschränkungen und Aushöhlungsverbot

aa) Grundsätze. Mittelbare Einschränkungen der freien Rechtsanwaltswahl schließen die Kostentragung nicht automatisch ganz aus, sondern knüpfen an eine nach dem Vertrag unerwünschte Auswahlentscheidung des VN oder Versicherten eine ungünstige Rechtsfolge oder räumen bei gewünschter Auswahl Vergünstigungen ein. Solche mittelbaren Einschränkungen der Rechtsanwaltswahl sind nach h.M. grundsätzlich zulässig. Das soll insbesondere für Einschränkungen des Leistungsumfangs gelten.[62] Zulässig ist nach der Rechtsprechung des EuGH beispielsweise eine Begrenzung der erstattungsfähigen Kosten für die Beauftragung auswärtiger Anwälte, die bei Beauftragung von Rechtsan- 13

54 BGH 4.12.2013 – IV ZR 215/12, NJW **2014** 630, 632 f. Rn. 26 f.
55 Hierzu bereits Rn. 9.
56 Langheid/Wandt/*Richter* § 127 Rn. 6; Harbauer/*Schmitt* § 127 Rn. 7; Looschelders/Pohlmann/*Paffenholz* § 127 Rn. 3; Looschelders/*Paffenholz* § 127 Rn. 4; teilweise **a.A.** offenbar (Einschränkung nach generellen Kriterien möglich) Prölss/Martin/*Piontek* § 127 Rn. 1; van Bühren/Plote/*Wendt* § 127 Rn. 2; noch etwas anders Langheid/*Rixecker* § 127 Rn. 1, wonach „Angebote des VR, die dem VN ohne Auswirkungen auf den konkreten Rechtsschutzfall tarifliche Vergünstigungen eines nicht allzu großen Gewichts bei Wahl bestimmter von dem VR ‚gelisteter' Anwälte anbieten", nicht grundsätzlich zu § 127 in Widerspruch stünden.
57 Teilweise **a.A.** Looschelders/*Paffenholz* § 127 Rn. 4; Looschelders/*Paffenholz* § 127 Rn. 10.
58 Grundlegend EuGH 10.9.2009 – C-199/08, NJW **2010** 355, 356 ff. Rn. 47 ff., 68.
59 **A.A.** Langheid/Wandt/*Richter* § 127 Rn. 5; Prölss/Martin/*Piontek* ARB 2010 § 17 Rn. 1c; Looschelders/ *Paffenholz* § 127 Rn. 10; Looschelders/Pohlmann/*Paffenholz* § 127 Rn. 4; Armbrüster, VuR **2012** 167, 168; siehe noch Bruck/Möller/*Bruns* Bd. 5 ARB 2010 § 17 Rn. 16.
60 **A.A.** wiederum Langheid/Wandt/*Richter* § 127 Rn. 5; Looschelders/*Paffenholz* § 127 Rn. 10; Looschelders/Pohlmann/*Paffenholz* § 127 Rn. 4; Langheid/*Rixecker* § 127 Rn. 1; Armbrüster, VuR **2012** 167, 168.
61 BGH 26.10.1989 – I ZR 242/87, NJW **1990** 578, 579 f. (Mieterschutzverein – zum alten Recht vor Inkrafttreten von § 158m VVG a.F.!); Prölss/Martin/*Piontek* § 127 Rn. 1; Langheid/Wandt/*Richter* § 127 Rn. 7; Harbauer/*Schmitt* § 127 Rn. 7.
62 EuGH 26.5.2011 – C-293/10, NJW **2011** 3077, 3078 f. Rn. 32 ff., 36.

wälten, die am Gerichts- oder Behördenort ansässig sind, nicht entstanden wären.[63] Eine Grenze liegt nach der Rechtsprechung des EuGH dort, wo die Garantie freier Rechtsanwaltswahl ausgehöhlt wird, weil die Vertragsgestaltung eine angemessene Wahl des Rechtsanwalts faktisch unmöglich macht.[64] Das ist letztlich immer dann der Fall, wenn die Vertragsgestaltung zumindest die ernsthafte Möglichkeit einer Interessenkollision birgt.[65] Insoweit sind auch mittelbare Einschränkungen der freien Rechtsanwaltswahl von § 127 erfasst.[66] Die vertragsgestalterische Anknüpfung an das Verhalten des VN darf dabei obliegenheitsrechtliche Grundsätze nicht unterlaufen.

14 **bb) Hauptleistungspflicht des Rechtsschutzversicherers und Anreizsysteme.** Das Aushöhlungsverbot betrifft zunächst Regelungen der Hauptleistungspflicht des Rechtsschutzversicherers. Der Rechtsschutzfall, der grundsätzlich privatautonom gestaltet werden kann und muss,[67] darf nicht so gefasst werden, dass der Bedingungseintritt an die Auswahl eines vom Rechtsschutzversicherer – individuell oder anhand einer Auswahlliste – vorgegebenen Rechtsanwalts geknüpft wird. Der Inhalt der Versicherungsleistung – Freistellung oder Kostenerstattung – darf nicht derart von der Auswahl eines bestimmten Rechtsanwalts abhängig gemacht werden, dass dem VN oder Versicherten faktisch keine angemessene Wahl bleibt, z.B. weil die Vorfinanzierung unmöglich oder unzumutbar ist. Die Höhe der vom Rechtsschutzversicherer zu tragenden Kosten darf nicht in Abhängigkeit von der Beauftragung von Rechtsanwälten, die der VR auswählt oder empfiehlt, so bemessen werden, dass dem VN praktisch keine Alternative bleibt, weil die Kostendeckung bei einer Auswahlentscheidung, die nicht dem Wunsch des VR entspricht, so gering ist, dass von einer freien Rechtsanwaltswahl letztlich keine Rede mehr sein kann. Genauso wenig dürfen Selbstbehalte so gestaltet sein, dass das Wahlrecht des VN oder Versicherten ausgehöhlt wird. Dabei muss man sich vor Augen führen, dass die Nichterhebung eines Selbstbehalts bei Wahl eines vom Rechtsschutzversicherer empfohlenen Rechtsanwalts gleichbedeutend ist mit einer Leistungskürzung im Fall einer abweichenden Ausübung des Wahlrechts. Ein Selbstbehalt in Höhe von 20 %, der bei Befolgung einer Empfehlung des Rechtsschutzversicherers entfällt, ist nach der insoweit zustimmungswürdigen Einschätzung des österreichischen Obersten Gerichtshofes unzulässig, weil eine andere Wahl wirtschaftlich völlig unattraktiv wird.[68] Zulässig soll nach einer jüngeren Entscheidung desselben Gerichtshofes hingegen der Wegfall eines Selbstbehalts von 10 % bzw. mindestens 0,3 % der Versicherungssumme sein, der an die Wahl des empfohlenen Rechtsanwaltes geknüpft ist.[69] Weil derartig hohe Selbstbehalte in größeren Rechtsschutzfällen in absoluten Zahlen ein beträchtliches Volumen enthalten können, ist allerdings die Vereinbarkeit dieser Handreichung mit dem europarechtlich präformierten Aushöhlungsverbot durchaus fraglich. Bedenken speisen sich überdies aus den Grundsätzen des Obliegenheitsrechts, sofern der Versicherungsschutz in substanzieller Größenordnung quotal gekürzt wird, wenn der VN Empfehlungen des Rechtsschutzversicherers nicht folgt. Quotale Leistungskürzungen, die an Verhalten des VN oder Versicherten nach Eintritt des Rechtsschutzfalls anknüpfen, sind grundsätzlich dem Obliegenheitsrecht vorbehalten, das sie – zugunsten des VN halbzwingend – an qualifizierte Voraussetzungen knüpft (§§ 82, 87).[70] Deshalb sind Kürzungen um mehr als moderate Selbstbehalte in unterer oder mittlerer dreistelliger Höhe bedenklich, weil ansonsten der versicherungsvertragsrechtliche Mindestschutz des VN bzw. Versicherten unterlaufen würde, wie er im Obliegenheitsrecht angelegt ist.

---

63 EuGH 26.5.2011 – C-293/10, NJW **2011** 3077, 3078 f. Rn. 32 ff., 36; Prölss/Martin/*Piontek* § 127 Rn. 1; van Bühren/Plote/*Wendt* § 127 Rn. 3.

64 EuGH 26.5.2011 – C-293/10, NJW **2011** 3077, 3078 Rn. 33; EuGH 7.11.2013 – C-442/12, NJW **2014** 373, 374 Rn. 27; hierzu bereits oben Rn. 8.

65 Rn. 8.

66 Teilweise **a.A.** (Leistungsumfang von § 127 nicht erfasst) z.B. Langheid/Wandt/*Richter* § 127 Rn. 11.

67 Hierzu § 125 Rn. 9 ff.

68 ÖOGH 22.5.2002 – 7 Ob 32/02 k, VersR **2003** 1330, 1332.

69 ÖOGH 11.12.2013 – 7 Ob 50/13 y, VersR **2014** 606 ff. (fragwürdig).

70 Im Überblick hierzu *Bruns* Privatversicherungsrecht § 16 Rn. 58 f.

Nach der Rechtsprechung des BGH soll ein Schadensfreiheitssystem mit variabler Selbstbeteiligung zulässig sein, wenn die Auswahlentscheidung beim VN liegt und die Grenze unzulässigen psychischen Drucks nicht überschritten wird.[71] Derartige Anreizsysteme finden auch in der deutschen Kautelarpraxis zunehmende Verbreitung.[72] Die vom BGH entwickelte Formel vom *„unzulässigen psychischen Druck"* darf nicht den Blick für die maßgeblichen richtlinienrechtlichen Maßstäbe verstellen. Selbstverständlich zielen Anreizsysteme, die dem VN Vergünstigungen einräumen, wenn er einen vom Rechtsschutzversicherer empfohlenen Anwalt wählt, auf die Erlangung eines gewissen Einflusses auf die Art der Wahrnehmung der rechtlichen Interessen.[73] Die Möglichkeit von Interessenkollisionen zum Nachteil des VN durch Einfluss des Rechtsschutzversicherers war gerade das normgeberische Motiv für die Garantie der freien Rechtsanwaltswahl.[74] Ob es mit der europarechtlichen Zielsetzung weitest möglicher Vermeidung von Interessenkollisionen tatsächlich vereinbar ist, derartigen Einfluss durch Anreizsysteme in großem Stil zu ermöglichen, ist durchaus mit Vorsicht zu beantworten. Entscheidend ist danach jedenfalls nicht allein die Druckübung auf den VN oder Versicherten, sondern die tatsächliche Möglichkeit einer angemessenen Rechtsanwaltswahl.[75] Ob diese Freiheit gewahrt wird, ist in letzter Konsequenz danach zu beurteilen, ob die ernsthafte Möglichkeit einer Interessenkollision besteht. Es ist also nicht nur auf den psychischen Druck abzustellen, sondern es ist die Interessenlage auf Seiten des VN bzw. Versicherten einerseits und des Rechtsschutzversicherers andererseits zu prüfen. Das mag man bei der Einstufung in Schadensfreiheitsklassen mit variablen Selbstbehalten in der Größenordnung von € 0–300, wie sie der Entscheidung des BGH zugrunde lagen, gerade noch bejahen können. Zweifelsfrei europarechtskonform ist das jedoch nicht. Gerade wenn man wie der BGH davon ausgeht, dass § 127 Abs. 1 Satz 1 den europäischen Mindeststandard verwirklicht, erscheint zur Vermeidung unionsrechtswidriger Entscheidungen im Zweifel eine Vorlage an den EuGH angebracht. Der BGH geht in diesem Zusammenhang offenbar davon aus, dass eine Vorlage zur Frage der Aushöhlung der Garantie freier Anwaltswahl entbehrlich ist, weil der EuGH eine Prüfung durch die mitgliedstaatlichen Gerichte für notwendig hielt.[76] Das ist in dieser Allgemeinheit – wenn nicht unzutreffend – zumindest missverständlich, weil das vom EuGH entwickelte Aushöhlungsverbot eindeutig einen normativen richtlinienrechtlichen Kerngehalt aufweist. Dieser normative Standard ist von den Gesetzgebern und den Gerichten der Mitgliedstaaten selbstverständlich zu berücksichtigen – auch vom BGH (Art. 267 Abs. 3 AEUV). 15

Ganz unabhängig vom europarechtlich gebotenen Mindeststandard freier Rechtsanwaltswahl begegnen Einschränkungen der Leistungspflicht des Rechtsschutzversicherers bei unerwünschter Auswahlentscheidung des VN oder Berechtigten, wie sie in Anreizsystemen angelegt sind, erheblichen grundsätzlichen Bedenken. Eine Steuerung des Verhaltens des VN nach Eintritt des Versicherungsfalls durch rein bedingungsbasierte Vertragsgestaltung ist mit den Grundsätzen des Obliegenheitsrechts, wie sie für die Systematik des deutschen Versicherungsvertragsrechts prägend sind, im Grundansatz nicht vereinbar, weil sie dazu geeignet sind, das gesamte Schutzinstrumentarium des Obliegenheitsrechts zu unterlaufen. Die bedingungsbasierte Verhaltenssteuerung durch Anreizsysteme entspricht eher dem bedingungsrechtlichen Ansatz, wie er im Grundansatz dem anglo-amerikanischen Versicherungsvertragsrecht zugrunde liegt, das weniger oder gar nicht mit verschuldensab- 16

71 BGH 4.12.2013 – IV ZR 215/12, NJW **2014** 630 ff.; grundsätzlich zustimmend Prölss/Martin/*Piontek* § 127 Rn. 2; Langheid/Wandt/*Richter* § 127 Rn. 13; Harbauer/*Schmitt* § 127 Rn. 8; **a.A.** OLG Bamberg 20.6.2012 – 3 U 236/11, NJW **2012** 2282 ff.; zurückhaltend auch Looschelders/*Paffenholz* § 127 Rn. 7 (*„Unter Berücksichtigung der besonderen Bedeutung des Rechts der freien Anwaltswahl müssen solche Klauseln allerdings äußerst restriktiv gehandhabt werden."*).

72 Hierzu Langheid/Wandt/*Richter* § 127 Rn. 13 m.w.N.

73 Ähnlich Langheid/Wandt/*Richter* § 127 Rn. 13 (*„(...) wohl unbestritten, dass mit der Höhe des finanziellen Anreizes der psychische Druck steigt."*).

74 Ausführlich bereits Rn. 3.

75 Hierzu bereits oben Rn. 8.

76 BGH 4.12.2013 – IV ZR 215/12, NJW **2014** 630, 633 Rn. 33 unter Verweis auf EuGH 26.5.2011 – C-293/10, NJW **2011** 3077, 3078 Rn. 33.

hängigen Obliegenheiten, sondern vorwiegend der Bedingung (*condition precedent*) und der verschuldensunabhängigen Garantie (*warranty*) arbeitet.[77] Es ist auch vor diesem Hintergrund kein Zufall, dass sich Anreizsysteme insbesondere im englischen und US-amerikanischen Recht großer Beliebtheit erfreuen. Mit dem deutschen Versicherungsvertragsrecht sind sie – wenn überhaupt – nur sehr eingeschränkt vereinbar. Die Rechtsprechung des BGH und die wissenschaftliche Diskussion tragen bislang weder dieser Divergenz in der Systematik noch den prägenden Besonderheiten des deutschen Versicherungsvertragsrechts in der wünschenswerten Klarheit Rechnung. Anreizsysteme sind unabhängig vom richtlinienrechtlichen Mindeststandard in ihren Rechtsfolgen auf sehr überschaubare Leistungseinschränkungen oder Selbstbehaltsverzichte zu begrenzen.

17 **cc) Prämiengestaltung.** Eine unzulässige Einschränkung der Rechtsanwaltswahl wird nicht durch eine geringere Prämie oder nachträgliche Beitragsrückerstattungen zulässig. Prämiensenkungen, Rückerstattungen, Einstufung in bestimmte Schadensfreiheitsklassen oder Gutschriften können dabei wirtschaftlich praktisch zu ganz ähnlichen Ergebnissen führen wie ein Verzicht auf einen Selbstbehalt. Deshalb unterliegen sie der Überprüfung anhand des Maßstabs der Garantie freier Rechtsanwaltswahl (§ 127 Abs. 1). Die Prämiengestaltung darf die freie Anwaltswahl nicht aushöhlen, wie z.B. über die Gewährung oder Vorenthaltung von Vorteilen bei der Einstufung in Schadensfreiheitsklassen.[78] Überdies bestehen auch insoweit grundsätzliche Bedenken gegen eine rein bedingungsbasierte Steuerung des Verhaltens des VN bzw. Versicherten, die den Grundsätzen des Obliegenheitsrechts nicht die gebotene Beachtung schenkt.[79]

18 **dd) Obliegenheiten des Versicherungsnehmers.** Der VN verletzt seine Schadensminderungsobliegenheit (§ 82) nicht schon dadurch, dass er einen anderen als den vom Rechtsschutzversicherer vorgeschlagenen oder empfohlenen Rechtsanwalt beauftragt. Der Rechtsschutzversicherer muss dartun und im Streitfall beweisen, dass der VN seine Obliegenheit zur Abwendung und Minderung des Schadens tatsächlich verletzt hat. Der Rechtsschutzversicherer kann den VN auch nicht ohne Weiteres anweisen, den Rechtsanwalt zu wechseln, weil dadurch das Ergebnis der freien Rechtsanwaltswahl unterlaufen würde. Erst wenn die weitere Vertretung durch den vom VN bzw. Versicherten gewählten Rechtsanwalt zu Schäden geführt hat oder wenn die konkrete Wahrscheinlichkeit eines künftigen Schadenseintritts besteht, darf der Rechtsschutzversicherer den VN anweisen, einen anderen Rechtsanwalt zu beauftragen. Die Weisung, einen bestimmten Rechtsanwalt zu beauftragen, ist auch in diesem Falle wegen Verstoßes gegen § 127 Abs. 1 unzulässig. Von diesen Grundsätzen kann nicht zum Nachteil des VN abgewichen werden (§§ 87, 129). Deshalb kann der Rechtsschutzversicherer auch keine neue vertragliche Obliegenheit wirksam in die ARB aufnehmen, die den VN zu einem entsprechenden Verhalten veranlasst. Anreizsysteme zur Steuerung des Verhaltens des VN oder Versicherten dürfen die Grundsätze des Obliegenheitsrechts nicht unterlaufen.[80]

19 **d) Rat und Empfehlung.** Nach h.M. ist der Rechtsschutzversicherer zur Erteilung einer unverbindlichen Empfehlung eines Rechtsanwaltes stets berechtigt.[81] Dem ist mit der Maßgabe zuzu-

77 Im Überblick hierzu *Bruns* Privatversicherungsrecht § 35 Rn. 45 ff., 63 ff. (England) und Rn. 78, 95 ff. (USA).

78 So im Grundsatz auch Prölss/Martin/*Piontek* § 127 Rn. 2; Langheid/Wandt/*Richter* § 127 Rn. 13.

79 Siehe bereits oben Rn. 16.

80 Hierzu Rn. 15 f.

81 LG Bremen 4.9.1997 – 12 O 626/96, VersR **1998** 974 f.; Prölss/Martin/*Piontek* § 127 Rn. 2; Langheid/Wandt/*Richter* § 127 Rn. 8, 14; van Bühren/Plote/*Wendt* § 127 Rn. 6; Looschelders/Pohlmann/*Paffenholz* § 127 Rn. 2; Looschelders/ *Paffenholz* § 127 Rn. 6; Langheid/*Rixecker* § 127 Rn. 1; Schwintowski/Brömmelmeyer/*Hillmer-Möbius* § 127 Rn. 7; Harbauer/*Schmitt* § 127 Rn. 6.

stimmen, dass die unverbindliche Empfehlung nicht durch eine Vertragsgestaltung flankiert wird, durch die das Wahlrecht des VN ausgehöhlt wird. Allerdings muss man sich darüber im Klaren sein, dass der Rechtsschutzversicherer mit dem Rat zu einem Anwalt unter Umständen der Beratungspflicht gemäß § 6 Abs. 4 nachkommt.[82] Für Beratungsfehler haftet der Rechtsschutzversicherer gemäß § 6 Abs. 5 auf Schadensersatz. Davon unabhängig kann eine schadensstiftende Empfehlung des Rechtsschutzversicherers gemäß §§ 280 Abs. 1, 241 Abs. 2 BGB zum Schadensersatz verpflichten.[83]

IV. Außergerichtliche Rechtswahrnehmung

Die Garantie der freien Rechtsanwaltswahl gilt nach § 127 Abs. 1 Satz 2 auch, soweit die Rechtswahrnehmung nicht vor Gericht oder einer Behörde erfolgt. Das geht über die Gewährleistung des europäischen Richtlinienrechts hinaus, sodass europarechtskonforme Auslegung nicht geboten ist.[84] Die Grundsätze über Inhalt, Reichweite und Grenzen der freien Anwaltswahl gelten jedoch nach h.M. insoweit gleich.[85] Das ist aus Gründen der Systematik und Normenklarheit vertretbar, bewegt sich im Gestaltungsspielraum gesetzgeberischen Ermessens und ist von Verfassungs wegen grundsätzlich nicht zu beanstanden.[86] 20

V. Gleichgestellte Rechtsvertreter

Der Wahl eines Rechtsanwalts gleichgestellt ist die Wahl von Rechtsvertretern, die nach Maßgabe des Gesetzes über die Tätigkeit europäischer Rechtsanwälte in der jeweils geltenden Fassung in Deutschland zur Berufsausübung berechtigt sind (§ 127 Abs. 2).[87] Diese Gleichstellung entspricht im Hinblick auf die gerichtliche und behördliche Rechtswahrnehmung der Vorgabe in Art. 201 Abs. 2 Solvabilitäts-RiL II. Gegen die Erstreckung auf die außergerichtliche bzw. außerbehördliche Rechtswahrnehmung durch den deutschen Gesetzgeber ist von Verfassungs wegen grundsätzlich nichts zu erinnern.[88] 21

---

82 Hierzu *Bruns* Privatversicherungsrecht § 14 Rn. 60 ff.
83 Im Ergebnis gleich (ohne Angabe einer Anspruchsgrundlage) Harbauer/*Schmitt* § 127 Rn. 6; Looschelders/*Paffenholz* § 127 Rn. 6.
84 Siehe bereits oben Rn. 9 f.
85 Harbauer/*Schmitt* § 127 Rn. 1; Schwintowski/Brömmelmeyer/*Hillmer-Möbius* § 127 Rn. 11; van Bühren/Plote/*Wendt* § 127 Rn. 7; Looschelders/*Paffenholz* § 127 Rn. 3; kritisch Langheid/Wandt/*Richter* § 127 Rn. 10.
86 Hierzu Vor §§ 125–129 Rn. 47; siehe auch oben Rn. 6.
87 Gesetz vom 9.3.2000, BGBl. I 182, 1349 (zuletzt geändert durch Art. 24 des Gesetzes vom 5.10.2021 – BGBl. I 4607).
88 Siehe Vor §§ 125–129 Rn. 47; vgl. auch oben Rn. 6.

§ 128 VVG Gutachterverfahren

[1]Für den Fall, dass der Versicherer seine Leistungspflicht verneint, weil die Wahrnehmung der rechtlichen Interessen keine hinreichende Aussicht auf Erfolg biete oder mutwillig sei, hat der Versicherungsvertrag ein Gutachterverfahren oder ein anderes Verfahren mit vergleichbaren Garantien für die Unparteilichkeit vorzusehen, in dem Meinungsverschiedenheiten zwischen den Vertragsparteien über die Erfolgsaussichten oder die Mutwilligkeit einer Rechtsverfolgung entschieden werden. [2]Der Versicherer hat den Versicherungsnehmer bei Verneinung seiner Leistungspflicht hierauf hinzuweisen. [3]Sieht der Versicherungsvertrag kein derartiges Verfahren vor oder unterlässt der Versicherer den Hinweis, gilt das Rechtsschutzbedürfnis des Versicherungsnehmers im Einzelfall als anerkannt.

Schrifttum

Bauer Entwicklung bei den Allgemeinen Bedingungen für die Rechtsschutzversicherung bis Anfang 2015, NJW **2015** 1651; *Schneider* Entwicklung bei den Allgemeinen Bedingungen für die Rechtsschutzversicherung bis Frühjahr 2017, NJW **2017** 2160.

Übersicht

https://doi.org/10.1515/9783110522709-005

I. Gesetzgebungsgeschichte und Bedeutung

1. Gesetzgebungsgeschichte

Die Norm ist mit der Gesamtregelung der Rechtsschutzversicherung, die der Umsetzung der Vorgaben der Rechtsschutzversicherungsrichtlinie dienen sollte, ursprünglich als § 158n a.F. mit Wirkung zum 1.7.1990 ins Versicherungsvertragsgesetz aufgenommen worden.[1] Die Reform des VVG 2008 hat die Norm im Wesentlichen unverändert in die geltende Version des § 128 überführt. In Satz 1 wurde dabei allerdings das Wort „Objektivität" durch das Wort „Unparteilichkeit" und – weniger bedeutsam – das Wort „Parteien" durch das Wort „Vertragsparteien" ersetzt. Der Reformgesetzgeber ging davon aus, dass darin keine inhaltliche Änderung zu erblicken ist,[2] was im Hinblick auf den Wechsel von der Gewährleistung der „Objektivität" zur „Unparteilichkeit" nicht frei von Zweifel ist. Nach der Änderung der richtlinienrechtlichen Grundlage von der Rechtsschutzversicherungsrichtlinie zur Solvabilitätsrichtlinie II erhebt sich die Frage des Reformbedarfs mit verstärktem Nachdruck.[3] 1

2. Bedeutung

Der Vertragszweck der Rechtsschutzversicherung, die Wahrnehmung der rechtlichen Interessen des VN oder Versicherten zu gewährleisten, lässt sich typischerweise dann am besten erreichen, wenn VN bzw. Versicherter und Rechtsschutzversicherer an einem Strang ziehen. Meinungsverschiedenheiten mit dem Rechtsschutzversicherer sind deshalb eine latente Gefahr für die Erreichung des Vertragszwecks. Rechtsstreitigkeiten zwischen dem VN und dem VR sind vor diesem Hintergrund wenig wünschenswert, wenn nicht gar kontraproduktiv. Gleichwohl lassen sie sich nicht immer vermeiden. Als einen Beitrag zur Lösung dieses Problems sieht das Gesetz die vertragsrechtliche Gewährleistung der Möglichkeit eines außergerichtlichen Verfahrens zur Konfliktlösung vor. Vergegenwärtigt man sich den richtlinienrechtlichen und rechtsvergleichenden Hintergrund, erhellt ohne Weiteres, dass die Bedeutung alternativer Streiterledigung angesichts erheblicher Divergenzen in der Effektivität und Effizienz justizieller Rechtsdurchsetzung nach autonomem Recht von Mitgliedstaat zu Mitgliedstaat sehr variieren kann. Je langwieriger, kostspieliger und ineffektiver die Inanspruchnahme gerichtlichen Rechtsschutzes durch den VN oder Versicherten gegenüber dem Rechtsschutzversicherer, desto größere praktische Bedeutung haben unter Umständen Schiedsverfahren oder vergleichbare Rechtswahrnehmungsverfahren für die Verwirklichung des Vertragszwecks der Rechtsschutzversicherung. Aber auch in Rechtsordnungen wie der deutschen mit ihrem vergleichsweise wirkungsvollen und erschwinglichen Justizsystem kann ein außergerichtliches Verfahren einen wichtigen Beitrag zu Erreichung des Zwecks der Rechtsschutzversicherung leisten. Die gesetzliche Regelung in § 128 überantwortet dabei allerdings die Realisierung des gesetzgeberischen Ziels im Wesentlichen der Vertragsgestaltung und enthält für den Inhalt eines solchen Verfahrens – wenn überhaupt – nur sehr rudimentäre Vorgaben. Bei der Beurteilung der gesetzlichen Regelung ebenso wie bei ihrer Auslegung und 2

1 Hierzu Regierungsbegründung BTDrucks. 11/6341 S. 37 l.Sp. (zu § 158n VVG a.F.); siehe bereits Vor §§ 125–129 Rn. 2.
2 Hierzu die Regierungsbegründung BTDrucks. 16/3945 S. 91 r.Sp. (zu § 128 VVG).
3 Näher noch Bruck/Möller/*Bruns* Bd. 5 § 3a ARB 2010 Rn. 1 f.

Anwendung ist der europarechtliche Hintergrund, insbesondere in Gestalt von Art. 203 Solvabilitäts-RiL II, stets im Auge zu behalten.

II. Normzweck, Regelungsgehalt und Systematik

1. Normzweck

3 Der Regelungszweck der Norm ist nicht ganz klar, weil auch der Sinn und Zweck der richtlinienrechtlichen Vorgabe nicht eindeutig ist. Bei Meinungsverschiedenheiten über die Erfolgsaussichten oder die Mutwilligkeit soll ein Gutachterverfahren oder ein anderes außergerichtliches Streitentscheidungsverfahren mit vergleichbaren Garantien für die Unparteilichkeit vorgesehen sein. Ein Streitentscheidungsverfahren hat nicht notwendig denselben Zweck wie ein gerichtliches Rechtsdurchsetzungsverfahren. Das Streitentscheidungsverfahren soll den Zugang zum gerichtlichen Rechtsschutz unberührt lassen, also eine zusätzliche Möglichkeit zur Entscheidung von Rechtsstreitigkeiten zwischen den Vertragsparteien schaffen. Die Gewährleistung dürfte zwar in erster Linie im Interesse des VN bestehen (arg. ex § 128 Satz 2 und 3), um ihm den Gang zu Gericht zu ersparen, kann aber auch dem VR Vorteile bieten, weil die außergerichtliche Klärung rascher und kostengünstiger vonstattengehen kann als ein Prozess. Außerdem ist zu berücksichtigen, dass der Rechtsschutzversicherer auch die Belange der Gefahrengemeinschaft repräsentiert, was die Wahrung der allgemeinen Grenzen des Versicherungsschutzes, wie sie für alle VN und Versicherten gelten, mit einschließt.[4] Schließlich bietet die Möglichkeit außergerichtlicher Streitentscheidung für den Rechtsschutzversicherer auch Imagevorteile. Die gesetzliche Gewährleistung verfolgt so besehen primär das Ziel, den Vertragszweck der Übernahme der wirtschaftlichen Risiken der Wahrnehmung rechtlicher Interessen gegen die Störung oder Beeinträchtigung durch rechtliche Streitigkeiten über Erfolgsaussichten und Mutwilligkeit der Rechtsverfolgung möglichst abzuschirmen. Vor dem Hintergrund der europäischen richtlinienrechtlichen Vorgaben erhebt sich die Frage, ob die Gewährleistung darüber hinaus als Beitrag zur Rechtsdurchsetzung zugunsten des VN gesehen werden kann („access to justice"). Das wird man allerdings jedenfalls für das deutsche Recht mit seinen leistungsfähigen gerichtlichen Rechtsdurchsetzungsverfahren tendenziell eher verneinen müssen.

2. Regelungsgehalt

4 Die Norm stellt Mindestanforderungen an den Inhalt des Versicherungsvertrages. Das Gutachterbzw. Streitentscheidungsverfahren selbst ist im Gesetz nicht näher geregelt. Allerdings muss das Verfahren bestimmte Anforderungen an die Unparteilichkeit wahren und zu einer Streitentscheidung führen, der eine gewisse Bindungswirkung inter partes zukommt. Darüber hinaus statuiert die Norm eine Hinweispflicht des VR auf das Verfahren, falls er die Leistungspflicht verneint (§ 128 Satz 2), und fingiert sanktionsweise das Rechtsschutzbedürfnis des VN für den konkreten streitigen Einzelfall (§ 128 Satz 3).

3. Systematik

5 Die inhaltlichen Vorgaben für den Versicherungsvertrag bewirken eine Einschränkung der Vertragsfreiheit der Vertragsparteien. Davon betroffen ist in erster Linie die kautelarjuristische Gestaltungsfreiheit des Rechtsschutzversicherers bei der Ausgestaltung und Stellung seiner AVB. Dabei gibt die gesetzliche Regelung keine ganz konkrete Bedingungsgestaltung im Sinne zwingenden

4 Näher hierzu *Bruns* Privatversicherungsrecht § 6 Rn. 7 f.

Gesetzesrechts vor, sondern erteilt einen Ausgestaltungsauftrag an die Vertragsparteien, den nach Lage der Dinge nur der VR durch Stellung von gesetzeskonformen und wirksamen AVB erfüllen kann, an deren Einbeziehung in den Vertrag der VN mitwirkt. Es handelt sich also zwar einerseits um zwingendes Recht, das aber andererseits nur mit ganz erheblichen Einschränkungen materielle Standards setzt. Weder liegt AGB-Recht im klassischen Sinne vor, welches einen materiellen Maßstab für die Einbeziehungs- und Inhaltskontrolle von Vertragsbestimmungen setzt, noch Aufsichtsrecht, das Bedingungen für die Vorabgenehmigung von AVB aufstellt. Die Regelungstechnik ist für das Versicherungsvertragsrecht eher untypisch, wenn nicht gar ein echter Fremdkörper. Sie erinnert in gewisser Hinsicht an versicherungsaufsichtsrechtliche Regelungsmodelle, die den Betrieb des Versicherungsgeschäfts anhand von öffentlich-rechtlichen Verhaltensstandards hoheitlich materiell steuern sollen, was angesichts des hybriden Charakters ihrer europarechtlichen Grundlage in der Rechtsschutzversicherungsrichtlinie und in der Solvabilitätsrichtlinie II etwas eher verständlich wird, ohne letztlich mit der unzulänglichen Systemgerechtigkeit zu versöhnen.

III. Gewährleistung eines Gutachterverfahrens oder eines anderen Verfahrens

1. Europarechtliche Gewährleistung eines Schiedsverfahrens oder eines vergleichbaren Verfahrens

a) Richtlinienrechtliche Vorgaben

aa) Überblick. Die europarechtlichen Vorgaben ergaben sich ursprünglich aus Art. 6 der Rechtsschutzversicherungsrichtlinie von 1987, der in § 158n a.F. eine Umsetzung in deutsches Recht fand. Diese Umsetzungsregelung ist – in wesentlichen Teilen unverändert – in § 128 bis heute in Kraft. Wichtige Änderungen brachte die Transposition der rechtsschutzversicherungsrechtlichen Vorgaben in Art. 203 der Solvabilitätsrichtlinie II im Jahre 2009. Der besseren Verständlichkeit halber sind die europarechtlichen Normen in der Reihenfolge ihrer Entstehung gesondert zu erörtern. 6

bb) Rechtsschutzversicherungsrichtlinie a.F. Die Rechtsschutzversicherungsrichtlinie 1987 verpflichtete die Mitgliedstaaten, alle zweckdienlichen „Vorkehrungen" zu treffen, damit ein „Schiedsverfahren oder ein anderes Verfahren vorgesehen wird, das vergleichbare Garantien für die Objektivität bietet", nach dem die Haltung „entschieden wird", die „bei Meinungsverschiedenheiten zwischen dem Rechtsschutzversicherer und seinem Versicherten hinsichtlich des Vorgehens zur Beilegung des Streitfalls" einzunehmen ist (Art. 6 Satz 1 Rechtsschutzversicherungs-RiL). Diese Gewährleistung sollte „unbeschadet eines durch die einzelstaatlichen Vorschriften gegebenenfalls vorgesehenen Rechts auf die Einlegung von Rechtsmitteln" gelten. Klar ist dabei zunächst, dass der Begriff „Rechtsmittel" zu eng ist, weil nicht lediglich das Recht zur Einlegung von Berufung und Revision vorbehalten sein soll, sondern insbesondere auch das Recht zur Klage vor Gericht. Richtigerweise bleibt mithin das Recht zur Einlegung von nach mitgliedstaatlichem Recht vorgesehenen Rechtsbehelfen vorbehalten. An erster Stelle nannte Art. 6 Abs. 1 Rechtsschutzversicherungs-RiL dabei ein Schiedsverfahren, an zweiter Stelle ein anderes Verfahren mit vergleichbaren Objektivitätsgarantien. Sowohl ein „Schiedsverfahren" als auch ein anderes Verfahren müssen also bestimmte Objektivitätsgarantien bieten. Ein solches Verfahren sollte ohne nähere Einschränkung garantiert sein bei Meinungsverschiedenheiten hinsichtlich des Vorgehens zur Beilegung des Streitfalls, gemeint ist der Streitfall zwischen dem Rechtsschutzversicherer auf der einen und dem VN bzw. Versicherten auf der anderen Seite. Nach dem Wortlaut der Rechtsschutzversicherungsrichtlinie musste es sich außerdem um ein Verfahren handeln, in dem bei Meinungsverschiedenheiten „entschieden" wird. Erforderlich war also ursprünglich ein Streitentscheidungsverfahren und kein reines Mediationsverfahren, das auf einvernehmliche Lösung ausgerichtet ist. Außerdem 7 sollte im Versicherungsvertrag anzugeben sein, dass „der Versicherte das Recht hat, ein solches Verfahren in Anspruch zu nehmen" (Art. 6 Satz 1 Rechtsschutzversicherungs-RiL).

8 **cc) Solvabilitätsrichtlinie II.** Die Korrespondenznorm in Art. 203 Solvabilitäts-RiL II trägt nunmehr die Überschrift „Schiedsverfahren". Erhalten geblieben ist der – sprachlich nach wie vor zu enge – Vorbehalt zugunsten einzelstaatlicher „Rechtsmittel".[5] Die Neufassung gibt nunmehr den Mitgliedstaaten auf, „zur Regelung etwaiger Streitfälle zwischen dem Rechtsschutzversicherer und dem Versicherten" ein Schiedsverfahren oder ein anderes Verfahren mit vergleichbaren Objektivitätsgarantien „vorzusehen" (Art. 203 Satz 1 Solvabilitäts-RiL II). Anders als nach der Vorgängerregelung genügt es mithin nicht mehr, alle zweckdienlichen „Vorkehrungen" zu treffen, damit ein Verfahren im Versicherungsvertrag „vorgesehen wird". Konsequenterweise lautet Art. 203 Satz 2 Solvabilitäts-RiL II nunmehr auch direkter: „In dem Versicherungsvertrag wird dem Versicherten das Recht eingeräumt, ein solches Verfahren in Anspruch zu nehmen." Es soll also offenbar nicht mehr lediglich eine gesetzliche Verpflichtung zu entsprechender Vertragsgestaltung durch die Parteien bzw. den Rechtsschutzversicherer begründet werden. Vielmehr haben die Mitgliedstaaten selbst ein entsprechendes Verfahren vorzusehen, und zwar in Gestalt zwingenden Rechts. Die Neuregelung enthält überdies nicht mehr die Formulierung, dass es sich um ein Streitentscheidungsverfahren handeln muss, sondern um ein Verfahren „zur Regelung etwaiger Streitfälle" (Art. 203 Satz 1 Solvabilitäts-RiL II). Entfallen ist die in der Vorgängerregelung noch statuierte Notwendigkeit eines Hinweises darauf, dass der Versicherte ein Recht hat, ein solches Verfahren in Anspruch zu nehmen.

b) Unklarheiten und Zweifelsfragen

9 **aa) Schiedsverfahren?** Die richtlinienrechtliche Regelung birgt eine Reihe von Unklarheiten und Zweifelsfragen. An erster Stelle erhebt sich die Frage, was unter einem Schiedsverfahren zu verstehen ist, wie es nach Richtlinienrecht zu gewährleisten ist. Prima vista könnte ein schiedsrichterliches Verfahren im Sinne der §§ 1025 ff. ZPO in Betracht kommen.[6] Eine entsprechende Vertragsgestaltung hätte dann den Charakter einer Schiedsvereinbarung (§§ 1029 ff. ZPO). Das Schiedsverfahren bietet zweifelsohne gewisse Mindestgarantien für Objektivität im Sinne einer grundsätzlichen Rechtsbindung (§ 1051 ZPO), außerdem für Unparteilichkeit (§§ 1034 ff. ZPO), Gleichbehandlung der Parteien (§ 1042 Abs. 1 Satz 1 ZPO), rechtliches Gehör (Art. 1042 Abs. 1 Satz 2 ZPO) und anwaltliche Vertretung (§ 1042 Abs. 2 ZPO). Es handelt sich auch um ein Streitentscheidungsverfahren, das Streiterledigung durch Vergleich nicht ausschließt (§ 1053 ZPO), der Schiedsspruch hat unter den Parteien die Wirkungen eines rechtskräftigen gerichtlichen Urteils (§ 1055 ZPO), und die Entscheidung, die einen Schiedsspruch für vollstreckbar erklärt, ist nach Maßgabe von § 794 Abs. 1 Nr. 4 lit. a ZPO Vollstreckungstitel. Allerdings passt der richtlinienrechtliche Vorbehalt zugunsten mitgliedstaatlicher Rechtsbehelfe nicht zur Schiedseinrede, die auf entsprechende Rüge des Beklagten zur Klageabweisung als unzulässig führt (§ 1032 Abs. 1 ZPO). Weil es aber gerade Sinn und Zweck einer Schiedsvereinbarung ist, einen Rechtsstreit vor staatlichen Gerichten auszuschließen, kann ein Schiedsverfahren im technischen Sinne letztlich auch nicht Regelungsziel der richtlinienrechtlichen Gewährleistung sein.

10 Die vertragliche Vereinbarung eines Schiedsgutachterverfahrens, das darauf ausgerichtet ist, das Bestehen oder Nichtbestehen des Leistungsanspruchs des VN bzw. Versicherten für die Parteien verbindlich festzustellen, ist nach in der deutschen Diskussion h.M. ein materiellrechtlicher

5 Siehe bereits oben Rn. 7.

6 Vgl. OLG Düsseldorf 18.5.2018 – I-4 U 157/17 (juris).

Schiedsgutachtenvertrag im engeren Sinne,[7] auf den die §§ 317 ff. BGB analog anzuwenden sind.[8] Die in der deutschen Rechtswissenschaft wohl h.M. geht offenbar davon aus, dass ein solches Verfahren ein *„Schiedsverfahren“* im Sinne der richtlinienrechtlichen Vorgaben ist.[9] Dem in der Rechtsschutzversicherungsrichtlinie a.F. aufgestellten Erfordernis, dass *„entschieden wird“*, entspricht einem Schiedsgutachterverfahren, wenn – wie es im BGB für die Leistungsbestimmung durch einen Dritten vorgesehen ist – eine verbindliche Bestimmung der Leistungspflicht durch den Schiedsgutachter getroffen wird (§ 317 Abs. 1 BGB analog). Im Fall einer verbindlichen Leistungsbestimmung ist auch das gegenüber der Rechtsschutzversicherungsrichtlinie modifizierte Erfordernis einer *„Regelung“* der Streitigkeit erfüllt. Wenn man davon ausgeht, dass eine *„Regelung der Streitigkeit“* auch Gewähr für eine einvernehmliche Lösung bieten muss, dann entspricht dieser Vorgabe die Möglichkeit zum Abschluss eines außergerichtlichen Vergleichs durch die Parteien des Streits (§ 779 BGB). Unklar ist, ob und inwieweit ein Schiedsgutachtenverfahren eine *„Garantie für Objektivität“* bietet. Die konkrete Ermittlung der Anforderungen, die das Kriterium der Objektivität enthält, ist schwierig. Enthalten ist das Element der Neutralität der Entscheidungsperson, aber auch eine weitgehende Freiheit von persönlich individueller Wertung. Im Ausgangspunkt verlangt Objektivität eine auf juristischer Fachkunde beruhende rechtliche Beurteilung. Psychotherapeutische Konfliktlösungsverfahren scheiden ebenso aus wie ein Losverfahren. Beurteilung auf der Grundlage juristischer Fachkunde dürfte auch bedeuten, dass die Rechtsprechung und bestehende Streitstände in der wissenschaftlichen Diskussion ebenso zu berücksichtigen sind wie herrschende Meinungen. Außerdem wird man hierher das Erfordernis einer im Rahmen des Möglichen gesicherten Tatsachenbasis rechnen dürfen. Das deutet auf inhaltliche Mindesterfordernisse hin. Darüber hinaus kann die verfahrensmäßige Gestaltung eine Rolle spielen, wie beispielsweise die Anhörung der Streitparteien, ihre Gleichbehandlung oder eine Begründung, die eine Überprüfung der inhaltlichen und verfahrensmäßigen Qualitätsstandards erst ermöglicht. Mit Qualitätsanforderungen an das Verfahren und die Entscheidung einhergehen gewisse Anforderungen an die Qualifikation des Gutachters, die in aller Regel nur von Personen mit Befähigung zum Richteramt oder von Hochschullehrern der Rechtswissenschaft erfüllt werden können. Schon diese knappen Überlegungen zeigen, dass sich das Erfordernis der Objektivität keineswegs in der Neutralität des Gutachters erschöpft. Ein Schiedsgutachterverfahren kann also dem Kriterium der Objektivitätsgarantie entsprechen, muss es aber nicht. Entscheidend ist seine konkrete Ausgestaltung.

bb) Verfahren mit vergleichbaren Objektivitätsgarantien? Verfahren, die keine Schiedsver- 11
fahren im Sinne der richtlinienrechtlichen Normierung sind, können europarechtlichem Mindeststandard entsprechen, wenn sie einem solchen Schiedsverfahren vergleichbare Objektivitätsgarantien bieten. Ob das der Fall ist, bedarf einer genauen Prüfung der konkreten Ausgestaltung des Verfahrens. Die in der deutschen Diskussion wohl h.M. geht davon aus, dass ein in ARB häufig vorgesehener Stichentscheid durch einen vom VN oder Versicherten beauftragten Rechtsanwalt dem europäischen Richtlinienrecht genügt. In der Regierungsbegründung zu § 158n a.F. (BTDrucks.-11/6341, S. 37 l.Sp.), der die Rechtsschutzversicherungsrichtlinie umsetzen sollte, ist die Zulässigkeit eines Ver-

7 Beispiele aus der Rechtsprechung BGH 25.6.1952 – II ZR 104/51, BGHZ **6** 335, 337ff = NJW **1952** 1296.; BGH 20.3.1953 – V ZR 5/52, BGHZ **9** 138, 144 f. = NJW **1953** 825, 826; BGH 17.5.1967 – VIII ZR 58/66, BGHZ **48** 25, 27 f. = NJW **1967** 1804; BGH 17.1.2013 – III ZR 10/12, NJW **2013** 1296, 1297; BGH 4.7.2013 – III ZR 52/12, NJW-RR **2014** 492, 493; aus der Literatur statt vieler Grüneberg/*Grüneberg* § 317 Rn. 4, 6; Jauernig/*Stadler* § 317 Rn. 2, 6 f.

8 BGH 27.6.2001 – VIII ZR 235/00, NJW **2001** 3775, 3776f.; BGH 17.1.2013 – III ZR 10/12, NJW **2013** 1296, 1297; BGH 4.7.2013 – III ZR 52/12, NJW-RR **2014** 492, 493; Jauernig/*Stadler* § 317 Rn. 2; Grüneberg/*Grüneberg* § 317 Rn. 3; MüKoBGB/*Würdinger* § 317 Rn. 9 m.w.N. Zum Ganzen noch Rn. 18.

9 Die Frage wird in der Kommentarliteratur – soweit ersichtlich – nicht diskutiert: vgl. z.B. Langheid/Wandt/*Richter* § 128 Rn. 1 ff.; Prölss/Martin/*Piontek* § 128 Rn. 1; Looschelders/Pohlmann/*Paffenholz* § 128 Rn. 1, 7 ff.; Looschelders/*Paffenholz* § 128 Rn. 1, 11 ff.

fahrens nach dem Modell des Stichentscheides explizit hervorgehoben. Die Regierungsbegründung zur Reformnovelle 2008 (BTDrucks. 16/3945 S. 91 r.Sp.) geht davon aus, dass ein Stichentscheid auch nach geltendem Recht zulässig bleibt, „soweit die Regelung für den VN von Vorteil ist." In der Literatur wird auch diese Frage nicht näher thematisiert.[10] Wenn man sich vergegenwärtigt, dass bei einem Stichentscheidverfahren in aller Regel der vom VN bzw. Versicherten beauftragte Rechtsanwalt beauftragt wird, ist das im Hinblick auf die Objektivität schon deshalb fragwürdig, weil der Rechtsanwalt nicht nur ein unabhängiges Organ der Rechtspflege ist (§ 1 BRAO), sondern auch der Berater und Vertreter seines Mandanten (§ 3 Abs. 1 BRAO). Ein Schiedsverfahren im Sinne des Richtlinienrechts dürfte deshalb nicht vorliegen. Weitergehende inhaltliche und verfahrensmäßige Anforderungen, wie sie sich für andere als Schiedsverfahren aus dem Erfordernis vergleichbarer Objektivität speisen, werden typischerweise nicht oder nicht voll erfüllt. Deshalb lässt sich füglich bezweifeln, ob ein solches Stichentscheidverfahren den europarechtlichen Vorgaben entspricht. Diese Zweifel lassen sich auch nicht einfach mit dem Hinweis auf den halbzwingenden Charakter der deutschen Umsetzungsregelung entkräften, weil das Richtlinienrecht selbst nicht halbzwingend ist. Letztlich kommt es auf die konkrete Ausgestaltung des Verfahrens an, pauschale Aussagen sind nicht angezeigt.

12 **cc) Streitentscheidungsverfahren oder Regelungsverfahren?** Während die Rechtsschutzversicherungsrichtlinie ursprünglich auf die Gewährleistung eines Streitentscheidungsverfahrens abzielte (Art. 6 Satz 1 Rechtsschutzversicherungs-RiL), verlangt Art. 203 Solvabilitäts-RiL II ein Verfahren „zur Regelung etwaiger Streitigkeiten". Streitentscheidung dürfte mit einer für beide Parteien materiellrechtlich bindenden Bestimmung der Leistungspflicht des Rechtsschutzversicherers im Sinne der §§ 317 bis 319 BGB erfüllt sein. Ist das Ergebnis des Verfahrens dagegen nur einseitig bindend, erheben sich Zweifel. Ein lediglich zu Lasten des VN bindendes Verfahrensergebnis wäre mit europäischem Recht wohl kaum vereinbar. Das lässt sich zwar nicht schon mit dem Argument stützen, es erschwere entgegen dem Vorbehalt zugunsten mitgliedstaatlicher Rechtsbehelfe die Rechtsverfolgung gegen den VR. Denn ohne jegliche materiellrechtliche Bindung gibt es keine Streitentscheidung, die diesen Namen verdient. Nur darf die Möglichkeit einer Klage dadurch nicht ausgeschlossen sein, was in aller Regel auch nicht der Fall ist. Es erhebt sich aber die Frage, ob das Gebot der Gleichbehandlung der Parteien, wie es sich aus der Objektivitätsgewährleistung entnehmen lässt,[11] nicht auch die Gleichmäßigkeit der Bindungswirkung für und gegen beide Parteien verlangt. Dieser Gedanke stellt die Europarechtskonformität der Verfahrensgestaltung auch dann in Frage, wenn die Entscheidung nur zu Lasten des Rechtsschutzversicherers bindend sein soll. Wenn der deutsche Gesetzgeber und die h.M. in der Literatur keine grundsätzlichen europarechtlichen Bedenken gegen die Zulässigkeit eines Verfahrens nach dem Modell des Stichentscheides hegen,[12] gehen sie damit ganz offenbar auch insoweit von der Europarechtskonformität eines bloß den VR bindenden Verfahrens aus. Wenn man sich die leistungsbegrenzende Funktion des Gefahrengemeinschaftsprinzips vor Augen hält[13] und die Gleichbehandlung der Parteien auch aus diesem Grunde für geboten hält, bestehen gegen diese h.M. erhebliche Bedenken. Die Gewährleistung eines Regelungsverfahrens schließt die Streitentscheidung mit ein. Auch insoweit ist ein Verfahren auf der Grundlage juristischer Fachkunde erforderlich, das allerdings durch Elemente eines Güteverfahrens oder juristischer Mediation ergänzt sein kann. Ein Wahlrecht des Rechtsschutzversicherers zwischen mehreren alternativ vereinbarten Verfahren sieht das Richtlinienrecht nicht vor.

---

10 Z.B. Langheid/Wandt/*Richter* § 128 Rn. 4; Prölss/Martin/*Piontek* § 128 Rn. 1; Looschelders/Pohlmann/*Paffenholz* § 128 Rn. 1, 9 ff.; Looschelders/*Paffenholz* § 128 Rn. 1, 11 ff.; Harbauer/*Schmitt* § 128 Rn. 9.

11 Siehe bereits oben Rn. 11.

12 Hierzu die Nachweise Rn. 11.

13 Hierzu *Bruns* Privatversicherungsrecht § 6 Rn. 7 f.

dd) Gegenstände des Verfahrens? Die Rechtsschutzversicherungsrichtlinie umschrieb den Gegenstand, für den das Schieds- oder schiedsähnliche Verfahren gewährleistet sein sollte, folgendermaßen: „... die Haltung, die bei Meinungsverschiedenheiten zwischen dem Rechtsschutzversicherer und seinem Versicherten hinsichtlich des Vorgehens zur Beilegung des Streitfalls einzunehmen ist." (Art. 6 Satz 1 Rechtsschutzversicherungs-RiL). Offenbar geht es dabei um Streitigkeiten hinsichtlich der Art und Weise der Rechtswahrnehmung, und zwar zwischen dem Rechtsschutzversicherer auf der einen Seite und dem VN bzw. Versicherten auf der anderen. Das setzt den Eintritt des Versicherungsfalls voraus. Bemerkenswerterweise waren also Streitigkeiten über den Eintritt des Versicherungsfalls ursprünglich nicht erfasst, ebenso wenig Streitigkeiten über Leistungsausschlüsse, Leistungsbegrenzungen oder Einschränkungen oder Ausschlüsse infolge von Obliegenheitsverletzungen, die nicht im Zusammenhang mit der Art und Weise des Vorgehens gegen den Gegner des VN in Zusammenhang stehen. Eine Beschränkung auf Meinungsverschiedenheiten über die Erfolgsaussichten oder die Mutwilligkeit der Rechtsverfolgung, wie sie der deutsche Gesetzgeber vorgenommen hat (§ 128 Satz 1, § 158n Satz 1 a.F.), war damit allerdings nicht zwangsläufig verbunden. Denn man kann auch über die Vorgehensweise gegen den Gegner streiten, die für den Umfang der Leistungspflicht des Rechtsschutzversicherers relevant sein kann, ohne dass Fragen der Erfolgsaussichten oder Mutwilligkeit unmittelbar betroffen sind. 13

Die Solvabilitätsrichtlinie II ordnet nunmehr an, dass das Verfahren *„zur Regelung etwaiger Streitfälle zwischen dem Rechtsschutzversicherer und dem Versicherten"* eröffnet sein muss (Art. 203 S. 1 Solvabilitäts-RiL II). Das schließt nicht nur Streitigkeiten über den Eintritt des Versicherungsfalls mit ein, sondern auch jedwede andere denkbare Streitigkeit zwischen dem Rechtsschutzversicherer und dem VN bzw. Versicherten. Unklar ist lediglich, ob auch der Streit über den Bestand eines Versicherungsvertrages erfasst ist. Dabei spricht manches dafür, zumindest den äußerlich wirksamen Abschluss eines Versicherungsvertrages, also Antrag und Annahme als Voraussetzung für die Eröffnung des Streitverfahrens anzusehen. Hingegen müssen Streitigkeiten über den Fortbestand und die Beendigung des Versicherungsschutzes grundsätzlich erfasst sein. Eine Beschränkung auf Streitigkeiten über Erfolgsaussichten und Mutwilligkeit der Rechtsverfolgung findet im geltenden Richtlinienrecht mithin noch weit weniger eine Stütze als unter der Rechtsschutzversicherungsrichtlinie. 14

ee) Vereinbarungspflicht oder zwingendes Gesetzesrecht? Die Rechtsschutzversicherungsrichtlinie gab den Mitgliedstaaten ursprünglich vor, „alle zweckdienlichen Vorkehrungen zu treffen", damit das geforderte „Verfahren vorgesehen wird" (Art. 6 Satz 1 Rechtsschutzversicherungs-RiL). Es musste sich augenscheinlich nicht um eine gesetzliche Regelung des Verfahrens selbst handeln. Der deutsche Gesetzgeber ging wie selbstverständlich davon aus, dass es genügt vorzusehen, dass der Versicherungsvertrag ein entsprechendes Verfahren vorsehen muss (§ 158n Satz 1 a.F.).[14] Die wohl h.M. hat ihm – ohne nähere Diskussion – nicht widersprochen. Die Neuregelung in der Solvabilitätsrichtlinie II lautet dagegen nur noch, dass die Mitgliedstaaten das geforderte Schieds- bzw. schiedsähnliche Verfahren „vorsehen" (Art. 203 Satz 1 Solvabilitäts-RiL II). Das deutet eher auf die Notwendigkeit einer gesetzlichen Regelung hin, welche die Aufnahme in den Versicherungsvertrag nicht den Vertragsparteien bzw. dem die ARB gestaltenden Rechtsschutzversicherer überantwortet, sondern das gebotene Verfahren selbst regelt. 15

ff) Intertemporaler Anwendungsbereich? Schließlich erhebt sich die Frage des intertemporalen Anwendungsbereichs der richtlinienrechtlichen Vorgaben. Die Solvabilitätsrichtlinie II sah das Inkrafttreten der Regelung über die Rechtsschutzversicherung ursprünglich für den 1. November 2012 vor (Art. 311 Satz 2 Solvabilitäts-RiL II). Durch Art. 2 Nr. 83 der Richtlinie 2014/51/EU des Europäischen Parlaments und des Rates vom 16. April 2014 wurde das Inkrafttreten der rechts- 16

---

14 Regierungsbegründung BTDrucks. 11/6341 S. 37 l.Sp. (zu § 158n a.F.).

schutzversicherungsrechtlichen Regelung auf den 1. Januar 2016 verschoben.[15] Eine Unterscheidung zwischen Bestandsverträgen und Neuverträgen ist im Richtlinienrecht nicht vorgesehen. Deshalb ist davon auszugehen, dass die Gewährleistung eines Schieds- oder schiedsähnlichen Verfahrens unterschiedslos für alle Rechtsschutzversicherungsverträge gelten soll.

17 **c) Würdigung.** Die richtlinienrechtliche Regelung birgt eine Vielzahl von Unklarheiten und Zweifelsfragen. Das beginnt bei der Frage, was unter einem Schiedsverfahren zu verstehen ist, setzt sich fort bei der Bedeutung der Objektivitätsgarantien über das Verfahrensziel – Entscheidung oder Regelung – sowie die notwendigen Verfahrensgegenstände bis hin zum Modus der gesetzgeberischen Verwirklichung. Eine relativ weit gehende richtlinienrechtliche Anordnung, die von derart vielen und teilweise ganz erheblichen Ungenauigkeiten gekennzeichnet ist, kann schwerlich als geglückt bezeichnet werden. Sie stellt den mitgliedstaatlichen Gesetzgeber angesichts ihrer Unbestimmtheit bei der Umsetzung vor ganz besondere Herausforderungen. Besonders problematisch ist dabei die Frage der Bindungswirkung des Verfahrens. Einerseits sollen Rechtsbehelfe nach mitgliedstaatlichem Recht vorbehalten sein, andererseits macht ein Verfahren ohne jede rechtliche Bindung an das Ergebnis keinen Sinn. Rechtliche Bindung hat allerdings naturgemäß Konsequenzen für die Erfolgsaussichten gerichtlichen Rechtsschutzes. Darin zeigt sich ein schwer lösbarer innerer Widerspruch der richtlinienrechtlichen Regelung, der eine europarechtskonforme Umsetzung zusätzlich erschwert. Letztlich kann man sich fragen, ob eine derartige Vorgabe des Richtliniengebers überhaupt geeignet ist, das Problem von Meinungsverschiedenheiten zwischen Rechtsschutzversicherer und VN bzw. Versichertem angemessen zu lösen. Möglicherweise wäre es besser gewesen, wenn sich der Richtliniengeber einer Regelung der Problematik in dieser Form ganz enthalten hätte.

2. Die versicherungsvertragsgesetzliche Gewährleistung eines Gutachterverfahrens oder eines vergleichbaren Verfahrens

a) Gutachterverfahren oder Verfahren mit vergleichbaren Garantien für die Unparteilichkeit

18 **aa) Gutachterverfahren.** Die gesetzliche Regelung verlangt, dass im Versicherungsvertrag ein Gutachterverfahren vorgesehen wird (§ 128 Satz 1). Im Gegensatz zu Art. 203 Satz 1 Solvabilitäts-RiL II ist in der Umsetzungsregelung nicht von einem Schiedsverfahren die Rede. Der europarechtlich gebotenen Gewährleistung entspricht die Norm nur dann, wenn das Gutachterverfahren die Anforderungen an ein Schiedsverfahren im Sinne von Art. 203 Satz 1 Solvabilitäts-RiL II erfüllt. Das bedeutet insbesondere, dass gewisse Objektivitätsstandards erfüllt sein müssen.[16] Es genügt also keineswegs jede wie auch immer geartete Form der Begutachtung.[17] Die h.M. geht allerdings davon aus, dass ein Schiedsgutachterverfahren, wie es in ARB häufig vorgesehen ist, den gesetzlichen Anforderungen entspricht.[18] Dem ist in dieser Allgemeinheit nicht zuzustimmen. Die gesetzliche Regelung verlangt die Wahrung einer Unparteilichkeit auch im Gutachterverfahren, wie sich

---

15 ABl. EU Nr. L 153 vom 22.5.2014, S. 1, 59.

16 Zu den europarechtlichen Anforderungen an die Objektivität des Verfahrens bereits oben Rn. 9, 10.

17 Zur möglichen inhaltlichen Ausgestaltung des Schiedsgutachterverfahrens sowie der Unwirksamkeit einer ARB-Klausel, durch welche der VN nicht erkennen kann, ob für ihn eine Ausschlussfrist existiert oder nicht, siehe OLG Celle 22.9.2022 – 8 U 336/21, VersR **2022** 1365, 1366 ff.

18 OLG Köln 20.12.2011 – 9 U 122/11, VersR **2012** 1428; OLG Celle 22.9.2022 – 8 U 336/21, VersR **2022** 1365, 1370 f.; OLG Düsseldorf 18.5.2018 – 4 U 257/17 (juris); aus der Literatur in diesem Sinne Langheid/Wandt/*Richter* § 128 Rn. 8; wohl auch Prölss/Martin/*Piontek* § 128 Rn. 2; Looschelders/Pohlmann/*Paffenholz* § 128 Rn. 1, 7 f.; Looschelders/*Paffenholz* § 128 Rn. 1, 11.

aus der Mindestanforderung vergleichbarer Garantien für die Unparteilichkeit bei anderen Verfahren ergibt (§ 128 Satz 1). Nur wenn und soweit Unparteilichkeit des Verfahrens garantiert ist, kann es der gesetzlichen Regelung gerecht werden. Das hängt von der konkreten Verfahrensgestaltung ab und bedarf unter Umständen genauer Prüfung der jeweiligen kautelarjuristischen Gestaltung. Mindestanforderung ist die analoge Geltung der §§ 317 bis 319 BGB, wie sie die h.M. für Schiedsgutachterverfahren annimmt.[19] Darüber hinaus sind die Vorgaben des § 84 VVG zu beachten, dessen Anwendbarkeit im Einzelnen unklar und streitig ist und genauer Prüfung im Einzelfall bedarf.[20]

Bei der Gesetzesauslegung muss man sich vergegenwärtigen, dass die Bedeutung des Begriffs der Unparteilichkeit, wie sie die geltende Gesetzesfassung enthält, nicht unbedingt mit der europarechtlich gebotenen *„Objektivität"* identisch ist.[21] Der Reformgesetzgeber ist bei der Novelle des VVG 2008 offenbar davon ausgegangen, dass im Wechsel der Formulierung von *„Objektivität"* zu *„Unparteilichkeit"* keine inhaltliche Änderung liegen soll.[22] Das mag man bezweifeln. Doch lässt sich die Annahme des Gesetzgebers, die Vorgängerregelung sei inhaltlich unverändert übernommen worden, auch so deuten, dass Unparteilichkeit im Sinne der europarechtlich gebotenen Objektivität zu interpretieren ist, wie sie in § 158n Satz 1 a.F. noch ausdrücklich verlangt war. Diese Auslegung meidet die Gefahr unzulänglicher Umsetzung der richtlinienrechtlichen Vorgaben. Sie lässt sich dogmatisch entweder mit der Erwägung rechtfertigen, dass Objektivität die Unparteilichkeit der Verfahrensgestaltung begrifflich mit einschließt oder dass die Begriffe der Objektivität und der Unparteilichkeit zwei sich überschneidende Kreise bilden. Das daraus folgende weite Begriffsverständnis entspricht überdies dem Ziel der gesetzlichen Regelung, gerichtliche Auseinandersetzungen zwischen Rechtsschutzversicherer und VN zur bestmöglichen Verwirklichung des Versicherungszwecks tunlichst zu vermeiden.[23] 19

bb) Verfahren mit vergleichbaren Garantien für die Unparteilichkeit. Interpretiert man den Begriff der Unparteilichkeit europarechtskonform im Sinne von Objektivität, muss ein Verfahren, das kein Gutachterverfahren ist, vergleichbare Objektivitätsgarantien bieten wie ein Schiedsgutachterverfahren. Problematisch erscheint das insbesondere im Hinblick auf den in den ARB vielfach vorgesehenen Stichentscheid durch den vom VN beauftragten Rechtsanwalt, der in der Praxis das Feld beherrscht.[24] Wenngleich der VR die Kosten (beim Stichentscheid) tragen muss, bleibt der VN der Gebührenschuldner des Rechtsanwaltes.[25] Denn seine Unparteilichkeit ist letztlich nicht gewährleistet. Zwar ist er unabhängiges Organ der Rechtspflege (§ 1 BRAO), er ist aber eben auch Interessenvertreter seines Mandanten (§ 3 Abs. 1 BRAO).[26] Hinzu kommt, dass sich sein wirtschaftliches Eigeninteresse an weiterer Rechtsverfolgung schwer von der Hand weisen lässt. Gleichwohl geht der Gesetzgeber davon aus, dass der Stichentscheid nach der gesetzlichen Regelung zulässig ist, „sofern die Regelung für den VN von Vorteil ist."[27] Inwiefern ein Stichentscheid für den VN „von Vorteil" sein muss, ist dabei unklar. Die wohl h.M. geht ebenfalls von der grund- 20

19 BGH 27.6.2001 – VIII ZR 235/00, NJW **2001** 3775, 3776 f.; BGH 17.1.2013 – III ZR 10/12, NJW **2013** 1296, 1997; BGH 4.7.2013 – III ZR 52/12, NJW-RR **2014** 492, 493; Jauernig/*Stadler* § 317 Rn. 2; Grüneberg/*Grüneberg* § 317 Rn. 3; MüKoBGB/*Würdinger* § 317 Rn. 9 m.w.N.

20 Hierzu noch Bruck/Möller/*Bruns* Bd. 5 § 3a ARB 2010 Rn. 7.

21 Vgl. Rn. 10.

22 Regierungsbegründung BTDrucks. 16/3945 S. 91 r.Sp.

23 Zum Normzweck Rn. 3.

24 Hierzu Langheid/Wandt/*Richter* § 128 Rn. 7, 8.

25 OLG Düsseldorf 28.6.2019 – 4 U 111/17, VersR **2019** 1550, 1552.

26 Siehe bereits oben Rn. 11.

27 Regierungsbegründung BTDrucks. 16/3945 S. 91 r.Sp.; inhaltsgleich zur Vorgängerregelung § 158n Satz 1 a.F. die Regierungsbegründung BTDrucks. 11/6341 S. 37 l.Sp.

sätzlichen Zulässigkeit eines solchen Stichentscheides aus.[28] Diese Ansicht ist durchaus fragwürdig, insbesondere wenn man sich vergegenwärtigt, dass das Verfahren auch dem Gefahrengemeinschaftsgedanken Rechnung tragen sollte, dem nicht nur eine Garantiefunktion zugunsten des einzelnen VN, sondern auch eine Begrenzungsfunktion innewohnt.[29] Voraussetzungen, Reichweite und Grenzen der Bindungswirkung bedürften im Grunde genommen gesetzlicher Regelung.

21 **cc) Gewährleistung alternativer Verfahren?** Weil das Gesetz dem Rechtsschutzversicherer einen weiten Gestaltungsspielraum überantwortet, stellt sich die Frage, ob lediglich ein Verfahren vorgesehen werden muss oder ob alternativ mehrere Verfahren vorgesehen werden können, wie es in den ARB 2010 (§ 3a) und 2012 (Nr. 4.3) mit Stichentscheid und Schiedsgutachterverfahren der Fall ist.[30] Im zweiten Fall erhebt sich die Folgefrage, ob die Zuordnung der Streitigkeit zu dem jeweiligen Verfahren nach objektiven Kriterien erfolgen muss oder ob der Rechtsschutzversicherer im Streitfall etwa selbst die Verfahrensart bestimmen kann oder ob dem VN ein Wahlrecht zusteht. Die gesetzliche Regelung ist nicht ganz eindeutig. Zwar lässt sich die gesetzlich eröffnete Alternative zwischen einem Gutachterverfahren und einem anderen Verfahren mit vergleichbaren Unparteilichkeitsgarantien auch so verstehen, dass auch in den ARB eine Alternative vorgesehen sein kann. Gegen diese Sichtweise spricht indessen die bessere Handhabbarkeit einer Regelung ohne solche Alternative, weil sonst unwillkürlich neuer Streit droht, darüber, welches Verfahren im jeweiligen Fall anzuwenden ist. Es war auch sicherlich nicht beabsichtigt, dass die Rechtsschutzversicherer eine Alternative anbieten müssen.[31] Deshalb ist letztlich eine Gesetzesauslegung vorzugswürdig, die zur Aufnahme genau eines Verfahrens in den Versicherungsvertrag verpflichtet. Die Worte „oder ein anderes Verfahren“ in § 128 Satz 1 sind also auszulegen im Sinne von „entweder – oder“. Weichen die ARB hiervon ab, so ist angesichts des halbzwingenden Charakters der Regelung (§ 129) lediglich ein Wahlrecht des VN bzw. Versicherten mit dem Gesetz vereinbar, weil ein Wahlrecht des Rechtsschutzversicherers dem VN zum Nachteil gereichen würde.[32] Die Zulässigkeit inhaltlicher Ausgestaltung endet dort, wo sie praktisch zum Ausschluss des Verfahrens führt.[33]

22 **b) Verneinung der Leistungspflicht als Verfahrensvoraussetzung.** Das Gesetz verpflichtet dazu, ein Gutachterverfahren für den Fall vorzusehen, dass *„der VR seine Leistungspflicht verneint“* (§ 128 Satz 1). Diese Voraussetzung findet sich im Richtlinienrecht in dieser Form nicht. Die Rechtsschutzversicherungsrichtlinie sprach ursprünglich lediglich von *„Meinungsverschiedenheiten“* (Art. 6 S. 1 Rechtsschutzversicherungs-RiL), im geltenden europäischen Recht heißt es, das Verfahren müsse zur Regelung *„etwaiger Streitfälle“* vorgesehen sein (Art. 203 Satz 1 Solvabilitäts-RiL II). Ein Streitfall wird typischerweise mit einer Verneinung der Leistungspflicht durch den Rechtsschutzversicherer einhergehen. Legt man ein europarechtskonformes Normverständnis zu-

---

28 OLG Köln 20.12.2011 – I-9 U 122/11, VersR **2012** 1428; OLG Koblenz 7.12.2021 – 10 U 1085/21, VersR **2022** 369, 370; ausdrücklich Prölss/Martin/*Piontek* § 128 Rn. 2; implizit wohl auch Langheid/Wandt/*Richter* § 128 Rn. 4 ff.; Looschelders/Pohlmann/*Paffenholz* § 128 Rn. 1, 9; Looschelders/*Paffenholz* § 128 Rn. 11 f.

29 Hierzu *Bruns* Privatversicherungsrecht § 6 Rn. 7 f.; zum europäischen Richtlinienrecht bereits oben Rn. 12.

30 So Langheid/Wandt/*Richter* § 128 Rn. 9; **a.A.** Looschelders/*Paffenholz* § 128 Rn. 1; *van Bühren*/Plote § 3a ARB (Schieds) Rn. 2; *Schirmer* DAR **1990** 442, 445.

31 Regierungsbegründung BTDrucks. 11/6341 S. 37 l.Sp. (zu § 158n a.F.: „*Ein* mögliches Verfahren …“ – Hervorhebung nicht im Original); Regierungsbegründung BTDrucks. 16/3945 S. 91 r.Sp. (zu § 128 VVG: „Andere Verfahren, wie z.B. *der* in den Allgemeinen Rechtsschutzbedingungen [ARB] vorgesehene Stichentscheid, bleiben zulässig, …“ – Hervorhebung nicht im Original).

32 **A.A.** möglicherweise Looschelders/Pohlmann/*Paffenholz* § 128 Rn. 1 (*„zwischen denen die VR auswählen können“* – etwas unklar); offen Langheid/Wandt/*Richter* § 128 Rn. 9 (*„Der Versicherer kann … in seinem Bedingungswerk beide Verfahren alternativ anbieten.“*).

33 OLG Celle 22.9.2022 – 8 U 336/21, VersR **2022** 1365, 1369.

grunde, bedarf es dazu allerdings keiner förmlichen Erklärung des VR. Sonst könnte der Rechtsschutzversicherer über Hinauszögerung der Erklärung oder die Abgabe einer unzulänglichen Erklärung über die Zugänglichkeit des Verfahrens disponieren. Das kann nicht richtig sein. Vielmehr genügt es für die Annahme einer Verneinung der Leistungspflicht, dass der VR trotz Aufforderung untätig bleibt, um einen Streitfall zu begründen.[34]

c) Verfahrensgegenstände

aa) Europarechtswidrigkeit der Regelung. Nach der gesetzlichen Regelung soll das Gutachterverfahren bei Meinungsverschiedenheiten zwischen Rechtsschutzversicherer und VN eröffnet sein. Eine Meinungsverschiedenheit über die Rechtsschutzgewährung erfasst grundsätzlich den gesamten Rechtsschutzfall einschließlich der Fragen von Leistungsinhalt und Leistungsumfang. Dieses weite Begriffsverständnis dürfte auch dem Richtlinienrecht entsprechen.[35] Das Gesetz beschränkt die Gewährleistung eines Gutachter- oder ähnlichen Verfahrens mit vergleichbaren Unparteilichkeitsgarantien allerdings auf Meinungsverschiedenheiten über die Erfolgsaussichten oder die Mutwilligkeit der Wahrnehmung der rechtlichen Interessen. Diese Einschränkung fand und findet noch heute im europäischen Richtlinienrecht keine Entsprechung. Schon nach der Rechtsschutzversicherungsrichtlinie sollte sich die Gewährleistung eines Schieds- oder schiedsähnlichen Verfahrens auf „Meinungsverschiedenheiten ... hinsichtlich des Vorgehens zur Beilegung des Streitfalls" beziehen (scil.: der den Rechtsschutzfall darstellt).[36] Der geltende Art. 203 Satz 1 Solvabilitäts-RiL II verlangt ein Verfahren „zur Regelung etwaiger Streitfälle zwischen dem Rechtsschutzversicherer und dem Versicherten".[37] Die Gesetzeslage verstößt durch die Beschränkung auf Meinungsverschiedenheiten über die Erfolgsaussichten und die Mutwilligkeit also recht eindeutig gegen die europarechtlichen Vorgaben, was in Rechtsprechung und Literatur bemerkenswerterweise – soweit ersichtlich – bislang nicht zur Kenntnis genommen wird. Eine richtlinienkonforme Auslegung kommt allenfalls insoweit in Betracht, als der Begriff der Vertragsparteien im Sinne des Richtlinienrechts dahingehend interpretiert werden kann, dass es sich nicht nur um den VN, sondern bei Versicherung für fremde Rechnung auch um den versicherten Dritten mit eigenem Leistungsanspruch handeln kann. Im Übrigen ist sie angesichts der klaren Gesetzesformulierung hinsichtlich der Beschränkung auf Erfolgsaussichten und Mutwilligkeit letztlich zum Scheitern verurteilt.[38] Weil es sich um eine Regelung im Privatrecht handelt, scheidet auch eine mittelbare Drittwirkung von Art. 203 Satz 1 Solvabilitäts-RiL II nach allgemeinen Grundsätzen aus. Denkbar sind unter Umständen Amtshaftungsansprüche gegen die Bundesrepublik Deutschland wegen unzulänglicher Umsetzung der Solvabilitätsrichtlinie II (§ 839 BGB i.V.m. Art. 34 GG). Gleichwohl ist die Vorschrift geltendes Recht und geeigneter Gegenstand einer wissenschaftlichen Kommentierung. 23

bb) Erfolgsaussichten. Weder sind die Erfolgsaussichten der Rechtswahrnehmung ausdrücklich geregelte gesetzliche Voraussetzung der Leistungspflicht des Rechtsschutzversicherers[39] noch sind mangelnde Erfolgsaussichten in der Rechtsschutzversicherung ein gesetzlicher Leistungsaus- 24

---

34 Bereits die teilweise Verneinung der Leistungspflicht ist ausreichend, siehe OLG Karlsruhe 16.7.2019 – 9 U 11/18, RuS **2019** 705, 706.

35 Vgl. Art. 6 Satz 1 Rechtsschutzversicherungs-RiL („*Meinungsverschiedenheiten ... hinsichtlich des Vorgehens zur Beilegung des Streitfalls*"), Art. 203 Satz 1 Solvabilitäts-RiL II („*Streitfälle*").

36 Hierzu bereits oben Rn. 14.

37 Im Einzelnen oben Rn. 15.

38 Hierzu Bruck/Möller/*Bruns* Bd. 5 § 3a ARB 2010 Rn. 2ff.

39 Zu den Voraussetzungen der Leistungspflicht des Versicherers ausführlich § 125 Rn. 9 ff.

schluss.[40] Nach den ARB sollen die VR aber in aller Regel den Rechtsschutz ablehnen können, wenn die Wahrnehmung der rechtlichen Interessen keine hinreichende Aussicht auf Erfolg hat (z.B. § 3a Abs. 1 lit. a Alt. 1 ARB 2010).[41] Aus § 128 Satz 1 VVG lässt sich auf die grundsätzliche Zulässigkeit derartiger Klauseln schließen. Damit wird eine Begrenzung der Risikoübernahme in Anlehnung an die Regelung der Prozesskostenhilfe angestrebt, die hinreichende Erfolgsaussicht zur Voraussetzung der Leistungsgewährung erhebt (§ 114 Abs. 1 Satz 1 ZPO). Nach h.M. ist der Begriff der „hinreichenden Aussicht auf Erfolg" in ARB gleichbedeutend mit § 114 Abs. 1 Satz 1 ZPO,[42] auch wenn die ARB zur Bestimmung der Reichweite des Rechtsschutzes in den Grenzen des AGB-Rechts abweichende Bestimmungen treffen können. Das in der Prozesskostenhilfe geltende gesetzliche Begriffsverständnis ist konsequenterweise auch für die Gewährleistung des § 128 Satz 1 zugrunde zu legen.[43] Die für die Prozesskostenhilfe entwickelten Maßstäbe können deshalb grundsätzlich auch in der Rechtsschutzversicherung herangezogen werden. Dabei ist allerdings zu berücksichtigen, dass die Justizgewährleistung im Verhältnis Bürger – Staat, in dem die Prozesskostenhilfe verortet ist, ihre Hauptbedeutung hat, während es in der Rechtsschutzversicherung allenfalls um Ausstrahlung der Justizgewährleistung im Sinne der Lehre von der mittelbaren Drittwirkung bzw. der Schutzpflichtenlehre gehen kann.[44] Legt man die vom Bundesverfassungsgericht im Bereich der Prozesskostenhilfe entwickelten Maßstäbe gleichwohl zugrunde, handelt es sich nicht um einen Fall mangelnder Erfolgsaussicht, wenn schwierige Tat- oder Rechtsfragen nicht hinreichend geklärt sind oder eine unsichere Prognose hinsichtlich der Beweisbarkeit besteht.[45] Die Erfolgsaussicht fehlt jedenfalls dann, wenn die h.M. die zugrunde gelegte Rechtsauffassung mehrheitlich oder einhellig ablehnt und auch keine neuen Argumente vorgebracht werden können, die eine Änderung der h.M. zumindest möglich erscheinen lassen.[46] Mithin sind hinreichende Erfolgsaussichten bereits bei Vorliegen mehrerer positiver Entscheidungen der Landgerichte in erster Instanz zu bejahen.[47] Es muss zudem möglich erscheinen, dass der VN den Beweis der von ihm zu beweisenden Tatsachen mit zulässigen und geeigneten Beweismitteln führen kann, wobei die Prüfung der Erfolgsaussichten nicht zu einer antezipierten Beweiswürdigung verkommen darf.[48] Zu beachten ist, dass die ARB die hinreichende Erfolgsaussicht der Wahrnehmung rechtlicher Interessen entsprechend § 114 Abs. 1 Satz 1 ZPO zur Voraussetzung der Leistungspflicht erheben können oder fehlende hinreichende Erfolgsaussicht als Leistungsausschluss oder als Grundlage eines Ablehnungsgrundes nach Ermessen fassen können. Im ersten Fall kann die hinreichende Erfolgsaussicht zum Rechtsschutzfall rechnen, denn es besteht voller systematischer Gleichlauf zum Recht der Prozesskostenhilfe. Im zweiten Fall rechnet die unzulängliche Erfolgsaussicht zu den Grenzen der Leistungspflicht, und der Gleichlauf zum Prozesskostenhilferecht ist angesichts divergierender Risikozuweisung bei Nichterweislichkeit nicht voll gewahrt. Die Einordnung kann für die Inhaltskontrolle der ARB relevant sein. Eine wirksame Erfolgsaussichtenablehnung von Seiten des VR muss innerhalb des Zeitraums ausgesprochen werden, den der VR bei

---

40 Zur Maßgeblichkeit der vertraglichen Vereinbarung für den Leistungsumfang § 125 Rn. 18 ff.

41 Näher hierzu Bruck/Möller/*Bruns* Bd. 5 § 3a ARB 2010 Rn. 4.

42 BGH 16.9.1987 – IVa ZR 76/86, NJW **1988** 266, 267; BGH 17.1.1990 – IV ZR 214/88, NJW-RR **1990** 922; LG Bayreuth 1.2.2023 – 12 S 32/22 (juris) Tz. 34; BGH 19.2.2023 – IV ZR 318/02, VersR **2003** 454, 455; OLG Düsseldorf 21.9.2017 – I-4 U 87/17, VersR **2018** 27, 28 f.; OLG Köln 16.8.2018 – 9 U 55/18, VersR **2019** 481; Langheid/Wandt/*Richter* § 128 Rn. 17; Prölss/Martin/*Piontek* § 1 ARB 2010 Rn. 8 m.w.N.

43 Ausdrücklich gleicher Ansicht Looschelders/Pohlmann/*Paffenholz* § 128 Rn. 2; Langheid/*Rixecker* § 128 Rn. 2; der Sache nach auch van Bühren/Plote/*Wendt* § 128 Rn. 2.

44 Siehe allgemein hierzu bereits Vor §§ 125–129 Rn. 45.

45 So für die Prozesskostenhilfe BVerfG 5.2.2003 – 1 BvR 1526/02, NJW **2003** 1857, 1858; BVerfG 29.9.2004 1 BvR 1281/04, NJW-RR **2005** 140, 141; BVerfG 22.2.2011 – 1 BvR 409/09, NJW-RR **2011** 1043, 1044; AG Meinerzhagen 16.1.2023 – 4 C 34/22, BeckRS **2023** 336; ausdrücklich für eine Übertragung dieser Rechtsprechung auf § 128 Looschelders/Pohlmann/*Paffenholz* § 128 Rn. 4.

46 BGH 1.2.2023 – 12 S 32/22 (juris) Tz. 34.

47 OLG Düsseldorf 21.9.2017 – I-4 U 87/17, VersR **2018** 27, 29.

48 OLG Düsseldorf 21.9.2017 – I-4 U 87/17, VersR **2018** 27, 29.

sachgerechter, nicht schuldhaft verzögerter Prüfung für seine Entschließung benötigt.[49] Hierbei sei im Allgemeinen ein Zeitraum von zwei bis drei Wochen anzusetzen.[50]

cc) Mutwilligkeit. Ebenso wenig wie mangelnde Erfolgsaussicht ist die Mutwilligkeit der Rechtswahrnehmung in der Rechtsschutzversicherung ein gesetzlicher Leistungsausschluss. Nach den ARB sollen die VR bei Mutwilligkeit der Rechtsverfolgung typischerweise die Gewährung von Rechtsschutz ablehnen können (z.B. § 3a Abs. 1 lit. b Alt. 2 ARB 2010). Allerdings muss der VR darüber eine unverzügliche schriftliche Mittelung dem VN zukommen lassen, andernfalls ist die Berufung auf diesen Ablehnungsgrund unzulässig.[51] Solche Klauseln sind in den Grenzen des AGB-Rechts grundsätzlich zulässig (arg. ex § 128 Satz 1).[52] Auch für Meinungsverschiedenheiten über Mutwilligkeit müssen die ARB ein Gutachterverfahren oder ein Verfahren mit vergleichbaren Unparteilichkeitsgarantien vorsehen (§ 128 Satz 1). Mutwilligkeit ist mithin im Ausgangspunkt ein gesetzlicher Begriff. Inhaltlich entspricht er wiederum dem prozesskostenhilferechtlichen Pendant (§ 114 Abs. 1 Satz 1 ZPO).[53] Mutwilligkeit liegt entsprechend § 114 Abs. 2 ZPO vor, wenn eine Partei ohne Gewährung von Rechtsschutz bei verständiger Würdigung aller Umstände von der Rechtswahrnehmung absehen würde, obwohl eine hinreichende Aussicht auf Erfolg besteht.[54] Verwenden die ARB den Begriff der Mutwilligkeit, ist grundsätzlich ebenfalls von diesem Begriffsverständnis auszugehen.[55] Dabei ist danach zu unterscheiden, ob eine Beschränkung des Rechtsschutzes vorgenommen wird oder ob es um die Eröffnung des Gutachterverfahrens im Sinne von § 128 Satz 1 geht. Im ersten Fall können die ARB in den Grenzen des AGB-Rechts eine abweichende Begriffsdefinition vornehmen. Das Gutachterverfahren muss hingegen bei jeder Streitigkeit über Mutwilligkeit eröffnet sein. Abweichungen sind insoweit nur zulässig, sofern sie den VN begünstigen, ihm also weitergehende Rechte einräumen (§ 129). Fassen die ARB dagegen die Bedeutung der Mutwilligkeit mit einer das Verfahren ausschließenden oder einschränkenden Folge enger, sind sie insoweit unwirksam. Denn die Verfahrensgewährleistung bei Mutwilligkeit im Sinne von § 128 Satz 1 bzw. § 114 Abs. 1 Satz 1 und Abs. 2 ZPO ist halbzwingend. 25

d) Vereinbarungspflicht. Die gesetzliche Regelung ordnet an, dass der Versicherungsvertrag ein Gutachterverfahren oder ein Verfahren mit vergleichbaren Unparteilichkeitsgarantien vorsehen muss (§ 128 Satz 1). Der Gesetzgeber hat also eine Regelungstechnik angewandt, die den Vertragsparteien die Vereinbarung eines entsprechenden Verfahrens aufgibt. Dadurch werden rechtlich beide Parteien in ihrer inhaltlichen Gestaltungsfreiheit eingeschränkt, praktisch trifft die Vereinbarungspflicht in erster Linie den Rechtsschutzversicherer bei der Gestaltung der ARB. Die Solvabilitätsrichtlinie II verlangt allerdings, dass die Mitgliedstaaten ein Schieds- oder schiedsähnliches Verfahren *„vorsehen“*.[56] Eine bloße Vereinbarungspflicht der Parteien wird dem unter Um- 26

---

49 OLG Düsseldorf 28.6.2019 – 4 U 111/17, VersR **2019** 1550, 1151; OLG Düsseldorf 14.7.2017 – I-4 U 40/16, VersR **2018** 92, 94.

50 OLG Düsseldorf 28.6.2019 – 4 U 111/17, VersR **2019** 1550, 1151; LG Itzehoe 2.8.2019 – 3 O 41/19 (juris).

51 OLG Karlsruhe 6.12.2016 – 12 U 106/16, RuS **2019** 263, 264.

52 Beispiele unzulässiger Klauseln: OLG Celle 22.9.2022 – 8 U 336/21, VersR **2022** 1365, 1367 (unklare Ausschlussfrist); OLG Karlsruhe 8.3.2019 – 12 U 33/18, RuS **2019** 257, 259 (Pflicht des VN zur Übermittlung „erforderlicher“ Angaben zur Beitragsberechnung).

53 Looschelders/Pohlmann/*Paffenholz* § 128 Rn. 2 (*„Der Gesetzgeber hat die materiellen Kriterien der Erfolgsaussicht und der Mutwilligkeit aus § 114 ZPO [Prozesskostenhilfe] übernommen.“*); Looschelders/*Paffenholz* § 128 Rn. 2, 6; Langheid/*Rixecker* § 128 Rn. 2; wohl auch van Bühren/Plote/*Wendt* § 128 Rn. 2.

54 Beispielsfall OLG Hamm 11.6.2021 – 20 W 9/21, VersR **2022** 159, 161 (Rechtsverfolgung ist mutwillig, wenn Beweisaufnahmekosten ein Mehrfaches des angestrebten wirtschaftlichen Erfolgs ausmachen und der Ausgang ungewiss ist.).

55 BGH 19.9.1987 – IVa ZR 76/86, NJW **1988** 266, 267; BGH 17.1.1990 – IV ZR 214/88, NJW-RR **1990** 922; Langheid/Wandt/*Richter* § 128 Rn. 11 m.N.; **a.A.** Prölss/Martin/*Piontek* § 1 ARB 2010 Rn. 14 m.w.N.

56 Hierzu bereits oben Rn. 16.

ständen nicht gerecht. Bei strengem Maßstab ist das Richtlinienrecht eher dahin zu verstehen, dass eine zwingende gesetzliche Regelung das Verfahren selbst gewährleisten muss. Dann wäre die gesetzliche Regelung auch insoweit europarechtswidrig.

27 **e) Würdigung.** Die gesetzliche Gewährleistung eines Gutachterverfahrens oder eines Verfahrens mit vergleichbaren Unparteilichkeitsgarantien leidet wie ihre europarechtliche Grundlage an erheblicher Unbestimmtheit und Unklarheit. Sie verstößt in ihrer Einschränkung auf Streitigkeiten über die Erfolgsaussichten und die Mutwilligkeit der Rechtsverfolgung gegen Art. 203 S. 1 Solvabilitäts-RiL II. Das Tatbestandsmerkmal der Unparteilichkeit umfasst bei europarechtskonformer Auslegung auch die Objektivität des Verfahrens. Das Erfordernis der Verneinung der Leistungspflicht ist ebenfalls europarechtskonform einschränkend auszulegen. Schließlich begegnet die Vorschrift auch mangels zwingender gesetzlicher Regelung der Gewährleistung des Verfahrens massiven europarechtlichen Bedenken und ist im Übrigen unter dem Gesichtspunkt des verfassungsrechtlichen Bestimmtheitsgebotes kritikwürdig. Insgesamt besteht dringender Reformbedarf.

3. Rechtsfolgen unzulänglicher Vertragsgestaltung

a) Fehlen einer gesetzeskonformen vertraglichen Regelung

28 **aa) Vollständiges Fehlen einer vertraglichen Regelung.** Ist im Versicherungsvertrag kein Gutachterverfahren oder Verfahren mit vergleichbaren Unparteilichkeitsgarantien vorgesehen, gilt nach der gesetzlichen Regelung das Rechtsschutzbedürfnis im Einzelfall als anerkannt (§ 128 Satz 3 Alt. 1). Dieser Fall ist im Wesentlichen unproblematisch, weil sich anhand der in den Vertrag einbezogenen ARB relativ einfach feststellen lässt, ob ein Verfahren im Sinne von § 128 Satz 1 überhaupt im Vertrag enthalten ist. Nichteinbeziehung und Unwirksamkeit der Gesamtregelung über das Verfahren nach AGB-Recht ist dem Fehlen jedweder Vereinbarung gleich zu achten.

29 **bb) Unzulänglichkeit der vertraglichen Regelung.** Unklar ist, ob die Anerkennungsfiktion gemäß § 128 Satz 3 Alt. 1 auch dann greift, wenn zwar eine Regelung über ein Gutachter- oder vergleichbares Verfahren im Vertrag enthalten ist, die Vertragsgestaltung aber nicht voll den gesetzlichen Anforderungen entspricht. Das kann insbesondere dann der Fall sein, wenn das Verfahren keine hinreichenden Unparteilichkeitsgarantien aufweist.[57] Aus der Gesetzesformulierung „kein derartiges Verfahren" lässt sich schließen, dass die Fiktion der Anerkennung des Rechtschutzbedürfnisses auch in diesem Fall greifen soll. Das erscheint schon deswegen plausibel, weil die gesetzliche vorgesehene Sanktion sonst in wichtigen Fällen leerliefe. Diese Überlegung spricht dafür, dass die Fiktion immer dann gilt, wenn das Verfahren nicht den gesetzlichen Mindestanforderungen entspricht, z.B. also auch dann, wenn das Verfahren nach den ARB nicht für alle erforderlichen Streitfälle oder nicht im gebotenen Umfang zur Verfügung steht. Ob die Unzulänglichkeit der vertraglichen Regelung außerdem mit AGB-Rechtswidrigkeit einhergeht, ist für die versicherungsvertragsgesetzliche Rechtsfolgenanordnung in § 128 Satz 3 irrelevant.

b) Fiktion der Anerkennung des Rechtsschutzbedürfnisses

30 **aa) Rechtsnatur.** Fehlt im Vertrag ein der gesetzlichen Gewährleistung entsprechendes Gutachter- oder vergleichbares Verfahren, „gilt" das Rechtsschutzbedürfnis des VN im Einzelfall als anerkannt. Dabei handelt es sich um eine gesetzliche Fiktion, die keinem Gegenteilsbeweis zugänglich

57 Hierzu oben Rn. 19 ff.

ist. Unklar ist, was genau fingiert wird. Die Formulierung, das Rechtsschutzbedürfnis gelte als „anerkannt", deutet auf ein Anerkenntnis hin. Welche Art von Anerkenntnis Platz greifen soll, ergibt sich aus dem Gesetzeswortlaut nicht.[58] In Betracht kommen ein abstraktes Schuldanerkenntnis (§ 781 BGB), ein kausales bzw. deklaratorisches Schuldanerkenntnis (§ 311 Abs. 1 BGB) oder ein nach h.M. mögliches einseitiges Schuldanerkenntnis des VR. Sonderfälle des einseitigen Anerkenntnisses begegnen in der Berufsunfähigkeitsversicherung (§ 173) und in der Unfallversicherung (§ 178 Abs. 1). Ein Anerkenntnis im Sinne von § 307 ZPO dürfte hingegen ausscheiden, weil es nach dem Sinn und Zweck der gesetzlichen Regelung, gerichtliche Rechtsverfolgung zu vermeiden, auch außerhalb eines Zivilprozesses Wirkungen entfalten soll. Zwar könnte der Umstand, dass die Vereinbarungspflicht im Prinzip beide Vertragsparteien trifft, auch für die Annahme eines abstrakten oder kausalen Schuldanerkenntnisses sprechen. Weil es aber praktisch in erster Linie Sache des VR ist, seine ARB gesetzeskonform zu gestalten, erscheint die Fiktion einer Mitwirkung des VN nicht recht überzeugend. Vielmehr intendiert die Regelung offenbar eine Sanktionierung unzulänglicher Gestaltung der ARB im Interesse des VN. Dazu passt am ehesten ein einseitiges Schuldanerkenntnis des VR.

bb) Inhalt und Umfang der Fiktion. Inhalt und Umfang der Anerkenntnisfiktion sind nicht 31
näher geregelt und dementsprechend unklar. Entsprechend allgemeinen Grundsätzen führt das einseitige Anerkenntnis eines VR nach h.M. zum Neubeginn der Verjährung (§ 212 Abs. 1 Nr. 1 BGB), ist als Beweismittel frei zu würdigen (§ 286 Abs. 1 ZPO) und kann – auch nach jederzeit möglichem Widerruf – eine Beweislastumkehr auslösen.[59] Der Beweis der Unrichtigkeit eines solchen Anerkenntnisses ist nach h.M. möglich.[60] Die Übertragbarkeit dieser Grundsätze auf die Anerkenntnisfiktion des § 128 Satz 3 ist indessen fraglich. Richtigerweise ist davon auszugehen, dass das fingierte Anerkenntnis unwiderruflich ist. Auch den Beweis der Unrichtigkeit wird man nicht zulassen können, weil sonst die Fiktionswirkung schwächer wäre als bei schiedsgutachterlicher Feststellung zugunsten des VN. Deshalb ist anzunehmen, dass die Fiktion unumstößlich ist. Das gilt selbst dann, wenn die Anerkenntnisfiktion offenbar von der wirklichen Sachlage erheblich abweicht (vgl. § 84 Abs. 1 Satz 1) bzw. offenbar unrichtig ist (§ 319 Abs. 1 Satz 1 BGB analog). Das Gesetz will den VR eben nicht lediglich so stellen, wie er stünde, wenn ein Schiedsgutachter seine Leistungspflicht bindend festgestellt hätte. Vielmehr soll die Fiktion die Einwände der mangelnden Erfolgsaussicht und der Mutwilligkeit schlichtweg abschneiden. Die Fiktion des Anerkenntnisses des Rechtsschutzbedürfnisses umfasst Erfolgsaussichten und Mutwilligkeit gleichermaßen unabhängig davon, ob die Parteien nur über die Erfolgsaussichten oder über Mutwilligkeit oder über beides streiten. Die wohl h.M. geht dementsprechend völlig zu Recht davon aus, dass dem Rechtsschutzversicherer unter den Voraussetzungen von § 128 Satz 3 eine Berufung auf mangelnde Erfolgsaussichten und Mutwilligkeit der Wahrnehmung der rechtlichen Interessen verwehrt ist.[61] Die Fiktion beschränkt sich also keineswegs auf das für die Zulässigkeit gerichtlicher Rechtsbehelfe maßgebliche Rechtsschutzbedürfnis. Der Umfang der Anerkenntnisfiktion erstreckt sich nach § 128 Satz 3 auf den „Einzelfall", also den gesamten jeweiligen Streitfall.

cc) Würdigung. Auch die Rechtsfolgenanordnung ist von einer erheblichen Unbestimmtheit ge- 32
kennzeichnet, die sich allerdings durch Auslegung beheben lässt. Unklar ist, ob die Rechtsfolgenregelung abschließenden Charakter hat oder ob andere Rechtsfolgen konkurrieren. Die Verwendung

58 Zu den verschiedenen Arten von Anerkenntnissen *Bruns* Privatversicherungsrecht § 14 Rn. 46 ff. m.N.

59 Siehe *Bruns* Privatversicherungsrecht § 14 Rn. 48.

60 BGH 24.3.1976 – IV ZR 222/74, BGHZ **66** 250, 254 f.; BGH 10.1.1984 – VI ZR 64/82, NJW **1984** 799 f.

61 BGH 19.3.2003 – IV ZR 139/01, VersR **2003** 638, 639; BGH 15.3.2006 – IV ZR 4/05, VersR **2006** 830, 831; OLG Dresden 2.7.2019 – 4 U 447/19, NJW-RR **2020** 164, 167; OLG Hamburg 30.1.2020 – 9 U 187/19 (juris); van Bühren/Plote/*Wendt* § 128 Rn. 10; Harbauer/*Schmitt* § 128 Rn. 16.

schuldhaft unzulänglich gestalteter ARB könnte nach den Grundsätzen der culpa in contrahendo Schadensersatzansprüche des VN auslösen (§§ 280 Abs. 1, 241 Abs. 2, 311 Abs. 2 Nr. 1 BGB). Bei einer Reform, wie sie aufgrund der Mängel der gesetzlichen Regelung dringend geboten ist, müsste die Rechtsfolgenregelung überarbeitet werden, weil die Anerkenntnisfiktion in der vorliegenden Form zu eng wäre. Entschiede sich der Gesetzgeber de lege ferenda für eine zwingende gesetzliche Regelung des gebotenen Verfahrens, könnte auch dieses Problem künftig vom Tisch sein.

IV. Hinweispflicht des Versicherers

1. Europarechtliche Grundlagen

33 Die Rechtsschutzversicherungsrichtlinie sah ursprünglich einen obligatorischen Hinweis auf das vereinbarte Schiedsverfahren vor. Im Versicherungsvertrag sollte angegeben werden, „dass der Versicherte das Recht hat, ein solches Verfahren in Anspruch zu nehmen" (Art. 6 Satz 2 Rechtsschutzversicherungs-RiL). Diese Vorgabe ließ sich ohne Weiteres als Transparenzvorschrift einordnen, die ein vereinbartes Zugangsrecht des VN bzw. Versicherten voraussetzte. In der heute geltenden Solvabilitätsrichtlinie II findet sich keine Gewährleistung einer Hinweispflicht mehr (Art. 203 Satz 2 Solvabilitäts-RiL II). Zwar heißt es dort wesentlich direkter: „In dem Versicherungsvertrag wird dem Versicherten das Recht eingeräumt, ein solches Verfahren in Anspruch zu nehmen."[62] Aber die Gewährleistung einer Hinweispflicht ist entfallen, sodass geltendes Richtlinienrecht keine entsprechende Vorgabe mehr enthält.

2. Inhalt, Umfang und Grenzen der gesetzlichen Regelung der Hinweispflicht

34 Die gesetzliche Regelung sieht vor, dass der VR den VN bei Verneinung seiner Leistungspflicht hierauf hinzuweisen hat (§ 128 Satz 2). Ein Hinweis im Versicherungsvertrag selbst ist nicht angeordnet. Diese Gesetzesbestimmung, die der Vorgängerregelung in § 158n Satz 2 a.F. wörtlich entspricht, war mit Art. 6 Satz 2 Rechtsschutzversicherungs-RiL a.F. nicht in Einklang zu bringen. Nach der Rechtsschutzversicherungsrichtlinie a.F. musste der Hinweis nämlich bereits im Versicherungsvertrag erfolgen und nicht erst „bei Verneinung der Leistungspflicht". Nachdem die Solvabilitätsrichtlinie II die Gewährleistung einer Hinweispflicht nicht mehr vorsieht, bestehen hinsichtlich der Europarechtskonformität der Hinweispflicht gemäß § 128 Satz 2 jedoch keine Bedenken mehr. Die „Verneinung der Leistungspflicht" ist hier gleich zu verstehen wie in § 128 Satz 1, also als „Streitfall" im Sinne von Art. 203 S. 1 Solvabilitäts-RiL II.[63] Bereits eine teilweise Verneinung der Leistungspflicht löst die Hinweispflicht gem. § 128 Satz 2 aus.[64] Als Teilablehnung sind auch Vorbehalte, Bedingungen und Einschränkungen zu qualifizieren.[65] Keine Ablehnung ist dagegen die Gewährung des Deckungsschutzes nur „dem Grunde nach" mit der Bitte auf Abwarten der Klageerhebung aufgrund noch unklaren Schadenseintritts.[66] Der Hinweis muss so erfolgen, dass der Empfänger klar und deutlich erkennen kann, welches Recht ihm zusteht und wie er das Verfahren in Gang setzen kann. Eine umfassende Erläuterung ist jedoch nicht notwendig.[67] Das erfordert im Regelfall Schriftlichkeit. Nach der Rechtsprechung des BGH und der h.M. ist der

62 Hierzu oben Rn. 14 f.

63 Hierzu bereits oben Rn. 23.

64 OLG Karlsruhe 16.7.2019 – 9 U 11/18, VuR **2020** 705.

65 OLG Karlsruhe 16.7.2019 – 9 U 11/18, VuR **2020** 261.

66 LG Koblenz 26.2.2021 – 16 O 295/20, VersR **2022** 432, 433 f.

67 OLG Düsseldorf 28.6.2019 – 4 U 111/17, VersR **2019** 1550, 1551; vgl. AG Meinerzhagen 16.1.2023 – 4 C 34/22; BeckRS **2023** 336.

Hinweis auch dann geboten, wenn der VN sein Recht auf Durchführung des Verfahrens kennt.[68] Dafür spricht neben dem Fehlen einer ausdrücklichen gesetzlichen Einschränkung, dass das Gesetz bei verbraucherschützenden Informationspflichten auch sonst nicht danach differenziert, ob der Informationsadressat schon Bescheid weiß oder nicht (z.B. Widerrufsrechtsbelehrungen). Das gilt darüber hinaus auch bei Rechtsbehelfsbelehrungen. Deshalb ist der h.M. im Ergebnis zuzustimmen. Hinweiserteilung gegenüber dem mandatierten Rechtsanwalt des VN genügt. Unklar ist, ob der Hinweis bei der Versicherung für fremde Rechnung auch dem Dritten gegenüber zu erbringen ist. Weil die Regelung ursprünglich der Umsetzung der Gewährleistung von Art. 6 Satz 2 Rechtsschutzversicherungs-RiL a.F. dienen sollte, der unter dem Begriff des Versicherten sowohl den VN als auch den Versicherten verstand, ist davon auszugehen, dass die Hinweispflicht auch gegenüber dem Dritten besteht.

3. Rechtsfolgen unzulänglicher Hinweiserteilung

a) Fehlen eines gesetzeskonformen Hinweises. Fehlt ein Hinweis auf das Gutachterverfahren ganz oder entspricht er inhaltlich nicht den gesetzlichen Anforderungen, gilt das Rechtsschutzbedürfnis im Einzelfall als anerkannt (§ 128 Satz 3 Alt. 2). Die Beweislast für ordnungsgemäße Hinweiserteilung trägt der Rechtsschutzversicherer. Die Rechtsfolgenanordnung entspricht der Regelung für den Fall fehlender oder unzulänglicher vertraglicher Vereinbarung eines Gutachterverfahrens.[69] Das ist fragwürdig, weil dem Hinweis dieselbe Bedeutung beigemessen wird wie der Gewährleistung des Gutachterverfahrens. Diese Gleichstellung könnte unter der Rechtschutzversicherungsrichtlinie eventuell europarechtlich geboten oder doch zumindest gerechtfertigt gewesen sein. Mit dem Fortfall der Hinweispflicht in der Solvabilitätsrichtlinie II ist diese Möglichkeit indessen jedenfalls entfallen. Die Regelung verwirklicht den Schutz des einzelnen VN bzw. Versicherten auf vergleichsweise hohem Niveau, freilich um den Preis einer Belastung der Gefahrengemeinschaft, die das Risiko der Einstandspflicht aufgrund fehlsamer Hinweiserteilung mitträgt. 35

b) Fiktion der Anerkennung des Rechtsschutzbedürfnisses

aa) Rechtsnatur. Die Rechtsnatur des fingierten Anerkenntnisses aufgrund unzulänglicher Hinweiserteilung ist gleich zu beurteilen wie die Rechtsnatur der Anerkenntnisfiktion bei fehlender oder unzulänglicher vertraglicher Vereinbarung eines Gutachterverfahrens.[70] Es handelt sich um ein einseitiges Anerkenntnis des Rechtsschutzversicherers, das die Berufung auf fehlende Erfolgsaussichten bzw. auf Mutwilligkeit der Rechtswahrnehmung ausschließt. Die Einseitigkeit des Anerkenntnisses als Sanktion ist hier noch klarer gerechtfertigt, weil die Hinweispflicht – anders als die Pflicht zur Vereinbarung eines geeigneten Gutachterverfahrens – ohne jeden Zweifel ausschließlich den Rechtsschutzversicherer trifft. 36

bb) Inhalt und Umfang der Fiktion. Hinsichtlich von Inhalt und Umfang der Fiktion im Falle unterbliebener oder unzulänglicher Hinweiserteilung gilt das Gleiche wie bei der Fiktion in den Fällen des § 128 Satz 3 Alt. 1.[71] Das Anerkenntnis lässt die Verjährung neu beginnen (§ 212 Abs. 1 37

68 BGH 2.4.2014 – IV ZR 124/13, VersR **2014** 699, 701 Rn. 28; Looschelders/Pohlmann/*Paffenholz* § 128 Rn. 12; Harbauer/*Schmitt* § 128; Rn. 15; Langheid/*Rixecker* § 128 Rn. 8; Looschelders/*Paffenholz* § 128 Rn. 10; Prölss/Martin/*Piontek* § 128 Rn. 5; **a.A.** OLG Karlsruhe 6.8.1998 – 12 U 289/97, VersR **1999** 613, 614 f.; wohl auch Langheid/Wandt/*Richter* § 128 Rn. 24; van Bühren/Plote/*Wendt* § 128 Rn. 9; Schwintowski/Brömmelmeyer/Ebers/*Hillmer-Möbius* § 128 Rn. 17.

69 Hierzu bereits oben Rn. 29 f.

70 Siehe oben Rn. 31 m.N.

71 Hierzu und zum Folgenden Rn. 32 m.N.

Nr. 1 BGB) und es ist unwiderruflich. Der Beweis der Unrichtigkeit ist selbst dann nicht zulässig, wenn das fingierte Anerkenntnis von der wirklichen Sachlage erheblich abweicht (vgl. § 84 Abs. 1 Satz 1) bzw. offenbar unrichtig ist (§ 319 Abs. 1 Satz 1 BGB analog). Die Erfolgsaussichten und die fehlende Mutwilligkeit sind von der Fiktion unabhängig davon erfasst, worüber die Parteien im konkreten Fall streiten. Eine Beschränkung auf das Rechtsschutzbedürfnis, wie es Voraussetzung für die Zulässigkeit gerichtlicher Rechtsbehelfe ist, greift nicht Platz. Die Fiktion umfasst den Einzelfall im Sinne des gesamten Streitfalls.

§ 129 VVG Abweichende Vereinbarungen

Von den §§ 126 bis 128 kann nicht zum Nachteil des Versicherungsnehmers abgewichen werden.

Übersicht

I. Norminhalt

1 Die Norm ist selbst zwingendes Recht und stellt die §§ 126 bis 128 halbzwingend. Keinen halbzwingenden Charakter hat die typenbildende Eingangsnorm des § 125.[1] Damit gehört der europarechtlich präformierte Bereich des Rechts der Rechtsschutzversicherung zum Kernbestand des aus Gründen des Schutzes des VN halbzwingenden Versicherungsvertragsrechts.[2] Zum Nachteil des VN abweichende Regelungen sind unwirksam. Gleichgültig ist, ob die Abweichung in den ARB oder in parallel oder später getroffener separater Vereinbarung erfolgt. Unwirksam sind deshalb auch dem VN ungünstige Abweichungen in einer Regulierungsvereinbarung oder einem außergerichtlichen Vergleich. Selbst durch Prozessvergleich kann eine dem VN ungünstige Gestaltung grundsätzlich nicht materiellrechtlich wirksam getroffen werden, weil die Unwirksamkeit aufgrund von § 129 wie allgemeine Nichtigkeitsgründe auch für den Prozessvergleich Geltung beansprucht.[3] Allerdings kann sowohl durch einen materiellrechtlichen wie durch einen Prozessvergleich der Streit über die Unwirksamkeit aufgrund eines Verstoßes gegen halbzwingendes Recht oder die Zweifel an Wirksamkeit einer Gestaltung wirksam behoben werden.[4] Die Unwirksamkeit der Abweichung zum Nachteil des VN tritt kraft Gesetzes ein. Der VN muss sie nicht besonders geltend machen. Unklar ist, ob sich nur der VN im Sinne einer Exklusivität auf die Unwirksamkeit berufen kann, mit der Folge, dass dem Rechtsschutzversicherer die Berufung auf die Unwirksamkeit der Regelung verwehrt ist, wie es der im AGB-Recht h.M. entspricht.[5] Der Schutzzweck halbzwingender Normierung spricht für die Übertragung der AGB-rechtlichen Exklusivitätslehre auf § 129, soweit die gewählte Gestaltung im Sinne eines *„Stellens“* von vorformulierten Bedingungen vom Rechtsschutzversicherer ausgegangen ist. Soweit die entstandene Lücke schließungsbedürftig ist und eine gesetzliche Auffangregelung fehlt, kann ergänzende Vertragsauslegung in Betracht kommen (§§ 133, 157, 242 BGB). Die Unwirksamkeit der für den VN nachteiligen Abweichung lässt den Versicherungsvertrag oder das sonst vorgenommene Rechtsgeschäft im Übrigen grundsätzlich unberührt. Eine Ausnahme kann Platz greifen, wenn ein außerhalb des Versicherungsvertrages vorgenommenes Rechtsgeschäft ohne die unwirksame Klausel keinen sinnvollen Restinhalt mehr hat, wie z.B. bei einem isolierten Rechtsverzicht des VN. Im Zivilprozess ist die Unwirksamkeit gemäß § 129 von Amts wegen zu berücksichtigen.

---

1 Zum typenbildenden Charakter § 125 Rn. 3 f.

2 Im Überblick hierzu *Bruns* Privatversicherungsrecht § 2 Rn. 6.

3 Zur Geltung allgemeiner Unwirksamkeitsgründe für den Prozessvergleich MüKoZPO/*Becker-Eberhard* § 261 Rn. 37 f.; Zöller/*Stöber* § 794 Rn. 8; Grüneberg/*Sprau* § 779 Rn. 30a mit Rn. 22; Jauernig/*Stadler* § 779 Rn. 22 mit Rn. 15.

4 Vgl. BGH 3.4.1963 – VIII ZR 217/61, NJW **1963** 1197, 1198; BGH 22.5.1975 – KZR 9/74, BGHZ **65** 147 = NJW **1976** 194, 195; BGH 25.5.1988 – VIII ZR 148/87, NJW **1989** 39, 40; BGH 2.6.1989 – V ZR 316/87, NJW-RR **1989** 1143; Grüneberg/*Sprau* § 779 Rn. 22, 30a; Jauernig/*Stadler* § 779 Rn. 15, 22.

5 Zum AGB-Recht BGH 4.12.1986 – VII ZR 354/85, BGHZ **99** 160, 161 = NJW **1987** 837, 838; BGH 4.12.1997 – VII ZR 187/96, NJW-RR **1998** 594, 595; BGH 2.4.1998 – IX ZR 79/97, NJW **1998** 2280, 2281; *Bruns* Privatversicherungsrecht § 10 Rn. 33.

https://doi.org/10.1515/9783110522709-006

II. Konkurrenz zu anderen Unwirksamkeitsgründen

1. AGB-Recht

2 Zum Nachteil des VN von halbzwingendem Gesetzesrecht abweichende Gestaltungen sind trotz ihrer Unwirksamkeit einer AGB-rechtlichen Kontrolle nach allgemeinen Grundsätzen zugänglich.[6] Die AGB-rechtliche Unwirksamkeit kann im Individualprozess gerügt werden, bei Verstoß gegen die §§ 307 bis 309 BGB auch im Verbandsprozess (§ 1 UKlaG).[7] Es gilt das Prinzip der Meistbegünstigung.[8] Selbstverständlich unterliegen Klauseln, die mit halbzwingendem Recht vereinbar sind, der AGB-rechtlichen Kontrolle nach allgemeinen Grundsätzen. Eine aufgrund eines Verstoßes gegen halbzwingendes Recht unwirksame Klausel kann im Rahmen einer Gesamtbetrachtung auch bei der Kontrolle einer anderen Klausel das Unwirksamkeitsurteil mit begründen, wenn man davon ausgeht, dass dem Rechtsschutzversicherer nach der Exklusivitätslehre die Berufung auf die Unwirksamkeit der gegen halbzwingendes Recht verstoßenden Bestimmung verwehrt ist.[9]

2. Nichtigkeit und Unwirksamkeit

3 Im Verhältnis zu anderen Nichtigkeits- und Unwirksamkeitsgründen besteht ebenfalls grundsätzlich volle Konkurrenz.[10] Der VN kann die Unwirksamkeit gemäß § 129 unbeschadet möglicher weiterer Unwirksamkeits- oder Nichtigkeitsgründe rügen.

3. Missstandsaufsicht

4 Verstöße gegen die halbzwingenden Normen der §§ 126 bis 128 sind trotz der gesetzlichen Unwirksamkeitsfolge geeignete Gegenstände der Missstandsaufsicht.[11] Die Aufsichtsbehörde kann alle Maßnahmen anordnen, die geeignet und erforderlich sind, um Missstände zu vermeiden oder zu beseitigen (§§ 294 Abs. 2, 298 Abs. 1 VAG). Das Spektrum möglicher Instrumente reicht von Hinweisen, Bitten, nicht sanktionsbewehrten Aufforderungen bis zum förmlichen Verwaltungsakt, der mit Zwangsmitteln nach Verwaltungs-Vollstreckungsrecht durchsetzbar ist (§ 17 Abs. 1 FinDAG) oder unter Umständen sogar unmittelbar privatrechtsgestaltende Wirkung entfaltet (§ 300 VAG).[12] Als Adressaten kommen das Versicherungsunternehmen, die Mitglieder des Vorstandes sowie die sonstigen Geschäftsleiter ebenso in Betracht wie Personen, die das Unternehmen kontrollieren.

---

6 Vgl. AG Ebersberg 15.11.2013 – 7 C 450/13, NJW **2014** 1461.

7 *Bruns* Privatversicherungsrecht § 10 Rn. 33.

8 Vgl. BGH 12.10.2011 – IV ZR 199/10, VersR **2011** 1550, 1551; BGH 2.4.2014 – IV ZR 124/13, VersR **2014** 699, 701; Langheid/Wandt/*Bruns* § 307 BGB Rn. 132, 135; *Bruns* Privatversicherungsrecht § 10 Rn. 22, 33.

9 Hierzu Rn. 1.

10 Zu Nichtigkeit und Unwirksamkeit des Versicherungsvertrags allgemein *Bruns* Privatversicherungsrecht § 11 Rn. 1 ff.

11 Hierzu im Überblick *Bruns* Privatversicherungsrecht § 33 Rn. 16 ff.

12 Zu Möglichkeit privatrechtsgestaltender aufsichtsbehördlicher Maßnahmen allgemein *Bruns* Privatversicherungsrecht § 18 Rn. 24.

Allgemeine Bedingungen für die Rechtsschutzversicherung – ARB 2010/2012/2021

Schrifttum

Armbrüster Rechtsschutzversicherung und Wohnungseigentum, Festschrift Merle (2010) 13; *ders.* Freie Anwaltswahl für rechtsschutzversicherte Mandanten in Deutschland? Rechtliche Bewertung von Empfehlungen, Selbstbehalten und gespaltenen Tarifen, AnwBl. **2012** 218; *ders.* Freie Anwaltswahl und Rechtsschutzversicherung, VuR **2012** 167; *ders.* Die Deckungsabfindung in der Rechtsschutzversicherung, VersR **2022**, 1197; *Bauer* Entwicklung bei den Allgemeinen Bedingungen für die Rechtsschutzversicherung (ARB), fortlaufend seit NJW **1998** 1273; zuletzt NJW **2013** 1576; NJW **2014** 1488; NJW **2015** 1651; NJW **2016** 1490; *ders.* Gebühren für die Einholung der Deckungszusage in der Rechtsschutzversicherung, VersR **2012**, 1205; *ders.* Allgemeine Bedingungen für die Rechtsschutzversicherung (ARB 12), VersR **2013** 661; *Bendermacher/Keune* Die Eintrittspflicht der Rechtsschutzversicherung bei der Geltendmachung von Schadensersatzansprüchen im Zusammenhang mit der Beteiligung an geschlossenen Immobilienfonds, VersR **2011** 972; *Bercher/Engel* Kostenanreize für eine Streitbeilegung durch Mediation, ZRP **2010** 126; *Berger* Baurisikoausschluss in der Rechtsschutzversicherung, VersR **2000** 1321; *Bielefeldt* Die Rechtsschutzversicherung im System der Schadensversicherung (1971); *Böhme* ARB, Kommentar, 12. Aufl. (2007); *Eberhardt* Rechtsschutzversicherung im Wandel, VersR **2013** 802; *van Bühren* Rechtliche Probleme in der Zusammenarbeit mit Rechtsschutzversicherern, NJW **2007**, 3606; *ders.* Die ARB 2012 – Ein Danaer-Geschenk? BRAK-Mitt. **2013** 255; *ders.* Das rechtsschutzversicherte Mandat – ein Vertrag mit Schutzwirkung für Dritte? VersR **2014** 148; *Burmann* Fragen zur Rechtsschutzversicherung im verkehrsrechtlichen Mandat, ZfS **2020** 8; *Buschbell* Die Rechtsschutzversicherung im Verkehrsrecht, ZfS **2006** 605; *Bußmann* Fremdversicherung/Ausschluss der Rechte des Versicherten aus § 44 Abs. 2 VVG in AVB, RuS **2018** 453; *Chab* Anwalt und Rechtsschutzversicherung, AnwBl. **2003** 652; *Cornelius-Winkler* Mitversicherungskonstellationen in der Verkehrsrechtsschutzversicherung, SVR **2005** 321; *ders.* Deckungszusage im Arbeitsrechtsschutz unter Vorbehalt? VersR **2006** 194; *ders.* Zur Neufassung der Obliegenheiten nach Eintritt eines Versicherungsfalles in den ARB 2010, RuS **2011** 141; *ders.* Nochmals: Die Schadensminderungspflicht des Versicherungsnehmers in der Rechtsschutzversicherung, VersR **2012** 1; *ders.* Der Versicherungsfall im Vertragsrechtsschutz, NJW **2013** 3060; *ders.* Kausalität und Rechtsschutzfall, VersR **2015** 1476; *ders.* „Schuster bleib bei deinen Leisten", ZKM **2019** 189; *ders.* Rechtsschutzfall, Vorerstreckungsklausel, Bedingungsänderungen und kein Ende? VersR **2019** 16; *ders.* Rechtsschutzversicherung, 4. Aufl. (2019); *ders.* Zum Regressanspruch des Rechtsschutzversicherers – eine kurze Erwiderung auf Dallwig, RuS 2020, 181, RuS **2020** 431; *ders.* Die jüngere Rechtsprechung des BGH zur Rechtsschutzversicherung und darauf basierenden Änderungen der ARB der Rechtsschutzversicherer, RuS **2020** 545; *Cornelius-Winkler/Ennemann* Rechtsschutzversicherung und Gebühren im Arbeitsrecht (2008); *Eberhardt* Rechtsschutzversicherung im Wandel, VersR **2013** 802; *Dallwig* Der Anwaltsregress des Rechtsschutzversicherers, RuS **2020** 181; *Duhm* Inhalt und Grenzen der von Rechtsschutzversicherern erteilten Deckungszusagen (2000); *Felsch* Die Rechtsprechung des Bundesgerichtshofs zum Versicherungsrecht – Allgemeines Versicherungsvertragsrecht und Rechtsschutzversicherung, RuS **2016**, 321; *ders.* Die Rechtsprechung des IV. Zivilsenats des BGH zum Versicherungsrecht, RuS **2020** 301; *Fischer* Versicherungsfähiges Risiko und Versicherungsfall der Rechtsschutzversicherung, Diss. Köln 1969; *Graf/Johannes* Forderungsübergang auf den Rechtsschutzversicherer, Quotenvorrecht und Aufrechnung des Rechtsanwalts, VersR **2020** 871; *Graf/v. Schoenaich* Praxisfragen zur Rechtsschutzversicherung bei Durchführung selbstständiger Beweisverfahren in Arzthaftungssachen, VersR **2017** 1505; *Hachenberg* Die Rechtsschutzversicherung im Familienrecht, NZFam **2019** 811; *Happel* Grundvoraussetzungen des Versicherungsschutzes in kapitalmarktrechtlichen Angelegenheiten, VersR **2019** 193; *Harbauer* Rechtsbegriffe in der Rechtsschutzversicherung – Zugleich ein Beitrag zur Terminologie der ARB 94, NVersZ **1999** 193; *Hering* Die Leistungen des Rechtsschutzversicherers, SVR **2004** 5; *ders.* Neue Allgemeine Bedingungen für die Rechtsschutzversicherung: ARB 2012, ZfS **2013** 4; *Karwatzki* Inanspruchnahmen der Anwaltschaft durch die Rechtsschutzversicherer, VersR **2021** 1412; *Kühborth* Die Obliegenheiten des VN in der Rechtsschutzversicherung beim und nach dem Eintritt des Versicherungsfalles (1988); *Kurzka* Zur Bewertung des subjektiven Risikos in der Rechtsschutzversicherung, VersR **1994** 904; *Lensing* Die Kosten des Rechtsschutzmandats, VersR **2013** 1498; *ders.* Keine anwaltliche Abratepflicht im Kosteninteresse des Rechtsschutzversicherers, NJW **2021** 3082; *ders.* Die Vorsatzklausel in der Rechtsschutzversicherung, NJW **2022** 230; *ders.* Die Rechtsschutzversicherung: ARB – The next generation, AnwBl. **2022** 227; *Looschelders* Aktuelle Probleme der Rechtsschutzversicherung im deutschen und österreichischen Recht, VersR **2017** 1237; *ders.* Der Versicherungsfall in der Haftpflicht- und Rechtsschutzversicherung – Reichweite der Transparenzkontrolle und Auslegung der einschlägigen Klauseln nach dem Verständnis eines durchschnittlichen Versicherungsnehmers, Festschrift Schwintowski (2017) 150; *ders.* Der Risikoausschluss für Streitigkeiten aus „Kapitalanlagegeschäften aller Art" in der Rechtsschutzversicherung, VersR **2021** 1397; *Maier* Der Versicherungsfall in der Rechtsschutzversicherung, Festschrift Wälder (2009) 37; *ders.* Neue Bedingungen in der Rechtsschutzversicherung (ARB 2012), RuS **2013** 105; *ders.* Die neue Rechtsprechung des BGH zum Eintritt des Versicherungs-

https://doi.org/10.1515/9783110522709-007

falls in der Rechtsschutzversicherung, RuS **2015** 489; *ders.* Versicherungsfall und streitauslösende Willenserklärung in der Rechtsschutzversicherung, RuS **2017** 574; *ders.* Unterlassene Widerrufsbelehrung beim Darlehensvertrag als streitauslösende Rechtshandlung in der Rechtsschutzversicherung? RuS **2018** 287; *ders.* Rechtsschutz bei misslungener Kapitalanlage (Containerkauf), RuS **2023** 241; *Mathy* Die Mitversicherung des nichtehelichen Lebenspartners in der Rechtsschutzversicherung, VersR **2003** 820; *ders.* Drei Beispiele für überflüssige Deckungsprozesse in der Rechtsschutzversicherung, VersR **2009** 1194; *ders.* Rechtsanwalt in eigener Sache: Kostenerstattung aus der Rechtsschutzversicherung? RuS **2009** 265; *Niebel* Die (Fort-)Entwicklung des Kapitalanlageausschlusses in der Rechtsschutzversicherung im Lichte aktueller Rechtsprechung, RuS **2019** 568; *ders.* Der Vorsatzausschluss in den ARB – ein ausgestandenes Thema? RuS **2021** 425; *Obarowski* Rechtsschutzversicherung: Hinweise für die anwaltliche Praxis – unter besonderer Berücksichtigung des Arbeitsrechts, VersR **2006** 1178; *Pabst/Rau* Ausgewählte Probleme im Verhältnis von Rechtsschutzversicherer und Versicherungsnehmer im Arbeitsrechtsschutz, VersR **2006** 1615; *Plote* Anwalt und Rechtsschutzversicherung (2000); *Prölss* Risikoausschlüsse in der Rechtsschutzversicherung, RuS **2005** 225 und 269; *Römer* Die Rechtsschutzversicherung – insbesondere die Bedingungsanpassungsklausel – in der Rechtsprechung des BGH, RuS **2000** 177; *Rudolph* Die Rechtsschutzversicherung – im Fokus der ARB 2012 (2018); *Schaltke* BGH-Leitsätze zum Rechtsschutzfall und ihre Auswirkungen auf die Praxis, VersR **2016** 573; *ders.* Ausstrahlung des Versicherungsfalls auf das Leistungsversprechen und Risikoausschlüsse in der Rechtsschutzversicherung, NJW **2018**, 581; *ders.* Die Entwicklung des Versicherungsfalls in der Rechtsschutzversicherung, VersR **2018** 1041; 573; *ders.* Privatrechtliche Schuldverhältnisse in der Rechtsschutzversicherung, VersR **2020** 73; *Schirmer* Die Obliegenheiten in der Rechtsschutzversicherung, RuS **1999** 1 und 45; *ders.* Der Versicherungsfall – insbesondere in der Rechtsschutzversicherung, RuS **2003** 221 und 265; *Schmuckermeier* Strafrechtsschutz als Bestandteil oder Ergänzung einer D&O-Versicherung, RuS **2019** 131; *K. Schneider* Der Begriff der „gütlichen Erledigung" in der Rechtsschutzversicherung, VersR **2004** 301; *ders.* Entwicklung bei den Allgemeinen Bedingungen für die Rechtsschutzversicherung, fortlaufend seit NJW **2017**, 2160; NJW **2018**, 2169; NJW **2019**, 2067; NJW **2020**, 2158; NJW **2021**, 2173; NJW **2022**, 2161; NJW **2023**, 2164; *N. Schneider* Das Quotenvorrecht in der Rechtsschutzversicherung, ZAP **2019** 1261; *Schons* Rechtsschutzversicherung: Wann tritt der Versicherungsfall ein? AnwBl. **2019** 672; *Spies* Deckungszusage der Rechtsschutzversicherung, Bindungswirkung und Kondiktion, RuS **2019** 70; *Stoffregen* Zeitlich und ursächlich zusammenhängende Rechtsschutzfälle, VersR **2018** 577; *Süss* Versicherungsfall in der Rechtsschutzversicherung bei Darlehenswiderrufen, RuS **2017** 65; *Tietgens* Anwaltliche Beratungs-, Aufklärungs- und Auskunftspflichten in der Rechtsschutzversicherung, RuS **2005** 489; *Völker* Die Rechtsprechung zur Rechtsschutzversicherung im Jahr 2017, BRAK-Mitt **2018** 11; *ders.* Die Rechtsprechung zur Rechtsschutzversicherung in den Jahren 2017 und 2018, BRAK-Mitt **2019** 9; *Weinmann* Die Gewährung von Prozesskostenhilfe im Zivilprozess vor der ordentlichen Gerichtsbarkeit trotz bestehender Rechtsschutzversicherung, RuS **2020** 78; *R. Wendt* Strukturen der neueren Rechtsprechung des BGH zum Rechtsschutzfall, MDR **2006** 132; *ders.* Risikoausschlüsse in der Rechtsschutzversicherung, MDR **2006** 481; *ders.* Strukturen der neuen Rechtsprechung des Bundesgerichtshofs zur Rechtsschutzversicherung, RuS **2006** 1 und 45; *ders.* Vertiefung der neueren Rechtsprechung des Bundesgerichtshofs zur Rechtsschutzversicherung, RuS **2008** 221; *ders.* Aktuelles zu Risiko- und Leistungsausschlüssen in Rechtsschutzversicherung, MDR **2008** 902; *ders.* Die Rechtsprechung des BGH zum Versicherungsrecht – Rechtsschutzversicherung, RuS **2010** 221; *ders.* Die Rechtsprechung des Bundesgerichtshofes zur Rechtsschutzversicherung – Der Rechtsschutzversicherer und sein durchschnittlicher Versicherungsnehmer, RuS **2012** 209; *ders.* Der Rechtsschutzversicherer und sein „durchschnittlicher Versicherungsnehmer", MDR **2012** 821; *ders.* Die Rechtsprechung des BGH zur Rechtsschutzversicherung, RuS **2012** 209; *ders.* Die Rechtsprechung des IV. Zivilsenats des Bundesgerichtshofs zur Rechtsschutzversicherung, RuS **2014** 328.; *Werber* Rechtsdienstleistungen und Versicherung, VersR **2006** 1010; *Will* Die Schadensminderungsobliegenheit des Versicherungsnehmers in der Rechtsschutzversicherung, VersR **2012** 942; *Winter* Festumrissene Rechtsbegriffe in den ARB, RuS **1991** 397.

§ 1 ARB

ARB 2010	ARB 2012	ARB 2021
§ 1 Aufgaben der Rechtsschutzversicherung Der Versicherer erbringt die für die Wahrnehmung der rechtlichen Interessen des Versicherungsnehmers oder des Versicherten erforderlichen Leistungen im vereinbarten Umfang (Rechtsschutz).	**1 Aufgaben der Rechtsschutzversicherung** Sie möchten Ihre rechtlichen Interessen wahrnehmen. Wir erbringen die dafür erforderlichen Leistungen. Der Umfang unserer Leistungen ist im Versicherungsantrag, im Versicherungsschein und in diesen Versicherungsbedingungen beschrieben.	**1 Aufgaben der Rechtsschutzversicherung** Sie möchten Ihre rechtlichen Interessen wahrnehmen. Wir erbringen die dafür erforderlichen Leistungen und sichern Ihnen so den Zugang zum Recht. Der Umfang unserer Leistungen ist im Versicherungsantrag, im Versicherungsschein und in diesen Versicherungsbedingungen beschrieben. Gerne unterstützen wir Sie, Ihren Konflikt schnell und nachhaltig zu lösen. Fragen Sie uns nach Ihren Möglichkeiten.

I. Aufbau und Bedeutung der ARB

Da die Rechtsschutzversicherung nur rudimentär in den §§ 125 bis 129 VVG geregelt ist, kommt 1 ARB in der vertragsgestaltenden Praxis eine besondere Bedeutung zu. Nahezu alle Versicherungsunternehmen orientieren sich dabei an den vom GDV e.V. herausgegebenen (und unverbindlich empfohlenen) Musterbedingungen.[1] Ein Großteil der derzeitigen Versicherungsverträge basiert noch auf den ARB 2010.[2] Die ARB 2010 gliedern sich in einen Allgemeinen Teil (§§ 1–20) und einen Besonderen Teil (§§ 21–29). Der Aufbau der ARB 2010 folgt dabei dem Lebenszyklus eines Versicherungsvertrags: § 1 benennt den Vertragsinhalt; es folgen die versicherbaren und die vom Versicherungsschutz ausgeschlossenen Angelegenheiten (§§ 2, 3), die Bestimmung des Versicherungsfalls (§§ 3a, 4), eine Regelung zum Versichererwechsel (§ 4a), die vom VR zu erbringenden Leistungen (§ 5) sowie der örtliche Geltungsbereich der ARB (§ 6). Im 2. Abschnitt folgen zunächst allgemeine Festlegungen zu Beginn und Dauer des Versicherungsschutzes (§§ 7, 8a), zur Beitragszahlung und -anpassung (§§ 9–11), zum Wegfall des versicherten Interesses (§ 12), zur Kündigung (§ 13) sowie Regelungen zur Verjährung (§ 14), zu mitversicherten Personen (§ 15) und zu Formfragen (§ 16). In einem kürzeren 3. Abschnitt finden sich Bestimmungen zum Verhalten nach Eintritt des Versicherungsfalls (§ 17) und zum zuständigen Gericht (§ 20). Im umfangreichen 4. Abschnitt werden die versicherbaren Vertragsformen beschrieben, insbesondere hinsichtlich des versicherten Personenkreises, des versicherten Risikos und der jeweiligen Rechtsgebiete. Die §§ 21 bis 29 regeln dabei die verschiedenen Arten der RechtsschutzVers, indem auf bestimmte Eigenschaften des VN und bestimmte Rechtsgebiete abgestellt wird (§ 21: Verkehrs-Rechtsschutz; § 22: Fahrer-Rechtsschutz; § 23: Privat-Rechtsschutz für Selbständige; § 24: Berufs-Rechtsschutz für Selbständige, Rechtsschutz für Firmen und Vereine; § 25: Privat- und Berufsrechtsschutz für Nichtselbständige; § 26: Privat-, Berufs- und Verkehrs- Rechtsschutz für Nichtselbständige; § 27: Landwirtschafts- und Verkehrs-Rechtsschutz; § 28: Privat-, Berufs- und Verkehrs-Rechtsschutz für Selbständige; § 29: Rechtsschutz für Eigentümer und Mieter von Wohnungen und Grundstücken).

1 https://www.gdv.de/gdv/service/musterbedingungen (15.11.2023).

2 Diese bauen auf den ARB 2008 auf, welche wiederum weitgehend mit den ARB 94/2000 übereinstimmen (näher Prölss/Martin/*Piontek* Vorbem. § 1 Rn. 1).

https://doi.org/10.1515/9783110522709-008

2 Die Nachfolgebestimmungen ARB 2012 sowie die im Wesentlichen identischen ARB 2021[3] haben einen Systemwechsel mit sich gebracht. Beide Musterbedingungen folgen dem sog. Baukastenprinzip, d.h. einzelne Klauseln bzw. Klauselabschnitte sind den einzelnen Vertragsarten (Allgemein – **A**, Privat – **P**, [optional: Cyber-Privat – **CP**,] Unternehmen – **U**, Verein – **Ver**, Landwirte – **L**, Beruf – **B**, Verkehr – **Vk**, Fahrzeug – **F** und Wohnen – **W**) durch einen Buchstabenschlüssel zugeordnet. Eine strenge Untergliederung in einzelne Vertragsarten wurde dagegen zugunsten einer flexiblen Produktgestaltung aufgegeben. Vielmehr folgen die einzelnen Abschnitte einheitlich dem Lebenszyklus des Versicherungsvertrags: 1. Aufgaben der Rechtsschutzversicherung; 2. Umfang der Versicherungsdeckung; 3. Ausschlüsse von der Deckung; 4. Obliegenheiten; 5. Örtliche Reichweite der Versicherungsdeckung; 6. Beginn und Ende der Deckung; 7. Beitragszahlung; 8. Verjährung; 9. Ombudsmann, Aufsicht und Rechtsweg; 10. Anwendbares Recht und Gerichtsstand. Damit einher geht auch eine textliche Veränderung der Musterbedingungen. Sind die ARB 2010 noch immer als klassisches Klauselwerk mit einer konzisen und verdichteten Rechtssprache, sehen die ARB 2012 eine kundennähere Formulierung vor, die den VN direkt ansprechen soll (z.B. sub „9. Wenn Sie einmal nicht zufrieden sind: Unser Interesse ist es, Sie mit unseren Leistungen zufrieden zu stellen. Sollte uns das einmal nicht gelingen, nehmen Sie am besten direkt Kontakt zu uns auf, um die Sache zu klären [...]"). So begrüßenswert der Wunsch nach einer für den VN verständlichen Formulierung der ARB ist, muss dennoch bezweifelt werden, dass mit der neuen Struktur en detail für Klarheit gesorgt wird oder die in ihrem Umfang tendenziell immer länger werdenden Formulierungen nicht vielmehr das Gegenteil bewirken.

II. Inhalt

3 Die Eingangsbestimmung der ARB 2010 beschränkt sich im Wesentlichen auf eine wortlautgetreue Wiedergabe von § 125 VVG. Ein eigenständiger Regelungsgehalt wohnt der Bestimmung insoweit nicht inne. Die rechtlichen Grundlagen der Rechtsschutzversicherung sind im Kontext der Kommentierung der gesetzlichen Regelung erörtert.[4] Eigenständige Bedeutung hat allerdings der Klammerzusatz „Rechtsschutz", der die vertragstypische Hauptleistungspflicht des Rechtsschutzversicherers stichwortartig bezeichnet. Genauso wenig wie nach h.M. § 125 VVG enthält § 1 ARB eine abschließende Definition des Begriffs der Rechtsschutzversicherung.[5] Trotz der an eine Legaldefinition erinnernden Fassung ist die Klausel auch nicht als abschließende Definition des Begriffs „Rechtsschutz" oder gar des Rechtsschutzfalles zu verstehen;[6] auch Ansprüche des VN werden daraus nicht begründet. Dafür ist die Formulierung letztlich viel zu vage und ungenau. Vielmehr geht es darum, den Kerngehalt des Leistungsversprechens des Rechtsschutzversicherers[7] im Sinne einer Faustformel wiederzugeben, die bei der weiteren kautelarjuristischen Gestaltung der ARB vereinfachend verwendet wird. In erster Linie ist der VR dabei zur Kostentragung verpflichtet (§ 5), wohingegen ihm die Durchführung von Rechtsangelegenheiten für den VN nach dem RDG nicht gestattet ist.[8] Der VR erbringt nach § 1 jedoch nur die für die Interessenwahrnehmung „erforderlichen Leistungen" (s. hierzu § 17), wobei der VR gem. § 128 Satz 1 VVG seine Leistungspflicht verneinen kann, wenn die Interessenwahrnehmung keine hinreichende Erfolgsaussicht bietet oder mutwillig ist (vgl. § 3a Abs. 1). Zudem treffen den VR Neben- und Schutzpflichten, deren Verletzung im Einzelfall Schadensersatzansprüche des VN auslösen können.[9]

---

3 Eine Entsprechungstabelle zwischen den ARB 2010/2012/2021 findet sich im Anhang (S. 414 ff.).

4 Vor §§ 125–129 Rn. 1 ff.; § 125 Rn. 1 ff.

5 § 125 Rn. 5. S. weiterführend Harbauer/*Schmitt* § 1 ARB 2010 Rn. 5 ff. zu den sprachlichen Unterschieden der Vorgängernormen, insbesondere zu den ARB 75.

6 Hierzu § 125 Rn. 9 ff.

7 S. hierzu BGH 20.2.1985 – IVa ZR 137/83, RuS **1985** 94, 95.

8 Prölss/Martin/*Piontek* § 1 Rn. 2.

9 Hierzu Harbauer/*Schmitt* § 1 ARB 2010 Rn. 34 ff.

III. ARB 2012/2021

Ziff. 1 ARB 2012 soll § 1 ARB 2010 inhaltlich entsprechen. Die Formulierung entfernt sich allerdings deutlich vom Gesetzeswortlaut und wählt eher eine erläuternde Sprache. Die definitorische Umschreibung des Begriffs „Rechtsschutz“ findet sich – anders als in den ARB 2010 – in der Neufassung nicht mehr. Das ist unschädlich, weil der Begriff des Rechtsschutzes gesetzlich hinreichend konkretisiert ist, um eine Anwendung der gesetzlichen Bestimmungen zu ermöglichen.[10] Ein rechtlich relevanter inhaltlicher Unterschied zum Pendant in § 1 ARB 2010 liegt darin nicht. Mit dem Gewinn an Allgemeinverständlichkeit kann zwar ein Verlust an juristischer Präzision einhergehen, der die Anwendung der Unklarheitenregel (§ 305c Abs. 2 BGB) oder eine Transparenzkontrolle (§ 307 Abs. 1 Satz 2 BGB) erforderlich machen kann. Diese Gefahr besteht bei Ziff. 1 ARB 2012 aber nicht. Auch Ziff. 1 ARB 2021 entspricht im Wesentlichen der Fassung der ARB 2012. Lediglich Satz 2 wurde um den Halbsatz „und sichern Ihnen so den Zugang zum Recht“ ergänzt und ein vierter und fünfter Satz angefügt („Gerne unterstützen wir Sie, Ihren Konflikt schnell und nachhaltig zu lösen. Fragen Sie uns nach Ihren Möglichkeiten.“). Ein juristischer Mehrwert ist darin nicht unbedingt erkennbar. 4

10 § 125 Rn. 9 ff.

ARB 2010	ARB 2012	ARB 2021	
§ 2 Leistungsarten Der Umfang des Versicherungsschutzes kann in den Formen des § 21 bis § 29 vereinbart werden. Je nach Vereinbarung umfasst der Versicherungsschutz	**2.2 In welchen Rechtsbereichen sind Sie versichert (Leistungsarten)?** Je nach Vereinbarung umfasst der Versicherungsschutz folgende Leistungsarten:	**2.2 In welchen Rechtsbereichen sind Sie versichert (Leistungsarten)?** Je nach Vereinbarung umfasst der Versicherungsschutz folgende Leistungsarten:	**A**
a) Schadenersatz-Rechtsschutz für die Geltendmachung von Schadenersatzansprüchen, soweit diese nicht auch auf einer Vertragsverletzung oder einer Verletzung eines dinglichen Rechtes an Grundstücken, Gebäuden oder Gebäudeteilen beruhen;	2.2.1 Schadenersatz-Rechtsschutz für die Durchsetzung Ihrer Schadenersatzansprüche. Solche Schadenersatzansprüche dürfen allerdings nicht auch auf einer Vertragsverletzung oder einer Verletzung eines dinglichen Rechts an Grundstücken, Gebäuden oder Gebäudeteilen beruhen (dingliche Rechte sind Rechte, die gegenüber jedermann wirken und von jedem respektiert werden müssen, zum Beispiel Eigentum.).	2.2.1 Schadenersatz-Rechtsschutz für die Durchsetzung Ihrer Schadenersatzansprüche. Solche Schadenersatzansprüche dürfen allerdings nicht auch auf einer Vertragsverletzung oder einer Verletzung eines dinglichen Rechts an Grundstücken, Gebäuden oder Gebäudeteilen beruhen (dingliche Rechte sind Rechte, die gegenüber jedermann wirken und von jedem respektiert werden müssen, zum Beispiel Eigentum.).	**P U Ver L F Vk**
	(Das bedeutet zum Beispiel, dass wir Schadenersatzansprüche wegen der Beschädigung eines Fernsehers gegen den Schädiger abdecken, nicht aber Ansprüche bei einer mangelhaften Fernseherreparatur. Diese können über den Vertrags-Rechtsschutz versichert werden; siehe 2.2.4)	(Das bedeutet zum Beispiel, dass wir Schadenersatzansprüche wegen der Beschädigung eines Fernsehers gegen den Schädiger abdecken, nicht aber Ansprüche bei einer mangelhaften Fernseherreparatur. Diese können über den Vertrags-Rechtsschutz versichert werden; siehe 2.2.4)	**P U Ver L**
	(Das bedeutet zum Beispiel, dass wir Schadenersatzansprüche wegen eines Autounfalls gegen den Unfallgegner abdecken, nicht aber Ansprüche bei einer mangelhaften Handwerkerleistung – wie aus einer Autoreparatur. Diese können über den Vertrags-Rechtsschutz nach 2.2.4 versichert werden.)	(Das bedeutet zum Beispiel, dass wir Schadenersatzansprüche wegen eines Autounfalls gegen den Unfallgegner abdecken, nicht aber Ansprüche bei einer mangelhaften Handwerkerleistung – wie aus einer Autoreparatur. Diese können über den Vertrags-Rechtsschutz nach 2.2.4 versichert werden.)	**Vk F**
		Optional: für die Durchsetzung Ihrer vorbeugenden Unterlassungsansprüche wegen der Verletzung des Persönlichkeitsrechts in unmittelbarem Zusammenhang mit der Nutzung elektronischer Daten/ Medien (zum Beispiel im Internet, in einem Intranet, in digitalen	**CP**

https://doi.org/10.1515/9783110522709-009

ARB 2010	ARB 2012	ARB 2021	
		Kurznachrichten- oder Messengerdiensten, ... [ggf. unternehmens-individuell zu ergänzen]). (Beispiel: Sie wurden in einem Gruppen-Chat beleidigt oder es wurden widerrechtlich Fotos von Ihnen im Internet veröffentlicht, und es drohen hieraus weitere gleichartige Rechtsverletzungen.) Wir erstatten hier Kosten bis zu maximal ... EUR je Kalenderjahr.	
b) Arbeits-Rechtsschutz für die Wahrnehmung rechtlicher Interessen aus Arbeitsverhältnissen sowie aus öffentlich-rechtlichen Dienstverhältnissen hinsichtlich dienst- und versorgungsrechtlicher Ansprüche;	2.2.2 Arbeits-Rechtsschutz um Ihre rechtlichen Interessen wahrzunehmen, aus • Arbeitsverhältnissen, • öffentlich-rechtlichen Dienstverhältnissen hinsichtlich dienstrechtlicher und versorgungsrechtlicher Ansprüche.	*Identisch mit 2.2.2 ARB 2012*	**U Ver L B**
c) Wohnungs- und Grundstücks-Rechtsschutz	2.2.3 Wohnungs- und Grundstücks-Rechtsschutz	*Identisch mit 2.2.3 ARB 2012*	**LW**
für die Wahrnehmung rechtlicher Interessen aus Miet- und Pachtverhältnissen, sonstigen Nutzungsverhältnissen und dinglichen Rechten, die Grundstücke, Gebäude oder Gebäudeteile zum Gegenstand haben	für land- und forstwirtschaftlich genutzte Grundstücke, Gebäude oder Gebäudeteile. Um Ihre rechtlichen Interessen wahrzunehmen, aus		**L**
	• Miet- und Pachtverhältnissen (zum Beispiel Streitigkeiten wegen Mieterhöhung), • sonstigen Nutzungsverhältnissen (zum Beispiel Streitigkeit um ein Wohnrecht), dinglichen Rechten, die Grundstücke, Gebäude oder Gebäudeteile betreffen (zum Beispiel Streitigkeit um den Verlauf der Grundstücksgrenze).		**LW**
d) Rechtsschutz im Vertrags- und Sachenrecht	2.2.4 Rechtsschutz im Vertrags- und Sachenrecht	*Identisch mit 2.2.4 ARB 2012*	**P L Vk F**
für die Wahrnehmung rechtlicher Interessen aus privatrechtlichen Schuldverhältnissen und dinglichen Rechten, soweit der Versicherungsschutz nicht in den	um Ihre rechtlichen Interessen wahrzunehmen, aus privatrechtlichen Schuldverhältnissen und dinglichen Rechten. („Ein Schuldverhältnis“		

ARB 2010	ARB 2012	ARB 2021	
Leistungsarten a), b) oder c) enthalten ist;	besteht zum Beispiel zwischen Käufer und Verkäufer. Ein Streit über ein dingliches Recht kann beispielsweise zwischen dem Eigentümer und dem Besitzer auf Herausgabe einer Sache bestehen.) Dieser Versicherungsschutz gilt nicht, soweit es sich um eine Angelegenheit aus folgenden Bereichen handelt: • Schadenersatz-Rechtsschutz (siehe 2.2.1), • Arbeits-Rechtsschutz (zum Beispiel Streit aus oder um Ihr Arbeitsverhältnis) oder • Wohnungs- oder Grundstücks-Rechtsschutz (zum Beispiel Streit aus Ihrem Mietverhältnis oder wenn Sie als Eigentümer oder Besitzer eines Grundstücks oder Gebäudes betroffen sind)		
	Es besteht auch Versicherungsschutz für Verträge, mit denen Sie Kraftfahrzeuge und Anhänger zur Eigennutzung erwerben wollen, auch wenn diese später nicht auf Sie zugelassen werden.		**L Vk F**
	Ausnahme: Sie haben keinen Versicherungsschutz im Vertrags- und Sachenrecht, wenn Sie Teilnehmer im öffentlichen Straßenverkehr sind (Beispiel: Streit um eine Taxirechnung).		**Vk F**
e) Steuer- Rechtsschutz vor Gerichten für die Wahrnehmung rechtlicher Interessen in steuer- und abgaberechtlichen Angelegenheiten vor deutschen Finanz- und Verwaltungsgerichten;	2.2.5 Steuer-Rechtsschutz vor Gerichten um Ihre rechtlichen Interessen im Zusammenhang mit Steuern und Abgaben vor deutschen Finanz- und Verwaltungsgerichten wahrzunehmen, aber erst ab dem gerichtlichen Verfahren.	*Identisch mit 2.2.5 ARB 2012*	**P L Vk F W**
	Dieser Versicherungsschutz gilt für folgende Lebensbereiche (2.1.1) • Privat-Rechtsschutz, • Verkehrs-Rechtsschutz und • Berufs-Rechtsschutz (Das bedeutet, es besteht beim Steuer-Rechtsschutz vor Gerichten kein Versicherungsschutz im		**U**

ARB 2010	ARB 2012	ARB 2021	
	Bereich Rechtsschutz für Selbstständige oder Firmen).		
f) Sozialgerichts-Rechtsschutz für die Wahrnehmung rechtlicher Interessen vor deutschen Sozialgerichten;	2.2.6 Sozialgerichts-Rechtsschutz um Ihre rechtlichen Interessen vor deutschen Sozialgerichten wahrzunehmen, aber erst ab dem gerichtlichen Verfahren.	*Identisch mit 2.2.6 ARB 2012*	**P U Ver L**
g) Verwaltungs- Rechtsschutz in Verkehrssachen für die Wahrnehmung rechtlicher Interessen in verkehrsrechtlichen Angelegenheiten vor Verwaltungsbehörden und vor Verwaltungsgerichten,	2.2.7 Verwaltungs-Rechtsschutz in Verkehrssachen um Ihre rechtlichen Interessen in verkehrsrechtlichen Angelegenheiten vor Verwaltungsbehörden und Verwaltungsgerichten wahrzunehmen.	*Identisch mit 2.2.7 ARB 2012*	**L Vk F**
h) Disziplinar- und Standes-Rechtsschutz für die Verteidigung in Disziplinar- und Standesrechtsverfahren;	2.2.8 Disziplinar- und Standes-Rechtsschutz für die Verteidigung in Disziplinar- und Standesrechtsverfahren (Disziplinarrecht: es geht um Dienstvergehen von zum Beispiel Beamten oder Soldaten; Standesrecht: berufsrechtliche Belange von freien Berufen, zum Beispiel von Ärzten oder Rechtsanwälten).	*Identisch mit 2.2.8 ARB 2012*	**U Ver L B**
i) Straf-Rechtsschutz für die Verteidigung wegen des Vorwurfes	2.2.9 Straf-Rechtsschutz	2.2.9 Straf-Rechtsschutz	**P U Ver L Vk F**
aa) eines verkehrsrechtlichen Vergehens. Wird rechtskräftig festgestellt, dass der Versicherungsnehmer das Vergehen vorsätzlich begangen hat, ist er verpflichtet, dem Versicherer die Kosten zu erstatten, die dieser für die Verteidigung wegen des Vorwurfes eines vorsätzlichen Verhaltens getragen hat; bb) eines sonstigen Vergehens, dessen vorsätzliche wie auch fahrlässige Begehung strafbar ist, solange dem Versicherungsnehmer ein fahrlässiges Verhalten vorgeworfen wird. Wird dem Versicherungsnehmer dagegen vorgeworfen, ein solches Vergehen vorsätzlich begangen zu haben,	für die Verteidigung, wenn Ihnen ein strafrechtliches Vergehen vorgeworfen wird. (Vergehen sind Straftaten, die im Mindestmaß mit einer Freiheitsstrafe von unter einem Jahr oder Geldstrafe bedroht sind.) Sie haben Versicherungsschutz unter folgenden Voraussetzungen: • das Vergehen ist vorsätzlich und fahrlässig nach dem Gesetz strafbar • und Ihnen wird ein fahrlässiges Verhalten vorgeworfen. Wird Ihnen jedoch ein vorsätzliches Verhalten vorgeworfen, erhalten Sie zunächst keinen Versicherungsschutz. Wenn Sie nicht wegen vorsätzlichen	für die Verteidigung, wenn Ihnen ein strafrechtliches Vergehen vorgeworfen wird. (Vergehen sind Straftaten, die im Mindestmaß mit einer Freiheitsstrafe von unter einem Jahr oder Geldstrafe bedroht sind.) Sie haben Versicherungsschutz unter folgenden Voraussetzungen: • das Vergehen ist vorsätzlich und fahrlässig nach dem Gesetz strafbar • und Ihnen wird ein fahrlässiges Verhalten vorgeworfen. Wird Ihnen jedoch ein vorsätzliches Verhalten vorgeworfen, erhalten Sie zunächst keinen Versicherungsschutz. Wenn Sie nicht wegen vorsätzlichen	**P U Ver L**

ARB 2010	ARB 2012	ARB 2021	
besteht rückwirkend Versicherungsschutz, wenn nicht rechtskräftig festgestellt wird, dass er vorsätzlich gehandelt hat. Es besteht also bei dem Vorwurf eines Verbrechens kein Versicherungsschutz; ebenso wenig bei dem Vorwurf eines Vergehens, das nur vorsätzlich begangen werden kann (z.B. Beleidigung, Diebstahl, Betrug). Dabei kommt es weder auf die Berechtigung des Vorwurfes noch auf den Ausgang des Strafverfahrens an.	Verhaltens verurteilt werden, erhalten Sie rückwirkend Versicherungsschutz. Ändert sich der Vorwurf während des Verfahrens auf fahrlässiges Verhalten, besteht ab diesem Zeitpunkt Versicherungsschutz.	Verhaltens verurteilt werden, erhalten Sie rückwirkend Versicherungsschutz. Ändert sich der Vorwurf während des Verfahrens auf fahrlässiges Verhalten, besteht ab diesem Zeitpunkt Versicherungsschutz.	
	In folgenden Fällen haben Sie also keinen Versicherungsschutz: • Ihnen wird ein **Verbrechen** vorgeworfen (Straftat, die im Mindestmaß mit einer Freiheitsstrafe von einem Jahr bedroht ist). • Ihnen wird ein **Vergehen** vorgeworfen, das nur vorsätzlich begangen werden kann (zum Beispiel Beleidigung, Diebstahl, Betrug). Dabei ist es egal, ob der Vorwurf berechtigt ist oder wie das Strafverfahren ausgeht.	In folgenden Fällen haben Sie also keinen Versicherungsschutz: • Ihnen wird ein **Verbrechen** vorgeworfen (Straftat, die im Mindestmaß mit einer Freiheitsstrafe von einem Jahr bedroht ist). • Ihnen wird ein **Vergehen** vorgeworfen, das nur vorsätzlich begangen werden kann (zum Beispiel Beleidigung, Diebstahl, Betrug). Dabei ist es egal, ob der Vorwurf berechtigt ist oder wie das Strafverfahren ausgeht.	**P U Ver L**
		Optional: für die Verteidigung, wenn Ihnen ein vorsätzliches Vergehen in unmittelbarem Zusammenhang mit der Nutzung elektronischer Daten/Medien (zum Beispiel im Internet, in einem Intranet, in digitalen Kurznachrichten- oder Messengerdiensten, ... [ggf. unternehmensindividuell zu ergänzen]) vorgeworfen wird (Beispiel: Sie werden angezeigt, eine andere Person in einem sozialen Netzwerk beleidigt zu haben.). Wir erstatten hier Kosten bis zu maximal ... EUR je Kalenderjahr.	**CP**
		Ausnahme: Ein Gericht stellt rechtskräftig fest, dass Sie das Vergehen vorsätzlich begangen haben. In diesem Fall sind Sie verpflichtet, uns die entstandenen Kosten zu erstatten. Sie haben keinen Versicherungsschutz, wenn	

ARB 2010	ARB 2012	ARB 2021	
		Ihnen ein Verbrechen vorgeworfen wird (Ein Verbrechen ist eine Straftat, die im Mindestmaß mit einer Freiheitsstrafe von einem Jahr bedroht ist) **Optional**: Sie haben jedoch keinen Versicherungsschutz, wenn Ihnen eine der folgenden Straftaten vorgeworfen wird: ... (ggf. Unternehmensindividuell zu ergänzen)	
	Für die Verteidigung, wenn Ihnen ein verkehrsrechtliches Vergehen vorgeworfen wird (das ist eine Straftat, die die Verletzung der Sicherheit und Ordnung im Straßenverkehr unter Strafe stellt und im Mindestmaß mit einer Freiheitsstrafe von unter einem Jahr oder Geldstrafe bedroht ist.).	für die Verteidigung, wenn Ihnen ein verkehrsrechtliches Vergehen vorgeworfen wird (das ist eine Straftat, die die Verletzung der Sicherheit und Ordnung im Straßenverkehr unter Strafe stellt und im Mindestmaß mit einer Freiheitsstrafe von unter einem Jahr oder Geldstrafe bedroht ist.).	**Vk F**
	Ausnahme: Ein Gericht stellt rechtskräftig fest, dass Sie das Vergehen vorsätzlich begangen haben. In diesem Fall sind Sie verpflichtet, uns die entstandenen Kosten zu erstatten. Sie haben keinen Versicherungsschutz, wenn Ihnen ein Verbrechen vorgeworfen wird (Ein Verbrechen ist eine Straftat, die im Mindestmaß mit einer Freiheitsstrafe von einem Jahr bedroht ist).	**Ausnahme**: Ein Gericht stellt rechtskräftig fest, dass Sie das Vergehen vorsätzlich begangen haben. In diesem Fall sind Sie verpflichtet, uns die entstandenen Kosten zu erstatten. Sie haben keinen Versicherungsschutz, wenn Ihnen ein Verbrechen vorgeworfen wird (Ein Verbrechen ist eine Straftat, die im Mindestmaß mit einer Freiheitsstrafe von einem Jahr bedroht ist).	**L Vk F**
j) Ordnungswidrigkeiten-Rechtsschutz für die Verteidigung wegen des Vorwurfes einer Ordnungswidrigkeit;	2.2.10 Ordnungswidrigkeiten-Rechtsschutz für Ihre Verteidigung, wenn Ihnen eine Ordnungswidrigkeit vorgeworfen wird. (Beispiel: Sie verstoßen gegen die Gurtplicht oder verursachen unzulässigen Lärm)	*Identisch mit 2.2.10 ARB 2012*	**P U Ver L Vk F**
k) Beratungs-Rechtsschutz im Familien-, Lebenspartnerschafts- und Erbrecht Je nach Vereinbarung umfasst der Versicherungsschutz Beratungs-Rechtsschutz im Familien-, Lebenspartnerschafts- und Erbrecht für Rat oder Auskunft	2.2.11 Beratungs-Rechtsschutz im Familien-, Lebenspartnerschafts- und Erbrecht für einen Rat oder eine Auskunft eines in Deutschland zugelassenen Rechtsanwalts in Familien-, Lebenspartnerschafts- und erbrechtlichen Angelegenheiten.	*Identisch mit 2.2.11 ARB 2012*	**P L**

ARB 2010	ARB 2012	ARB 2021	
eines in Deutschland zugelassenen Rechtsanwaltes in Familien-, lebenspartnerschafts- und erbrechtlichen Angelegenheiten, wenn diese nicht mit einer anderen gebührenpflichtigen Tätigkeit des Rechtsanwaltes zusammenhängen.	Wird der Rechtsanwalt darüber hinaus tätig, erstatten wir insgesamt keine Kosten.		
–	2.2.12 Opfer-Rechtsschutz als Nebenkläger für eine erhobene öffentliche Klage vor einem deutschen Strafgericht. Voraussetzung ist, dass Sie oder eine mitversicherte Person als Opfer einer Gewaltstraftat verletzt wurden. Eine Gewaltstraftat liegt vor bei Verletzung der sexuellen Selbstbestimmung, schwerer Verletzung der körperlichen Unversehrtheit und der persönlichen Freiheit sowie bei Mord und Totschlag. Sie haben Versicherungsschutz für die Beistandsleistung eines Rechtsanwalts im: • Ermittlungsverfahren, • Nebenklageverfahren, • für den Antrag nach § 1 Gewaltschutzgesetz, • für den so genannten Täter-Opfer-Ausgleich nach § 46 a Ziffer 1 Strafgesetzbuch in nicht vermögensrechtlichen Angelegenheiten. Sie haben zusätzlich Versicherungsschutz für die außergerichtliche Durchsetzung von Ansprüchen nach dem Sozialgesetzbuch und dem Opferentschädigungsgesetz. Aber nur unter folgenden Voraussetzungen: • Sie sind nebenklageberechtigt und • Sie wurden durch eine der oben genannten Straftaten verletzt und • es sind dadurch dauerhafte Körperschäden eingetreten.	*Identisch mit 2.2.12 ARB 2012*	**P U Ver L**

ARB 2010	ARB 2012	ARB 2021	
	Ausnahme: Wenn Sie die kostenlose Beiordnung eines Rechtsanwalts als Beistand gemäß §§ 397a Abs. 1, 406g Abs. 3 Strafprozessordnung in Anspruch nehmen können, besteht kein Versicherungsschutz.		
		Optional: 2.2.13 Aktiver Straf-Rechtsschutz für die Erstattung einer Strafanzeige bei Straftaten, die in unmittelbarem Zusammenhang mit der Nutzung elektronischer Daten/ Medien (zum Beispiel im Internet, in einem Intranet, in digitalen Kurznachrichten- oder Messengerdiensten, … [ggf. unternehmensindividuell zu ergänzen]) begangen wurden. Voraussetzung ist, dass Sie oder eine mitversicherte Person als Opfer der Straftat betroffen sind. Sie haben Versicherungs-schutz für die Beistandsleistung eines Rechtsanwalts zur Erstattung einer Strafanzeige. (Beispiel: In einem Gruppen-Chat sind Sie über einen längeren Zeitraum belästigt worden. Sie stellen mit anwaltlicher Unterstützung Strafanzeige gegen diese Person.) Wir erstatten hier Kosten bis zum maximal … EUR je Kalenderjahr	**CP**
		Optional: 2.2.14 Rechtsschutz bei Urheberrechtsverstößen um Ihre rechtlichen Interessen wahrzunehmen, wenn Ihnen ein Urheberrechtsverstoß in unmittelbarem Zusammenhang mit der Nutzung elektronischer Daten/ Medien (zum Beispiel im Internet, in einem Intranet, in digitalen Kurznachrichten- oder Messengerdiensten, … [ggf. unternehmensindividuell zu ergänzen]) vorgeworfen wird (Beispiel: Für Ihre private Homepage verwenden Sie Fotos aus dem Internet, welche urheberrechtlich	**CP**

ARB 2010	ARB 2012	ARB 2021
		geschützt sind. Sie werden aufgrund dessen von dem Inhaber der Bildrechte abgemahnt.). Wir erstatten hier Kosten bis zum maximal ... EUR je Kalenderjahr.

Schrifttum

Adam Scheinselbstständigkeit und Rechtsschutzversicherung, AnwBl. **2000** 110; *Armbrüster* Rechtschutzversicherung und Wohnungseigentum, Festschrift Merle (2010) 13; *Bauer* Der Steuer-Rechtsschutz im Rahmen der Rechtsschutzversicherung, DStR **2005** 1665; *Berger* Der Baurisikoausschluss in der Rechtsschutzversicherung, VersR **2002** 1321; *Cornelius-Winkler* Rechtsschutzversicherung Teil 1: Grundlagen und versichertes Risiko, SVR **2011** 41; *Drasdo* Auswirkungen der Rechtsfähigkeit der Wohnungseigentümergemeinschaft auf die Rechtsschutzversicherung, VersR **2008** 902; *Eitel* Die Rechtsschutzversicherung im Familienrecht, FF **2009** 64; *Fölsner* Anmerkungen zum Urteil des AG Schwendt/O vom 9.7.2013, VersR **2014** 328; *Guntermann* Das wirtschaftsstrafrechtliche Mandat unter der Strafrechtsschutzversicherung für Unternehmen und Manager (2021); *Hering* Neue Bedingungen für die Rechtsschutzversicherung – ARB 2012, ZfS **2013** 4; *ders.* Der Verwaltungs-Rechtsschutz in Verkehrssachen, SVR **2006** 165; *Harbauer* Steuer-Rechtsschutz vor Gerichten und in Bußgeldverfahren – Eine neue Versicherungsleistung –, DStR **1984** 21; *ders.* Anspruchskonkurrenz beim Schadensersatz – Rechtsschutz, NversZ **1999** 308; *Hermanns/Lube* Zur Einstandspflicht des Rechtsschutzversicherers beim Tatvorwurf der gefährlichen Körperverletzung, VersR **2007** 163; *Maier* Neue Bedingungen in der Rechtsschutzversicherung (ARB 2012), RuS **2013** 105; *ders.* Der Ausschluss des Baurisikos in der Rechtsschutzversicherung, VersR **1997** 394; *Mathy* Der problematische Datenrechtsschutz in der Rechtsschutzversicherung, VersR **2010** 318; *ders.* Tour d'horizon zum Opfer-Rechtsschutz in der Rechtsschutzversicherung, NJOZ **2009** 3786; *Pabst/Rau* Ausgewählte Probleme im Verhältnis von Rechtsschutzversicherer und Versicherungsnehmer im Arbeitsrechtsschutz, VersR **2006** 1615; *Rolfs* Die Versicherbarkeit der arbeitsrechtlichen Risiken des AGG, VersR **2009** 1001; *Schaltke* BGH-Leitsätze zum Rechtsschutzfall und ihre Auswirkungen auf die Praxis, VersR **2016** 573; *Schimikowski* Anmerkungen zum Beschluss des LG Duisburg vom 16.12.1996, RuS **1997** 117; *Schirmer* Die Rechtsschutzversicherung für den Kraftfahrer, DAR **1992** 418; *K. Schneider* Rechtsschutzversicherung: Leistungserstattung bei rechtskräftiger Verurteilung wegen einer Vorsatztat, ZfS **2008** 249; *Tetzlaff* Fallen Streitigkeiten unter Mitmietern desselben Objekts unter die Rechtsschutzversicherung? VersR **1984** 1031; *van Bühren* Rechtschutzversicherung – Die Kostentragungspflicht des Rechtsschutzversicherers bei Teildeckung, MDR **2001** 1393; *Wendt* Vertiefung der neueren Rechtsprechung des Bundesgerichtshofs zur Rechtsschutzversicherung, RuS **2008** 221.

Übersicht

I. Allgemeines

1. Funktion und Bedeutung

1 Die Bestimmung über die sogenannten „Leistungsarten" ist praktisch von zentraler Bedeutung, denn sie konkretisiert in einem ersten Schritt das vom Rechtsschutzversicherer übernommene Risiko.[1] In Zusammenwirkung mit den §§ 21 bis 29 ARB 2010, die in der Systematik des Klauselwerkes „Formen" des Versicherungsschutzes bestimmen, kann der Umfang des Versicherungsschutzes präzisiert vereinbart werden. Mit der Segmentierung der Rechtsschutzdeckung nach bestimmten Lebensbereichen verwirklichen die ARB in der Vertragsgestaltung das Prinzip der Spezialität des versicherten Risikos: allein das vom VR abgedeckte Wagnis steht unter Versicherungsdeckung.[2] Der gewählte Begriff der „Leistungsart" ist, wenn nicht irreführend, so doch zumindest missverständlich. Denn systematisch ist die Bestimmung des versicherten Lebensbereichs auf der Grundlage der herrschenden Theorie der bedingten Hauptleistung zum Rechtsschutzfall zu rechnen, also zur Bedingung, unter welcher der synallagmatische Hauptleistungsanspruch des VN gegen den Rechtsschutzversicherer zur Entstehung gelangt.[3] § 2 ARB konkretisiert mithin die Bedingung im Sinne von § 158 Abs. 1 BGB, deren Eintritt der VN im Streitfall darlegen und beweisen muss. Die wohl h.M. in der Literatur spricht in diesem Zusammenhang von einer primären Risikoabgrenzung.[4] Das ist sicherlich nicht falsch, darf aber nicht darüber hinwegtäuschen, dass es dabei um die Konkretisierung der aufschiebenden Bedingung in Gestalt des Rechtsschutzfalls geht. Die Beweislastverteilung folgt im Ausgangspunkt mithin nicht aus der gestalterischen Einordnung als primäre Risikoabgrenzung, sondern aus dem Gesetz (§ 1 Satz 1 i.V.m. § 158 Abs. 1 BGB). Der VN trägt also hier wie auch sonst kraft Gesetzes die Beweislast für die Voraussetzungen des Leistungsanspruchs.[5] Abweichungen zu Lasten des VN, etwa durch kautelarjuristisch gestaltende Verschiebung von Leistungsausschlüssen in die Regelung der „Leistungsart", sind deshalb an § 309 Nr. 12 BGB, unter Umständen auch an § 307 BGB zu messen.[6]

2. ARB 2012/2021

2 Die ARB 2012/2021 treffen Bestimmungen über die „Leistungsarten" in Ziff. 2.1. Auch die ARB 2012/2021 halten mithin an der rechtlich fragwürdigen Terminologie der ARB 2010 fest. Welche „Leistungsarten" in welcher Vertragsform gedeckt sind, ergibt sich aus dem Buchstabenschlüssel am Rand der jeweiligen Ziffer. Der Einzelvertrag soll nach den ARB 2012/2021 nur noch die Leistungsarten beschreiben, für die der Versicherungsschutz konkret vereinbart wird.[7] Hinzugekommen ist der Opfer-Rechtsschutz (Ziff. 2.2.12 ARB 2012/2021) sowie der aktive Straf-Rechtsschutz (Ziff. 2.2.13 ARB 2021).[8] Die ARB 2021 sehen zudem optionale Zusatzkomponenten (Abdeckung von Unterlassungsklagen bei Persönlichkeitsrechtsverletzungen im Internet beim Schadensersatz-Rechtschutz sowie im Straf-Rechtsschutz) vor.[9]

---

1 Überblick zur Bestimmung des versicherten Risikos im Versicherungsvertrag bei *Bruns* Privatversicherungsrecht (2015) § 13 Rn. 1 ff.

2 Prölss/Martin/*Piontek* § 2 Rn. 1; *Looschelders*/Paffenholz § 2 Rn. 1; Langheid/Wandt/*Obarowski* § 125 Rn. 17; s.a. § 125 Rn. 12 f.; s.a. Harbauer/*Stahl* § 2 ARB 2000 Rn. 1 m.w.N.

3 Hierzu bereits § 125 Rn. 9 ff., 12.

4 *Looschelders*/Paffenholz § 2 Rn. 3; *Buschbell*/Hering § 6 Rn. 121; Harbauer/*Obarowski* § 2 ARB 2010 Rn. 2.

5 Im Ergebnis h.M.: *Looschelders*/Paffenholz § 2 Rn. 3; Rüffer/Halbach/Schimikowski/*Münkel* § 2 ARB 2010 Rn. 1; Looschelders/Pohlmann/*Paffenholz* § 125 Rn. 10; *Cornelius-Winkler* VersR **2006** 105, 106 (für den Arbeits-Rechtsschutz).

6 Hierzu Langheid/Wandt/*Bruns* § 309 Rn. 1, 13.

7 *Looschelders*/Paffenholz § 2 Rn. 4; *Maier* RuS **2013** 105, 106.

8 Rn. 74 ff.

9 Rn. 77 f.

II. Die einzelnen „Leistungsarten“

1. Schadensersatz-Rechtsschutz

a) Überblick. Der Schadensersatz-Rechtsschutz ist praktisch sehr bedeutsam. Die Umschreibung der „Leistungsart“ bedient sich einer positiven Erfassung der Geltendmachung von Schadensersatzansprüchen und nimmt im Gegenzug bestimmte Schadensersatzansprüche aus. Deshalb erhebt sich die Frage, ob es sich um eine reine Konkretisierung des Rechtsschutzfalls handelt oder ob aufgrund der negativen Formulierung im zweiten Halbsatz auch ein Leistungsausschluss vorliegt. Hinsichtlich der Ausnahme von Schadensersatzansprüchen, die auf einer Verletzung eines dinglichen Rechts an Grundstücken, Gebäuden oder Gebäudeteilen beruhen (§ 2 lit. a Halbs. 2 Alt. 2 ARB 2010), handelt es sich systematisch um eine Abgrenzung zum Wohnungs- und Grundstücksrechtsschutz (§ 2 lit. c ARB 2010), der den Schadensersatz-Rechtsschutz in diesem Bereich gesondert abdeckt.[10] 3

b) Deckungsbereich

aa) Schadensersatzansprüche. Der Schadensersatz-Rechtsschutz umfasst die Geltendmachung, nicht aber die Abwehr von Schadensersatzansprüchen.[11] Zu den Schadensersatzansprüchen zählen alle Ansprüche, die einen Schaden ausgleichen, sei es im Wege der Naturalrestitution, sei es im Wege des Geldersatzes (§§ 249 ff. BGB). Die prozessuale Rolle des VN ist dabei irrelevant, sodass Schadensersatzansprüche auch im Wege einer Widerklage oder (prozessualen) Aufrechnung geltend gemacht werden können.[12] Anders als unter den ARB 75 kommt es nicht mehr darauf an, dass der Schadensersatzanspruch auf gesetzlichen Haftpflichtbestimmungen beruht.[13] Damit haben sich die ARB 2010 auch vom Modell der AHB gelöst,[14] was zu einer gewissen Rechtsunsicherheit beiträgt. Die Rechtsgrundlage kann nach h.M. sowohl zivilrechtlicher als auch öffentlich-rechtlicher Natur sein.[15] Auf die dogmatische Einordnung als öffentlich-rechtlich oder zivilrechtlich kommt es deshalb nicht an. Amtshaftungsansprüche sind ebenso erfasst[16] wie Schadensersatzansprüche gegen den Vollstreckungsgläubiger aufgrund von ungerechtfertigter Zwangsvollstreckung oder gesetzlicher Sonderbeziehung privatrechtlicher Art.[17] Hierher gehören auch Ansprüche auf Ersatz immaterieller Schäden,[18] nach richtiger Ansicht auch der Anspruch auf Geldentschädigung wegen Verletzung des allgemeinen Persönlichkeitsrechts.[19] Auch kapitalmarktrechtliche Ansprüche sind umfasst.[20] Nach der Rechtsprechung des BGH handelt es sich auch bei der Inanspruchnahme des Haftpflichtversicherers eines Schädigers gem. § 115 Abs. 1 Satz 1 Nr. 2 VVG um einen Anwendungsfall des Schadensersatz-Rechtsschutzes, wenn die Inanspruchnahme des Schädigers auf einem Anspruch aus bürgerlichrechtlicher Prospekthaftung beruht.[21] Eine Geltendmachung von Schadensersatzersatzansprüchen liegt ferner vor, wenn der Versicherte auf Rückzahlung angeblich überzahlter Vorschüsse aus Berei- 4

10 *Looschelders*/Paffenholz § 2 Rn. 6.
11 OLG Saarbrücken 31.1.2018 – 5 U 33/17, VersR **2018** 1062, 1063.
12 Prölss/Martin/*Piontek* § 2 Rn. 2.
13 S. van Bühren/Plote/*Hillmer-Möbius* § 2 ARB 2010 Rn. 4; *Looschelders*/Paffenholz § 2 Rn. 13.
14 Statt vieler Bruck/Möller/*Koch* Bd. 4, Ziff. 1 AHB 2012 Rn. 34 ff.; Prölss/Martin/*Lücke* Ziff. 1 AHB 2016 Rn. 6.
15 Harbauer/*Obarowski* § 2 ARB 2010 Rn. 41; *Looschelders*/Paffenholz § 2 Rn. 7.
16 Für zivilrechtliche Qualifikation ÖOGH 30.11.2011 – 7 Ob 202/11y, VersR **2012** 1542, 1543; Prölss/Martin/*Piontek* § 2 Rn. 2; **a.A.** (öffentlich-rechtlich) *Looschelders*/Paffenholz § 2 Rn. 7 m.N.
17 OLG Stuttgart 14.2.2008 – 7 U 200/07, VersR **2008** 1062 f.; zur einzelvollstreckungsrechtlichen Seite *Baur*/*Stürner*/*Bruns* Zwangsvollstreckungsrecht, 14. Aufl. 2020 Rn. 15.32 ff., 15.46 ff., 45.30, 46.26.
18 Harbauer/*Obarowski* § 2 ARB 2010 Rn. 42; *Looschelders*/Paffenholz § 2 Rn. 7.
19 Zutreffend *Looschelders*/Paffenholz § 2 Rn. 7.
20 Hierzu näher *Happel* VersR **2019** 193, 194.
21 BGH 15.2.2023 – IV ZR 312/21, NJW **2023** 1510 Ls.

cherungsgrundsätzen in Anspruch genommen wird und sich dagegen mit der Behauptung von Schadensersatzansprüchen verteidigt.[22]

5 Keine Schadensersatzansprüche sind Aufwendungsersatzansprüche (z.B. §§ 284, 670 BGB), Bereicherungsansprüche (§§ 812 ff. BGB), Herausgabeansprüche (z.B. § 985 BGB) und Aufopferungsansprüche (z.B. § 906 Abs. 2 Satz 2 BGB).[23] Ebenso wenig sind Unterlassungsansprüche als Schadensersatzansprüche zu qualifizieren.[24] Nach h.M. sind Ansprüche auf Entschädigung wegen Strafverfolgungsmaßnahmen ebenfalls keine Schadensersatzansprüche, sondern besondere Aufopferungsansprüche (§§ 1 ff. StrEG).[25] Für Ansprüche aus enteignungsgleichem Eingriff besteht ebenfalls kein Versicherungsschutz.[26] Gleiches gilt für Auskunftsansprüche, Regressansprüche (z.B. § 426 Abs. 1 Satz 1 BGB)[27] sowie Ansprüche nach DSGVO/BDSG auf Auskunft, Löschung, Berichtigung oder Sperrung personenbezogener Daten.[28] Auch Beseitigungsansprüche gemäß oder analog § 1004 Abs. 1 Satz 1 BGB sind dogmatisch nach h.M. keine Schadensersatzansprüche im Sinne des Gesetzes.[29] Eine andere Frage ist, ob sie unter § 2 lit. a ARB 2010 fallen. Das wäre dann denkbar, wenn die ARB 2010 ein von der bürgerlichrechtlichen Systematik abweichendes Begriffsverständnis zugrunde legen. Ein solches Begriffsverständnis könnte anzunehmen sein, weil der BGH zu § 1 Nr. 1 AHB entschieden hat, dass „Schadensersatz“ auch der Teil des negatorischen Beseitigungsanspruchs sei, dem „wiederherstellende Wirkung“ zukomme.[30] Wenn man die Rechtsprechung des BGH zum Schadensersatzbegriff in den AHB auf die ARB 2010 überträgt, dann könnte solch ein weitgehender Begriff auch das Ergebnis der Auslegung von § 2 lit. a ARB 2010 sein. In der Literatur wird teilweise – in Anlehnung an die Rechtsprechung des BGH zu § 1 Nr. 1 AHB für eine Einbeziehung von Beseitigungsansprüchen in die Rechtsschutzdeckung plädiert, soweit sie „auf Naturalrestitution gerichtet“ seien.[31] Die Gegenansicht lehnt eine generelle Einbeziehung von Beseitigungsansprüchen ab,[32] teilweise wird aber für den Anspruch auf Widerruf ehrverletzender Äußerungen eine Ausnahme gemacht.[33] So recht eigentlich überzeugend ist die Einbeziehung von Beseitigungsansprüchen in die Kategorie der Schadensersatzansprüche letztlich nicht. Wie sollte in ARB klarer zum Ausdruck gebracht werden als durch Verwendung juristischer *termini technici*, dass Schadensersatzansprüche gemeint sind und keine Beseitigungsansprüche? Deshalb lässt sich die Ausdehnung auf Beseitigungsansprüche im Grunde genommen nicht einmal als Ergebnis einer Anwendung der Unklarheitenregel (§ 305c Abs. 2 BGB) halten. Allerdings ist zu berücksichtigen, dass ein Beseitigungsanspruch die Geltendmachung eines konkurrierenden Schadensersatzanspruchs nicht ausschließt, sodass insbesondere auch ein Widerrufsanspruch wegen Persönlichkeitsrechtsverletzung in den Deckungsbereich des Schadensersatz-Rechtsschutzes fallen kann. Das

---

22 OLG Saarbrücken 31.1.2018 – 5 U 33/17, VersR **2018** 1062 Rn. 13; Harbauer/*Obarowski* § 2 ARB 2010 Rn. 33; **a.A.** *Schaltke* VersR **2018** 1041, 1045 f.

23 *Looschelders*/Paffenholz § 2 Rn. 8 ff.; Harbauer/*Obarowski* § 2 ARB 2010 Rn. 60; *Mathy* VersR **2010** 318, 322.

24 *Looschelders*/Paffenholz § 2 Rn. 9; van Bühren/Plote/*Hillmer-Möbius* § 2 ARB 2010 Rn. 7; teilweise **a.A.** möglicherweise Prölss/Martin/*Piontek* § 2 Rn. 4 (etwas unklar).

25 Zur rechtlichen Qualifikation BGH 26.1.1989 – III ZR 192/87, BGHZ **106** 313, 318; zum Versicherungsrecht OLG Bamberg 29.3.1999 – 1 W 54/98, VersR **1999** 1407 f.; Beckmann/Matusche-Beckmann/*Obarowski* § 37 Rn. 48; Prölss/Martin/*Piontek* § 2 Rn. 5; *Looschelders*/Paffenholz § 2 Rn. 10; *Mathy* VersR **2010** 318, 322; **a.A.** noch Harbauer/*Stahl* § 2 ARB 2000 Rn. 57 m.w.N.; nunmehr wie **h.M.** Harbauer/*Obarowski* § 2 ARB 2010 Rn. 57.

26 LG Ravensburg 3.3.1977 – IV O 1142/76, VersR **1978** 616 Ls.

27 Prölss/Martin/*Piontek* § 2 Rn. 9a.

28 OLG Düsseldorf 18.12.2015 – 4 U 197/11, BeckRS **2016** 21221 Rn. 24 ff.; Prölss/Martin/*Piontek* § 2 Rn. 9a; a.A. *Schaltke* VersR **2020** 73, 74.

29 Z.B. Soergel/*Münch* § 1004 Rn. 17; MüKoBGB/*Raff* § 1004 Rn. 222 ff.; Jauernig/*Berger* § 1004 Rn. 7 m.N.

30 BGH 8.12.1999 – IV ZR 40/99, NJW **2000** 1194, 1195; BGH 11.12.2002 – IV ZR 226/01, NJW **2003** 826, 827.

31 Prölss/Martin/*Piontek* § 2 Rn. 4.

32 Van Bühren/Plote/*Hillmer-Möbius* § 2 ARB 2010 Rn. 7.

33 So etwa *Looschelders*/Paffenholz § 9 Rn. 9; Prölss/Martin/*Piontek* § 2 Rn. 4; weitergehendes Begriffsverständnis bei LG Ellwangen 31.3.2000 – 1 S 308/99, RuS **2000** 508; AG Aschaffenburg 6.11.1991 – 12 C 1634/91, RuS **1997** 510 f.; AG Hannover 1.8.1997 – 522 C 5551/97, RuS **1998** 27 f.

liegt daran, dass sich der Widerrufsanspruch nicht ausschließlich auf eine Analogie zum verschuldensunabhängigen § 1004 Abs. 1 Satz 1 BGB, sondern bei Verschulden auch auf § 823 Abs. 1 BGB stützen lässt, der – abgesehen von Fällen unmöglicher oder ungenügender Herstellung – einen Anspruch auf Naturalrestitution gibt (§§ 249 Abs. 1, 251 Abs. 1 BGB). Das gilt letztlich in allen Fällen möglicher Konkurrenz, soweit sich Schadensersatz und Beseitigung auf der Rechtsfolgenseite im Ergebnis decken. Die Geltendmachung eines derartigen konkurrierenden Schadensersatzanspruchs fällt zwanglos unter § 2 lit. a ARB 2010, kann aber bei evident fehlendem Verschulden dem Einwand mangelnder Erfolgsaussichten begegnen (§ 3a Abs. 1 lit. a ARB 2010). Diese Betrachtungsweise hat den Vorzug systemkonformer Klarheit und sachgerechter Differenzierung für sich.

bb) Geltendmachung. Rechtsschutz besteht gemäß § 2 lit. a ARB 2010 lediglich für die Geltend- 6
machung und nicht für die Abwehr von Schadensersatzansprüchen. Die Beschränkung auf die Geltendmachung von Schadensersatzansprüchen entspricht der Deckung der Abwehr von unbegründeten Ansprüchen in der Haftpflichtversicherung (§ 100 VVG a.E.). Die Geltendmachung ist die aktive Rechtswahrnehmung durch den VN gegen einen anderen, sei es außergerichtlich oder in Mahnverfahren, Zivilprozess, Zwangsvollstreckung oder im Insolvenzverfahren. Auch Vorbereitungsmaßnahmen können erfasst sein, wie z.B. ein vorprozessuales gerichtliches Beweisverfahren (§ 485 Abs. 2 Nr. 2 ZPO). Das gilt grundsätzlich unabhängig davon, ob ein Haftungsschuldner schon feststeht, weil die Feststellung der Passivlegitimation zweifelsohne zur Rechtswahrnehmung zählt. Teilweise wird für den Begriff der Geltendmachung allerdings eine gewisse Ernsthaftigkeit der Leistungsaufforderung verlangt, die beispielsweise fehlen soll, wenn der VN einen Rechtsanwalt mit der Ermittlung eines unbekannt gebliebenen Unfallgegners beauftragt.[34] In diesem Zusammenhang ist darauf hinzuweisen, dass es nach dem gesetzlichen Leitbild der Rechtsschutzversicherung, wie es in § 125 niedergelegt und in § 1 ARB 2010 aufgenommen ist,[35] auf die Wahrnehmung rechtlicher Interessen ankommt und nicht auf eine wie auch immer verstandene Ernsthaftigkeit der Rechtswahrnehmung. Deshalb sollten keine überspannten Anforderungen an die „Geltendmachung" gestellt werden. Vielmehr gehört grundsätzlich jede aktive Rechtswahrnehmung hierher, die mit einer anwaltlichen Erstberatung beginnt.[36] Dazu kann selbstverständlich auch die Ermittlung des richtigen Adressaten einer Forderung gehören. Eine Grenze wird aber dort erreicht, wo Detektivarbeit im Vorfeld irgendeiner Rechtswahrnehmung ansetzt.

c) Ausnahmen

aa) Vertragsverletzung. Die ARB 2010 nehmen Schadensersatzansprüche ausdrücklich aus, so- 7
weit diese „auch auf einer Vertragsverletzung beruhen" (§ 2 lit. a Halbs. 1 Alt. 1). Die genaue Bedeutung dieser Einschränkung ist unklar. Das wird umso verständlicher, wenn man sich vergegenwärtigt, dass nach h.M. im Haftpflichtversicherungsrecht auch bestimmte Schadensersatzansprüche aus Vertrag zu den „gesetzlichen Haftpflichtbestimmungen" zählen.[37] Einigkeit besteht weithin darin, dass vertragliche Ansprüche auf Ersatz des Erfüllungsinteresses ausgenommen sind,[38] wie z.B. Schadensersatz statt der Leistung wegen Unmöglichkeit der Leistung (§§ 280 Abs. 1, 3, 283, 311a Abs. 2 Satz 1 Alt. 1 BGB) oder Nichtleistung (§§ 280 Abs. 1, 3, 281 BGB), Schadensersatz wegen Verzugs bei der Erfüllung vertraglicher Leistungspflichten (§§ 280 Abs. 1, 2, 286 BGB) und Schadensersatz aufgrund Mängelgewährleistung (z.B. §§ 437 Nr. 3, 440, 280, 281, 283, 311a BGB), jeden-

34 AG Köln 1.2.1993 – 121 C 628/92, RuS **1993** 263; *Looschelders*/Paffenholz § 2 Rn. 12.

35 Hierzu § 125 Rn. 4.

36 Zur Wahrnehmung rechtlicher Interessen als Kern des Begriffs der Rechtsschutzversicherung bereits Vor §§ 125–129 Rn. 5 f.

37 Statt vieler Prölss/Martin/*Lücke* Ziff. 1 AHB 2014 Rn. 7 m.w.N.

38 Näher *Harbauer* NVersZ **1999** 308; *Schaltke* VersR **2017** 860; *ders.* VersR **2020** 73.

falls soweit gesetzliche Ersatzansprüche, insbesondere aus Delikt konkurrieren.[39] Ebenso wenig sind Ansprüche auf Ersatz von Vermögensnachteilen auf vertraglicher Zusage erfasst.[40]

8 Erblickt man den Sinn und Zweck der Klausel darin, eine Ausdehnung des Deckungsumfangs aufgrund privatautonomer Disposition des VN auszuschließen, dürfte beabsichtigt sein, dass solche vertraglichen Schadensersatzansprüche auch dann ausgenommen sein sollen, wenn *in concreto* keine deliktischen Ansprüche konkurrieren, etwa weil bestimmte Anspruchsvoraussetzungen nicht vorliegen, wie z.B. der Verschuldensnachweis, oder weil Exkulpation bei vermutetem Verschulden eines Verrichtungsgehilfen gelingt (§ 831 Abs. 1 Satz 2 BGB), der zugleich Erfüllungshilfe ist (§ 278 BGB). Ob diese Intention bei der Auslegung nach dem Verständnishorizont eines durchschnittlichen VN mit hinreichender Deutlichkeit zum Ausdruck kommt, lässt sich füglich bezweifeln. Bei strengem Maßstab droht deshalb insoweit die Anwendung der Unklarheitenregel (§ 305c Abs. 2 BGB) oder unter Umständen auch die Unwirksamkeit kraft unangemessener Intransparenz (§ 307 Abs. 1 Satz 2 BGB). Im Fall konkurrierender Ansprüche auf Ersatz des Erfüllungsinteresses sind auch die gesetzlichen Ersatzansprüche mit ausgenommen. Das soll durch die Aufnahme des Wortes „auch“ verdeutlicht werden, das in § 2 lit. a ARB 1994 noch nicht enthalten war, weshalb die zu dieser Bestimmung h.M. davon ausging, dass konkurrierende Deliktsansprüche unter dem alten Regelwerk bei Anwendung der Unklarheitenregel in die Deckung fielen (§ 305c Abs. 2 BGB).[41] Das war und ist zumindest bei prozessualer Rechtsverfolgung nicht überzeugend, weil die isolierte Geltendmachung von Deliktshaftung bei konkurrierender Vertragshaftung nach dem herrschenden prozessualen zweigliedrigen Streitgegenstandsbegriff überhaupt nicht möglich ist.[42] Jedenfalls besteht die Gefahr der Einbeziehung konkurrierender Deliktsansprüche in die allgemeine Rechtsschutzdeckung nach der Ergänzung des Klauselwerks eher nicht mehr. Gleichwohl ist die Bestimmung aus dem dargelegten Grund unter dem Gesichtspunkt der Klarheit und Transparenz keineswegs unangreifbar.

9 Die Frage nach der Bedeutung der Klausel stellt sich auch im Bereich des Integritätsinteresses. Soweit Schadensersatzansprüche wegen der Verletzung vertraglicher Schutzpflichten mit deliktischen Ansprüchen konkurrieren, könnten sie nach dem Wortlaut der Klausel ausgenommen sein.[43] Denn auch insoweit droht die unerwünschte Ausdehnung des Deckungsumfangs aufgrund privatautonomer Disposition des VN bzw. Versicherten. Gleichwohl erhebt sich die Frage, ob es sich bei Ansprüchen auf Begleitschadensersatz wegen Schutzpflichtverletzung (§§ 280 Abs. 1, 241 Abs. 2 BGB) um Ansprüche aus „Vertragsverletzung“ im Sinne von § 2 lit. a ARB 2010 handelt, soweit lediglich das Integritätsinteresse betroffen ist. Die Haftungsverschärfung bei Schutzpflichtverletzung im Vertragsverhältnis ist zwar erheblich, aber nicht so gravierend wie im Hinblick auf das Erfüllungsinteresse. Die wohl h.M. zu Ziff. 1 AHB 2014 rechnet die vertraglichen Schutzpflichten ohne weiteres zu den gesetzlichen Haftpflichtbestimmungen.[44] Bei konkurrierender Deliktshaftung würde der Versicherungsschutz infolge eines Vertragsschlusses durch den VN empfindlich verkürzt, wenn man die Haftung aus Schutzpflichtverletzung der Vertragshaftung im Sinne des Klauselwerks zurechnen würde. Das würde im Verhältnis zum haftpflichtversicherten Schädiger überdies ein Kräftegleichgewicht zwischen Gläubiger und Schuldner verhindern. Deshalb sprechen gute Gründe dafür, Ersatzansprüche aus Schutzpflichtverletzung nicht aus der Deckung gemäß § 1 lit. a ARB auszunehmen. Dieses Ergebnis könnte durchaus das Resultat einer Auslegung

---

39 *Looschelders*/Paffenholz § 2 Rn. 13 f.; van Bühren/Plote/*Hillmer-Möbius* § 2 ARB 2010 Rn. 4; Prölss/Martin/*Piontek* § 2 Rn. 6.

40 Harbauer/*Obarowski* § 2 ARB 2010 Rn. 48; OLG Köln 24.1.2019 – 9 U 109/18, VersR **2019** 752, 753.

41 AG Mönchengladbach 17.2.2004 – 29 C 496/03, VersR **2005** 784, 785; LG Hannover 16.10.1998 – 13 O 158/98, NVersZ **1999** 340; *Looschelders*/Paffenholz § 2 Rn. 14 m.w.N.

42 Statt vieler *Rosenberg/Schwab/Gottwald*, Zivilprozessrecht, 18. Aufl. 2018, § 93 Rn. 10 ff., S. 552.

43 Dies grundsätzlich bejahend OLG Saarbrücken 11.11.2009 – 5 U 63/09, ZfS **2010** 280; *Bauer* NJW **2015** 1651, 1653; *ders.* VersR **2020** 73, 74.

44 BGH 28.9.2005 – IV ZR 255/04, VersR **2006** 106, 107; Langheid/Wandt/*Littbarski* § 100 Rn. 18 m.N.; wohl auch Bruck/Möller/*Koch* Bd. 4. AHB 2012 Ziff. 1 Rn. 34 f.; Prölss/Martin/*Lücke* Ziff. 1 AHB Rn. 7.

nach dem Verständnishorizont eines durchschnittlichen VN sein, dem schwerlich plausibel zu machen sein dürfte, warum derlei Schadensersatzansprüche in der Haftpflichtversicherung als auf „gesetzlichen Haftpflichtbestimmungen", aber in der Rechtsschutzversicherung als auf „Vertragsverletzung" beruhend anzusehen sein sollen. Folgt man dem nicht, erhebt sich die Frage der Anwendung der Unklarheitenregel mit demselben Ergebnis in großer Klarheit (§ 305c Abs. 2 BGB). Schadensersatzansprüche wegen Schutzpflichtverletzung wären dann generell gedeckt, und zwar auch bei konkurrierender Deliktshaftung. Eine Ausnahme müsste aber aus systematischen Gründen gelten, soweit ausnahmsweise das Erfüllungsinteresse liquidiert werden kann, wie im Fall des Schadensersatzes statt der Leistung aufgrund Unzumutbarkeit des Festhaltens am Vertrag nach Schutzpflichtverletzung (§ 282 BGB). Ob diese Ausnahme aus der Klauselformulierung indessen noch herausgelesen werden kann, ist fragwürdig. Rechnet man – angesichts der dargelegten Einwände wenig überzeugend – die Ersatzansprüche wegen Schutzpflichtverletzung zur Vertragshaftung, müssten sie konsequenterweise auch dann ausgeschlossen sein, wenn *in concreto* keine deliktische Haftung konkurriert, obwohl die Haftung dann nicht „auch", sondern „nur" auf Vertrag beruht. Konsequenterweise müsste bei materiellrechtlicher Anspruchsnormenkonkurrenz dann auch die lediglich außerprozessual mögliche isolierte Geltendmachung der Deliktshaftung aus der Deckung fallen. Insgesamt vermittelt die Klauselgestaltung nicht unbedingt einen Eindruck von besonderer kautelarjuristischer Kunstfertigkeit.

Ansprüche aus der Verletzung quasivertraglicher Pflichten bei Vertragsanbahnung (§§ 280 10
Abs. 1, 241 Abs. 2, 311 Abs. 2 und 3 BGB – *culpa in contrahendo*) fallen nach h.M. ohne weiteres in die Rechtsschutzdeckung gemäß § 2 lit. a ARB 2010 und sind nicht als auf „Vertragsverletzung" beruhend anzusehen.[45] Dem ist grundsätzlich zuzustimmen, weil *culpa in contrahendo* gerade keinen Vertragsschluss voraussetzt. Dem VN unzumutbare Abgrenzungsschwierigkeiten zwischen vertraglicher Haftung bei Vertragsabschluss und quasivertraglicher Haftung unabhängig vom Vertragsschluss, wie sie teilweise zur Begründung der Gegenposition bemüht werden, sind noch am ehesten ausgeschlossen, wenn man am Abgrenzungskriterium des Vertragsschlusses festhält. Dass ein Laie rechtlich richtig subsumiert, kann sicherlich nicht erwartet werden. Man überfordert einen durchschnittlichen verständigen VN aber letztlich nicht, wenn man den Vertrag als Differenzierungskriterium wählt.

bb) Verletzung von dinglichen Rechten und Immobilien. Nicht in die allgemeine Rechts- 11
schutzdeckung fallen Schadensersatzansprüche, die auf einer Verletzung eines dinglichen Rechtes an Grundstücken, Gebäuden oder Gebäudeteilen beruhen (§ 2 lit. a Halbs. 2 Alt. 2). Deckung für solche Risiken besteht lediglich im Wohnungs- und Grundstücks-Rechtsschutz (§ 2 lit. c).[46] Der Begriff der dinglichen Rechte ist in begrifflicher Akzessorietät zum Sachenrecht auszulegen und umfasst dementsprechend sowohl das Eigentumsrecht einschließlich des Miteigentums, des Eigentums zur gesamten Hand und des Sondereigentums nach dem Wohnungseigentumsgesetz als auch beschränkte dingliche Rechte, wie Hypothek und Grundschuld, Nießbrauch, Dienstbarkeit, Reallast, Erbbaurecht etc.[47] Bei Hypothek und Grundschuld ist der schadensersatzrechtliche Schutz des dinglichen Haftungsverbandes maßgeblich, der insgesamt nicht in die allgemeine Rechtsschutzdeckung fällt. Ausgeschlossen sind nicht nur dingliche Ersatzansprüche, sondern auch schuldrechtliche Schadensersatzansprüche wegen Verletzung der genannten dinglichen Rechte.[48]

---

45 Harbauer/*Obarowski* § 2 ARB 2010 Rn. 49; Beckmann/Matusche-Beckmann/*Obarowski* § 37 Rn. 43; van Bühren/Plote/*Hillmer-Möbius* § 2 ARB 2010 Rn. 6; grundsätzlich auch *Looschelders*/Paffenholz § 2 Rn. 15 (mit einer Ausnahme für die Verletzung von Beratungspflichten bei Vertragsanbahnung); **a.A.** (Gleichstellung mit Vertragsverletzung wegen engen sachlichen Zusammenhangs zwischen der Phase vor und nach Vertragsschluss) Prölss/Martin/*Piontek* § 2 Rn. 7.

46 *Looschelders*/Paffenholz § 2 Rn. 17; Rüffer/Halbach/Schimikowski/*Münkel* § 2 ARB 2010 Rn. 2.

47 Prölss/Martin/*Piontek* § 2 Rn. 9; *Looschelders*/Paffenholz § 2 Rn. 17.

48 BGH 5.2.1992 – IV ZR 94/91, VersR **1992** 487; OLG Oldenburg 19.10.1994 – 2 U 154/94, RuS **1995** 21, 22; *Looschelders*/Paffenholz § 2 Rn. 17.

Insbesondere sind auch deliktische Ansprüche wegen Eigentumsverletzung an einem Grundstück, Gebäude oder Gebäudeteil ausgenommen.[49] Ob auch Schadensersatzansprüche wegen Verletzung des Besitzes unter die Ausnahmeklausel fallen ist unklar. Einerseits vermittelt der Besitz dingliche Ansprüche, insbesondere in Gestalt des Besitzschutzes, die allerdings keine Schadensersatzansprüche darstellen. Andererseits ist der Besitz kein absolutes Recht, und Schadensersatzansprüche wegen der Verletzung eines „sonstigen Rechts“ bestehen nach h.M. nur, soweit der Besitz durch ein Recht zum Besitz verstärkt ist,[50] nach weitergehender Ansicht in der Literatur auch insoweit, als Rechtsnormen dem Nichtberechtigten Besitzer die Nutzung zuweisen (z.B. §§ 987 ff. BGB, §§ 721, 765a ZPO).[51] Der Besitz ist mithin nur mit Einschränkung als dingliches Recht zu qualifizieren. Man muss nicht erst die Zweifelsregel *ambiguitas contra stipulatorem* bemühen (§ 305c Abs. 2 BGB), um zum Ergebnis zu gelangen, dass Schadensersatzansprüche nicht unter den Ausnahmetatbestand fallen, wenn man eine entsprechende Auslegung nach dem objektiven Verständnishorizont eines verständigen durchschnittlichen VN befürwortet.[52]

12 **d) ARB 2012/2021.** In den ARB 2012/2021 findet sich der Schadensersatz-Rechtsschutz in Ziff. 2.2.1. In Abweichung von der Formulierung in § 2 lit. a ist nicht mehr von der „Geltendmachung“, sondern von der „Durchsetzung“ von Schadensersatzansprüchen die Rede, worin nach verbreiteter Ansicht keine inhaltliche Änderung zu erblicken sein soll.[53] Die Ausnahme von Schadensersatzansprüchen, die auf einer Vertragsverletzung beruhen, ist in Ziff. 2.2.1 ARB 2012/2021 gegenüber § 2 lit. a etwas klarer gefasst, auch wenn nicht alle Zweifelsfragen ausgeräumt sein dürften.[54] Mit dem Verzicht auf das Wort „auch“ erhebt sich zwar die Frage konkurrierender Deliktshaftung in etwas anderem Gewand, dürfte aber wie unter Geltung der ARB 2010 zu beantworten sein. Die ARB 2012/2021 bemühen sich außerdem darum, die Abgrenzung des Schadensersatz-Rechtsschutzes vom Vertrags-Rechtsschutz durch Beispiele zu verdeutlichen. Die Ausnahme von Schadensersatzansprüchen wegen der Verletzung dinglicher Rechte an Immobilien wird etwas näher erläutert, bleibt in der Sache allerdings unverändert. Der Versuch einer Definition „dinglicher Rechte“ als „Rechte, die gegenüber jedermann wirken und von jedem respektiert werden müssen“, bringt letztlich kaum substanziellen Gewinn an Transparenz und Allgemeinverständlichkeit. Die ARB 2021 ergänzen den bestehenden Schadensersatz-Rechtsschutz optional hinsichtlich der Durchsetzung vorbeugender Unterlassungsansprüche wegen der Verletzung des allgemeinen Persönlichkeitsrechts (§§ 12, 823, 1004 BGB) in unmittelbarem Zusammenhang mit der Nutzung elektronischer Daten und Medien, wobei insbesondere Verletzungshandlungen im Internet, Intranet oder in digitalen Kurznachrichten- oder Messengerdiensten zu nennen sind. Die Kosten können hierfür auf einen Maximalbetrag je Kalenderjahr beschränkt sein. Bislang hat die Regelung kaum Eingang in die Bedingungswerke der VR gefunden.

2. Arbeits-Rechtsschutz

13 **a) Überblick.** Die ARB 2010 regeln den sogenannten Arbeits-Rechtsschutz in § 2 lit. b. Umfasst ist die Wahrnehmung rechtlicher Interessen aus individuellen Arbeitsverhältnissen sowie – hinsichtlich bestimmter Ansprüche – aus öffentlich-rechtlichen Dienstverhältnissen. Die Klausel ist insgesamt vergleichsweise übersichtlich gefasst und im Ausgangspunkt klar strukturiert. Der Arbeits-

49 *Looschelders*/Paffenholz § 2 Rn. 17 m.w.N.

50 Z.B. BGH 21.2.1979 – VIII ZR 88/78, BGHZ **73** 355, 362; BGH 21.1.1981 – VIII ZR 41/80, BGHZ **79** 232, 237 ff.; BGH 7.5.1991 – VI ZR 259/90, BGHZ **114** 305, 312; BGH 4.11.1997 – VI ZR 348/96, BGHZ **137** 89, 98.

51 *Baur/Stürner* Sachenrecht, 18. Aufl. 2009, § 9 Rn. 34, S. 101 m.w.N.

52 Für diese Auslegung Prölss/Martin/*Piontek* § 2 Rn. 9.

53 Z.B. *Looschelders*/Paffenholz § 2 Rn. 21.

54 S. oben sub Rn. 4 f.

Rechtsschutz ist für Arbeitgeber und Arbeitnehmer von hoher praktischer Bedeutung. Besonders zu beachten sind die Risikoausschlüsse für die Wahrnehmung rechtlicher Interessen in ursächlichem Zusammenhang mit Streik und Aussperrung (§ 3 Abs. 1 lit. a),[55] für Streitigkeiten über Rechte aus geistigem Eigentum (§ 3 Abs. 2 lit. d)[56] sowie bei einem ursächlichen Zusammenhang mit einer vorsätzlichen Straftat (§ 3 Abs. 5 Satz 1).[57]

b) Wahrnehmung rechtlicher Interessen. Im Arbeits-Rechtsschutz besteht Deckung allgemein für die „Wahrnehmung rechtlicher Interessen", wie sie charakteristisch für die gesetzlich typisierte Rechtsschutzversicherung ist. Die kautelarjuristische Wiedergabe der Gesetzesformulierung hat nach h.M. allerdings eine andere Bedeutung als in § 125 VVG, insofern § 2 lit. b ARB eine privatautonome Bestimmung zur Konkretisierung des Rechtsschutzfalls enthält, welche Gesetzgeber und h.L. dem gesetzlichen Pendant nicht beimessen.[58] Inhaltlich umfasst die „Wahrnehmung rechtlicher Interessen" im Ausgangspunkt alles, was den Begriff der Rechtsschutzversicherung ausmacht.[59] Die Wahrnehmung rechtlicher Interessen erstreckt sich mithin auf die außergerichtliche und gerichtliche Rechtswahrnehmung, sei es als materiellrechtlicher Gläubiger oder Schuldner, sei es als Kläger oder Beklagter – ganz unabhängig von der materiellrechtlichen Rollenverteilung. 14

c) Rechtliche Interessen aus Arbeitsverhältnissen. Der Rechtsschutz für die Wahrnehmung rechtlicher Interessen aus Arbeitsverhältnissen, wie ihn § 2 lit. b vorsieht, erfasst individualarbeitsrechtliche Streitigkeiten, während Streitigkeiten aus dem kollektiven Arbeitsrecht nach h.M. grundsätzlich nicht gedeckt sind.[60] Soweit es für die Rechtmäßigkeit individualarbeitsrechtlicher Maßnahmen auf die Mitwirkung des Betriebsrates ankommt, wie z.B. bei einer Kündigung durch den Arbeitgeber, sind betriebsverfassungsrechtliche Vorfragen mit umfasst und lassen die Rechtsschutzdeckung unberührt.[61] Der Rechtsschutz erstreckt sich auf individualarbeitsrechtliche Ansprüche des Arbeitnehmers, die sich aus einer tarifvertraglichen Regelung ergeben.[62] Des Weiteren sind Streitigkeiten um die Rückzahlung eines Arbeitgeberdarlehens erfasst.[63] Ein Arbeitsverhältnis besteht bei wirksamem Arbeitsvertrag, Vertragswirksamkeit ist jedoch keine notwendige, sondern lediglich hinreichende Bedingung für den Rechtsschutz, sodass auch Streitigkeiten aus „faktischem", fehlerhaftem oder beendigtem Arbeitsverhältnis mit erfasst sind.[64] Rechtsschutzdeckung besteht folgerichtig auch für Streitigkeiten über das wirksame Zustandekommen eines Arbeitsvertrages.[65] Arbeits-Rechtsschutz besteht nicht nur bei erfolgter Kündigung, sondern auch bei Inaussichtstellen einer Kündigung für den Fall, dass ein Aufhebungsvertag nicht zustande kommt, wenn der VN einen Pflichtenverstoß des Arbeitgebers substantiiert behauptet.[66] Mit Einleitung des Zustimmungsverfahrens gemäß §§ 85 ff. SGB IX löst der Arbeitgeber eines schwerbehinderten Arbeitnehmers den 15

---

55 S. sub § 3 Rn. 17.
56 Sub § 3 Rn. 50.
57 Sub § 3 Rn. 89 ff.
58 Zur Bedeutung des Terminus „Wahrnehmung rechtlicher Interessen" in § 125 VVG s. ausführlich § 125 Rn. 5, 9 ff.
59 Hierzu ausführlich Vor §§ 125–129 Rn. 5 f.
60 *Looschelders*/Paffenholz § 2 Rn. 26; Harbauer/*Obarowski* § 2 ARB 2010 Rn. 85; van Bühren/Plote/*Hillmer-Möbius* § 2 ARB 2010 Rn. 15 f.; Prölss/Martin/*Piontek* § 2 Rn. 10.
61 Beckmann/Matusche-Beckmann/*Obarowski* § 37 Rn. 61; *Looschelders*/Paffenholz § 2 Rn. 26; Prölss/Martin/*Piontek* § 2 Rn. 10.
62 Prölss/Martin/*Piontek* § 2 Rn. 10; van Bühren/Plote/*Hillmer-Möbius* § 2 ARB 2010 Rn. 15.
63 OLG Hamm 3.12.1999 – 20 U 121/99, VersR **2000** 630, 631; Harbauer/*Obarowski* § 2 ARB 2010 Rn. 95.
64 *Looschelders*/Paffenholz § 2 Rn. 24; Harbauer/*Obarowski* § 2 ARB 2010 Rn. 40; *Mathy* ZfV **1992** 202.
65 Prölss/Martin/*Piontek* § 2 Rn. 17; *Looschelders*/Paffenholz § 2 Rn. 27.
66 BGH 19.11.2008 – IV ZR 305/07, VersR **2009** 109; Harbauer/*Obarowski* § 2 ARB 2010 Rn. 81; *Bauer* NJW **2009** 1564, 1566.

Rechtsschutzfall aus, weil er dem Arbeitnehmer damit bekannt gibt, dass er das Arbeitsverhältnis mit ihm über eine ordentliche Kündigung beenden will. Das erfüllt die für den Eintritt des Rechtsschutzfalles im Arbeitsrechtsschutz festgelegte „individuell angedrohte Kündigung des Arbeitsverhältnisses".[67] Auch die Androhung einer betriebsbedingten Kündigung, wenn ein unterbreitetes Angebot zum Abschluss eines Aufhebungsvertrages abgelehnt wird, kann einen Rechtsschutzfall auslösen.[68] Soweit es um den Fortbestand von Rechten und Pflichten aus beendigtem Arbeitsverhältnis geht, wie es regelmäßig der Fall sein dürfte, sind auch Streitigkeiten über die Wirksamkeit und Rechtsfolgen eines Aufhebungsvertrages in den Versicherungsschutz einbezogen.[69]

16 Der Rechtsschutz gilt für sämtliche Formen von Arbeitsverhältnissen, wie etwa Ausbildungsverhältnisse,[70] Teilzeit-Arbeitsverhältnisse, befristete Arbeitsverhältnisse, Altersteilzeitverträge oder Ruhestandsverhältnisse.[71] Die Wahrnehmung von rechtlichen Interessen aus Vertragsanbahnung (§§ 280 Abs. 1, 241 Abs. 2, 311 Abs. 2 BGB – *culpa in contrahendo*) ist grundsätzlich nicht in die Deckung einbezogen, weil es sich nicht um Interessen „aus" einem Arbeitsverhältnis handelt.[72] Das gilt auch für Ansprüche nach dem AGG auf Schadensersatz oder Entschädigung wegen nicht geschlechtsneutraler Stellenausschreibung oder Bewerberauswahl.[73] Speziellen Deckungsschutz für den Arbeitgeber bei der Verletzung von AGG-Bestimmungen bieten hierbei die „AVB-Benachteiligungen".[74]

17 Kein Versicherungsschutz gemäß § 2 lit. b. besteht für die Wahrnehmung rechtlicher Interessen aus freien Dienstverträgen, etwa bei Selbständigen oder freiberuflicher Tätigkeit.[75] Entsprechendes gilt für Streitigkeiten aus Anstellungsverträgen gesellschaftsrechtlicher Organwalter, die nach h.M. keine Arbeitsverhältnisse begründen, wobei Streitigkeiten aus Anstellungsverhältnissen gesetzlicher Vertreter juristischer Personen überdies ausdrücklich ausgenommen sind (§ 3 Abs. 2 lit. c).[76] Ansprüche aus Sozietätsverträgen sind ebenfalls nicht erfasst.[77] Auch Streitigkeiten zwischen Arbeitskollegen (z.B. wegen Beleidigung) fallen nicht unter die Wahrnehmung rechtlicher Interessen aus dem Arbeitsverhältnis.[78] Ferner sind Streitigkeiten zwischen Arbeitgebern und Sozialversicherungsträgern bzw. Krankenkassen über die Abführung von Abgaben[79] oder die Rechtsbeziehungen zu Lohnausgleichs- und Zusatzversorgungskassen nach Maßgabe eines Tarifvertrags nicht vom Versicherungsschutz umfasst.[80]

18 **d) Rechtliche Interessen aus öffentlich-rechtlichen Dienstverhältnissen hinsichtlich dienst- und versorgungsrechtlicher Ansprüche.** Die Rechtsschutzdeckung gemäß § 2 lit. b schließt die Wahrnehmung aus öffentlich-rechtlichen Dienstverhältnissen hinsichtlich dienst- und

---

67 BGH 2.6.2010 – IV ZR 241/09, RuS **2010** 513, 514.

68 BGH 19.11.2008 – IV ZR 305/07, RuS **2009** 64.

69 Prölss/Martin/*Piontek* § 2 Rn. 13; *Looschelders*/Paffenholz § 2 Rn. 27.

70 AG Brühl 4.5.2012 – 21 C 548/11, VersR **2013** 309, 310 (*obiter dictum*).

71 *Looschelders*/Paffenholz § 2 Rn. 24; Buschbell/*Hering* § 13 Rn. 23.

72 Beckmann/Matusche-Beckmann/*Obarowski* § 37 Rn. 53; Rüffer/Halbach/Schimikowski/*Münkel* § 2 ARB 2010 Rn. 6; *Looschelders*/Paffenholz § 2 Rn. 27.

73 *Looschelders*/Paffenholz § 2 Rn. 28; Beckmann/Matusche-Beckmann/*Obarowski* § 37 Rn. 54; *Koch* VersR **2007** 288, 298; *Rolfs* VersR **2009** 1001, 1007.

74 ABV für die Haftpflichtversicherung von Ansprüchen aus Benachteiligungen (AVB Benachteiligungen) (Stand: Dezember 2020); hierzu *Rolfs* VersR **2009** 1001, 1007.

75 Prölss/Martin/*Piontek* § 2 Rn. 10; *Looschelders*/Paffenholz § 2 Rn. 30; van Bühren/Plote/*Hillmer-Möbius* § 2 ARB 2010 Rn. 21.

76 BGH 6.3.2019 – IV ZR 72/18, VersR **2019** 542 Rn. 17; OLG Karlsruhe 3.11.2015 – 12 U 102/15, VersR **2016** 391, 392; Prölss/Martin/*Piontek* § 2 Rn. 10; *Looschelders*/Paffenholz § 2 Rn. 31; s. noch § 3 Rn. 47.

77 Vgl. OLG Hamm 1.9.1986 – 20 W 42/86, RuS **1987** 73; AG Hannover 5.11.1999 – 515 C 8143/99, RuS **2000** 333.

78 LG Karlsruhe 15.12.1989 – 2 O 428/89, RuS **1990** 308; *Schaltke* VersR **2020** 73, 74; Prölss/Martin/*Piontek* § 2 Rn. 11.

79 LG Köln 6.2.1980 – 19 S 217/79, VersR **1981** 150.

80 OLG Celle 19.6.1987 – 8 U 177/86, ZfS **1987** 304; OLG Düsseldorf 28.6.1988 – 4 U 210/87, ZfS **1988** 285.

versorgungsrechtlicher Ansprüche ein. Umfasst sind Dienstverhältnisse von Beamten, Richtern und Soldaten.[81] In die Deckung fallen nicht nur freiwillig eingegangene Dienstverhältnisse, sondern im Prinzip auch die Pflicht-Dienstverhältnisse, wie z.B. von Wehrpflichtigen und Ersatzdienstleistenden,[82] die es allerdings gegenwärtig für die Dauer der 2011 erfolgten Aussetzung der Wehrpflicht für die Bundesrepublik Deutschland praktisch nicht gibt.[83] Zu den dienst- und versorgungsrechtlichen Ansprüchen zählen z.B. Streitigkeiten über die Besoldung und Versorgung nach Bundes- oder Landesrecht, die Einstufung in eine bestimmte Besoldungsgruppe, über Beförderung, Versetzung oder Abordnung, Trennungsgeld, Umzugskostenerstattung, über die Gewährung von Beihilfe oder freier Heilfürsorge, Fürsorgepflichtverletzungen oder Maßnahmen der Dienstaufsicht etc., schließlich aber etwa auch über die Rechtmäßigkeit von Beurteilung und Benotung im pädagogischen oder juristischen Vorbereitungsdienst.[84] Die Rechtsschutzdeckung ist dabei nicht auf eine bestimmte Verfahrensart beschränkt, solange es nur um die Wahrnehmung rechtlicher Interessen hinsichtlich dienst- und versorgungsrechtlicher Ansprüche geht,[85] weil die Wahrnehmung rechtlicher Interessen hier wie auch sonst grundsätzlich nicht davon abhängt, ob die Interessen außerprozessual oder prozessual verfolgt werden und gegebenenfalls in welcher prozeduralen Einkleidung.[86] Allerdings kann Sozialgerichts-Rechtsschutz konkurrieren (§ 2 lit. f).[87] Grundsätzlich nicht erfasst sind auf erstmalige Einstellung in ein öffentlich-rechtliches Dienstverhältnis gerichtete sowie entsprechende Konkurrentenklagen[88] und Klagen auf Übernahme in den öffentlichen Dienst.[89]

e) ARB 2012/2021. Die ARB 2012/2021 bestimmen die Voraussetzungen des Arbeits-Rechtsschutzes sachlich unverändert. (Ziff. 2.2.2). Allerdings wirkt die Neufassung sprachlich letztlich eher weniger geglückt, auch wenn teilweise größere Übersichtlichkeit attestiert wird.[90] 19

3. Wohnungs- und Grundstücks-Rechtsschutz

a) Überblick. Der Wohnungs- und Grundstücksrechtsschutz deckt die Wahrnehmung rechtlicher Interessen aus Miet- und Pachtverhältnissen, sonstigen Nutzungsverhältnissen und dinglichen Rechten, die Grundstücke, Gebäude oder Gebäudeteile zum Gegenstand haben (§ 2 lit. c). Die praktische Hauptbedeutung liegt im Bereich des Rechtsschutzes für Eigentümer und Mieter von Wohnungen und Grundstücken (§ 29). Aus dem Kreis der Risikoausschlüsse sind der Ausschluss des Baurisikos (§ 3 Abs. 1 lit. d), die Abwehr außervertraglicher Schadensersatzansprüche (§ 3 Abs. 2 lit. a) praktisch besonders bedeutsam. Hinzuweisen ist außerdem auf den Ausschluss von Bergbauschäden (§ 3 Abs. 1 lit. c), den Ausschluss der Wahrnehmung rechtlicher Interessen wegen der steuerlichen Bewertung von Grundstücken, Gebäuden und Gebäudeteilen sowie wegen Erschließungs- und sonstiger Anliegerabgaben (§ 3 Abs. 3 lit. i) und den Ausschluss von Enteignungsange- 20

---

81 *Looschelders*/Paffenholz § 2 Rn. 25; Beckmann/Matusche-Beckmann/*Obarowski* § 37 Rn. 52; Harbauer/*ders.* § 2 ARB 2010 Rn. 98; van Bühren/Plote/*Hillmer-Möbius* § 2 ARB 2010 Rn. 20; Buschbell/*Hering* § 13 Rn. 40 ff.

82 Harbauer/*Obarowski* § 2 ARB 2010 Rn. 9100; van Bühren/Plote/*Hillmer-Möbius* § 2 ARB 2010 Rn. 20; s.a. *Obarowski* VersR **2006** 1180.

83 Wahlrechtsänderungsgesetz 2011 vom 28.4.2011, BGBl. I 678.

84 Harbauer/*Obarowski* § 2 ARB 2010 Rn. 101.

85 **A.A.** (Rechtswahrnehmung im „regulären" Verwaltungsrechtsweg) Harbauer/*Obarowski* § 2 ARB 2010 Rn. 101.

86 S. oben Rn. 14 und Vor §§ 125–129 Rn. 5 f.

87 Harbauer/*Obarowski* § 2 ARB 2010 Rn. 101; s. noch Rn. 47 f.

88 *Looschelders*/Paffenholz § 2 Rn. 27; van Bühren/*Schneider* Hdb. § 13 Rn. 121.

89 LG Berlin 15.4.1976 – 7 S 27/75, RuS **1978** 46; LG Kiel 24.4.2015 – 9 O 241/14, VersR **2015** 1374; Prölss/Martin/*Piontek* § 2 Rn. 17.

90 So etwa *Looschelders*/Paffenholz § 2 Rn. 36.

legenheiten (§ 3 Abs. 1 lit. d), die der Rechtsschutzgewährung im Einzelfall entgegenstehen können.

21 **b) Wahrnehmung rechtlicher Interessen.** Im Wohnungs- und Grundstücks-Rechtsschutz ist die Wahrnehmung rechtlicher Interessen in den näher umschriebenen Bereichen umfassend versichert. Hier wie auch sonst ist der Begriff der „Wahrnehmung rechtlicher Interessen" in einem umfassenden Sinne zu verstehen.[91] Er erstreckt sich auf die außerprozessuale und prozessuale Rechtswahrnehmung, von der materiellrechtlichen Stellung (Gläubiger oder Schuldner) und von der Parteirolle im Prozess (Kläger, Beklagter, Nebenintervenient, Streitverkündeter etc.) ebenso unabhängig wie von der prozessualen Einkleidung. Dementsprechend ist sowohl die Geltendmachung als auch die Abwehr von Ansprüchen gedeckt.[92] Mitmieter des VN, etwa dessen Angehörige, sind dabei regelmäßig mitversichert (§§ 43 ff. VVG), soweit im Bedingungswerk keine abweichende Regelung vorgesehen ist.[93] Ist der VN Mitglied einer WG, soll sich der Versicherungsschutz hingegen nur auf die von ihm genutzten sowie die Gemeinschaftsräume beziehen.[94] Schließt ein Miteigentümer eine Versicherung für das ganze Grundstück ab, ohne auf das Miteigentum hinzuweisen, liegt mangels abweichender Anhaltspunkte neben der Eigen- nicht zugleich eine Fremdversicherung zugunsten der anderen Miteigentümer vor.[95] Der für die Wahrnehmung rechtlicher Interessen des Eigentümers in Bezug auf ein im Versicherungsschein bezeichnetes Hausgrundstück zu gewährende Rechtsschutz gilt bei mehreren Eigentümern der Liegenschaft nur für diejenigen Eigentümer, die den Versicherungsvertrag abgeschlossen haben oder in ihm bezeichnet sind.[96] Nach – fragwürdiger – Ansicht des OLG Karlsruhe soll jedoch gelten: Treten zu dem bisherigen Miteigentümer eines Hausgrundstücks nach Abschluss eines Rechtsschutzversicherungsvertrags weitere Miteigentümer hinzu (z.B. durch Aufteilung des Anwesens in Wohnungseigentum), so ist davon auszugehen, dass auch die neu hinzugekommenen Miteigentümer als Mitversicherte Versicherungsschutz genießen.[97]

22 **c) Rechtliche Interessen aus Miet- und Pachtverhältnissen über Grundstücke, Gebäude und Gebäudeteile.** Die Begriffe des Miet- und des Pachtverhältnisses sind unklar und auslegungsbedürftig, auch weil von „Verhältnissen" anstatt von Verträgen die Rede ist. Nach bürgerlichrechtlicher Typisierung ist Miete die entgeltliche Überlassung einer Sache zum Gebrauch (§ 535 Abs. 1 Satz 1 und 2, Abs. 2 BGB), Pacht die entgeltliche Überlassung eines Gegenstandes zum Gebrauch und Fruchtgenuss (§ 581 Abs. 1 BGB). Streitigkeiten über Ansprüche aus der Vertragsanbahnung fallen nach wohl h.M. grundsätzlich nicht in die Rechtsschutzdeckung, weil die Interessen nicht „aus" Miete oder Pacht resultieren.[98] Ein in die Rechtsschutzdeckung fallendes Mietverhältnis liegt sicherlich immer dann vor, wenn der Interessenwahrnehmung ein wirksamer Mietvertrag über Wohnraum (§§ 535, 549 BGB), über eines oder mehrere Grundstücke im Rechtssinne (§§ 535, 578 Abs. 1 BGB)[99] oder über Räume, die keine Wohnräume sind (§§ 535, 578 Abs. 2 BGB),

---

91 Allgemein hierzu bereits § 125 Rn. 5, 9 ff.

92 OLG Düsseldorf 9.5.2000 – 4 U 148/99, VersR **2001** 233 (Geltendmachung); LG Hannover 24.6.1992 – 11 S 42/92, RuS **1993** 22 (Abwehr); Prölss/Martin/*Piontek* § 2 Rn. 19; Harbauer/*Obarowski* § 2 ARB 2010 Rn. 109; Rüffer/Halbach/Schimikowski/*Münkel* § 2 ARB 2010 Rn. 10.

93 Hierzu Prölss/Martin/*Piontek* § 2 Rn. 19 m.w.N.; OLG Frankfurt 28.3.1988 – 19 U 108/87, RuS **1988** 232 (zu § 29 ARB a.F.).

94 AG Rüsselsheim 22.4.1988 – 3 C 179/88, RuS **1989** 56.

95 Prölss/Martin/*Piontek* § 2 Rn. 25; *Kurzka* RuS **2001** 265, 267.

96 LG München I 20.5.2003 – 20 S 21892/02, NJW-RR **2003** 1264 Ls.

97 OLG Karlsruhe 4.5.2000 – 12 U 41/00, VersR **2000** 1360; tendenziell gleicher Ansicht Harbauer/*Obarowski* § 2 ARB 2010 Rn. 141; a.A. Prölss/Martin/*Piontek* § 2 Rn. 19.

98 Harbauer/*Obarowski* § 2 ARB 2010 Rn. 113; *Looschelders*/Paffenholz § 2 Rn. 46.

99 Zum Begriff des Grundstücks im Rechtssinne *Baur/Stürner* SachenR § 3 Rn. 5.

zugrunde liegt. Entsprechendes gilt für Pacht- oder Landpachtverträge (§§ 581, 585 BGB). Die Grundstücksgröße spielt grundsätzlich keine Rolle, sodass z.B. auch Kleingärten in den Grundstücks-Rechtsschutz fallen.[100] Ist eine Landfläche ausnahmsweise nicht im Grundbuch erfasst, sodass kein Grundstück im Rechtssinne vorliegt, steht das dem Grundstücks-Rechtsschutz nicht entgegen, wenn eine Erfassung im Grundbuchsystem möglich ist. Es genügt, wenn ein Gebäudeteil Vertragsgegenstand ist, der kein abgeschlossener Raum ist, wie z.B. eine Dachterrasse, eine Dachfläche, die Teilfläche einer Freifläche oder einer Lagerhalle.

Die räumliche und inhaltliche Reichweite des Nutzungsrechts bestimmt sich entsprechend allgemeinen schuldrechtlichen Grundsätzen im Rahmen der gesetzlichen Vorgaben nach den vertraglichen Vereinbarungen. Der *numerus clausus* der Sachenrechte (Typenzwang) ist für die Reichweite des Rechtsschutzes insoweit nicht entscheidend,[101] sondern ist lediglich als rechtlicher Umstand bei der Auslegung des Miet- oder Pachtvertrages zu berücksichtigen (§§ 133, 157, 242 BGB). Streitigkeiten darüber, ob und inwieweit Sachen zu entgeltlichem Gebrauch überlassen sind, fallen jedenfalls dann in die Rechtsschutzdeckung, wenn eine vertragliche Nutzungsüberlassung substantiiert dargelegt wird. Die Rechtswahrnehmung kann sich auch auf mitvermietetes Mobiliar oder Inventar beziehen, selbst wenn es kein Grundstückszubehör (§ 97 BGB) oder Grundstücksbestandteil ist, solange der streitgegenständliche Mietvertrag als Wohnraum-, Raum- oder Grundstücksmietvertrag zu qualifizieren ist.[102] Selbstverständlich fallen auch Streitigkeiten über wesentliche Grundstücksbestandteile (§ 94 BGB), die in den Mietvertrag einbezogen sind, in die Rechtsschutzdeckung. Sogar der Streit um die Ausübung von Rechten, die Bestandteile des vermieteten Grundstücks sind (§ 96 BGB), kann Versicherungsschutz erheischen. Deshalb können Streitigkeiten über die Ausübung des Jagdrechts in die Rechtsschutzdeckung gemäß § 2 lit. c fallen, wenn keine reine Rechtspacht vorliegt, sondern neben einer Land- bzw. Waldpacht ein Jagdpachtverhältnis besteht (§§ 3 Abs. 1, 11 BjagdG).[103] 23

Unklar und streitig ist, ob und inwieweit die entgeltliche Gebrauchsüberlassung von Wasserflächen eine Grundstücksmiete oder -pacht darstellt. Sofern die Nutzung eines Gewässers oder einer Gewässerfläche Element eines Miet- oder Pachtvertrages über ein Grundstück im Rechtssinne ist, fällt das Rechtsverhältnis in die Rechtsschutzdeckung, falls der Vertrag nach der bürgerlichrechtlichen Typenlehre als Miete oder Pacht zu qualifizieren ist. Das kann beispielsweise dann der Fall sein, wenn es sich um ein Grundstück mit einem privaten Gewässer handelt, wie z.B. einen Fisch- oder Ententeich, aber auch eine Hafenanlage in Privateigentum mit Stell- und Liegeplätzen für Boote.[104] Die Eigenschaft des Gewässers als öffentliches Gewässer verlangt jedenfalls dann keine abweichende Beurteilung, wenn es sich um ein öffentliches Gewässer in Privateigentum handelt. Streitigkeiten über die Nutzung öffentlicher Gewässer dürften hingegen grundsätzlich nicht in den Geltungsbereich des Grundstücks-Rechtsschutzes fallen, wenn das Gewässerbett in öffentlichem Eigentum steht (z.B. § 6 Wassergesetz BW). Denn unabhängig von der Frage, ob es sich dann überhaupt noch um ein Grundstück im zivilrechtlichen Sinne handelt, richtet sich die Nutzung dann ganz vorwiegend nach öffentlichem Recht. Etwas anderes kann allerdings wiederum dann gelten, wenn es um die Ausübung eines Sondernutzungsrechts am Gewässer im Zusammenhang mit einer Grundstücksmiete oder -pacht geht. Dagegen dürfte ein Vertrag über die ausschließliche Nutzung von privaten oder öffentlichen Wasserflächen ohne jeden Grundstücksbezug nicht in die Deckung des Grundstücks-Rechtsschutzes fallen – wenn es denn einen solchen Vertrag praktisch überhaupt gibt. 24

100 So auch *Looschelders*/Paffenholz § 2 Rn. 43.

101 Zum *numerus clausus* der Sachenrechte *Baur*/*Stürner* SachenR § 1 Rn. 7.

102 Kein Versicherungsschutz besteht dagegen bei einem selbstständigen Kaufvertrag über Inventar (KG 3.5.2001 – 6 U 9398/00, RuS **2001** 420 f.).

103 Teilweise **a.A.** offenbar van Bühren/Plote/*Hillmer-Möbius* § 2 ARB 2010 Rn. 27; *Looschelders*/Paffenholz § 2 Rn. 45.

104 Vgl. EuGH 3.3.2005 – C-428/02, DStRE **2005** 658, 660 (Vermietung von Bootsliegeplätzen durch den Privateigentümer einer Hafenanlage mit Hafenbecken – Umsatzsteuerbefreiung als Grundstücksvermietung); Beckmann/Matusche-Beckmann/*Obarowski* § 37 Rn. 66; **a.A.** *Looschelders*/Paffenholz § 2 Rn. 44.

25 Erfasst sind Rechtsstreitigkeiten über die Wirksamkeit des Miet- oder Pachtverhältnisses, über seine gegenständliche Reichweite und den Inhalt und Umfang des Nutzungsrechts, die Pflicht zur Zahlung von Miete bzw. Pacht und Nebenkosten, zur Durchführung von Schönheitsreparaturen, über Gewährleistungsansprüche, Schadensersatzansprüche wegen Vertragsverletzung, auch soweit sie auf gesetzlichen Haftungsnormen beruhen, Streitigkeiten über das Bestehen des gesetzlichen Vorkaufsrechts des Mieters (§ 577 BGB), aber nicht über seine Erfüllung,[105] über einen Anspruch gegen den Vermieter auf die Beseitigung von Störungen durch Nachbarn,[106] nach wohl h.M. auch über Ansprüche auf Störungsbeseitigung gegen andere Mieter, die von demselben Vermieter gemietet haben,[107] nicht aber unter Mitmietern desselben Objekts.[108] Im Rahmen einer Untervermietung handelt der Mieter gegenüber seinem Vermieter als solcher (und nicht in seiner Funktion als Unter-Vermieter), sodass Rechtsstreitigkeiten unter seinen Versicherungsschutz als Mieter fallen können.[109] Wird der Mieter am Zwangsversteigerungsverfahren des Mietobjekts beteiligt, liegt dagegen kein Versicherungsfall vor.[110]

26 Nicht gedeckt sind nach h.M. auch Streitigkeiten aus einer Darlehensgewährung des Vermieters an den Mieter.[111] Richtigerweise dürfte danach zu differenzieren sein, ob es sich um eine Nebenabrede zum Mietvertrag handelt, sodass grundsätzlich Rechtsschutz besteht, weil die Interessenwahrnehmung dann auf dem Mietverhältnis basiert, oder ob es sich um eine rechtlich selbständige Darlehensgewährung handelt, die nicht in die Rechtsschutzdeckung fällt. Kurzfristige Nutzungsverhältnisse, wie die Miete von Hotelzimmern, Ferienwohnungen oder Stellplätzen auf Campingplätzen, sollen nach h.M. nicht unter den Wohnungs- und Grundstücks-Rechtsschutz fallen.[112] Zutreffend ist hier wie auch sonst im Ausgangspunkt an die zivilrechtliche Typisierung anzuknüpfen. Deshalb wird man die Ausnahme von Hotelübernachtungen aus dem Begriff des Mietverhältnisses schon deshalb für richtig halten müssen, weil es sich um keinen reinen Mietvertrag, sondern um einen Hotelaufnahme- bzw. Beherbergungsvertrag handelt, der miet- und dienstvertragliche Elemente in sich vereinigt;[113] eine andere Frage ist die Subsumtion unter den Begriff des „sonstigen Nutzungsverhältnisses“.[114] Die Dauer der Gebrauchsüberlassung spielt für die rechtliche Typisierung hingegen keine Rolle.[115] Deshalb fallen die Miete von Ferienwohnungen und die Stellplatzmiete (Parkplatz, Campingplatz etc.) grundsätzlich in die Rechtschutzdeckung. Doch wird die Deckung praktisch häufig daran scheitern, dass die betreffenden Grundstücke und Wohnungen nicht im Versicherungsschein bezeichnet sind (§§ 28 Abs. 3 Sp. 3, 29 I).[116] Mietverhältnisse über Werkmietwohnungen (§§ 576, 567a BGB) fallen ohne weiteres in den Wohnungs-Rechtsschutz, weil ein Mietvertrag vorliegt.[117] Dagegen beruht die Interessenwahrnehmung hinsichtlich

---

105 OLG Köln 20.10.2009 – 9 U 31/09, VersR **2010** 339; s. ferner KG 3.5.2001 – 6 U 9398/00, RuS **2001** 420; Beckmann/Matusche-Beckmann/*Obarowski* § 37 Rn. 65; Looschelders/Pohlmann/*Paffenholz* § 125 Rn. 16; *Hering* ZfS **2011** 306, 311; für weitergehende Ausnahme wohl Prölss/Martin/*Piontek* § 2 Rn. 20 („Streitigkeiten im Zusammenhang mit einem Vorkaufsrecht des Mieters“).

106 BGH 23.9.2009 – VIII ZR 300/08, NZM **2009** 855.

107 *Looschelders*/Paffenholz § 2 Rn. 42; *Rex* VersR **1984** 1128, 1129.

108 Prölss/Martin/*Piontek* § 2 Rn. 20; *Looschelders*/Paffenholz § 2 Rn. 42 m.w.N.; *Tetzlaff* VersR **1984** 1031; *Rex* VersR **1984** 128.

109 Prölss/Martin/*Piontek* § 2 Rn. 21; a.A. LG Trier 13.6.1996 – 6 O 69/96, RuS **1997** 204.

110 AG Hamburg 14.2.1990 – 17 C 2354/89RuS **1990** 241; Prölss/Martin/*Piontek* § 2 Rn. 20.

111 Beckmann/Matusche-Beckmann/*Obarowski* § 37 Rn. 65; *Looschelders*/Paffenholz § 2 Rn. 41; **a.A.** AG Lemgo 15.1.1987 – 17 C 340/85, RuS **1987** 105 f.

112 Harbauer/*Obarowski* § 2 ARB 2010 Rn. 119; Prölss/Martin/*Piontek* § 2 Rn. 23; van Bühren/Plote/*Hillmer-Möbius* § 2 ARB 2010 Rn. 27.

113 BGH 29.3.1987 – VIII ZR 220/76, BGHZ **71** 177; BGH 12.5.1980 – VII ZR 158/79, BGHZ **77** 119; Jauernig/*Mansel* § 701 Rn. 3.

114 Hierzu noch unten Rn. 27.

115 Richtig deshalb Rüffer/Halbach/Schimikowski/*Münkel* § 2 ARB 2010 Rn. 9.

116 Zutreffend *Looschelders*/Paffenholz § 2 Rn. 43.

117 *Looschelders*/Paffenholz § 2 Rn. 47; van Bühren/Plote/*Hillmer-Möbius* § 2 ARB 2010 Rn. 31.

einer Werkdienstwohnung (§§ 576, 576b BGB) mangels Mietvertrages nicht auf einem Mietverhältnis, sondern auf einer Nebenabrede zu einem Dienstvertrag. Das schließt eine Deckung unter dem Gesichtspunkt des „Mietverhältnisses" aus,[118] beantwortet aber nicht die Frage, ob ein „sonstiges Nutzungsverhältnis" an einer Immobilie vorliegt.[119]

d) Rechtliche Interessen aus sonstigen Nutzungsverhältnissen an Immobilien. Der Einschluss von „sonstigen Nutzungsverhältnissen", die Grundstücke, Gebäude oder Gebäudeteile zum Gegenstand haben, ist in seiner Bedeutung unklar und schillernd. Relativ unproblematisch lässt sich darunter die unentgeltliche Gebrauchsüberlassung in Gestalt der vertraglichen Wohnungs-, Gebäude- oder Grundstücksleihe verstehen (§ 598 BGB).[120] Nach verbreiteter Ansicht gehört hierher auch die Überlassung eines Teils des verkauften Grundstücks zur Nutzung vor vollständiger Besitzübertragung anlässlich eines Grundstückskaufs.[121] Sachlich erschiene eine Differenzierung danach sachgerecht, ob die vorherige teilweise Nutzungsüberlassung im Kaufvertrag geregelt ist: soweit das der Fall ist, wäre an sich eine Deckung im Vertrags-Rechtsschutz näherliegend (§ 2 lit. d). Weil die Auffangklausel allerdings bewusst weit gefasst ist, kann es hier tatsächlich zu einer konkurrierenden Deckung sowohl im Wohnungs- und Grundstücks-Rechtsschutz (§ 2 lit. c) und im Vertrags-Rechtsschutz kommen, der allerdings nach der einschlägigen Klauselgestaltung ausdrücklich subsidiär sein soll (§ 2 lit. d). Entsprechendes wird man auch dann annehmen müssen, wenn das Nutzungsverhältnis, wie bei einer Werkdienstwohnung, auf einem Dienstvertrag beruht, sodass unter Umständen Deckung im Arbeits-Rechtsschutz (§ 2 lit. b) mit Wohnungs- und Grundstücksrechtsschutz konkurriert (§ 2 lit. c).[122] Ein ungeschriebener Ausschluss aufgrund abweichenden Vertragstyps ist schon deswegen nicht anzuerkennen, weil die Klausel nach unterschiedlicher rechtlicher Typisierung der „sonstigen Nutzungsverhältnisse" gerade nicht unterscheidet, wie nicht zuletzt das Beispiel der Leihe zeigt (§ 598 BGB). Konsequenterweise ist auch die entgeltliche Gebrauchsüberlassung eines Hotelzimmers im Rahmen eines Beherbergungsvertrags als „sonstiges Nutzungsverhältnis" einzuordnen und fällt deshalb entgegen verbreiteter Ansicht grundsätzlich in die Deckung gemäß § 2 lit. c,[123] kann aber am kautelarjuristisch festgelegten Erfordernis der Bezeichnung im Versicherungsschein scheitern (§§ 28 Abs. 3 Sp. 3, 29 Abs. 1).[124] 27

Aus der Stellung der „sonstigen Nutzungsverhältnisse" im Satz zwischen den schuldrechtlichen Miet- und Pachtverhältnissen einerseits und den dinglichen Rechten andererseits lässt sich keineswegs eine Beschränkung auf schuldrechtliche Rechtsverhältnisse herleiten, vielmehr kommen sowohl schuld- als auch sachenrechtliche Verhältnisse in Betracht. Eine Konkurrenz zur Wahrnehmung von Interessen aus dinglichen Rechten ist ebenfalls denkbar. Selbst Ansprüche aus sogenannten „faktischen" Nutzungsverhältnissen sind nach überwiegender Ansicht von der Klausel erfasst.[125] Dabei spielt es im Ausgangspunkt keine Rolle, ob das Nutzungsverhältnis Ergebnis eines unwirksamen Vertragsschlusses oder einer unwirksamen Einräumung eines dinglichen Nutzungsrechts ist oder ob die Parteien bewusst und gewollt auf einen Vertragsschluss bzw. auf die Begründung eines dinglichen Nutzungsrechts verzichtet haben und deshalb eine bloße Gefälligkeitsleihe vorliegt. Überwiegend werden Streitigkeiten aus Vertragsanbahnung auch insoweit als 28

---

118 Nur insoweit zutreffend *Looschelders*/Paffenholz § 2 Rn. 47; van Bühren/Plote/*Hillmer-Möbius* § 2 ARB 2010 Rn. 31.
119 S. sogleich Rn. 27.
120 So für die Wohnungsleihe auch *Looschelders*/Paffenholz § 2 Rn. 46.
121 Beckmann/Matusche-Beckmann/*Obarowski* § 37 Rn. 67; *Looschelders*/Paffenholz § 2 Rn. 46; Harbauer/*Obarowski* § 2 ARB 2010 Rn. 118.
122 **A.A.** (nur Arbeitsrechtsschutz) *Looschelders*/Paffenholz § 2 Rn. 47; van Bühren/Plote/*Hillmer-Möbius* § 2 ARB 2010 Rn. 31.
123 **A.A.** Harbauer/*Obarowski* § 2 ARB 2010 Rn. 109; Prölss/Martin/*Piontek* § 2 Rn. 23; van Bühren/Plote/*Hillmer-Möbius* § 2 ARB 2010 Rn. 27; s. bereits oben Rn. 26.
124 Zutreffend *Looschelders*/Paffenholz § 2 Rn. 43.
125 *Looschelders*/Paffenholz § 2 Rn. 46; Harbauer/*Obarowski* § 2010 ARB Rn. 113.

nicht umfasst angesehen.[126] Konsequenterweise wird man dem allerdings widersprechen müssen, sofern dem Verhandlungspartner ein Grundstück, Gebäude oder Gebäudeteil schon während der Vertragsanbahnungsphase zum Gebrauch überlassen wird, weil dann kein rechtfertigender Grund für eine gegenüber vertragslosen Nutzungsverhältnissen differenzierende Behandlung ersichtlich ist. Entsprechendes gilt, wenn eine Gebrauchsüberlassung im Hinblick auf die künftig beabsichtigte Begründung eines dinglichen Nutzungsrechts erfolgt. Kein „sonstiges Nutzungsverhältnis" des Wohnungseigentümers begründet hingegen die Wahrnehmung von Interessen aus gesetzlich begründeten Rechten der rechtsfähigen Wohnungseigentümergemeinschaft gemäß § 9a Abs. 1 Satz 1 WEG, weil dem Wohnungseigentümer insoweit die Aktivlegitimation fehlt.[127]

29 **e) Rechtliche Interessen aus dinglichen Rechten an Grundstücken, Gebäuden oder Gebäudeteilen.** Schließlich erstreckt sich der Rechtsschutz auf die Wahrnehmung rechtlicher Interessen „aus dinglichen Rechten, die Grundstücke, Gebäude oder Gebäudeteile zum Gegenstand haben". Ob sich die Interessenwahrnehmung aus dinglichen Rechten speist, beurteilt sich nach Sachenrecht, die Zuordnung unterliegt mithin insoweit – anders als bei den Miet- und Pachtverhältnissen sowie bei den sonstigen Nutzungsverhältnissen – im Ausgangspunkt dem *numerus clausus* der Sachenrechte (Typenzwang).[128] Zu den dinglichen Rechten im Sinne des Grundstücks-Rechtsschutzes gehören das Grundeigentum unter Einschluss des Wohnungseigentums (§ 1 Abs. 2 WEG), das Erbbaurecht (§ 1 ErbbauRG), Grunddienstbarkeiten (§§ 1018 ff. BGB), Nießbrauch (§§ 1030ff. BGB), beschränkte persönliche Dienstbarkeiten (§§ 1090 ff. BGB) und das Wohnrecht (§ 1093 BGB).[129] Hypothek und Grundschuld sollen nach verbreiteter Ansicht nicht darunter fallen,[130] obwohl es sich ohne jeden Zweifel um dingliche Rechte an Grundstücken handelt. Die Beschränkung auf Nutzungsberechtigte mag das Ergebnis einer abweichenden Gestaltung bzw. Auslegung von § 29 Abs. 1 lit. f sein,[131] folgt aber nicht aus § 2 lit. c. Sollte diese Einschränkung vom Klauselverwender tatsächlich gewollt sein, wäre das einem verständigen durchschnittlichen VN bei der Lektüre von § 2 lit. c nicht erkennbar und schon deshalb als Auslegungsergebnis letztlich nicht haltbar. Jedenfalls müsste die Einbeziehung von Hypothek und Grundschuld in den Deckungsumfang gemäß § 2 lit. c das Ergebnis einer Anwendung der Unklarheitenregel sein (§ 305c Abs. 2 BGB). Das gilt entsprechend für ein dingliches Vorkaufsrecht (§ 1094 BGB).

30 Auch der Streit über den Bestand des dinglichen Rechts erheischt Rechtsschutz, wohingegen Ansprüche auf Begründung dinglicher Rechte sowie auf Verfügung darüber nicht vom Versicherungsschutz gedeckt sind.[132] Nach dem Wortlaut der Klausel ist der Grundstücks-Rechtsschutz nicht auf das Grundeigentum beschränkt. Deshalb sind grundsätzlich auch dingliche Rechte an sonderrechtsfähigen Gebäudeteilen erfasst (Mobiliareigentum, Pfandrecht, Nießbrauch). Die gedeckte Interessenwahrnehmung beschränkt sich nicht auf dingliche Ansprüche (z.B. §§ 985, 894 BGB etc.), sondern schließt grundsätzlich auch die Verfolgung und Abwehr von Ansprüchen mit ein, die aus einem dinglichen Recht entstehen können,[133] wie z.B. Ansprüche auf Beseitigung oder Unterlassung aus § 1004 BGB, auf Schadensersatz aus § 823 BGB, auf Entschädigung gemäß § 906 Abs. 2 BGB oder auf Ausgleich nach § 904 Satz 2 bzw. § 14 Abs. 3 WEG; allerdings greift für die Abwehr von Schadensersatzansprüchen der Ausschluss gemäß § 3 Abs. 2 lit. a. Auch die Abwehr

126 *Looschelders*/Paffenholz § 2 Rn. 46; Harbauer/*Obarowski* § 2010 ARB Rn. 113; s.a. oben Rn. 22.

127 S. noch Rn. 29.

128 Hierzu *Baur*/*Stürner* SachenR § 1 Rn. 7; vgl. oben Rn. 23.

129 *Looschelders*/Paffenholz § 2 Rn. 49.

130 *Looschelders*/Paffenholz § 2 Rn. 49; Harbauer/*Obarowski* § 2 ARB 2010 Rn. 153 f.

131 Hierzu noch § 29 Rn. 1.

132 *Looschelders*/Paffenholz § 2 Rn. 50; Rüffer/Halbach/Schimikowski/*Münkel* § 2 ARB 2010 Rn. 10; Harbauer/*Obarowski* § 2 ARB 2010 Rn. 123.

133 BGH 5.2.1992 – IV ZR 94/91, VersR **1992** 487; Beckmann/Matusche-Beckmann/*Obarowski* § 37 Rn. 68; *Looschelders*/Paffenholz § 2 Rn. 48.

von Schadensersatzansprüchen wegen der Verletzung der kraft öffentlichen Rechts überbürdeten Räum- und Streupflicht ist vom Versicherungsschutz umfasst: Die Delegation der Räum- und Streupflicht beruht zwar auf einer öffentlich-rechtlichen Satzung; Folge der Delegation ist jedoch die Begründung einer zivilrechtlichen Verkehrssicherungspflicht, die den jeweiligen Eigentümer oder Mieter trifft.[134]

Besondere Fragen wirft das Wohnungseigentum auf, das als Sonderform des Grundeigentums nach ganz h.M. grundsätzlich in den Wohnungs- und Grundstücksrechtsschutz fällt.[135] In den versicherten Bereich fallen grundsätzlich alle das Sondereigentum oder den Miteigentumsanteil des Wohnungseigentümers betreffenden Streitigkeiten einschließlich solcher nach dem WEG.[136] Das umfasst Auseinandersetzungen mit anderen Wohnungseigentümern ebenso wie Streitigkeiten mit dem Wohnungseigentumsverwalter,[137] und zwar auch dann, wenn sie aus einer Tätigkeit des Wohnungseigentümers als Verwaltungsbeirat herrühren.[138] Nicht umfasst sind indes Risiken aus der Übernahme des Verwalteramtes an sich, da dieses von der Stellung als Wohnungseigentümer unabhängig ist.[139] Dabei ist ein Versicherungsvertrag auch nicht deshalb sittenwidrig, weil er vom VN in der Absicht geschlossen worden ist, mit der Wahrnehmung individueller Rechte in Wohnungseigentumssachen faktisch auch für die Wahrnehmung der Rechte anderer, mit ihm verbundener Wohnungseigentümer zu sorgen.[140] 31

Die Reichweite der Rechtsschutzdeckung ist seit der Begründung der Rechtsfähigkeit der WEG durch die Rechtsprechung des BGH[141] bzw. die daran anschließenden Gesetzesänderungen jedoch teilweise unklar und umstritten. Gemeinschaftsbezogene Rechte der Wohnungseigentümer wurden seit der gesetzgeberischen Anerkennung der vom BGH entwickelten Rechtsfähigkeit nach altem Recht von der WEG lediglich ausgeübt (§ 10 Abs. 6 Satz 3 WEG a.F.), sodass daraus erwachsene Streitigkeiten nach wie vor in der vom jeweiligen Wohnungseigentümer genommenen Deckung lagen, weil die dingliche Rechtsinhaberschaft bei den Wohnungseigentümern verblieb. Daneben war die rechtsfähige Wohnungseigentümergemeinschaft schon bisher selbst Inhaberin gesetzlich begründeter Rechte (§ 10 Abs. 6 Satz 2 WEG a.F.), sodass die Einbeziehung der Wahrnehmung darauf basierender Interessen besonders fragwürdig ist. Nach umstrittener Ansicht sollen auch darauf bezogene Streitigkeiten grundsätzlich vom Grundstücks-Rechtsschutz gedeckt sein.[142] Dem war schon unter altem Recht kaum überzeugend begründbar zu folgen, weil diese Rechte eben nicht mehr unmittelbar an die dingliche Rechtsstellung des Wohnungseigentümers anknüpfen, sondern entkoppelt sind.[143] Das hat nichts mit Formalismus zu tun, sondern ist das Ergebnis systematisch stringenter Auslegung. Selbst mit der Unklarheitenregel *ambiguitas contra stipulatorem* (§ 305c Abs. 2 BGB) ließ sich ein abweichendes Ergebnis letztlich nicht überzeugend begründen. Auch nach der WEG-Reform 2022 ist zwischen eigenen Rechten der WEG (§ 9 a Abs. 1 Satz 1 WEG) und Rechten der einzelnen Wohnungseigentümer streng zu unterscheiden. Nunmehr übt die WEG neben den sich aus dem gemeinschaftlichen Eigentum ergebenden Rechten allerdings lediglich solche Rechte der Wohnungseigentümer aus, die eine einheitliche Rechtsverfolgung erfordern, und nimmt die entsprechenden Pflichten für die Wohnungseigentümer wahr (§ 9a Abs. 3 WEG). Die Reichweite der Rechtsschutzdeckung bleibt von dieser Einschränkung unberührt, wenn 32

134 **A.A.** Prölss/Martin/*Piontek* § 2 Rn. 24.

135 Prölss/Martin/*Piontek* § 2 Rn. 27; *Looschelders*/Paffenholz § 2 Rn. 53; van Bühren/Plote/*Hillmer-Möbius* § 2 ARB 2000 Rn. 28.

136 *Looschelders*/Paffenholz § 2 Rn. 54 m.N.

137 Prölss/Martin/*Piontek* § 2 Rn. 27; *Looschelders*/Paffenholz § 2 Rn. 54; van Bühren/Plote/*Hillmer-Möbius* § 2 ARB 2010 Rn. 28.

138 Zutreffend Prölss/Martin/*Piontek* § 2 Rn. 27; *Armbrüster* FS Merle, 13, 19; **a.A.** AG Charlottenburg 13.10.1988 – 17 C 471/88, ZfS **1989** 91.

139 *Armbrüster* FS Merle, 13, 19 f.

140 BGH 29.3.1995 – IV ZR 207/94, VersR **1995** 698 Ls. 1.

141 BGH 2.6.2005 – V ZB 32/05, BGHZ **163** 154, 159 ff.

142 Prölss/Martin/*Piontek* § 2 Rn. 28; *Looschelders*/Paffenholz § 2 Rn. 55.

143 Harbauer/*Obarowski* § 2 ARB 2010 Rn. 133; *Drasdo* VersR **2008** 902 f.

und soweit die Rechtsinhaberschaft der Wohnungseigentümer unverändert fortbesteht. Die Einschränkung der Rechtsausübungskompetenz der WEG rechtfertigt keine abweichende Beurteilung. Die Wahrnehmung rechtlicher Interessen durch den Verwalter resultiert hingegen nicht „aus“ seinem dinglichen Recht und ist folglich nicht gedeckt.[144]

33 Ein Sonderproblem ist das Verhältnis von Ansprüchen, die auf dinglichen Rechten an Grundstücken beruhen, und anderen Ansprüchen mit identischem oder teilidentischem Inhalt. Klassisches Beispiel ist die Grundbuchberichtigung bei Doppelnichtigkeit von Grundstückskaufvertrag und Auflassung aufgrund von Geschäftsunfähigkeit des Veräußerers (§§ 105 Abs. 1, 104 Nr. 2 BGB), die zur Konkurrenz des Grundbuchberichtigungsanspruchs aus § 894 BGB mit der Leistungskondiktion führt (§ 812 Abs. 1 Satz 1 Alt. 1 BGB).[145] Soweit nur Grundbuchberichtigung begehrt wird, besteht nach materiellem Recht Anspruchsnormenkonkurrenz, zivilprozessual ist von einem einheitlichen Streitgegenstand auszugehen. Teilweise wird in solchen Fällen generell für die Maßgeblichkeit des schuldrechtlichen Anspruchs und damit für eine Deckung im Rahmen des darauf basierenden Vertrags-Rechtsschutzes plädiert,[146] der zum Grundstücks-Rechtsschutz subsidiär ist (§ 2 lit. d). Eine Gegenansicht favorisiert einen generellen Vorrang des Wohnungs- und Grundstücks-Rechtsschutzes mit der Folge, dass der Vertrags-Rechtsschutz als subsidiär zurücktritt.[147] Ein vermittelnder Ansatz unternimmt eine „Schwerpunktbetrachtung“ und will die Streitigkeit derjenigen „Leistungsart“ zuweisen, in welcher der Schwerpunkt der Streitigkeit liegt, was hier der Rechtsschutz im Vertrags- und Sachenrecht sei, weil die bereicherungsrechtliche Rückabwicklung dem Veräußerer umfangreichere Rechte gebe.[148] Richtig ist zunächst, dass eine einheitliche Zuordnung der Wahrnehmung rechtlicher Interessen zu einer Leistungsart gegenüber einer Aufspaltung nach materiellrechtlichen Ansprüchen, die sich bei prozessualer Rechtswahrnehmung ohnehin nicht durchhalten lässt, vorzugswürdig ist. Es ist aber wenig überzeugend, den Grundstücksrechtsschutz zu versagen, nur weil ein Bereicherungsanspruch mit gleichem Anspruchsziel konkurriert. Das Argument, der Vertrags-Rechtsschutz könne günstiger sein mit der Folge, dass die Zuordnung zum Grundstücks-Rechtsschutz den VN schlechter stellen könne, verfängt nicht, insofern die Subsidiarität gemäß § 2 lit. d nur greift, *soweit* Rechtsschutz nach § 2 lit. c besteht. Es ist auch keineswegs klar, wo der Schwerpunkt der Streitigkeit liegt, kann doch der Veräußerer im Beispielsfall das Grundstück vindizieren und Nutzungsherausgabe nach den Vorschriften über das Eigentümer-Besitzer-Verhältnis verlangen, was an der Annahme eines bereicherungsrechtlichen Schwerpunktes erheblich zweifeln lässt. Die Lehre von der Schwerpunktbetrachtung befrachtet die Zuordnung mit zu vielen Unwägbarkeiten und ist deshalb letztlich nicht sachgerecht. Unklarheiten in der Klauselgestaltung sind tunlichst durch kautelarjuristische Präzisierung zu vermeiden oder zu beheben. Es bleibt deshalb dabei, dass konkurrierende Ansprüche den Grundstücks-Rechtsschutz nicht beschneiden.

34 **f) ARB 2012/2021.** Ziff. 2.2.3 ARB 2012/2021 beschränkt den Versicherungsschutz in der Variante L (Landwirtschaft) von vornherein auf land- und forstwirtschaftlich genutzte Grundstücke und ist insoweit wesentlich enger gefasst als § 2 lit. c. Im Übrigen zeigen sich keine signifikanten Abweichungen. Die Wahrnehmung rechtlicher Interessen aus dinglichen Rechten ist erfasst, wenn sie Grundstücke, Gebäude oder Gebäudeteile „betreffen“, was gleichbedeutend sein dürfte mit der Formulierung „zum Gegenstand haben“ in § 2 lit. c. Die Klauselgestaltung bemüht sich um größere

144 Mit etwas anderer Begründung, aber im Ergebnis gleich *Looschelders*/Paffenholz § 2 Rn. 54; Harbauer/*Obarowski* § 2 ARB 2010 Rn. 136.

145 Beispiel ausgewählt nach *Looschelders*/Paffenholz § 2 Rn. 51.

146 So etwa Beckmann/Matusche-Beckmann/*Obarowski* § 37 Rn. 70; Schwintowski/Brömmelmeyer/*Hillmer-Möbius* § 125 Rn. 36.

147 LG Freiburg 12.2.1996 – 1 O 513/95, RuS **1996** 493, 494.

148 LG und OLG Köln 14.6.1989 – 24 O 518/88 und 29.3.1990 – 5 U 192/89, RuS **1990** 161; *Looschelders*/Paffenholz § 2 Rn. 51.

Klarheit, indem Spiegelstriche eingesetzt werden. Ein wesentlicher Gewinn an Verständlichkeit und Transparenz kann letztlich kaum attestiert werden.

4. Rechtsschutz im Vertrags- und Sachenrecht

a) Überblick. Der als „Rechtsschutz im Vertrags- und Sachenrecht" überschriebene Deckungsbereich umfasst „die Wahrnehmung rechtlicher Interessen aus privatrechtlichen Schuldverhältnissen und dinglichen Rechten" (§ 2 lit. d Halbs. 1). Dabei ist der Vertrags- und Sachenrechts-Rechtsschutz ausdrücklich als Auffangtatbestand konzipiert,[149] weil er nur bestehen soll, „soweit der Versicherungsschutz nicht in den Leistungsarten a), b) oder c) enthalten ist". Je weiter also der Schadensersatz-Rechtsschutz (§ 2 lit. a), der Arbeits-Rechtsschutz (§ 2 lit. b) bzw. der Wohnungs- und Grundstücks-Rechtsschutz (§ 2 lit. c) zu verstehen ist, desto enger ist der Auffangrechtsschutz im Vertrags- und Sachenrecht. Die Subsidiaritätsklausel soll verhindern, dass die Wahrnehmung rechtlicher Interessen in einer bestimmten Angelegenheit unter mehrere Leistungsarten subsumiert werden kann.[150] Die gewählte Regelungstechnik ist zwar präzise, aber wenig transparent.[151] Das Verständnis des genauen Deckungsumfangs erschließt sich stets nur im Zusammenspiel mit den drei vorrangigen Rechtsschutzformen, auf deren Erläuterung hier verwiesen sei.[152] Der Rechtsschutz im Vertrags- und Sachenrecht begegnet im Verkehrs-Rechtsschutz (§ 2 Abs. 4) sowie in den Paketen für den privaten Bereich (§§ 23 Abs. 3, 25 Abs. 5, 26 Abs. 3), nicht hingegen im Berufs-Rechtsschutz für Selbständige, Firmen und Vereine (§ 24 Abs. 2).[153] 35

b) Wahrnehmung rechtlicher Interessen. Der Rechtsschutz im Vertrags- und Sachenrecht legt denselben weiten Begriff der Wahrnehmung rechtlicher Interessen zugrunde wie auch an anderer Stelle (z.B. § 2 lit. b, c).[154] Umfasst ist mithin die außerprozessuale und prozessuale Rechtswahrnehmung, unabhängig von der materiellrechtlichen Stellung (Gläubiger oder Schuldner), von der Rollenverteilung im Prozess und von der prozessualen Einkleidung. Die Interessenwahrnehmung deckt grundsätzlich sowohl die Geltendmachung als auch die Abwehr von Ansprüchen.[155] 36

c) Rechtliche Interessen aus privatrechtlichen Schuldverhältnissen. Der Rechtsschutz umfasst die Wahrnehmung rechtlicher Interessen aus privatrechtlichen Schuldverhältnissen; dies umfasst auch gesetzliche Schuldverhältnisse, die dem Privatrecht zuzuordnen sind.[156] Öffentlich-rechtliche Schuldverhältnisse sind dagegen nicht erfasst,[157] etwa das Leistungsverhältnis zum Notar[158] oder Fragen beim Erwerb im Wege der Zwangsvollstreckung.[159] Der Begriff des Schuldverhältnisses ist dabei auf der Grundlage zivilrechtlicher Begriffsprägung im BGB auszulegen. Als Schuldverhältnis im weiteren Sinne beschreibt die h.L. die Gesamtheit aller sich aus einer Sonderverbindung ergebenden Rechtsfolgen einschließlich der Forderungsrechte, Haupt- und Nebenleis- 37

149 Ausführlich *Schaltke* VersR **2020** 73, 76.
150 *Looschelders*/Paffenholz § 2 Rn. 59; Beckmann/Matusche-Beckmann/*Obarowski* § 37 Rn. 72.
151 Zu Recht kritisch Prölss/Martin/*Piontek* § 2 ARB 2010 Rn. 30 („nicht gerade anschaulich").
152 S. oben Rn. 3 ff., 13 ff., 20 ff.
153 *Looschelders*/Paffenholz § 2 Rn. 59.
154 Allgemein hierzu bereits Vor §§ 125–129 Rn. 5, § 125 Rn. 5, 9 ff.
155 Prölss/Martin/*Piontek* § 2 Rn. 30; *Looschelders*/Paffenholz § 2 Rn. 63.
156 Prölss/Martin/*Piontek* § 2 Rn. 31.
157 *Looschelders*/Paffenholz § 2 Rn. 62; Prölss/Martin/*Piontek* § 2 Rn. 36; Beispielsfälle aus der Rechtsprechung: LG Karlsruhe 13.5.1986 – 7 O 88/86, ZfS **1988** 48 (Erwerb in der Zwangsversteigerung); AG Arnsberg 13.3.1985 – 14 C 514/84, ZfS **1985** 240 (Notarkosten).
158 *Schaltke* VersR **2020** 73, 76.
159 Beispielsfall LG Karlsruhe 13.5.1986 – 7 O 88/86, ZfS **1988** 48.

tungspflichten, Schutzpflichten und Gestaltungsrechte.[160] Schuldverhältnis im engeren Sinne ist demgegenüber zum einen das Recht, eine bestimmte Leistung zu fordern (§ 241 Abs. 1 Satz 1 BGB), wobei die Leistung auch in einem Unterlassen (§ 241 Abs. 1 Satz 2 BGB) bzw. einer Duldung (z.B. § 1147 BGB) bestehen kann, also der schuldrechtliche Anspruch (§ 194 Abs. 1 BGB) bzw. die Forderung mit der korrespondierenden Leistungspflicht. Zum anderen ist darunter aber auch die Rücksichtnahmepflicht innerhalb einer Sonderverbindung zu verstehen, also die Schutzpflicht (§ 241 Abs. 2 BGB). Ansprüche aus *culpa in contrahendo* (§§ 311 Abs. 2, 3 BGB) sind nach dem Wortlaut von § 2 lit. d Halbs. 1 eindeutig mit erfasst (arg. Ex § 241 Abs. 2 BGB),[161] ihre Deckung kann aber hinter vorrangige andere Leistungsarten zurücktreten. Auch Schuldverhältnisse aus einseitigen Rechtsgeschäften, wie z.B. Auslobung (§§ 657 ff. BGB), angenommener Anweisung (§ 784 BGB) und Gewinnzusage (§ 661a BGB), fallen in die Deckung,[162] werden jedoch regelmäßig vom Ausschluss in § 3 Abs. 2 lit. f erfasst sein.

38 Dingliche Ansprüche, wie z.B. die *rei vindicatio* (§ 985 BGB), sind zwar Ansprüche im Sinne von § 194 Abs. 1 BGB, und das Eigentümer-Besitzer-Verhältnis ist ein gesetzliches Schuldverhältnis, aber die Vorschriften des allgemeinen Schuldrechts sind nicht unmittelbar, sondern nur analog anwendbar.[163] Dennoch sind nach h.M. grundsätzlich ohne Unterschied alle vertraglichen, quasivertraglichen und gesetzlichen Schuldverhältnisse in die Rechtsschutzdeckung für die Wahrnehmung rechtlicher Interessen aus privatrechtlichen Schuldverhältnissen aufgenommen.[164] Eingeschlossen sind deshalb auch Rechtsverhältnisse zwischen den Mitgliedern einer Bruchteilsgemeinschaft oder zwischen Gesamtschuldnern.[165] Der Streit über den Bestand eines Schuldverhältnisses ist mit umfasst, sofern das Bestehen eines Schuldverhältnisses substantiiert dargelegt wird.[166] In diesem Fall spielt es für die Deckung keine Rolle mehr, ob der Vertrag im Ergebnis tatsächlich zustande gekommen ist oder noch wirksam ist.[167] Nicht versichert sind nach h.M. dagegen vereins- und genossenschaftsrechtliche Streitigkeiten,[168] nach teilweise vertretener Ansicht auch nicht familiäre Rechtsverhältnisse,[169] was allerdings die unter Umständen schwierig zu beantwortende Frage der Abgrenzung zu unentgeltlichen Verträgen und privatrechtlichen Gefälligkeitsverhältnissen aufwirft.

39 **d) Rechtliche Interessen aus dinglichen Rechten.** Die Wahrnehmung rechtlicher Interessen aus dinglichen Rechten bezieht sich auf dingliche Rechte im Sinne des Zivilrechts[170] und umfasst

160 Statt vieler Jauernig/*Mansel* § 241 Rn. 1.

161 *Looschelders*/Paffenholz § 2 Rn. 64; Harbauer/*Obarowski* § 2 ARB 2010 Rn. 188.

162 *Looschelders*/Paffenholz § 2 Rn. 61; Prölss/Martin/*Piontek* § 2 Rn. 34; van Bühren/Plote/*Hillmer-Möbius* § 2 ARB 2010 Rn. 35; Harbauer/*Obarowski* § 2 ARB 2010 Rn. 184; Beispiele aus der Rechtsprechung zu Gewinnzusagen OLG Köln – 9 U 129/03, 8.6.2004 RuS **2005** 285 f.; OLG Karlsruhe 1.12.2005 – 19 U 188/04, NJOZ **2006** 932; zu abweichenden älteren ARB, die Vertragsschluss zur Deckungsvoraussetzung erhoben haben, BGH 15.3.2006 – IV ZR 4/05, VersR **2006** 830, 831; OLG Köln 30.11.2004 – 9 U 41/04, VersR **2005** 1386, 1387; *Steck* NJW **2003** 3679 f.

163 BGH 19.1.1968 – V ZR 190/64, BGHZ **49** 263; aus der Literatur z.B. Grüneberg/*Herrler* Einl. § 854 Rn. 9.

164 OLG Karlsruhe 1.12.2005 – 19 U 188/04, NJOZ **2006** 932; Prölss/Martin/*Piontek* § 2 Rn. 31; *Looschelders*/Paffenholz § 2 Rn. 60; van Bühren/Plote/*Hillmer-Möbius* § 2 ARB 2010 Rn. 34; Beckmann/Matusche-Beckmann/*Obarowski* § 37 Rn. 72; Harbauer/*Obarowski* § 2 ARB 2010 Rn. 187 ff.

165 Prölss/Martin/*Piontek* § 2 Rn. 35.

166 In diese Richtung auch Harbauer/*Obarowski* § 2 ARB 2010 Rn. 189 (schlüssiger Vortrag eines vertraglichen Anspruchs).

167 Prölss/Martin/*Piontek* § 2 Rn. 35; OLG Hamm 14.6.1985 – 20 W 16/85, VersR **1987** 197; OLG Köln 29.3.1990 – 5 U 192/89, VersR **1991** 295.

168 *Looschelders*/Paffenholz § 2 Rn. 62; Prölss/Martin/*Piontek* § 2 ARB 2010 Rn. 35; Beckmann/Matusche-Beckmann/*Obarowski* § 37 Rn. 74; Looschelders/Pohlmann/*Paffenholz* § 125 Rn. 18.

169 OLG Köln 17.12.2001 – 9 W 21/01, RuS **2002** 116, 117 (Abrede zwischen Bürge und Hauptschuldner); Prölss/Martin/*Piontek* § 2 Rn. 37.

170 S. hierzu aus der älteren Rspr. BGH 5.2.1992 – IV ZR 94/91, VersR **1992** 487; OLG Hamburg 22.2.1991 – 14 U 292/89, VersR **1991** 1169.

z.B. Eigentum (§§ 903, 985 ff. BGB), Nießbrauch (§§ 1030 ff. BGB), Pfandrecht (§§ 1204 ff. BGB), Aneignungsrechte (§ 958 BGB), Anwartschaftsrechte etc.[171] Als dingliche Rechte an Rechten kommen beispielsweise in Betracht der Nießbrauch (§§ 1068 ff. BGB) und das Pfandrecht (§§ 1273 ff. BGB).[172] Zwar sind Streitigkeiten aus dem Zeitraum bis zur Vollendung des Rechtserwerbs („Anbahnungsverhältnis“) grundsätzlich nicht vom Rechtsschutz für dingliche Rechte erfasst,[173] doch fällt der Streit über den Bestand des dinglichen Rechts in die Deckung.[174] Aufgrund der Subsidiaritätsklausel tritt der Rechtsschutz gemäß § 2 lit. d Halbs. 2 – wenig transparent – hinter die Deckung im Wohnungs- und Grundstücksrechtsschutz (§ 2 lit. c) zurück.

e) ARB 2012/2021. Die ARB 2012/2021 erläutern den Begriff des Schuldverhältnisses anhand eines Hinweises auf das Verhältnis zwischen Verkäufer und Käufer (Ziff. 2.2.4 ARB 2012/2021), was natürlich nicht falsch ist, aber doch auch etwas verengend wirken könnte.[175] Entsprechendes gilt im Hinblick auf das Beispiel der *rei vindicatio* für den Sachenrechts-Rechtsschutz.[176] Verdeutlicht wird die Subsidiarität des Rechtsschutzes gegenüber dem Schadensersatz-, Arbeits- und Wohnungs- und Grundstücks-Rechtsschutz.[177] Die Erweiterung des Rechtsschutzes auf Verträge, mit denen der VN Kraftfahrzeuge und Anhänger zur Eigennutzung erwerben will, auch wenn sie später nicht auf ihn zugelassen werden (§ 21 Abs. 6), ist in Ziff. 2.2.4 ARB 2012/2021 ebenso übernommen wie die Ausnahme der Teilnahme am öffentlichen Straßenverkehr (§ 21 Abs. 7, Ziff. 2.2.4 ARB 2012/2021).[178] 40

5. Steuer-Rechtsschutz vor Gerichten

a) Überblick. Der Steuer-Rechtsschutz vor Gerichten, der erst ab den ARB 94 als Leistungsart vorgesehen ist,[179] deckt die Wahrnehmung rechtlicher Interessen in steuer- und abgaberechtlichen Angelegenheiten vor deutschen Finanz- und Verwaltungsgerichten (§ 2 lit. e). Diese „Leistungsart“ begegnet – mit Ausnahme des Berufs-Rechtsschutzes für Selbstständige und des Rechtsschutzes für Firmen und Vereine (§ 24) – in den meisten Formen des Rechtsschutzes gemäß §§ 21 bis 29. Im Privat-, Berufs- und Verkehrs-Rechtsschutz für Selbstständige ist der Steuer-Rechtsschutz auf den privaten Bereich, die Ausübung nichtselbstständiger Tätigkeiten sowie Streitigkeiten im Zusammenhang mit der Eigenschaft als Eigentümer, Halter, Erwerber, Mieter und Leasingnehmer von Motorfahrzeugen und Anhängern beschränkt (§ 28 Abs. 3). Mithin besteht nach den ARB 2010, sieht man vom Landwirtschafts- und Verkehrs-Rechtsschutz einmal ab (§ 27),[180] für Einkünfte aus selbständiger oder gewerblicher Tätigkeit grundsätzlich kein Steuer-Rechtsschutz.[181] Erweiterungen sind wie stets nach Maßgabe individueller Produktgestaltung einzelner Anbieter möglich. 41

b) Wahrnehmung rechtlicher Interessen vor deutschen Finanz- und Verwaltungsgerichten. Wie auch sonst ist der Begriff der Wahrnehmung rechtlicher Interessen im Steuer- 42

171 *Looschelders*/Paffenholz § 2 Rn. 65; van Bühren/Plote/*Hillmer-Möbius* § 2 ARB 2010 Rn. 41.
172 *Looschelders*/Paffenholz § 2 Rn. 65; Harbauer/*Obarowski* § 2 ARB 2010 Rn. 199.
173 Insoweit richtig *Looschelders*/Paffenholz § 2 Rn. 65 (leicht missverständlich, insofern der Bestand des Rechts dort als Deckungsvoraussetzung charakterisiert wird).
174 Zutreffend Harbauer/*Obarowski* § 21 ARB 2010 Rn. 201 (schlüssiger Sachvortrag genügt).
175 Ähnlich *Looschelders*/Paffenholz § 2 Rn. 66.
176 *Looschelders*/Paffenholz § 2 Rn. 66.
177 *Looschelders*/Paffenholz § 2 Rn. 67.
178 *Looschelders*/Paffenholz § 2 Rn. 68 f.
179 *Looschelders*/Paffenholz § 2 Rn. 73 m.w.N.
180 *Looschelders*/Paffenholz § 2 Rn. 72; *Bauer* DStR **2005** 1665, 1666.
181 *Looschelders*/Paffenholz § 2 Rn. 72; Schwintowski/Brömmelmeyer/*Hillmer-Möbius* § 125 Rn. 48; Höra/*Lessing* § 27 Rn. 320.

Rechtsschutz weit zu verstehen.[182] Ob der VN materiellrechtliche Ansprüche geltend macht oder seinerseits in Anspruch genommen wird, ist für die Deckung im Ausgangspunkt ebenso irrelevant wie die prozessuale Rollenverteilung und die konkrete prozedurale Einkleidung. Die praktisch besonders wichtige Einschränkung auf den Rechtsschutz vor deutschen Finanz- und Verwaltungsgerichten schmälert die Deckung allerdings ganz erheblich. Interessenwahrnehmung vor Gericht setzt nicht voraus, dass eine Klage bereits rechtshängig ist. Rechtshängigkeit bzw. Anhängigkeit ist hinreichende, aber nicht notwendige Bedingung des Rechtsschutzes.[183] Die anwaltliche Vorbereitung und Erhebung einer finanz- oder verwaltungsgerichtlichen Klage oder eines entsprechenden Rechtsbehelfs gehört zur Interessenwahrnehmung „vor" Gericht, weil es ohne diese Vorbereitungshandlungen überhaupt keinen Rechtsschutz vor Gericht gibt, sodass der Rechtsschutz sonst praktisch ausgehöhlt wäre.

43 Vorgeschaltete Einspruchs- oder Widerspruchsverfahren sind aber auch vor deutschen Stellen grundsätzlich nicht erfasst.[184] Außerprozessuale Rechtswahrnehmung ist auch dann nicht gedeckt, wenn ein Rechtsanwalt mit der Prüfung der Erfolgsaussichten gerichtlichen Rechtsschutzes beauftragt wird und im Ergebnis abrät.[185] Entsprechendes gilt für Anträge in Verfahren des einstweiligen Rechtsschutzes. Die Mandatserteilung an einen Rechtsanwalt zur gerichtlichen Interessenwahrnehmung allein markiert allerdings noch nicht den Beginn der Wahrnehmung rechtlicher Interessen „vor" Gericht.[186] Die Interessenwahrnehmung in einem Rechtsstreit vor dem Finanz- oder Verwaltungsgericht endet nicht vor Eintritt der materiellen Rechtskraft. Eine Richtervorlage zum Bundesverfassungsgericht im Wege der konkreten Normenkontrolle (Art. 100 Abs. 1 GG) im schwebenden Verfahren nimmt der Streitigkeit nicht den finanz- oder verwaltungsgerichtlichen Charakter. Rechtswahrnehmung vor Behörden und Gerichten anderer Staaten ist nicht gedeckt. Eine Vorlage zum EuGH im Wege des Vorabentscheidungsverfahrens (Art. 267 AEUV) lässt jedoch die Qualifikation des Verfahrens als finanzgerichtliche bzw. verwaltungsgerichtliche Streitigkeit unberührt. Die Zuständigkeitsverteilung zwischen den Finanz- und Verwaltungsgerichten richtet sich nach den einschlägigen Normen über die Rechtswegzuständigkeit (§ 33 FGO, § 40 VwGO).[187] Fehlsame Wahl des Rechtswegs steht dem Eintritt des Versicherungsfalls grundsätzlich nicht entgegen, kann sich aber für den VN anderweitig nachteilig auswirken.

44 **c) Interessenwahrnehmung in steuer- und abgabenrechtlichen Angelegenheiten.** Die Rechtsschutzdeckung erstreckt sich grundsätzlich auf alle steuer- und abgabenrechtlichen Streitigkeiten. Steuern sind Geldleistungen, die nicht eine Gegenleistung für eine besondere Leistung darstellen und von einem öffentlich-rechtlichen Gemeinwesen zur Erzielung von Einnahmen allen auferlegt werden, bei denen der Tatbestand zutrifft, an den das Gesetz die Leistungspflicht knüpft, wobei die Einnahmeerzielung Nebenzweck sein kann (§ 3 Abs. 1 AO). Ein- und Ausfuhrabgaben (Zölle) sind Steuern im Sinne der Abgabenordnung (§ 3 Abs. 3 Satz 1 AO). Streitigkeiten über die steuerliche Bewertung von Grundstücken, Gebäuden und Gebäudeteilen sind gemäß § 3 Abs. 2 lit. i vom Versicherungsschutz ausgeschlossen, bei solchen über die Grunderwerbsteuer kann unter Umständen der Ausschluss von Baurisiken Bedeutung erheischen (§ 3 Abs. 1 lit. d).[188] Gerichtliche

182 Allgemein hierzu bereits Vor §§ 125–129 Rn. 5, § 125 Rn. 5, 9 ff.

183 Tendenziell grundsätzlich gleicher Ansicht wohl Harbauer/*Obarowski* § 2 ARB 2010 Rn. 220 f.; **a.A.** für Anhängigkeit wohl *Looschelders*/Paffenholz § 2 Rn. 83 (Bezugnahme auf den Steuer- Rechtsschutz in den Erläuterungen zum Sozialgerichts-Rechtsschutz); Looschelders/Pohlmann/*Paffenholz* § 125 Rn. 20 (Rechtsschutz „mit der Einreichung der Klage bzw. einem sonstigen Antrag").

184 *Looschelders*/Paffenholz § 2 Rn. 70; Looschelders/Pohlmann/*Paffenholz* § 125 Rn. 20; Beckmann/Matusche-Beckmann/*Obarowski* § 37 Rn. 80; van Bühren/Plote/*Hillmer-Möbius* § 2 ARB 2010 Rn. 43; Buschbell/*Hering* § 16 Rn. 38.

185 So für den Sozialgerichts-Rechtsschutz ausdrücklich auch Harbauer/*Obarowski* § 2 ARB 2010 Rn. 240.

186 Vgl. Harbauer/*Obarowski* § 2 ARB 2010 Rn. 214.

187 Hierzu im Überblick *Looschelders*/Paffenholz § 2 Rn. 71.

188 *Looschelders*/Paffenholz § 2 Rn. 74; *Bauer* DStR **2005** 1665, 1668.

Rechtswahrnehmung in Steuerstrafsachen und entsprechenden Ordnungswidrigkeitensachen fällt nach verbreiteter Ansicht in der Literatur nicht unter den Steuer-Rechtsschutz, sondern soll ausschließlich dem Straf-Rechtsschutz (lit. i) bzw. dem Ordnungswidrigkeiten-Rechtsschutz (lit. J) unterfallen.[189] Aus der Formulierung in lit. e lässt sich diese Einschränkung zwar nicht mit der Deutlichkeit ableiten, wie sie unter dem Gesichtspunkt der Klarheit und Transparenz wünschenswert wäre. Soweit die Straf- oder Ordnungswidrigkeitenverfahren allerdings vor den ordentlichen Gerichten stattfinden, folgt die Einschränkung aus der evident fehlenden Rechtswegzuständigkeit.

Abgaben sind alle anderen öffentlich-rechtlich geregelten Leistungen des Bürgers an staatliche Stellen, insbesondere Gebühren und Beiträge, die auf einer Gegenleistung beruhen.[190] Beispiele sind Gebühren und Beiträge für die Nutzung öffentlicher Einrichtungen (Kindergärten, Schwimmbäder, Bibliotheken etc.), für die Versorgung mit Gas, Wasser, Strom und Müllabfuhr sowie Rundfunkgebühren.[191] Die nach der Zwei-Stufen-Theorie zulässige privatrechtliche Ausgestaltung des Benutzungsverhältnisses lässt den Steuer-Rechtsschutz entfallen, soweit über das „Wie" der Nutzung eindeutig vor den ordentlichen Gerichten zu streiten ist. Der Streit über die richtige rechtliche Qualifikation eines Entgelts als Gebühr bzw. Beitrag fällt allerdings in die Rechtsschutzdeckung, jedenfalls sofern die Angelegenheit nicht ganz klar und hierzu substantiiert vorgetragen ist. Streitigkeiten über Erschließungs- und sonstige Anliegerabgaben unterliegen dem Ausschluss gemäß § 3 Abs. 2 lit. i.[192] 45

d) ARB 2012/2021. Die ARB 2012/2021 schreiben den Steuer-Rechtsschutz vor Gerichten in sprachlich leicht modifizierter Form sachlich im Wesentlichen unverändert fort (Ziff. 2.2.5 ARB 2012/2021).[193] Besonders hervorgehoben wird, dass der Rechtsschutz erst „ab dem gerichtlichen Verfahren" greift. Das soll augenscheinlich die sachliche und zeitliche Kontur der Rechtsschutzdeckung verdeutlichen, kann aber unter Umständen auch Anlass zu Missverständnissen geben, weil richtigerweise nach wie vor davon auszugehen ist, dass der Steuer-Rechtsschutz die anwaltliche Prozessvorbereitung und die Klageerhebung – anders als Einspruchs- oder Widerspruchsverfahren – mit umfasst.[194] 46

6. Sozialgerichts-Rechtsschutz

a) Überblick. Der Sozialgerichts-Rechtsschutz deckt die Wahrnehmung rechtlicher Interessen vor deutschen Sozialgerichten (§ 2 lit. f). Mit Ausnahme des Verkehrs- und Fahrer-Rechtsschutzes (§§ 21, 22) und des Rechtsschutzes für Eigentümer und Mieter von Grundstücken (§ 29) sehen alle Formen des Rechtsschutzes den Sozialgerichts-Rechtsschutz vor.[195] Der früher in § 3 Abs. 3 lit. f ARB 2000 enthaltene Ausschluss von „Verfahren aus dem Bereich des Asyl-, Ausländer- und Sozialhilferechts", der nach der Rechtsprechung des BGH nicht Verfahren aus dem Bereich der Grundsicherung für Arbeitsuchende erfasste,[196] ist in den ARB 2010 nicht mehr enthalten.[197] 47

189 *Looschelders*/Paffenholz § 2 Rn. 77; Beckmann/Matusche-Beckmann/*Obarowski* § 37 Rn. 85; Schwintowski/Brömmelmeyer/*Hillmer-Möbius* § 125 Rn. 45.

190 *Looschelders*/Paffenholz § 2 Rn. 75; Harbauer/*Obarowski* § 2 ARB 2010 Rn. 192; Buschbell/*Hering* § 16 Rn. 33.

191 *Looschelders*/Paffenholz § 2 Rn. 75; Schwintowski/Brömmelmeyer/*Hillmer-Möbius* § 125 Rn. 49; Höra/*Lessing* § 27 Rn. 32.

192 S. noch § 3 Rn. 73.

193 *Looschelders*/Paffenholz § 2 Rn. 81 f.

194 Vgl. oben Rn. 42 f.

195 *Looschelders*/Paffenholz § 2 Rn. 83.

196 BGH 24.6.2009 – IV ZR 110/07, VersR **2009** 1617.

197 Hierzu im Überblick *Looschelders*/Paffenholz § 2 Rn. 87.

48 **b) Wahrnehmung rechtlicher Interessen vor deutschen Sozialgerichten.** Der grundsätzlich weit zu verstehende Begriff der Wahrnehmung rechtlicher Interessen[198] ist auf den Rechtsschutz vor deutschen Sozialgerichten beschränkt. Rechtsschutz vor Gericht setzt keine Rechtshängigkeit voraus und schließt dementsprechend die Vorbereitung und Erhebung einer Klage mit ein.[199] Dagegen ist die Interessenwahrnehmung in Antrags- und Widerspruchsverfahren vom Rechtsschutz ausgenommen. Der Versicherungsfall tritt in der Regel erst mit dem ersten ablehnenden Bescheid der Behörde ein.[200] Die Rechtsschutzdeckung umfasst auch sozialgerichtliche Verfahren des einstweiligen Rechtsschutzes sowie ihre anwaltliche Vorbereitung und Einleitung. Die Beauftragung eines Rechtsanwalts mit der Prüfung der Erfolgsaussichten einer verfahrensförmigen Rechtsverfolgung ist keine Wahrnehmung rechtlicher Interessen vor Gericht.[201]

49 Die Deckung des Sozialgerichts-Rechtsschutzes bestimmt sich im Ausgangspunkt nach der Zuständigkeit der Sozialgerichte (§ 51 SGG).[202] Hierher gehören etwa Angelegenheiten der gesetzlichen Rentenversicherung, der gesetzlichen Kranken- und Unfallversicherung, der Arbeitsförderung und der Grundsicherung für Arbeitsuchende,[203] die sonstigen Angelegenheiten der Sozialhilfe, des sozialen Entschädigungsrechts mit Ausnahme der Kriegsopferfürsorge sowie die Angelegenheiten des Asylbewerberleistungsgesetzes. In die Zuständigkeit der Sozialgerichte gehören auch die Angelegenheiten der Pflegeversicherung (§ 51 Abs. 1 Nr. 2 SGG), was die private Pflegepflichtversicherung mit einschließt,[204] Streitigkeiten über die Rechtmäßigkeit der Anfechtung eines privaten Pflegeversicherungsvertrages fallen ebenfalls in die Zuständigkeit der Sozialgerichtsbarkeit und damit in die Rechtsschutzdeckung.[205] Der Streit vor dem Sozialgericht über die Rechtswegzuständigkeit ist ebenfalls gedeckt, sofern die Zuständigkeit substantiiert dargetan wird und kein klarer Fall fehlender Zuständigkeit vorliegt. Maßgeblich für die Beurteilung der Rechtswegzuständigkeit und damit auch der Reichweite des Rechtsschutzes ist der Zeitpunkt des Beginns der versicherten Rechtswahrnehmung; ob die Angelegenheit auch schon bei Abschluss des Versicherungsvertrages in die Zuständigkeit der Sozialgerichte fiel, ist nach h.M. unerheblich.[206] Andere sozialrechtliche Streitigkeiten, die nicht den Sozialgerichten, sondern den Verwaltungsgerichten (BaföG, Wohngeld) oder den Finanzgerichten (Kindergeld gemäß §§ 66 ff. EstG) zugewiesen sind, liegen außerhalb des Sozialgerichts-Rechtsschutzes.[207]

50 **c) ARB 2012/2021.** Die ARB 2012/2021 sehen einen inhaltlich im Wesentlichen entsprechenden Sozialgerichts-Rechtsschutz vor (Ziff. 2.2.6 ARB 2012/2021). Die Formulierung „vor“ Gericht ist ersetzt durch die offenbar als klarstellend gedachte Klausel „erst ab dem gerichtlichen Verfahren“.

---

198 Allgemein hierzu bereits Vor §§ 125–129 Rn. 5, § 125 Rn. 5, 9 ff.

199 Tendenziell in diesem Sinne auch Harbauer/*Obarowski* § 2 ARB 2010 Rn. 240; **a.A.** (Rechtsschutz für „anhängige Verfahren“) *Looschelders*/Paffenholz § 2 Rn. 83; Looschelders/Pohlmann/*Paffenholz* § 125 Rn. 21 (Rechtsschutz beginne erst „mit der Klageeinreichung“).

200 *Looschelders*/Paffenholz § 2 Rn. 83; Looschelders/Pohlmann/*Paffenholz* § 125 Rn. 21; van Bühren/Plote/*Hillmer-Möbius* § 2 ARB 2010 Rn. 50; Harbauer/*Obarowski* § 2 ARB 2010 Rn. 246.

201 Harbauer/*Obarowski* § 2 ARB 2010 Rn. 240 (kein Versicherungsschutz für eine „Abrategebühr“).

202 BGH 24.6.2009 – IV ZR 110/07, VersR **2009** 1617 (Versicherungsschutz besteht auch für Streitigkeiten, die erst nach Vertragsschluss den Sozialgerichten zugewiesen werden); *Looschelders*/Paffenholz § 2 Rn. 84; van Bühren/Plote/*Hillmer-Möbius* § 2 ARB 2010 Rn. 49.

203 Anders zu den inhaltlich abweichenden ARB 2000 BGH 24.6.2009 – IV ZR 110/07, VersR **2009** 1617; s. Rn. 37.

204 Kritisch zur Rechtswegzuständigkeit und für eine Überführung *de lege ferenda* in die Zuständigkeit der ordentlichen Gerichte *Bruns* Privatversicherungsrecht § 30 Rn. 33, 34.

205 BGH 12.9.2018 – IV ZB 1/18, RuS **2018** 682 Ls. 1.

206 Prölss/Martin/*Piontek* § 2 Rn. 42; *Looschelders*/Paffenholz § 2 Rn. 84; Looschelders/Pohlmann/*Paffenholz* § 125 Rn. 21; gleich LG Oldenburg 30.3.2007 – 13 S 799/06, VersR **2007** 985; LG Köln 7.10.2009 – 20 S 25/07, RuS **2009** 507, 508.

207 *Looschelders*/Paffenholz § 2 Rn. 86 m.w.N.

Eine Einschränkung gegenüber dem Deckungsbereich gemäß § 2 lit. f dürfte darin nicht zu erblicken sein.[208]

7. Verwaltungs-Rechtsschutz in Verkehrssachen

a) Überblick. Im Verwaltungs-Rechtsschutz in Verkehrssachen ist die Wahrnehmung rechtlicher Interessen in verkehrsrechtlichen Angelegenheiten vor Verwaltungsbehörden und Verwaltungsgerichten versichert (§ 2 lit. g). Die ARB 75 hatten den Verwaltungs-Rechtsschutz in Verkehrssachen noch auf Verfahren wegen Einschränkung, Entzugs oder Wiederherstellung der Fahrerlaubnis beschränkt („Führerschein-Rechtsschutz").[209] Einige Marktteilnehmer haben den Verwaltungs-Rechtsschutz auf andere verwaltungsrechtliche Angelegenheiten ausgedehnt, wobei der Rechtsschutz für Klagen von abgewiesenen Studienbewerbern auf Zulassung zum Studium besondere praktische Bedeutung erlangt hat.[210] 51

b) Wahrnehmung rechtlicher Interessen vor Verwaltungsbehörden und Verwaltungsgerichten. Der im Ausgangspunkt weit angelegte Rechtsschutz für die Wahrnehmung rechtlicher Interessen[211] ist auf die Rechtswahrnehmung vor Verwaltungsbehörden und Verwaltungsgerichten beschränkt. Versichert sind alle Verfahren vor Verwaltungsbehörden einschließlich des Ausgangsverfahrens.[212] Die anwaltliche Beratung aus Anlass eines verkehrsrechtlichen behördlichen Verfahrens ist auch dann gedeckt, wenn der Rechtsanwalt mangels Erfolgsaussicht von der Einlegung eines Widerspruchs abrät. Das behördliche Verfahren läuft bereits vor der Zustellung eines Bescheides, sodass auch Einlassungen im Rahmen der Anhörung des VN und eine begleitende Rechtsberatung in diesem Stadium in die Rechtsschutzdeckung fallen. Folgerichtig sind grundsätzlich auch die Vorbereitung und die Einlegung von Rechtsbehelfen im Verwaltungsverfahren vom Rechtsschutz erfasst. Das gilt entsprechend für den Rechtsschutz vor den Verwaltungsgerichten.[213] 52

c) Interessenwahrnehmung in verkehrsrechtlichen Angelegenheiten. Der Begriff der verkehrsrechtlichen Angelegenheiten ist in einem umfassenden Sinne zu verstehen. Grundsätzlich zählen alle Rechtsstreitigkeiten dazu, in denen die streitentscheidende Norm verkehrsrechtlicher Natur ist.[214] Das ist dann der Fall, wenn der Primärzweck der Regelung nicht lediglich auf verkehrswirtschaftliche Gestaltung zielt, sondern in der Gewährleistung von Sicherheit und Ordnung des Verkehrs liegt.[215] Konkurrenz anderer Vorschriften lässt den Rechtsschutz unberührt. Zu den versicherten Angelegenheiten gehören z.B. Verfahren wegen Einschränkung, Entzugs oder Wiedererteilung der Fahrerlaubnis,[216] wegen einer Fahrtenbuchauflage (§ 31a StVZO) oder einer Vorladung zur Teilnahme am 53

---

208 Mit abweichendem Standpunkt zur Reichweite der Deckung nur im Grundsatz gleicher Ansicht *Looschelders*/Paffenholz § 2 Rn. 88.

209 *Looschelders*/Paffenholz § 2 Rn. 91.

210 Beispielsfälle OLG Celle 19.4.2007 – 8 U 179/06, VersR **2007** 1218; OLG Karlsruhe 15.1.2008 – 12 U 89/07, VersR **2008** 675; OLG Frankfurt a.M. 25.2.2009 – 7 U 249/08, VersR **2010** 381; OLG Düsseldorf 29.6.2009 – I-4 W 20/09, VersR **2010** 663.

211 S. Vor §§ 125–129 Rn. 5, § 125 Rn. 5, 9 ff.

212 *Looschelders*/Paffenholz § 2 Rn. 93; Harbauer/*Obarowski* § 2 ARB 2010 Rn. 253 ff.; van Bühren/*Schneider* Hdb. § 13 Rn. 143.

213 Vgl. hierzu Rn. 42 (Steuer-Rechtsschutz) und Rn. 48 (Sozialgerichts-Rechtsschutz).

214 Prölss/Martin/*Piontek* § 2 Rn. 43, 49; *Looschelders*/Paffenholz § 2 Rn. 90; Schwintowski/Brömmelmeyer/*Hillmer-Möbius* § 125 Rn. 55.

215 *Looschelders*/Paffenholz § 2 Rn. 90; Beckmann/Matusche-Beckmann/*Obarowski* § 37 Rn. 95; Rüffer/Halbach/Schimikowski/*Münkel* § 2 ARB 2010 Rn. 15.

216 *Looschelders*/Paffenholz § 2 Rn. 91; Harbauer/*Obarowski* § 2 ARB 2010 Rn. 256.

Verkehrsunterricht (§ 48 StVO).[217] Zu den verkehrsrechtlichen Angelegenheiten rechnen auch Streitigkeiten wegen des Abschleppens eines verkehrswidrig geparkten Fahrzeugs durch die öffentliche Hand, die allerdings dem Risikoausschluss gemäß § 3 Abs. 3 lit. e unterfallen. Verkehrsrechtlichen Charakter haben auch Verfahren wegen einer Ordnungswidrigkeit oder Straftat im Verkehr, sie fallen allerdings nach h.M. in den Straf- bzw. Ordnungswidrigkeiten-Rechtsschutz (§ 2 lit. i und j),[218] was insoweit nicht zu beanstanden ist, als diese Verfahren nicht vor den Verwaltungsbehörden und Verwaltungsgerichten, sondern vor den ordentlichen Gerichten zu verorten sind.

54 **d) ARB 2012/2021.** Ziff. 2.2.7 ARB 2012/2021 schreibt den Verwaltungs-Rechtsschutz in Verkehrssachen im Wesentlichen unverändert fort.

8. Disziplinar- und Standes-Rechtsschutz

55 **a) Überblick.** Der Disziplinar- und Standes-Rechtsschutz deckt die Verteidigung in Disziplinar- und Standesrechtsverfahren (§ 2 lit. h). Diese Leistungsart begegnet in den Rechtsschutzformen des beruflichen Bereichs (§§ 23–28).[219] Die ARB 75 hatten den Rechtsschutz in Disziplinar- und Standesangelegenheiten noch dem Straf-Rechtsschutz vorbehalten.[220]

56 **b) Verteidigung.** Aus dem großen Kreis der Wahrnehmung rechtlicher Interessen[221] beschränkt sich der Rechtsschutz auf das Segment der Verteidigung in Disziplinar- und Standesrechtsverfahren. Nach h.M. setzt der Rechtsschutz die Einleitung eines Disziplinar- bzw. Standesrechtsverfahrens voraus, weil es sich sonst nicht um eine Verteidigung „in" Verfahren handele.[222] Das ist deshalb nicht frei von Zweifel, weil die Grenzen von bloßen „Vorermittlungen" zur förmlichen Verfahrenseinleitung mitunter fließend und schwer zu bestimmen sind und gerade in einem frühen Verfahrensstadium die professionelle Interessenwahrnehmung besonders wichtig sein kann. Die förmliche Einleitung eines Ermittlungsverfahrens oder eines Disziplinarverfahrens ist – wie auch im Straf-Rechtsschutz[223] – nicht erforderlich. Die Bezeichnung als „Vorermittlung" durch die zuständige Stelle schließt eine verfahrensförmige Verteidigung jedenfalls nicht aus. Maßgeblich ist vielmehr, ob sich die Tätigkeit der Stelle objektiv auf disziplinarrechtliche oder standesrechtliche Grundlagen stützt oder stützen müsste und sich gegen den VN bzw. Versicherten richtet. Anders als im Straf-Rechtsschutz (§ 2 lit. i)[224] ist die Erhebung konkreter Vorwürfe keine notwendige Voraussetzung für eine Verteidigung, doch ist die Reaktion auf solche Vorwürfe in aller Regel Verteidigung im Sinne des Disziplinar- und Standes-Rechtsschutzes. Jede Form der Gegenwehr oder Reaktion ist Verteidigung, auch wenn sie keine konkreten gegenteiligen Tatsachenbehauptungen aufstellt, sondern sich auf die Übermittlung von Informationen, Beweisen oder Rechtsansichten beschränkt. Hierher gehört auch ein Geständnis. Die Verteidigung umfasst mithin jede Form der Wahrnehmung rechtlicher Interessen im Verfahren, die dem VN möglicherweise helfen kann, das Verfahren zu einem Abschluss zu bringen.

---

217 Prölss/Martin/*Piontek* § 2 Rn. 43; *Looschelders*/Paffenholz § 2 Rn. 91; Harbauer/*Obarowski* § 2 ARB 2010 Rn. 256; van Bühren/Plote/*Hillmer-Möbius* § 2 ARB 2010 Rn. 52.

218 *Looschelders*/Paffenholz § 2 Rn. 92; *Hering* SVR **2006** 165, 166.

219 *Looschelders*/Paffenholz § 2 Rn. 98; Harbauer/*Obarowski* § 2 ARB 2010 Rn. 263.

220 *Looschelders*/Paffenholz § 2 Rn. 98.

221 Vor §§ 125–129 Rn. 5, § 125 Rn. 5, 9 ff.

222 *Looschelders*/Paffenholz § 2 Rn. 99; Beckmann/Matusche-Beckmann/*Obarowski* § 37 Rn. 98; Harbauer/*Obarowski* § 2 ARB 2010 Rn. 264 mit Rn. 273 ff.

223 S. hierzu Rn. 63 m.N.

224 Hierzu Rn. 63.

c) Disziplinarverfahren. Der Begriff des Disziplinarverfahrens ist auslegungsbedürftig. Zweifelsfrei zum Disziplinarrecht gehört der Teil des öffentlichen Dienstrechts der Beamten, Soldaten, Richter und Notare, der Verhaltensregeln und Maßnahmen im Falle eines Verstoßes vorsieht, die gegen den Amtsträger ergriffen werden können.[225] Für Angestellte im öffentlichen Dienst soll der Disziplinar-Rechtsschutz nach teilweise vertretener Ansicht Bedeutung erlangen können, wenn die Geltung einer Disziplinarordnung vereinbart worden ist.[226] Wenn man dem folgt, muss auch der Streit über die Wirksamkeit einer entsprechenden Vereinbarung genügen, wenn dazu substantiiert vorgetragen wird. Auch Maßnahmen der kassenärztlichen Vereinigungen gegenüber ihren Mitgliedern sind bei funktionaler Betrachtung dem Disziplinarrecht zuzuordnen.[227] Keinen disziplinarrechtlichen Charakter haben nach h.M. das Ordnungsrecht von Schulen im Verhältnis zu Schülern und von Universitäten im Verhältnis zu Studierenden, Promovierenden und Habilitierenden, ebenso wenig die auf privatautonomer Grundlage beruhende Ordnungsstrafgewalt von Vereinen.[228] Disziplinarmaßnahmen im Zusammenhang mit einem Streik sind gem. § 3 Abs. 1 lit. a ausdrücklich ausgeschlossen.[229] 57

d) Standesrechtsverfahren. In Standesrechtsverfahren entstammen die streitentscheidenden Normen typischerweise dem Standesrecht. Standesrecht im Sinne von § 2 lit. h ist die Gesamtheit aller Vorschriften, welche die Berufs- und Standespflichten bestimmter Berufe regeln, die in öffentlich-rechtlichen Körperschaften und Kammern zusammengeschlossen sind, einschließlich der Sanktionen im Fall der Pflichtverletzung.[230] Solche Standesrechtsverfahren gibt es beispielsweise für Rechtsanwälte, Patentanwälte, Notare, Ärzte, Zahnärzte, Tierärzte, Apotheker, Steuerberater, Wirtschaftsprüfer etc.[231] Zu nennen ist insbesondere das Berufsrecht der Rechtsanwälte (Anwaltsgerichtsbarkeit, §§ 92–161a BRAO), der Patentanwälte (§§ 95–144a PAO), der Steuerberater und Steuerbevollmächtigten (§§ 89–153 StBerG) sowie der Wirtschaftsprüfer (§§ 67–127 WPO). Die Zuständigkeitsordnung ist für die Qualifikation als standesrechtliches Verfahren dabei nicht ausschlaggebend, kann aber indiziellen Charakter haben. 58

e) ARB 2012/2021. Ziff. 2.2.8 ARB 2012/2021 sieht keine inhaltlichen Abweichungen von § 2 lit. h ARB 2010 vor, ist aber um kurze Erläuterungen der Begriffe „Disziplinarrecht" und „Standesrecht" ergänzt.[232] 59

9. Straf-Rechtsschutz

a) Überblick. Der Straf-Rechtsschutz bietet Deckung für die Verteidigung wegen des Vorwurfes bestimmter Vergehen (§ 12 Abs. 2 StGB). Dabei ist zwischen verkehrsrechtlichen Vergehen (§ 2 lit. i aa) und sonstigen Vergehen (§ 2 lit. i bb) zu unterscheiden. Für die Verteidigung wegen des Vorwurfs eines Verbrechens (§ 12 Abs. 1 StGB) besteht kein Rechtsschutz, auch wenn es sich um ein 60

225 Looschelders/Paffenholz § 2 Rn. 100; Höra/Lessing § 27 Rn. 333.
226 Dafür *Looschelders*/Paffenholz § 2 Rn. 100.
227 **A.A.** Harbauer/*Obarowski* § 2 ARB 2010 Rn. 266; offen *Looschelders*/Paffenholz § 2 Rn. 102.
228 *Looschelders*/Paffenholz § 2 Rn. 101; Harbauer/*Obarowski* § 2 ARB 2010 Rn. 266; Höra/*Lessing* § 27 Rn. 333.
229 Prölss/Martin/*Piontek* § 2 Rn. 44.
230 *Looschelders*/Paffenholz § 2 Rn. 103; van Bühren/Plote/*Hillmer-Möbius* § 2 ARB 2010 Rn. 58; Harbauer/*Obarowski* § 2 ARB 2010 Rn. 267; Buschbell/*Hering* § 19 Rn. 22.
231 *Looschelders*/Paffenholz § 2 Rn. 103; Harbauer/*Obarowski* § 2 ARB 2010 Rn. 267; van Bühren/Plote/*Hillmer-Möbius* § 2 ARB 2010 Rn. 58.
232 *Looschelders*/Paffenholz § 2 Rn. 106.

verkehrsrechtliches Verbrechen (§§ 315 Abs. 3, 316a, 316b Abs. 3, 316c StGB) handelt.[233] Bei verkehrsrechtlichen Vergehen besteht Rechtsschutz unabhängig davon, ob der versicherten Person eine vorsätzliche oder fahrlässige Tatbegehung vorgeworfen wird. Allerdings begründet die rechtskräftige Feststellung eines vorsätzlichen Vergehens einen Kostenerstattungsanspruch des VR (§ 2 lit. i aa Satz 2) hinsichtlich der Kosten, die er bis dahin für die Verteidigung gegen diesen Vorwurf getragen hat. Hingegen ist bei sonstigen Vergehen, deren vorsätzliche und fahrlässige Begehung strafbar ist, im Fall des Vorwurfes vorsätzlicher Begehung Rechtsschutz nur nachträglich und rückwirkend gegeben, wenn keine rechtskräftige Feststellung vorsätzlicher Begehung erfolgt (§ 2 lit. i bb Satz 2).

61 Die Differenzierung zwischen verkehrsrechtlichen und sonstigen Vergehen soll nach teilweise vertretener Auffassung die vorsätzliche und rechtswidrige Herbeiführung des Versicherungsfalls vom Versicherungsschutz ausnehmen.[234] Die Begründung überzeugt indes nicht. Denn dieses Ziel wird bereits durch den Kostenerstattungsanspruch des VR im Falle der rechtskräftigen Feststellung eines vorsätzlichen Vergehens erreicht. Zudem ist damit die Frage noch nicht beantwortet, warum § 2 lit. i zwischen verkehrsrechtlichen und sonstigen Vergehen differenziert. Teilweise wird weitergehend angeführt, dass – auch vorsätzlich begangene – verkehrsrechtliche Delikte nicht denselben Unrechtsgehalt aufwiesen wie Vorsatztaten des allgemeinen Strafrechts.[235] Denn – auch vorsätzlich handelnde – Verkehrsteilnehmer befänden sich häufig in Ausnahmesituationen und handelten deshalb unüberlegt und überstürzt, während der Vorsatz im allgemeinen Strafrecht häufig bei ruhiger Überlegung gefasst werde. Dieser Unterschied rechtfertige es, dem Verkehrsteilnehmer auf Kosten der Versichertengemeinschaft so lange Rechtsschutz zu gewähren, bis vorsätzliches Handeln eindeutig festgestellt sei.[236] Jenseits dieser Begründungsversuche dürften auch praktische Erwägungen zur effizienten Schadensbearbeitung die Differenzierung veranlasst haben. Denn einerseits machen die verkehrsrechtlichen Fälle einen erheblichen Anteil der Schadensfälle aus. Andererseits steht die Schuldform häufig zu Beginn eines Ermittlungsverfahrens wegen eines verkehrsrechtlichen Vergehens nicht im Vordergrund. Käme es auch beim Vorwurf eines verkehrsrechtlichen Vergehens für den Deckungsanspruch auf den bei der Einleitung des Verfahrens erhobenen Schuldvorwurf an, würde dies in vielen Fällen Unsicherheiten und damit einhergehenden erhöhten Bearbeitungsaufwand auslösen. § 2 lit. i) regelt den Deckungsumfang im Straf-Rechtsschutz abschließend, sodass der Risikoausschluss wegen des Zusammenhangs mit einer vorsätzlich begangenen Straftat (§ 3 Abs. 5) nicht anwendbar ist.[237]

62 Der Straf-Rechtsschutz ist – mit Ausnahme des Rechtsschutzes für Mieter und Eigentümer von Wohnungen und Grundstücken (§ 29)[238] – grundsätzlich in allen Rechtsschutzformen vorgesehen, wobei allerdings jeweils zu prüfen ist, welche Vergehen konkret in der betreffenden Rechtsschutzform umfasst sind.[239] Bei Vorsatzdelikten soll nach § 2 lit. i zumindest im Ergebnis kein Versicherungsschutz bestehen. Doch haben einige VR den Rechtsschutz in bestimmten Bereichen auf den Vorwurf reiner Vorsatzdelikte ausgedehnt,[240] wie z.B. im Spezial-Straf-Rechtsschutz für Unternehmensleiter (Vorstands- und Aufsichtsratsmitglieder, Geschäftsführer)[241] und besondere Berufsgruppen (Ärzte, Apotheker etc.) sowie Institutionen (Städte, Gemeinden, Landkreise und

233 *Looschelders*/Paffenholz § 2 ARB 2010 Rn. 107, 113.

234 Beckmann/Matusche-Beckmann/*Obarowski* § 37 Rn. 99; Rüffer/Halbach/Schimikowski/*Münkel* § 2 ARB 2010 Rn. 17.

235 *Looschelders*/Paffenholz § 2 ARB 2010 Rn. 7; Harbauer/*Obarowski* § 2 ARB 2010 Rn. 295.

236 Harbauer/*Obarowski* § 2 ARB 2010 Rn. 295; Langheid/Wandt/*Obarowski* Rechtsschutzversicherung Rn. 81 konstatiert an anderer Stelle, die Regelung sei ein Spagat zwischen dem Wunsch einerseits, möglichst umfangreichen Versicherungsschutz anzubieten und dem Bestreben andererseits, den Bereich schweren kriminellen Unrechts wegen der gesetzlichen Wertung in § 81 VVG aber auch aus gesellschaftspolitischen Gründen nicht abzudecken; ebenso: Staudinger/Halm/Wendt/*Brünger* § 2 ARB 2010 Rn. 44.

237 *Looschelders*/Paffenholz § 2 ARB 2010 Rn. 107.

238 *Looschelders*/Paffenholz § 2 ARB 2010 Rn. 108.

239 *Looschelders*/Paffenholz § 2 ARB 2010 Rn. 108.

240 *Looschelders*/Paffenholz § 2 ARB 2010 Rn. 128.

241 Vergleiche dazu im Einzelnen: Spezial-Straf-Rechtschutzversicherung Rn. 70.

deren Organe, Krankenhäuser, Heime etc.). Der Rechtsschutz entfällt jedoch auch in diesen Fällen regelmäßig rückwirkend mit der Folge einer Erstattungspflicht des VN hinsichtlich vom VR getragener Kosten, wenn der Versicherte wegen einer vorsätzlich begangenen Straftat rechtskräftig verurteilt wird.[242] Insbesondere im Spezial-Straf-Rechtsschutz sehen die Bedingungswerke der VR allerdings differenzierte Regelungen zur Ausgestaltung der Erstattungspflicht, z.B. im Falle des Ergehens eines Strafbefehls oder im Falle der Verurteilung wegen bedingten Vorsatzes vor.[243]

b) Verteidigung wegen eines Vorwurfes. Der Bereich der Wahrnehmung rechtlicher Interessen,[244] für den Rechtsschutzdeckung gewährt wird, ist im Straf-Rechtsschutz auf „die Verteidigung wegen des Vorwurfes" bestimmter Vergehen beschränkt (§ 2 lit. i Teilsatz 1). Das setzt nach h.M. voraus, dass die Ermittlungsbehörden bereits einen konkreten Tatvorwurf gegen den VN erhoben haben und individuelle Ermittlungen gegen ihn führen.[245] Maßgeblich ist, ob der VN die Stellung eines Beschuldigten im strafprozessualen Sinne (§ 157 StPO) hat, sodass die Grundvoraussetzung für den Straf-Rechtsschutz erfüllt ist, oder ob lediglich ein Tatverdacht gegen ihn besteht, der keine Rechtsschutzdeckung begründet.[246] Die förmliche Einleitung eines staatsanwaltschaftlichen oder polizeilichen Ermittlungsverfahrens ist nicht erforderlich.[247] Erforderlich und ausreichend ist es, dass die Ermittlungsbehörden tatsächlich Maßnahmen ergreifen, die erkennbar darauf gerichtet sind, wegen eines Vergehens gegen den VN vorzugehen.[248] Ob der Tatvorwurf aufgrund der aktenkundigen Tatsachen zutrifft oder zumindest naheliegt, ist für den Versicherungsschutz irrelevant.[249] Ein Verfahren gegen „Unbekannt" begründet keinen Rechtsschutzfall.[250] Keinen Rechtsschutz erheischen auch eine bloße Zeugenbefragung[251] oder die Reaktion auf ein Anschreiben der Verkehrsbehörde zur Fahrerermittlung.[252] Schließlich ist auch die Übersendung eines Anhörungsbogens an eine juristische Person, in dem sie als Kfz-Halterin mit dem Vorwurf eines Verkehrsdelikts konfrontiert wird, grundsätzlich nicht geeignet, einen Rechtsschutzfall auszulösen, weil eine juristische Person nach geltendem Recht keine Verkehrsdelikte begehen kann und sich die Ermittlungen deshalb in aller Regel nicht gegen sie richten.[253] Werden gleichwohl Ermittlungen wegen eines in den Rechtsschutz einbezogenen Vergehens zu Unrecht gezielt gegen die juristische Person geführt, besteht allerdings Versicherungsschutz. Besonderheiten können unter Umständen für Ermittlungen ausländischer Behörden gelten, soweit sich juristische Personen nach Auslandsrecht strafbar machen können, weil der Rechtsschutz gemäß § 2 lit. i nicht auf die Verteidigung gegen Vorwürfe deutscher Stellen beschränkt ist. 63

242 *Looschelders*/Paffenholz § 2 ARB 2010 Rn. 128; Beckmann/Matusche-Beckmann/*Obarowski* § 37 Rn. 114; Buschbell/*Hering* § 20 Rn. 38.

243 Vergleiche dazu im Einzelnen: Spezial-Straf-Rechtschutzversicherung Rn. 73.

244 Zu diesem Begriff: Vorbemerkungen zu §§ 125–129 Rn. 5, § 125 Rn. 5, 9 ff.

245 *Looschelders*/Paffenholz § 2 ARB 2010 Rn. 110; Harbauer/*Obarowski* § 2 ARB 2010 Rn. 274; Prölss/Martin/*Piontek* § 2 ARB 2010 Rn. 45; van Bühren/Plote/*Hillmer-Möbius* § 2 ARB 2010 Rn. 64; Staudinger/Halm/Wendt/*Brünger* § 2 ARB 2010 Rn. 42.

246 *Looschelders*/Paffenholz § 2 ARB 2010 Rn. 110; Harbauer/*Obarowski* § 2 ARB 2010 Rn. 274; Prölss/Martin/*Piontek* § 2 ARB 2010 Rn. 45; Looschelders/Pohlmann/*Paffenholz* § 125 VVG Rn. 25; MAH Versicherungsrecht/*Lensing* § 27 Rn. 362.

247 *Looschelders*/Paffenholz § 2 ARB 2010 Rn. 110.

248 BGH 29.11.2006 – 1 StR 493/06, NJW **2007** 237, 239; *Looschelders*/Paffenholz § 2 ARB 2010 Rn. 110.

249 BGH 14.12.2016 – IV ZR 497/15, VersR **2017** 348 Rn. 15; Prölss/Martin/*Piontek* § 2 ARB 2010 Rn. 45.

250 *Looschelders*/Paffenholz § 2 ARB 2010 Rn. 110; Rüffer/Halbach/Schimikowski/*Münkel* § 2 ARB 2010 Rn. 17; Beispielsfall aus der Rechtsprechung AG Düsseldorf 25.11.1988 – 41 C 638/87, RuS **1989** 292, 293.

251 *Looschelders*/Paffenholz § 2 ARB 2010 Rn. 110; Beckmann/Matusche-Beckmann/*Obarowski* § 37 Rn. 110.

252 Beispielsfall AG Hannover 7.10.2002 – 502 C 7946/02, RuS **2003** 110.

253 *Looschelders*/Paffenholz § 2 ARB 2010 Rn. 111; Staudinger/Halm/Wendt/*Brünger* § 2 ARB 2010 Rn. 42; Beispielsfall AG Landau 25.6.2001 – 3 C 2014/00, **2002** 203, 204 m. Anm. *Kurza*.

64 Rechtsschutz greift zwar nicht für eine aktive, wohl aber für die Verteidigung gegen eine vom Verletzten erhobene Neben- oder Privatklage.[254] Deckung für aktive Nebenklagen kann zudem im Rahmen des Opfer-Rechtsschutzes bestehen,[255] den Ziff. 2.2.12 ARB 2012 erstmals als neue Leistungsart vorsieht.[256]

65 **c) Versicherungsfall.** Nach § 4 Abs. 1 lit. c tritt der Versicherungsfall in dem Zeitpunkt ein, in dem der VN oder eine mitversicherte Person begonnen hat oder begonnen haben soll, gegen eine strafrechtliche Bestimmung zu verstoßen.[257] Mit der Anwendung des Verstoßprinzips unterscheidet sich der Straf-Rechtsschutz gemäß § 2 lit. i von den Versicherungskonzepten des Spezial-Straf-Rechtsschutzes, in denen der Versicherungsfall mit der Einleitung des Ermittlungsverfahrens eintritt.[258]

66 **d) Verkehrsrechtliche Vergehen.** Der Straf-Rechtsschutz umfasst zunächst die Verteidigung wegen des Vorwurfes verkehrsrechtlicher Vergehen (§ 2 lit. i aa). Vergehen sind legaldefiniert als rechtswidrige Taten, die im Mindestmaß mit einer Freiheitsstrafe von weniger als einem Jahr oder mit Geldstrafe bedroht sind (§ 12 Abs. 2 StGB). Rechtswidrige Taten, die im Mindestmaß mit einer Freiheitsstrafe von einem Jahr oder darüber bedroht sind, sind Verbrechen (§ 12 Abs. 1 StGB), die außerhalb der Rechtsschutzdeckung liegen.[259] Ein Vergehen ist nach h.M. dann als verkehrsrechtlich einzuordnen, wenn gegen Strafvorschriften verstoßen wurde, die der Sicherheit und Ordnung des Verkehrs zu dienen bestimmt sind.[260] Eingeschlossen sind solche Vorschriften, die den Straßenverkehr vor Eingriffen von außen schützen.[261] Der Begriff „Verkehr" umfasst den Straßen-, Schiffs-, Schienen- und Luftverkehr.[262] Die Einordnung einer Bestimmung als verkehrsrechtliche Vergehen wird in Einzelfällen angezweifelt, wenn sie nach ihrem Schutzzweck nicht in erster Linie auf die Sicherheit und Ordnung des Verkehrs sondern andere Zwecke abzielt. Als Beispiel wird verschiedentlich § 6 PflVG genannt, welcher den Gebrauch eines nicht haftpflichtversicherten Fahrzeugs unter Strafe stellt und damit, zumindest auch, ordnungspolitischer Natur ist.[263] Verstöße gegen nicht als verkehrsrechtlich zu qualifizierende Vorschriften fallen nach h.M. gleichwohl in den Deckungsbereich, wenn das Delikt in innerem Zusammenhang mit einem gleichzeitig begangenen Verstoß gegen verkehrsrechtliche Normen steht und beide Tatbestände in Tateinheit zusammentreffen (§ 52 StGB),[264] sodass z.B. auch der Vorwurf fahrlässiger Körperverletzung (§ 229 StGB) oder der Nötigung (§ 240 StGB) in die Rechtschutzdeckung fallen kann.[265] Bei

254 *Looschelders*/Paffenholz § 2 ARB 2010 Rn. 112; Harbauer/*Obarowski* § 2 ARB 2010 Rn. 278; Prölss/Martin/*Piontek* § 2 ARB 2010 Rn. 45; *Mathy* NJOZ **2009** 3786, 3792.

255 *Looschelders*/Paffenholz § 2 ARB 2010 Rn. 112; Beckmann/Matusche-Beckmann/*Obarowski* § 37 Rn. 103, 138; Schwintowski/Brömmelmeyer/Ebers/*Hillmer-Möbius* § 125 VVG Rn. 71; *Mathy* NJOZ **2009** 3786, 3791 ff.

256 S. noch Rn. 90 ff.

257 *Looschelders*/Paffenholz § 2 ARB 2010 Rn. 105; Harbauer/*Obarowski* § 2 ARB 2010 Rn. 281.

258 Vergleiche dazu im Einzelnen: Spezial-Straf-Rechtschutzversicherung Rn. 79 ff.

259 *Looschelders*/Paffenholz § 2 ARB 2010 Rn. 107, 118; van Bühren/*Schneider* Hdb. § 13 Rn. 146; Looschelders/Pohlmann/*Paffenholz* § 125 VVG Rn. 24.

260 *Looschelders*/Paffenholz § 2 ARB 2010 Rn. 113; Prölss/Martin/*Piontek* § 2 ARB 2010 Rn. 49; Harbauer/*Obarowski* § 2 ARB 2010 Rn. 283; van Bühren/Plote/*Hillmer-Möbius* § 2 ARB 2010 Rn. 67.

261 *Looschelders*/Paffenholz § 2 ARB 2010 Rn. 113; Harbauer/*Obarowski* § 2 ARB 2010 Rn. 283.

262 *Looschelders*/Paffenholz § 2 ARB 2010 Rn. 113; van Bühren/Plote/*Hillmer-Möbius* § 2 ARB 2010 Rn. 67; MAH Versicherungsrecht/*Lensing* § 27 Rn. 376.

263 Harbauer/*Obarowski* § 2 ARB 2010 Rn. 290, welcher mit zutreffenden Erwägungen auch bei § 6 PflVG von einem verkehrsrechtlichen Vergehen ausgeht.

264 *Looschelders*/Paffenholz § 2 ARB 2010 Rn. 114; Prölss/Martin/*Piontek* § 2 ARB 2010 Rn. 49; Harbauer/*Obarowski* § 2 ARB 2010 Rn. 286; wohl auch van Bühren/Plote/*Hillmer-Möbius* § 2 ARB 2010 Rn. 70, 72.

265 *Looschelders*/Paffenholz § 2 ARB 2010 Rn. 114; Harbauer/*Obarowski* § 2 ARB 2010 Rn. 287.

Tatmehrheit (§ 53 StGB) besteht lediglich anteilige Deckung für das verkehrsrechtliche Vergehen.[266]

Die Gewährung des Straf-Rechtsschutzes steht unter der auflösenden Bedingung rechtskräftiger Feststellung eines vorsätzlichen Vergehens des VN (§ 2 lit. i aa S. 2).[267] Ein vorsätzliches Vergehen liegt auch bei Begehung von Vorsatz-Fahrlässigkeits-Kombinationen vor (z.B. §§ 315 Abs. 5, 315a Abs. 3 Nr. 1, 315b Abs. 4, 315c Abs. 3 Nr. 1 StGB).[268] Der VR hat einen durch die rechtskräftige Feststellung eines vorsätzlichen Vergehens aufschiebend bedingten Anspruch gegen den VN auf Erstattung der Kosten, die er für die Verteidigung wegen des Vorwurfs eines vorsätzlichen Verhaltens getragen hat. Dieser vertragliche Anspruch geht nach der Rechtsprechung des BGH und der durch sie h.M. dem Bereicherungsausgleich auf Grundlage der *condictio ob causam finitam* (§ 812 Abs. 1 Satz 2 Alt. 1 BGB) vor.[269] Das rechtskräftige Urteil muss sich gegen den VN bzw. Versicherten richten. Eine Feststellung durch rechtskräftigen Strafbefehl ist gleichzuachten. Ein Fehlurteil bzw. ein fehlerhafter Strafbefehl erwachsen in Rechtskraft, solange keine Aufhebung im Wege der Wiederaufnahme erfolgt (§§ 359 ff., 373, 373a StPO). Deshalb kommt es für die Rückzahlungspflicht grundsätzlich nicht darauf an, ob die rechtskräftige Feststellung zu Recht besteht oder nicht.[270] 67

Die Erstattungspflicht ist auf diejenigen Teile der Kosten beschränkt, die wegen des Vorwurfs eines vorsätzlichen Verhaltens übernommen worden sind, sodass in der Praxis keineswegs immer eine vollständige Kostenerstattung geschuldet ist.[271] Wird der Vorwurf vorsätzlicher Begehung erst im Verlaufe des Verfahrens erhoben, nachdem der Vorwurf ursprünglich auf Fahrlässigkeit lautete, sind die bis zu diesem Zeitpunkt angefallenen Kosten von der Rückerstattung ausgeschlossen.[272] Die Beweislast für die rechtskräftige Feststellung einer vorsätzlichen Tatbegehung liegt beim VR.[273] 68

e) Sonstige Vergehen. Solange dem VN ein fahrlässiges Verhalten vorgeworfen wird, sind auch sonstige Vergehen von der Rechtsschutzdeckung erfasst, wenn sowohl die vorsätzliche als auch die fahrlässige Begehung strafbar ist, (§ 2 lit. i bb Teilsatz 1).[274] Für die Beurteilung allein maßgeblich ist, welchen Vorwurf die Staatsanwaltschaft erhebt,[275] Nach h.M. soll es entgegen dem Wortlaut der Klausel (§ 2 lit. i bb Teilsatz 1 und Satz 3 Halbs. 2) genügen, wenn die fahrlässige Begehung eine bloße Ordnungswidrigkeit darstellt,.[276] was nicht über jeden Zweifel erhaben ist. Der Vorwurf eines Vergehens, das nur vorsätzlich begangen werden kann (z.B. Diebstahl, Betrug etc.), ist ausdrücklich vom Rechtsschutz ausgenommen (§ 2 lit. i bb Satz 3). Auf die Berechtigung des Vorwurfs kommt es grundsätzlich ebenso wenig an wie auf die Verurteilung im Strafverfahren.[277] Die gefährliche Körperverletzung gemäß § 224 StGB stellt in versicherungsrechtlicher Hinsicht kein Vergehen dar, welches auch fahrlässig begangen werden kann. Denn es besteht keine volle Tatbe- 69

266 *Looschelders*/Paffenholz § 2 ARB 2010 Rn. 114; Harbauer/*Obarowski* § 2 ARB 2010 Rn. 288; van Bühren/Plote/*Hillmer-Möbius* § 2 ARB 2010 Rn. 72; a.A. LG Freiburg 6.12.2012 – 3 S 147/12, ZfS **2013** 161, 162.

267 Prölss/Martin/*Piontek* § 2 ARB 2010 Rn. 48; für Unwirksamkeit der Regelung wegen Verstoßes gegen § 307 Abs. 1 Satz 1, Abs. 2 Nr. 1 BGB *Adam* AnwBl. **2000** 110, 113 (zum insoweit inhaltsgleichen § 9 AGBG a.F.).

268 *Looschelders*/Paffenholz § ARB 2010 2 Rn. 117; Beckmann/Matusche-Beckmann/*Obarowski* § 37 Rn. 104.

269 BGH 18.9.1991 – IV ZR 233/90, VersR **1991** 1357.

270 *Looschelders*/Paffenholz § 2 ARB 2010 Rn. 116; Beispielsfall AG Dülmen 24.4.2002 – 3 C 573/0 1, RuS **2002** 379.

271 *Looschelders*/Paffenholz § 2 ARB 2010 Rn. 115; Harbauer/*Obarowski* § 2 ARB 2010 Rn. 297.

272 *Looschelders*/Paffenholz § 2 ARB 2010 Rn. 115; van Bühren/*Schneider* Hdb. § 13 Rn. 153; MAH Versicherungsrecht/*Lensing* § 27 Rn. 367; Staudinger/Halm/Wendt/*Brünger* § 2 ARB 2010 Rn. 47; *Schneider* ZfS **2008** 249 ff.

273 Beispielsfall aus der Rechtsprechung AG Düsseldorf 16.11.1989 – 29 C 8513/89, RuS **1990**, 91.

274 *Looschelders*/Paffenholz § 2 ARB 2010 Rn. 120.

275 Staudinger/Halm/Wendt/*Brünger* § 2 ARB 2010 Rn. 50; Buschbell/*Hering* § 20 Rn. 42.

276 Prölss/Martin/*Piontek* § 2 ARB 2010 Rn. 52; *Looschelders*/Paffenholz § 2 ARB 2010 Rn. 120; Harbauer/*Obarowski* § 2 ARB 2010 Rn. 272.

277 *Looschelders*/Paffenholz § 2 ARB 2010 Rn. 120; Harbauer/*Obarowski* § 2 ARB 2010 Rn. 298; Prölss/Martin/*Piontek* § 2 ARB 2010 Rn. 57; MAH Versicherungsrecht/*Lensing* § 27 Rn. 366.

standsidentität mit der fahrlässigen Körperverletzung gemäß § 229 StGB[278] Damit kann für die Verteidigung gegen diesen Tatvorwurf unabhängig vom Ergebnis des Verfahrens kein Rechtsschutz bestehen. Dagegen steht die Leichtfertigkeit, etwa in § 264 Abs. 5 StGB oder § 283 Abs. 4 Nr. 2, Abs. 5 Nr. 2 StGB der Fahrlässigkeit gleich.[279] Im Falle der Leichtfertigkeit liegt deshalb immer auch einfache Fahrlässigkeit vor.[280]

70 Umstritten ist dagegen, ob § 2 lit. i bb Satz 1 ARB auch Rechtsschutz für die Verteidigung gegen den Vorwurf der leichtfertigen Steuerverkürzung gemäß § 378 AO bietet. Dies wird teilweise mit der Begründung verneint, die leichtfertige Steuerverkürzung stelle eine Ordnungswidrigkeit dar, die nicht unter den Straf-Rechtsschutz falle.[281] Dem wird entgegengehalten, dass der Unrechtsgehalt einer Ordnungswidrigkeit in der Regel geringer sei als bei einem Vergehen,[282] sodass erst recht Versicherungsschutz gemäß § 2 lit. i, bb, Satz 1 ARB bestehen müsse.[283] Dem ist zu folgen, weil es nicht zulasten des VN gehen kann, wenn der Gesetzgeber, wie im Fall des § 378 AO, das Fahrlässigkeitsdelikt bei mit dem Vorsatzdelikt identischem objektivem Tatbestand lediglich als Ordnungswidrigkeit ausgestaltet.[284] Der Streit hat allerdings wenig praktische Relevanz. Denn in diesen Fällen dürfte jedenfalls Ordnungswidrigkeiten-Rechtsschutz gemäß § 2 lit. j) ARB bestehen.[285]

71 Sieht das Delikt eine vorsätzliche und eine fahrlässige Begehungsform vor und wird dem VN zunächst vorsätzliche Begehung vorgeworfen, kommt er nachträglich und rückwirkend doch noch in den Genuss des Rechtsschutzes, wenn nicht rechtskräftig festgestellt wird, dass er vorsätzlich gehandelt hat (§ 2 lit. i bb S. 2). Der Versicherungsschutz ist in dieser Fallgestaltung nämlich nach verbreiteter Ansicht unter die aufschiebende Bedingung der Nichtfeststellung des Vorsatzes gestellt.[286] Das birgt naturgemäß eine gewisse Rechtsunsicherheit. Denn eine förmliche Nichtfeststellung des Vorsatzes gibt es nicht, sodass kein Ereignis bestimmt ist, dessen Eintritt festgestellt werden könnte. Die Rechtsunsicherheit wird dadurch verstärkt, dass die Darlegungs- und Beweislast für die Nichtfeststellung des Vorsatzes beim VN liegen soll.[287] Kann eine aufschiebende Bedingung nicht eintreten, müsste dies nach allgemeinen Lehren zur endgültigen Unwirksamkeit der Klausel oder gar des gesamten Rechtsgeschäfts führen.[288] Das vermag nicht zu befriedigen. Die „Nichtfeststellung" wird zum bedingungstauglichen Ereignis, wenn zu einem bestimmten Zeitpunkt keine Feststellung eines vorsätzlichen Vergehens vorliegt. Das ist eindeutig lediglich anzunehmen im Fall des rechtskräftigen Freispruchs. Ferner ist von „Nichtfeststellung" auszugehen im Fall der Einstellung des Verfahrens gemäß § 170 Abs. 2 StPO, darüber hinaus aber auch in allen Fällen der Einstellung gemäß §§ 153ff. StPO, im Fall des § 153a StPO jedoch nur bei ordnungsgemäßer Erfüllung etwaiger Auflagen und Weisungen. Das ist als Ergebnis einer Auslegung nach Maßgabe des Verständnishorizontes eines durchschnittlichen VN plausibel, ließe sich aber auch auf der Grundlage einer Anwendung der Zweifelsregel *ambiguitas contra stipulatorem* vertreten (§ 305c Abs. 2 BGB). Gegenüber dem Vorwurf eines Verbrechens besteht selbst dann kein Rechtsschutz, wenn ein sowohl vorsätzlich als auch fahrlässig

---

278 BGH 14.12.2016 – IV ZR 497/15, VersR **2017** 348 Rn. 18; Prölss/Martin/*Piontek* § 2 ARB 2010 Rn. 52; *Looschelders*/Paffenholz § 2 ARB 2010 Rn. 124; Harbauer/*Obarowski* § 2 ARB 2010 Rn. 304; MAH Versicherungsrecht/*Lensing* § 27 Rn. 369; Staudinger/Halm/Wendt/*Brünger* § 2 ARB 2010 Rn. 49.

279 *Guntermann* 10.

280 *Looschelders*/Paffenholz § 2 ARB 2010 Rn. 125; Prölss/Martin/*Piontek* § 2 ARB 2010 Rn. 57; Beckmann/Matusche-Beckmann/*Obarowski* § 37 Rn. 111; Buschbell/*Hering* § 20 Rn. 47.

281 Beckmann/Matusche-Beckmann/*Obarowski* § 37 Rn. 111; Looschelders/Paffenholz/*Brammsen*/*Apel* Industrie-Strafrechtsschutzversicherung Rn. 15; Staudinger/Halm/Wendt/*Brünger* § 2 ARB 2010 Rn. 49; *Bauer* DStR **2005** 1665, 1667.

282 *Looschelders*/Paffenholz § 2 ARB 2010 Rn. 120; Prölss/Martin/*Piontek* § 2 ARB 2010 Rn. 52.

283 *Looschelders*/Paffenholz § 2 ARB 2010 Rn. 120, 125.

284 *Looschelders*/Paffenholz § 2 ARB 2010 Rn. 125; *Guntermann* 10.

285 Looschelders/Paffenholz/*Brammsen*/*Apel* Industrie-Strafrechtsschutzversicherung Rn. 15; Harbauer/*Obarowski* § 2 ARB 2010 Rn. 303.

286 Prölss/Martin/*Piontek* § 2 ARB 2010 Rn. 54; *Looschelders*/Paffenholz § 2 ARB 2010 Rn. 121.

287 Harbauer/*Obarowski* § 2 ARB 2010 Rn. 302; *Schneider* ZfS **2008** 249.

288 MüKoBGB/*Westermann* § 158 Rn. 48; Jauernig/*Mansel* § 158 Rn. 13.

begehbares Vergehen in Tateinheit konkurriert (§ 52 StGB),[289] während bei Tatmehrheit (§ 53 StGB) anteilige Einstandspflicht des VR besteht.[290]

f) Anteilige Deckung. Im Straf-Rechtsschutz sind, wenn dem VN mehrere Delikte vorgeworfen werden, verschiedene Konstellationen denkbar, in denen nur teilweise ein Anspruch auf Versicherungsschutz besteht. So kann für einzelne Tatvorwürfe von vornherein ein Risikoausschluss gemäß § 3 ARB 2010 bestehen. Zudem kann die Einstandspflicht des VR für die Verteidigung gegen ein tatmehrheitlich (§ 53 StGB) vorgeworfenes sonstiges Vergehen von vornherein ausscheiden, weil es nur vorsätzlich begangen werden kann. Schließlich kommt in Betracht, dass nur bezüglich eines tatmehrheitlich vorgeworfenen Delikts die vorsätzliche Tatbegehung festgestellt wird, während das Verfahren im Übrigen eingestellt oder der VN freigesprochen wird. 72

Einvernehmen besteht darüber, dass in diesen Konstellationen eine Teileintrittspflicht des VR nach dem Grundsatz der anteiligen Deckung besteht.[291] Umstritten ist dagegen die Berechnung des Kostenanteils.[292] Dabei sind grundsätzlich zwei verschiedene Berechnungsansätze denkbar: In Betracht kommt zum einen die quotale Aufteilung der tatsächlich entstandenen Gesamtkosten[293] aber zum anderen auch eine fiktive Berechnung derjenigen Kosten, die angefallen wären, wenn sich nur das versicherte Risiko verwirklicht hätte.[294] Der BGH[295] hat die Streitfrage in zivilrechtlichen Angelegenheiten zugunsten einer Aufteilung der tatsächlichen Kosten nach dem Verhältnis der Streitwertanteile entschieden. Dem folgt das Schrifttum überwiegend in strafrechtlichen Angelegenheiten mit der Maßgabe, dass die Gesamtkosten nach Gewicht und Bedeutung der einzelnen Vorwürfe im Gesamtzusammenhang aufzuteilen sein sollen.[296] Teilweise wird dabei angenommen, in Konstellationen, in denen sich das Schwergewicht der Verteidigung auf einen nicht versicherten Tatvorwurf richte, sei der Versicherungsschutz damit in der Regel ganz ausgeschlossen.[297] Allgemeingültige Aussagen lassen sich indes aus Einzelfällen nicht ableiten. Deshalb kommt es stets auf die Betrachtung der Umstände des Einzelfalls an.[298] Eine quotale Aufteilung der Kosten mag deshalb in vielen Fällen angemessen sein. Sie kann aber im Einzelfall zu unangemessenen Ergebnissen führen, wenn sich einzelne objektiv notwendige[299] Kostenpositionen konkret einem versicherten Risiko zuweisen lassen.[300] Denn diese Kosten stellen erforderliche Leistungen gemäß § 1 ARB dar, die der VR in vollem Umfang übernehmen muss.[301] 73

---

289 OLG Oldenburg 10.8.2005 – 3 U 30/05, NJW-RR **2005** 1548, 1549; *Looschelders*/Paffenholz § 2 ARB 2010 Rn. 122.

290 Prölss/Martin/*Piontek* § 2 ARB 2010 Rn. 58 mit 47; *Looschelders*/Paffenholz § 2 ARB 2010 Rn. 122; offen OLG Oldenburg 10.8.2005 – 3 U 30/05, NJW-RR **2005** 1548, 1549.

291 BGH 4.5.2005 – IV ZR 135/04, NJW **2005** 2228 f.; Harbauer/*Obarowski* § 2 ARB 2010 Rn. 310; Prölss/Martin/*Piontek* § 2 ARB 2010 Rn. 47; *Looschelders*/Paffenholz § 2 ARB 2010 Rn. 122.

292 Siehe zu den unterschiedlichen Berechnungsansätzen im Einzelnen: *Guntermann* 93 ff.

293 Langheid/Wandt/*Obarowski* Rechtsschutzversicherung Rn. 127; Harbauer/*Obarowski* § 2 ARB 2010 Rn. 310; *Wendt* RuS **2008** 221, 232; OLG München 1.10.2002 – 25 U 2862/02, VersR **2003** 765, 766; OLG Köln 6.3.2001 – 9 U 17/00, NVersZ **2002** 30, 32 mit der Modifikation, dass die auf die tatsächlichen Kosten anzuwendende Quote anhand der fiktiven Kosten getrennter Verfahren zu ermitteln sein soll.

294 OLG Hamm 1.4.1992 – 20 U 283/91, VersR **1993** 94, 96; *van Bühren* MDR **2001** 1393.

295 BGH 4.5.2005 – IV ZR 135/04, NJW **2005** 2228 f.

296 Langheid/Wandt/*Obarowski* Rechtsschutzversicherung Rn. 127; Harbauer/*Obarowski* § 2 ARB 2010 Rn. 310; Prölss/Martin/*Piontek* § 2 ARB 2010 Rn. 47; van Bühren/Plote/*Hillmer-Möbius* § 2 ARB 2010 Rn. 72; a.A.: *Fölsner* VersR **2014** 328: Gesamtkosten abzüglich der fiktiven Kosten der Verteidigung gegen das nicht versicherte Delikt.

297 Harbauer/*Obarowski* § 2 ARB 2010 Rn. 310; *Schimikowski* RuS **1997** 117.

298 So auch Harbauer/*Obarowski* § 2 ARB 2010 Rn. 310, der aber gleichwohl ausführt, bei Gesetzeskonkurrenz zwischen nur vorsätzlich begehbaren Vergehen und Fahrlässigkeitstaten sei der Versicherungsschutz regelmäßig ausgeschlossen.

299 BGH 4.5.2005 – IV ZR 135/04, NJW **2005** 2228, 2229.

300 Beispielsfall: Kosten eines Sachverständigengutachtens zu den Beweistatsachen eines konkreten Tatvorwurfs.

301 *Guntermann* 95; Staudinger/Halm/Wendt/*Brünger* § 2 ARB 2010 Rn. 52.

g) ARB 2012

74 **aa) Änderungen im Straf-Rechtsschutz.** Die ARB 2012 übernehmen die gesetzlichen Definitionen der Begriffe Vergehen und Verbrechen, wie sie in § 12 Abs. 1 und 2 StGB niedergelegt sind (Ziff. 2.2.9 ARB 2012). Außerdem wird deutlicher zwischen dem Rechtsschutz wegen des Vorwurfs eines (sonstigen) strafrechtlichen Vergehens und wegen eines verkehrsrechtlichen Vergehens unterschieden. Inhaltliche Änderungen des Versicherungsumfang enthalten die ARB 2012 im Hinblick auf den Straf-Rechtsschutz dagegen nicht.[302] Der Straf-Rechtsschutz im Zusammenhang mit strafrechtlichen Vergehen findet sich in der Vertragsarten „Privat", „Unternehmen", „Verein" und „Landwirte", wohingegen der Rechtsschutz wegen verkehrsrechtlicher Vergehen in den Vertragsarten „Landwirte" und „Fahrzeug" anzutreffen ist.

75 **bb) Neue Leistungsart Opfer-Rechtsschutz.** Als neue Leistungsart führen die ARB 2012 den Opfer-Rechtsschutz ein (Ziff. 2.2.12 ARB 2012), der in den Vertragsarten „Privat", „Unternehmen", „Verein" und „Landwirte" vorgesehen ist.[303] Dies führt zu einer Erweiterung des Straf-Rechtsschutzes im Bereich dort nicht eingeschlossener aktiven Verfahren, wie z.B. der Nebenklage gem. §§ 395 ff. StPO.[304]

h) ARB 2021

76 **aa) Änderungen im Straf-Rechtsschutz.** Die ARB 2021 übernehmen die Regelungen der ARB 2012 wörtlich.

77 **bb) Verteidigung wegen eines Cyber-Vergehens.** Die ARB 2021 ergänzen den Deckungsumfang der Straf-Rechtsschutz um eine optionale Leistungserweiterung. Danach kann der VN ergänzend Versicherungsschutz für die Verteidigung wegen eines Cyber-Vergehens in Anspruch nehmen. Die Klausel ist Bestandteil des mit den ARB 2021 eingeführten Cyber-Rechtsschutzes,[305] welcher optional mehrere Klauseln zur Erweiterung des Versicherungsschutzes für zivil- und strafrechtliche Versicherungsfälle im Zusammenhang mit elektronischen Daten und Medien anbietet. In strafrechtlicher Hinsicht ist die Deckungserweiterung wohl als Reaktion auf das gesellschaftliche Phänomen der Verrohung der Umgangsformen im Internet anzusehen.[306] Deckungsschutz besteht nach der Klausel in Ziff. 2.2.9 ARB 2021 für die Verteidigung gegen vorsätzliche Vergehen, aber nur soweit diese in unmittelbarem Zusammenhang mit der Nutzung elektronischer Daten/Medien stehen. Als Beispielsfälle für elektronische Daten/Medien werden das Internet, Intranets und digitale Kurznachrichten- oder Messengerdienste aufgezählt. Als Beispielsfall für die versicherten Tatbestände nennt die Klausel den Vorwurf der Beleidigung (§ 185 StGB) einer anderen Person in einem sozialen Netzwerk. Mit der Auswahl dieses Beispielsfalls soll offensichtlich anhand eines Delikts des allgemeinen Strafrechts deutlich gemacht werden, wann der Tatvorwurf in unmittelbarem Zusammenhang mit der Nutzung elektronischer Medien steht. Gleichwohl bleibt die Reichweite der Klausel unscharf. Es bleibt offen, ob es zur Herstellung des unmittelbaren Zusammenhangs bereits ausreicht, dass elektronische Medien als Mittel zur Begehung von Taten des allgemeinen Strafrechts genutzt werden (z.B. Erpressung gemäß § 253 StGB), ob alle Tatbestände umfasst sind, die die Nutzung elektronischer Medien tatbestandlich voraussetzen (z.B.

---

302 Staudinger/Halm/Wendt/*Brünger* ARB 2012 2.2 Rn. 11.

303 *Looschelders*/Paffenholz § 2 ARB 2010 Rn. 131.

304 Vergleiche dazu im Einzelnen: Rn. 90 ff.

305 Dazu § 23 Rn. 11.

306 MAH Versicherungsrecht/*Lensing* § 27 Rn. 370.

Computerbetrug gemäß § 263a StGB) oder ob weitergehend erforderlich ist, dass die vorgeworfene Tathandlung anlässlich der Nutzung elektronischer Medien zu anderen (Unterhaltungs-)Zwecken verwirklicht wurde.

Auch für die Verteidigung wegen eines Cyber-Vergehens steht der Rechtsschutz unter der auflösenden Bedingung, dass eine vorsätzliche Tatbegehung durch den VN rechtskräftig festgestellt wird. Insoweit übernimmt die Klausel wortgleich die bereits im Verkehr-Rechtsschutz gemäß § 2 lit. i aa ARB 2010 verwendete einschränkende Bestimmung.[307] Schließlich wiederholt die Klausel die im Straf-Rechtsschutz generell geltende Bestimmung, dass die Verteidigung gegen den Vorwurf eines Verbrechens (§ 12 Abs. 1 StGB) vom Versicherungsschutz ausgenommen ist. 78

10. Ordnungswidrigkeiten-Rechtsschutz

a) Überblick. Der Ordnungswidrigkeiten-Rechtsschutz versichert die Verteidigung wegen des Vorwurfes einer Ordnungswidrigkeit (§ 2 lit. j). Die Hauptbedeutung des Ordnungswidrigkeiten-Rechtsschutzes nach § 2 lit. j liegt in der Praxis im Bereich der verkehrsrechtlichen oder sonstigen Ordnungswidrigkeiten.,[308] Weit größere Relevanz hat der Ordnungswidrigkeiten-Rechtsschutz dagegen im Spezial-Straf-Rechtsschutz, weil das Risiko der dort versicherten Unternehmen, Betroffener eines Bußgeldverfahrens mit großen wirtschaftlichen Folgen[309] zu werden, erheblich ist und weiter anwächst.[310] Die unterschiedliche Ausgestaltung des Rechtsschutzes bei verkehrsrechtlichen und nicht verkehrsrechtlichen Ordnungswidrigkeiten, wie er für die ARB 94 prägend war[311] ist in den ARB 2010 aufgegeben. Von besonderer praktischer Relevanz ist der Ausschluss von Ordnungs- und Verwaltungsverfahren wegen eines Halt- oder Parkverstoßes nach § 3 Abs. 3 lit. 3.[312] Der Ordnungswidrigkeiten-Rechtsschutz ist – mit Ausnahme des Rechtsschutzes für Mieter und Eigentümer von Wohnungen und Grundstücken (§ 29) – in allen Rechtsschutzformen enthalten. 79

b) Verteidigung wegen eines Vorwurfs. Die Wahrnehmung rechtlicher Interessen,[313] die im Ordnungswidrigkeiten-Rechtsschutz umfasst ist, beschränkt sich auf die Verteidigung wegen des Vorwurfes einer Ordnungswidrigkeit. Der Begriff der „Verteidigung wegen des Vorwurfes“ ist im Ausgangspunkt entsprechend der Begriffsbildung im Straf-Rechtsschutz auszulegen.[314] Erforderlich für den Beginn des Versicherungsschutzes ist mithin die Erhebung eines konkreten Tatvorwurfes gegen den VN. Dazu genügt es, wenn die Behörde tatsächlich Maßnahmen ergreift, die darauf gerichtet sind, wegen einer bestimmten Ordnungswidrigkeit gegen den VN bzw. Versicherten vorzugehen.[315] Das ist jedenfalls dann anzunehmen, wenn das Bußgeldverfahren formlos eröffnet ist, wie bei Zugang eines Anhörungsbogens oder eines Verwarnungsgeldbescheides.[316] Uner- 80

307 Vergleiche dazu im Einzelnen: Rn. 67.

308 *Looschelders*/Paffenholz § 2 ARB 2010 Rn. 134.

309 Beispiel: Verfahren nach §§ 30, 130 OWiG u.a.

310 Vergleiche dazu im Einzelnen: Spezial-Straf-Rechtschutzversicherung Rn. 52.

311 *Looschelders*/Paffenholz § 2 ARB 2010 Rn. 134; Harbauer/*Obarowski* § 2 ARB 2010 Rn. 326; Staudinger/Halm/Wendt/*Brünger* § 2 ARB 2010 Rn. 55.

312 *Looschelders*/Paffenholz § 2 ARB 2010 Rn. 136; s. noch § 3 Rn. 78.

313 Zum Begriff der Wahrnehmung rechtlicher Interessen bereits: Vorbemerkungen zu §§ 125–129 Rn. 5, § 125 Rn. 5, 9 ff.

314 Hierzu Rn. 63.

315 Harbauer/*Obarowski* § 2 ARB 2010 Rn. 323; a.A. Prölss/Martin/*Piontek* § 2 ARB 2010 Rn. 60, der auf die Einleitung des Bußgeldverfahrens abstellt; Beispielsfall aus der Rechtsprechung AG Köln 25.8.2004 – 261 C 231/04, ZfS **2004**, 529.

316 van Bühren/Plote/*Hillmer-Möbius* § 2 ARB 2010 Rn. 83.

heblich ist für die Pflicht zur Rechtsschutzgewährung, ob der Tatvorwurf aufgrund der Aktenlage zutrifft oder naheliegend ist.[317]

81 **c) Ordnungswidrigkeiten.** Ordnungswidrigkeiten sind legaldefiniert als rechtswidrige und vorwerfbare Handlungen, die den Tatbestand eines Gesetzes verwirklichen, das die Ahndung mit einer Geldbuße zulässt (§ 1 OWiG). Kein Rechtsschutz besteht deshalb in Verfahren der Halterhaftung gemäß § 25a StVG, da die Norm als Rechtsfolge Aufwendungsersatz und kein Bußgeld vorsieht.[318] Der Rechtsschutz hängt nicht davon ab, ob die Ordnungswidrigkeit vorsätzlich oder fahrlässig begangen worden ist oder ob eine entsprechende rechtskräftige Feststellung erfolgt. Anders als im Straf-Rechtsschutz besteht mithin volle Deckung auch im Falle der vorsätzlichen Begehung,[319] die auch nicht rückwirkend entfällt, wenn vorsätzliches Verhalten des VN festgestellt wird.[320] Diese vom Straf-Rechtsschutz gemäß § 2 lit. i abweichende Gestaltung dürfte auch durch praktische Erwägungen zur effizienten Schadensbearbeitung veranlasst sein. Denn häufig ist weder bei der Einleitung eines Bußgeldverfahrens noch bei dessen Abschluss durch einen Bußgeldbescheid erkennbar, ob dem Betroffenen vorsätzliches oder fahrlässiges Handeln vorgeworfen wird.[321] Der im Straf-Rechtsschutz geltende Grundsatz der anteiligen Deckung[322] gilt, wenn z.B. Versicherungsschutz nicht für alle vorgeworfenen Ordnungswidrigkeiten besteht, in gleicher Weise.[323]

82 Umstritten ist, in welchem Umfang die Wahrnehmung rechtlicher Interessen in Verfahren der Einziehung[324] gemäß § 29a OWiG unter den Ordnungswidrigkeiten-Rechtsschutz fallen. Ganz überwiegend wird angenommen, es bestehe für diese Verfahren uneingeschränkt Versicherungsschutz gemäß § 2 lit. j.[325] Dem wird entgegengehalten, dass es in selbstständigen Verfahren gemäß § 29a Abs. 5 OWiG, in denen gegen den Täter kein Bußgeldverfahren (mehr) anhängig ist, bzw. in Verfahren gegen tatunbeteiligte Dritte gemäß § 29a Abs. 2 OWiG nicht um die Bestrafung des Täters oder Dritten, sondern um die Beseitigung rechtswidriger Vermögenszustände gehe. Deshalb stelle sich die Wahrnehmung rechtlicher Interessen in diesen Fällen nicht als „Verteidigung wegen des Vorwurfs einer Ordnungswidrigkeit" gemäß § 2 lit. j dar.[326] Dieser Kritik ist zuzugestehen, dass § 2 lit. j, ebenso wie § 2 lit. i für den Straf-Rechtsschutz, den weiteren Begriff der Wahrnehmung rechtlicher Interessen auf den engeren Begriff der Verteidigung beschränkt. „Verteidigung" setzt das Vorliegen eines konkreten Tatvorwurfs gegen den VN voraus, woran es in den genannten Verfahren fehlt oder fehlen kann. Auf der anderen Seite setzt auch das selbstständige Einziehungsverfahren gemäß §§ 29a Abs. 5, 29a Abs. 1 OWiG eine vom Täter begangene mit Bußgeld bedrohte Handlung voraus. Es kann nur an einem Bußgeldverfahren fehlen, weil dieses nicht eingeleitet oder bereits eingestellt wurde. Das Einziehungsverfahren gegen tatunbeteiligte Dritte wiederum

317 So für den Straf-Rechtsschutz BGH 14.12.2016 – IV ZR 497/15, VersR **2017** 348 Rn. 15.

318 Staudinger/Halm/Wendt/*Brünger* § 2 ARB 2010 Rn. 55; van Bühren/Plote/*Hillmer-Möbius* § 2 ARB 2010 Rn. 84; MAH Versicherungsrecht/*Lensing* § 27 Rn. 380.

319 *Looschelders*/Paffenholz § 2 ARB 2010 Rn. 135; Prölss/Martin/*Piontek* § 2 ARB 2010 Rn. 60; Looschelders/Pohlmann/*Paffenholz*, § 125 VVG Rn. 26.

320 Harbauer/*Obarowski* § 2 ARB 2010 Rn. 321.

321 Harbauer/*Obarowski* § 2 ARB 2010 Rn. 322.

322 Hierzu Rn. 73.

323 Staudinger/Halm/Wendt/*Brünger* § 2 ARB 2010 Rn. 55.

324 Durch das am 1.7.2017 in Kraft getretene Gesetz zur Reform der strafrechtlichen Vermögensabschöpfung vom 13.5.2017 wurde die bis dahin unter den Begriffen Verfall und Einziehung geregelte Rechtsmaterie umfassend umgestaltet. § 29a OWiG verwendet seitdem den einheitlichen Begriff der Einziehung. Gleichwohl wird im Schrifttum zu § 2 lit. j teilweise immer noch der Begriff des Verfalls verwendet.

325 *Looschelders*/Paffenholz § 2 ARB 2010 Rn. 137; Prölss/Martin/*Piontek* § 2 ARB 2010 Rn. 60; MAH Versicherungsrecht/*Lensing* § 27 Rn. 380; Staudinger/Halm/Wendt/*Brünger* § 2 ARB 2010 Rn. 54; OLG München 12.8.2016 – 25 U 3066/16, RuS **2016** 617, 618.

326 Harbauer/*Obarowski* § 2 ARB 2010 Rn. 324.

setzt jedenfalls einen Bereicherungszusammenhang zwischen der Tat und dem Eintritt des Vorteils beim Dritten voraus.[327] Deshalb dürfte sich die Wahrnehmung rechtlicher Interessen in diesen Verfahren regelmäßig aus der maßgeblichen Sicht eines durchschnittlichen, verständigen VN als „Verteidigung" im Sinne des § 2 lit. j darstellen, was eine entsprechende Auslegung der Regelung veranlasst.[328] Im Bereich des Spezial-Straf-Rechtsschutzes wird diese Unsicherheit regelmäßig zugunsten der VN beseitigt, indem der Versicherungsschutz sich ausdrücklich auf die „Wahrnehmung rechtlicher Interessen" in Ordnungswidrigkeiten-Verfahren erstreckt.[329]

d) ARB 2012. Die ARB 2012 entsprechen inhaltlich den Regelungen der ARB 2010. Sie identifizieren lediglich als Beispiele für Ordnungswidrigkeiten-Rechtsschutz den Vorwurf des Verstoßes gegen die Gutpflicht und der Verursachung unzulässigen Lärms (Ziff. 2.2.10 ARB 2012). Enthalten ist der Ordnungswidrigkeiten-Rechtsschutz nach 2.2.10 im Privat-, Verkehrs- und Fahrzeug-Rechtsschutz sowie im Rechtsschutz für Selbstständige, Firmen, Vereine und Landwirte.[330] 83

e) ARB 2021. Die ARB 2021 übernehmen die Regelungen der ARB 2012 wörtlich. 84

11. Beratungs-Rechtsschutz im Familien-, Lebenspartnerschafts- und Erbrecht

a) Überblick. Der Beratungs-Rechtsschutz im Familien-, Lebenspartnerschafts- und Erbrecht umfasst den Rat oder die Auskunft eines in Deutschland zugelassenen Rechtsanwaltes in familien-, lebenspartnerschafts- und erbrechtlichen Angelegenheiten, wenn diese nicht mit einer anderen gebührenpflichtigen Tätigkeit des Rechtsanwaltes zusammenhängen (§ 2 lit. K). Der Eintritt des Versicherungsfalls setzt ein Ereignis voraus, das die Rechtslage des VN bzw. Versicherten geändert hat (§ 4 Abs. 1 Satz 1 lit. b). Beispiele sind die Trennung von Ehegatten, die Geburt eines Kindes und der Tod des Erblassers.[331] Vorsorgliche Beratung wegen einer beabsichtigten oder erwarteten Änderung der Rechtslage ist nach h.M. nicht versichert.[332] Weitergehender Rechtsschutz in diesen Angelegenheiten ist grundsätzlich ausgeschlossen (§ 3 Abs. 2 lit. g).[333] Manche VR haben den Rechtsschutz allerdings über diesen Deckungsbereich hinaus erweitert.[334] 85

b) Rat oder Auskunft eines in Deutschland zugelassenen Rechtsanwaltes. Die vom Beratungs-Rechtsschutz gedeckte Wahrnehmung rechtlicher Interessen ist auf Rat oder Auskunft eines in Deutschland zugelassenen Rechtsanwaltes beschränkt.[335] Nicht erforderlich ist jedoch, dass es sich auch um die Anwendung deutschen Rechts handelt.[336] Der Begriff der Beratung (vgl. § 34 RVG), wie sie vom Beratungs-Rechtsschutz umfasst ist, steht im Gegensatz zur rechtlichen Vertretung, die nicht mit versichert ist.[337] Der Rat beinhaltet eine konkrete Empfehlung für das Verhalten 86

---

327 BGH 19.10.1999 – 5 StR 336/99, NJW **2000** 297, 299.
328 OLG München 12.8.2016 – 25 U 3066/16, RuS **2016** 617, 618.
329 Hierzu Spezial-Straf-Rechtschutzversicherung Rn. 46.
330 MAH Versicherungsrecht/*Lensing* § 27 Rn. 378.
331 *Looschelders*/Paffenholz § 2 Rn. 139.
332 Prölss/Martin/*Piontek* § 2 Rn. 63; *Looschelders*/Paffenholz § 2 Rn. 139; Rüffer/Halbach/Schimikowski/*Münkel* § 4 ARB 2010 Rn. 4; **a.A.** AG Schwäbisch-Gmünd 29.4.1994 – 2 C 341/94, RuS **1996** 409, 410 (drohende oder mögliche Änderung der Rechtslage genüge).
333 S. § 2 Rn. 69 ff.
334 *Looschelders*/Paffenholz § 2 Rn. 144; Beckmann/Matusche-Beckmann/*Obarowski* § 37 Rn. 131 f.
335 Zum Begriff der Wahrnehmung rechtlicher Interessen s. Vor §§ 125–129 Rn. 5, § 125 Rn. 5, 9 ff.
336 Prölss/Martin/*Piontek* § 2 Rn. 62; anders noch die ARB 75.
337 *Looschelders*/Paffenholz § 2 Rn. 140; Harbauer/*Obarowski* § 2 ARB 2010 Rn. 335.

in einer konkreten Rechtsangelegenheit,[338] wohingegen die Auskunft eine Information des VN über die Rechtslage darstellt, die aufgrund des Versicherungsfalles eingetreten ist.[339] Umfasst ist nicht nur die Erstberatung, sondern auch die Folgeberatung.[340] Die Beratung durch einen Notar ist gleichgestellt (§ 5 Abs. 6 lit. a),[341] ohne dass eine Beschränkung auf in Deutschland bestellte Notare vorgesehen ist. Selbst wenn man davon ausgeht, dass nach dem Sinn und Zweck der Gleichstellung eine Beschränkung auf nach deutschem Recht bestellte Notare gewollt sein könnte, lässt sich dieses Ergebnis nicht durch eine Auslegung von § 2 lit. K in Verbindung mit § 5 Abs. 6 lit. a gewinnen, weil „Zulassung" eines Rechtsanwaltes und „Bestellung" eines Notars tatsächlich und rechtlich durchaus unterschiedliche Tatbestände sind. Ein durchschnittlicher VN wird deshalb kaum von einer entsprechenden Einschränkung ausgehen können. Jedenfalls dürfte eine Differenzierung der Anwendung der Unklarheitenregel entsprechen (§ 305c Abs. 2 BGB). Deshalb vermag unter Umständen auch die Beratung durch einen im Ausland bestellten Notar Rechtsschutz zu erheischen.

87 **c) Familien-, lebenspartnerschafts- und erbrechtliche Angelegenheiten ohne Zusammenhang zu einer anderen gebührenpflichtigen Tätigkeit des Rechtsanwaltes.** Versichert sind Rat und Auskunft in familien-, lebenspartnerschafts- und erbrechtlichen Angelegenheiten. Die Qualifikation einer Angelegenheit als familien-, lebenspartnerschafts- oder erbrechtlich richtet sich im Ausgangspunkt nach dem anwendbaren materiellen Recht. Das wird im Regelfall deutsches Recht sein, kann bei Sachverhalten mit Auslandsberührung aber auch das nach internationalem Privatrecht anwendbare Auslandsrecht sein. „Erbrecht" ist dabei nach obergerichtlicher Rechtsprechung zu verstehen als die Gesamtheit aller privatrechtlichen Vorschriften, die nach dem Tode des Menschen die Weitergabe seines Vermögens sowie das Verhältnis der Rechtsnachfolger zueinander regeln.[342] Sie sind vornehmlich im 5. Buch des BGB enthalten, finden sich aber auch an anderer Stelle des BGB (vgl. § 1371 BGB) oder in Vorschriften außerhalb des BGB (vgl. z.B. § 10 LpartG).[343] Der Begriff ist damit umfassender als „erbrechtliche Ansprüche" im Sinne von § 197 Abs. 1 Nr. 2 BGB, worunter nur Ansprüche aus dem 5. Buch des BGB zu verstehen sind.[344] Maßgeblich ist allein die Rechtsnatur des Anspruchs. Lebzeitige Verfügungen – etwa im Rahmen einer vorweggenommenen Erbfolge – werden nicht erfasst.[345] Dagegen dürfte für Fragen rund um den postmortalen Persönlichkeitsschutz Deckungsschutz bestehen. „Familienrecht" wird gemeinhin definiert als Gesamtheit aller Gesetzesbestimmungen, welche die Rechtsbeziehungen zwischen Familienmitgliedern untereinander oder im Verhältnis zu Dritten regeln. Die Regelungen sind im Wesentlichen im 4. Buch des BGB (§§ 1297–1921 BGB) vereinigt, wobei auch Normen außerhalb des BGB maßgeblich sein können, z.B. im PStG. Wie schon im Erbrecht kommt es allein auf die Rechtsnatur des Anspruchs an. „Lebenspartnerschaftssachen" sind für Altfälle alle Angelegenheiten, die aus dem LpartG oder aus von diesem in Bezug genommenen Gesetzesbestimmungen resultieren.

88 Die Beratung ist nur dann versichert, wenn sie nicht mit einer anderen gebührenpflichtigen Tätigkeit des Rechtsanwaltes in Zusammenhang steht, was insbesondere im Hinblick auf die Geschäftsgebühr nach Nr. 2300 VV RVG Schwierigkeiten bereitet.[346] Die anwaltliche Beratung löst eine Beratungsgebühr nach Maßgabe von § 34 Abs. 1 RVG aus. Führt die Beratung in der Folge

338 Zum Begriff der Beratung ausführlich *Heese* Beratungspflichten (2015) 13 ff.

339 *Looschelders*/Paffenholz § 2 Rn. 140; Harbauer/*Obarowski* § 2 ARB 2010 Rn. 337 f. Buschbell/*Hering* § 22 Rn. 17.

340 *Looschelders*/Paffenholz § 2 Rn. 140.

341 *Looschelders*/Paffenholz § 2 Rn. 140.

342 OLG Karlsruhe 20.9.2007 – 12 U 27/07, VersR **2008** 346; OLG Düsseldorf 14.12.1999 – 4 U 227/98, VersR **2000** 579.

343 OLG Karlsruhe 20.9.2007 – 12 U 27/07, VersR **2008** 346.

344 Vgl. BGH 18.4.2007 – IV ZR 279/05, NJW **2007** 2174.

345 OLG Karlsruhe 20.9.2007 – 12 U 27/07, VersR **2008** 346; *Bauer* NJW **2008** 1497, 1498.

346 *Looschelders*/Paffenholz § 2 Rn. 142; van Bühren/*Schneider* Hdb. § 13 Rn. 172 f.

zum Abschluss eines Ehevertrages, eines Erbvertrages oder eines gemeinschaftlichen Testaments, fällt für die Mitwirkung des Rechtsanwaltes eine Geschäftsgebühr nach Nr. 2300 VV RVG an, auf welche die zuvor angefallene Beratungsgebühr anzurechnen ist (§ 34 Abs. 2 RVG). Dadurch wird der Beratungs-Rechtsschutz nach wohl h.M. ausgeschlossen.[347] Die Anrechnung wirkt auch zugunsten des Rechtsschutzversicherers des versicherten Mandanten, der den Rechtsanwalt beauftragt hat, weil er nach h.M. nicht Dritter im Sinne von § 15a RVG ist.[348] Etwas anderes kann dann gelten, wenn der erteilte Rat oder die Auskunft über den Gegenstand des Geschäfts (Mitwirkung am Ehe- oder Erbvertrag, gemeinschaftlichen Testament etc.) hinausgeht, weil dann eine gesonderte Vergütungspflicht besteht,[349] die in die Rechtsschutzdeckung fallen kann.

d) ARB 2012/2021. Der Beratungs-Rechtsschutz in Familien-, Lebenspartnerschafts- und Erbrecht ist in den ARB 2012 im Wesentlichen inhaltsgleich geregelt (Ziff. 2.2.11 ARB 2012/2021). Die Bezugnahme auf „eine andere gebührenpflichtige Tätigkeit" des Rechtsanwaltes als Ausschlussgrund in § 2 lit. K ARB 2010 ist der Formulierung gewichen, dass insgesamt keine Kosten erstattet werden, wenn der Rechtsanwalt „darüber hinaus tätig" wird. Das ist gegenüber dem Stand der ARB 2010 eine empfindliche Verkürzung des Rechtsschutzes, weil es nicht mehr auf den Zusammenhang zwischen der Beratung und der anderen Tätigkeit ankommt. Ob darin ein nennenswerter Gewinn an Klarheit und Transparenz liegt, lässt sich indessen füglich bezweifeln.[350] 89

III. ARB 2012/2021: Opfer-Rechtsschutz als neue Leistungsart

1. Überblick

Die ARB 2012 sehen als neue Leistungsart den Opfer-Rechtsschutz vor (Ziff. 2.2.12 ARB 2012).[351] Er ist in den Vertragsarten „Privat", „Unternehmen", „Verein" und „Landwirte" enthalten. Diese neue Leistungsart bietet Versicherungsschutz für die Beistandsleistung eines Rechtsanwalts, sofern der VN bzw. der Versicherte als Opfer einer bestimmten Gewaltstraftat verletzt worden ist. Als relevante Gewaltstraftaten sind Verletzungen der sexuellen Selbstbestimmung, schwere Verletzungen der körperlichen Unversehrtheit und der persönlichen Freiheit sowie Mord und Totschlag aufgeführt (Ziff. 2.2.12 ARB 2012). Es handelt sich dabei um eine abschließende Aufzählung.[352] Die Rechtsschutzdeckung setzt zusätzlich voraus, dass der VN nebenklageberechtigt ist, durch eine der genannten Straftaten verletzt worden ist und einen dauerhaften Körperschaden erlitten hat. Der Versicherungsschutz umfasst anwaltliche Beistandsleistungen im Ermittlungsverfahren und Nebenklageverfahren sowie für einen den Antrag nach § 1 Abs. 1 GewSchG und für einen Täter-Opfer-Ausgleich nach § 46a Nr. 1 StGB in nichtvermögensrechtlichen Streitigkeiten. Außerdem gedeckt ist die außergerichtliche Durchsetzung von Ansprüchen nach dem SGB und dem Opferentschädigungsgesetz. Kein Versicherungsschutz besteht, wenn der VN bzw. Versicherte die kostenlose Beiordnung eines Rechtsanwaltes beanspruchen kann (§§ 397a Abs. 1, 406g Abs. 3 StPO). 90

Die Aufnahme des Opfer-Rechtsschutzes in die Leistungsarten der ARB wird angesichts der zahlreichen Maßnahmen des Gesetzgebers zur Stärkung der Opferrechte und der damit wachsen- 91

347 *Looschelders*/Paffenholz § 2 Rn. 142; Mayer/Kroiß/*Teubel*/*Winkler* RVG, 5. Aufl. (2012) § 34 Rn. 33.

348 Gerold/Schmidt/*Müller-Rabe* RVG, 19. Aufl. (2010) § 15a Rn. 15; *Hansens* AnwBl. **2009** 535, 537 (ad III 2); RVGreport **2009** 203.

349 Gerold/Schmidt/*Mayer* RVG, 19. Aufl. (2010) § 34 Rn. 20.

350 Tendenziell eher kritisch *Looschelders*/Paffenholz § 2 Rn. 142; **a.A.** *Maier* RuS **2013** 105, 107.

351 S. bereits Rn. 75.

352 *Looschelders*/Paffenholz § 2 ARB 2010 Rn. 132; Staudinger/Halm/Wendt/*Brünger* ARB 2012 2.2.12 Rn. 14.

den Marktbedeutung überwiegend als Verbesserung angesehen.[353] Dem ist zwar grundsätzlich zuzustimmen. Die konkrete Ausgestaltung des Versicherungsschutzes in Ziff. 2.2.12 ARB 2012/2021 enthält allerdings Unklarheiten und Widersprüche. Sie ist zudem nicht mit den maßgeblichen strafrechtlichen und strafprozessualen Regelungen harmonisiert, was die Handhabung der Klausel erheblich erschwert.

2. Nebenklageberechtigung

92 Die Rechtsschutzdeckung im Opfer-Rechtsschutz setzt voraus, dass der VN bzw. Versicherte nebenklageberechtigt ist. Bei der in §§ 395 ff. StPO geregelten Nebenklage handelt es sich nicht um ein selbstständiges Verfahren, sondern um die Ausstattung des Verletzten mit selbstständigen Rechten als Nebenkläger im Strafverfahren.[354] Die Befugnis zum Anschluss als Nebenkläger steht nur Personen zu, die durch bestimmte rechtswidrige Taten verletzt wurden. Die zur Nebenklage berechtigenden Taten sind die in § 395 Abs. 1 Nr. 1 bis 6 StPO genannten Katalogtaten. Die dortige Aufzählung ist abschließend.[355] Ergänzend enthält § 395 Abs. 3 StPO als Auffangtatbestand eine Anschlussbefugnis für Opfer nicht in § 395 Abs. 1 StPO genannter Taten, wenn die Nebenklage aus besonderen Gründen, insbesondere wegen der schweren Folgen der Tat, zur Wahrnehmung der Opferinteressen geboten ist.[356]

93 Problematisch erscheint, dass Ziff. 2.2.12 ARB 2012/2021 den Versicherungsschutz nicht allein an die Nebenklageberechtigung gemäß § 395 StPO anknüpft. Denn die Klausel verlangt zusätzlich, dass der VN bzw. Versicherte als Opfer einer *„Gewaltstraftat"* verletzt wurde und enthält eine eigene Definition des gesetzlich nicht definierten Begriffs der Gewaltstraftat. Dies führt zu erheblichen und unnötigen Problemen bei der Bestimmung des Versicherungsumfangs. So bezieht beispielsweise Ziff. 2.2.12 ARB 2012/2021 die Verletzung der sexuellen Selbstbestimmung generell in den Bereich der Gewaltstraftaten ein, während § 395 Abs. 1 Nr. 1 StPO zwar die meisten, aber eben nicht alle Sexualdelikte als Katalogtaten bestimmt. Insoweit ist der Umfang der durch Ziff. 2.2.12 ARB 2012/2021 einbezogenen *„Gewaltstraftaten"* zwar vermeintlich weiter als der Umfang der Katalogtaten gemäß § 395 Abs. 1 StPO. Dies führt aber tatsächlich nicht zu einer Ausweitung des Versicherungsschutzes, weil dieser zusätzlich das Vorliegen einer Nebenklagebefugnis voraussetzt. Umgekehrt definiert Ziff. 2.2.12 ARB 2012/2021 nicht jede, sondern nur eine *„schwere"* Verletzung der körperlichen Unversehrtheit als Gewaltstraftat. Offen bleibt, ob damit auf den Straftatbestand der schweren Körperverletzung gemäß § 226 StGB als erfolgsqualifiziertes Delikt der einfachen Körperverletzung gemäß § 223 StGB abgestellt werden soll bzw. wann eine *„schwere"* Verletzung der körperlichen Unversehrtheit gemäß Ziff. 2.2.12 ARB 2012/2021 vorliegt. Diese Frage ist für die Bestimmung des Versicherungsumfangs allerdings relevant. Denn gemäß § 395 Abs. 1 Nr. 3 StPO berechtigt auch die einfache Körperverletzung zur Nebenklage. In dieser Hinsicht ist der Umfang der *„Gewaltstraftaten"* gemäß Ziff. 2.2.12 ARB 2012/2021 also jedenfalls enger als der Umfang der Katalogtaten gemäß § 395 Abs. 1 StPO, was zu einer Beschränkung des Versicherungsschutzes führt.

3. Verletzte

94 Nur *„Verletzte"* der durch Ziff. 2.2.12 ARB 2012/2021 definierten Gewaltstraftaten erhalten Rechtsschutzdeckung im Opfer-Rechtsschutz. Der Begriff des Verletzten ist durch den zum 1. Juli 2021 in

---

353 *Looschelders*/Paffenholz § 2 ARB 2010 Rn. 131; Beckmann/Matusche-Beckmann/*Obarowski* § 37 Rn. 140; *Mathy* NJOZ **2009** 3786, 3789.

354 KK-StPO/*Allgayer* Vor § 395 bis § 402 Rn. 1.

355 KK-StPO/*Allgayer* § 373b Rn. 13; KK-StPO/*Allgayer* § 395 Rn. 5.

356 BGH 28.1.2021 – 3 StR 279/20, BeckRS **2021** 2810 Rn. 9.

Kraft getretenen neu eingeführten § 373b StPO erstmals legaldefiniert. Bis zu diesem Zeitpunkt wurde der in zahlreichen Vorschriften verwendete Terminus des Verletzten nach dem Funktionszusammenhang der jeweiligen Norm bestimmt.[357] Allerdings gilt § 373b StPO nach der ausdrücklichen gesetzlichen Bestimmung in § 373b Abs. 1 StPO nur für das Verfahrensrecht der StPO.[358] Nach § 373b Abs. 1 StPO sind zunächst die Personen als Verletzte anzusehen, die durch die Tat in ihren Rechtsgütern unmittelbar beeinträchtigt worden sind oder unmittelbar einen Schaden erlitten haben. Ihnen gleichgestellt sind gemäß § 373b Abs. 2 StPO aber zahlreiche dort genannte Angehörige und nahestehende Personen (u.a. Verwandte in gerader Linie, Unterhaltsberechtigte) falls die unmittelbar verletzte Person durch die Tat getötet wurde. Nebenklageberechtigt gemäß § 395 Abs. 1 StPO sind dagegen nur die unmittelbar verletzten Personen im Sinne des § 373b Abs. 1 StPO. Die Gleichstellung der in § 373b Abs. 2 StPO genannten Personen führt dagegen nach dem ausdrücklichen Willen des Gesetzgebers nicht dazu, dass alle dort genannten Personen damit auch gemäß § 395 Abs. 1 StPO zur Nebenklage berechtigt sind.[359] Vielmehr enthält § 395 Abs. 2 StPO für die Nebenklage eine eigene Regelung, nach der nur die Kinder, Eltern, Geschwister und Ehegatten oder Lebenspartner durch eine rechtswidrige Tat getöteter Personen ein eigenes Recht zur Nebenklage haben.

Welche Reichweite der Begriff des Verletzten in Ziff. 2.2.12 ARB 2012/2021 hat, ergibt sich aus 95
der Klausel nicht. Allerdings benennt die Klausel die Straftatbestände des Mordes (§ 211 StGB) und des Totschlags (§ 212 StGB) als den Opfer-Rechtsschutz eröffnende Gewaltstraftaten. Wäre der Begriff des Verletzten in Ziff. 2.2.12 ARB 2012/2021 so zu verstehen, dass nur unmittelbar verletzte Personen im Sinne des § 373b Abs. 1 StPO unter die Rechtsschutzdeckung fallen, dann hätte die Einbeziehung der Tötungsdelikte keinen Sinn.[360] Würde man den Begriff des Verletzten aus § 373b Abs. 1 und 2 StPO zugrunde legen, würde zwar eine größere Zahl von Personen unter den in der Klausel verwendeten Begriff des Verletzten fallen. Auf der anderen Seite wären aber nur die in § 395 Abs. 2 StPO genannten Personen nebenklageberechtigt, was weitere Voraussetzung der Rechtsschutzdeckung ist. Einzig sinnvolle Auslegung der Klausel ist damit, dass Verletzte im Sinne der Ziff. 2.2.12 ARB 2012/2021 die unmittelbar verletzten Personen gemäß § 373b Abs. 1 StPO und im Fall der nicht nur versuchten, sondern vollendeten Tötungsdelikte die in § 395 Abs. 2 StPO genannten nahen Angehörigen sind.

4. Dauerhafte Körperschäden

Weitere Voraussetzung der Rechtsschutzdeckung im Opfer-Rechtsschutz ist nach Ziff. 2.2.12 ARB 96
2012/2021 der Eintritt *„dauerhafter Körperschäden"*. Auch dieser durch die Klausel verwendete Begriff ist gesetzlich nicht definiert. Die Klausel enthält keine eigene Definition des Begriffs. Es lässt sich auch nicht feststellen, dass die Rechtssprache mit dem verwendeten Ausdruck einen fest umrissenen Begriff verbindet, was für die Auslegung maßgeblich sein könnte.[361] Denn § 397a StPO verwendet zwar den Begriff der *„schweren körperlichen oder seelischen Schäden"* (§ 397a Abs. 1 Nr. 3 StPO). Gefordert ist damit aber keine Dauerhaftigkeit des Schadens,[362] sodass die Begriffe der Schwere und der Dauerhaftigkeit sich nicht entsprechen. Zudem kennt § 226 StGB den Begriff der *„dauernden Gebrauchsunfähigkeit eines wichtigen Glieds des Körpers"* (§ 226

357 KK-StPO/*Allgayer* § 373b Rn. 1; BeckOK-StPO/*Weiner* § 373b Rn. 1.

358 KK-StPO/*Allgayer* § 373b Rn. 1; BeckOK-StPO/*Weiner* § 373b Rn. 1; Meyer-Goßner/*Schmitt* § 373b Rn. 1.

359 KK-StPO/*Allgayer* § 373b Rn. 13; Meyer-Goßner/*Schmitt* § 373b Rn. 8; kritisch BeckOK-StPO/*Weiner* § 373b Rn. 52 ff., welcher die Nichterstreckung des § 373b Abs. 2 StPO auf die Nebenklageberechtigung für nicht europarechtskonform hält.

360 Aus diesem Grund werden in § 395 Abs. 1 Nr. 3 StPO ausdrücklich der Versuch des Mordes oder des Totschlags und nicht die jeweils vollendeten Delikte als Katalogtaten genannt.

361 BGH 10.4.2019 – IV ZR 59/18, RuS **2019** 326, 327 Rn. 19.

362 OLG Düsseldorf 9.12.2010 – 3 Ws 430/10, NStZ-RR **2011** 186.

Abs. 1 Nr. 2 StGB) und den Begriff der *„dauernden Entstellung“* (§ 226 Abs. 1 Nr. 3 StGB). Die tatbestandlichen Voraussetzungen dieser Rechtsbegriffe sind indes erkennbar enger als die Voraussetzungen *„dauerhafter Körperschäden“*, sodass sie zur Auslegung des Begriffs ebenfalls nicht herangezogen werden können.

97 Eine weitere Zweifelsfrage ergibt sich daraus, dass die Klausel den Begriff des *„Körperschadens“* verwendet. Denn die Rechtsprechung differenziert, ebenso wie § 823 Abs. 1 BGB, zwischen den Rechtsgütern Körper und Gesundheit. Unter den weit auszulegenden Begriff der Körperverletzung fällt nach der Rechtsprechung des BGH jeder *„unbefugte, weil von der Einwilligung des Rechtsträgers nicht gedeckte Eingriff in die Integrität der körperlichen Befindlichkeit“*.[363] Dagegen werden „durch ein *(Unfall-)Ereignis ausgelöste, traumatisch bedingte psychische Störungen von Krankheitswert“* unter den Begriff der Gesundheitsverletzung subsummiert.[364] Die Abgrenzung der Rechtsgüter Körper und Gesundheit wird, jedenfalls im Geltungsbereich des § 823 Abs. 1 BGB, als nicht einfach aber praktisch bedeutungslos angesehen, weil weder die Haftungsvoraussetzungen noch der Haftungsumfang differieren.[365] Bei der gebotenen Auslegung der Ziff. 2.2.12 ARB 2012/2021 stellt sich damit die weitere Frage, ob dort psychisch bedingte Störungen von Krankheitswert – etwa ausgelöst durch ein Sexualdelikt – die Rechtsschutzdeckung im Opfer-Rechtsschutz ermöglichen sollen oder nicht.

98 Die Frage, was unter einem *„dauerhaften Körperschaden“* zu verstehen ist, ist deshalb im Wege der Auslegung nach dem Verständnishorizont eines durchschnittlichen VN zu ermitteln. Daraus dürfte sich ergeben, dass ein dauerhafter Körperschaden immer dann vorliegt, wenn die Integrität der körperlichen Befindlichkeit nicht in einer angemessenen Zeit wiederhergestellt wurde und die künftige Wiederherstellung nicht sichergestellt ist. Zudem wird ein durchschnittlicher VN nicht davon ausgehen, dass im Opfer-Rechtsschutz zwischen Beschädigungen des Körpers und der (psychischen) Gesundheit differenziert wird. Auch Gesundheitsschäden, die sich nicht unmittelbar in der körperlichen Befindlichkeit zeigen, dürften damit unter den Begriff des *„dauerhaften Körperschadens“* zu subsumieren sein.

5. Anwaltliche Beistandsleistung

99 Der Leistungsumfang des Opfer-Rechtsschutzes umfasst nach dem Wortlaut der Klausel ganz unterschiedliche Beistandsleistungen in voneinander unabhängigen Verfahrensarten. Denn neben der Vertretung des Verletzten im strafrechtlichen Ermittlungsverfahren und gerichtlichen Strafverfahren (als Nebenkläger) sind Tätigkeiten im Rahmen des Täter-Opfer-Ausgleichs nach § 46a Nr. 1 StGB erfasst. Dieser wiederum kann zwar auf Anregung oder Vermittlung der Staatsanwaltschaft oder des Gerichts im Ermittlungs- oder Strafverfahren (§ 155a StPO), aber ebenso außergerichtlich auf Betreiben der Beteiligten durchgeführt werden. Weiterhin umfasst der Leistungsumfang in die Zuständigkeit des Amtsgerichts als Familiengericht fallende Verfahren nach § 1 GewSchG sowie die außergerichtliche Durchsetzung von Ansprüchen nach dem Sozialgesetzbuch und dem Opferentschädigungsgesetz (OEG). In den beiden letztgenannten Verfahren erweitert der Opfer-Rechtsschutz den Sozialgerichts-Rechtsschutz (Ziff. 2.2.6 ARB 2012/2021), welcher erst im gerichtlichen Verfahren eingreift.[366] Aus der weiten Formulierung *„außergerichtliche Durchsetzung von Ansprüchen“* folgt zugleich, dass bereits für die Antragstellung in den genannten Verfahren Versicherungsschutz besteht.[367]

100 Der vermeintlich breit gefächerte Umfang der anwaltlichen Beistandsleistungen darf aber nicht den Blick darauf verstellen, dass die Rechtsschutzdeckung grundsätzlich das Vorliegen der

363 BGH 17.9.2013 – VI ZR 95/13, RuS **2013** 570, 571 Rn. 12.
364 BGH 27.1.2015 – VI ZR 548/12, RuS **2015** 151, 152 Rn. 5.
365 MüKoBGB/*Wagner*, § 823 Rn. 4.
366 Harbauer/*Obarowski* § 2 ARB 2010 Rn. 317.
367 Harbauer/*Obarowski* § 2 ARB 2010 Rn. 317.

weiteren tatbestandlichen Voraussetzungen der Ziff. 2.2.12 ARB 2012/2021 voraussetzt. Der VN bzw. der Versicherte muss also nebenklageberechtigt sein.[368] Insoweit ist aber zu berücksichtigen, dass die versicherten Verfahren (z.B. nach § 1 GewSchG) zu einem Zeitpunkt stattfinden können, in dem mangels Anklageerhebung noch kein Strafverfahren eröffnet oder möglicherweise noch nicht einmal ein strafrechtliches Ermittlungsverfahren eingeleitet ist und möglicherweise auch niemals eingeleitet werden wird. In diesem Fall kann im Rahmen der gebotenen Auslegung nur darauf abgestellt werden, ob die durch den Verletzten behauptete Anlasstat (z.B. nach § 1 Abs. 1 S. 1 GewSchG), wäre sie Gegenstand eines Strafverfahrens gegen den Täter, den Verletzten gemäß § 395 StPO zum Anschluss als Nebenkläger berechtigen würde. Zudem muss der VN bzw. der Versicherte durch die Tat einen dauerhaften Körperschaden erlitten haben.[369] Auch insoweit besteht keine Kongruenz zwischen den Anspruchsvoraussetzungen in den genannten Verfahren und den Voraussetzungen der Rechtsschutzdeckung nach Ziff. 2.2.12 ARB 2012/2021. Denn ein Anspruch auf eine gerichtliche Anordnung nach § 1 Abs. 1 GewSchG setzt beispielsweise tatbestandlich (nur) eine vorsätzliche und widerrechtliche Verletzung des Körpers, der Gesundheit, der Freiheit oder der sexuellen Selbstbestimmung und nicht den Eintritt eines dauerhaften Körperschadens voraus. Deshalb sind beispielsweise verschiedene Fallgestaltungen denkbar, in denen zwar ein berechtigter Anspruch des VN bzw. Versicherten auf eine gerichtliche Anordnung nach § 1 Abs. 1 GewSchG vorliegen mag, aber gleichwohl kein Anspruch auf Rechtsschutzdeckung für dieses Verfahren im Opfer-Rechtsschutz besteht.

6. Anspruch auf Beiordnung gemäß §§ 397a Abs. 1, 406g Abs. 3 StPO

Das Bestehen eines Anspruchs auf Bestellung eines Beistands gemäß § 397a Abs. 1 StPO bzw. auf Beiordnung eines psychosozialen Prozessbegleiters gemäß § 406g Abs. 3 StPO schließt zugleich den Anspruch auf Rechtsschutzdeckung nach Ziff. 2.2.12 ARB 2012/2021 aus. Hinter dieser Regelung steht die grundsätzlich nachvollziehbare Erwägung, dass die Versichertengemeinschaft nicht für die Kosten von Leistungen aufkommen soll, auf deren kostenlose Erbringung der VN bzw. der Versicherte einen gesetzlichen Anspruch hat. 101

In der Praxis folgt daraus allerdings, dass in der wohl deutlich überwiegenden Zahl der in Betracht kommenden Versicherungsfälle ein Anspruch auf Rechtsschutzdeckung im Opfer-Rechtsschutz tatsächlich ausgeschlossen ist.[370] Denn § 397a Abs. 1 StPO eröffnet für eine größere Zahl der (schweren) Katalogtaten gemäß § 395 Abs. 1 StPO den Anspruch auf Beiordnung. So besteht beispielsweise für die Katalogtaten des versuchten oder vollendeten Mordes (§ 211 StGB) oder Totschlags (§ 212 StGB) gemäß § 397a Abs. 1 Nr. 2 StPO grundsätzlich ein Anspruch auf Beiordnung. Damit aber hat die ausdrückliche Aufnahme dieser Taten in den Katalog der Gewaltstraftaten in Ziff. 2.2.12 ARB 2012/2021 jedenfalls für Tätigkeiten im Nebenklageverfahren keine erkennbaren versicherungsrechtlichen Rechtsfolgen, weil der Anspruch auf Rechtsschutzdeckung im Nebenklageverfahren zugleich in allen denkbaren Konstellationen durch § 397a Abs. 1 Nr. 2 StPO ausgeschlossen sein dürfte. 102

Keine Regelung enthält die Klausel allerdings dazu, in welchem Umfang durch den Anspruch auf Beiordnung gemäß §§ 397a Abs. 1, 406g Abs. 3 StPO der Versicherungsschutz entfällt. Die deshalb gebotene Auslegung ergibt, dass der Versicherungsschutz nur in Bezug auf die Tätigkeiten und Kosten des anwaltlichen Beistands entfallen kann, die von der Beiordnung umfasst sind. Im Übrigen besteht bei Vorliegen der sonstigen Voraussetzungen ein Rechtsschutzanspruch im Opfer-Rechtsschutz. Damit kann sich der Ausschluss des Versicherungsschutzes zunächst nur auf die Vertretung des Verletzten als Nebenkläger im gerichtlichen Strafverfahren beziehen. Denn nur 103

---

368 Dazu oben unter 2.

369 Dazu oben unter 4.

370 *Looschelders*/Paffenholz § 2 ARB 2010 Rn. 133 sieht darin zutreffend eine deutliche Einschränkung des Versicherungsschutzes.

für dieses Verfahren gilt die Beiordnung. Wird also z.B. der anwaltliche Beistand zusätzlich auch in einem Antragsverfahren nach § 1 OEG tätig, besteht für diese Tätigkeit auch dann Versicherungsschutz, wenn ein Anspruch auf Beiordnung im gerichtlichen Strafverfahren besteht. Aber auch im gerichtlichen Strafverfahren selbst wird das Kostenrisiko des Nebenklägers durch die Beiordnung gemäß §§ 397a Abs. 1, 406g Abs. 3 StPO nicht vollständig auf die Staatskasse verlagert. Denn im Falle eines erfolglosen Rechtsmittels können dem Nebenkläger auch dann die Gerichtskosten des Rechtsmittelverfahrens auferlegt werden, wenn ihm gemäß § 397a Abs. 1 StPO ein Beistand beigeordnet wurde.[371]

7. ARB 2021

104 Die ARB 2021 übernehmen die Regelungen der ARB 2012 wörtlich.

IV. ARB 2021: Aktiver Straf-Rechtsschutz

105 Mit der Ziff. 2.2.13 enthalten die ARB 2021 eine nach Überschrift und Gestaltung wie eine neue Leistungsart ausgestaltete optionale Erweiterung des Versicherungsschutzes. Die Klausel ist Bestandteil des mit den ARB 2021 eingeführten Cyber-Rechtsschutzes,[372] welcher optional mehrere Klauseln zur Erweiterung des Versicherungsschutzes im Zusammenhang mit elektronischen Daten und Medien anbietet. Durch Ziff. 2.2.13 wird entgegen der insoweit missverständlichen Überschrift kein genereller aktiver Straf-Rechtsschutz, sondern Rechtsschutz ausschließlich für die Erstattung einer Strafanzeige bei Straftaten, die in unmittelbarem Zusammenhang mit der Nutzung elektronischer Daten/Medien begangen wurden, in den Versicherungsschutz einbezogen. Der Deckungsumfang spiegelt damit den ebenfalls optionalen Versicherungsschutz für die Verteidigung gegen den Vorwurf eines Cyber-Vergehens gemäß Ziff. 2.2.9 ARB 2021. Während Ziff. 2.2.9 passiven Rechtsschutz für die Verteidigung des Tatverdächtigen gegen den Vorwurf eines Cyber-Vergehens bietet,[373] umfasst Ziff. 2.2.13 partiellen aktiven Rechtsschutz für die Erstattung einer Strafanzeige durch das vermeintliche Opfer eines Cyber-Vergehens.

106 Die Definition des Cyber-Vergehens, welches *„in unmittelbarem Zusammenhang mit der Nutzung elektronischer Daten/Medien“* begangen worden sein muss, entspricht wortgleich der Definition in Ziffer 2.2.9 ARB 2021. Als Beispiel für die Opferstellung nennt Ziff. 2.2.13 die *„Belästigung des VN in einem Gruppen-Chat über einen längeren Zeitraum.“* Die Reichweite der Klausel ist damit ebenso unscharf wie die Reichweite der Klausel zur Verteidigung gegen den Vorwurf eines Cyber-Vergehens gemäß Ziff. 2.2.9.[374]

107 Der Leistungsumfang des „Aktiven Straf-Rechtsschutzes“ unter der Ziff. 2.2.13 ist schließlich auf die Inanspruchnahme anwaltlichen Beistands bei der Erstattung einer Strafanzeige[375] beschränkt und umfasst damit, anders als beispielsweise der Opfer-Rechtsschutz (Ziff. 2.2.12),[376] nicht die umfassende Vertretung des Opfers im Ermittlungsverfahren.

108 Die Marktbedeutung des aktiven Straf-Rechtsschutzes gemäß Ziff. 2.2.13 ARB 2021 ist deshalb gering.

---

371 BGH 6.8.2019 – 1 Ars 4/19, BeckRS **2019** 19937 Rn. 10.

372 Dazu § 23 Rn. 11.

373 Vergleiche dazu im Einzelnen: Rn. 77.

374 Vergleiche dazu im Einzelnen: Rn. 77.

375 Gebührenrechtlich handelt es sich um eine Einzeltätigkeit gemäß Nr. 4302 Ziff. 2 VV RVG. Die Mittelgebühr beträgt € 176.

376 Vergleiche dazu im Einzelnen: Rn. 90 ff.

V. ARB 2021: Rechtsschutz bei Urheberrechtsverstößen

Neu aufgenommen in den Katalog möglicher Deckungskonzepte ist der Rechtsschutz bei Urheberrechtsverstößen im Rahmen des optionalen Rechtsschutzes Cyber-Privat (Ziff. 2.2.13 ARB 2021). Dieser tritt neben den (optionalen) Schutz im Rahmen des Privat-Rechtsschutzes (Ziff. 2.1.1/2.2.1 ARB 2021),[377] die Verteidigung gegen Cyber-Vergehen (Ziff. 2.2.9 ARB 2021),[378] den aktiven Straf-Rechtsschutz im Internet (Ziff. 2.2.13 ARB 2021)[379] und den weltweiten Rechtsschutz bei Onlineshopping (Ziff. 6.2 ARB 2021).[380] Die Deckung greift, um die rechtlichen Interessen des VN wahrzunehmen, wenn diesem „ein Urheberrechtsverstoß in unmittelbarem Zusammenhang mit der Nutzung elektronischer Daten/Medien" vorgeworfen wird. Als Anwendungsbeispiele werden Internet und Messengerdienste, aber z.B. auch Intranet-Bereiche eines Unternehmens genannt. Bedeutsamster – und praktisch wohl einzig relevanter – Anwendungsfall dürfte die Verwendung von urheberrechtlich geschützem Bild-, Video- oder Tonmaterial sein, welches vom VN auf einer *social media*-Plattform oder einem Messangerdienst verwendet wird und eine urheberrechtliche Abmahung zur Folge hat. Die AVB sehen dabei eine Höchstsumme der jährlich zu erstattenden Kosten vor. Ob sich dieses neue Deckungskonzept in der Praxis durchsetzt, ist jedoch noch offen – bislang sind nur vereinzelte Angebote seitens der Versicherungsbranche zu beobachten. 109

377 S. Rn. 12 und § 23 Rn. 11.
378 S. Rn. 77.
379 S. Rn. 105 ff.
380 S. § 6 Rn. 3.

ARB 2010	ARB 2012	ARB 2021	
§ 3 Ausgeschlossene Rechtsangelegenheiten Rechtsschutz besteht nicht für Wahrnehmung rechtlicher Interessen	**3.2 Inhaltliche Ausschlüsse** In folgenden Fällen haben Sie keinen Versicherungsschutz:	**3.2 Inhaltliche Ausschlüsse** In folgenden Fällen haben Sie keinen Versicherungsschutz:	**A**
(1) in ursächlichem Zusammenhang mit	3.2.1 Jede Interessenwahrnehmung in ursächlichem Zusammenhang mit	*Identisch mit 3.2.1 ARB 2012*	
a) Krieg, feindseligen Handlungen, Aufruhr, inneren Unruhen, Streik, Aussperrung oder Erdbeben;	• Krieg, feindseligen Handlungen, Aufruhr, inneren Unruhen, Streik, Aussperrung oder Erdbeben,		**A**
b) Nuklear- und genetischen Schäden, soweit diese nicht auf eine medizinische Behandlung zurückzuführen sind;	• Nuklearschäden und genetischen Schäden. Dieser Ausschluss gilt nicht für Schäden aus einer medizinischen Behandlung,		**A**
c) Bergbauschäden an Grundstücken und Gebäuden;	• Bergbauschäden und Beeinträchtigungen aufgrund von bergbaubedingten Immissionen (das sind Einwirkungen, wie zum Beispiel Erschütterungen) an Grundstücken, Gebäuden oder Gebäudeteilen.		**A**
d) aa) dem Erwerb oder der Veräußerung eines zu Bauzwecken bestimmten Grundstückes oder vom Versicherungsnehmer oder mitversicherten Personen nicht selbst zu Wohnzwecken genutzten Gebäudes oder Gebäudeteiles, bb) der Planung oder Errichtung eines Gebäudes oder Gebäudeteiles, das sich im Eigentum oder Besitz des Versicherungsnehmers befindet oder das dieser zu erwerben oder in Besitz zu nehmen beabsichtigt, cc) der genehmigungs- und/ oder anzeigepflichtigen baulichen Veränderung eines Grundstückes, Gebäudes oder Gebäudeteiles, das sich im Eigentum oder Besitz des Versicherungsnehmers	3.2.2 Jede Interessenwahrnehmung in ursächlichem Zusammenhang mit • dem Kauf oder Verkauf eines Grundstücks, das bebaut werden soll. • der Planung oder Errichtung eines Gebäudes oder Gebäudeteils, das sich in Ihrem Eigentum oder Besitz befindet oder das Sie erwerben oder in Besitz nehmen möchten. • der genehmigungs-/ anzeigepflichtigen baulichen Veränderung eines Grundstücks, Gebäudes oder Gebäudeteils. Dieses Grundstück, Gebäude oder Gebäudeteil befindet sich in Ihrem Eigentum oder Besitz oder Sie möchten es erwerben oder in Besitz nehmen.	*Identisch mit 3.2.2 ARB 2012*	**P L W**

https://doi.org/10.1515/9783110522709-010

ARB 2010	ARB 2012	ARB 2021	
befindet oder das dieser zu erwerben oder in Besitz zu nehmen beabsichtigt, dd) der Finanzierung eines der unter aa) bis cc) genannten Vorhaben.	Auch bei der Finanzierung eines der unter 3.2.2 genannten Vorhaben haben Sie keinen Versicherungsschutz.		
(2) Rechtsschutz besteht nicht für die Wahrnehmung rechtlicher Interessen a) zur Abwehr von Schadenersatzansprüchen, es sei denn, dass diese auf einer Vertragsverletzung beruhen;	3.2.3 Sie wollen Schadenersatzansprüche abwehren. (Beispiel: Sie haben einen Verkehrsunfall und der Gegner will Schadenersatz von Ihnen. Dies ist nicht durch die Rechtsschutzversicherung, sondern im Rahmen der Haftpflichtversicherung versichert.) **Ausnahme**: der Schadenersatzanspruch beruht auf einer Vertragsverletzung. (Beispiel: Der Vermieter des Mietfahrzeugs verlangt Schadenersatz wegen verspäteter Rückgabe. Dies ist aufgrund des Mietvertrags über den Vertrags-Rechtsschutz versichert.)	*Identisch mit 3.2.3 ARB 2012*	**A**
b) aus kollektivem Arbeits- oder Dienstrecht;	3.2.4 Streitigkeiten aus kollektivem Arbeits- oder Dienstrecht (zum Beispiel das Mitbestimmungsrecht in Unternehmen und Betrieben).	*Identisch mit 3.2.4 ARB 2012*	**U L B**
c) aus dem Recht der Handelsgesellschaften oder aus Anstellungsverhältnissen gesetzlicher Vertreter juristischer Personen;	3.2.5 Streitigkeiten aus dem Recht der Handelsgesellschaften oder aus Anstellungsverhältnissen gesetzlicher Vertreter juristischer Personen (zum Beispiel: Geschäftsführer einer GmbH oder Vorstände einer Aktiengesellschaft).	*Identisch mit 3.2.5 ARB 2012*	**P U Ver L B**
d) in ursächlichem Zusammenhang mit Patent-, Urheber-, Marken-, Geschmacksmuster-, Gebrauchsmusterrechten oder sonstigen Rechten aus geistigem Eigentum:	3.2.6 Streitigkeiten in ursächlichem Zusammenhang mit Patent-, Urheber-, Marken-, Geschmacksmuster-/ Gebrauchsmusterrechten oder sonstigen Rechten aus geistigem Eigentum.	3.2.6 Streitigkeiten in ursächlichem Zusammenhang mit Patent-, Urheber-, Marken-, Geschmacksmuster-/ Gebrauchsmusterrechten oder sonstigen Rechten aus geistigem Eigentum. **Optional**: Ausnahme: Rechtsschutz bei dem Vorwurf von Urheberrechtsverstößen gemäß 2.2.14.	**P U Ver L B** **CP**

ARB 2010	ARB 2012	ARB 2021	
e) aus dem Kartell- oder sonstigem Wettbewerbsrecht	3.2.7 Streitigkeiten aus dem Kartell- oder sonstigem Wettbewerbsrecht.	*Identisch mit 3.2.7 ARB 2012*	**P U Ver L B**
f) in ursächlichem Zusammenhang mit Spiel- oder Wettverträgen, Gewinnzusagen, Termin- oder vergleichbaren Spekulationsgeschäften sowie dem Ankauf, der Veräußerung, der Verwaltung von Wertpapieren (z.B. Aktien, Rentenwerte, Fondsanteile), Wertrechten, die Wertpapieren gleichstehen, Beteiligungen (z.B. an Kapitalanlagemodellen, stille Gesellschaften, Genossenschaften) und deren Finanzierung.	3.2.8 Streitigkeiten in ursächlichem Zusammenhang mit dem Erwerb, der Veräußerung, der Verwaltung und der Finanzierung von Kapitalanlagen. **Ausgenommen hiervon sind**: • Güter zum eigenen Ge- oder Verbrauch, • Gebäude oder Gebäudeteile, soweit diese zu eigenen Wohnzwecken genutzt werden oder genutzt werden sollen, • *sowie ... [Aufzählung von bestimmten Kapitalanlagen möglich]*	*Identisch mit 3.2.8 ARB 2012*	**P U Ver L B**
	3.2.9 Streitigkeiten in ursächlichem Zusammenhang mit • der Vergabe von Darlehen, • Spiel- oder Wettverträgen, • Gewinnzusagen	*Identisch mit 3.2.9 ARB 2012*	**P U Ver L B**
g) aus dem Bereich des Familien-, Lebenspartnerschafts- und Erbrechts, soweit nicht Beratungs-Rechtsschutz gem. § 2k) besteht;	3.2.10 Streitigkeiten aus dem Bereich des Familien-, Lebenspartnerschafts- und Erbrechts. **Ausnahme**: Sie haben Beratungs-Rechtsschutz (siehe 2.2.11) vereinbart.	*Identisch mit 3.2.10 ARB 2012*	**P L**
h) aus dem Rechtsschutzversicherungsvertrag gegen den Versicherer oder das für diesen tätige Schadenabwicklungsunternehmen;	3.2.11 Sie wollen gegen uns oder unser Schadenabwicklungsunternehmen vorgehen.	*Identisch mit 3.2.11 ARB 2012*	**A**
i) wegen der steuerlichen Bewertung von Grundstücken, Gebäuden oder Gebäudeteilen, sowie wegen Erschließungs- und sonstiger Anliegerabgaben, es sei denn, dass es sich um laufend erhobene Gebühren für die Grundstücksversorgung handelt;	3.2.12 Streitigkeiten wegen • der steuerlichen Bewertung von Grundstücken, Gebäuden oder Gebäudeteilen, • Erschließungs- und sonstiger Anliegerabgaben. **Ausnahme**: Es handelt sich um laufend erhobene Gebühren für die Grundstücksversorgung.	*Identisch mit 3.2.12 ARB 2012*	**L W**

ARB 2010	ARB 2012	ARB 2021	
(3) a) in Verfahren vor Verfassungsgerichten b) in Verfahren vor internationalen oder supranationalen Gerichtshöfen, soweit es sich nicht um die Wahrnehmung rechtlicher Interessen von Bediensteten internationaler oder supranationaler Organisationen aus Arbeitsverhältnissen oder öffentlich-rechtlichen Dienstverhältnissen handelt;	3.2.13 Sie nehmen Ihre rechtlichen Interessen wahr • vor Verfassungsgerichten oder • vor internationalen oder supranationalen Gerichtshöfen (zum Beispiel dem Europäischen Gerichtshof).	*Identisch mit 3.2.13 ARB 2012*	**A**
	Ausnahme: Sie nehmen Ihre rechtlichen Interessen wahr, als Bediensteter internationaler oder supranationaler Organisationen aus Arbeitsverhältnissen oder öffentlich-rechtlichen Dienstverhältnissen.		**L B**
c) in ursächlichem Zusammenhang mit einem Insolvenzverfahren, das über das Vermögen des Versicherungsnehmers eröffnet wurde oder eröffnet werden soll;	3.2.14 Jede Interessenwahrnehmung in ursächlichem Zusammenhang mit einem Insolvenzverfahren, das über Ihr Vermögen eröffnet wurde oder eröffnet werden soll (zum Beispiel: Zwangsversteigerung des Fahrzeugs infolge Ihres Insolvenzantrags).	*Identisch mit 3.2.14 ARB 2012*	**A**
d) in Enteignungs-, Planfeststellungs-, Flurbereinigungs- sowie im Baugesetzbuch geregelten Angelegenheiten;	3.2.15 Streitigkeiten • in Enteignungs-, Planfeststellungs-, Flurbereinigungs-Angelegenheiten, • in Angelegenheiten, die im Baugesetzbuch geregelt sind.	*Identisch mit 3.2.15 ARB 2012*	**L W**
e) in Ordnungswidrigkeiten- und Verwaltungsverfahren wegen eines Halt- oder Parkverstoßes;	3.2.16 Gegen Sie wird ein Ordnungswidrigkeiten- bzw. Verwaltungsverfahren wegen eines Halt- oder Parkverstoßes geführt.	*Identisch mit 3.2.16 ARB 2012*	**L Vk F**
(4) a) mehrerer Versicherungsnehmer desselben Rechtsschutzversicherungsvertrages untereinander, mitversicherter Personen untereinander und	3.2.17 Es bestehen Streitigkeiten • zwischen Ihnen und weiteren Versicherungsnehmern desselben Versicherungsvertrags,	*Identisch mit 3.2.17 ARB 2012*	**A**

ARB 2010	ARB 2012	ARB 2021	
mitversicherter Personen gegen den Versicherungsnehmer;	• von Mitversicherten gegen Sie, • von Mitversicherten untereinander.		
b) sonstiger Lebenspartner (nicht eheliche und nicht eingetragene Lebenspartner gleich welchen Geschlechts) untereinander in ursächlichem Zusammenhang mit der Partnerschaft, auch nach deren Beendigung.	3.2.18 Streitigkeiten sonstiger Lebenspartner (nicht eheliche und nicht eingetragene Lebenspartner gleich welchen Geschlechts) untereinander, wenn diese Streitigkeiten in ursächlichem Zusammenhang mit der Partnerschaft stehen. Dies gilt auch, wenn die Partnerschaft beendet ist.	*Identisch mit 3.2.18 ARB 2012*	**P L Vk F W**
c) aus Ansprüchen oder Verbindlichkeiten, die nach Eintritt des Rechtsschutzfalles auf den Versicherungsnehmer übertragen worden oder übergegangen sind;	3.2.19 Ansprüche oder Verbindlichkeiten werden auf Sie übertragen oder sind auf Sie übergegangen, nachdem ein Versicherungsfall bereits eingetreten ist. (Beispiel: Ihr Arbeitskollege hat einen Verkehrsunfall und überträgt seine Schadenersatzansprüche auf Sie. Diese wollen Sie gegenüber dem Unfallgegner geltend machen. Dies ist nicht versichert.)	*Identisch mit 3.2.19 ARB 2012*	**A**
d) aus vom Versicherungsnehmer in eigenem Namen geltend gemachten Ansprüchen anderer Personen oder aus einer Haftung für Verbindlichkeiten anderer Personen;	3.2.20 Sie wollen die Ansprüche eines anderen geltend machen (Beispiel: Sie lassen sich die Schadenersatzansprüche eines Freundes gegen einen Dritten abtreten, um diese geltend zu machen. Dies ist nicht versichert.) oder Sie sollen für Verbindlichkeiten eines anderen einstehen. (Beispiel: Ihr Arbeitskollege kauft ein Fahrzeug. Sie bürgen für den Darlehensvertrag mit dem Autoverkäufer. Streitigkeiten aus dem Bürgschaftsvertrag sind nicht versichert.)	*Identisch mit 3.2.20 ARB 2012*	**A**
(5) soweit in den Fällen des § 2a) bis h) ein ursächlicher Zusammenhang mit einer vom Versicherungsnehmer vorsätzlich begangenen Straftat besteht. Stellt sich ein solcher Zusammenhang im Nachhinein heraus, ist der Versicherungsnehmer zur	3.2.21 Sie haben in den Leistungsarten nach 2.2.1 bis 2.2.8 den Versicherungsfall vorsätzlich und rechtswidrig herbeigeführt. Wird dies erst später bekannt, sind Sie verpflichtet, die von uns erbrachten Leistungen zurückzuzahlen.	3.2.21 Es besteht in den Rechtsbereichen nach 2.2.1 bis 2.2.8 ein ursächlicher Zusammenhang mit einer von Ihnen oder einer mitversicherten Person vorsätzlichen begangenen Straftat. Wird dies erst später bekannt, sind Sie verpflichtet, die von uns	**A**

ARB 2010	ARB 2012	ARB 2021	
Rückzahlung der Leistungen verpflichtet, die der Versicherer für ihn erbracht hat.		erbrachten Leistungen zurückzuzahlen.	
–	3.2.22 Jegliche Interessenwahrnehmung in ursächlichem Zusammenhang mit einer geplanten oder ausgeübten gewerblichen, freiberuflichen oder sonstigen selbstständigen Tätigkeit. **Ausnahme**: Der Versicherungsschein umfasst ausdrücklich Streitigkeiten im Zusammenhang mit dieser Tätigkeit.	*Identisch mit 3.2.22 ARB 2012*	**P L B Vk F W**
	3.2.23 Sie wollen Interessen wahrnehmen im Zusammenhang mit dem Erwerb oder der Veräußerung von Teilnutzungsrechten (Timesharing) an: • Grundstücken, • Gebäuden, Gebäudeteilen.		**P L**

Schrifttum

Armbrüster Rechtschutzversicherung und Wohnungseigentum, Festschrift Merle (2010) 13; *Bauer* Rechtsentwicklung bei den Allgemeinen Bedingungen für die Rechtsschutzversicherung bis Anfang 2009, NJW **2009** 1564; *Bendermacher/Keune* Die Eintrittspflicht der Rechtschutzversicherung bei der Geltendmachung von Schadensersatzansprüchen im Zusammenhang mit der Beteiligung an geschlossenen Immobilienfonds, VersR **2011** 972; *Berger* Der Baurisikoausschluss in der Rechtsschutzversicherung, VersR **2000** 1321; *Cebulla* Zur Deckungspflicht der Rechtsschutzversicherer in Verfahren von Restitutionsgegnern nach dem Gesetz zur Regelung offener Vermögensfragen, VIZ **1999** 132; *Cornelius-Winkler* Wirksamkeit eines Leistungsausschlusses für Kapitalanlagegeschäfte in Rechtsschutz-AVB, EWiR **2013** 711; *ders.* Ausschluss für Insolvenzverfahren in der Rechtsschutzversicherung, RuS **2007** 375; *Ehlers* Krieg, Kriegsereignisse, terroristische und politische Gewalthandlungen, Beschlagnahme, Eingriffe von hoher Hand, RuS **2002** 133; *Kurzka* Vorwurf und Behauptung in der Rechtsschutzversicherung, VersR **1980** 600; *Maier* Der Ausschluß des Baurisikos in der Rechtsschutzversicherung, VersR **1997** 394; *Mathy* Die Mitversicherung des nichtehelichen Lebenspartners in der Rechtsschutzversicherung, VersR **2003** 820; *Prölss* Risikoausschlüsse in der Rechtsschutzversicherung (Teil I), RuS **2005** 225; *Rex* Rechtsschutzversicherung und Drittschuldnerklage, VersR **1995** 505; *Schaub* Die Rechtsschutzversicherung im Arbeitsrecht, NZA **1989** 865; *Schmidt* Der Beweis des Versicherungsfalles im deutschen, U.S.-amerikanischen und englischen Recht (2011); *Schmitz-Gagnon* Rechtsschutzversicherung: Baurisikoausschluss erfasst auch baustellentypische Unfälle! IBR **2015** 635; *Schneider* Die Drittschuldnerklage in der Rechtsschutzversicherung, VersR **1995** 10; *Wendt* Aktuelles zu Risiko- und Leistungsausschlüssen in Rechtsschutzversicherungen, MDR **2008** 902; *ders.* Risikobegrenzungen, Obliegenheitsverletzungen und die neuere Rechtsprechung des BGH zur Rechtsschutzversicherung, MDR **2010** 1168; *ders.* Risikobegrenzungen, Obliegenheitsverletzungen und die neuere Rechtsprechung des BGH zur Rechtsschutzversicherung, RuS **2010** 221; *ders.* Der Rechtsschutzversicherer und sein „durchschnittlicher Versicherungsnehmer", MDR **2012** 821; *ders.* Die Rechtsprechung des Bundesgerichtshofes zur Rechtsschutzversicherung – Der Rechtsschutzversicherer und sein durchschnittlicher Versicherungsnehmer, RuS **2012** 209.

Übersicht

A. Allgemeines

1. Funktion und Bedeutung

a) Funktion. Die ARB nehmen bestimmte Rechtsangelegenheiten ausdrücklich vom Rechtsschutz aus (§ 3). Die einschlägigen Bestimmungen leisten einen Beitrag zur Konkretisierung der Rechtsschutzdeckung. In der Literatur werden die damit im Zusammenhang stehenden Fragen vielfach unter dem Oberbegriff des versicherten Risikos behandelt.[1] Dabei muss man sich im Ausgangspunkt immer vergegenwärtigen, dass der Begriff des versicherten Risikos gesetzlich nicht eindeutig gefasst und dementsprechend unklar ist, wenn nicht in seinem Facettenreichtum bisweilen gar schimmernd. 1

b) Bedeutung. Die praktische Bedeutung von§ 3 kann nicht überschätzt werden. Die Bestimmungen in § 3 sollen nach überwiegender Ansicht dazu dienen, Risiken vom Rechtsschutz auszunehmen, deren Tragung der Gefahrengemeinschaft bzw. dem VR aus Kostengründen nicht zumutbar ist.[2] Der Versicherungsfall ist auf der Grundlage der Theorie von der bedingten Hauptleistungspflicht des VR, wie sie in § 1 Satz 1 VVG ihre Grundlage findet,[3] als Bedingung für die Entstehung des Deckungsanspruchs der VN einzuordnen, deren Bestimmung der Gesetzgeber nach h.M. in der Rechtsschutzversicherung grundsätzlich privatautonomer Vertragsgestaltung überlassen hat.[4] Die konträre Lehre von der Gefahrtragung als Leistung des VR, die im Gesetz letztlich keine hinreichende Stütze findet,[5] muss ebenfalls auf eine Bestimmung des versicherten Risikos notwen- 2

1 Hierzu statt vieler *Bruns* Privatversicherungsrecht § 13 Rn. 1 ff.
2 *Looschelders*/Paffenholz § 3 Rn. 2 (Versichertengemeinschaft); Harbauer/*Maier* § 3 Rn. 1 (VR bzw. Versicherungskunden – Risikogemeinschaft); van Bühren/*Plote* § 3 ARB 2010 Rn. 1 (VR).
3 S.a. § 125 Rn. 9; grundsätzlich *Bruns* Privatversicherungsrecht § 14 Rn. 3 ff., 14 ff.
4 S. § 125 Rn. 9 ff.
5 *Bruns* Privatversicherungsrecht § 14 Rn. 8 ff., 15 f.

dig bedacht sein, für sie liegt darin nachgerade die Essenz der Produktgestaltung. Die Gefahrtragungslehre lässt allerdings die klare dogmatische Zuordnung zur Bedingung vermissen und daraus sich ergebende Differenzierungen eher in den Hintergrund treten. Es obliegt dem VR, den Rechtsschutzfall in den ARB festzulegen, und Bestimmungen zum Rechtsschutzfall rechnen deshalb zur Bedingung für die Entstehung der Leistungspflicht. Solche Bestimmungen lassen sich grundgedanklich positiv wie negativ formulieren. Negativ formulierte Bestimmungen zum Versicherungsfall werden gemeinhin auch als „Ausschlüsse" oder „sekundäre Risikobeschreibungen" bezeichnet, wobei einer rein negativen ebenso wie der unbestimmten Umschreibung des Versicherungsfalls das Risiko der Unmöglichkeit der Bedingung mangels Ereignisses immanent ist, die nach allgemeiner Bedingungslehre zur Unmöglichkeit des Rechtsgeschäfts führt.[6] Die Kautelargestaltung ist schon deshalb gut beraten, im Ausgangspunkt positive Bestimmungen zum Versicherungsfall zugrunde zu legen, wie sie es weithin praktiziert. Der so verstandene „Risikoausschluss" ist zum einen abzugrenzen von der Obliegenheit, die einem anderen Regelungsregime unterliegt, was insbesondere für subjektive Risikoausschlüsse und „verhüllte" Obliegenheiten schwierig und umstritten sein kann. Zum anderen sind Negativbestimmungen zum Versicherungsfall von Begrenzungen des Leistungsumfangs zu unterscheiden, weil auch hier besondere rechtliche Beurteilungsmaßstäbe Geltung beanspruchen.

2. Rechtliche Qualifikation als Risikoausschluss

3 Die rechtliche Qualifikation als Risikoausschluss richtet sich im Ausgangspunkt danach, welchen kautelarjuristischen Gestaltungsmittels sich der VR bedient hat. Nach h.M. handelt es sich in § 3 um die allgemeinen Risikoausschlüsse in der Rechtsschutzversicherung.[7] Allerdings ist für die rechtliche Einordnung nicht allein der erklärte Wille des VR maßgeblich. Ob es sich um einen Risikoausschluss im Sinne einer Negativbestimmung des Versicherungsfalls oder einer Grenze des Leistungsumfangs handelt, bestimmt sich nach dem Gesetzesrecht, in dessen Rahmen der VR eine Gestaltungsform wählen kann. Eine Bestimmung ist keineswegs nur deswegen als Negativbestimmung zum Versicherungsfall oder sonst als Ausschluss anzusehen, weil der VR Formulierungen wie „Ausschluss", „ist ausgeschlossen" oder „Rechtsschutz besteht nicht" verwendet. Welche Gestaltung der VR in einer bestimmten Klausel gewählt hat, ist durch Auslegung zu ermitteln, bei der nach h.M. ein objektiver Maßstab zugrunde zu legen ist.[8] Maßgeblich ist auch insoweit der Verständnishorizont eines durchschnittlichen VN. Insgesamt handelt es sich bei der Qualifikation einer Bestimmung als Risikoausschluss mithin um einen normativen Vorgang unter Berücksichtigung der Privatautonomie, die für jede einzelne Regelung gesonderter Prüfung bedarf.

3. Systematik

4 **a) Anwendungsbereich.** Die Bestimmungen in § 3 gelten im Ausgangspunkt in jedem Bereich, für den Rechtsschutzversicherung grundsätzlich gewährt wird.[9] Weil es sich nach h.M. um Risikoausschlüsse handelt,[10] sollen die geregelten Tatbestände und Fallgruppen also gerade nicht von der Rechtsschutzdeckung erfasst sein.[11] Vielmehr handelt es sich um Regelungen, die eine Rechtsschutzde-

6 S. § 125 Rn. 11.

7 *Looschelders*/Paffenholz § 3 Rn. 1; Prölss/Martin/*Piontek* § 3 Rn. 1; Harbauer/*Maier* § 3 ARB 2010 Rn. 1; van Bühren/*Plote* § 3 Rn. 1.

8 Langheid/Wandt/*Reiff* AVB Rn. 79 ff. m.N.; *Bruns* Privatversicherungsrecht § 10 Rn. 5.

9 *Looschelders*/Paffenholz § 3 Rn. 9; Harbauer/*Maier* § 3 ARB 2010 Rn. 4.

10 S. Rn. 3.

11 Etwas anders *Looschelders*/Paffenholz § 3 Rn. 9 („Die Risikoausschlüsse ... gelten grundsätzlich in jedem Bereich, der *von der Versicherung abgedeckt* ist." – Hervorhebung hinzugefügt).

ckung, die durch eine positive Bestimmung des Versicherungsfalls – eine sogenannte primäre Risikoabgrenzung (Risikobeschreibung) – gewährt wird, für bestimmte Konstellationen wieder zurücknehmen.[12] Die Ausschlüsse erfassen sowohl die gerichtliche als auch die außergerichtliche Wahrnehmung rechtlicher Interessen. Der Zeitrahmen einschlägiger Ausschlüsse reicht von der Erstberatung bis zum Abschluss der Interessenwahrnehmung (außergerichtlicher oder Prozessvergleich, Urteil, Zwangsvollstreckung etc.). Einzelne Risikoausschlüsse finden jedoch im Beratungs-Rechtsschutz (§ 2 lit. K) keine Anwendung (§ 3 Abs. 2 lit. g, Abs. 5).[13]

b) Fallgruppen. Die Ausschlüsse sind nach Fallgruppen in fünf Absätzen untergliedert.[14] Der Unter- 5
gliederung liegt allerdings keine vollkommen trennscharfe Systematik zugrunde. In § 3 Abs. 1 sind bestimmte Kumulrisiken (§ 3 Abs. 1 lit. a–c)[15] zusammengefasst mit typischerweise kostenintensiven Baurisiken (§ 3 Abs. 1 lit. d), wie sie nur vergleichsweise wenigen VN drohen.[16] Der zweite Absatz nimmt bestimmte Rechtsangelegenheiten mit hohem Kostenrisiko und Absatz 3 besonders kostenintensive und seltene Gerichtsverfahren von der Rechtsschutzdeckung aus.[17] Der § 3 Abs. 4 schließt bestimmte persönliche Konstellationen aus,[18] und durch § 3 Abs. 5 werden Verfahren im Zusammenhang mit einer vorsätzlichen Straftat vom Rechtsschutz ausgenommen – nach h.M. ein Sonderfall der vorsätzlichen Herbeiführung des Versicherungsfalls (§ 81 VVG).[19] Diese Fallgruppen sind nicht abschließend, teilweise wird die Regelung bei den Formen des Rechtsschutzes (§§ 21–29) durch besondere Risikoausschlüsse ergänzt.[20]

c) Würdigung. Die Regelung ist im Grundansatz ordentlich strukturiert, hinterlässt aber – *nolens* 6
volens – in der grundsätzlichen systematischen Einordnung der „Ausschlüsse“ teilweise den Eindruck einer gewissen Unschärfe. Der Versuch einer Fallgruppenbildung ist insgesamt recht geglückt, wird aber systematisch nicht ganz streng durchgehalten, wenngleich das – wenn überhaupt möglich – gewiss kein ganz leichtes Unterfangen ist. Die Aufspaltung von positiven und negativen Bestimmungen zum Rechtsschutzfall ist naturgemäß – nicht nur für den juristischen Laien – teilweise unübersichtlich und gerät damit letztlich zum Nährboden von Unklarheit, Missverständlichkeit und Intransparenz.

4. Auslegung

Die Auslegung von Risikoausschlüssen in AVB orientiert sich nach h.M. am objektiven Verständnis- 7
horizont eines durchschnittlichen VN ohne versicherungsrechtliche Spezialkenntnisse.[21] Außerdem gehen der Bundesgerichtshof und die h.L. davon aus, dass Risikoausschlüsse als Ausnahme-

---

12 Harbauer/*Maier* § 3 ARB 2010 Rn. 1.

13 *Looschelders*/Paffenholz § 3 Rn. 9.

14 Zum Ganzen *Looschelders*/Paffenholz § 3 Rn. 3 ff.

15 Prölss/Martin/*Piontek* § 3 Rn. 1; *Looschelders*/Paffenholz § 3 Rn. 3.

16 BGH 28.5.2008 – IV ZR 282/07, VersR **2008** 1105, 1106 Rn. 10 (zu den insoweit im Wesentlichen inhaltsgleichen ARB 75/94); Prölss/Martin/*Piontek* § 3 Rn. 1.

17 Hierzu BGH 29.9.2004 – IV ZR 189/03, RuS **2004** 501, 502; BGH 28.5.2008 – IV ZR 282/07, VersR **2008** 1105, 1106; BGH 10.4.2019 – IV ZR 59/18, RuS **2019** 326 Rn. 24; *Looschelders*/Paffenholz § 3 Rn. 4.

18 *Looschelders*/Paffenholz § 3 Rn. 5.

19 Prölss/Martin/*Piontek* § 3 Rn. 105 ff.; *Looschelders*/Paffenholz § 3 Rn. 6; Beckmann/Matusche-Beckmann/*Obarowski* § 37 Rn. 307 ff.

20 *Looschelders*/Paffenholz § 3 Rn. 7; Harbauer/*Maier* § 3 ARB 2010 Rn. 3.

21 BGH 23.6.1993 – IV ZR 135/92, NJW **1993** 2369 f.; BGH 25.9.2002 – IV ZR 248/01, VersR **2002** 1503, 1504; Langheid/Wandt/*Reiff* AVB Rn. 79 ff. m.N.; *Bruns* Privatversicherungsrecht § 10 Rn. 5.

tatbestände grundsätzlich eng auszulegen sind.[22] Erforderlich ist eine klare und für den durchschnittlichen VN verständliche Darstellung der Rechte und Pflichten des Vertragspartners.[23] Der VN soll nicht mit Lücken im Versicherungsschutz rechnen müssen, die ihm nicht klar ersichtlich sind.[24] Besonderheiten gelten für die Auslegung „festumrissener" Begriffe der Rechtssprache, die nach h.M. in AVB grundsätzlich keinen abweichenden Bedeutungsgehalt haben sollen.[25] Solche Begriffe finden sich auch in § 3.[26] Die Schwierigkeit besteht allerdings naturgemäß in der Beantwortung der Frage, wann ein Begriff der Rechtssprache „festumrissen" ist. Das wird man am ehesten für legaldefinierte Gesetzesbegriffe annehmen können, wie z.B. den materiellrechtlichen „Anspruch" (§ 194 Abs. 1 BGB), darüber hinaus für solche Termini, die in höchstrichterlicher Rechtsprechung und ganz h.L. unstreitig sind, wie etwa der „Vertrag". Im Übrigen sind festumrissene Rechtsbegriffe im Recht der Rechtsschutzversicherung wie auch sonst eher die Ausnahme. Beispielsweise handelt es sich beim Begriff „aus dem Bereich des Rechts der Handelsgesellschaften", wie er nach § 4 Abs. 1 lit. c ARB 75 aus dem Rechtsschutz ausgenommen war, nach der Rechtsprechung des BGH nicht um einen festumrissenen Rechtsbegriff.[27] Das dürfte entsprechend für die Formulierung „aus dem Recht der Handelsgesellschaften" anzunehmen sein, wie er im Ausschluss gemäß § 3 Abs. 2 lit. c ARB 94 und 2010 Verwendung gefunden hat.[28] Besteht zunächst Unklarheit über die Auslegung, ändert das an der Fälligkeit des bestehenden Anspruchs aus der Versicherung nichts; der VR ist nicht zu einer Leistung „unter Vorbehalt" berechtigt.[29] Andererseits besteht auch keine „vorläufige" Leistungsverpflichtung, wenn tatsächlich kein Versicherungsschutz besteht.[30]

5. Kausalitätserfordernisse

8 Einige Risikoausschlüsse setzen einen ursächlichen Zusammenhang zwischen bestimmten Ereignissen, Schäden, Rechten, Verträgen, Geschäften, Verfahren, Straftaten einerseits und der Wahrnehmung rechtlicher Interessen andererseits voraus (§ 3 Abs. 1, Abs. 2 lit. d, f, Abs. 3 lit. c, Abs. 5). Die Kausalität beurteilt sich entsprechend allgemeinen Grundsätzen: erforderlich ist zusätzlich zur äquivalenten Kausalität im Sinne der conditio sine qua non-Formel die Adäquanz der Verursachung (Adäquanztheorie),[31] darüber hinaus ist konsequenterweise im Sinne der Lehre vom Normzweckzusammenhang der durch Auslegung zu ermittelnde Schutzzweck des jeweiligen Risikoausschlusses zu berücksichtigen.[32] Ein hinreichender unmittelbarer Zusammenhang zwischen Risikoausschluss und Wahrung der rechtlichen Interessen ist nach der Rechtsprechung des BGH nur dann gegeben, wenn neben einem gewissen zeitlichen Zusammenhang auch ein innerer sach-

22 BGH 21.9.1983 – IVa ZR 165/81, NJW **1984** 370, 371; BGH 23.11.1994 – IV ZR 48/94, NJW-RR **1995** 276, 277; BGH 17.5.2000 – IV ZR 113/99, NVersZ **2000** 475, 476; BGH 25.9.2002 – IV ZR 248/01, VersR **2002** 1503, 1504; BGH 24.6.2009 – IV ZR 110/07, VersR **2009** 1617; BGH 19.12.2012 – IV ZR 213/11, RuS **2013** 71; *Looschelders*/Paffenholz § 3 Rn. 10; Prölss/Martin/*Piontek* § 3 Rn. 1a; Looschelders/Pohlmann/*Paffenholz* § 125 Rn. 34; Harbauer/*Maier* § 3 ARB 2010 Rn. 11; van Bühren/*Plote* § 3 ARB 2010 Rn. 3; *Wendt* RuS **2010** 221, 226.

23 Näher *Wendt* MDR **2010** 1168.

24 BGH 29.10.2008 – IV ZR 128/07, VersR **2009** 216, 217; BGH 15.9.2010 – IV ZR 113/08, VersR **2011** 66.

25 Langheid/Wandt/*Reiff* AVB Rn. 84; *Beckmann*/Matusche-Beckmann § 10 Rn. 170; Harbauer/*Maier* § 3 ARB 2010 Rn. 12.

26 *Looschelders*/Paffenholz § 3 Rn. 11.

27 BGH 21.5.2003 – IV ZR 327/02, VersR **2003** 1122, 1123; Prölss/Martin/*Piontek* § 3 Rn. 32.

28 Offen BGH 11.5.2006 – III ZR 228/05, NJW-RR **2006** 1404, 1405 (zu § 3 Abs. 2 lit. c ARB 94).

29 Prölss/Martin/*Piontek* § 3 Rn. 2.

30 Prölss/Martin/*Piontek* § 3 Rn. 2; a.A. OLG Frankfurt 21.7.1993 – 23 U 200/91, VersR **1994** 667; Harbauer/*Maier* § 3 ARB 2010 Rn. 229.

31 Ganz h.M. Prölss/Martin/*Piontek* § 3 Rn. 5; *Looschelders*/Paffenholz § 3 Rn. 12; Harbauer/*Maier* § 3 ARB 2010 Rn. 14; van Bühren/*Plote* § 3 ARB 2010 Rn. 4.

32 *Looschelders*/Paffenholz § 3 Rn. 13; Beispielsfall BGH 10.11.1993 – IV ZR 87/93, RuS **1994** 61, 62 (ohne ausdrückliche Bezugnahme auf die Normzwecklehre).

licher Bezug vorhanden ist; maßgebend dafür ist die Rechtsnatur der Ansprüche oder der Rechtsverteidigung, die der VN geltend machen will.[33]

6. Beweislast

Die Einordnung als Risikoausschluss hat nach h.M. eine Schlüsselbedeutung für die Beweislastver- 9
teilung.[34] Im Ausgangspunkt richtet sich die Beweislastverteilung in der Rechtsschutzversicherung wie im gesamten Privatversicherungsrecht nach den allgemeinen Grundsätzen.[35] Der VN hat deshalb alle anspruchsbegründenden Tatsachen darzulegen und im Falle des Bestreitens zu beweisen, während der VR alle rechtshindernden, rechtsvernichtenden und rechtshemmenden Tatsachen vorbringen und gegebenenfalls zu beweisen hat.[36] Unstreitig trägt deshalb der VN im Deckungsprozess die Beweislast für den Abschluss eines Versicherungsvertrages.[37] Im Übrigen gilt nach h.M. Folgendes:[38] Der VN hat den Eintritt des Versicherungsfalls, d.h. die Voraussetzungen der sogenannten primären Risikobeschreibung (Risikoabgrenzung) zu beweisen,[39] und zwar einschließlich der materiellen Versicherungsdauer,[40] der VR hat hingegen die Voraussetzungen der sogenannten sekundären Risikobeschreibung in Form von Ausschlüssen und Obliegenheitsverletzungen zu beweisen;[41] der VN dagegen wiederum trägt die Beweislast für Rückeinschlüsse (sogenannte tertiäre Risikobeschreibungen).[42] Besonders problematisch ist dabei das Verhältnis der anerkannten Grundregel, dass der VN den Eintritt des Versicherungsfalls beweisen muss, zur notwendigen Konkretisierung der Beweislastverteilung im Wechselspiel zwischen den sogenannten primären und sekundären Risikobeschreibungen.[43] Denn beide Gestaltungsformen, also sowohl primäre als auch sekundäre Risikoabgrenzungen, können sich auf den Versicherungsfall beziehen,[44] für dessen Eintritt grundsätzlich der VN beweispflichtig ist. Die Schwierigkeit der Bestimmung der Beweislastverteilung wird noch deutlicher, wenn man sich vergegenwärtigt, dass nach allgemeinen Regeln der klagende Gläubiger nach h.M. nicht nur die positiven, sondern auch negative Anspruchsvoraussetzungen darlegen und bei Bestreiten beweisen muss.[45] Danach könnte es darauf ankommen, ob es sich bei dem Risikoausschluss um eine Regelung zum Versicherungsfall handelt oder um eine Begrenzung des Leistungsumfangs. Aber selbst für den Anspruchsumfang liegt die Beweislast im Grundsatz beim auf Leistung klagenden Gläubiger, sodass sich im

---

33 BGH 10.11.1993 – IV ZR 87/93, RuS **1994** 61, 62.

34 *Looschelders*/Paffenholz § 3 Rn. 1.

35 Statt vieler Bruck/Möller/*Baumann* § 1 Rn. 308; Langheid/Wandt/*Looschelders* § 1 VVG Rn. 151.

36 BGH 14.1.1991 – II ZR 190/89, NJW **1991** 1052, 1053; allgemein hierzu statt vieler Rosenberg/Schwab/*Gottwald* ZivilProzR § 116 Rn. 9 f.; für das Versicherungsrecht *Bruns* Privatversicherungsrecht § 31 Rn. 57 ff., 58; Langheid/Wandt/*Looschelders* § 1 VVG Rn. 151; Looschelders/*Pohlmann* § 1 Rn. 74 ff.; rechtsvergleichend *Schmidt* Der Beweis des Versicherungsfalles im deutschen, U.S.-amerikanischen und englischen Recht (2011) 28 ff.

37 Langheid/Wandt/*Looschelders* § 1 VVG Rn. 151; Looschelders/*Pohlmann* § 1 Rn. 75; Bruck/Möller/*Baumann* § 1 Rn. 308; Prölss/Martin/*Piontek* § 1 Rn. 192.

38 Ausführlich zum Ganzen *Schmidt* 28 ff.

39 BGH 21.2.1957 – II ZR 175/55, BGHZ **23** 355, 358 f.; BGH 18.6.2008 – IV ZR 87/07, VersR **2008** 1107, 1108; Looschelders/*Pohlmann* § 1 Rn. 76.

40 Looschelders/*Pohlmann* § 1 Rn. 76; Baumgärtel/*Prölss* § 49 Rn. 7.

41 BGH 21.2. 1957 – II ZR 175/55, BGHZ **23** 355, 359; BGH 27.11.1980 – IVa ZR 36/80, BGHZ **79** 54, 61; BGH 25.6.1997 – IV ZR 245/96, VersR **1997** 1095; BGH 16.6.1999 – IV ZR 44/98, NVersZ **1999** 476, 477; Looschelders/*Pohlmann* § 1 Rn. 76; kritisch Baumgärtel/*Prölss* § 49 Rn. 37 ff.

42 Langheid/Wandt/*Looschelders* § 1 Rn. 13; *Deutsch* Versicherungsvertragsrecht Rn. 268; Looschelders/*Pohlmann* § 1 Rn. 76.

43 Richtig gesehen bei Looschelders/*Pohlmann* § 1 Rn. 76 f.

44 Hierzu bereits oben Rn. 3.

45 BGH 13.12.1984 – III ZR 20/83, NJW **1985** 1774, 1775; BGH 13.5.1987 – VIII ZR 137/86, BGHZ **101** 49, 55; Rosenberg/Schwab/*Gottwald* ZivilProzR § 116 Rn. 9; Zöller/*Greger* Vor § 284 Rn. 24 m.w.N.

Prinzip ganz ähnliche Probleme stellen wie bei auf den Versicherungsfall bezogenen Ausschlüssen. Davon abgesehen steht es den Parteien natürlich frei, einen vertraglichen Einwendungs- oder Einredetatbestand (z.B. Stundung) privatautonom zu schaffen, soweit dem gesetzliche Regelungen nicht entgegenstehen, wie es z.B. im Recht der Obliegenheiten der Fall sein kann.[46] Die Schaffung materiellrechtlicher Einwendungstatbestände gegen den Deckungsanspruch ist also zwar grundsätzlich möglich, die in den ARB vorgesehenen „Risikoausschlüsse" sollen aber in aller Regel ganz offenbar bereits den Eintritt des Versicherungsfalles verhindern und keinen gesonderten Einwendungstatbestand begründen. Dieses Ergebnis lässt sich zwanglos durch eine am Verständnishorizont eines durchschnittlichen VN orientierte Auslegung gewinnen.

10 Die von der h.M. befürwortete Beweislastverteilung nach Maßgabe der Zuordnung zur „primären" oder „sekundären" Gestaltungsebene der Risikoabgrenzung ist mit allgemeinen Grundsätzen deshalb am ehesten vereinbar, wenn man den Charakter der Vertragsgestaltung als Elemente einer Bestimmung des Versicherungsfalls anerkennt und den Ausschlussklauseln eine beweislastregelnde Wirkung beimisst. Das ist grundsätzlich möglich, wobei allerdings Änderungen der Beweislast in AGB zum Nachteil nichtunternehmerischer VN ohne weiteres unwirksam sind (§ 309 Nr. 12 BGB) und ihnen im unternehmerischen Rechtsverkehr nach h.M. eine Unwirksamkeitsvermutung entgegensteht (§§ 307 Abs. 1 Satz 1, 310 Abs. 1 Satz 1 BGB).[47] Besonders problematisch ist deshalb die kautelarjuristische Verschiebung von Einwendungen in die Bestimmung des Versicherungsfalls bzw. die sogenannte primäre Risikobeschreibung, um die es bei den in § 3 als Risikoausschluss bezeichneten Klauseln aber gerade nicht geht. Hingegen ist die vertragliche Übernahme der Beweislast durch den VR in Abweichung von gesetzlichen Vorgaben zugunsten des VN grundsätzlich nicht zu beanstanden, weil sie den VN nicht benachteiligt. Der VR kann also im Wege der Produktgestaltung den Versicherungsfall regeln und dabei die Beweislast zugunsten des VN entgegen allgemeinen Grundsätzen teilweise sich selbst auferlegen und dadurch für sich ungünstiger gestalten, als es nach gesetzlicher Zuordnung der Fall ist. Ob eine solche Regelung im Hinblick auf „sekundäre" Risikobeschreibungen erfolgt ist, ist durch Auslegung zu ermitteln. Dafür spricht bei der Bezeichnung als Risikoausschluss eine Vermutung. Diese Vermutung ließe sich als Ergebnis einer Auslegung, die am Verständnishorizont eines durchschnittlichen VN ohne versicherungsrechtliche Spezialkenntnisse orientiert ist, zweifelsohne leichter präsentieren, wenn die dahinter stehenden Erwägungen in der Versicherungsrechtswissenschaft schon bisher eine gewisse Anerkennung und Unterstützung gefunden hätten. Das könnte dafür sprechen, das Ergebnis eher auf eine Anwendung der Zweifelsregel zu stützen (§ 305c Abs. 2 BGB). Eines Rückgriffs auf eine ergänzende Auslegung des Versicherungsvertrages bedarf es insoweit letztlich nicht.[48] Die Beweislastregelung wird – soweit vorhanden – durch Rückeinschlüsse (tertiäre Risikobeschreibungen) begrenzt, sodass es im Deckungsprozess insoweit mit der Beweisbelastung des VN sein Bewenden hat.

7. ARB 2012/2021

11 Die ARB 2012/2021 regeln die allgemeinen Ausschlüsse inhaltlich weitgehend übereinstimmend mit § 3 (Ziff. 3.2 ARB 2012/2021).[49] Sie werden dort als „inhaltliche Ausschlüsse" bezeichnet, was zur Klärung der dogmatischen Zweifelsfragen wenig oder gar nichts beiträgt und schwerlich als Transparenzgewinn verbucht werden kann. Die ARB 2012/2021 verzichten auf den Versuch einer Systematisierung in Gestalt der Einordnung in verschiedene Absätze, was der Übersichtlichkeit nicht förderlich ist.[50] Positive Reaktionen in der Literatur hat das Bemühen um illustrierende

46 Zur Sperrfunktion des Obliegenheitenrechts *Bruns* Privatversicherungsrecht § 16 Rn. 4 ff., 15 ff., 19 ff.

47 Jauernig/*Stadler* § 307 Rn. 1.

48 Teilweise **a.A.** Looschelders/*Pohlmann* § 1 Rn. 78.

49 *Looschelders*/Paffenholz § 3 Rn. 15; *Maier* RuS **2013** 105, 109.

50 *Looschelders*/Paffenholz § 3 Rn. 14.

Beispiele gezeitigt.[51] Die ARB 2021 bringen nur vereinzelte (sub Ziff. 3.2.6 und Ziff. 3.2.21) sprachliche Anpassungen.

B. Die einzelnen Ausschlüsse

I. Ausschluss der Interessenwahrnehmung im Zusammenhang mit Großereignissen und Bausachen

1. Bestimmte Fälle höherer Gewalt

a) Überblick. Nach § 3 Abs. 1 lit. a besteht kein Rechtsschutz für die Wahrnehmung rechtlicher Interessen in ursächlichem Zusammenhang mit bestimmten Ereignissen, die in der Literatur als Fälle höherer Gewalt[52] oder als Kumulrisiken[53] eingeordnet werden. Die Ausschlusstatbestände sind von der Erwägung getragen, dass die betreffenden Risiken für den VR im Allgemeinen nicht überschaubar sind und typischerweise besonders hohe Schäden erwarten lassen.[54] Die Ausschlüsse setzen nicht voraus, dass die Realisierung des Risikos *in concreto* unvorhersehbar war.[55] 12

b) Krieg. Die Reichweite des Ausschlusses der Wahrnehmung rechtlicher Interessen in ursächlichem Zusammenhang mit Krieg ist nicht eindeutig und streitig. In Betracht kommt ein engerer Kriegsbegriff im völkerrechtlichen Sinne oder ein weiteres Begriffsverständnis im Sinne kriegerischer Ereignisse aller Art einschließlich von kriegsähnlichen Zuständen, Bürgerkriegen, Revolution und Aufstand. In der versicherungsrechtlichen Literatur wird Krieg vielfach weit definiert als mit Waffengewalt ausgetragene, nicht notwendig durch eine formelle Kriegserklärung eingeleitete Auseinandersetzung zwischen größeren Gruppen, in der Regel Staaten oder Völker.[56] Dieser weite Begriff wird in der Literatur teilweise auch als Ergebnis einer Auslegung von § 3 Abs. 1 lit. a verstanden.[57] Das Postulat einer weiten Auslegung des Kriegsbegriffs steht in schwer überbrückbarem Widerspruch zu dem nach der Rechtsprechung des BGH und der h.L. anerkannten Grundsatz enger Auslegung von Ausnahmetatbeständen.[58] Eine besondere Rechtfertigung für eine Abweichung von dieser Grundregel lässt sich kaum finden. Es steht dem VR frei, weitere Tatbestände von der Deckung auszunehmen. Der durchschnittliche VN sollte Ausnahmen vom Rechtsschutz möglichst klar vor Augen geführt bekommen. Diese Erwägungen sprechen eher für ein engeres völkerrechtliches Begriffsverständnis, das allerdings keineswegs als „festumrissen" im Sinne anerkannter Auslegungsgrundsätze gelten kann.[59] Man wird Krieg deshalb vorsichtig umschreiben können als eine über einen längeren Zeitraum mit Waffengewalt geführte Auseinandersetzung mit einer Vielzahl von Toten zwischen zwei Gruppen, deren Aktivitäten organisiert sowie zentral gelenkt werden und von denen wenigstens eine als reguläre Streitkraft auftritt.[60] Terroranschläge begründen für sich genommen grundsätzlich keinen Krieg.[61] Der erforderliche Kausalzusammen- 13

51 *Looschelders*/Paffenholz § 3 Rn. 14.
52 *Looschelders*/Paffenholz § 3 Rn. 16.
53 van Bühren/*Plote* § 3 ARB 2010 Rn. 2, 4.
54 *Looschelders*/Paffenholz § 3 Rn. 16; van Bühren/*Plote* § 3 ARB 2010 Rn. 4; Harbauer/*Maier* § 3 ARB 2010 Rn. 16.
55 ÖOGH 10.12.2008 – 7 Ob 243/08y, VersR **2010** 371, 372 (zu einem Ausschluss von Katastrophen); Prölss/Martin/*Piontek* § 3 Rn. 8; *Looschelders*/Paffenholz § 3 Rn. 16.
56 Statt vieler Harbauer/*Maier* § 3 ARB 2010 Rn. 17 m.N.
57 *Looschelders*/Paffenholz § 3 Rn. 17.
58 Hierzu bereits Rn. 7.
59 S. hierzu wiederum Rn. 7.
60 Enger Römer/Langheid, 2. Aufl. (2003) § 84 Rn. 3 (militärische Auseinandersetzung zwischen zwei Staaten im Kriegszustand).
61 *Looschelders*/Paffenholz § 3 Rn. 18; *Ehlers* RuS **2002** 133, 135 f., 138 f.

hang der Rechtswahrnehmung mit dem Krieg wird für die Geltendmachung von Kriegsrenten aus dem 2. Weltkrieg in der Literatur teilweise verneint, weil insoweit nicht mehr mit einer unübersehbaren Vielzahl von Verfahren zu rechnen sei.[62]

14 **c) Feindselige Handlungen.** Feindselige Handlungen sind nach h.M. bewaffnete Konflikte zwischen mehreren Staaten oder Völkern, die nach Art und Umfang den Kriegsbegriff nicht erfüllen.[63] Teilweise werden örtlich und zeitlich enge begrenzte Vorfälle, wie z.B. Grenzübergriffe, nicht darunter gefasst.[64]

15 **d) Aufruhr.** Der Begriff des Aufruhrs in § 3 Abs. 1 lit. a ist zu verstehen als öffentliche Ansammlung einer Menschenmenge, die gemeinsam Gewalt gegen Personen und Sachen ausübt.[65] Die Gewalt richtet sich dabei in erster Linie gegen den Staat.[66] Nach h.M. in der Literatur fallen auch mit einem Aufruhr verbundene Straftaten wie z.B. Landfriedensbruch, Plünderungen, Körperverletzungen und Sachbeschädigungen unter den Ausschlusstatbestand.[67]

16 **e) Innere Unruhen.** Innere Unruhen sind von Personengruppen ausgehende Gewalttätigkeiten gegen Personen und Sachen, wobei sich die Gewalt – anders als beim Aufruhr – nicht primär gegen den Staat und seine Einrichtungen richtet.[68] Dazu gehören auch gewalttätige Ausschreitungen von Demonstranten.[69] Gewaltexzesse einzelner Demonstranten genügen hingegen nicht, weil sie aktuariell eher kalkulierbar und deshalb nach dem Sinn und Zweck des Ausschlusstatbestandes nicht ausgenommen sein sollen.[70]

17 **f) Streik und Aussperrung.** Die Arbeitskampfinstrumente Streik und Aussperrung sind ebenfalls gemäß § 3 Abs. 1 lit. a ausgenommen. Die Rechtmäßigkeit der Arbeitskampfmaßnahme ist grundsätzlich ebenso irrelevant[71] wie der Ort des Arbeitskampfes im In- oder Ausland. Im Ausgangspunkt ist das weite arbeitsrechtliche Begriffsverständnis zugrunde zu legen. Streik ist eine Arbeitsniederlegung durch eine Vielzahl von Arbeitnehmern zur Erreichung von Verbesserungen von Arbeitsbedingungen oder Arbeitsentgelten.[72] Selbst die Arbeitsniederlegung aus Protest gegen die Kündigung eines Kollegen durch alle Beschäftigten eines kleinen Betriebes soll als Streik zu werten sein mit der Folge, dass eine Kündigungsschutzklage gegen eine aus Anlass der Arbeitsnie-

---

62 Harbauer/*Maier* § 3 ARB 2010 Rn. 18 (fragwürdig); LG Berlin 13.2.1986 – 7 O 337/85, NJW **1987** 849; offen *Looschelders*/Paffenholz § 3 Rn. 19.

63 *Looschelders*/Paffenholz § 3 Rn. 20; van Bühren/*Plote* § 3 ARB 2010 Rn. 8; Harbauer/*Maier* § 3 ARB 2010 Rn. 19.

64 Harbauer/*Maier* § 3 ARB 2010 Rn. 19.

65 RG 28.11.1919 – VII 237/19, RGZ **97** 206, 207; BGH 23.4.1952 – II ZR 262/51, NJW **1952** 783; *Looschelders*/Paffenholz § 3 Rn. 21; Harbauer/*Maier* § 3 ARB 2010 Rn. 20; ähnlich van Bühren/*Plote* § 3 AFB 2010 Rn. 10.

66 *Looschelders*/Paffenholz § 3 Rn. 21; van Bühren/*Plote* § 3 ARB 2010 Rn. 10; Harbauer/*Maier* § 3 ARB 2010 Rn. 20.

67 *Looschelders*/Paffenholz § 3 Rn. 21; Harbauer/*Maier* § 3 ARB 2010 Rn. 20; van Bühren/*Plote* § 3 ARB 2010 Rn. 11.

68 BGH 13.11.1974 – IV ZR 178/73, NJW **1975** 308; *Looschelders*/Paffenholz § 3 Rn. 22; Harbauer/*Maier* § 3 ARB 2010 Rn. 21; ähnlich van Bühren/*Plote* § 3 ARB 2010 Rn. 12.

69 Prölss/Martin/*Piontek* § 3 Rn. 8; *Looschelders*/Paffenholz § 3 Rn. 22; Rüffer/Halbach/Schimikowski/*Münkel* § 3 ARB 2010 Rn. 4.

70 BGH 13.11.1974 – IV ZR 178/73, NJW **1975** 308, 309; *Looschelders*/Paffenholz § 3 Rn. 22; Harbauer/*Maier* § 3 ARB 2010 Rn. 23.

71 *Looschelders*/Paffenholz § 3 Rn. 23; Harbauer/*Maier* § 3 ARB 2010 Rn. 22.

72 Ähnlich *Looschelders*/Paffenholz § 3 Rn. 23; s.a. Harbauer/*Maier* § 3 ARB 2010 Rn. 22.

derlegung ausgesprochene Kündigung ausgeschlossen sein kann.[73] Ein ursächlicher Zusammenhang zu einem Streik besteht auch dann, wenn ein Reisender Ansprüche gegen den Reiseveranstalter verfolgt, weil das Hotel-, Boden- oder Flugpersonal gestreikt hat.[74] Die Aussperrung ist die Ablehnung der angebotenen Arbeitsleistung einer Vielzahl von Arbeitnehmern unter Verweigerung der Entgeltzahlung.[75] Ausgeschlossen ist insbesondere auch die Lohnzahlungsklage mit der Begründung, die Aussperrung sei rechtswidrig gewesen.[76] Andere moderne Arbeitskampfinstrumente als Streik und Aussperrung sind grundsätzlich nicht ausgeschlossen (Dienst „nach Vorschrift", Flashmob etc.).

g) Erdbeben. Ein Erbeben wird gemeinhin definiert als Erderschütterungen natürlichen Ursprungs, die durch geophysikalische Vorgänge im Erdinneren ausgelöst werden.[77] Der Ausschluss erstreckt sich auch auf Überschwemmungen oder andere Naturkatastrophen, die durch ein Erdbeben ausgelöst werden, wie z.B. ein Tsunami.[78] Wo in der Welt das Erdbeben stattgefunden hat, spielt für den Ausschluss grundsätzlich keine Rolle. 18

h) ARB 2012/2021. Die ARB 2012/2021 schreiben die Ausschlüsse gemäß § 3 Abs. 1 lit. a inhaltlich unverändert fort (Ziff. 3.2.1 ARB 2012/2021). 19

2. Nuklearschäden und genetische Schäden

a) Überblick. Nuklear- und genetische Schäden sind Gegenstand des Ausschlusses gemäß § 3 Abs. 1 lit. b. Wie alle Ausschlüsse in § 3 Abs. 1 verlangt auch § 3 Abs. 1 lit. b einen ursächlichen Zusammenhang mit den genannten Ereignissen.[79] Die Ausschlüsse greifen nicht, wenn die Nuklear- und genetischen Schäden auf eine medizinische Behandlung zurückzuführen sind (§ 3 Abs. 1 lit. b Halbs. 2).[80] 20

b) Nuklearschäden. Unter einem Nuklearschaden ist ein Schaden zu verstehen, der durch ein Nuklearereignis verursacht worden ist.[81] Nach § 2 Abs. 4 AtomG i.V.m. Anlage 1 Abs. 1 Nr. 1 handelt es sich bei einem Nuklearereignis um „jedes einen Schaden verursachende Geschehnis sowie jede Reihe solcher aufeinander folgender Geschehnisse desselben Ursprungs, sofern das Geschehnis oder die Reihe der Geschehnisse oder der Schaden von den radioaktiven Eigenschaften oder einer Verbindung der radioaktiven Eigenschaften mit giftigen, explosiven oder sonstigen gefährlichen Eigenschaften von Kernbrennstoffen oder radioaktiven Erzeugnissen oder Abfällen oder von den von einer anderen Strahlenquelle innerhalb der Kernanlage ausgehenden ionisierenden Strahlungen herrührt oder sich daraus ergibt." 21

---

73 Beispielsfall AG Nürnberg 21.11.1986 – 12 C 7075/86, ZfS **1988** 213 (Betrieb mit 11 Mitarbeitern); Prölss/Martin/*Piontek* § 3 Rn. 8; eher zurückhaltend dagegen *Looschelders*/Paffenholz § 3 Rn. 23.
74 *Looschelders*/Paffenholz § 3 Rn. 24; van Bühren/*Plote* § 3 ARB 2010 Rn. 15.
75 *Looschelders*/Paffenholz § 3 Rn. 25.
76 *Looschelders*/Paffenholz § 3 Rn. 25; Harbauer/*Maier* § 3 ARB 2010 Rn. 23.
77 *Looschelders*/Paffenholz § 3 Rn. 26; Langheid/Wandt/*Günther* Elementar Rn. 56.
78 *Looschelders*/Paffenholz § 3 Rn. 26; van Bühren/*Plote* § 3 ARB 2010 Rn. 18; Harbauer/*Maier* § 3 ARB 2010 Rn. 25.
79 Hierzu Rn. 8.
80 *Looschelders*/Paffenholz § 3 Rn. 30; Harbauer/*Maier* § 3 ARB 2010 Rn. 28.
81 *Looschelders*/Paffenholz § 3 Rn. 27; Harbauer/*Maier* § 3 ARB 2010 Rn. 26.

22 **c) Genetische Schäden.** Genetische Schäden sind solche, die in einer krankhaften Veränderung des Erbguts bestehen oder darauf beruhen.[82] Auf welcher Ursache die genetischen Schäden beruhen ist – anders als unter § 4 Abs. 1 lit. b ARB 75 – irrelevant.[83] Genetische Schäden durch medizinisch indizierte Röntgenaufnahmen fallen gleichwohl nicht unter den Risikoausschluss, weil sie auf eine medizinische Behandlung zurückzuführen sind (§ 3 Abs. 1 lit. b Halbs. 2).[84]

23 **d) ARB 2012/2021.** Die ARB 2012/2021 haben die Ausschlüsse gemäß § 3 Abs. 1 lit. b leicht umformuliert, aber inhaltlich im Wesentlichen unverändert übernommen (Ziff. 3.2.2 ARB 2012/2021).

3. Bergbauschäden an Grundstücken und Gebäuden

24 **a) Überblick.** Der Ausschlusstatbestand des § 3 Abs. 1 lit. c nimmt die Wahrnehmung rechtlicher Interessen in ursächlichem Zusammenhang mit Bergbauschäden an Grundstücken und Gebäuden von der Rechtsschutzdeckung aus. Innerer Grund ist auch hier die schwierige Kalkulierbarkeit, überdies ist der Kreis der betroffenen VN regional relativ stark eingegrenzt.[85] Der ursächliche Zusammenhang ist nach h.M. zu verneinen, falls die Interessenwahrnehmung kaufrechtliche Gewährleistungsansprüche wegen bergbaubedingter Mängel eines Grundstücks betrifft.[86] Diese Ansicht findet zwar im Wortlaut des Ausschlusstatbestandes keine Stütze, lässt sich aber durch konsequente Anwendung der Normzwecklehre begründen,[87] weil der innere Grund für die Ausnahme des Kumulrisikos von Bergbauschäden im Hinblick auf derartige Fälle nicht trägt und die einschränkende Interpretation von Ausschlüssen allgemeinen Grundsätzen entspricht.

25 **b) Bergbauschäden.** Dem Ausschlusstatbestand liegt im Ausgangspunkt ein zivilrechtlicher Schadensbegriff zugrunde und bezieht sich folgerichtig grundsätzlich auf jedes unfreiwillige Vermögensopfer im weitesten Sinne. Konsequenterweise fallen Entschädigungsansprüche nach § 906 Abs. 2 Satz 2 BGB, die keinen Schadensersatz, sondern Aufopferungsentschädigung gewähren, nach der Rechtsprechung des BGH und der durch sie h.M. nicht in den Anwendungsbereich des Ausschlusses gemäß § 3 Abs. 1 lit. c (anders Ziff. 3.2.1 ARB 2012/2021).[88] Ebenso wenig greift der Ausschluss von Bergbauschäden bei Wahrnehmung rechtlicher Interessen in Bezug auf kaufvertragliche Gewährleistungsansprüche, wenn der Grundstücksmangel bergbaubedingt sein soll.[89] Nach der – insoweit fragwürdigen – Rechtsprechung des BGH ist der Begriff des Bergbauschadens nicht in Anknüpfung an die Legaldefinition des Bergschadens in § 114 BbergG zu bestimm.[90] Ein Bergschaden liegt vor, wenn beim Aufsuchen, Gewinnen, und Aufbereiten von bergfreien und grundeigenen Bodenschätzen einschließlich des Verladens, Beförderns, Abladens, Lagerns und Ablagerns von Bodenschätzen, Nebengestein und sonstigen Massen (vgl. § 2 Abs. 1 Nr. 1 BbergG) oder beim Wiedernutzbarmachen der Oberfläche während und nach der Aufsuchung, Gewinnung und Aufbereitung von bergfreien und grundeigenen Bodenschätzen (vgl. § 2 Abs. 1 Nr. 2 BbergG)

---

82 *Looschelders*/Paffenholz § 3 Rn. 29; Beckmann/*Matusche-Beckmann*/*Matusche-Beckmann* § 27 Rn. 196.
83 *Looschelders*/Paffenholz § 3 Rn. 29; Harbauer/*Maier* § 3 ARB 2010 Rn. 27.
84 *Looschelders*/Paffenholz § 3 Rn. 29 f.
85 Z.B. OLG Saarbrücken 8.9.2004 – 5 U 140/04, RuS **2005** 199, 200; *Looschelders*/Paffenholz § 3 Rn. 31.
86 OLG Saarbrücken 8.9.2004 – 5 U 140/04, RuS **2005** 199, 200; Prölss/Martin/*Piontek* § 3 Rn. 9; *Looschelders*/Paffenholz § 3 Rn. 36; Harbauer/*Maier* § 3 ARB 2010 Rn. 32; *Wendt* RuS **2012** 209, 217.
87 Hierzu Rn. 8.
88 BGH 25.5.2011 – IV ZR 17/10, VersR **2011** 1179 Rn. 12 ff.; Prölss/Martin/*Piontek* § 3 ARB 2010 Rn. 9; *Wendt* RuS **2012** 209, 216 f.; **a.A.** Harbauer/*Maier* § 3 ARB 2010 Rn. 33; wohl auch *Looschelders*/Paffenholz § 3 Rn. 35; s. noch Rn. 27.
89 OLG Saarbrücken 8.9.2004 – 5 U 140/04, RuS **2005** 199 f.
90 BGH 25.5.2011 – IV ZR 17/10, RuS **2012** 23 Rn. 14; LG Saarbrücken 30.5.2008 – 12 S 7/07, RuS **2008** 471, 473; Prölss/Martin/*Piontek* § 3 Rn. 9; **a.A.** *Looschelders*/Paffenholz § 3 Rn. 32; Harbauer/*Maier* § 3 ARB 2010 Rn. 30.

ein Mensch getötet, der Körper oder die Gesundheit eines Menschen verletzt oder eine Sache beschädigt wird. Das ist auch dann der Fall, wenn der Schaden durch eine Betriebsanlage oder Betriebseinrichtung verursacht wird, die überwiegend einer der genannten Tätigkeiten dient oder zu dienen bestimmt ist (vgl. § 2 Abs. 1 Nr. 3 BbergG). Auch Schäden durch Probebohrungen sind grundsätzlich ausgeschlossen.[91] Ferner umfasst die Ausschlussklausel auch Schäden, die infolge des Abbaus von Torf entstanden sein sollen.[92] Der Begriff des Berg*bau*schadens, wie er in § 3 Abs. 1 lit. c Verwendung findet, ist allerdings gegenüber dem *Berg*schaden insoweit enger gefasst, als weder Personenschäden noch Schäden an beweglichen Sachen darunter fallen, weil ausdrücklich nur Schäden an Grundstücken und Gebäuden ausgenommen sind.[93]

c) Schäden an Grundstücken und Gebäuden. Ausgeschlossen ist lediglich die Wahrnehmung rechtlicher Interessen in ursächlichem Zusammenhang mit Bergbauschäden an Grundstücken und Gebäuden. Der Ausschluss bezieht sich auf Substanzschäden an Grundstücken und Gebäuden im zivilrechtlichen Sinne, also auch auf nicht sonderrechtsfähige wesentliche Grundstücks- oder Gebäudebestandteile. Die Problematik der noch in § 4 Abs. 1 lit. l ARB 94 vorgesehenen Beschränkung des Ausschlusses auf „Grundstücke" ist mithin allenfalls noch für Altverträge relevant.[94] 26

d) ARB 2012/2021. Die ARB 2012/2021 schreiben den Ausschlusstatbestand des § 3 Abs. 1 lit. c im Wesentlichen unverändert fort (Ziff. 3.2.1 ARB 2012/2021). Allerdings wird der Ausschluss ausdrücklich auf Schäden an Gebäudeteilen ausgedehnt, und nunmehr wird auch die Wahrnehmung rechtlicher Interessen in ursächlichem Zusammenhang mit Beeinträchtigungen aufgrund von bergbaulichen Immissionen ausdrücklich mit ausgenommen.[95] Der Begriff Immissionen wird durch das Beispiel „Erschütterungen" erläutert. 27

4. Bau- und Baufinanzierungsrisiken

a) Überblick. Die Ausschlusstatbestände des § 3 Abs. 1 lit. d nehmen die Wahrnehmung rechtlicher Interessen in ursächlichem Zusammenhang mit bestimmten Bau- und Baufinanzierungsrisiken vom Rechtsschutz aus. Hintergrund sind auch hier die problematische Kalkulierbarkeit und der relativ begrenzte Kreis betroffener Personen.[96] Die Anforderungen an die Kausalität bestimmen sich auch insoweit nach allgemeinen Grundsätzen.[97] In früheren Versionen der ARB war der heute in § 3 lit. d geregelte Ausschluss enger gefasst, insbesondere insofern das Kausalitätserfordernis in Gestalt eines „unmittelbaren Zusammenhangs" spezifiziert war (§ 4 Abs. 1 lit. K ARB 75).[98] Diese Verengung war insbesondere für den Ausschluss von Baufinanzierungsangelegenheiten umstritten.[99] 28

---

91 *Looschelders*/Paffenholz § 3 Rn. 33; Harbauer/*Maier* § 3 ARB 2010 Rn. 30.

92 OLG Oldenburg 20.5.2021 – 1 U 287/20, VersR **2023** 634.

93 *Looschelders*/Paffenholz § 3 Rn. 33; s. ferner Rn. 24.

94 *Looschelders*/Paffenholz § 3 Rn. 34 m.w.N.

95 *Looschelders*/Paffenholz § 3 Rn. 35 bewertet diese Neuerung entgegen der h.M. als Klarstellung; s. bereits Rn. 23.

96 BGH 16.10.1985 – IVa ZR 49/84, VersR **1986** 132, 133 f.; BGH 19.2.2003 – IV ZR 318/02, VersR **2003** 454, 455; OLG Karlsruhe 2.10.2012 – 12 U 99/12, RuS **2013** 174; *Looschelders*/Paffenholz § 3 Rn. 37; *Bendermacher*/*Keune* VersR **2011** 972.

97 S. Rn. 8.

98 Hierzu BGH 16.10.1985 – IVa ZR 49/84, VersR **1986** 132; BGH 1.2.1989 – IVa ZR 247/87, VersR **1989** 470; BGH 14.2.1990 – IV ZR 4/89, VersR **1990** 485; BGH 10.11.1993 – IV ZR 87/93, VersR **1994** 44; BGH 19.2.2003 – IV ZR 318/02, VersR **2003** 454; *Looschelders*/Paffenholz § 3 Rn. 38 f. m.w.N.

99 Näher Beckmann/Matusche-Beckmann/*Obarowski* § 37 Rn. 236 ff. m.N.

b) Erwerb oder Veräußerung von Baugrundstücken oder fremdgenutzten Gebäuden oder Gebäudeteilen

29 **aa) Erwerb oder Veräußerung von Baugrundstücken.** Gemäß § 3 Abs. 1 lit. d, aa Alt. 1 ist die Wahrnehmung rechtlicher Interessen in ursächlichem Zusammenhang mit dem Erwerb oder der Veräußerung eines zu Bauzwecken bestimmten Grundstücks oder vom VN oder mitversicherten Personen nicht selbst zu Wohnzwecken genutzten Gebäudes oder Gebäudeteiles vom Rechtsschutz ausgenommen. Das Grundstück muss zu Bauzwecken bestimmt sein. Die h.M. in der Literatur schließt aus der objektiven Formulierung des Ausschlusstatbestandes, dass eine konkrete Bauabsicht des Erwerbers nicht erforderlich ist, sodass beispielsweise der Erwerb eines im Bebauungsplan als bebaubar ausgewiesenen Grundstücks genügt.[100] Dabei ist auch nicht erforderlich, dass der VN formaler Eigentümer des Grundstücks ist, wenn etwa ein Treuhänder dieses auf Dauer halten soll.[101] Darüber hinaus dürfte der Ausschluss aber auch dann einschlägig sein, wenn sich der Bauzweck aus einer verfestigten, konkreten Bauabsicht ergibt.[102] Denn auch in diesem Fall besteht das erhöhte Baurisiko, das nach dem Sinn und Zweck des Ausschlusses für den durchschnittlichen VN erkennbar vom Rechtsschutz ausgenommen sein soll. Das Risiko ist in diesen Fällen unter Umständen noch wesentlich höher als bei Grundstücken, die in der Bauleitplanung als Bauland ausgewiesen sind. Die ausgenommene Wahrnehmung rechtlicher Interessen muss zwar in ursächlichem Zusammenhang mit dem Erwerbs- bzw. Veräußerungsvorgang stehen, es muss aber – anders als unter älteren Klauselwerken – kein unmittelbarer Zusammenhang mehr damit bestehen.[103] Doch gelten für die Kausalitätsbetrachtung weiterhin die Erfordernisse der Adäquanztheorie und der Normzwecktheorie,[104] so dass es nach wie vor auf einen inneren Zusammenhang zwischen dem Grundstücksgeschäft zu Bauzwecken und der Interessenwahrnehmung ankommt, mögen sich die Akzente auch etwas verschoben haben.

30 Eine andere Frage ist, ob der Ausschlusstatbestand wie ältere Vorgängerklauseln auf das Baurisiko beschränkt ist oder ob angesichts geänderter Formulierung auch das Erwerbs- und Veräußerungsrisiko ausgeschlossen sein soll, wie es in der Literatur teilweise angenommen wird.[105] Die Abgrenzung zwischen Baurisiko und Erwerbs- bzw. Veräußerungsrisiko ist dabei keineswegs klar und einfach, zumal sich die Risikobetrachtung mit der Kausalitätsprüfung unter Umständen berühren kann. Der Streit über Mängel eines Grundstücks, die in mangelnder Bebaubarkeit resultieren, wird eher dem Baurisiko zuzuordnen sein als Streitigkeiten über andere Mängel oder auch die Wirksamkeit des Vertrages, die sich eher dem Erwerbs- oder Veräußerungsrisiko zuordnen lassen.[106] Einerseits ist der Ausschluss des Erwerbs- und Veräußerungsrisikos nicht in gleicher Weise vom inneren Grund erschwerter Risikokalkulation getragen wie die Ausnahme des Baurisikos.[107] Andererseits steht es dem VR aufgrund privatautonomer Gestaltungsfreiheit grundsätzlich frei, Ausschlüsse mit neuer modifizierter oder abweichender Zwecksetzung in das Klauselwerk aufzunehmen, die dann ihm Rahmen des Gesetzesrechts gelten. Darüber, ob die möglicherweise erwünschte Miteinbeziehung des Erwerbsrisikos in der Formulierung des § 3 Abs. 1 lit. d, aa nach Maßgabe des Verständnishorizonts eines durchschnittlichen VN mit hinreichender

100 *Looschelders*/Paffenholz § 3 Rn. 40; Prölss/Martin/*Piontek* § 3 Rn. 12; *Sperling* VersR **1996** 133, 137; s.a. auch OLG Köln 19.8.1997 – 9 U 123/96, VersR **1998** 1013, 1014; weitergehend (objektive Zweckbindung ist hinreichende, aber nicht notwendige Voraussetzung) van Bühren/*Plote* § 3 ARB 2010 Rn. 29; **a.A.** (nur die verfestigte, konkrete Bauabsicht des Erwerbers sei maßgeblich) Harbauer/*Maier* § 3 ARB 2010 Rn. 38.

101 OLG Karlsruhe 18.4.1985 – 12 U 203/84, ZfS **1985** 209.

102 Wie hier van Bühren/*Plote* § 3 ARB 2010 Rn. 29; **a.A.** Prölss/Martin/*Piontek* § 3 Rn. 12; offen *Looschelders*/Paffenholz § 3 Rn. 40.

103 *Looschelders*/Paffenholz § 3 Rn. 41.

104 Hierzu bereits Rn. 8.

105 So z.B. *Looschelders*/Paffenholz § 3 Rn. 41; Harbauer/*Maier* § 3 ARB 2010 Rn. 39.

106 *Beispiel* BGH 6.5.1993 – III ZR 126/92, NJW-RR **1994** 216 (angebliche Täuschung über Eigenschaften des Grundstücks, die keinen Baumangel zur Folge haben).

107 Hierzu BGH 6.5.1993 – III ZR 126/92, NJW-RR **1994** 216, 217 (zu älteren ARB).

Deutlichkeit zum Ausdruck kommt, lässt sich indessen füglich streiten. Bei strengem Maßstab wird man hier nicht ohne weiteres zu einem positiven Befund gelangen können. Dagegen spricht letztlich auch die Unklarheitenregel *ambiguitas contra stipulatorem* (§ 305c Abs. 2 BGB). Der Ausschluss greift deshalb nicht ein, wenn sich der Rechtsstreit zwar auf ein Grundstück bezieht, aber keinerlei Bezug zu dessen Widmung zu Bauzwecken hat, weil der von § 3 Abs. 1 lit. d, aa verfolgte Zweck – das mit der Widmung verbundene Risiko vom Versicherungsschutz auszunehmen – nicht mehr erfüllt wird.[108] Demensprechend sind auch die Kosten eines Schadensersatzprozesses gegen einen Notar, der nach der Beurkundung eines Grundstückskaufes samt Bauvertrag von dem Notaranderkonto Geld nicht entsprechend dem Baufortschritt, sondern vorzeitig freigegeben hat, von der Rechtsschutzversicherung zu übernehmen.[109] Ebenfalls fällt die Interessenwahrnehmung gegenüber einem Notar wegen pflichtwidriger Auskehrung einer Anzahlung für einen Immobilienkauf nicht unter den Baurisikoausschluss, weil dies einen sachlichen Zusammenhang mit dem ‚Baurisikobereich' voraussetzt, der beim Risiko der notariellen Amtspflichtverletzung im Zusammenhang mit dem Immobilienerwerb fehlt.[110]

bb) Erwerb oder Veräußerung eines nicht selbstgenutzten Gebäudes. Der Erwerb und die Veräußerung eines vom VN oder mitversicherten Personen nicht selbst zu Wohnzwecken genutzten Gebäudes oder Gebäudeteiles wurde erst 2008 in den Kreis der Ausschlusstatbestände aufgenommen.[111] Der Gebäudebegriff soll nach verbreiteter Ansicht unter Rückgriff auf die bauordnungsrechtliche Begriffsprägung zu verstehen sein.[112] Allerdings ist eine landesrechtlich divergierende Begriffsbildung als Orientierungsgröße für die Auslegung der ARB – wenn überhaupt – nur mit erheblichen Einschränkungen geeignet. Hinzu kommt, dass ein durchschnittlicher VN keine Spezialkenntnisse im Bauordnungsrecht hat.[113] Eine zivilrechtliche Anknüpfung des Gebäudebegriffs hat demgegenüber den Vorteil bundeseinheitlicher Kontur, allerdings um den Preis des Nachteils fehlender Legaldefinition und möglicherweise mit der Teleologie der gesetzlichen Einzelregelungen variierender Begriffsprägung (z.B. §§ 94, 95, 98 Nr. 1, 836–838, 908, 912 BGB). Der zivilrechtlich orientierten Auslegung lässt sich das Argument zu großer Weite angesichts der Einbeziehung von Mauern und Brücken schwerlich entgegenhalten,[114] weil die Klausel ausdrücklich auf zu Wohnzwecken genutzte Gebäude abstellt. Der Anlehnung an die bürgerlichrechtliche Terminologie wird man kaum durchgreifend mit der Unklarheitenregel begegnen können, weil der Gebäudebegriff im Bauordnungsrecht – sieht man von landesrechtlichen Legaldefinitionen einmal ab – kaum klarer ist als im Zivilrecht. Deshalb sprechen letztlich gute Gründe für eine Orientierung an der zivilrechtlichen Begrifflichkeit. Dabei kommt es nicht darauf an, ob das Gebäude wesentlicher Grundstücksbestandteil ist (§§ 94, 95 BGB),[115] sodass z.B. auch eine vom Pächter für die Dauer der Pachtzeit errichtete Hütte oder Laube die Gebäudeeigenschaft erfüllen kann. Der Begriff des Gebäudeteiles erstreckt den Ausschluss auf Erwerb und Veräußerung von Wohnungseigentum.[116] Die Beteiligung an einem Immobilienfonds fällt in aller Regel mangels dinglicher Berechtigung an den einbezogenen Immobilien nicht darunter,[117] es greift aber typischerweise der Ausschluss gemäß § 3 Abs. 2 lit. f.[118] 31

---

108 Prölss/Martin/*Piontek* § 3 Rn. 12 m.w.N.
109 LG Düsseldorf 4.2.2004 – 23 S 491/02, NJW-RR **2004** 832.
110 AG München 25.6.2013 – 224 C 28354/12, VersR **2014** 1454 (zu § 3 Abs. 1 d ARB 94).
111 Prölss/Martin/*Piontek* § 3 Rn. 13; *Looschelders*/Paffenholz § 3 Rn. 42; Harbauer/*Maier* § 3 ARB 2010 Rn. 39.
112 *Looschelders*/Paffenholz § 3 Rn. 43; Harbauer/*Maier* § 3 ARB 2010 Rn. 41.
113 Zu Recht einschränkend OLG Hamm 30.3.2012 – I-20 U 5/12, VersR **2012** 1513, 1514.
114 So aber *Looschelders*/Paffenholz § 3 Rn. 44; Harbauer/*Maier* § 3 ARB 2010 Rn. 41.
115 Insoweit gleicher Ansicht Harbauer/*Maier* § 3 ARB 2010 Rn. 41.
116 *Looschelders*/Paffenholz § 3 Rn. 45.
117 OLG Düsseldorf 29.6.2006 – 4 U 183/05, NJOZ **2006** 3037, 3038; *Looschelders*/Paffenholz § 3 Rn. 45 m.w.N.
118 Prölss/Martin/*Piontek* § 3 Rn. 26; *Looschelders*/Paffenholz § 3 Rn. 45.

32 **c) Planung oder Errichtung von Gebäuden oder Gebäudeteilen.** Die zweite Variante des Ausschlusses nimmt die Wahrnehmung rechtlicher Interessen in ursächlichem Zusammenhang mit der Planung oder Errichtung eines Gebäudes oder Gebäudeteiles vom Rechtsschutz aus,[119] das sich im Eigentum oder Besitz des VN befindet oder das dieser zu erwerben oder in Besitz zu nehmen beabsichtigt (§ 3 Abs. 1 lit. d, bb). Planung im Sinne der Klausel ist die bauliche Planung (Architekt, Statiker), nicht die Finanzplanung, die in den Anwendungsbereich von § 3 Abs. 1 lit. d, dd fällt.[120] Der Zusammenhang mit der Errichtung eines Gebäudes liegt nicht nur dann vor, wenn Gewährleistungsansprüche wegen Baumängeln gegen den Verkäufer verfolgt werden,[121] sondern auch wenn der Erwerbsvertrag eine Herstellungsverpflichtung enthält,[122] wie z.B. beim Kauf von Eigentumswohnungen und beim schlüsselfertigen Bauen.[123] Die Herstellungsverpflichtung muss nicht ausdrücklich im Vertrag aufgenommen sein, weshalb eine Bezeichnung als „Kaufvertrag" unschädlich ist.[124] Der Ausschluss erstreckt sich nach überwiegender Ansicht auf Streitigkeiten über unzutreffende Wohnflächenangaben.[125] Er greift auch dann, wenn dem Vertragspartner im Zusammenhang mit der Eingehung eines Bauvertrags Betrug vorgeworfen wird.[126] Dagegen fallen rechtliche Auseinandersetzungen betreffend Pflichtverletzungen des Verkäufers bei der Berechnung des Verkehrswerts einer Wohnung und bei der Wirtschaftlichkeitsberechnung nicht unter den Baurisiko-Ausschluss,[127] ebenso wenig die Täuschung über die Qualifikation des Bauverantwortlichen.[128]

33 Ausgenommen sind nach h.M. dagegen solche Geschäfte, die den Erwerb von Baumaterialien und einzubauenden Gegenständen betreffen, da die Klausel keinen unmittelbaren Zusammenhang mit der Planung oder Errichtung eines Gebäudes fordert,[129] sofern die Sachen nach Art und Menge üblicherweise für die Errichtung oder Veränderung eines Gebäudes gekauft werden.[130] Das soll nach obergerichtlicher Judikatur auch für den Streit über Mängel einer vertragsgemäß auf dem Dach eingebauten Photovoltaikanlage gelten.[131] Bei Streitigkeiten über Mängel gesondert angefertigter Einbauküchen neigen Rechtsprechung und Literatur inzwischen teilweise dazu, diese auch dann nicht von der Ausschlussklausel umfasst anzusehen, wenn sie mit dem Einbau wesentlicher Bestandteil des Gebäudes werden (§ 94 Abs. 2 BGB).[132] Ausgeschlossen ist nur die Planung oder Errichtung in Bezug auf Gebäude oder Teile von Gebäuden, die im Eigentum des VN stehen, sodass fremde Bauvorhaben ebenso wenig unter den Ausnahmetatbestand fallen wie deren Abwehr.[133] Die Ausschlussklausel erfasst nach h.M. auch Streitigkeiten wegen eines Unfalls, den der Bauherr auf der Baustelle

---

119 Beispielsfall zum Kausalitätserfordernis OLG Karlsruhe 2.10.2012 – 12 U 99/12, RuS **2013** 174 (Notwendigkeit der Verwirklichung eines typischen Baurisikos).

120 *Looschelders*/Paffenholz § 3 Rn. 46.

121 KG Berlin 26.10.2010 – 7 U 31/10, VersR **2011** 524, 525; *Looschelders*/Paffenholz § 3 Rn. 46.

122 BGH 29.9.2004 – IV ZR 189/03, RuS **2004** 501, 503; BGH 29.9.2004 – IV ZR 170/03, VersR **2004** 1596, 1598; Prölss/Martin/*Piontek* § 3 Rn. 14; *Looschelders*/Paffenholz § 3 Rn. 46.

123 OLG München 6.9.2001 – 25 U 4149/01, RuS **2002** 117, 118; *Looschelders*/Paffenholz § 3 Rn. 47.

124 OLG Karlsruhe 3.7.2003 – 12 U 53/03, VersR **2004** 59, 60.

125 OLG Karlsruhe 5.2.2004 – 12 U 151/03, VersR **2004** 777, 778 f.; Prölss/Martin/*Piontek* § 3 Rn. 16; **a.A.** zu § 4 Abs. 1 lit. k ARB 75 BGH 25.6.2003 – IV ZR 32/03, RuS **2003** 412, 413 (Geschosszahl).

126 OLG Karlsruhe 2.10.2012 – 12 U 99/12, VersR **2013** 625, 626.

127 OLG Köln 18.2.2003 – 9 U 85/02, RuS **2003** 282.

128 Versicherungs-Ombudsmann VersR **2012** 1251, 1252; *Looschelders*/Paffenholz § 3 Rn. 57; **a.A.** Prölss/Martin/*Piontek* § 3 Rn. 14.

129 Beispielsfall LG Frankfurt 4.7.1995 – 2/8 S 238/94, RuS **1995** 420 (Fliesen); Prölss/Martin/*Piontek* § 3 Rn. 15; *Looschelders*/Paffenholz § 3 Rn. 48; van Bühren/*Plote* § 3 ARB 2010 Rn. 34; Harbauer/*Maier* § 3 ARB 2010 Rn. 57.

130 Prölss/Martin/*Piontek* § 3 Rn. 15 m.w.N.

131 OLG Hamm 30.3.2012 – I-20 U 5/12, VersR **2012** 1513, 1514 (fragwürdig).

132 AG Neumünster 7.11.2003 – 36 C 1549/03, RuS **2004** 147, 148; *Looschelders*/Paffenholz § 3 Rn. 49; Prölss/Martin/*Piontek* § 3 Rn. 15; **a.A.** noch AG und LG Bielefeld 15.5.1981 – 15 C 1241/80; 1 S 305/81, VersR **1982** 434.

133 OLG Stuttgart 1.3.2001 – 7 U 211/00, VersR **2001** 1105, 1106; Prölss/Martin/*Piontek* § 3 Rn. 18; *Looschelders*/Paffenholz § 3 Rn. 51.

erlitten hat:[134] Insoweit hat sich nicht lediglich bei Gelegenheit eines Bauvorhabens ein vom „Bauherrenrisiko" abzugrenzendes „Jedermannsrisiko" realisiert, da in den Wirkbereich der oben dargestellten „Gefahrenquelle Baustelle" nur ein sehr kleiner Personenkreis gelangt.[135] Ausgeschlossen sind ferner Eigentumsfragen bei einer Grenzmauer.[136] Andere Maßnahmen am Grundstück fallen dagegen nur dann der Ausschlussklausel anheim, wenn sie für die Baumaßnahme notwendig sind.[137]

Die Baurisikoklausel schließt die Wahrnehmung der rechtlichen Interessen aus, welche der Bauherr bei der Planung und Errichtung eines seinen Vorstellungen entsprechenden Gebäudes verfolgt.[138] Ausgenommen sind darüber hinaus Streitigkeiten über die Gültigkeit von WEG-Beschlüssen, die bauliche Maßnahmen nach lit. bb oder cc betreffen.[139] Streitigkeiten im Zusammenhang mit einem geschlossenen Immobilienfonds fallen nur dann unter den Ausschlusstatbestand, wenn der VN eine dingliche Berechtigung an den Immobilien erworben hat oder erwerben soll.[140] Erfolgt die Beteiligung als BGB-Gesellschafter, ist seit der Anerkennung der Teilrechtsfähigkeit der GbR durch den BGH und die h.L. – nunmehr §§ 705 ff. BGB n.F. – unklar,[141] ob die Eigentümerstellung der rechtsfähigen GbR (jetzt § 705 Abs. 2 Alt. 2 BGB) dem VN als Gesellschafter eine zulängliche dingliche Rechtsposition vermittelt. Die Unanwendbarkeit des Ausschlusses dürfte in der Konsequenz der Begründung der Teilrechtsfähigkeit der Außen-GbR liegen.[142] Nicht ausgeschlossen ist die Geltendmachung von Schadensersatzansprüchen gegen einen Rechtsanwalt wegen fehlerhafter Führung eines Bauprozesses,[143] gegen einen Notar wegen fehlerhafter Beurkundung[144] oder gegen einen Steuerberater wegen Fehlberatung über steuerliche Folgen eines Bauprojekts.[145] Auch Abwehransprüche gegen das Bauvorhaben von Dritten werden nicht von der Baurisikoklausel erfasst;[146] dies umfasst auch Abwehransprüche gegen Baumaßnahmen anderer Wohnungseigentümer.[147] Ob Streitigkeiten im Zusammenhang mit der Abführung von Sozialversicherungsbeiträgen gedeckt sind, die unter Umständen im Zusammenhang mit der Errichtung des Gebäudes entstanden sind, ist dagegen noch nicht abschließend entschieden.[148] 34

d) Genehmigungs- oder anzeigepflichtige bauliche Veränderung von Immobilien. Der Ausschluss gemäß § 3 Abs. 1 lit. d, cc nimmt die Wahrnehmung rechtlicher Interessen in ursächlichem Zusammenhang mit der genehmigungs- und/oder anzeigepflichtigen baulichen Veränderung eines Grundstücks, Gebäudes oder Gebäudeteiles, das sich im Eigentum oder Besitz des VN befin- 35

---

134 OLG Brandenburg 26.8.2015 – 11 U 195/14, VersR **2016** 323, 324; OLG Saarbrücken 18.5.2016 – 5 U 46/15, VersR **2016** 1310, 1311; ÖOGH 20.6.2018 – 7 Ob 75/18g, VersR **2019** 706, 707; *Schaltke* VersR **2020** 73, 79; Prölss/Martin/*Piontek* § 3 Rn. 18a m.w.N.

135 OLG Brandenburg 26.8.2015 – 11 U 195/14, VersR **2016** 323 Rn. 31.

136 Prölss/Martin/*Piontek* § 3 Rn. 16.

137 Harbauer/*Maier* § 3 ARB 2010 Rn. 68; van Bühren/*Plote* § 3 ARB 2010 Rn. 37.

138 OLG Saarbrücken 18.5.2016 – 5 U 46/15, NZBau **2016** 696 f.

139 Prölss/Martin/*Piontek* § 3 Rn. 15; Harbauer/*Maier* § 3 ARB 2010 Rn. 60.

140 BGH 17.10.2007 – IV ZR 37/07, VersR **2008** 113, 114; OLG Düsseldorf 28.3.2006 – I-4 U 97/05, VersR **2007** 832; *Looschelders*/Paffenholz § 3 Rn. 52 m.w.N.

141 BGH 29.1.2001 – II ZR 331/00, BGHZ **146** 341, 343 ff.; ablehnend Jauernig/*Stürner* § 705 Rn. 1.

142 So Prölss/Martin/*Piontek* § 3 Rn. 26; *Wendt* MDR **2008** 902, 904; **a.A.** LG Düsseldorf 11.3.2005 – 11 O 252/04, RuS **2006** 19, 20; LG Wiesbaden 15.2.2006 – 10 O 301/05, VersR **2006** 1252, 1253 f.; *Obarowski* RuS **2005** 61, 62; offen BGH 17.10.2007 – IV ZR 37/07, VersR **2008** 113, 114; *Looschelders*/Paffenholz § 3 Rn. 53.

143 BGH 28.5.2008 – IV ZR 282/07, VersR **2008** 1105.

144 *Looschelders*/Paffenholz § 3 Rn. 54; Harbauer/*Maier* § 3 ARB 2010 Rn. 55.

145 BGH 16.10.1985 – IVa ZR 49/84, VersR **1986** 132, 133 f. (zu § 4 Abs. 1 lit. k ARB 75) *Looschelders*/Paffenholz § 3 Rn. 54; Harbauer/*Maier* § 3 ARB 2010 Rn. 55; **a.A.** Prölss/Martin/*Piontek* § 3 Rn. 16; *Maier* VersR **1997** 394.

146 OLG Stuttgart 1.3.2001 – 7 U 211/00, VersR **2001** 1105, 1106.

147 OLG Stuttgart 1.3.2001 – 7 U 211/00, VersR **2001** 1105, 1106; *Armbrüster*, FS Merle, 13, 27 f.

148 Für einen Ausschluss: Prölss/Martin/*Piontek* § 3 Rn. 16; dagegen: Harbauer/*Maier* § 3 ARB 2010 Rn. 51.

det oder das dieser zu erwerben oder in Besitz zu nehmen beabsichtigt, von der Rechtsschutzdeckung aus. Die Genehmigungs- bzw. Anzeigepflichtigkeit beurteilt sich nach Bauordnungsrecht.[149] Darunter fällt beispielsweise die Montage einer Photovoltaikanlage auf dem Dach, wenn es sich hierbei um eine genehmigungs- oder anzeigebedürftige Veränderung des Gebäudes handelt.[150] Anders kann der Fall zu beurteilen sein, wenn die Errichtung einer Photovoltaikanlage auf dem zu diesem Zweck angepachteten Dach einer in fremdem Eigentum stehenden Scheune vorgesehen ist.[151] Fallen im Rahmen einer umfassenden, genehmigungspflichtigen Bausanierung nicht genehmigungspflichtige Fliesenarbeiten in einem nicht nur völlig untergeordneten Umfang an, können sie nicht isoliert betrachtet werden, sondern bilden mit der Bausanierung eine Einheit. Wegen des unmittelbaren Zusammenhangs mit der baulichen Sanierung ist der Risikoausschluss „Baurisiko" gegeben, und es besteht kein Versicherungsschutz.[152]

36 Nicht genehmigungspflichtige bauliche Vorhaben (z.B. Sanierungsvorhaben) fallen selbst dann nicht unter die Ausschlussklausel, wenn sie einen erheblichen Umfang haben; sie sind auch nicht einer Neuerrichtung i.S.v. lit. d, cc gleichzustellen.[153] Dies ist auch dann der Fall, wenn sie anlässlich genehmigungspflichtiger Tätigkeiten durchgeführt werden, sofern die Veränderungen sachlich voneinander unabhängig sind.[154] Streitigkeiten über die Frage, ob ein Mieter einer Modernisierungsmaßnahme zustimmen muss, entspringen dem Mietvertrag, nicht jedoch der Baumaßnahme selbst und fallen deshalb nicht unter die Ausschlussklausel.[155] Nach Ansicht des Versicherungsombudsmanns soll der Ausschluss mangels Verwirklichung des typischen Baurisikos ferner nicht eingreifen, wenn der Streit die Anfechtung des Kaufvertrages über das von der genehmigungspflichtigen baulichen Veränderung betroffene Gebäude wegen arglistiger Täuschung über die Qualifikation des Bauverantwortlichen zum Gegenstand hat.[156] Diese Sichtweise lässt sich mit der Erwägung stützen, das Erwerbsrisiko, dem man die Arglistanfechtung zuordnen mag, sei nicht vom Ausschlusstatbestand erfasst. Für dieses Ergebnis spricht allerdings – ähnlich wie bei § 3 Abs. 1 lit. d, aa Alt. 1 – letztlich eher die Unklarheitenregel (§ 305c Abs. 2 BGB) als die am Verständnishorizont eines durchschnittlichen VN orientierte Auslegung.[157]

37 **e) Finanzierung von Grundstücksgeschäften sowie von Bau- und Umbauvorhaben.** Die letzte Variante der Ausschlusstatbestände nimmt die Wahrnehmung rechtlicher Interessen in ursächlichem Zusammenhang mit der Finanzierung von Bauvorhaben im Sinne von § 3 Abs. 1 lit. d, aa – cc von der Rechtsschutzdeckung aus (§ 3 Abs. 1 lit. d, dd). Die Baurisikoklausel gem. § 3 Abs. 1 lit. d, dd ARB gilt daher nicht für die Finanzierung einer Bestandsimmobilie.[158] Ausgeschlossen sind Streitigkeiten aus Finanzierungsverhältnissen mit Bezug zu den aufgeführten Vorhaben;[159] Gleiches gilt für darlehensrechtliche Streitigkeiten aus einer Anschlussbaufinanzierung.[160] Ein in-

---

149 Prölss/Martin/*Piontek* § 3 Rn. 19; *Looschelders*/Paffenholz § 3 Rn. 55.

150 OLG Hamm 30.3.2012 – I-20 U 5/12, VersR **2012** 1513, 1514; OLG Nürnberg 21.1.2013 – 8 U 1537/12, VersR **2013** 493, 496; Prölss/Martin/*Piontek* § 3 Rn. 19.

151 OLG Nürnberg 21.1.2013 – 8 U 1537/12, VersR **2013** 493.

152 LG Coburg 1.12.1995 – 33 S 108/95, RuS **1996** 62.

153 OLG Oldenburg 1.9.2004 – 3 U 44/04, VersR **2005** 114, 115.

154 OLG Oldenburg 1.9.2004 – 3 U 44/04, VersR **2005** 114, 115.

155 Prölss/Martin/*Piontek* § 3 Rn. 23; Harbauer/*Maier* § 3 ARB 2010 Rn. 66; s.a. LG München I 29.3.2007 – 30 S 19856/06, VersR **2007** 1408, 1409 (Balkonanbau).

156 Versicherungsombudsmann VersR **2012** 1251, 1252.

157 Vgl. Rn. 30.

158 AG München 2.1.2019 – 264 C 13757/18, RuS **2019** 515.

159 BGH 29.9.2004 – IV ZR 170/03, NJW-RR **2005** 257, 258; BGH 17.10.2007 – IV ZR 37/07, NJW-RR **2008** 271, 272; OLG Hamm 8.5.2015 – I-20 W 16/15, VersR **2015** 1418 (Anschlussfinanzierung); *Bauer* NJW **2008** 1496, 1497 f.; *Looschelders*/Paffenholz § 3 Rn. 58.

160 OLG Hamm 8.5.2015 – I-20 W 16/15, VersR **2015** 1418.

nerer Zusammenhang mit einem Baurisiko ist nicht erforderlich,[161] wohl aber ein Zusammenhang mit dem Risiko der Baufinanzierung.[162] Dieser besteht bei Aufklärungs- und Beratungsfehlern im Zusammenhang mit der Immobilienfinanzierung: Ein Rechtsstreit um Schadenersatz aus Verschulden bei Vertragsschluss mit der Bausparkasse, die den Erwerb einer neu herzustellenden Eigentumswohnung finanziert, unterfällt dem Risikoausschluss.[163] Hierher gehört auch die Finanzierung des Erwerbs einer neu zu errichtenden Eigentumswohnung zum Zweck der Kapitalanlage.[164] Der Ausschluss knüpft nicht an die Bauherreneigenschaft des VN an; die Finanzierung i.S.d. Ausschlussklausel setzt daher nicht voraus, dass der Kreditbetrag als Entgelt für die Bauleistung verwendet wird. Vielmehr muss das „Vorhaben" finanziert werden.[165]

Der Ausschluss gem. lit. d, dd greift jedoch nur in Bezug auf Rechtsgeschäfte, bei denen es um Aufnahme von Fremdkapital zur Finanzierung eines Bauvorhabens geht. Er findet keine Anwendung, wenn der VN den Grundstückserwerb oder den Bau aus Eigenmitteln finanziert.[166] Der Ausschluss für Baurisiko- und Baufinanzierung ist daher auch dann nicht einschlägig, wenn Rechtsschutz für die Wahrnehmung der Interessen wegen der Verletzung eines Treuhandvertrages begehrt wird, aufgrund dessen der VN im fremden Interesse des Treugebers ein Grundstück erworben und einen Kredit zur Finanzierung des Kaufpreises und der Sanierung des darauf stehenden Gebäudes aufgenommen hat, der Treugeber ihn aber entgegen der Treuhandvereinbarung nicht von den Kreditverpflichtungen gegenüber der Bank freistellt. Denn das konkrete Rechtsschutzbegehren des VN weist keinen inneren sachlichen Bezug zu einem der Ausschlusstatbestände des § 3 Abs. 1 lit. d, dd auf. Vielmehr kennzeichnet der Vorwurf der Nichterfüllung der Treuhandvereinbarung durch die Treugeber die Art der Interessenwahrnehmung des VN.[167] Ebenso wenig ist der Anwendungsbereich des Risikoausschlusses eröffnet, wenn Rechtsschutz für die Geltendmachung eines Schadensersatzanspruchs gegen einen Rechtsanwalt begehrt wird, der in einem Rechtsstreit, welcher Vorhaben gem. § Abs. 1 lit. d betrifft, anwaltliche Pflichten verletzt haben soll.[168] 38

Der Streit über die Berechtigung an zur Baufinanzierung begebenen Kreditsicherheiten fällt nicht unter den Ausschlusstatbestand, wenn die Sicherheit vom Sicherungsnehmer endgültig freigegeben ist.[169] Ein weiterer Beispielsfall ist die Geltendmachung von Schadensersatzansprüchen wegen unzulänglicher Aufklärung über Risiken einer Baufinanzierung.[170] Bei geschlossenen Immobilienfonds ist jeweils genau zu prüfen, ob die Voraussetzungen der lit. d, aa bis cc vorliegen.[171] Nach obergerichtlicher Rechtsprechung ist dies der Fall, wenn der Versicherte die Fondsbeteiligung erwirbt, weil ihm diese wegen des damit verbundenen im Grundbuch einzutragenden Erwerbs von (Gesamthands-)Eigentum und der Veräußerlichkeit seines Immobilienanteils angepriesen wird.[172] Entscheidend ist dabei die Absicht zum Erwerb einer Immobilie im 39

---

161 BGH 29.9.2004 – IV ZR 170/03, NJW-RR **2005** 257, 258; BGH 29.9.2004 – IV ZR 189/03, VersR **2005** 682, 684; BGH 28.9.2005 – IV ZR 106/04, VersR **2005** 1684, 1686; BGH 17.10.2007 – IV ZR 37/07, NJW-RR **2008** 271, 272.

162 OLG Karlsruhe 29.1.2004 – 12 U 96/03, VersR **2005** 496, 497; *Looschelders*/Paffenholz § 3 Rn. 58.

163 OLG Karlsruhe 3.7.2003 – 12 U 53/03, RuS **2003** 502 Ls.; s. ferner BGH 29.9.2004 – IV ZR 189/03, VersR **2005** 682, 684.

164 *Looschelders*/Paffenholz § 3 Rn. 59.

165 BGH 29.9.2004 – IV ZR 189/03, RuS **2004** 501 Ls. 3.

166 OLG Celle 7.12.2006 – 8 U 149/06, RuS **2007** 242.

167 KG 20.6.2017 – 6 U 21/17, RuS **2019** 17.

168 BGH 28.5.2008 – IV ZR 282/07, NJW-RR **2008** 1351 [zu § 4 I lit. k aa–dd ARB 75/95].

169 OLG Karlsruhe 29.1.2004 – 12 U 96/03, VersR **2005** 496, 497; Prölss/Martin/*Piontek* § 3 Rn. 27; *Looschelders*/Paffenholz § 3 Rn. 60.

170 BGH 29.9.2004 – IV ZR 189/03, NJW-RR **2005** 29, 31.

171 BGH 17.10.2007 – IV ZR 37/07, NJW-RR **2008** 271, 272.

172 OLG Düsseldorf 28.3.2006 – I-4 U 97/05, RuS **2007** 324 Ls. 2; *Wendt* RuS **2008** 221, 228 ff.; s.a. *Bendermacher/Keune* VersR **2011** 972 ff.

Beitrittszeitpunkt. Ob es dagegen tatsächlich zu einer Eintragung ins Grundbuch kommt, ist unerheblich.[173]

40 Reine Kapitalanlagemodelle, aus denen analagetypische Streitigkeiten entstehen (z.B. Beratungs- oder Prospekthaftung), sind vom Ausschluss nicht erfasst, unterfallen jedoch regelmäßig § 3 Abs. 2 lit. f. Im Einzelfall ist die Grenzlinie hier jedoch schwer zu ziehen: Der Ausschluss erfasst nicht den Fall einer Schadensersatzklage gegen einen geschlossenen Immobilienfonds wegen fehlerhaften Prospekts und wegen Täuschung über die wirtschaftlichen Hintergründe dieses Fonds, wenn dieser Fonds bundesweit in Großobjekte investiert und es sich damit für den VN um eine Kapitalanlage in anonyme Objekte handelte.[174] Ohne Vorliegen grundstücksspezifischer Umstände ist auch die Beteiligung an einer Fonds-GbR nicht ausreichend.[175] Ein ursächlicher Zusammenhang mit der Finanzierung eines Bauvorhabens liegt auch dann nicht vor, wenn der VN einer atypischen stillen Gesellschaft beitritt und nicht nachgewiesen ist, dass die stille Gesellschaft gerade mit der Einlage des VN ein konkretes Bauvorhaben finanziert.[176] Nicht ausgenommen ist nach der Rechtsprechung des BGH und verbreiteter Ansicht in der Literatur auch der Streit über den Neuwertanteil bei einer Feuerversicherung, weil der Abschluss der Feuerversicherung nicht auf die Finanzierung des Bauvorhabens, sondern auf den Ersatz des durch den Versicherungsfall eingetretenen Schadens abziele[177] – jedenfalls bei der üblichen parallelen Sicherung durch Grundpfandrechte angesichts des Drittschutzes der Gebäudefeuerversicherung fragwürdig (arg. ex §§ 143, 148 VVG).[178]

41 **f) ARB 2012/2021.** Auch die Baurisikoklausel wurde in die ARB 2012/2021 übernommen. Jedoch akzentuiert Ziff. 3.2.2 ARB 2012/2021 die subjektive Bauabsicht des VN stärker (Grundstück, das „bebaut werden soll“). Zudem wurde der Ausschluss des § 3 Abs. 1 lit. d aa ARB 2010 (Erwerb oder der Veräußerung eines vom VN oder mitversicherten Personen nicht selbst zu Wohnzwecken genutzten Gebäudes oder Gebäudeteiles) wieder aufgehoben. Jedoch kommt beim Erwerb eines Hauses, das nicht selbst bewohnt wird, als Kapitalanlage ein Risikoausschluss gem. Ziff. 3.2.8 ARB 2021 in Betracht.

II. Ausschluss bestimmter Rechtsangelegenheiten

1. Abwehr von Schadensersatzansprüchen mit Ausnahme von Vertragsverletzungen

42 Nach § 3 Abs. 2 lit. a besteht kein Rechtsschutz für die Wahrnehmung rechtlicher Interessen zur Abwehr von Schadensersatzansprüchen (Halbs. 1), es sei denn, dass diese auf einer Vertragsverletzung beruhen (Halbs. 2). Der Schadensersatz-Rechtsschutz deckt ohnehin nur die Geltendmachung von Schadensersatzansprüchen (§ 2 lit. a), sodass insoweit lediglich von einer Klarstellung auszugehen ist.[179] Soweit Schadensersatzansprüche allerdings grundsätzlich von der Rechtsschutzdeckung erfasst sind (§ 2 lit. b–d), ist die Ausnahme der Abwehr von Schadensersatzansprüchen hingegen konstitutiv.[180] Der Ausschluss der Abwehr von Schadensersatzansprüchen erklärt sich

173 LG Magdeburg 12.4.2012 – 1 S 227/11, RuS **2012** 541 Ls.; Prölss/Martin/*Piontek* § 3 Rn. 26.
174 Vgl. OLG Düsseldorf 29.6.2006 – 4 U 183/05, BeckRS **2006** 8098.
175 Einzelheiten (auch zur älteren Rechtsprechung) bei Prölss/Martin/*Piontek* § 3 Rn. 26 m.w.N.; zur mittelbaren Fondsbeteiligung über einen Treuhänder vgl. *Armbrüster* ZfIR **2008** 100, 101.
176 OLG Celle 7.12.2006 – 8 U 149/06, RuS **2007** 242; kritisch *Bauer* NJW **2008** 1496, 1497.
177 BGH 28.9.2005 – IV ZR 106/04, VersR **2005** 1684, 1686; *Bauer* NJW **2005** 1472, 1474; *Looschelders*/Paffenholz § 3 Rn. 61.
178 Hierzu statt vieler *Bruns* Privatversicherungsrecht § 25 Rn. 12 ff., 23 ff.
179 S. § 2 Rn. 4 ff.
180 Prölss/Martin/*Piontek* § 3 Rn. 30; *Looschelders*/Paffenholz § 3 Rn. 62.

aus der grundsätzlichen Deckung dieses Rechtsschutzrisikos in der Haftpflichtversicherung.[181] Streitig ist die Reichweite der Rückausnahme für die Abwehr von Schadensersatzansprüchen, die auf einer Vertragsverletzung beruhen (§ 3 Abs. 2 lit. a Halbs. 2). Im Ausgangspunkt sollte eine Auslegung der Formel „Schadensersatzansprüche, die auf einer Vertragsverletzung beruhen" in § 3 Abs. 2 lit. a Halbs. 2 und in § 2 lit. a gleich ausfallen. Allerdings muss man sich vergegenwärtigen, dass es sich insoweit in § 2 lit. a um einen Ausschluss, also eine sekundäre Risikobeschreibung handelt, während die Formulierung in § 3 Abs. 2 lit. a Halbs. 2 in Bezug auf die Deckung gemäß § 2 lit. b–d und den darauf bezogenen Ausschluss nach § 3 Abs. 2 lit. a Halbs. 1 als Rückeinschluss bzw. tertiäre Risikobeschreibung zu qualifizieren ist. Im Falle von Unklarheiten kann deshalb das Ergebnis im Rahmen von § 3 Abs. 2 lit. a Halbs. 2 aufgrund der Unklarheitenregel unter Umständen von dem Befund in § 2 lit. a divergieren (§ 305c Abs. 2 BGB). Deshalb kann beim Ausschluss ein engeres Begriffsverständnis zugrunde zu legen sein als beim Rückeinschluss. Keine ernsthaften Zweifel bestehen hinsichtlich der Einbeziehung von vertraglichen Erfüllungsansprüchen.[182] Schadensersatzansprüche aus der Verletzung vertraglicher Schutzpflichten könnten als vertragliche Ansprüche in den Rechtsschutz einbezogen sein. Das lässt sich als Auslegung nach Maßgabe des Verständnishorizonts eines durchschnittlichen VN hören, könnte aber auch Ergebnis einer vertretbaren Anwendung der Unklarheitenregel sein (§ 305c Abs. 2 BGB).[183] Schadensersatzansprüche aus der Verletzung quasivertraglicher Schutzpflichten bei Vertragsanbahnung (c.i.c., §§ 241 Abs. 2, 311 Abs. 2, 280 Abs. 1 BGB) beruhen dogmatisch betrachtet nicht auf einer Vertragsverletzung, sodass entgegen einer verbreiteten Ansicht in der Literatur nicht von einem Rückeinschluss auszugehen ist.[184] Auch Ansprüche wegen Verletzung von Pflichten aus einer Geschäftsführung ohne Auftrag sind aus diesem Grund nicht vom Ausschluss umfasst.[185] Die Unklarheitenregel verlangt insoweit letztlich keine abweichende Beurteilung.

2. Kollektives Arbeits- und Dienstrecht

Gemäß § 3 Abs. 2 lit. b ist die Wahrnehmung rechtlicher Interessen aus dem kollektiven Arbeits- oder Dienstrecht vom Rechtsschutz ausgenommen. Zum kollektiven Arbeitsrecht gehören die Beteiligung der Arbeitnehmer an der Unternehmensorganisation, die arbeitsrechtlichen Koalitionen sowie das Betriebsverfassungs- und Tarifvertragsrecht.[186] Das Individualarbeitsrecht liegt in der Deckung des Arbeits-Rechtsschutzes gemäß § 2 lit b. Bei rechtlichen Auseinandersetzungen mit Berührungspunkten sowohl zum Individual- als auch zum kollektiven Arbeitsrecht kommt es nach h.M. darauf an, wo der Schwerpunkt der konkreten Streitigkeit liegt.[187] Ein kollektivarbeitsrechtlicher Schwerpunkt liegt insbesondere bei Streitigkeiten zwischen dem Arbeitgeber und einem Kollektivorgan vor.[188] Ein Rechtsstreit verliert seinen individualarbeitsrechtlichen Charakter nicht dadurch, dass auch kollektivarbeitsrechtliche Normen anwendbar sind, wie z.B. beim Erfordernis der Mitwirkung des Betriebsrates im Kündigungsschutzstreit.[189] 43

181 *Looschelders*/Paffenholz § 3 Rn. 63.

182 Vgl. § 2 Rn. 7.

183 Vgl. § 2 Rn. 8.

184 Beckmann/Matusche-Beckmann/*Obarowski* § 37 Rn. 55; Schwintowski/Brömmelmeyer/*Hillmer-Möbius* § 125 Rn. 41; **a.A.** Prölss/Martin/*Piontek* § 3 Rn. 30; van Bühren/*Plote* § 3 ARB 2010 Rn. 45; nur für Schadensersatzansprüche aufgrund bestimmter vorvertraglicher Beratungspflichtverletzungen *Looschelders*/Paffenholz § 3 Rn. 65.

185 **A.A.** Harbauer/*Maier* § 3 ARB 2010 Rn. 84; zur Frage, ob Schadensersatzansprüche, die nicht dem Deckungsbereich der Haftpflichtversicherung unterfallen, vom Ausschluss gedeckt sind, vgl. *Schaltke* VersR **2020** 73, 78.

186 Kiel/Lunk/Oetker/*Fischinger* Münchener Handbuch Arbeitsrecht, 5. Aufl. 2021, § 215 Rn. 1.

187 *Looschelders*/Paffenholz § 3 Rn. 67; ähnlich Prölss/Martin/*Piontek* § 3 Rn. 31 (im kollektiven Arbeitsrecht „wurzelndes" Interesse).

188 *Looschelders*/Paffenholz § 3 Rn. 67; Harbauer/*Maier* § 3 ARB 2010 Rn. 86.

189 *Looschelders*/Paffenholz § 3 Rn. 67; Harbauer/*Maier* § 3 ARB 2010 Rn. 86; *J. Prölss* RuS **2005** 225, 231.

3. Recht der Handelsgesellschaften und gesetzliche Vertreter juristischer Personen

44 **a) Recht der Handelsgesellschaften.** Kein Rechtsschutz besteht für die Wahrnehmung rechtlicher Interessen aus dem Recht der Handelsgesellschaften (§ 3 Abs. 2 lit. c Alt. 1). Während die Literatur überwiegend davon ausgeht, dass der Terminus „Handelsgesellschaften" ein fest umrissener Rechtsbegriff ist,[190] hat der BGH zur etwas abweichenden Klausel „aus dem Bereich des Rechtes der Handelsgesellschaften", wie er in § 4 Abs. 1 lit. c ARB 75 Verwendung gefunden hat, die Ansicht vertreten, es handele sich um keinen fest umrissenen Begriff der Rechtssprache.[191] Ob der BGH an dieser Auffassung auch für die etwas engere Formulierung in § 3 Abs. 2 lit. c Alt. 1 festhält,[192] ist eine offene Frage.[193] Unabhängig von dieser dogmatischen Kontroverse besteht weithin Einigkeit, dass der Ausschlusstatbestand nicht über Gesellschaften hinausgeht, die nach juristischem Verständnis als Handelsgesellschaften einzuordnen sind.[194] Hierher gehören die offene Handelsgesellschaft (§ 105 Abs. 1 HGB), die Kommanditgesellschaft einschließlich der GmbH & Co. KG (§ 161 Abs. 1 HGB),[195] die Gesellschaft mit beschränkter Haftung (§ 13 GmbHG), die Aktiengesellschaft (§ 3 AktG), die Kommanditgesellschaft auf Aktien (§ 278 Abs. 2 AktG), die Europäische Wirtschaftliche Interessenvereinigung (§ 1 EWIV-VO) sowie die Europäische Aktiengesellschaft (Art. 10 SE-VO i.V.m. § 3 AktG).[196] Keine Handelsgesellschaften sind die Gesellschaft bürgerlichen Rechts (§ 705 BGB), die Partnerschaftsgesellschaft (§ 1 Abs. 1 Satz 2 PartGG), die stille Gesellschaft (§ 230 HGB)[197] und der Versicherungsverein auf Gegenseitigkeit (§§ 171, 172 VAG). Gleiches gilt für den Verein (§§ 21 ff. BGB), die Stiftung (§§ 80 ff. BGB), die Genossenschaft (§§ 1 ff. GenG) sowie sämtliche öffentlich-rechtlichen Körperschaften.[198] In den ARB 75 war dagegen auch die Wahrnehmung rechtlicher Interessen aus dem Bereich des Rechts der Genossenschaften und der bergrechtlichen Gewerkschaften ausdrücklich ausgenommen (§ 4 Abs. 1 lit. c ARB 75).[199]

45 Die Streitigkeit muss nach überwiegender Ansicht einen spezifisch gesellschaftsrechtlichen Bezug aufweisen.[200] Dazu rechnen beispielsweise Rechtsstreitigkeiten über die Errichtung und Auflösung der Gesellschaft, den Eintritt und das Ausscheiden von Gesellschaftern, das Rechtsverhältnis zwischen den Gesellschaftern sowie die Vertretungsmacht und die Haftung der Gesellschafter.[201] Entscheidend ist daher nicht die Rechtsgrundlage an sich, sondern ob durch den Rechtsstreit vom Gesellschaftsrecht geregelte Interessen oder Rechtsbeziehungen betroffen sind,[202] es sich mithin um eine typische gesellschaftsrechtliche Streitigkeit handelt.[203] Eine gesellschaftsrechtliche Auseinandersetzung liegt beispielsweise vor, wenn der VN als Kommanditist wegen Verletzung seiner Pflicht zum Erhalt der Haftsumme nach § 172 Abs. 4 HGB in Anspruch

---

190 *Looschelders*/Paffenholz § 3 Rn. 68; Harbauer/*Maier* § 3 ARB 2010 Rn. 89; *J. Prölss* RuS **2005** 225, 231; **a.A.** *Schwintowski* VuR **2002** 254 f. (für Unwirksamkeit aufgrund von Intransparenz).

191 BGH 21.5.2003 – IV ZR 327/02, VersR **2003** 1122, 1123; BGH 3.5.2006 – IV ZR 252/04, VersR **2006** 1119 Rn. 11.

192 Bislang offengelassen, vgl. BGH 3.5.2006 – IV ZR 252/04, VersR **2006** 1119 Rn. 12 (zu den ARB 94).

193 Eine Intransparenz bejahend *Schwintowski* VuR **2002** 254 f.; **a.A.** *J. Prölss* RuS **2005** 225, 229.

194 BGH 3.5.2006 – IV ZR 252/04, VersR **2006** 1119, 1120; *Looschelders*/Paffenholz § 3 Rn. 69; Prölss/Martin/*Piontek* § 3 Rn. 32; van Bühren/*Plote* § 3 ARB 2010 Rn. 49 f.; wohl auch Harbauer/*Maier* § 3 ARB 2010 Rn. 89.

195 S. hierzu LG Osnabrück 12.8.1997 – 7 O 96/97, RuS **1998** 244.

196 *Looschelders*/Paffenholz § 3 Rn. 69.

197 Beispielsfälle OLG Celle 29.7.2004 – 8 U 16/04, VersR **2005** 1139, 1141 (atypische stille Gesellschaft); OLG Düsseldorf 23.3.2010 – I-4 U 131/09, RuS **2010** 418.

198 Wie hier Prölss/Martin/*Piontek* § 3 Rn. 32.

199 Hierzu *Looschelders*/Paffenholz § 3 Rn. 70.

200 Z.B. OLG Hamm 10.8.2011 – I-20 U 31/11, RuS **2011** 471, 473; OLG Düsseldorf 23.3.2010 – I-4 U 131/09, RuS **2010** 418, 419; *Looschelders*/Paffenholz § 3 Rn. 71; Prölss/Martin/*Piontek* § 3 Rn. 32 (unter Zugrundelegung einer gesetzesähnlichen Auslegung); Harbauer/*Maier* § 3 ARB 2010 Rn. 90; Looschelders/Pohlmann/*Paffenholz* § 125 Rn. 37; *Bauer* NJW **2012** 1698, 1700.

201 *Looschelders*/Paffenholz § 3 Rn. 71; van Bühren/*Plote* § 3 ARB 2010 Rn. 51.

202 Prölss/Martin/*Piontek* § 3 Rn. 32 m.w.N.

203 OLG Hamm 20.10.2000 – 20 U 247/99, VersR **2001** 712; OLG Hamm 10.8.2011 – I-20 U 31/11, VersR **2012** 896, 898.

genommen wird.[204] Auch Streitigkeiten im Gründungsstadium werdender Gesellschaften sind vom Ausschluss erfasst, z.B. eine Verlustdeckungs- oder Unterbilanzhaftung der Gesellschafter in der Vor-GmbH.[205] Die Übernahme von Anteilen an einer Kapitalgesellschaft hat keinen spezifisch gesellschaftsrechtlichen Bezug,[206] anders dagegen der Erwerb von Anteilen an einer sowie der Beitritt in eine Personengesellschaft.[207] Die Geltendmachung von Ansprüchen aus § 45 BörsG ist nicht als Wahrnehmung rechtlicher Interessen aus dem Bereich des Rechts der Handelsgesellschaften anzusehen.[208]

Nicht umfasst sind ferner Schadensersatzansprüche aufgrund Prospekthaftung oder wegen Falschberatung gegen einen Vermittler: Bei Ausgabe des fehlerhaften Prospekts besteht mangels Gesellschafterstellung kein spezifisch gesellschaftsrechtlicher Bezug.[209] Will der VN keine Rechte aus einer „Beteiligung" (an einer stillen Gesellschaft) geltend machen, sondern vielmehr Ansprüche aus dem vorvertraglichen Bereich – aus der Anbahnungsphase des Beitritts wegen vorvertraglicher Aufklärungspflichtverletzungen der Prospektverantwortlichen und des Beraters – findet die Ausschlussklausel des § 3 Abs. 2 lit. c ebenfalls keine Anwendung; dies gilt sowohl für Schadensersatzansprüche aufgrund Prospekthaftung als auch wegen Falschberatung gegen einen Vermittler.[210] Gleiches gilt, wenn der VN die Rückabwicklung einer stillen Gesellschaftsbeteiligung unter dem Gesichtspunkt eines Schadenersatzanspruchs aus Verschulden bei Vertragsschluss wegen Falschberatung vor Abschluss der Gesellschaftsbeteiligung geltend macht.[211] Auch der Streit um ein Darlehen, das ein Gesellschafter der Gesellschaft gewährt hat, unterfällt nicht ohne weiteres dem Ausschlussschlusstatbestand, sofern nicht gesellschaftsrechtliche Sonderregeln streitprägend sind.[212] Streitigkeiten wegen Verletzung von Persönlichkeitsrechten unter Gesellschaftern sind nicht ausgeschlossen.[213] Wird im Rahmen einer Vollstreckungsgegenklage gem. § 767 ZPO nicht über den Untergang des – an sich unter die Versicherungsdeckung der Rechtsschutzversicherung fallenden – titulierten Anspruchs (z.B. durch Erlass oder Erfüllung), sondern ausschließlich über eine zur Aufrechnung gestellte, jedoch von der Versicherungsdeckung ausgeschlossene Gegenforderung gestritten, dann besteht kein Versicherungsschutz.[214] 46

b) Anstellungsverhältnisse gesetzlicher Vertreter juristischer Personen. Die zweite Alternative des Ausschlusses bezieht sich auf die Wahrnehmung rechtlicher Interessen aus Anstellungsverhältnissen gesetzlicher Vertreter juristischer Personen (§ 3 Abs. 2 lit. c Alt. 2). Diese besonders kostenträchtigen Risiken sind aus dem allgemeinen Arbeits-Rechtsschutz ausgenommen, können aber in einer speziellen Vermögensschaden-Rechtsschutzversicherung für Unternehmensleiter zur Deckung gebracht werden.[215] Die juristischen Personen scheiden sich in solche des Privatrechts und des öffentlichen Rechts. Zu den juristischen Personen des Privatrechts zählen der rechtsfähige Verein, die rechtsfähige Stiftung, die Aktiengesellschaft, die Kommanditgesellschaft auf Aktien, die Gesellschaft mit beschränkter Haftung, der Versicherungsverein auf Gegenseitigkeit und die eingetragene Genossenschaft, nicht hingegen die rechtsfähige Gesellschaft bürgerlichen Rechts (§ 705 Abs. 2 47

---

204 OLG Hamm 29.6.2018 – 20 U 56/18, VersR **2019** 157.
205 Beispiel nach Prölss/Martin/*Piontek* § 3 Rn. 35.
206 OLG Hamm 20.10.2000 – 20 U 247/99, VersR **2001** 712; OLG Hamm 10.8.2011 – I-20 U 31/11, RuS **2011** 471, 473.
207 Prölss/Martin/*Piontek* § 3 Rn. 35.
208 BGH 21.5.2003 – IV ZR 327/02, VersR **2003** 1122, 1224; BGH 3.5.2006 – IV ZR 252/04, VersR **2006** 1119 Rn. 11 ff.; Versicherungsombudsmann BKR **2002** 327 f.
209 BGH 3.5.2006 – IV ZR 252/04, VersR **2006** 1119, 1120.
210 LG Stuttgart 7.11.2017 – 16 O 146/17, RuS **2018** 369 Ls. 2.
211 OLG Düsseldorf 23.3.2010 – I-4 U 131/09, RuS **2010** 418.
212 Prölss/Martin/*Piontek* § 3 Rn. 33; Harbauer/*Maier* § 3 ARB 2010 Rn. 90; *J. Prölss* RuS **2005** 225, 229.
213 *Looschelders*/Paffenholz § 3 Rn. 86; **a.A.** noch AG Düsseldorf 11.12.1991 – 49 C 12147/91, RuS **1992** 276.
214 OLG Frankfurt 19.9.1984 – 19 U 92/83, VersR **1986** 543.
215 *Looschelders*/Paffenholz § 3 Rn. 76.

Alt. 1 BGB), die offene Handelsgesellschaft und die Kommanditgesellschaft einschließlich der GmbH und Co. KG.[216] Juristische Personen des öffentlichen Rechts sind rechtsfähige Körperschaften, Stiftungen und Anstalten des öffentlichen Rechts.[217] Gesetzliche Vertreter sind die Organe einer juristischen Person. Ob Einzel- oder Gesamtvertretungsmacht besteht, ist irrelevant.[218] Weisungsgebundenheit des gesetzlichen Vertreters steht dem Ausschluss ebenso wenig entgegen[219] wie der Umstand, dass der Ausgangsrechtsstreit von den (unzuständigen) Arbeitsgerichten geführt wurde.[220]

48 Der Begriff des „Anstellungsverhältnisses" ist weit zu verstehen: Er umfasst das aus der organschaftlichen Stellung erwachsene Rechtsverhältnis ebenso wie einen entsprechenden Anstellungsvertrag sowie beamtenrechtliche Rechtsverhältnisse.[221] Es kommt nicht darauf an, ob der Anstellungsvertrag mit derjenigen juristischen Person geschlossen worden ist, deren Organ der VN ist.[222] Durch Niederlegung der und/oder Abberufung von der Geschäftsführertätigkeit ist der Anstellungsvertrag als Geschäftsführer nicht automatisch hinfällig geworden, sodass der Ausschluss weiterhin Anwendung finden kann.[223]

49 Die Wahrnehmung rechtlicher Interessen muss aus dem Anstellungsverhältnis resultieren, wie es z.B. bei Streitigkeiten über Ansprüche aus einem Anstellungsvertrag, über dessen Kündigung oder über die Abberufung als Geschäftsführer der Fall ist. Ruht das Arbeitsverhältnis für die Dauer der Berufung in die Organstellung, lebt es nach der Abberufung wieder auf, sodass eine folgende Kündigung nicht aus dem Anstellungs-, sondern aus dem Arbeitsverhältnis resultiert und mithin in die Rechtsschutzdeckung fällt.[224] Der Risikoausschluss setzt jedoch voraus, dass derjenige, dessen rechtliche Interessen wahrgenommen werden, bereits gesetzlicher Vertreter einer juristischen Person geworden ist: Der VN wird annehmen, der Zweck des Risikoausschlusses sei nicht bereits dann betroffen, wenn über Rechte und Pflichten aus einem Anstellungsvertrag gestritten wird, dem lediglich die Annahme zugrunde liegt, dass der Beschäftigte erst zu einem späteren Zeitpunkt gesetzlicher Vertreter einer juristischen Person werden wird.[225] Auch greift der Risikoausschluss nicht ein, wenn die im Anstellungsvertrag verwendete Bezeichnung als „Geschäftsführer" unzutreffend ist, der VN diese Funktion in Wirklichkeit nicht hatte.[226]

4. Rechte aus geistigem Eigentum

50 **a) Überblick.** Die Wahrnehmung rechtlicher Interessen in ursächlichem Zusammenhang mit Patent-, Urheber-, Marken, Geschmacksmuster-, Gebrauchsmusterrechten oder sonstigen Rechten aus geistigem Eigentum ist von der Rechtsschutzdeckung ausgenommen (§ 3 Abs. 2 lit. d). Wohlgemerkt beschränkt sich der Ausschluss nicht auf die Interessenwahrnehmung „aus" den genannten Rechten, sodass auch Streitigkeiten aus schuldrechtlichen Verträgen über die Nutzung oder Verwertung von

---

216 *Looschelders*/Paffenholz § 3 Rn. 79.

217 *Looschelders*/Paffenholz § 3 Rn. 80.

218 BGH 10.12.1997 – IV ZR 238/97, NJW **1998** 1154; *Looschelders*/Paffenholz § 3 Rn. 81.

219 OLG Köln 21.5.1992 – 5 U 146/91, RuS **1992** 308, 309; *Looschelders*/Paffenholz § 3 Rn. 81.

220 OLG Köln 21.5.1992 – 5 U 146/91, RuS **1992** 308, 309; OLG Celle 22.5.2008 – 8 U 7/08, RuS **2009** 463; AG, LG Köln 5.5.1989 132b C 3304/88/6.12.1989 – 26 S 189/89, RuS **1990** 205; LG Coburg 16.4.2002 – 11 O 60/02, RuS **2002** 463, 464; Prölss/Martin/*Piontek* § 3 Rn. 37; *Looschelders*/Paffenholz § 3 Rn. 81.

221 *Looschelders*/Paffenholz § 3 Rn. 83.

222 BGH 10.12.1997 – IV ZR 238/97, NJW **1998** 1154 (zu § 4 Abs. 1 lit. d ARB 75); *Looschelders*/Paffenholz § 3 Rn. 84.

223 OLG Celle 22.5.2008 – 8 U 7/08, RuS **2009** 463 Ls.

224 OLG Frankfurt 16.12.1998 – 7 U 234/97, NVersZ **1999** 584; OLG Köln 21.5.1992 – 5 U 146/91, VersR **1992** 1350; *Looschelders*/Paffenholz § 3 Rn. 85; Beckmann/Matusche-Beckmann/*Obarowski* § 37 Rn. 262.

225 BGH 6.3.2019 – IV ZR 72/18, NJW **2019** 1286 Rn. 32.

226 BGH 6.3.2019 – IV ZR 72/18, NJW **2019** 1286 Rn. 30; Harbauer/*Maier* § 3 ARB 2010 Rn. 103; *J. Prölss* RuS **2005** 225, 232 f.

Rechten des geistigen Eigentums ausgenommen sein können (Lizenzen etc.).[227] Was unter den ausdrücklich benannten Rechten des geistigen Eigentums zu verstehen ist, richtet sich nach den einschlägigen Bestimmungen des Patentgesetzes, Urheberrechtsgesetzes, Markengesetzes, Geschmacksmustergesetzes und Gebrauchsmustergesetzes.[228] Ein Beispiel für ein sonstiges Recht aus geistigem Eigentum ist das Sortenschutzrecht für neue Pflanzensorten nach dem Sortenschutzgesetz[229] nicht hingegen der persönlichkeitsrechtlich radizierte Bildnisschutz nach dem Kunsturhebergesetz.[230] Als sonstiges Recht aus geistigem Eigentum von der Rechtsschutzdeckung ausgenommen sind nach h.M. auch Streitigkeiten über Arbeitnehmererfindungen,[231] während bloße technische Verbesserungsvorschläge nicht unter die Ausschlussklausel fallen sollen.[232] Streitigkeiten über Vergütungsansprüche, die der (ehemalige) Arbeitnehmer gegenüber seinem (ehemaligen) Arbeitgeber wegen einer vom Arbeitgeber genutzten patentfähigen Erfindung des Arbeitnehmers geltend machen will, sind ebenfalls vom Ausschluss umfasst.[233]

b) ARB 2012/2021. Im Wesentlichen ergeben sich keine Änderungen zu den ARB 2010. Jedoch enthalten die ARB 2021 einen optionalen Ausschluss vom Rechtsschutz beim Vorwurf von Urheberrechtsverstößen gemäß Ziff. 2.2.14.[234] 51

5. Kartell- und sonstiges Wettbewerbsrecht

Vom Rechtsschutz ausgenommen ist die Wahrnehmung rechtlicher Interessen aus dem Kartell- und sonstigen Wettbewerbsrecht (§ 3 Abs. 2 lit. e). Entscheidend ist, dass der Schwerpunkt der Streitigkeit in den bezeichneten Rechtsgebieten liegt.[235] Einschlägige kartellrechtliche Rechtsgrundlagen sind die Art. 101 ff. AEUV und die §§ 1 ff. GWB. Hauptanwendungsfall des sonstigen Wettbewerbsrechts sind die Regelungen des UWG,[236] hinzu kommt z.B. das Preisklauselgesetz. Der Ausschluss bezieht sich auf jedwede Art von Ansprüchen, sofern sie im Kartell- oder Wettbewerbsrecht wurzeln,[237] etwa die Geltendmachung von Schadensersatzansprüchen gem. § 823 Abs. 2 BGB i.V.m. Art. 101 AEUV,[238] allerdings nicht auf Ansprüche aus vertraglichen Wettbewerbsverboten.[239] 52

227 *Looschelders*/Paffenholz § 3 Rn. 90.
228 Zum Ganzen näher *Looschelders*/Paffenholz § 3 Rn. 91 ff.
229 Prölss/Martin/*Piontek* § 3 Rn. 41; *Looschelders*/Paffenholz § 3 Rn. 96; Beispielsfall: LG Lüneburg 9.2.1989 – 8 O 431/89, VersR **1991** 296.
230 *Looschelders*/Paffenholz § 3 Rn. 92.
231 OLG München 9.1.2017 – 25 U 3537/16, BeckRS **2017** 142668 Rn. 5; LG Ansbach 28.12.2006 – 3 O 826/06, VersR **2007** 1268, 1269 f.; *Looschelders*/Paffenholz § 3 Rn. 99, 102; Beckmann/Matusche-Beckmann/*Obarowski* § 37 Rn. 267; **a.A.** Prölss/Martin/*Piontek* § 3 Rn. 40.
232 *Looschelders*/Paffenholz § 3 Rn. 100, 102; Beckmann/Matusche-Beckmann/*Obarowski* § 37 Rn. 266; im Ergebnis auch Prölss/Martin/*Piontek* § 3 Rn. 40 (unter Heranziehung der Unklarheitenregel generell gegen den Ausschluss von Angelegenheiten nach dem Arbeitnehmererfindungsgesetz).
233 LG Coburg 11.11.2011 – 21 O 489/11, BeckRS **2012** 4335.
234 S. bereits § 2 Rn. 109.
235 *Looschelders*/Paffenholz § 3 Rn. 104; Harbauer/*Maier* § 3 ARB 2010 Rn. 117.
236 Z.B. LG München I 7.7.2006 – 23 O 18585/05, RuS **2007** 280, 281: Der Risikoausschluss für wettbewerbsrechtliche Streitigkeiten umfasst nicht nur Unterlassungsansprüche von Konkurrenten, sondern auch solche, die von Berufskammern eingeklagt werden.
237 Prölss/Martin/*Piontek* § 3 Rn. 42; *Looschelders*/Paffenholz § 3 Rn. 105, 107.
238 Prölss/Martin/*Piontek* § 3 Rn. 42; s. ferner OLG Hamm 10.3.1978 – 20 U 240/77, VersR **1978** 753 zu Art. 85 EWGV.
239 Prölss/Martin/*Piontek* § 3 Rn. 42; van Bühren/*Plote* § 3 ARB 2010 Rn. 81.

6. Spiel, Wette, Gewinnzusagen, Spekulationsgeschäfte und Kapitalanlagen

53 **a) Überblick.** Die Ausnahme für aleatorische Verträge und Spekulationsgeschäfte trägt dem Umstand Rechnung, dass die Wahrnehmung rechtlicher Interessen in diesen Bereichen typischerweise besonders kostenträchtig ist.[240] Der Kreis der Ausschlusstatbestände ist in der Vergangenheit wiederholt ausgedehnt worden. Die ARB 75 sahen lediglich einen Ausschluss der Wahrnehmung rechtlicher Interessen aus Spiel- und Wettverträgen vor (§ 4 Abs. 1 lit. g ARB 75). Die ARB 94 erweiterten den Risikoausschluss ausdrücklich auf Termin- und vergleichbare Spekulationsgeschäfte (§ 3 Abs. 2 lit. f ARB 94).[241] Mit den ARB 2000 wurden Gewinnzusagen ausdrücklich in den Kreis der Ausschlusstatbestände aufgenommen.[242] Schließlich wurden durch die ARB 2008 der Ankauf, die Veräußerung und Verwaltung von Wertpapieren und Wertrechten sowie Beteiligungen und deren Finanzierung ausgeschlossen.[243] Bei allen Fallvarianten ist es ausreichend, wenn die Streitigkeit einen ursächlichen Zusammenhang mit solchen Verträgen aufweist.[244]

b) Spiel- und Wettverträge

54 **aa) Grundsätzliches.** Die Begriffe Spiel und Wette sind im Ausgangspunkt grundsätzlich in Anlehnung an die Regelung in § 762 BGB auszulegen. Es handelt sich um Naturalobligationen: der Vertrag ist wirksam, begründet jedoch keinen Erfüllungsanspruch (§ 762 Abs. 1 Satz 1 BGB), wohl aber einen Rechtsgrund für das Behaltendürfen des aufgrund des Spiels oder der Wette Geleisteten (§ 762 Abs. 1 Satz 2 BGB). Der erforderliche ursächliche Zusammenhang besteht nicht nur im Hinblick auf Rückzahlungsansprüche,[245] sondern nach h.M. auch bei konkurrierenden deliktischen Ansprüchen.[246] Die überwiegende Ansicht geht davon aus, dass auch Ansprüche aus culpa in contrahendo ausgeschlossen sind.[247] Daran könnte man prima vista zu zweifeln geneigt sein, weil die Entstehung des Schutzpflichtverhältnisses gerade keinen Vertragsschluss voraussetzt. Allerdings treten etwaige Schäden typischerweise erst aufgrund des Vertragsabschlusses ein, sodass der Ausschlusstatbestand in aller Regel erfüllt ist. Die h.M. bejaht einen ursächlichen Zusammenhang auch in Bezug auf vorbereitende Nebenverträge, wie z.B. Darlehensverträge zur Finanzierung der Durchführung des Spiel- oder Wettvertrages.[248]

55 **bb) Spielverträge.** Maßgeblich ist auch insoweit das Begriffsverständnis von § 762 BGB.[249] Charakteristisch für ein Spiel ist, dass der Ausgang einer nach zuvor festgelegten Regeln durchgeführ-

---

240 *Looschelders*/Paffenholz § 3 Rn. 110.

241 Der BGH hatte derartige Geschäfte als „Spiel" eingeordnet und damit dem Ausschluss unterworfen: BGH 17.10.1984 – IVa ZR 78/83, VersR **1985** 32, 33; OLG Hamm 7.10.1992 – 20 U 237/91, VersR **1992** 821; OLG Düsseldorf 3.3.1998 – 4 U 41/97, RuS **1998** 379.

242 *Looschelders*/Paffenholz § 3 Rn. 110; Harbauer/*Maier* § 3 ARB 2010 Rn. 129.

243 *Looschelders*/Paffenholz § 3 Rn. 110.

244 OLG Hamm 19.7.2006 – 20 W 17/06, NJW-RR **2007** 1433 (für Rückabwicklungsansprüche).

245 OLG Hamm 19.7.2006 – 20 W 17/06, NJW-RR **2007** 1433; *Looschelders*/Paffenholz § 3 Rn. 112.

246 Prölss/Martin/*Piontek* § 3 Rn. 45; *Looschelders*/Paffenholz § 3 Rn. 112; **a.A.** für die ARB 75, die lediglich einen Ausschluss der Wahrnehmung rechtlicher Interessen „aus" Spiel- oder Wettvertrag vorsahen, BGH 17.10.1984 – IVa ZR 78/83, VersR **1985** 32, 33.

247 Prölss/Martin/*Piontek* § 3 Rn. 46; *Looschelders*/Paffenholz § 3 Rn. 112; Harbauer/*Maier* § 3 ARB 2010 Rn. 122; gleicher Ansicht für die ARB 75 BGH 17.10.1984 – IVa ZR 78/83, VersR **1985** 32.

248 OLG Köln 29.11.1994 – 9 U 202/94, VersR **1995** 656, 657; *Looschelders*/Paffenholz § 3 Rn. 113; Harbauer/*Maier* § 3 ARB 2010 Rn. 135.

249 AG Stuttgart 3.7.2007 – 11 C 1492/07, VersR **2008** 915, 916; *Looschelders*/Paffenholz § 3 Rn. 114.

ten Tätigkeit darüber entscheidet, ob einer Partei ein vermögenswerter Gewinn entsteht.[250] Darunter fallen Glücksspiele, Geschicklichkeitsspiele, Lotterien, Ausspielungen etc., und zwar trotz Entstehung einer Verbindlichkeit (§ 763 Satz 1 BGB) einschließlich staatlich genehmigter.[251] Nach instanzgerichtlicher Rechtsprechung sind Streitigkeiten innerhalb einer Wettgemeinschaft vom Ausschluss mit erfasst.[252] Die wohl h.M. ordnet auch Schneeballsysteme dem „Spiel" zu mit der Folge des Risikoausschlusses.[253] Ob diese Auslegung dem Verständnishorizont eines durchschnittlichen VN entspricht, wie eine Argumentation mit dem allgemeinen Sprachgebrauch nahelegt,[254] ist ein weites Feld.

cc) Wettverträge. Bei einer Wette verspricht jede Partei der anderen eine Leistung für den Fall, 56
dass von zwei gegensätzlichen Behauptungen die eigene sich als unrichtig erweist.[255] Der Ausschluss erfasst nach h.M. nicht nur Streitigkeiten über die Einlösung der Wette, sondern auch über einen möglichen Innenausgleich in einer Wettgemeinschaft.[256]

c) Gewinnzusagen. Der Begriff der Gewinnzusage ist in Anlehnung an die bürgerlichrechtliche 57
Terminologie als Mitteilung eines Unternehmers an einen Verbraucher zu definieren, die beim Verbraucher den Eindruck erweckt, er habe einen Preis gewonnen (§ 661a BGB).[257] Entscheidend ist, dass der Unternehmer dem Verbraucher den Eindruck vermittelt, er habe den Preis schon sicher gewonnen.[258] Vergleichbare Mitteilungen, die in § 661a BGB den Gewinnzusagen gegenübergestellt sind, werden entgegen teilweise vertretener Ansicht vom Ausschlusstatbestand nicht erfasst.[259] Das ergibt nicht nur die Auslegung nach Maßgabe des Verständnishorizontes eines durchschnittlichen VN, dem eine Differenzierung zwischen der Terminologie in § 661a BGB und in § 3 Abs. 1 lit. f wenig plausibel sein dürfte, sondern auch die Grundregel enger Auslegung von Ausschlusstatbeständen. Dass der Ausschluss ähnlicher oder vergleichbarer Geschäfte durch abweichende Klauselgestaltung ohne weiteres erfolgen könnte, belegt auch der Vergleich zum Ausschluss von „Termin- oder vergleichbaren Spekulationsgeschäften".[260] Schließlich lässt sich das engere Begriffsverständnis auch unter Heranziehung der Zweifelsregel *ambiguitas contra stipulatorem* begründen (§ 305c Abs. 2 BGB).

d) Termin- und vergleichbare Spekulationsgeschäfte

aa) Termingeschäfte. Im Wertpapierhandelsgesetz sind Termingeschäfte legaldefiniert als 58
Kauf, Tausch oder anderweitig ausgestaltete Festgeschäfte oder Optionsgeschäfte, die zeitlich verzögert zu erfüllen sind und deren Wert sich unmittelbar oder mittelbar vom Preis eines Basiswertes ableitet, der markt-, börsen- oder kurbedingten Schwankungen unterliegt (§ 2 Abs. 2 Nr. 1

250 Statt vieler Staudinger/*Schönenberg-Wessel* § 762 Rn. 3.
251 *Looschelders*/Paffenholz § 3 Rn. 114; Harbauer/*Maier* § 3 ARB 2010 Rn. 125; van Bühren/*Plote* § 3 ARB 2010 Rn. 83.
252 LG Köln 29.5.1984 – 11 S 11/84, RuS **1984** 201 (§ 4 Abs. 1 lit. g ARB 75).
253 BGH 6.11.2008 – III ZR 120/08, NJW-RR **2009** 345; OLG Hamm 19.7.2006 – 20 W 17/06, NJW-RR **2007** 1433; *Looschelders*/Paffenholz § 3 Rn. 115.
254 So etwa AG Frankfurt 2.7.2007 – 29 C 50/07, VersR **2008** 777; *Looschelders*/Paffenholz § 3 Rn. 115.
255 RG 28.6.1905 – I 559/04, RGZ **61** 153, 156; OLG Karlsruhe 20.11.2003 – 12 U 77/03, NJW-RR **2004** 325; *Looschelders*/Paffenholz § 3 Rn. 116; *Bendermacher*/*Keune* VersR **2011** 972, 975 f.
256 LG Köln 29.5.1984 – 11 S 11/84, RuS **1984** 201 (zu § 4 Abs. 1 lit. g ARB 75); Prölss/Martin/*Piontek* § 3 Rn. 48; *Looschelders*/Paffenholz § 3 Rn. 116.
257 Statt vieler Staudinger/*Bergmann* § 661a Rn. 25; *Looschelders*/Paffenholz § 3 Rn. 117.
258 Staudinger/*Bergmann* § 661a Rn. 38; *Looschelders*/Paffenholz § 3 Rn. 117.
259 **A.A.** *Looschelders*/Paffenholz § 3 Rn. 117.
260 Hierzu Rn. 46, 47.

WpHG).[261] Dieses Begriffsverständnis ist auch im Rahmen von § 3 Abs. 2 lit. f zugrunde zu legen.[262] Termingeschäfte sind dadurch gekennzeichnet, dass sie erst zu einem späteren Zeitpunkt zu erfüllen sind oder einen Bezug zu einem Terminmarkt haben.[263] Das besondere Risiko von Termingeschäften beruht darauf, dass unter Umständen über den Totalverlust hinaus zusätzliches Kapital eingesetzt werden muss.[264]

59 **bb) Vergleichbare Spekulationsgeschäfte.** Die Bestimmung des Kreises vergleichbarer Spekulationsgeschäfte knüpft nach h.M. nicht an den weiten steuerrechtlichen Begriff des Spekulationsgeschäfts an, sondern an die Vergleichbarkeit mit Termingeschäften.[265] Entscheidend ist die mit dem Termingeschäft vergleichbare Risikostruktur. Derartige Spekulationsgeschäfte sind regelmäßig ebenfalls auf Terminbasis abgeschlossen und dienen der Gewinnerzielung aus Kurs- und Marktschwankungen, ohne dass ein tatsächlicher Leistungsaustausch erfolgen soll.[266] Dies sind z.B. Zinsdifferenzgeschäfte[267] oder Vermögensmanagementverträge mit hochspekulativem Charakter.[268] Kein dem Termingeschäft vergleichbares Spekulationsgeschäft ist der Erwerb von Genussscheinen, Aktien oder Fondsanteilen.[269] Insbesondere die Beteiligung an einer Gesellschaft, deren Kapital in Immobilien, Aktien, Private Equity- und Hedgefonds investiert werden sollte, stellt kein Termingeschäft und auch kein vergleichbares Spekulationsgeschäft dar.[270] Ebenso wenig gehören hierher die Beteiligung an geschlossenen Immobilienfonds[271] und der Erwerb von Expresszertifikaten.[272] Die Verständlichkeit des Vergleichbarkeitskriteriums für einen durchschnittlichen VN mag man – hier wie andernorts – bezweifeln, die Schwelle zur Intransparenz im Sinne von § 307 Abs. 1 Satz 2 BGB dürfte indessen nicht überschritten sein.[273] Dafür spricht auch, dass in Zweifelsfällen die Unklarheitenregel dem VN hinreichenden Schutz bietet (§ 305c Abs. 2 BGB). Kein Zusammenhang zum spekulativen Geschäft besteht ferner, wenn es während der Anbahnung eines Spekulationsgeschäfts zu einem Trickdiebstahl kommt.[274] Der Ausschluss für Termins- und Spekulationsgeschäfte schließt weiterhin Ansprüche wegen Amtspflichtverletzungen (z.B. gegen die Aufsichtsbehörde) nicht aus.[275] Geht der VN gegen die Verantwortlichen eines Emissionsprospekts wegen fehlerhafter Angaben vor, ist der Ausschluss für Termin- und vergleichbare Börsengeschäfte nicht anwendbar.[276]

---

261 S. ferner OLG Hamm 10.8.2011 – I-20 U 31/11, RuS **2011** 471, 472; OLG Karlsruhe 20.11.2003 – 12 U 77/03, RuS **2004** 107, 108.

262 So auch *Looschelders*/Paffenholz § 3 Rn. 118.

263 OLG Karlsruhe 20.11.2003 – 12 U 77/03, NJW-RR **2004** 325; OLG München 23.9.2008 – 25 U 2964/08, VersR **2009** 498; OLG Hamm 10.8.2011 – I-20 U 31/11, VersR **2012** 896, 897; Prölss/Martin/*Piontek* § 2 Rn. 52.

264 BGH 12.3.2002 – XI ZR 258/01, BGHZ **150** 164, 168 f.; OLG Karlsruhe 20.11.2003 – 12 U 77/03, NJW-RR **2004** 325, 326.

265 OLG Karlsruhe 20.11.2003 – 12 U 77/03, NJW-RR **2004** 325, 326; *Looschelders*/Paffenholz § 3 Rn. 119; Beckmann/Matusche-Beckmann/*Obarowski* § 37 Rn. 267; Harbauer/*Maier* § 3 ARB 2010 Rn. 132.

266 OLG München 23.9.2008 – 25 U 2964/08, VersR **2009** 498; *Looschelders*/Paffenholz § 3 Rn. 119; Harbauer/*Maier* § 3 ARB 2010 Rn. 132; van Bühren/*Plote* § 3 ARB 2010 Rn. 88; *Wendt* RuS **2012** 209, 218.

267 OLG München 23.9.2008 – 25 U 2964/08, VersR **2009** 498; LG München I 6.3.2008 – 12 O 9088/06, RuS **2008** 242.

268 LG Düsseldorf 21.2.2008 – 11 O 363/07, RuS **2008** 418 f.

269 OLG Karlsruhe 20.11.2003 – 12 U 77/03, NJW-RR **2004** 325, 326; OLG Hamm 10.8.2011 – I-20 U 31/11, RuS **2011** 471; *Looschelders*/Paffenholz § 3 Rn. 119.

270 AG Mannheim 24.7.2007 – 2 C 52/07, RuS **2008** 334.

271 *Looschelders*/Paffenholz § 3 Rn. 119; *Bendermacher*/*Keune* VersR **2011** 972, 976.

272 Prölss/Martin/*Piontek* § 3 Rn. 53 m.N.

273 Prölss/Martin/*Piontek* § 3 Rn. 53; **a.A.** LG Wiesbaden 18.9.2013 – 10 O 8/13, RuS **2014** 172, 173.

274 LG Kaiserslautern 27.9.2004 – 3 O 1007/03, NJW-RR **2005** 1113, 1114.

275 LG Düsseldorf 21.2.2008 – 11 O 363/07, RuS **2008** 418, 419; ÖOGH 2.7.2008 – 7 Ob 132/08z, VersR **2009** 1143, 1144.

276 AG Mannheim 24.7.2007 – 2 C 52/07, RuS **2008** 334, 335.

e) Geschäfte über Wertpapiere und gleichstehende Wertrechte, Beteiligungen und deren Finanzierung

aa) Grundsatz. Eine allgemeingültige Bestimmung dessen, was ein „Kapitalanlagegeschäft“ ausmacht, gibt es nicht. Schon der ihm innewohnende Begriff der „Kapitalanlage“ ist in seinen rechtlichen Konturen nicht eindeutig festgelegt. Zwar verwenden ihn verschiedene gesetzliche Vorschriften allein oder als Bestandteil eines anderen Begriffs (z.B. § 341d HGB, § 20 Abs. 1 Nr. 7 Satz 2 EstG, § 21 Abs. 1 Nr. 1 Satz 2 KStG, das Kapitalanlagegesetzbuch oder § 264 a StGB); er wird aber je nach dem besonderen Regelungsgegenstand des Gesetzes unterschiedlich verstanden. Weder existiert eine einheitliche gesetzliche Definition des Begriffs noch hat sich ein für alle Rechtsgebiete gleichermaßen geltendes Begriffsverständnis herausgebildet. Der Begriff ist damit im Bereich der Rechtssprache nicht genügend fest umrissen.[277] Nach umstrittener Ansicht des BGH ist daher der von einzelnen VR verwendete Ausschluss des Rechtsschutzes bei „Kapitalanlagegeschäften aller Art“ nur im Rahmen einer einschränkenden Auslegung dahingehend wirksam, dass in Bezug auf Verträge, die neben dem Kapitalanlagezweck auch anderen Zwecken dienen, nur solche Streitigkeiten unter den Ausschluss fallen, die ihren Ursprung jedenfalls auch in dem Anlagecharakter des Geschäftes haben.[278] Dagegen hat der BGH klargestellt, dass eine Risikoausschlussklausel, wonach der Rechtsschutz keine „Streitigkeiten aus Kapitalanlagegeschäften aller Art und deren Finanzierung“ umfasst, auch die Geltendmachung eines Anspruchs auf Rückabwicklung einer fondsgebundenen Lebensversicherung nach Widerspruch gem. § 5a VVG a.F. erfasst.[279] Zu beachten ist ferner, dass von der Ausschlussklausel nur solche Streitigkeiten erfasst sind, welche ihren Ursprung (auch) im Anlagecharakter des Geschäfts haben. Sofern das Geld des VN nie investiert wurde, sondern die (behauptete) Kapitalanlage nur als ‚Lockmittel‘ diente, um Dritten die Verfügungsmacht über den Geldbetrag zu verschaffen, unterliegt eine entsprechende deliktsrechtliche Klage nicht dem Ausschluss.[280] 60

bb) Geschäfte über Wertpapiere und gleichstehende Wertrechte. Ausgenommen ist die Wahrnehmung rechtlicher Interessen in ursächlichem Zusammenhang mit Geschäften über Wertpapiere und gleichstehende Wertrechte. Auf die Komplexität des Kapitalanlageprodukts kommt es nicht an. Der Kreis ausdrücklich ausgeschlossener Geschäfte umfasst Ankauf, Veräußerung und Verwaltung. Der Begriff „Ankauf“ umfasst den dinglichen Erwerbsvorgang ebenso wie der Begriff „Veräußerung“ den Verkauf. Die rechtsterminologisch nicht ganz stimmige Formulierung ist in der Sache unschädlich.[281] Als Beispiele für Wertpapiere nennt der Ausschlusstatbestand in Form eines nicht abschließenden Klammerzusatzes Aktien, Rentenwerte und Fondsanteile. Hierher gehören darüber hinaus auch Zertifikate und Genussscheine.[282] Der in der Kautelarpraxis anzutreffende weitergehende Ausschluss von „Kapitalanlageschäften aller Art“ ist – wie ausgeführt – nach der Rechtsprechung des BGH nicht wegen Intransparenz unwirksam (§ 307 Abs. 1 Satz 2 BGB),[283] seine Wirksamkeit wird allerdings teilweise unter dem Gesichtspunkt der vertragszweckgefährdenden Einschränkung des Versicherungsschutzes in Zweifel ge- 61

277 BGH 10.4.2019 – IV ZR 59/18, RuS **2019** 326 Rn. 20; Versicherungsombudsmann VersR **2009** 1487; **a.A.** OLG Düsseldorf 27.11.2014 – I-6 U 78/14, RuS **2015** 18, 19.

278 BGH 10.4.2019 – IV ZR 59/18, RuS **2019** 326 Rn. 20; a.A. (Intransparenz) Beckmann/Matusche-Beckmann/*Obarowski* § 37 Rn. 333; *Looschelders*/Paffenholz § 3 Rn. 130.

279 BGH 10.4.2019 – IV ZR 59/18, RuS **2019** 326 Ls. 1; s. ferner ÖOGH 21.10.2020 – 7 Ob 176/20p, VersR **2021** 1199.

280 LG Düsseldorf 1.6.2021 – 9 S 38/19, VersR **2021** 1427; zuvor schon OLG Düsseldorf 20.10.2017 – 4 U 232/15, BeckRS **2017** 151913 Rn. 27 ff.; zuvor OLG Düsseldorf 12.9.2017 – 4 U 232/15, BeckRS **2017** 151988 Rn. 28 ff.

281 Abweichende Formulierung nunmehr in Ziff. 3.2.8 ARB 2012: „Erwerb“ und „Veräußerung“.

282 *Looschelders*/Paffenholz § 3 Rn. 122; Prölss/Martin/*Piontek* § 3 Rn. 54; Harbauer/*Maier* § 3 ARB 2010 Rn. 135.

283 BGH 10.4.2019 – IV ZR 59/18, RuS **2019** 326; OLG Düsseldorf 27.11.2014 – I-6 U 78/14, RuS **2015** 18; Prölss/Martin/*Piontek* § 3 Rn. 54.

zogen (§ 307 Abs. 2 Nr. 2 BGB).[284] Hingegen hat der BGH die in der Praxis nach wie vor begegnenden sogenannten Effekten- und Prospekthaftungsklauseln wegen Intransparenz kassiert.[285] Beispiele für Wertpapieren gleichstehende Wertrechte sind Bundesschatzbriefe, Finanzierungsschätze und Bundesanleihen.[286]

62 **cc) Geschäfte über Beteiligungen.** Der Begriff der Beteiligung ist facettenreich und letztlich einigermaßen unscharf.[287] Die Klauselgestaltung sucht diese Unschärfe durch einen grammatikalisch etwas verunglückten erläuternden Klammerzusatz zu heben: „z.B. an Kapitalanlagemodellen, stille Gesellschaften, Genossenschaften“. Der Ausnahmetatbestand ist nicht identisch mit dem weitergehenden Ausschluss von „Kapitalanlagegeschäften aller Art“.[288] Die Anlage auf einem Tagesgeldkonto fällt nicht unter den Ausschluss von Geschäften über Beteiligungen.[289] Unter den Gesichtspunkt der Transparenz (§ 307 Abs. 1 Satz 2 BGB) ist die Fassung des Ausschlusstatbestandes zwar nicht frei von Zweifel, angesichts der Notwendigkeit einer sachgerechten Produktgestaltung aber letztlich als wirksam anzusehen, zumal die Anwendung der Unklarheitenregel im konkreten Zweifelsfall noch hinreichenden Schutz des VN gewährleistet (§ 305c Abs. 2 BGB).

63 **dd) Finanzierung der aufgeführten Geschäfte.** Vom Rechtsschutz ausgenommen sind nicht nur die aufgeführten Anlagegeschäfte, sondern auch die Interessenwahrnehmung in ursächlichem Zusammenhang mit der Finanzierung solcher Geschäfte. Deshalb ist auch der Streit über Beratungsfehler beim Abschluss von Darlehen zur Finanzierung einer Beteiligung an einem Anlagemodell ausgeschlossen.[290]

f) ARB 2012/2021

64 **aa) Kapitalanlagen und deren Finanzierung.** In den ARB 2012/2021 sind die Ausnahmen des § 3 Abs. 2 lit. f. in zwei separate Ausschlusstatbestände aufgespalten (Ziff. 3.2.8 und Ziff. 3.2.9 ARB 2012/2021). Ziff. 3.2.8 nimmt umfassend Streitigkeiten in ursächlichem Zusammenhang mit dem Erwerb, der Veräußerung, der Verwaltung und der Finanzierung von Kapitalanlagen vom Rechtsschutz aus. Die Verwendung des Begriffs „Erwerb“ statt „Ankauf“ (§ 3 Abs. 2 lit. f ARB 2010) beseitigt eine letztlich unschädliche systematische Unstimmigkeit der Vorgängerregelung.[291] Der Begriff der Kapitalanlage ist grundsätzlich weit zu verstehen.[292] Angesichts der Rechtsprechung des BGH zur hinreichenden Transparenz des Ausschlusses von „Kapitalanlagen aller Art“[293] dürfte gegen die Transparenz der Neufassung nichts zu erinnern sein.[294] Bedenken werden allerdings teilweise

284 *Looschelders*/Paffenholz § 3 Rn. 126 m.N.; **a.A.** Versicherungsombudsmann VersR **2009** 1487. Zur entsprechenden Ausweitung des Ausschlusstatbestandes in den ARB 2012 noch Rn. 64.

285 BGH 8.5.2013 – IV ZR 84/12, VersR **2013** 995 Rn. 9 ff. m. Anm. *Tetzlaff*; *Looschelders*/Paffenholz § 3 Rn. 128.

286 *Looschelders*/Paffenholz § 3 Rn. 124; Harbauer/*Maier* § 3 ARB 2010 Rn. 232; Rüffer/Halbach/Schimikowski/*Münkel* § 3 ARB 2010 Rn. 16.

287 S. z.B. LG Flensburg 28.4.2017 – 4 O 225/16, VersR **2017** 1517: Gemeint sind nicht nur gesellschaftsrechtlich relevante, sondern auch gewinnabhängige Beteiligungen.

288 *Looschelders*/Paffenholz § 3 Rn. 126; hierzu bereits Rn. 60.

289 *Looschelders*/Paffenholz § 3 Rn. 126.

290 *Looschelders*/Paffenholz § 3 Rn. 129; *Bendermacher*/*Keune* VersR **2011** 972, 976.

291 Hierzu Rn. 60.

292 *Looschelders*/Paffenholz § 3 Rn. 130; *Hering* ZfS **2013** 4, 8; verneinend für eine fondsgebundene Lebensversicherung LG Nürnberg-Fürth 31.1.2018 – 2 S 1925/17, RuS **2018**, 248 ff.

293 BGH 8.5.2013 – IV ZR 84/12, VersR **2013** 995 Rn. 9 ff. m. Anm. *Tetzlaff*; *Looschelders*/Paffenholz § 3 Rn. 128.

294 Harbauer/*Maier* § 3 ARB 2010 Rn. 236; *ders.* RuS **2013** 105, 109; *Schaltke* VersR **2020** 73, 79.

wegen möglicherweise vertragszweckgefährdender Einschränkung der Rechtsschutzdeckung geltend gemacht (§ 307 Abs. 2 Nr. 2 BGB).[295]

bb) Darlehensvergabe, Spiel- und Wettverträge sowie Gewinnzusagen. Der zweite Ausschlusstatbestand nimmt – wie bisher – Spiel- und Wettverträge sowie Gewinnzusagen aus (Ziff. 3.2.9 ARB 2012/2021, § 3 Abs. 2 lit. f ARB 2010), sieht allerdings keine ausdrückliche Ausnahme für Temin- und vergleichbare Spekulationsgeschäfte mehr vor, ohne dass diese Ausweitung der Rechtsschutzdeckung zwangsläufig vollumfänglich durch die umfassende Ausnahme von Kapitalanlagen aufgefangen würde.[296] Neu in die ARB 2012/2021 aufgenommen ist der Ausschluss betreffend die Vergabe von Darlehen, dessen Einordnung bei den aleatorischen Geschäften und Gewinnzusagen systematisch unbefriedigend sein mag, aber nicht überraschend im Sinne von § 305c Abs. 1 BGB ist.[297] Streitigkeiten aus einer Darlehensaufnahme sind nicht ausgeschlossen.[298] 65

7. Bereich des Familien-, Lebenspartnerschafts- und Erbrechts

a) Familienrecht. Die Wahrnehmung rechtlicher Interessen aus dem Bereich des Familienrechts ist aus der Rechtsschutzdeckung ausgenommen, soweit nicht entsprechender Beratungs-Rechtsschutz gemäß § 2 lit. k besteht (§ 3 Abs. 2 lit. g).[299] Maßgeblich ist ein materiellrechtlicher Begriff des Familienrechts, eine prozessuale Zuordnung zu den Familiensachen ist nicht ausschlaggebend (§ 23b GVG).[300] Voraussetzung für den Ausschluss ist, dass der Schwerpunkt der Rechtsangelegenheit im Familienrecht liegt.[301] Auch Streitigkeiten aus gleichgeschlechtlicher Ehe sind dem Familienrecht zuzuordnen. Nichteheliche Lebensgemeinschaften können materiellrechtlich durchaus eine gewisse familienrechtliche Prägung haben, man wird aber bis auf weiteres nicht von einem familienrechtlichen Schwerpunkt ausgehen können. 66

Beispielsfälle ausgeschlossener Deckung: Ansprüche aus Verlöbnis (§ 1298 BGB);[302] Eheauseinandersetzungsvertrag;[303] Streitigkeiten aus einer Scheidungsvereinbarung;[304] ein aus Anlass der Scheidung geschlossener Überlassungsvertrag;[305] ein im Scheidungsverfahren geschlossenen Vergleich, der die güter- und familienrechtlichen Beziehungen regelt;[306] Streit um die Rückabwicklung unbenannter ehebedingter Zuwendungen.[307] 67

Beispielsfälle nicht ausgeschlossener Deckung: Widerruf einer Schenkung an den Ehegatten wegen groben Undanks (§ 531 BGB);[308] Ausgleichsansprüche wegen eines von den Ehegatten aufgenommenen Darlehens;[309] Ausgleichsansprüche nach § 426 BGB,[310] insbesondere in Bezug auf einen Ausgleich zwischen geschiedenen Eheleuten gemäß § 426 BGB nach Rückführung eines 68

---

295 *Looschelders*/Paffenholz § 3 Rn. 130.
296 *Looschelders*/Paffenholz § 3 Rn. 131.
297 Für AGB-rechtlich gänzlich unbedenklich erachtet die Neuregelung *Looschelders*/Paffenholz § 3 Rn. 132.
298 *Looschelders*/Paffenholz § 3 Rn. 132.
299 Zum Beratungs-Rechtsschutz § 2 Rn. 85 ff.
300 *Looschelders*/Paffenholz § 3 Rn. 134; Harbauer/*Maier* § 3 ARB 2010 Rn. 143.
301 *Looschelders*/Paffenholz § 3 Rn. 135; Harbauer/*Maier* § 3 ARB 2010 Rn. 139.
302 AG Düsseldorf 10.3.1995 – 20 C 18837/94, RuS **1996** 231.
303 OLG Düsseldorf 29.5.1984 – 4 U 181/83, VersR **1985** 635.
304 LG Heidelberg 26.11.1985 – 4 O 144/85, ZfS **1986** 111.
305 LG Mannheim 10.12.1987 – 5 S 125/87, ZfS **1988** 46.
306 LG Bonn 15.1.1985 – 15 O 386/84, ZfS **1985** 148.
307 *Looschelders*/Paffenholz § 3 Rn. 132.
308 OLG Hamm 25.2.1983 – 20 W 99/82, VersR **1983** 1025; *Looschelders*/Paffenholz § 3 Rn. 135.
309 OLG Saarbrücken 6.3.2002 – 5 U 757/01, FamRZ **2003** 95, 96; LG Landau 12.11.2007 – 1 S 16/07, VersR **2008** 390, 391; LG Bremen 14.6.2012 – 6 T 294/12, VersR **2012** 1297, 1298.
310 OLG Zweibrücken 19.3.2014 – 1 U 87/13, RuS **2014** 412, 413; LG Bremen 14.6.2012 – 6 T 294/12, VersR **2012** 1297, 1298.

gemeinschaftlich bei bestehender Ehe aufgenommenen Darlehens;[311] Ansprüche bei der Auseinandersetzung einer BGB-Gesellschaft oder einer Miteigentümergemeinschaft zwischen Ehegatten anlässlich der Trennung;[312] Streit um die Inanspruchnahme des Ehegatten des Vertragspartners gemäß § 1357 BGB, weil der Schwerpunkt der Angelegenheit in der Regel nicht im Familien-, sondern in Schuldrecht liegt.[313]

69 **b) Lebenspartnerschaftsrecht.** Der Ausschluss betreffend die Wahrnehmung rechtlicher Interessen im Bereich des Lebenspartnerschaftsrechts bezieht sich – vorbehaltlich des Beratungs-Rechtsschutzes – auf gleichgeschlechtliche Lebenspartnerschaften im Sinne des Lebenspartnerschaftsgesetzes.[314] Verlangt man wie in Bezug auf das Familienrecht konsequenterweise auch für diesen Ausschlusstatbestand einen Schwerpunkt im Lebenspartnerschaftsrecht, kommt eine Erstreckung auf nichteheliche Lebens*gemeinschaften* – gleich welchen Geschlechts – ohne Eintragung nicht in Betracht.[315]

70 **c) Erbrecht.** Vom Rechtsschutz ausgenommen ist – vom Beratungs-Rechtsschutz abgesehen – die Wahrnehmung rechtlicher Interessen im Bereich des Erbrechts. Erbrecht ist materiellrechtlich zu verstehen, hier wie auch sonst ist ein erbrechtlicher Schwerpunkt der Angelegenheit erforderlich. Das Erbscheinserteilungsverfahren gehört entgegen verbreiteter Ansicht grundsätzlich zum Erbrecht, selbst wenn der Erbschein zur Vorbereitung der Zwangsvollstreckung beantragt wird, weil die materiellrechtlichen Voraussetzungen und Rechtsfolgen der Erbscheinserteilung im Vordergrund stehen.[316] Die Erhöhung des gesetzlichen Erbrechts des Ehegatten gemäß § 1371 Abs. 1 BGB rechnet mithin zum Erbrecht im Sinne des Risikoausschlusses.[317] Auch bei der Erbenhaftung ist danach zu unterscheiden, ob der Schwerpunkt der Streitigkeit im Schuldrecht oder im Erbrecht liegt: ist in erster Linie die Erbenstellung streitig, greift der Ausschluss.[318] Keine Anwendung findet der Ausschluss auf Streitigkeiten aus vorweggenommener Erbfolge,[319] bei Fragen über die Bezugsberechtigung aus einer Lebensversicherung,[320] sowie den Streit über die Verletzung eines Erbschaftskaufvertrags,[321] unter Umständen auch die Zwangsversteigerung zwecks Erbauseinandersetzung.[322]

71 **d) Rückeinschluss von Beratungs-Rechtsschutz.** Der Vorbehalt zugunsten des Beratungs-Rechtsschutzes bezieht sich auf die korrespondierende Regelung in § 2 lit. k und stellt sicher, dass

---

311 OLG Saarbrücken 6.3.2002 – 5 U 757/01, FamRZ **2003** 95, 96; Prölss/Martin/*Piontek* § 3 Rn. 59; *Looschelders*/Paffenholz § 3 Rn. 136.

312 OLG Köln 7.11.1991 – 5 U 50/91, RuS **1991** 419, 421 (zu § 4 Abs. 1 lit. i ARB 75); *Looschelders*/Paffenholz § 3 Rn. 136.

313 AG Rastatt 26.10.1995 – 1 C 352/95, VersR **1996** 1100; Prölss/Martin/*Piontek* § 3 Rn. 59; *Looschelders*/Paffenholz § 3 Rn. 137.

314 *Looschelders*/Paffenholz § 3 Rn. 139; Harbauer/*Maier* § 3 ARB 2010 Rn. 140.

315 Im Ergebnis gleich *Looschelders*/Paffenholz § 3 Rn. 139; anders u.U. bei einer modifizierten Klausel, vgl. LG Frankenthal 15.4.2020 – 3 O 252/19, RuS **2020** 455.

316 **A.A.** Prölss/Martin/*Piontek* § 3 Rn. 61; *Looschelders*/Paffenholz § 3 Rn. 141.

317 OLG Karlsruhe 20.9.2007 – 12 U 27/07, RuS **2008** 71; *Looschelders*/Paffenholz § 3 Rn. 140.

318 Teilweise **a.A.** (Ausschluss sei nie einschlägig) LG Karlsruhe 23.6.2000 – 2 O 26/00, RuS **2000** 506, 507; *Looschelders*/Paffenholz § 3 Rn. 141; Prölss/Martin/*Piontek* § 3 Rn. 62.

319 OLG Karlsruhe 20.9.2007 – 12 U 27/07, VersR **2008** 346; Prölss/Martin/*Piontek* § 3 Rn. 61; *Looschelders*/Paffenholz § 3 Rn. 142.

320 OLG Köln 3.11.1988 – 5 U 40/88, RuS **1989** 20, 21; *Looschelders*/Paffenholz § 3 Rn. 140; Prölss/Martin/*Piontek* § 3 Rn. 61.

321 OLG Düsseldorf 14.12.1999 – 4 U 227/98, VersR **2000** 579 f. (zu § 4 Abs. 1 lit. i ARB 75); Prölss/Martin/*Piontek* § 3 ARB 2010 Rn. 61; *Looschelders*/Paffenholz § 3 Rn. 142.

322 Beispielsfall AG Lüdenscheid 26.11.1982 – 13 C 1118/82, VersR **1983** 1149.

der Beratungs-Rechtsschutz nicht leerläuft.[323] Konsequenterweise gilt der Vorbehalt nicht nur für die Erstberatung, sondern auch für Folgeberatungen.[324]

8. Streitigkeiten aus dem Rechtsschutzversicherungsvertrag

72 Der Ausnahmetatbestand des § 3 Abs. 2 lit. h entzieht Rechtsschutzdeckung für die Wahrnehmung rechtlicher Interessen aus dem Rechtsschutzversicherungsvertrag gegen den VR oder das für diesen tätige Schadensabwicklungsunternehmen (§ 164 VAG, § 126 VVG).[325] Streitigkeiten mit dem VR aus einem anderen Rechtsschutzversicherungsvertrag sind dagegen – anders als noch unter § 4 Abs. 1 lit. h ARB 75 – nicht ausgeschlossen.[326]

9. Steuerliche Bewertung von Grundstücken sowie Anliegerabgaben

73 Schließlich nimmt § 3 Abs. 2 lit. i die Wahrnehmung rechtlicher Interessen wegen der steuerlichen Bewertung von Grundstücken, Gebäuden oder Gebäudeteilen sowie wegen Erschließungs- und sonstiger Anliegerabgaben von der Rechtsschutzdeckung aus, es sei denn, dass es sich um laufend erhobene Gebühren für die Grundstücksversorgung handelt.

III. Ausschluss bestimmter Verfahren

1. Verfahren vor Verfassungsgerichten

74 Der Ausschluss der Wahrnehmung rechtlicher Interessen in Verfahren vor Verfassungsgerichten erstreckt sich auf das Bundesverfassungsgericht und die Verfassungsgerichte der Länder.[327] Praktisch wichtigster Anwendungsfall ist die Verfassungsbeschwerde vor dem Bundesverfassungsgericht.[328] Eine Richtervorlage gemäß Art. 100 GG in einem versicherten Ausgangsverfahren macht den Rechtsstreit nach h.M. nicht zu einem Verfahren vor dem Bundesverfassungsgericht im Sinne der Regelung, sodass der Ausschluss nicht eingreift.[329]

2. Verfahren vor internationalen oder supranationalen Gerichtshöfen

75 Keine Rechtsschutzdeckung besteht in Verfahren vor internationalen oder supranationalen Gerichtshöfen, soweit es sich nicht um die Wahrnehmung rechtlicher Interessen von Bediensteten internationaler oder supranationaler Organisationen aus Arbeitsverhältnissen oder öffentlich-rechtlichen Dienstverhältnissen handelt (§ 3 Abs. 3 lit. b). Wichtige internationale Gerichtshöfe sind der Internationale Gerichtshof in Den Haag, der Internationale Seegerichtshof in Hamburg und der Internationale Strafgerichtshof in Den Haag, supranationale Gerichtshöfe sind der Europäische Gerichtshof und der Europäische Gerichtshof für Menschenrechte.[330] Der Ausschluss greift

323 *Looschelders*/Paffenholz § 3 Rn. 143.
324 *Looschelders*/Paffenholz § 3 Rn. 143; *Eitel* FF **2009** 64, 67.
325 Zu versicherungsvertragsrechtlichen Regelung über Schadensabwicklungsunternehmen s. § 126 Rn. 1 ff.
326 *Looschelders*/Paffenholz § 3 Rn. 144.
327 *Looschelders*/Paffenholz § 3 Rn. 148; Harbauer/*Maier* § 3 ARB 2010 Rn. 1453.
328 *Looschelders*/Paffenholz § 3 Rn. 148; Harbauer/*Maier* § 3 ARB 2010 Rn. 153; van Bühren/*Plote* § 3 ARB 2010 Rn. 99.
329 *Looschelders*/Paffenholz § 3 Rn. 148; Prölss/Martin/*Piontek* § 3 Rn. 64; Harbauer/*Maier* § 3 ARB 2010 Rn. 153; *Prölss* RuS **2005** 225, 226. S. bereits § 2 Rn. 33.
330 Statt vieler *Looschelders*/Paffenholz § 3 Rn. 149.

nicht im Fall von Vorlageverfahren – immer vorausgesetzt für das Ausgangsverfahren besteht Rechtsschutz.[331] Der Rückeinschluss von Interessenwahrnehmung von Bediensteten internationaler oder supranationaler Organisationen in bestimmten Fällen soll die Aushöhlung des Arbeits-Rechtsschutzes vermeiden.[332]

3. Insolvenzverfahren über das Vermögen des Versicherungsnehmers

76 Ausgeschlossen ist die Wahrnehmung rechtlicher Interessen in ursächlichem Zusammenhang mit einem Insolvenzverfahren, das über das Vermögen des VN eröffnet wurde oder eröffnet werden soll (§ 3 Abs. 3 lit. c). Ein ursächlicher Zusammenhang mit der Insolvenz des VN besteht – trotz der Gleichstellung von VN und mitversicherten Personen gemäß § 15 Abs. 2 Satz 1 – nach h.M. auch dann, wenn die mitversicherte, selbst nicht insolvente Ehefrau ihre Interessen gegenüber dem Insolvenzverwalter des VN wahrnimmt.[333] Mit dem entsprechenden Ausschluss werden jedoch nicht alle Ansprüche auch der mitversicherten Personen gegen den RechtsschutzVR ausgeschlossen, die in einem bloß zeitlichen Zusammenhang mit der Insolvenz des VN stehen; ausgeschlossen werden soll nur die Übernahme der Kosten, die der VN oder dessen Angehörige aufwenden müssen, um rechtliche Interessen im Zusammenhang mit dem Insolvenzverfahren zu wahren.[334] Das vor dem Insolvenzantrag eines Verbrauchers durchzuführende außergerichtliche Schuldenbereinigungsverfahren fällt dabei nicht unter den Ausschlusstatbestand.[335] Dass das Insolvenzverfahren nicht eröffnet wird, steht dem Ausschluss des Rechtsschutzes nicht entgegen, solange ein ursächlicher Zusammenhang der Angelegenheit mit einem künftigen Insolvenzverfahren anzunehmen ist. Das ist aus Gründen der Rechtssicherheit nur anzunehmen, wenn der Insolvenzantrag bei Entstehung der Rechtsstreitigkeit bereits gestellt ist.[336] Vom Ausschluss erfasst sind ferner Schadensersatzansprüche gegen fehlerhaft den Insolvenzschuldner beratende Rechtsanwälte, da sich auch insoweit eine insolvenzspezifische Gefahr realisiert.[337]

4. Enteignungs-, Planfeststellungs- und Flurbereinigungsangelegenheiten

77 Eine Ausnahme vom Rechtsschutz gilt für die Wahrnehmung rechtlicher Interessen in Enteignungs-, Planfeststellungs-, Flurbereinigungs- sowie im Baugesetzbuch geregelten Angelegenheiten (§ 3 Abs. 3 lit. d). Die Formulierung weicht von den übrigen Ausschlusstatbeständen in § 3 Abs. 3 insoweit ab, als nicht auf die Interessenwahrnehmung im jeweiligen „Verfahren“ abgestellt wird, sondern auf die Interessenwahrnehmung in den jeweils einschlägigen „Angelegenheiten“. Deshalb kommt es nicht darauf an, ob der VN formell oder materiell am Verfahren beteiligt ist, sondern es genügt, dass der Grund der Interessenwahrnehmung in einem der aufgeführten Verfahren liegt.[338] Der Begriff der Enteignungsangelegenheiten ist nach h.M. weit zu verstehen und soll neben verfahrensförmigen Enteignungen (Art. 14 Abs. 3 GG) auch enteignende und enteignungs-

331 Prölss/Martin/*Piontek* § 3 Rn. 65; *Looschelders*/Paffenholz § 3 Rn. 150; Harbauer/*Maier* § 3 ARB 2000 Rn. 155.
332 *Looschelders*/Paffenholz § 3 Rn. 151.
333 OLG München 1.4.2005 – 25 W 999/05, RuS **2007** 375 m. Anm. *Cornelius-Winkler*; OLG Dresden 27.9.2012 – 4 U 809/12, VersR **2013** 450, 451; *Looschelders*/Paffenholz § 3 Rn. 152; Beckmann/Matusche-Beckmann/*Obarowski* § 37 Rn. 291; Prölss/Martin/*Piontek* § 3 Rn. 71; **a.A.** *Cornelius-Winkler* RuS **2007** 375, 376.
334 OLG Dresden 27.9.2012 – 4 U 809/12, VersR **2013** 450, 451.
335 **A.A.** Beckmann/Matusche-Beckmann/*Obarowski* § 37 Rn. 352; zweifelnd *Looschelders*/Paffenholz § 3 Rn. 153.
336 OLG Karlsruhe 7.3.2002 – 12 U 290/01, VersR **2002** 1143, 1144; **a.A.** *Looschelders*/Paffenholz § 3 Rn. 154 (Entschluss zur Stellung des Antrags genüge); *Kurzka* RuS **2003** 239, 240 (für die Anwendung des Risikoausschlusses ist Eröffnungsgrund ein i.S.d. §§ 16 ff. InsO maßgeblich).
337 AG Mannheim 10.3.2009 – 2 C 70/09, NJW-RR **2009** 819.
338 OLG Karlsruhe 6.8.1998 – 12 U 289/97, VersR **1999** 613, 615; *Looschelders*/Paffenholz § 3 Rn. 157.

gleiche Eingriffe umfassen.[339] Planfeststellungsangelegenheiten beziehen sich auf solche Sachen, die geeigneter Gegenstand eines Verfahrens nach Maßgabe von §§ 72 ff. VwVfG sind.[340] Angelegenheiten der Flurbereinigung sind Neuordnungen ländlichen Grundbesitzes zur Verbesserung der land- oder forstwirtschaftlichen Produktions- und Arbeitsbedingungen (§ 1 FlurbG).[341] Der Ausschluss von im BauGB geregelten Angelegenheiten erfasst keine anderen Bausachen;[342] auch nachbarrechtliche Ausgleichansprüche aus § 906 BGB unterliegen ihm nicht.[343] Nicht umfasst sind ferner Klagen auf Rückzahlung griechischer Staatsanleihen, die von der Hellenischen Republik wegen des Zwangsumtausches der Anleihen durch den *Greek Bondholder Act* verweigert wird, weil die Geltendmachung von Zahlungsansprüchen im Zusammenhang mit einem gesetzlich angeordneten Umtausch von Inhaberschuldverschreibungen eines Staates bei der gebotenen engen Auslegung von Risikoausschlussklauseln nicht als Wahrnehmung rechtlicher Interessen in Enteignungsangelegenheiten anzusehen ist.[344]

5. Ordnungswidrigkeiten- und Verwaltungsverfahren wegen Halt- oder Parkverstoßes

Der Ausschluss gemäß § 3 Abs. 3 lit. e betrifft die Wahrnehmung rechtlicher Interessen in Ordnungswidrigkeiten- und Verwaltungsverfahren wegen eines Halt- oder Parkverstoßes (insbesondere gem. § 25a StVG, §§ 12, 13 StVO). Ausgenommen sind damit auch Streitigkeiten über die Pflicht des VN zum Ersatz von Abschleppkosten, die aufgrund öffentlichrechtlicher Maßnahmen entstanden sind.[345] 78

6. ARB 2012/2021

Die ARB 2012/2021 wurden im Vergleich zu den ARB 2010 geringfügig umformuliert und teilweise um erläuternde Beispiele ergänzt (z.B. 3.2.14), ohne dass damit eine inhaltliche Veränderung verbunden ist. 79

IV. Ausschluss bestimmter Personen- und Anspruchskonstellationen

1. Mehrere Versicherungsnehmer desselben Vertrages und Mitversicherte

Kein Rechtsschutz besteht für die Wahrnehmung rechtlicher Interessen mehrerer VN desselben Rechtsschutzversicherungsvertrages untereinander, mitversicherter Personen untereinander und mitversicherter Personen gegen den VN (§ 3 Abs. 4 lit. a). Der Ausschlusstatbestand verhindert zum einen, dass der VN durch seine Prämien die Wahrnehmung rechtlicher Interessen gegen sich selbst finanziert. Zum anderen vermeidet er generell Interessenkonflikte bei der Wahrnehmung rechtlicher Interessen im Kreis der Personen, denen der VR im Versicherungsfall grundsätzlich 80

339 OLG Celle 15.12.1994 – 8 U 35/94, VersR **1995** 1305; *Looschelders*/Paffenholz § 3 Rn. 158; Beckmann/Matusche-Beckmann/*Obarowski* § 37 Rn. 339.

340 *Looschelders*/Paffenholz § 3 Rn. 160.

341 *Looschelders*/Paffenholz § 3 Rn. 161; zum wasserrechtlichen Zwangsverfahren vgl. AG Eschweiler 23.12.1983 – 6 aC 547/83, VersR **1985** 335.

342 *Looschelders*/Paffenholz § 3 Rn. 162.

343 OLG Koblenz 27.7.2012 – 10 U 103/12, VersR **2013** 56, 57.

344 BGH 20.7.2016 – IV ZR 245/15, RuS **2016** 462 Rn. 27; OLG München 17.4.2015 – 25 U 2925/14, RuS **2015** 391; *Looschelders*/Paffenholz § 3 Rn. 158.

345 *Looschelders*/Paffenholz § 3 Rn. 163; Harbauer/*Maier* § 3 ARB 2010 Rn. 173; van Bühren/*Plote* § 3 ARB 2010 Rn. 115.

Rechtsschutzdeckung zu gewähren hat.[346] Der Rechtsschutzversicherer müsste sonst unter Umständen für die Interessenwahrnehmung von Kontrahenten mit gegenläufigen Interessen in derselben Angelegenheit aufkommen. Damit basiert der Ausschluss, was die Vermeidung von Interessenkonflikten anbelangt, im Kern zumindest teilweise auf einem ähnlichen Grundgedanken wie die gesetzliche Regelung über die Spartentrennung (§ 164 VAG, § 126 VVG).[347] Allerdings besteht sehr wohl Rechtsschutz, wenn der VN seine rechtlichen Interessen gegenüber einer oder mehreren mitversicherten Personen wahrnimmt.[348] Die Rechtsschutzdeckung von Mitversicherten ist mithin in diesem Punkt wesentlich schwächer ausgestaltet als die des VN selbst, und Interessenkonflikte sind keineswegs vollständig ausgeschlossen. Der Ausschluss erstreckt sich nach h.M. auch auf den Beratungs-Rechtsschutz, weil die unerwünschten Interessenkonflikte auch in diesen Fällen begegnen können.[349] Besonderheiten ergeben sich bei der GbR: Wurde ein Versicherungsvertrag für eine rechtsfähige Außen-GbR geschlossen, sind die Gesellschafter in der Regel gem. § 43 VVG mitversichert, weshalb Streitigkeiten zwischen den Gesellschaftern gem. Abs. 4 lit. a Var. 2 und Streitigkeiten zwischen Gesellschaftern und GbR gem. Abs. 4 lit. a Var. 3 ausgeschlossen sind.[350]

2. Sonstige Lebenspartner untereinander

81 Keine Rechtsschutzdeckung besteht für die Wahrnehmung rechtlicher Interessen sonstiger Lebenspartner (nicht ehelicher und nicht eingetragener Lebenspartner gleich welchen Geschlechts) untereinander in ursächlichem Zusammenhang mit der Partnerschaft, und zwar auch nach deren Beendigung (§ 3 Abs. 4 lit. b). Die Bestimmung ergänzt sowohl den Ausschluss familienrechtlicher Streitigkeiten (§ 3 Abs. 2 lit. g)[351] als auch lit. a, wonach ein Vorgehen des mitversicherten nichtehelichen und nicht eingetragenen Lebenspartners bereits generell ausgeschlossen ist. Ob der Lebenspartner, gegen den der VN vorgeht, mitversichert ist, spielt dabei für lit. b keine Rolle.[352] Die ausdrückliche Klarstellung, dass es auf das Geschlecht nicht ankommt, soll der Transparenz des Ausschlusses dienen.[353] Nach h.M. ist der Begriff der nichtehelichen eheähnlichen Lebensgemeinschaft in Anlehnung an die Rechtsprechung des BVerfG zu definieren als eine auf Dauer angelegte Lebensgemeinschaft, die neben sich keine weitere Lebensgemeinschaft gleicher Art zulässt und sich durch innere Bindungen auszeichnet, die über die Beziehungen in einer reinen Haushalts- und Wirtschaftsgemeinschaft hinausgehen.[354]

82 Der geforderte Kausalzusammenhang mit der Partnerschaft setzt einen inneren sachlichen Zusammenhang mit der Partnerschaft voraus,[355] was letztlich der Normzwecktheorie entspricht. Ein bloßer zeitlicher Zusammenhang genügt dabei nicht; vielmehr muss der Konflikt, der zu dem Rechtsstreit zwischen den Lebenspartnern führt, seine Ursache in der nichtehelichen Lebensgemeinschaft haben. Dies ist nicht der Fall bei Rechtsgeschäften zwischen Lebenspartnern bzw.

---

346 Prölss/Martin/*Piontek* § 3 Rn. 75; *Looschelders*/Paffenholz § 3 Rn. 164; Beckmann/Matusche-Beckmann/*Obarowski* § 37 Rn. 353a; Harbauer/*Maier* § 3 ARB 2010 Rn. 178.

347 Hierzu § 126 Rn. 3.

348 AG Aachen 27.9.1991 – 9 C 348/91, RuS **1992** 20; *Looschelders*/Paffenholz § 3 Rn. 165; Harbauer/*Maier* § 3 ARB 2010 Rn. 180; van Bühren/*Plote* § 3 ARB 2010 Rn. 118.

349 *Looschelders*/Paffenholz § 3 Rn. 166; Prölss/Martin/*Piontek* § 3 Rn. 76; Harbauer/*Maier* § 3 ARB 2010 Rn. 180.

350 Prölss/Martin/*Piontek* § 3 Rn. 78.

351 *Looschelders*/Paffenholz § 3 Rn. 168; zum Ganzen bereits Rn. 66 ff.

352 Prölss/Martin/*Piontek* § 3 Rn. 81.

353 Vgl. OLG Köln 17.7.2001 – 9 U 3/01, VersR **2002** 182 (Annahme von Intransparenz der Vorgängerklausel ohne entsprechende Klarstellung).

354 BVerfG 17.11.1992 – 1 BvL 8/87, NJW **1993** 643, 645; aus der Literatur statt vieler *Looschelders*/Paffenholz § 3 Rn. 169.

355 Prölss/Martin/*Piontek* § 3 Rn. 85; *Looschelders*/Paffenholz § 3 Rn. 170; teilweise einschränkend van Bühren/*Plote* § 3 ARB 2010 Rn. 123.

ehemaligen Lebenspartnern, wie sie typischerweise auch mit Dritten abgeschlossen werden.[356] Der Ausschluss greift daher nach obergerichtlicher Judikatur nicht ein, wenn rechtliche Interessen aus einem Vertrag geltend gemacht werden, der auch mit beliebigen anderen Personen geschlossen worden sein könnte, zu denen etwa nur ein freundschaftliches Verhältnis besteht und der deshalb keinen durch die Besonderheiten einer Lebensgemeinschaft geprägten Inhalt besitzt oder durch diese veranlasst ist.[357] Nach teilweise vertretener Rechtsansicht sollen jedoch Streitigkeiten über Ausgleichsansprüche aus gesamtschuldnerischer Haftung, die aus gemeinschaftlicher Verpflichtung aus Miete oder Darlehen zur Verwirklichung der Partnerschaft resultieren, anders als beim Ausschluss familienrechtlicher Streitigkeiten (§ 3 Abs. 2 lit. g)[358] mit ausgeschlossen sein.[359]

3. Übertragene oder übergegangene Ansprüche und Verbindlichkeiten

Gemäß § 3 Abs. 4 lit. c ausgeschlossen ist die Wahrnehmung rechtlicher Interessen aus Ansprüchen oder Verbindlichkeiten, die „nach Eintritt des Rechtsschutzfalles" auf den VN übertragen worden oder übergegangen sind. Der Ausschlusstatbestand ist insoweit missverständlich gefasst, als es in § 3 gerade um die Bestimmung der Voraussetzungen der Leistungspflicht des Rechtsschutzversicherers geht, mithin also gerade der Versicherungsfall festgelegt wird.[360] Wenn der Ausschluss greift, kann der Rechtsschutzfall also logisch gar nicht eingetreten sein. Dieser Bruch zieht die Wirksamkeit der Klausel – ihre Kontrollfähigkeit unterstellt – angesichts des Transparenzgebotes in Zweifel, weil einem durchschnittlichen VN unter Umständen nicht hinreichend deutlich wird, was gemeint ist. Nach der Rechtsprechung des BGH und h.M. soll die Klausel verhindern, dass nicht versicherte Personen eine Eintrittspflicht des Rechtsschutzversicherers dadurch auslösen, dass sie ihre Ansprüche oder Verbindlichkeiten „nach Eintritt des Rechtsschutzfalles" auf den VN bzw. eine versicherte Person übertragen.[361] Der RechtsschutzVR soll nicht durch nachträgliche Nutzung rechtlicher Gestaltungsmöglichkeiten mit einem Kostenrisiko belastet werden, für das er keine Prämien erhalten hat.[362] Dass der Versicherungsfall in Gestalt des Rechtsschutzfalls bei nicht versicherten Personen eintreten können soll, ist allerdings schlicht unlogisch.[363] Gemeint sein dürfte der Fall, dass es nicht versichert sein soll, wenn der Rechtsschutzfall beim Dritten eingetreten wäre, falls er selbst unter dem Vertrag mitversichert wäre, und anschließend eine Übertragung der Aktiv- oder Passivlegitimation hinsichtlich des streitigen Rechtsverhältnisses erfolgt. Gewissermaßen käme es dann auf einen fiktiven Versicherungsfall an, der an die Wahrnehmung bestimmter rechtlicher Interessen durch einen nicht versicherten Dritten anknüpft. Richtigerweise kann der Versicherungsfall aber nur beim VN und bei mitversicherten Personen eintreten. Es geht also darum, die weitere Wahrnehmung rechtlicher Interessen durch den VN oder eine versicherte Person in Fortführung einer bereits entstandenen rechtlichen Kontroverse eines vertragsfremden Dritten möglichst umfassend vom Versicherungsschutz auszunehmen. Das kommt in der Ausschlussklausel aber – wenn überhaupt – nur sehr unvollkommen zum Ausdruck. Die Konturenlosigkeit[364] der Klauselgestaltung lässt sich mit der Unklarheitenregel letztlich nicht 83

356 OLG München 3.6.2016 – 25 U 1054/15, VersR **2016** 985 (Arbeitsverhältnis).

357 KG 24.6.2016 – 6 U 145/14, RuS **2017** 350 Ls.

358 Vgl. Rn. 66 ff.

359 *Looschelders*/Paffenholz § 3 Rn. 170; van Bühren/*Plote* § 3 ARB 2010 Rn. 123 (fraglich).

360 S. § 125 Rn. 9 ff.

361 So der Sache nach BGH 29.10.2008 – IV ZR 128/07, VersR **2009** 216, 218; OLG Hamm 23.11.2011 – I-20 U 166/11, VersR **2012** 1028; *Looschelders*/Paffenholz § 3 Rn. 171; Langheid/Wandt/*Obarowski* Anh. Zu § 125 Rn. 193; Harbauer/*Cornelius-Winkler* § 4 ARB 75 Rn. 60.

362 BGH 29.10.2008 – IV ZR 128/07, RuS **2009** 107 Rn. 17; BGH 29.4.1998 – IV ZR 21/97RuS **1999** 111, 112; OLG Karlsruhe 19.4.2007 – 12 U 237/06, RuS **2007** 323.

363 Zutreffend insoweit *Looschelders*/Paffenholz § 3 Rn. 173; Harbauer/*Maier* § 3 ARB 2010 Rn. 188.

364 Dies gilt insbesondere in *Leasing*-Konstellationen, vgl. hierzu Prölss/Martin/*Piontek* § 3 Rn. 90 m.w.N.

befriedigend heben, weil dem VN günstigere Alternativen sich nicht hinreichend präzise bestimmen lassen (§ 305c Abs. 2 BGB).

84 Der Ausschluss erstreckt sich nach h.M. nicht nur auf den rechtsgeschäftlichen Erwerb von Ansprüchen oder Verbindlichkeiten, sondern auch auf die Rechtsnachfolge kraft Gesetzes, sei es in Form der Einzelrechtsnachfolge oder der Gesamtrechtsnachfolge[365] – immer vorausgesetzt der fiktive Rechtsschutzfall ist zuvor bereits eingetreten. Damit fällt auch der Rückgriffsanspruch des Bürgen gegen den Hauptschuldner gem. § 774 BGB unter den Risikoausschluss.[366] Der Ausschluss greift nach wohl h.M. auch dann ein, wenn der VN von Anfang wirtschaftlich betroffen war.[367] Er betrifft auch Folgeprozesse: Ist eine Schadensersatzklage gegen Kapitalanlagevermittler aus abgetretenem Recht nicht vom Versicherungsschutz umfasst, gilt Gleiches auch für einen Regressprozess gegen den Anwalt.[368] Keine Anwendung findet der Ausschlusstatbestand dagegen, wenn es um die Geltendmachung originär eigener Ansprüche geht, die der VN lediglich sicherungshalber abgetreten hat.[369] Das soll nach h.M. auch dann gelten, wenn der streitige Anspruch auf den Sozialversicherungsträger übergegangen ist und später wieder auf den VN zurückübertragen worden ist.[370] Hat der VR trotz der ihm bekannten Abtretung eine Deckungszusage an den Zessionar erteilt, ist diese regelmäßig dahingehend auszulegen, dass der Zessionar als Versicherter in den Versicherungsschutz einbezogen wird.[371] Nicht anwendbar ist der Ausschluss ferner, wenn der VN die Forderung aufgrund eines Pfändungs- und Überweisungsbeschlusses erlangt hat.[372] Der Pfändungspfandgläubiger handelt, wenn er die gepfändete und ihm überwiesene Forderung einzieht, in eigenem Interesse zur Befriedigung seines titulierten Anspruchs gegen den ursprünglichen Schuldner; mithin geht es um einen eigenen Rechtsschutzfall des Pfändungspfandgläubigers (s. jedoch sogleich zu Abs. 4 lit. d).[373] Unanwendbar ist der Ausschluss ferner dann, wenn der Arbeitgeber Schadensersatzansprüche seines Arbeitnehmers wegen Verdienstausfalls geltend macht, die nach § 6 EFZG auf ihn übergegangen sind.[374]

85 Streitig ist, ob und inwieweit der Ausnahmetatbestand auch dann Platz greift, wenn eigene Ansprüche mit legalzedierten Ansprüchen materiellrechtlich konkurrieren, wie z.B. beim Rückgriff unter Gesamtschuldnern. Eine Unterscheidung zwischen originär eigenen Ansprüchen und durch Legalzession erworbenen Ansprüchen, wie sie nach materiellem Recht möglich ist, muss bei prozessualer Rechtswahrnehmung unweigerlich in Konflikt mit dem prozessualen Streitgegenstandsbegriff geraten und vermag deshalb insgesamt nicht zu überzeugen. Solange es auch um die Wahrnehmung rechtlicher Interessen aus originär eigenem Recht geht, besteht deshalb Rechtsschutz.[375] Eine Ausdehnung des Ausschlusses auf derartige Fälle lässt sich überzeugend weder als Auslegungsergebnis begründen noch ist sie mit der Unklarheitenregel vereinbar (§ 305c Abs. 2 BGB).

---

365 *Looschelders*/Paffenholz § 3 Rn. 174, 177; Harbauer/*Maier* § 3 Rn. 200 jew. M.N.

366 OLG Köln 17.12.2001 – 9 W 21/01, NVersZ **2002** 326; OLG Stuttgart 25.2.1994 – 7 W 1/94, RuS **1994** 302; LG Hagen 14.8.1984 – 11 S 243/84, ZfS **1985** 177.

367 S. zur Diskussion umfassend Prölss/Martin/*Piontek* § 3 Rn. 89.

368 LG Hannover 7.9.2004 – 18 O 109/04, RuS **2005** 379.

369 BGH 2.4.2014 – IV ZR 124/13, VersR **2014** 699 Rn. 33 (zu § 3 Abs. 4 lit. d ARB 2000); s. ferner BGH 21.10.2015 – IV ZR 266/14, ZfS **2016** 38 Rn. 19.

370 OLG Hamm 23.11.2011 – I-20 U 166/11, VersR **2012** 1028, 1029; Prölss/Martin/*Piontek* § 3 Rn. 95; *Looschelders*/Paffenholz § 3 Rn. 179.

371 OLG Nürnberg 7.3.1991 – 8 U 1973/90, RuS **1992** 19 (Ehefrau als Zessionarin); differenzierend Prölss/Martin/*Piontek* § 3 Rn. 92.

372 Prölss/Martin/*Piontek* § 3 Rn. 93 m.w.N.

373 BGH 29.10.2008 – IV ZR 128/07, RuS **2009** 107 Rn. 18; *Maier* RuS **2007** 312, 313; **a.A.** *R. Schneider* VersR **1995** 10.

374 *Looschelders*/Paffenholz § 3 Rn. 178; Harbauer/*Maier* § 3 ARB 2010 Rn. 197.

375 Im Ergebnis gleich *Looschelders*/Paffenholz § 3 Rn. 176; **a.A.** Beckmann/Matusche-Beckmann/*Obarowski* § 37 Rn. 359.

4. Geltendmachung fremder Ansprüche und Haftung für fremde Verbindlichkeiten

Rechtsschutz besteht nicht für die Wahrnehmung rechtlicher Interessen aus vom VN im eigenen Namen geltend gemachten Ansprüchen anderer Personen oder aus einer Haftung für fremde Verbindlichkeiten (§ 3 Abs. 4 lit. d). Der zugrundeliegende Grundgedanke entspricht dem des § 3 Abs. 4 lit. c: unversicherte Personen sollen nicht unter den Schutzschirm des Rechtsschutzes schlüpfen können.[376] Im Unterschied zu § 3 Abs. 4 lit. c geht es nicht um die Streitigkeiten über Ansprüche und Verbindlichkeiten, die durch Einzel- oder Gesamtrechtsnachfolge vom VN erworben sind, sondern um Streitigkeiten über fremdes Recht im eigenen Namen.[377] Die aktive Geltendmachung fremden Rechts im eigenen Namen (§ 3 Abs. 4 lit. d Alt. 1) erfolgt außergerichtlich aufgrund gesetzlicher, gerichtlicher oder rechtsgeschäftlicher Einziehungsermächtigung. Ein wichtiges Beispiel für eine gerichtliche Einziehungsermächtigung ist die Geltendmachung der durch vollstreckungsgerichtlichen Pfändungs- und Überweisungsbeschluss zugunsten des Vollstreckungsgläubigers gepfändeten und ihm überwiesenen Forderung des Vollstreckungsschuldners (§§ 829, 835 f. ZPO).[378] Ein praktischer Anwendungsfall rechtsgeschäftlicher Einziehungsermächtigung analog § 185 Abs. 1 BGB ist die Rückermächtigung des Sicherungsgebers nach stiller Sicherungszession an den Sicherungsnehmer bei Sicherungsabtretung und verlängertem Eigentumsvorbehalt.[379] Anders als in den Fällen des § 3 Abs. 4 lit. c kommt es auf den Eintritt eines – fiktiven – Rechtsschutzfalles nicht an.[380] Der Ausschlusstatbestand erfasst auch die prozessuale Geltendmachung fremden Rechts im eigenen Namen in Gestalt der gesetzlichen, gerichtlich angeordneten oder gewillkürten Prozessstandschaft.[381] Unanwendbar ist der Ausschluss, wenn der VN bei der Versicherung für fremde Rechnung den Deckungsanspruch des einen Mitversicherten gegen den VR geltend macht, sei es außergerichtlich oder im Wege der Klage, weil die Ermächtigung auf dem Versicherungsvertrag selbst beruht und es von vornherein Sache des VN ist, die Rechte des Mitversicherten geltend zu machen.[382] Geht ein ursprünglich dem VN zustehender Leistungsanspruch nach Eintritt des Versicherungsfalls (z.B. aus einer Berufsunfähigkeitsversicherung) zunächst durch Überleitungsanzeige gem. § 93 SGB XII auf den Sozialversicherungsträgers über und wird der Anspruch später wieder an den VN zurückübertragen, greift der Ausschluss nicht ein.[383] Nicht gemäß § 3 Abs. 4 lit. d ausgenommen sind ferner die Fälle der Drittschadensliquidation, doch kann die Anspruchsabtretung den Ausschlusstatbestand gemäß § 3 Abs. 4 lit. c erfüllen.[384] 86

Eine Haftung für fremde Verbindlichkeiten kann sich aus Gesetz oder Rechtsgeschäft ergeben. 87
Der Ausschluss betreffend die Haftung für fremde Verbindlichkeiten (§ 3 Abs. 4 lit. d Alt. 2) greift zum einen bei gesetzlicher akzessorischer Haftung des VN als OHG-Gesellschafter (§ 128 Satz 1 HGB), Komplementär in der Kommanditgesellschaft (§§ 128 Satz 1, 161 Abs. 2 HGB) sowie als Gesellschafter einer rechtsfähigen Außen-GbR (§ 705 Abs. 2 Alt. 1 BGB).[385] Zum anderen ist der Ausschluss bei rechtsgeschäftlicher Haftungsübernahme einschlägig, insbesondere bei der Haftung

376 BGH 29.10.2008 – IV ZR 128/07, RuS **2009** 107 Rn. 17; BGH 2.4.2014 – IV ZR 124/13, VersR **2014** 699 Rn. 32; *Felsch* RuS **2016** 321, 327; *Looschelders*/Paffenholz § 3 Rn. 180.

377 Beispielsfall OLG Hamm 23.11.2011 – I-20 U 166/11, VersR **2012** 1028, 1029; *Looschelders*/Paffenholz § 3 Rn. 180.

378 BGH 29.10.2008 – IV ZR 128/07, VersR **2009** 216, 218; Prölss/Martin/*Piontek* § 3 Rn. 98; *Looschelders*/Paffenholz § 3 Rn. 183; zur vollstreckungsrechtlichen Seite *Baur*/*Stürner*/*Bruns* Zwangsvollstreckungsrecht Rn. 30.12 ff., 30.15 ff., 30.25 ff.

379 *Baur*/*Stürner* SachenR § 58 Rn. 4.

380 Vgl. Rn. 66 ff.

381 *Looschelders*/Paffenholz § 3 Rn. 181; van Bühren/*Plote* § 3 ARB 2010 Rn. 128.

382 BGH 29.4.1998 – IV ZR 21/97, NJW **1998** 2449, 2450; BGH 29.10.2008 – IV ZR 128/07, RuS **2009** 107 Rn. 17; BGH 2.4.2014 – IV ZR 124/13, VersR **2014** 699 Rn. 32; *Mathy* NVersZ **2001** 433, 441; Looschelders/Pohlmann/*Koch* § 45 Rn. 10.

383 OLG Hamm 23.11.2011 – I-20 U 166/11, VersR **2012** 1028, 1029.

384 Beispielsfall LG Berlin 23.3.1989 – 7 S 60/88, RuS **1990** 55, 56; *Looschelders*/Paffenholz § 3 Rn. 181.

385 *Looschelders*/Paffenholz § 3 Rn. 186; Harbauer/*Maier* § 3 ARB 2010 Rn. 216.

aus Bürgschafts-,[386] Garantie- und Schuldübernahmeverträgen.[387] Die Geltendmachung eigener Rechte aus solchen Geschäften ist nicht ausgeschlossen. Nach h.M. erfasst der Ausschluss darüber hinaus auch Fälle der Bestellung dinglicher Sicherheiten,[388] also die dingliche Haftung für fremde Verbindlichkeiten, wie z.B. bei Sicherungsübereignung, Sicherungsabtretung und Belastung von Immobilien mit Grundpfandrechten zur Sicherung fremder Schulden. Gewillkürte Prozessstandschaft auf der Passivseite ist hingegen unzulässig und kommt schon deshalb für den Ausschluss nicht in Betracht.

5. ARB 2012/2021

88 Die ARB 2012/2021 übernehmen die Ausschlüsse von § 4 Abs. 4, ergänzt durch Beispiele als Klammerzusätze, im Wesentlichen unverändert. Inhaltliche Änderungen bestehen daher nicht.

V. Ausschluss der Interessenwahrnehmung in ursächlichem Zusammenhang mit vorsätzlicher Straftat

1. Überblick

89 Gemäß § 3 Abs. 5 Satz 1 besteht kein Rechtsschutz für die Wahrnehmung rechtlicher Interessen, soweit in den Fällen des § 2 lit. a–h ein ursächlicher Zusammenhang mit einer vom VN vorsätzlich begangenen Straftat besteht. Stellt sich ein solcher Zusammenhang im Nachhinein heraus, ist der VN zur Rückzahlung der vom VR für ihn erbrachten Leistungen verpflichtet (§ 5 Abs. 4 Satz 2). Risikoausschluss und Rückforderungsanspruch sind strikt voneinander zu trennen. Abweichend zu § 4 Abs. 2 lit. a ARB 75 greift der Risikoausschluss nicht bereits bei der vorsätzlichen Herbeiführung des Versicherungsfalles ein, sondern erst dann, wenn in der Herbeiführung zugleich eine vorsätzliche Straftat liegt.[389]

2. Risikoausschluss und Rückforderungsanspruch des Versicherers

90 **a) Risikoausschluss.** Im Ausgangspunkt unterliegt die Herbeiführung des Versicherungsfalls in der Rechtsschutzversicherung als Schadensversicherung der allgemeinen Regelung des § 81 VVG, welche bei vorsätzlicher oder grobfahrlässiger Herbeiführung des Versicherungsfalls der Eintrittspflicht des VR entgegensteht. Dabei muss man sich immer vor Augen führen, dass die für den Rechtsschutzfall charakteristische Wahrnehmung rechtlicher Interessen in aller Regel vorsätzlich erfolgt, ohne dass damit eine vorsätzliche Herbeiführung des Versicherungsfalls im Sinne von § 81 VVG vorliegt. Denn die Wahrnehmung rechtlicher Interessen ist als Wahrnehmung berechtigter grundsätzlich rechtmäßig, versicherbar und straffrei. Deshalb ist unklar, ob und inwieweit die dispositive Regelung des § 81 VVG tatsächlich modifiziert wird oder ob § 3 Abs. 5 Satz 1 selbstständig neben § 81 VVG tritt.[390] Der Ausschlusstatbestand stellt den VN insofern günstiger, als er lediglich bei vorsätzlicher *Straftat* des VN eingreift, geht aber insofern über § 81 VVG hinaus, als er sich in diesem Fall mit einem ursächlichen Zusammenhang der Rechtswahrnehmung mit ebendieser Straftat begnügt. Ein

---

386 Zum Bürgenrückgriff gem. § 774 Abs. 1 BGB vgl. OLG Köln 17.12.2001 – 9 W 21/01, RuS **2002** 116, 117; Harbauer/*Maier* § 3 ARB 2010 Rn. 211.

387 Beispiel OLG Celle 15.4.1993 – 8 U 117/92, RuS **1993** 303; *Looschelders*/Paffenholz § 3 Rn. 184.

388 *Looschelders*/Paffenholz § 3 Rn. 185; Harbauer/*Maier* § 3 ARB 2010 Rn. 215.

389 Zu den ARB 75 vgl. OLG Hamm 19.2.1997 – 20 U 151/96, VersR **1997** 1098.

390 Für eine Modifikation von § 81 VVG z.B. *Looschelders*/Paffenholz § 3 Rn. 187; Beckmann/Matusche-Beckmann/*Obarowski* § 37 Rn. 365.

ursächlicher Zusammenhang mit einer Straftat kann aber ganz unabhängig davon bestehen, ob der Versicherungsfall vorsätzlich oder grobfahrlässig herbeigeführt worden ist: Nach obergerichtlicher Rechtsprechung soll es für die Anwendung des Ausschlusstatbestands bereits genügen, wenn kriminelles Verhalten des VN seine Interessenwahrnehmung ausgelöst oder sachlich beeinflusst hat oder haben soll bzw. wenn die vorsätzlich begangene Straftat dem Versicherungsfall vorausgeht.[391] Nur soweit in der Herbeiführung des Versicherungsfalles selbst zugleich eine vorsätzliche Straftat liegt, ist mithin eine Modifikation von § 81 VVG zugunsten des VN überhaupt denkbar. Das wird indessen in den Fällen der § 2 lit. a–h praktisch kaum je der Fall sein: In Betracht kommen im Grunde genommen allenfalls Fälle von Prozess- bzw. Versicherungsbetrug.[392] Eine weitergehende Derogation von § 81 VVG ist nicht ersichtlich. Im Übrigen verschärft der Ausschlusstatbestand die Rechtslage zu Ungunsten des VN ganz erheblich.

Eine Straftat umfasst Vergehen und Verbrechen (§ 12 StGB), nicht hingegen Ordnungswidrigkeiten.[393] Streitig ist, ob der strafrechtliche Vorsatzbegriff einschlägig ist mit der Folge, dass der Ausschluss ein Bewusstsein der Rechtswidrigkeit nicht voraussetzt,[394] oder ob der zivilrechtliche Vorsatzbegriff Anwendung findet, der das Bewusstsein der Rechtswidrigkeit erfordert.[395] Der Wortlaut des Ausschlusstatbestandes könnte prima vista zwar eher für die strafrechtliche Lösung sprechen, verbleibende Unklarheit und die Zweifelsregel *ambiguitas contra proferentem* sprechen indes für die Maßgeblichkeit des dem VN günstigeren zivilrechtlichen Vorsatzbegriffs (§ 305c Abs. 2 BGB). Bedingter Vorsatz genügt.[396] Der Ausschluss setzt auch nicht voraus, dass dem VN eine Kostenbelastung des VR bewusst ist.[397] Weil der Ausschluss nach seinem klaren Wortlaut nur dann greift, wenn der VN die Straftat begangen hat, scheidet die Anwendung auf Fälle aus, in denen sich lediglich ein Repräsentant des VN strafbar gemacht hat.[398] Die weitergehende Gegenansicht findet im Wortlaut der Klausel keine hinreichende Grundlage. Anders als nach § 3 Abs. 5 ARB 94 genügt es auch nicht, dass der VN die vorsätzliche Straftat „nach der Behauptung eines anderen begangen haben soll".[399] Vielmehr ist der VR für die Voraussetzungen des Risikoausschlusses darlegungs- und beweisbelastet.[400] Grundsätzlich ist das Vorliegen einer vorsätzlichen Straftat als Voraussetzung des Leistungsausschlusses im Deckungsprozess endgültig zu klären und nicht außerhalb des Deckungsprozesses – etwa in einem staatsanwaltschaftlichen Ermittlungsverfahren oder im Ausgangsrechtsstreit. Dabei besteht weder eine Bindung an die Ergebnisse eines gegen den VN oder Versicherten geführten Ermittlungsverfahrens oder des Ausgangsrechtsstreits noch ist der RechtsschutzVR bis zu deren Abschluss vorläufig leistungspflichtig.[401] 91

b) Rückforderungsanspruch des Versicherers. Nach § 3 Abs. 5 Satz 2 hat der VR einen Anspruch auf Rückzahlung erbrachter Leistungen, wenn sich im Nachhinein herausstellt, dass die Voraussetzungen des Ausschlusses gemäß § 3 Abs. 5 Satz 1 vorliegen. Nach wohl überwiegender Ansicht liegt darin die Grundlage für einen eigenständigen vertraglichen Rückgewähranspruch, 92

391 OLG München 18.8.2008 – 25 U 3371/08, RuS **2009** 66 Ls.
392 Teilweise **a.A.** offenbar *Looschelders*/Paffenholz § 3 Rn. 187 f.
393 *Looschelders*/Paffenholz § 3 Rn. 190; van Bühren/*Plote* § 3 ARB 2010 Rn. 132.
394 So *Looschelders*/Paffenholz § 3 Rn. 190; Harbauer/*Maier* § 3 Rn. 222; Prölss/Martin/*Piontek* § 3 Rn. 108.
395 Dafür LG Berlin 20.4.1989 – 7 O 332/88, RuS **1990** 18, 19; Prölss/Martin/*Piontek* § 3 Rn. 108.
396 OLG Köln 29.10.2002 – 9 U 124/01, RuS **2003** 151, 153; OLG Stuttgart 10.8.2000 – 7 U 83/00, VersR **2002** 567.
397 BGH 26.2.1997 – IV ZR 118/96, RuS **1997** 201; OLG Köln 20.10.1998 – 9 U 71/98, RuS **1999** 113 f. (jeweils zu § 4 ARB 75).
398 **A.A.** *Looschelders*/Paffenholz § 3 Rn. 191; Prölss/Martin/*Piontek* § 3 Rn. 111.
399 Für Unwirksamkeit einer derartigen Gestaltung gemäß §§ 307 Abs. 2 Nr. 1, 309 Nr. 12 BGB z.B. *Looschelders*/Paffenholz § 3 Rn. 193; Prölss/Martin/*Piontek* § 3 Rn. 120.
400 BGH 20.5.2021 – IV ZR 324/19, VersR **2021** 900 Rn. 20; s. zur älteren Rechtsprechung Prölss/Martin/*Piontek* § 3 Rn. 114 f. m.w.N.
401 BGH 20.5.2021 – IV ZR 324/19, VersR **2021** 900 Rn. 20 ff.; s. zur bisherigen Rechtslage noch Prölss/Martin/*Piontek* § 3 Rn. 109 m.w.N.

mit dem die *condictio indebiti* konkurriert (§ 812 Abs. 1 Satz 1 Alt. 1 BGB).[402] Der Anspruch besteht – wie die Leistungskondiktion (§ 814 BGB)[403] – nicht, wenn der ursächliche Zusammenhang mit der Straftat dem VR positiv bekannt war. Hat der Rechtsschutzversicherer eine vorbehaltlose Deckungszusage erteilt und stellt sich später heraus, dass tatsächlich ein ursächlicher Zusammenhang mit einer vorsätzlichen Straftat des VN besteht, ist die Rückforderung nach h.M. nicht ausgeschlossen.[404] Tatsächliche Feststellungen im Prozess des VN gegen den Dritten, für den Rechtsschutz gewährt worden ist, sind nach h.M. im Rückforderungsprozess nicht bindend.[405] Das gilt auch für die Feststellungen in einem Strafprozess.[406]

3. Abschaffung des Ausschlusses in den ARB 2012/2021

93 Die Neufassung des Risikoausschlusses in Ziff. 3.2.21 ARB 2012 sieht für die Leistungsarten gemäß Ziff. 2.2.1 bis 2.2.8 ARB 2012 einen Risikoausschluss bei vorsätzlicher und rechtswidriger Herbeiführung des Versicherungsfalls durch den VN vor. Das entspricht § 81 Abs. 1 VVG, die weitergehende Einschränkung bei ursächlichem Zusammenhang mit einer vorsätzlich begangenen Straftat ist entfallen. Der vertragliche Erstattungsanspruch im Falle späteren Bekanntwerdens einer vorsätzlichen und rechtswidrigen Herbeiführung des Versicherungsfalls entspricht konstruktiv der Vorgängerregelung in § 3 Abs. 5 Satz 2 ARB 2010, ist aber entsprechend der Anpassung des Ausschlusses an die Gesetzeslage in seiner Reichweite wesentlich eingeschränkt. Die ARB 2021 kehren dagegen wieder zum Rechtszustand der ARB 2010 zurück und schließen die Versicherungsdeckung aus, sofern ein ursächlicher Zusammenhang mit einer vom VN oder von einer mitversicherten Person vorsätzlichen begangenen Straftat besteht.

C. Weitere Risikoausschlüsse in den ARB 2012/2021

I. Interessenwahrnehmung in Zusammenhang mit gewerblicher, freiberuflicher oder sonstiger selbstständiger Tätigkeit

94 Im Rechtsschutz der Vertragsarten „Privat“, „Landwirte“, „Beruf“, „Verkehr“, „Fahrzeuge“ und „Wohnen“ wird die Deckung gemäß Ziff. 3.2.22 ARB 2012/2021 ausgeschlossen für jegliche Interessenwahrnehmung in ursächlichem Zusammenhang mit einer geplanten oder ausgeübten gewerblichen, freiberuflichen oder sonstigen selbstständigen Tätigkeit. Die Regelung entspricht den besonderen Ausschlüssen in §§ 23 Abs. 1, 25 Abs. 1 Satz 2, 26 Abs. 1 Satz 2, 27 Abs. 1 ARB 2010/2021.[407] Der neugefasste Ausschluss greift selbstverständlich nicht, wenn im Versicherungsschein ausdrücklich ein Einschluss dieser Risiken vorgesehen ist (Ziff. 3.2.22 ARB 2012/2021 a.E.).

II. Interessenwahrnehmung im Zusammenhang mit Timesharing

95 Die ARB 2012/2021 enthalten einen neuen Risikoausschluss für den Erwerb und die Veräußerung von Teilzeitnutzungsrechten an Grundstücken, Gebäuden und Gebäudeteilen (Timesharing).[408]

---

402 *Looschelders*/Paffenholz § 3 Rn. 195; Harbauer/*Maier* § 3 ARB 2010 Rn. 230.

403 OLG Köln 29.10.2002 – 9 U 124/01, RuS **2003** 151, 153; *Looschelders*/Paffenholz § 3 Rn. 195.

404 OLG Düsseldorf 26.6.2001 – 4 U 205/00, NVersZ **2002** 190; OLG Oldenburg 7.6.2006 – 3 U 48/05, VersR **2006** 1633; Prölss/Martin/*Piontek* § 3 Rn. 110; *Looschelders*/Paffenholz § 3 Rn. 196.

405 BGH 18.3.1992 – IV ZR 51/91, BGHZ **117** 345, 349 ff.; *Looschelders*/Paffenholz § 3 Rn. 197.

406 *Looschelders*/Paffenholz § 3 Rn. 197.

407 *Looschelders*/Paffenholz § 3 Rn. 199.

408 Hierzu *Looschelders*/Paffenholz § 3 Rn. 200 f.

Dies sind Verträge, durch die ein Unternehmer einem Verbraucher gegen Zahlung eines Gesamtpreises das Recht verschafft oder zu verschaffen verspricht, für die Dauer von mehr als einem Jahr ein Wohngebäude mehrfach für einen bestimmten oder zu bestimmenden Zeitraum zu Übernachtungszwecken zu nutzen (§ 481 Abs. 1 Satz 1 BGB). Hintergrund des Ausschlusses ist, dass sich Rechtsstreitigkeiten bei Timesharing-Verträgen – nicht zuletzt aufgrund der oftmals undurchsichtigen Vertriebsstruktur – als besonders kostenträchtig erweisen.

§ 3a ARB

ARB 2010	ARB 2012	ARB 2021
§ 3a Ablehnung des Rechtsschutzes wegen mangelnder Erfolgsaussichten oder wegen Mutwilligkeit – Schiedsgutachterverfahren (1) Der Versicherer kann den Rechtsschutz ablehnen, wenn seiner Auffassung nach	**3.4 Ablehnung des Versicherungsschutzes wegen mangelnder Erfolgsaussichten oder wegen Mutwilligkeit/ Schiedsgutachter** 3.4.1 Wir können den Versicherungsschutz **ablehnen**, wenn unserer Auffassung nach	**3.4 Ablehnung des Versicherungsschutzes wegen mangelnder Erfolgsaussichten oder wegen Mutwilligkeit/ Schiedsgutachter** *Identisch mit 3.4.1 ARB 2012*
a) in einem der Fälle des § 2 a) bis g) die Wahrnehmung der rechtlichen Interessen keine hinreichende Aussicht auf Erfolg hat oder	3.4.1.1 die Wahrnehmung Ihrer rechtlichen Interessen nach 2.2.1 bis 2.2.**7 keine hinreichende Aussicht auf Erfolg** hat oder	*Identisch mit 3.4.1.1 ARB 2012*
b) die Wahrnehmung der rechtlichen Interessen mutwillig ist. Mutwilligkeit liegt dann vor, wenn der durch die Wahrnehmung der rechtlichen Interessen voraussichtlich entstehende Kostenaufwand unter Berücksichtigung der berechtigten Belange der Versichertengemeinschaft in einem groben Missverhältnis zum angestrebten Erfolg steht. Die Ablehnung ist dem Versicherungsnehmer in diesen Fällen unverzüglich unter Angabe der Gründe schriftlich mitzuteilen.	3.4.1.2 Sie Ihre rechtlichen Interessen **mutwillig** wahrnehmen wollen. Mutwilligkeit liegt dann vor, wenn die voraussichtlich entstehenden Kosten in einem groben Missverhältnis zum angestrebten Erfolg stehen. In diesem Fall können wir nicht zahlen, weil die berechtigten Interessen der Versichertengemeinschaft beeinträchtigt würden. Die Ablehnung müssen wir Ihnen in diesen beiden Fällen unverzüglich schriftlich mitteilen, und zwar mit Begründung. („Unverzüglich“ heißt nicht unbedingt „sofort“, sondern „ohne schuldhaftes Zögern bzw. so schnell wie eben möglich“.)	*Identisch mit 3.4.1.2 ARB 2012*
(2) Mit der Mitteilung über die Rechtsschutzablehnung ist der Versicherungsnehmer darauf hinzuweisen, dass er, soweit er der Auffassung des Versicherers nicht zustimmt und seinen Anspruch auf Rechtsschutz aufrechterhält, innerhalb eines Monates die Einleitung eines Schiedsgutachterverfahrens vom Versicherer verlangen kann. Mit diesem Hinweis ist der Versicherungsnehmer aufzufordern, alle nach seiner Auffassung für die Durchführung des Schiedsgutachterverfahrens wesentlichen Mitteilungen und Unterlagen innerhalb der Monatsfrist dem Versicherer zuzusenden. Außerdem ist er über die Kostenfolgen des Schiedsgutachterverfahrens gemäß Absatz 5 und über die	3.4.2 Wenn wir den Versicherungsschutz ablehnen, können Sie von uns die Einleitung eines **Schiedsgutachterverfahrens** verlangen, und zwar innerhalb eines Monats. Wir sind verpflichtet, Sie auf diese Möglichkeit und die voraussichtlichen Kosten hinzuweisen. Mit diesem Hinweis müssen wir Sie auffordern, uns alle nach unserer Auffassung für die Durchführung des Schiedsgutachterverfahrens wesentlichen Mitteilungen und Unterlagen zuzusenden. Dies innerhalb eines weiteren Monats.	3.4.2 Wenn wir den Versicherungsschutz ablehnen, können Sie von uns die Einleitung eines **Schiedsgutachterverfahrens** verlangen. Wir sind verpflichtet, Sie auf diese Möglichkeit und die voraussichtlichen Kosten hinzuweisen. Mit diesem Hinweis müssen wir Sie auffordern, uns alle nach unserer Auffassung für die Durchführung des Schiedsgutachterverfahrens wesentlichen Mitteilungen und Unterlagen zuzusenden.

https://doi.org/10.1515/9783110522709-011

ARB 2010	ARB 2012	ARB 2021
voraussichtliche Höhe dieser Kosten zu unterrichten.		
(3) Verlangt der Versicherungsnehmer die Durchführung eines Schiedsgutachterverfahrens, hat der Versicherer dieses Verfahren innerhalb eines Monates einzuleiten und den Versicherungsnehmer hierüber zu unterrichten. Sind zur Wahrnehmung der rechtlichen Interessen des Versicherungsnehmers Fristen zu wahren und entstehen hierdurch Kosten, ist der Versicherer verpflichtet, diese Kosten in dem zur Fristwahrung notwendigen Umfang bis zum Abschluss des Schiedsgutachterverfahrens unabhängig von dessen Ausgang zu tragen. Leitet der Versicherer das Schiedsgutachterverfahren nicht fristgemäß ein, gilt seine Leistungspflicht in dem Umfang, in dem der Versicherungsnehmer den Rechtsschutzanspruch geltend gemacht hat, als festgestellt.	3.4.3 Wenn Sie die Durchführung eines Schiedsgutachterverfahrens verlangen, haben wir dieses Verfahren innerhalb eines Monats einzuleiten und Sie hierüber zu unterrichten. Wenn zur Durchsetzung Ihrer rechtlichen Interessen Fristen einzuhalten sind, müssen wir die zur Fristwahrung notwendigen Kosten tragen und dies bis zum Abschluss des Schiedsgutachterverfahrens. (Beispiele für das Einhalten von Fristen: Berufungsfrist droht abzulaufen, Verjährung droht einzutreten.) Dies ist unabhängig davon, wie das Schiedsgutachterverfahren ausgeht. Wenn wir das Schiedsgutachterverfahren nicht innerhalb eines Monats einleiten, besteht für Sie Versicherungsschutz in beantragtem Umfang.	*Identisch mit 3.4.3 ARB 2012*
(4) Schiedsgutachter ist ein seit mindestens fünf Jahren zur Rechtsanwaltschaft zugelassener Rechtsanwalt, der von dem Präsidenten der für den Wohnsitz des Versicherungsnehmers zuständigen Rechtsanwaltskammer benannt wird. Dem Schiedsgutachter sind vom Versicherer alle ihm vorliegenden Mitteilungen und Unterlagen, die für die Durchführung des Schiedsgutachterverfahrens wesentlich sind, zur Verfügung zu stellen. Er entscheidet im schriftlichen Verfahren; seine Entscheidung ist für den Versicherer bindend.	3.4.4 Der Schiedsgutachter ist ein seit mindestens fünf Jahren zugelassener Rechtsanwalt. Er wird vom Präsidenten der für Ihren Wohnsitz zuständigen Rechtsanwaltskammer benannt. Dem Schiedsgutachter müssen wir alle uns vorliegenden Mitteilungen und Unterlagen zur Verfügung stellen, die für die Durchführung des Schiedsgutachterverfahrens wesentlich sind. Der Schiedsgutachter entscheidet schriftlich, ob Versicherungsschutz besteht. **Diese Entscheidung ist für den Rechtsschutzversicherer verbindlich.**	*Identisch mit 3.4.4 ARB 2012*
(5) Die Kosten des Schiedsgutachterverfahrens trägt der Versicherer, wenn der Schiedsgutachter feststellt, dass die Leistungsverweigerung des Versicherers ganz oder teilweise unberechtigt war. War die Leistungsverweigerung nach dem Schiedsspruch berechtigt, trägt der Versicherungsnehmer seine Kosten und die des Schiedsgutachters. Die	3.4.5 Wenn der Schiedsgutachter feststellt, dass unsere Leistungsverweigerung ganz oder teilweise unberechtigt war, tragen wir die Kosten des Schiedsgutachterverfahrens. Wenn die Leistungsverweigerung nach dem Schiedsspruch berechtigt war, tragen Sie die Kosten des Verfahrens und die des Schiedsgutachters. Die Kosten, die uns durch das	*Identisch mit 3.4.5 ARB 2012*

ARB 2010	ARB 2012	ARB 2021
dem Versicherer durch das Schiedsgutachterverfahren entstehenden Kosten trägt dieser in jedem Falle selbst.	Schiedsgutachterverfahren entstanden sind, tragen wir selbst.	
§ 3a Ablehnung des Rechtsschutzes wegen mangelnder Erfolgsaussichten oder wegen Mutwilligkeit – Stichentscheidverfahren	**Ablehnung des Versicherungsschutzes wegen mangelnder Erfolgsaussichten oder wegen Mutwilligkeit/ Stichentscheidverfahren**	**Ablehnung des Versicherungsschutzes wegen mangelnder Erfolgsaussichten oder wegen Mutwilligkeit/ Stichentscheidverfahren**
(1) Der Versicherer kann den Rechtsschutz ablehnen, wenn seiner Auffassung nach	3.4.1 Wir können den Versicherungsschutz **ablehnen**, wenn unserer Auffassung nach	*Identisch mit 3.4.1 ARB 2012*
a) in einem der Fälle des § 2 a) bis g) die Wahrnehmung der rechtlichen Interessen keine hinreichende Aussicht auf Erfolg hat oder	3.4.1.1 die Wahrnehmung Ihrer rechtlichen Interessen nach 2.2.1 bis 2.2.7 **keine hinreichende Aussicht auf Erfolg** hat oder	*Identisch mit 3.4.1.1 ARB 2012*
b) die Wahrnehmung der rechtlichen Interessen mutwillig ist. Mutwilligkeit liegt dann vor, wenn der durch die Wahrnehmung der rechtlichen Interessen voraussichtlich entstehende Kostenaufwand unter Berücksichtigung der berechtigten Belange der Versichertengemeinschaft in einem groben Missverhältnis zum angestrebten Erfolg steht. Die Ablehnung ist dem Versicherungsnehmer in diesen Fällen unverzüglich unter Angabe der Gründe schriftlich mitzuteilen.	3.4.1.2 Sie Ihre rechtlichen Interessen **mutwillig** wahrnehmen wollen. Mutwilligkeit liegt dann vor, wenn die voraussichtlich entstehenden Kosten in einem groben Missverhältnis zum angestrebten Erfolg stehen. In diesem Fall können wir nicht zahlen, weil die berechtigten Interessen der Versichertengemeinschaft beeinträchtigt würden. Die Ablehnung müssen wir Ihnen in diesen Fällen unverzüglich schriftlich mitteilen, und zwar mit Begründung. („Unverzüglich" heißt nicht unbedingt „sofort", sondern „ohne schuldhaftes Zögern bzw. so schnell wie eben möglich".)	*Identisch mit 3.4.1.2 ARB 2012*
(2) Hat der Versicherer seine Leistungspflicht gemäß Absatz 1 verneint und stimmt der Versicherungsnehmer der Auffassung des Versicherers nicht zu, kann er den für ihn tätigen oder noch zu beauftragenden Rechtsanwalt auf Kosten des Versicherers veranlassen, diesem gegenüber eine begründete Stellungnahme abzugeben, ob die Wahrnehmung rechtlicher Interessen in einem angemessenen Verhältnis zum angestrebten Erfolg steht und hinreichende Aussicht auf Erfolg verspricht. Die Entscheidung ist für	3.4.2 Was geschieht, wenn wir eine Leistungspflicht nach 3.4.1 ablehnen und Sie damit nicht einverstanden sind? In diesem Fall können Sie den für Sie tätigen oder noch zu beauftragenden Rechtsanwalt veranlassen, eine begründete Stellungnahme abzugeben, und zwar zu folgenden Fragen: • Besteht eine hinreichende Aussicht auf Erfolg und • steht die Durchsetzung Ihrer rechtlichen Interessen in einem	*Identisch mit 3.4.2 ARB 2012*

ARB 2010	ARB 2012	ARB 2021
beide Teile bindend, es sei denn, dass sie offenbar von der wirklichen Sach- und Rechtslage erheblich abweicht.	angemessenen Verhältnis zum angestrebten Erfolg? Die Kosten für diese Stellungnahme übernehmen wir. Die Entscheidung des Rechtsanwalts ist für Sie und uns bindend, es sei denn, dass diese Entscheidung offenbar von der tatsächlichen Sach- oder Rechtslage erheblich abweicht.	
(3) Der Versicherer kann dem Versicherungsnehmer eine Frist von mindestens einem Monat setzen, binnen der der Versicherungsnehmer den Rechtsanwalt vollständig und wahrheitsgemäß über die Sachlage zu unterrichten und die Beweismittel anzugeben hat, damit dieser die Stellungnahme gemäß Absatz 2 abgeben kann. Kommt der Versicherungsnehmer dieser Verpflichtung nicht innerhalb der vom Versicherer gesetzten Frist nach, entfällt der Versicherungsschutz. Der Versicherer ist verpflichtet, den Versicherungsnehmer ausdrücklich auf die mit dem Fristablauf verbundene Rechtsfolge hinzuweisen.	3.4.3 Für die Stellungnahme können wir Ihnen eine Frist von mindestens einem Monat setzen. Damit der Rechtsanwalt die Stellungnahme abgeben kann, müssen Sie ihn vollständig und wahrheitsgemäß über die Sachlage unterrichten. Außerdem müssen Sie die Beweismittel angeben. Wenn Sie diesen Verpflichtungen nicht nachkommen, entfällt Ihr Versicherungsschutz. Wir sind verpflichtet, Sie auf diese mit dem Fristablauf verbundenen Rechtsfolgen (Verlust des Versicherungsschutzes) hinzuweisen.	3.4.3 Damit der Rechtsanwalt die Stellungnahme abgeben kann, müssen Sie ihn vollständig und wahrheitsgemäß über die Sachlage unterrichten. Außerdem müssen Sie die Beweismittel angeben. Wenn Sie diesen Verpflichtungen nicht nachkommen, entfällt Ihr Versicherungsschutz

Übersicht

I. Allgemeines

1. Funktion

Die Regelung in den ARB über das Schiedsgutachterverfahren bzw. das Stichentscheidverfahren dient 1
der Ausfüllung des in § 128 VVG gesetzten Rahmens, der seinerseits wiederum durch die Solvabilitäts-

RiL II europarechtlich präformiert ist.[1] Das Versicherungsvertragsgesetz geht davon aus, dass der VR grundsätzlich berechtigt ist, für Fälle nicht hinreichender Erfolgsaussicht und Mutwilligkeit der Rechtswahrnehmung einen Risikoausschluss vorzusehen, wenn der Versicherungsvertrag ein Gutachterverfahren oder ein anderes Verfahren mit vergleichbaren Garantien für die Unparteilichkeit vorsieht, in dem Meinungsverschiedenheiten zwischen den Parteien über die Erfolgsaussichten oder die Mutwilligkeit einer Rechtsverfolgung entschieden werden (§ 128 Satz 1 VVG). Die Regelung über das Schiedsgutachter- bzw. Stichentscheidverfahren verfolgt mithin eine doppelte Funktion: Zum einen wird die Möglichkeit der Ablehnung des Rechtsschutzes durch den VR eröffnet, zum anderen soll die kautelarjuristische Gestaltung dazu dienen, dem VN ein den gesetzlichen Vorgaben entsprechendes Verfahren zu eröffnen, in dem Streitigkeiten über die Ablehnung des Versicherungsschutzes durch den VR wegen mangelnder Erfolgsaussichten oder Mutwilligkeit der Interessenwahrnehmung geklärt werden. Es ist also zwischen der Beschränkung der Rechtsschutzdeckung und dem Verfahren für Streitfälle scharf zu unterscheiden. Durch eine gesetzeskonforme Vertragsgestaltung vermeidet der VR die drohende gesetzliche Anerkenntnisfiktion gemäß § 128 Satz 3 VVG.[2]

2. Bedeutung

2 Die Europarechtskonformität der gesetzlichen Regelung in § 128 VVG ist nicht frei von Zweifeln.[3] Daraus resultiert eine ganz erhebliche Rechtsunsicherheit, die naturgemäß auf die Maßstäbe für die gesetzeskonforme Klauselgestaltung durchschlägt. Die ARB stellen den Rechtsschutzversicherern das Schiedsgutachterverfahren und das Stichentscheidverfahren alternativ zur Wahl. Ursprünglich sahen die VR bis zu den ARB 75 lediglich das Stichentscheidverfahren vor (§ 17 ARB 75).[4] Die ARB 94 führten stattdessen das Schiedsgutachterverfahren ein und wollten damit Bedenken gegen die Objektivität des Stichentscheidverfahrens Rechnung tragen (§ 18 ARB 94).[5] Seit den ARB 2000 werden in den Musterbedingungen beide Verfahren alternativ dargeboten. Die praktische Bedeutung von Gutachter- und Stichentscheidungsverfahren ist augenscheinlich insgesamt eher gering.[6] Die Durchführung des im Versicherungsvertrag vorgesehenen Verfahrens ist für den VN zwar nicht obligatorisch, vielmehr kann er nach ganz h.M. stattdessen stets sogleich Deckungsklage erheben.[7] Unterlässt der VN jedoch die Einleitung eines im Versicherungsvertrag eröffneten kostenfreien Stichentscheidverfahrens, erhält er nach der Rechtsprechung des BGH keine Prozesskostenhilfe, da der VN vor der Klageerhebung von der Möglichkeit Gebrauch machen muss, einen für ihn kostenfreien Stichentscheid herbeizuführen.[8] Aufgrund der Kostenlast und des Kostenrisikos für den VN (§ 3a Abs. 5) kann diese Rechtsprechung jedoch nicht auf die Unterlassung der Einleitung eines vorgesehenen Schiedsgutachterverfahrens übertragen werden.[9] Erhebt der VN sofort Deckungsklage, kann er auf das Schiedsgutachter- bzw. Stichentscheidverfahren nicht mehr zurückgreifen.[10] Der Rechtsanwalt hat seinen Mandanten darüber zu belehren, dass der VR zur Gewährung von Deckungsschutz für aussichtslose Verfahren nach Maßgabe der § 3 a; § 128 VVG nicht verpflichtet ist.[11]

---

1 Ausführlich hierzu § 128 Rn. 1 ff., 6 ff.

2 S. § 128 Rn. 28 ff.

3 Hierzu § 128 Rn. 18 ff., 23 ff.

4 Hierzu *van Bühren* NJW **2007** 3606, 3608; *Maier* RuS **1995** 361, 366.

5 Looschelders/Paffenholz/*Herdter* § 3a Rn. 3; *van Bühren*/Plote § 3a ARB 2000 Rn. 1.

6 Looschelders/Paffenholz/*Herdter* § 3a Rn. 2.

7 BGH 19.3.2003 – IV ZR 139/01, RuS **2003** 363; OLG Karlsruhe 15.1.2008 – 12 U 89/07, VersR **2008** 675, 677; Prölss/Martin/*Piontek* § 3a Rn. 4; Looschelders/Paffenholz/*Herdter* § 3a Rn. 4; *van Bühren*/Plote § 3a ARB 2010 Rn. 56; Harbauer/*Schmitt* § 3a ARB 2010 Rn. 4; Beckmann/Matusche-Beckmann/*Obarowski* § 37 Rn. 447.

8 BGH 3.6.1987 – IVa ZR 318/86, VersR **1987** 978.

9 Looschelders/Paffenholz/*Herdter* § 3a Rn. 5.

10 OLG Hamm 9.11.1990 – 20 U 215/89, VersR **1991** 806; Beckmann/Matusche-Beckmann/*Obarowksi* § 37 Rn. 549.

11 OLG Köln 3.3.2020 – I-9 U 77/19, RuS **2020** 709.

3. Folgen einer Deckungsablehnung

Lehnt der VR die Deckungszusage ab, handelt es sich um eine vorläufige Ablehnung, die durch einen abändernden Stichentscheid bzw. ein abweichendes Schiedsgutachten gem. § 158 Abs. 2 BGB bedingt ist.[12] Macht der VR von dieser Möglichkeit keinen Gebrauch, wird die Ablehnung des VR endgültig. Die Ablehnung ist dem VN unverzüglich unter Angabe der Gründe schriftlich (§ 126 BGB) mitzuteilen. Im Falle einer mündlichen oder fernmündlichen Deckungsablehnung ist diese gem. § 125 Satz 2 BGB formunwirksam[13] und kann keinen Lauf der Fristen gem. § 3a Abs. 2 und Abs. 3 auslösen.[14] Lehnt der VR die Deckungszusage nicht ordnungsgemäß ab, verliert er nach h.M. die Möglichkeit, sich auf den Ausschluss zu berufen.[15] Die Angemessenheit der Frist muss dabei mit Blick auf die Umstände des Einzelfalles festgelegt werden. Während die obergerichtliche Rechtsprechung in der Regel eine Prüffrist von zwei bis drei Wochen ab vollständiger Information des VR durch den VN (vgl. § 17) favorisiert,[16] hat der BGH die Festlegung auf eine bestimmte Zeitgrenze bislang vermieden, scheint aber im Regelfall auch eine Zwei-Wochen-Frist für angemessen zu erachten.[17] Die Ablehnung muss dabei eine Begründung enthalten, welche die für den VR maßgeblichen Gründe erkennen lässt; pauschale Stellungnahmen reichen nicht, weil diese den VN nicht in die Lage versetzen, die ablehnende Entscheidung des VR zu überprüfen.[18] Die Ablehnung der Deckung muss sich dabei mit hinreichender Klarheit aus der Ablehnungsentscheidung ergeben. Bedenken, die der VR gegen die Erfolgsaussichten einer von seinem VN beabsichtigten Klage äußert, stellen keine Verneinung der Leistungspflicht wegen nicht hinreichender Erfolgsaussichten dar. Zu einem späteren Zeitpunkt ist eine Ablehnung der Leistungspflicht wegen fehlender Erfolgsaussichten nicht mehr möglich.[19] Der VR kann sich das Recht, die Leistung wegen fehlender Erfolgsaussicht oder Mutwilligkeit abzulehnen, auch dann nicht wirksam vorbehalten, wenn er die Leistung aus anderen Gründen ablehnt.[20] 3

II. Gründe für eine Ablehnung des Rechtsschutzes

1. Rechtsnatur der Ablehnungsgründe

Die Rechtsnatur der Ablehnung des Rechtsschutzes wegen mangelnder Erfolgsaussichten oder wegen Mutwilligkeit ist nicht ganz klar. Auf der Tatbestandsseite könnte es sich um objektive oder subjektive Risikoausschlüsse oder um besondere Ausformungen der Schadensminderungsobliegenheit handeln (§ 82 VVG). Auf der Rechtsfolgenseite könnte der Wortlaut der Klauseln die Annahme eines Ablehnungsrechts in Gestalt einer Einrede oder eines vertraglichen Gestaltungsrechts nahelegen,[21] negative Anspruchsvoraussetzungen festlegen oder vertragliche Einwendungen begründen. Die halbzwingende Regelung der Schadensminderungsobliegenheit (§§ 82, 87 VVG) führt zur Leistungsfreiheit des VR allerdings nur bei vorsätzlichem Verstoß des VN, und aus § 128 Satz 1 4

---

12 Harbauer/*Schmitt* § 3a ARB 2010 Rn. 5.

13 BGH 20.7.2016 – IV ZR 245/15, RuS **2016** 462 Rn. 37.

14 Harbauer/*Schmitt* § 3a ARB 2010 Rn. 6.

15 BGH 19.3.2003 – IV ZR 139/01, VersR **2003** 638; BGH 21.5.2003 – IV ZR 327/02, VersR **2003** 1122, 1124; OLG Köln 8.4.2008 – 9 U 122/07, VersR **2008** 1391; OLG Köln – 9 U 129/01, 16.4.2002 RuS **2002** 289, 290; OLG Köln 16.8.2018 – 9 U 55/18, VersR **2019** 481; OLG Karlsruhe 2.2.2006 – 12 U 263/05, VersR **2006** 969; OLG Celle 19.4.2017 – 9 U 55/18, VersR **2007** 1218; OLG Saarbrücken 30.6.2010 – 5 U 52/10, VersR **2011** 108, 109; KG 9.5.2018 – 6 U 121/17, RuS **2018** 475 Rn. 7; Looschelders/Paffenholz/*Herdter* § 3a Rn. 19 ff., 21. S. für Österreich ÖOGH 26.9.2018 – 7 Ob 123/18s, VersR **2019** 318, 319.

16 OLG Köln 7.11.1991 – 5 U 50/91, RuS **1991** 419, 420; OLG Köln 6.10.1988 – 5 U 61/88, RuS **1988** 334.

17 Vgl. BGH 20.7.2016 – IV ZR 245/15, RuS **2016** 462 Rn. 38.

18 Einzelheiten bei Harbauer/*Schmitt* ARB 2010 § 3a Rn. 9 m.w.N.

19 OLG Celle 29.3.2001 – 8 U 78/00, NVersZ **2001** 372; OLG Köln 22.12.1988 – 5 U 68/88, ZfS **1989** 307.

20 BGH 19.3.2003 – IV ZR 139/01, RuS **2003** 363 Ls. 2.

21 In diese Richtung offenbar etwa Looschelders/Paffenholz/*Herdter* § 3a Rn. 6, 9, 20 („Ablehnungsrecht").

VVG lässt sich eine Modifikation von §§ 82, 87 VVG kaum überzeugend ableiten. Im Hinblick auf Mutwilligkeit könnte ein vorsätzlicher Verstoß gegen eine entsprechende Obliegenheit unter Umständen noch anzunehmen sein, eine Qualifikation als verhaltenssteuernde Obliegenheit wäre deshalb durchaus diskutabel. In Bezug auf mangelnde Erfolgsaussicht kann es auf die subjektive Seite als Voraussetzung für eine Beschränkung der Rechtsschutzdeckung hingegen sinnvollerweise überhaupt nicht ankommen. Richtigerweise dürfte davon auszugehen sein, dass der Gesetzgeber in § 128 Satz 1 VVG – halbzwingend (§ 129 VVG) – anordnet, dass der VR sowohl für den Fall unzureichender Erfolgsaussicht als auch im Falle von Mutwilligkeit grundsätzlich berechtigt ist, in den ARB entsprechende Ausschlusstatbestände vorzusehen.[22]

5 Wenn man dem folgt, handelt es sich – auch im Hinblick auf Mutwilligkeit – nicht um vertragliche oder vertraglich ausgestaltete gesetzliche Obliegenheiten, sondern um Risikoausschlüsse. Die Grundsätze des Obliegenheitsrechts greifen deshalb weder im Hinblick auf mangelnde Erfolgsaussichten noch in Bezug auf Mutwilligkeit ein. Dafür spricht letztlich auch die gesetzessystematische Parallele zu § 114 Abs. 1 ZPO, der hinreichende Erfolgsaussichten zur positiven und Mutwilligkeit zur negativen Anspruchsvoraussetzung erhebt. Mangelnde Erfolgsaussichten und Mutwilligkeit stehen dem Eintritt des Versicherungsfalls mithin entgegen und sind aufgrund der jeweils gleichlautenden Formulierung in beiden Varianten von § 3 a Abs. 1 vom VR darzutun und bei Bestreiten zu beweisen.[23] Die Klauselgestaltung schafft konsequenterweise weder eine Einrede noch ein Gestaltungsrecht. Das Erfordernis der „Ablehnung" ist nicht Voraussetzung für das Entstehen des Ausschlusses, sondern lediglich Verfahrensvoraussetzung, die allerdings angesichts des abweichenden Gesetzeswortlauts in § 128 Satz 1 VVG und europarechtlicher Vorgaben nicht dahingehend missverstanden werden darf, dass es einer förmlichen Ablehnungserklärung bedürfte.[24] Maßgeblich ist, ob sich der Rechtsschutzversicherer auf einen der beiden Ausschlussgründe beruft. Dabei reicht es aus, wenn sich aus den Umständen ergibt, dass der VR aus Gründen mangelnder Erfolgsaussichten oder von Mutwilligkeit weigert, Rechtsschutz zu gewähren. Der Ausschluss bezieht sich nach h.M. auf die jeweilige Instanz, sodass ein Schiedsgutachten oder ein Stichentscheid nur für die jeweilige Instanz bindend ist.[25] Nach h.M. besteht auch bei fehlender Erfolgsaussicht Rechtsschutzdeckung im Hinblick auf eine Abrategebühr (§ 34 RVG), wenn der VN Rechtsrat unmittelbar bei einem Rechtsanwalt eingeholt hat.[26]

2. Keine hinreichende Erfolgsaussicht

6 **a) Vertretbare Rechtsansicht.** Der Ausschluss bei mangelnden Erfolgsaussichten gilt nur in den Fällen des § 2 lit. a–g (§ 3a Abs. 1 lit. a), nicht dagegen im Disziplinar- und Standes-Rechtsschutz, im Straf-Rechtsschutz, im Ordnungswidrigkeiten-Rechtsschutz, im Beratungs-Rechtsschutz sowie im Familien-, Lebenspartnerschafts- und Erbrecht. Der Begriff der hinreichenden Erfolgsaussichten ist nach h.M. gleich zu verstehen wie in § 114 Abs. 1 Satz 1 ZPO.[27] Die Rechtsansicht des VN muss zumindest vertretbar erscheinen.[28] Ist eine entscheidende Rechtsfrage höchstrichterlich

---

22 § 128 Rn. 24 f.

23 S. § 3 Rn. 9 f.

24 § 128 Rn. 22.

25 BGH 2.5.1990 – IV ZR 294/89, RuS **1990** 275, 276; Prölss/Martin/*Piontek* § 3a Rn. 6; Looschelders/Paffenholz/*Herdter* § 3a Rn. 8.

26 Statt vieler Looschelders/Paffenholz/*Herdter* § 3a Rn. 53 ff. m.w.N.

27 BGH 16.9.1987 – IVa ZR 76/86, VersR **1987** 1186; BGH 20.4.1994 – IV ZR 209/92, VersR **1994** 1061; BGH 19.2.2003 – IV ZR 318/02, VersR **2003** 454, 455; Looschelders/Paffenholz/*Herdter* § 3a Rn. 10; *van Bühren*/Plote § 3a ARB 2010 Rn. 18; Harbauer/*Schmitt* § 3a ARB 2010 Rn. 23; zum Ganzen § 128 Rn. 24.

28 BGH 16.9.1987 – IVa ZR 76/86, VersR **1987** 1186, 1187; OLG Köln 29.10.2002 – 9 U 124/01, RuS **2003** 151; OLG Celle 19.4.2007 – 8 U 179/06, VersR **2007** 1218; aus der Literatur statt vieler Looschelders/Paffenholz/*Herdter* § 3a Rn. 10.

nicht geklärt, dürfen die Erfolgsaussichten deshalb nicht verneint werden.[29] Hinreichende Aussicht auf Erfolg hat die beabsichtigte Rechtsverfolgung des VN in aller Regel bereits dann, wenn die Entscheidung von der Beantwortung schwieriger Rechts- oder Tatfragen abhängt.[30] Insoweit sind die Erfolgsaussichten nicht zu überspannen.[31] Jedoch ergibt sich allein aus dem Umstand, dass eine von der höchstrichterlichen Rspr. abweichende Ansicht zumindest vertretbar erscheint, noch keine Erfolgsaussicht, sofern zur Begründung der abweichenden Auffassung keine neuen, bislang noch nicht erörterten Argumente aufgezeigt werden.[32]

b) Möglichkeit zur Beweisführung. Neben der Schlüssigkeit des Vorbringens des VN muss die Möglichkeit erfolgversprechender Beweisführung bestehen.[33] Dabei hat der VN gem. § 17 Abs. 5 lit. b bereits bekannte Einreden des Gegners mitzuteilen. Hat der VN zulässige Beweismittel benannt, können die Erfolgsaussichten in der Regel nicht verneint werden. Gerade bei Zeugenaussagen, deren Glaubhaftigkeit und Glaubwürdigkeit in der Regel *ex ante* nicht bestimmt werden kann, kommt eine Vorwegnahme der Beweiswürdigung grundsätzlich nicht in Betracht.[34] Einer Beweisführung steht insbesondere nicht entgegen, dass Protokolle von Zeugenaussagen gegen eine erfolgreiche Beweisführung sprechen, solange mit einer erneuten Zeugenanhörung im Prozess zu rechnen ist.[35] Werden von der beklagten Partei erhebliche Einwände gegen die Klagebegründung vorgebracht, die zumindest eine Anhörung der Parteien gem. § 141 Abs. 1 ZPO gebieten, an die sich unter Umständen eine Beweisaufnahme anschließen kann, können die Erfolgsaussichten der Rechtsverteidigung ebenfalls nicht von vornherein verneint werden.[36] 7

Eine vorweggenommene Beweiswürdigung darf bei der Prüfung der Erfolgsaussichten grundsätzlich nicht stattfinden und ist nur ausnahmsweise zulässig,[37] etwa wenn ein Beweismittel schon in einem anderen Verfahren gewürdigt wurde. Gem. § 411a ZPO kann insbesondere die schriftliche Begutachtung durch die Verwertung eines gerichtlich oder staatsanwaltschaftlich eingeholten Sachverständigengutachtens aus einem anderen Verfahren ersetzt werden. Nicht erfolgversprechend ist es zudem, wenn als einziges Beweismittel die Parteivernehmung der Gegenpartei in Betracht kommt.[38] Im Zweifelsfall sind die Erfolgsaussichten jedoch zu bejahen.[39] Die Deckung kann ferner versagt werden, wenn die Gesamtwürdigung aller schon feststehenden Umstände und Indizien eine positive Beweiswürdigung zugunsten des VN als ausgeschlossen erscheinen lässt und eine vernünftig und wirtschaftlich denkende Partei, die die Kosten selbst bezahlen müss- 8

---

29 BGH 20.4.1994 – IV ZR 209/92, VersR **1994** 1061; BGH 9.9.1997 – IX ZB 92/97, VersR **1998** 75, 76; BGH 7.3.2007 – IV ZB 37/06, VersR **2007** 966; für Österreich ÖOGH 26.9.2018 – 7 Ob 123/18s, VersR **2019** 318.

30 BGH 15.3.2006 – IV ZA 26/05, VersR **2007** 96.

31 Vgl. BVerfG 18.12.2003 – 1 BvR 918/03, NJW-RR **2004** 933 [zur PKH].

32 OLG Düsseldorf 21.9.2017 – I-4 U 87/17, VersR **2018** 27, 29.

33 BGH 16.9.1987 – IVa ZR 76/86, VersR **1987** 1186, 1187; OLG Düsseldorf 21.9.2017 – I-4 U 87/17, VersR **2018** 27 ff.; KG 17.4.2018 – 6 U 121/17, RuS **2018** 475 Rn. 7; OLG Köln 29.10.2002 – 9 U 124/01, RuS **2003** 151; OLG Celle 19.4.2007 – 8 U 179/06, VersR **2007** 1218; Looschelders/Paffenholz/*Herdter* § 3a Rn. 11.

34 Vgl. BGH 16.9.1987 – IVa ZR 76/86, VersR **1987** 1186.

35 BGH 30.11.1999 – VI ZR 207/98, VersR **2000** 610; BGH 6.6.2000 – VI ZR 98/99, VersR **2001** 121.

36 OLG Koblenz 7.5.2015 – 10 W 173/15, MDR **2015** 854.

37 BVerfG 20.2.2002 – 1 BvR 1450/00, NJW-RR **2002** 1069; BGH 14.12.1993 – VI ZR 235/92, NJW **1994** 1160; BGH 16.9.1987 – IVa ZR 76/86, VersR **1987** 1186; OLG Bamberg 8.8.2007 – 4 W 42/07, VersR **2008** 986; OLG Karlsruhe 24.6.2006 – 7 W 28/05, NJW-RR **2006** 205; OLG Stuttgart 30.6.2003 – 1 W 19/03, VersR **2005** 524.

38 OLG Köln 11.4.1996 – 1 W 36/96, NJW-RR **1997** 636, 637; OLG Köln 3.2.2000 – 1 W 6/00, VersR **2000** 638, 639; OLG Köln 24.11.2006 – 4 W 9/06, NJOZ **2007** 699.

39 BGH 16.9.1987 – IVa ZR 76/86, VersR **1987** 1186, 1187; BGH 9.9.1997 – IX ZB 92/97, VersR **1998** 75, 76; BVerfG 5.2.2003 – 1 BvR 1526/02, NJW **2003** 1857, 1858; BVerfG 18.12.2003 – 1 BvR 918/03, NJW-RR **2004** 933; Looschelders/Paffenholz/*Herdter* § 3a Rn. 12.

te, wegen des absehbaren Misserfolgs der Beweisaufnahme von einer Prozessführung absehen würde.[40]

3. Mutwilligkeit

9 Der Ausschluss mutwilliger Rechtsverfolgung wird in § 3a Abs. 1 lit. b Satz 2 abweichend von § 114 Abs. 2 ZPO definiert. Mutwilligkeit liegt danach dann vor, „wenn der durch die Wahrnehmung der rechtlichen Interessen voraussichtlich entstehende Kostenaufwand unter Berücksichtigung der berechtigten Belange der Versichertengemeinschaft in einem groben Missverhältnis zum angestrebten Erfolg steht". Der Einwand der Mutwilligkeit kann vom VR bei allen Leistungsarten gem. § 2 erhoben werden. Es ist dabei zu fragen, ob eine nicht rechtsschutzversicherte Person die Rechtsverfolgung angesichts der Kosten durchführen würde; Maßnahmen, die eine nicht versicherte und wirtschaftlich denkende Partei in gleicher Lage unterlassen würde, sind nicht versichert.[41] Damit wird bezweckt, ein schlichtweg nicht mehr nachzuvollziehendes Verhalten des VN auszuschließen.[42] Wenn man mit der h.M. davon ausgeht, dass der Begriff der Mutwilligkeit in § 128 Satz 1 VVG dem in § 114 Abs. 1 und 2 ZPO verwendeten entspricht,[43] ist die abweichende Formulierung in § 3a Abs. 1 lit. b Satz 2 fragwürdig. Zwar wäre es einfachgesetzlich unproblematisch, wenn das Verfahren nicht nur für Fälle der möglicherweise enger verstandenen gesetzlich definierten Mutwilligkeit eröffnet wäre, sondern auch für weitere Streitigkeiten – europarechtlich wäre das sogar geboten.[44] Aber aufgrund des halbzwingenden Charakters von § 128 Satz 1 VVG (§ 129 VVG) kann und darf der Ausschluss der Mutwilligkeit in ARB nicht weiter reichen, als es im Gesetz vorgesehen ist. Ein weitergehender Ausschlusstatbestand verstieße gegen §§ 128 Satz 1, 129 VVG und wäre unwirksam. Es hat folglich, weil eine Besserstellung des VN nicht ersichtlich ist, ungeachtet des abweichenden Wortlauts von § 3a Abs. 1 lit. b Satz 2 mit dem Begriff der Mutwilligkeit in § 128 VVG bzw. § 114 ZPO sein Bewenden.[45] Die Belange der Versichertengemeinschaft rechtfertigen keinen weitergehenden Ausschluss.[46] Maßgeblich ist grundsätzlich der Zeitpunkt der Bewilligungsreife, d.h. der Zeitpunkt, in dem der VR seine Prognoseentscheidung zu treffen hat.[47] Da es sich um eine Prognoseentscheidung handelt, ist ausschließlich auf diesen Zeitpunkt der Entscheidungsfindung durch den VR abzustellen; dieser darf jedoch nicht durch die willkürliche Wahl eines ihm besonders günstig erscheinenden Zeitpunktes für die Prognoseentscheidung Einfluss auf das Ergebnis nehmen. Der Zeitpunkt der Prognoseentscheidung ist grundsätzlich auch dann entscheidend, wenn sich die Umstände nachträglich zugunsten oder zulasten des VN ändern, etwa weil ein als mutwillig eingeschätzter Prozess am Ende doch gewonnen oder sich die beabsichtigte Rechtsverfolgung erst nachträglich als mutwillig herausstellt.[48]

10 In der Praxis zeigt sich eine farbige Palette zahlreicher Einzelfälle, die naturgemäß nur exemplarisch vorgestellt werden können. Insbesondere in Bußgeldangelegenheiten kann eine Rechtsverteidigung mutwillig sein, wenn durch einen Bußgeldbescheid in geringer Höhe ein Vielfaches

40 OLG Schleswig 21.6.2022 – 16 U 53/22, RuS **2022** 512.

41 Näher Prölss/Martin/*Piontek* § 1 Rn. 14.

42 OLG Hamm 12.3.1999 – 20 U 217/98, RuS **1999** 464 f.; OLG Karlsruhe 4.7.2002 – 12 U 69/02, RuS **2002** 462; OLG Stuttgart 14.7.2016 – 7 U 60/16, VersR **2016** 1439, 1441; Looschelders/*Paffenholz* § 1 Rn. 40.

43 § 128 Rn. 25.

44 § 128 Rn. 8, 13 f., 23.

45 Im Ergebnis gleich die h.M.: BGH 16.9.1987 – IVa ZR 76/86, VersR **1987** 1186; BGH 20.4.1994 – IV ZR 209/92, VersR **1994** 1061, 1062; BGH 19.2.2003 – IV ZR 318/02, VersR **2003** 454, 455; grundsätzlich Looschelders/Paffenholz/*Herdter* § 3a Rn. 14.

46 **A.A.** Prölss/Martin/*Piontek* § 3a Rn. 12; *van Bühren*/Plote § 3a ARB 2010 Rn. 9; Looschelders/Paffenholz/*Herdter* § 3a Rn. 15.

47 Looschelders/Paffenholz/*Herdter* ARB § 3a Rn. 7.

48 Harbauer/*Schmitt* ARB 2010 § 3a Rn. 13.

an Rechtsverfolgungskosten ausgelöst wird. Die Instanzrechtsprechung ist hier jedoch nicht ganz einheitlich.[49] Kann eine Klageschrift mangels ladungsfähiger Anschrift der beklagten Firma nicht zugestellt werden, weil diese zwischenzeitlich durch Beschluss des Insolvenzgerichts aufgelöst worden ist und das Insolvenzverfahren mangels Masse abgelehnt wurde (§ 26 InsO), so ist die Fortsetzung des Rechtsstreits „mutwillig" und daher vom Versicherungsschutz nicht gedeckt.[50] Ein Deckungsschutz kann auch versagt werden, wenn eine als äußerst risikobehaftet einzustufende Klageerweiterung sich als offensichtlich mutwillig darstellt und eine wirtschaftlich vernünftige und denkende Partei auf eigenes Kostenrisiko einen derartigen Antrag nicht stellen würde.[51] Die Rechtsverfolgung ist ferner mutwillig, wenn die Beweisaufnahmekosten (für einen Sachverständigen) ein Mehrfaches des angestrebten wirtschaftlichen Erfolgs ausmachen würde und der Ausgang ungewiss ist. Dementsprechend soll die Beschränkung der Deckungszusage eines Rechtsschutzversicherers bei einer sog. „Dieselklage" dahingehend, dass die Beweiserhebung über das Vorliegen einer unzulässigen Abschalteinrichtung durch Sachverständigengutachten nicht erfasst ist, wirksam sein können.[52] Es ist grundsätzlich als mutwillig anzusehen, wenn vom Ausgang eines Kündigungsschutzprozesses abhängige Zahlungsansprüche noch vor der Entscheidung über die Kündigungsschutzklage im Wege der Klageerweiterung geltend gemacht werden. Etwas anderes gilt dann, wenn tarifliche oder einzelvertragliche Ausschlussfristen oder Verjährungsfristen einzuhalten sind und die Gegenpartei sich weigert, eine Erklärung abzugeben, sie werde sich auf den Ablauf einer Ausschluss- oder Verjährungsfrist nicht berufen.[53]

Jedoch handelt der VN nicht mutwillig, wenn er nicht den Ausgang vergleichbarer Prozesse 11
Dritter abwartet. Nach Ansicht des OLG Köln muss der VN den Ausgang eines sog. Musterprozesses jedoch abwarten, wenn es sich dabei um ein gerichtliches Verfahren auf Grundlage desselben Versicherungsfalles handelt.[54] Auch kann ein rechtliches Interesse an der Durchführung des selbstständigen Beweisverfahrens vorliegen, wenn die Möglichkeit besteht, dass der VN von einer Klage absieht, falls das Verfahren zu seinem Nachteil ausgeht.[55] Mutwilligkeit ist unter Umständen ebenfalls nicht gegeben, wenn der VN schon einen Titel gegen mitverantwortliche Schädiger hat.[56] Auch ist eine Klageerhebung nicht allein wegen der Vermögenslosigkeit des Schuldners mutwillig. Insbesondere ist einer mittellosen Partei, die sich zum Erhalt ihrer Ansprüche einen nach § 197 Abs. 3 Nr. 3 BGB 30 Jahre vollstreckbaren Titel verschaffen möchte, kein Mutwillen anzulasten.[57] Ferner ist es nicht mutwillig, sondern sachgerecht, gleichzeitig gegen mehrere Universitäten im Wege von Kapazitätsklagen vorzugehen; die Grenze zur Mutwilligkeit ist jedenfalls bei bis zu zehn Verfahren noch nicht überschritten.[58] Enthalten die Bedingungen einer Rechtsschutzversicherung keine konkreten derartigen Regelungen, so kann Anspruch auf Rechtsschutz auch für mehr als zehn Kapazitätsklageverfahren auf Zulassung zum Studium bestehen.[59]

---

49 Einzelheiten bei Harbauer/*Schmitt* § 3a ARB 2010 Rn. 28 mit umfangreichen Nachweisen aus der Instanzrechtsprechung.

50 OLG Köln 16.8.1994 – 9 U 87/94, VersR **1995** 530 (zur Rechtslage unter der Konkursordnung). Dies kann jedoch anders zu bewerten sein, sofern im Rahmen der Liquidation noch eine Aussicht auf Realisierung der Forderung besteht.

51 OLG Koblenz 28.10.2004 – 10 U 981/03, RuS **2005** 377.

52 OLG Hamm 11.6.2021 – I-20 W 9/21, NJW-RR **2022** 259 (fragwürdig).

53 LAG Hamm 15.1.2013 – 14 Ta 320/12, BeckRS **2013** 69177; s. auch BAG 18.9.2019 – 5 AZR 240/18, NJW **2020** 794.

54 OLG Köln 22.2.2000 – 9 U 74/99, RuS **2000** 288.

55 LG München I 14.11.2022 – 41 O 4351/22, NJW-RR **2023** 474.

56 OLG Hamburg 22.2.1991 – 14 U 292/89, VersR **1991** 1169.

57 BGH 19.2.2003 – IV ZR 318/02VersR **2003** 454.

58 OLG Frankfurt 25.2.2009 – 7 U 249/08, RuS **2009** 505; OLG Celle 19.4.2007 – 8 U 179/06, VersR **2007** 1218; *van Bühren*/Plote § 3a ARB 2010 Schieds Rn. 25.

59 OLG Hamm 17.4.2015 – I-20 U 165/14, NJW **2015** 2895.

III. Schiedsgutachterverfahren

1. Grundsatz

12 Die Regelung des Schiedsgutachterverfahrens entspricht nach wohl h.M. den Anforderungen von § 128 VVG.[60] § 3a Abs. 2 Satz 1 enthält das gesetzliche Gebot des § 128 Satz 2 VVG, den VN bei einer Ablehnung nach § 3a Abs. 1 auf die Möglichkeit hinzuweisen, die Einleitung eines Schiedsgutachterverfahrens nach § 3a zu verlangen. Die Entscheidung ist zu Lasten des VR bindend in den Grenzen von §§ 318 analog, 142 f., 119 ff. BGB,[61] selbst wenn sie von der wirklichen Sach- oder Rechtslage abweicht.[62] Zu Lasten des VN entfaltet die Entscheidung des Schiedsgutachters keine Bindungswirkung.[63]

2. Einzelheiten

13 Gem. § 3a Abs. 2 Satz 1 ist der VN mit der Mitteilung über die Rechtsschutzablehnung darauf hinzuweisen, dass er, soweit er der Auffassung des VR nicht zustimmt und seinen Anspruch auf Rechtsschutz aufrechterhält, vom VR innerhalb eines Monats die Einleitung eines Schiedsgutachterverfahrens verlangen kann. Die darin enthaltene Monatsfrist ist nach obergerichtlicher Rechtsprechung unwirksam, da § 128 VVG nur ein unbefristetes Schiedsgutachten vorsieht.[64] Nicht zu beanstanden sein soll dagegen § 3a Abs. 2 Satz 2, wonach der VN aufgefordert werden kann, alle nach Auffassung des VR für die Durchführung des Schiedsgutachterverfahrens wesentlichen Mitteilungen und Unterlagen dem VR innerhalb der Monatsfrist zuzusenden.[65]

14 Gem. § 3a Abs. 4[66] ist Schiedsgutachter ein seit mindestens fünf Jahren zur Rechtsanwaltschaft zugelassener Rechtsanwalt, der von dem Präsidenten der für den Wohnsitz des VN zuständigen RAK benannt wird.[67] Der von der RAK benannte Anwalt kann von beiden Seiten ohne Angaben von Gründen abgelehnt werden.[68] In entsprechender Anwendung von § 406 ZPO dürfte ein Sachverständiger auch wegen Besorgnis der Befangenheit von einer Seite abgelehnt werden können.[69] Dem Schiedsgutachter sind vom VR alle ihm vorliegenden Mitteilungen und Unterlagen, die für die Durchführung des Schiedsgutachterverfahrens wesentlich sind, zur Verfügung zu stellen. Er entscheidet im schriftlichen Verfahren und soll innerhalb eines Monats nach Eingang des Antrags eine Entscheidung fällen.[70]

15 Der VR hat die ihm durch das Schiedsgutachterverfahren entstehenden Kosten in jedem Falle selbst zu tragen (§ 3a Abs. 5 Satz 3), wobei der Umfang der Kostentragungspflicht im Einzelnen noch nicht abschließend geklärt ist.[71] Grundsätzlich ist zu unterscheiden: Die Kosten des Schiedsgutachterverfahrens trägt der VR, wenn der Schiedsgutachter feststellt, dass die Leistungsverwei-

---

60 OLG Köln 20.12.2011 – I-9 U 122/11, VersR **2012**, 1428; Prölss/Martin/*Piontek* § 128 Rn. 2; Looschelders/Pohlmann/*Paffenholz* § 128 Rn. 1, 7 f.; Looschelders/*Paffenholz* § 128 Rn. 14 ff.; auch Langheid/Wandt/*Richter* § 128 Rn. 3, 8.

61 S. § 128 Rn. 18.

62 OLG Köln 8.6.2004 – 9 U 129/03, RuS **2005** 285, 286; Prölss/Martin/*Piontek* § 3a Rn. 30; Looschelders/Paffenholz/*Herdter* § 3a Rn. 31.

63 Prölss/Martin/*Piontek* § 3a Rn. 30; Looschelders/Paffenholz/*Herdter* § 3a Rn. 32.

64 OLG Celle 22.9.2022 – 8 U 336/21, VersR **2022** 1365, 1367.

65 OLG Celle 22.9.2022 – 8 U 336/21, VersR **2022** 1365, 1369 f. – fragwürdig.

66 Die Bestimmung ist nicht intransparent: OLG Celle 22.9.2022 – 8 U 336/21, VersR **2022** 1365, 1370 ff.

67 Siehe hierzu Ziff. I 1 ff. der Grundsätze der Bundesrechtsanwaltskammer und des Gesamtverbandes der Deutschen Versicherungswirtschaft e. V. für das Schiedsverfahren nach § 18 der Allgemeinen Bedingungen für die Rechtsschutzversicherung (ARB 94).

68 Ziff. I 6 der Grundsätze der BRAK und des GDV (Fn. 67).

69 Einzelheiten bei Harbauer/*Schmitt* § 3a ARB 2010 Rn. 38 f.

70 Ziff. II 3 der Grundsätze der BRAK und des GDV (Fn. 67).

71 Einzelheiten bei Harbauer/*Schmitt* § 3a ARB 2010 Rn. 35 m.w.N.

gerung des VR ganz oder teilweise unberechtigt war; auch wenn der VN nur teilweise obsiegt, fallen dem VR die gesamten Kosten zur Last (§ 3a Abs. 5 Satz 1). Bei berechtigter Leistungsverweigerung trägt der VN seine Kosten und die des Schiedsgutachters (§ 3a Abs. 5 Satz 2). Über diese Kostenfolgen und die voraussichtliche Höhe der Kosten des Schiedsgutachters hat der Rechtsschutzversicherer den VN in seinem Ablehnungsschreiben gemäß § 3a Abs. 2 Satz 3 zu unterrichten.[72]

IV. Stichentscheidverfahren

1. Grundsatz

16 Sehen die ARB ein Stichentscheidverfahren vor, kann der VN den für ihn tätigen oder noch zu mandatierenden Rechtsanwalt auf Kosten des VR beauftragen, diesem gegenüber eine begründete Stellungnahme abzugeben, ob die Wahrnehmung rechtlicher Interessen in einem angemessenen Verhältnis zum angestrebten Erfolg steht und hinreichende Aussicht auf Erfolg verspricht (§ 3a Abs. 2). Das Verfahren des Stichentscheides wird nach h.M. ebenfalls grundsätzlich den gesetzlichen Vorgaben in § 128 VVG gerecht, sofern der Stichentscheid des Rechtsanwalts den entscheidungserheblichen Streitstoff darstellt, die Rechtslage unter Berücksichtigung der beiderseitig vorgebrachten oder möglichen Argumente aufarbeitet und die Beweissituation würdigt.[73] Das ist zumindest fragwürdig, wenn man sich vergegenwärtigt, dass der Rechtsanwalt in aller Regel vom VN beauftragt wird. Überwiegend wird der Mangel an Objektivität bzw. Unparteilichkeit jedoch für den VN als vorteilhaft und deshalb als mit dem halbzwingenden Charakter von § 128 VVG vereinbar angesehen.[74]

2. Einzelheiten

17 **a) Ablauf.** Gem. § 3a Abs. 3 kann der VR dem VN eine Frist von mindestens einem Monat setzen, binnen der der VN den Rechtsanwalt vollständig und wahrheitsgemäß über die Sachlage zu unterrichten und die Beweismittel anzugeben hat, damit dieser die Stellungnahme gemäß Absatz 2 abgeben kann. Kommt der VN dieser Verpflichtung nicht innerhalb der vom VR gesetzten Frist nach, entfällt der Versicherungsschutz endgültig. Der VR ist verpflichtet, den VN ausdrücklich auf die mit dem Fristablauf verbundene Rechtsfolge hinzuweisen. Auf diese Ausschlussfrist dürfte sich der VR jedoch nur berufen können, wenn den VN an der Fristversäumung kein Verschulden trifft.[75]

18 Die Stellungnahme des Rechtsanwaltes ist eine von der Interessenvertretung losgelöste Beurteilung der Sach- und Rechtslage.[76] Dabei „ist der Rechtsanwalt gehalten, die Grundlagen seiner gutachterlichen Entscheidung und den Weg, auf dem er zu ihr gelangt ist, aufzuzeigen; er hat deshalb grundsätzlich den entscheidungserheblichen Streitstoff darzustellen, anzugeben, inwieweit für bestrittenes Vorbringen Beweis oder Gegenbeweis angetreten werden kann, die sich ergebenden rechtlichen Probleme unter Berücksichtigung von Rechtsprechung und Rechtslehre herauszuarbeiten und das nach seiner Ansicht bestehende (Prozess)Risiko aufzuzeigen, d.h. sich auch mit etwa vorhandenen Argumenten auseinanderzusetzen, die gegen eine Erfolgsaussicht sprechen. Dabei ist es von nachrangiger Bedeutung und weitgehend von den Besonderheiten des

72 Vgl. zur Höhe der Vergütung des Schiedsgutachters Harbauer/*Schmitt* § 3a ARB 2010 Rn. 45 ff.
73 BGH 17.1.1990 – IV ZR 214/88, VersR **1990** 414, 415; OLG Köln 14.11.2000 – 9 U 74/00, RuS **2001** 290, 291; Looschelders/Paffenholz/*Herdter* § 3a Rn. 43.
74 § 128 Rn. 20.
75 Harbauer/*Schmitt* § 3a ARB 2010 Rn. 57.
76 Prölss/Martin/*Piontek* § 3a Rn. 35.

Einzelfalles abhängig, in welche Form der Anwalt seine Stellungnahme kleidet und wie umfänglich er sie gestaltet und dabei auf die vom Rechtsschutzversicherer angemeldeten Bedenken eingeht. Das ist abhängig vom Umfang oder von der Komplexität des Streitstoffes, von dem Stand der vorangegangenen Korrespondenz mit dem Rechtsschutzversicherer und seiner dadurch begründeten Vorkenntnis, ferner von dem Stadium, in dem sich die Interessenwahrnehmung jeweils befindet."[77]

19 **b) Inhalt.** Der Stichentscheid muss folglich den Streitstoff darstellen, auf die Beweissituation eingehen, sich im Rahmen der rechtlichen Würdigung auch mit etwaigen Gegenargumenten auseinandersetzen und erkennen lassen, in welchen Punkten der VN die Ansicht des VR für unrichtig hält.[78] Ob ein anwaltliches Schreiben in der Rechtsschutzversicherung als Stichentscheid aufzufassen ist oder nicht, ist nach dem Empfängerhorizont des VR zu bestimmen.[79] Jedoch kann eine Darstellung des Sachverhalts im Stichentscheid ausnahmsweise entbehrlich sein, wenn dem VR aufgrund der vorangegangenen Korrespondenz der Sachverhalt, auf dessen Grundlage der Kläger den geltend gemachten Anspruch zu verfolgen beabsichtigte, ausreichend bekannt ist.[80] Der Stichentscheid darf sich vielmehr darauf beschränken, auf die Punkte einzugehen, die zwischen VR und VN im Streit sind und auf die der VR seine Ablehnung gestützt hat.[81] Der VR ist daher gehalten, in seiner Ablehnungsentscheidung alle Gründe anzuführen, warum er keinen Rechtsschutz gewähren will. Räumt der vom VN beauftragte Rechtsanwalt diese vom VR ins Feld geführten Ablehnungsgründe aus, ohne dass der Stichentscheid von der Sach- und Rechtslage erheblich abweicht, dann ist er bindend, und der VR muss Rechtsschutz gewähren. Nach obergerichtlicher Judikatur kann er dann keine weiteren Ablehnungsgründe mehr nachschieben.[82]

20 **c) Bindungswirkung.** Der Stichentscheid ist grundsätzlich für beide Parteien bindend, es sei denn, die Stellungnahme weicht offenbar von der wirklichen Sach- und Rechtslage erheblich ab (§ 3a Abs. 2 Satz 2). Die Ausnahme von der Bindungswirkung ist in Anlehnung an § 84 Abs. 1 Satz 1 VVG und § 319 BGB formuliert und entsprechend den dazu entwickelten Grundsätzen zu konkretisieren.[83] Die Abweichung ist erheblich, wenn die Sach- oder Rechtslage gröblich verkannt wurde,[84] und offenbar, wenn sich die Unrichtigkeit einem Sachunkundigen – und sei es auch erst nach gründlicher Prüfung – in aller Deutlichkeit aufdrängt.[85] „Offenbar" ist eine solche Abweichung dann, wenn sie sich dem Sachkundigen, wenn auch erst nach gründlicher Prüfung, mit aller Deutlichkeit aufdrängt. Vertritt ein Rechtsanwalt hingegen von mehreren Rechtsansichten diejenige, die zwar nicht der herrschenden Ansicht entspricht, aber doch nicht ganz abwegig

77 BGH 17.1.1990 – IV ZR 214/88, VersR **1990** 414; s. ferner OLG Naumburg 7.7.2016 – 41 U 7/16, VersR **2017** 882; OLG Düsseldorf 13.9.2005 – I-4 U 164/04, VersR **2006** 649.

78 OLG München 26.6.2019 – 25 U 4144/18, BeckRS **2019** 25335; ähnlich schon BGH 17.1.1990 – 5 U 66/89, VersR **1990** 414; OLG Düsseldorf 28.6.2019 – 4 U 111/17, VersR **2019** 1550, 1554; OLG Hamm 12.5.2021 – I-20 U 36/21, VersR **2021** 1282 Rn. 23.

79 OLG Naumburg 7.7.2016 – 41 U 7/16, VersR **2017** 882.

80 OLG Frankfurt 20.3.2019 – 7 U 8/18, RuS **2019** 328.

81 OLG Düsseldorf 14.7.2016 – I-4 U 40/16, VersR **2018** 92 Rn. 55.

82 OLG Hamm 12.5.2021 – I-20 U 36/21, VersR **2021** 1282 Rn. 24; OLG Hamm 14.10.2011 – I-20 U 92/10, VersR **2012** 563; OLG Düsseldorf 28.6.2019 – I-4 U 111/17, VersR **2019** 1550, 1553; OLG Naumburg 7.7.2016 – 41 U 7/16, VersR **2017** 882.

83 OLG Karlsruhe 20.1.1994 – 12 U 295/93, VersR **1994** 1418; Looschelders/Paffenholz/*Herdter* § 3a Rn. 46 m.w.N.

84 OLG Karlsruhe 20.1.1994 – 12 U 295/93, VersR **1994** 1418; OLG Köln 29.10.2002 – 9 U 124/01, RuS **2003** 151; OLG Düsseldorf 13.9.2005 – I-4 U 164/04, VersR **2006** 649, 650; OLG Hamm 14.10.2011 – I-20 U 92/10, VersR **2012** 563, 564.

85 OLG Karlsruhe 20.1.1994 – 12 U 295/93, VersR **1994** 1418; OLG Karlsruhe 18.1.1996 – 12 U 140/95, RuS **1996** 271, 272; OLG Köln 29.10.2002 – 9 U 124/01, RuS **2003** 151; OLG Düsseldorf 13.9.2005 – I-4 U 164/04, VersR **2006** 649, 650; OLG Hamm 14.10.2011 – I-20 U 92/10, VersR **2012** 563, 564; OLG Karlsruhe 6.12.2016 – 12 U 106/16, VersR **2017** 223, 224; Prölss/Martin/*Piontek* § 3a Rn. 41; Looschelders/Paffenholz/*Herdter* § 3a Rn. 47.

erscheint, dann weicht seine Meinung noch nicht „offenbar“ von der wirklichen Sach- und Rechtslage ab.[86] Eine vertretbare Mindermeinung ist daher unschädlich, wenn keine entgegengesetzte höchstrichterliche Rechtsprechung besteht, die Ausdruck einhelliger anderer Auffassung ist.[87] Hat sich aber zu einer diskussionswürdigen Frage generell noch keine herrschende Meinung gebildet, besteht im Regelfall eine hinreichende Erfolgsaussicht, so dass eine offenbare Abweichung von der wirklichen Rechtslage von vornherein ausscheidet.[88] Darlegungs- und beweispflichtig ist der VR als derjenige, der sich auf die offenbare Unrichtigkeit des Stichentscheides beruft.[89] Der Stichentscheid ist darüber hinaus dann nicht bindend, wenn er erfolgreich wegen Willensmangels angefochten worden ist (§§ 318 analog, 142 f., 119 ff. BGB).

d) Kosten. Die Kosten für die Erstellung des Stichentscheids in Höhe einer Geschäftsgebühr 21
(Nr. 2300 RVG-VV) trägt unabhängig vom Ausgang des Stichentscheidverfahrens der VR (§ 3a Abs. 2 Satz 1).[90] Da sich der Gebührenanspruch des Rechtsanwalts gegen den VN richtet, hat letzter in der Regel einen Befreiungsanspruch gegen den VR.[91]

V. ARB 2012/2021

Die ARB 2012/2021 sehen hinsichtlich des Ausschlusses des Rechtsschutzes aufgrund mangelnder 22
Erfolgsaussichten oder Mutwilligkeit sowie in Bezug auf das Schiedsgutachterverfahren bzw. das Stichentscheidverfahren keine inhaltlichen Änderungen vor (Ziff. 3.4 ARB 2012/2021). Ziff. 3.4.2 ARB 2012 bestimmt dabei, dass die Einleitung des Schiedsgutachterverfahrens nur innerhalb eines Monats verlangt werden kann und der VN alle nach Auffassung des VR für die Durchführung des Schiedsgutachterverfahrens wesentlichen Mitteilungen und Unterlagen innerhalb eines weiteren Monats an den VR senden muss. Auch beim Stichentscheidverfahren ist eine vergleichbare Frist vorgesehen: Frist von einem Monat für die Stellungnahme. Mit Blick auf § 128 VVG, der keine derartigen Beschränkungen vorsieht, dürften beide Fristen unwirksam sein, weil sie den VN nicht unerheblich benachteiligen.[92] Dementsprechend sieht Ziff. 3.4 ARB 2021 keine Ausschlussfristen vor. Sowohl hinsichtlich der Einleitung des Stichentscheid- bzw. Schiedsgutachterverfahrens als auch hinsichtlich der Vorlage der Beweismittel ist die Monatsfrist ersatzlos entfallen.

---

86 OLG Düsseldorf 14.7.2016 – I-4 U 40/16, VersR **2018** 92 Rn. 44.

87 BGH 20.4.1994 – IV ZR 209/92, VersR **1994** 1061, 1062; OLG Frankfurt 9.7.1997 – 7 U 210/96, VersR **1998** 357, 358; OLG Hamm 14.10.2011 – I-20 U 92/10, VersR **2012** 563, 564; s. jedoch auch die strengeren Vorgaben in OLG Koblenz 7.12.2021 – 10 U 1085/21, RuS **2022** 150.

88 OLG München 26.6.2019 – 25 U 4144/18, BeckRS **2019** 25335; Prölss/Martin/*Piontek* § 3a Rn. 43.

89 BGH 17.1.1990 – IV ZR 214/88, NJW-RR **1990** 922; OLG Düsseldorf 13.5.2005 – 4 U 164/04, VersR **2006** 649; OLG Köln 29.10.2002 – 9 U 124/01, NJW-RR **2003** 392.

90 Einzelheiten zu den Gebührensätzen bei Harbauer/*Schmitt* § 3a ARB 2010 Rn. 50 m.w.N.

91 BGH 12.12.2018 – IV ZR 216/17, VersR **2019** 874.

92 S.o. sub 13.

§ 4 ARB

ARB 2010	ARB 2012	ARB 2021	
§ 4 Voraussetzung für den Anspruch auf Rechtsschutz (1) Anspruch auf Rechtsschutz besteht nach Eintritt eines Rechtsschutzfalles	**2.4 Voraussetzungen für den Anspruch auf Versicherungsschutz** Sie haben Anspruch auf Versicherungsschutz, wenn ein Versicherungsfall eingetreten ist.	**2.4 Voraussetzungen für den Anspruch auf Versicherungsschutz** *Identisch mit 2.4 ARB 2012*	**A**
a) im Schadenersatz-Rechtsschutz gemäß § 2 a) von dem ersten Ereignis an, durch das der Schaden verursacht wurde oder verursacht worden sein soll;	**Der Versicherungsfall** ist: 2.4.2 Im Schadenersatz-Rechtsschutz das erste Ereignis, bei dem der Schaden eingetreten ist oder eingetreten sein soll.	*Identisch mit 2.4.2 ARB 2012*	**P U Ver L Vk F**
b) im Beratungs-Rechtsschutz für Familien-, Lebenspartnerschafts- und Erbrecht gemäß § 2 k) von dem Ereignis an, das die Änderung der Rechtslage des Versicherungsnehmers oder einer mitversicherten Person zur Folge hat;	2.4.1 Im Beratungs-Rechtsschutz für Familien-, Lebenspartnerschafts- und Erbrecht (siehe 2.2.11) das Ereignis, das zur Änderung Ihrer Rechtslage oder der Rechtslage einer mitversicherten Person geführt hat.	*Identisch mit 2.4.1 ARB 2012*	**P L**
c) in allen anderen Fällen von dem Zeitpunkt an, in dem der Versicherungsnehmer oder ein anderer einen Verstoß gegen Rechtspflichten oder Rechtsvorschriften begangen hat oder begangen haben soll.	2.4.3 Soweit keine andere Regelung besteht, der Zeitpunkt, zu dem Sie oder ein anderer (zum Beispiel der Gegner oder ein Dritter) gegen Rechtspflichten oder Rechtsvorschriften verstoßen hat oder verstoßen haben soll.	*Identisch mit 2.4.3 ARB 2012*	**A**
Die Voraussetzungen nach a) bis c) müssen nach Beginn des Versicherungsschutzes gemäß § 7 und vor dessen Beendigung eingetreten sein.	Diesen Anspruch haben Sie aber nur, wenn der Versicherungsfall nach Beginn des Versicherungsschutzes und vor dessen Ende eingetreten ist. **Ausnahme**: Endet Ihr Versicherungsvertrag durch Berufsaufgabe oder Tod, besteht für Sie oder Ihre Erben Versicherungsschutz auch für Versicherungsfälle, die • innerhalb eines Jahres nach der Beendigung des Versicherungsvertrags eintreten und • im Zusammenhang mit Ihrer im Versicherungsschein genannten Tätigkeit stehen.		**A**

https://doi.org/10.1515/9783110522709-012

ARB 2010	ARB 2012	ARB 2021	
Für die Leistungsarten nach § 2 b) bis g) besteht Versicherungsschutz jedoch erst nach Ablauf von drei Monaten nach Versicherungsbeginn (Wartezeit), soweit es sich nicht um die Wahrnehmung rechtlicher Interessen aufgrund eines Kauf- oder Leasingvertrages über ein fabrikneues Kraftfahrzeug handelt.	**3.1 Zeitliche Ausschlüsse** In folgenden Fällen haben Sie keinen Versicherungsschutz: 3.1.1 Der Versicherungsfall ist **innerhalb von drei Monaten nach Versicherungsbeginn** eingetreten (Das ist die sogenannte Wartezeit. Während der Wartezeit besteht kein Versicherungsschutz).	*Identisch mit 3.1. ARB 2012*	**A**
	Ausnahme: Auch in den ersten drei Monaten haben Sie Versicherungsschutz		**A**
	• im Schadenersatz-Rechtsschutz (2.2.1),		**P U Ver L Vk F**
	• im Disziplinar- und Standes-Rechtsschutz (2.2.8),		**U Ver L B**
	• im Straf-Rechtsschutz (2.2.9),		**P U Ver L Vk F**
	• im Ordnungswidrigkeiten-Rechtsschutz (2.2.10),		**P U Ver L Vk F**
	• bei Streitigkeiten aus Kauf- und Leasingverträgen über ein fabrikneues Kraftfahrzeug,		**L Vk F**
	• im Beratungs-Rechtsschutz im Familien- und Erbrecht (2.2.11),		**P L**
	• im Opfer-Rechtsschutz (2.2.12).		**P U Ver L**
(2) Erstreckt sich der Rechtsschutzfall über einen Zeitraum, ist dessen Beginn maßgeblich. Sind für die Wahrnehmung rechtlicher Interessen mehrere Rechtsschutzfälle ursächlich, ist der erste entscheidend, wobei jedoch jeder Rechtsschutzfall außer Betracht bleibt, der länger als ein Jahr vor Beginn des Versicherungsschutzes für den betroffenen Gegenstand der Versicherung eingetreten oder, soweit sich der Rechtsschutzfall über einen Zeitraum erstreckt, beendet ist.	2.4.4 Wenn sich Ihr Versicherungsfall über einen Zeitraum erstreckt, ist dessen Beginn maßgeblich.	2.4.4 Wenn sich Ihr Versicherungsfall über einen Zeitraum erstreckt, ist dessen Beginn maßgeblich.	**A**

ARB 2010	ARB 2012	ARB 2021	
	2.4.5 Sind mehrere Versicherungsfälle für Ihren Anspruch auf Versicherungsschutz ursächlich, ist der erste entscheidend. Wenn dieser erste Versicherungsfall innerhalb der Vertragslaufzeit eintritt, erhalten Sie Versicherungsschutz. Wenn dieser erste Versicherungsfall vor Vertragsbeginn eingetreten ist, haben Sie keinen Anspruch auf Versicherungsschutz.	2.4.5 Sind mehrere Versicherungsfälle für Ihren Anspruch auf Versicherungsschutz ursächlich, ist der erste entscheidend. Wenn dieser erste Versicherungsfall innerhalb der Vertragslaufzeit eintritt, erhalten Sie Versicherungsschutz. Wenn dieser erste Versicherungsfall vor Vertragsbeginn eingetreten ist, haben Sie keinen Anspruch auf Versicherungsschutz.	A
		Optional: Zu Ihren Gunsten bleiben Versicherungsfälle unberücksichtigt, die länger als ein Jahr vor Beginn des Versicherungsschutzes eingetreten sind.	
(3) Es besteht kein Rechtsschutz, wenn a) eine Willenserklärung oder Rechtshandlung, die vor Beginn des Versicherungsschutzes vorgenommen wurde, den Verstoß nach Absatz 1 c) ausgelöst hat;	3.1.2. Eine Willenserklärung oder Rechtshandlung, die Sie vor Beginn des Versicherungsschutzes vorgenommen haben, löst den Versicherungsfall aus. („Willenserklärung" oder „Rechtshandlung": das sind zum Beispiel ein Antrag auf Fahrerlaubnis oder eine Mahnung.)	3.1.2 Der Versicherungsfall liegt zwar nach Beginn des Versicherungsschutzes. Diesem ging jedoch voraus, dass Sie vor Versicherungsbeginn • Einen Antrag bei einer Behörde gestellt haben (Beispiel: Bestimmung des Grades einer Behinderung, Unfallanzeige bei einer Berufsgenossenschaft, Wiedererteilung der Fahrerlaubnis). • Einen Antrag auf Leistung aus einem anderen Versicherungsvertrag gestellt haben (Beispiel: Anspruch auf Berufsunfähigkeitsrente oder Unfall-Invaliditätsleistung) • **Optional**: ein Kündigungsrecht ausgeübt haben und der Versicherungsfall hängt mit der Beendigung des gekündigten Vertrages zusammen (Beispiel: Sie haben einen Mietvertrag gekündigt und nach Versicherungsbeginn gibt es Streit um die Kaution oder Schönheits-reparaturen) • **Optional**: Zu Ihren Gunsten bleiben Anträge [und Kündigungen]	A

ARB 2010	ARB 2012	ARB 2021	
		unberücksichtigt, die länger als ein Jahr vor Beginn des Versicherungsschutzes gestellt [oder ausgeübt] wurden.	
b) der Anspruch auf Rechtsschutz erstmals später als drei Jahre nach Beendigung des Versicherungsschutzes für den betroffenen Gegenstand der Versicherung geltend gemacht wird.	3.1.3. Sie melden uns einen Versicherungsfall, sind aber zu diesem Zeitpunkt länger als drei Jahre für den betroffenen Bereich nicht mehr bei uns versichert.	*Identisch mit 3.1.3 ARB 2012*	**A**
(4) Im Steuer- Rechtsschutz vor Gerichten (§ 2 e) besteht kein Rechtsschutz, wenn die tatsächlichen oder behaupteten Voraussetzungen für die der Angelegenheit zugrunde liegende Steuer- oder Abgabefestsetzung vor dem im Versicherungsschein bezeichneten Versicherungsbeginn eingetreten sind oder eingetreten sein sollen.	3.1.4. Im Steuer-Rechtsschutz vor Gerichten (siehe *2.2.5*) liegen die tatsächlichen oder behaupteten Voraussetzungen für die Festsetzung Ihrer Abgaben (zum Beispiel: Steuern, Gebühren) vor Vertragsbeginn.	*Identisch mit 3.1.4 ARB 2012*	**P L Vk Fr W**

Schrifttum

Bauer Der Steuer-Rechtsschutz im Rahmen der Rechtsschutzversicherung, DStR **2005** 1665; *v. Bühren* Claims-made-Prinzip in der Rechtsschutzversicherung? ZfS **2016** 310; *Cornelius-Winkler* Kausalität und Rechtsschutzfall, VersR **2015** 1476; *ders.* Der Versicherungsfall im Vertragsrechtsschutz, NJW **2013** 3060; *ders.* Der Rechtsschutzfall bei verhaltensbedingten Kündigungen, FA **2017** 262; *ders./Ennemann* Rechtsschutzversicherung und Gebühren im Arbeitsrecht (2008); *Enders* Die Eintrittspflicht des Rechtsschutzversicherers nach ARB 94 für eine Beratung in einer Familiensache bei teilweiser Identität des Beratungsgegenstandes und der sonstigen anwaltlichen Tätigkeit, FuR **2001** 56; *Felsch* Die Rechtsprechung des Bundesgerichtshofs zum Versicherungsrecht – Allgemeines Versicherungsvertragsrecht und Rechtsschutzversicherung, RuS **2016** 321; *Heither* Der Rechtsschutzfall im Arbeitsrecht bei verhaltensbedingten Kündigungen, NJW **2017** 693; *Klimke* Vertragliche Ausschlussfristen für die Geltendmachung des Versicherungsanspruchs nach der VVG Reform – Entschuldigungsmöglichkeit, Hinweispflicht und Transparenz, VersR **2010** 290; *Küttner* Rechtsschutzversicherung und Arbeitsrecht, NZA **1996** 453; *Maier* Neue Bedingungen in der Rechtsschutzversicherung (ARB 2012), RuS **2013** 105; *ders.* Die neue Rechtsprechung des BGH zum Eintritt des VersFalls in der Rechtsschutzvers., RuS **2015** 489; *ders.* Der Versicherungsfall in der Rechtschutzversicherung zur inhaltlichen Angemessenheit und Verständlichkeit von § 4 ARB 2000, Festschrift Wälder (2009) 37; *Schaltke* BGH-Leitsätze zum Rechtsschutzfall und ihre Auswirkungen auf die Praxis, VersR **2016** 573; *ders./Weidner* Der verstoßabhängige Rechtsschutzfall oder: Wer will was von wem woraus? RuS **2016** 225; *Schirmer* Der Versicherungsfall – insbesondere in der Rechtsschutzversicherung – (Teil II), RuS **2003** 265; *Wendt* Vertiefung der neueren Rechtsprechung des Bundesgerichtshofs zur Rechtsschutzversicherung, RuS **2008** 221; *ders.* Der Rechtsschutzfall mit seinen vor- und nachvertraglichen Ausdehnungen, MDR **2008** 717; *ders.* Die Rechtsprechung des BGH zum Versicherungsrecht – Rechtsschutzversicherung, RuS **2010** 221; *ders.* Die Rechtsprechung des IV. Zivilsenats des Bundesgerichtshofs zur Rechtsschutzversicherung, RuS **2014** 328; *ders.* Aktuelle Rück- und Ausblicke zur Versicherungsrechtsprechung des IV. Zivilsenats des Bundesgerichtshofs, RuS **2014** 585.

Übersicht

A. Allgemeines

I. Funktion und Bedeutung

1. Funktion

Die Funktion der Bestimmung ist teilweise unklar und umstritten. Auf der Grundlage der herrschenden Theorie von der bedingten (Geld-) Leistungspflicht des VR lässt die Überschrift der Klausel prima vista vermuten, es handele sich um die Bestimmung des Versicherungsfalls in Gestalt des Rechtsschutzfalls. In § 4 Abs. 1 Satz 1 heißt es dann aber, der „Anspruch auf Rechtsschutz“ bestehe „nach Eintritt des Rechtsschutzfalls“, was die nachfolgenden Spezifikationen als zusätzliche Bedingungen mit unklarer rechtlicher Einordnung erscheinen lässt. In der Literatur begegnen im Wesentlichen drei unterschiedliche Grundansätze zu Erfassung der Funktion von § 4. Nach einer Ansicht handelt es sich schlicht um eine Definition des Rechtsschutzfalls, an den die Leistungspflicht des VR und andere Tatbestände anknüpfen.[1] Die in Abs. 1 Satz 1 lit. a–c genannten Umstände müssen nach dieser Auffassung nicht zu einem anderweitig bestimmten Rechtsschutzfall hinzutreten, sondern bilden selbst den Rechtsschutzfall.[2] Teilweise wird – unter Einbeziehung von § 4 Abs. 1 Satz 2 und 3 sowie Abs. 2 bis 4 der Vorschrift – auch vertreten, die Regelung habe eine Doppelfunktion: sie definiere einerseits den Versicherungsfall und lege andererseits die zeitlichen Grenzen des Versicherungsschutzes fest.[3] Ein dritter Erklärungsansatz erblickt in der Bestimmung eine – nicht abschließende – differenzierende Präzisierung des Versicherungsfalls.[4] 1

Richtig ist, dass die Bestimmung der Konkretisierung der Voraussetzungen für die Einstandspflicht des Rechtsschutzversicherers dient. Es handelt sich um eine Präzisierung der Bedingung für die Leistungspflicht des VR, also um eine weitere vertragliche Bestimmung zur Definition des Versicherungsfalles in der Rechtsschutzversicherung – des Rechtsschutzfalles.[5] Weder wird der Rechtsschutzfall in § 4 abschließend definiert noch stellt die Regelung zusätzliche Voraussetzungen für die Leistungspflicht des Rechtsschutzversicherers auf, die isoliert neben den Rechtsschutzfall treten. Eine derartige Gestaltung wäre mit dem gesetzlichen Leitbild des Rechtsschutzversicherungsvertrages kaum vereinbar, weil die Leistungspflicht durch den Rechtsschutzfall bedingt ist und durch nichts sonst.[6] Vielmehr enthält die Regelung – entgegen ihrem missverständlichen Wortlaut – weitere Elemente, die im Zusammenwirken vor allem mit den Bestimmungen in § 2 und § 3 den Versicherungsfall definieren.[7] Das gilt in sachlicher und zeitlicher Hinsicht. Dabei muss man sich im Ausgangspunkt immer klarmachen, dass es einen Versicherungsfall außerhalb der materiellen Versicherungsdauer logischerweise nicht gibt, weil die Bedingung für die Leistungspflicht des VR nicht voll erfüllt ist.[8] Der Versicherungsfall lässt sich nicht von den zeitlichen Grenzen des Versicherungsschutzes isoliert betrachten. Vielmehr setzt der Versicherungsfall logisch stets den Eintritt bestimmter Umstände während der materiellen Versicherungsdauer voraus. Die Formulierung von § 4 wird diesen Gegebenheiten letztlich nur sehr unvollkommen gerecht.[9] 2

1 Prölss/Martin/*Piontek* § 4 Rn. 1 f.; van Bühren/*Plote* § 4 ARB 2010 Rn. 1.
2 Prölss/Martin/*Piontek* § 4 Rn. 2.
3 *Looschelders/Paffenholz* § 4 Rn. 1.
4 Tendenziell in diese Richtung Harbauer/*Cornelius-Winkler* § 4 ARB 2010 Rn. 1, 3.
5 S. ausführlich § 125 VVG Rn. 9 ff.
6 § 125 VVG Rn. 9 ff.
7 Hierzu § 2 Rn. 1 und § 3 Rn. 1 ff.
8 *Wandt* Versicherungsrecht Rn. 462; *Bruns* Privatversicherungsrecht § 19 Rn. 2.
9 Zur Inhalts- und Transparenzkontrolle Rn. 12.

2. Bedeutung

3 Die praktische Bedeutung der Bestimmungen zum Versicherungsfall in § 4 ist hoch. Die Weite des Begriffs der Wahrnehmung rechtlicher Interessen, der die Essenz der Grunddefinition des Rechtsschutzfalles ausmacht,[10] birgt unter anderem auch die Gefahr des missbräuchlichen Vorgehens des Rechtsuchenden. Wenn man davon ausginge, dass erst die Vornahme irgendwie gearteter rechtlicher Schritte – sei es außergerichtlicher oder prozessualer – den Rechtsschutzfall begründete, bestünde für den Rechtsuchenden die Möglichkeit, eine Rechtsschutzversicherung erst abzuschließen, nachdem eine rechtliche Konfrontation bereits begonnen hat, sich anbahnt oder die Wahrscheinlichkeit ihrer künftigen Entstehung sich konkret sichtbar abzeichnet. Der VN könnte in solchen Fällen unter Umständen geneigt sein, mit dem Abschluss eines Versicherungsvertrags zuzuwarten, bis die Interessenwahrnehmung beginnt, um dadurch zunächst Prämien zu sparen, und sich dann gewissermaßen ad hoc Versicherungsdeckung zu verschaffen, wenn es „ernst" wird. Die Gefahr derartiger sogenannter Zweckabschlüsse sucht die Klausel durch eine Vorverlagerung des maßgeblichen Zeitpunkts anhand objektiver Umstände – im Prinzip legitim – zu reduzieren oder möglichst ganz auszuschließen.[11] Streitigkeiten über die Auslegung und Anwendung der Vorschriften sind naturgemäß keine Seltenheit. Angesichts der Unzulänglichkeiten der Formulierung ist die Klausel insbesondere unter dem Gesichtspunkt der Transparenz teilweise fragwürdig (§ 307 Abs. 1 Satz 2 BGB).

II. Rechtsnatur

4 Die Vorschrift ist entsprechend ihrer Funktion als Bestimmung zum Rechtsschutzfall zu qualifizieren.[12] Sie definiert im Zusammenwirken mit den Regelungen über die Leistungsarten und Ausschlüsse die Voraussetzungen für die Leistungspflicht des Rechtsschutzversicherers in sachlicher und zeitlicher Hinsicht.

III. Systematik

5 Die Regelung enthält Bestimmungen zur Präzisierung des Rechtsschutzfalles in sachlicher Hinsicht, wobei teilweise Differenzierungen nach Leistungsarten vorgenommen sind (§ 4 Abs. 1 Satz 1). Hinzu kommen Vorschriften über den Zeitraum der materiellen Versicherungsdauer (§ 4 Abs. 1 Satz 2, Abs. 2–4). Terminologie und Regelungsstruktur in § 4 lassen teilweise zu wünschen übrig. Man muss sich aber angesichts der Komplexität des Regelungsgegenstandes immer darüber im Klaren sein, dass Defizite leichter zu kritisieren sind als durch überlegene Klauselgestaltung zu beheben.

IV. Beweislast

6 Weil es sich um Bestimmungen zum Rechtsschutzfall handelt, obliegt der Beweis im Streitfall allgemeinen Grundsätzen folgend nach h.M. dem VN.[13] Das gilt insbesondere auch für die Frage, ob der sachlich in der Deckung liegende Umstand in die materielle Versicherungsdauer fällt. Zwar beansprucht die Zuordnung einer Bedingung zum Rechtsschutzfall unabhängig davon Geltung, ob die jeweilige Bestimmung positiv oder – im Sinne eines Ausschlusses – negativ formuliert ist. Einer negativen Formulierung kommt jedoch im Regelfall die Bedeutung einer – grundsätzlich

10 S. § 125 VVG Rn. 9 ff., Vor §§ 125–129 VVG Rn. 5 ff.

11 Harbauer/*Cornelius-Winkler* § 4 ARB 2010 Rn. 6.

12 S. Rn. 1 f.

13 Z.B. OLG Celle 15.4.1993 – 8 U 117/92, RuS **1993** 303, 304; OLG Saarbrücken 19.11.1992 – 5 W 96/92, VersR **1993** 876, 877; Prölss/Martin/*Piontek* § 4 Rn. 141; *Looschelders/Paffenholz* § 4 Rn. 124; s.a. § 3 Rn. 9 m.w.N.

wirksam möglichen – vertraglichen Beweislastumkehr zugunsten des VN bzw. zulasten des Rechtsschutzversicherers zu.[14] Die Voraussetzungen einer tertiären Risikobeschreibung, durch die ein Ausschluss ausgeräumt wird, hat wiederum der VN zu beweisen.[15]

B. Voraussetzungen des Rechtsschutzes in den einzelnen Leistungsarten

I. Schadensersatz-Rechtsschutz

1. Überblick

Die Regelung in § 4 Abs. 1 Satz 1 differenziert bei den Voraussetzungen für den Rechtsschutzfall 7 zwischen dem Schadensersatz-Rechtsschutz gemäß § 2 lit. a (§ 4 Abs. 1 Satz 1 lit. a), dem Beratungs-Rechtschutz im Familien-, Lebenspartnerschafts- und Erbrecht gemäß § 2 lit. K (§ 4 Abs. 1 Satz 1 lit. b) und allen anderen Leistungsarten (§ 4 Abs. 1 Satz 1 lit. c). Im Schadensersatz-Rechtsschutz besteht Deckung für die Geltendmachung von Schadensersatzansprüchen, soweit diese nicht auch auf einer Vertragsverletzung oder einer Verletzung des dinglichen Rechtes an Grundstücken, Gebäuden oder Gebäudeteilen beruhen (§ 2 lit. a).[16] Es geht mithin um die Geltendmachung von Ansprüchen gegen Dritte. Der Schadensersatz-Rechtsschutz soll nach dem Wortlaut der Klausel bestehen „von dem ersten Ereignis an, durch das der Schaden verursacht wurde oder verursacht worden sein soll" (§ 4 Abs. 1 lit. a).

2. Erstes kausales Schadensereignis

a) Problemstellung. Die Präzisierung des Rechtsschutzfalles beim Schadensersatz-Rechtsschutz 8 knüpft wie dargelegt an das erste Ereignis an, durch das der Schaden verursacht wurde oder verursacht worden sein soll. Bei der Auslegung ist der Schadensbegriff zugrunde zu legen, wie er im Schadensersatz-Rechtsschutz gilt.[17] Wenn die h.M. davon ausgeht, die Klausel folge mit der gewählten Anknüpfung der sogenannten Kausalereignis*theorie*,[18] ist das freilich zumindest leicht missverständlich. Denn die Anknüpfung an das erste Kausalereignis ist Inhalt der Klausel selbst, einer besonderen Theorienbildung bedarf es dazu nicht, zumal der Rechtsschutzfall nach ganz h.M. nicht gesetzlich definiert ist, sodass es keiner Theorie zur Erfassung des Regelungsgehalts einer gesetzlichen Norm bedarf. Einigkeit besteht darin, dass die Formulierung der Klausel viel zu weit geht, weil praktisch jeder Schaden in einer nahezu unendlichen Kausalkette begründet liegt. Dadurch könnte der Beginn des Versicherungsfalls zum Nachteil des VN trotz des geltenden Adäquanzerfordernisses derart weit in die Vergangenheit zurückverlegt werden, dass es kaum noch Fälle gibt, in denen der Versicherungsfall nach Vertragsabschluss eintreten könnte.[19] Wenn man sich vergegenwärtigt, dass der Versicherungsfall aufschiebende Bedingung im Sinne von § 158 Abs. 1 BGB, also ein bestimmtes Ereignis, dann wird deutlich, dass die vertragliche Bestimmung des Rechtsschutzfalles schon aus diesem Grund gewissen Mindestanforderungen an die Bestimmtheit entsprechen muss.[20] Selbst wenn man davon ausgeht, dass jedes Ereignis eine gewis-

14 Zum Ganzen § 3 Rn. 9 f.

15 Beispielsfall BGH 15.11.1991 – IV ZR 198/91VersR **1992** 819, 820 (zu § 4 Abs. 2 ARB 75).

16 Hierzu § 2 Rn. 3 ff.

17 Näher § 2 Rn. 3 ff.

18 Z.B. OLG Düsseldorf 10.7.2000 – 4 W 10/00, VersR **2002** 228; OLG Hamm 30.6.2004 – 20 W 23/04, VersR **2005** 71; *Schirmer* RuS **2003** 265, 266 f.; *Looschelders/Paffenholz* § 4 Rn. 12; van Bühren/*Plote* § 4 Rn. 4.

19 BGH 25.9.2002 – IV ZR 248/01 VersR **2002** 1503, 1504; BGH 30.4.2014 – IV ZR 47/13, VersR **2014** 742 Rn. 16; OLG Karlsruhe 15.1.2013 – 12 U 155/12, VersR **2013** 579, 581; *Looschelders/Paffenholz* § 4 Rn. 13.

20 S. bereits § 125 VVG Rn. 11 f.

se zeitliche Ausdehnung hat, ist der VR mithin bereits aus Gründen der Bestimmtheit gehalten, das Ereignis, von dessen Eintritt seine Leistungspflicht abhängt, möglichst genau zu bestimmen. Dem entspricht bei Ereignissen von einer gewissen Dauer die Anknüpfung an deren Beginn, der dann als Versicherungsfall hinreichend klar definiert ist (§ 4 Abs. 2 Satz 1).

9 **b) Einschränkende Auslegung der Bestimmung.** Der BGH sucht das Problem einer unangemessenen Rückverlagerung des Versicherungsfalls in die Vergangenheit durch einschränkende Auslegung der Klausel nach Maßgabe des Verständnishorizontes eines durchschnittlichen VN zu lösen.[21] Als Ereignis im Sinne der Klausel kommen danach nur solche Ursachen in Betracht, die von dem in Anspruch genommenen Haftpflichtigen zurechenbar gesetzt worden sind und den Eintritt des Schadens hinreichend wahrscheinlich gemacht haben.[22] Diese Grundformel wird von manchen Autoren dahin präzisiert, dass es auf den ersten Umstand ankomme, an den der in Frage stehende Haftungstatbestand objektiv anknüpfe.[23] Darüber hinaus wird in der obergerichtlichen Judikatur und in der Literatur ein Bezug des Ereignisses zu der Person des VN als Geschädigten gefordert.[24] Maßgeblich ist nach h.M. nicht, ob ein derartiges Ereignis tatsächlich vorliegt, sondern aufgrund der Darlegungen des VN von einem solchen Ereignis auszugehen ist.[25] Spätere Änderungen des Vortrags sollen nach teilweise vertretener Ansicht am Vorliegen des Rechtsschutzfalls nichts mehr ändern.[26]

10 Richtigerweise ist im Grundsatz davon auszugehen, dass nicht der Vortrag den Versicherungsfall bestimmt, sondern die wahre Sachlage: Entweder es liegt ein Rechtsschutzfall vor mit der Folge, dass Rechtsschutz zu gewähren ist, oder es liegt kein Rechtsschutzfall vor, und der VR schuldet nichts. Dass es letzte Gewissheit über die wahre Sachlage – insbesondere zu Beginn einer rechtlichen Kontroverse, unter Umständen aber auch noch nach Abschluss von Gerichtsverfahren – in aller Regel nicht gibt und nicht geben kann, ist der Wahrnehmung rechtlicher Interessen immanent. Der Streit über Bestand und Reichweite von Rechten und Pflichten des VN im Verhältnis zu Dritten wie auch zum Rechtsschutzversicherer liegt im Wesen der Rechtsschutzversicherung. In der Frühphase des Rechtsstreits gibt es für den VR im Regelfall praktisch keine andere Beurteilungsgrundlage als das Vorbringen des VN. Wenn der VR auf dieser Grundlage zu Unrecht davon ausgeht, der Versicherungsfall liege nicht außerhalb, sondern innerhalb der materiellen Versicherungsdauer, und dementsprechend eine Deckungszusage in Gestalt eines deklaratorischen Schuldanerkenntnisses erteilt (§ 17 Abs. 2 Satz 1), ist er an die erteilte Zusage allerdings nach Maßgabe allgemeiner Grundsätze gebunden.[27] Im Übrigen kann sich im Instanzenzug die Frage nach den Erfolgsaussichten weiterer Schritte prozessualer Rechtswahrnehmung mit Nachdruck stellen, wenn der VN in erster oder zweiter Instanz unterliegt (§ 3a Abs. 1 Satz 1 lit. a).

11 **c) Kasuistik.** Bei der Geltendmachung von Schadensersatz wegen geschäftsschädigender Berichterstattung tritt der Versicherungsfall nach der Rechtsprechung des BGH nicht schon ein mit den Vorgängen, die Gegenstand des Berichts sind, sondern erst mit der Veröffentlichung der Vorwürfe

---

21 BGH 25.9.2002 – IV ZR 248/01, VersR **2002** 1503 (zu § 4 Abs. 1 lit. a ARB 94).

22 BGH 25.9.2002 – IV ZR 248/01, VersR **2002** 1503; BGH v. 19.3.2003 – IV ZR 139/01, VersR **2003** 638.

23 Prölss/Martin/*Piontek* § 4 Rn. 7.

24 OLG Karlsruhe 15.1.2013 – 12 U 155/12, VersR **2013** 579, 581; *Looschelders/Paffenholz* § 4 Rn. 17; Prölss/Martin/*Piontek* § 4 Rn. 8.

25 Beckmann/Matusche-Beckmann/*Obarowski* § 37 Rn. 347; *Looschelders/Paffenholz* § 4 Rn. 18; Prölss/Martin/*Piontek* § 4 Rn. 15 ff.

26 OLG Hamm 19.1.1979 – 20 U 184/78, VersR **1980** 669, 670 f.; OLG Köln 17.5.1990 – 5 U 233/89, RuS **1990** 276, 277; *Looschelders/Paffenholz* § 4 Rn. 18.

27 S. § 17 Rn. 15 ff.

durch das Medium.[28] Im Falle der Verfolgung von Schadensersatz für Gesundheitsschäden in Folge langjährigen Rauchens erblickt der BGH den Versicherungsfall im behaupteten pflichtwidrigen Unterlassen von Warnhinweisen auf die suchterregende Wirkung des Rauchens und stellt nicht etwa auf den Beginn des Rauchens oder den Eintritt einer Nikotinabhängigkeit ab.[29] Bei der Geltendmachung von Arzthaftungsansprüchen ist maßgebliches Ereignis der ärztliche Behandlungsfehler und nicht der daraus resultierende Körperschaden.[30] Geht es um die Geltendmachung von Ansprüchen aus Notarhaftung (§ 19 Abs. 1 BnotO), tritt der Versicherungsfall mit der Amtspflichtverletzung ein und nicht mit der Entstehung des Schadens beim VN.[31] Bei der Verfolgung von Schadensersatzansprüchen wegen Erstellung falscher Testate über die Tragfähigkeit eines Beteiligungsmodells kommt es auf den Abschluss des Beteiligungsvertrages an, weil erst in diesem Moment ein hinreichender Bezug zur Person des VN entsteht.[32] Macht der Verkäufer eines Grundstücks gegenüber dem Käufer die Berichtigung des Grundbuchs geltend mit der Begründung, er sei bei Abschluss des Kaufvertrages geschäftsunfähig gewesen, ist der Rechtsschutzfall mit dem Abschluss des Grundstückskaufvertrages, spätestens mit dessen Vollzug eingetreten. Ein Rechtsverstoß des Käufers liegt in diesem Fall bereits darin begründet, dass seine Mitwirkung an Abschluss bzw. Vollzug des Grundstückskaufvertrages nicht mit § 105 BGB in Einklang steht.[33] In der Rechtsschutzversicherung stellt die Geltendmachung eines Direktanspruchs des Geschädigten nach Insolvenz des Schädigers gegen dessen VermögensschadenhaftpflichtVR (§ 115 Abs. 2 VVG) einen eigenständigen Rechtsschutzfall i.S.d. lit. c dar. Der Rechtsschutzfall ist daher mit einer gegenüber dem Geschädigten erklärten Zurückweisung des geltend gemachten Direktanspruchs durch den VermögensschadenhaftpflichtVR eingetreten.[34] Im Falle einer schriftlichen Deckungsablehnung des VermögensschadenhaftpflichtVR ist für den Eintritt des Rechtsschutzfalls auf den Zugang der Deckungsablehnung abzustellen, so dass bei Beendigung der Rechtsschutzversicherung in diesem Zeitpunkt kein Versicherungsschutz besteht.[35]

d) Würdigung. Die Regelung des Rechtsschutzfalles im Schadensersatz-Rechtsschutz wirkt insgesamt wenig geglückt. Entgegen dem durch den Wortlaut vermittelten Eindruck handelt es sich nicht um eine abschließende Definition des Versicherungs- bzw. Rechtsschutzfalles, sondern es werden lediglich bestimmte Elemente des Rechtsschutzfalls herausgegriffen. Die gewählte Regelungstechnik erstreckt den „Rechtsschutzfall" bewusst sehr weit in die Vergangenheit und bedarf der korrigierenden Einschränkung anhand wenig bestimmter Kriterien. Die Wahl eines zeitlich möglichst eng umgrenzten Ereignisses als Rechtsschutzfall wäre schon unter dem Aspekt der Bestimmtheit vorzugswürdig. Diese Überlegung dürfte auch der – aus anderen Gründen wenig gelungenen[36] – Bestimmung des § 4 Abs. 2 Satz 1 zugrunde liegen. Hinzu kommt, dass die vorliegende Klauselgestaltung schwerlich als transparent bezeichnet werden kann, auch wenn die Frage der AGB-rechtlichen Kontrollfreiheit – wie immer bei Bestimmungen zum Versicherungsfall – im Einzelnen genauer Prüfung bedarf.[37] Die Bedenken unter den Gesichtspunkten der Bestimmtheit 12

28 BGH 25.9.2002 – IV ZR 248/01, VersR **2002** 1503, 1504 („Report").

29 BGH 19.3.2003 – IV ZR 139/01, VersR **2003** 638 („Reemtsma"); ähnlich OLG Hamm 30.6.2004 – 20 W 23/04, NJW-RR **2004** 1401 (Maßgeblichkeit der behaupteten Pflichtverletzungen des Zigarettenherstellers – zu § 4 Abs. 1 Satz 1 lit. a ARB 94).

30 LG Gera 7.9.2005 – 1 S 509/04, RuS **2006** 109 m. Anm. *Kranich*; tendenziell a.A. OLG Hamm 2.11.1999 – 20 W 26/99, RuS **2000** 114.

31 OLG Düsseldorf 23.10.1989 – 4 W 66/89, RuS **1990** 88, 89 (zu § 14 Abs. 1 ARB 75); offen OLG Hamm 15.9.2000 – 20 U 20/00, NVersZ **2001** 282 f. (ebenfalls zu § 14 Abs. 1 ARB 75).

32 OLG Karlsruhe 15.1.2013 – 12 U 155/12, VersR **2013** 579, 581.

33 KG 26.1.2018 – 6 U 152/15, VersR **2019** 1362; OLG Köln 29.3.1990 – 5 U 192/89, VersR **1991** 295.

34 OLG Köln 24.1.2019 – I-9 U 109/18, VersR **2019** 752 Ls. 1.

35 OLG Köln 24.1.2019 – I-9 U 109/18, VersR **2019** 752 Rn. 10.

36 Hierzu Rn. 40 ff.

37 Langheid/Wandt/*Bruns* § 307 Rn. 10 ff. (Inhaltskontrolle) und Rn. 24 ff. (Transparenzkontrolle); s.a. § 125 Rn. 13.

und Transparenz könnten dafür sprechen, grundsätzlich auf das Ereignis der Wahrnehmung rechtlicher Interessen abzustellen und nur solche Fälle aus der Definition des Rechtsschutzfalls herauszunehmen, die auf bestimmten Vorereignissen beruhen. Eine solche Gestaltung wäre zweifelsohne klarer und transparenter, hätte allerdings unter Umständen Auswirkungen auf die Beweislastverteilung, insofern im Hinblick auf die dann zu formulierenden Ausnahmetatbestände eine Beweislastumkehr zum Nachteil des Rechtsschutzversicherers anzunehmen sein könnte.[38] Hier zeigt sich, dass erhöhte Anforderungen an die Transparenz unter Umständen Konsequenzen für die inhaltliche Gestaltung der ARB haben können.

3. ARB 2012/2021

13 Die ARB 2012/2021 suchen den Versicherungsfall im Schadensersatz-Rechtsschutz in Ziff. 2.4.2 zu definieren als „das erste Ereignis, bei dem der Schaden eingetreten ist oder eingetreten sein soll". Die Neufassung weist – teilweise ähnlich wie § 4 Abs. 1 Satz 1 lit. a – die Unzulänglichkeit auf, dass der Eindruck einer Definition des Versicherungsfalles erweckt wird, obwohl lediglich bestimmte Elemente des Rechtsschutzfalles festgelegt werden. Die Formulierung „bei" statt „durch" soll ganz offenbar dem Einwand begegnen, es werde jedes noch so entfernte Kausalereignis in Bezug genommen. Weil es nach dem Wortlaut auf den Schadenseintritt ankommt, genügt die bloße Pflichtverletzung durch den Haftpflichtigen – abweichend von § 4 Abs. 1 Satz 1 lit. a – nicht mehr. Vielmehr muss die Schadensentwicklung – jedenfalls nach der Behauptung des VN – zumindest begonnen haben, weil sonst kein Schaden „eingetreten" ist.[39] Die Neufassung bringt in diesem Punkt begrüßenswerte Klarheit.

II. Beratungs-Rechtsschutz

1. Überblick

14 Die Bestimmung des § 4 Abs. 1 Satz 1 lit. b konkretisiert den Rechtsschutzfall im Beratungs-Rechtsschutz gemäß § 2 lit. K. Dieser Versicherungsschutz umfasst je nach der getroffenen Vereinbarung den Beratungs-Rechtsschutz im Familien-, Lebenspartnerschafts- und Erbrecht für Rat oder Auskunft eines in Deutschland zugelassenen Rechtsanwaltes in familien-, lebenspartnerschafts- und erbrechtlichen Angelegenheiten, wenn diese nicht mit einer anderen gebührenpflichtigen Tätigkeit des Rechtsanwaltes zusammenhängen.[40] Der Anspruch auf Rechtsschutz soll nach dem irreführenden Wortlaut der Klausel bestehen nach dem Eintritt des Rechtsschutzfalles von dem Ereignis an, das die Änderung der Rechtslage des VN oder einer mitversicherten Person zur Folge hat (§ 4 Abs. 1 Satz 1 lit. b). Auch hier werden keine weiteren Bedingungen neben dem Eintritt des Versicherungsfalles aufgestellt, sondern der Rechtsschutzfall wird konkretisiert.[41] Die Anknüpfung an eine konkrete Änderung der Rechtslage soll verhindern, dass der Rechtsschutzversicherer eine vorsorgliche Beratung wegen einer möglichen künftigen Änderung der Rechtslage decken muss.[42] Die Erforderlichkeit der Wahrnehmung rechtlicher Interessen spielt in § 4 Abs. 1 Satz 1 lit. b – anders als in § 25 Abs. 2 lit. e ARB 75 – keine gesonderte Rolle.[43]

---

38 S. bereits Rn. 6.

39 **A.A.** *Looschelders/Paffenholz* § 4 Rn. 28 (Maßgeblichkeit des ersten Vorgangs, der den Schaden unmittelbar herbeiführt).

40 Hierzu § 2 Rn. 85 ff.

41 S. bereits Rn. 1 f.

42 *Looschelders/Paffenholz* § 4 Rn. 29; Prölss/Martin/*Piontek* § 4 Rn. 25; *Maier* RuS **2013** 105, 107 (zu Ziff. 2.4.1 ARB 2012).

43 Hierzu *Looschelders/Paffenholz* § 4 Rn. 34; Prölss/Martin/*Piontek* § 4 Rn. 36.

2. Rechtsschutzereignis

a) Ereignis. Die Regelung verlangt ein Ereignis, das die Änderung der Rechtslage des VN oder einer mitversicherten Person zur Folge hat. Ein Ereignis im Sinne der Klausel wird – in Anlehnung an die haftpflichtversicherungsrechtliche Rechtsprechung des BGH[44] – verstanden als jeder tatsächliche Vorgang im weiteren Sinne.[45] Das muss kein Vorgang sein, der sich vom gewöhnlichen Tagesgeschehen deutlich abhebt und eine klar erkennbare rechtliche Bedeutung hat.[46] Das Ereignis kann – in den Grenzen ursächlichen Zusammenhangs mit vorsätzlicher Straftat im Sinne von § 3 Abs. 5[47] – grundsätzlich auch vom VN bzw. der mitversicherten Person selbst herbeigeführt sein.[48] Ein Ereignis im Sinne von § 4 Abs. 1 Satz 1 lit. b kann entgegen verbreiteter Rechtsansicht auch eine Gesetzesänderung sein,[49] wenn sie eine Änderung der „Rechtslage" des VN oder einer mitversicherten Person zur Folge hat. Das folgt zwanglos aus dem von der h.M. favorisierten weiten Ereignisbegriff. Nach dem Verständnishorizont eines durchschnittlichen VN ohne versicherungsrechtliche Spezialkenntnisse ist eine generelle Ausnahme von Gesetzesänderungen nicht plausibel. Auch die Zweifelsregel *ambiguitas contra stipulatorem* streitet gegen die von der h.M. befürwortete allgemeine Ausnahme von Gesetzesänderungen (§ 305c Abs. 2 BGB). Die notwendige Eingrenzung erfolgt hier wie auch sonst durch die Einschränkung, dass das Ereignis eine Änderung der „Rechtslage des VN oder einer mitversicherten Person zur Folge hat." 15

b) Änderung der Rechtslage des Versicherten. Diese Beschränkung auf Ereignisse, die eine Änderung der Rechtslage zur Folge haben, ist insofern missverständlich, als der Begriff der Rechtslage grundsätzlich objektiv verwendet wird. In der Klausel geht es aber ersichtlich um die persönliche rechtliche Situation des Versicherten, also um Rechtsverhältnisse. Die h.M. geht von einer Änderung der Rechtslage dann aus, wenn Rechte des VN oder einer mitversicherten Person neu begründet, belastet, übertragen, inhaltlich geändert oder aufgehoben werden.[50] Eine rein materiellrechtliche Betrachtungsweise greift indessen zu kurz, weil auch verfahrensrechtliche Umstände die Rechtsverhältnisse des VN bestimmen und Veränderungen unterliegen können, wie etwa dann, wenn der Ehegatte des VN einen Scheidungsantrag stellt.[51] Gleichwohl ist die Klausel insofern sehr eng, als erhebliche tatsächliche Änderungen, die bei verständiger Betrachtung durchaus einen Beratungsbedarf auslösen können, dessen Deckung aus der Sicht eines durchschnittlichen VN wünschenswert ist, für sich genommen keinen Rechtsschutz erheischen. Die Literatur sucht den Belangen des VN teilweise insofern entgegenzukommen, als es als ausreichend betrachtet wird, wenn die objektive Rechtslage so zweifelhaft ist, dass ein Rechtskundiger ohne nähere Prüfung nicht sicher beurteilen kann, ob das Ereignis zu einer Änderung der Rechtslage geführt hat.[52] Doch findet diese Weiterung der Rechtsschutzdeckung im Wortlaut der Klausel letztlich keine hinreichende Stütze. Die Änderung der Rechtslage muss bereits eingetreten sein, sodass die bloße Möglichkeit künftiger materiellrechtlicher oder verfahrensrechtlicher Rechtsänderung keinen Beratungs-Rechtsschutz begründet.[53] 16

44 BGH 4.12.1980 – IVa ZR 32/80, BGHZ **79** 76, 79.

45 *Looschelders/Paffenholz* § 4 Rn. 30; Prölss/Martin/*Piontek* § 4 Rn. 21.

46 So aber Harbauer/*Cornelius-Winkler* § 4 ARB 2010 Rn. 35.

47 Hierzu § 3 Rn. 89 ff.

48 Prölss/Martin/*Piontek* § 4 Rn. 22; *Looschelders/Paffenholz* § 4 Rn. 32; Harbauer/*Cornelius-Winkler* § 4 ARB 2010 Rn. 24; **a.A.** noch *Sieg* BB **1972** 1377.

49 **A.A.** *Looschelders/Paffenholz* § 4 Rn. 31; van Bühren/*Plote* § 4 ARB 2010 Rn. 16; vorsichtiger Prölss/Martin/*Piontek* § 4 Rn. 24 („regelmäßig").

50 Zum Begriff der Änderung der Rechtslage *Looschelders/Paffenholz* § 4 Rn. 33; Harbauer/*Cornelius-Winkler* § 4 ARB 2010 Rn. 38 ff.

51 Zutreffend deshalb Prölss/Martin/*Piontek* § 4 Rn. 24.

52 *Looschelders/Paffenholz* § 4 Rn. 33; **a.A.** Prölss/Martin/*Piontek* § 4 Rn. 23.

53 **A.A.** für angekündigten Scheidungsantrag Prölss/Martin/*Piontek* § 4 Rn. 24 m.w.N.

17 **c) Kasuistik.** Rechtsschutz besteht für die Beratung über die Quote und die Durchsetzbarkeit eines Erbrechts.[54] Kein Beratungs-Rechtsschutz besteht zur Vorbereitung der Errichtung oder Änderung eines Testaments[55] oder des Abschlusses oder der Änderung eines Ehe- oder Erbvertrages[56] oder der Auflösung einer Gütergemeinschaft.[57]

3. ARB 2012/2021

18 Die ARB 2012/2021 schreiben die Sonderbestimmung zur Präzisierung des Versicherungsfalles beim Beratungs-Rechtsschutz im Familien-, Lebenspartnerschafts- und Erbrecht im Wesentlichen unverändert fort (Ziff. 2.4.1 ARB 2012/2021). Das gilt auch für den unklaren Begriff der Änderung der Rechtslage. Klarstellend ist die Änderung der Rechtslage ins Perfekt gesetzt, sodass noch deutlicher wird, dass die Änderung bereits eingetreten sein muss.

III. Sonstige Leistungsarten

1. Überblick

19 Alle Leistungsarten außer Schadensersatz-Rechtsschutz (§ 4 Abs. 1 Satz 1 lit. a) und Beratungs-Rechtsschutz in Familien-, Lebenspartnerschafts- und Erbrechtssachen (§ 4 Abs. 1 Satz 1 lit. b) sind in § 4 Abs. 1 Satz 1 lit. c einheitlich geregelt. Die Bestimmung hebt für den Beginn des Rechtsschutzes den Zeitpunkt ab, in dem der VN oder ein anderer einen Verstoß gegen Rechtspflichten oder Rechtsvorschriften begangen hat oder begangen haben soll. Die Anknüpfung an den Normverstoß, wie sie bereits in § 14 Abs. 3 Satz 1 ARB 75 begegnet,[58] wird in der Literatur bisweilen mit dem Schlagwort „Verstoßtheorie" in Verbindung gebracht.[59] Einer besonderen Theorienbildung bedarf es bei der Auslegung der Bestimmung hier ebenso wenig wie andernorts.[60] Der in den ARB verwendete Begriff des Rechtsverstoßes ist dabei – was in Rechtsprechung und Literatur nicht immer hinreichend berücksichtigt wird – dogmatisch scharf zu unterscheiden von der tatsächlichen Beurteilungsgrundlage, auf welcher das Vorliegen eines Rechtsverstoßes zu beurteilen ist.

2. Rechtsverstoß

20 **a) Begriff des Rechtsverstoßes.** Der Eintritt des Versicherungsfalls bei den übrigen Leistungsarten setzt einen Verstoß gegen Rechtspflichten oder Rechtsvorschriften voraus (§ 4 Abs. 1 Satz 1 lit. c Alt. 1). Der BGH legt einen weiten Verstoßbegriff zugrunde und lässt jeden tatsächlichen, objektiv feststellbaren Vorgang genügen, „der den Keim eines solchen Konflikts in sich trägt".[61] Der Rechtsstreit ist schon zu diesem relativ frühen Zeitpunkt zumindest latent vorhanden und damit gewissermaßen „vorprogrammiert".[62] Ob der Verstoß sofort und ohne weiteres nach außen

---

54 AG Heidelberg 3.5.1988 – 26 C 46/88 und LG Heidelberg 20.9.1988 – 4 S 24/88, ZfS **1988** 391.

55 OLG München 2.4.1981 – 14 U 616/80, ZfS **1982** 176 (Errichtung); AG Frankfurt a.M. 9.2.1989 – 31 C 2893/88, VersR **1989** 839 (Errichtung).

56 AG Düsseldorf 18.7.1980 – 41 C 206/80, VersR **1981** 1071 (Abschluss); LG Schweinfurt 16.9.1977 – 1 O 131/77, RuS **1977** 244 (Änderung).

57 LG Köln 12.4.1985 – 11 S 349/84, ZfS **1985** 275.

58 Prölss/Martin/*Piontek* § 4 Rn. 27.

59 *Looschelders/Paffenholz* § 4 Rn. 39.

60 Zur sogenannten „Kausalereignistheorie" bereits Rn. 8.

61 BGH 28.9.2005 – IV ZR 106/04, VersR **2005** 1684, 1685; BGH 17.1.2007 – IV ZR 124/06, VersR **2007** 535, 536; OLG Koblenz 9.3.2012 – 10 U 863/11, VersR **2013** 99, 100; OLG Köln 15.1.2016 – 9 U 251/15, VersR **2017** 484, 485.

62 BGH 28.9.2005 – IV ZR 106/04, VersR **2005** 1684, 1685; *Looschelders/Paffenholz* § 4 Rn. 41.

dringt, ist ebenso irrelevant,[63] wie ob die Rechtsposition des VN durch den Verstoß verändert wurde oder nicht.[64] Folgerichtig spielt es auch keine Rolle, zu welchem Zeitpunkt der VN von dem Verstoß Kenntnis erlangt oder Maßnahmen zur Wahrnehmung seiner Interessen eingeleitet hat.[65] Es genügt der objektive Verstoß gegen eine Rechtspflicht oder Rechtsvorschrift, Zurechnungs- oder Geschäftsfähigkeit des Handelnden ist nicht erforderlich.[66] Irrelevant ist schließlich auch, ob der Handelnde sich des Verstoßes bewusst war oder hätte bewusst sein müssen.[67]

Der BGH hat sich im Wege der Auslegung der ARB 1975/95 nach Maßgabe des Verständnishori- **21** zontes eines durchschnittlichen Versicherungsnehmers um eine begriffliche Konkretisierung bemüht und dazu die auch von ihm so genannte Drei-Säulen-Theorie entwickelt: Danach beurteilt sich die Bestimmung des Rechtsschutzfalls bei aktiver Rechtsverfolgung allein nach den vom VN behaupteten Pflichtverletzungen des Anspruchsgegners: Sein Vorbringen müsse (erstens) einen objektiven Tatsachenkern – im Gegensatz zu einem bloßen Werturteil – enthalten, mit dem er (zweitens) den Vorwurf eines Rechtsverstoßes verbinde, der den Keim für eine rechtliche Auseinandersetzung enthalte, und worauf er (drittens) seine Interessenverfolgung stütze.[68] Auf die Schlüssigkeit, Substanziiertheit und Entscheidungserheblichkeit dieser Behauptungen komme es nicht an.[69] In der Konsequenz hat es insoweit beim Ausschluss wegen mangelnder Erfolgsaussichten sein Bewenden (§ 3a Abs. 1 Satz 1 lit. a).[70] Zum Kern des Leistungsversprechens des VR gehört insofern eine Solidaritätszusage gegenüber seinem VN. In seiner jüngeren Rechtsprechung hat der BGH diese Grundsätze auf den Rechtsschutz des VN gegen Inanspruchnahme durch Dritte übertragen.[71] Der maßgebliche „Verstoß“ ist danach die nach der Rechtsbehauptung des Dritten unberechtigte Nichterfüllung des gegen den VN geltend gemachten Anspruchs.[72] Die vom BGH herangezogene Drei-Säulen-Theorie leidet indes daran, dass sie zwischen der Bestimmung des Rechtsschutzfalles und der maßgeblichen Tatsachengrundlage nicht hinreichend differenziert. Denn die Definition des Rechtsschutzfalles als Gegenstand der Vereinbarung in den ARB beschreibt die materiellrechtlichen Voraussetzungen für die Leistungspflicht des VR. Wie und auf welcher Tatsachengrundlage der Eintritt des Versicherungsfalles vom VR zu prüfen ist, ist eine andere Frage.

Der Rechtsverstoß muss eingetreten sein, kann sich jedoch nach der Rechtsprechung des **22** BGH auch daraus ergeben, dass der andere Teil die Berechtigung des VN zur Ausübung eines Gestaltungsrechts zu Unrecht bestreitet[73] oder eine rechtswidrige Kündigung oder eine unberechtigte Leistungsverweigerung ernsthaft ankündigt.[74] Nur solche Verstöße rechnen nach h.M. zum

63 BGH 28.9.2005 – IV ZR 106/04, VersR **2005** 1684, 1685; gleich ÖOGH 18.4.2001 – 7 Ob 74/01k, VersR **2002** 915, 916.

64 BGH 19.11.2008 – IV ZR 305/07, BGHZ **178** 346, 353 = JR **2009** 460 m. Anm. Looschelders; Prölss/Martin/*Piontek* § 4 Rn. 40.

65 ÖOGH 18.4.2001 – 7 Ob 74/01k, VersR **2002** 915, 916; Looschelders/Paffenholz § 4 Rn. 41; Prölss/Martin/*Piontek* § 4 Rn. 40.

66 OLG Köln 29.3.1990 – 5 U 192/89, VersR **1991** 295, 296; Prölss/Martin/*Piontek* § 4 Rn. 40; Looschelders/Paffenholz § 4 Rn. 43.

67 ÖOGH 18.4.2001 – 7 Ob 74/01k, VersR **2002** 915, 916; Looschelders/Paffenholz § 4 Rn. 43; Prölss/Martin/*Piontek* § 4 ARB 2010 Rn. 40.

68 BGH 19.11.2008 – IV ZR 305/07, BGHZ **178** 346 Ls. 1 und 2.

69 BGH 19.11.2008 – IV ZR 305/07, BGHZ **178** 346 Ls. 4.

70 *Looschelders/Paffenholz* § 4 Rn. 46; einschränkend Prölss/Martin/*Piontek* § 4 Rn. 42 (kein Rechtsschutz, wenn das behauptete Verhalten objektiv unter keinen Umständen einen Verstoß darstellt – angesichts von § 3a Abs. 1 Satz 1 lit. a fragwürdig); s. schon § 3a Rn. 4 ff.

71 BGH 3.7.2019 – IV ZR 111/18, BGHZ 222 354 (Rn. 25 f.).

72 BGH 3.7.2019 – IV ZR 111/18, BGHZ 222 354 (Rn. 28).

73 BGH 24.4.2013 – IV ZR 23/12, VersR **2013**, 899, 900; *Looschelders/Paffenholz* § 4 Rn. 44.

74 BGH 19.11.2008 – IV ZR 305/07, BGHZ **178** 346, 354; BGH 28.9.2005 – IV ZR 106/04, VersR **2005** 1684, 1685; *Looschelders/Paffenholz* § 4 Rn. 47.

Versicherungsfall, die den Streit adäquat verursacht haben.[75] Auf dieser Linie liegt auch die Rechtsprechung des BGH, wenn sie davon ausgeht, dass eine Widerrufsbelehrung, selbst wenn sie nach Angaben des VN fehlerhaft sein sollte, allein noch nicht geeignet ist, einen Verstoß i.S.v. § 4 Abs. 1 lit. c auszulösen, da sie nicht auf eine Änderung oder Verwirklichung der Rechtslage abzielt, sondern nur auf eine bestimmte Rechtslage hinweist.[76] Der Versicherungsfall tritt nach obergerichtlicher Judikatur vielmehr erst mit der Weigerung der Bank ein, einen Darlehenswiderruf anzuerkennen.[77]

23 **b) Beurteilungsgrundlage.** Nach allgemeinen Grundsätzen ist die Prüfung der Leistungspflicht Aufgabe des VR. Diese Prüfung ist nach wohl h.M. im allgemeinen Versicherungsvertragsrecht nicht Gegenstand einer besonderen vertraglichen oder gesetzlichen Nebenleistungs- oder Schutzpflicht, sondern lediglich Vorbereitungshandlung für die Erbringung der Hauptleistung, deren Abschluss gesetzliche Voraussetzung für die Fälligkeit der Leistungspflicht des VR ist (§ 14 Abs. 1 VVG).[78] Der Wortlaut von § 4 Abs. 1 Satz 1 lit. c Alt. 2 lässt es genügen, dass der VN oder ein anderer einen Verstoß „begangen haben *soll*". Die Feststellung des Versicherungsfalls soll dabei, wenn der Pflichten- oder Normverstoß – wie häufig – nicht eindeutig feststeht, nach h.M. im Ausgangspunkt grundsätzlich auf der Grundlage des Vortrags des VN erfolgen.[79] Die „Festlegung" eines Rechtsschutzfalls soll sich sowohl bei aktiver Rechtsverfolgung wie bei passiver Rechtsverteidigung nach der *Drei-Säulen-Formel* des BGH, die zwischen der Auslegung der ARB und der für den Versicherer bzw. die Gerichte maßgeblichen tatsächlichen Beurteilungsgrundlage nicht in der wünschenswerten Klarheit unterscheidet, allein nach den vom VN behaupteten Pflichtverletzungen beurteilen. Nach Ansicht des BGH entspricht dem Kern des Leistungsversprechens des VR eine Solidaritätszusage gegenüber dem VN dahingehend, dass der VR bei der Prüfung der Voraussetzungen für den Eintritt des Versicherungsfalls die Tatsachen zugrunde legt, mit denen der VN sein Rechtsschutzbegehren begründet, denn nur so werde dem VN die gebotene Unterstützung durch den RechtsschutzVR zuteil.[80]

24 Diese Rechtsprechung des BGH vermag dogmatisch nicht zu überzeugen. Sie erheischt zwar zunächst grundsätzliche Zustimmung insoweit, als der VR den Tatsachenvortrag des VN – allgemeinen Grundsätzen folgend – auch in der Rechtsschutzversicherung zum Ausgangspunkt der Prüfung der Einstandspflicht machen muss und ihn keinesfalls ignorieren darf. Wenn der BGH aber davon ausgeht, es handele sich dabei um eine zum Kern des Leistungsversprechens gehörende „Solidaritätszusage", ist das in der rechtlichen Einordnung nicht nur unklar, sondern in letzter Konsequenz auch unzutreffend. Denn es geht bei den Erhebungen des VR gerade nicht um die Erbringung der Hauptleistung, sondern um die Prüfung und Feststellung der Voraussetzungen für die Entstehung und Fälligkeit der Hauptleistungspflicht. Nach allgemeinen Grundsätzen ist es Sache des VN als Anspruchsteller, die Voraussetzungen der Leistungspflicht des VR und die Fälligkeit der Leistung darzutun und im Streitfall zu beweisen. Eher diskutabel könnte deshalb eine entsprechende ungeschriebene Nebenpflicht sein, die allerdings von der bislang wohl h.M. im allgemeinen Versicherungsrecht nicht anerkannt wird. Eine solche Nebenpflicht – sei es in Gestalt einer Nebenleistungspflicht oder einer Rücksichtnahmepflicht – ließe sich als spezielle Auspräg-

---

75 BGH 20.3.1985 – IVa ZR 137/83, VersR **1985** 540, 541; BGH 29.3.1995 – IV ZR 207/94, VersR **1995** 698, 699; BGH 19.11.2008 – IV ZR 305/07, VersR **2009** 109, 110; Prölss/Martin/*Piontek* § 4 Rn. 48; *Looschelders/Paffenholz* § 4 Rn. 46.

76 Vgl. BGH 4.7.2018 – IV ZR 200/16, VersR **2018** 992; BGH 11.7.2018 – IV ZR 112/16, BeckRS **2018** 17024.

77 OLG Köln 14.11.2017 – I-9 U 40/17, RuS **2018** 72; OLG Köln 12.6.2018 – I-9 U 15/18, VersR **2018** 995.

78 *Bruns* Privatversicherungsrecht § 14 Rn. 43.

79 BGH 3.7.2019 – IV ZR 111/18, BGHZ **222** 354 Rn. 19; BGH 19.11.2008 – IV ZR 305/07, BGHZ **178** 346, 352 ff.; BGH 17.11.2007 – IV ZR 37/07, VersR **2008** 113 Rn. 3; BGH 24.4.2013 – IV ZR 23/12, VersR **2013** 899, 900; Prölss/Martin/*Piontek* § 4 Rn. 41; *Looschelders/Paffenholz* § 4 Rn. 45; *Wandt* RuS **2006** 1, 4.

80 BGH 3.7.2019 – IV ZR 111/18, BGHZ **222** 354 Rn. 28; BGH 31.3.2021 – IV ZR 221/19, VersR **2021** 696 Rn. 41; BGH 3.7.2019 – IV ZR 195/18, NJW **2019** 3299; *Cornelius-Winkler* RuS **2020** 545, 548.

gung von Treu und Glauben (*uberrima fides*) verstehen, wenn man bedenkt, dass die Unterlassung der Prüfung den Eintritt der Fälligkeit der Versicherungsleistung dauerhaft ausschließen müsste (§ 14 Abs. 1 VVG). Zwar tritt an die Stelle der Fälligkeit der Hauptleistungspflicht vorübergehend der Anspruch des VN auf Abschlagszahlungen (§ 14 Abs. 2 Satz 1 VVG). Ein hinreichender Ausgleich für die Fälligkeit des Deckungsanspruchs liegt darin jedoch nicht. Wenn man der Konstruktion einer solchen Nebenpflicht des VR zur Prüfung des Versicherungsfalls nähertritt, dann erhebt sich in aller Deutlichkeit die Frage, warum der VR bei der Erhebung der Tatsachengrundlage auf Behauptungen des VN beschränkt sein und typischerweise gegenteiligen Tatvortrag des Gegners ignorieren soll. Wenn das richtig wäre, müsste der Versicherer auf einer Tatsachengrundlage entscheiden, auf der ein Gericht, das zur Wahrheitsfindung verpflichtet ist, über den Deckungsanspruch nicht entscheiden dürfte. Warum der VR Tatsachenvortrag des Gegners nur dann berücksichtigen können sollte, wenn ihn sich der VN zu eigen macht, ist nicht plausibel begründbar. Immerhin geht es auch um die Entscheidung über eine bindende Deckungszusage, zu deren Abgabe der VR nach dem Vertrag verpflichtet ist.

Die Beschränkung der Entscheidungsgrundlage lässt sich auch nicht mit der Anzeige- und Auskunftspflicht des VN rechtfertigen (§§ 30, 31 VVG), weil beide Obliegenheiten den Eintritt des Versicherungsfalles voraussetzen, den der VR erst noch prüfen können muss. Eine zwingende Beschränkung auf Tatsachenbehauptungen des VN harmoniert auch nicht mit der Auskunftsobliegenheit des VN gemäß § 31 VVG. Rechtsprechung und h.M. berücksichtigen schließlich auch nicht die Möglichkeit, dass die Behauptungen des VN keine hinreichende Tatsachengrundlage für die Annahme eine Einstandspflicht des VR bieten, während aus vorliegenden Behauptungen des Gegners auf das Gegenteil zu schließen ist. Es wäre nicht zu rechtfertigen, den VN, der unzureichend vorträgt, in solchen Fällen auf den Klageweg zu verweisen. Die Grundannahme des BGH, der VR müsse bei der Prüfung der Einstandsvoraussetzungen Tatsachenbehauptungen des Gegners ignorieren, ist vor diesem Hintergrund in Begründung und Ergebnis abzulehnen. Vielmehr muss der VR die Behauptungen beider Seiten berücksichtigen und seiner Beurteilung zugrunde legen können. Bei einander widersprechenden gleichgewichtigen Behauptungen von VN und Drittem entspricht die ausschlaggebende Berücksichtigung der Darstellung des VN dem Sinn und Zweck des Versicherungsvertrages ebenso wie den Geboten von Treu und Glauben (§ 242 BGB – *uberrima fides*). Das Argument des BGH, dass die Berücksichtigung des Vorbringens des Anspruchsgegners des VN dazu führen könnte, dass dem VN den Rechtsschutz aufgrund bloßer Tatsachenbehauptungen des Gegners von vornherein entzogen werden könnte,[81] überzeugt demgegenüber letztlich nicht. 25

Bei aktiver außergerichtlicher Rechtsverfolgung eigener Rechte sowie im Aktivprozess des VN ist der dem BGH und der h.M. nach dem Gesagten allenfalls im grundgedanklichen Ausgangspunkt zuzustimmen.[82] Bei aktiver gerichtlicher Rechtsverfolgung überzeugt eine grundsätzliche Anknüpfung an die Tatsachenbehauptung des VN nicht zuletzt deshalb, weil sich auch der prozessuale Streitgegenstand nach dem Klageantrag und dem Tatsachenvortrag des Klägers beurteilt. Die Übertragung dieses Grundgedankens auf die außergerichtliche aktive Rechtsverfolgung ist schon deshalb sachgerecht, weil jede Rechtsverfolgung potenziell in ein gerichtliches Verfahren münden kann. Die Nichtberücksichtigung gegnerischen Sachvortrags ist damit aber weder geboten noch gerechtfertigt. Vielmehr muss der VR die Möglichkeit haben, die wahre Sach- und Rechtslage so früh wie möglich zu erheben, um auf möglichst zuverlässiger Tatsa- 26

81 BGH 25.2.2015 – IV ZR 214/14, VersR **2015** 485 Rn. 16; BGH 3.7.2019 – IV ZR 111/18, BGHZ **222** 354 Rn. 28; BGH 31.3.2021 – IV ZR 221/19, VersR **2021** 696 Rn. 41: Dem steht auch nicht entgegen, dass die Regelung potenziell geeignet wäre, Zweckabschlüssen von Rechtsschutzversicherungsverträgen vorzubeugen, da sich dem durchschnittlichen VN dieser Zweck im Zusammenhang mit einer Regelung, die die Bestimmung des Versicherungsfalls auch vom Vorbringen seines Anspruchsgegners abhängig macht, nicht erschließt (BGH 31.3.2021 – IV ZR 221/19, VersR **2021** 696 Rn. 45; s. ferner OLG Köln 30.3.2020 – I-9 U 222/19, VersR **2021** 506).

82 BGH 25.2.2015 – IV ZR 214/14, VersR **2015** 485, 486; OLG Köln 15.1.2016 – 9 U 251/15, VersR **2017** 484, 485; Prölss/Martin/*Piontek* § 4 Rn. 55.

chengrundlage berechtigte Deckungsanfragen erfüllen und unberechtigte verwerfen zu können. Deshalb wird man – letztlich entgegen der wohl h.M. – eine Ausnahme insbesondere auch dann machen müssen, wenn und soweit der VN abweichenden Sachvortrag der Gegenseite nicht bestreitet. Wird der Tatsachenvortrag des VN zum Verstoß im Prozess nicht bestätigt, so besteht – im Rahmen der erteilten Deckungszusage – gleichwohl Versicherungsschutz. Allerdings können die Erfolgsaussichten für weitere Schritte prozessualer Rechtswahrnehmung unter Umständen so weit sinken, dass der Rechtsschutz für die Zukunft entfällt. In keinem Fall kann der VN durch Erhebung zusätzlicher Vorwürfe oder – eher praxisrelevant – das Fallenlassen bestimmter Vorwürfe im Prozess den Zeitpunkt des Eintritts des Versicherungsfalls verschieben.[83] Denn der für die Bestimmung des prozessualen Streitgegenstandes maßgebliche Lebenssachverhalt bestimmt sich nach objektiven Kriterien.

27 Nach wie vor nicht abschließend geklärt ist auch die Frage, auf welcher Tatsachengrundlage der VR den Eintritt des Rechtsschutzfalles zu beurteilen hat, wenn der VN von einem Dritten in Anspruch genommen wird. Nach teilweise vertretener Ansicht soll es allein auf den vom Gegner behaupteten Verstoß des VN ankommen. Dem ist – entgegen der Rechtsprechung des BGH und der wohl h.M. – zumindest im Grundansatz zu folgen, auch weil sich der für den Streitgegenstand maßgebliche Lebenssachverhalt eines möglichen Prozesses im Ausgangspunkt nach dem Klägervorbringen bestimmt und der Eintritt des Versicherungsfalls bei außerprozessualer wie bei prozessualer Rechtswahrnehmung möglichst nach gleichen Kriterien festgestellt werden sollte. Dementsprechend ist grundsätzlich der Vortrag des Anspruchstellers zugrunde zu legen. Das ist schon deswegen richtig, weil die versicherungsrechtliche Beurteilung, ob der Versicherungsfall eingetreten ist, in Unkenntnis des Begehrens des Dritten schlechterdings unmöglich ist. Die rechtliche Einordnung und Bedeutung der Rechtsstreitigkeit lässt sich auf der Grundlage einer isolierten Betrachtung der „Gegenwehr“ des VN nicht beurteilen. Ein denkbares Abstellen auf einen Bericht über den gegnerischen Tatsachenvortrag, eine Paraphrase oder gar eine wörtliche Wiedergabe des gegnerischen Tatsachen- und Rechtsvortrages wäre nicht nur gekünstelt, sondern widerspräche auch den berechtigten Interessen des VR. Denn letztlich muss er die Möglichkeit haben, den Eintritt des Versicherungsfalles unter Berücksichtigung des gesamten verfügbaren streitigen Tatsachenmaterials beurteilen zu können. Relevantes Verteidigungsvorbringen des VN – sei es Bestreiten oder abweichender eigener Sachvortrag – ist allerdings selbstverständlich mit zu berücksichtigen. Die Frage des Rechtsverstoßes beurteilt sich naturgemäß nach Maßgabe des materiellen Rechts, die tatsächliche Beurteilungsgrundlage sollte indessen prozessuale Gegebenheiten tunlichst mitberücksichtigen. Das läuft im Ergebnis wie bei aktiver Rechtsverfolgung im Prinzip auch bei passivem Rechtsschutz gegen die Inanspruchnahme durch Dritte letztlich stets auf die Berücksichtigung relevanten gegnerischen Vorbringens hinaus, wobei gleichgewichtiger Vortrag des VN nach dem Sinn und Zweck der Rechtsschutzversicherung und unter Berücksichtigung der Gebote von Treu und Glauben (§ 242 BGB – *uberrima fides*) im Zweifel stärker zu gewichten ist als eine abweichende Darstellung des Gegners.

28 Wenn der BGH im Verbandsprozess eine Bestimmung in den ARB 2016, der zufolge der VR den Rechtsschutzfall unter Berücksichtigung aller Tatsachen festzustellen haben soll, die durch den VN *und* den Gegner vorgetragen werden, als Bestimmung des Versicherungsfalls eingeordnet und wegen unangemessener Benachteiligung entgegen den Geboten von Treu und Glauben für unwirksam erklärt hat,[84] so überzeugt das nicht. Richtiger Kontrollmaßstab ist dabei im Ausgangspunkt nicht – wie vom BGH angenommen – die Bestimmung des Versicherungsfalles, sondern die Frage, welche Tatsachen der VR bei der Prüfung der in den ARB festgelegten Voraussetzungen für den Eintritt des Versicherungsfalles berücksichtigen darf und muss. Soweit man eine entsprechende Prüfungspflicht des VR annimmt, wäre diese Maßstab der Inhaltskontrolle. Wenn man mit der hier vertretenen Ansicht davon ausgeht, dass der VR grundsätzlich auch Tatsachenbehauptungen

83 Zutreffend OLG Köln 17.5.1990 – 5 U 233/89, RuS **1990** 276, 277; OLG Hamm 27.10.2010 – I-20 U 71/10, VersR **2011** 258, 259.

84 BGH 31.3.2021 – IV ZR 221/19, VersR **2021** 696 Rn. 37 ff.; *Cornelius-Winkler* RuS **2020** 545, 548.

des Gegners zu berücksichtigen hat, ist eine entsprechende Bestimmung, jedenfalls insoweit nicht zu beanstanden. Die Entscheidung mag allenfalls im Ergebnis richtig sein, weil in der Formulierung möglicherweise nicht hinreichend deutlich ausgesprochen war, dass bei widersprechenden Behauptungen der Kontrahenten im Zweifel die Darstellung des VN den Ausschlag gibt.

3. Besonderheiten der einzelnen Leistungsarten

a) Arbeits-Rechtsschutz. Im Arbeits-Rechtsschutz gemäß § 2 lit. b unterscheidet die h.M. bei 29
der Individualisierung von Rechtsverstößen nach den Kündigungsgründen.[85] Bei einer Kündigungsschutzklage des versicherten Arbeitnehmers gegen eine betriebs- oder personenbedingte Kündigung liegt der behauptete Rechtsverstoß in der Regel in der unberechtigten Kündigung selbst,[86] sodass der Zugang der Kündigungserklärung entscheidet. Dagegen stellt die h.M. bei einer verhaltensbedingten Kündigung nicht auf die Kündigung, sondern auf die dafür maßgebliche Vertragsverletzung des Arbeitnehmers ab.[87] Der Rechtsschutzfall ist bereits dann eingetreten, wenn der Arbeitgeber dem Arbeitnehmer eine rechtswidrige Kündigung ernsthaft angedroht und damit seine Fürsorgepflicht verletzt hat.[88] Das Angebot zum Abschluss eines Aufhebungsvertrages begründet grundsätzlich keinen Rechtsverstoß,[89] wohl aber wenn der Arbeitnehmer dabei getäuscht oder bedroht wird oder wenn der Arbeitgeber für den Fall der Ablehnung durch den Arbeitnehmer eine rechtswidrige Kündigung ankündigt.[90] Bei Kündigung gegenüber einem Schwerbehinderten wird der Rechtsschutzfall bereits durch die Einleitung des Zustimmungsverfahrens ausgelöst (§§ 85 ff. SGB IX).[91] Die Verletzung der Fürsorgepflicht durch Unterlassen eines Einschreitens gegen Mobbing durch Arbeitskollegen löst den Rechtsschutzfall in dem Zeitpunkt aus, in dem der Arbeitgeber erstmals hätte handeln müssen.[92]

b) Wohnungs- und Grundstücks-Rechtsschutz

aa) Nutzungsverhältnisse an Grundstücken, Gebäuden oder Gebäudeteilen. Im Woh- 30
nungs- und Grundstücksrechtsschutz (§ 2 lit. c) ist zwischen der Wahrnehmung rechtlicher Interessen aus Nutzungsverhältnissen an Grundstücken, Gebäuden oder Gebäudeteilen einerseits und aus dinglichen Rechten andererseits zu unterscheiden.[93] Die größte praktische Bedeutung im Bereich der Nutzungsverhältnisse haben Mietstreitigkeiten über von Vermietern ausgesprochene Kündigungen. Sucht der VN als Mieter Rechtsschutz gegen eine ordentliche Kündigung des Vermieters, liegt der Verstoß des Vermieters in der ungerechtfertigten Kündigung, sodass der Zugang der Kündigungserklärung maßgeblich ist.[94] Streiten die Parteien hingegen über eine außerordentliche fristlose Kündigung aus wichtigem Grund, gibt nach h.M. die Pflichtverletzung des Mieters Maß, auf die der Vermieter seine Kündigung stützt, sodass der Zeitpunkt des Zugangs der Kündigung

85 *Looschelders/Paffenholz* § 4 Rn. 51.
86 *Looschelders/Paffenholz* § 4 Rn. 51; Beckmann/Matusche-Beckmann/*Obarowski* § 37 Rn. 431.
87 OLG Hamm 24.2.1988 – 20 U 123/87, RuS **1988** 206, 207; OLG Köln 27.5.2008 – 9 U 196/07, VersR **2008** 1489, 1490; Prölss/Martin/*Piontek* § 4 Rn. 80; *Looschelders/Paffenholz* § 4 Rn. 52; Beckmann/Matusche-Beckmann/*Obarowski* § 37 Rn. 431.
88 BGH 19.11.2008 – IV ZR 305/07, BGHZ **178** 346, 354 f.
89 OLG Frankfurt a.M. 7.5.2009 – 3 U 200/08, NJW-RR **2010** 175, 176.
90 BGH 19.11.2008 – IV ZR 305/07, BGHZ **178** 346, 354 f.; OLG Saarbrücken 19.7.2006 – 5 U 719/05, VersR **2007** 57, 58; Prölss/Martin/*Piontek* § 4 Rn. 86; *Looschelders/Paffenholz* § 4 Rn. 54.
91 BGH 2.6.2010 – IV ZR 241/09, RuS **2010** 513; *Looschelders/Paffenholz* § 4 Rn. 55.
92 Beispielsfall OLG Saarbrücken 11.11.2009 – 5 U 63/09, ZfS **2010** 280.
93 Hierzu im Einzelnen § 2 Rn. 20 ff.
94 *Looschelders/Paffenholz* § 4 Rn. 59; Harbauer/*Cornelius-Winkler* § 4 ARB 2010 Rn. 131.

in diesen Fall irrelevant ist.[95] Moniert der Vermieter nicht rechtzeitige Mietzahlung, so liegt ein Dauerverstoß vor mit der Folge, dass es gemäß § 4 Abs. 2 Satz 1 auf den ersten Verstoß gegen die Zahlungspflicht ankommt.[96] Das gilt entsprechend für unberechtigte Untervermietung[97] und die ständige Verletzung von Rücksichtnahmepflichten durch den Mieter.[98] Soweit die Räumungsklage des Wohnungseigentümers gegen den Mieter damit begründet wird, dass der rechtsschutzversicherte Mieter auch nach der Abmahnung durch fortgesetztes tägliches Musizieren den Hausfrieden störe, ist der Rechtsschutzfall erst mit der Kündigung, frühestens mit dem ersten Musizieren nach der Abmahnung durch den Vermieter eingetreten.[99] Wird der Mietvertrag wegen Arglist oder Drohung angefochten, liegt der Rechtsverstoß in der Verwirklichung des Anfechtungsgrundes und nicht in der Anfechtungserklärung.[100] Bei Streitigkeiten über Mietmängel ist grundsätzlich die Entstehung des Mangels ausschlaggebend,[101] bei verborgenen Mängeln soll aber der Zeitpunkt des Zutagetretens maßgeblich sein.[102] Streiten die Parteien über die Wirksamkeit einer Schönheitsreparaturenklausel, stellt die h.M. auf das Verlangen des Vermieters nach klauselkonformer Durchführung der Schönheitsreparaturen ab anstatt auf die Einbeziehung der Schönheitsreparaturenklausel in den Mietvertrag.[103]

31 **bb) Dingliche Rechte an Grundstücken, Gebäuden oder Gebäudeteilen.** Im Bereich der Wahrnehmung rechtlicher Interessen aus dinglichen Rechten sind Nachbarstreitigkeiten praktisch besonders bedeutsam. Bei Streitigkeiten über einen Überbau ist grundsätzlich der Zeitpunkt des Grenzüberbaus maßgeblich. Das soll nach verbreiteter Ansicht auch dann gelten, wenn der Überbau vor dem Eigentumserwerb des beeinträchtigten VN erfolgt ist.[104] Vorzugswürdig ist es demgegenüber, auf den Erwerb abzustellen, weil der VN vor dem Erwerb des Grundstücks noch gar nicht von dem Überbau betroffen war.[105] Der Verstoß beim Nachbarstreit über den Grenzabstand einer Hecke liegt in der Anpflanzung und nicht in der Beanstandung.[106] Bei Streitigkeiten in einer WEG über die Nichtzahlung von Wohngeld oder Sonderumlagen liegt ein Verstoß erst nach einem entsprechenden Beschluss der Wohnungseigentümerversammlung vor.[107]

c) Rechtsschutz im Vertrags- und Sachenrecht

32 **aa) Vertragsrecht.** Der Abschluss eines Vertrages stellt in aller Regel keinen Rechtsverstoß dar.[108] Dagegen ist der Rechtsstreit bereits im Zeitpunkt des Vertragsabschlusses angelegt, wenn der Vertrag gegen ein gesetzliches Verbot oder die guten Sitten verstößt oder gemäß § 123 BGB

---

95 OLG Hamm 6.9.1991 – 20 U 123/91, VersR **1992** 734, 735; OLG Celle 22.3.2001 – 8 U 47/00, RuS **2001** 423; *Looschelders/Paffenholz* § 4 Rn. 58; Harbauer/*Cornelius-Winkler* § 4 ARB 2010 Rn. 127; van Bühren/*Plote* § 4 ARB 2010 Rn. 37.
96 OLG Hamm 6.9.1991 – 20 U 123/91, VersR **1992** 734, 735.
97 OLG Hamburg 8.4.1987 – 4 U 43/86, ZfS **1988** 13.
98 OLG Celle 22.3.2001 – 8 U 47/00, RuS **2001** 423.
99 KG 17.4.2018 – 6 U 121/17, RuS **2018** 475.
100 OLG Frankfurt a.M. 25.11.1998 – 20 U 168/98, NVersZ **1999** 292, 293 (Täuschungsanfechtung).
101 OLG Frankfurt a.M. 25.11.1998 – 20 U 168/98, NVersZ **1999** 292, 293.
102 OLG Düsseldorf 9.5.2000 – 4 U 148/99, RuS **2001** 198, 200.
103 *Looschelders/Paffenholz* § 4 Rn. 62 m.N.
104 *Böhme* § 14 ARB 75 Rn. 16.
105 Prölss/Martin/*Piontek* § 4 Rn. 58; *Looschelders/Paffenholz* § 4 Rn. 63.
106 *Looschelders/Paffenholz* § 4 Rn. 63.
107 BGH 29.3.1995 – IV ZR 207/94, VersR **1995** 698, 700 (zum alten Recht).
108 OLG Celle 10.7.2008 – 8 U 30/08, VersR **2008** 1645, 1646; *Looschelders/Paffenholz* § 4 Rn. 66.

wegen Arglist oder Drohung angefochten worden ist.[109] Bei Irrtumsanfechtung liegt der Rechtsverstoß hingegen erst im Zugang der Anfechtungserklärung, wenn der Gegner den fehlenden Anfechtungsgrund behauptet.[110] Entsprechendes gilt, wenn bei Geschäftsgrundlagenstörung über die Berechtigung des Anpassungsverlangens oder des Rücktritts gestritten wird.[111] Streiten die Parteien über die Wirksamkeit der Vertrages aufgrund fehlender Geschäftsfähigkeit, so ist entgegen verbreiteter Ansicht der Zeitpunkt der Entstehung des Streits über die Wirksamkeit, die Erfüllung oder Rückabwicklung maßgeblich und nicht der Zeitpunkt des Vertragsabschlusses, weil der Geschäftsunfähige keine Pflichten oder Rechtsnormen verletzt.[112] Beim Streit über den Widerruf eines Haustürgeschäfts ist die Weigerung des Unternehmers ausschlaggebend, die Folgen des Widerrufs anzuerkennen.[113] Entsprechendes gilt für die Weigerung des VR, den Widerspruch des VN gemäß § 5a VVG a.F. anzuerkennen.[114] Beim Streit über Gewährleistungsrechte liegt der Verstoß in der Übergabe der mangelhaften Sache,[115] beim Arzthaftungsstreit grundsätzlich im Behandlungsfehler.[116] Nimmt der VN als Darlehensgeber den Darlehensnehmer auf Rückzahlung des Darlehens nach erfolgter Darlehenskündigung in Anspruch, tritt der Versicherungsfall mit der Nichterfüllung des Darlehensrückzahlungsanspruchs ein.[117] Der eingetretene Rechtsschutzfall endet nicht dadurch, dass die Haftung des in Anspruch genommenen Anspruchsgegners dem Grunde nach rechtskräftig festgestellt wird, sodass in der Weigerung des Anspruchsgegners, diesem titulierten Anspruch nachzukommen, kein neuer Rechtsschutzfall liegt.[118]

Bei Aufklärungspflichtverletzung liegt ein Verstoß im Zeitpunkt der ersten Pflichtverletzung **33**
vor, doch kann sich aufgrund einer Verschlechterung des Gesundheitszustandes des Patienten eine neue Pflichtenlage ergeben mit der Folge eines selbstständigen Rechtsverstoßes, der nicht bereits im vorangegangenen Verstoß angelegt ist.[119] Streiten die Parteien über die Leistungspflicht eines VR, ist die unberechtigte Leistungsverweigerung des VR ein Rechtsverstoß.[120] Die ernsthaft geäußerte Ansicht des VR, nicht leisten zu müssen, genügt als der maßgebliche Rechtsverstoß, ohne dass es einer förmlichen endgültigen Ablehnung bedürfte.[121] Eine vorausgegangene Schadensanzeige ist nicht geeignet, den Versicherungsfall gemäß § 4 Abs. 1 Satz 1 lit. c auszulösen, kann den Versicherungsschutz aber gemäß § 4 Abs. 3 lit. a ausschließen.[122] Der Zeitpunkt einer Obliegenheitsverletzung ist maßgeblicher Rechtsverstoß im Streit um die Leistungspflicht des

109 Z.B. OLG Köln 31.10.2000 RuS **2001** 248; OLG Celle 10.7.2008 – 8 U 30/08, VersR **2008** 1645, 1646; OLG Karlsruhe 20.1.2009 – 12 U 200/08, VersR **2009** 629, 630; ÖOGH 1.9.2010 – 7 Ob 144/10t, VersR **2011** 242, 243 f.; Prölss/Martin/*Piontek* § 4 Rn. 72, *Looschelders/Paffenholz* § 4 Rn. 66.

110 KG 21.3.2003 – 6 U 2/02, VersR **2004** 467, 468; Prölss/Martin/*Piontek* § 4 Rn. 75; *Looschelders/Paffenholz* § 4 Rn. 66; Beckmann/Matusche-Beckmann/*Obarowski* § 37 Rn. 418.

111 OLG Hamm 10.10.1997 – 20 U 57/97, RuS **1998** 114, 115; OLG Hamm 12.2.2003 – 20 U 185/02, RuS **2003** 237, 238; *Looschelders/Paffenholz* § 4 Rn. 67; Prölss/Martin/*Piontek* § 4 Rn. 76: Beckmann/Matusche-Beckmann/*Obarowski* § 37 Rn. 418.

112 KG 21.3.2003 – 6 U 2/02, VersR **2004** 467, 468; *Looschelders/Paffenholz* § 4 Rn. 68; **a.A.** OLG Köln 29.3.1990 – 5 U 192/89, VersR **1991** 295; Prölss/Martin/*Piontek* § 4 Rn. 73; Beckmann/Matusche-Beckmann/*Obarowski* § 37 Rn. 418.

113 BGH 17.10.2007 – IV ZR 37/07, VersR **2008** 113, 114 = ZfR **2008** 99 m. Anm. *Armbrüster*; Prölss/Martin/*Piontek* § 4 Rn. 114; *Looschelders/Paffenholz* § 4 Rn. 69.

114 BGH 24.4.2013 – IV ZR 23/12, VersR **2013**, 899, 900; *Looschelders/Paffenholz* § 4 Rn. 70.

115 *Looschelders/Paffenholz* § 4 Rn. 71.

116 OLG Köln 31.10.2018 – 9 U 87/18, VersR **2019** 352; *Looschelders/Paffenholz* § 4 Rn. 73.

117 OLG Hamm 21.8.2017 – I-6 U 97/17, VersR **2018** 418.

118 OLG Köln 31.10.2018 – 9 U 87/18, VersR **2019** 352.

119 OLG Hamm 27.10.2010 – I-20 U 71/10, VersR **2011** 258, 259; *Looschelders/Paffenholz* § 4 Rn. 73.

120 Z.B. BGH 29.2.1984 – IVa ZA 7/83VersR **1984** 434 f. (Haftpflichtversicherung); OLG Frankfurt a.M. 13.1.1999 – 7 U 312/95, NVersZ **1999** 184, 185 (Lebensversicherung).

121 BGH 28.9.2005 – IV ZR 106/04, VersR **2005** 1684, 1685; BGH 19.11.2008 – IV ZR 305/07, VersR **2009** 109, 111; OLG Karlsruhe 1.4.2004 – 12 U 141/03, VersR **2005** 546, 547; Prölss/Martin/*Piontek* § 4 Rn. 112; *Looschelders/Paffenholz* § 4 Rn. 74; Beckmann/Matusche-Beckmann/*Obarowski* § 37 Rn. 451.

122 BGH 5.4.2006 – IV ZR 176/05, BeckRS **2013** 11723; OLG Hamm 4.7.2014 – I-20 U 114/14, VersR **2015** 620, 621; Prölss/Martin/*Piontek* § 4 Rn. 138; *Looschelders/Paffenholz* § 4 Rn. 74.

VR.[123] Bei Leistungsablehnung des VR aufgrund einer Verletzung der vorvertraglichen Anzeigepflicht sollen hingegen zwei Rechtsverstöße und damit mehrere Rechtsschutzfälle im Sinne von § 4 Abs. 2 Satz 2 vorliegen, sodass eine vor der Jahresfrist erfolgte Anzeigepflichtverletzung außer Betracht bleibt.[124]

34 **bb) Sachenrecht.** Im Sachenrecht ist ausschlaggebend, welcher Rechtsverstoß die Wahrnehmung rechtlicher Interessen notwendig macht.[125] Bei Ansprüchen wegen Besitzentziehung ist dies der Zeitpunkt der verbotenen Eigenmacht, bei Ansprüchen wegen Besitzstörung ist der Beginn der Störung maßgeblich, beim Streit über die rei vindicatio ist zu unterscheiden: Ein Rechtsverstoß kann sowohl im unberechtigten Herausgabeverlangen als auch in der unberechtigten Weigerung des Besitzers liegen, die Sache herauszugeben. Unter Umständen kann aber auch ein vorheriger Rechtsverstoß bei Besitzerlangung vorliegen.

35 **d) Steuer-Rechtsschutz vor Gerichten.** Beim Steuer-Rechtsschutz tritt der Rechtsschutzfall im Regelfall mit der Bekanntgabe des belastenden Steuerbescheides oder sonstigen Steuerverwaltungsaktes ein, gegen den sich der VN wendet.[126] Dieser muss dem VN innerhalb des versicherten Zeitraums zugegangen sein.[127] Aufgrund der Unwirksamkeit der Vorerstreckungsklausel gem. § 4 Abs. 3 lit. a[128] kommt es nicht mehr darauf an, dass eine dem Steuerbescheid vorausgegangene Steuererklärung nach Beginn des Versicherungsschutzes abgegeben worden ist.

36 **e) Sozialgerichts-Rechtsschutz.** Im Sozialgerichts-Rechtsschutz liegt ein Rechtsverstoß in der Ablehnung eines Leistungsantrages durch den Sozialversicherungsträger in Gestalt eines rechtswidrigen Ablehnungsbescheides. Allerdings stellt der Leistungsantrag des VN eine Rechtshandlung dar, in der der Rechtsstreit gewissermaßen vorprogrammiert ist mit der Folge des Leistungsausschlusses gemäß § 4 Abs. 3 lit. a im Falle der Antragstellung vor materiellem Versicherungsbeginn.[129]

37 **f) Verwaltungs-Rechtsschutz in Verkehrssachen.** Im Verwaltungs-Rechtsschutz in Verkehrssachen liegt der Rechtsverstoß nicht erst im Erlass des rechtswidrigen Verwaltungsaktes, sondern schon im zugrundeliegenden Verkehrsverstoß des VN.[130] Bei Entziehung der Fahrerlaubnis wegen Erreichens der Punkte-Grenze ist jeder einzelne punktebewehrte Verkehrsverstoß ein Rechtsverstoß, der einen selbstständigen Rechtsschutzfall auslöst mit der Folge, dass nach § 4 Abs. 2 Satz 2 auf den ersten Verstoß abzustellen und die Jahresfrist zu beachten ist.[131]

---

123 OLG Koblenz 9.3.2012 – 10 U 863/11, VersR **2013** 99, 100 f.; van Bühren/*Plote* § 4 ARB 2010 Rn. 41; *Looschelders/Paffenholz* § 4 Rn. 75.

124 OLG Karlsruhe 30.12.2011 – 12 U 122/11, RuS **2012** 175, 176 m. Anm. *Maier*; van Bühren/*Plote* § 4 ARB 2010 Rn. 41; *Looschelders/Paffenholz* § 4 Rn. 76.

125 Zum Ganzen *Looschelders/Paffenholz* § 4 Rn. 79.

126 OLG Nürnberg 27.11.2020 – 8 U 2967/20, RuS **2021** 86; *Looschelders/Paffenholz* § 4 Rn. 80; van Bühren/*Plote* § 4 ARB 2010 Rn. 59.

127 OLG Nürnberg 27.11.2020 – 8 U 2967/20, RuS **2021** 86.

128 Siehe hierzu Rn. 51.

129 BGH 5.4.2006 – IV ZR 176/05, BeckRS **2013** 11723; Prölss/Martin/*Piontek* § 4 Rn. 138; Looschelders/Paffenholz § 4 Rn. 82.

130 Looschelders/Paffenholz § 4 Rn. 83; Harbauer/Cornelius-Winkler § 4 ARB 2010 Rn. 132; Beckmann/Matusche-Beckmann/Obarowski § 37 Rn. 94; **a.A.** Hering SVR **2006** 165, 167.

131 BGH 5.7.2006 – IV ZR 153/05, VersR **2006** 1355; *Looschelders/Paffenholz* § 4 Rn. 84.

g) Disziplinar-, Standes-, Straf- und Ordnungswidrigkeiten-Rechtsschutz. Im Disziplinar-, Strandes-, Straf- und Ordnungswidrigkeiten-Rechtsschutz ist ebenfalls auf den Zeitpunkt abzustellen, in dem der VN die einschlägigen Rechtspflichten oder Rechtsvorschriften verletzt hat bzw. verletzt haben soll.[132] 38

4. ARB 2012/2021

Die Bestimmung in Ziff. 2.4.3 ARB 2012/2021 stimmt mit § 4 Abs. 1 Satz 1 lit. c überein.[133] Der erläuternde Klammerzusatz stellt klar, dass der andere, der den Verstoß begangen haben kann, „zum Beispiel der Gegner oder ein Dritter" sein kann.[134] 39

C. Versicherter Zeitraum und Wartezeit

I. Rechtsschutzfall während der materiellen Versicherungsdauer

Der Versicherungsfall kann logischerweise nur während der materiellen Versicherungsdauer eintreten, alle anderen Ereignisse sind im Rechtssinne keine Versicherungs- bzw. Rechtsschutzfälle. Folgerichtig bestimmt § 4 Abs. 1 Satz 2, dass die Voraussetzungen nach lit. a–c nach Beginn des Versicherungsschutzes gemäß § 7 und vor dessen Beendigung eingetreten sein müssen. Verzögerte Prämienzahlung kann unter den Voraussetzungen der §§ 37, 38 VVG zur Leistungsfreiheit des VR führen. Vor dem Versicherungsbeginn liegende Ereignisse schaden dem Versicherungsschutz insofern nicht, als sie für die aktuelle rechtliche Auseinandersetzung nicht adäquat kausal geworden sind[135] oder länger als ein Jahr vor Beginn des Versicherungsschutzes liegen (§ 4 Abs. 2 Satz 2).[136] 40

II. Wartezeiten

Die ARB suchen Zweckabschlüsse von Rechtssuchenden, die sich kurzfristig Versicherungsschutz *ad hoc* verschaffen wollen, tunlichst von der Rechtsschutzdeckung auszunehmen.[137] In den Leistungsarten gemäß § 2 lit. b–g besteht Versicherungsschutz deshalb erst nach Ablauf von drei Monaten nach dem im Versicherungsschein angegebenen Versicherungsbeginn (Wartezeit – § 4 Abs. 1 Satz 3 i.V.m. § 7 Satz 1 Halbs. 1). Dieser Anfangstermin gilt auch dann, wenn die Erst- oder Einmalprämie nicht rechtzeitig bezahlt wird,[138] wobei allerdings unabhängig von der Wartezeitregelung Leistungsfreiheit gemäß §§ 37, 38 VVG eintreten kann. Denn eine zugunsten des VN abweichende Gestaltung ist der Klausel nicht zu entnehmen. Die Fristberechnung richtet sich nach bürgerlichem Recht (§§ 186–193 BGB). Die Wartezeit schiebt den materiellen Versicherungsbeginn hinaus. Sie bezieht sich auf das jeweilige Einzelrisiko, ist also bei Vertragserweiterungen für jedes neu hinzutretende Risiko gesondert zu beachten.[139] Die Regelung trägt dem beiderseitigen Interesse 41

132 Näher *Looschelders/Paffenholz* § 4 Rn. 87 f.
133 *Looschelders/Paffenholz* § 4 Rn. 40; *Maier* RuS **2013** 105, 107.
134 *Looschelders/Paffenholz* § 4 Rn. 40.
135 OLG Hamm 10.10.2000 – 20 W 15/00, RuS **2001** 70, 71.
136 *Looschelders/Paffenholz* § 4 Rn. 90.
137 *Looschelders/Paffenholz* § 4 Rn. 92.
138 van Bühren/*Plote* § 4 ARB 2010 Rn. 48; **a.A.** *Looschelders/Paffenholz* § 4 Rn. 91; Harbauer/*Cornelius-Winkler* § 4 ARB 2010 Rn. 157.
139 OLG Karlsruhe 15.1.2008 – 12 U 89/07, VersR **2008** 675, 677; Prölss/Martin/*Piontek* § 4 Rn. 117; *Looschelders/Paffenholz* § 4 Rn. 94.

von Rechtsschutzversicherer und VN Rechnung, möglichst nur bei Vertragsschluss noch nicht absehbare und ungewisse Fälle der Wahrnehmung rechtlicher Interessen abzudecken[140] und ist AGB-rechtlich nach h.M. nicht zu beanstanden.[141]

III. ARB 2012/2021

42 Abweichend von den ARB 2010 sehen 3.1.1 der ARB 2012/2021 eine deutliche Aufweichung der Dreimonatsfrist vor. Danach hat der VN im Schadensersatz-RS (2.2.1), im Disziplinar- und Standes-RS (2.2.8), im Straf-RS (2.2.9), im Ordnungswidrigkeiten-RS (2.2.10), bei Streitigkeiten aus Kauf- und Leasingverträgen über ein fabrikneues Kraftfahrzeug, im Beratungs-RS im Familien- und Erbrecht (2.2.11) sowie im Opfer-RS (2.2.12) auch in den ersten drei Monaten nach Versicherungsbeginn Versicherungsschutz besteht.

D. Dauerverstöße

I. Überblick

43 Der Versicherungsfall ist in den ARB möglichst exakt zu bestimmen, damit klar ist, ab welchem Zeitpunkt Rechtsschutz besteht.[142] Ereignisse haben stets eine gewisse zeitliche Ausdehnung. Je größer die zeitliche Ausdehnung, umso dringender stellt sich die Frage der Eignung eines Ereignisses als Versicherungsfall in der kautelarpraktischen Gestaltung. Denn mit der zeitlichen Ausdehnung des Ereignisses wächst die Unsicherheit über den Bedingungseintritt. Beispielsweise hat der Bruch einer Glasscheibe eine sehr überschaubare zeitliche Ausdehnung, wohingegen eine Überschwemmung sich in der Regel über einen längeren Zeitraum erstreckt. Der Verstoß gegen das deliktsrechtliche Gebot des *neminem laedere* kann – wie etwa im Fall der Körperverletzung in Gestalt eines Beinbruchs – in einem kurzen Augenblick verwirklicht sein, der Verstoß gegen Leistungs- oder Schutzpflichten kann zeitlich erhebliche Dimensionen erreichen und endet unter Umständen nie (Verzug, Gefährdung des Vertragspartners, unterlassene Hilfeleistung etc.). Die in § 4 Abs. 1 durch die Anknüpfung an einen Pflichten- oder Normverstoß angelegte denkbare zeitliche Ausdehnung des Rechtsschutzfalles verlangt deshalb nach einer Präzisierung in zeitlicher Hinsicht. Die Bestimmung in § 4 Abs. 2 Satz 1 unternimmt den Versuch einer solchen Präzisierung im Hinblick auf Ereignisse, die sich über einen Zeitraum erstrecken, und erklärt den Beginn des Zeitraumes für maßgeblich. Wenn nach dem Vertrag ein in die vereinbarte Wartezeit fallender Dauerverstoß vorliegt, besteht kein Deckungsanspruch.[143]

II. Zeitlich gedehnte Ereignisse und Rechtsschutzfall

1. Grundsatz

44 Die Literatur ist im Rahmen von § 4 Abs. 2 Satz 1 uneins über die richtige Terminologie. In Anlehnung an den Wortlaut der Klausel wird teilweise der Begriff des „gedehnten Versicherungs- oder

---

140 BGH 16.3.1988 – IVa ZR 247/84, VersR **1988** 1281, 1282.

141 OLG Naumburg 28.1.2021 – 4 U 59/20, VersR **2021** 765 Rn. 34; *Looschelders/Paffenholz* § 4 Rn. 92; Prölss/Martin/*Piontek* § 4 Rn. 118.

142 Zum Ganzen bereits § 125 VVG Rn. 9 f., 11 ff., § 2 Rn. 1, § 3 Rn. 2 f., § 4 Rn. 1 ff.

143 OLG Naumburg 28.1.2021 – 4 U 59/20, VersR **2021** 765 Ls. 1.

Rechtsschutzfalles“ verwendet.[144] Überwiegend wird hingegen der Begriff des „Dauerverstoßes“ favorisiert.[145] Der BGH hat in der Tierversicherung für einen gedehnten Versicherungsfall die Fortdauer eines eingetretenen Zustandes über einen gewissen Zeitraum verlangt, wobei die Fortdauer nicht nur bestimmend sei für die Pflicht des VR zur Erbringung einer einmaligen Versicherungsleistung, sondern auch für deren Umfang im Einzelfall.[146] Diese Definition mag in der Tierversicherung passen, ist aber auf die Rechtsschutzversicherung nicht ohne weiteres übertragbar.[147] Denn zweifelsohne hängt die Bedeutung der zeitlichen Dehnung eines Ereignisses für das Versicherungsverhältnis von der konkreten Ausgestaltung des Versicherungsfalles und des Pflichtenprogramms in den jeweiligen AVB ab. Doch liegt der innere Grund für die terminologische Unsicherheit tiefer. Die Regelung in § 4 Abs. 2 Satz 1 bewirkt eine Präzisierung des Rechtsschutzfalls selbst. Die gewählte Formulierung des ersten Halbsatzes („Erstreckt sich der Rechtsschutzfall über einen Zeitraum, ...“) ist letztlich irreführend und unlogisch, weil im zweiten Halbsatz („... ist dessen Beginn maßgeblich.“) der Beginn des Zeitraumes zum Rechtsschutzfall erhoben wird. Der Rechtsschutzfall kann aber nicht zugleich ein Zeitraum und ein Zeitpunkt sein. Diese Schwäche in der Terminologie der Klauselfassung lässt sich letztlich weder durch den Begriff des „gedehnten Rechtsschutzfalles“ noch durch den Rekurs auf einen „Dauerverstoß“ beheben. Immerhin hat der Begriff des Dauerverstoßes vordergründig eine gewisse Offenheit. Diese Offenheit bringt aber keine zusätzliche Klarheit, wenn man den Dauerverstoß im gleichen Atemzug als Versicherungsfall bezeichnet, sei es als ausschließlicher Terminus, sei es als Oberbegriff des „gedehnten Versicherungsfalls“ und anderer gleich zu achtender Fälle.[148] Sinnvoll wird die Klausel in § 4 Abs. 2 Satz 1 letztlich nur dann, wenn man darin eine präzisierende Bestimmung des Versicherungsfalls erblickt dahingehend, dass bei allen denkbaren zeitlich gestreckten Ereignissen, die generell geeignet sind, einen Versicherungsfall auszulösen, der Rechtsschutzfall mit dem Beginn des jeweiligen Ereignisses eintritt. In dieser Präzisierung liegt das notwendige und berechtigte Anliegen kautelarjuristischer Bestimmung des Rechtsschutzfalles. Die Frage der Transparenz ist dabei – hier wie auch sonst – ein weites Feld. Doch selbst im Fall der Intransparenz könnte die gebotene ergänzende Vertragsauslegung (§§ 133, 157, 242 BGB) schwerlich zu einem anderen Ergebnis führen, als bei Dauerereignissen für die Bestimmung des Versicherungsfalles auf den Beginn des jeweiligen Zeitraumes abzustellen.

2. Beispiele

Erhebt der Vermieter Räumungsklage nach fristloser Kündigung des Mietverhältnisses gegen seinen rechtsschutzversicherten Mieter wegen rückständigen Mietzinses, kommt es für die zeitliche Einordnung des Versicherungsfalls nicht auf den vom Vermieter gegenüber dem Mieter geltend gemachten Kündigungsgrund an, sondern allein auf den Ausspruch der nach Ansicht des Mieters unberechtigten Kündigung.[149] Sofern der rechtsschutzversicherte Mieter Ansprüche gegen seinen Vermieter wegen eines Wasserschadens, der auf einem Mangel in der Dachabdeckung beruht, geltend macht, liegt der maßgebliche Rechtsverstoß für den Versicherungsfall darin, dass der Vermieter trotz Aufforderung zur Mängelbeseitigung untätig geblieben ist und nicht erst im Zeitpunkt des Schadeneintritts. Somit erstreckt sich der Rechtsschutzfall über einen Zeitraum (der Untätigkeit), so dass gem. § 4 Abs. 2 ARB 2010 dessen Beginn maßgeblich ist.[150] 45

144 Z.B. Prölss/Martin/*Piontek* § 4 Rn. 121; zur Tierversicherung BGH 15.6.1989 – V ZB 22/88, NJW **1989** 3018, 3019 (gedehnter Versicherungsfall).

145 So etwa *Looschelders/Paffenholz* § 4 Rn. 96; Harbauer/*Cornelius-Winkler* § 4 ARB 2010 Rn. 165; van Bühren/*Plote* § 4 ARB 2010 Rn. 50.

146 BGH 12.4.1989 – V ZB 22/88, NJW **1989** 3018, 3019.

147 Das ist der berechtigten Kritik von Harbauer/*Cornelius-Winkler* § 4 ARB 2010 Rn. 14 f. zuzugeben.

148 Für die Verwendung als Oberbegriff *Looschelders/Paffenholz* § 4 Rn. 96 a.E.

149 OLG Köln 14.1.2020 – I-9 U 54/19, VersR **2020** 686 Ls. 2.

150 OLG Köln 14.1.2020 – I-9 U 54/19, VersR **2020** 686 Ls. 3.

III. Gleichstellung mehrerer Verstöße bei einheitlichem Gefahrverwirklichungsvorgang?

46 In Rechtsprechung und Literatur werden einzelne Verstöße einem Dauerverstoß gleichgestellt, wenn es sich um einen einheitlichen Geschehensablauf im Sinne eines einheitlichen Gefahrverwirklichungsvorgangs handelt.[151] Diese h.M. hat zur Konsequenz, dass die Beurteilung des Rechtsschutzes sich nicht nach § 4 Abs. 2 Satz 2 richtet, dessen Anwendung für den VN aufgrund der Jahresfrist unter Umständen wesentlich günstiger ist. Eine Gleichstellung von einem mit mehreren Rechtsschutzfällen ist deshalb durchaus fragwürdig. Im Wortlaut der Klauselgestaltung findet sie keine hinreichende Stütze, weil in § 4 Abs. 2 Satz 1 eindeutig von *einem* Rechtsschutzfall die Rede ist, während § 4 Abs. 2 Satz 2 die Konstellation *mehrerer* Rechtsschutzfälle anspricht. Einem durchschnittlichen VN ohne versicherungsrechtliche Spezialkenntnisse wird sich die im Wege der Auslegung vollzogene Gleichstellung von mehreren Rechtsschutzfällen mit einem Versicherungsfall deshalb schwerlich erschließen. Die Klauselfassung ergibt nicht hinreichend klar, dass eine solche Gleichstellung mit für den VN unter Umständen durchaus nachteiligen Folgen möglich sein soll. Wenn man davon ausginge, dass mit der gewählten Formulierung die von der h.M. befürwortete Gleichstellung gemeint sei, wäre das unter dem Aspekt von Überraschungsverbot (§ 305c Abs. 1 BGB), Unklarheitenregel (§ 305c Abs. 2 BGB) und Transparenzgebot (§ 307 Abs. 1 Satz 2 BGB)[152] überaus fragwürdig – von der Frage der unangemessenen Benachteiligung des VN einmal ganz abgesehen. Kontrollfreiheit wird die Klausel insoweit kaum erheischen. Das Damoklesschwert der Intransparenz hängt über der Klausel insoweit insbesondere auch deshalb, weil die gesamte Gestaltung in § 4 Abs. 1 und 2 der Sprach- und Rechtslogik nicht hinreichend gerecht wird. Das sollte zur einschränkenden Auslegung von § 4 Abs. 2 Satz 1 hinreichend Anlass geben. Mit der von der h.M. vorgenommenen Gleichstellung wird ohne Not gewissermaßen stillschweigend eine Ausnahme zur privilegierenden Jahresregel gemäß § 4 Abs. 2 Satz 2 geschaffen, um Defizite der Klauselgestaltung zum Nachteil des VN zu korrigieren. Überzeugend ist das nicht. Vorzugswürdig ist es, jede Gleichstellung mehrerer Rechtsschutzfälle bzw. „Vorereignisse" mit einem einzigen Versicherungsfall bzw. in § 4 Abs. 2 abzulehnen.

E. Mehrere Rechtsschutzfälle

I. Überblick

47 Die Regelung in § 4 Abs. 2 Satz 2 regelt den Versicherungsschutz beim Zusammentreffen mehrerer Ereignisse, die als Rechtsschutzfall in Frage kommen. Sie sucht Zweckabschlüsse zu vermeiden, mit denen sich der VN Rechtsschutzdeckung für Ereignisse vor dem Zeitpunkt des materiellen Versicherungsbeginns verschaffen könnte. Die Bestimmung rechnet mehrere Ereignisse zum Zwecke der Bestimmung des Rechtsschutzfalls zusammen und erklärt im Hinblick auf die Entscheidung der Frage, ob Rechtsschutz besteht, das erste Ereignis für maßgeblich. Dabei leidet die Klausel wie die gesamte Regelung in § 4 Abs. 1 und 2 unter einem inneren logischen Bruch: Liegen zwei oder mehrere Ereignisse innerhalb der materiellen Versicherungsdauer vor, die sachlich in die Rechtsschutzdeckung fallen, handelt es sich um zwei oder mehr Rechtsschutzfälle, für die grundsätzlich Leistungspflicht des Rechtsschutzversicherers besteht. Liegt von zwei oder mehreren Ereignissen, die sachlich in die Deckung fallen, eines oder mehrere vor dem Zeitpunkt des materiellen Versicherungsbeginns, so handelt es sich bei diesen vor dem materiel-

151 BGH 30.4.2014 – IV ZR 47/13, VersR **2014** 742, 744 (Rn. 23); OLG Hamm 12.2.2003 – 20 U 185/02, RuS **2003** 237, 238 (*in casu* verneinend); aus der Literatur z.B. *Looschelders/Paffenholz* § 4 Rn. 97; Harbauer/*Cornelius-Winkler* § 4 ARB 2010 Rn. 183 ff.; van Bühren/*Plote* § 4 ARB 2010 Rn. 50; einschränkend Prölss/Martin/*Piontek* § 4 Rn. 59 ff.

152 Einen Transparenzverstoß bejaht AG Kerpen 8.11.2005 – 22 C 166/05, NJW-RR **2006** 97; **a.A.** Prölss/Martin/*Piontek* § 4 Rn. 121; *Maier* FS Wälder, 37, 47.

len Versicherungsbeginn eintretenden Ereignissen logisch nicht um Rechtsschutzfälle, sondern um nicht versicherte „Vorereignisse". Die Klauselgestaltung verwischt diesen rechtslogischen Zusammenhang. Im Ergebnis bewirkt sie, dass Rechtsschutzfälle aus der Deckung herausgenommen werden, falls ein vor dem materiellen Versicherungsbeginn liegendes „Vorereignis" für die Wahrnehmung rechtlicher Interessen mitursächlich ist. Eine Ausnahme soll nur gelten, wenn das „Vorereignis" länger als ein Jahr vor dem materiellen Versicherungsbeginn stattfand bzw. beendet war. Die Klausel bringt diesen Regelungszweck nur sehr unvollkommen zum Ausdruck und begegnet unter dem Gesichtspunkt der Unklarheitenregel (§ 305c Abs. 2 BGB) und der Transparenz erheblichen Bedenken (§ 307 Abs. 1 Satz 2 BGB). Fragwürdig ist – trotz des grundsätzlich legitimen Anliegens, Zweckabschlüsse zu vermeiden – auch die innere Rechtfertigung der Rechtsfolge des Totalausschlusses der Leistungspflicht, wenn nur eine Mitursächlichkeit vorliegt, der unter Umständen auch eine verhältnismäßige Leistungskürzung gerecht werden könnte.

II. Kausalität des ersten „Vorereignisses"

Das vor dem materiellen Versicherungsbeginn liegende „Vorereignis" muss für den Rechtsschutzfall ursächlich sein, wobei nach h.M. adäquate Kausalität erforderlich ist.[153] Legt man allgemeine Grundsätze zugrunde, beansprucht darüber hinaus die Lehre vom Normzweckzusammenhang Geltung.[154] Dabei genügt Mitursächlichkeit.[155] Verstöße, die erkennbar nicht konfliktauslösend waren, bleiben außer Betracht.[156] Das folgt zumindest aus dem fehlenden Normzweckzusammenhang. Beispiele sind verziehene oder anderweitig erkennbar erledigte Verstöße.[157] 48

III. Unbeachtlichkeit von mehr als ein Jahr zurückliegenden Ereignissen

1. Bedeutung der Jahresfrist

Keine Berücksichtigung bei der Bestimmung des Rechtsschutzfalles erfahren Vorereignisse, die länger als ein Jahr vor Beginn der materiellen Versicherungsdauer eintraten bzw. beendet waren (§ 4 Abs. 2 Satz 2 Teilsatz 3). Auch hier begegnet in der Klauselformulierung die unzulängliche und missverständliche Terminologie, insofern Rechtsschutzfälle außerhalb der materiellen Versicherungsdauer logisch nicht denkbar sind.[158] Bei Vorereignissen, die länger als ein Jahr zurückliegen, wird Erledigung angenommen.[159] Die Fristberechnung richtet sich nach bürgerlichem Recht (§§ 186–193 BGB). Die Regelung findet keine Anwendung, soweit man im Falle eines einheitlichen Gefahrverwirklichungsvorgangs mit der h.M. eine Zusammenfassung mehrerer Ereignisse zu einem Dauerereignis vornimmt.[160] 49

---

153 BGH 14.3.1984 – VersR 1984 530, VersR **1984** 530, 531; OLG Köln 11.10.1994 – 9 U 151/94, VersR **1995** 1478 f.; OLG Hamm 10.10.2000 – 20 W 15/00, RuS **2001** 70, 71; *Looschelders/Paffenholz* § 4 Rn. 102; Prölss/Martin/*Piontek* § 4 Rn. 126.

154 Vgl. hierzu § 3 Rn. 8.

155 OLG Bremen 26.2.1988 – 4 U 101/87, VersR **1988** 1291; *Looschelders/Paffenholz* § 4 Rn. 102; Prölss/Martin/*Piontek* § 4 Rn. 124; Harbauer/*Cornelius-Winkler* § 4 ARB 2010 Rn. 187; van Bühren/*Plote* § 4 ARB 2010 Rn. 51.

156 BGH 20.3.1985 – IVa ZR 137/83, VersR **1985** 540, 541.

157 *Looschelders/Paffenholz* § 4 Rn. 103; Beckmann/Matusche-Beckmann/*Obarowski* § 37 Rn. 428.

158 S. hierzu bereits Rn. 43 ff.

159 *Looschelders/Paffenholz* § 4 Rn. 105.

160 Dagegen bereits Rn. 44.

2. ARB 2012/2021

50 Die ARB 2012 verzichten auf die Regelung der Jahresfrist, wie sie in § 4 Abs. 2 Satz 2 vorgesehen ist (Ziff. 2.4.5 ARB 2012). Damit verliert die Zusammenrechnung mehrerer Ereignisse zu einem einheitlichen Versicherungsfall, wie ihn die h.M. für den Fall eines einheitlichen Gefahrverwirklichungsvorgangs annimmt,[161] an inhaltlicher Brisanz. Es bleibt die unlogische Terminologie im Hinblick auf „Versicherungsfälle" außerhalb der materiellen Versicherungsdauer insbesondere in Ziff. 2.4.5 Satz 3 ARB 2012. Ziff. 2.4.5 ARB 2021 sehen dagegen wieder die optionale Möglichkeit vor, dass Versicherungsfälle zugunsten des VN, die länger als ein Jahr vor Beginn des Versicherungsschutzes eingetreten sind, unberücksichtigt bleiben.

F. Besondere zeitliche Risikoausschlüsse

I. Willenserklärungen und Rechtshandlungen vor materiellem Versicherungsbeginn

1. Grundsatz

51 § 4 Abs. 3 lit. a schließt den Rechtsschutz aus, wenn eine Willenserklärung oder Rechtshandlung, die vor Beginn des Versicherungsschutzes vorgenommen wurde, den Verstoß nach § 4 Abs. 1 Satz 1 lit. c ausgelöst hat.[162] Dabei handelt es sich um eine Bestimmung zum Versicherungsfall, der nur dann eintritt, wenn die entsprechende Willenserklärung oder Rechtshandlung nach dem materiellen Versicherungsfall liegt. Die Regelung soll verhindern, dass Rechtsschutz für Streitigkeiten gewährt wird, die schon vor Vertragsabschluss angelegt sind.[163] Nach h.M. findet die Regelung keine Anwendung, wenn die Willenserklärung selbst bereits den Verstoß im Sinne von § 4 Abs. 1 Satz 1 lit. c begründet.[164] Nach der neuesten Rechtsprechung des BGH ist die Klausel jedoch aufgrund Intransparenz nach § 307 Abs. 1 Satz 2 BGB unwirksam, da die von dieser ‚Vorerstreckungsklausel' vorausgesetzte Ursächlichkeit der Willenserklärung oder Rechtshandlung für den späteren Verstoß gem. § 4 Abs. 1 Satz 1 lit. c nicht klar und durchschaubar beschrieben wird: Zwar wird vorausgesetzt, dass das bedingungsgemäße Ereignis eine Ursache für den späteren Verstoß bildet; ob damit aber lediglich die so genannte *conditio sine qua non*-Formel eingeschränkt, ein weitergehendes Unmittelbarkeitserfordernis oder ein die Zurechnung begrenzendes Kausalitätskriterium ganz eigener Art aufgestellt werden soll, erschließt sich dem durchschnittlichen VN nicht.[165]

2. ARB 2012/2021

52 Nach obigen Maßstäben dürfte dementsprechend auch Ziff. 3.1.2 ARB 2012 unwirksam sein, in welche die Vorerstreckungsklausel des § 4 Abs. 3 lit. a übernommen wurde; die in Klammerzusätzen angefügten Erläuterungen reichen nicht aus, um das Unmittelbarkeitserfordernis für den verständigen VN hinreichend zu konkretisieren. Auf einem anderen Blatt steht dagegen die Wirksamkeit von Ziff. 3.1.2 ARB 2021. Dieser präzisiert das Unmittelbarkeitserfordernis auf zwei Fälle: Der VN hat vor Versicherungsbeginn einen Antrag bei einer Behörde (Beispiel: Bestimmung des Grades einer Behinderung, Unfallanzeige bei einer Berufsgenossenschaft, Wiedererteilung der

---

161 Hierzu Rn. 44.

162 Beispielsfälle OLG Hamm 20.10.2000 – 20 U 247/99, VersR **2001** 712; OLG Celle 10.7.2008 – 8 U 30/08VersR **2008** 1645, 1647.

163 BGH 28.9.2005 – IV ZR 106/04, VersR **2005** 1684, 1685; OLG Köln 23.1.2001 – 9 U 94/00, RuS **2001** 201; *Looschelders/Paffenholz* § 4 Rn. 109; Prölss/Martin/Piontek § 4 Rn. 127; *Wendt* MDR **2008** 717, 718.

164 *Looschelders/Paffenholz* § 4 Rn. 110; Prölss/Martin/*Piontek* § 4 Rn. 127; *Wendt* RuS **2008** 221, 223.

165 BGH 4.7.2018 – IV ZR 200/16, VersR **2018** 992 Rn. 37 ff.; BGH 11.7.2018 – IV ZR 112/16, BeckRS **2018** 17024.

Fahrerlaubnis) oder einen Antrag auf Leistung aus einem anderen Versicherungsvertrag gestellt (Beispiel: Anspruch auf Berufsunfähigkeitsrente oder Unfall-Invaliditätsleistung). Diese – im Vergleich zu den ARB 2010 deutlich engere Fassung – dürfte den Unmittelbarkeitszusammenhang für einen verständigen VN hinreichend deutlich werden lassen. Der Versicherungsvertrag kann um einen Ausschluss erweitert werden für den Fall, dass der VN vor Versicherungsbeginn ein Kündigungsrecht ausgeübt hat und der Versicherungsfall mit der Beendigung des gekündigten Vertrages zusammenhängt. Optional können dabei Anträge und Kündigungen des VN unberücksichtigt bleiben, die länger als ein Jahr vor Beginn des Versicherungsschutzes gestellt oder ausgeübt wurden.

II. Verfristung des Rechtsschutzes nach drei Jahren

Es besteht kein Rechtsschutz, wenn der Anspruch auf Rechtsschutz erstmals später als drei Jahre 53 nach Beendigung des Versicherungsschutzes für den betroffenen Gegenstand der Versicherung geltend gemacht wird (§ 4 Abs. 3 lit. b). Dabei handelt es sich nach zutreffender h.M. nicht um eine Bestimmung des Versicherungsfalls, sondern um eine Ausschlussfrist für die Geltendmachung des Versicherungsanspruchs,[166] die in den Regelungskontext von § 4 systematisch so recht eigentlich nicht passt und insofern durchaus etwas überraschend wirkt. Die Regelung dient nach verbreiteter Ansicht dazu, die Pflicht zur Leistung in Fällen auszuschließen, die so lange zurückliegen, dass ihre Aufklärung und Abwicklung typischerweise nur noch mit unverhältnismäßigem Aufwand und erheblichen Kosten möglich ist.[167] Die darin liegende Sanktionierung unterlassener rechtzeitiger Schadensanzeige ist mit § 30 VVG sicherlich vereinbar, begegnet aber ganz erheblichen Bedenken vor dem Hintergrund der halbzwingend ausgestalteten Schadensabwendungs- und -minderungsobliegenheit (§§ 82, 87 VVG), wenn man mit der in der Literatur verbreitet geäußerten Rechtsansicht davon ausgeht, dass es im Kern um Schadensminderung geht.[168] Nach h.M. ist die Regelung nicht wegen unangemessener Benachteiligung des VN unwirksam (§ 307 Abs. 1 Satz 1, Abs. 2 Nr. 1 BGB).[169]

Die Fristberechnung richtet sich hier wie auch sonst nach bürgerlichem Recht (§§ 186–193 BB). 54 Zur Fristwahrung genügt die Schadensmeldung innerhalb der Frist von drei Jahren. Rechtzeitige Geltendmachung setzt voraus, dass der VN den Eintritt des Rechtsschutzfalles und Darlegung der konkreten Umstände anzeigt, damit der VR seine Einstandspflicht prüfen kann.[170] Dem VR soll nach h.M. die Berufung auf Fristversäumnis gemäß § 242 BGB verwehrt sein, wenn den VN an der Fristversäumung kein Verschulden trifft, was er darzulegen und bei Bestreiten zu beweisen hat.[171] Der BGH ist der Ansicht, die Rechtsprechung zur Unfallversicherung, wonach für die Geltendmachung einer Invalidität nach entschuldbarer Fristversäumung für den VN keine neue Frist zu laufen beginnt, sondern er die Invalidität unverzüglich nach Wegfall des Entschuldigungsgrundes geltend machen muss, könnte auf die Ausschlussfrist gemäß § 4 Abs. 3 lit. b zu übertragen sein.[172] Das Verschuldenserfordernis unterstreicht die Nähe zu Obliegenheit ebenso wie die Zurechnung vom Fremdverschulden gemäß § 278 BGB oder den Grundsätzen der Wissenserklärungs-

166 BGH 15.4.1992 – IV ZR 198/91, VersR **1992** 819 f.; OLG Bamberg 20.6.2002 – 1 U 184/01, VersR **2004** 906; *Looschelders/Paffenholz* § 4 Rn. 116; Harbauer/*Cornelius-Winkler* § 4 ARB 2010 Rn. 227 f.; van Bühren/*Plote* § 4 ARB 2010 Rn. 57.

167 *Looschelders/Paffenholz* § 4 Rn. 115; Harbauer/*Cornelius-Winkler* § 4 ARB 2010 Rn. 227.

168 Gegen Qualifikation als Obliegenheit BGH 15.4.1992 – IV ZR 198/91, VersR **1992** 819 f.; OLG Bamberg 20.6.2002 – 1 U 184/01, VersR **2004** 906.

169 BGH 15.4.1992 – IV ZR 198/91, VersR **1992** 819 f.; Prölss/Martin/*Piontek* § 4 Rn. 144; van Bühren/*Plote* § 4 ARB 2010 Rn. 58; offen *Looschelders/Paffenholz* § 4 Rn. 120.

170 BGH 15.4.1992 – IV ZR 198/91, VersR **1992** 819, 821.

171 BGH 15.4.1992 – IV ZR 198/91, VersR **1992** 819, 820; BGH 27.9.2017 – IV ZR 385/15, RuS **2017** 593; OLG Bamberg 20.6.2002 – 1 U 184/01, VersR **2004** 906.

172 BGH 27.9.2017 – IV ZR 385/15, RuS **2017** 593, 594 Rn. 17 ff. (*in casu* offen gelassen).

vertretung.[173] Eine grundsätzliche Pflicht des VR zum Hinweis auf die Frist nach Beendigung des Versicherungsverhältnisses wird überwiegend verneint.[174]

G. Ausschluss beim Steuer-Rechtsschutz

55 Eine spezielle Regelung greift im Steuer-Rechtsschutz vor Gerichten gemäß § 2 lit. e Platz. Danach besteht kein Rechtsschutz, wenn die tatsächlichen oder behaupteten Voraussetzungen für die der Angelegenheit zugrunde liegende Steuer- oder Abgabefestsetzung vor dem im Versicherungsschein bezeichneten Versicherungsbeginn eingetreten sind oder eingetreten sein sollen. Der materielle Versicherungsbeginn muss also vor dem Eintritt der für den Rechtsschutzfall erheblichen wesentlichen Tatsachen liegen.[175] Dabei handelt es sich – wie in § 4 Abs. 1 bis 3 lit. a – um eine Bestimmung zum Rechtsschutzfall, weil bestimmte Ereignisse vom Rechtsschutz ausgenommen werden und weil Versicherungsfälle außerhalb der materiellen Versicherungsdauer aus Gründen der Rechtslogik nicht denkbar sind.[176] Deshalb bewirkt § 4 Abs. 4 im Grunde genommen nichts anderes als eine Vorverlagerung des Eintritts des für die Beurteilung des Versicherungsfalles maßgeblichen Ereignisses. Auf einen Verstoß gemäß § 4 Abs. 1 Satz 1 lit. c kommt es konsequenterweise nicht an, was in der Klauselgestaltung – wenn überhaupt – nur unzulänglich zum Ausdruck kommt. Bei der Einkommensteuer muss Versicherungsschutz im gesamten Veranlagungszeitraum bestanden haben, weil es sich um eine Jahressteuer handelt.[177] Für den Rechtsschutz in umsatzsteuerrechtlichen Streitigkeiten ist hingegen auf den Zeitpunkt abzustellen, in dem die Steuer angefallen ist oder angefallen sein soll, weil es sich um eine anlassbezogene Steuer handelt.[178] Im Falle eines Wechsels des VR besteht abweichend von § 4 Abs. 3 und 4 Rechtsschutz, wenn die tatsächlichen oder behaupteten Voraussetzungen für die der Angelegenheit zu Grunde liegende Steuer oder Abgabefestsetzung während der Laufzeit eines Vorversicherers eingetreten sind oder eingetreten sein sollen und der Verstoß gemäß § 4 Abs. 1 Satz 1 lit. c erst während der Vertragslaufzeit des Versicherungsvertrages eintritt (§ 4a Abs. 1 lit. c Halbs. 1). Das gilt allerdings nur, wenn bezüglich des betroffenen Risikos lückenloser Versicherungsschutz besteht (§ 4a Abs. 1 lit. c Halbs. 2).[179]

H. ARB 2012/2021

56 Die ARB 2012 sprechen nicht mehr vom „Rechtsschutzfall“, sondern vom „Versicherungsfall“. Nähere Bestimmungen zum Versicherungsfall finden sich in Ziff. 2.4. Logisch und terminologisch richtig wird eingangs festgestellt, dass Anspruch auf Versicherungsschutz nur besteht, wenn ein Versicherungsfall eingetreten ist (Ziff. 2.4 Satz 1). Als Klarstellung deuten lässt sich der Hinweis, der Anspruch bestehe nur, wenn der Versicherungsfall nach Beginn des Versicherungsschutzes eingetreten ist. Dass es sich dabei logisch um eine Tautologie handelt, ist nicht weiter schädlich. Im Wesentlichen gelungen ist auch die Formulierung in Ziff. 2.4.1 bis 2.4.5, soweit für die Bestimmung des Versicherungsfalles auf bestimmte Ereignisse und/oder Verstöße abgestellt wird. Ein

173 Vgl. *Looschelders/Paffenholz* § 4 Rn. 117.

174 Z.B. *Looschelders/Paffenholz* § 4 Rn. 121.

175 In diese Richtung auch *Looschelders/Paffenholz* § 4 Rn. 122; Prölss/Martin/*Piontek* § 4 Rn. 111; Harbauer/*Cornelius-Winkler* § 4 ARB 2010 Rn. 233 f.; van Bühren/*Plote* § 4 ARB 2010 Rn. 59.

176 Van Bühren/*Plote* § 4 ARB 2010 Rn. 59 f.; **a.A.** Harbauer/*Cornelius-Winkler* § 4 ARB 2010 Rn. 235 („Ausschlusstatbestand […], der nicht mit dem Versicherungsfall verwechselt werden darf …“); wohl auch *Looschelders/Paffenholz* § 4 Rn. 122 („zusätzlich“ zum Versicherungsfall und der auslösenden Rechtshandlung).

177 *Looschelders/Paffenholz* § 4 Rn. 122; van Bühren/*Plote* § 4 ARB 2010 Rn. 61; **a.A.** Harbauer/*Cornelius-Winkler* § 4 ARB 2010 Rn. 237; *Bauer* DStR **2005** 1665, 1668.

178 *Looschelders/Paffenholz* § 4 Rn. 122; van Bühren/*Plote* § 4 ARB 2010 Rn. 60.

179 Hierzu § 4a Rn. 4.

logischer Bruch zeigt sich dann allerdings wieder in Ziff. 3.1.1, wo unter der Überschrift „Zeitliche Ausschlüsse“ von einem Versicherungsfall innerhalb der Wartefrist, also außerhalb der materiellen Versicherungsdauer die Rede ist. Erhalten geblieben ist die systematisch und inhaltlich unbefriedigende Regelung der Verfristung des Rechtsschutzes nach drei Jahren ab Vertragsbeendigung (Ziff. 3.1.3).

ARB 2010	ARB 2012	ARB 2021
§ 4a Versichererwechsel (1) Sofern im Versicherungsschein nichts anderes vereinbart ist, besteht in Abweichung von § 4 Abs. 3 und Abs. 4 Anspruch auf Rechtsschutz, wenn	**6.2.6 Versichererwechsel** Damit Sie bei einem Versichererwechsel möglichst keine Nachteile haben, haben Sie uns gegenüber Anspruch auf Versicherungsschutz in folgenden Fällen (dies gilt abweichend von den Regelungen unter 3.1.2 bis 3.1.4):	**6.2.6 Versichererwechsel** Damit Sie bei einem Versichererwechsel möglichst keine Nachteile haben, haben Sie uns gegenüber Anspruch auf Versicherungsschutz in folgenden Fällen (dies gilt abweichend von den Regelungen unter 3.1.2 bis 3.1.4):
a) eine Willenserklärung oder Rechtshandlung, die vor Beginn des Versicherungsschutzes vorgenommen wurde, in die Vertragslaufzeit eines Vorversicherers fällt und der Verstoß gem. § 4 Abs. 1 c) erst während der Vertragslaufzeit des Versicherungsvertrages eintritt; allerdings nur dann, wenn bezüglich des betroffenen Risikos lückenloser Versicherungsschutz besteht;	• Der Versicherungsfall ist in unserer Vertragslaufzeit eingetreten. Der Versicherungsschutz gilt auch dann, wenn die Willenserklärung oder Rechtshandlung, die den Versicherungsfall ausgelöst hat, in die Vertragslaufzeit des Vorversicherers fällt.	• Der Versicherungsfall ist in unserer Vertragslaufzeit eingetreten. Der Versicherungsschutz gilt auch dann, wenn ein Fall von 3.1.2 vorliegt und Ihre Handlung nach 3.1.2 in die Zeit des Vorversicherers fällt.
b) der Versicherungsfall in die Vertragslaufzeit eines Vorversicherers fällt und der Anspruch auf Rechtsschutz später als drei Jahre nach Ende der Vertragslaufzeit eines Vorversicherers gegenüber dem Versicherer geltend gemacht wird; allerdings nur dann, wenn der Versicherungsnehmer die Meldung beim Vorversicherer nicht vorsätzlich oder grob fahrlässig versäumt hat und bezüglich des betroffenen Risikos lückenloser Versicherungsschutz besteht;	• Der Versicherungsfall liegt zwar in der Vertragslaufzeit des Vorversicherers, der Anspruch wird aber erstmals später als drei Jahre nach Beendigung der Vorversicherung geltend gemacht. Die Meldung beim Vorversicherer darf jedoch nicht vorsätzlich oder grob fahrlässig versäumt worden sein. (Beispiel für „grob fahrlässiges Verhalten“: Jemand verletzt die im Verkehr erforderliche Sorgfalt in ungewöhnlich hohem Maße.)	*Identisch mit ARB 6.2.6 ARB 2012*
c) im Steuer-Rechtsschutz vor Gerichten (§ 2 e) die tatsächlichen oder behaupteten Voraussetzungen für die der Angelegenheit zu Grunde liegende Steuer- oder Abgabefestsetzung während der Laufzeit eines Vorversicherers eingetreten sind oder eingetreten sein sollen und der Verstoß gem. § 4 Abs. 1 c) erst während der Vertragslaufzeit des Versicherungsvertrages eintritt; allerdings nur dann, wenn bezüglich des betroffenen Risikos lückenloser Versicherungsschutz besteht.	• Der Versicherungsfall im Steuer-Rechtsschutz vor Gerichten (Beispiel: Steuerbescheid) fällt in unsere Vertragslaufzeit, die Grundlagen für Ihre Steuer- oder Abgabenfestsetzung sind aber in der Vertragslaufzeit des Vorversicherers eingetreten (Beispiel: Sie erhalten in unserer Vertragslaufzeit einen Steuerbescheid, der ein Steuerjahr in der Vertragszeit des Vorversicherers betrifft.)	

https://doi.org/10.1515/9783110522709-013

ARB 2010	ARB 2012	ARB 2021
	• Der Vorversicherer und wir haben unterschiedliche Regelungen zur Bestimmung des Versicherungsfalls: Der Versicherungsfall ist nach den Bedingungen des Vorversicherers nach Beendigung seines Vertrages eingetreten. Nach unseren Bedingungen ist der Versicherungsfall in der Vertragslaufzeit des Vorversicherers eingetreten.	
(2) Rechtsschutz wird in dem Umfang gewährt, der zum Zeitpunkt des Eintritts des Rechtsschutzfalles bestanden hat, höchstens jedoch im Umfang des Vertrages des Versicherers.	**Voraussetzung** für Versicherungsschutz ist in allen eben genannten Fällen, dass • Sie bei Ihrer vorherigen Versicherung gegen dieses Risiko versichert waren, • [**Optional**: Sie bei uns zum Zeitpunkt der Inanspruchnahme gegen dieses Risiko versichert sind und] • der Wechsel zu uns lückenlos erfolgt ist. In diesen Fällen haben Sie Versicherungsschutz in genau dem Umfang, den Sie bei Ihrem Vorversicherer versichert hatten; höchstens jedoch im Umfang des von Ihnen mit uns geschlossenen Vertrages.	

Übersicht

A. Allgemeines

1 Die Regelung enthält besondere Bestimmungen zum Versicherungsschutz in Abweichung von § 4 Abs. 3 und 4 in Fällen eines Wechsels des VR.[1] Sie wurde aufgrund eines Rundschreibens des GDV vom 20.6.2006 in die ARB aufgenommen.[2] Sinn und Zweck der Bestimmungen ist die Vermeidung von Deckungslücken beim Versichererwechsel, wenn der vertragliche Versicherungsschutz für das in Rede stehende Risiko nahtlos aneinander anschließt. Die Regulierung des Versicherungsfalls soll – vorbehaltlich der Einschaltung eines Schadensabwicklungsunternehmens (§ 126 Abs. 2 VVG)[3] – nach teilweise vertretener Ansicht stets in der Zuständigkeit des aktuellen VR liegen.[4] Dagegen spricht, dass sich eine Enthaftung des Vorversicherers nicht mit hinreichender Deutlichkeit aus dem Wortlaut der Klausel ergibt. Vielmehr ist davon auszugehen, dass bestehende Deckung unter dem Altvertrag nach allgemeinen Grundsätzen fortbesteht mit der Folge einer Mehrfachversicherung (§ 78 VVG). Nicht erfasst ist die Vertragsumstellung bei demselben Rechtsschutzversicherer.[5] Die Bestimmung soll – etwas missverständlich – gelten, sofern im Versicherungsschein nichts anderes „vereinbart" ist (§ 4a Abs. 1 Halbs. 1). Selbstverständlich gilt nur das Vereinbarte, sei es durch die wirksame Einbeziehung von ARB, sei es aufgrund von Abweichungen im Versicherungsschein gemäß § 5 VVG. Die Regelung trifft Anordnungen für drei verschiedene Konstellationen, in denen bestimmte für den Rechtsschutz relevante Ereignisse während der materiellen Versicherungsdauer des Versicherungsvertrages mit dem Vorversicherer eingetreten sind (§ 4a Abs. 1 lit. a–c).[6]

B. Deckung bei Wechsel des Versicherers

I. Willenserklärung oder Rechtshandlung in der Vertragslaufzeit des Vorversicherers

2 Die erste Konstellation betrifft Fälle gemäß § 4 Abs. 1 Satz 1 lit. c und Satz 2 i.V.m. § 4 Abs. 3 lit. a, also in allen Leistungsarten außer Schadensersatz- (§ 2 lit. a) und Beratungs-Rechtsschutz für Familien, Lebenspartnerschafts- und Erbrecht (§ 2 lit. K), wenn eine Willenserklärung oder Rechtshandlung im Sinne von § 4 Abs. 3 lit. a in der Vertragslaufzeit des Vorversicherers vorgenommen wurde (§ 4a Abs. 1 lit. a Halbs. 1). Abweichend von § 4 Abs. 1 Satz 2 und Abs. 3 lit. a genießt der VN in diesen Fällen Rechtsschutzdeckung durch den aktuellen VR, obwohl ein den Rechtsschutz auslösendes Ereignis (= Versicherungsfall) beim Vorversicherer eingetreten ist und eine Wartezeit noch nicht abgelaufen ist. Dabei handelt es sich um einen Fall der Rückwärtsversicherung (§ 2 VVG). Grundvoraussetzung ist, dass bezüglich des betroffenen Risikos lückenloser Versicherungsschutz vereinbart ist (§ 4a Abs. 1 lit. a Halbs. 2). Dass der Vorversicherer aus der Haftung entlassen sein soll, ergibt sich aus der Klausel nicht mit hinreichender Deutlichkeit, sodass es zur Mehrfachversicherung kommen kann (§ 78 VVG). Es liegen also bereits in dieser Konstellation genau genommen zwei Versicherungsfälle vor: einer im Verhältnis zum Vorversicherer und einer im Verhältnis zum aktuellen VR. Die Klauselgestaltung bringt das nicht in der wünschenswerten Klarheit zum Ausdruck. Die Regelung des § 4 Abs. 2 Satz 2 findet insoweit keine Anwendung.

---

1 Die Norm findet keine Anwendung, wenn bei demselben VR durch eine Vertragsänderung eine lückenlose Anschlussdeckung vereinbart wurde (Prölss/Martin/*Piontek* § 4a Rn. 2; Looschelders/*Paffenholz* § 4a Rn. 1).

2 Looschelders/*Paffenholz* § 4a Rn. 1; näher Beckmann/Matusche-Beckmann/*Obarowski* § 37 Rn. 401 f.

3 Hierzu im Einzelnen § 126 VVG Rn. 28 ff.

4 Looschelders/Paffenholz § 4a Rn. 1.

5 Prölss/Martin/*Piontek* § 4a Rn. 2; Looschelders/*Paffenholz* § 4a Rn. 1.

6 Ausführlicher Harbauer/*Cornelius-Winkler* § 4a ARB 2010 Rn. 3 ff.

II. Geltendmachung eines beim Vorversicherer eingetretenen Versicherungsfalls später als drei Jahre nach Vertragsbeendigung

In der zweiten Konstellation geht es um die Geltendmachung eines während der Vertragslaufzeit 3 beim Vorversicherer eingetretenen Versicherungsfalls beim aktuellen VR später als drei Jahre nach Ende des Versicherungsvertrags mit dem Vorversicherer. Die Geltendmachung gegenüber dem Vorversicherer ist in derartigen Fällen – Wirksamkeit der Bestimmung über die Verfristung nach drei Jahren entsprechend der h.M. unterstellt – gemäß § 4 Abs. 3 lit. b ausgeschlossen.[7] Die Ausnahmeregelung sieht vor, dass unter den Voraussetzungen von § 4a Abs. 1 lit. b Halbs. 2 für dieses vor Abschluss des Neuvertrages eingetretene Ereignis entgegen den Grundregeln in § 4 Abs. 1 Satz 2 und 3 Versicherungsschutz beim Neuversicherer besteht (§ 4a Abs. 1 lit. b Halbs. 1). Damit wird das Ereignis im Neuversicherungsverhältnis in Abweichung von sonst geltenden Grundsätzen zum Versicherungsfall erhoben, und es handelt sich auch insoweit um einen Fall der Rückwärtsversicherung (§ 2 VVG).[8] Grundvoraussetzung auch für diese Rückausnahme ist, dass der VN die Meldung bei Vorversicherer nicht vorsätzlich oder grob fahrlässig versäumt hat und bezüglich des betroffenen Risikos lückenloser Versicherungsschutz besteht (§ 4a Abs. 1 lit. b Halbs. 2).[9] Erachtet man die Verfristungsregelung in § 4 Abs. 3 lit. b mit der h.M. für wirksam, kann keine Mehrfachversicherung eintreten (§ 78 VVG).

III. Eintritt der Voraussetzungen für die Steuer- oder Abgabefestsetzung in der Vertragslaufzeit des Vorversicherers

Die dritte Ausnahmekonstellation betrifft nur den Steuer-Rechtsschutz vor Gerichten (§ 2 lit. e). 4 Abweichend von § 4 Abs. 4 besteht im Neuvertrag Versicherungsdeckung, wenn die tatsächlichen oder behaupteten Voraussetzungen für die der Angelegenheit zugrundeliegende Steuer- oder Abgabefestsetzung während der Laufzeit des Vorversicherers eingetreten sind oder eingetreten sein sollen und der Verstoß gemäß § 4 Abs. 1 Satz 1 lit. c erst während der Laufzeit des Vertrages mit dem Neuversicherer eintritt (§ 4a Abs. 1 lit. c Halbs. 1). Auch in dieser Fallgruppe wird vorausgesetzt, dass bezüglich des betroffenen Risikos lückenloser Versicherungsschutz besteht (§ 4a Abs. 1 lit. c Halbs. 2). Wie in den anderen Fällen des § 4a Abs. 1 liegen zwei Versicherungsfälle vor: Erblickt man in § 4 Abs. 4 – wie es den Geboten der Rechtslogik entspricht – eine Vorverlagerung des Versicherungsfalles auf den Zeitpunkt des Eintritts der Voraussetzungen für die der Angelegenheit zugrundeliegende Steuer oder Abgabefestsetzung, dann ist im Versicherungsverhältnis mit dem Vorversicherer ein Rechtsschutzfall eingetreten.[10] Und unter den Voraussetzungen von § 4a Abs. 1 lit. c liegt im neu abgeschlossenen Versicherungsverhältnis aufgrund einer Rückwärtsversicherung ebenfalls ein Rechtsschutzfall vor. Entgegen dem Regelungszweck ist allerdings eine empfindliche Deckungslücke denkbar, wenn der „Verstoß" noch während der Laufzeit des Vertrages mit dem Vorversicherer eingetreten ist, weil dann nach dem Wortlaut von § 4a Abs. 1 lit. c Halbs. 1 kein Rechtsschutz besteht. Die eng umgrenzten Ausnahmen in § 4a Abs. 1 lit. a und b helfen dann typischerweise nicht weiter. Eine solche Deckungslücke wäre nur vermeidbar, wenn man das Erfordernis eines „Verstoßes" im Steuer-Rechtsschutz vor Gerichten hier wie sonst für entbehrlich betrachtete und den Versicherungsfall allein nach Maßgabe von § 4 Abs. 4 bestimmt. Nach dem Wortlaut von § 4a Abs. 1 lit. c kommt es zur Mehrfachversicherung (§ 78 VVG), falls der „Verstoß" im Sinne von § 4 Abs. 1 Satz 1 lit. c erst während des Neuvertrages erfolgt. Geht man demgegenüber – vorzugswürdigerweise – entgegen dem Wortlaut von § 4a Abs. 1 lit. c davon aus, dass es im Steuer-Rechtsschutz vor Gerichten für den Versicherungsfall generell nur auf den Eintritt der

7 Näher § 4 Rn. 51.
8 S. bereits Rn. 2.
9 Vgl. Rn. 2.
10 Hierzu § 4 Rn. 52.

Voraussetzungen für die Steuer- und Abgabefestsetzung ankommt, liegt in § 4a Abs. 1 lit. c schlicht die Erstreckung des Rechtschutzes unter dem Neuvertrag auf ein vorvertragliches Ereignis entgegen § 4 Abs. 1 Satz 2 und 3, was dann ohne Einschränkung zur Mehrfachversicherung führt (§ 78 VVG). Die im Wortlaut der Klausel enthaltene Einschränkung auf Fälle, in denen der Verstoß während der Laufzeit des Neuvertrages eingetreten sein müsste, wäre dann zugunsten des VN als obsoletes redaktionelles Versehen anzusehen.

C. Leistungsumfang

5 Eine gesonderte Regelung hat in § 4a Abs. 2 der Leistungsumfang erfahren. Danach wird Rechtsschutz in „dem Umfang gewährt, der zum Zeitpunkt des Eintritts des Rechtsschutzfalles bestanden hat, höchstens jedoch im Umfang des Vertrages des Versicherers." Die Bestimmung leidet wie die gesamte Regelung zum Rechtsschutzfall an dem unzulänglichen terminologischen Umgang mit dem Versicherungsfall. Aus dem Kontext mit § 4a Abs. 1 folgt zunächst, dass bestehende Einstandspflichten des Vorversicherers nicht vom Versichererwechsel berührt sein sollen. Ist der Versicherungs- bzw. Rechtsschutzfall im Verhältnis zum Vorversicherer bereits eingetreten, besteht der einmal begründete Rechtsschutz nach Maßgabe der Vereinbarungen zwischen dem VN und dem Vorversicherer fort. Der Leistungsumfang im Neuvertrag soll sich nach dem Eintritt „des Rechtsschutzfalles" richten. Gemeint ist offenbar der Rechtsschutzfall im Verhältnis zwischen VN und Vorversicherer, der aber – wie dargelegt – durch die Regelungen zum Versichererwechsel auch zum Versicherungsfall im neu abgeschlossenen Versicherungsverhältnis wird.[11] Klar ist, dass der Neuversicherer nicht weitergehend haftet, als er es auf der Grundlage des mit dem VN abgeschlossenen Versicherungsvertrages schuldet. Eine weitergehende Einstandspflicht des Vorversicherers ändert daran nichts. Der Versicherungsfall tritt im Neuvertrag aufgrund der Rückwärtsversicherung in einer logischen Sekunde mit dem Versicherungsbeginn gemäß § 7 ein. Augenscheinlich soll aber der Rechtsschutz auf ein möglicherweise geringeres Niveau beschränkt sein, wie es der Leistungspflicht des Vorversicherers gegenüber dem VN im Zeitpunkt des dafür maßgeblichen Rechtsschutzfalls entspricht. Die Rückwärtsversicherung würde dem VN gegen den Neuversicherer dann keinen weitergehenden Leistungsanspruch verschaffen, als er ihn schon zuvor gegen den Vorversicherer hatte. Offenbar ist diese Regelung gemeint, weil § 4a Abs. 2 sonst keine eigenständige Bedeutung hätte. Ob das erstrebte Gestaltungziel in der Klausel allerdings in hinreichender Klarheit und Transparenz zum Ausdruck kommt, lässt sich füglich bezweifeln (§§ 305c Abs. 2, 307 Abs. 1 Satz 2 BGB).

D. ARB 2012/2021

6 Die Regelung zum Versichererwechsel wurde im Wesentlichen inhaltsgleich in Ziff. 6.2.6 ARB 2012/2021 übernommen. Sie wurde zwar mit erläuternden Beispielen ergänzt, weist aber letztlich ebenfalls die monierten Unklarheiten auf.

11 S. Rn. 2–4.

ARB 2010	ARB 2012	ARB 2021	
§ 5 Leistungsumfang (1) Der Versicherer erbringt und vermittelt Dienstleistungen zur Wahrnehmung rechtlicher Interessen und trägt	**2.3 Leistungsumfang** Wir erbringen und vermitteln Dienstleistungen, damit Sie Ihre Interessen im nachfolgend erläuterten Umfang wahrnehmen können.	**2.3 Leistungsumfang** Wir erbringen und vermitteln Dienstleistungen, damit Sie Ihre Interessen im nachfolgend erläuterten Umfang wahrnehmen können.	**A**
	2.3.1 Leistungsumfang im Inland Wir übernehmen folgende Kosten: 2.3.1.1 Um Ihnen eine einvernehmliche Konfliktbeilegung zu ermöglichen, tragen wir die Kosten bis zu ... EUR je Mediation für einen von uns vorgeschlagenen Mediator. **Ausnahme**: Sie und die andere Partei haben sich bereits auf einen anderen Mediator geeinigt. Dann tragen wir dessen Kosten bis zu ... EUR je Mediation. Die Mediation kann in Anwesenheit der Beteiligten, telefonisch oder auch online erfolgen. Die Kosten für den Mediator übernehmen wir in folgenden Leistungsarten: • ... • ... Nehmen an der Mediation nicht versicherte Personen teil, übernehmen wir anteilig die Kosten, die auf Sie und mitversicherte Personen entfallen (Beispiel: Sie und Ihr Ehepartner haben einen Konflikt mit einem Dritten. Die Kosten des Mediators werden hälftig zwischen den Parteien geteilt. Die Kosten, die auf Sie und Ihren Ehepartner entfallen, tragen wir. Der Dritte muss seinen Kostenanteil, also 50 %, selbst bezahlen). Für die Tätigkeit des Mediators sind wir nicht verantwortlich.	2.3.1 Leistungsumfang im Inland Wir übernehmen folgende Kosten: 2.3.1.1 Um Ihnen eine einvernehmliche und nachhaltige Konfliktbeilegung zu ermöglichen, tragen wir die Kosten bis zu ... EUR je Mediation für einen von uns vorgeschlagenen Mediator. (Mediation ist ein vertrauliches und strukturiertes Verfahren. Angestrebt wird eine einvernehmliche Beilegung des Konflikts durch die Parteien. Diese erhalten hierzu die Hilfe eines Mediators. Eine Mediation erfolgt freiwillig und eigenverantwortlich.) **Ausnahme**: Sie und die andere Partei haben sich bereits auf einen anderen Mediator geeinigt. Dann tragen wir dessen Kosten bis zu ... EUR je Mediation. Die Mediation kann in Anwesenheit der Beteiligten, telefonisch oder auch online erfolgen. Die Kosten für den Mediator übernehmen wir in folgenden Leistungsarten: • ... • ... Nehmen an der Mediation nicht versicherte Personen teil, übernehmen wir anteilig die Kosten, die auf Sie und mitversicherte Personen entfallen (Beispiel: Sie und Ihr Ehepartner haben einen Konflikt mit einem Dritten. Die Kosten des Mediators werden hälftig zwischen den	**A**

https://doi.org/10.1515/9783110522709-014

ARB 2010	ARB 2012	ARB 2021	
		Parteien geteilt. Die Kosten, die auf Sie und Ihren Ehe-partner entfallen, tragen wir. Der Dritte muss seinen Kostenanteil, also 50 %, selbst bezahlen). Für die Tätigkeit des Mediators sind wir nicht verantwortlich.	
a) bei Eintritt des Rechtsschutzfalles im Inland die Vergütung eines für den Versicherungsnehmer tätigen Rechtsanwaltes bis zur Höhe der gesetzlichen Vergütung eines am Ort des zuständigen Gerichtes ansässigen Rechtsanwaltes. Der Versicherer trägt in Fällen, in denen das Rechtsanwaltsvergütungsgesetz für die Erteilung eines mündlichen oder schriftlichen Rates oder einer Auskunft (Beratung), die nicht mit einer anderen gebührenpflichtigen Tätigkeit zusammenhängt und für die Ausarbeitung eines Gutachtens keine der Höhe nach bestimmte Gebühr festsetzt, je Rechtsschutzfall eine Vergütung bis zu ... Euro. Wohnt der Versicherungsnehmer mehr als 100 km Luftlinie vom zuständigen Gericht entfernt und erfolgt eine gerichtliche Wahrnehmung seiner Interessen, trägt der Versicherer bei den Leistungsarten gemäß § 2 a) bis g) die Kosten in der I. Instanz für einen im Landgerichtsbezirk des Versicherungsnehmers ansässigen Rechtsanwalt bis zur Höhe der gesetzlichen Vergütung eines Rechtsanwaltes, der lediglich den Verkehr mit dem Prozessbevollmächtigten führt;	2.3.1.2 Die Vergütung eines Rechtsanwalts, der Ihre Interessen vertritt (Wenn Sie mehr als einen Rechtsanwalt beauftragen, tragen wir die dadurch entstehenden Mehrkosten nicht. Auch Mehrkosten aufgrund eines Anwaltswechsels tragen wir nicht).	*Identisch mit 2.3.1.2 ARB 2012*	**A**
	Wir erstatten maximal die gesetzliche Vergütung eines Rechtsanwalts, der am Ort des zuständigen Gerichts ansässig ist oder wäre. Die gesetzliche Vergütung richtet sich nach dem Rechtsanwaltsvergütungsgesetz.		**A**

ARB 2010	ARB 2012	ARB 2021	
	Wohnen Sie mehr als 100 km Luftlinie vom zuständigen Gericht entfernt? Dann übernehmen wir bei Ihrer gerichtlichen Streitigkeit weitere anwaltliche Kosten, und zwar bis zur Höhe der gesetzlichen Vergütung eines anderen Rechtsanwalts, der nur den Schriftverkehr mit dem Anwalt am Ort des zuständigen Gerichts führt (sogenannter Verkehrsanwalt). Dies gilt nur für die erste Instanz.		**A**
	Ausnahme: Im Straf-, Ordnungswidrigkeiten- und Disziplinar- und Standes-Rechtsschutz tragen wir diese weiteren Kosten nicht.		**P U Ver L B Vk F**
	Wenn sich die Tätigkeit des Anwalts auf die folgenden Leistungen beschränkt, dann tragen wir je Versicherungsfall Kosten von höchstens ... EUR: • Ihr Anwalt erteilt Ihnen einen mündlichen oder schriftlichen Rat, • er gibt Ihnen eine Auskunft oder • er erarbeitet für Sie ein Gutachten.		**A**
b) bei Eintritt eines Rechtsschutzfalles im Ausland die Vergütung eines für den Versicherungsnehmer tätigen am Ort des zuständigen Gerichts ansässigen ausländischen oder im Inland zugelassenen Rechtsanwaltes. Im letzteren Fall trägt der Versicherer die Vergütung bis zur Höhe der gesetzlichen Vergütung, die entstanden wäre, wenn das Gericht, an dessen Ort der Rechtsanwalt ansässig ist, zuständig wäre. § 5 Abs. 1 a) Satz 2 gilt entsprechend. Wohnt der Versicherungsnehmer mehr als 100 km Luftlinie vom zuständigen Gericht entfernt und ist ein ausländischer Rechtsanwalt für den Versicherungsnehmer tätig, trägt der Versicherer die Kosten in der	2.3.2 Leistungsumfang im Ausland 2.3.2.1 Bei einem Versicherungsfall im Ausland tragen wir die Kosten für einen Rechtsanwalt, der für Sie am zuständigen Gericht im Ausland tätig wird. Dies kann sein entweder: • ein am Ort des zuständigen Gerichts ansässiger, ausländischer Rechtsanwalt oder • ein Rechtsanwalt in Deutschland. Den Rechtsanwalt in Deutschland vergüten wir so, als wäre der Rechtsstreit am Ort seines Anwaltsbüros in Deutschland. Diese Vergütung ist begrenzt auf die gesetzliche Vergütung.	*Identisch mit ARB 2.3.2 ARB 2012*	**A**

ARB 2010	ARB 2012	ARB 2021	
I. Instanz für einen im Landgerichtsbezirk des Versicherungsnehmers ansässigen Rechtsanwalt bis zur Höhe der gesetzlichen Vergütung eines Rechtsanwaltes, der lediglich den Verkehr mit dem ausländischen Rechtsanwalt führt.	Ist ein ausländischer Rechtsanwalt für Sie tätig und wohnen Sie mehr als 100 km Luftlinie vom zuständigen Gericht (im Ausland) entfernt?		
Ist der Rechtsschutzfall durch einen Kraftfahrtunfall im europäischen Ausland eingetreten und eine zunächst betriebene Regulierung mit dem Schadenregulierungsbeauftragten bzw. der Entschädigungsstelle im Inland erfolglos geblieben, so dass eine Rechtsverfolgung im Ausland notwendig wird, trägt der Versicherer zusätzlich die Kosten eines inländischen Rechtsanwaltes bei der Regulierung mit dem Schadenregulierungsbeauftragten bzw. der Entschädigungsstelle im Inland für dessen gesamte Tätigkeit im Rahmen der gesetzlichen Gebühren bis zur Höhe von ... Euro;	Dann übernehmen wir zusätzlich die Kosten eines Rechtsanwalts an Ihrem Wohnort. Diesen Rechtsanwalt bezahlen wir dann bis zur Höhe der gesetzlichen Vergütung eines Rechtsanwalts, der den Schriftverkehr mit dem Anwalt am Ort des zuständigen Gerichts führt (sogenannter Verkehrsanwalt). Dies gilt nur für die erste Instanz.		
	Wenn sich die Tätigkeit des Anwalts auf die folgenden Leistungen beschränkt, dann tragen wir je Versicherungsfall Kosten von höchstens ... EUR: • Ihr Anwalt erteilt Ihnen einen mündlichen oder schriftlichen Rat, • er gibt Ihnen eine Auskunft, • er erarbeitet für Sie ein Gutachten.		**A**
	Haben Sie einen Versicherungsfall, der aufgrund eines Verkehrsunfalls im europäischen Ausland eingetreten ist, und haben Sie daraus Ansprüche? Dann muss zunächst eine Regulierung mit dem Schadenregulierungsbeauftragten bzw. mit der Entschädigungsstelle im Inland erfolgen. Erst wenn diese Regulierung erfolglos		**L Vk F**

ARB 2010	ARB 2012	ARB 2021	
	geblieben ist, tragen wir auch Kosten für eine Rechtsverfolgung im Ausland. Die zusätzlichen Kosten der Regulierung im Inland übernehmen wir im Rahmen der gesetzlichen Gebühren, und zwar bis zur Höhe von ... EUR.		
c) die Gerichtskosten einschließlich der Entschädigung für Zeugen und Sachverständige, die vom Gericht herangezogen werden, sowie die Kosten des Gerichtsvollziehers;	2.3.3 Darüber hinaus leisten wir im In- und Ausland Folgendes: 2.3.3.1 Wir tragen • die Gerichtskosten, einschließlich der Entschädigung für Zeugen und Sachverständige, die vom Gericht herangezogen werden, • die Kosten des Gerichtsvollziehers • die Verfahrenskosten vor Verwaltungsbehörden, die Ihnen von der Behörde in Rechnung gestellt werden.	*Identisch mit 2.3.3 ARB 2012*	**A**
d) die Gebühren eines Schieds- oder Schlichtungsverfahrens bis zur Höhe der Gebühren, die im Falle der Anrufung eines zuständigen staatlichen Gerichtes erster Instanz entstehen;	2.3.3.2 Wir übernehmen die Gebühren eines Schieds- oder Schlichtungsverfahrens. Und zwar bis zur Höhe der Gebühren, die im Falle der Anrufung eines zuständigen staatlichen Gerichts erster Instanz entstünden. Versicherungsschutz für Mediation besteht nur nach 2.3.1.1 und beschränkt auf das Inland.		**A**
e) die Kosten in Verfahren vor Verwaltungsbehörden einschließlich der Entschädigung für Zeugen und Sachverständige, die von der Verwaltungsbehörde herangezogen werden, sowie die Kosten der Vollstreckung im Verwaltungswege;	2.3.3.1 Wir tragen • die Verfahrenskosten vor Verwaltungsbehörden, die Ihnen von der Behörde in Rechnung gestellt werden.		
f) die übliche Vergütung aa) eines öffentlich bestellten technischen Sachverständigen oder einer rechtsfähigen technischen	2.3.1.3 Wir übernehmen Ihre Kosten für einen Sachverständigen, wenn folgende Voraussetzungen erfüllt sind:		**L Vk F**

ARB 2010	ARB 2012	ARB 2021
Sachverständigenorganisation in Fällen der – Verteidigung in verkehrsrechtlichen Straf- und Ordnungswidrigkeitenverfahren; – Wahrnehmung der rechtlichen Interessen aus Kauf- und Reparaturverträgen von Motorfahrzeugen zu Lande sowie Anhängern;	**Alternative 1:** • Der Sachverständige verfügt über die erforderliche technische Sachkunde. Als technisch sachkundig gelten Sachverständige, die von einer staatlichen oder staatlich anerkannten Stelle bestellt oder von einer nach den jeweils gültigen DIN/ISO-Normen akkreditierten Stelle zertifiziert worden sind. **Oder** **Alternative 2:** • Der Sachverständige verfügt über die erforderliche technische Sachkunde. Als technisch sachkundig gelten Sachverständige, die von einer staatlichen oder staatlich anerkannten Stelle bestellt oder von einer nach den jeweils gültigen DIN/ISO-Normen akkreditierten Stelle zertifiziert worden sind. • Wir haben der Beauftragung des Sachverständigen zuvor in Textform (Beispiel: Brief oder E-Mail) zugestimmt. **Oder** **Alternative 3:** • Der Sachverständige verfügt über die erforderliche technische Sachkunde. Als technisch sachkundig gelten Sachverständige, die von einer staatlichen oder staatlich anerkannten Stelle bestellt oder von einer nach den jeweils gültigen DIN/ISO-Normen akkreditierten Stelle zertifiziert worden sind. • Wir haben der Beauftragung des Sachverständigen zuvor in Textform (Beispiel: Brief oder E-Mail) zugestimmt. Unserer vorherigen Zustimmung bedarf es nicht, wenn der Sachverständige auf der Liste der von unserem	

ARB 2010	ARB 2012	ARB 2021
	Unternehmen empfohlenen Sachverständigen aufgeführt ist. Diese Liste erhalten Sie auf Anfrage. **Oder** **Alternative 4:** • Der Sachverständige verfügt über die erforderliche technische Sachkunde. Als technisch sachkundig gelten Sachverständige, die von einer staatlichen oder staatlich anerkannten Stelle bestellt oder von einer nach den jeweils gültigen DIN/ISO-Normen akkreditierten Stelle zertifiziert worden sind. • Der Sachverständige wurde Ihnen durch uns vermittelt. Die Kostenübernahme gilt für folgende Fälle: • In Fällen der Verteidigung in einem verkehrsrechtlichen Straf- und Ordnungswidrigkeitenverfahren. • Wenn Sie Ihre rechtlichen Interessen aus Kauf- und Reparaturverträgen von Kraftfahrzeugen und Anhängern wahrnehmen.	
bb) eines im Ausland ansässigen Sachverständigen in Fällen der Geltendmachung von Ersatzansprüchen wegen der im Ausland eingetretenen Beschädigung eines Motorfahrzeuges zu Lande sowie Anhängers;	2.3.2.2 Wir tragen die übliche Vergütung eines im Ausland ansässigen Sachverständigen. Dies tun wir, wenn Sie Ersatzansprüche wegen der im Ausland eingetretenen Beschädigung eines Kraftfahrzeugs oder eines Anhängers geltend machen wollen.	**L Vk F**
g) die Kosten der Reisen des Versicherungsnehmers zu einem ausländischen Gericht, wenn sein Erscheinen als Beschuldigter oder Partei vorgeschrieben und zur Vermeidung von Rechtsnachteilen erforderlich ist. Die Kosten werden bis zur Höhe der für Geschäftsreisen von deutschen Rechtsanwälten geltenden Sätze übernommen;	2.3.2.3 Wir tragen Ihre Kosten für eine Reise zu einem ausländischen Gericht, wenn: • Sie dort als Beschuldigter oder Prozesspartei erscheinen müssen und • Sie Rechtsnachteile nur durch Ihr persönliches Erscheinen vermeiden können.	**A**
	Wir übernehmen die tatsächlich entstehenden Kosten bis zur	

ARB 2010	ARB 2012	ARB 2021	
	Höhe der für Geschäftsreisen von deutschen Rechtsanwälten geltenden Sätze.		
h) die dem Gegner durch die Wahrnehmung seiner rechtlichen Interessen entstandenen Kosten, soweit der Versicherungsnehmer zu deren Erstattung verpflichtet ist.	2.3.3.3 Wir übernehmen die Anwalts- und Gerichtskosten Ihres Prozessgegners, wenn Sie zur Erstattung dieser Verfahrenskosten aufgrund gerichtlicher Festsetzung verpflichtet sind.		
(2) a) Der Versicherungsnehmer kann die Übernahme der vom Versicherer zu tragenden Kosten verlangen, sobald er nachweist, dass er zu deren Zahlung verpflichtet ist oder diese Verpflichtung bereits erfüllt hat.	2.3.3.4 Wir erstatten die von uns zu tragenden Kosten, wenn Sie nachweisen, dass Sie • zu deren Zahlung verpflichtet sind oder • diese Kosten bereits gezahlt haben.		
b) Vom Versicherungsnehmer in fremder Währung aufgewandte Kosten werden diesem in Euro zum Wechselkurs des Tages erstattet, an dem diese Kosten vom Versicherungsnehmer gezahlt wurden.	2.3.2.6 Wenn Sie diese Kosten in fremder Währung bezahlt haben, erstatten wir Ihnen diese in EUR. Als Abrechnungsgrundlage benutzen wir den Wechselkurs des Tages, an dem Sie die Kosten vorgestreckt haben.		**A**
(3) Der Versicherer trägt nicht	**3.3 Einschränkung unserer Leistungspflicht** Wir können folgende Kosten <u>nicht</u> erstatten:	*Identisch mit ARB 3.3 ARB 2012*	**A**
a) Kosten, die der Versicherungsnehmer ohne Rechtspflicht übernommen hat;	3.3.1 Kosten, die Sie übernommen haben, ohne rechtlich dazu verpflichtet zu sein.		**A**
b) Kosten, die bei einer einverständlichen Erledigung entstanden sind, soweit sie nicht dem Verhältnis des vom Versicherungsnehmer angestrebten Ergebnisses zum erzielten Ergebnis entsprechen, es sei denn, dass eine hiervon abweichende Kostenverteilung gesetzlich vorgeschrieben ist;	3.3.2 Kosten, die bei einer gütlichen Einigung entstanden sind und die nicht dem Verhältnis des von Ihnen angestrebten Ergebnisses zum erzielten Ergebnis entsprechen. (Beispiel: Sie verlangen Schadenersatz in Höhe von 10.000 EUR. In einem Vergleich mit dem Gegner erlangen Sie einen Betrag von 8.000 EUR = 80 % des angestrebten Ergebnisses. In diesem Fall übernehmen wir 20 % der entstandenen Kosten – nämlich für den Teil, den Sie nicht durchsetzen konnten.) Dies bezieht. Sich auf die **gesamten Kosten der Streitigkeit**.		**A**

ARB 2010	ARB 2012	ARB 2021	
	Ausnahme: Es ist gesetzlich eine andere Kostenregelung vorgeschrieben.		
c) die im Versicherungsschein vereinbarte Selbstbeteiligung je Leistungsart nach § 2;	3.3.4 Von den von uns zu tragenden Kosten ziehen wir die vereinbarte Selbstbeteiligung je Versicherungsfall ab. **Ausnahme**: Hängen mehrere Versicherungsfälle zeitlich und ursächlich zusammen, ziehen wir zu Ihren Gunsten die Selbstbeteiligung nur einmal ab.		**A**
d) Kosten, die aufgrund der vierten oder jeder weiteren Zwangsvollstreckungsmaßnahme je Vollstreckungstitel entstehen; e) Kosten aufgrund von Zwangsvollstreckungsmaßnahmen, die später als fünf Jahre nach Rechtskraft des Vollstreckungstitels eingeleitet werden;	3.3.5 Kosten von Zwangsvollstreckungsmaßnahmen (zum Beispiel: Kosten eines Gerichtsvollziehers), • die aufgrund der vierten oder jeder weiteren Zwangsvollstreckungsmaßnahme je Vollstreckungstitel entstehen, • die später als fünf Jahre nach Rechtskraft des Vollstreckungstitels eingeleitet werden („Vollstreckungstitel" sind zum Beispiel ein Vollstreckungsbescheid und ein Urteil)		
f) Kosten für Strafvollstreckungsverfahren jeder Art nach Rechtskraft einer Geldstrafe oder -buße unter 250 Euro;	3.3.6 Kosten für Strafvollstreckungsverfahren jeder Art, bei denen vom Gericht eine Geldstrafe oder Geldbuße unter ... EUR verhängt wurde.		**P L Vk F**
g) Kosten, zu deren Übernahme ein anderer verpflichtet wäre, wenn der Rechtsschutzversicherungsvertrag nicht bestünde;	3.3.7 Kosten, zu deren Übernahme ein anderer verpflichtet wäre, wenn der Rechtsschutzversicherungsvertrag nicht bestünde.		**A**
h) Kosten im Rahmen einer einverständlichen Regelung für Forderungen, die selbst nicht streitig waren oder Kosten, die auf den nicht versicherten Teil von Schadensfällen entfallen.	3.3.3 Sie einigen sich auch über unstrittige oder nicht versicherte Ansprüche. In diesem Fall zahlen wir die darauf entfallenden Kosten nicht.		**A**
(4) Der Versicherer zahlt in jedem Rechtsschutzfall höchstens die vereinbarte Versicherungssumme. Zahlungen für den Versicherungsnehmer und mitversicherte Personen aufgrund desselben Rechtsschutzfalles	Wir zahlen in jedem Versicherungsfall höchstens die in unserem Vertrag vereinbarte Versicherungssumme. Zahlungen für Sie selbst und für mitversicherte Personen in		

ARB 2010	ARB 2012	ARB 2021	
werden hierbei zusammengerechnet. Dies gilt auch für Zahlungen aufgrund mehrerer Rechtsschutzfälle, die zeitlich und ursächlich zusammenhängen.	demselben Versicherungsfall rechnen wir zusammen. Dies gilt auch für Zahlungen aufgrund mehrerer Versicherungsfälle, die zeitlich und ursächlich zusammenhängen.		
(5) Der Versicherer sorgt für a) die Übersetzung der für die Wahrnehmung der rechtlichen Interessen des Versicherungsnehmers im Ausland notwendigen schriftlichen Unterlagen und trägt die dabei anfallenden Kosten;	2.3.2.4 Wir sorgen für die Übersetzung der Unterlagen, wenn dies notwendig ist, um Ihre rechtlichen Interessen im Ausland wahrzunehmen. Wir übernehmen dabei auch die Kosten, die für die Übersetzung anfallen.	*Identisch mit 2.3. ARB 2012*	**A**
b) die Zahlung eines zinslosen Darlehens bis zu der vereinbarten Höhe für eine Kaution, die gestellt werden muss, um den Versicherungsnehmer einstweilen von Strafverfolgungsmaßnahmen zu verschonen.	2.3.3.5 Um Sie vorübergehend von Strafverfolgungsmaßnahmen zu verschonen, zahlen wir für Sie – wenn nötig – eine Kaution. Dies geschieht in Form eines zinslosen Darlehens bis zu der in unserem Vertrag vereinbarten Höhe.		**P L Vk F**
(6) Alle Bestimmungen, die den Rechtsanwalt betreffen, gelten entspreche a) in Angelegenheiten der freiwilligen Gerichtsbarkeit und im Beratungs- Rechtsschutz im Familien-, Lebenspartnerschafts- und Erbrecht (§ 2 k) für Notare; b) im Steuer- Rechtsschutz vor Gerichten (§ 2 e) für Angehörige der steuerberatenden Berufe;	2.3.1.4 Alle Bestimmungen, die den Rechtsanwalt betreffen, gelten auch • im Steuer-Rechtsschutz vor Gerichten (siehe 2.2.5) für Angehörige der steuerberatenden Berufe (Beispiel: Steuerberater), • in Angelegenheiten der freiwilligen Gerichtsbarkeit sowie im Beratungs-Rechtsschutz im Familien-, Lebenspartnerschafts- und Erbrecht (siehe 2.2.11) für Notare.		**P L Vk F W**
c) bei Wahrnehmung rechtlicher Interessen im Ausland für dort ansässige rechts- und sachkundige Bevollmächtigte.	2.3.2.5 Alle Bestimmungen, die den Rechtsanwalt betreffen, gelten auch für dort ansässige rechts- und sachkundige Bevollmächtigte.		**A**

Schrifttum

Bauer Rechtsentwicklung bei den Allgemeinen Bedingungen für die Rechtsschutzversicherung, fortlaufend seit NJW **1998** 1273; NJW **2006** 1484; NJW **2009** 1564; NJW **2013** 1576; *v. Bühren* Rechtsschutzversicherung – Die Kostentragungspflicht des Rechtsschutzversicherers bei Teildeckung, MDR **2001** 1393; *Buschbell/Stoll* Schadenregulierung und Verbraucherschutz, AnwBl. **1997** 639; *Döring* Anwendung der „Einigungs-Quotenregel" in der Rechtsschutzversicherung bei vollständigem außergerichtlichen Obsiegen?, VersR **2007** 770; *Heither/Heither* Als Mandant obsiegen, als Versicherungsnehmer unterliegen?, NJW **2008** 2743; *Kilian* Kosten für Handelsregister-, Gewerberegister-, Einwohnermelderegister- und Grundbuchauszüge in der Rechtsschutzversicherung, RuS **2010** 501; *Maier* Eintrittspflicht des Rechtsschutzversicherers für eine Drittschuldnerklage?, RuS **2007** 312; *Mathy* Rechtsanwalt in eigener Sache: Kostenerstattung aus der Rechtsschutzversicherung?, RuS **2009** 265; *Obarowski* Die Vergleichsklausel in der Rechtsschutzversicherung und ihre Bedeutung für die anwaltliche Praxis, NJW **2011** 2014; *Schneider* Der Begriff der „gütlichen Erledigung" in der Rechtsschutzversicherung, VersR **2004** 301; *Stoffregen* Zeitlich und ursächlich zusammenhängende Rechtsschutzfälle, VersR **2018** 577; *Wegener* Die Verjährung der verschiedenen Leistungsansprüche in der Rechtsschutzversicherung, VersR **1991** 1121; *Wendt* Aktuelles zu Risiko- und Leistungsausschlüssen in Rechtsschutzversicherungen, MDR **2008** 902; *ders.* Die Rechtsprechung des BGH zum Versicherungsrecht – Rechtsschutzversicherung, RuS **2010** 221.

Übersicht

A. Allgemeines

I. Funktion und Bedeutung

1 Nach der gesetzlichen Regelung ist der VR verpflichtet, die für die Wahrnehmung der rechtlichen Interessen des VN oder des Versicherten erforderlichen Leistungen im vereinbarten Umfang zu erbringen (§ 125 VVG). Die Frage nach dem Umfang der Hauptleistungspflicht stellt sich nur, wenn der Versicherungsfall eingetreten ist. Inhalt und Umfang der Versicherungsleistung richten sich im Ausgangspunkt nach der Vereinbarung im Versicherungsvertrag, die unter anderem auch von § 125 VVG abweichen kann, und zwar mangels halbzwingenden Charakters auch zum Nachteil des VN (§ 129 VVG).[1] Die Regelung in § 5 enthält die zentralen Bestimmungen zum Umfang der Leistungspflicht des Rechtsschutzversicherers. Daneben gibt die Klausel in § 5 Abs. 2 aber auch gewissen Aufschluss über den Inhalt der Hauptleistungsleistungspflicht des VR[2] und § 5 Abs. 5 statuiert eine – rechtlich nicht ohne weiteres zuzuordnende – Sorgepflicht des Rechtsschutzversicherers in bestimmten Fällen.[3] Die ARB unterscheiden für die Bemessung der Vergütungshöhe zwischen Rechtsschutzfällen, die im Inland eingetreten sind (§ 5 Abs. 1 lit. a), und im Ausland eingetretenen Rechtsschutzfällen (§ 5 Abs. 1 lit. b). Konkurrierende Erstattungsgrenzen können sich unter Umständen aus den Abstimmungs- und Schadensminderungsobliegenheiten des VN ergeben (§ 17 Abs. 1 lit. c, § 82 VVG).[4] Befreiungsansprüche des in Insolvenz gefallenen VN gegen den VR fallen in die Insolvenzmasse; der VR kann nicht durch Zahlung an den Insolvenzverwalter befreiend leisten, solange dieser den Kostengläubiger nicht befriedigt hat.[5]

II. Inhaltskontrolle

2 Die Bestimmungen zum Leistungsumfang unterliegen als gesetzesergänzende ARB der AGB-rechtlichen Inhaltskontrolle nach allgemeinen Grundsätzen.[6] Dabei steht der Inhalts- und Transparenzkontrolle Kontrollfreiheit tendenziell weniger entgegen als beim Versicherungsfall (§ 307 Abs. 3 BGB).[7] Denn der Fortfall einer Bestimmung zum Leistungsumfang hat für den Bestand des Versicherungsvertrags nicht die unter Umständen dramatischen Folgen wie der Fortfall der Bedingung bzw. der Festlegung des Versicherungsfalls, weil der Leistungsumfang ergänzender Vertragsauslegung letztlich eher zugänglich ist. Hinzu kommt, dass das Gesetz in Gestalt des Kriteriums der Erforderlichkeit der Leistung ein handhabbares Kriterium für eine Konkretisierung des Leistungsumfangs bereithält (§ 125 VVG), dem in der Inhaltskontrolle zudem Leitbildcharakter zukommt.

III. Beweislast

3 Nach allgemeinen Grundsätzen hat der Gläubiger im Prozess den Umfang des Anspruchs darzulegen und bei Bestreiten des Gegners zu beweisen. Die im Versicherungsrecht h.M. erlegt die Darlegungs- und Beweislast bei positiv formulierten Bestimmungen des Anspruchsumfangs, die sie den sogenannten primären Risikoabgrenzungen zurechnet, entsprechend allgemeinen Grundsätzen dem VN bzw. anspruchsberechtigten Versicherten auf.[8] Für negativ formulierte Bestimmungen zum Umfang

---

1 Grundsätzlich hierzu § 125 Rn. 14 ff. (Leistungsinhalt), 18 ff. (Leistungsumfang).
2 S. noch Rn. 16 ff.
3 Hierzu allgemein § 125 Rn. 28 und unten Rn. 30.
4 Hierzu § 17 Rn. 7 ff.
5 BGH 16.7.2014 – IV ZR 88/13, BGHZ **202** 122 Rn. 29; Prölss/Martin/*Armbrüster* § 5 Rn. 2.
6 S. § 125 Rn. 21.
7 Hierzu § 125 Rn. 13.
8 Statt vieler Looschelders/*Paffenholz* § 5 Rn. 2, 4.

der Leistungspflicht ist hingegen nach h.M. der VR darlegungs- und beweisbelastet.[9] Dem ist im Ergebnis zuzustimmen: Entweder handelt es sich bei den Begrenzungen des Leistungsumfangs um vertraglich vereinbarte materiellrechtliche Einwendungen, für deren Voraussetzungen der Schuldner auch nach allgemeinen Grundsätzen beweisbelastet ist, oder die Negativbestimmungen sind als den VN privilegierende vertragliche Beweislastregelungen zu qualifizieren, die ebenfalls grundsätzlich zulässig sind.[10] Die rechtliche Einordnung ist hinsichtlich des Anspruchsumfangs weniger problematisch als beim Versicherungsfall, weil der Eintritt des Versicherungsfalls denklogisch notwendige Voraussetzung dafür ist, dass überhaupt ein Leistungsanspruch besteht, während es für die kautelarjuristische Gestaltung beim Leistungsumfang größere Spielräume in Gestalt der Möglichkeit zur Schaffung materiellrechtlicher Einwendungs- bzw. Ausschlusstatbestände gibt.

B. Kostentragung durch den Versicherer

I. Rechtsanwaltskosten bei Rechtsschutzfall im Inland

1. Eintritt des Rechtsschutzfalles im Inland

Die Bemessung der Vergütungshöhe gemäß § 5 Abs. 1 lit. a setzt nach dem Wortlaut der Bestimmung den Eintritt des Rechtsschutzfalles im Inland voraus. Die Bedeutung dieser Regelung ist unklar und umstritten. Die weite Vorverlagerung des Versicherungsfalls in § 4 führt dazu, dass der bedingungsgemäße Rechtsschutzfall im Ausland eintreten kann, die Rechtswahrnehmung aber ganz oder teilweise vor deutschen Gerichten stattfindet. Die Anknüpfung an den Rechtsschutzfall im Sinne von § 4 hätte dann zur Konsequenz, dass § 5 Abs. 1 lit. b anzuwenden wäre, der ersichtlich nicht passt. Teilweise wird gleichwohl der Rechtsschutzfall gemäß § 4 für maßgeblich erachtet, während die Gegenansicht darauf abstellt, ob die Wahrnehmung rechtlicher Interessen vor einem inländischen oder ausländischen Gericht erfolgt.[11] Eine berichtigende Auslegung der Bestimmungen zum Leistungsumfang, die auf einen weiteren Begriff des Rechtsschutzfalles neben der missglückten Regelung des § 4 hinausläuft,[12] ist allerdings – so sinnvoll das Ergebnis auch sei – ausgesprochen fragwürdig.[13] Das gilt umso mehr, als die Wertungen von Unklarheitenregel (§ 305c Abs. 2 BGB) und Transparenzgebot (§ 307 Abs. 1 Satz 2 BGB) mit einer derart weitgehenden Korrektur letztlich in unauflöslichem Konflikt stehen. Eine Überarbeitung der Regelung ist deshalb dringend zu empfehlen. 4

2. Gesetzliche Vergütung des Rechtsanwaltes

Bei Eintritt des Rechtsschutzfalles im Inland trägt der Rechtsschutzversicherer die Vergütung eines für den VN tätigen Rechtsanwaltes bis zur Höhe der gesetzlichen Vergütung eines am Ort des zuständigen Gerichts ansässigen Rechtsanwaltes (§ 5 Abs. 1 lit. a Satz 1). Erfasst werden damit anwaltliche Berufsträger gem. §§ 4, 6 Abs. 1 BRAO, jedoch keine Hochschullehrer oder Patentanwälte.[14] Maßgeblich für die Gebührenhöhe ist das RVG.[15] Bei Rahmengebühren ist grundsätzlich 5

9 S. nur Looschelders/*Paffenholz* § 5 Rn. 3, 4.
10 Zum rechtsähnlichen Problem beim Beweis des Versicherungsfalls s. § 3 Rn. 9 f.
11 Looschelders/*Paffenholz* § 5 Rn. 7; *van Bühren*/Plote § 5 ARB 2010 Rn. 47 ff.
12 Näher § 4 Rn. 1 ff.
13 A.A. LG Coburg 19.2.2016 – 33 S 74/15, VersR **2016** 844; Prölss/Martin/*Piontek* § 5 Rn. 21.
14 Prölss/Martin/*Piontek* § 5 Rn. 5 m.w.N.
15 Prölss/Martin/*Piontek* § 5 Rn. 9; Looschelders/*Paffenholz* § 5 Rn. 12.

die vom Rechtsanwalt nach billigem Ermessen berechnete Gebühr die gesetzliche Gebühr.[16] Die Beweislast für die Angemessenheit trägt der Rechtsanwalt.[17] Hebegebühren gem. VV 1009 können bei einer entsprechenden Beauftragung Teil der gesetzlichen Gebühren sein, dürften in einfachen Fällen gem. § 17 Abs. 1 lit. c jedoch regelmäßig nicht vom VR zu erstatten sein.[18] Die Kosten zweier gleichzeitig eingeschalteter Anwälte sind nicht zu erstatten, weil diese regelmäßig nicht zur Wahrnehmung der rechtlichen Interessen des VN geboten sind.[19] Zu den gesetzlichen Gebühren gehören auch Aktenversendungskosten, weil für sie allein der Rechtsanwalt Kostenschuldner ist,[20] andere Unkosten dagegen nicht.[21] Nach h.M. hat der VR – entgegen dem Wortlaut der Bestimmung – auch die bei Wahrnehmung eigener Interessen im Zivilverfahren anfallende Vergütung zu erstatten.[22]

6 Bemisst sich die gesetzliche Vergütung des Rechtsanwaltes in einem Streitfall, für den der Rechtsschutzversicherer nur teilweise eintrittspflichtig ist, auf der Grundlage einer einheitlichen Rechnung für den Gesamtstreitwert, so schuldet der VR nach der Rechtsprechung des BGH und der durch sie h.M. lediglich Erstattung des Teilbetrages, der dem Verhältnis des gedeckten Teils des Streitwertes zum Gesamtstreitwert entspricht.[23] Wird der versicherte Mandant freigesprochen und hat der Verteidiger nach Rechtsanwaltsvergütungsrecht mehr anzusprechen, als im Verfahren nach § 464b StPO festgelegt worden ist, so hat der VR die Differenz zu tragen.[24] Eine vereinbarte Gebühr ist selbst dann nicht geschuldet, wenn sie innerhalb einer Rahmengebühr liegt.[25] Selbstverteidigung im Straf- oder Ordnungswidrigkeitenverfahren begründet mangels gesetzlicher Vergütungsregelung keinen Erstattungsanspruch.[26] Umsatzsteuer ist nach h.M. nicht zu erstatten, wenn der VN zum Vorsteuerabzug berechtigt ist.[27] Einen Sonderfall stellen die mit einem Anwaltswechsel verbundenen Kosten dar. Diese sind jedenfalls dann vom VR zu tragen, wenn den Wechsel weder der VN noch der Anwalt zu vertreten hat.[28] In den übrigen Fällen ist allein entscheidend, ob ein Wechsel nach objektiven Gesichtspunkten erforderlich war.[29]

3. Vergütung für anwaltliche Beratung

7 Eine Sonderregelung treffen die ARB für Fälle, in denen das RVG für die Erteilung eines mündlichen oder schriftlichen Rates oder einer Auskunft (Beratung), die nicht mit einer anderen gebüh-

---

16 OLG Köln 30.7.2002 – 9 U 196/01, VersR **2003** 193; Prölss/Martin/*Piontek* § 5 Rn. 9; Harbauer/*Schneider* § 5 ARB 2010 Rn. 173.

17 Vgl. OLG Köln 30.7.2002 – 9 U 196/01, VersR **2003** 193; OLG Düsseldorf 5.5.2009 – 4 U 161/08, BeckRS **2009** 88645; Prölss/Martin/*Piontek* § 5 Rn. 9.

18 Harbauer/*Schneider* § 5 ARB 2010 Rn. 48; Prölss/Martin/*Piontek* § 5 Rn. 13.

19 OLG Karlsruhe 17.4.1986 – 12 U 205/85, RuS **1987** 18; AG Düsseldorf 30.3.2001 – 20 C 18268/00, RuS **2001** 333; Harbauer/*Schneider* § 5 Rn. 26 f.

20 BGH 6.4.2011 – IV ZR 232/08, VersR **2011** 877 Rn. 7 ff., 18; Prölss/Martin/*Piontek* § 5 Rn. 11.

21 Einzelheiten bei Prölss/Martin/*Piontek* § 5 Rn. 11.

22 BGH 10.11.2010 – IV ZR 188/08, VersR **2011** 67; Looschelders/*Paffenholz* § 5 Rn. 22; Prölss/Martin/*Piontek* § 5 Rn. 19; **a.A.** Beckmann/Matusche-Beckmann/*Obarowski* § 37 Rn. 229; Harbauer/*Schneider* § 5 ARB 2010 Rn. 50.

23 BGH 4.5.2005 – IV ZR 135/04, VersR **2005** 936, 937; Beckmann/Matusche-Beckmann/*Obarowski* § 37 Rn. 266; **a.A.** (Berechnung auf Grundlage der Kosten bei fiktiver isolierter Geltendmachung) OLG Hamm 1.4.1992 – 20 U 283/91, VersR **1993** 94; noch anders (anteilige Erstattung nach dem Verhältnis zweier fiktiver Prozesse) Prölss/Martin/*Piontek* § 5 Rn. 17.

24 BGH 14.7.1972 – VII ZR 41/71, VersR **1972** 1141; Prölss/Martin/*Piontek* § 5 Rn. 10.

25 BGH 14.7.1972 – VII ZR 41/71, VersR **1972** 1141 m. Anm. *Baumgärtel* VersR **1973** 681; Prölss/Martin/*Piontek* § 5 Rn. 9.

26 BGH 10.11.2010 – IV ZR 188/08, VersR **2011** 67 Rn. 14; Prölss/Martin/*Piontek* § 5 Rn. 18; Looschelders/*Paffenholz* § 5 Rn. 23.

27 Prölss/Martin/*Piontek* § 5 Rn. 15; Looschelders/*Paffenholz* § 5 Rn. 34 (fragwürdig).

28 LG Hannover 16.12.2005 – 8 S 24/05, VersR **2006** 790; Prölss/Martin/*Piontek* § 5 Rn. 7; Harbauer/*Schneider* § 5 ARB 2010 Rn. 30; Looschelders/*Paffenholz* § 5 Rn. 26.

29 AG Gießen 24.3.2017 – 41 C 368/16, NJOZ **2018** 28 Rn. 18.

renpflichtigen Tätigkeit in Zusammenhang steht und für die Ausarbeitung eines Gutachtens keine der Höhe nach bestimmte Gebühr festsetzt. Dies steht im Zusammenhang mit § 34 RVG, wonach auf eine Gebührenvereinbarung durch den Anwalt hingewirkt werden soll und sich die Vergütung im Übrigen nach den §§ 611 ff., 631 ff. BGB richten. In dieser Konstellation wird im Rechtsschutzversicherungsvertrag ein Höchstbetrag erstattungsfähiger Vergütung je Rechtsschutzfall vereinbart (§ 5 Abs. 1 lit. a Satz 2).[30]

4. Vergütung für Verkehrsanwalt

Liegt der Wohnort des VN mehr als 100 km Luftlinie vom zuständigen Gericht entfernt und erfolgt gerichtliche Rechtswahrnehmung, trägt der VR bei den Leistungsarten gemäß § 2 lit. a–g die Kosten in der ersten Instanz für einen im Landgerichtsbezirk des VN ansässigen Rechtsanwalt bis zur Höhe der gesetzlichen Vergütung für einen Verkehrsanwalt (§ 5 Abs. 1 lit. a Satz 3). Die Beschränkung der Erstattung auf einen im Landgerichtsbezirk des VN ansässigen Verkehrsanwalt ist angesichts der im Kern europarechtlich radizierten Garantie freier Anwaltswahl nicht über jeden Zweifel erhaben (§ 127 Abs. 1 Satz 1 und 2, § 129 VVG).[31] Entspricht die Rechtswahrnehmung als solche den Anforderungen von § 17 Abs. 1, kommt es für die Erstattungsfähigkeit nicht darauf an, ob die Einschaltung des Verkehrsanwaltes zur zweckentsprechenden Rechtsverfolgung im Sinne von § 91 ZPO notwendig ist.[32] 8

II. Rechtsanwaltskosten bei Rechtsschutzfall im Ausland

Tritt der Rechtsschutzfall im Ausland ein, was sich grundsätzlich nach Maßgabe von § 4 beurteilt,[33] wird die Vergütung eines für den VN tätigen, am Ort des zuständigen Gerichts ansässigen ausländischen oder im Inland zugelassenen Rechtsanwaltes erstattet (§ 5 Abs. 1 lit. b Unterabs. 1 Satz 1). Die Regelung gilt unmittelbar für die Rechtswahrnehmung durch ausländische Rechtsanwälte, für sonstige im Ausland ansässige rechts- und sachkundige Bevollmächtigte entsprechend (§ 5 Abs. 6 lit. c). Bei Inanspruchnahme eines ausländischen Rechtsanwaltes ist die Erstattung auf eine bestehende gesetzliche Höchstgrenze der Vergütung beschränkt, auch wenn das aus dem Wortlaut der Bestimmung nicht ausdrücklich hervorgeht. Greift für die Rechtswahrnehmung durch den ausländischen Rechtsanwalt keine gesetzliche Regelung über die Vergütungshöhe, schließt das die Erstattung der Vergütung grundsätzlich nicht aus.[34] Eine stillschweigende wie auch immer geartete betragsmäßige Begrenzung der Erstattung lässt sich den ARB insoweit nicht entnehmen.[35] Vielmehr hat es bei den Zustimmungs- und Kostenminderungsobliegenheiten des VN sein Bewenden (§ 17 Abs. 1 lit. c, § 82 VVG).[36] Die Beschränkung der Erstattung auf die Vergütung für einen am Gerichtsort ansässigen ausländischen Rechtsanwalt begegnet Zweifeln unter dem Gesichtspunkt der freien Anwaltswahl (§ 127 Abs. 1 VVG).[37] Bei der Rechtswahrnehmung durch einen ausländischen Rechtsanwalt gilt die Erstattungsregelung für einen Verkehrsanwalt 9

30 Hierzu Prölss/Martin/*Piontek* § 5 Rn. 22; *Bauer* NJW **2006** 1484, 1485.

31 S. § 127 Rn. 6 ff., 10 ff.

32 BGH 24.1.2007 – IV ZR 249/05, VersR **2007** 488, 489 (zu § 1 Abs. 1 Satz 2 ARB 75).

33 Vgl. Rn. 4.

34 Prölss/Martin/*Piontek* § 5 Rn. 25.

35 Nunmehr auch Harbauer/*Schneider* § 5 ARB 2010 Rn. 83; **a.A.** (übliche Vergütung analog § 612 Abs. 2 BGB – der nach IPR in Bezug auf den Mandatsvertrag zweifelsohne unanwendbar ist) Looschelders/*Paffenholz* § 5 Rn. 53; wohl auch *van Bühren*/Plote § 5 ARB 2010 Rn. 56.

36 In diese Richtung auch Prölss/Martin/*Piontek* § 5 Rn. 25; s. noch § 17 Rn. 6 f.

37 S. § 127 Rn. 6 ff., 10 ff. und oben Rn. 8.

bei Inlandsfällen sinngemäß (§ 5 Abs. 21 lit. b Unterabs. 2).[38] Eine besondere Regelung greift bei Rechtswahrnehmung im Ausland in Folge eines Kraftfahrtunfalls im europäischen Ausland (§ 5 Abs. 1 lit. b Unterabs. 3).

III. Gerichtskosten und Gerichtsvollzieherkosten

10 Der VR trägt die Gerichtskosten einschließlich der Entschädigung für Zeugen und Sachverständige, die vom Gericht herangezogen werden, sowie die Kosten des Gerichtsvollziehers (§ 5 Abs. 1 lit. c). Zu den Gerichtskosten zählen alle gerichtlichen Kosten nach dem Gerichtskostengesetz (GKG) und dem Gerichts- und Notarkostengesetz (GNotKG). Justizverwaltungskosten sind hingegen nicht erfasst, können aber unter dem Gesichtspunkt der Auslagenerstattung Bestandteil der erstattungsfähigen gesetzlichen Anwaltsvergütung sein (§ 5 Abs. 1 lit. a).[39] Die Gerichtsvollzieherkosten richten sich nach dem Gerichtsvollzieherkostengesetz (GVKostG). Zu den Gerichtsvollzieherkosten gehören nach h.M. auch die Kosten des im Auftrag des Gerichtsvollziehers handelnden Gläubigers.[40] Nicht erstattet werden dagegen die Kosten für Dolmetscher und Übersetzer, wenn sie nicht vom Gericht herangezogen wurden.[41] Gleiches gilt für Aufwendungen des VN für Zeugen oder Sachverständige, die nicht vom Gericht herangezogen werden; diese sind keine gerichtlichen Auslagen i.S.v. §§ 1, 3 Abs. 2 GKG und nicht vom Rechtsschutzversicherer zu übernehmen.[42] Auch Zahlungen aufgrund einer Auflage nach § 153a Abs. 1 Satz 2 Nr. 2 StPO sind keine Gerichtskosten.[43] Kosten für ein Privatgutachten werden ebenfalls nicht erstattet.[44]

IV. Gebühren eines Schieds- oder Schlichtungsverfahrens

11 Die Gebühren eines Schieds- oder Schlichtungsverfahrens hat der Rechtsschutzversicherer bis zur Höhe der Gebühren, die im Falle der Anrufung eines zuständigen staatlichen Gerichts erster Instanz entstehen (§ 5 Abs. 1 lit. d), zu tragen. Die Kosten eines Schiedsgutachterverfahrens fallen nach h.M. nicht unter die Klausel.[45]

V. Kosten in Verwaltungsverfahren

12 Der VR trägt die Kosten in Verfahren vor Verwaltungsbehörden einschließlich der Entschädigung für Zeugen und Sachverständige, die von der Verwaltungsbehörde herangezogen werden, sowie die Kosten der Vollstreckung im Verwaltungswege (§ 5 Abs. 1 lit. e). Verfahren vor Verwaltungsbehörden im Sinne der Klausel sind auch Verfahren bei der Bundesagentur für Arbeit im Rahmen von anzeigepflichtigen Entlassungen (§§ 17 ff. KSchG).[46] Gleiches gilt für Verfahren, in dem eine Verwaltungsstelle dem Arbeitgeber erlaubt, dem (rechtsschutzversicherten) Arbeitnehmer zu kün-

---

38 Vgl. Rn. 8.

39 Teilweise **a.A.** Prölss/Martin/*Piontek* § 5 Rn. 27; *Kilian* RuS **2010** 501, 502.

40 Prölss/Martin/*Piontek* § 5 Rn. 30; Harbauer/*Schneider* § 5 ARB 2010 Rn. 118; *van Bühren*/Plote § 5 ARB 2010 Rn. 68; **a.A.** Beckmann/Matusche-Beckmann/*Obarowski* § 37 Rn. 236.

41 Prölss/Martin/*Piontek* § 5 Rn 28.

42 LG Nürnberg-Fürth 8.5.2014 – 8 S 1015/14, BeckRS **2015** 3070.

43 LG Duisburg 20.9.1978 – 4 S 189/78, VersR **1979** 761; LG Osnabrück 30.6.1977 – 8 O 130/77, VersR **1979** 762; LG Karlsruhe 28.10.1983 – 9 S 170/83, JurBüro **1984** 720.

44 AG Würzburg 13.6.1994 – 16 C 398/94, RuS **1995** 264.

45 Prölss/Martin/*Piontek* § 5 Rn. 33; Harbauer/*Schneider* § 5 ARB 2010 Rn. 124; *van Bühren*/Plote § 5 ARB 2010 Rn. 75 ff.; Beckmann/Matusche-Beckmann/*Obarowski* § 37 Rn. 242; **a.A.** *Buschbell*/*Stoll* AnwBl. **1997** 639, 643, 644.

46 Prölss/Martin/*Piontek* § 5 Rn. 34a m.N.

digen.[47] Nicht von der Behörde herangezogen und deshalb nicht erstattungsfähig sind die Kosten für ein Gutachten der medizinisch-psychologischen Untersuchungsstelle, das vom betroffenen Kraftfahrer beigebracht werden muss, um Zweifel an der Eignung zum Führen von Kraftfahrzeugen auszuräumen.[48]

VI. Vergütung von Sachverständigen

Die Regelung der Erstattungsfähigkeit von Sachverständigenkosten unterscheidet zwischen in Deutschland öffentlich bestellten technischen Sachverständigen bzw. entsprechenden Sachverständigenorganisationen einerseits und im Ausland ansässigen Sachverständigen andererseits. Die übliche Vergütung eines öffentlich bestellten technischen Sachverständigen oder einer rechtsfähigen technischen Sachverständigenorganisation wird erstattet in Fällen der Verteidigung in verkehrsrechtlichen Straf- und Ordnungswidrigkeitenverfahren sowie der Wahrnehmung der rechtlichen Interessen aus Kauf- und Reparaturverträgen von Motorfahrzeugen zu Lande sowie Anhängern (§ 5 Abs. 1 lit. f, aa). Außerdem hat der Rechtsschutzversicherer die übliche Vergütung eines im Ausland ansässigen Sachverständigen in Fällen der Geltendmachung von Ersatzansprüchen wegen der im Ausland eingetretenen Beschädigung eines Motorfahrzeuges zu Lande sowie Anhängers zu tragen (§ 5 Abs. 1 lit. f, bb). Eine feste Kostenobergrenze greift nicht. Neben die Üblichkeit als variable Grenze treten die Abstimmungs- und Schadensminderungsobliegenheiten (§ 17 Abs. 1 lit. c, § 82 VVG).[49] Dabei gibt es jedoch keine zahlenmäßige Beschränkung auf ein einziges Gutachten.[50] 13

VII. Reisekosten

Der Rechtsschutzversicherer trägt die Kosten für Reisen des VN zu einem ausländischen Gericht, wenn sein Erscheinen als Beschuldigter oder Partei vorgeschrieben und zur Vermeidung von Rechtsnachteilen erforderlich ist (§ 5 Abs. 1 lit. g Satz 1), und zwar bis zur Höhe der für Geschäftsreisen von deutschen Rechtsanwälten geltenden Sätzen (§ 5 Abs. 2 lit. g Satz 2). Dagegen muss der VN die Reisekosten zu einem inländischen Gericht selbst tragen.[51] 14

VIII. Kosten des Gegners

Schließlich hat der VR auch die dem Gegner durch die Wahrnehmung seiner Interessen entstandenen Kosten zu erstatten, soweit der VN zu deren Tragung verpflichtet ist (§ 5 Abs. 1 lit. h). Nach h.M. sollen Kosten, die aus ausschließlich materiellrechtlichen Gründen geschuldet sind, nicht geschuldet sein.[52] Eine Gegenansicht unterscheidet danach, ob die Kosten *vor* oder *bei* der Wahrnehmung der rechtlichen Interessen entstanden sind, und nimmt eine Erstattungspflicht nur im zweiten Fall an.[53] Eine Beschränkung auf prozessuale Kostenerstattungsansprüche lässt sich der Klausel ebenso wenig entnehmen wie eine Beschränkung auf die Erstattung gerichtlich angeord- 15

47 EuGH 7.4.2016 – C-460/14, VersR **2016** 657 Rn. 20; EuGH 7.4.2016 – C-5/15, BeckRS **2016** 80578 Rn. 15 ff. (beide zum niederländischen Recht).
48 Prölss/Martin/*Piontek* § 5 Rn. 34.
49 S. § 17 Rn. 8 f.
50 AG Saarlouis 1.2.2017 – 28 C 845/16, RuS **2017** 350.
51 OLG München 13.9.2005 – 1 W 2234/05, BeckRS **2005** 33861 Rn. 8.
52 Prölss/Martin/*Piontek* § 5 Rn. 41; Harbauer/*Schneider* § 5 ARB 2010 Rn. 150; *van Bühren*/Plote § 5 ARB 2010 Rn. 115.
53 Looschelders/*Paffenholz* § 5 Rn. 90.

neter Kostentragungspflichten.[54] Es kommt – anders als unter den ARB 75 – auch nicht darauf an, ob die Kosten der Gegenseite „bei" der Wahrnehmung rechtlicher Interessen entstanden sind,[55] sondern es genügt – nach dem klaren Wortlaut der Klausel („durch") – schlichte Kausalität, die sich nach Maßgabe von Äquivalenz, Adäquanz und Normzweckzusammenhang beurteilt. Die Pflicht des VR zur Kostentragung besteht auch dann, wenn der VN Kosten übernimmt, deren Tragung auf Grund prozessualer Vorschriften ohnehin droht.[56] Dieser Gedanke lässt sich auf jede Kostentragungspflicht übertragen, die auf einem materiellrechtlichen (z.B. Vergleich, Anerkenntnis etc.) oder prozessualen Dispositionsakt (z.B. Prozessvergleich, übereinstimmende Erledigungserklärung etc.) des VN beruht, soweit die gesetzlich geschuldeten Kosten nicht überschritten werden.[57] Nach allgemeinen Regeln ist dafür der VN darlegungs- und im Streitfall beweispflichtig, doch greift für den Fall einer Übernahme im Sinne von § 5 Abs. 3 lit. a eine Beweislastumkehr zugunsten des VN Platz.[58] Es sind jedoch die Kosten nicht zu erstatten, die dem Prozessgegner nur deshalb entstehen, weil der VN nicht bereit oder nicht in der Lage ist, die Leistung zu erbringen, zu der ein Gericht ihn verurteilt hat. Das gilt auch, wenn der Prozessgegner des VN aufgrund eines nur vorläufig vollstreckbaren Urteils vorgeht und wenn er nach § 720a ZPO die Sicherungsvollstreckung betreibt.[59]

C. Inhalt und Fälligkeit der Versicherungsleistung und Fremdwährungsklausel

I. Inhalt und Fälligkeit der Versicherungsleistung

1. Inhalt

16 **a) Grundsatz.** Nach der gesetzlichen Regelung ist der Inhalt der Versicherungsleistung der vertraglichen Vereinbarung überlassen (§ 125 VVG).[60] Grundsätzlich kommen Freistellung des VN und Zahlung an ihn als Leistungsinhalt in Betracht. Die ARB 2010 enthalten nur wenige und wenig klare Bestimmungen zum Inhalt der Versicherungsleistung.[61] Wenn in § 5 Abs. 2 lit. a von der „Übernahme der vom VR zu tragenden Kosten" die Rede ist, trägt auch diese Formulierung nicht in der wünschenswerten Klarheit zur Bestimmung des Leistungsinhalts bei, zumal die Klausel nicht hinreichend deutlich zwischen Leistungsinhalt, Fälligkeit der Leistung und Leistungsumfang unterscheidet. Immerhin lässt sich der Regelung andeutungsweise entnehmen, dass ein Zahlungsanspruch besteht, wenn die Verpflichtung des VN bereits erfüllt ist, weil dann Freistellung nicht mehr möglich ist. Doch das ist im Grunde bereits eine Konsequenz der Rechtslogik. Ob vor Erfüllung durch den VN nur Freistellung geschuldet ist oder möglicherweise auch Zahlung an den VN, lässt sich der Klausel nicht eindeutig entnehmen.

17 Der BGH geht in ständiger Rechtsprechung davon aus, dass der Anspruch vor Erfüllung der Kostentragungspflicht des VN auf Befreiung von den bei der Wahrnehmung der rechtlichen Interessen entstehenden Kosten gerichtet ist.[62] Das lässt sich durchaus als Ergebnis der Auslegung

54 BGH 8.11.1984 – VII ZR 51/84, NJW **1985** 1466, 1467 (für strafprozessuale Kosten unter den ARB 75).
55 Grundsätzlich **a.A.** Prölss/Martin/*Piontek* § 5 Rn. 41 („bedeutet der Sache nach keinen Unterschied").
56 BGH 8.11.1984 – VII ZR 51/84, NJW **1985** 1466, 1467 f. (Strafprozess); Prölss/Martin/*Piontek* § 5 Rn. 42.
57 Näher Rn. 23.
58 S. Rn. 3 und 23.
59 LG Köln – 24 O 498/85, 11.3.1987 RuS **1987**, 199 Ls. 1.
60 Grundlegend § 125 Rn. 14 ff.
61 S. bereits § 125 Rn. 15.
62 BGH 14.4.1999 NJW-RR **1999** 1037; BGH 16.7.2014 – IV ZR 88/13, BGHZ **202** 122, 131 f.; BGH 21.10.2015 – IV ZR 266/14, ZfS **2016** 38 Rn. 30.

von § 5 Abs. 2 lit. a begründen.[63] Der VR kann den Befreiungsanspruch nach h.M. sowohl dadurch erfüllen, dass er an den Kostengläubiger leistet, als auch dadurch, dass er dem VN Kostenschutz für einen etwaigen Gebührenprozess zwischen dem VN und seinem Prozessbevollmächtigten in Form der sogenannten Abwehrdeckung gewährt.[64] Dabei kann der VR nach h.M. – im Einklang mit allgemeinen Grundsätzen – grundsätzlich wählen, wie er den VN von einer Kostenforderung befreit: Drittleistung an den Kostengläubiger (§ 267 BGB), Vereinbarung einer (privativen) Schuldübernahme oder Befreiung auf andere Weise;[65] entscheidend ist nur, dass das geschuldete Ergebnis – Befreiung des VN von der Verbindlichkeit – erreicht wird. Der VN muss sich konsequenterweise grundsätzlich nicht auf eine Zahlung an sich selbst verweisen lassen – sei es vor Inanspruchnahme auf Kostentragung, sei es nach diesem Zeitpunkt. Erst nach Entstehung des Geldzahlungsanspruchs schuldet der VR dem VN Zahlung.

b) Inhalt des Befreiungsanspruchs. Eine Zahlung im Wege der Drittleistung an den Kosten- 18
gläubiger kann der VN nur verlangen, wenn alle anderen Möglichkeiten einer Befreiung ausscheiden.[66] Eine Zahlung des VR an den VN erfüllt die Freistellungsverpflichtung nach allgemeinen Grundsätzen nur ganz ausnahmsweise, nämlich dann, wenn die Inanspruchnahme des VN feststeht.[67] Eine Zahlung des Rechtsschutzversicherers an den VN genügt auch dann, wenn der VN sie an Erfüllungs statt annimmt (§ 364 Abs. 1 BGB). Doch kann der VN grundsätzlich nicht Zahlung des erforderlichen Geldbetrages an sich verlangen.[68] Die Befreiung von einer bestehenden Verbindlichkeit rechnet zwar nach h.M. zum Inhalt des Befreiungsanspruchs,[69] ist aber dogmatisch scharf zu unterscheiden von der Abwehr der Geltendmachung einer nicht bestehenden Forderung. Denn die Abwehr einer nicht bestehenden Forderung durch den Rechtsschutzversicherer führt nicht zur Enthaftung von einer ursprünglich bestehenden Forderung, sondern ist letztlich nichts anderes als die Gewährung von Abwehrrechtschutz (vgl. § 100 VVG). Eine im Mandatsverhältnis ergangene Entscheidung über die Gebührenansprüche des Prozessbevollmächtigten bindet den Rechtsschutzversicherer im Versicherungsverhältnis.[70] Der Befreiungsanspruch verwandelt sich nach allgemeinen Grundsätzen in einen Zahlungsanspruch, wenn der VN die Forderung des Kostengläubigers selbst erfüllt,[71] wenn er den Befreiungsanspruch an den Kostengläubiger wirksam abtritt[72] oder wenn der Kostengläubiger ihn pfändet.[73] Der VR ist jedoch nicht berechtigt, an den Insolvenzverwalter des VN zu zahlen, ohne dass dieser zuvor die Forderung gegenüber dem Kostengläubiger erfüllt hat, denn die § 851 Abs. 1 ZPO, § 399 BGB hindern nach der Rechtsprechung

---

63 In diesem Sinne Looschelders/*Paffenholz* § 5 Rn. 98.

64 BGH 21.10.2015 – IV ZR 266/14, ZfS **2016** 38 Rn. 32; BGH 11.4.2018 – IV ZR 215/16, VersR **2018** 673 Rn. 18; OLG Düsseldorf 28.7.2016 – I-4 U 122/14, VersR **2017** 31, 32; Prölss/Martin/*Piontek* § 5 Rn. 43; *Wendt* RuS **2010** 221, 229.

65 BGH 14.3.1984 – VersR 1984 530, VersR **1984** 530; BGH 16.7.2014 – IV ZR 88/13, BGHZ **202** 122, 131 f.; BGH 21.10.2015 – IV ZR 266/14, ZfS **2016** 38 Rn. 32 ff.; BGH 11.4.2018 – IV ZR 215/16, VersR **2018** 673 Rn. 18.

66 BGH 14.2.2000 – II ZR 155/98, NJW **2000** 1641, 1642; Staudinger/*Bittner*/*Kolbe* (2019) § 259 Rn. 9.

67 RG 2.12.1911 – V 266/11, RGZ **78** 26, 34; Säcker/Rixecker/Oetker/Limperg/*Krüger*, 9. Aufl. 2022, § 257 Rn. 5.

68 BGH 13.11.2014 – IX ZR 277/13, ZIP **2014** 2517, 2518.

69 Allgemein BGH 24.6.1970 – VIII ZR 268/67, NJW **1970** 1594; BGH 19.1.1983 – IVa ZR 116/81, NJW **1983**, 1729; BGH 15.12.2010 – VIII ZR 86/09, NJW-RR **2011** 479 (Rn. 12); für die Rechtsschutzversicherung BGH 21.10.2015 – IV ZR 266/14, ZfS **2016** 38 Rn. 31.

70 BGH 21.10.2015 – IV ZR 266/14, ZfS **2016** 38 Rn. 42.

71 BGH 25.1.2006 – IV ZR 207/04, VersR **2006** 404 Rn. 14; BGH 13.11.2014 – IX ZR 277/13, ZIP **2014** 2517, 2518; OLG Naumburg 7.7.2016 – 41 U 7/16, VersR **2017** 882, 884; einschränkend bei Zusage von Abwehrdeckung BGH 11.4.2018 – IV ZR 215/16, VersR **2018** 673 Rn. 26 ff.; Staudinger/*Bittner*/*Kolbe* (2019) § 257 Rn. 9; Soergel/*Forster* § 257 Rn. 7; mit abweichender dogmatischer Begründung nur im Ergebnis grundsätzlich gleich Säcker/Rixecker/Oetker/Limperg/*Krüger*, 9. Aufl. 2022, § 257 Rn. 5.

72 BGH 22.3.2011 – II ZR 271/08, NJW **2011** 2351.

73 BGH 8.10.1952 – II ZR 309/51, BGHZ 7 244, 246.

des BGH nicht daran, dass ein Befreiungsanspruch des VN in dessen Masse und der Verwertung durch den Insolvenzverwalter anheimfällt.[74]

19 **c) Abwehrdeckung.** Hält der VR die Gebührenansprüche für unbegründet, muss er dem VN bei deren Abwehr zur Seite stehen.[75] Mit der Zusage dieser sog. Abwehrdeckung unternimmt der VR zwar das zum gegebenen Zeitpunkt Erforderliche und erfüllt in diesem Sinne den Befreiungsanspruch, weshalb eine Deckungsklage des VN bei dieser Sachlage als derzeit unbegründet abzuweisen ist. Der Zusage von Abwehrdeckung kommt aber nicht die Wirkung von § 362 Abs. 1 BGB zu, weil sie den VN nicht endgültig von der Gefahr befreit, Gebührenansprüche seines Rechtsanwalts erfüllen zu müssen.[76] Der Zusage von Abwehrdeckung entfaltet die Wirkung von § 362 Abs. 1 BGB vielmehr erst dann, wenn der VN endgültig von der Gefahr befreit ist, Gebührenansprüche seines Rechtsanwalts erfüllen zu müssen.[77] Eine Umwandlung des Befreiungsanspruchs des VN in einen Zahlungsanspruch kommt bei der Zusage von Abwehrdeckung nur infrage, wenn tatsächlich der Versuch der Abwehr der Forderung – im Ergebnis erfolglos – unternommen wurde.[78]

20 Die geltende Rechtslage lässt sich aus der kautelarjuristischen Gestaltung in § 5 Abs. 2 lit. a letztlich nicht in der wünschenswerten Klarheit ersehen. Man muss sich aber immer klar vor Augen führen, dass es sich bei der Ausgestaltung des Befreiungsanspruchs nach h.M. um Gesetzesrecht handelt, das in den ARB nicht oder allenfalls marginal geändert wird. Unklar ist insbesondere, ob und inwieweit die in § 125 VVG statuierte „Erforderlichkeit" der Versicherungsleistung, die als Kontrollmaßstab einer Angemessenheitskontrolle nach AGB-Recht Berücksichtigung erheischt (§ 307 Abs. 1 Satz 1, Abs. 2 Nr. 1 BGB),[79] Grund zu einer von allgemeinen Regeln abweichenden Beurteilung des Befreiungsanspruchs und seines Verhältnisses zum Zahlungsanspruch ist. Allerdings sind kaum Fälle denkbar, in denen die nach allgemeinen Grundsätzen ausgestaltete Befreiung des VN dem Maßstab der Erforderlichkeit nicht entsprechen sollte. Befriedigende Transparenz kann man der Klausel insgesamt letztlich nur schwerlich attestieren.

2. Fälligkeit

21 Die Versicherungsleistung wird fällig, sobald der VN nachweist, dass er zu deren Tragung verpflichtet ist oder diese Verpflichtung bereits erfüllt hat (§ 5 Abs. 2 lit. a). Der BGH hat für die ARB 75 festgestellt, dass eine Pflicht des VR zur Kostenübernahme im Sinne einer Befreiung des VN bereits mit der Inanspruchnahme des VN fällig wird.[80] Der Nachweis der Fälligkeit lässt sich dadurch führen, dass der VN oder der Kostengläubiger dem VR eine Rechnung vorlegt. Die Sorgeleistung wird fällig, wenn sich die Notwendigkeit einer Wahrnehmung rechtlicher Interessen für den VN so konkret abzeichnet, dass mit der Kostenentstehung zu rechnen ist.[81] Der Nachweis der Fälligkeit des Anspruchs des VN auf Zahlung nach Befriedigung des Kostengläubigers kann durch Quittung erbracht werden (§ 368 BGB). Fälligkeit kann eintreten, obwohl der VN trotz Nichtleis-

74 BGH BGH 16.7.2014 – IV ZR 88/13, BGHZ **202** 122 Rn. 29 mit Verweis auf BGH 7.6.2001 – IX ZR 195/00, NJW-RR **2001** 1490.

75 BGH 11.4.2018 – IV ZR 215/16, VersR **2018** 673 Rn. 18; BGH 21.10.2015 – IV ZR 266/14, ZfS **2016** 38 Rn. 31.

76 BGH 11.4.2018 – IV ZR 215/16, VersR **2018** 673 Rn. 24.

77 BGH 11.4.2018 – IV ZR 215/16, VersR **2018** 673 Rn. 22 ff.

78 BGH 11.4.2018 – IV ZR 215/16, VersR **2018** 673 Rn. 26.

79 S. § 125 Rn. 16 f.

80 BGH 14.4.1999 – IV ZR 197/98NJW-RR **1999** 1037.

81 OLG Köln 29.3.1990 – 5 U 192/89, VersR **1991** 295, 296; OLG Karlsruhe 4.7.1991 – 12 W 59/91, VersR **1992** 735; OLG Schleswig 27.11.1997 – 16 U 42/97, VersR **1998** 1501; OLG Hamburg 17.6.1998 – 5 U 33/98, VersR **1999** 1012; Prölss/Martin/*Piontek* § 5 Rn. 43; Harbauer/*Schneider* § 5 ARB 2010 Rn. 158; **a.A.** OLG Frankfurt 29.10.1986 – 19 W 30/86, VersR **1987** 1028; OLG Frankfurt 28.3.1990 – 19 U 18/88, VersR **1991** 66, 67; noch anders *Wegener* VersR **1991** 1121 (nach Unterrichtung des VR und Überlegungsfrist).

tung des VR keinen Stichentscheid herbeiführt.[82] Bestehende Anhaltspunkte für einen Ausschlusstatbestand hindern den Eintritt der Fälligkeit nicht, wohl aber unter Umständen den Verzugseintritt.[83] Eine Aussetzung des Deckungsprozesses bis zum Abschluss des Verfahrens, für das Deckung begehrt wird, ist ohne Zustimmung des VN nicht möglich.[84]

II. Fremdwährungsklausel

Hat der VN Kosten in fremder Währung aufgewendet, werden ihm diese in Euro zum Wechselkurs des Tages erstattet, an dem diese Kosten vom VN gezahlt wurden (§ 5 Abs. 2 lit. b). 22

D. Nicht erstattungsfähige Kosten

I. Vom Versicherungsnehmer ohne Rechtspflicht übernommene Kosten

Die Regelung in § 5 Abs. 3 bringt eine Zusammenstellung von Kosten, die der VR nicht trägt. An den Anfang der Ausnahmetatbestände stellt das Klauselwerk Kosten, die der VN ohne Rechtspflicht übernommen hat (§ 5 Abs. 3 lit. a). Auch im Wege einer materiellrechtlichen Vereinbarung übernommene Kosten sind nicht generell ausgeschlossen, sondern nur dann nicht erstattungsfähig, wenn sie ohne Rechtspflicht übernommen wurden. Die Beweislast für den Ausschluss liegt – hier wie auch sonst – beim VR.[85] 23

II. Unverhältnismäßige Kosten im Zusammenhang mit einverständlicher Erledigung

Der VR trägt nach den ARB auch solche Kosten nicht, die bei einer einverständlichen Erledigung entstanden sind, soweit diese nicht dem Verhältnis des vom VN angestrebten Ergebnisses zum erzielten Ergebnis entsprechen, es sei denn, dass eine hiervon abweichende Kostenverteilung gesetzlich vorgeschrieben ist (§ 5 Abs. 3 lit. b). Der Ausschluss intendiert die Vermeidung unnötiger Zugeständnisse in der Kostenfrage.[86] Der Ausschluss gilt lediglich für Kosten, die „bei" der einverständlichen Regelung entstanden sind.[87] Gleichgültig ist, ob es sich um eine gerichtliche oder außergerichtliche einvernehmliche Erledigung handelt.[88] Eine konkludente Kostenregelung, die regelmäßig dahingehend anzunehmen ist, dass jede Partei ihre außergerichtlichen Kosten selbst trägt, genügt.[89] Ein verständiger VN soll die Klausel nach h.M. so zu verstehen haben, dass der VR ihm grundsätzlich nur diejenigen Kosten erstattet, die ihm bei einer gerichtlichen Entschei- 24

82 Prölss/Martin/*Piontek* § 5 Rn. 44; OLG Köln 6.10.1988 – 5 U 61/88, VersR **1989** 359; **a.A.** OLG Celle 30.5.1986 – 8 U 200/85, VersR **1987** 1188 mit krit. Anm. *Bauer* VersR **1988** 399.

83 OLG Hamm 16.10.1985 – 20 W 28/85, VersR **1987** 92, 93; OLG Frankfurt 21.7.1993 – 23 U 200/91, VersR **1994** 667, 668.

84 OLG Hamm 7.1.1994 – 20 W 59/93, VersR **1994** 1184.

85 AG Düsseldorf 6.12.1985 – 41 C 419/85, AnwBl. **1989** 689; AG München 28.4.1989 – 1113 C 25090/88, RuS **1989** 332; s. Rn. 3.

86 BGH 25.1.2006 – IV ZR 207/04, VersR **2006** 404; BGH 25.5.2011 – IV ZR 59/09, VersR **2011** 1005; OLG Hamm 2.6.1999 – 20 U 233/98, VersR **1999** 1276; LG München I 2.10.2008 – 31 S 9253/07, VersR **2009** 254.

87 OLG Hamm 8.12.2004 – 20 U 151/04, VersR **2005** 1142; LG Dortmund 12.1.2017 – 2 O 31/16, BeckRS **2017** 100224; *Bauer* NJW **2006** 1484, 1487; **a.A.** Prölss/Martin/*Piontek* § 5 Rn. 49.

88 BGH 25.1.2006 – IV ZR 207/04, VersR **2006** 404; Prölss/Martin/*Piontek* § 5 Rn. 57; Looschelders/*Paffenholz* § 5 Rn. 115.

89 BGH 25.1.2006 – IV ZR 207/04, VersR **2006** 404; BGH 25.5.2011 – IV ZR 59/09, VersR **2011**, 1005; Prölss/Martin/*Piontek* § 5 Rn. 50.

dung mit dem Inhalt des Vergleichs gemäß §§ 91 ff. ZPO auferlegt worden wären.[90] Bei einem außergerichtlichen Vergleich soll der VN nur dann quotal an den Kosten beteiligt werden, wenn er ausdrücklich oder konkludent Kostenzugeständnisse macht und auf einen bestehenden materiellrechtlichen Kostenerstattungsanspruch gegen den Gegner verzichtet; darlegungs- und beweisbelastet ist insoweit der VR.[91] Ein Kostenzugeständnis des VN liegt jedoch nicht vor, wenn im Rahmen einer außergerichtlichen Einigung Kostenaufhebung vereinbart wird und ein materiell-rechtlicher Kostenerstattungsanspruch gegen den Gegner nicht bestand.[92] Die Erfolgsaussichten der Rechtswahrnehmung sind nach h.M. nicht zu berücksichtigen.[93] Miterledigte Angelegenheiten, für die gleichfalls Rechtsschutz besteht, sind nicht herauszurechnen.[94]

25 Die Klausel ist nach h.M. mit dem Transparenzgebot vereinbar.[95] Überlassen die Parteien dem Gericht eine Kostenentscheidung gemäß § 91a ZPO, greift der Ausschluss nicht,[96] sofern darin die Kostenfrage nicht ausdrücklich offengelassen wurde.[97] Ebenso wenig greift die Norm, wenn ein Vergleich keinerlei materiellen Gehalt hat.[98] Eine zu Beginn des Rechtsstreits erteilte Deckungszusage hindert den VR grundsätzlich nicht, sich auf den Ausschluss zu berufen, doch kann die Berufung auf § 5 Abs. 3 lit. b treuwidrig sein, wenn er der VN den VR von einem Vergleich mit Widerrufsvorbehalt informiert hat.[99] Die Darlegungs- und Beweislast für das Eingreifen des Ausschlusses trägt der VR, gesetzlich vorgeschriebene abweichende Kostenverteilung muss der VN darlegen und gegebenenfalls beweisen (§ 5 Abs. 3 lit. b Halbs. 2).[100]

III. Selbstbeteiligung

26 Selbstverständlich trägt der VR nicht die vereinbarte Selbstbeteiligung je Leistungsart nach § 2 (§ 3 Abs. 3 lit. c). Treten aufgrund eines Sachverhalts mehrere Versicherungsfälle in derselben Leistungsart ein, fällt die Selbstbeteiligung nur einmal an.[101] Löst ein Ereignis Rechtsschutz in mehreren Leistungsarten aus, so ist der Selbstbehalt für jede Leistungsart gesondert zu berechnen.[102] Die Klausel ist nicht intransparent.[103]

---

90 BGH 25.1.2006 – IV ZR 207/04, VersR **2006** 404; LG Düsseldorf 24.3.2016 – 9 S 19/15, VersR **2017** 612; Prölss/Martin/*Piontek* § 5 Rn. 50; *Bauer* NJW **2009** 1564, 1567; *Obarowski* NJW **2011** 2014; **a.A.** LG München I 2.10.2008 – 31 S 9253/07, VersR **2009** 254.

91 BGH 25.5.2011 – IV ZR 59/09, VersR **2011** 1005; BGH 19.12.2012 – IV ZR 213/11, VersR **2013** 232; Prölss/Martin/*Piontek* § 5 Rn. 57.

92 BGH 19.12.2012 – IV ZR 213/11, VersR **2013** 232 Rn. 16 ff.; LG Hannover 23.4.1986 – 11 S 432/85, NJW **1987** 1337; LG Bremen 14.6.2007 – 6 S 19/07, NJW-RR **2007** 1404.

93 BGH 16.6.1977 – IV ZR 97/76, VersR **1977** 809; Prölss/Martin/*Piontek* § 5 Rn. 51.

94 BGH 14.9.2005 – IV ZR 145/04, VersR **2005** 1725; Prölss/Martin/*Piontek* § 5 Rn. 55.

95 LG Wuppertal 11.10.2018 – 9 S 72/18, VersR **2019**, 90; Prölss/Martin/*Piontek* § 5 Rn. 52; Beckmann/Matusche-Beckmann/*Obarowski* § 37 Rn. 255; Looschelders/*Paffenholz* § 5 Rn. 114 (fragwürdig); **a.A.** *van Bühren*/Plote § 5 ARB 2010 Rn. 167; LG Hagen 23.3.2007 – 1 S 136/06, RuS **2008** 190.

96 OLG Karlsruhe 16.6.1983 – 12 U 126/82, VersR **1984** 839; OLG Hamm 8.12.2004 – 20 U 151/04, VersR **2005** 1142 f.; Prölss/Martin/*Piontek* § 5 Rn. 61; Harbauer/*Schneider* § 5 ARB 2010 Rn. 2199; **a.A.** Beckmann/Matusche-Beckmann/*Obarowski* § 37 Rn. 257; Looschelders/*Paffenholz* § 5 Rn. 117.

97 Hierzu LG Saarbrücken 14.1.1999 – 2 S 403/97, RuS **1999** 244.

98 OLG Köln 10.6.1985 – 5 U 257/84, ZfS **1985** 338.

99 OLG Köln 24.10.2006 – 9 U 5/06, VersR **2007** 101, 102; Prölss/Martin/*Piontek* § 5 Rn. 63.

100 S. Rn. 3.

101 Prölss/Martin/*Piontek* § 5 Rn. 65; Harbauer/*Schneider* § 5 ARB 2010 Rn. 206.

102 Prölss/Martin/*Piontek* § 5 Rn. 65; *van Bühren*/Plote § 5 ARB 2010 Rn. 169.

103 **A.A.** ausführlich *Dötsch* ZfS **2019** 63.

IV. Zwangsvollstreckungskosten

1. Kosten ab der vierten Zwangsvollstreckungsmaßnahme

Der Rechtsschutzversicherer trägt nicht die Kosten, die aufgrund der vierten und jeder weiteren Zwangsvollstreckungsmaßnahme entstehen (§ 5 Abs. 3 lit. d). Der Begriff der Zwangsvollstreckungsmaßnahme unterscheidet sich nach h.M. von der Terminologie des Zwangsvollstreckungsrechts. Zwangsvollstreckungsmaßnahmen sind danach insbesondere auch die Rechtsbehelfe der Zwangsvollstreckung, wie die Erinnerung (§ 766 ZPO),[104] die Vollstreckungsgegenklage (§ 767 ZPO),[105] die Drittwiderspruchsklage (§ 771 ZPO),[106] aber auch die Anfechtungsklage nach dem Anfechtungsgesetz[107] sowie die Drittschuldnerklage.[108] Schließlich gehört zu den Zwangsvollstreckungsmaßnahmen im Sinne von § 5 Abs. 3 lit. d auch das Erbscheinserteilungsverfahren nach § 792 ZPO.[109] Kosten einer gütlichen Einigung mit dem Drittschuldner sind keine Kosten der Zwangsvollstreckung.[110] 27

2. Kosten für nach Ablauf von fünf Jahren eingeleitete Vollstreckungsmaßnahmen

Ausgeschlossen ist die Deckung von Kosten aufgrund von Zwangsvollstreckungsmaßnahmen, die später als fünf Jahre nach Rechtskraft des Vollstreckungstitels eingeleitet werden (§ 5 Abs. 3 lit. e). Der Ausschluss tritt selbstständig neben § 5 Abs. 3 lit. d.[111] Nicht der Rechtskraft fähige Vollstreckungstitel werden nicht erfasst.[112] 28

V. Strafvollstreckungsverfahren (§ 5 Abs. 3 lit. f)

1. Überblick

Der VR trägt gemäß § 5 Abs. 3 lit. f ARB 2010 die Kosten für Strafvollstreckungsverfahren jeder Art nach Rechtskraft einer Geldstrafe oder -buße unter € 250 **nicht.** Aus dieser Formulierung ergibt sich im Umkehrschluss, dass Kosten für Strafvollstreckungsverfahren bei der Vollstreckung von Freiheitsstrafen oder von Geldstrafen oder -bußen über der Bagatellgrenze von € 250 grundsätzlich vom Rechtsschutz umfasst sind.[113] Vom Rechtsschutz umfasst sind alle Maßnahmen, die Vergünstigungen in der Straf- oder Bußgeldvollstreckung bedeuten, unter anderem Einwendungen 29

---

104 BGH 22.5.1991 – IV ZR 183/90, VersR **1991** 919, 920; Prölss/Martin/*Piontek* § 5 Rn. 67.

105 BGH 22.5.1991 – IV ZR 183/90, VersR **1991** 919, 920; BGH 17.1.2007 – IV ZR 124/06, VersR **2007** 535, 536; OLG Düsseldorf 22.7.2016 – I-4 U 213/14, VersR **2016** 1245, 1247; Prölss/Martin/*Piontek* § 5 Rn. 67; Harbauer/*Schneider* § 5 ARB 2010 Rn. 228; **a.A.** Schneider VersR **1994** 1158.

106 Prölss/Martin/*Piontek* § 5 Rn. 67; Harbauer/*Schneider* § 5 ARB 2010 Rn. 233.

107 Prölss/Martin/Piontek § 5 Rn. 67.

108 Prölss/Martin/Piontek § 5 Rn. 68; anders BGH 29.10.2008 – IV ZR 128/07, VersR **2009** 216 Rn. 10 ff. zu § 2 Abs. 3 ARB 92 mit abweichender Formulierung („Anträge auf Vollstreckung oder Vollstreckungsabwehr“).

109 Prölss/Martin/*Piontek* § 5 Rn. 69.

110 AG Köln 18.9.1984 – 132 C 1157/84, ZfS **1985** 19.

111 Prölss/Martin/*Piontek* § 5 Rn. 70.

112 BGH 17.1.2007 – IV ZR 124/06, VersR **2007** 535, 536 f. (vollstreckbare Urkunde); OLG Karlsruhe 11.5.2006 – 12 U 278/05, VersR **2006** 1069, 1070 f.; *R. Wendt* MDR **2008** 902, 906; *ders.* RuS **2008** 221, 231; Prölss/Martin/*Piontek* § 5 Rn. 70; Harbauer/*Schneider* § 5 ARB 2010 Rn. 253.

113 Looschelders/*Paffenholz* § 5 ARB 2010 Rn. 127; Harbauer/*Schneider* § 5 ARB 2010 Rn. 255; Prölss/Martin/*Piontek* § 2 ARB 2010 Rn. 71.

gegen die Vollstreckung, Gnadengesuche oder z.B. die vorzeitige Tilgung einer Eintragung im Bundeszentralregister u.a.[114]

2. Voraussetzungen

30 Allerdings darf nicht übersehen werden, dass es sich bei den jeweiligen Vollstreckungsverfahren nicht um selbstständige Verfahren handelt.[115] Rechtsschutz kommt deshalb nur in Betracht, wenn für das jeweilige Erkenntnisverfahren, welches zur Verhängung der Strafe oder Geldbuße geführt hat, (weiterhin) Rechtsschutz im Straf- oder Ordnungswidrigkeiten-Rechtsschutz besteht. Das setzt zunächst voraus, dass der Versicherungsfall für die jeweils zugrunde liegende Straftat oder Ordnungswidrigkeit in den versicherten Zeitraum fällt.[116] Zudem darf der Rechtsschutz auch nicht durch den Eintritt einer auflösenden Bedingung in Form der Feststellung eines vorsätzlichen Vergehens des VN weggefallen sein.[117] Im Straf-Rechtsschutz steht der Rechtsschutz indes bei verkehrsrechtlichen Vergehen stets unter dieser auflösenden Bedingung (§ 2 lit. i aa Satz 2 ARB 2010). Bei sonstigen Vergehen entsteht er erst nachträglich und rückwirkend, wenn keine rechtskräftige Feststellung vorsätzlicher Begehung erfolgt (§ 2 lit. i bb ARB 2010). Deshalb kommt im Ergebnis Rechtsschutz für Strafvollstreckungsverfahren im Straf-Rechtsschutz nur in Betracht, wenn der VN rechtskräftig wegen fahrlässiger Tatbegehung verurteilt wurde. Im Ordnungswidrigkeiten-Rechtsschutz besteht diese Einschränkung allerdings nicht, weil der Rechtsschutz dort nicht davon abhängt, ob die Ordnungswidrigkeit vorsätzlich oder fahrlässig begangen worden ist.[118]

3. ARB 2012/2021

31 Die ARB 2012/2021 übernehmen die Regelung des § 5 Abs. 3 lit. f ARB 2010 in Ziff. 3.3.6 mit lediglich geringen Abweichungen in der Formulierung. Zudem ist dort die Höhe der Bagatellgrenze offengelassen.

VI. Subsidiaritätsklausel

32 Nicht erstattet werden Kosten, zu deren Übernahme ein anderer verpflichtet wäre, wenn der Rechtsschutzversicherungsvertrag nicht bestünde (§ 5 Abs. 3 lit. g). Die Rechtsschutzdeckung ist gegenüber anderen Ansprüchen auf Kostenersatz mithin subsidiär und nicht umgekehrt (teilweise anders § 2 Abs. 3 lit. c ARB 75). Ob ein Dritter auf materiellrechtlicher oder prozessualer Grundlage zur Kostentragung verpflichtet ist, spielt keine Rolle.[119] Liegt der Kostenersatzanspruch gegen den Schädiger unter dem Gebührenanspruch des Anwalts, ist der Differenzbetrag vom VR zu tragen.[120] Die Regelung steht in Konflikt mit § 117 Abs. 3 Satz 2 VVG,[121] ist aber deswegen nicht unwirksam.

---

114 Looschelders/*Paffenholz* § 5 ARB 2010 Rn. 127; Harbauer/*Schneider* § 5 ARB 2010 Rn. 255.
115 Harbauer/*Cornelius-Winkler* § 4 ARB 2010 Rn. 139.
116 Harbauer/*Cornelius-Winkler* § 4 ARB 2010 Rn. 139.
117 Vergleiche dazu im Einzelnen: § 2 ARB 2010 Rn. 67.
118 Vergleiche dazu im Einzelnen: § 2 ARB 2010 Rn. 81.
119 Prölss/Martin/*Piontek* § 5 Rn. 74.
120 LG Limburg 27.5.1992 – 3 S 61/92, RuS **1992** 378.
121 Prölss/Martin/*Piontek* § 5 Rn. 72 ff.; Looschelders/Paffenholz § 5 Rn. 129.

VII. Unstreitige Forderungen und nicht versicherte Teile von Schadensfällen

Der VR trägt nicht Kosten im Rahmen einer einverständlichen Regelung für Forderungen, die selbst nicht streitig waren, sowie Kosten, die auf den nicht versicherten Teil von Schadensfällen entfallen (§ 5 Abs. 3 lit. h). Gemeint sind mit „Forderungen, die selbst nicht streitig waren", solche, die nicht streitgegenständlich sind. Die Bestimmung ist nach wohl h.M. jedoch deshalb überraschend im Sinne von § 305c Abs. 1 BGB, weil sie dazu führt, dass der VN einen Teil der Kosten eines Vergleichs selbst zu tragen hat, obwohl es häufig sachdienlich und allgemein üblich ist, im Rahmen eines Vergleichs auch nicht rechtshängige Streitpunkte mitzuerledigen, was vielfach erst die Grundlage für die Einigung über den rechtshängigen Anspruch schafft.[122] 33

E. Versicherungssumme

Selbstverständlich zahlt der VR in jedem Rechtsschutzfall höchstens die vereinbarte Versicherungssumme (§ 5 Abs. 4 Satz 1). Die Bestimmung ist nach obergerichtlicher Rechtsprechung wirksam. Selbst im Rahmen eines Gruppenversicherungsvertrags bestehen keine Bedenken gegen die Wirksamkeit der Vereinbarung einer Gesamtversicherungssumme für einen Versicherungsfall bzw. mehrere zeitlich und ursächlich zusammenhängende Versicherungsfälle, auch wenn dies im Einzelfall dazu führt, dass der einzelne VN wegen des Erreichens der Gesamtversicherungssumme durch Zahlung an Mitversicherte keinerlei Versicherungsleistungen erhält.[123] Eine Deckungszusage ist auch ohne ausdrücklichen Vorbehalt auf die Versicherungssumme beschränkt.[124] Wird die Versicherungssumme durch Vereinbarung erhöht, gilt für bereits eingetretene Versicherungsfälle die bisherige Grenze.[125] Zahlungen für den VN und mitversicherte Personen werden hierbei zusammengerechnet (§ 5 Abs. 4 Satz 2). Das gilt auch für Zahlungen aufgrund mehrerer Rechtsschutzfälle, die zeitlich und ursächlich zusammenhängen (§ 5 Abs. 4 Satz 3). Maßgeblich ist nicht der Zusammenhang zwischen den Prozessen, sondern zwischen den Versicherungsfällen.[126] Nach h.M. ist erforderlich, dass die Versicherungsfälle nach der Verkehrsanschauung einem einheitlichen Lebensvorgang angehören oder entspringen.[127] Ein Zusammenhang ist beispielsweise gegeben bei mehrfacher Inanspruchnahme des VN aufgrund von Massenentlassungen,[128] bei Klagen gegen einen Arbeitgeber wegen Kündigung und einen in dieser Sache falsch beratenden Rechtsanwalt,[129] bei Klagen gegen zwei nacheinander falsch behandelnde Ärzte,[130] bei Klagen gegen einen Architekten wegen Fehlbegutachtung und gegen den Grundstücksverkäufer[131] sowie bei Klagen gegen Leasinggeber und Verkäufer wegen Sachmängeln der geleasten Sache.[132] Der erforderliche Zusammenhang fehlt hingegen etwa, wenn gegen mehrere Gegner wegen unterschiedlicher Angelegenheiten mit Bezug zu demselben Grundstück prozessiert wird[133] oder wenn gegen denselben 34

122 Harbauer/*Obarowski* § 2 ARB 2010 Rn. 90; *Bauer* VersR **2013** 661, 664; LG München I 1.12.2017 – 25 S 17954/16, BeckRS **2017** 148923; LG Wuppertal 11.10.2018 – 9 S 72/18, VersR **2019** 90 f.; **a.A.** AG Kassel 8.1.2015 – 414 C 5614/13, NJW-RR **2015** 1130; AG Dresden 13.1.2017 – 105 C 3867/16, RuS **2017** 527.

123 OLG Köln 8.11.2016 – 9 U 38/16, RuS **2017** 472 Ls. 2.

124 Prölss/Martin/*Piontek* § 5 Rn. 78.

125 OLG Braunschweig 28.2.1989 – 2 W 19/89, ZfS **1991** 21; Prölss/Martin/*Piontek* § 5 Rn. 78.

126 BGH 8.11.1989 – IVa ZR 193/88, VersR **1990** 301; ÖOGH 14.7.2010 – 7 Ob 122/10g, VersR **2011** 1334, 1336.

127 OLG Köln 16.1.1996 – 9 U 44/95, RuS **1996** 105, 106; OLG Karlsruhe 21.8.1997 – 12 U 145/97, RuS **1998** 199, 200; OLG Hamm 22.11.2006 – 20 W 15/06, VersR **2007** 1511 f.; Looschelders/*Paffenholz* § 5 Rn. 133; **a.A.** Prölss/Martin/*Piontek* § 5 Rn. 79; *Stoffregen* VersR **2018** 577, 584 f.

128 OLG Hamm 13.12.1974 – 20 U 142/74, VersR **1975** 654.

129 OLG Düsseldorf 27.3.1984 – 4 W 70/83, ZfS **1984** 145; **a.A.** Prölss/Martin/*Piontek* § 5 Rn. 80.

130 OLG Hamm 22.11.2006 – 20 W 15/06, VersR **2007** 1511 f.

131 OLG Hamm 11.10.1988 – 20 W 46/87, VersR **1989** 736.

132 OLG Köln 16.1.1996 – 9 U 44/95, RuS **1996** 105, 106.

133 OLG Hamm 30.9.1988 – 20 U 375/87, RuS **1989** 54 f.

Gegner Ansprüche aus verschiedenen, rechtlich völlig selbstständigen Verträgen geltend gemacht werden.[134]

F. Sorgeleistungen

1. Übersetzungskosten im Auslandsrechtsschutz

35 Den VR treffen zwei Sorgepflichten, die sich systematisch nicht ohne weiteres in eine Regelung zum Umfang der Hauptleistungspflicht fügen (§ 5 Abs. 5). Richtigerweise dürfte es sich um Nebenleistungspflichten des Rechtsschutzversicherers handeln.[135] Der VR sorgt für die Übersetzung der für die Wahrnehmung der rechtlichen Interessen des VN im Ausland notwendigen schriftlichen Unterlagen und trägt die dabei anfallenden Kosten (§ 5 Abs. 5 lit. a). Während die Kostentragung zur Hauptleistungspflicht gehört, handelt es sich im Hinblick auf die Besorgung der Übersetzung um eine Nebenleistungspflicht.

2. Strafkaution (§ 5 Abs. 5 lit. b)

36 **a) Anwendungsfälle.** Der VR sorgt für die Zahlung eines zinslosen Darlehens bis zur vereinbarten Höhe für eine Kaution, die gestellt werden muss, um den VN einstweilen von Strafverfolgungsmaßnahmen zu verschonen. Im Geltungsbereich des deutschen Strafverfahrensrechts kommen als mögliche Anwendungsfälle die Außervollzugsetzung eines Haftbefehls (§§ 116 Abs. 1 Satz 2 Nr. 4, 116a StPO) und die Abwendung einer vorläufigen Festnahme wegen Fluchtgefahr von Beschuldigten ohne festen Wohnsitz im Inland (§ 127a Abs. 1 Nr. 2 StPO) gegen angemessene Sicherheitsleistung in Betracht. Die Sicherheitsleistung dient im erstgenannten Fall ausschließlich dem Zweck der Untersuchungshaft. Sie soll sicherstellen, dass sich der Beschuldigte dem weiteren Verfahren und einer dort erkannten Freiheitsstrafe oder freiheitsentziehenden Maßnahme stellt.[136] Im zweitgenannten Fall dient sie der Deckung einer zu erwartenden Geldstrafe und der Verfahrenskosten.[137] In Auslandsfällen richten sich die Modalitäten der Kautionsleistung nach der jeweiligen Verfahrensordnung.

37 **b) Darlehen.** Der VR erbringt die Leistung durch Zahlung eines zinslosen Darlehens an den VN bzw. die versicherte Person. Die Modalitäten der Rückzahlung des Darlehens richtet sich nach der Vereinbarung. Im Zweifel ist das Darlehen zur Rückzahlung fällig, wenn der VN bzw. die versicherte Person die Sicherheitsleistung zurückerhält oder deren ursprünglicher Zweck, z.B. wegen Verfall (§ 124 Abs. 1 StPO) oder Einbehaltung als Strafe nicht mehr erreichen kann.[138] Der Anspruch auf Rückzahlung entsteht nach Freiwerden der Sicherheitsleistung (§ 123 Abs. 2 StPO) und Aufhebung der amtlichen Verstrickung durch einen Gerichtsbeschluss.[139] Der Hinterleger erwirbt dann einen Herausgabeanspruch gegen die Hinterlegungsstelle nach den jeweiligen Hinterlegungsgesetzen der Länder.[140] Dieser Anspruch geht im Wege der Cessio legis mit seiner Entstehung auf den VR über.[141] Zur Darlehensrückzahlung ist nur die Person (VN oder versicherte Person)

134 ÖOGH 28.5.2003 – 7 Ob 62/03y, VersR **2004** 1583, 1584.
135 In diese Richtung auch Looschelders/*Paffenholz* § 5 Rn. 134; zum Ganzen bereits § 125 Rn. 28.
136 BGH 17.3.2016 – IX ZR 303/14, NStZ **2016** 620 Rn. 20.
137 KK-StPO/*Glaser* § 127a Rn. 5.
138 Prölss/Martin/*Piontek* § 5 ARB 2010 Rn. 84.
139 KK-StPO/*Gericke* § 123 Rn. 7.
140 BGH 2.6.2016 – III ZR 334/14, BeckRS **2016** 11502 Rn. 6.
141 Zu den Einzelheiten siehe § 17 ARB 2010, Rn. 34 ff.

verpflichtet, der das Darlehen zur Abwendung der gegen sie gerichteten Strafvollstreckungsmaßnahmen gewährt wurde. Wurde die Leistung durch den VR also an eine mitversicherte Person erbracht, dann ist auch nur diese und nicht der VN zur Rückzahlung des Darlehens verpflichtet.[142]

c) ARB 2012/2021. Die ARB 2012/2021 übernehmen die Regelung des § 5 Abs. 5 lit. b ARB 2010 in **38**
Ziffer 2.3.3.5 inhaltlich vollständig mit lediglich geringen Abweichungen in der Formulierung.

G. Andere Berufsgruppen

39 Die für Rechtsanwälte geltenden Bestimmungen der ARB gelten in bestimmten Fällen für Angehörige anderer Berufe entsprechend (§ 5 Abs. 6). Das gilt in Angelegenheiten der freiwilligen Gerichtsbarkeit und im Beratungs-Rechtsschutz im Familien-, Lebenspartnerschafts- und Erbrecht (§ 2 lit. k) für Notare (§ 5 Abs. 6 lit. a). Im Steuer-Rechtsschutz vor Gerichten (§ 2 lit. e) gelten die auf Rechtsanwälte anwendbaren Vorschriften entsprechend für Angehörige der steuerberatenden Berufe (§ 5 Abs. 6 lit. b; vgl. §§ 3, 4 StBerG). Und bei Wahrnehmung rechtlicher Interessen im Ausland gelten sie analog für dort ansässige rechts- und sachkundige Bevollmächtigte (§ 5 Abs. 6 lit. c).

H. ARB 2012/2021

40 Die ARB 2012/2021 schreiben die Regelungen in § 5 ARB 2010 inhaltlich in Ziff. 2.3 im Wesentlichen fort. Ziff. 2.3.1.2 ARB 2012/2021 regelt dabei die Kostentragung für einen Verkehrsanwalt – in Abweichung von § 5 Abs. 1 ARB 2010 – neu. Ergänzungen ergeben sich zudem bei den Kosten eines technischen Privatsachverständigen (Ziff. 2.3.1.3 ARB 2012/2021). Eine Kostenerstattung für eine Vollstreckung im Verwaltungsweg ist nicht mehr vorgesehen (vgl. Ziff. 2.3.3.1 ARB 2012/2021). Ziff. 3.3.2 ARB 2012/2021 stellt klar, dass sich die Klausel auf die gesamten Kosten der Streitigkeit bezieht. Gem. Ziff. 3.3.4. ARB 2012/2021 wird die Selbstbeteiligung bei mehreren zeitlich und ursächlich zusammenhängenden Versicherungsfällen nur einmal abgezogen. Die ARB 2021 sehen in Ziff. 2.3.1.1 Sonderregelungen für die im Rahmen einer Mediation zu erstattenden Kosten vor, welche § 5a ARB 2010 weitgehend entsprechen (hierzu sogleich).

142 OLG Köln 8.6.1999 – 9 U 174/98, RuS **2000** 72, 73.

§ 5a ARB

ARB 2010	ARB 2012	ARB 2021
§ 5 a Einbeziehung des außergerichtlichen Mediationsverfahrens (1) Mediation ist ein Verfahren zur freiwilligen, außergerichtlichen Streitbeilegung, bei dem die Parteien mit Hilfe der Moderation eines neutralen Dritten, des Mediators, eine eigenverantwortliche Problemlösung erarbeiten.	2.3.1.1. Um Ihnen eine einvernehmliche Konfliktbeilegung zu ermöglichen, tragen wir die Kosten bis zu ... EUR je Mediation für einen von uns vorgeschlagenen Mediator.	2.3.1.1 Um Ihnen eine einvernehmliche und nachhaltige Konfliktbeilegung zu ermöglichen, tragen wir die Kosten bis zu ... EUR je Mediation für einen von uns vorgeschlagenen Mediator. (Mediation ist ein vertrauliches und strukturiertes Verfahren. Angestrebt wird eine einvernehmliche Beilegung des Konflikts durch die Parteien. Diese erhalten hierzu die Hilfe eines Mediators. Eine Mediation erfolgt freiwillig und eigenverantwortlich.)
Der Versicherer vermittelt dem Versicherungsnehmer einen Mediator zur Durchführung des Mediationsverfahrens in Deutschland und trägt dessen Kosten im Rahmen von Abs. 3.	**Ausnahme:** Sie und die andere Partei haben sich bereits auf einen anderen Mediator geeinigt. Dann tragen wir dessen Kosten bis zu ... EUR je Mediation. Die Mediation kann in Anwesenheit der Beteiligten, telefonisch oder auch online erfolgen.	**Ausnahme:** Sie und die andere Partei haben sich bereits auf einen anderen Mediator geeinigt. Dann tragen wir dessen Kosten bis zu ... EUR je Mediation. Die Mediation kann in Anwesenheit der Beteiligten, telefonisch oder auch online erfolgen.
(2) Der Rechtsschutz für Mediation erstreckt sich auf ... (Aufzählung der unter die Mediation fallenden Leistungsarten)	Die Kosten für den Mediator übernehmen wir in den folgenden Leistungsarten: • ... • ...	Die Kosten für den Mediator übernehmen wir in den folgenden Leistungsarten: • ... • ...
(3) Der Versicherer trägt den auf den Versicherungsnehmer entfallenden Anteil an den Kosten des vom Versicherer vermittelten Mediators bis zu ... EUR je Mediation. Sind am Mediationsverfahren auch nicht versicherte Personen beteiligt, übernimmt der Versicherer die Kosten anteilig im Verhältnis versicherter zu nicht versicherten Personen.	Nehmen an der Mediation nicht versicherte Personen teil, übernehmen wir anteilig die Kosten, die auf Sie und mitversicherte Personen entfallen (Beispiel: Sie und Ihr Ehepartner haben einen Konflikt mit einem Dritten. Die Kosten des Mediators werden hälftig zwischen den Parteien geteilt. Die Kosten, die auf Sie und Ihren Ehepartner entfallen, tragen wir. Der Dritte muss seinen Kostenanteil, also 50 %, selbst bezahlen).	Nehmen an der Mediation nicht versicherte Personen teil, übernehmen wir anteilig die Kosten, die auf Sie und mitversicherte Personen entfallen (Beispiel: Sie und Ihr Ehepartner haben einen Konflikt mit einem Dritten. Die Kosten des Mediators werden hälftig zwischen den Parteien geteilt. Die Kosten, die auf Sie und Ihren Ehepartner entfallen, tragen wir. Der Dritte muss seinen Kostenanteil, also 50 %, selbst bezahlen).
(4) Für die Tätigkeit des Mediators ist der Versicherer nicht verantwortlich. Soweit vorstehend nicht ausdrücklich etwas anderes vereinbart ist, gelten die Bestimmungen der §§ 1, 3, 4, 7 bis 14, 16, 17 und 20 ARB 2009 entsprechend.	Für die Tätigkeit des Mediators sind wir nicht verantwortlich.	Für die Tätigkeit des Mediators sind wir nicht verantwortlich.

https://doi.org/10.1515/9783110522709-015

ARB 2010	ARB 2012	ARB 2021
Notwendige Ergänzung zu § 5 I d) bei Verwendung des § 5 a:		
§ 5 Abs. 1 d): „die Gebühren eines Schieds- oder Schlichtungsverfahrens bis zur Höhe der Gebühren, die im Falle der Anrufung eines zuständigen Gerichts erster Instanz entstehen;“ **Ergänzung:** „die Kosten für Mediationsverfahren richten sich hingegen ausschließlich nach der Klausel …“	2.3.3.2. Wir übernehmen die Gebühren eines Schieds- oder Schlichtungsverfahrens. Und zwar bis zur Höhe der Gebühren, die im Falle der Anrufung eines zuständigen staatlichen Gerichts erster Instanz entstünden. Versicherungsschutz für Mediation besteht nur nach 2.3.1.1 und beschränkt auf das Inland.	*Identisch mit 2.3.3.2 ARB 2012*

A. Allgemeines

Die Regelung trägt der wachsenden Bedeutung der Mediation Rechnung und bezieht die außergerichtliche Mediation in den Rechtsschutz ein. Die Definition der Mediation stimmt mit § 1 Mediationsgesetz überein. Der Rechtsschutzversicherer vermittelt dem VN einen Mediator zur Durchführung des Mediationsverfahrens in Deutschland und trägt dessen Kosten im Rahmen von Absatz 3.[1] Die Kosten für Mediationsverfahren richten sich hingegen ausschließlich nach der Klausel. Die Vermittlung des Mediators ist eine Nebenleistungspflicht des Rechtsschutzversicherers. Eine bindende Entscheidungsbefugnis hat der Mediator nicht; Mediationsverfahren sind keine Schieds- und Schlichtungsverfahren gem. § 5 Abs. 1 lit. d.[2] Die Vermittlung des Mediators durch den VR ist für den VN nicht ausschließlich von Vorteil, sondern birgt für ihn gewisse Risiken. Ein Auswahlverschulden des VR kann Schadensersatzansprüche des Versicherungsnehmers wegen Verletzung einer Nebenleistungspflicht begründen (§§ 280 Abs. 1, 241 Abs. 1 BGB). Die Bestimmung, dass der VR für die Tätigkeit des Mediators nicht verantwortlich ist (§ 5a Abs. 4 Satz 1), enthält keine Freizeichnung des VR von dieser Haftung, begegnet allerdings unter dem Gesichtspunkt der Transparenz Bedenken (§ 307 Abs. 1 Satz 2 BGB), weil sie den durchschnittlichen VN davon abhalten könnte, berechtigte Ansprüche gegen den Rechtsschutzversicherer geltend zu machen. 1

B. ARB 2012/2021

In den ARB 2012/2021 ist die Regelung inhaltlich im Wesentlichen unverändert in Ziff. 2.3.1.1 integriert; Ziff. 2.3.3.2 sieht eine Begrenzung der Kostenübernahme im Inland vor. 2

1 Hierzu *Wendt* VersR **2014** 420, 426.
2 Prölss/Martin/*Piontek* § 5a Rn. 2 m.w.N.

ARB 2010	ARB 2012	ARB 2021
§ 6 Örtlicher Geltungsbereich (1) Rechtsschutz besteht, soweit die Wahrnehmung rechtlicher Interessen in Europa, den Anliegerstaaten des Mittelmeeres, auf den Kanarischen Inseln oder auf Madeira erfolgt und ein Gericht oder eine Behörde in diesem Bereich gesetzlich zuständig ist oder zuständig wäre, wenn ein gerichtliches oder behördliches Verfahren eingeleitet werden würde.	**5. In welchen Ländern sind Sie versichert?** **5.1 Hier haben Sie Versicherungsschutz** Sie haben Versicherungsschutz, wenn ein Gericht oder eine Behörde in folgenden Gebieten gesetzlich zuständig ist oder wäre und Sie Ihre Rechtsinteressen dort verfolgen: • in Europa, • in den Anliegerstaaten des Mittelmeers, • auf den Kanarischen Inseln, • auf Madeira. **Ausnahme**: Haben Sie Steuer-, Sozialgerichts- oder Opfer-Rechtsschutz (siehe 2.2.5, 2.2.6, 2.2.12) versichert, gilt dieser nur vor deutschen Gerichten.	**5. In welchen Ländern sind Sie versichert?** **5.1 Hier haben Sie Versicherungsschutz** *Identisch mit 5.1. ARB 2012*
(2) Für die Wahrnehmung rechtlicher Interessen außerhalb des Geltungsbereiches nach Absatz 1 trägt der Versicherer bei Rechtsschutzfällen, die dort während eines längstens sechs Wochen dauernden, *nicht beruflich bedingten* Aufenthaltes eintreten, die Kosten nach § 5 Abs. 1 bis zu einem Höchstbetrag von Euro. Insoweit besteht kein Rechtsschutz für die Interessenwahrnehmung im Zusammenhang mit dem Erwerb oder der Veräußerung von dinglichen Rechten oder Teilzeitnutzungsrechten (Timesharing) an Grundstücken, Gebäuden oder Gebäudeteilen.	**5.2 Hier haben Sie Versicherungsschutz mit Einschränkungen** Für die Wahrnehmung Ihrer rechtlichen Interessen außerhalb des Geltungsbereichs nach 5.1 tragen wir die Kosten bis zu einem Höchstbetrag von ... EUR. Dies tun wir unter folgenden Voraussetzungen: • Ihr Versicherungsfall muss dort während eines höchstens sechs-wöchigen Aufenthalts eingetreten sein, • dieser Aufenthalt darf nicht beruflich bedingt sein, • der Versicherungsschutz darf nicht auf deutsche Gerichte beschränkt sein (siehe Ausnahme zu 5.1), • Sie nehmen nicht Interessen im Zusammenhang mit dem Erwerb oder der Veräußerungen von dinglichen Rechten wahr.	**5.2 Hier haben Sie Versicherungsschutz mit Einschränkungen** Für die Wahrnehmung Ihrer rechtlichen Interessen außerhalb des Geltungsbereichs nach 5.1 tragen wir die Kosten bis zu einem Höchstbetrag von ... EUR. Dies tun wir unter folgenden Voraussetzungen: • Ihr Versicherungsfall muss dort während eines höchstens sechswöchigen nicht beruflich bedingten Aufenthalts eingetreten sein, **Optional – CP**: oder die Interessenwahrnehmung muss dort notwendig sein, weil Sie einen Vertrag über das Internet oder ... [ggf. unternehmensindividuell zu ergänzen] geschlossen haben (Beispiel: Sie bestellen eine Kamera über das Internet in Japan. Sie haben den Kaufpreis gezahlt, aber die Ware wird nicht geliefert.) • der Versicherungsschutz darf nicht auf deutsche Gerichte beschränkt sein (siehe Ausnahme zu 5.1).

https://doi.org/10.1515/9783110522709-016

ARB 2010	ARB 2012	ARB 2021
		• Sie nehmen nicht Interessen im Zusammenhang mit dem Erwerb oder der Veräußerungen von dinglichen Rechten an Grundstücken, Gebäuden oder Gebäudeteilen wahr.

Übersicht

A. Europäische oder weltweite Deckung

I. Europaweite Deckung

1 § 6 ARB 2010 umschreibt den räumlichen Geltungsbereich des Rechtsschutzes. Die Norm verstößt nicht gegen § 305 Abs. 2 BGB.[1] Es handelt sich um eine primäre Risikoabgrenzung, deren Voraussetzungen nicht der VR, sondern der VN zu beweisen hat, und nicht um einen Risikoausschluss.[2] Nach den ARB 2010 besteht Rechtsschutz, soweit die Wahrnehmung rechtlicher Interessen in Europa, den Anliegerstaaten des Mittelmeers, auf den Kanarischen Inseln oder auf Madeira erfolgt. Weiter ist Voraussetzung, dass ein Gericht oder eine Behörde in diesem Bereich gesetzlich zuständig ist oder zuständig wäre, wenn ein gerichtliches oder behördliches Verfahren eingeleitet werden würde. Eine gesetzliche Zuständigkeit setzt nicht voraus, dass ihr ein förmliches Gesetz zugrunde liegt, vielmehr genügt es, wenn sie dem Recht des betreffenden Staates entspricht.[3] Im Unterschied zu § 3 ARB 75 kommt es nach § 6 nicht darauf an, dass auch der Versicherungsfall innerhalb des territorialen Geltungsbereichs der Rechtsschutzversicherung eingetreten ist.[4] Die Höhe der erstattungsfähigen Kosten bestimmt sich nach der – unklaren – Regelung in § 5 Abs. 1.[5]

II. Weltweite Deckung

2 Über die europaweite Deckung hinaus kann gemäß § 6 Abs. 2 weltweite Deckung vereinbart sein, die allerdings auf Rechtsschutzfälle beschränkt ist, die während eines längstens sechs Wochen dauernden, nicht beruflich bedingten Aufenthaltes bedingt sind. Dabei sehen die ARB die Möglichkeit der Vereinbarung eines gesonderten Höchstbetrages vor (§ 6 Abs. 2 Satz 2). Die Interessenwahrnehmung im Zusammenhang mit dem Erwerb oder der Veräußerung von dinglichen Rechten

---

1 S. LG Wuppertal 31.1.1992 – 10 S 387/91, VersR **1992** 1350 zu § 3 ARB 75.
2 OLG Koblenz 14.2.1986 – 10 U 839/85, ZfS **1986** 208, 209.
3 Prölss/Martin/*Piontek* § 6 Rn. 1; Looschelders/Paffenholz/*Weckmann* § 6 Rn. 14; Harbauer/*Schneider* § 6 ARB 2010 Rn. 8; **a.A.** offenbar Langheid/Wandt/*Obarowski* Rechtsschutz Rn. 350; *van Bühren*/Plote § 6 ARB 2010 Rn. 15.
4 Hierzu Prölss/Martin/*Piontek* § 6 Rn. 2.
5 § 5 Rn. 4 ff.; vgl. Prölss/Martin/*Piontek* § 6 Rn. 2.

oder Teilzeitnutzungsrechten (Timesharing) an Grundstücken, Gebäuden oder Gebäudeteilen ist ausdrücklich ausgeschlossen (§ 6 Abs. 2 Satz 3).

B. ARB 2012/2021

3 Die ARB 2012/2021 schreiben die Regelung inhaltlich im Wesentlichen unverändert fort und sind sichtlich um bessere Transparenz bemüht (Ziff. 5 ARB). In den ARB 2021 ist zudem eine Konkretisierung für den Rechtsschutz Cyber-Privat (CP) vorgesehen: Weltweite Deckung besteht, wenn insoweit die Interessenwahrnehmung an dem jeweiligen Ort insoweit ist. Dies ist z.B. der Fall, wenn der VN im Ausland einen Vertrag über das Internet geschlossen, aber die Ware nicht erhalten hat.

§ 7 ARB

ARB 2010	ARB 2012	ARB 2021
§ 7 Beginn des Versicherungsschutzes Der Versicherungsschutz beginnt zu dem im Versicherungsschein angegebenen Zeitpunkt, wenn der Versicherungsnehmer den ersten oder einmaligen Beitrag unverzüglich nach Fälligkeit im Sinne von § 9 B Absatz 1 Satz 1 zahlt. Eine vereinbarte Wartezeit bleibt unberührt.	**6. Wann beginnt und endet Ihre Rechtsschutzversicherung?** **6.1 Beginn des Versicherungsschutzes** Der Versicherungsschutz beginnt zu dem im Versicherungsschein angegebenen Zeitpunkt. Voraussetzung für den Versicherungsschutz ist, dass Sie den ersten oder den einmaligen Beitrag unverzüglich nach Ablauf von 14 Tagen nach Zugang des Versicherungsscheins zahlen (siehe 7.4.1). Eine vereinbarte Wartezeit bleibt unberührt (das heißt: sie gilt in jedem Fall).	**6. Wann beginnt und endet Ihre Rechtsschutzversicherung?** **6.1 Beginn des Versicherungsschutzes** *Identisch mit 6.1. ARB 2012*

Übersicht

A. Beginn des Versicherungsschutzes

I. Grundlagen

1. Beginn der materiellen Versicherungsdauer

Die Regelung legt – vorbehaltlich einer Wartezeitvereinbarung (§ 7 Satz 2) – den Zeitpunkt des regelmäßigen Beginns der materiellen Versicherungsdauer fest, während der der Versicherungsfall eintreten kann (§ 7 Satz 1). Maßgeblich ist im Ausgangspunkt der im Versicherungsschein angegebene Zeitpunkt (§ 7 Satz 1 Halbs. 1). Die ARB machen den Beginn des Versicherungsschutzes davon abhängig, dass der VN den ersten oder einmaligen Beitrag unverzüglich nach Fälligkeit im Sinne von „§ 9 B Abs. 1 Satz 1“ zahlt (§ 7 Satz 1 Halbs. 2). Der erste Beitrag wird gemäß § 9 B Abs. 1 und in Übereinstimmung mit § 33 Abs. 1 VVG unverzüglich nach Ablauf von zwei Wochen nach Zugang des Versicherungsscheins fällig. Den VR trifft eine Aufklärungspflicht im Hinblick auf die Folgen nicht rechtzeitiger Zahlung.[1] Der in § 7 Satz 1 Halbs. 2 angesprochene Satz 1 ist der einzige Satz von § 9 B Abs. 1. 1

1 S. § 4 Rn. 6.

https://doi.org/10.1515/9783110522709-017

2. Unwirksamkeit von § 7 Satz 1 Halbs. 2

2 Die Klauselgestaltung erweckt Bedenken im Hinblick auf die Beweislastverteilung. Nach allgemeinen Grundsätzen muss der VN den Eintritt des Versicherungsfalles während der Dauer des Versicherungsschutzes beweisen.[2] Der Rücktritt und die Leistungsfreiheit des VR im Falle des Zahlungsverzugs mit der Einmal- oder Erstprämie sind im VVG allerdings ersichtlich als materiellrechtliche Einwendungen ausgestaltet (§ 37 Abs. 1 und 2 VVG),[3] deren Voraussetzungen nach allgemeinen Grundsätzen der VR darlegen und im Streitfall beweisen muss. Die Klausel erhebt nun aber in § 7 Satz 1 Halbs. 2 die rechtzeitige Prämienzahlung zur Anspruchsvoraussetzung im Sinne einer positiven Bestimmung zum Versicherungsfall. Eine Abweichung von der halbzwingenden Regelung in § 37 VVG zum Nachteil des VN ist indessen unwirksam (§ 42 VVG). Davon unabhängig sind Beweislaständerungen zum Nachteil des VN in ARB nach AGB-Recht unwirksam (§ 309 Nr. 12 BGB).[4] Gegen die Wirksamkeit von § 7 Satz 1 Halbs. 2 bestehen deshalb durchgreifende Bedenken.

II. Wartezeitvereinbarung

3 Die Vereinbarung von Wartezeiten, wie sie in der Rechtsschutzversicherung nicht selten begegnet, soll von der grundsätzlichen Regelung über den Beginn des Versicherungsschutzes unberührt bleiben (§ 7 Satz 2). Grundsätzlich kann der Versicherungsfall erst eintreten, wenn die Wartezeit abgelaufen ist. Streitig ist, ob der Begriff der „vereinbarten Wartezeit" nur Individualvereinbarungen umfasst oder auch die in ARB enthaltene Wartezeitklausel in § 4 Abs. 1 Satz 3 miteinschließt. Richtigerweise ist davon auszugehen, dass auch Wartezeitklauseln in ARB miterfasst sind, sodass der materielle Versicherungsbeginn stets den Ablauf einer Wartezeit voraussetzt.[5] Denn es kann kein ernsthafter Zweifel daran bestehen, dass die in den Vertrag einbezogenen ARB, die den Versicherungsfall in sachlicher und zeitlicher Hinsicht definieren,[6] zur „Vereinbarung" der Vertragsparteien gehören (arg. ex § 1 Satz 1 VVG, § 5 Abs. 1 Satz Halbs. 1 VVG).[7]

B. ARB 2012/2021

4 Die ARB 2012/2021 schreiben die Regelung über den Beginn des Versicherungsschutzes in Ziff. 6.1 inhaltlich im Wesentlichen unverändert fort – mit allen dargelegten Zweifelsfragen und Unzulänglichkeiten.

---

2 S. § 4 Rn. 6.

3 Zur Regelung des Prämienzahlungsverzuges *Bruns* Privatversicherungsrecht § 15 Rn. 24 ff.

4 Zur Konkurrenz der Unwirksamkeitsgründe bei Koinzidenz von Verstößen gegen halbzwingendes Recht und AGB-Recht *Bruns* Privatversicherungsrecht § 10 Rn. 22, 33; Langheid/Wandt/*Bruns* § 307 BGB Rn. 132.

5 Im Ergebnis gleich Prölss/Martin/*Piontek* § 6 Rn. 3; Looschelders/Paffenholz/*Weckmann* § 6 Rn. 10 f.; **a.A.** OLG München 18.2.2011 – 25 U 2675/10, RuS **2012** 293, 294.

6 § 125 Rn. 9 ff., 11 f.

7 „Eintritt des *vereinbarten* Versicherungsfalles" bzw. Abweichung des Versicherungsscheins von „den getroffenen *Vereinbarungen*"; Hervorhebungen vom Verfasser.

§ 8 ARB

ARB 2010	ARB 2012	ARB 2021
§ 8 Dauer und Ende des Vertrages (1) Vertragsdauer Der Vertrag ist für die im Versicherungsschein angegebene Zeit abgeschlossen.	**6.2 Dauer und Ende des Vertrages** 6.2.1 Vertragsdauer Der Vertrag ist für die im Versicherungsschein angegebene Zeit abgeschlossen.	**6.2 Dauer und Ende des Vertrages** *Identisch mit 6.2 ARB 2012*
(2) Stillschweigende Verlängerung Bei einer Vertragsdauer von mindestens einem Jahr verlängert sich der Vertrag um jeweils ein Jahr, wenn nicht dem Vertragspartner spätestens drei Monate vor dem Ablauf der jeweiligen Vertragsdauer eine Kündigung zugegangen ist.	6.2.2 Stillschweigende Verlängerung Bei einer Vertragsdauer von mindestens einem Jahr verlängert sich der Vertrag um jeweils ein weiteres Jahr, wenn der Vertrag nicht gekündigt wird. Kündigen können sowohl Sie als auch wir. Die Kündigung muss Ihnen oder uns spätestens drei Monate vor dem Ablauf der Vertragszeit zugehen.	
(3) Vertragsbeendigung Bei einer Vertragsdauer von weniger als einem Jahr endet der Vertrag, ohne dass es einer Kündigung bedarf, zum vorgesehenen Zeitpunkt. Bei einer Vertragsdauer von mehr als drei Jahren kann der Versicherungsnehmer den Vertrag schon zum Ablauf des dritten Jahres oder jedes darauf folgenden Jahres kündigen; die Kündigung muss dem Versicherer spätestens drei Monate vor dem Ablauf des jeweiligen Jahres zugegangen sein.	6.2.3 Vertragsbeendigung Bei einer Vertragsdauer von weniger als einem Jahr endet der Vertrag zum vorgesehenen Zeitpunkt, ohne dass es einer Kündigung bedarf. Bei einer Vertragsdauer von mehr als drei Jahren können Sie den Vertrag schon zum Ablauf des dritten Jahres oder jedes darauf folgenden Jahres kündigen. Ihre Kündigung muss uns spätestens drei Monate vor Ablauf des jeweiligen Jahres zugehen.	

Übersicht

A. Dauer und Ende des Vertrages

I. Vereinbarte Vertragsdauer

1 Die Bestimmung, dass der Vertrag für die im Versicherungsschein angegebene Zeit abgeschlossen ist (§ 8 Abs. 1), scheint *prima vista* eine Selbstverständlichkeit auszusprechen. Näher besehen ist die Klausel allerdings alles andere als unproblematisch, weil maßgeblich grundsätzlich das Vereinbarte ist und der davon abweichende Versicherungsschein nur unter den – halbzwingenden –

https://doi.org/10.1515/9783110522709-018

Voraussetzungen des § 5 VVG Geltung beanspruchen kann (§ 18 VVG).[1] Die Klausel ist deshalb, soweit sie zum Nachteil des VN von § 5 Abs. 1 bis 3 VVG abweicht, unwirksam. Unabhängig davon unterliegt sie AGB-rechtlich unter dem Gesichtspunkt der unangemessenen Benachteiligung (§ 307 Abs. 1 Satz 1 BGB) und der Intransparenz (§ 307 Abs. 1 Satz 2 BGB) erheblichem Zweifel.[2]

II. Stillschweigende Verlängerung

2 Liegt die Vertragsdauer bei mindestens einem Jahr, verlängert sich der Vertrag automatisch jeweils um ein weiteres Jahr, wenn er nicht spätestens drei Monate vor dem Ablauf der jeweiligen Vertragslaufzeit gekündigt wird (§ 8 Abs. 2). Dabei handelt es sich um eine Verlängerungsklausel im Sinne von § 11 Abs. 1 VVG.[3] Branchenüblich sind Vertragslaufzeiten zwischen einem und fünf Jahren, im Regelfall sind drei Jahre vereinbart.[4] Die formularmäßige Vereinbarung einer fünfjährigen Laufzeit kann wirksam vereinbart werden, wenn gleichzeitig eine Beitragsangleichungsklausel verwendet wird.[5]

III. Vertragsbeendigung

3 Kurzverträge von unterjähriger Laufzeit enden ohne weiteres zum vertraglich vorgesehenen Zeitpunkt (§ 8 Abs. 3 Satz 1). Das in § 8 Abs. 2 Satz 2 Halbs. 1 angesprochene Kündigungsrecht des VN bei einer Vertragslaufzeit von mehr als drei Jahren entspricht der halbzwingenden gesetzlichen Regelung in § 11 Abs. 4 VVG (§ 18 VVG).[6] Die Bestimmung zur Kündigungsfrist und zum Zugangserfordernis entspricht ebenfalls der gesetzlichen Vorgabe (§ 8 Abs. 3 Satz 2 Halbs. 2, § 11 Abs. 4 VVG i.V.m. § 18 VVG). Die Kündigung ist entsprechend allgemeinen Grundsätzen bedingungsfeindlich[7] und kann nicht einseitig zurückgenommen oder widerrufen werden.[8] Eine Rücknahme- oder Widerrufserklärung kann aber unter Umständen in einen Antrag auf Abschluss eines Fortsetzungsvertrages umgedeutet werden (§ 140 BGB).[9] Die Teilkündigung eines einheitlichen Versicherungsvertrages ist grundsätzlich unwirksam,[10] einzelne Formen der Rechtsschutzversicherung (§§ 21–29 VVG) sind allerdings – im Gegensatz zu einzelnen von mehreren in einer Versicherungsform zusammengefassten Leistungsarten im Sinne von § 2 – nach verbreiteter Ansicht selbständig kündbar.[11] Eine unwirksame Teilkündigung lässt sich aber möglicherweise in einen Antrag auf Abschluss eines Änderungsvertrages umdeuten (§ 140 BGB).[12] Im Fall der Unwirksamkeit trifft den VR nach Treu und Glauben die Pflicht, die Kündi-

---

1 Hierzu im Überblick *Bruns* Privatversicherungsrecht § 9 Rn. 9 ff., § 10 Rn. 19, § 18 Rn. 18.

2 Zur Konkurrenz der Unwirksamkeitsgründe *Bruns*, Privatversicherungsrecht, § 10 Rn. 22, 33; Langheid/Wandt/*Bruns* § 307 BGB Rn. 132; s.a. § 7 Rn. 2.

3 Prölss/Martin/*Piontek* § 8 Rn. 2; Looschelders/Paffenholz/*Weckmann* § 8 Rn. 4.

4 Harbauer/*Schmitt* § 8 ARB 2010 Rn. 1; Looschelders/Paffenholz/*Weckmann* § 8 Rn. 3.

5 BGH 26.3.1997 – IV ZR 71/96, VersR **1997** 685, 686.

6 Prölss/Martin/*Piontek* § 8 Rn. 3; im Überblick zu den Kündigungsrechten allgemein *Bruns* Privatversicherungsrecht § 19 Rn. 10, 23 ff.; insbesondere zu § 11 Abs. 4 VVG s. noch § 11 VVG Rn. 14 f.

7 BGH 22.10.2003 – XII ZR 112/02, NJW **2004** 284 f.; Langheid/Wandt/*Fausten* § 11 Rn. 96.

8 BGH 3.10.1984 – IVa ZR 76/83, VersR **1985** 54, 55; BGH 24.6.1998 – XII ZR 195/96, NJW **1998** 2664, 2666; Looschelders/Paffenholz/*Weckmann* § 8 Rn. 10.

9 Langheid/*Rixecker* § 11 VVG Rn. 13; Looschelders/Paffenholz/*Weckmann* § 8 Rn. 10.

10 BGH 5.11.1992 – IX ZR 200/91, VersR **1993** 743, 746; Looschelders/Paffenholz/*Weckmann* § 8 Rn. 11; § 11 VVG Rn. 8. Zur Frage der Einheit oder Mehrheit von Rechtsschutzversicherungsverträgen s. noch § 126 VVG Rn. 8 ff.

11 Harbauer/*Schmitt* § 8 ARB 2010 Rn. 13; Looschelders/Paffenholz/*Weckmann* § 8 Rn. 12; Langheid/Wandt/*Obarowski* Rechtsschutz Rn. 408.

12 Looschelders/Paffenholz/*Weckmann* § 8 Rn. 11.

gung unverzüglich zurückzuweisen.[13] Verstößt der VR gegen diese Verpflichtung, führt das nicht zur Wirksamkeit der Kündigung, es kann ihn aber zum Schadensersatz verpflichten.[14]

B. ARB 2012/2021

Die ARB 2012/2021 sehen keine von § 8 inhaltlich abweichende Regelung vor, sind aber sprachlich leicht modifiziert (Ziff. 6.2.1–6.2.3).[15] 4

13 Vgl. BGH 16.1.2013 – IV ZR 94/11, VersR **2013** 305, 307 (zur Krankenversicherung); Looschelders/Paffenholz/*Weckmann* § 8 Rn. 14 f.

14 BGH 16.1.2013 – IV ZR 94/11, VersR **2013** 305, 307 (zur Krankenversicherung); Prölss/Martin/*Piontek* § 11 Rn. 31; Looschelders/Paffenholz/*Weckmann* § 8 Rn. 16 m.w.N. (streitig).

15 Looschelders/Paffenholz/*Weckmann* § 8 Rn. 18.

§ 8a ARB

ARB 2010	ARB 2012	ARB 2021
§ 8a Versicherungsjahr Das Versicherungsjahr erstreckt sich über einen Zeitraum von zwölf Monaten. Besteht die vereinbarte Vertragsdauer jedoch nicht aus ganzen Jahren, wird das erste Versicherungsjahr entsprechend verkürzt. Die folgenden Versicherungsjahre bis zum vereinbarten Vertragsablauf sind jeweils ganze Jahre.	**7.2 Versicherungsjahr** Das Versicherungsjahr dauert grundsätzlich zwölf Monate. Besteht die vereinbarte Vertragsdauer jedoch nicht aus ganzen Jahren, wird das erste Versicherungsjahr entsprechend verkürzt. Die folgenden Versicherungsjahre bis zum vereinbarten Vertragsablauf sind jeweils ganze Jahre. (Beispiel: Bei einer Vertragsdauer von 15 Monaten beträgt das erste Versicherungsjahr 3 Monate, das folgende Versicherungsjahr 12 Monate.)	**7.2 Versicherungsjahr** *Identisch mit 7.2 ARB 2012*

Übersicht

A. Versicherungsjahr

I. Grundregel

1 Die in den ARB 2010 erstmals neu enthaltene Regelung soll Klarheit über das vor allem für die Prämienberechnung wichtige Versicherungsjahr bringen.[1] Die Prämie wird, falls sie nicht nach kürzeren Zeitabschnitten bemessen ist, grundsätzlich nach dem Zeitraum eines Jahres berechnet, das dann als Versicherungsperiode bezeichnet wird (§ 12 VVG).[2] Die Summe aller Versicherungsperioden ergibt die sogenannte *technische* Versicherungsdauer.[3] Die regelmäßige Dauer eines Versicherungsjahres beträgt 12 Monate (§ 8a Satz 1, § 12 VVG), entspricht also nicht dem Kalenderjahr.[4]

II. Verkürzung des ersten angefangenen Versicherungsjahres bei unterjähriger Vertragsdauer

2 Gelegentlich wird der Vertrag nicht für mehrere volle Jahre abgeschlossen, also beispielsweise für 30 Monate. Man spricht dann von unterjähriger Vertragsdauer.[5] Die Regelung in § 8a Satz 2 bestimmt, dass dann das erste Versicherungsjahr entsprechend gekürzt wird, um nach dessen Ablauf für die Restlaufzeit des Vertrages zur Versicherungsperiode von 12 Monaten zu gelangen

1 Prölss/Martin/*Piontek* § 8a Rn. 1; Looschelders/Paffenholz/Weckmann § 8a Rn. 1 f.
2 Allgemein *Bruns* Privatversicherungsrecht § 15 Rn. 4; s. näher § 12 VVG Rn. 1 ff.
3 Hierzu *Bruns* Privatversicherungsrecht § 19 Rn. 8.
4 Prölss/Martin/*Piontek* § 8a Rn. 1.
5 Prölss/Martin/*Piontek* § 8a Rn. 2.

https://doi.org/10.1515/9783110522709-019

(§ 8a Satz 1).[6] Der – nicht ganz eindeutigen – ergänzenden Bestimmung in § 8a Satz 3 bedürfte es im Grunde genommen nicht. Sie soll klarstellen, dass für die Folgejahre § 8a Satz 1 gilt.[7]

B. ARB 2012/2021

Die ARB 2012/2021 schreiben die Regelung in Ziff. 7.2 in sprachlich leicht abgewandelter, aber inhaltlich im Wesentlichen unterveränderter Form fort.[8] 3

6 Prölss/Martin/*Piontek* § 8a Rn. 2.
7 Looschelders/Paffenholz/*Weckmann* § 8a Rn. 8.
8 Looschelders/Paffenholz/*Weckmann* § 8a Rn. 10.

ARB 2010	ARB 2012	ARB 2021
§ 9 Beitrag **A. Beitrag und Versicherungsteuer** (1) Beitragszahlung Die Beiträge können je nach Vereinbarung durch Monats-, Vierteljahres-, Halbjahres- oder Jahresbeiträge entrichtet werden. Die Versicherungsperiode umfasst bei Monatsbeiträgen einen Monat, bei Vierteljahresbeiträgen ein Vierteljahr, bei Halbjahresbeiträgen ein Halbjahr und bei Jahresbeiträgen ein Jahr.	**7. Wann und wie müssen Sie Ihren Beitrag zahlen?** **7.1 Beitragszahlung** Die Beiträge können Sie je nach Vereinbarung monatlich, vierteljährlich, halbjährlich oder jährlich bezahlen. Die Versicherungsperiode umfasst dementsprechend • bei Monatsbeiträgen einen Monat, • bei Vierteljahresbeiträgen ein Vierteljahr, • bei Halbjahresbeiträgen ein Halbjahr und • bei Jahresbeiträgen ein Jahr.	**7. Wann und wie müssen Sie Ihren Beitrag zahlen?** *Identisch mit 7 ARB 2012*
(2) Versicherungssteuer Der in Rechnung gestellte Beitrag enthält die Versicherungsteuer, die der Versicherungsnehmer in der jeweils vom Gesetz bestimmten Höhe zu entrichten hat.	**7.3 Versicherungssteuer** Der Versicherungsbeitrag enthält die Versicherungssteuer, die Sie in der jeweils vom Gesetz bestimmten Höhe zu entrichten haben.	
B. Zahlung und Folgen verspäteter Zahlung/erster Beitrag (1) Fälligkeit der Zahlung Der erste Beitrag wird unverzüglich nach Ablauf von zwei Wochen nach Zugang des Versicherungsscheins fällig.	**7.4 Zahlung und Folgen verspäteter Zahlung/Erster Beitrag** 7.4.1 Fälligkeit der Zahlung Wenn Sie den Versicherungsschein von uns erhalten, müssen Sie den ersten Beitrag unverzüglich nach Ablauf von 14 Tagen bezahlen. (*„Unverzüglich“ heißt nicht unbedingt „sofort“, sondern „ohne schuldhaftes Zögern bzw. so schnell wie eben möglich“.*)	
(2) Späterer Beginn des Versicherungsschutzes Zahlt der Versicherungsnehmer den ersten Beitrag nicht rechtzeitig, sondern zu einem späteren Zeitpunkt, beginnt der Versicherungsschutz erst ab diesem Zeitpunkt, sofern der Versicherungsnehmer durch gesonderte Mitteilung in Textform oder durch einen auffälligen Hinweis im Versicherungsschein auf diese Rechtsfolge aufmerksam gemacht wurde. Das gilt nicht, wenn der Versicherungsnehmer nachweist, dass er die Nichtzahlung nicht zu vertreten hat.	7.4.2 Späterer Beginn des Versicherungsschutzes Wenn Sie den ersten Beitrag zu einem späteren Zeitpunkt bezahlen, beginnt der Versicherungsschutz erst ab diesem späteren Zeitpunkt. Auf diese Folge einer verspäteten Zahlung müssen wir Sie allerdings aufmerksam gemacht haben, und zwar in Textform (*Beispiel: Brief oder E-Mail*) oder durch einen auffallenden Hinweis im Versicherungsschein. Wenn Sie uns nachweisen, dass Sie die verspätete Zahlung nicht verschuldet haben, beginnt der Versicherungsschutz zum vereinbarten Zeitpunkt.	

https://doi.org/10.1515/9783110522709-020

ARB 2010	ARB 2012	ARB 2021
(3) Rücktritt Zahlt der Versicherungsnehmer den ersten Beitrag nicht rechtzeitig, kann der Versicherer vom Vertrag zurücktreten, solange der Beitrag nicht gezahlt ist. Der Versicherer kann nicht zurücktreten, wenn der Versicherungsnehmer nachweist, dass er die Nichtzahlung nicht zu vertreten hat.	7.4.3 Rücktritt Wenn Sie den ersten Beitrag nicht rechtzeitig bezahlen, können wir vom Vertrag zurücktreten, solange der Beitrag nicht bezahlt ist. Wir können nicht zurücktreten, wenn Sie nachweisen, dass Sie die verspätete Zahlung nicht verschuldet haben.	
C. Zahlung und Folgen verspäteter Zahlung/Folgebeitrag (1) Die Folgebeiträge werden zu dem jeweils vereinbarten Zeitpunkt fällig.	**7.5 Zahlung und Folgen verspäteter Zahlung/Folgebeitrag** 7.5.1 Die Folgebeiträge werden zu dem jeweils vereinbarten Zeitpunkt fällig.	
(2) Verzug Wird ein Folgebeitrag nicht rechtzeitig gezahlt, gerät der Versicherungsnehmer ohne Mahnung in Verzug, es sei denn, dass er die verspätete Zahlung nicht zu vertreten hat. Der Versicherer ist berechtigt, Ersatz des ihm durch den Verzug entstandenen Schadens zu verlangen.	7.5.2 Verzug Wenn Sie einen Folgebeitrag nicht rechtzeitig bezahlen, geraten Sie in Verzug, auch ohne dass Sie eine Mahnung von uns erhalten haben. Wir sind dann berechtigt, Ersatz für den Schaden zu verlangen, der uns durch den Verzug entstanden ist (siehe 7.5.3). Sie geraten nicht in Verzug, wenn Sie die verspätete Zahlung nicht verschuldet haben.	
(3) Zahlungsaufforderung Wird ein Folgebeitrag nicht rechtzeitig gezahlt, kann der Versicherer dem Versicherungsnehmer auf dessen Kosten in Textform eine Zahlungsfrist bestimmen, die mindestens zwei Wochen betragen muss. Die Bestimmung ist nur wirksam, wenn sie die rückständigen Beträge des Beitrags, Zinsen und Kosten im Einzelnen beziffert und die Rechtsfolgen angibt, die nach Absätzen 4 und 5 mit dem Fristablauf verbunden sind.	7.5.3 Zahlungsaufforderung Wenn Sie einen Folgebeitrag nicht rechtzeitig bezahlen, können wir Ihnen eine Zahlungsfrist einräumen. Das geschieht in Textform (Beispiel: Brief oder E-Mail) und auf Ihre Kosten. Diese Zahlungsfrist muss mindestens zwei Wochen betragen. Unsere Zahlungsaufforderung ist nur wirksam, wenn sie folgende Informationen enthält: Die ausstehenden Beträge, die Zinsen und die Kosten müssen im Einzelnen beziffert sein und die Rechtsfolgen müssen angegeben sein, die nach 7.5.4 mit der Fristüberschreitung verbunden sind.	
(4) Kein Versicherungsschutz Ist der Versicherungsnehmer nach Ablauf dieser Zahlungsfrist noch mit der Zahlung in Verzug, besteht ab diesem Zeitpunkt bis zur Zahlung kein Versicherungsschutz, wenn er mit der	7.5.4 Welche rechtlichen Folgen hat die Fristüberschreitung? • Verlust des Versicherungsschutzes Wenn Sie nach Ablauf der Zahlungsfrist immer noch nicht bezahlt haben, haben Sie ab	

ARB 2010	ARB 2012	ARB 2021
Zahlungsaufforderung nach Absatz 3 darauf hingewiesen wurde.	diesem Zeitpunkt bis zur Zahlung **keinen Versicherungsschutz.** Allerdings müssen wir Sie bei unserer Zahlungsaufforderung nach 7.5.3 auf den Verlust des Versicherungsschutzes hingewiesen haben.	
(5) Kündigung Ist der Versicherungsnehmer nach Ablauf dieser Zahlungsfrist noch mit der Zahlung in Verzug, kann der Versicherer den Vertrag ohne Einhaltung einer Frist kündigen, wenn er den Versicherungsnehmer mit der Zahlungsaufforderung nach Absatz 3 darauf hingewiesen hat. Hat der Versicherer gekündigt, und zahlt der Versicherungsnehmer danach innerhalb eines Monats den angemahnten Betrag, besteht der Vertrag fort. Für Versicherungsfälle, die zwischen dem in Abs. 4 genannten Zeitpunkt (Ablauf der Zahlungsfrist) und der Zahlung eingetreten sind, besteht jedoch kein Versicherungsschutz.	• Kündigung des Versicherungsvertrags Wenn Sie nach Ablauf der Zahlungsfrist immer noch nicht bezahlt haben, können wir den Vertrag **kündigen**, ohne eine Frist einzuhalten. Allerdings müssen wir Sie bei unserer Zahlungsaufforderung nach 7.5.3 auf die fristlose Kündigungsmöglichkeit hingewiesen haben. Wenn wir Ihren Vertrag gekündigt haben und Sie danach innerhalb eines Monats den angemahnten Betrag bezahlen, besteht der Vertrag fort. Dann aber haben Sie für Versicherungsfälle, die zwischen dem Ablauf der Zahlungsfrist und Ihrer Zahlung eingetreten sind, **keinen Versicherungsschutz**.	
D. Rechtzeitigkeit der Zahlung bei Lastschriftermächtigung (1) Rechtzeitige Zahlung Ist die Einziehung des Beitrags von einem Konto vereinbart, gilt die Zahlung als rechtzeitig, wenn der Beitrag zu dem Fälligkeitstag eingezogen werden kann und der Versicherungsnehmer einer berechtigten Einziehung nicht widerspricht. Konnte der fällige Beitrag ohne Verschulden des Versicherungsnehmers vom Versicherer nicht eingezogen werden, ist die Zahlung auch dann noch rechtzeitig, wenn sie unverzüglich nach einer in Textform abgegebenen Zahlungsaufforderung des Versicherers erfolgt.	**7.6 Rechtzeitige Zahlung bei Sepa-Lastschriftmandat** 7.6.1 Wenn wir die Einziehung des Beitrags von einem Konto vereinbart haben, gilt die Zahlung als rechtzeitig, wenn • **der Beitrag zu dem Fälligkeitstag eingezogen werden kann und** • **Sie der Einziehung nicht widersprechen.** Was geschieht, wenn der fällige Beitrag ohne Ihr Verschulden nicht eingezogen werden kann? In diesem Fall ist die Zahlung auch dann noch rechtzeitig, wenn Sie nach einer Aufforderung in Textform (Beispiel: Brief oder E-Mail) unverzüglich zahlen. („Unverzüglich" heißt nicht unbedingt „sofort", sondern „ohne schuldhaftes Zögern bzw. so schnell wie eben möglich".)	

ARB 2010	ARB 2012	ARB 2021
(2) Beendigung des Lastschriftverfahrens Kann der fällige Beitrag nicht eingezogen werden, weil der Versicherungsnehmer die Einzugsermächtigung widerrufen hat, oder hat der Versicherungsnehmer aus anderen Gründen zu vertreten, dass der Beitrag nicht eingezogen werden kann, ist der Versicherer berechtigt, künftig Zahlung außerhalb des Lastschriftverfahrens zu verlangen. Der Versicherungsnehmer ist zur Übermittlung des Beitrages erst verpflichtet, wenn er vom Versicherer hierzu in Textform aufgefordert worden ist.	7.6.2 Beendigung des Lastschriftverfahrens Wenn Sie dafür verantwortlich sind, dass der fällige Beitrag nicht eingezogen werden kann, sind wir berechtigt, künftig eine andere Zahlungsweise zu verlangen. Sie müssen allerdings erst dann zahlen, wenn wir Sie hierzu in Textform (Beispiel: Brief oder E-Mail) aufgefordert haben.	
E. Beitrag bei vorzeitiger Vertragsbeendigung Bei vorzeitiger Beendigung des Vertrages hat der Versicherer, soweit nicht etwas anderes bestimmt ist, nur Anspruch auf den Teil des Beitrages, der dem Zeitraum entspricht, in dem Versicherungsschutz bestanden hat.	**7.7 Beitrag bei vorzeitiger Vertragsbeendigung** In diesem Fall haben wir nur Anspruch auf den Teil des Beitrags, der dem Zeitraum des Versicherungsschutzes entspricht. Das gilt, soweit nicht etwas anderes bestimmt ist.	

A. Beitrag

Die Regelung über den Beitrag, also die Prämie, stellt zunächst klar, dass sich die Beitragszahlung nach den getroffenen Vereinbarungen richtet (§ 9 A Abs. 1).[1] Außerdem wird klargestellt, dass der in Rechnung gestellte Beitrag die Versicherungssteuer enthält, also die Bruttoprämie anzugeben ist (§ 9 A Abs. 2).[2] Die Bestimmung B, die dem AVB-Baustein 4 entspricht, berücksichtigt das Verschuldenserfordernis gemäß § 37 Abs. 1 VVG (§ 9 B Abs. 3).[3] Die Regelung in § 9 C entspricht wiederum dem AVB-Baustein 5, und § 9 D dem AVB-Baustein 6. Eine Verfallklausel ist nicht mehr vorgesehen. In § 9 E wird die Abkehr des VVG vom Grundsatz der Unteilbarkeit der Prämie wiedergegeben.[4] 1

B. ARB 2012/2021

In den ARB 2012/2021 findet sich die Regelung über die Beiträge inhaltlich im Wesentlichen unverändert, aber in der Formulierung um bessere Verständlichkeit bemüht in Ziff. 7.1 und Ziff. 7.3–7.7 wieder. Eingeschoben ist eine Bestimmung zum Versicherungsjahr, die dem heutigen § 8a entspricht.[5] 2

1 Ausführlich zur Prämienzahlungspflicht *Bruns* Privatversicherungsrecht § 15 Rn. 2 ff.
2 Prölss/Martin/*Piontek* § 9 Rn. 1.
3 Prölss/Martin/*Piontek* § 9 Rn. 3.
4 Prölss/Martin/*Piontek* § 9 Rn. 8; s. noch *Bruns* Privatversicherungsrecht § 6 Rn. 14 und § 19 Rn. 18.
5 Vgl. § 8a Rn. 1 ff.; etwas missverständlich Looschelders/Paffenholz/*Benzenberg* § 9 Rn. 29.

§ 9a ARB

ARB 2010	ARB 2012	ARB 2021
Beitragsfreiheit bei Arbeitslosigkeit Der GDV lässt die Frage nach der Einführung der Beitragsbefreiung bei Arbeitslosigkeit des Versicherungsnehmers bewusst offen.§ 9 a ARB soll daher nur denjenigen Unternehmen als unverbindlicher Formulierungsvorschlag dienen, die die Beitragsbefreiung einführen.	**Anhang: Beitragsfreiheit bei Arbeitslosigkeit (Zahlungspause)**	**Anhang: Beitragsfreiheit bei Arbeitslosigkeit (Zahlungspause)**
§ 9a Beitragsfreiheit bei Arbeitslosigkeit (1) Sofern besonders vereinbart, entfällt im Rahmen der folgenden Bestimmungen die Verpflichtung zur Zahlung des weiteren Versicherungsbeitrags, wenn und solange der Versicherungsnehmer arbeitslos gemeldet (§ 117 Sozialgesetzbuch III) oder berufs- oder erwerbsunfähig (§§ 43, 44 Sozialgesetzbuch VI) ist, höchstens jedoch für ... Jahre. Verstirbt der Versicherungsnehmer, gilt die Beitragsfreistellung entsprechend für die Person, die den Versicherungsvertrag vereinbarungsgemäß mit dem Versicherer fortführt. Tritt während einer Beitragsfreistellung ein weiterer der in Satz 1 und 2 genannten Fälle ein, wird der bereits verstrichene Zeitraum der Beitragsfreistellung auf die Höchstdauer von ... Jahren angerechnet.	1. Wir bieten Ihnen die Möglichkeit, Ihren Versicherungsschutz aufrechtzuerhalten, ohne dass Sie Ihren Versicherungsbeitrag zahlen müssen. Die Voraussetzungen hierfür sind: • Die Regelung muss zwischen uns vereinbart sein. • Sie sind arbeitslos gemeldet *(§ 137 Sozialgesetzbuch III)* bzw. berufs- oder erwerbsunfähig *(§ 43 Sozialgesetzbuch VI)*. Die Regelung gilt höchstens für ... Jahre. Dies gilt auch dann, wenn während der Zahlungspause mehrere dieser Voraussetzungen gegeben sind (*Beispiel: erst Arbeitslosigkeit, dann Erwerbsunfähigkeit*). Nach Ihrem Tod gilt die Zahlungspause für die Person, die den Versicherungsvertrag mit uns fortführt.	*Identisch mit Anh. 9a ARB 2012*
(2) Eine Beitragsfreistellung nach Ziffer 1 erfolgt nicht, a) wenn ein anderer, ausgenommen auf Grund einer gesetzlichen Unterhaltspflicht, verpflichtet ist, den Versicherungsbeitrag zu zahlen oder es wäre, wenn diese Zusatzvereinbarung nicht bestünde; b) wenn eine der Voraussetzungen nach Ziffer 1 aa) vor Versicherungsbeginn eingetreten ist oder	2. Eine Zahlungspause nach 1. Tritt nicht ein, 2.1 wenn eine andere Person verpflichtet ist oder verpflichtet wäre, den Beitrag zu zahlen – davon ausgenommen ist eine gesetzliche Unterhaltspflicht – oder 2.2 wenn Sie bereits vor Versicherungsbeginn arbeitslos bzw. berufs- oder erwerbsunfähig geworden sind oder	

https://doi.org/10.1515/9783110522709-021

ARB 2010	ARB 2012	ARB 2021
bb) innerhalb von 6 Monaten nach Versicherungsbeginn eintritt, ausgenommen durch einen innerhalb dieses Zeitraums eingetretenen Unfall, cc) in ursächlichem Zusammenhang mit militärischen Konflikten, inneren Unruhen, Streiks oder Nuklearschäden (ausgenommen durch eine medizinische Behandlung) steht oder dd) in ursächlichem Zusammenhang mit einer vorsätzlichen Straftat des Versicherungsnehmer steht, oder von ihm vorsätzlich verursacht wurde.	2.3 wenn die Arbeitslosigkeit oder die Berufs- bzw. Erwerbsunfähigkeit innerhalb von 6 Monaten nach Versicherungsbeginn eintritt. Dies gilt nicht, wenn die Berufs- bzw. Erwerbsunfähigkeit Folge eines Unfalls innerhalb dieses Zeitraums ist oder 2.4 wenn die Arbeitslosigkeit oder Berufs- bzw. Erwerbsunfähigkeit verursacht ist durch • militärische Konflikte, • innere Unruhen, • Streiks oder • Nuklearschäden – ausgenommen durch eine medizinische Behandlung oder 2.5 wenn die Arbeitslosigkeit oder Berufs- bzw. Erwerbsunfähigkeit von Ihnen vorsätzlich verursacht wurde oder im ursächlichen Zusammenhang mit einer von Ihnen begangenen vorsätzlichen Straftat steht.	
(3) Der Anspruch auf Beitragsfreistellung ist unverzüglich geltend zu machen. Dem Versicherer ist Auskunft über alle zu ihrer Feststellung erforderlichen Umstände zu erteilen und das Vorliegen ihrer Voraussetzung gemäß Absatz 1 durch Vorlage einer amtlichen Bescheinigung nachzuweisen.	3. Den Anspruch auf Zahlungspause müssen Sie unverzüglich geltend machen. *(„Unverzüglich" heißt nicht unbedingt „sofort", sondern „ohne schuldhaftes Zögern bzw. so schnell wie eben möglich".)* Sie müssen • uns Auskunft über alle Umstände Ihres Anspruchs erteilen und • uns nachweisen, dass die Voraussetzung für eine Zahlungspause nach 1. Gegeben ist. Zum Nachweis müssen Sie eine amtliche Bescheinigung vorlegen.	
(4) Der Versicherungsnehmer hat auf Anforderung, höchstens jedoch alle 3 Monate, Auskunft über das weitere Vorliegen der Voraussetzung für die Beitragsfreistellung zu geben und geeignete Nachweise vorzulegen. Kommt er dieser Verpflichtung nicht unverzüglich nach, endet die Beitragsfreistellung. Sie tritt jedoch mit sofortiger Wirkung wieder in Kraft, wenn die Auskünfte und Nachweise nachgereicht werden. Die Sätze 1 bis 3 gelten nicht im Todesfall oder solange eine andere Voraussetzung für die	4. Wir können Sie höchstens alle drei Monate auffordern, aktuelle Nachweise dafür vorzulegen, ob Sie noch die Voraussetzung für eine Zahlungspause erfüllen. Wenn Sie dieser Aufforderung nicht unverzüglich nachkommen, beenden wir die Zahlungspause. *(„Unverzüglich" heißt nicht unbedingt „sofort", sondern „ohne schuldhaftes Zögern bzw. so schnell wie eben möglich".)* Diese Zahlungspause tritt jedoch mit sofortiger Wirkung wieder in Kraft,	

ARB 2010	ARB 2012	ARB 2021
Beitragsfreistellung auf Grund eines bereits erbrachten Nachweises erkennbar noch vorliegt.	wenn die Auskünfte und Nachweise nachgereicht werden. 1. bis 3. Gelten nicht im Todesfall oder solange ein anderer bereits erbrachter Nachweis für die Zahlungspause noch vorliegt.	
(5) Diese Zusatzvereinbarung kann beiderseits mit einer Frist von 3 Monaten zum Ablauf jedes Versicherungsjahres gekündigt werden. Sie endet, ohne dass es einer Kündigung bedarf, mit Vollendung des 60. Lebensjahres des Versicherungsnehmers oder mit seinem Tode, wenn die in Absatz 1 Satz 2 genannte Person das 60. Lebensjahr zum Todeszeitpunkt beendet hat. (6) Der Anspruch auf Beitragsfreistellung verjährt in 3 Jahren. Die Verjährung beginnt am Schluss des Kalenderjahrs, in dem die Nachweise und Auskünfte nach Ziffer Absatz 3 hätten erteilt werden können. Der Zeitraum vom Geltendmachen des Anspruchs bis zur Entscheidung des Versicherers über die Beitragsfreistellung wird in die Verjährungsfrist nicht eingerechnet.	5. Diese Zusatzvereinbarung können wir oder Sie kündigen, und zwar drei Monate vor dem Ende jedes Versicherungsjahrs. Die Zusatzvereinbarung endet automatisch, wenn • Sie das 60. Lebensjahr erreichen, • Sie sterben oder • die Person, die nach Ihrem Tod Ihren Versicherungsvertrag mit uns fortführt, zum Zeitpunkt Ihres Todes das 60. Lebensjahr beendet hat. Für Mitversicherte aus Ihrem Versicherungsvertrag gilt diese Zusatzvereinbarung nicht.	
(7) Soweit Mitversicherte dem Versicherungsnehmer gleichgestellt sind, gilt dies nicht für diese Zusatzvereinbarung.		

A. Optionale Beitragsfreiheit bei Arbeitslosigkeit

1 Die Einführung einer Beitragsbefreiung bei Arbeitslosigkeit durch Übernahme von § 9a bleibt ausdrücklich dem jeweiligen Rechtsschutzversicherer überlassen. Die Klausel soll lediglich einen Formulierungsvorschlag im Rahmen einer entsprechenden Zusatzvereinbarung darstellen und ist nicht fester Bestandteil der vom GDV herausgegebenen Musterbedingungen.[1] Ratio der – ausführlichen – Klausel ist es, dem VN auch bei einer finanziellen Schieflage Versicherungsschutz zu gewähren. Voraussetzung für eine Beitragsfreiheit sind die sozialrechtlich präformierten Begriffe der Arbeitslosigkeit bzw. Berufs- oder Erwerbsunfähigkeit. Der Verweis auf § 117 SGB a.F. läuft freilich ins Leere, weil der Begriff der Arbeitslosigkeit seit dem 1.4.2012 in § 138 SGB III geregelt ist. Gem. § 240 Abs. 2 Satz 1 SGB VI ist derjenige berufsunfähig, dessen Erwerbsfähigkeit wegen Krankheit oder Behinderung im Vergleich zur Erwerbsfähigkeit von körperlich, geistig und seelisch gesunden Versicherten mit ähnlicher Ausbildung und gleichwertigen Kenntnissen und Fähig-

1 Prölss/Martin/*Piontek* Anh. § 9a Rn. 1.

keiten auf weniger als sechs Stunden pro Tag gesunken ist. Voll erwerbsgemindert sind Versicherte, die wegen Krankheit oder Behinderung auf nicht absehbare Zeit außerstande sind, unter den üblichen Bedingungen des allgemeinen Arbeitsmarktes mindestens drei Stunden täglich erwerbstätig zu sein (§ 43 Abs. 2 Satz 2 SGB VI). Teilweise erwerbsgemindert sind Versicherte, die wegen Krankheit oder Behinderung auf nicht absehbare Zeit außerstande sind, unter den üblichen Bedingungen des allgemeinen Arbeitsmarktes mindestens sechs Stunden täglich erwerbstätig zu sein (§ 43 Abs. 1 Satz 2 SGB VI).

Absatz 2 betrifft Risikoausschlüsse. Eine Beitragsfreistellung erfolgt nicht, wenn ein anderer, 2 ausgenommen auf Grund einer gesetzlichen Unterhaltspflicht, verpflichtet ist, den Versicherungsbeitrag zu zahlen oder es wäre, wenn diese Zusatzvereinbarung nicht bestünde (lit. a); wenn eine der Voraussetzungen nach Ziff. 1 vor Versicherungsbeginn eingetreten ist oder innerhalb von 6 Monaten nach Versicherungsbeginn eintritt, ausgenommen durch einen innerhalb dieses Zeitraums eingetretenen Unfall (Vermeidung von Zweckabschlüssen) (lit. b, aa und bb), in ursächlichem Zusammenhang mit militärischen Konflikten, inneren Unruhen, Streiks oder Nuklearschäden (ausgenommen durch eine medizinische Behandlung) (lit. b, cc) oder in ursächlichem Zusammenhang mit einer vorsätzlichen Straftat des VN steht, oder von ihm vorsätzlich verursacht wurde (lit. b, dd).

Liegen die Voraussetzungen nach § 9a Abs. 1 vor, so ist der Anspruch auf Beitragsfreistellung 3 unverzüglich (§ 121 BGB) gegenüber dem VR geltend zu machen (Absatz 3). Gem. Absatz 4 ist dem VR dabei Auskunft über alle zu ihrer Feststellung erforderlichen Umstände zu erteilen und das Vorliegen ihrer Voraussetzung gemäß Absatz 1 durch Vorlage einer amtlichen Bescheinigung nachzuweisen. Zudem hat der VN auf Anforderung, höchstens jedoch alle 3 Monate, Auskunft über das weitere Vorliegen der Voraussetzung für die Beitragsfreistellung zu geben und geeignete Nachweise vorzulegen. Kommt er dieser Verpflichtung nicht unverzüglich nach, endet die Beitragsfreistellung. Sie tritt jedoch mit sofortiger Wirkung wieder in Kraft, wenn die Auskünfte und Nachweise nachgereicht werden. Die Vereinbarung kann mit einer Frist von drei Monaten zum Ablauf des Versicherungsjahres (§ 8a) gekündigt werden (Absatz 5). Die Verjährung regelt Abs. 6. Abs. 7 stellt klar, dass kein Anspruch auf die Beitragsfreistellung besteht, wenn die Voraussetzungen des Absatzes 1 lediglich in einer mitversicherten Person eintreten.

B. ARB 2012/2021

Auch in den ARB 2012/2021 ist eine Beitragsbefreiung bei Arbeitslosigkeit lediglich im Anhang als 4 optionaler Formulierungsvorschlag vorgesehen, wenn auch in etwas anderer, um bessere Verständlichkeit bemühter Formulierung.[2]

2 Looschelders/Paffenholz/*Benzenberg* § 9a Rn. 15.

§ 10 ARB

ARB 2010	ARB 2012	ARB 2021
§ 10 Beitragsanpassung (1) Ein unabhängiger Treuhänder ermittelt bis zum 1. Juli eines jeden Jahres, um welchen Vomhundertsatz sich für die Rechtsschutzversicherung das Produkt von Schadenhäufigkeit und Durchschnitt der Schadenzahlungen einer genügend großen Zahl der die Rechtsschutzversicherung betreibenden Versicherer im vergangenen Kalenderjahr erhöht oder vermindert hat. Als Schadenhäufigkeit eines Kalenderjahres gilt die Anzahl der in diesem Jahr gemeldeten Rechtsschutzfälle, geteilt durch die Anzahl der im Jahresmittel versicherten Risiken. Als Durchschnitt der Schadenzahlungen eines Kalenderjahres gilt die Summe der Zahlungen, die für alle in diesem Jahr erledigten Rechtsschutzfälle insgesamt geleistet wurden, geteilt durch die Anzahl dieser Rechtsschutzfälle. Veränderungen der Schadenhäufigkeit und des Durchschnitts der Schadenzahlungen, die aus Leistungsverbesserungen herrühren, werden bei den Feststellungen des Treuhänders nur bei denjenigen Verträgen berücksichtigt, in denen sie in beiden Vergleichsjahren bereits enthalten sind.	7.8.2.1 Statistische Ermittlung durch einen unabhängigen Treuhänder Ein unabhängiger Treuhänder ermittelt bis zum 1. Juli eines jeden Jahres einen **Veränderungswert** für die Beitragsanpassung. Der Treuhänder legt bei seiner Ermittlung die Daten einer möglichst großen Zahl von Unternehmen, die die Rechtsschutzversicherung anbieten, zugrunde, so dass der von ihm ermittelte Wert den gesamten Markt der Rechtsschutzversicherung bestmöglich widerspiegelt. Der Ermittlung des Veränderungswerts liegt folgende Fragestellung (Berechnungsmethode) zugrunde: Um wie viel Prozent hat sich im letzten Kalenderjahr der Bedarf für Zahlungen (das heißt: das Produkt von Schadenhäufigkeit und Durchschnitt der Schadenzahlungen) gegenüber dem vorletzten Kalenderjahr (Bezugsjahre) erhöht oder vermindert? (Als Schadenhäufigkeit eines Kalenderjahres gilt die Anzahl der in diesem Jahr gemeldeten Versicherungsfälle, geteilt durch die Anzahl der im Jahresmittel versicherten Risiken. Mit anderen Worten: die Schadenhäufigkeit gibt an, für wie viel Prozent der versicherten Verträge ein Schaden gemeldet worden ist. Um den Durchschnitt der Schadenzahlungen eines Kalenderjahres zu berechnen, werden alle in diesem Jahr erledigten Versicherungsfälle betrachtet. Die Summe der insgesamt geleisteten Zahlungen für diese Versicherungsfälle wird durch deren Anzahl geteilt.) Veränderungen, die aus Leistungsverbesserungen (zum Beispiel: Einschluss einer neuen Leistungsart) herrühren, berücksichtigt der Treuhänder nur, wenn die Leistungsverbesserungen in beiden	7.8.2.1 Statistische Ermittlung durch einen unabhängigen Treuhänder *Identisch mit 7.8.2.1 ARB 2012*

https://doi.org/10.1515/9783110522709-022

ARB 2010	ARB 2012	ARB 2021
	Vergleichsjahren zum Leistungsinhalt gehörten.	
(2) Die Ermittlung des Treuhänders erfolgt für Versicherungsverträge gemäß den §§ 21 und 22, gemäß den §§ 23, 24, 25 und 29, gemäß den §§ 26 und 27, gemäß § 28 nebst den zusätzlich vereinbarten Klauseln gesondert, und zwar jeweils unterschieden nach Verträgen mit und ohne Selbstbeteiligung.	Der Treuhänder ermittelt den Veränderungswert getrennt für folgende **Vertragsgruppen**: • Verkehrs-, Fahrzeug- und Fahrer-Rechtsschutz, • Privat- und Berufs-Rechtsschutz, Rechtsschutz für Selbstständige oder Firmen, Vereins-, sowie Wohnungs- und Grundstücks-Rechtsschutz, • Privat-, Berufs- und Verkehrs-Rechtsschutz sowie Rechtsschutz für Landwirte, • Rechtsschutz für Selbstständige oder Firmen mit Privat-, Berufs-, Verkehrs- sowie Wohnungs- und Grundstücks-Rechtsschutz. Innerhalb jeder Vertragsgruppe wird der Veränderungswert getrennt für Verträge mit und ohne Selbstbeteiligung ermittelt. Die so ermittelten Veränderungswerte gelten jeweils einheitlich für alle in der Gruppe zusammengefassten Verträge mit bzw. ohne Selbstbeteiligung.	
(3) Ergeben die Ermittlungen des Treuhänders einen Vomhundertsatz unter 5, unterbleibt eine Beitragsänderung. Der Vomhundertsatz ist jedoch in den folgenden Kalenderjahren mit zu berücksichtigen. Ergeben die Ermittlungen des Treuhänders einen höheren Vomhundertsatz, ist dieser, wenn er nicht durch 2,5 teilbar ist, auf die nächst niedrige durch 2,5 teilbare Zahl abzurunden. Im Falle einer Erhöhung ist der Versicherer berechtigt, im Falle einer Verminderung verpflichtet, den Folgebeitrag um den abgerundeten Vomhundertsatz zu verändern. Der erhöhte Beitrag darf den zum Zeitpunkt der Erhöhung geltenden Tarifbeitrag nicht übersteigen.	Der Treuhänder rundet einen nicht durch 2,5 teilbaren Veränderungswert auf die nächst geringere positive durch 2,5 teilbare Zahl ab (Beispielsweise wird 8,4 % auf 7,5 % abgerundet.) bzw. auf die nächst größere negative durch 2,5 teilbare Zahl auf (Beispielsweise wird – 8,4 % auf – 7,5 % aufgerundet.). Veränderungswerte im Bereich von – 5 % bis + 5 % werden nicht gerundet. 7.8.4 Unterbleiben einer Beitragsanpassung Eine Beitragsanpassung unterbleibt, wenn der vom unabhängigen Treuhänder ermittelte Veränderungswert (*siehe 7.8.2.1*) geringer + 5 % und größer – 5 % ist. Dieser Veränderungswert wird bei der Ermittlung der Voraussetzungen für die nächste Beitragsanpassung mit berücksichtigt (*Dies geschieht, indem das Bezugsjahr solange beibehalten wird, bis die 5 %-Grenze erreicht wird. Es wird*	

ARB 2010	ARB 2012	ARB 2021
	immer der Bedarf für Zahlungen aus dem jeweiligen Vorjahr mit dem Bedarf für Zahlungen aus dem „festgehaltenen" Bezugsjahr verglichen.) Unabhängig von der Höhe des Veränderungswerts unterbleibt eine Beitragsanpassung bei Verträgen, bei denen seit dem Versicherungsbeginn noch nicht 12 Monate abgelaufen sind. 7.8.5 Erhöhung oder Senkung des Beitrags Wenn der maßgebliche Veränderungswert + 5 % oder mehr beträgt, sind wir berechtigt, den Beitrag entsprechend zu **erhöhen**. Der angepasste Beitrag darf nicht höher sein als der für Neuverträge geltende Tarifbeitrag. Wenn der maßgebliche Veränderungswert – 5 % oder weniger beträgt, sind wir verpflichtet, den Beitrag entsprechend zu **senken**.	
(4) Hat sich der entsprechend Absatz 1 nach den unternehmenseigenen Zahlen des Versicherers zu ermittelnde Vomhundertsatz in den letzten drei Kalenderjahren, in denen eine Beitragsanpassung möglich war, geringer erhöht, als er vom Treuhänder für diese Jahre festgestellt wurde, so darf der Versicherer den Folgebeitrag in der jeweiligen Anpassungsgruppe gemäß Absatz 2 nur um den im letzten Kalenderjahr nach seinen Zahlen ermittelten Vomhundertsatz erhöhen. Diese Erhöhung darf diejenige nicht übersteigen, die sich nach Absatz 3 ergibt.	7.8.2.2. Ermittlung aufgrund unternehmenseigener Zahlen Auf der Grundlage unserer unternehmenseigenen Zahlen ermitteln wir bis zum 1. Juli eines jeden Jahres den für unser Unternehmen individuellen Veränderungswert. Dabei wenden wir die für die Ermittlung durch den unabhängigen Treuhänder geltenden Regeln (siehe 7.8.2.1) entsprechend an.	*Identisch mit 7.8.2.2 ARB 2012*
(5) Die Beitragsanpassung gilt für alle Folgebeiträge, die ab 1. Oktober des Jahres, in dem die Ermittlungen des Treuhänders erfolgten, fällig werden. Sie unterbleibt, wenn seit dem im Versicherungsschein bezeichneten Versicherungsbeginn für den Gegenstand der Versicherung noch nicht zwölf Monate abgelaufen sind.	7.8.6 Wann wird die Beitragsanpassung wirksam? Die Beitragsanpassung wird zu Beginn des zweiten Monats wirksam, der auf unsere Mitteilung über die Beitragsanpassung folgt. Sie gilt für alle Beiträge, die nach unserer Mitteilung ab einschließlich 1. Oktober fällig werden.	*Identisch mit 7.8.6 ARB 2012*

ARB 2010	ARB 2012	ARB 2021
	In der Mitteilung weisen wir Sie auf Ihr außerordentliches Kündigungsrecht hin (siehe 7.8.7).	
(6) Erhöht sich der Beitrag, ohne dass sich der Umfang des Versicherungsschutzes ändert, kann der Versicherungsnehmer den Versicherungsvertrag innerhalb eines Monats nach Zugang der Mitteilung des Versicherers mit sofortiger Wirkung, frühestens jedoch zu dem Zeitpunkt kündigen, in dem die Beitragserhöhung wirksam werden sollte. Der Versicherer hat den Versicherungsnehmer in der Mitteilung auf das Kündigungsrecht hinzuweisen. Die Mitteilung muss dem Versicherungsnehmer spätestens einen Monat vor dem Wirksamwerden der Beitragserhöhung zugehen. Eine Erhöhung der Versicherungsteuer begründet kein Kündigungsrecht.	7.8.7 Ihr außerordentliches Kündigungsrecht Wenn sich der Beitrag erhöht, können Sie den Versicherungsvertrag mit sofortiger Wirkung kündigen. Sie können frühestens jedoch zu dem Zeitpunkt kündigen, an dem die Beitragserhöhung wirksam wird (siehe 7.8.5). Ihre Kündigung muss uns innerhalb eines Monats zugehen, nachdem Ihnen unsere Mitteilung über die Beitragsanpassung zugegangen ist. Wenn sich der Beitrag ausschließlich wegen einer Erhöhung der Versicherungssteuer erhöht, steht Ihnen das Recht zur außerordentlichen Kündigung nicht zu.	*Identisch mit 7.8.7 ARB 2012*

A. Beitragsanpassung

Die Bestimmungen sind eine Weiterentwicklung früherer Anpassungsregelungen.[1] Das in § 10 Abs. 6 vorgesehene uneingeschränkte Kündigungsrecht trägt den halbzwingenden Vorgaben in §§ 40 Abs. 1, 42 VVG Rechnung.[2] Der § 10 Abs. 6 entspricht dem AVB-Baustein 11. Die Bestimmung in § 10 Abs. 6 Satz 4, wonach eine Erhöhung der VersSteuer nicht zur Kündigung berechtigt, steht in Zusammenhang mit der Definition des Beitrags im § 9 A.[3] Eine Bedingungsanpassungsklausel findet sich in den ARB 2010 nicht; der BGH hat eine solche Klausel in den ARB 94 für unwirksam erklärt.[4] 1

B. ARB 2012/2021

Die ARB 2012/2021 enthalten inhaltlich entsprechende Bestimmungen in Ziff. 7.8. Auch hier sind die ARB 2012 um bessere Verständlichkeit unter Wahrung des Regelungsinhalts sichtlich bemüht. 2

1 Prölss/Martin/*Piontek* § 10 Rn. 1; ausführlich Looschelders/Paffenholz/*Benzenberg* § 10 Rn. 1 ff.
2 Näher § 40 VVG Rn. 9 ff.
3 Prölss/Martin/*Piontek* § 10 Rn. 3.
4 BGH 17.3.1999 – IV ZR 218/97, BGHZ **141** 153, 154 ff.

§ 11 ARB

ARB 2010	ARB 2012	ARB 2021
§ 11 Änderung der für die Beitragsbemessung wesentlichen Umstände (1) Tritt nach Vertragsabschluss ein Umstand ein, der nach dem Tarif des Versicherers einen höheren als den vereinbarten Beitrag rechtfertigt, kann der Versicherer vom Eintritt dieses Umstandes an für die hierdurch entstandene höhere Gefahr den höheren Beitrag verlangen. Wird die höhere Gefahr nach dem Tarif des Versicherers auch gegen einen höheren Beitrag nicht übernommen, kann der Versicherer die Absicherung der höheren Gefahr ausschließen. Erhöht sich der Beitrag wegen der Gefahrerhöhung um mehr als 10 Prozent oder schließt der Versicherer die Absicherung der höheren Gefahr aus, kann der Versicherungsnehmer den Vertrag innerhalb eines Monats nach Zugang der Mitteilung des Versicherers ohne Einhaltung einer Frist kündigen. In der Mitteilung hat der Versicherer den Versicherungsnehmer auf dieses Kündigungsrecht hinzuweisen. Der Versicherer kann seine Rechte nur innerhalb eines Monats nach Kenntnis ausüben.	**7.9 Änderung wesentlicher Umstände der Beitragsfestsetzung** 7.9.1 Wenn nach Vertragsabschluss ein Umstand eintritt, der einen höheren als den vereinbarten Versicherungsbeitrag rechtfertigt, können wir von da ab diesen höheren Beitrag verlangen. Denn damit sichern wir eine höhere Gefahr ab (Beispiel: Sie haben ein Auto bei uns versichert und schaffen sich jetzt zusätzlich ein Motorrad an.). Wenn wir diese höhere Gefahr auch gegen einen höheren Beitrag nicht versichern können, müssen wir die Absicherung gegen diese Gefahr ausschließen. In folgenden Fällen können Sie den Versicherungsvertrag kündigen: • Ihr Beitrag erhöht sich um mehr als 10 % oder • wir lehnen die Absicherung der höheren Gefahr ab. In diesen Fällen können Sie den Vertrag innerhalb eines Monats, nachdem Ihnen unsere Mitteilung zugegangen ist, ohne eine Frist kündigen. In unserer Mitteilung müssen wir Sie auf Ihr Kündigungsrecht hinweisen. Nachdem wir von der Erhöhung der Gefahr Kenntnis erhalten haben, müssen wir unser Recht auf Beitragsänderung innerhalb eines Monats ausüben.	**7.9 Änderung wesentlicher Umstände der Beitragsfestsetzung** *Identisch mit 7.9 ARB 2012*
(2) Tritt nach Vertragsabschluß ein Umstand ein, der nach dem Tarif des Versicherers einen geringeren als den vereinbarten Beitrag rechtfertigt, kann der Versicherer vom Eintritt dieses Umstandes an nur noch den geringeren Beitrag verlangen. Zeigt	7.9.2 Wenn nach Vertragsabschluss ein Umstand eintritt, der einen niedrigeren als den vereinbarten Versicherungsbeitrag rechtfertigt, können wir von da ab nur noch diesen niedrigeren Beitrag verlangen. Sie müssen uns diesen Umstand innerhalb	

https://doi.org/10.1515/9783110522709-023

ARB 2010	ARB 2012	ARB 2021
der Versicherungsnehmer diesen Umstand dem Versicherer später als zwei Monate nach dessen Eintritt an, wird der Beitrag erst von Eingang der Anzeige an herabgesetzt.	von zwei Monaten anzeigen. Wenn Sie uns nach Ablauf von zwei Monaten informieren, wird Ihr Versicherungsbeitrag erst zu dem Zeitpunkt herabgesetzt, zu dem Sie uns informiert haben.	
(3) Der Versicherungsnehmer hat dem Versicherer innerhalb eines Monates nach Zugang einer Aufforderung die zur Beitragsberechnung erforderlichen Angaben zu machen. Verletzt der Versicherungsnehmer diese Pflicht, kann der Versicherer den Vertrag unter Einhaltung einer Frist von einem Monat kündigen, wenn die Pflichtverletzung des Versicherungsnehmers vorsätzlich oder grob fahrlässig war. Das Nichtvorliegen der groben Fahrlässigkeit hat der Versicherungsnehmer zu beweisen. Macht der Versicherungsnehmer bis zum Fristablauf diese Angaben vorsätzlich unrichtig oder unterlässt er die erforderlichen Angaben vorsätzlich und tritt der Versicherungsfall später als einen Monat nach dem Zeitpunkt ein, in dem die Angaben dem Versicherer hätten zugehen müssen, so hat der Versicherungsnehmer keinen Versicherungsschutz, es sei denn dem Versicherer war der Eintritt des Umstandes zu diesem Zeitpunkt bekannt. Beruht das Unterlassen der erforderlichen Angaben oder die unrichtige Angabe auf grober Fahrlässigkeit, kann der Versicherer den Umfang des Versicherungsschutzes in einem der Schwere des Verschuldens des Versicherungsnehmers entsprechenden Verhältnis kürzen. Das Nichtvorliegen einer groben Fahrlässigkeit hat der Versicherungsnehmer zu beweisen. Der Versicherungsnehmer hat gleichwohl Versicherungsschutz, wenn zum Zeitpunkt des Versicherungsfalls die Frist für die Kündigung des Versicherers abgelaufen war und er nicht gekündigt hat. Gleiches gilt,	7.9.3 Wenn wir Sie auffordern, uns die zur Beitragsberechnung erforderlichen Angaben zu machen, müssen Sie uns diese innerhalb eines Monats zuschicken. Wenn Sie dieser Verpflichtung nicht nachkommen, können wir den Versicherungsvertrag mit einer Frist von einem Monat kündigen. Es sei denn, Sie weisen uns nach, dass Sie nicht vorsätzlich oder grob fahrlässig gehandelt haben. (Beispiel für „grob fahrlässiges Verhalten“: Jemand verletzt die im Verkehr erforderliche Sorgfalt in ungewöhnlich hohem Maße.) In folgenden Fällen haben Sie keinen Versicherungsschutz: Sie machen innerhalb der Frist vorsätzlich falsche Angaben. Sie unterlassen vorsätzlich erforderliche Angaben. Der Versicherungsfall tritt später als einen Monat nach dem Zeitpunkt ein, zu dem Sie uns über die Gefahrerhöhung hätten informieren müssen. Ihr Versicherungsschutz entfällt nicht, wenn uns die zur Beitragsberechnung erforderlichen Angaben bereits bekannt waren. Wenn **Sie grob fahrlässig Angaben verschwiegen** oder **unrichtige Angaben gemacht** haben, können wir den Umfang unserer Leistungen kürzen, und zwar in einem der Schwere Ihres Verschuldens entsprechendem Verhältnis. Sie müssen nachweisen, dass Sie nicht grob fahrlässig gehandelt haben. (Beispiel für „grob fahrlässiges Verhalten“: Jemand verletzt die im Verkehr erforderliche Sorgfalt in ungewöhnlich hohem Maße.)	

ARB 2010	ARB 2012	ARB 2021
wenn der Versicherungsnehmer nachweist, dass die Gefahr weder für den Eintritt des Versicherungsfalls noch den Umfang der Leistung des Versicherers ursächlich war.	**Ausnahme**: In folgenden Fällen haben Sie trotzdem Versicherungsschutz: • Sie weisen uns nach, dass die Veränderung weder den Eintritt des Versicherungsfalls beeinflusst noch den Umfang unserer Leistung erhöht hat. • Die Frist für unsere Kündigung ist abgelaufen und wir haben nicht gekündigt.	
(4) Die vorstehenden Regelungen finden keine Anwendung, wenn sich die Gefahr nur unerheblich erhöht hat oder nach den Umständen als vereinbart anzusehen ist, dass die Gefahrerhöhung mitversichert sein soll.	Die soeben beschriebenen Regelungen werden nicht angewandt, wenn • die Veränderung so unerheblich ist, dass diese nicht zu einer Erhöhung der Beiträge führen würde oder • ersichtlich ist, dass diese Veränderung mitversichert sein soll.	

Übersicht

A. Beitragsänderungen

I. Gefahrerhöhung

1 Die Bestimmungen über die Erhöhung der Prämie im Fall von erheblichen Gefahrerhöhungen (§ 11 Abs. 1 und 4) entsprechen im Wesentlichen den halbzwingenden gesetzlichen Vorgaben in §§ 25 Abs. 1, 24 Abs. 3, 27, 32 VVG (vgl. auch AVB-Baustein 15).[1] Sie bedürfen deshalb an dieser Stelle keiner näheren Erläuterung.

II. Gefahrermäßigung

2 Die Regelung über Prämienermäßigung bei Wegfall gefahrerhöhender Umstände in § 11 Abs. 2 entspricht im Wesentlichen der halbzwingenden gesetzlichen Regelung in §§ 41, 42 VVG.[2] Die Bestimmung des § 11 Abs. 2 Satz 1 stellt den VN gegenüber § 41 Satz 1 VVG insofern besser, als die Herabsetzung sofort mit dem Eintritt des tarifierungsrelevanten Umstandes erfolgt und nicht erst

1 Hierzu *Bruns* Privatversicherungsrecht § 18 Rn. 2 ff.; s.a. § 25 VVG Rn. 5 ff.

2 Prölss/Martin/*Piontek* § 11 Rn. 2 ff.; allgemein hierzu *Bruns* Privatversicherungsrecht § 18 Rn. 17; s.a. § 41 VVG Rn. 6 ff.

nach Zugang des Herabsetzungsverlangens beim VR. Lediglich bei verspäteter Anzeige wird auf den Zeitpunkt des „Eingangs" abgestellt (§ 11 Abs. 2 Satz 1). Die Klausel ist dem VN auch insoweit günstiger als das Gesetz, als ein „Herabsetzungsverlangen" nicht erforderlich ist. Ein solches Verlangen wird aber als Anzeige im Sinne von § 11 Abs. 2 anzusehen sein, weil andernfalls – unzulässigerweise – zum Nachteil des VN von § 41 Satz 1 VVG abgewichen wäre. Der „Eingang" der Anzeige kann im Sinne einer weiteren Privilegierung des VN unter Umständen zeitlich vor dem „Zugang" im Rechtssinne liegen, weil er nicht die Möglichkeit der Kenntnisnahme unter regelmäßigen Umständen erfordert. Vielmehr genügt es, wenn die Anzeige in den Machtbereich des VR gelangt. Aufgrund des halbzwingenden Charakters von § 41 Satz 1 VVG kann aber der Eingang nicht nach Zugang erfolgen. Eine Herabsetzung nach Absatz 2 fordert auch keine für das geringere Risiko eigenständige Tarifposition beim VR.[3]

III. Informationspflicht

Die Regelung in § 11 Abs. 3 ist Ausdruck der in § 23 Abs. 2 und 3 VVG halbzwingend angeordneten 3
Anzeigepflichten (§ 32 VVG),[4] die nach ganz h.M. gesetzliche Obliegenheiten darstellen.[5] Nach h.M. handelt es sich bei der Meldepflicht in § 11 Abs. 3 um eine echte Rechtspflicht in Gestalt einer vertraglichen Nebenpflicht,[6] die gar *naturaliter* einklagbar sei,[7] jedoch erst nach Zugang einer Aufforderung durch den VR entsteht, „die zur Beitragsberechnung erforderlichen Angaben" zu machen.[8] Das erscheint durchaus fragwürdig. Die Obliegenheiten des VN bei Gefahrerhöhungen sind zwar halbzwingend ausgestaltete Rechtspflichten, sie entfalten aber eine Sperrwirkung gegenüber der Begründung konkurrierender oder weitergehender Pflichten und Rechtsfolgen.[9] Eine Verschärfung der Rechtsfolgen ist deshalb ausgeschlossen, und eine Ausdehnung des Pflichtenkreises im jeweiligen Regelungsbereich ist nicht ohne weiteres möglich. Erblickt man in der Meldepflicht gemäß § 11 Abs. 3 Satz 1 die Begründung einer über § 23 Abs. 2 und 3 hinausgehenden Anzeigepflicht, so wäre die Klausel mit dem halbzwingenden Charakter der gesetzlichen Regelung schwerlich vereinbar. Die Regelung im VVG lässt sich auch nicht einfach dadurch umgehen, dass man die Gestaltung als eigenständige Nebenleistungspflicht deklariert, deren Verletzung unter Umständen sogar Schadensersatzansprüche auslösen könnte. Nach jüngerer obergerichtlicher Rechtsprechung verstößt § 11 Abs. 3 dementsprechend gegen das Transparenzgebot, weil sie nicht klar und verständlich ist: Dem Passus „die zur Beitragsberechnung erforderlichen Angaben" wird der maßgebliche durchschnittliche VN entnehmen, dass es auf die Umstände ankommt, die der VR benötigt, um die für den Versicherungsschutz zu entrichtende Prämie kalkulieren und festsetzen zu können. Ihm wird durch die Verwendung der unbestimmten Wendung „die zur Beitragsberechnung erforderlichen Angaben" jedoch das Risiko auferlegt, dass er gegen seine Rechtspflicht verstößt und hierdurch seinen Versicherungsschutz ganz oder teilweise gefährdet.[10] Dass die Angaben erst innerhalb eines Monats nach Zugang einer entsprechenden Aufforderung durch den VR zu machen sind, stellt den VN gegenüber § 23 Abs. 2 und 3 VVG besser und ist deshalb unproblematisch.

---

3 Prölss/Martin/*Piontek* § 11 Rn. 4.

4 Hierzu allgemein *Bruns* Privatversicherungsrecht § 18 Rn. 11 f.

5 BGH 8.7.1987 – IVa ZR 19/86, VersR **1987** 921, 922; *Bruns* Privatversicherungsrecht § 18 Rn. 5.

6 Prölss/Martin/*Piontek* § 11 Rn. 6; Harbauer/*Maier* § 11 Rn. 2010 Rn. 15; Looschelders/Paffenholz/*Benzenberg* § 11 Rn. 18; van Bühren/*Plote* § 11 ARB 9.

7 Harbauer/*Maier* § 11 Rn. 2010 Rn. 15; Looschelders/Paffenholz/*Benzenberg* § 11 Rn. 18.

8 Prölss/Martin/*Piontek* § 11 Rn. 6.

9 Ausführlich *Bruns* Privatversicherungsrecht § 16 Rn. 4 ff., 15 ff.

10 OLG Karlsruhe 8.3.2019 – 12 U 33/18, VersR **2019**, 935 Rn. 43 ff.; OLG Karlsruhe 8.3.2019 – 12 U 34/18, BeckRS **2019** 6364.

B. ARB 2012/2021

4 In den ARB 2012/2021 findet sich eine um sprachliche Verständlichkeit stärker bemühte und deshalb umformulierte Fassung der Regelung in Ziff. 7.9, die inhaltlich im Wesentlichen unverändert ist.[11]

11 Looschelders/Paffenholz/*Benzenberg* § 11 Rn. 23.

§ 12 ARB

ARB 2010	ARB 2012	ARB 2021
§ 12 Wegfall des versicherten Interesses (1) Der Vertrag endet, soweit nicht etwas anderes bestimmt ist, zu dem Zeitpunkt, zu dem der Versicherer davon Kenntnis erhält, dass das versicherte Interesse nach dem Beginn der Versicherung weggefallen ist. In diesem Fall steht ihm der Beitrag zu, den er hätte erheben können, wenn die Versicherung nur bis zum Zeitpunkt der Kenntniserlangung beantragt worden wäre.	6.2.4 Ist der Versicherungsschutz nicht mehr nötig, weil sich die äußeren Umstände geändert haben? *(Beispiel: Sie teilen uns mit, dass Sie kein Auto mehr haben.)* Dann gilt Folgendes *(sofern nichts anderes vereinbart ist)*: 6.2.4.1 Der Vertrag endet, sobald wir erfahren haben, dass sich die äußeren Umstände geändert haben. Beiträge stehen uns nur anteilig bis zu diesem Zeitpunkt zu.	*Identisch mit 6.2.4 ARB 2012*
(2) Im Falle des Todes des Versicherungsnehmers besteht der Versicherungsschutz bis zum Ende der laufenden Beitragsperiode fort, soweit der Beitrag am Todestag gezahlt war und nicht aus sonstigen Gründen ein Wegfall des Gegenstandes der Versicherung vorliegt. Wird der nach dem Todestag nächste fällige Beitrag bezahlt, bleibt der Versicherungsschutz in dem am Todestag bestehenden Umfang aufrechterhalten. Derjenige, der den Beitrag gezahlt hat oder für den gezahlt wurde, wird anstelle des Verstorbenen Versicherungsnehmer. Er kann innerhalb eines Jahres nach dem Todestag die Aufhebung des Versicherungsvertrages mit Wirkung ab Todestag verlangen.	6.2.4.2 Der Versicherungsschutz besteht über Ihren Tod hinaus bis zum Ende der Versicherungsperiode. Dies gilt, wenn der Beitrag am Todestag gezahlt war und die Versicherung nicht aus sonstigen Gründen beendet ist. Wenn der nächste fällige Beitrag bezahlt wird, bleibt der Versicherungsschutz bestehen. Derjenige, der den Beitrag gezahlt hat oder für den gezahlt wurde, wird anstelle des Verstorbenen Versicherungsnehmer. Er kann innerhalb eines Jahres nach dem Todestag verlangen, dass der Versicherungsvertrag vom Todestag an beendet wird.	
(3) Wechselt der Versicherungsnehmer die im Versicherungsschein bezeichnete, selbst genutzte Wohnung oder das selbst genutzte Einfamilienhaus, geht der Versicherungsschutz auf das neue Objekt über. Versichert sind Rechtsschutzfälle, die im Zusammenhang mit der Eigennutzung stehen, auch soweit sie erst nach dem Auszug aus dem bisherigen Objekt eintreten. Das gleiche gilt für Rechtsschutzfälle, die sich auf das neue Objekt beziehen und vor dessen geplantem oder tatsächlichem Bezug eintreten.	2.1.1 […] Wenn Sie das im Versicherungsschein bezeichnete, selbst genutzte Wohnobjekt wechseln, geht der Versicherungsschutz auf das neue Wohnobjekt über und umfasst auch Versicherungsfälle, • die erst nach dem Auszug aus dem bisherigen Wohnobjekt eintreten oder • die sich auf das neue Wohnobjekt beziehen und vor dessen geplantem oder tatsächlichem Bezug eintreten.	*Identisch mit 2.1.1 ARB 2012*

https://doi.org/10.1515/9783110522709-024

ARB 2010	ARB 2012	ARB 2021
(4) Wechselt der Versicherungsnehmer ein Objekt, das er für seine gewerbliche, freiberufliche oder sonstige selbständige Tätigkeit selbst nutzt, findet Absatz 3 entsprechende Anwendung, wenn das neue Objekt nach dem Tarif des Versicherers weder nach Größe, noch nach Miet- oder Pachthöhe einen höheren als den vereinbarten Beitrag rechtfertigt.	Wenn Sie ein Objekt wechseln, das Sie für Ihre gewerbliche, freiberufliche oder sonstige selbstständige Tätigkeit selbst nutzen, dann gilt dies nur unter **folgender Voraussetzung**: Das neue Objekt darf nach unserem Tarif weder nach Größe noch nach Miet- oder Pachthöhe einen höheren als den vereinbarten Beitrag ausmachen.	

Übersicht

A. Allgemeines

1 Die Regelung in § 12 betrifft teilweise sehr unterschiedliche Gegenstände, was aus der Überschrift nur unzulänglich oder gar nicht ersichtlich ist. Der Wegfall des versicherten Interesses ist – wie in der gesamten Schadensversicherung – auch in der Rechtsschutzversicherung von besonderer Bedeutung. Der Interessewegfall ist Gegenstand der Regelung in § 12 Abs. 1. Der § 12 Abs. 2 trifft hingegen Bestimmungen für den Fall des Todes des VN, der mit einem Interessewegfall grundsätzlich nichts zu tun hat. § 12 Abs. 3 trifft Bestimmungen für den Fall des Wohnungswechsels im Rechtsschutz für Eigentümer und Mieter von Wohnungen und Grundstücken (§ 29). Schließlich wird in § 12 Abs. 4 der Wechsel eines für eine gewerbliche, freiberufliche oder sonstige selbständige Tätigkeit genutzten Objekts normiert.

B. Wegfall des versicherten Interesses

2 Vorrangige Spezialregelungen finden sich in § 21 Abs. 9 und Abs. 10, § 22 Abs. 6, § 23 Abs. 5, § 25 Abs. 5, § 26 Abs. 6 und Abs. 7. Ein versichertes Interesse des VN bzw. des versicherten Dritten ist in der Schadensversicherung eine zentrale Grundbedingung für ein ungestörtes Versicherungsverhältnis.[1] Der Begriff des Interesses begegnet im Gesetz an verschiedenen Stellen, ist aber nirgends ausdrücklich legaldefiniert. Der BGH formuliert folgendermaßen: „Unter versi-

1 Im Überblick hierzu und zum Folgenden *Bruns* Privatversicherungsrecht § 20 Rn. 6 ff.

chertem Interesse versteht man einen von den Parteien des Versicherungsvertrages bei Vertragsschluss für möglich gehaltenen Vermögensnachteil, der im Falle seines Eintritts durch die Versicherungsleistung ausgeglichen werden soll."[2] Dies ist in der Rechtsschutzversicherung insbesondere dann anzunehmen, wenn die Entstehung einer Kosten auslösenden Rechtsstreitigkeit in der Zukunft unmöglich erscheint.[3] Fällt das versicherte Interesse nach Versicherungsbeginn vollständig und dauerhaft fort, endet nach h.M. der Versicherungsvertrag automatisch kraft Gesetzes, ohne dass es der Vereinbarung einer auflösenden Bedingung oder einer Kündigung bedürfte.[4] Dem VR steht in diesem Fall die Prämie zu, die er hätte beanspruchen können, wenn die Versicherung nur bis zu dem Zeitpunkt beantragt worden wäre, zu dem der VR vom Wegfall des Interesses Kenntnis erlangt hat (§ 80 Abs. 2 VVG). Ist der Zeitpunkt streitig, trifft den VN die Beweislast.[5]

Beispiele: Übt der bisher als Einzelanwalt tätige VN seine Tätigkeit nunmehr in einer Sozietät aus, erlischt der von ihm abgeschlossene Vertrag infolge Wagniswegfalls.[6] Gibt der VN seine Tätigkeit als selbständiger Landwirt auf, endet der Vertrag (Landwirtschafts-Rechtsschutz gem. § 27) wegen völligen Risikowegfalls.[7] 3

Die Bestimmung des § 12 Abs. 1 Satz 1 sieht allerdings in Abweichung von der h.M. zur Vertragsbeendigung kraft Gesetzes vor, dass der Versicherungsvertrag nicht schon mit dem Interessefortfall selbst endet, sondern erst dann, wenn der VR vom nachträglichen Interessefortfall Kenntnis erlangt. Das nimmt sich *prima vista* wie eine dem VN günstige Regelung aus, weil der Versicherungsschutz verlängert zu sein scheint. Doch trügt der Schein, weil beim VN nach dem gesetzlichen Interessefortfall kein weiterer Rechtsschutzfall eintreten kann. Wenn man davon ausgeht, dass die Vertragsbeendigung als Rechtsfolge unausgesprochen in § 80 Abs. 2 VVG mit angeordnet ist, erhebt sich im Gegenteil die Frage, ob die Klausel in § 12 Abs. 1 Satz 1 eine Abweichung zum Nachteil des VN bedeutet, die dem halbzwingenden Charakter der gesetzlichen Anordnung widerspricht (§ 87 VVG). Ein solcher Nachteil ergibt sich zumindest nicht im Hinblick auf die Prämienkalkulation, weil der in § 12 Abs. 1 Satz 2 vorgesehene Modus der Kalkulation der Prämie, die der VR trotz Vertragsbeendigung behalten darf, genau dem halbzwingenden Gesetzesrecht entspricht (§§ 80 Abs. 2, 87 VVG). Obliegenheitsverletzungen des VN, die denkbar bleiben, dürften den VN in aller Regel nicht schlechter stellen als bei sofortiger Vertragsbeendigung im Zeitpunkt des Interessefortfalls. Nebenleistungspflichten des VN bestehen grundsätzlich nicht, aber es könnten Schutzpflichten fortbestehen, deren Verletzung dem VN insofern zum Nachteil gereicht, als er einer quasivertraglichen anstatt einer rein deliktischen Haftung ausgesetzt sein könnte.[8] Das *caveat* im Wortlaut der Klausel, die Regelung gelte nur, „soweit nicht etwas anderes bestimmt ist" (§ 12 Abs. 1 Satz 1), vermag die Bedenken gegen die Wirksamkeit nicht zu entkräften, weil sie einen Vorrang der von der h.M. befürworteten gesetzlichen Beendigungsregelung für einen durchschnittlichen VN ohne versicherungsrechtliche Spezialkenntnisse nicht erkennen lässt. Die Klausel legt den Beendigungszeitpunkt schlicht anders fest. Es bleiben also ganz erhebliche Zweifel an ihrer Wirksamkeit. 4

2 BGH 20.1.1988 – IVa ZR 165/86, NJW-RR **1988** 727; aus der Literatur statt vieler Prölss/Martin/*Armbrüster* Vor § 74 Rn. 28.

3 Prölss/Martin/*Piontek* § 12 Rn. 1.

4 BGH 17.11.1955 – II ZR 340/53, BGHZ **19** 31, 35; BGH 14.11.1960 – II ZR 235/58, VersR **1960** 1107, 1108; BGH 18.12.1980 – IVa ZR 34/80, VersR **1981** 186, 187; OLG Hamm 5.12.1997 – 20 U 126/97, VersR **1999** 50, 51.

5 OLG Hamm 4.6.1993 – 20 U 17/93, RuS **1994** 1.

6 AG München 6.11.1995 – 121 C 21616/95, RuS **1997** 26; **a.A.** OLG Nürnberg 16.9.1977 – 8 W 59/77, VersR **1978** 755.

7 LG Hannover 11.9.1992 – 9 S 59/92, RuS **1993** 220: Dass der VN Eigentümer der landwirtschaftlichen Grundstücke und Gebäude bleibt, steht dem nicht entgegen.

8 Zu Nebenpflichten des VN im Überblick *Bruns* Privatversicherungsrecht § 15 Rn. 33 ff.

C. Erbfall

I. Fortsetzung mit den Erben bei spätestens am Todestag erfolgter Prämienzahlung

5 Mit dem Tode einer Person (Erbfall) geht deren Vermögen (Erbschaft) als Ganzes auf eine oder mehrere andere Personen (Erben) über (§ 1922 Abs. 1 BGB). Wenn nichts Abweichendes wirksam vereinbart ist, gehen mithin die Rechte und Pflichten des VN im Todesfall im Wege der Universalsukzession auf den oder die Erben über. Der Alleinerbe oder die Erbengemeinschaft rückt – vorbehaltlich wirksamer abweichender Bestimmung im Versicherungsvertrag – ohne weiteres in die Rechtsposition des VN ein, und es liegt grundsätzlich kein Wegfall des versicherten Interesses vor. Eine davon teilweise abweichende Bestimmung trifft für die Rechtsschutzversicherung § 12 Abs. 2. Der Versicherungsschutz soll nur bis zum Ende der laufenden Beitragsperiode fortbestehen und nur insoweit, als der Beitrag am Todestag gezahlt war und nicht aus sonstigen Gründen ein Wegfall des Gegenstandes der Versicherung vorliegt (§ 12 Abs. 2 Satz 1). Im Erfordernis, dass die geschuldete Prämie am Todestag gezahlt sein muss, liegt nach h.M. in der Literatur keine unzulässige Abweichung von §§ 37, 38, 42 VVG, weil der Erbe von vornherein kein schützenswertes Interesse an der Fortsetzung des Vertrages habe.[9]

6 Dieser h.M. ist zu widersprechen: Das Interesse an der Vertragsfortsetzung folgt aus der Gesamtrechtsnachfolge (§ 1922 BGB), und nur wenn das versicherte Interesse mit dem Tod des Erblassers ausnahmsweise entfällt, greift die Regelung über nachträglichen Interessefortfall (80 Abs. 2 VVG, § 12 Abs. 1). Die Klausel verstößt insoweit mithin gegen §§ 37, 38, 42 VVG und ist unwirksam. Zulässig wäre die bedingungslose Vertragsbeendigung mit dem Eintritt des Todesfalls. Denkbar wäre ein Angebot an den oder die Erben auf Abschluss eines neuen Versicherungsvertrages zu den bisherigen Konditionen, der unter Umständen im Wege der Rückwärtsversicherung auch nahtlos an den Altvertrag anschließen könnte. Ähnlich ließe sich auch ein entsprechendes vertragliches Eintrittsrecht zugunsten eines Dritten konstruieren, das über die Beendigung des Versicherungsvertrages hinauswirkt (§§ 328 Abs. 1, 331 Abs. 1 BGB analog). Wenn das bisherige Versicherungsverhältnis aber fortgesetzt werden soll, dann nur zu den Bedingungen, wie sie nach allgemeinen Grundsätzen gelten. Der VR hätte es sonst in der Hand, sich bei Eintritt des Erbfalls eine günstigere Vertragsposition zu verschaffen, als sie nach der Gesetzeslage für VR im Verhältnis zum VN bestehen soll.

7 Der „Wegfall des Gegenstandes des Versicherung" ist gleichbedeutend mit dem Wegfall des versicherten Interesses,[10] was in der Formulierung klarer und transparenter zum Ausdruck kommen könnte. Im Fall des Interessefortfalls gilt das zu § 12 Abs. 1 Gesagte. Unabhängig von der Frage der Unwirksamkeit der Klausel wegen Verstoßes gegen §§ 37, 38, 42 VVG ist unklar, ob eine Zahlung der Prämie nach Eintritt des Todes, aber vor Ablauf des Todestages genügt, um die Fortsetzung zu erreichen. Das wird man zugunsten der Vertragsfortsetzung mit dem Erben vorsichtig bejahen dürfen, auch wenn der Wortlaut der Klausel Raum für – durch Auslegung kaum zu beseitigende – Zweifel lässt (§ 305c Abs. 2 BGB).

II. Weitere Vertragsfortsetzung bei Zahlung der nächsten Folgeprämie

8 Wird der nach dem Todestag nächste fällige Beitrag bezahlt, soll der Versicherungsschutz gemäß § 12 Abs. 2 Satz 2 in dem am Todestag bestehenden Umfang aufrechterhalten bleiben. Wenn man davon ausgeht, dass der Vertrag bei Nichtzahlung automatisch beendet sein soll, ist die Regelung mit §§ 38, 42 VVG unvereinbar und deshalb unwirksam.[11] Sie benachteiligt den Erben als VN zudem unange-

9 Prölss/Martin/*Piontek* § 12 Rn. 7; Looschelders/Paffenholz/*Benzenberg* § 12 Rn. 15; Harbauer/*Schmitt*§ 12 ARB 2010 Rn. 24.

10 Implizit z.B. Prölss/Martin/*Piontek* § 12 Rn. 6; Looschelders/Paffenholz/*Benzenberg* § 12 Rn. 13.

11 Zum Parallelproblem im Rahmen von § 12 Abs. 2 Satz 1 s. Rn. 5.

messen (§ 307 Abs. 1 Satz 1 BGB) und ist mit dem Transparenzgebot schwerlich in Einklang zu bringen (§ 307 Abs. 1 Satz 2 BGB). Dass gemäß § 12 Abs. 2 Satz 3 Alt. 1 derjenige, der den Beitrag gezahlt hat, VN werden soll, ist insgesamt durchaus fragwürdig. Rückt ein Alleinerbe in die Vertragsposition des VN ein (§§ 1922 Abs. 1, 1967 BGB), dann ist die Regelung bestenfalls missverständlich, weil der Erbe nämlich mit dem Erbfall automatisch VN wird und deshalb keine Schwebezeit ohne VN besteht.[12] Zahlt der Alleinerbe, bedarf es der Regelung in § 12 Abs. 2 Satz 3 nicht. Zahlt ein anderer als der Alleinerbe, müsste er neben oder anstelle des Erben als VN in den Vertrag einrücken. Diese Gestaltung wäre nicht nur als Vertrag zu Lasten des Zahlenden unwirksam, sondern benachteiligt auch den Erben, der entweder einen zweiten VN neben sich hätte oder gar ganz aus dem Vertrag verdrängt wäre. Eine derartige Konstruktion, die den Erben in seiner Vertragsposition erheblich schwächt oder ganz daraus verdrängt, wäre mit der im Kern verfassungsrechtlich garantierten Vertragsfreiheit nicht vereinbar (Art. 2 Abs. 1, 14 Abs. 1 GG) und findet selbst im einfachen Gesetzesrecht keine Stütze. Das gilt erst recht entsprechend, wenn eine vierte Person für einen Dritten zahlt (§ 12 Abs. 2 Satz 3 Alt. 2). Genauso wenig kann eine Erbengemeinschaft, die anstelle des Erblassers in den Versicherungsvertrag eingetreten ist, durch Zahlung eines Miterben, eines Dritten für sich oder einen Miterben oder gar eines Vierten für einen Dritten aus der ererbten Vertragsposition verdrängt werden. Deshalb ist die gesamte Klausel des § 12 Abs. 2 Satz 3 nicht nur überraschend (§ 305c Abs. 1 BGB), sondern sie benachteiligt auch den Erben als VN unangemessen (§ 307 Abs. 1 Satz 1 BGB) und ist intransparent (§ 307 Abs. 1 Satz 2 BGB). Dass der nach der Klauselgestaltung vorgesehene neue Vertragspartner innerhalb eines Jahres die Aufhebung des Versicherungsvertrages mit Wirkung ab Todestag verlangen können soll (§ 12 Abs. 2 Satz 4), ändert daran nichts.

D. Wohnungswechsel

Die Klausel regelt den Wechsel der selbst genutzten Wohnung oder des selbst genutzten Einfamilienhauses im Versicherungsschutz für Eigentümer von Wohnungen und Grundstücken gemäß § 29.[13] Die Aufgabe der Wohnung bzw. des Einfamilienhauses würde ohne die Regelung nach allgemeinen Regeln einen Wegfall des versicherten Interesses auslösen.[14] Die Bestimmung verhindert die in diesem Fall grundsätzlich kraft Gesetzes eintretende Vertragsbeendigung,[15] insofern sie bei einem Wohnungswechsel das versicherte Interesse abändert und damit erhält. Ein Wechsel setzt voraus, dass die Nutzung der bisherigen Wohnstatt komplett zugunsten eines anderen Objekts aufgegeben wird, nicht aber, dass tatsächlich der Lebensmittelpunkt von der alten in die neue Wohnstatt verlegt wird.[16] Erfasst ist vielmehr auch der Fall, dass der VN von einer versicherten Zweitwohnung in die andere umzieht. Der Rechtsschutz für die Nutzung der alten Wohnstatt bleibt erhalten (§ 12 Abs. 3 Satz 2). Schließlich genügt es, wenn der geplante Umzug aufgrund von Mängeln oder anderen streitbegründenden Umständen in Bezug auf das neue Objekt unterbleibt (§ 12 Abs. 3 Satz 3). 9

E. Wechsel des gewerblich, freiberuflich oder selbständig genutzten Objekts

Die Klausel gilt insbesondere auch für teilgewerblich genutzte Räume.[17] 10

12 S. bereits Rn. 4.

13 Prölss/Martin/*Piontek* § 12 Rn. 10.

14 Harbauer/*Schmitt* § 12 ARB 2010 Rn. 30; Looschelders/Paffenholz/*Benzenberg* § 12 Rn. 18.

15 Rn. 2.

16 OLG Koblenz 27.7.2012 – 10 U 103/12, NJW-RR **2012** 1425; Looschelders/Paffenholz/*Benzenberg* § 12 Rn. 18; Prölss/Martin/*Piontek* § 12 Rn. 10; **a.A.** AG Hannover 17.1.2001 – 542 C 13765/00, RuS **2002** 204 (Ortsveränderung für den gesamten Hausrat).

17 Prölss/Martin/*Piontek* § 12 Rn. 14.

F. ARB 2012/2021

11 Die ARB 2012/2021 schreiben die bisherige Regelung in § 12 Abs. 1 und 3 in sprachlich modifizierter und inhaltlich leicht veränderter Form in Ziff. 6.2.4 fort. Die Prämienberechnung bei vorzeitigem Erlöschen des Vertrages soll nunmehr allerdings zeitanteilig und nicht mehr hypothetisch erfolgen.[18] In der Neufassung ist nicht mehr vom Wegfall des versicherten Interesses die Rede, sondern – in sichtlichem Bemühen um bessere Verständlichkeit – von einer Veränderung der äußeren Umstände, die zur Folge hat, dass Versicherungsschutz nicht mehr nötig ist. Die dargelegten Bedenken gegen die Wirksamkeit der Bestimmungen sind nicht ausgeräumt. Die Regelungen in § 12 Abs. 3 und 4 finden sich neu eingegliedert in Ziff. 2.1.

18 Looschelders/Paffenholz/*Benzenberg* § 12 Rn. 21.

§ 13 ARB

ARB 2010	ARB 2012	ARB 2021
§ 13 Kündigung nach Versicherungsfall (1) Lehnt der Versicherer den Rechtsschutz ab, obwohl er zur Leistung verpflichtet ist, kann der Versicherungsnehmer den Vertrag vorzeitig kündigen.	6.5.2 Kündigung nach Versicherungsfall 6.2.5.1 Wenn wir Ihren Versicherungsschutz ablehnen, obwohl wir zur Leistung verpflichtet sind, können Sie den Vertrag vorzeitig kündigen. Die Kündigung muss uns innerhalb eines Monats zugehen, nachdem Sie unsere Ablehnung erhalten haben.	*Identisch mit 6.5.2 ARB 2012*
(2) Bejaht der Versicherer seine Leistungspflicht für mindestens zwei innerhalb von zwölf Monaten eingetretene Rechtsschutzfälle, sind der Versicherungsnehmer und der Versicherer nach Anerkennung der Leistungspflicht für den zweiten oder jeden weiteren Rechtsschutzfall berechtigt, den Vertrag vorzeitig zu kündigen.	6.2.5.2 Sind mindestens zwei Versicherungsfälle innerhalb von zwölf Monaten eingetreten und besteht für diese Versicherungsschutz? In diesem Fall können sowohl Sie als auch wir den Vertrag vorzeitig kündigen.	
(3) Die Kündigung muss dem Vertragspartner spätestens einen Monat nach Zugang der Ablehnung des Rechtsschutzes gemäß Absatz 1 oder Anerkennung der Leistungspflicht gemäß Absatz 2 in Schriftform zugegangen sein. Kündigt der Versicherungsnehmer, wird seine Kündigung sofort nach ihrem Zugang beim Versicherer wirksam. Der Versicherungsnehmer kann jedoch bestimmen, dass die Kündigung zu jedem späteren Zeitpunkt, spätestens jedoch zum Ablauf des Versicherungsjahres, wirksam wird. Eine Kündigung des Versicherers wird einen Monat nach ihrem Zugang beim Versicherungsnehmer wirksam.	Wann müssen Sie oder wir kündigen? Die Kündigung muss uns beziehungsweise Ihnen innerhalb eines Monats zugehen, nachdem wir unsere Leistungspflicht für den zweiten Versicherungsfall bestätigt haben. Die Kündigung muss in Textform (Beispiel: Brief oder E-Mail) erfolgen. Wenn Sie kündigen, wird Ihre Kündigung wirksam, sobald sie uns zugeht. Sie können jedoch bestimmen, dass die Kündigung zu einem späteren Zeitpunkt wirksam wird; spätestens jedoch am Ende des Versicherungsjahrs. Unsere Kündigung wird einen Monat, nachdem Sie sie erhalten haben, wirksam.	

https://doi.org/10.1515/9783110522709-025

Übersicht

A. Allgemeines

1 Ein Kündigungsrecht nach Eintritt des Rechtsschutzfalles ist im Gesetz nicht vorgesehen. Die gesetzlichen Vorschriften über die Kündigungsrechte der Vertragsparteien in der Sachversicherung (§ 92 VVG) und in der Haftpflichtversicherung (§ 111 VVG) finden in der Rechtsschutzversicherung keine entsprechende Anwendung.[1] Die Klausel des § 13 trifft Bestimmungen über außerordentliche Kündigungsrechte der Vertragsparteien nach Eintritt des Versicherungsfalles in zwei unterschiedlichen Konstellationen. Die erste betrifft die unberechtigte Ablehnung von Rechtsschutz durch den VR (§ 13 Abs. 1), die zweite die Rechtsschutzgewährung für mindestens zwei innerhalb von zwölf Monaten eingetretene Rechtsschutzfälle (§ 13 Abs. 2). Eine Klausel, die das Kündigungsrecht – anders als § 13 Abs. 2 – in das freie Ermessen des VR stellte, wäre aufgrund unangemessener Benachteiligung des VN unwirksam.[2] Der § 13 Abs. 3 trifft Bestimmungen über das Wirksamwerden der Kündigung.

B. Außerordentliches Kündigungsrecht des Versicherungsnehmers bei unberechtigter Ablehnung des Rechtsschutzes

2 Das außerordentliche Kündigungsrecht des VN setzt nicht nur voraus, dass der Versicherungsfall tatsächlich eingetreten ist, sondern auch dass ein Leistungsanspruch des VN besteht (§ 13 Abs. 1).[3] Der Rechtsschutzversicherer verstößt in diesem Fall durch die unberechtigte Leistungsverweigerung gegen seine Hauptleistungspflicht.[4] Das gilt grundsätzlich auch dann, wenn er, anstatt unter Anerkennung seiner Leistungspflicht zu leisten, lediglich eine „Kulanzleistung" erbringt. Doch kann die Berufung des VN auf das Kündigungsrecht in diesem Fall unter Umständen gegen Treu und Glauben verstoßen (§ 242 BGB). Ist der VR nicht zur Leistung verpflichtet, besteht dagegen kein Kündigungsrecht. Die Rechtsfolgenregelung im Fall der Nichtleistung ist nicht abschließend, vielmehr bleibt es im Fall der Nichtleistung bei den allgemeinen Rechtsfolgen.[5]

---

1 OLG Düsseldorf 31.10.1967 – 4 U 93/67, VersR **1968** 243 m. zust. Anm. *Klatt*; ÖOGH 27.2.2012 – 7 Ob 215/11k, VersR **2013** 124, 127; Prölss/Martin/*Piontek* § 13 Rn. 1; Looschelders/Paffenholz/*Benzenberg* § 13 Rn. 7.

2 So im Ergebnis Prölss/Martin/*Piontek* § 13 Rn. 2; für das österreichische Recht ÖOGH 23.1.2013 – 7 Ob 201/12b, VersR **2014** 125, 130.

3 Prölss/Martin/*Piontek* § 13 Rn. 1a; Harbauer/*Maier* § 13 ARB 2010 Rn. 3; Looschelders/Paffenholz/*Benzenberg* § 13 Rn. 2.

4 Allgemein hierzu *Bruns* Privatversicherungsrecht § 14 Rn. 24 ff.

5 Hierzu im Überblick *Bruns* Privatversicherungsrecht § 14 Rn. 33 ff.

C. Außerordentliches beiderseitiges Kündigungsrecht bei Gewährung von Rechtsschutz

Die Klausel des § 13 Abs. 2 sieht – im Unterschied zu §§ 92, 111 VVG – ein beiderseitiges Kündigungsrecht nicht für jeden Versicherungsfall vor, sondern nur dann, wenn der VR seine Leistungspflicht für mindestens zwei innerhalb von zwölf Monaten eingetretene Rechtsschutzfälle bejaht (§ 13 Abs. 2 Alt. 1). Kündigungsrecht besteht auch nach Anerkennung der Leistungspflicht für jeden weiteren Rechtsschutzfall (§ 13 Abs. 2 Alt. 2). In der Regelung liegt kein Verstoß gegen das Leitbild der gesetzlichen Regelung (§ 307 Abs. 1 Satz 1, Abs. 2 Nr. 1 BGB). Die auf die Rechtsschutzversicherung unanwendbaren Vorschriften aus dem Recht der Sachversicherung (§ 92 VVG) und der Haftpflichtversicherung (§ 111 VVG) prägen konsequenterweise das gesetzliche Leitbild der Rechtsschutzversicherung nicht.[6] Die außerordentlichen Kündigungsrechte von VR und VN bestehen unter den in der Klausel aufgeführten Voraussetzungen, wenn der Rechtsschutzversicherer tatsächlich zur Leistung verpflichtet ist. Das Kündigungsrecht des VN besteht darüber hinaus auch dann, wenn der Rechtsschutzversicherer seine Leistungspflicht zu Unrecht bejaht. Für das Kündigungsrecht des VR ist zu unterscheiden: Geht der VR irrtümlich von seiner Leistungspflicht aus und gewährt dementsprechend Rechtsschutz, ist er zur Kündigung berechtigt. Gewährt der VR hingegen sehenden Auges ohne Rechtspflicht Rechtsschutz, um sich eine Kündigungsmöglichkeit zu eröffnen, greift entgegen dem Wortlaut der Klausel kein außerordentliches Kündigungsrecht ein, wenn das Vorgehen des VR unter Berücksichtigung aller Umstände mit Treu und Glauben unvereinbar ist (§ 242 BGB). Eine Rechtsschutzgewährung aus Kulanz ist der Bejahung der Leistungspflicht nicht gleichzustellen.[7] 3

D. Wirksamwerden der Kündigung

Die Regelung in § 13 Abs. 3 entspricht dem AVB-Baustein 12. Das Schicksal der Prämie ergibt sich aus § 9 F sowie aus § 39 Abs. 1 Satz 1 VVG.[8] 4

E. ARB 2012/2021

Die ARB 2012/2021 enthalten im Wesentlichen inhaltsgleiche Bestimmungen zum außerordentlichen Kündigungsrecht des VN bei unberechtigter Leistungsverweigerung (§ 13 Abs. 1 ARB 2010) in Ziff. 6.2.5.1. Die Wirksamkeit der Kündigung des VN wird allerdings – anders als in § 13 Abs. 3 Satz 1 ARB 2010 – nicht an ein Schriftformerfordernis geknüpft. Den Bestimmungen in § 13 Abs. 2 und 3 ARB 2010 entspricht im Wesentlichen Ziff. 6.2.5.2, wobei die ARB 2012/2021 das außerordentliche Kündigungsrecht nach Eintritt jedes weiteren Rechtsschutzfalles (§ 13 Abs. 2 Alt. 2 ARB 2010) nicht mehr vorsehen. Die Kündigung ist den Vertragsparteien nur nach zwei innerhalb von zwölf Monaten eintretenden Rechtsschutzfällen gestattet, für die der Rechtschutzversicherer seine Leistungspflicht bejaht, und muss schriftlich innerhalb eines Monats nach Anerkennung des Versicherungsschutzes erfolgen. 5

---

6 Offen BGH 27.3.1991 – IV ZR 130/90, VersR **1991** 580, 582; Prölss/Martin/*Piontek* § 13 Rn. 2; für Leitbildcharakter der entsprechenden Regelungen im österreichischen Recht *Fenyves* ecolex **2012** 543.

7 Prölss/Martin/*Piontek* § 13 Rn. 2; Looschelders/Paffenholz/*Benzenberg* § 13 Rn. 9; für das österreichische Recht ÖOGH 9.7.2008 – 7 Ob 83/08 v, VersR **2009** 1292.

8 Hierzu § 39 VVG Rn. 1 ff., 8 ff.

§ 14 ARB

ARB 2010	ARB 2012	ARB 2021
§ 14 Gesetzliche Verjährung (1) Die Ansprüche aus dem Versicherungsvertrag verjähren in drei Jahren. Die Fristberechnung richtet sich nach den allgemeinen Vorschriften des Bürgerlichen Gesetzbuches.	8. Wann verjähren Ansprüche aus dem Versicherungsvertrag? **8.1 Gesetzliche Verjährung** Die Ansprüche aus dem Versicherungsvertrag verjähren in drei Jahren. Die Fristberechnung richtet sich nach den allgemeinen Vorschriften des Bürgerlichen Gesetzbuchs.	8. Wann verjähren Ansprüche aus dem Versicherungsvertrag? *Identisch mit 8 ARB 2012*
(2) Ist ein Anspruch aus dem Versicherungsvertrag bei dem Versicherer angemeldet worden, ist die Verjährung von der Anmeldung bis zu dem Zeitpunkt gehemmt, zu dem die Entscheidung des Versicherers dem Versicherten in Textform zugeht.	**8.2 Die Verjährung wird ausgesetzt** Wenn Sie einen Anspruch aus Ihrem Versicherungsvertrag bei uns angemeldet haben, ist die Verjährung ausgesetzt. Die Aussetzung wirkt von der Anmeldung bis zu dem Zeitpunkt, zu dem Ihnen unsere Entscheidung in Textform zugeht (Das heißt: bei der Berechnung der Verjährungsfrist berücksichtigen wir zu Ihren Gunsten den Zeitraum von der Meldung bis zum Eintreffen unserer Entscheidung bei Ihnen nicht).	

Übersicht

A. Verjährung

I. Verjährung nach Gesetzesrecht

1 Die Klausel gibt lediglich die gesetzliche Verjährungsfrist von drei Jahren wieder (§ 195 BGB § 14 Abs. 1 Satz 1) und verweist wegen der Fristberechnung auf die Regelungen des Bürgerlichen Gesetzbuches (§ 14 Abs. 1 Satz 2). Die Bestimmung entspricht AVB-Baustein 20.

II. Hemmung der Verjährung

2 Die Bestimmung über die Hemmung der Verjährung erschöpft sich in einer nahezu wortgetreuen Wiedergabe von § 15 VVG (§ 14 Abs. 2).[1] Abweichend von AVB-Baustein 20, aber in Übereinstim-

1 Hierzu § 15 VVG Rn. 4 ff.; Prölss/Martin/*Piontek* § 14 Rn. 3; Looschelders/Paffenholz/*Benzenberg* § 14 Rn. 7 ff.

https://doi.org/10.1515/9783110522709-026

mung mit § 15 VVG wird in § 14 Abs. 2 der Zugang der Entscheidung des VR als maßgeblicher Zeitpunkt für das Ende der Hemmung genannt. Die allgemeinen Hemmungstatbestände des bürgerlichen Rechts beanspruchen konkurrierend Geltung.[2] Eine Deckungszusage ist nach h.M. noch keine Entscheidung, welche die Hemmung enden lässt, sofern sie – wie im Regelfall – noch keine Festlegung zum Umfang der Kostentragung enthält.[3] Die Ablehnung der Deckung durch den VR ist nach h.M. ebenfalls keine Entscheidung im Sinne von § 14 Abs. 2 (§ 15 VVG), solange noch die Möglichkeit eines Stichentscheids besteht (§ 3a), es sein denn, der VR hat seine Leistungspflicht auch aus anderen Gründen verneint.[4] Besonderheiten gelten bei der Verjährung durch Einleitung eines Verfahrens beim Versicherungs-Ombudsmann.[5]

B. ARB 2012/2021

3 Die Bestimmungen zur Verjährung (§ 14 ARB 2010) finden sich in sprachlich leicht abgewandelter Form, aber inhaltlich unverändert in Ziff. 8 ARB 2012. Allerdings ist in Ziff. 8.2 ARB 2012 – im Bemühen um bessere Allgemeinverständlichkeit – nicht von „Hemmung“, sondern von „Aussetzung“ die Rede.

2 Looschelders/Paffenholz/*Benzenberg* § 14 Rn. 8; Harbauer/*Schneider* § 14 ARB 2010 Rn. 21.

3 KG 24.4.1990 – 6 U 2186/89, RuS **1991** 23, 24; Prölss/Martin/*Piontek* § 14 Rn. 4; Harbauer/*Schneider* § 14 ARB 2010 Rn. 22; Looschelders/Paffenholz/*Benzenberg* § 14 ARB Rn. 13.

4 Prölss/Martin/*Piontek* § 14 Rn. 4; Harbauer/*Schneider* § 14 ARB 2010 Rn. 22; Looschelders/Paffenholz/*Benzenberg* § 14 Rn. 12.

5 S. hierzu § 12 Abs. 1 VomVO.

§ 15 ARB

ARB 2010	ARB 2012	ARB 2021	
§ 15 Rechtsstellung mitversicherter Personen (1) Versicherungsschutz besteht für den Versicherungsnehmer und im jeweils bestimmten Umfang für die in § 21 bis § 28 oder im Versicherungsschein genannten sonstigen Personen. Außerdem besteht Versicherungsschutz für Ansprüche, die natürlichen Personen aufgrund Verletzung oder Tötung des Versicherungsnehmers oder einer mitversicherten Person kraft Gesetzes zustehen. (2) Für mitversicherte Personen gelten die den Versicherungsnehmer betreffenden Bestimmungen sinngemäß. Der Versicherungsnehmer kann jedoch widersprechen, wenn eine andere mitversicherte Person als sein ehelicher/eingetragener Lebenspartner Rechtsschutz verlangt.	2.1.2 Mitversicherung Mitversichert sind: [...] Alle Bestimmungen aus diesem Rechtsschutzvertrag gelten auch für diese mitversicherten Personen. Wenn eine mitversicherte Person Versicherungsschutz verlangt, können Sie dem widersprechen. (Warum können Sie widersprechen, wenn eine mitversicherte Person Versicherungsschutz verlangt? Sie sind unser Versicherungsnehmer und können zum Beispiel bestimmen, ob wir Kosten für mitversicherte Personen bezahlen sollen.)	*Identisch mit 2.1.2 ARB 2012*	**P U Ver** **L B Vk** **F**
	Ausnahme: Bei Ihrem ehelichen/ eingetragenen Lebenspartnerkönnen Sie nicht widersprechen.		**P U Ver** **L B Vk** **F**
	Versicherungsschutz besteht außerdem für Ansprüche, die natürlichen Personen kraft Gesetzes dann zustehen, wenn Sie oder eine mitversicherte Person verletzt oder getötet wurden. (Beispiel: Wenn Sie bei einem Verkehrsunfall schwer verletzt werden, haben Ihre nächsten Angehörigen Versicherungsschutz und können damit Unterhaltsansprüche gegen den Unfallgegner geltend machen. Eine „natürliche Person" ist ein Mensch, im Gegensatz zur „juristischen Person"; das ist zum Beispiel eine GmbH, eine AG oder ein Verein.)		**P L Vk** **F**

https://doi.org/10.1515/9783110522709-027

Übersicht

A. Rechtsschutz für den Versicherungsnehmer und andere Personen

I. Versicherungsnehmer

1 Dass Versicherungsschutz – abgesehen von der Versicherung für fremde Rechnung (§ 44 Abs. 1 Satz 1 VVG)[1] – für den VN besteht, wie es § 15 Abs. 1 Satz 1 Alt. 1 ausspricht, ist eine bloße Selbstverständlichkeit. Allerdings besteht zwischen mehreren VN desselben Versicherungsvertrages kein Versicherungsschutz (§ 3 Abs. 4 lit. a).[2]

II. Mitversicherte gemäß §§ 21 bis 28 bzw. § 29

2 Der Verweis auf die Einbeziehung der in den §§ 21 bis 28 genannten Mitversicherten ist letztlich ebenfalls nicht mehr als eine Klarstellung. Damit soll allerdings eine sich lediglich aus den Umständen ergebende Einbeziehung anderer Personen in den Versicherungsschutz, wie sie gemäß § 43 Abs. 1 VVG grundsätzlich möglich wäre, nach verbreiteter Ansicht ausgeschlossen sein.[3] Zwar kann der VR grundsätzlich entgegen § 43 Abs. 1 VVG Versicherungsschutz nur für ausdrücklich genannte Personen gewähren und alle anderen ausschließen, ohne in Konflikt mit der Inhalts- und Transparenzkontrolle gemäß § 307 BGB zu geraten.[4] Ein Ausschluss nicht ausdrücklich erwähnter Personen kommt allerdings – im Gegensatz zur Einbeziehung der ausdrücklich genannten Personen – in der Klauselformulierung letztlich nicht in der gebotenen Klarheit zum Ausdruck. Die Unklarheitenregel spricht deshalb eher gegen eine solche Auslegung (§ 305c Abs. 2 BGB). Die Regelung lässt das Einrücken von Miterben als Mitversicherte in die Vertragsposition des VN nach dessen Ableben im Wege der Universalsukzession unberührt (§ 1922 BGB).[5] Für den Rechtsschutz gem. § 29 ist die Versicherung einer anderen Person als der des VN – was grundsätzlich möglich wäre – ausgeschlossen.[6]

1 Hierzu *Bruns* Privatversicherungsrecht § 5 Rn. 12, § 17 Rn. 5 ff., 11 ff., 18 ff.; s.a. § 44 Abs. 2 VVG Rn. 4 ff., 16 ff.
2 S. § 3 Rn. 74.
3 Prölss/Martin/*Piontek* § 15 Rn. 1; Looschelders/Paffenholz/*Weckmann* § 15 Rn. 8 f.; **a.A.** *Bauer* NJW **2012** 1698, 1702.
4 Zutreffend insoweit Prölss/Martin/*Piontek* § 15 Rn. 1.
5 OLG Frankfurt 11.10.2011 – 3 U 137/10, NJW-RR **2011** 1579; s. noch § 15 Rn. 4 f.
6 Prölss/Martin/*Piontek* § 15 Rn. 1; tendenziell a.A. OLG Karlsruhe 4.5.2000 – 12 U 41/00, VersR **2000** 1360; OLG Frankfurt 11.10.2011 – 3 U 137/10, VersR **2012** 177.

III. Ansprüche anderer natürlicher Personen wegen Tötung des Versicherungsnehmers oder eines Mitversicherten

3 Die Einbeziehung von Ansprüchen, die natürlichen Personen aufgrund der Verletzung oder Tötung des VN oder einer mitversicherten Person kraft Gesetzes zustehen, bezieht sich beispielsweise auf Ansprüche gemäß §§ 618 Abs. 3, 844, 845 BGB, § 7 Abs. 2 ProdHaftG, §§ 62 Abs. 3, 76 Abs. 1 HGB, § 10 Abs. 2 StVG, §§ 5 Abs. 2, 8 Abs. 1 HaftPflG, § 35 LuftVG, § 28 Abs. 2 AtG.[7] Hierher gehören auch Schmerzensgeldansprüche von Angehörigen aufgrund von Schockschäden, die aus Anlass der Verletzung oder Tötung des VN oder der mitversicherten Person entstanden sind.[8] Dagegen sind im Wege der Gesamtrechtsnachfolge ererbte Ansprüche nicht erfasst.[9]

B. Rechtsstellung Mitversicherter

I. Grundregel

4 Die Bestimmung in § 12 Abs. 2 Satz 1 stellt mitversicherte Personen dem VN im Wesentlichen gleich, insofern für sie die sinngemäße Geltung der den VN betreffenden Vorschriften angeordnet wird. Daraus folgt, dass eine mitversicherte Person ihren Rechtsschutzanspruch unabhängig von den Voraussetzungen des § 44 Abs. 2 VVG geltend machen kann, also auch dann ohne Zustimmung des VN vorgehen kann, wenn sie nicht im Besitz des Versicherungsscheins ist.[10] Zur Beitragszahlung ist der Mitversicherte allerdings nicht verpflichtet,[11] und es besteht für ihn kein Rechtsschutz gegen den VN oder gegen andere mitversicherte Personen (§ 3 Abs. 4 lit. a).[12] Die verdrängende Verfügungs- und Einziehungsmacht des VN gemäß § 45 Abs. 1 VVG ist nach der Rechtsprechung des BGH indessen nicht abbedungen.[13] Die Verfügungsbefugnisse von VN und Versichertem bestehen mithin bis zum Widerspruch des VN (§ 15 Abs. 2 Satz 2) nebeneinander.[14] Im Konfliktfall einander widersprechender Verfügungen gilt entsprechend allgemeinen Grundsätzen das Prioritätsprinzip, weil sich ein Vorrang der Verfügung des Versicherten aus der Klausel nicht mit hinreichender Deutlichkeit ergibt[15] Hat der VR dem Versicherten eine Deckungszusage erteilt, verstößt die Berufung des VR auf die fortbestehende Verfügungsbefugnis des VN nach Zahlung an dessen Insolvenzverwalter gegen Treu und Glauben.[16]

II. Widerspruchsrecht des Versicherungsnehmers

1. Bedeutung und rechtliche Konstruktion

5 Die Bedeutung des Widerspruchsrechts des VN für den Fall, dass eine andere mitversicherte Person als sein Ehepartner oder eingetragener Lebenspartner Rechtsschutz verlangt, ist unklar und

7 Looschelders/Paffenholz/*Weckmann* § 15 Rn. 12.

8 Zum Angehörigenschmerzensgeld grundlegend *Schramm* Haftung für Tötung (2010) 146 ff.

9 Looschelders/Paffenholz/*Weckmann* § 15 Rn. 13.

10 BGH BGH 16.7.2014 – IV ZR 88/13, BGHZ **202** 122 Rn. 17; Prölss/Martin/*Piontek* § 15 Rn. 2; Looschelders/Paffenholz/*Weckmann* § 15 Rn. 17; *Wendt* RuS **2014** 328, 339.

11 Looschelders/Paffenholz/*Weckmann* § 15 Rn. 15; van Bühren/*Plote* § 15 ARB 2010 Rn. 8.

12 S. § 3 Rn. 74.

13 BGH BGH 16.7.2014 – IV ZR 88/13, BGHZ **202** 122 Rn. 18. Zur verdrängenden gesetzlichen Verfügungsermächtigung allgemein *Bruns* Privatversicherungsrecht § 17 Rn. 11, 19; s. noch Rn. 5, 7.

14 BGH BGH 16.7.2014 – IV ZR 88/13, BGHZ **202** 122 Rn. 19.

15 Bruck/Möller/*Brand* § 45 Rn. 9; Prölss/Martin/*Klinke* § 45 Rn. 23; **a.A.** z.B. Looschelders/Pohlmann/*Koch* § 44 Rn. 37; *Nießen*, Rechtswirkungen der Versicherung für fremde Rechnung unter besonderer Berücksichtigung des Innenverhältnisses zwischen Versichertem und VN (2004) S. 87; offen BGH BGH 16.7.2014 – IV ZR 88/13, BGHZ **202** 122 Rn. 19.

16 BGH 16.7.2014 – IV ZR 88/13, BGHZ **202** 122 Rn. 25.

streitig. Im Ausgangspunkt kommen verschiedene Möglichkeiten rechtlicher Konstruktion in Betracht: Entweder lässt der Widerspruch die verdrängende außergerichtliche Verfügungsbefugnis und Einziehungsermächtigung sowie Prozessführungsbefugnis gemäß § 45 Abs. 1 VVG[17] in Geltung treten mit der Folge, dass nur noch der VN den Anspruch geltend machen oder auch auf ihn verzichten kann, oder der Anspruch des Mitversicherten erlischt aufgrund des Eintritts einer auflösenden Bedingung in Gestalt des Widerspruchs[18] oder der Deckungsanspruch ist durch die Nichtausübung des Widerspruchsrechts aufschiebend bedingt. Die Frage rechtlicher Konstruktion ist entgegen der wohl h.M. keineswegs praktisch bedeutungslos, weil die Erklärung des Widerspruchs nicht mit dem vollständigen oder teilweisen Verzicht des VN auf den Deckungsanspruch des Mitversicherten gleichbedeutend sein muss.[19] Eine Auslegung im Sinne einer der beiden Bedingungsvarianten vermag nicht zu überzeugen, weil deren jeweilige Rechtsfolgen für einen durchschnittlichen VN ohne versicherungsrechtliche Spezialkenntnisse sich nicht mit hinreichender Deutlichkeit aus der Klausel ersehen lassen. Vielmehr spricht der Normkontext dafür, dass die in § 15 Abs. 1 angeordnete Privilegierung des Mitversicherten gegenüber der gesetzlichen Regelung (§§ 43 ff. VVG) in § 15 Abs. 2 für den Fall des Widerspruchs nicht gelten soll. Es ist mithin davon auszugehen, dass der Widerspruch die gesetzlich vorgesehene verdrängende Verfügungsbefugnis ex nunc wieder aufleben lässt. Diese Rechtsfolge tritt mit dem Zugang der Widerrufserklärung beim VR ein (§ 130 Abs. 1 Satz 1 BGB). Eine dem Mitversicherten vor dem Widerruf erteilte Deckungszusage bleibt auch bei Geltendmachung des dem Mitversicherten zustehenden Rechtsschutzes durch den VN entsprechend Widerruf nach allgemeinen Grundsätzen bindend.[20]

2. Umfang der Kostentragung

Unklar und streitig ist auch, inwieweit der Rechtsschutzversicherer die Kosten des Rechtsschut- 6
zes für den Mitversicherten zu tragen hat. Teilweise wird angenommen, dass der VR die Kosten nur bis zum Widerspruch[21] tragen muss, andere Stimmen befürworten eine Kostentragungspflicht des Rechtsschutzversicherers bis zu einer Verzichtserklärung des VN, die mit dem Widerspruch zeitlich auch zusammenfallen könne.[22] Richtigerweise ist zwischen der Anspruchshöhe und der Verfügungsmacht über den Anspruch scharf zu unterscheiden. Eine Kürzung des Rechtsschutzes zum Nachteil des Mitversicherten durch die Ausübung des Widerspruchs lässt sich der Klausel nach Maßgabe des Verständnishorizontes eines durchschnittlichen VN ohne versicherungsrechtliche Spezialkenntnisse nicht entnehmen. Vielmehr geht mit dem Widerspruch lediglich die Verfügungs- und Einziehungsmacht mit verdrängender Wirkung auf den VN über. Ob und inwieweit der VN auf die Geltendmachung des Anspruchs des Mitversicherten oder auf den Anspruch selbst verzichtet, ist Gegenstand seiner privatautonomen Entscheidung. Der Inhalt einer mehrdeutigen Verzichtserklärung des VN nach Widerspruch ist keine Frage der Auslegung von AVB, sondern der allgemeinen Rechtgeschäftslehre: maßgeblich ist der für die Auslegung empfangsbedürftiger Rechtsgeschäfte allgemein maßgebliche objektivierte Empfängerhorizont (§§ 133, 157, 242 BGB).

17 Hierzu *Bruns* Privatversicherungsrecht § 17 Rn. 11, 19.

18 So etwa noch Harbauer/*Bauer*[7] § 15 ARB 94/2000 Rn. 2; offen Prölss/Martin/*Piontek* § 15 Rn. 3; Harbauer/*Cornelius-Winkler* § 15 ARB 2010 Rn. 24; Looschelders/Paffenholz/*Weckmann* § 15 Rn. 21.

19 Insoweit zutreffend Prölss/Martin/*Piontek* § 15 Rn. 3, der allerdings gleichwohl von Bedeutungslosigkeit der Konstruktionsfrage ausgeht.

20 Nicht ausdrücklich entschieden in BGH 16.7.2014 – IV ZR 88/13, BGHZ **202** 122 Rn. 20 ff., 23.

21 Dafür Looschelders/Paffenholz/*Weckmann* § 15 Rn. 21; Harbauer/*Cornelius-Winkler* § 15 ARB 2010 Rn. 19.

22 So Prölss/Martin/*Piontek* § 15 Rn. 3; noch anders van Bühren/*Plote* § 15 Rn. 9 (schutzwürdiges Vertrauen des Mitversicherten auf die Deckungszusage bis zum Widerspruch).

3. Pflichtwidrigkeit oder Rechtsmissbräuchlichkeit von Widerruf bzw. Verzicht?

7 Eine andere Frage ist, ob und inwieweit der VN durch Widerruf oder nachfolgenden Verzicht auf die Geltendmachung der Deckung oder den Versicherungsanspruch selbst gegen seine Verpflichtungen gegenüber dem Mitversicherten verstößt. Wenn man davon ausgeht, dass der Widerspruch des VN die gemäß § 15 Abs. 1 derogierte gesetzliche Regelung in §§ 43 ff. VVG wieder zur Geltung bringt, ist der VN konsequenterweise nach Ausübung des Widerspruchsrechts im Rahmen des von der h.M. konstruierten gesetzlichen Treuhandverhältnisses gegenüber dem Mitversicherten zur Einziehung der Versicherungsforderung verpflichtet,[23] weil der Mitversicherte die Forderung aus eigener Kraft nicht mehr geltend machen kann und eine Abweichung vom Pflichtenprogramm des gesetzlichen Treuhandverhältnisses ohne Zustimmung des Mitversicherten im Versicherungsvertrag nicht wirksam vereinbart werden kann. Vor dem Widerspruch kommt hingegen ein Verstoß gegen eine Einziehungspflicht aus dem gesetzlichen Treuhandverhältnis grundsätzlich nicht in Betracht, weil der Mitversicherte den Anspruch selbst geltend machen kann und der VN gegenüber dem VR nicht ausschließlich, sondern lediglich neben dem Versicherten zur Einziehung ermächtigt ist (§ 15 Abs. 2 Satz 1).[24] Der Widerspruch selbst kann deshalb keinen Verstoß gegen die Einziehungsverpflichtung darstellen, weil er die Einziehungsverpflichtung erst begründet.[25] Selbst wenn man davon ausginge, dass eine Einziehungsverpflichtung des VN trotz konkurrierender Verfügungsbefugnis des Versicherten bestünde, müsste einem Schadensersatzanspruch des Versicherten in aller Regel der Einwand anspruchsausschließenden Mitverschuldens entgegen stehen, soweit der Versicherte schuldhaft von seiner Verfügungsbefugnis keinen Gebrauch gemacht hat (§ 254 Abs. 1 BGB). Denkbar ist jedoch, dass der VN aufgrund einer vertraglichen Vereinbarung mit dem Mitversicherer verpflichtet ist, einen Widerspruch zu unterlassen. Ein Verzicht des VN auf die Geltendmachung des Versicherungsanspruchs des Mitversicherten oder auf eben diesen Versicherungsanspruch selbst, verstößt grundsätzlich gegen die in dem gesetzlichen Treuhandverhältnis wurzelnde Einziehungspflicht des VN, es sei denn, zwischen VN und Mitversichertem ist etwas anderes wirksam vereinbart. Die Berufung des VR auf den Widerruf verstößt gegenüber dem Mitversicherten entgegen verbreiteter Ansicht grundsätzlich nicht gegen Treu und Glauben, weil darin keine Verletzung einer Pflicht aus dem Treuhandverhältnis liegt und eine weitergehende Verpflichtung des VN gegenüber dem Mitversicherten aus einer zwischen ihnen unter Umständen bestehenden Sonderverbindung dem VR nicht zum Nachteil gereichen darf.[26]

C. ARB 2012/2021

8 Die ARB 2012/2021 enthalten keine dem § 15 ARB 2010 voll entsprechende Bestimmung im Sinne einer allgemeinen Regelung mehr.[27] Doch findet sich eine detailgenauere, aber insgesamt wenig übersichtliche Parallelbestimmung in Ziff. 2.1.2 ARB 2012/2021. Die Erstreckung des Versicherungsschutzes auf Ansprüche anderer natürlicher Personen, die aufgrund der Verletzung oder des Todes des VN oder eines Mitversicherten bestehen,[28] ist nach den ARB 2012/2021 nur noch für die Rechtsschutzformen Privat, Landwirte, Verkehr und Fahrzeug vorgesehen.[29] Es wird nur noch die „Anwendung" der für den VN geltenden Vorschriften auf die Mitversicherten angeordnet, was eher weniger verständlich ist, als die Formel von der „sinngemäßen Anwendung" (§ 15 Abs. 2

---

23 Hierzu *Bruns* Privatversicherungsrecht § 17 Rn. 13.

24 S. oben Rn. 4.

25 Teilweise **a.A.** Prölss/Martin/*Piontek* § 15 Rn. 5.

26 Grundsätzlich gleich *Looschelders* VersR **2000** 23, 25 f.; **a.A.** Prölss/Martin/*Piontek* § 15 Rn. 5; Looschelders/Paffenholz/*Weckmann* § 15 Rn. 23; einschränkend Harbauer/*Cornelius-Winkler* § 15 Rn. 26.

27 Näher Looschelders/Paffenholz/*Weckmann* § 15 Rn. 25 ff.

28 S. Rn. 3.

29 Looschelders/Paffenholz/*Weckmann* § 15 Rn. 26.

Satz 1 ARB 2010).[30] Die Möglichkeit konkludenter Mitversicherung besteht nach wie vor.[31] Das unklare und umstrittene Widerrufsrecht des VN bleibt erhalten und ist mit einer wenig erhellenden Erläuterung versehen.

30 Näher Looschelders/Paffenholz/*Weckmann* § 15 Rn. 28.

31 Näher Looschelders/Paffenholz/*Weckmann* § 15 Rn. 26; s. oben Rn. 2.

§ 16 ARB

ARB 2010	ARB 2012	ARB 2021
§ 16 Anzeigen, Willenserklärungen, Anschriftenänderung (1) Alle für den Versicherer bestimmten Anzeigen und Erklärungen sollen an die Hauptverwaltung des Versicherers oder an die im Versicherungsschein oder in dessen Nachträgen als zuständig bezeichnete Geschäftsstelle gerichtet werden.	–	–
(2) Hat der Versicherungsnehmer eine Änderung seiner Anschrift dem Versicherer nicht mitgeteilt, genügt für eine Willenserklärung, die dem Versicherungsnehmer gegenüber abzugeben ist, die Absendung eines eingeschriebenen Briefes an die letzte dem Versicherer bekannte Anschrift. Die Erklärung gilt drei Tage nach der Absendung des Briefes als zugegangen. Dies gilt entsprechend für den Fall einer Namensänderung des Versicherungsnehmers.		
(3) Hat der Versicherungsnehmer die Versicherung für seinen Gewerbebetrieb abgeschlossen, finden bei einer Verlegung der gewerblichen Niederlassung die Bestimmungen des Absatzes 2 entsprechende Anwendung.		

A. Anzeigen, Erklärungen, Anschriftenänderungen

1 Die Klausel entspricht AVB-Baustein 23. Die Bestimmungen in § 16 Abs. 2 und 3 entsprechen § 13 VVG.[1]

B. ARB 2012/2021

2 In den ARB 2012/2021 ist die Regelung komplett entfallen;[2] es gilt allein § 13 VVG.

1 Prölss/Martin/*Piontek* § 16 Rn. 2.

2 Kritisch hierzu Looschelders/Paffenholz/*Weckmann* § 16 Rn. 30.

https://doi.org/10.1515/9783110522709-028

§ 17 ARB

ARB 2010	ARB 2012	ARB 2021
§ 17 Verhalten nach Eintritt des Rechtsschutzfalls	**4. Was müssen Sie beachten?**	**4. Was müssen Sie beachten?**
(1) Wird die Wahrnehmung rechtlicher Interessen des Versicherungsnehmers nach Eintritt eines Rechtsschutzfalles erforderlich, hat er a) dem Versicherer den Rechtsschutzfall unverzüglich – ggf. auch mündlich oder telefonisch – anzuzeigen;	**4.1 Verhalten im Versicherungsfall/ Erfüllung von Obliegenheiten** 4.1.1 Obliegenheiten bezeichnen sämtliche Verhaltensregeln, die Sie und die versicherten Personen beachten müssen, um den Anspruch auf Versicherungsschutz zu erhalten.	**4.1 Verhalten im Versicherungsfall/ Erfüllung von Obliegenheiten** *Identisch mit 4.1.1 ARB 2012*
	4.1.2 Was müssen Sie tun, wenn ein Versicherungsfall eintritt und Sie Versicherungsschutz brauchen? Sie müssen uns den Versicherungsfall unverzüglich mitteilen, gegebenenfalls auch telefonisch. („Unverzüglich" heißt nicht unbedingt „sofort", sondern „ohne schuldhaftes Zögern bzw. so schnell wie eben möglich".)	*Identisch mit 4.1.2 ARB 2012*
b) den Versicherer vollständig und wahrheitsgemäß über sämtliche Umstände des Rechtsschutzfalles zu unterrichten sowie Beweismittel anzugeben und Unterlagen auf Verlangen zur Verfügung zu stellen;	Sie müssen uns • vollständig und wahrheitsgemäß über sämtliche Umstände des Versicherungsfalls unterrichten und • alle Beweismittel angeben und • uns Unterlagen auf Verlangen zur Verfügung stellen.	
c) soweit seine Interessen nicht unbillig beeinträchtigt werden, aa) Kosten auslösende Maßnahmen mit dem Versicherer abzustimmen, insbesondere vor der Erhebung und Abwehr von Klagen sowie vor der Einlegung von Rechtsmitteln die Zustimmung des Versicherers einzuholen;	4.1.1.3 Kosten verursachende Maßnahmen müssen Sie nach Möglichkeit mit uns abstimmen, soweit dies für Sie zumutbar ist. (Beispiele für kostenverursachende Maßnahmen: die Beauftragung eines Rechtsanwalts, Erhebung einer Klage oder Einlegung eines Rechtsmittels)	*Identisch mit 4.1.3 ARB 2012*
bb) für die Minderung des Schadens im Sinne des § 82 VVG zu sorgen. Dies bedeutet, dass die Rechtsverfolgungskosten so gering wie möglich gehalten werden sollen. Von mehreren möglichen Vorgehensweisen hat der Versicherungsnehmer die kostengünstigste zu wählen, indem er z.B. (Aufzählung nicht abschließend): – nicht zwei oder mehr Prozesse führt, wenn das Ziel kostengünstiger mit einem Prozess erreicht werden kann (z.B. Bündelung von Ansprüchen oder	4.1.1.4 Bei Eintritt des Versicherungsfalls müssen Sie – soweit möglich – dafür sorgen, dass Schaden vermieden bzw. verringert wird (entsprechend § 82 Versicherungsvertragsgesetz. § 82 bestimmt zum Beispiel in Absatz 1: „Der Versicherungsnehmer hat bei Eintritt des Versicherungsfalles nach Möglichkeit für die Abwendung und Minderung des Schadens zu sorgen"). Das heißt, Sie müssen die Kosten für die Rechtsverfolgung (zum Beispiel:	4.1.1.4 Sie haben bei Eintritt des Versicherungsfalles nach Möglichkeit für die Abwendung und Minderung des Schadens zu sorgen, siehe § 82 VVG.

https://doi.org/10.1515/9783110522709-029

ARB 2010	ARB 2012	ARB 2021
Inanspruchnahme von Gesamtschuldnern als Streitgenossen, Erweiterung einer Klage statt gesonderter Klageerhebung), - auf (zusätzliche) Klageanträge verzichtet, die in der aktuellen Situation nicht oder noch nicht notwendig sind, - vor Klageerhebung die Rechtskraft eines anderen gerichtlichen Verfahrens abwartet, das tatsächliche oder rechtliche Bedeutung für den beabsichtigten Rechtsstreit haben kann, - vorab nur einen angemessenen Teil der Ansprüche einklagt und die etwa nötige gerichtliche Geltendmachung der restlichen Ansprüche bis zur Rechtskraft der Entscheidung über die Teilansprüche zurückstellt, - in allen Angelegenheiten, in denen nur eine kurze Frist zur Erhebung von Klagen oder zur Einlegung von Rechtsbehelfen zur Verfügung steht, dem Rechtsanwalt einen unbedingten Prozessauftrag zu erteilen, der auch vorgerichtliche Tätigkeiten mit umfasst. Der Versicherungsnehmer hat zur Minderung des Schadens Weisungen des Versicherers einzuholen und zu befolgen. Er hat den Rechtsanwalt entsprechend der Weisung zu beauftragen.	Rechtsanwalts-, Gerichtskosten, Kosten der Gegenseite) **so gering wie möglich halten**. Hierzu sollten Sie uns oder Ihren Rechtsanwalt fragen. Sie müssen Weisungen von uns befolgen, soweit das für Sie zumutbar ist. Außerdem müssen Sie Weisungen von uns einholen, wenn die Umstände dies gestatten.	
(2) Der Versicherer bestätigt den Umfang des für den Rechtsschutzfall bestehenden Versicherungsschutzes. Ergreift der Versicherungsnehmer Maßnahmen zur Wahrnehmung seiner rechtlichen Interessen, bevor der Versicherer den Umfang des Rechtsschutzes bestätigt und entstehen durch solche Maßnahmen Kosten, trägt der Versicherer nur die Kosten, die er bei einer Rechtsschutzbestätigung vor Einleitung dieser Maßnahmen zu tragen hätte.	4.1.2 Wir bestätigen Ihnen den Umfang des Versicherungsschutzes, der für den konkreten Versicherungsfall besteht. Ergreifen Sie jedoch Maßnahmen zur Durchsetzung Ihrer rechtlichen Interessen, • bevor wir den Umfang des Versicherungsschutzes bestätigt haben und • entstehen durch solche Maßnahmen Kosten? Dann tragen wir nur die Kosten, die wir bei einer Bestätigung des Versicherungsschutzes vor Einleitung dieser Maßnahmen zu tragen gehabt hätten.	*Identisch mit 4.1.2 ARB 2012*

ARB 2010	ARB 2012	ARB 2021
(3) Der Versicherungsnehmer kann den zu beauftragenden Rechtsanwalt aus dem Kreis der Rechtsanwälte auswählen, deren Vergütung der Versicherer nach § 5 Absatz 1 a) und b) trägt. Der Versicherer wählt den Rechtsanwalt aus, a) wenn der Versicherungsnehmer dies verlangt; b) wenn der Versicherungsnehmer keinen Rechtsanwalt benennt und dem Versicherer die alsbaldige Beauftragung eines Rechtsanwaltes notwendig erscheint.	4.1.3 Den Rechtsanwalt können Sie auswählen. Wir wählen den Rechtsanwalt aus, • wenn Sie das verlangen oder • wenn Sie keinen Rechtsanwalt benennen und uns die umgehende Beauftragung eines Rechtsanwalts notwendig erscheint.	
(4) Wenn der Versicherungsnehmer den Rechtsanwalt nicht bereits selbst beauftragt hat, wird dieser vom Versicherer im Namen des Versicherungsnehmers beauftragt. Für die Tätigkeit des Rechtsanwaltes ist der Versicherer nicht verantwortlich.	Wenn wir den Rechtsanwalt auswählen, beauftragen wir ihn in Ihrem Namen. Für die Tätigkeit des Rechtsanwalts sind wir nicht verantwortlich.	
(5) Der Versicherungsnehmer hat a) den mit der Wahrnehmung seiner Interessen beauftragten Rechtsanwalt vollständig und wahrheitsgemäß zu unterrichten, ihm die Beweismittel anzugeben, die möglichen Auskünfte zu erteilen und die notwendigen Unterlagen zu beschaffen; b) dem Versicherer auf Verlangen Auskunft über den Stand der Angelegenheit zu geben.	4.1.4 Sie müssen nach der Beauftragung des Rechtsanwalts Folgendes tun: Ihren Rechtsanwalt vollständig und wahrheitsgemäß unterrichten, • die Beweismittel angeben, • die möglichen Auskünfte erteilen, • die notwendigen Unterlagen beschaffen und uns auf Verlangen Auskunft über den Stand Ihrer Angelegenheit geben.	
(6) Wird eine der in den Absätzen 1 oder 5 genannten Obliegenheiten vorsätzlich verletzt, verliert der Versicherungsnehmer seinen Versicherungsschutz. Bei grob fahrlässiger Verletzung einer Obliegenheit ist der Versicherer berechtigt, seine Leistung in einem der Schwere des Verschuldens des Versicherungsnehmers entsprechenden Verhältnis zu kürzen. Der vollständige oder teilweise Wegfall des Versicherungsschutzes hat bei der Verletzung einer nach Eintritt des Versicherungsfalls bestehenden Auskunfts- oder Aufklärungsobliegenheit zur Voraussetzung, dass der Versicherer den Versicherungsnehmer durch gesonderte Mitteilung in Textform auf diese Rechtsfolge hingewiesen hat.	4.1.5 Wenn Sie eine der in 4.1.1 und 4.1.4 genannten Obliegenheiten vorsätzlich verletzen, **verlieren Sie Ihren Versicherungsschutz.** Bei **grob fahrlässiger Verletzung einer Obliegenheit** sind wir berechtigt, unsere Leistung zu kürzen, und zwar in einem der Schwere Ihres Verschuldens entsprechenden Verhältnis. (Beispiel für „grob fahrlässiges Verhalten“: Jemand verletzt die erforderliche Sorgfalt in ungewöhnlich hohem Maße.) Wenn Sie eine Auskunfts- oder Aufklärungsobliegenheit nach Eintritt des Versicherungsfalls verletzen, kann auch dies zum vollständigen oder teilweisen Wegfall des Versicherungsschutzes führen. Dies	

ARB 2010	ARB 2012	ARB 2021
Weist der Versicherungsnehmer nach, dass er die Obliegenheit nicht grob fahrlässig verletzt hat, bleibt der Versicherungsschutz bestehen. Der Versicherungsschutz bleibt auch bestehen, wenn der Versicherungsnehmer nachweist, dass die Verletzung der Obliegenheit weder für den Eintritt oder die Feststellung des Versicherungsfalls noch für die Feststellung oder den Umfang der dem Versicherer obliegenden Leistung ursächlich war. Das gilt nicht, wenn der Versicherungsnehmer die Obliegenheit arglistig verletzt hat.	setzt jedoch voraus, dass wir Sie vorher durch gesonderte Mitteilung in Textform (Beispiel: Brief oder E-Mail) über diese Pflichten informiert haben. Der Versicherungsschutz bleibt bestehen, wenn Sie nachweisen, dass Sie die Obliegenheiten nicht grob fahrlässig verletzt haben. Der Versicherungsschutz bleibt auch in folgendem Fall bestehen: Sie weisen nach, dass die Obliegenheitsverletzung nicht die Ursache war • für den Eintritt des Versicherungsfalls, • für die Feststellung des Versicherungsfalls oder • für die Feststellung oder den Umfang unserer Leistung (zum Beispiel: Sie haben die Einlegung des Rechtsmittels mit uns nicht abgestimmt. Bei nachträglicher Prüfung hätten wir jedoch auch bei rechtzeitiger Abstimmung die Kostenübernahme bestätigt.) Der Versicherungsschutz bleibt nicht bestehen, wenn Sie Ihre Obliegenheit arglistig verletzt haben.	
(7) Der Versicherungsnehmer muss sich bei der Erfüllung seiner Obliegenheiten die Kenntnis und das Verhalten des von ihm beauftragten Rechtsanwalts zurechnen lassen, sofern dieser die Abwicklung des Rechtsschutzfalles gegenüber dem Versicherer übernimmt.	4.1.6 Sie müssen sich bei der Erfüllung der Obliegenheiten die Kenntnis und das Verhalten des von Ihnen beauftragten Rechtsanwalts zurechnen lassen. (Beispiel: Ihr Anwalt unterrichtet uns nicht rechtzeitig. Dann behandeln wir Sie so, als hätten Sie selbst uns nicht rechtzeitig informiert.) Dies gilt, wenn Ihr Rechtsanwalt die Abwicklung des Versicherungsfalls uns gegenüber übernimmt.	***4.1.6 (aufgehoben)***
(8) Ansprüche auf Rechtsschutzleistungen können nur mit schriftlichem Einverständnis des Versicherers abgetreten werden.	4.1.7 Ihre Ansprüche auf Versicherungsleistungen können Sie nur mit unserem schriftlichen Einverständnis abtreten. („Abtreten" heißt: Sie übertragen Ihre Ansprüche auf Versicherungsleistung, die Sie uns gegenüber haben, auf Ihren Rechtsanwalt oder eine andere Person.)	4.1.7 Ihre Ansprüche auf Versicherungsleistungen können Sie nur mit unserem Einverständnis abtreten. („Abtreten" heißt: Sie übertragen Ihre Ansprüche auf Versicherungsleistung, die Sie uns gegenüber haben, auf Ihren Rechtsanwalt oder eine andere Person.). Unser Einverständnis bedarf der Textform. **Ausnahme**: Das Zustimmungserfordernis entfällt, wenn

ARB 2010	ARB 2012	ARB 2021
		Sie auf Geld gerichtete Ansprüche gegen uns haben (zum Beispiel: Sie sind mit der Bezahlung einer Gerichtskostenrechnung ausnahmsweise in Vorleistung getreten.). Wenn wir Sie von noch nicht bezahlten Kostenrechnungen freistellen sollen, liegt kein auf Geld gerichteter Anspruch vor.
(9) Ansprüche des Versicherungsnehmers gegen andere auf Erstattung von Kosten, die der Versicherer getragen hat, gehen mit ihrer Entstehung auf diesen über. Die für die Geltendmachung der Ansprüche notwendigen Unterlagen hat der Versicherungsnehmer dem Versicherer auszuhändigen und bei dessen Maßnahmen gegen die anderen auf Verlangen mitzuwirken. Dem Versicherungsnehmer bereits erstattete Kosten sind an den Versicherer zurückzuzahlen. Verletzt der Versicherungsnehmer diese Obliegenheit vorsätzlich, ist der Versicherer zur Leistung insoweit nicht verpflichtet, als er infolgedessen keinen Ersatz von dem Dritten erlangen kann. Im Fall einer grob fahrlässigen Verletzung der Obliegenheit ist der Versicherer berechtigt, seine Leistung in einem der Schwere des Verschuldens des Versicherungsnehmers entsprechenden Verhältnis zu kürzen; die Beweislast für das Nichtvorliegen einer groben Fahrlässigkeit trägt der Versicherungsnehmer.	4.1.8 Wenn ein anderer (zum Beispiel: Ihr Prozessgegner) Ihnen Kosten der Rechtsverfolgung erstatten muss, dann geht dieser Anspruch auf uns über. Aber nur dann, wenn wir die Kosten bereits beglichen haben. Sie müssen uns die Unterlagen aushändigen, die wir brauchen, um diesen Anspruch durchzusetzen. Bei der Durchsetzung des Anspruchs müssen Sie auch mitwirken, wenn wir das verlangen. Wenn Sie diese Pflicht vorsätzlich verletzen und wir deshalb diese Kosten von den anderen nicht erstattet bekommen, dann müssen wir über die geleisteten Kosten hinaus keine weiteren Kosten mehr erstatten. Wenn Sie grob fahrlässig gehandelt haben, sind wir berechtigt, die Kosten in einem der Schwere Ihres Verschuldens entsprechenden Verhältnis zu kürzen. Sie müssen beweisen, dass Sie nicht grob fahrlässig gehandelt haben. (Beispiel für „grob fahrlässiges Verhalten“: Jemand verletzt die im Verkehr erforderliche Sorgfalt in ungewöhnlich hohem Maße).	*Identisch mit 4.1.8 ARB 2012*
	4.1.9 Hat Ihnen ein anderer (zum Beispiel: Ihr Prozessgegner) Kosten der Rechtsverfolgung erstattet und wurden diese zuvor von uns gezahlt? Dann müssen Sie uns diese Kosten zurückzahlen.	*Identisch mit 4.1.9 ARB 2012*

Übersicht

A. Überblick

1 Die Regelung enthält eine Bündelung verschiedener Vorschriften über das Verhalten nach Eintritt des Rechtsschutzfalls. Die Bestimmungen reichen von Obliegenheiten des VN (§ 17 Abs. 1 und 5), über die Deckungszusage (§ 17 Abs. 2), die Auswahl und Beauftragung des Rechtsanwaltes (§ 17 Abs. 3 und 4), die Rechtsfolgen von Obliegenheitsverletzungen (§ 17 Abs. 6) sowie die Wissens- und Verhaltenszurechnung (§ 17 Abs. 7) bis zur eingeschränkten Abtretbarkeit von Versicherungsansprüchen (§ 17 Abs. 8) und zum Anspruchsübergang (§ 17 Abs. 9). Die Erläuterungen, die der Glie-

derung des Klauselwerkes folgen, beschränken sich auf die Besonderheiten der Gestaltung in den ARB und setzen die Geltung gesetzlich normierter allgemeiner Grundsätze voraus.

B. Anzeige-, Informationserteilungs- sowie Kostendämpfungs- und Schadensminderungsobliegenheiten des Versicherungsnehmers

I. Grundsätzliches

Die Bestimmungen in § 17 Abs. 1 betreffen wichtige Obliegenheiten des VN nach Eintritt des Versicherungsfalls,[1] für die im Ausgangspunkt allgemeine Grundsätze des Obliegenheitsrechts Geltung beanspruchen.[2] Geregelte Gegenstände sind die Anzeige des Rechtsschutzfalles (§ 17 Abs. 1 Satz 1 lit. a), die Information des VR (§ 17 Abs. 1 Satz 1 lit. b), die Abstimmung mit dem Rechtsschutzversicherer über Kosten auslösende Maßnahmen (§ 17 Abs. 1 Satz 1 lit. c, aa) und die Schadensminderung (§ 17 Abs. 1 Satz 1 lit. c, bb). Die Überschrift des Abschnitts „3. Rechtsschutzfall" ist insoweit missverständlich, als der Rechtsschutzfall selbst in anderen Bestimmungen, insbesondere in den §§ 2 bis 4a definiert ist. Vielmehr geht es in § 17 im Wesentlichen um die Abwicklung des Versicherungsfalls. 2

II. Anzeige des Rechtsschutzfalles

Die Obliegenheit zur Anzeige des Versicherungsfalls (§ 17 Abs. 1 Satz 1 lit. a), die in den ARB 2008 noch nicht vorhanden war, entspricht im Kern § 30 Abs. 1 Satz 1 VVG,[3] der grundsätzlich privatautonomer Modifikation auch zum Nachteil des VN zugänglich ist (arg. § 32 Satz 1 VVG *e contrario*). Unklar ist, unter welchen Umständen dem VN eine mündliche oder telefonische Anzeige obliegen soll.[4] Deshalb wird man mangels Bestimmtheit der Regelung an eine Versäumung mündlicher oder telefonischer Anzeige bei erfolgter schriftlicher Anzeige – wenn überhaupt – Sanktionen zu Lasten des VN kaum je knüpfen können. Der Bestimmung lässt sich kein vereinbartes Schriftform- oder Textformerfordernis entnehmen, wie es in § 32 Abs. Satz 2 ausdrücklich für grundsätzlich zulässig erklärt wird. Eine solche Regelung müsste aus dem Klauselwerk deutlicher hervorgehen. Man muss sich stets vergegenwärtigen, dass die Anzeige des Versicherungsfalles dazu dienen soll, dem VR die Prüfung seiner Einstandspflicht zu ermöglichen. Diese Prüfung kann durchaus auch ergeben, dass der Versicherungsfall nicht eingetreten ist. Die Anzeige ist dann ohne *obligo* erfolgt, sodass versicherungsvertragsrechtliche Sanktionen für eine unzulängliche Anzeige in diesem Fall nicht in Betracht kommen. 3

III. Informationserteilung

Der VN ist nach dem Eintritt des Versicherungsfalles kraft Gesetzes zur Auskunft und Belegerteilung über regulierungsrelevante Tatsachen verpflichtet (§ 31 Abs. 1 VVG).,[5] Die Bestimmung des § 17 Abs. 1 Satz 1 lit. b konkretisiert und erweitert diese gesetzlichen Obliegenheiten, was gemäß § 32 Satz 1 VVG – in den Grenzen des AGB-Rechts – grundsätzlich auch zum Nachteil des VN wirksam möglich ist. Nach h.M. greift allerdings hinsichtlich der Rechtsfolgen bei Modifikation gesetzli- 4

1 Prölss/Martin/*Piontek* § 17 Rn. 17; Looschelders/Paffenholz/*Herdter* § 17 Rn. 5.
2 Hierzu im Überblick *Bruns* Privatversicherungsrecht § 16 Rn. 1 ff.
3 Zur gesetzlichen Anzeigeobliegenheit im Überblick *Bruns* Privatversicherungsrecht § 16 Rn. 30 ff. m.w.N.
4 Looschelders/Paffenholz/*Herdter* § 17 Rn. 13.
5 Hierzu allgemein *Bruns* Privatversicherungsrecht § 16 Rn. 33 ff. m.w.N.

cher Obliegenheiten grundsätzlich die halbzwingende Regelung in § 28 Abs. 2 VVG (§ 32 Satz 1 VVG)[6] der § 17 Abs. 6 entspricht. Der VN hat den VR vollständig und wahrheitsgemäß zu unterrichten, um dem VR die Prüfung zu ermöglichen, ob der Versicherungsfall eingetreten ist und ob und in welchem Umfang er zur Leistung verpflichtet ist.[7] Im Einzelfall bedeutet dies, dass alle relevanten Informationen anzugeben sind,[8] nicht nur das nach Ansicht des VN Notwendige.[9] Dies gilt auch für den VN ungünstige Umstände, auch wenn diese in der Klageschrift nicht genannt werden.[10] Auf offensichtlich unbegründete Behauptungen des Gegners muss er jedoch nicht eingehen.[11]

5 Im Unterschied zum nicht halbzwingend ausgestalteten § 31 Abs. 1 Satz 1 VVG, der nach h.M. ein Auskunfts- bzw. Belegerteilungs-„Verlangen“ des VR voraussetzt,[12] muss der VN gemäß § 17 Abs. 1 Satz 1 lit. b im Hinblick auf die Auskunftserteilung und die Angabe von Beweismitteln auch von sich aus tätig werden.[13] Unterlagen hat der VN allerdings auch nach § 17 Abs. 1 Satz 1 lit. b a.E. nur auf Verlangen zur Verfügung zu stellen. In komplexen Angelegenheiten dürfen die Anforderungen an die Vollständigkeit der Auskunft nicht überspannt werden.[14] Die Auskunftspflicht betrifft nur den Gegenstand des Rechtsschutzfalles. Deshalb ist der versicherte Rechtsanwalt beispielsweise aus Anlass eines verbandsinternen Verfahrens vor der Rechtsanwaltskammer auch nicht verpflichtet, den VR die Angemessenheit seines Honorars prüfen zu lassen.[15] In den Leistungsarten gemäß § 2 lit. h–k muss der VN keine Tatsachen mitteilen, die für die Erfolgsaussicht von Bedeutung sind, weil der Einwand mangelnder Erfolgsaussichten in diesen Fällen nicht greift (§ 3a Abs. 1 Satz 1 lit. a).[16] Das Erfordernis der Zumutbarkeit für die Beschaffung von Belegen, wie es § 31 Abs. 1 Satz 2 VVG halbzwingend statuiert (§ 32 Satz 1 VVG), ist in § 17 Abs. 1 Satz 1 lit. b nicht erwähnt und bleibt in jedem Falle unberührt.[17]

6 **Einzelfälle**: Hat der VN seinen Rechtsanwalt beauftragt, sich um die Deckungszusage des Rechtsschutzversicherers für eine Klage zu bemühen, dann ist der Anwalt verpflichtet, dem Rechtsschutzversicherer alle bekannten Einwendungen des Gegners vollständig mitzuteilen, und zwar von sich aus, nicht erst auf Anforderung des VR.[18] Der VN muss die für die Höhe des geltend gemachten Anspruchs maßgeblichen Umstände benennen.[19] Will der VN gegen seinen Kaskoversicherer, der ihm den Versicherungsschutz für die (behauptete) Entwendung des versicherten Kfz versagt, gerichtlich vorgehen und begehrt er hierfür Rechtsschutz, hat er den Rechtsschutzversicherer darauf hinzuweisen, dass der Kaskoversicherer wegen grob fahrlässiger Herbeiführung des Versicherungsfalles den Versicherungsschutz verweigert.[20] Gleiches gilt für eine hohe Blutalkoholkonzentration des VN[21] oder einen Vorschaden an seinem Kfz.[22] Dagegen trifft den VN bei der Geltendmachung von Rechtsschutzansprüchen keine Obliegenheit zu Rechtsausführungen

---

6 S. § 28 Rn. 13 sowie *Bruns* Privatversicherungsrecht § 16 Rn. 64, 68.

7 BGH 5.5.2004 – IV ZR 90/03, VersR **2004** 1553, 1554; OLG Celle 9.2.2006 – 8 U 159/05, VersR **2007** 204, 205.

8 Vgl. BGH 5.5.2004 – IV ZR 90/03, VersR **2004** 1553, 1554.

9 OLG Bamberg 30.12.1993 – 1 U 38/93, VersR **1994** 1100; OLG Celle 19.4.2007 – 8 U 179/06, VersR **2007** 1218, 1221.

10 Vgl. OLG Bamberg 30.12.1993 – 1 U 38/93, VersR **1994** 1100; *Tietgens* RuS **2005** 489, 494.

11 Prölss/Martin/*Piontek* § 17 Rn. 7a m.w.N.

12 BGH 11.6.1976 VersR **1976** 821, 823; BGH 21.4.1993 VersR **1993** 828; BGH 16.11.2005 – IV ZR 307/04, VersR **2006** 258, 259.

13 Looschelders/Paffenholz/*Herdter* § 17 Rn. 19.

14 *Beispielsfall* OLG Celle 18.1.2007 – 8 U 198/06, VersR **2007** 1122.

15 OLG Stuttgart 22.12.2000 – 7 U 110/00, VersR **2001** 758, 759.

16 Looschelders/Paffenholz/*Herdter* § 17 Rn. 24.

17 Etwas anders Looschelders/Paffenholz/*Herdter* § 17 Rn. 28 („weicht von der halbzwingenden gesetzlichen Regelung in § 31 Abs. 1 S. 2 VVG ab“).

18 OLG Köln 25.3.1994 – 19 U 136/93, RuS **1994** 382 Ls. 3.

19 OLG Hamm 18.10.1991 – 20 U 79/91, RuS **1992** 54 f.

20 LG Mainz 14.4.1998 – 1 O 493/95, RuS **2000** 377 Ls.

21 AG Herborn 5.7.1988 – 5 C 84/88, ZfS **1990** 131.

22 AG Wesel 25.9.1987 – 26 C 551/86, ZfS **1988** 112; AG Hanau 18.3.1994 – 33 C 3634/93, RuS **1995** 465.

oder gar zu Rechtsprechungsnachweisen.[23] Auch muss der VN keine Ausführungen mitteilen, deren Erarbeitung fachmedizinische Kenntnisse voraussetzen. Ebenso trifft ihn bei der Geltendmachung von Arzthaftungsansprüchen keine Obliegenheit, eine Begutachtung durch den Medizinischen Dienst der Krankenkassen oder ein Verfahren vor der Gutachter- und Schlichtungsstelle der Landesärztekammer zu veranlassen.[24]

IV. Schadensabwendungs- und Kostenminderungsobliegenheiten

1. Inhalt, Zweck und Qualifikation

Die Obliegenheiten des VN gemäß § 17 Abs. 1 Satz 1 lit. c haben die Abstimmung mit dem VR 7
über Kosten auslösende Maßnahmen und insbesondere die Einholung der Zustimmung des VR zu bestimmten Maßnahmen (lit. c, aa) sowie die Schadensminderung (§ 82 VVG) zum Gegenstand (lit. c, bb). Schadensabwendung und Schadensminderung (§ 81 Abs. 1 VVG) sowie Einholung und Befolgung von Weisungen des VR (§ 82 Abs. 2 VVG) sind nach h.M. gesetzliche Obliegenheiten des VN,[25] die zu seinen Gunsten halbzwingend ausgestaltet sind (§ 87 VVG). Die Regelung in § 17 Abs. 1 Satz 1 lit. c konkretisiert diese gesetzlichen Obliegenheiten, kann aber nicht wirksam zum Nachteil des VN von § 82 VVG abweichen.

2. Abstimmung und Einholung der Zustimmung des Versicherers

Dem VN obliegt die Abstimmung mit dem VR über Kosten auslösende Maßnahmen (§ 17 Abs. 1 8
Satz 1 lit. a, aa, Halbs. 1), insbesondere die Einholung der Zustimmung des VR vor der Erhebung und Abwehr von Klagen sowie vor der Einlegung von Rechtsmitteln (§ 17 Abs. 1 Satz 1 lit. c, aa Halbs. 2). Die Abstimmung mit dem VR ist in § 82 VVG nicht ausdrücklich erwähnt, dient aber ersichtlich dem Zweck der Schadensminderung im Sinne von § 82 Abs. 1 VVG. Das Abstimmungserfordernis verlangt weniger als das Zustimmungserfordernis[26] und ist bereits erfüllt, wenn der VN den VR informiert und dessen Stellungnahme abwartet.[27] Die Obliegenheit, vor Erhebung und Abwehr von Klagen sowie vor der Einlegung von Rechtsmitteln die Zustimmung des VR einzuholen (§ 17 Abs. 1 Satz 1 lit. c, bb Halbs. 2), entspricht im Kern dem § 82 Abs. 2 Satz 1 VVG bzw. dem § 17 Abs. 1 Satz 2, die allerdings zugunsten des VN dahingehend eingeschränkt werden, dass in den genannten Fällen eine gesonderte entsprechende „Weisung" entbehrlich ist, wenn der VR der Prozessführung – ausdrücklich oder konkludent – zugestimmt hat (§§ 182–184 BGB analog).[28] Der Abschluss eines Prozessvergleichs bedarf keiner Zustimmung,[29] ebenso Beweisanträge[30] oder eine Klagerücknahme.[31]

Die Abstimmungsobliegenheit steht unter dem Vorbehalt, dass es zu keiner unbilligen Interes- 9
senbeeinträchtigung des VN kommt. Ein Antrag auf Erlass einer einstweiligen Verfügung kann – muss aber nicht in jedem Fall – wegen Eilbedürftigkeit der Abstimmung entzogen sein; entfällt

23 AG Königstein 27.2.2013 – 21 C 1307/11, NJW-RR 2013, 981 Ls. 1.

24 AG Königstein 27.2.2013 – 21 C 1307/11, NJW-RR 2013, 981 Ls. 2 und 3.

25 S. Bruck/Möller/*Koch*[9] § 82 Rn. 8; Langheid/Wandt/*Looschelders* § 82 Rn. 4; *Bruns* Privatversicherungsrecht § 20 Rn. 53.

26 BGH 27.1.1982 – IVa ZR 254/80, BGHZ **83** 38, 42 f.

27 OLG Köln 16.1.2001 – 9 U 127/00, RuS **2001** 153, 154; OLG Hamm 9.11.1990 – 20 U 215/89, VersR **1991** 806, 807; Looschelders/Paffenholz/*Herdter* § 17 Rn. 40.

28 Eine Intransparenz annehmend: Prölss/Martin/*Piontek* § 17 Rn. 18; *Cornelius-Winkler* RuS **2011** 141, 143; *van Bühren* BRAK-Mitt 2013, 255, 256; Looschelders/Paffenhoz/*Herdter* § 17 Rn. 42.

29 BGH 27.1.1982 – IVa ZR 254/80, BGHZ **83** 38, 42.

30 BGH 27.1.1982 – IVa ZR 254/80, BGHZ **83** 38.

31 AG Bad Säckingen 13.7.2001 – 1 C 62/01, RuS **2001** 467, 468; Looschelders/Paffenholz/*Herdter* § 17 Rn. 47.

in diesem Fall wegen Eilbedürftigkeit die Abstimmung, ist der VR nachträglich unverzüglich zu unterrichten.[32] Dabei trifft den VR die Beweislast, dass die Interessen des VN durch die Abstimmung/Zustimmung nicht unbillig beeinträchtigt werden.[33]

3. Kostenminderungsobliegenheit

10 Der VN hat für die Minderung des Schadens im Sinne von § 82 VVG zu sorgen (§ 17 Abs. 1 Satz 1 lit. c, bb Satz 1). Die Bestimmungen in § 17 Abs. 1 Satz 1 lit. c, bb Satz 2 und 3 sind unwirksam, soweit sie zum Nachteil des VN von § 82 Abs. 1 VVG abweichen, indem sie seine Obliegenheiten über das gesetzliche Mindestmaß ausdehnen. Die Vorgängerregelung in § 17 Abs. 5 lit. c, cc ARB 2008 wich nach wohl h.M. zum Nachteil des VN vom halbzwingenden § 82 VVG ab, war überdies unvereinbar mit § 307 Abs. 1 Satz 1, Abs. 2 Nr. 1 BGB und begegnete Bedenken unter dem Gesichtspunkt der Transparenz.[34] Diese Bedenken sind auch nach der Neufassung in § 17 Abs. 1 Satz 1 lit. c, bb Satz 2 und 3 letztlich nicht völlig ausgeräumt.[35] Dementsprechend hat der BGH § 17 Abs. 1 Satz 1 lit. c, bb nunmehr für intransparent erklärt: Der um Verständnis bemühte VN kann nicht erkennen, welches bestimmte Verhalten von ihm verlangt wird, um seinen Anspruch auf die Versicherungsleistung nicht zu gefährden. Es ist für ihn insbesondere unmöglich zu erkennen, welche Tatbestände Kosten auslösen, wie hoch die Kosten sind und wie er sein Rechtsschutzziel auf kostengünstige Weise erreicht. Dem durchschnittlichen VN, der regelmäßig nicht über juristisches Fachwissen verfügt, werden damit umfassende, bis ins Einzelne gehende rechtliche Überlegungen und Bewertungen abverlangt, zu denen er in aller Regel nicht in der Lage ist.[36] Ältere Rechtsprechung kann daher nach derzeitigem Rechtszustand nicht mehr herangezogen werden; eine Berufung des VR auf Leistungsfreiheit wegen einer Verletzung von § 17 Abs. 1 Satz 1 lit. c, bb scheidet aus.[37]

4. Einholung und Befolgung von Weisungen

11 Die Bestimmungen in § 17 Abs. 1 Satz 1 lit. c, bb Satz 4 und 5 erlegen dem VN die Obliegenheit auf, zur Minderung des Schadens Weisungen des VR einzuholen und zu befolgen sowie den Rechtsanwalt entsprechend der Weisung zu beauftragen. Die Einholung von Weisungen steht nicht unter dem Vorbehalt, dass sie dem VN nur obliegt, wenn die Umstände es gestatten (§ 82 Abs. 2 Satz 1), die Regelung ist insoweit unwirksam (§ 87 VVG, § 307 Abs. 1 Satz 1, Abs. 2 Nr. 1 BGB).[38] Erteilte Weisungen sind nur zu befolgen, wenn dies dem VN zumutbar ist.[39] Dies ist nicht der Fall, wenn die (verwiesene) kostengüns-

---

32 OLG Bamberg 9.7.1987 – 1 U 20/87, ZfS **1988** 214.

33 Prölss/Martin/*Piontek* § 17 Rn. 20 m.w.N.

34 OLG Celle 29.9.2011 – 8 U 144/11, RuS **2011** 515 ff.; OLG Frankfurt 1.3.2012 – 3 U 119/11, VuR **2012** 492 f.; OLG München 22.9.2011 – 29 U 1360/11, VersR **2012** 313 f.; OLG Köln 17.4.2012 – I-9 U 207/11, VersR **2012** 1385, 1386 ff.; OLG Hamm 10.8.2011 – I-20 U 31/11, VersR **2012** 896, 899; OLG Stuttgart 14.7.2016 – 7 U 60/16, VersR **2016** 1439, 1440; Wendt MDR **2010** 1168, 1171; Cornelius-Winkler RuS **2011** 141; hierzu noch Looschelders/Paffenholz/Herdter § 17 Rn. 51 ff. m.N. Zur Meistbegünstigung bei konkurrierenden Unwirksamkeitsgründen bereits Bruns Privatversicherungsrecht § 10 Rn. 22, 33.

35 Looschelders/Paffenholz/Herdter § 17 Rn. 65; Cornelius-Winkler RuS **2011** 141, 143 f.; tendenziell anders Prölss/Martin/*Piontek* § 17 Rn. 24; OLG Köln 17.3.2015 – I-9 U 152/14, VersR **2016** 113, 114.

36 BGH 14.8.2019 – IV ZR 279/17, NJW **2019** 3582 Rn. 19.

37 Zur Instanzrechtsprechung vor Erlass von BGH 14.8.2019 – IV ZR 279/17, NJW **2019** 3582 ff. vgl. Prölss/Martin/*Piontek* § 17 Rn. 25 ff. m.w.N.

38 Looschelders/Paffenholz/*Herdter* § 17 Rn. 74.

39 OLG Hamm 20.7.2016 – I-20 U 43/16, VersR **2017** 418, 419; OLG Hamm 31.10.2018 – 20 U 35/18, ZfS **2019** 161, 162; *Bauer* VersR **2013** 661, 666.

tigere Rechtsschutzmöglichkeit die Rechtsschutzziele des VN nicht in gleicher Weise realisiert.[40] Die Pflicht zur Beauftragung des Rechtsanwalts entsprechend der erteilten Weisung lässt die halbzwingend gewährleistete Freiheit der Rechtsanwaltswahl unberührt (§§ 127, 129 VVG), könnte aber als intransparent angesehen werden, weil sich in der Klausel kein entsprechender ausdrücklicher Vorbehalt findet.

V. ARB 2012/2021

Die Anzeigeobliegenheit gemäß § 17 Abs. 1 Satz 1 lit. a ARB 2010 findet sich – ergänzt um eine erläuternde Definition des Begriffs „unverzüglich" – in Ziff. 4.1.1.1 ARB 2012/2021. Die Informationsobliegenheiten gemäß § 17 Abs. 1 Satz 1 lit. b ARB 2010 begegnen nunmehr in Ziff. 4.1.1.2 ARB 2012/2021. Die Schadensminderungsobliegenheiten des VN sind überarbeitet, weitestgehend an § 82 VVG angenähert und verzichten auf Regelbeispiele (Ziff. 4.1.1.3 und 4.1.1.4 ARB 2012).[41] Ziff. 4.1.1.4 ARB 2021 verweist nur noch salvatorisch auf § 82 VVG. 12

C. Deckungszusage

I. Bedeutung und Rechtsnatur

Typischerweise verbleibt eine gewisse Unsicherheit darüber, ob der Versicherungsfall tatsächlich eingetreten ist, weil nicht sicher ist, ob alle Tatsachen bekannt, richtig gewürdigt und rechtlich eingeordnet sind. Deshalb ist in den ARB eine Deckungszusage des Rechtsschutzversicherers vorgesehen, durch welche die Rechtsbeziehungen der Parteien auf eine belastbarere Grundlage gestellt werden. Der VN hat gegen den VR nach h.M. einen Anspruch auf Deckungszusage gemäß § 17 Abs. 2 Satz 1.[42] Der VR ist zur zügigen Bearbeitung der Deckungsanfrage verpflichtet, wobei in der Regel eine Prüfpflicht von drei Wochen für angemessen erachtet wird.[43] Im Einzelfall kann sich die Frist jedoch bei einer besonderen Dringlichkeit von zu ergreifenden Maßnahmen auch verkürzen. Dabei handelt es sich nicht lediglich um den Ausfluss einer wenig konturierten Sorgetragungspflicht, sondern um eine selbstständige vertragliche Nebenleistungspflicht des Rechtsschutzversicherers. Nach dem Wortlaut der Bestimmung „bestätigt" der VR „den Umfang des für den Rechtsschutzfall bestehenden Versicherungsschutzes". Das bedeutet nach h.M., dass der VN Anspruch auf Abgabe eines deklaratorischen Schuldanerkenntnisses hat.[44] Das deklaratorische bzw. kausale Schuldanerkenntnis ist ein verkehrstypischer schuldbestätigender Vertrag in Gestalt eines kausalen Feststellungsvertrages (§ 311 Abs. 1 BGB),[45] der von einem abstrakten Schuldanerkenntnis (§ 781 BGB) scharf zu unterscheiden ist.[46] 13

---

40 Vgl. OLG Hamm 20.7.2016 – I-20 U 43/16, VersR **2017** 418; OLG Hamm 31.10.2018 – 20 U 35/18, ZfS **2019** 161, 163 (Feststellungsklage statt Leistungsklage).

41 Looschelders/Paffenholz/*Herdter* § 17 Rn. 76 ff.

42 Prölss/Martin/*Piontek* § 17 Rn. 10; van Bühren/Plote/*Hillmer-Möbius* § 17 ARB 2010 Rn. 30; Harbauer/*Schneider*/*Cornelius-Winkler* § 17 ARB 2010 Rn. 16.

43 Prölss/Martin/*Piontek* § 17 Rn. 12a; OLG Karlsruhe 6.12.2016 – 12 U 106/16, RuS **2019** 263 Rn. 20; OLG Düsseldorf 14.7.2017 – I-4 U 40/16, VersR **2018** 92, 94.

44 BGH 16.7.2014 – IV ZR 88/13, BGHZ **202** 122 Rn. 21; OLG Oldenburg 30.8.1995 – 2 U 154/95, VersR **1996** 1233; KG 12.7.1996 – 6 U 1977/95, VersR **1997** 1352; OLG Düsseldorf 26.6.2001 – 4 U 205/00, RuS **2002** 242, 243; OLG Celle 10.7.2008 – 8 U 30/08, VersR **2008** 1645, 1647; OLG Koblenz 16.2.2011 – 1 U 358/10, VersR **2011** 791; OLG Braunschweig 4.3.2013 – 3 U 89/12, RuS **2013** 435; Prölss/Martin/*Piontek* § 17 Rn. 10; van Bühren/Plote/*Hillmer-Möbius* § 17 ARB 2010 Rn. 30; Harbauer/*Schneider*/*Cornelius-Winkler* § 17 ARB 2010 Rn. 17.

45 BGH 9.7.1986 – VIII ZR 232/85, BGHZ **98** 166 f.

46 Hierzu *Bruns* Privatversicherungsrecht § 14 Rn. 46 f. m.w.N.

II. Erteilung

14 Aufgrund der vertraglichen Natur des deklaratorischen Schuldanerkenntnisses ist zur Wirksamkeit ein Vertragsschluss zwischen den Parteien erforderlich. Die Aufforderung zur Erteilung ist lediglich *invitatio ad offerendum*, weil die *essentialia negotii* zu diesem Zeitpunkt noch nicht feststehen. Die Anerkenntniserklärung des VR bedarf mithin einer Annahme durch den VN, die entsprechend allgemeinen Grundsätzen auch konkludent erfolgen kann, nämlich durch Beginn mit der für gedeckt erklärten Rechtswahrnehmung. Dabei ist davon auszugehen, dass der Zugang der Annahmeerklärung des VN beim Rechtsschutzversicherer gemäß § 151 Satz 1 BGB entbehrlich ist. Nach teilweise vertretener Ansicht kann das Anerkenntnis unter einen Vorbehalt gestellt werden, wenn im Hauptsacheverfahren Voraussetzungen für den Versicherungsschutz zu klären sind.[47] Das ist fragwürdig, weil sich für die Möglichkeit eines derartigen Vorbehaltes in der Klausel keinerlei Anhaltspunkte finden.[48] Sie lässt sich auch im Wege der Auslegung nach Maßgabe des Verständnishorizontes eines durchschnittlichen VN ohne versicherungsrechtliche Spezialkenntnisse nicht ohne weiteres begründen. Eine Deckungszusage dürfte daher nur dann widerruflich sein, wenn sich im Nachherein herausstellt, dass Gründe für eine Leistungsverweigerung vorliegen, auf die sich der Rechtschutzversicherer im Zeitpunkt des Widerrufs noch immer berufen kann.[49] Durch pflichtwidrige Weigerung, eine Deckungszusage zu erteilen, oder durch Abgabe einer unzureichenden Deckungszusage kann sich der VR schadensersatzpflichtig machen (§§ 280 Abs. 1, 241 Abs. 1 BGB).[50] Gleiches gilt, wenn der VN eine zunächst erteilte Deckungszusage unberechtigt wieder zurücknimmt.[51] Im Grundsatz trägt der VN jedoch die Beweislast dafür, dass das Verhalten des VR einen kausalen Schaden herbeigeführt hat. Bei einer entsprechenden Feststellungklage hat der VN eine hinreichende Wahrscheinlichkeit eines darauf beruhenden Schadens substantiiert darzutun.[52]

III. Rechtsfolgen der Erteilung

15 Der VR ist aufgrund der Deckungszusage in Gestalt des deklaratorischen Schuldanerkenntnisses mit Einwendungen – insbesondere mangelnde Erfolgsaussichten der Rechtsverfolgung oder bestehende Risikoausschlüsse – präkludiert, die er kannte oder mit denen er rechnete.[53] Nach wohl h.M. genügt das bloße Kennenmüssen des VR.[54] Vereinbarte Deckungssummen bleiben nach h.M. von der Deckungszusage auch dann unberührt, wenn der VR keinen entsprechenden Vorbehalt erklärt.[55] Die Beweislast für eine Einschränkung der Deckungszusage liegt beim VR.[56] Wird eine

---

47 Prölss/Martin/*Piontek* § 17 Rn. 11; van Bühren/Plote/*Hillmer-Möbius* § 17 ARB 2010 Rn. 31; **a.A.** *Bauer* NJW **2006** 1484, 1486; *Cornelius-Winkler* VersR **2006** 194.

48 Ebenso KG 22.10.2021 – 6 U 1023/20, BeckRS **2021** 41784 Rn. 5.

49 KG 22.10.2021 – 6 U 1023/20, BeckRS **2021** 41784 Rn. 5; OLG Naumburg 28.1.2021 – 4 U 59/20, VersR **2021** 765 Rn. 45.

50 BGH 15.3.2006 – IV ZR 4/05, VersR **2006** 830, 831; Prölss/Martin/*Piontek* § 17 Rn. 11.

51 LG Potsdam 20.12.2017 – 6 S 62/17, RuS **2018** 74.

52 BGH 4.3.2015 – IV ZR 36/14, NJW **2015** 1683; OLG Karlsruhe 6.12.2016 – 12 U 106/16, RuS **2019** 263 Rn. 31 ff.

53 Allgemein BGH 18.3.1992 – IV ZR 51/91, BGHZ **117** 345; BGH 10.1.1984 – VI ZR 64/82, NJW **1984** 799; BGH 11.6.1986 – VIII ZR 153/85, NJW-RR **1987** 43, 44; zur Rechtsschutzversicherung OLG Düsseldorf 18.5.2018 – 4 U 257/17, VersR **2019** 291, 292; OLG Düsseldorf 26.9.1995 – 4 U 145/94, VersR **1996** 844; OLG Oldenburg 30.8.1995 – 2 U 154/95, VersR **1996** 1233; OLG Köln 31.10.2000 – 9 U 141/98, RuS **2001** 248 (Kenntnis); OLG Braunschweig 4.3.2013 – 3 U 89/12, RuS **2013** 435, 436; etwas anders (Fürmöglichhalten genüge) OLG Koblenz 16.2.2011 – 1 U 358/10, VersR **2011** 791.

54 Looschelders/Paffenholz/*Herdter* § 17 Rn. 85; Harbauer/*Schneider*/*Cornelius-Winkler* § 17 ARB 2010 Rn. 17; ähnlich *van Bühren*/Plote § 1 ARB 2010 Rn. 18 („Rechnenmüssen"); offen BGH BGH 16.7.2014 – IV ZR 88/13, BGHZ **202** 122; tendenziell **a.A.** Prölss/Martin/*Piontek* § 17 Rn. 10a (positive Kenntnis der Tatsachen, Fahrlässigkeit hinsichtlich der Rechtsfolgen).

55 OLG Köln 17.1.1991 – 5 U 77/90, VersR **1991** 1126, 1127; OLG Köln 16.1.1996 – 9 U 44/95, RuS **1996** 105, 106; Prölss/Martin/*Piontek* § 5 Rn. 78; Harbauer/*Schneider*/*Cornelius-Winkler* § 17 ARB 2010 Rn. 17.

56 OLG Stuttgart 12.12.1991 – 7 U 143/91, VersR **1992** 954.

Deckungszusage „ohne Anerkennung einer Rechtspflicht“ erteilt, ist diese regelmäßig so zu verstehen, dass sich der VR zur Zusage rechtlich nicht verpflichtet sieht, sie aber trotzdem bindend erteilt.[57] Der Rechtsschutzversicherer hat sich bei einer Deckungsanfrage zu den geltend gemachten Ansprüchen vollständig und verbindlich zu erklären. Im Versicherungsvertrag nicht vorgesehene Vorbehalte, Bedingungen oder Einschränkungen bei einer Deckungszusage sind als Teilablehnung zu werten, welche die Belehrungspflicht gemäß § 128 Satz 2 VVG auslösen.[58] Bestehen Unklarheiten über den Umfang der Deckungszusage, kann der VN Feststellungsklage erheben.[59] Im Gegensatz zum abstrakten ist das deklaratorische Schuldanerkenntnis entsprechend allgemeinen Grundsätzen nicht kondizierbar.[60] Einer Kondiktion bedarf es schon deshalb nicht, weil die Deckungszusage jenseits ihrer durch Auslegung zu ermittelnden Reichweite keine Rechtsfolgen zeitigt.

Nach h.M. hat die Deckungszusage nur für die jeweilige Instanz zu erfolgen.[61] Auch diese 16
Einschränkung – sei sie nach der Interessenlage der Parteien auch noch so plausibel – findet im Wortlaut der Bestimmung letztlich keine hinreichende Stütze. Dem Antrag auf Feststellung, dass der Rechtsschutzversicherer im Falle des Unterliegens in der jeweiligen Instanz des Hauptprozesses nicht berechtigt ist, den Rechtschutz für die Folgeinstanz zu verweigern, fehlt damit ein rechtliches Interesse i.S.v. § 256 Abs. 1 ZPO, weil jeweils vor Klageerhebung und Rechtsmitteleinlegung eine Prüfung der Erfolgsaussichten durch den VR sowie die erst daran anknüpfende Entscheidung über die Rechtschutzgewährung für die mit Klage, Berufung oder Revision zu eröffnende Instanz erfolgt.[62]

Einzelfälle: Gewährt der Rechtsschutzversicherer Deckungsschutz „dem Grunde nach“ in Ver- 17
bindung mit der Weisung, eine Klage derzeit noch nicht zu erheben, liegt keine Deckungsablehnung vor, auch keine teilweise Ablehnung. Begründet der VR dies damit, dass noch völlig unklar sei, ob ein Schaden überhaupt eintreten werde und hierzu Vortrag erforderlich sei, kommt dies auch keiner faktischen Deckungsablehnung gleich, da für den VN ersichtlich ist, welche Anstrengungen und Mitwirkungshandlungen noch erforderlich sind.[63] Im Fall der beabsichtigten Rückabwicklungsklage nach Darlehenswiderruf ist der Rechtsschutzversicherer berechtigt, Deckung zunächst nur für eine negative Feststellungsklage zu gewähren, mit der umfassend die Höhe des Rückabwicklungssaldos geklärt werden kann. Unter dem Gesichtspunkt des günstigeren Wegs muss er dagegen insoweit keine Deckung gewähren, als zugleich bereits auf die Freigabe der Sicherheit angetragen werden soll.[64] Erteilt ein Rechtsschutzversicherer in Kenntnis der erstinstanzlichen Entscheidung sowie der Rechtsmittelbegründung eine Deckungszusage für die Durchführung des Rechtsmittelverfahrens, kann er, wenn das Rechtsmittel auf unveränderter Tatsachengrundlage zurückgewiesen wird, den Prozessbevollmächtigten nicht mit der Begründung, dieser hätte von der Durchführung des Rechtsmittelverfahrens wegen erkennbarer Aussichtslosigkeit abraten müssen, auf Erstattung der entstandenen Gerichts- und Anwaltskosten in Anspruch nehmen.[65] Jedoch kann der VR den Prozessbevollmächtigten seines VN auf Ersatz der übernommenen Verfahrenskosten in Anspruch nehmen, wenn die von dem Prozessbevollmächtigten erhobene

57 OLG Düsseldorf 18.12.2015 – I-4 U 94/14, VersR **2016** 1051, 1052.

58 OLG Karlsruhe 16.7.2019 – 9 U 11/18, VuR **2020** 261.

59 LG München I 24.8.2012 – 12 O 9547/12, VersR **2014** 872, 873.

60 S. bereits *Bruns* Privatversicherungsrecht § 47; **a.A.** OLG Celle 10.7.2008 – 8 U 30/08, VersR **2008** 1645, 1647 (*obiter dictum*); Prölss/Martin/*Piontek* § 17 Rn. 14; Harbauer/*Schneider*/*Cornelius-Winkler* § 17 ARB 2010 Rn. 17.

61 BGH 2.5.1990 – IV ZR 294/89, RuS **1990** 275, 276; Prölss/Martin/*Piontek* § 17 Rn. 12; Harbauer/*Schneider*/*Cornelius-Winkler* § 17 ARB 2010 Rn. 17; Looschelders/Paffenholz/*Herdter* § 17 Rn. 87.

62 LG Braunschweig 24.1.2018 – 3 O 481/17, RuS **2018** 136 Ls. 1.

63 LG Koblenz 26.2.2021 – 16 O 295/20, VersR **2022** 432.

64 OLG Schleswig 12.12.2018 – 16 U 83/18, VersR **2019** 616.

65 OLG Celle 5.7.2010 – 3 U 83/10, RuS **2010** 417 Ls.

Klage von Anfang an objektiv aussichtslos war und der Prozessbevollmächtigte seinen Mandanten (den VN) hierüber nicht ordnungsgemäß aufgeklärt hat.[66]

IV. Maßnahmen vor Deckungszusage

18 Die Regelung ist insofern missglückt, als sich ihr Inhalt durch Auslegung nicht ohne weiteres ermitteln lässt. Klar ist, dass der VR ohne Deckungszusage grundsätzlich nur nach Maßgabe der vertraglichen Verpflichtungen Deckung zu gewähren hat. Der Umfang dieser Leistungspflicht wird durch § 17 Abs. 2 Satz 2 schon deswegen nicht eingeschränkt, weil sich eine derartige Einschränkung nicht mit hinreichender Deutlichkeit aus der Formulierung der Klausel ergibt.[67] Die Deckungszusage hat grundsätzlich die Funktion, Einwendungen des VR gegen die Leistungspflicht abzuschneiden. Grundsätzlich kommen zwei Deutungsmöglichkeiten in Betracht: Entweder ist der VN so zu stellen, als sei die später erteilte Deckungszusage schon vor Einleitung der Maßnahmen zur Rechtswahrnehmung erfolgt,[68] oder er ist so zu stellen, wie er stünde, wenn die pflichtwidrig nicht erteilte Deckungszusage pflichtgemäß erteilt worden wäre. Die erste Variante hätte für den VN den Vorteil, dass eine nach Einleitung der Maßnahme erteilte Deckungszusage in ihrer Wirkung vorverlagert würde unabhängig davon, ob sie zu Recht oder zu Unrecht ergangen ist. Allerdings könnte der VR die Rechtsfolge durch unberechtigte Verweigerung einer Deckungszusage umgehen, was als Rechtsfolgenanordnung weder aus der Sicht eines durchschnittlichen VN ohne versicherungsrechtliche Spezialkenntnisse gewollt sein dürfte noch unter dem Gesichtspunkt von Treu und Glauben zu überzeugen vermag. Die zweite Alternative würde dem VN hingegen nur die Rechtsposition verschaffen, die ihm nach dem Vertrag zusteht. Das setzt voraus, dass der VN den VR vertragsgemäß informiert hat und dieser die fällige Pflicht zur Erteilung der Deckungszusage aufgrund der mitgeteilten Informationen nicht vor der Einleitung der Maßnahmen erfüllt hat, obwohl er dazu verpflichtet war. Konsequenterweise kommt es danach nicht darauf an, ob der VR jemals eine Deckungszusage erteilt und welchen Inhalt eine möglicherweise später erteilte Zusage hat. Die zweite Lösung ist letztlich vorzugswürdig, weil sie ungerechtfertigte Abweichungen vom vertraglichen Pflichtenprogramm vermeidet.

V. ARB 2012/2021

19 Die Regelung in § 17 Abs. 2 ARB 2010 findet sich in Ziff. 4.1.2 ARB 2012/2021.

D. Freie Anwaltswahl

I. Grundregel

20 Die Garantie freier Anwaltswahl ist kraft Gesetzes zugunsten des VN halbzwingend ausgestaltet (§§ 127, 129 VVG).[69] Die Regelung in § 17 Abs. 3 kann mithin nicht zum Nachteil des VN von der gesetzlichen Gewährleistung abweichen. Das gilt für unmittelbare Einschränkungen, unter bestimmten Voraussetzungen aber auch für mittelbare Einschränkungen in Gestalt von bedingten Kürzungen der Erstattung oder anderen Anreizsystemen.[70] Fragwürdig, jedoch wohl nicht im

66 OLG Düsseldorf 19.12.2017 – I-24 U 28/17, NJW-RR **2018** 755 Rn. 34 f.; OLG Celle 18.9.2018 – 4 U 104/18, BeckRS **2018** 28338 Rn. 5; OLG Köln 23.5.2019 – 24 U 123/18, BeckRS **2019** 12614 Rn. 31, 44 f.; *Dallwig* RuS **2020** 181, 186.

67 Für eine bloße Klarstellungsfunktion Looschelders/Paffenholz/*Herdter* § 17 Rn. 90.

68 So Prölss/Martin/*Piontek* § 17 Rn. 16.

69 Ausführlich § 127 VVG Rn. 1 ff., 6 ff.; EuGH 10.9.2009 – C-199/08, NJW **2010** 355, 357.

70 Näher § 127 VVG Rn. 13 ff.

Widerspruch zu europäischem Recht,[71] ist die Einschränkung auf den Kreis der Rechtsanwälte, deren Vergütung der VR nach der missglückten Regelung in § 5 Abs. 1 lit. a und b trägt (§ 17 Abs. 3 Satz 1).[72]

II. Auswahl durch den Versicherer

Die Auswahl des Rechtsanwaltes steht grundsätzlich dem VN zu, der die Auswahl nach Eintritt 21
des Versicherungsfalls durch besonderes „Verlangen" dem VR überlassen kann (§ 17 Abs. 3 Satz 2 lit. a). Gegen diese privatautonome Delegation der Auswahl des Rechtsanwaltes auf den VR, der eine Nebenleistungspflicht entspricht, ist grundsätzlich nichts zu erinnern. Sorgfaltswidrige Auswahl kann Schadensersatzhaftung des VR auslösen (§§ 280 Abs. 1, 241 Abs. 1 BGB). Das Recht des VR zur Auswahl des Rechtsanwalts gemäß § 17 Abs. 3 Satz 2 lit. b begegnet hingegen durchgreifenden Bedenken, weil diese Bestimmung zum Nachteil des VN von § 127 Abs. 1 VVG abweicht. Sie ist deshalb – entgegen der h.M. – unwirksam (§ 129 VVG, § 307 Abs. 1 Satz 1, Abs. 2 Nr. 1 BGB).[73]

III. ARB 2012/2021

Die Regelung des § 17 Abs. 3 ARB 2010 findet sich im Wesentlichen inhaltsgleich in Ziff. 4.1.3 Abs. 1. 22
Die fragwürdige Einschränkung auf den Kreis der Anwälte, deren Vergütung der VR trägt (§ 17 Abs. 3 Satz 1 ARB 2010), ist begrüßenswerterweise entfallen.

E. Beauftragung des Rechtsanwaltes

I. Grundsätze

Die Beauftragung des – grundsätzlich vom VN auszuwählenden – Rechtsanwaltes erfolgt durch 23
den Rechtsschutzversicherer im Namen des VN, wenn sie nicht bereits durch den VN selbst erfolgt ist (§ 17 Abs. 4 Satz 1). Dadurch entsteht kein Vertragsverhältnis zwischen Rechtsanwalt und VR.[74] Eine Verantwortungsübernahme des VR für die ordnungsgemäße Pflichterfüllung durch den Anwalt liegt darin nicht (§ 17 Abs. 4 Satz 2). Der VR hat allerdings nach wohl h.M. einen Anspruch gegen den Rechtsanwalt, an den er Kostenvorschuss bezahlt hat, auf Auskunft über die kostenmäßige Abwicklung des Verfahrens gemäß § 328 Abs. 1 BGB.[75] Leistet der VR unmittelbar an den Anwalt des VN Kostenvorschüsse, sind diese nach Abwicklung des Auftrags jedenfalls dann unmittelbar zwischen dem Anwalt des VN und dem VR abzurechnen, wenn der VR von seinem VN keine Auskunft über die kostenmäßige Abwicklung erhält und der VN rechtlich nicht mehr existent ist.[76] Ein Rechtsanwalt, der im ausdrücklichen Auftrag seines Mandanten bei dessen Rechtsschutzversicherer um Deckungsschutz und Zahlung von Kostenvorschüssen nachsucht und auf diese Weise selbständig und ohne Beteiligung seines Mandanten Vorschusszahlungen für seine Honorare sowie Gerichtskosten entgegennimmt, ist verpflichtet, dem Rechtsschutzversicherer Auskunft

---

71 Vgl. EuGH 7.11.2013 – C-442/12, NJW **2014** 373; EuGH 7.4.2016 – C-460/14, VersR **2016** 657 Rn. 27; **a.A.** dagegen *Purnhagen* NJW **2014** 375.

72 Hierzu § 5 Rn. 4 ff.

73 S. § 127 VVG Rn. 12 m.N.; **a.A.** *Armbrüster* VuR **2012** 167, 168.

74 BGH 24.1.1978 – VI ZR 220/76, VersR **1978** 443; OLG Saarbrücken 6.6.2007 – 5 U 482/06, VersR **2007** 1554.

75 Prölss/Martin/*Piontek* § 17 Rn. 3.

76 LG München I 4.8.1993 – 15 S 25453/92, RuS **1994** 261 Ls. 1.

über die kostenmäßige Abwicklung der Verfahren zu geben.[77] Mit der Beauftragung verbundene Kostenübernahmeerklärungen begründen keinen Gebührenanspruch des Anwalts gegen den VR.[78] Hat der VR unter Vorbehalt der Rückforderung zu viel Vorschuss geleistet und hat der Rechtsanwalt dem Vorbehalt nicht widersprochen, so steht dem VR im Hinblick auf den vom VN nicht geschuldeten Betrag ein eigener Rückzahlungsanspruch aus Vertrag zugunsten Dritter oder – vorzugswürdig – Bereicherungsrecht (§ 812 Abs. 1 Satz 1 Alt. 1 BGB) zu.[79]

II. ARB 2012/2021

24 Die Klausel findet sich in sprachlich überarbeiteter Form in Ziff. 4.1.3 ARB 2012/2021 wieder.

F. Auskunfts- und Informationsobliegenheiten während der laufenden Rechtsschutzgewährung

I. Grundsätze

25 Der VN hat den beauftragten Rechtsanwalt umfassend zu informieren (§ 17 Abs. 5 lit. a) und muss dem VR auf Verlangen umfassend Auskunft über den Stand der Angelegenheit geben (§ 17 Abs. 5 lit. b).[80] Dabei handelt es sich um vertragliche Obliegenheiten des VN im Sinne von § 28 VVG.

II. ARB 2012/2021

26 Eine dem § 17 Abs. 5 ARB 2010 inhaltlich entsprechende Klausel begegnet in Ziff. 4.1.4 ARB 2012/2021.

G. Rechtsfolgen von Obliegenheitsverletzungen

I. Grundsätzliches

27 Die Rechtsfolgen von Obliegenheitsverletzungen richten sich nach den halbzwingenden gesetzlichen Vorgaben in § 82 VVG bzw. § 28 VVG.[81] Im Ausgangspunkt gelten die allgemeinen Grundsätze des Obliegenheitsrechts.[82] Die Klausel entspricht AGB-Baustein 18 Nr. 2. Eine vorsätzliche Obliegenheitsverletzung liegt nur dann vor, wenn dem VN die verletzte Obliegenheit im Kern bewusst war.[83] Der haftpflichtversicherungsrechtliche Grundsatz, dass kein VN durch vorsätzlichen Verstoß gegen Obliegenheiten seinen Versicherungsschutz gefährden will, gilt in der Rechtsschutzversiche-

---

77 OLG Düsseldorf 15.1.1980 – 4 U 48/79, VersR **1980** 231.

78 Näher Prölss/Martin/*Piontek* § 17 Rn. 4.

79 Prölss/Martin/*Piontek* § 17 Rn. 63 (offengelassen, ob vertraglicher oder bereicherungsrechtlicher Anspruch); OLG Celle 14.9.2011 – 3 U 32/11, VersR **2011** 1578, 1579 (bereicherungsrechtlicher Anspruch aus übergegangenem Recht).

80 BGH 5.5.2004 – IV ZR 90/03, VersR **2004** 1553, 1554. Zum österreichischen Recht s. ÖOGH 29.11.2017 – 7 Ob 53/17w, VersR **2018** 962.

81 Zur Unwirksamkeit einer früheren Version mangels Anpassung an § 28 VVG s. BGH 2.4.2014 – IV ZR 124/13, VersR **2014** 699, 700 f.

82 Im Überblick hierzu *Bruns* Privatversicherungsrecht § 16 Rn. 24 ff., 61 ff.

83 Prölss/Martin/*Piontek* § 17 Rn. 44; s. ferner BGH 4.12.2008 – IX ZR 219/07, VersR **2009** 655 Rn. 10.

rung entsprechend.[84] Im Prozess muss der VR eine Obliegenheitsverletzung, um seiner Darlegungslast zu entsprechen, hinreichend klar vortragen.[85]

II. ARB 2012/2021

Die sprachlich neu gefasste Bestimmung in Ziff. 4.1.5 ARB 2012/2021 entspricht inhaltlich im Wesentlichen § 17 Abs. 6 ARB 2010. 28

H. Zurechnung des Anwaltsverschuldens

I. Grundsätze

Das Verschulden des Anwalts muss sich der VN nicht zurechnen lassen. Der mandatierte Rechtsanwalt war nach früher herrschender Ansicht entsprechend allgemeinen Grundsätzen Wissensvertreter, Wissenserklärungsvertreter bzw. Repräsentant des VN.[86] Jedoch hat der BGH nunmehr entschieden, dass § 17 Abs. 7 AVB unwirksam ist: Die Klausel überträgt das Zurechnungsmodell des § 278 BGB auf die Obliegenheiten des VN und setzt sich damit in Widerspruch zu der Rechtsprechung, die dem VN das Handeln und Wissen eines Dritten nur in engen Grenzen zurechnet und die Repräsentanteneigenschaft des Dritten nur unter besonderen Voraussetzungen bejaht.[87] Eine weitergehende Haftung des VN hat die höchstrichterliche Rechtsprechung jedoch immer abgelehnt,[88] weshalb § 17 Abs. 7 ARB, der eine uneingeschränkte Zurechnung unabhängig von diesen Voraussetzungen vorsieht, mit wesentlichen Grundgedanken der gesetzlichen Regelung, nicht zu vereinbaren ist. Auch eine allgemeine Grundätze übersteigende Wissensvertretung oder Wissenserklärungsvertretung scheidet aus.[89] 29

II. ARB 2012/2021

Die Klausel ist in Ziff. 4.1.6 ARB 2012 nach einigem Hin und Her inhaltsgleich wieder enthalten.[90] In Ziff. 4.1.6. ARB 2021 wurde sie – mit Blick auf vorstehende Entscheidung des BGH – wieder ersatzlos gestrichen. 30

I. Eingeschränkte Abtretbarkeit von Versicherungsansprüchen

I. Grundsätze

Der Rechtsschutzversicherer hat ein Interesse daran, dass die Aktivlegitimation im Hinblick auf den Anspruch auf die Versicherungsleistung grundsätzlich beim VN verbleibt, um seine Verpflichtungen zuverlässig mit schuldbefreiender Wirkung erfüllen zu können, ohne dass 31

---

84 BGH 4.12.2008 – IX ZR 219/07, VersR **2009** 655, 656; Prölss/Martin/*Piontek* § 17 Rn. 44.

85 BGH 16.9.1987 – IVa ZR 76/86, VersR **1987** 1186, 1188.

86 Beispielsfall OLG Stuttgart 14.7.2016 – 7 U 60/16, VersR **2016** 1439, 1441 (rechtliche Einordnung offen gelassen); näher *Bruns*, Privatversicherungsrecht, § 5 Rn. 21 ff., § 23 Rn. 21; Prölss/Martin/*Piontek* § 17 Rn. 45.

87 BGH 14.8.2019 – IV ZR 279/17, NJW **2019** 3582 Rn. 29 m.w.N.

88 BGH 21.4.1993 – IV ZR 33/92, NJW-RR **1993** 1049 [unter I 3 a m.w.N.].

89 BGH 14.8.2019 – IV ZR 279/17, NJW **2019** 3582 Rn. 28.

90 Näher Looschelders/Paffenholz/*Herdter* § 17 Rn. 139.

schuldnerschützende Vorschriften dem entgegenstehen (§§ 404 ff. BGB). Die Abtretung des Befreiungsanspruchs an einen anderen Zessionar als den Kostengläubiger des VN ist nach h.M. bereits gemäß § 399 Alt. 1 BGB unwirksam,[91] seine Pfändung durch einen anderen als den Kostengläubiger ist unzulässig (§ 851 Abs. 2 ZPO).[92] Der Abtretungsausschluss kann auch nicht im Rahmen einer gewillkürten Prozessstandschaft umgangen werden.[93] Das Erfordernis schriftlichen Einverständnisses des VR zur Abtretung von Ansprüchen auf Rechtsschutzleistungen, das den VN nach h.M. nicht unangemessen benachteiligt (§ 307 Abs. 1 Satz 1 BGB),[94] ist als rechtsgeschäftliches Verbot nicht schriftlich konsentierter Abtretung von Ansprüchen des VN auf Versicherungsleistungen zu qualifizieren (pactum de non cedendo).[95] Es gilt sowohl für Befreiungs- als auch für Zahlungsansprüche nach Vorleistung des VN.[96] Ein Konkludentes Einverständnis des VR ist u.U. möglich.[97]

32 Das Abtretungsverbot greift auch für den Fall, dass der VN seine Forderungen gegen den Rechtsschutzversicherer an den Factor des Rechtsanwaltes zediert, an den auch der Rechtsanwalt seine Honorarforderungen abgetreten hat.[98] Hingegen gilt das Abtretungsverbot gemäß § 17 Abs. 8 nicht, wenn der VR dem Anwalt Rechtsschutz für einen Rechtsstreit zugesagt hat, in dem dieser aus vom VN abgetretenen Recht klagt.[99] Verstoßfolge ist nach h.M. absolute Unwirksamkeit,[100] doch kann die Forderung nach h.M. trotz den rechtsgeschäftlichen Abtretungsverbots gepfändet und zur Einziehung überwiesen werden (§§ 829, 835 f., 851 Abs. 2 ZPO).[101] Ist der VN Kaufmann und entstammt die Versicherungsforderung einem beiderseitigen Handelsgeschäft oder ist der VR eine juristische Person des öffentlichen Rechts, so ist die verbotswidrige Abtretung gleichwohl zwingend wirksam (§ 354a Abs. 1 Satz 1 und 3 HGB).[102] Der VR kann jedoch – ebenfalls zwingend – mit befreiender Wirkung an den VN leisten (§ 354a Abs. 1 Satz 2 und 3 HGB).

II. ARB 2012/2021

33 Das in § 17 Abs. 8 ARB 2010 enthaltene Abtretungsverbot findet sich in Ziff. 4.1.7 ARB 2012 inhaltlich unverändert, aber im Bemühen um bessere Verständlichkeit ergänzt um eine Erläuterung des Begriffs der Abtretung wieder. Ziff. 4.1.7 ARB 2021 sieht eine Ergänzung dahingehend vor, dass das Einverständnis des VR der Textform bedarf und das Zustimmungserfordernis entfällt, wenn der VN auf Geld gerichtete Ansprüche gegen den VR hat.

---

91 BGH 12.10.2011 – IV ZR 163/10, VersR **2012** 230; OLG Karlsruhe 15.1.2013 – 12 U 155/12, VersR **2013** 579, 582.

92 Prölss/Martin/*Piontek* § 17 Rn. 57.

93 AG Stuttgart 9.4.2008 – 18 C 7300/07, RuS **2009** 155.

94 BGH 12.10.2011 – IV ZR 163/10, VersR **2012** 230 Rn. 9 ff.; BGH 26.3.1997 – IV ZR 137/96, RuS **1997** 325, 326; OLG Köln 18.1.2000 – 9 U 115/99, NVersZ **2000** 577, 578; Prölss/Martin/*Piontek* § 17 Rn. 54; Looschelders/Paffenholz/*Herdter* § 17 Rn. 141; *van Bühren* ZfS **2014** 126; insgesamt kritisch zum Abtretungsverbot *Möller* NJW **2015** 216, 217 f.

95 Prölss/Martin/*Piontek* § 17 Rn. 53; Looschelders/Paffenholz/*Herdter* § 17 Rn. 141; grundlegend zum rechtsgeschäftlichen Abtretungsverbot *Bruns* WM **2000** 505.

96 Hierzu § 125 VVG Rn. 14, 15 sowie § 5 Rn. 16 ff.

97 Prölss/Martin/*Piontek* § 17 Rn. 55 m.w.N.

98 BGH 12.10.2011 – IV ZR 163/10, VersR **2012** 230.

99 OLG Köln 31.10.2000 – 9 U 141/98, RuS **2001** 248.

100 BGH 14.10.1963 – 14.10.1963, BGHZ **40** 159 ff.; BGH 3.12.1987 – VII ZR 374/86, BGHZ **102** 293, 301; BGH 31.10.1990 – IV ZR 24/90, BGHZ **112** 387, 389; BGH 23.4.1997 – XII ZR 20/95, NJW **1997** 2747 f.

101 Prölss/Martin/*Piontek* § 17 Rn. 57; Harbauer/*Schneider*/*Cornelius-Winkler* § 17 ARB 2010 Rn. 150 f.; Looschelders/Paffenholz/*Herdter* § 17 Rn. 146.

102 *Beispielsfall* OLG Düsseldorf 26.2.2008 – I-24 U 126/07, VersR **2008** 1685, 1687.

J. Übergang von Ersatzansprüchen

I. Abwicklung bei Übergang von Ersatzansprüchen

1. Cessio legis

Der in § 17 Abs. 9 Satz 1 angesprochene Anspruchsübergang entspricht nach überwiegender Ansicht der gesetzlich halbzwingend angeordneten cessio legis gemäß §§ 86 Abs. 1 Satz 1, 87 VVG, die in der Rechtsschutzversicherung als Schadensversicherung ohne weiteres Platz greift.[103] Absatz 9 Satz 1 soll daher vorrangig klarstellende Funktion haben.[104] Das kommt in der Klausel allerdings nicht in der wünschenswerten Klarheit zum Ausdruck, insofern der Anspruchsübergang nach dem Wortlaut mit der Anspruchsentstehung erfolgen soll, wobei aber Voraussetzung sein soll, dass der VR die Kosten bereits getragen hat. Erblickt man darin den Versuch einer Vorverlagerung des Anspruchsübergangs auf den Zeitpunkt der Anspruchsentstehung auch für den Fall, dass der VR erst nach Anspruchsentstehung leistet, liegt in § 17 Abs. 9 Satz 1 eine unwirksame Abweichung von der halbzwingenden gesetzlichen Regelung in § 86 Abs. 1 Satz 1 VVG (§ 87 VVG) und ein Verstoß gegen § 307 Abs. 1 Satz 1 BGB. Überdies begegnet die Klauselgestaltung erheblichen Bedenken unter dem Gesichtspunkt der Transparenz (§ 307 Abs. 1 Satz 2 BGB). 34

Ob § 17 Abs. 9 ARB 2010 eine eigenständige Bedeutung zukommt, wenn es sich um Erstattungsansprüche des VN handelt, die keine Ersatzansprüche des VN gegen Dritte iSd § 86 Abs. 1 Satz 1 VVG sind, ist in Rechtsprechung und Literatur noch nicht abschließend geklärt.[105] Erfasst sind alle Ansprüche des VN auf Rückzahlung der getragenen Kosten, wie z.B. Ansprüche des VN gegen den Prozessgegner aus § 280 Abs. 1 BGB oder gegen seinen Anwalt wegen fehlerhafter Prozessführung[106] oder auf Auskehr vom Gegner erhaltener Zahlungen gegen seinen Rechtsanwalt.[107] Ein Rechtsschutzversicherer, der die Kosten eines Rechtsstreits seines VN gedeckt hat und mögliche Regressansprüche gegen den Anwalt des VN prüfen will, hat daher auch ein rechtliches Interesse i.S.d. § 299 Abs. 2 ZPO an Einsicht in die Prozessakten.[108] 35

Eine Aufrechnung des Rechtsanwaltes mit Ansprüchen gegen den VN aus früheren Verfahren gegen den legalzedierten Anspruch scheitert mangels Gegenseitigkeit.[109] Nicht von der Legalzession erfasst werden Ansprüche des VN gegen die Justizkasse auf Rückzahlung unverbrauchter Gerichtskostenvorschüsse.[110] Bei überhöhter Vorschusszahlung steht dem VR unabhängig von einem gesetzlichen Forderungsübergang im Hinblick auf den vom VN nicht geschuldeten Betrag ein eigener Rückzahlungsanspruch aus Vertrag zugunsten Dritter oder – vorzugswürdig – Bereicherungsrecht (§ 812 Abs. 1 Satz 1 Alt. 1 BGB) zu, wenn der VR unter Vorbehalt der Rückforderung geleistet und der Rechtsanwalt dem Vorbehalt nicht widersprochen hat.[111] Erhält der Anwalt, der 36

---

103 OLG Düsseldorf 15.5.2019 – I-24 U 171/18, VersR **2019** 1218; OLG Saarbrücken 6.6.2007 – 5 U 482/06, VersR **2007** 1554, 1555; OLG Düsseldorf 11.2.2008 – I-24 U 104/07, VersR **2008** 1347; Prölss/Martin/*Piontek* § 17 Rn. 58; Looschelders/Paffenholz/*Herdter* § 17 Rn. 149 ff.; *van Bühren* VersR **2014** 148, 149 f. Zur Legalzession gemäß § 86 Abs. 1 VVG im Überblick *Bruns* Privatversicherungsrecht § 20 Rn. 61 ff. m.N.; ausführlich § 86 Rn. 13 ff. m.w.N.

104 OLG Hamm 14.6.1999 – 13 U 259/98, VersR **2000** 1101; OLG Saarbrücken 6.6.2007 – 5 U 482/06, VersR **2007** 1554, 1555; *van Bühren* VersR **2014** 148, 149 f.

105 Näher Harbauer/*Schneider* § 17 ARB 2010 Rn. 159.

106 OLG Koblenz 16.2.2011 – 1 U 358/10, VersR **2011** 791; OLG Düsseldorf 3.6.2013 – I-9 U 147/12, VersR **2013** 1303, 1304.

107 OLG Düsseldorf 11.2.2008 – I-24 U 104/07, VersR **2008** 1347; s. ferner LG Bremen 20.3.2020 – 4 O 2184/18, BeckRS **2020** 4895 Rn. 31 zur Nichtauskehr durch den VR bevorschusster Fremdgelder.

108 OLG Köln 6.8.2019 – 7 VA 12/19, BeckRS **2019** 30053.

109 OLG Düsseldorf 1.2.2010 – I-24 U 156/09, VersR **2010** 1031; OLG Düsseldorf 15.5.2019 – I-24 U 171/18, VersR **2019** 1218, 1219.

110 OLG Brandenburg 20.7.2011 – 6 W 7/11, VersR **2013** 714, 715.

111 OLG Frankfurt 29.11.1989 RuS **1990** 341 (keine Verjährung, wenn keine Abrechnung über den Vorschuss erfolgt ist); OLG Celle 14.9.2011 – 7 U 225/88, VersR **2011** 1578, 1579; Prölss/Martin/*Piontek* § 17 Rn. 63 (offengelassen, ob vertraglicher oder bereicherungsrechtlicher Anspruch).

einen Vorschuss bekommen hat, später vom Gegner des VN Zahlungen und leitet diese nicht weiter, dann steht dem VN jedoch ein auf den VR übergehender Anspruch aus §§ 675, 667 BGB zu.[112] Auch in der Rechtsschutzversicherung greift dabei das Quotenvorrecht ein, wenn der VR nur teilweise Versicherungsschutz für die erste Instanz übernommen hat, für die zweite Instanz in vollem Umfang Versicherungsschutz bestätigt und dort zugunsten des VN Kosten festgesetzt werden. Übergangsfähig gem. § 86 VVG ist dann nur der Differenzbetrag zu den nicht übernommenen Kosten der ersten Instanz.[113]

37 Einen vor der cessio legis vom VN erwirkten Vollstreckungstitel kann der VR gemäß § 727 ZPO auf sich umschreiben lassen.[114] Der Anspruchsübergang bedarf in aller Regel des Nachweises durch öffentliche oder öffentlich beglaubigte Urkunden, weil er nicht offenkundig ist (§ 291 ZPO).[115] Doch soll trotz Legalzession eine beglaubigte Abtretungserklärung als Nachweis genügen.[116] Der Nachweis ist auch dann entbehrlich, wenn der gemäß § 730 ZPO angehörte Schuldner den vorgetragenen Rechtsübergang zugesteht,[117] nach h.M. nicht genügend ist hingegen die Geständnisfiktion bei Nichtbestreiten (§ 138 Abs. 3 ZPO).[118]

2. Mitwirkungsobliegenheit des Versicherungsnehmers

38 Die Mitwirkungsobliegenheit des VN statuiert § 86 Abs. 2 VVG, von dem § 17 Abs. 9 Satz 2 nicht zum Nachteil des VN abweichen kann und darf (§ 87 VVG, § 307 Abs. 1 Satz 1, Abs. 2 Nr. 1 BGB). Sie kann deshalb grundsätzlich nicht zum Nachteil des VN zu einer Nebenleistungspflicht erhoben werden,[119] weil dies der Sperrfunktion des Obliegenheitsrechts zuwiderlaufen würde.[120] Die Bestimmungen in § 17 Abs. 9 Satz 4 und 5 sprechen auch dagegen, dass ein solcher Regelungsinhalt überhaupt gewollt ist, weil dort lediglich von einer „Obliegenheit" die Rede ist. Rechtsfolge einer Obliegenheitsverletzung ist daher nur eine beschränkte Leistungsfreiheit des VR. Doch kommt – entgegen der wohl h.M. – bei Vorsatz des VN unter Umständen eine Schadensersatzverpflichtung aus konkurrierender Schutzpflichtverletzung in Betracht (§§ 280 Abs. 1, 241 Abs. 2 BGB).[121]

3. Ausgleichsanspruch des Versicherers

39 Unklar ist, ob die Bestimmung in § 17 Abs. 9 Satz 3 eine vertragliche Obliegenheit des VN oder einen vertraglichen verschuldensunabhängigen Ausgleichanspruch des VR begründet.[122] Die Rechtsfolgenanordnung in § 17 Abs. 9 Satz 4 und 5, die den halbzwingenden Vorgaben in § 86 Abs. 2 Satz 2 und 3 bzw. § 28 Abs. 2 VVG entspricht, bezieht sich ersichtlich auf den ganzen Absatz 9. Weil dieser nur von einer Obliegenheit des VN spricht, dürfte ein durchschnittlicher VN

---

112 OLG Düsseldorf 11.2.2008 – I-24 U 104/07, VersR **2008** 1347; OLG Düsseldorf 15.5.2019 – I-24 U 171/18, VersR **2019** 1218; LG München I 2.6.1998 – 34 O 1197/98; OLG München 9.11.1988 – 31 U 4403/98, RuS **1999** 158 f.

113 AG München 8.8.2017 – 172 C 25533/16, RuS **2018** 17 Ls.

114 BGH 5.7.2005 – VII ZB 23/05, NJOZ **2005** 3307, 3308.

115 OLG Saarbrücken 3.4.1989 – 5 W 52/89, VersR **1989** 955; OLG Karlsruhe 11.11.1988 – 14 W 62/88, VersR **1989** 528; OLG Köln 6.6.1994 – 19 W 55/93, VersR **1994** 1372, 1373.

116 OLG Karlsruhe 11.11.1988 – 14 W 62/88, VersR **1989** 528 f.; OLG Köln 6.6.1994 – 19 W 55/93, VersR **1994** 1372, 1373 (fragwürdig).

117 BGH 23.10.2008 – I ZR 158/07, JurBüro 2009, 163; Baur/Stürner/*Bruns* Zwangsvollstreckungsrecht Rn. 17.24.

118 BGH 5.7.2005 – VII ZB 23/05, NJOZ **2005** 3307; **a.A.** z.B. OLG Celle 6.2.1989 – 8 W 706/88, VersR **1989** 1319; OLG Köln 28.12.1995 – 12 W 26/95, VersR **1996** 1126; OLG Köln 4.10.1996 – 20 W 37/96, VersR **1997** 599, 600; OLG Braunschweig 12.9.1997 – 3 W 45/97, JurBüro **1998** 88, 89; Prölss/Martin/*Piontek* § 17 Rn. 67.

119 **A.A.** offenbar Prölss/Martin/*Piontek* § 17 Rn. 69.

120 Grundlegend *Bruns* Privatversicherungsrecht § 16 Rn. 4 ff., 16 ff., 21.

121 Hierzu *Bruns* Privatversicherungsrecht § 15 Rn. 34, § 16 Rn. 21.

122 Die zweite Alternative befürwortet Prölss/Martin/*Piontek* § 17 Rn. 71.

ohne versicherungsrechtliche Spezialkenntnisse nicht davon ausgehen, dass eine klagbare und grundsätzlich schadensersatzbewehrte Nebenleistungspflicht des VN begründet werden soll. Vielmehr ist von einer vertraglichen Obliegenheit im Sinne von § 28 VVG auszugehen.[123] Ob § 17 Abs. 9 Sätze 3 bis 5 mit der halbzwingenden Regelung in § 28 Abs. 3 VVG (§ 32 Satz 1 VVG) bzw. mit § 307 Abs. 1 Satz 1, Abs. 2 Nr. 1 BGB vereinbar ist, lässt sich durchaus bezweifeln, dürfte aber im Ergebnis zu bejahen sein. Besondere Klarheit und Transparenz kann der Vorschrift allerdings insgesamt nicht attestiert werden. Eine abweichende Gestaltung in den ARB als Nebenleistungspflicht ist möglich, wenn man davon ausgeht, dass §§ 86, 87 VVG insoweit keine Sperrwirkung entfalten. Kannte der Schuldner den Anspruchsübergang auf den VR, so bleibt er diesem gegenüber gem. §§ 407 Abs. 1, 412 BGB verpflichtet; Satz 3 gilt dann nicht.[124]

II. ARB 2012/2021

Die Bestimmungen des § 17 Abs. 9 ARB 2010 begegnen in sprachlich überarbeiteter um bessere **40**
Verständlichkeit bemühter Form in Ziff. 4.1.8 und 4.1.9 ARB 2012/2021.

123 So wohl auch Looschelders/Paffenholz/*Herdter* § 17 Rn. 161 f.

124 Prölss/Martin/*Piontek* § 17 Rn. 71.

§ 18 ARB *(entfallen)*

§ 19 ARB *(entfallen)*

§ 20 ARB

ARB 2010	ARB 2012	ARB 2021
§ 20 Zuständiges Gericht. Anzuwendendes Recht (1) Klagen gegen den Versicherer Für Klagen aus dem Versicherungsvertrag gegen den Versicherer bestimmt sich die gerichtliche Zuständigkeit nach dem Sitz des Versicherers oder seiner für den Versicherungsvertrag zuständigen Niederlassung. Ist der Versicherungsnehmer eine natürliche Person, ist auch das Gericht örtlich zuständig, in dessen Bezirk der Versicherungsnehmer zur Zeit der Klageerhebung seinen Wohnsitz oder, in Ermangelung eines solchen, seinen gewöhnlichen Aufenthalt hat.	**9.2 Klagen gegen das Versicherungsunternehmen** Wenn Sie uns verklagen wollen, können Sie die Klage an folgenden Orten einreichen: Am Sitz des Versicherungsunternehmens oder am Sitz der für Ihren Vertrag zuständigen Niederlassung, oder, wenn Sie eine natürliche Person sind, auch am Gericht Ihres Wohnsitzes. (Eine „natürliche Person" ist ein Mensch, im Gegensatz zur „juristischen Person"; das ist zum Beispiel eine GmbH, eine AG oder ein Verein). Haben Sie keinen Wohnsitz, können Sie die Klage am Gericht Ihres gewöhnlichen Aufenthalts einreichen.	**10.2 Klagen gegen das Versicherungsunternehmen** *Identisch mit 9.2 ARB 2012*
(2) Klagen gegen den Versicherungsnehmer Ist der Versicherungsnehmer eine natürliche Person, müssen Klagen aus dem Versicherungsvertrag gegen ihn bei dem Gericht erhoben werden, das für seinen Wohnsitz oder, in Ermangelung eines solchen, den Ort seines gewöhnlichen Aufenthalts zuständig ist. Ist der Versicherungsnehmer eine juristische Person, bestimmt sich das zuständige Gericht auch nach dem Sitz oder der Niederlassung des Versicherungsnehmers. Das gleiche gilt, wenn der Versicherungsnehmer eine Offene Handelsgesellschaft, Kommanditgesellschaft, Gesellschaft bürgerlichen Rechts oder eine eingetragene Partnerschaftsgesellschaft ist.	**9.3 Klagen gegen den Versicherungsnehmer** Wenn wir Sie verklagen müssen, können wir die Klage an folgenden Orten einreichen: • Wenn Sie eine natürliche Person sind, am Gericht Ihres Wohnsitzes. (Eine „natürliche Person" ist ein Mensch, im Gegensatz zur „juristischen Person"; das ist zum Beispiel eine GmbH, eine AG oder ein Verein). Haben Sie keinen Wohnsitz, können wir die Klage am Gericht Ihres gewöhnlichen Aufenthalts einreichen. • Wenn Sie eine juristische Person sind oder eine Offene Handelsgesellschaft, Kommanditgesellschaft, Gesellschaft bürgerlichen Rechts oder eine eingetragene Partnerschaftsgesellschaft, ist das Gericht an Ihrem Sitz oder Ihrer Niederlassung zuständig.	**10.3 Klagen gegen den Versicherungsnehmer** *Identisch mit 9.3 ARB 2012*

https://doi.org/10.1515/9783110522709-030

ARB 2010	ARB 2012	ARB 2021
(3) Unbekannter Wohnsitz des Versicherungsnehmers Ist der Wohnsitz oder gewöhnlicher Aufenthalt des Versicherungsnehmers im Zeitpunkt der Klageerhebung nicht bekannt, bestimmt sich die gerichtliche Zuständigkeit für Klagen aus dem Versicherungsvertrag gegen den Versicherungsnehmer nach dem Sitz des Versicherers oder seiner für den Versicherungsvertrag zuständigen Niederlassung.	• Wenn Ihr Wohnsitz oder Ihr gewöhnlicher Aufenthalt zum Zeitpunkt der Klageerhebung nicht bekannt ist, am Sitz unseres Versicherungsunternehmens oder am Sitz der für Ihren Vertrag zuständigen Niederlassung.	
(4) Für diesen Vertrag gilt deutsches Recht.	**9.1 Anzuwendendes Recht** Für diesen Versicherungsvertrag gilt deutsches Recht.	**10.1 Anzuwendendes Recht**

Übersicht

A. Überblick

§ 20 enthält Bestimmungen über die Gerichtszuständigkeit und das anwendbare Recht. Im Hinblick auf inländische Gerichtsstände sollte er der Umsetzung von § 10 Abs. 1 Nr. 6 VAG a.F. (2015) dienen, welcher vollständige Angaben über inländische Gerichtsstände in den AVB verlangte. Die Gestaltung entspricht AVB-Baustein 21. Gesetzlicher Hintergrund der Regelung der örtlichen Zuständigkeit sind die §§ 12 ff. ZPO sowie die halbzwingende Regelung in § 215 VVG.[1] Die internationale Zuständigkeit richtet sich nach der Europäischen Gerichtsstands- und Vollstreckungsverordnung (Art. 1 ff., 10–16 EuGVVO).[2] Das anwendbare Recht bestimmt sich im Ausgangspunkt nach der Rom-I-VO.[3] Nach wohl h.M. trifft die Regelung lediglich Bestimmungen über die örtliche Zu- 1

1 Hierzu *Bruns* Privatversicherungsrecht § 31 Rn. 16 ff.

2 Im Überblick *Bruns* Privatversicherungsrecht § 34 Rn. 36 ff.

3 Näher wiederum *Bruns* Privatversicherungsrecht § 34 Rn. 4 ff.

ständigkeit bei Inlandssachverhalten, nicht hingegen über die internationale Zuständigkeit.[4] Das war für den Zeitraum der Geltung von § 10 Abs. 1 Nr. 6 VAG a.F. (2015) bis zum 31.12.2015, der vollständige Angaben über inländische Gerichtsstände in den AVB verlangte, fragwürdig, weil inländische Gerichtsstände auch bei Sachverhalten mit Auslandsberührung in Betracht kommen. Nachdem die aufsichtsrechtliche Vorgabe für den Inhalt von AVB im VAG n.F. entfallen ist, stellt sich die Frage im Gewand der Verbraucherinformation gemäß § 7 Abs. 1 Satz 1 VVG i.V.m. § 1 Abs. 1 Nr. 17 VVG-InfoVO neu, wenngleich nicht mehr in voller Schärfe. Denn das Gesetz begnügt sich heute – etwas unklar – mit einer vorvertraglichen Information des Verbrauchers über „das auf den Vertrag anwendbare Recht, eine Vertragsklausel über das auf den Vertrag anwendbare Recht oder über das zuständige Gericht".

B. Örtliche Zuständigkeit bei Inlandssachverhalten

I. Klagen gegen den Versicherer

2 Die Regelungen zur örtlichen Zuständigkeit in § 20 Abs. 1 bis 3 differenzieren in Übereinstimmung mit § 215 VVG zwischen Klagen gegen den VR und Klagen gegen den VN. Die Bestimmungen zur örtlichen Zuständigkeit für Klagen gegen den VR in § 20 Abs. 1 Satz 1 geben die gesetzliche Zuständigkeitsordnung gemäß §§ 12, 17, 21, 35 ZPO wieder. Die in § 20 Abs. 1 Satz 2 getroffene Eröffnung des Gerichtsstands am Wohnsitz bzw. gewöhnlichen Aufenthalt des VN für den Fall, dass der VN eine natürliche Person ist, gibt für Versicherungsverträge mit natürlichen Personen die Gesetzeslage wieder (§ 215 Abs. 1 Satz 1 VVG). Unklar ist, ob die Bestimmung zugleich eine Einschränkung der vom Gesetz angeordneten Geltung von § 215 Abs. 1 Satz 1 VVG für VN darstellt, die keine natürliche Personen sind.[5] Das wäre im kaufmännischen Verkehr gemäß § 38 Abs. 1 ZPO grundsätzlich wirksam möglich, und zwar nach h.M. nicht nur durch ausdrückliche, sondern auch durch konkludente Vereinbarung.[6] Deshalb könnte in § 20 Abs. 1 Satz 2 zumindest eine konkludente Derogation des Wahlgerichtsstandes gemäß § 215 Abs. 1 Satz 1 VVG zu erblicken sein. Eine solche Klausel müsste nach h.M. im kaufmännischen Verkehr nicht ausdrücklich auf Vollkaufleute beschränkt sein und wäre grundsätzlich nicht überraschend im Sinne von § 305c Abs. 1 BGB.[7] Eine Klausel dieses Inhalts wäre auch mit § 307 Abs. 1 Satz 1 BGB vereinbar, jedoch begegnet es angesichts der Unklarheitenregel (§ 305c Abs. 2 BGB) erheblichem Zweifel, ob die Klausel in § 20 Abs. 1 Satz 2 tatsächlich als Derogation der Zuständigkeit gemäß § 215 Abs. 1 Satz 1 VVG im kaufmännischen Verkehr verstanden werden kann. Schließlich wäre eine solche Deutung auch unter dem Gesichtspunkt des Transparenzgebotes durchaus fragwürdig (§ 307 Abs. 1 Satz 2 VVG).

II. Klagen gegen den Versicherungsnehmer

3 Für Klagen gegen den VN, der eine natürliche Person ist, gibt § 20 Abs. 2 Satz 1 den ausschließlichen Gerichtsstand gemäß § 215 Abs. 1 Satz 2 zutreffend wieder. Ist der VN eine juristische Person, sollen zusätzlich die Gerichte am Sitz oder an der Niederlassung zuständig sein (§ 20 Abs. 2 Satz 2), und § 20 Abs. 2 Satz 3 überträgt diese Anordnung auf die offene Handelsgesellschaft, Kommanditgesellschaft, die Gesellschaft bürgerlichen Rechts und die eingetragene Partnerschaftsgesellschaft

4 Vgl. Looschelders/Paffenholz/*Herdter* § 20 Rn. 2 („nimmt Bezug auf die halbzwingende Regelung des § 215 I VVG"); *van Bühren*/Plote § 20 ARB 2010 Rn. 1 („entspricht inhaltlich § 215 VVG"); wohl auch Prölss/Martin/*Piontek* § 20 Rn. 1; Harbauer/*Schneider* § 20 ARB 2010 Rn. 17 (jeweils Bezugnahme nur auf § 215 VVG).

5 BGH 8.11.2017 – IV ZR 551/15, NJW **2018** 232, 233 ff. Rn. 13 ff.

6 Statt vieler Zöller/*Schultzky* § 38 Rn. 24 ff.

7 Zöller/*Schultzky* § 38 Rn. 26 m.w.N.

als VN. Dabei handelt es sich eindeutig um Prorogationsklauseln (§ 38 Abs. 1 ZPO). Die Regelung in § 20 Abs. 2 Satz 2 und 3 verstößt im Hinblick auf die Gesellschaft bürgerlichen Rechts und die Partnerschaftsgesellschaft gegen § 38 Abs. 1 ZPO, im Übrigen ist sie wegen Verstoßes gegen § 40 Abs. 2 Satz 1 Nr. 2 ZPO unwirksam.[8] Eine teleologische Reduktion von § 215 Abs. 1 Satz 2 VVG dahin, dass Ausschließlichkeit des Gerichtsstandes nur für natürliche Personen gilt, ist letztlich nicht gerechtfertigt, weil der Gesetzgeber im VVG ganz bewusst grundsätzlich nicht zwischen natürlichen und juristischen Personen als VN differenziert.[9] Es fehlt mithin an der verdeckten Regelungslücke, wie sie methodische Voraussetzung einer teleologischen Reduktion ist.

III. Unbekannter Wohnsitz oder gewöhnlicher Aufenthalt des Versicherungsnehmers

Die Bestimmung enthält eine gemäß § 215 Abs. 3 Alt. 2 VVG und entgegen § 40 Abs. 2 Satz 1 Nr. 2 4
ZPO grundsätzlich zulässige Prorogation des Gerichts am Sitz des VR oder am Ort der für den Vertrag zuständigen Niederlassung. Die kautelarjuristische Vereinbarung der Zuständigkeit des Gerichts am Ort der für den Vertrag zuständigen Niederlassung ist unter dem Gesichtspunkt der Bestimmtheit bzw. Bestimmbarkeit fragwürdig, weil es eine gesetzliche Zuständigkeitsordnung nicht gibt. Es müsste erheblichen Bedenken begegnen, wenn der VR durch bloße interne Zuweisung der Zuständigkeit für den Vertrag noch nachträglich über den Gerichtsstand disponieren könnte. Legt man die Klausel – unter Umständen in Rückgriff auf die Unklarheitenregel (§ 305c Abs. 2 BGB) – so aus, dass nur die bei Vertragsschluss zuständige Niederlassung gemeint ist, hält die Bestimmung dem Bestimmtheitserfordernis ebenso Stand wie der Inhaltskontrolle gemäß § 307 Abs. 1 Satz 1 BGB. Ob damit auch dem AGB-rechtlichen Transparenzgebot Genüge getan ist (§ 307 Abs. 1 Satz 2 BGB), lässt sich gültig kaum beantworten, dürfte aber – bei aller gebotenen Vorsicht – tendenziell eher zu bejahen sein.

C. Internationales Privat- und Prozessrecht

I. Rechtswahl

Die Wahl deutschen Rechts, wie sie § 20 Abs. 4 vorsieht, ist in den Grenzen von Art. 3 Rom-I-VO 5
unproblematisch zulässig, soweit das versicherte Rechtsschutzrisiko in Deutschland belegen ist (Art. 7 Abs. 3 Unterabs. 1 lit. a Rom-I-VO)[10] oder der VN seinen gewöhnlichen Aufenthalt in Deutschland hat (Art. 9 Abs. 3 Unterabs. 1 lit. b Rom-I-VO). Das Rechtsschutzrisiko ist bei natürlichen Personen ebenfalls am gewöhnlichen Aufenthaltsort des VN belegen (Art. 13 Nr. 13 lit. d [i] Solvabilitäts-RiL II), bei juristischen Personen am Ort der Niederlassung dieses VN, auf die sich der Versicherungsvertrag bezieht (Art. 13 Nr. 13 lit. d [ii] Solvabilitäs-RiL II).[11] Es ist also keineswegs selbstverständlich, dass Risikobelegenheit bzw. gewöhnlicher Aufenthalt stets in Deutschland lokalisiert sind. Selbst bei Mehrfachbelegenheit ist nach der in der deutschen Literatur wohl h.M. lediglich eine affirmative Rechtswahl zulässig, die eine Konzentration auf deutsches Recht ausschließen soll.[12] Die Wirksamkeit der uneingeschränkten Rechtswahl ist deshalb insgesamt zweifelhaft.

8 **A.A.** *Armbrüster* RuS **2010** 441, 456; Prölss/Martin/*Klimke* § 215 Rn. 10; tendenziell auch Langheid/Wandt/*Looschelders* § 215 Rn. 72; § 125 Rn. 34.

9 Hierzu allgemein *Bruns* Privatversicherungsrecht § 2 Rn. 31, § 5 Rn. 10.

10 Hierzu *Bruns* Privatversicherungsrecht § 34 Rn. 10 ff., 12.

11 Näher Langheid/Wandt, MünchKommVVG/*Looschelders*, 2. Aufl. 2017, Int. Versicherungsvertragsrecht Rn. 71 f.

12 S. auch Langheid/Wandt, MünchKommVVG/*Looschelders*, 2. Aufl. 2017, Int. Versicherungsvertragsrecht Rn. 59.

II. Internationale Zuständigkeit

6 Die internationale Zuständigkeit ist nach h.M. in § 20 Abs. 1 bis 3 nicht geregelt.[13] Sie richtet sich nach den Vorschriften der EuGVVO, soweit diese anwendbar ist, sonst unter Umständen nach EuGVÜ oder Luganer Übereinkommen. Bei Wegzug ins Ausland ist das Verhältnis von § 215 Abs. 3 zu EuGVVO, EuGVÜ und Luganer Übereinkommen problematisch und umstritten.[14]

D. ARB 2012/2021

7 Die Regelung in § 20 ARB 2010 findet sich inhaltlich entsprechend in Ziff. 9 ARB 2012 bzw. Ziff. 10 ARB 2021. Ziff. 9 der ARB 2021 („Wenn Sie mit uns einmal nicht zufrieden sind") enthält lediglich die Kontaktdaten des Versicherers sowie des Versicherungsombudsmanns (Ziff. 9.1.), verbunden mit dem Hinweis, dass der Ombudsmann für Versicherungen eine unabhängige und für Verbraucher kostenfrei arbeitende Schlichtungsstelle ist und Verbraucher, die den Vertrag online abgeschlossen haben, sich mit einer Beschwerde auch online an den Versicherungsombudsmann wenden können. Ziff. 9.2 enthält weiterhin die Kontaktdaten der BaFin als Aufsichtsbehörde sowie den Hinweis, dass die BaFin keine Schiedsstelle ist und einzelne Streitfälle nicht verbindlich entscheiden kann. Ziff. 9.3 stellt klar, dass der VN die Möglichkeit hat, den Rechtsweg zu beschreiten, wobei dafür gem. Ziff. 3.2.11 ARB 2021 kein Versicherungsschutz besteht.[15]

13 S. Rn. 1.
14 Hierzu *Bruns*, Privatversicherungsrecht, § 31 Rn. 27 ff.
15 S.o. sub § 7 Rn. 72.

§ 21 ARB

ARB 2010	ARB 2012	ARB 2021
§ 21 Verkehrs-Rechtsschutz (1) Versicherungsschutz besteht für den Versicherungsnehmer in seiner Eigenschaft als Eigentümer oder Halter jedes bei Vertragsabschluss oder während der Vertragsdauer auf ihn zugelassenen oder auf seinen Namen mit einem Versicherungskennzeichen versehenen oder als Mieter jedes von ihm als Selbstfahrer-Vermietfahrzeug zum vorübergehenden Gebrauch gemieteten Motorfahrzeuges zu Lande sowie Anhängers. Der Versicherungsschutz erstreckt sich auf alle Personen in ihrer Eigenschaft als berechtigte Fahrer oder berechtigte Insassen dieser Motorfahrzeuge.	**(2.1.1) Im Verkehrs-Rechtsschutz** Sie haben Versicherungsschutz, wenn Sie rechtliche Interessen wahrnehmen als • Eigentümer, • Halter, • Erwerber, • Leasingnehmer/Mieter, • Fahrer von Kraftfahrzeugen sowie Anhängern. Die Kraftfahrzeuge oder Anhänger müssen entweder: • bei Vertragsabschluss oder während der Vertragsdauer auf Sie zugelassen sein oder • auf Ihren Namen mit einem Versicherungskennzeichen (sogenanntes Nummernschild) versehen sein oder • zum vorübergehenden Gebrauch von Ihnen gemietet sein. (2.1.2) Versichert sind alle Personen (mitversicherte Personen) in ihrer Eigenschaft als berechtigte Fahrer oder berechtigte Mitfahrer des Kraftfahrzeugs. (Berechtigt ist jede Person, die das Kraftfahrzeug mit Ihrem Einverständnis führt oder nutzt.)	**(2.1.1) Im Verkehrs-Rechtsschutz** *Identisch mit 2.1.1/2.1.2 ARB 2012*
(2) Der Versicherungsschutz kann auf gleichartige Motorfahrzeuge gemäß Absatz 1 beschränkt werden. Als gleichartig gelten jeweils Krafträder. Personenkraft- und Kombiwagen, Lastkraft- und sonstige Nutzfahrzeuge, Omnibusse sowie Anhänger.		
(3) Abweichend von Absatz 1 kann vereinbart werden, dass der Versicherungsschutz für ein oder mehrere im Versicherungsschein bezeichnete Motorfahrzeuge zu Lande, zu Wasser oder in der Luft sowie Anhänger (Fahrzeug) besteht, auch wenn diese nicht auf den Versicherungsnehmer zugelassen oder nicht auf seinen Namen mit einem Versicherungskennzeichen versehen sind.	(2.1.1) Sie sind ferner als Fahrer und Mitfahrer fremder oder eigener Kraftfahrzeuge, Motorfahrzeuge zu Wasser oder in der Luft versichert.	

https://doi.org/10.1515/9783110522709-031

ARB 2010	ARB 2012	ARB 2021
(4) Der Versicherungsschutz umfasst: – Schadenersatz-Rechtsschutz (§ 2 a), – Rechtsschutz im Vertrags- u. Sachenrecht (§ 2 d), – Steuer-Rechtsschutz vor Gerichten (§ 2 e), – Verwaltungs-Rechtsschutz in Verkehrssachen (§ 2 g), – Straf-Rechtsschutz (§ 2 i), – Ordnungswidrigkeiten-Rechtsschutz (§ 2 j).		
(5) Der Rechtsschutz im Vertrags- und Sachenrecht kann ausgeschlossen werden.		
(6) Der Rechtsschutz im Vertrags- und Sachenrecht besteht in den Fällen der Absätze 1 und 2 auch für Verträge, mit denen der Erwerb von Motorfahrzeugen zu Lande sowie Anhängern zum nicht nur vorübergehenden Eigengebrauch bezweckt wird, auch wenn diese Fahrzeuge nicht auf den Versicherungsnehmer zugelassen oder nicht auf seinen Namen mit einem Versicherungskennzeichen versehen werden.		
(7) Versicherungsschutz besteht mit Ausnahme des Rechtsschutzes im Vertrags- und Sachenrecht für den Versicherungsnehmer auch bei der Teilnahme am öffentlichen Verkehr in seiner Eigenschaft als a) Fahrer jedes Fahrzeuges, das weder ihm gehört noch auf ihn zugelassen oder auf seinen Namen mit einem Versicherungskennzeichen versehen ist, b) Fahrgast, c) Fußgänger und d) Radfahrer.	(2.1.1) Versicherungsschutz haben Sie auch, wenn Sie am öffentlichen Straßenverkehr teilnehmen, und zwar • als Fahrgast, • als Fußgänger oder • als Radfahrer.	*Identisch mit 2.1.1 ARB 2012*
(8) Der Fahrer muss bei Eintritt des Rechtsschutzfalls die vorgeschriebene Fahrerlaubnis haben, zum Führen des Fahrzeugs berechtigt sein und das Fahrzeug muss zugelassen oder mit einem Versicherungskennzeichen versehen sein. Bei Verstoß gegen diese Obliegenheit besteht Rechtsschutz nur für diejenigen versicherten Personen, die von diesem Verstoß ohne Verschulden oder leicht fahrlässig keine Kenntnis	**4.2 Weitere besondere Verhaltensregeln/Obliegenheiten** **im Verkehrs-Rechtsschutz** Wenn wir einen Versicherungsfall für Sie übernehmen sollen, müssen folgende Bedingungen erfüllt sein: – Der Fahrer muss bei Eintritt des Versicherungsfalls die vorgeschriebene Fahrerlaubnis haben.	**4.2 Weitere besondere Verhaltensregeln/Obliegenheiten** **im Verkehrs-Rechtsschutz** *Identisch mit 4.2 ARB 2012*

ARB 2010	ARB 2012	ARB 2021
hatten. Bei grob fahrlässiger Unkenntnis des Verstoßes gegen diese Obliegenheit ist der Versicherer berechtigt, seine Leistung in einem der Schwere des Verschuldens der versicherten Person entsprechenden Verhältnis zu kürzen. Weist die versicherte Person nach, dass ihre Unkenntnis nicht grob fahrlässig war, bleibt der Versicherungsschutz bestehen. Der Versicherungsschutz bleibt auch bestehen, wenn die versicherte Person oder der Fahrer nachweist, dass die Verletzung der Obliegenheit weder für den Eintritt oder die Feststellung des Versicherungsfalls noch für die Feststellung oder den Umfang der dem Versicherer obliegenden Leistung ursächlich war.	- Der Fahrer muss berechtigt sein, das Fahrzeug zu führen. - Das Fahrzeug muss zugelassen sein oder ein Versicherungskennzeichen (sogenanntes Nummernschild) haben. Was geschieht, wenn gegen diese Bedingungen verstoßen wird? Dann besteht Versicherungsschutz nur für diejenigen versicherten Personen, die von diesem Verstoß nichts wussten. Das heißt, die Personen haben ohne Verschulden oder höchstens leicht fahrlässig gehandelt. Wenn der Verstoß grob fahrlässig war, sind wir berechtigt, unsere Leistung zu kürzen, und zwar entsprechend der Schwere des Verschuldens. (Beispiel für „grob fahrlässiges Verhalten“: Jemand verletzt die allgemein übliche Sorgfalt in ungewöhnlich hohem Maße.) Wenn die versicherte Person nachweist, dass ihre Unkenntnis nicht grob fahrlässig war, bleibt der Versicherungsschutz bestehen. Der Versicherungsschutz bleibt auch in folgenden Fällen bestehen: Die versicherte Person oder der Fahrer weist nach, dass der Verstoß nicht ursächlich war für • den Eintritt des Versicherungsfalls, • die Feststellung des Versicherungsfalls oder • den Umfang der von uns zu erbringenden Leistung.	
(9) Ist in den Fällen der Absätze 1 und 2 seit mindestens sechs Monaten kein Fahrzeug mehr auf den Versicherungsnehmer zugelassen und nicht mehr auf seinen Namen mit einem Versicherungskennzeichen versehen, kann der Versicherungsnehmer unbeschadet seines Rechtes auf Herabsetzung des Beitrages gemäß § 11 Absatz 2 die Aufhebung des Versicherungsvertrages mit sofortiger Wirkung verlangen.	(4.3) Unter zwei Bedingungen können Sie Ihren Versicherungsvertrag mit uns sofort kündigen: • Es ist seit mindestens sechs Monaten kein Fahrzeug (im Sinne 2.1) auf Ihren Namen zugelassen. • Es ist auch kein Fahrzeug mit einem Versicherungskennzeichen (sogenanntes Nummernschild) auf Ihren Namen versehen. Unabhängig davon haben Sie das	

ARB 2010	ARB 2012	ARB 2021
	Recht, von uns eine Herabsetzung Ihres Versicherungsbeitrags nach 7.9.2 zu verlangen.	
(10) Wird ein nach Absatz 3 versichertes Fahrzeug veräußert oder fällt es auf sonstige Weise weg, besteht Versicherungsschutz für das Fahrzeug, das an die Stelle des bisher versicherten Fahrzeuges tritt (Folgefahrzeug). Der Rechtsschutz im Vertrags- und Sachenrecht erstreckt sich in diesen Fällen auf den Vertrag, der dem tatsächlichen oder beabsichtigten Erwerb des Folgefahrzeuges zugrunde liegt. Die Veräußerung oder der sonstige Wegfall des Fahrzeuges ist dem Versicherer innerhalb von zwei Monaten anzuzeigen und das Folgefahrzeug zu bezeichnen. Bei Verstoß gegen diese Obliegenheiten besteht Rechtsschutz nur, wenn der Versicherungsnehmer die Anzeige- und Bezeichnungspflicht ohne Verschulden oder leicht fahrlässig versäumt hat. Bei grob fahrlässigem Verstoß gegen diese Obliegenheiten ist der Versicherer berechtigt, seine Leistung in einem der Schwere des Verschuldens des Versicherungsnehmers entsprechenden Verhältnis zu kürzen. Weist der Versicherungsnehmer nach, dass der Obliegenheitsverstoß nicht grob fahrlässig war, bleibt der Versicherungsschutz bestehen. Der Versicherungsschutz bleibt auch bestehen, wenn der Versicherungsnehmer nachweist, dass die Verletzung der Obliegenheit weder für den Eintritt oder die Feststellung des Versicherungsfalls noch für die Feststellung oder den Umfang der dem Versicherer obliegenden Leistung ursächlich war. Wird das Folgefahrzeug bereits vor Veräußerung des versicherten Fahrzeuges erworben, bleibt dieses bis zu seiner Veräußerung, längstens	**4.3 Besonderheiten im Fahrzeug-Rechtsschutz bei Fahrzeugwechsel oder Verkauf** Sie haben Versicherungsschutz auch für ein Folgefahrzeug. Wir gehen davon aus, dass Sie ein Folgefahrzeug haben, wenn Sie innerhalb eines Monats vor oder nach dem Verkauf Ihres bei uns versicherten Fahrzeugs ein neues Fahrzeug erwerben. Ihr altes Fahrzeug versichern wir maximal einen Monat ohne zusätzlichen Beitrag mit. Versicherungsschutz besteht auch für die Durchsetzung Ihrer Interessen im Zusammenhang mit dem beabsichtigten Fahrzeugkauf. (Beispiel: Sie machen eine Anzahlung für ein Kfz, der Verkäufer weigert sich aber, dieses auszuliefern.) Sie müssen uns den Verkauf oder Verlust Ihres Fahrzeugs innerhalb von zwei Monaten melden. Außerdem müssen Sie uns über Ihr Folgefahrzeug informieren. Bei Verstoß gegen diese Obliegenheiten haben Sie Versicherungsschutz nur dann, wenn Sie die Meldung ohne Verschulden oder leicht fahrlässig versäumt haben. Wenn Sie grob fahrlässig gehandelt haben, sind wir berechtigt, unsere Leistungen zu kürzen, und zwar je nach Schwere des Verschuldens. Wenn Sie nachweisen, dass Sie nicht grob fahrlässig gehandelt haben, bleibt Ihr Versicherungsschutz bestehen. (Beispiel für „grob fahrlässiges Verhalten“: Jemand verletzt die im Verkehr erforderliche Sorgfalt in ungewöhnlich hohem Maße.) Der Versicherungsschutz bleibt auch in folgendem Fall bestehen:	**4.3 Besonderheiten im Fahrzeug-Rechtsschutz bei Fahrzeugwechsel oder Verkauf** *Identisch mit 4.3 ARB 2012*

ARB 2010	ARB 2012	ARB 2021
jedoch bis zu einem Monat nach dem Erwerb des Folgefahrzeuges ohne zusätzlichen Beitrag mitversichert. Bei Erwerb eines Fahrzeuges innerhalb eines Monates vor oder innerhalb eines Monates nach der Veräußerung des versicherten Fahrzeuges wird vermutet, dass es sich um ein Folgefahrzeug handelt.	Sie weisen nach, dass der Verstoß gegen die genannten Obliegenheiten nicht die Ursache war • für den Eintritt des Versicherungsfalls oder • für die Feststellung des Versicherungsfalls oder • für den Umfang unserer Leistung.	

Übersicht

A. Überblick

Die Bestimmungen über die Formen des Versicherungsschutzes beginnen mit dem Verkehrs-Rechtsschutz. Die Regelungen sind insgesamt überwiegend aus sich heraus relativ gut verständlich. Die §§ 21 bis 29 enthalten zahlreiche Verweisungen auf vorangegangene Regelungen, deren Kommentierung ergänzend herangezogen werden kann. Die folgenden Erläuterungen setzen Grundsätze des Privatversicherungsrechts im Allgemeinen sowie des Rechts der Rechtsschutzversicherung im Besonderen voraus und beschränken sich auf die für Verständnis und Einordnung wesentlichen Punkte. 1

B. Verkehrs-Rechtsschutz

I. Personenbezogener Verkehrs-Rechtsschutz und gleichartige Fahrzeuge

Der Versicherungsschutz besteht im Rahmen von § 21 Abs. 1 für den VN. Er erstreckt sich gemäß § 21 Abs. 1 Satz 2 auf alle Personen in ihrer Eigenschaft als berechtigte Fahrer oder berechtigte Insassen. Nicht berechtigt ist, wer das Fahrzeug gegen den Willen des VN nutzt.[1] Die Ausnahme nicht berechtig- 2

1 Looschelders/Paffenholz/*Obarowski* § 21 Rn. 24.

ter Fahrer oder Insassen im Wege des Risikoausschlusses ist nach h.M. in der Literatur nicht zu beanstanden; der VN hat von vornherein kein Interesse an der Mitversicherung eines nicht berechtigten Fahrers.[2] Die fehlende Berechtigung des VN zum Führen eines fremden Kfz ist dagegen im Rahmen der Obliegenheit gemäß Abs. 8 geregelt.[3] Die Kautelarpraxis macht von der Möglichkeit, den Versicherungsschutz auf gleichartige Fahrzeuge zu beschränken (§ 21 Abs. 2), augenscheinlich selten Gebrauch.[4] Wesensprägend ist, dass es sich um einen Verkehrsvorgang handelt.[5]

II. Fahrzeugbezogener Verkehrs-Rechtsschutz

3 Die Vorschrift des § 21 Abs. 3 ist aus sich selbst heraus verständlich.

III. Reichweite des Schutzes nach Leistungsarten

4 Die Bedeutung der Bestimmung zum Versicherungsschutz in § 21 Abs. 4 erschließt sich aus den dort in Bezug genommenen Klauseln der ARB (§ 2 lit. a, d, e, g, i, j). Im Einzelfall kann es hier Abgrenzungsprobleme geben: Erwirbt der VN gem. § 21 ARB ein Kfz, das (noch) nicht auf ihn zugelassen ist, besteht gem. § 21 ARB kein Versicherungsschutz.[6] „Geltendmachung von Schadenersatzansprüchen" (lit. a) erfordert die Erklärung des VN gegenüber einem Dritten, von diesem eine Schadenersatzleistung zu verlangen. Eine solche Erklärung liegt indes nicht vor, wenn der Unfallgegner nach einem Verkehrsunfall unbekannt geblieben ist und der Anwalt mit der Ermittlung des Unbekannten beauftragt wird.[7] Erstreckt sich der Verkehrsrechtsschutz auf die Wahrnehmung rechtlicher Interessen aus Versicherungsverträgen, so umfasst er nicht nur Streitigkeiten aus einer Kfz-Unfallversicherung, sondern auch solche aus einer allgemeinen Unfallversicherung, sofern der VN den Unfall als Fahrzeuginsasse erlitten hat.[8] Dies gilt auch bei einer Gruppenunfallversicherung.[9] Nicht gedeckt ist dagegen der Verwaltungsrechtsstreit eines versicherten Fahrers wegen einer Fahrtenbuchauflage (lit. g). Keine Versicherungsdeckung besteht schließlich bei Straf- und Ordnungswidrigkeiten (§ 2 Buchst. i, j).[10]

IV. Ausschluss für Vertrags- und Sachenrecht

5 Dass der Rechtsschutz im Vertrags- und Sachenrecht ausgeschlossen werden kann, wie es § 21 Abs. 5 ausdrücklich vorsieht, ist im Grunde genommen nicht mehr als eine bare Selbstverständlichkeit.

V. Erweiterung des Rechtsschutzes im Vertrags- und Sachenrecht

6 Die Erweiterung des Rechtsschutzes im Vertrags- und Sachenrecht auf Verträge des VN über den Erwerb von Fahrzeugen ist an das Erfordernis eines nicht nur vorübergehenden Eigengebrauchs

---

2 Prölss/Martin/*Piontek* § 21 Rn. 4; van Bühren/Plote/Hillmer-Möbius § 21 ARB 2010 Rn. 32; Looschelders/Paffenholz/Obarowski § 21 Rn. 24; **a.A.** Schirmer RuS **1999** 1, 8.

3 Prölss/Martin/*Piontek* § 21 Rn. 4.

4 Looschelders/Paffenholz/*Obarowski* § 21 Rn. 29.

5 Prölss/Martin/*Piontek* § 21 Rn. 5 mit Einzelheiten.

6 LG Köln 17.6.1992 – 24 S 68/91, RuS **1993** 24 Ls.

7 AG Köln 1.2.1993 – 121 C 628/92, RuS **1993** 263 Ls.; AG Düsseldorf 17.2.2005 – 47 C 15041/04, BeckRS **2005** 150974.

8 AG Weilheim 30.10.1995 – 2 C 0705/95, VersR **1996** 1364; *Mathy* NVersZ **2001** 433, 440; *ders.* VersR **2005** 872.

9 OLG Koblenz 28.5.1999 – 10 U 1012/98, NVersZ **1999** 492.

10 Einzelheiten bei Prölss/Martin/*Piontek* § 21 Rn. 13 f. m.w.N.

gekoppelt (§ 21 Abs. 6), um zu verhindern, dass Händler ohne gesonderte Vereinbarung ohne weiteres in den Genuss der Erweiterung kommen.[11]

VI. Versicherungsnehmer als Fahrgast, Fußgänger, Radfahrer

Der VN genießt Rechtsschutz auch als Fahrer anderer Fahrzeuge, Fahrgast, Fußgänger und Radfahrer. Inlineskater werden überwiegend weder als Fahrzeugfahrer noch als Fußgänger angesehen.[12] Rechtsschutz zugunsten von Inlineskatern als Fahrzeugführer kommt jedenfalls schon mangels Fahrzeugzulassung und Kennzeichenpflicht nicht in Betracht. Hingegen vermag die Annahme, es handele sich nicht um Fußgänger, letztlich nicht zu überzeugen. 7

VII. Obliegenheitsverletzungen

Die Vorschrift des § 21 Abs. 8 statuiert nach zutreffender h.M. vertragliche Obliegenheiten im Sinne von § 28 Abs. 1 VVG[13] und regelt die Rechtsfolgen in Übereinstimmung mit obliegenheitsrechtlichen Grundsätzen. Insbesondere muss der Fahrer bei Eintritt des Rechtsschutzfalls die vorgeschriebene Fahrerlaubnis haben, zum Führen des Fahrzeugs berechtigt sein und das Fahrzeug muss zugelassen oder mit einem Versicherungskennzeichen versehen sein. Insgesamt ist der Anwendungsbereich jedoch begrenzt: Absatz 8 greift bei Schwarzfahrten und Fahrten mit einem nicht zugelassenen Fahrzeug nur in den Konstellationen ein, in denen die Deckung nicht schon aufgrund von Absatz 1 entfällt. Die Kfz-Zulassung ist damit nur insoweit Obliegenheit gem. Absatz 8, als der Versicherungsschutz nicht schon nach Absatz 1 entfällt, insbesondere für den VN in seiner Eigenschaft als Fahrer und in den Fällen, in denen die Zulassung nach § 19 Abs. 2 StVZO erloschen ist.[14] 8

VIII. Partieller Wegfall des versicherten Interesses

Die Bestimmung in § 21 Abs. 9 ist nach richtiger h.M. in der Literatur nicht als eine Regelung zur Gefahrverminderung (§ 41 VVG; § 11 Abs. 2), sondern als eine Vorschrift über den teilweisen Interessefortfall (vgl. § 12 Abs. 1) zu qualifizieren.[15] 9

IX. Folgefahrzeug

Die Regelung über die Erstreckung des Versicherungsschutzes auf ein Folgefahrzeug (§ 21 Abs. 10) verstößt nicht gegen § 308 Nr. 5 BGB, weil sie keine Fiktion der künftigen Zustimmung des VN zur Änderung des versicherten Risikos darstellt, sondern die Versicherung eines künftig entstehenden Risikos. Wenn mit der Erstreckung des Versicherungsschutzes auf ein Folgefahrzeug die Möglichkeit einer Prämienerhöhung verbunden ist, müsste es allerdings erheblichen Bedenken begegnen, dass dem VN kein Kündigungsrecht eingeräumt wird. Die Regelung würde den VN dann unange- 10

11 Prölss/Martin/*Piontek* § 21 Rn. 15.

12 OLG Nürnberg 30.1.2006 – 8 W 197/06, BeckRS **2010** 11296; Prölss/Martin/*Piontek* § 21 Rn. 16; Looschelders/Paffenholz/*Obarowski* § 21 Rn. 60; Harbauer/*Obarowski* § 21 ARB 2010 Rn. 117.

13 Prölss/Martin/*Piontek* § 21 Rn. 18; Harbauer/*Obarowski* § 21 ARB 2010 Rn. 119; Looschelders/Paffenholz/*Obarowski* § 21 Rn. 61; *Schirmer* RuS **1999** 1, 8.

14 Einzelheiten mit Nachweisen aus der Rechtsprechung bei Prölss/Martin/*Piontek* § 21 Rn. 21.

15 Prölss/Martin/*Piontek* § 21 Rn. 24; Harbauer/*Obarowski* § 21 ARB 2010 Rn. 187; Looschelders/Paffenholz/*Obarowski* § 21 Rn. 69.

messen benachteiligen (§ 307 Abs. 1 Satz 1 BGB). Sie ist auch unter dem Gesichtspunkt der Transparenz nicht über jeden Zweifel erhaben, weil sie die Rechtsfolgen nicht in der wünschenswerten Klarheit zum Ausdruck bringt (§ 307 Abs. 1 Satz 2 BGB). Die Vermutung für ein Folgefahrzeug gemäß § 21 Abs. 10 Satz 9 ist aufgrund ihres beweislaständernden Charakters an § 309 Nr. 12 BGB zu messen. Weil die Gesamtregelung nicht nur den Versicherungsschutz erweitert, sondern auch zu einer substanziellen Prämienerhöhung führen kann, ist sie für den VN insoweit nachteilig und unwirksam. Die Sanktionierung der Anzeigeobliegenheit gemäß § 21 Abs. 10 Satz 4 benachteiligt den VN unangemessen und ist deshalb ebenfalls unwirksam (§ 307 Abs. 1 Satz 1 BGB).[16]

C. ARB 2012/2021

11 In den ARB 2012/2021 finden sich Bestimmungen zum Verkehrs-Rechtsschutz und zum Fahrzeug-Rechtsschutz in Ziff. 2.1.1, die Regelung über die Mitversicherung geschlossen in Ziff. 2.1.2. Die versicherten Leistungsarten sind in Ziff. 2.2 ARB 2012 niedergelegt, die Regelung über die vertraglichen Obliegenheiten gebündelt in Ziff. 4.2 ARB 2012. Die Folgefahrzeug-Regelung ist in Ziff. 4.3 fortgeschrieben.[17]

16 Prölss/Martin/*Piontek* § 21 Rn. 34 ff., 36.

17 Looschelders/Paffenholz/*Obarowski* § 21 Rn. 74 ff.

§ 22 ARB

ARB 2010	ARB 2012	ARB 2021
§ 22 Fahrer-Rechtsschutz (1) Versicherungsschutz besteht für die im Versicherungsschein genannte Person bei der Teilnahme am öffentlichen Verkehr in ihrer Eigenschaft als Fahrer jedes Motorfahrzeuges zu Lande, zu Wasser oder in der Luft sowie Anhängers (Fahrzeug), das weder ihr gehört noch auf sie zugelassen oder auf ihren Namen mit einem Versicherungskennzeichen versehen ist. Der Versicherungsschutz besteht auch bei der Teilnahme am öffentlichen Verkehr als Fahrgast, Fußgänger und Radfahrer.	(2.1.1) **Im Fahrzeug-Rechtsschutz** Sie haben Versicherungsschutz für die im Versicherungsschein genannten Kraftfahrzeuge, Motorfahrzeuge zu Wasser oder in der Luft sowie für Anhänger. Dabei kommt es nicht darauf an, ob • das Fahrzeug auf Ihren Namen zugelassen ist oder • das Fahrzeug mit einem Versicherungskennzeichen *(*sogenanntes Nummernschild*)* auf Ihren Namen versehen ist. (2.1.2) Versichert sind alle Personen (mitversicherte Personen) in ihrer Eigenschaft als berechtigte Fahrer oder berechtigte Mitfahrer des Kraftfahrzeugs. (Berechtigt ist jede Person, die das Kraftfahrzeug mit Ihrem Einverständnis führt oder nutzt.)	(2.1.1) **Im Fahrzeug-Rechtsschutz** *Identisch mit 2.1.1/2.1.2 ARB 2012*
(2) Unternehmen können den Versicherungsschutz nach Absatz 1 für alle Kraftfahrer in Ausübung ihrer beruflichen Tätigkeit für das Unternehmen vereinbaren. Diese Vereinbarung können auch Betriebe des Kraftfahrzeughandels und -handwerks, Fahrschulen und Tankstellen für alle Betriebsangehörigen treffen.		
(3) Der Versicherungsschutz umfasst: – Schadenersatz-Rechtsschutz (§ 2 a), – Steuer-Rechtsschutz vor Gerichten (§ 2 e), – Verwaltungs-Rechtsschutz in Verkehrssachen (§ 2 g), – Straf-Rechtsschutz (§ 2 i), – Ordnungswidrigkeiten-Rechtsschutz (§ 2 j).		
(4) Wird in den Fällen des Absatzes 1 ein Motorfahrzeug zu Lande auf die im Versicherungsschein genannte Person zugelassen oder auf ihren Namen mit einem Versicherungskennzeichen versehen, wandelt sich der Versicherungsschutz in einen solchen nach § 21 Absätze 3,		

https://doi.org/10.1515/9783110522709-032

ARB 2010	ARB 2012	ARB 2021
4, 7, 8 und 10 um. Die Wahrnehmung rechtlicher Interessen im Zusammenhang mit dem Erwerb dieses Motorfahrzeuges zu Lande ist eingeschlossen.		
(5) Der Fahrer muss bei Eintritt des Rechtsschutzfalls die vorgeschriebene Fahrerlaubnis haben, zum Führen des Fahrzeugs berechtigt sein und das Fahrzeug muss zugelassen oder mit einem Versicherungskennzeichen versehen sein. Bei Verstoß gegen diese Obliegenheit besteht Rechtsschutz nur, wenn der Fahrer von diesem Verstoß ohne Verschulden oder leicht fahrlässig keine Kenntnis hatte. Bei grob fahrlässiger Unkenntnis des Verstoßes gegen diese Obliegenheit ist der Versicherer berechtigt, seine Leistung in einem der Schwere des Verschuldens des Fahrers entsprechenden Verhältnis zu kürzen. Weist der Fahrer nach, dass seine Unkenntnis nicht grob fahrlässig war, bleibt der Versicherungsschutz bestehen. Der Versicherungsschutz bleibt auch bestehen, wenn der Fahrer nachweist, dass die Verletzung der Obliegenheit weder für den Eintritt oder die Feststellung des Versicherungsfalls noch für die Feststellung oder den Umfang der dem Versicherer obliegenden Leistung ursächlich war.	**4.2 Weitere besondere Verhaltensregeln/Obliegenheiten** **im Fahrzeug-Rechtsschutz** Wenn wir einen Versicherungsfall für Sie übernehmen sollen, müssen folgende Bedingungen erfüllt sein: - Der Fahrer muss bei Eintritt des Versicherungsfalls die vorgeschriebene Fahrerlaubnis haben. - Der Fahrer muss berechtigt sein, das Fahrzeug zu führen. - Das Fahrzeug muss zugelassen sein oder ein Versicherungskennzeichen (sogenanntes Nummernschild) haben. Was geschieht, wenn gegen diese Bedingungen verstoßen wird? Dann besteht Versicherungsschutz nur für diejenigen versicherten Personen, die von diesem Verstoß nichts wussten. Das heißt, die Personen haben ohne Verschulden oder höchstens leicht fahrlässig gehandelt. Wenn der Verstoß grob fahrlässig war, sind wir berechtigt, unsere Leistung zu kürzen, und zwar entsprechend der Schwere des Verschuldens. (Beispiel für „grob fahrlässiges Verhalten“: Jemand verletzt die allgemein übliche Sorgfalt in ungewöhnlich hohem Maße.) Wenn die versicherte Person nachweist, dass ihre Unkenntnis nicht grob fahrlässig war, bleibt der Versicherungsschutz bestehen. Der Versicherungsschutz bleibt auch in folgenden Fällen bestehen: Die versicherte Person oder der Fahrer weist nach, dass der Verstoß nicht ursächlich war für • den Eintritt des Versicherungsfalls,	**4.2 Weitere besondere Verhaltensregeln/Obliegenheiten** **im Fahrzeug-Rechtsschutz** *Identisch mit 4.2. ARB 2012*

ARB 2010	ARB 2012	ARB 2021
	• die Feststellung des Versicherungsfalls oder • den Umfang der von uns zu erbringenden Leistung.	
(6) Hat in den Fällen des Absatzes 1 die im Versicherungsschein genannte Person länger als sechs Monate keine Fahrerlaubnis mehr, endet der Versicherungsvertrag. Zeigt der Versicherungsnehmer das Fehlen der Fahrerlaubnis spätestens innerhalb von zwei Monaten nach Ablauf der Sechsmonatsfrist an, endet der Versicherungsvertrag mit Ablauf der Sechsmonatsfrist. Geht die Anzeige später beim Versicherer ein, endet der Versicherungsvertrag mit Eingang der Anzeige.		

Übersicht

A. Überblick

Der Fahrer-Rechtsschutz gemäß § 22 bietet eine personenbezogene Deckung ausschließlich für das Risiko des Fahrens eines fremden, nicht auf den VN zugelassenen Fahrzeuges. Der Umfang entspricht § 21 Abs. 4. Die Rechtsschutzdeckung eignet sich für Personen, die kein eigenes Fahrzeug besitzen oder von Berufs wegen fremde Fahrzeuge fahren, sowie für Unternehmen, die ihren Mitarbeitern Versicherungsdeckung bei beruflichen Fahrten verschaffen wollen.[1] 1

1 Looschelders/Paffenholz/*Obarowski* § 22 Rn. 1.

B. Fahrer-Rechtsschutz

I. Versicherte Person und Risiken

2 Die Bestimmungen des § 22 Abs. 1 sind weitestgehend aus sich selbst heraus verständlich. Entscheidend für die Einbeziehung in den persönlichen Schutzbereich der Versicherung ist die Nennung im Versicherungsschein.

II. Unternehmen

3 Der Begriff des Unternehmens in § 22 Abs. 2 ist weit zu verstehen.[2]

III. Reichweite des Schutzes nach Leistungsarten

4 Die Bedeutung der Bestimmung der Reichweite des Versicherungsschutzes nach Leistungsarten in § 22 Abs. 3 erschließt sich aus den einschlägigen Erläuterungen der in Bezug genommenen Klauseln (§ 2 lit. a, e, g, i, j).

IV. Umwandlung des Fahrer-Rechtsschutzes in Verkehrs-Rechtsschutz

5 Nach Absatz 4 wird in den Fällen des Absatzes 1 ein Motorfahrzeug auf die im Versicherungsschein genannte Person zugelassen oder auf ihren Namen mit einem Versicherungskennzeichen versehen, wandelt sich der Versicherungsschutz in einen solchen nach § 21 Absätze 3, 4, 7, 8 und 10 um. Die Vereinbarkeit der Regelung in § 22 Abs. 4 mit § 308 Nr. 5 BGB wird teilweise verneint.[3] Doch liegt in der Klausel keine Zustimmungsfiktion. Sollte die Klausel so zu verstehen sein, dass sie die Möglichkeit einer Prämienerhöhung ohne Einräumung eines Kündigungsrechts vorsieht, so würde dies den VN allerdings unangemessen benachteiligen mit der Folge der Unwirksamkeit von § 22 Abs. 4 gemäß § 307 Abs. 1 Satz 1 BGB.[4] Die Klausel dürfte überdies einer strengen Transparenzkontrolle schwerlich standhalten (§ 307 Abs. 1 Satz 2 BGB).

V. Obliegenheiten

6 Der § 22 Abs. 5 begründet vertragliche Obliegenheiten im Sinne von § 28 Abs. 1 VVG.[5] Die Rechtsfolgenregelung entspricht der halbzwingenden Regelung in § 28 Abs. 2 und 3 VVG (§ 32 Satz 1 VVG). Praktisch relevante Beispiele sind insbesondere das Fehlen der Fahrerlaubnis oder eine Schwarzfahrt.

VI. Beendigung des Versicherungsvertrages bei Verlust der Fahrerlaubnis

7 Qualifiziert man den Verlust der Fahrerlaubnis mit der wohl h.M. als Wegfall des versicherten Interesses,[6] ist die Regelung in § 22 Abs. 6 unwirksam, soweit sie zum Nachteil des VN von § 80

2 Prölss/Martin/*Piontek* § 22 Rn. 3.

3 Prölss/Martin/*Piontek* § 22 Rn. 5; **a.A.** Looschelders/Paffenholz/*Obarowski* § 22 Rn. 11.

4 Vgl. § 21 Rn. 10.

5 Prölss/Martin/*Piontek* § 22 Rn. 7; *Schirmer* RuS **1999** 1, 8 f.

6 So Looschelders/Paffenholz/*Obarowski* § 22 Rn. 13; Prölss/Martin/*Piontek* § 22 Rn. 8; van Bühren/Plote/*Hillmer-Möbius* § 22 ARB 2010 Rn. 14.

Abs. 2 VVG abweicht (§ 87 VVG; § 307 Abs. 1 Satz 1, Abs. 2 Nr. 1 BGB). Das ist insofern der Fall, als nach h.M. der dauerhafte und vollständige Wegfall des versicherten Interesses den Versicherungsvertrag automatisch beendet.[7] Weil die Klausel nach ihrem Wortlaut auch dann eingreift, wenn vor Ablauf der sechsmonatigen Frist feststeht, dass der VN dauerhaft keine Fahrerlaubnis mehr haben wird, ist sie unwirksam. Davon unabhängig ist die Dauerhaftigkeit des Interessefortfalls ein gesetzlich definiertes Tatbestandsmerkmal. Ob die Sechsmonatsfrist gemäß § 22 Abs. 6 diesem Erfordernis entspricht oder ob sie möglicherweise zu kurz oder zu lang bemessen ist, darüber lässt sich füglich streiten. Schließlich bestehen gegen die Wirksamkeit der Regelung Bedenken auch unter dem Gesichtspunkt der Transparenz.

C. ARB 2012/2021

Die Bestimmungen in § 22 ARB 2010 finden sich nur inhaltlich, aber in anderem Regelungskontext 8
wieder. Der Fahrer-Rechtsschutz begegnet nunmehr – im Juni 2013 vom GDV nachgeliefert und mit dem Buchstaben D gekennzeichnet – in Ziff. 2 ARB 2012/2021. Der Fahrer-Rechtsschutz für Unternehmen (§ 22 Abs. 2) ist in Ziff. 2.1.2 ARB 2012/2021 fortgeschrieben. Die Umwandlungsregelung (§ 22 Abs. 4) findet in den ARB 2012/2021 hingegen keine Entsprechung.[8]

7 BGH 24.4.1985 – IVa ZR 166/83, VersR **1985** 775, 776 m.N.; *Bruns* Privatversicherungsrecht § 20 Rn. 11.

8 Zum Ganzen Looschelders/Paffenholz/*Sixt* § 22 Rn. 14 ff.

§ 23 ARB

ARB 2010	ARB 2012	ARB 2021
§ 23 Privat-Rechtsschutz für Selbständige (1) Versicherungsschutz besteht für den Versicherungsnehmer und seinen ehelichen/eingetragenen oder im Versicherungsschein genannten sonstigen Lebenspartner i.S.d. § 3 Abs. 4 b), wenn einer oder beide eine gewerbliche, freiberufliche oder sonstige selbständige Tätigkeit ausüben, a) für den privaten Bereich, b) für den beruflichen Bereich in Ausübung einer nichtselbständigen Tätigkeit.	(2.1.1) **Im Privat-Rechtsschutz:** Sie haben Versicherungsschutz für Ihren privaten Bereich. Sie haben hier keinen Versicherungsschutz, wenn Sie rechtliche Interessen im Zusammenhang mit einer der folgenden Tätigkeiten wahrnehmen: • eine gewerbliche Tätigkeit, • eine freiberufliche Tätigkeit, • eine sonstige selbstständige Tätigkeit. Wann liegt eine sonstige selbstständige Tätigkeit vor? Wenn Einkünfte im steuerrechtlichen Sinne erzielt werden oder werden sollen, die keine Einkünfte aus nichtselbstständiger Tätigkeit (zum Beispiel Löhne oder Gehälter) oder Einkünfte aus Rente sind. Folgende Bereiche sind mit einem extra Baustein zu versichern und nicht im Privat-Rechtsschutz enthalten: • Rechtsschutz für Selbstständige oder Firmen, • Rechtsschutz für Vereine, • Berufs-Rechtsschutz, • Verkehrs-Rechtsschutz und Fahrzeug-Rechtsschutz, • Wohnungs- und Grundstücks-Rechtsschutz.	(2.1.1) **Im Privat-Rechtsschutz:** Sie haben Versicherungsschutz für Ihren privaten Bereich. Sie haben hier keinen Versicherungsschutz, wenn Sie rechtliche Interessen im Zusammenhang mit einer der folgenden Tätigkeiten wahrnehmen: • eine gewerbliche Tätigkeit, • eine freiberufliche Tätigkeit, • eine sonstige selbstständige Tätigkeit. Wann liegt eine sonstige selbstständige Tätigkeit vor? Wenn Einkünfte im steuerrechtlichen Sinne erzielt werden oder werden sollen, die keine Einkünfte aus nichtselbstständiger Tätigkeit (zum Beispiel Löhne oder Gehälter) oder Einkünfte aus Rente sind. **Optional – CP**: Cyber-Rechtsschutz als Ergänzung für den Privat-Rechtsschutz. Sie haben Versicherungsschutz in Ihrem privaten Bereich im Zusammenhang mit der Nutzung elektronischer Daten/Medien (zum Beispiel im Internet, in einem Intranet, in digitalen Kurznachrichten- oder Messengerdiensten, ... [ggf. unternehmensindividuell zu ergänzen]). Folgende Bereiche sind mit einem extra Baustein zu versichern und nicht im Privat-Rechtsschutz enthalten: • Rechtsschutz für Selbstständige oder Firmen, • Rechtsschutz für Vereine, • Berufs-Rechtsschutz, • Verkehrs-Rechtsschutz und Fahrzeug-Rechtsschutz, • Wohnungs- und Grundstücks-Rechtsschutz.
(2) Mitversichert sind die minderjährigen und die unverheirateten, nicht in einer eingetragenen oder sonstigen Lebenspartnerschaft i.S.d. § 3 Abs. 4 b) lebenden volljährigen Kinder bis zur Vollendung des 25. Lebensjahres,	(2.1.2) Mitversichert sind: (...) • Ihr ehelicher/eingetragener Lebenspartner, • im Versicherungsschein genannte sonstige Lebenspartner,	(2.1.2) Mitversichert sind: (...) • Ihr ehelicher/eingetragener Lebenspartner, • im Versicherungsschein genannte sonstige Lebenspartner,

https://doi.org/10.1515/9783110522709-033

ARB 2010	ARB 2012	ARB 2021
letztere jedoch längstens bis zu dem Zeitpunkt, in dem sie erstmalig eine auf Dauer angelegte berufliche Tätigkeit ausüben und hierfür ein leistungsbezogenes Entgelt erhalten.	• Ihre minderjährigen Kinder, • Ihre unverheirateten volljährigen Kinder bis zur Vollendung des 25. Lebensjahrs. Die Kinder dürfen allerdings nicht in einer eigenen eingetragenen oder sonstigen Lebenspartnerschaft leben. (...) Die Mitversicherung von volljährigen Kindern endet in jedem Fall zu dem Zeitpunkt, zu dem sie erstmalig eine auf Dauer angelegte, berufliche Tätigkeit ausüben und hierfür ein Einkommen erhalten.	• Ihre minderjährigen Kinder, • Ihre unverheirateten volljährigen Kinder bis zur Vollendung des 25. Lebensjahrs. Die Kinder dürfen allerdings nicht in einer eigenen eingetragenen oder sonstigen Lebenspartnerschaft leben. (...) Die Mitversicherung von volljährigen Kindern endet in jedem Fall zu dem Zeitpunkt, zu dem sie erstmalig eine auf Dauer angelegte, berufliche Tätigkeit ausüben und hierfür ein Einkommen erhalten.
(3) Der Versicherungsschutz umfasst: – Schadenersatz-Rechtsschutz (§ 2 a), – Arbeits-Rechtsschutz (§ 2 b), – Rechtsschutz im Vertrags- und Sachenrecht (§ 2 d), – Steuer-Rechtsschutz vor Gerichten (§ 2 e), – Sozialgerichts-Rechtsschutz (§ 2 f), – Disziplinar- und Standes-Rechtsschutz (§ 2 h), – Straf-Rechtsschutz (§ 2 i), – Ordnungswidrigkeiten-Rechtsschutz (§ 2 j), – Beratungs-Rechtsschutz im Familien-, Lebenspartnerschafts- und Erbrecht (§ 2 k).		
(4) Der Versicherungsschutz umfasst nicht die Wahrnehmung rechtlicher Interessen als Eigentümer, Halter, Erwerber, Mieter, Leasingnehmer und Fahrer eines Motorfahrzeuges zu Lande, zu Wasser oder in der Luft sowie Anhängers.		
(5) Sind der Versicherungsnehmer und/oder der mitversicherte Lebenspartner nicht mehr gewerblich, freiberuflich oder sonstig selbständig tätig oder wird von diesen keine der vorgenannten Tätigkeiten mit einem Gesamtumsatz von mehr als 6.000 Euro – bezogen auf das letzte Kalenderjahr – ausgeübt, wandelt sich der Versicherungsschutz ab Eintritt dieser Umstände in einen solchen nach § 25 um.		

Übersicht

A. Überblick

1 Die Regelung trifft Bestimmungen für den privaten Bereich Selbständiger mit einem Gesamtumsatz von mehr als € 6.000 pro Jahr. Sie ist komplementär zum Privat- und Berufs-Rechtsschutz für Nichtselbständige zu sehen, der bei jährlichem Gesamtumsatz von bis zu € 6.000 eingreift. Beide Versicherungsformen sind durch Umwandlungsklauseln für den Fall des Unter- bzw. Überschreitens der Umsatzgrenze miteinander gekoppelt. Neben dem VN ist dessen Ehepartner, eingetragener Lebenspartner oder im Versicherungsschein genannter sonstiger Lebenspartner versichert (§ 23 Abs. 1).

B. Privat-Rechtsschutz für Selbständige

I. Selbständige Tätigkeit

2 Die Abgrenzung des privaten Bereichs bezweckt den Ausschluss des Risikos, das gemäß § 24 versicherbar ist.[1] Ausgeschlossen ist jede selbständige Tätigkeit, die berufsmäßig ausgeübt wird.[2] Die gewerbe- oder steuerrechtliche Einordnung ist nicht maßgeblich.[3] Nach obergerichtlicher Rechtsprechung ist es für den Ausschluss erforderlich, dass eine selbständige Nebentätigkeit den VN nachhaltig in Anspruch nimmt[4] oder in den Kreis seiner sonstigen freiberuflichen Tätigkeit fällt.[5] Dass es sich um die Haupttätigkeit des VN handelt, wird nicht verlangt.[6] Richtigerweise dürfte die Darlegungs- und Beweislast grundsätzlich dem VR obliegen.[7] Vereinzelte Tätigkeiten, denen kein vorher entwickelter Plan zugrunde liegt, fallen nicht unter den Ausschluss,[8] selbst wenn die Tätigkeit umfänglich oder streitträchtig ist.[9] Auch vorbereitende Tätigkeiten sind nach h.M. ausgeschlossen, wenn der den Streit auslösende Umstand bei seinem Eintritt einen Bezug zu der geplan-

1 So für die ARB 75 z.B. BGH 28.6.1978 – IV ZR 1/77, VersR **1978** 816, 817; OLG Saarbrücken 14.3.1990 – 5 U 55/89, VersR **1990** 1391; OLG Karlsruhe 29.1.1993 – 12 U 200/92, VersR **1993** 1009; OLG Hamm 18.11.2016 – 20 U 110/16, BeckRS **2016** 124821 Rn. 25.

2 BGH 23.9.1992 – IV ZR 196/91, BGHZ **119** 252, 254 f.; Prölss/Martin/*Piontek* § 23 Rn. 2.

3 BGH 28.6.1978 – IV ZR 196/91, VersR **1978** 816, 817; OLG Bamberg 10.3.1994 – 1 U 65/89, VersR **1995** 1047, 1048; OLG Köln 10.7.2001 – 9 U 170/00, RuS **2001** 421, 422; Prölss/Martin/*Piontek* § 23 Rn. 3.

4 OLG Köln 17.2.1983 – 5 U 201/82, VersR **1983** 1126, 1127; **a.A.** Prölss/Martin/*Piontek* § 23 Rn. 3.

5 OLG Karlsruhe 29.1.1993 – 12 U 200/92, VersR **1993** 1009, 1010; **a.A.** Prölss/Martin/*Piontek* § 23 Rn. 3.

6 BGH 23.9.1992 – IV ZR 196/91, BGHZ **119** 252; OLG Düsseldorf 26.9.1995 – 4 U 145/94, VersR **1996** 844.

7 OLG Karlsruhe 30.9.2014 – 12 U 56/14, RuS **2014** 603 f. (sekundäre Darlegungslast des VN); **a.A.** OLG Hamm 18.11.2016 – 20 U 110/16, BeckRS **2016** 124821 Rn. 26.

8 Prölss/Martin/*Piontek* § 23 Rn. 4.

9 OLG Karlsruhe 29.1.1993 – 12 U 200/92, VersR **1993** 1009, 1010; Prölss/Martin/*Piontek* § 23 Rn. 4.

ten Tätigkeit aufweist.[10] Der Ausschluss greift jedoch nicht ein, wenn der VN lediglich beabsichtigt, künftig eine solche Tätigkeit auszuüben.[11]

Selbständige Tätigkeiten üben auch der Pächter eines Betriebes,[12] der Gesellschafter einer OHG,[13] der maßgebenden Einfluss ausübende Gesellschafter einer GmbH[14] und der stille Gesellschafter aus, der eine hohe fremdfinanzierte Einlage übernimmt.[15] Dabei ist das Auftreten des VN nach außen zu berücksichtigen: Tritt er gegenüber dem VR als Selbstständiger auf, obwohl er tatsächlich nicht selbständig ist, besteht keine Deckung. Tritt er demgegenüber im Rechtsverkehr nach außen als Selbständiger auf, ohne die Voraussetzungen für eine selbständige Tätigkeit zu erfüllen, so kommt eine Anwendung des Ausschlusses allenfalls insoweit in Betracht, als zusätzliche Haftungsrisiken nach Rechtsscheingrundsätzen im Raume stehen.[16] Selbständig tätig ist der Verwalter mehrerer Häuser,[17] der Erwerber einer Eigentumswohnungsanlage mit sieben Einheiten[18] sowie der in Millionenhöhe unter Einsatz von Fremdkapital Beteiligte an einer Bauträgergesellschaft.[19] Die Vornahme von Anlagegeschäften in engem zeitlichen und sachlichen Zusammenhang mit der beruflichen Tätigkeit spricht für eine freiberufliche und selbständige Tätigkeit.[20] Selbständig tätig ist, wer eine Lebensversicherung als Tilgungsträger für einen für ein Unternehmen aufgenommenen Kredit abschließt,[21] sowie der berufsmäßige Sponsor.[22] Nach wohl h.M. ist auch die Ausübung der Prostitution eine freiberufliche Tätigkeit mit der Folge, dass der Streit im Zusammenhang mit der Vergewaltigung einer Prostituierten aus dem Versicherungsschutz ausgenommen ist.[23] 3

Keine selbständige Tätigkeit übt der atypische stille Gesellschafter aus, der lediglich Widerspruchsrechte hat[24] oder bloß Forderungen abtritt und eine Bürgschaft übernimmt[25] ebenso wenig begründet eine einmalige Beteiligung an einer Gesellschaft bürgerlichen Rechts mit dem Ziel der Veräußerung des das Gesellschaftsvermögen bildenden Mehrfamilienhauses eine selbständige Tätigkeit,[26] auch nicht die Fertigstellung eines veräußerten Gebäudes.[27] Schließlich ist die Verwaltung privaten Vermögens grundsätzlich nicht als selbständige Tätigkeit einzuordnen, selbst wenn es sich um erhebliche Vermögenswerte handelt, es sei denn, der Umfang der Geschäfte erfordert einen planmäßigen Geschäftsbetrieb.[28] Gleiches gilt bei der Beteiligung an einer KG zur Kapitalan- 4

---

10 OLG München 30.1.1991 – 15 U 4082/90, RuS **1992** 203; Prölss/Martin/*Piontek* § 23 Rn. 7; Looschelders/Paffenholz/*Obarowski* § 23 Rn. 41; *Mathy* VersR **1992** 781, 787; *Bauer* NJW **2009** 1564, 1568.

11 OLG München 10.11.2006 – 25 U 3142/06, NJW-RR **2007** 241 Ls.

12 BGH 28.6.1978 – IV ZR 1/77, VersR **1978** 816, 817.

13 BGH 28.6.1978 – IV ZR 1/77, VersR **1978** 816, 817; OLG Hamm 8.7.1992 – 20 U 105/92, VersR **1993** 348, 349.

14 OLG Oldenburg 30.4.1986 – 2 U 44/86, ZfS **1986** 211; Prölss/Martin/*Piontek* § 23 Rn. 8 m.w.N.

15 OLG München 15.10.2002 – 25 U 2872/02, NJW-RR **2003** 321 f.; **a.A.** Prölss/Martin/*Piontek* § 23 Rn. 9.

16 Strenger Prölss/Martin/*Piontek* § 23 Rn. 6; wohl auch LG Würzburg 15.12.1998 – 24 O 1025/98, VersR **2000** 1013 f.

17 OLG Köln 3.11.1988 – 5 U 65/88, ZfS **1989** 20.

18 OLG Frankfurt 9.1.2002 – 13 W 61/01, VersR **2003** 366, 367.

19 OLG Düsseldorf 18.11.1989 – 4 W 4/89, ZfS **1990** 200.

20 OLG Köln 1.4.2008 – 9 U 87/07, RuS **2008** 290, 291 f.; OLG Köln 2.10.2007 – 9 U 51/07, VersR **2008** 209, 210.

21 ÖOGH 19.12.2012 – 7 Ob 190/12k, VersR **2013** 606, 608; Prölss/Martin/*Piontek* § 23 Rn. 14.

22 OLG Hamm 5.3.2003 – 20 U 68/02, VersR **2003** 1032, 1033.

23 OLG Karlsruhe 15.11.1990 – 12 U 126/90, VersR **1991** 1126; Prölss/Martin/*Piontek* § 23 Rn. 10.

24 OLG Celle 29.7.2004 – 8 U 16/04, VersR **2005** 1139, 1141; Prölss/Martin/*Piontek* § 23 Rn. 9; anders ist zu entscheiden, wenn der stille Gesellschafter maßgeblich an der Geschäftsführung beteiligt ist (LG Berlin 12.3.1985 – 7 O 393/84, RuS **1987** 46).

25 OLG Düsseldorf 26.9.1995 – 4 U 145/94, VersR **1996** 844, 845.

26 OLG Düsseldorf 12.3.2001 – 4 W 54/00, RuS **2001** 466.

27 OLG Karlsruhe 17.5.1990 – 12 U 23/90, RuS **1991** 235, 237.

28 BGH 23.9.1992 – IV ZR 196/91, BGHZ **119** 252, 256; OLG Hamm 7.2.1992 – 20 U 237/91, VersR **1992** 821, 822; OLG München 12.8.2005 – 25 U 2582/05, RuS **2007** 508, 509; OLG Köln 2.10.2007 – 9 U 51/07, VersR **2008** 209, 210; OLG Celle 2.12.2010 – 8 U 131/10, RuS **2011** 390, 391; OLG Dresden 27.9.2012 – 4 U 809/12, VersR **2013** 450; OLG Nürnberg 21.3.2016 – 5 U 75/14, VersR **2016** 1371, 1372.

lage, auch wenn diese umfangreich ist.[29] Anzeichen dafür, dass die Verwaltung einen planmäßigen Geschäftsbetrieb erfordert, sind etwa die Unterhaltung eines ausgestatteten Büros[30] bzw. von Organisationsstrukturen zur Durchführung der Geschäfte.[31] Das gilt auch dann, wenn Fremdkapital investiert wird.[32] Ebenso wenig handelt es sich beim Erwerb eines kleineren Grundstücks mit Lagerhalle zum Zwecke der Vermietung um eine selbständige Tätigkeit,[33] und auch der Betrieb einer großflächigen Photovoltaikanlage gehört zum privaten Bereich,[34] ebenso der Erwerb mehrerer Mietshäuser oder Eigentumswohnungen.[35] Dagegen ist der Bereich der Verwaltung privaten Vermögens verlassen, wenn der VN bestimmenden Einfluss auf eine Fondsleitung ausübt, die ihrerseits einen planmäßigen Geschäftsbetrieb erfordert.[36] Gegen die Annahme einer nur privaten Vermögensbildung kann ferner sprechen, wenn Beteiligungen des VN an Gesellschaften zeitgleich und inhaltlich eng mit seinen beruflichen Tätigkeiten verknüpft sind.[37]

5 Für den „Zusammenhang mit einer selbständigen Tätigkeit" i.S.v. § 25 Abs. 1 Satz 2 genügt weder ein bloß zufälliger Zusammenhang noch, dass die fragliche Interessenwahrnehmung durch die selbständige geschäftliche Tätigkeit lediglich verursacht oder motiviert ist. Es muss vielmehr ein innerer, sachlicher Zusammenhang von nicht nur untergeordneter Bedeutung bestehen.[38] Dies ist etwa der Fall, wenn der VN als Mehrheitsgesellschafter und Geschäftsführer einer GmbH einen Kredit zur Finanzierung eines Projekts der GmbH zunächst dafür einsetzt, um Wertpapiere zu Spekulationszwecken zu erwerben. Der Zusammenhang wird nicht unterbrochen, wenn der Kredit danach für den Geschäftszweck eingesetzt werden soll, für den er bewilligt worden ist.[39] Ferner stellt die Veröffentlichung einer umfassenden eigenen Publikationsliste auf der beruflichen Internetseite eines Rechtsanwalts eine Werbemaßnahme dar, die ein besonders starkes berufliches Engagement und auch eine hohe berufliche Qualität belegen soll, damit sich potentielle Mandanten entschließen, die beruflichen Dienste des Rechtsanwalts in Anspruch zu nehmen. Diese Tätigkeit ist dem geschäftlichen Bereich zuzuordnen und stellt kein privates schriftstellerisches Hobby dar.[40]

II. Mitversicherte Personen

6 Der Kreis mitversicherter Personen erschließt sich aus § 23 Abs. 1 und 2. Neben dem VN sind sein Ehepartner oder eingetragener Lebenspartner oder im Versicherungsschein genannter sonstiger Lebenspartner versichert, wenn einer von beiden oder beide eine gewerbliche, freiberufliche oder sonstige selbständige Tätigkeit ausüben (§ 23 Abs. 1). Mitversichert sind nach Maßgabe von § 23 Abs. 2 die minderjährigen und die unverheirateten, nicht in einer eingetragenen oder sonstigen

29 BGH 3.5.2006 – IV ZR 252/04, VersR **2006** 1119, 1120.

30 OLG Bamberg 10.3.1994 – 1 U 65/89, VersR **1995** 1047; OLG Oldenburg 30.8.1995 – 2 U 154/95, VersR **1996** 1233.

31 BGH 23.9.1992 – IV ZR 196/91, BGHZ **119** 252; OLG München 12.8.2005 – 25 U 2582/05, RuS **2007** 508, 509; OLG Celle 2.12.2010 – 8 U 131/10, RuS **2011** 390; OLG Nürnberg 21.1.2013 – 8 U 1537/12, VersR **2013** 493, 494.

32 OLG Koblenz 16.9.1994 – 10 U 294/94, VersR **1995** 1049; OLG Düsseldorf 12.3.2001 – 4 W 54/00, RuS **2001** 466; OLG Frankfurt 30.3.2001 – 22 W 27/00, VersR **2001** 1421; OLG Nürnberg 21.3.2016 – 5 U 75/14, VersR **2016** 1371, 1372; **a.A.** OLG Hamm 7.2.1992 – 20 U 237/91, VersR **1992** 821, 822; OLG Frankfurt 9.1.2002 – 13 W 61/01, VersR **2003** 366, 367; van Bühren/Plote/*Hillmer-Möbius* § 23 ARB 2010 Rn. 6.

33 OLG Köln 24.11.1988 – 5 U 87/88, RuS **1989** 402 f.; OLG Köln 10.7.2001 – 9 U 170/00, RuS **2001** 421, 422.

34 OLG Celle 2.12.2010 – 8 U 131/10, RuS **2011** 390, 391 f.; OLG Nürnberg 21.1.2013 – 8 U 1537/12, VersR **2013** 493, 495.

35 OLG Frankfurt 9.1.2002 – 13 W 61/01, VersR **2003** 366, 367; OLG Frankfurt 30.3.2001 – 22 W 27/00, VersR **2001** 1421; noch **a.A.** OLG Hamm 18.5.1983 – 20 U 326/82, VersR **1984** 177 (selbstständige Tätigkeit, wenn für die Erschließung einer berufsmäßigen Einnahmequelle bei Erwerb und Bebauung eines größeren Grundstücks).

36 OLG Karlsruhe 30.9.2014 – 12 U 56/14, RuS **2014** 603.

37 OLG Köln 1.4.2008 – 9 U 87/07, RuS **2008** 290; OLG Köln 2.10.2007 – 9 U 51/07, VersR **2008** 209.

38 BGH 7.12.1994 – IV ZR 302/93, RuS **1995** 64 Ls. 1.

39 BGH 7.12.1994 – IV ZR 302/93, RuS **1995** 64 Ls. 2.

40 LG Köln 19.10.2017 – 24 O 155/17, RuS **2018** 199.

Lebenspartnerschaft i.S.v. § 3 Abs. 4 lit. b lebenden volljährigen Kinder bis zur Vollendung des 25. Lebensjahres, längstens jedoch bis zur erstmaligen Aufnahme einer auf Dauer angelegten entgeltlichen beruflichen Tätigkeit (§ 23 Abs. 2). Adoptivkinder stehen leiblichen Kindern des VN gleich (§ 1754 Abs. 1 und 2 BGB). Ob Kinder des Ehe- oder Lebenspartners des VN von § 23 Abs. 2 erfasst sind, ist unklar. Die Einbeziehung dürfte aber einer Auslegung am Verständnishorizont eines durchschnittlichen VN entsprechen. In der Literatur wird auch die Einbeziehung von Pflegekindern bejaht, jedenfalls wenn sie sich regelmäßig außerhalb des Elternhauses ganz oder für einen nicht unerheblichen Teil des Tages in Familienpflege im Haushalt des VN aufhalten.[41] Dagegen sind Enkelkinder des VN oder seines mitversicherten Partners nach verbreiteter Ansicht keine Kinder im Sinne der Vorschrift,[42] was für einen durchschnittlichen VN ohne versicherungsrechtliche Spezialkenntnisse angesichts der gewählten Formulierung allerdings nicht so recht einsichtig ist. Man wird deshalb für Enkelkinder, die überwiegend im Haushalt des VN aufwachsen, von einer Einbeziehung in den Versicherungsschutz auch dann auszugehen haben, wenn die Großeltern keine förmliche Pflegschaft übernommen haben – sei es aufgrund der Auslegung der Klausel, sei es nach Anwendung der Unklarheitenregel (§ 305c Abs. 2 BGB).

III. Reichweite des Schutzes nach Leistungsarten

Die Reichweite des Schutzes nach Leistungsarten ergibt sich ohne weiteres aus der Verweisung 7
in § 23 Abs. 3 auf § 2 lit. a, b, d–f und h–k sowie aus den einschlägigen Kommentierungen.

IV. Ausschluss des Verkehrsrisikos

Im Privat-Rechtsschutz für Selbständige ist das Verkehrsrisiko ausgeschlossen (§ 23 Abs. 4).[43] Der 8
Ausschluss greift nach verbreiteter Ansicht nicht, wenn der VN vom Arbeitgeber als Fahrer des Firmenfahrzeugs auf Schadensersatz in Anspruch genommen wird, weil der arbeitsrechtliche Charakter der Streitigkeit überwiegt.[44] Diese Ansicht findet im Wortlaut der Klausel letztlich keine hinreichende Stütze.

V. Umwandlung in Privat- und Berufs-Rechtsschutz für Nichtselbständige

Die in § 23 Abs. 5 vorgesehene Umwandlung des Versicherungsschutzes in eine Deckung im Privat- 9
und Berufs-Rechtsschutz für Nichtselbständige ist nicht frei von Zweifel. Dabei geht es entgegen verbreiteter Ansicht nicht in erster Linie um die Frage einer Vereinbarkeit mit § 308 Nr. 5 BGB.[45] Denn die automatische Vertragsänderung, die bei Vertragsschluss unter bestimmten Bedingungen vereinbart wird, ist keine Zustimmungsfiktion. Vielmehr handelt es sich um einen Sonderfall des Wegfalls des versicherten Interesses, der nach h.M. bei Dauerhaftigkeit automatisch zur Beendigung des Vertrages führt.[46] Wenn man davon ausgeht, dass diese Rechtsfolgenanordnung in § 80 Abs. 2 VVG getroffen ist, weicht die Vertragsänderung schon deswegen zum Nachteil des VN hier-

41 Prölss/Martin/*Piontek* § 26 Rn. 4; Looschelders/Paffenholz/*Obarowski* § 23 Rn. 11; Harbauer/*Obarowski* § 23 ARB 2010 Rn. 11.

42 KG 9.12.2008 – 6 U 175/08, VersR **2009** 541; Prölss/Martin/*Piontek* § 26 Rn. 4; Looschelders/Paffenholz/*Obarowski* § 23 Rn. 11.

43 Näher Looschelders/Paffenholz/*Obarowski* § 23 Rn. 67 ff.

44 Harbauer/*Obarowski* § 23 ARB 2010 Rn. 69; Looschelders/Paffenholz/*Obarowski* § 23 Rn. 73.

45 So aber Prölss/Martin/*Piontek* § 23 Rn. 21; Looschelders/Paffenholz/*Obarowski* § 23 Rn. 74.

46 BGH 24.4.1985 – IVa ZR 166/83, VersR **1985** 775, 776 m.N.; *Bruns* Privatversicherungsrecht § 20 Rn. 11; s. bereits § 22 Rn. 7.

von ab, weil der VN vertraglich gebunden bleibt. Insoweit ist die Klausel nach § 87 VVG unwirksam. Das gilt insbesondere auch deshalb, weil der VN selbst nach Kenntnis des VR vom Interessefortfall ohne die Grenze des § 80 Abs. 2 zur Prämienzahlung verpflichtet bleibt (§ 87 VVG). Die Unangemessenheit der Regelung ergibt sich bereits aus diesem Umstand (§ 307 Abs. 1 Satz 1 BGB). Dass die Prämie nach Umwandlung niedriger wäre als vor dem Interessefortfall, ändert daran nichts. Möglich wäre das Angebot des Abschlusses eines neuen Versicherungsvertrages unter Gewährung einer Rückwärtsversicherung, falls der VN dem nach Wegfall des Interesses zustimmt. Eine Fiktion vorheriger Zustimmung wäre dann am Maßstab des § 308 Nr. 5 BGB zu messen. Doch ist diese Gestaltung – wie dargelegt – in § 23 Abs. 5 ersichtlich nicht gewählt worden.

C. ARB 2012/2021

10 In den ARB 2012/2021 hat der Privat-Rechtsschutz für Selbständige erhebliche Veränderungen erfahren.[47] In Ziff. 2.1.1 ARB ist lediglich der Lebensbereich „Im Privat-Rechtsschutz" (Buchstabenschlüssel P = Privat) enthalten, die gesonderte Regelung für Selbständige und Nichtselbständige, wie sich aus den §§ 23 und 25 ARB 2010 ergibt, ist entfallen. Die Bestimmungen über mitversicherte Personen finden sich in Ziff. 2.1.2 ARB 2012/2021. Die positive Umschreibung des privaten Bereichs als versicherten Interesses wird ergänzt durch eine negative Abgrenzung zur gewerblichen, freiberuflichen und selbständigen Tätigkeit (Ziff. 2.1.1. ARB 2012/2021). Neu ist die von der zu § 23 Abs. 1 ARB 2010 h.M. abweichende Definition der selbständigen Tätigkeit nach Maßgabe der steuerrechtlichen Einordnung,[48] was manches Problem lösen hilft, aber unter Umständen auch neue Zweifelsfragen aufwirft.[49] Neben dem Verkehrs- und Fahrzeug-Rechtsschutz (vgl. § 21 Abs. 4 ARB 2010) sind in den ARB 2012/2021 auch der Rechtsschutz für Selbständige oder Firmen, der Rechtsschutz für Vereine, der Berufs-Rechtsschutz (anstelle des Arbeits-Rechtsschutzes) sowie der Wohnungs- und Grundstücks-Rechtsschutz ausdrücklich ausgenommen. Bei den Leistungsarten gehört der Arbeits-Rechtsschutz nicht mehr zum versicherten Bereich (Ziff. 2.2.2 ARB 2012/2021), er ist nunmehr über den Berufs-Rechtsschutz zu decken. Neu hinzugekommen ist die Leistungsart Opfer-Rechtsschutz (Ziff. 2.2.12 ARB 2012/2021).

11 Ziff. 2.1.1 ARB 2021 sieht ferner den optionalen Cyber-Rechtsschutz als Ergänzung für den Privat-Rechtsschutz vor. Deckungsschutz wird insoweit im privaten Bereich im Zusammenhang mit der Nutzung elektronischer Daten/Medien gewährt. Der Privat-Rechtsschutz wird damit auf den digitalen Raum, insbesondere auf das Internet, aber auch auf ein (betriebliches) Intranet sowie auf *social media*-Plattformen ausgeweitet. Erfasst von dieser noch jungen Deckungsform sind dabei – je nach Anbieter – u.a. die Durchsetzung von Schadensersatzforderungen, welche aus einer Internetnutzung erwachsen. Teilweise ist auch ein Schutz vor Cybermobbing vorgesehen, sofern nicht bereits der aktive Straf-Rechtsschutz (Ziff. 2.2.13 ARB 2021) eingreift.[50] Für den praktisch sehr bedeutsamen Bereich der Cyber-Versicherung von Unternehmen, insbesondere bei Hackerangriffen, greift die Deckung dagegen nicht ein. Hier ist der Abschluss einer speziellen Police zur Cyber-Versicherung notwendig.[51]

---

47 Looschelders/Paffenholz/*Obarowski* § 23 Rn. 75 ff.

48 Vgl. hierzu Rn. 2 sowie §§ 18, 19 EStG.

49 Positive Würdigung bei Looschelders/Paffenholz/*Obarowski* § 23 Rn. 76; *Maier* RuS **2013** 105, 106 f.

50 S. § 2 Rn. 105 ff.

51 Umfassend *Fortmann* RuS 2019, 429 ff.; sowie jüngst LG Tübingen 26.5.2023 – 4 O 193/21, VersR **2023**, 1086.

§ 24 ARB

ARB 2010	ARB 2012	ARB 2021
§ 24 Berufs-Rechtsschutz für Selbständige, Rechtsschutz für Firmen und Vereine (1) Versicherungsschutz besteht a) für die im Versicherungsschein bezeichnete gewerbliche, freiberufliche oder sonstige selbständige Tätigkeit des Versicherungsnehmers. Mitversichert sind die vom Versicherungsnehmer beschäftigten Personen in Ausübung ihrer beruflichen Tätigkeit für den Versicherungsnehmer;	**(2.1.1)** **Im Rechtsschutz für Selbstständige oder Firmen:** Sie haben Versicherungsschutz für Ihre im Versicherungsschein bezeichnete gewerbliche, freiberufliche oder sonstige selbstständige Tätigkeit. (2.1.2) Mitversichert sind: • die von Ihnen beschäftigten Mitarbeiter, soweit sie für Sie beruflich im versicherten Betrieb tätig sind, (...)	*Identisch mit 2.1.1/2.1.2 ARB 2012*
b) für Vereine sowie deren gesetzliche Vertreter, Angestellte und Mitglieder, soweit diese im Rahmen der Aufgaben tätig sind, die ihnen gemäß der Satzung obliegen.	**Im Rechtsschutz für Vereine:** Sie haben Versicherungsschutz für den im Versicherungsschein bezeichneten Verein. (2.12) Mitversichert sind: (...) • die gesetzlichen Vertreter, Angestellten und Mitglieder des Vereins im Rahmen der Aufgaben, die sie nach der Satzung zu erfüllen haben, (...)	*Identisch mit 2.1.1/2.1.2 ARB 2012*
(2) Der Versicherungsschutz umfasst: – Schadenersatz-Rechtsschutz (§ 2 a), – Arbeits-Rechtsschutz (§ 2 b), – Sozialgerichts-Rechtsschutz (§ 2 f), – Disziplinar- und Standes-Rechtsschutz (§ 2 h), – Straf-Rechtsschutz (§ 2 i), – Ordnungswidrigkeiten-Rechtsschutz (§ 2 j).		
(3) Der Versicherungsschutz umfasst nicht die Wahrnehmung rechtlicher Interessen als Eigentümer, Halter, Erwerber, Mieter, Leasingnehmer und Fahrer eines Motorfahrzeuges zu Lande, zu Wasser oder in der Luft sowie Anhängers. Endet der Versicherungsvertrag durch Berufsaufgabe oder Tod des Versicherungsnehmers, wird ihm bzw. seinen Erben Versicherungsschutz auch für Rechtsschutzfälle gewährt,		

https://doi.org/10.1515/9783110522709-034

ARB 2010	ARB 2012	ARB 2021
die innerhalb eines Jahres nach der Beendigung des Versicherungsvertrags eintreten und im Zusammenhang mit der im Versicherungsschein genannten Eigenschaft des Versicherungsnehmers stehen.		

Übersicht

A. Überblick

1 Mit dem Berufs-Rechtsschutz für Selbständige und dem Rechtsschutz für Vereine sind in § 24 zwei recht disparate Lebensbereiche in einer Klausel zusammengefasst. Dabei handelt es sich um eine Kombination aus dem Firmen-Rechtsschutz gemäß § 24 ARB 75 und dem Vereins-Rechtsschutz in § 28 ARB 75, wie sie erstmals in den ARB 94 begegnet und seither weitgehend inhaltsgleich in den ARB 2000 und 2008 fortgeschrieben ist.

B. Berufs-Rechtsschutz für Selbständige, Rechtsschutz für Firmen und Vereine

I. Sachlicher Deckungsumfang

1. Berufs-Rechtsschutz für Selbständige und Firmen

2 Der Berufs-Rechtsschutz für Selbständige bietet Rechtsschutzdeckung für die im Versicherungsschein bezeichnete gewerbliche, freiberufliche oder sonstige selbständige Tätigkeit des VN (§ 24 Abs. 1 lit. a). Die Abgrenzung zwischen selbständiger und privater Tätigkeit erfolgt hier wie im Rahmen von § 23.[1] Erforderlich ist nach h.M. ein innerer Zusammenhang von nicht nur untergeordneter Bedeutung zwischen der Wahrnehmung der rechtlichen Interessen und der versicherten

1 § 23 Rn. 2 f.; s.a. OLG Hamm 2.6.2017 – 20 U 110/16, NJOZ **2018** 1257; zuvor OLG Hamm 18.11.2016 – 20 U 110/16, BeckRS **2016** 124821.

Tätigkeit.[2] Das ist gleichbedeutend mit Kausalität im Sinne von Äquivalenz, Adäquanz und Normzweckzusammenhang.[3] Der erforderliche innere Zusammenhang liegt vor, wenn die Veräußerung eines Geschäftsgrundstücks, die im Hinblick auf drohende Zwangsvollstreckung eines Geschäftsgläubigers erfolgt, zur Geltendmachung von Bereicherungsansprüchen führt.[4] Kausalität ist auch gegeben, wenn ein GmbH-Geschäftsführer gegen eine Bank vorgeht, mit deren Kredit er vorübergehend zugunsten eines Projekts der GmbH spekuliert hat.[5] In der obergerichtlichen Judikatur wurde ein innerer Zusammenhang darüber hinaus bejaht, wenn ein Bauhandwerker, der ein Grundstück unter Übernahme einer Verpflichtung zur Fertigstellung eines Gebäudes veräußert hat, Erfüllungsansprüche verfolgt.[6] Ein ursächlicher Zusammenhang ist auch gegeben, wenn Streit über ein Darlehen besteht, das der VN einem Geschäftspartner zur Förderung der Geschäftsbeziehungen gegeben hat,[7] wenn der Streit über Maßnahmen der Bank betreffend ein Privatkonto des VN aus der Überziehung der Geschäftskonten resultiert[8] oder wenn Streitigkeiten aus einem Darlehen entstanden sind, das der geschäftsführende Gesellschafter unter Aufnahme von Fremdkapital einem Kunden der Gesellschaft gewährt hat.[9] Selbst Streitigkeiten über eine private Unfallversicherung können gedeckt sein, wenn das Unfallereignis im Zusammenhang mit der selbständigen Tätigkeit eingetreten ist,[10] wie z.B. bei Wegeunfällen[11] oder im Hinblick auf einen Unfall beim Betreten des Büros.[12] Schließlich ist ein Verfahren wegen des Verdachts eines vorgetäuschten Einbruchs in die Geschäftsräume dem gewerblichen Bereich zuzuordnen.[13] Macht ein Selbständiger dagegen Ansprüche aus einer Berufsunfähigkeitsversicherung geltend, fällt dies unter den Rechtsschutz für Vertragsrecht im privaten Bereich, weil es an einem inneren Zusammenhang zwischen der selbstständigen Tätigkeit und der Berufsunfähigkeitsversicherung fehlt und eine Berufsunfähigkeitsversicherung gerade der Abdeckung der privaten Kosten und der Sicherung des privaten Lebensstandards dient.[14] Die Übernahme der Mithaftung für einen vom Ehegatten aufgenommenen Geschäftskredit gehört grundsätzlich ebenso zum privaten Bereich.[15] Bei Ungewissheit der Zuordnung zum kaufmännischen Betrieb greift nach wohl h.M. eine Vermutung zugunsten der Betriebsbezogenheit analog § 344 HGB.[16] Gewährt eine Police einer GmbH als VN Versicherungsschutz für ihre im Versicherungsschein bezeichnete gewerbliche, freiberufliche oder

---

2 BGH 28.6.1978 – IV ZR 1/77, VersR **1978** 816; BGH 12.7.1994 – IV ZR 302/93, VersR **1995** 166; BGH 29.10.2008 – IV ZR 128/07, VersR **2009** 216; OLG Düsseldorf 26.9.1995 – 4 U 145/94, VersR **1996** 844; OLG Stuttgart 15.2.1996 – 7 U 200/95, VersR **1997** 569; Prölss/Martin/*Piontek* § 24 Rn. 3; Looschelders/Paffenholz/*Obarowski* § 24 Rn. 2.

3 In Parallele zu § 3 Rn. 8.

4 BGH 28.6.1978 – IV ZR 1/77, VersR **1978** 816.

5 BGH 12.7.1994 – IV ZR 302/93, VersR **1995** 166; **a.A.** OLG Hamm 21.8.1992 – 20 W 19/92, VersR **1993** 348.

6 OLG Karlsruhe 7.5.1981 – 12 U 97/80, VersR **1982** 335.

7 OLG Saarbrücken 14.3.1990 – 5 U 55/89, VersR **1990** 1391.

8 OLG Köln 3.11.1988 – 5 U 40/88, RuS **1989** 20.

9 OLG Karlsruhe 24.9.1992 – 12 W 43/92, RuS **1993** 421.

10 Prölss/Martin/*Piontek* § 24 Rn. 8; LG Ellwangen 24.7.1998 – 5 O 50/98, RuS **2000** 290; AG Koblenz 2.2.1994 – 42 C 3335/93, VersR **1995** 459; anders OLG Hamm 15.6.2007 – 20 U 50/07, VersR **2008** 251 (zu abweichend gestalteter Klausel).

11 **A.A.** OLG Karlsruhe 4.12.2003 – 12 U 98/03, VersR **2004** 233; Prölss/Martin/*Piontek* § 24 Rn. 8.

12 OLG München 30.1.1991 – 15 U 4082/90, RuS **1992** 203; LG München I 26.4.1990 – 26 O 20759/89, ZfS **1990** 200; **a.A.** *J. Prölss* RuS **2005** 269, 274; Prölss/Martin/*Piontek* § 24 Rn. 8; OLG Koblenz 28.5.1999 – 10 U 1012/98, VersR **1999** 1487 f.

13 ÖOGH 16.5.1974 – 7 Ob 144/74, VersR **1975** 556; Prölss/Martin/*Piontek* § 24 Rn. 7.

14 LG Düsseldorf 14.8.2017 – 9 O 30/17, RuS **2018** 247; zuvor bereits OLG Köln 25.5.1992 – 5 U 186/91, RuS **1992** 343, 344; OLG Karlsruhe 2.12.1992 – 13 U 83/92, VersR **1993** 827; OLG Stuttgart 15.2.1996 – 7 U 200/95, VersR **1997** 569; LG München I 3.12.2004 – 23 O 300/04, VersR **2005** 1073 f.; **a.A.** LG Stuttgart 15.8.1989 – 24 O 151/89, VersR **1990** 418; LG Düsseldorf 27.8.1992 – 22 S 72/92, RuS **1993** 186; LG Köln 13.5.1992 – 24 S 58/91, ZfS **1993** 245; Harbauer/*Obarowski* § 23 Rn. 35 („mittelbarer Zusammenhang"); *J. Prölss* RuS **2005** 269, 275.

15 ÖOGH 20.12.1995 – 7 Ob 26/94, VersR **1996** 1527; ÖOGH 2.3.2005 – 7 Ob 46/04 x, VersR **2007** 671, 672; Prölss/Martin/*Piontek* § 24 Rn. 9.

16 OLG Hamm 15.10.1985 – 20 W 27/85, VersR **1987** 402; OLG Hamm 23.9.1988 – 20 U 60/88, NJW-RR **1989** 344; OLG München 30.1.1991 – 15 U 4082/90, RuS **1992** 203; OLG Stuttgart 15.8.2002 – 7 U 84/02, RuS **2003** 64 f.; Prölss/Martin/*Piontek* § 24 Rn. 9; **a.A.** OLG Frankfurt 20.3.1985 – 17 U 96/84, VersR **1987** 41.

sonstige selbständige Tätigkeit und ist als Gewerbeart der GmbH im Versicherungsschein „Industrie Klebebänder" genannt, ist die persönliche Rechtsvertretung ihres Geschäftsführers gegenüber Patentinhabern betreffend ein Patent, welches mit seiner gewerblichen Tätigkeit als Geschäftsführer der GmbH nicht im Zusammenhang steht, nicht versichert.[17]

2. Berufs-Rechtsschutz für Vereine

3 Die Deckung gemäß § 24 Abs. 1 lit. b gilt sowohl für Idealvereine (§ 21 BGB) als auch wirtschaftliche Vereine (§ 22 BGB).[18] Weil eine Beschränkung auf rechtsfähige Vereine ausgesprochen ist, passt die Bestimmung grundsätzlich auch auf nichtrechtsfähige Vereine (§ 54 BGB) – vorausgesetzt der Versicherungsvertrag ist mit Vollmacht oder für Rechnung der Vereinsmitglieder abgeschlossen.

II. Mitversicherte Personen

1. Selbständige

4 Mitversicherten Personen sind die vom selbständigen VN beschäftigten Personen in Ausübung ihrer Tätigkeit für den VN (§ 24 Abs. 1 lit. a Satz 2).[19] Beschäftigte sind Arbeitnehmer, Leiharbeiter und freie Mitarbeiter,[20] nach h.M. aber nicht selbständige Subunternehmer.[21]

2. Vereine

5 Im Vereins-Rechtsschutz sind alle gesetzlichen Vertreter (§ 26 BGB), Angestellten und Vereinsmitglieder für die Dauer ihrer Mitgliedschaft versichert, soweit sie im Rahmen ihrer Aufgaben tätig sind, die ihnen gemäß der Satzung obliegen. (§ 24 Abs. 2 lit. b).

III. Reichweite des Schutzes nach Leistungsarten

6 Die Reichweite des Rechtsschutzes nach Leistungsarten ergibt sich aus der enumerativen Verweisung in § 24 Abs. 3 auf § 2 lit. b, f, h–j.[22]

IV. Ausschluss des Verkehrsrisikos

7 Der Ausschluss des Verkehrsrisikos gemäß § 24 Abs. 4 entspricht der Regelung in § 23 Abs. 3.[23]

---

17 OLG Hamm 18.11.2016 – 20 U 110/16, BeckRS **2016** 124821.

18 Looschelders/Paffenholz/*Obarowski* § 24 Rn. 13.

19 Looschelders/Paffenholz/*Obarowski* § 24 Rn. 14.

20 Prölss/Martin/*Piontek* § 24 Rn. 12; Looschelders/Paffenholz/Obarowski § 24 Rn. 14.

21 Looschelders/Paffenholz/Richter § 24 Rn. 15; Harbauer/Obarowski § 24 ARB 2010 Rn. 16; van Bühren/Plote/Hillmer-Möbius § 24 ARB 2010 Rn. 13; Rüffer/Halbach/Schimikowski/Münkel § 24 ARB Rn. 1; **a.A.** Prölss/Martin/*Piontek* § 24 Rn. 12.

22 Hierzu noch Prölss/Martin/*Piontek* § 24 Rn. 13.

23 Hierzu § 23 Rn. 6.

V. Nachhaftung nach Beendigung des Versicherungsvertrages durch Berufsaufgabe oder Tod des Versicherungsnehmers

Die Nachhaftung gemäß § 24 Abs. 4, die nur im Rechtsschutz für Selbständige (§ 24 Abs. 1 lit. a) einschlägig ist, erstreckt die materielle Versicherungsdauer für den VN im Fall der Berufsaufgabe auf den Zeitraum von einem Jahr nach Berufsaufgabe und weicht zulässigerweise zugunsten des VN von der kraft Gesetzes eintretenden Beendigung des Versicherungsvertrages bei Interessefortfall ab (§§ 80 Abs. 2, 87 VVG).[24] Insoweit ist auch die Regelung für den Fall des Todes des VN nicht zu beanstanden, weil die Klausel Deckung gewährt, ohne den Erben Nachteile aufzubürden. 8

C. ARB 2012/2021

Die ARB 2012/2021 sehen den Rechtsschutz für Selbständige und Firmen sowie den Vereins-Rechtsschutz als gesonderte Bausteine vor (Ziff. 2.1.1 ARB 2012/2021). Der Begriff der Selbständigkeit wird nunmehr nach steuerrechtlichem Maßstab definiert (Ziff. 2.1.1 ARB 2012/2021). Der Kreis der Mitversicherten Personen ergibt sich aus Ziff. 2.1.2 ARB 2012/2021. Der Opfer-Rechtsschutz ist sowohl im privaten als auch im gewerblichen Bereich gedeckt (Ziff. 2.1.12 ARB 2012/2021). Der Leistungsumfang erstreckt sich im Rechtsschutz für Firmen/Vereine gemäß Ziff. 2.3.1.1 ARB 2012/2021 auf Mediationsverfahren. 9

24 Vgl. *Bruns* Privatversicherungsrecht § 20 Rn. 11; s. bereits § 12 Rn. 3, § 22 Rn. 7, § 23 Rn. 2.

ARB 2010	ARB 2012	ARB 2021
§ 25 Privat- und Berufsrechtsschutz für Nichtselbständige (1) Versicherungsschutz besteht für den privaten und beruflichen Bereich des Versicherungsnehmers und seines ehelichen/eingetragenen oder im Versicherungsschein genannten sonstigen Lebenspartner i.S.d. § 3 Abs. 4 b), wenn diese keine gewerbliche, freiberufliche oder sonstige selbständige Tätigkeit mit einem Gesamtumsatz von mehr als 6.000 Euro – bezogen auf das letzte Kalenderjahr- ausüben. Kein Versicherungsschutz besteht unabhängig von der Umsatzhöhe für die Wahrnehmung rechtlicher Interessen im Zusammenhang mit einer der vorgenannten selbständigen Tätigkeiten.	**(2.1.1)** **Im Privat-Rechtsschutz:** Sie haben Versicherungsschutz für Ihren privaten Bereich. Sie haben hier keinen Versicherungsschutz, wenn Sie rechtliche Interessen im Zusammenhang mit einer der folgenden Tätigkeiten wahrnehmen: • eine gewerbliche Tätigkeit, • eine freiberufliche Tätigkeit, • eine sonstige selbstständige Tätigkeit. Wann liegt eine sonstige selbstständige Tätigkeit vor? Wenn Einkünfte im steuerrechtlichen Sinne erzielt werden oder werden sollen, die keine Einkünfte aus nichtselbstständiger Tätigkeit (zum Beispiel Löhne oder Gehälter) oder Einkünfte aus Rente sind. Folgende Bereiche sind mit einem extra Baustein zu versichern und nicht im Privat-Rechtsschutz enthalten: • Rechtsschutz für Selbstständig oder Firmen, • Rechtsschutz für Vereine, • Berufs-Rechtsschutz, • Verkehrs-Rechtsschutz und Fahrzeug-Rechtsschutz, Wohnungs- und Grundstücks-Rechtsschutz.	**(2.1.1)** **Im Privat-Rechtsschutz:** Sie haben Versicherungsschutz für Ihren privaten Bereich. Sie haben hier keinen Versicherungsschutz, wenn Sie rechtliche Interessen im Zusammenhang mit einer der folgenden Tätigkeiten wahrnehmen: • eine gewerbliche Tätigkeit, • eine freiberufliche Tätigkeit, • eine sonstige selbstständige Tätigkeit. Wann liegt eine sonstige selbstständige Tätigkeit vor? Wenn Einkünfte im steuerrechtlichen Sinne erzielt werden oder werden sollen, die keine Einkünfte aus nichtselbstständiger Tätigkeit (zum Beispiel Löhne oder Gehälter) oder Einkünfte aus Rente sind. **Optional**: Cyber-Rechtsschutz als Ergänzung für den Privat-Rechtsschutz Sie haben Versicherungsschutz in Ihrem privaten Bereich im Zusammenhang mit der Nutzung elektronischer Daten/Medien (zum Beispiel im Internet, in einem Intranet, in digitalen Kurznach-richten- oder Messengerdiensten, ... [ggf. unternehmensindividuell zu ergänzen]) Folgende Bereiche sind mit einem extra Baustein zu versichern und nicht im Privat-Rechtsschutz enthalten: • Rechtsschutz für Selbstständig oder Firmen, • Rechtsschutz für Vereine, • Berufs-Rechtsschutz, • Verkehrs-Rechtsschutz und Fahrzeug-Rechtsschutz, Wohnungs- und Grundstücks-Rechtsschutz.
(2) Mitversichert sind die minderjährigen und die unverheirateten, nicht in einer eingetragenen oder sonstigen Lebenspartnerschaft i.S.d. § 3 Abs. 4 b) ARB lebenden volljährigen Kinder bis zur Vollendung des 25. Lebensjahres, letztere jedoch längstens bis zu dem	(2.1.2) Mitversichert sind: (...) • Ihr ehelicher/eingetragener Lebenspartner, • im Versicherungsschein genannte sonstige Lebenspartner, • Ihre minderjährigen Kinder,	*Identisch mit 2.1.2 ARB 2012*

https://doi.org/10.1515/9783110522709-035

ARB 2010	ARB 2012	ARB 2021
Zeitpunkt, in dem sie erstmalig eine auf Dauer angelegte berufliche Tätigkeit ausüben und hierfür ein leistungsbezogenes Entgelt erhalten.	• Ihre unverheirateten volljährigen Kinder bis zur Vollendung des 25. Lebensjahrs. Die Kinder dürfen allerdings nicht in einer eigenen eingetragenen oder sonstigen Lebenspartnerschaft leben. (...) Die Mitversicherung von volljährigen Kindern endet in jedem Fall zu dem Zeitpunkt, zu dem sie erstmalig eine auf Dauer angelegte, berufliche Tätigkeit ausüben und hierfür ein Einkommen erhalten. (...)	
(3) Der Versicherungsschutz umfasst: – Schadenersatz-Rechtsschutz (§ 2 a), – Arbeits-Rechtsschutz (§ 2 b), – Rechtsschutz im Vertrags- und Sachenrecht (§ 2 d), – Steuer-Rechtsschutz vor Gerichten (§ 2 e), – Sozialgerichts-Rechtsschutz (§ 2 f), – Disziplinar- und Standes-Rechtsschutz (§ 2 h), – Straf-Rechtsschutz (§ 2 i), – Ordnungswidrigkeiten-Rechtsschutz (§ 2 j), – Beratungs-Rechtsschutz im Familien-, Lebenspartnerschafts- und Erbrecht (§ 2 k).		
(4) Der Versicherungsschutz umfasst nicht die Wahrnehmung rechtlicher Interessen als Eigentümer, Halter, Erwerber, Mieter, Leasingnehmer und Fahrer eines Motorfahrzeuges zu Lande, zu Wasser oder in der Luft sowie Anhängers.		
(5) Haben der Versicherungsnehmer und/oder der mitversicherte Lebenspartner eine gewerbliche, freiberufliche oder sonstige selbständige Tätigkeit mit einem Gesamtumsatz von mehr als 6.000 Euro im letzten Kalenderjahr aufgenommen oder übersteigt deren aus einer solchen Tätigkeit im letzten Kalenderjahr erzielter Gesamtumsatz den Betrag von 6.000 Euro, wandelt sich der Versicherungsschutz ab Eintritt dieser Umstände in einen solchen nach § 23 um.		

Übersicht

A. Überblick

1 Der Privat- und Berufs-Rechtsschutz für Nichtselbständige (§ 25) ist dem Pendant für Selbständige nachgebildet (§ 23). Ein wesentlicher Unterschied liegt in der Höhe der Prämie.[1]

B. Privat- und Berufs-Rechtsschutz für Nichtselbständige

I. Rechtsschutz für Nichtselbständige

2 Die Abgrenzung zur Selbständigkeit liegt wie in § 23 Abs. 1.[2] Eine gewerbliche, freiberufliche oder sonstige selbständige Tätigkeit lässt den Versicherungsschutz unberührt, wenn im letzten Kalenderjahr kein Gesamtumsatz von mehr als 6.000 Euro erzielt worden ist (§ 25 Abs. 1 Satz 1 Halbs. 2). Dabei besteht für solche selbständigen Nebentätigkeiten niemals Versicherungsschutz (§ 25 Abs. 1 Satz 2), wohl aber unter Umständen für Streitigkeiten im Zusammenhang mit künftig geplanten gewerblichen Tätigkeiten.[3] Wird ein Baugrundstück nach privatem Erwerb im Rahmen einer selbständigen Tätigkeit bebaut und gewerblich genutzt, rechnen aus dem anschließenden Verkauf des Grundstücks resultierende Streitigkeiten zur selbständigen gewerblichen Tätigkeit.[4]

II. Mitversicherte Personen

3 Der Kreis der gemäß § 25 Abs. 2 mitversicherten Personen entspricht § 23 Abs. 2.[5]

III. Reichweite des Schutzes nach Leistungsarten

4 Die Reichweite des Schutzes nach Leistungsarten ergibt sich aus der enumerativen Verweisung in § 25 Abs. 3, die § 23 Abs. 3 voll entspricht. Umfasst sind die Leistungsarten gemäß § 2 lit. a, b, d–f und h–k.

---

1 Looschelders/Paffenholz/*Obarowski* § 25 Rn. 1.
2 Hierzu ausführlich § 23 Rn. 2 f.
3 OLG München 10.11.2006 – 25 U 3142/06, NJW-RR **2007** 241.
4 OLG Köln 2.9.2003 – 9 U 34/03, RuS **2003** 504; Prölss/Martin/*Piontek* § 25 Rn. 1.
5 Hierzu § 23 Rn. 4.

IV. Ausschluss des Verkehrsrisikos

Auch im Privat- und Berufs-Rechtsschutz ist das Verkehrsrisiko wie in § 23 Abs. 4 und § 24 Abs. 3 ausgeschlossen (§ 25 Abs. 4). Zudem besteht kein Rechtsschutz für die Wahrnehmung rechtlicher Interessen im Zusammenhang mit einer gewerblichen oder freiberuflichen Tätigkeit.[6] Für den vom Ausschluss geforderten „Zusammenhang" genügt es jedoch nicht, dass die Interessenwahrnehmung durch die gewerbliche oder freiberufliche Tätigkeit lediglich verursacht oder motiviert ist; für die Bejahung der vom Ausschluss geforderten Unternehmensbezogenheit muss vielmehr – wie auch im Rahmen von § 24[7] – ein innerer, sachlicher Zusammenhang von nicht nur untergeordneter Bedeutung bestehen.[8] 5

V. Umwandlung in Privat-Rechtsschutz für Selbständige

Qualifiziert man den Wechsel aus der Nichtselbständigkeit in die Selbständigkeit konsequent zum umgekehrten Fall als Wegfall des versicherten Interesses, verstößt die Regelung in § 25 Abs. 4 wie die in § 23 Abs. 5 gegen §§ 80 Abs. 2, 87 VVG und ist deshalb unwirksam, und zwar auch gemäß § 307 Abs. 1 Satz 1 BGB.[9] § 308 Nr. 5 BGB ist demgegenüber nicht einschlägig.[10] 6

C. ARB 2012/2021

Der Rechtsschutz gemäß § 25 ARB 2010 begegnet in den ARB 2012 in anderem Gewand und teilweise umgeformt. In Ziff. 2.1.1 ARB 2012/2021 findet sich im Katalog der versicherten Lebensbereiche auch der Privat-Rechtsschutz, wobei – anders als gemäß §§ 23, 25 ARB 2010 – nicht mehr zwischen Selbständigen und Nichtselbständigen im Privatbereich differenziert wird. Die unhaltbare Umwandlungsregelung ist damit entbehrlich geworden. Die selbständige Tätigkeit wird nach Maßgabe steuerrechtlicher Begriffsbildung definiert (Ziff. 2.1.1 ARB 2012/2021). Der Berufs-Rechtsschutz bildet einen eigenständigen Baustein (Ziff. 2.1: Buchstabenschlüssel B = Beruf). Neben dem Verkehrs-Bereich sind gemäß Ziff. 2.2.1 ARB 2012/2021 ausdrücklich alle mit gesonderten Bausteinen zu versichernden Bereiche ausgeschlossen. In Ziff. 2.2 ARB 2012/2021 sind die versicherten Leistungsarten aufgeführt, zu denen der Arbeits-Rechtsschutz nicht mehr gehört (Ziff. 2.2.2 ARB 2012/2021). Neu hinzugekommen ist der Opfer-Rechtsschutz (Ziff. 2.2.12 ARB 2012/2021).[11] 7

6 OLG Hamm 12.10.2021 – I-20 U 199/21, RuS **2022** 24 Ls. 1.
7 S.o. sub § 24 Rn. 2ff.
8 BGH 12.7.1994 – IV ZR 302/93, VersR **1995** 166; BGH 28.6.1978 – IV ZR 1/77, VersR **1978** 816; BGH 29.10.2008 – IV ZR 128/07, VersR **2009** 216 Rn. 11; OLG Hamm 12.10.2021 – I-20 U 199/21, RuS **2022** 24 Rn. 20.
9 S. § 23 Rn. 7.
10 Etwas anders Prölss/Martin/*Piontek* § 25 Rn. 2; Looschelders/Paffenholz/*Obarowski* § 25 Rn. 18.
11 S. zum optionalen Cyber-Rechtsschutz bereits § 23 Rn. 11.

§ 26 ARB

ARB 2010	ARB 2012	ARB 2021	
§ 26 Privat-, Berufs- und Verkehrs-Rechtsschutz für Nichtselbständige (1) Versicherungsschutz besteht für den privaten und beruflichen Bereich des Versicherungsnehmers und seines ehelichen/eingetragenen oder im Versicherungsschein genannten sonstigen Lebenspartner i.S.d. § 3 Abs. 4 b), wenn diese keine gewerbliche, freiberufliche oder sonstige selbständige Tätigkeit mit einem Gesamtumsatz von mehr als 6.000 Euro – bezogen auf das letzte Kalenderjahr – ausüben. Kein Versicherungsschutz besteht unabhängig von der Umsatzhöhe für die Wahrnehmung rechtlicher Interessen im Zusammenhang mit einer der vorgenannten selbständigen Tätigkeiten. Der Versicherungsschutz bleibt auch bestehen, wenn die versicherte Person oder der Fahrer nachweist, dass die Verletzung der Obliegenheit weder für den Eintritt oder die Feststellung des Versicherungsfalls noch für die Feststellung oder den Umfang der dem Versicherer obliegenden Leistung ursächlich war.	**(2.1.1)** **Im Privat-Rechtsschutz:** Sie haben Versicherungsschutz für Ihren privaten Bereich. Sie haben hier keinen Versicherungsschutz, wenn Sie rechtliche Interessen im Zusammenhang mit einer der folgenden Tätigkeiten wahrnehmen: • eine gewerbliche Tätigkeit, • eine freiberufliche Tätigkeit, • eine sonstige selbstständige Tätigkeit. Wann liegt eine sonstige selbstständige Tätigkeit vor? Wenn Einkünfte im steuerrechtlichen Sinne erzielt werden oder werden sollen, die keine Einkünfte aus nichtselbstständiger Tätigkeit (zum Beispiel Löhne oder Gehälter) oder Einkünfte aus Rente sind. (...) Folgende Bereiche sind mit einem extra Baustein zu versichern und nicht im Privat-Rechtsschutz enthalten: • Rechtsschutz für Selbstständige oder Firmen, • Rechtsschutz für Vereine, • Berufs-Rechtsschutz, • Verkehrs-Rechtsschutz und Fahrzeug-Rechtsschutz, • Wohnungs- und Grundstücks-Rechtsschutz.	*Identisch mit 2.1.1 ARB 2012*	**P**
	Im Berufs-Rechtsschutz: Sie haben Versicherungsschutz für Ihre berufliche, nichtselbstständige Tätigkeit *(*zum Beispiel als Arbeitnehmer, Beamter, Richter). Sie haben keinen Versicherungsschutz, wenn Sie		**B**

https://doi.org/10.1515/9783110522709-036

ARB 2010	ARB 2012	ARB 2021	
	rechtliche Interessen wahrnehmen als: • Eigentümer, • Halter, • Erwerber, • Leasingnehmer/Mieter, • Fahrer von Motorfahrzeugen sowie Anhängern. Der Verkehrs-Rechtsschutz und der Fahrzeug-Rechtsschutz sind mit einem extra Baustein zu versichern. (...)		
	Im Verkehrs-Rechtsschutz: Sie haben Versicherungsschutz, wenn Sie rechtliche Interessen wahrnehmen als • Eigentümer, • Halter, • Erwerber, • Leasingnehmer/Mieter, • Fahrer von Kraftfahrzeugen sowie Anhängern. Die Kraftfahrzeuge oder Anhänger müssen entweder: • bei Vertragsabschluss oder während der Vertragsdauer auf Sie zugelassen sein oder • auf Ihren Namen mit einem Versicherungskennzeichen (sogenanntes Nummernschild) versehen sein oder • zum vorübergehenden Gebrauch von Ihnen gemietet sein. Sie sind ferner als Fahrer und Mitfahrer fremder oder eigener Kraftfahrzeuge, Motorfahrzeuge zu Wasser oder in der Luft versichert. Versicherungsschutz haben Sie auch, wenn Sie am öffentlichen Straßenverkehr teilnehmen, und zwar • als Fahrgast, • als Fußgänger oder • als Radfahrer.		**Vk**

ARB 2010	ARB 2012	ARB 2021	
(2) Mitversichert sind a) die minderjährigen Kinder, b) die unverheirateten, nicht in einer eingetragenen oder sonstigen Lebenspartnerschaft i.S.d. § 3 Abs. 4 b) lebenden volljährigen Kinder bis zur Vollendung des 25. Lebensjahres, letztere jedoch längstens bis zu dem Zeitpunkt, in dem sie erstmalig eine auf Dauer angelegte berufliche Tätigkeit ausüben und hierfür ein leistungsbezogenes Entgelt erhalten. Soweit sich nicht aus der nachfolgenden Bestimmung etwas anderes ergibt, besteht jedoch kein Rechtsschutz für die Wahrnehmung rechtlicher Interessen als Eigentümer, Halter, Erwerber, Mieter, Leasingnehmer und Fahrer von Motorfahrzeugen zu Lande, zu Wasser oder in der Luft sowie Anhängern (Fahrzeug). c) alle Personen in ihrer Eigenschaft als berechtigte Fahrer und berechtigte Insassen jedes bei Vertragsabschluß oder während der Vertragsdauer auf den Versicherungsnehmer, seinen mitversicherten Lebenspartner oder die minderjährigen Kinder zugelassenen oder auf ihren Namen mit einem Versicherungskennzeichen versehenen oder von diesem Personenkreis als Selbstfahrer-Vermietfahrzeug zum vorübergehenden Gebrauch gemieteten Motorfahrzeuges zu Lande sowie Anhängers.	(2.1.2) Mitversichert sind: (...) • Ihr ehelicher/eingetragener Lebenspartner, • im Versicherungsschein genannte sonstige Lebenspartner, • Ihre minderjährigen Kinder, • Ihre unverheirateten volljährigen Kinder bis zur Vollendung des 25. Lebensjahrs. Die Kinder dürfen allerdings nicht in einer eigenen eingetragenen oder sonstigen Lebenspartnerschaft leben. (...) Die Mitversicherung von volljährigen Kindern endet in jedem Fall zu dem Zeitpunkt, zu dem sie erstmalig eine auf Dauer angelegte, berufliche Tätigkeit ausüben und hierfür ein Einkommen erhalten.	*Identisch mit 2.1.2 ARB 2012*	**P, B**
	im Verkehrs-Rechtsschutz: Versichert sind alle Personen (mitversicherte Personen) in ihrer Eigenschaft als berechtigte Fahrer oder berechtigte Mitfahrer des Kraftfahrzeugs. (Berechtigt ist jede Person, die das Kraftfahrzeug mit Ihrem Einverständnis führt oder nutzt.)		**Vk**

ARB 2010	ARB 2012	ARB 2021	
(3) Der Versicherungsschutz umfasst: - Schadenersatz-Rechtsschutz (§ 2 a), - Arbeits-Rechtsschutz (§ 2 b), - Rechtsschutz im Vertrags- und Sachenrecht (§ 2 d), - Steuer-Rechtsschutz vor Gerichten (§ 2 e), - Sozialgerichts-Rechtsschutz (§ 2 f), - Verwaltungs-Rechtsschutz in Verkehrssachen (§ 2 g), - Disziplinar- und Standes-Rechtsschutz (§ 2 h), - Straf-Rechtsschutz (§ 2 i), - Ordnungswidrigkeiten-Rechtsschutz (§ 2 j), - Beratungs- Rechtsschutz im Familien-, Lebenspartnerschafts- und Erbrecht (§ 2 k).			
(4) Es besteht kein Rechtsschutz für die Wahrnehmung rechtlicher Interessen als Eigentümer, Halter, Erwerber, Mieter und Leasingnehmer eines Motorfahrzeuges zu Wasser oder in der Luft.			
(5) Der Fahrer muss bei Eintritt des Rechtsschutzfalls die vorgeschriebene Fahrerlaubnis haben, zum Führen des Fahrzeugs berechtigt sein und das Fahrzeug muss zugelassen oder mit einem Versicherungskennzeichen versehen sein. Bei Verstoß gegen diese Obliegenheit besteht Rechtsschutz nur für diejenigen versicherten Personen, die von diesem Verstoß ohne Verschulden oder leicht fahrlässig keine Kenntnis hatten. Bei grob fahrlässiger Unkenntnis des Verstoßes gegen diese Obliegenheit ist der Versicherer berechtigt, seine Leistung in einem der Schwere des Verschuldens der versicherten Person entsprechenden Verhältnis zu kürzen. Weist die versicherte Person nach, dass	**4.2 Weitere besondere Verhaltensregeln/ Obliegenheiten** **im Verkehrs-Rechtsschutz:** Wenn wir einen Versicherungsfall für Sie übernehmen sollen, müssen folgende Bedingungen erfüllt sein: • Der Fahrer muss bei Eintritt des Versicherungsfalls die vorgeschriebene Fahrerlaubnis haben. • Der Fahrer muss berechtigt sein, das Fahrzeug zu führen. • Das Fahrzeug muss zugelassen sein oder ein Versicherungskennzeichen (sogenanntes Nummernschild) haben. Was geschieht, wenn gegen diese Bedingungen verstoßen wird?	*Identisch mit 4.2 ARB 2012*	**Vk**

ARB 2010	ARB 2012	ARB 2021
ihre Unkenntnis nicht grob fahrlässig war, bleibt der Versicherungsschutz bestehen.	Dann besteht Versicherungsschutz nur für diejenigen versicherten Personen, die von diesem Verstoß nichts wussten. Das heißt, die Personen haben ohne Verschulden oder höchstens leicht fahrlässig gehandelt. Wenn der Verstoß grob fahrlässig war, sind wir berechtigt, unsere Leistung zu kürzen, und zwar entsprechend der Schwere des Verschuldens. (Beispiel für „grob fahrlässiges Verhalten“: Jemand verletzt die allgemein übliche Sorgfalt in ungewöhnlich hohem Maße.) Wenn die versicherte Person nachweist, dass ihre Unkenntnis nicht grob fahrlässig war, bleibt der Versicherungsschutz bestehen. Der Versicherungsschutz bleibt auch in folgenden Fällen bestehen: Die versicherte Person oder der Fahrer weist nach, dass der Verstoß nicht ursächlich war für • den Eintritt des Versicherungsfalls, • die Feststellung des Versicherungsfalls oder • den Umfang der von uns zu erbringenden Leistung.	
(6) Haben der Versicherungsnehmer und/oder der mitversicherte Lebenspartner eine gewerbliche, freiberufliche oder sonstige selbständige Tätigkeit mit einem Gesamtumsatz von mehr als 6.000 Euro im letzten Kalenderjahr aufgenommen oder übersteigt deren aus einer der vorgenannten selbständigen Tätigkeit im letzten Kalenderjahr erzielter Gesamtumsatz den Betrag von 6.000 Euro, wandelt sich der Versicherungsschutz ab dem Eintritt dieser Umstände in einen solchen nach § 21 Absätze 1 und 4 bis 9 – für die auf den Versicherungsnehmer		

ARB 2010	ARB 2012	ARB 2021
zugelassenen oder auf seinen Namen mit einem Versicherungskennzeichen versehenen Fahrzeuge – und § 23 um. Der Versicherungsnehmer kann jedoch innerhalb von sechs Monaten nach der Umwandlung die Beendigung des Versicherungsschutzes nach § 21 verlangen. Verlangt er diese später als zwei Monate nach Eintritt der für die Umwandlung des Versicherungsschutzes ursächlichen Tatsachen, endet der Versicherungsschutz nach § 21 erst mit Eingang der entsprechenden Erklärung des Versicherungsnehmers.		
(7) Ist seit mindestens sechs Monaten kein Motorfahrzeug zu Lande und kein Anhänger mehr auf den Versicherungsnehmer, seinen mitversicherten Lebenspartner oder die minderjährigen Kinder zugelassen oder auf deren Namen mit einem Versicherungskennzeichen versehen, kann der Versicherungsnehmer verlangen, dass der Versicherungsschutz in einen solchen nach § 25 umgewandelt wird. Eine solche Umwandlung tritt automatisch ein, wenn die gleichen Voraussetzungen vorliegen und der Versicherungsnehmer, dessen mitversicherter Lebenspartner und die minderjährigen Kinder zusätzlich keine Fahrerlaubnis mehr haben. Werden die für die Umwandlung des Versicherungsschutzes ursächlichen Tatsachen dem Versicherer später als zwei Monate nach ihrem Eintritt angezeigt, erfolgt die Umwandlung des Versicherungsschutzes erst ab Eingang der Anzeige.		

Übersicht

A. Überblick

1 Die Klausel kombiniert, im Wesentlichen übereinstimmend mit § 26 ARB 75 (Fassung 1988),[1] den Rechtsschutz Nichtselbständiger im privaten und beruflichen Bereich gemäß § 25 mit essentiellen Elementen des Verkehrs-Rechtsschutzes nach § 21.[2] Allerdings sind die grundsätzlich mitversicherten volljährigen Kinder im Verkehrs-Rechtsschutz nicht versichert.

B. Privat-, Berufs- und Verkehrs-Rechtsschutz für Nichtselbständige

I. Sachliche Reichweite des Rechtsschutzes

2 Der sachliche Deckungsumfang entspricht dem im Privat- und Berufs-Rechtsschutz für Selbständige gemäß § 25 Abs. 1 (§ 26 Abs. 1).[3]

II. Mitversicherte Personen

3 Der Kreis der mitversicherten Kinder entspricht im Privat- und Berufs-Rechtsschutz den Bestimmungen in § 23 Abs. 2 und § 25 Abs. 2 (§ 26 Abs. 2 lit. a und b Satz 1).[4] Lediglich im Verkehrs-Rechtsschutz sind die volljährigen Kinder grundsätzlich ausgenommen (§ 26 Abs. 2 lit. b Satz 2).[5] Kinder sind auch Adoptiv- sowie Pflegekinder; letztere jedoch nur, sofern sie sich regelmäßig für nicht unerhebliche Zeit des Tages auf Kosten des VN in dessen Haushalt befinden.[6] Enkelkinder sind dagegen nach allgemeinem Sprachgebrauch keine Kinder.[7] Die Einbeziehung aller berechtigten Fahrer und Insassen ist § 21 Abs. 1 Satz 2 nachgebildet (§ 26 Abs. 2 lit. c).[8]

---

1 OLG Nürnberg 24.9.1998 – 8 U 1757/98, VersR **1999** 749, 750.
2 Prölss/Martin/*Piontek* § 26 Rn. 1.
3 Hierzu § 25 Rn. 2.
4 S. bereits § 23 Rn. 4 und § 25 Rn. 3.
5 Siehe hierzu LG Leipzig 27.3.2006 – 9 S 123/06, VersR **2006** 1681.
6 Prölss/Martin/*Piontek* § 26 Rn. 3.
7 KG 9.12.2008 – 6 U 175/08, VersR **2009** 541.
8 Hierzu § 21 Rn. 2.

III. Reichweite des Schutzes nach Leistungsarten

Die Reichweite des Versicherungsschutzes erstreckt sich auf die Leistungsarten gemäß § 2 lit. a, b, d–k (§ 26 Abs. 3). 4

IV. Ausschluss der Risiken von Motorfahrzeugen zu Wasser und in der Luft

Der Ausschluss der Wahrnehmung rechtlicher Interessen als Eigentümer, Halter, Erwerber, Mieter und Leasingnehmer eines Motorfahrzeuges zu Wasser oder in der Luft ist aus sich heraus verständlich und weder inhaltlich noch in der Form zu beanstanden. 5

V. Obliegenheitsverletzungen

Die Obliegenheiten des VN gemäß § 26 Abs. 5 sind in Entsprechung zu § 21 Abs. 8 geregelt.[9] 6

VI. Umwandlung in Privat-Rechtsschutz gemäß § 21 Abs. 1 und 4 bis 9 sowie § 23

Der Wechsel von der Nichtselbständigkeit in die Selbständigkeit, wie ihn § 26 Abs. 6 Satz 1 zum Regelungsgegenstand hat, ist zwar grundsätzlich als Wegfall des versicherten Interesses zu qualifizieren.[10] Es handelt sich aber im Rechtsschutz gemäß § 26 nicht um einen vollständigen Interessefortfall, weil das Interesse am Verkehrsrechtsschutz erhalten bleibt. Deshalb verstößt die Regelung nicht gegen §§ 80 Abs. 2, 87 VVG. Es handelt sich auch hier nicht um einen Fall von § 308 Nr. 5 BGB, weil die Vereinbarung bei Abschluss des Versicherungsvertrages bedingt getroffen wird, sodass eine Zustimmungsfiktion nicht erforderlich ist. Ob die Bestimmung mit § 307 Abs. 1 Satz 1 vereinbar ist, ist naturgemäß nicht über jeden Zweifel erhaben, dürfte aber angesichts der Möglichkeit der Vertragsbeendigung durch den VN (§ 26 Abs. 6 Satz 2) tendenziell vorsichtig zu bejahen sein. 7

VII. Umwandlung in Privat-Rechtsschutz gemäß § 25

Der Wegfall des Interesses im Verkehrsrechtsschutz, der in § 26 Abs. 7 angesprochen ist, lässt das versicherte Interesse nicht vollständig entfallen.[11] Die §§ 80 Abs. 2, 87 VVG stehen der Regelung deshalb nicht entgegen. Die Umwandlung verstößt mangels Zustimmungsfiktion auch nicht gegen § 308 Nr. 5 BGB. Ein Verstoß gegen § 307 Abs. 1 Satz 1 BGB dürfte zu verneinen sein, wenn und weil sich die Prämie infolge der Umwandlung ermäßigt. 8

C. ARB 2012/2021

Eine dem § 26 ARB 2010 entsprechende Vertragsform sehen die ARB 2012 nicht vor. Ein entsprechender Leistungsumfang lässt sich allerdings durch Kombination der Bausteine Privat-Rechtsschutz (P = Privat), Berufs-Rechtsschutz (B = Beruf) und Verkehrs-Rechtsschutz (Vk = Verkehr) erreichen.[12] 9

---

9 § 21 Rn. 8.
10 § 25 Rn. 6.
11 So auch Looschelders/Paffenholz/*Obarowski* § 26 Rn. 27.
12 Näher Looschelders/Paffenholz/*Obarowski* § 26 Rn. 29 ff.

§ 27 ARB

ARB 2010	ARB 2012	ARB 2021
§ 27 Landwirtschafts- und Verkehrs-Rechtsschutz (1) Versicherungsschutz besteht für den beruflichen Bereich des Versicherungsnehmers als Inhaber des im Versicherungsschein bezeichneten land- oder forstwirtschaftlichen Betriebes sowie für den privaten Bereich und die Ausübung nichtselbständiger Tätigkeiten.	**(2.1.1)** **Im Rechtsschutz für Landwirte:** **Sie haben Versicherungsschutz** als Inhaber für Ihren im Versicherungsschein bezeichneten land- oder forstwirtschaftlichen Betrieb, für den privaten Bereich und für die Ausübung nichtselbstständiger Tätigkeiten. Versicherungsschutz besteht für Sie als • Eigentümer, • Halter, • Erwerber, • Leasingnehmer/Mieter, • Fahrer von Motorfahrzeugen sowie Anhängern. Versichert sind folgende Fahrzeuge: • Pkw oder Kombiwagen, • Krafträder oder • land- bzw. forstwirtschaftlich genutzte Fahrzeuge. Für andere Fahrzeuge besteht kein Versicherungsschutz (zum Beispiel nicht land- oder forstwirtschaftlich genutzte Lkws). Als Fahrer und Mitfahrer sind Sie unabhängig von der Fahrzeugart versichert *(*zum Beispiel: Sie kaufen sich ein privates Motorboot; der Kauf ist nicht versichert, wohl aber das Führen des Bootes).	*Identisch mit 2.1.1 ARB 2012*
(2) Mitversichert sind a) der eheliche/eingetragene oder der im Versicherungsschein genannte sonstige Lebenspartner des Versicherungsnehmers i.S.d. § 3 Abs. 4 b), b) die minderjährigen Kinder, c) die unverheirateten, nicht in einer eingetragenen oder sonstigen Lebenspartnerschaft i.S.d. § 3 Abs. 4 b) lebenden volljährigen Kinder bis zur Vollendung des 25. Lebensjahres, letztere	(2.1.2) Mitversichert sind: • die von Ihnen beschäftigten Mitarbeiter, soweit sie für Sie beruflich im versicherten Betrieb tätig sind, (...) • Ihr ehelicher/eingetragener Lebenspartner, • im Versicherungsschein genannte sonstige Lebenspartner, • Ihre minderjährigen Kinder,	

https://doi.org/10.1515/9783110522709-037

ARB 2010	ARB 2012	ARB 2021
jedoch längstens bis zu dem Zeitpunkt, in dem sie erstmalig eine auf Dauer angelegte berufliche Tätigkeit ausüben und hierfür ein leistungsbezogenes Entgelt erhalten. Soweit sich nicht aus der nachfolgenden Bestimmung etwas anderes ergibt, besteht jedoch kein Rechtsschutz für die Wahrnehmung rechtlicher Interessen als Eigentümer, Halter, Erwerber, Mieter, Leasingnehmer und Fahrer von Motorfahrzeugen zu Lande, zu Wasser oder in der Luft sowie Anhängern (Fahrzeug). d) alle Personen in ihrer Eigenschaft als berechtigte Fahrer und berechtigte Insassen jedes bei Vertragsabschluß oder während der Vertragsdauer auf den Versicherungsnehmer, seinen mitversicherten Lebenspartner oder die minderjährigen Kinder zugelassenen oder auf ihren Namen mit einem Versicherungskennzeichen versehenen oder von diesem Personenkreis als Selbstfahrer-Vermietfahrzeug zum vorübergehenden Gebrauch gemieteten Motorfahrzeuges zu Lande sowie Anhängers, e) die im Versicherungsschein genannten, im Betrieb des Versicherungsnehmers tätigen und dort wohnhaften Mitinhaber sowie deren eheliche/eingetragene oder im Versicherungsschein genannte sonstige Lebenspartner i.S.d. § 3 Abs. 4 b). f) die im Versicherungsschein genannten, im Betrieb des Versicherungsnehmers wohnhaften Altenteiler sowie deren eheliche/eingetragene oder im Versicherungsschein genannte sonstige Lebenspartner i.S.d. § 3 Abs. 4 b). g) die im land- oder forstwirtschaftlichen Betrieb beschäftigten Personen in Ausübung ihrer Tätigkeit für den Betrieb.	• Ihre unverheirateten volljährigen Kinder bis zur Vollendung des 25. Lebensjahrs. Die Kinder dürfen allerdings nicht in einer eigenen eingetragenen oder sonstigen Lebenspartnerschaft leben. **Ausnahme**: Volljährige Kinder sind nicht mitversichert, wenn sie rechtliche Interessen wahrnehmen als • Eigentümer, • Halter, • Erwerber, • Leasingnehmer/Mieter, • Fahrer, von Kraftfahrzeugen, Motorfahrzeugen zu Wasser oder in der Luft sowie Anhänger. Die Mitversicherung von volljährigen Kindern endet in jedem Fall zu dem Zeitpunkt, zu dem sie erstmalig eine auf Dauer angelegte, berufliche Tätigkeit ausüben und hierfür ein Einkommen erhalten. • alle Personen in ihrer Eigenschaft als berechtigte Fahrer und berechtigte Mitfahrer eines Kraftfahrzeugs sowie eines Anhängers. **Voraussetzung ist:** das Kraftfahrzeug oder der Anhänger ist im Zeitpunkt des Versicherungsfalls – auf Sie, Ihren mitversicherten Lebenspartner oder Ihre minderjährigen Kinder zugelassen oder – auf Ihren Namen mit einem Versicherungskennzeichen (sogenanntes Nummernschild) versehen oder – von Ihnen, Ihrem mitversicherten Lebenspartner oder Ihren minderjährigen Kindern zum vorübergehenden Gebrauch angemietet. • im Versicherungsschein genannte Mitinhaber sowie deren eheliche/ eingetragene oder im Versicherungsschein genannte	

ARB 2010	ARB 2012	ARB 2021
	sonstige Lebenspartner, sofern diese – in Ihrem Betrieb tätig und – in Ihrem Betrieb wohnhaft sind. • im Versicherungsschein genannte Altenteiler sowie deren eheliche/ eingetragene oder im Versicherungsschein genannte sonstige Lebenspartner, sofern diese in Ihrem Betrieb wohnhaft sind.	
(3) Der Versicherungsschutz umfasst: – Schadenersatz-Rechtsschutz (§ 2 a), – Arbeits-Rechtsschutz (§ 2 b), – Wohnungs- und Grundstücks-Rechtsschutz (§ 2 c) für land- oder forstwirtschaftlich genutzte Grundstücke, Gebäude oder Gebäudeteile – Rechtsschutz im Vertrags- und Sachenrecht (§ 2 d), – Steuer-Rechtsschutz vor Gerichten (§ 2 e), – Sozialgerichts-Rechtsschutz (§ 2 f), – Verwaltungs-Rechtsschutz in Verkehrssachen (§ 2 g), – Disziplinar- und Standes-Rechtsschutz (§ 2 h), – Straf-Rechtsschutz (§ 2 i), – Ordnungswidrigkeiten-Rechtsschutz (§ 2 j), – Beratungs-Rechtsschutz im Familien-, Lebenspartnerschafts- und Erbrecht. (§ 2 k).		
(4) Soweit es sich nicht um Personenkraft- oder Kombiwagen, Krafträder oder land- oder forstwirtschaftlich genutzte Fahrzeuge handelt, besteht kein Rechtsschutz für die Wahrnehmung rechtlicher Interessen als Eigentümer, Halter, Erwerber, Mieter und Leasingnehmer von Fahrzeugen.		
(5) Der Fahrer muss bei Eintritt des Rechtsschutzfalls die vorgeschriebene Fahrerlaubnis haben, zum Führen des Fahrzeugs berechtigt sein und das Fahrzeug muss zugelassen oder mit einem Versicherungskennzeichen versehen sein. Bei Verstoß gegen diese Obliegenheit besteht Rechtsschutz nur für diejenigen versicherten Personen, die von diesem Verstoß ohne Verschulden oder leicht fahrlässig keine Kenntnis hatten. Bei		

ARB 2010	ARB 2012	ARB 2021
grob fahrlässiger Unkenntnis des Verstoßes gegen diese Obliegenheit ist der Versicherer berechtigt, seine Leistung in einem der Schwere des Verschuldens der versicherten Person entsprechenden Verhältnis zu kürzen. Weist die versicherte Person nach, dass ihre Unkenntnis nicht grob fahrlässig war, bleibt der Versicherungsschutz bestehen. Der Versicherungsschutz bleibt auch bestehen, wenn die versicherte Person oder der Fahrer nachweist, dass die Verletzung der Obliegenheit weder für den Eintritt oder die Feststellung des Versicherungsfalls noch für die Feststellung oder den Umfang der dem Versicherer obliegenden Leistung ursächlich war.		

A. Landwirtschafts- und Verkehrs-Rechtsschutz

Der Rechtsschutz gemäß § 27 ist eine Kombination aus dem Rechtsschutz nach § 24 bezogen auf Land- und Forstwirte mit dem nach §§ 21 und 23,[1] auf deren Erläuterung Bezug genommen wird. Nach allgemeinem versicherungsrechtlichem Verständnis handelt es sich bei land- und forstwirtschaftlichen Betrieben um solche, die Urproduktion betreiben, indem sie sich „überwiegend der Gewinnung von Naturerzeugnissen widmen".[2] Streitigkeiten aus einem von einem Landwirt mit einem Dritten eingegangenen Bewirtschaftungsvertrag unterfallen daher dem Deckungsschutz der Rechtsschutzversicherung für Landwirte.[3] Eine Zuordnung zu einem landwirtschaftlichen Hauptbetrieb scheidet dagegen aus, wenn der VN durch den Aufkauf von landwirtschaftlichen Erzeugnissen und deren Verbreitung nicht landwirtschaftlich, sondern gewerblich tätig wird.[4] Entgegen verbreitet vertretener Ansicht stellt die Betriebsaufgabe keinen vollständigen Wegfall des versicherten Interesses dar, weil das Interesse im Verkehrs-Rechtsschutz fortbesteht.[5] 1

B. ARB 2012/2021

Die ARB 2012/2021 sehen keine gesonderte Vertragsart für den Landwirtschafts- und Verkehrs-Rechtsschutz mehr vor. Doch lässt sich vergleichbarer Versicherungsschutz im Rahmen des Rechtsschutzes für Landwirte erreichen.[6] 2

1 Prölss/Martin/*Piontek* § 27 Rn. 1.

2 OLG Dresden 2.7.2019 – 4 U 447/19, NJW-RR **2020** 164 Rn. 6.

3 OLG Dresden 2.7.2019 – 4 U 447/19, NJW-RR **2020** 164 Rn. 6.

4 LG Münster 11.7.2013 – 115 O 303/12, VersR **2014** 1077, 1078; Harbauer/*Obarowski* § 27 ARB 2010 Rn. 22.

5 **A.A.** LG Hannover 11.9.1992 – 9 S 59/92, RuS **1993** 220, 221; Prölss/Martin/*Piontek* § 27 Rn. 5; Looschelders/Paffenholz/*Richter* § 27 Rn. 5; van Bühren/Plote/*Hillmer-Möbius* § 27 ARB 2010 Rn. 7.

6 Näher Looschelders/Paffenholz/*Richter* § 27 Rn. 25 ff.

ARB 2010

§ 28 Privat-, Berufs- und Verkehrs-Rechtsschutz für Selbständige

(1) Versicherungsschutz besteht

a) für die im Versicherungsschein bezeichnete gewerbliche, freiberufliche oder sonstige selbständige Tätigkeit des Versicherungsnehmers.

b) für den Versicherungsnehmer oder eine im Versicherungsschein genannte Person auch im privaten Bereich und für die Ausübung nichtselbständiger Tätigkeiten.

(2) Mitversichert sind

a) der eheliche/eingetragene oder der im Versicherungsschein genannte sonstige Lebenspartner des Versicherungsnehmers i.S.d. § 3 Abs. 4 b),

b) die minderjährigen Kinder,

c) die unverheirateten, nicht in einer eingetragenen oder sonstigen Lebenspartnerschaft i.S.d. § 3 Abs. 4 b) lebenden volljährigen Kinder bis zur Vollendung des 25. Lebensjahres, letztere jedoch längstens bis zu dem Zeitpunkt, in dem sie erstmalig eine auf Dauer angelegte berufliche Tätigkeit ausüben und hierfür ein leistungsbezogenes Entgelt halten. Soweit sich nicht aus der nachfolgenden Bestimmung etwas anderes ergibt, besteht jedoch kein Rechtsschutz für die Wahrnehmung rechtlicher Interessen als Eigentümer, Halter, Erwerber, Mieter, Leasingnehmer und Fahrer von Motorfahrzeugen zu Lande, zu Wasser oder in der Luft sowie Anhängern (Fahrzeug).

d) alle Personen in ihrer Eigenschaft als berechtigte Fahrer und berechtigte Insassen jedes bei Vertragsabschluß oder während der Vertragsdauer auf den Versicherungsnehmer, die in Absatz 1 genannte Person, deren mitversicherte Lebenspartner oder deren minderjährige Kinder zugelassenen oder auf ihren Namen mit einem Versicherungskennzeichen versehenen oder von diesem Personenkreis als Selbstfahrer-Vermietfahrzeug zum vorübergehenden Gebrauch gemieteten Motorfahrzeuges zu Lande sowie Anhängers,

e) die vom Versicherungsnehmer beschäftigten Personen in Ausübung ihrer beruflichen Tätigkeit für den Versicherungsnehmer.

(3) Der Versicherungsschutz umfasst:

- Schadenersatz-Rechtsschutz (§ 2 a),
- Arbeits-Rechtsschutz (§ 2 b),
- Wohnungs- und Grundstücks- Rechtsschutz (§ 2 c), für im Versicherungsschein bezeichnete selbst genutzte Grundstücke, Gebäude oder Gebäudeteile,
- Rechtsschutz im Vertrags- und Sachenrecht (§ 2 d), für den privaten Bereich, die Ausübung nichtselbständiger Tätigkeiten und im Zusammenhang mit der Eigenschaft als Eigentümer, Halter, Erwerber, Mieter und Leasingnehmer von Motorfahrzeugen zu Lande sowie Anhängern,
- Steuer-Rechtsschutz vor Gerichten (§ 2 e), für den privaten Bereich, die Ausübung nichtselbständiger Tätigkeiten und im Zusammenhang mit der Eigenschaft als Eigentümer, Halter, Erwerber, Mieter und Leasingnehmer von Motorfahrzeugen zu Lande sowie Anhängern,
- Sozialgerichts-Rechtsschutz (§ 2 f),
- Verwaltungs-Rechtsschutz in Verkehrssachen (§ 2 g),
- Disziplinar- und Standes-Rechtsschutz (§ 2 h),
- Straf-Rechtsschutz (§ 2 i),
- Ordnungswidrigkeiten-Rechtsschutz (§ 2 j),
- Beratungs-Rechtsschutz im Familien-, Lebenspartnerschafts- und Erbrecht (§ 2 k).

(4) Der Wohnungs- und Grundstücks- Rechtsschutz kann ausgeschlossen werden.

(5) Es besteht kein Rechtsschutz für die Wahrnehmung rechtlicher Interessen als Eigentümer, Halter, Erwerber, Mieter und Leasingnehmer eines Motorfahrzeuges zu Wasser oder in der Luft.

(6) Der Fahrer muss bei Eintritt des Rechtsschutzfalls die vorgeschriebene Fahrerlaubnis haben, zum Führen des Fahrzeugs berechtigt sein und das Fahrzeug muss zugelassen oder mit einem Versicherungskennzeichen versehen sein. Bei Verstoß gegen diese Obliegenheit besteht Rechtsschutz nur für diejenigen versicherten Personen, die von diesem Verstoß ohne Verschulden oder leicht fahrlässig keine Kenntnis hatten. Bei grob fahrlässiger Unkenntnis des Verstoßes gegen diese Obliegenheit ist der Versicherer berechtigt, seine Leistung in einem der Schwere des Verschuldens der

https://doi.org/10.1515/9783110522709-038

ARB 2010

versicherten Person entsprechenden Verhältnis zu kürzen. Weist die versicherte Person nach, dass ihre Unkenntnis nicht grob fahrlässig war, bleibt der Versicherungsschutz bestehen.
Der Versicherungsschutz bleibt auch bestehen, wenn die versicherte Person oder der Fahrer nachweist, dass die Verletzung der Obliegenheit weder für den Eintritt oder die Feststellung des Versicherungsfalls noch für die Feststellung oder den Umfang der dem Versicherer obliegenden Leistung ursächlich war.

(7) Endet der Versicherungsvertrag durch Berufsaufgabe oder Tod des Versicherungsnehmers, wird ihm bzw. seinen Erben Versicherungsschutz auch für Rechtsschutzfälle gewährt, die innerhalb eines Jahres nach der Beendigung des Versicherungsvertrags eintreten und im Zusammenhang mit der im Versicherungsschein genannten Eigenschaft des Versicherungsnehmers stehen.

A. Privat-, Berufs- und Verkehrs-Rechtsschutz für Selbständige

Der Privat-, Berufs- und Verkehrs-Rechtsschutz verbindet den Versicherungsschutz gemäß §§ 21, 23, 24 miteinander. Die Systematik entspricht den §§ 26, 27.[1] Auf die einschlägigen Kommentierungen wird Bezug genommen. Zum privaten Bereich i.S.v. § 28 Abs. 1 lit. b gehört, was der VN nicht als Tätigkeit gemäß §§ 28 Abs. 1 lit. a versichern kann und was auch nicht zur landwirtschaftlichen oder nichtselbständigen Tätigkeit gehört.[2] 1

B. ARB 2012/2021

Die Vertragsform gemäß § 28 ARB 2010 findet sich in dieser Form in den ARB 2012/2021 nicht wieder, lässt sich im Prinzip aber durch Kombination verschiedener Bausteine nachbilden.[3] 2

1 Prölss/Martin/*Piontek* § 28 Rn. 1.

2 OLG Düsseldorf 12.3.2001 – 4 W 54/00, RuS **2001** 466; OLG Dresden 27.9.2012 – 4 U 809/12, VersR **2013** 450; OLG Hamm 18.11.2016 – 20 U 110/16, BeckRS **2016** 124821 Rn. 25; s. ferner BGH 23.9.1992 – IV ZR 196/91, BGHZ **119** 252.

3 Zum Ganzen Looschelders/Paffenholz/*Richter* § 28 Rn. 17.

§ 29 ARB

ARB 2010	ARB 2012	ARB 2021
§ 29 Rechtsschutz für Eigentümer und Mieter von Wohnungen und Grundstücken (1) Versicherungsschutz besteht für den Versicherungsnehmer in seiner im Versicherungsschein bezeichneten Eigenschaft als a) Eigentümer, b) Vermieter, c) Verpächter, d) Mieter, e) Pächter, f) Nutzungsberechtigter von Grundstücken, Gebäuden oder Gebäudeteilen, die im Versicherungsschein bezeichnet sind. Einer Wohneinheit zuzurechnende Garagen oder Kraftfahrzeug – Abstellplätze sind eingeschlossen.	**(2.1.1)** **Im Wohnungs- und Grundstücks-Rechtsschutz** Sie haben Versicherungsschutz, wenn Sie Grundstücke, Gebäude oder Gebäudeteile in folgenden Eigenschaften nutzen: als • Eigentümer, • Vermieter, • Verpächter, • Mieter, • Pächter, • sonstiger Nutzungsberechtigter. Die Eigenschaften und das Grundstück, Gebäude oder Gebäudeteil müssen im Versicherungsschein angegeben sein. Einer Wohneinheit zuzurechnende Garagen oder Kraftfahrzeug-Abstellplätze sind eingeschlossen.	*Identisch mit 2.1.1 ARB 2012*
(2) Der Versicherungsschutz umfasst: – Wohnungs- und Grundstücks-Rechtsschutz (§ 2 c), – Steuer- Rechtsschutz vor Gerichten (§ 2 e).	Wenn Sie das im Versicherungsschein bezeichnete, selbst genutzte Wohnobjekt wechseln, geht der Versicherungsschutz auf das neue Wohnobjekt über und umfasst auch Versicherungsfälle, die erst nach dem Auszug aus dem bisherigen Wohnobjekt eintreten oder die sich auf das neue Wohnobjekt beziehen und vor dessen geplantem oder tatsächlichem Bezug eintreten. Wenn Sie ein Objekt wechseln, das Sie für Ihre gewerbliche, freiberufliche oder sonstige selbstständige Tätigkeit selbst nutzen, dann gilt dies nur unter **folgender Voraussetzung:** Das neue Objekt darf nach unserem Tarif weder nach Größe noch nach Miet- oder Pachthöhe einen höheren als den vereinbarten Beitrag ausmachen.	

https://doi.org/10.1515/9783110522709-039

A. Rechtsschutz für Eigentümer und Mieter von Wohnungen und Grundstücken

Der Versicherungsschutz gemäß § 29 ist streng objektbezogen.[1] Die Versicherung als Eigentümerin eines Mobilheimes bietet daher keinen Rechtsschutz für Streitigkeiten betreffend den Pachtvertrag über das Grundstück, auf dem das Mobilheim aufgestellt worden ist.[2] Im Falle eines Austauschs entfällt das versicherte Interesse vollständig (§§ 80 Abs. 2, 87 VVG), der Rechtsschutz für das neue Objekt kann nur durch Abschluss eines neuen Vertrages erlangt werden, in dem die Wartefrist von neuem läuft.[3] Solange der VN Vollrechtsinhaber bleibt, gilt der Versicherungsschutz fort, auch wenn er die Wohnung nur noch ab und zu benutzt.[4] Der Begriff des Grundstücks entspricht der bürgerlich-rechtlichen Definition in §§ 873 ff. BGB.[5] § 29 ARB gewährt keinen Anspruch auf Rechtsschutz für Normenkontrollklagen nach § 47 VwGO, mit denen eine wirtschaftliche Beeinträchtigung des Eigentums geltend gemacht wird.[6] 1

Eine Mitversicherung ist im objektbezogenen Versicherungsschutz gem. § 29 nicht vorgesehen. Unter Umständen ergibt sich jedoch eine Mitberechtigung nach Maßgabe der §§ 43 ff. VVG: Eine stillschweigende Mitversicherung ist etwa dann anzunehmen, wenn ein weiterer Versicherungsvertrag besteht und die dabei mitversicherte Person (Angehöriger) gleichzeitig am versicherten Objekt i.R.v. § 29 als Miteigentümer oder Mitmieter berechtigt ist.[7] Unterhält insoweit nur einer von mehreren Mitmietern eine objektbezogene Rechtsschutzversicherung, sind nach obergerichtlicher Judikatur auch die übrigen Mitmieter mitversichert, so dass die Rechtsschutzversicherung die allen Mietern entstehenden Kosten eines Mietrechtsstreits zu übernehmen hat.[8] 2

B. ARB 2012/2021

In den ARB 2012 ist eine dem § 29 voll entsprechende Vertragsform zwar nicht mehr enthalten, ein entsprechender Rechtsschutz lässt sich aber durch Kombination verschiedener Bausteine erreichen, insbesondere Baustein W = Wohnen (vgl. Ziff. 2.1.1 ARB 2012/2021).[9] 3

1 Prölss/Martin/*Piontek* § 29 Rn. 2.
2 OLG Hamm 30.1.2017 – 6 U 110/16, VersR **2017** 686, 687.
3 LG und OLG Köln 20.5.1992 – 24 O 497/91 und 21.1.1993 – 5 U 136/92, RuS **1993** 104; Prölss/Martin/*Piontek* § 29 Rn. 2.
4 OLG Koblenz 27.7.2012 – 10 U 103/12, VersR **2013** 56, 57; Prölss/Martin/*Piontek* § 29 Rn. 2.
5 Vgl. AG Geldern 2.3.2005 – 3 C 442/04, VersR **2006** 356 (kein Bootsliegeplatz im Wasser).
6 OLG Stuttgart 8.12.2005 – 7 U 160/05, VersR **2006** 500, 501; anders Harbauer/*Obarowski* § 2 ARB 2010 Rn. 129.
7 Harbauer/*Obarowski* § 29 ARB 2010 Rn. 8 m.w.N.
8 OLG Frankfurt 11.10.2011 – 3 U 137/10, VersR **2012** 177 Ls. 1; 28.3.1988 – 19 U 108/87, NJW-RR 1988, 922.
9 Zum Ganzen Looschelders/Paffenholz/*Richter* § 29 Rn. 25.

Anhang: Entsprechungstabelle ARB 2012/2021 zu ARB 2010

ARB 2012	ARB 2021	ARB 2010
1. Aufgaben der Rechtsschutzversicherung	1. Aufgaben der Rechtsschutzversicherung	§ 1. Aufgaben der Rechtsschutzversicherung
2. Welchen Rechtsschutz haben Sie?	2. Welchen Rechtsschutz haben Sie?	–
2.1.1 Versicherte Bereiche	2.1.1 Versicherte Bereiche	–
2.1.1 (Im Verkehrs-Rechtsschutz)	2.1.1 (Im Verkehrs-Rechtsschutz)	§ 21 Verkehrs-Rechtsschutz
2.1.1 (Im Fahrzeug-Rechtsschutz)	2.1.1 (Im Fahrzeug-Rechtsschutz)	§ 22 Fahrer-Rechtsschutz
2.1.1 (Im Privat-Rechtsschutz)	2.1.1 (Im Privat-Rechtsschutz)	§ 23 Privat-Rechtsschutz für Selbstständige
2.1.1 (Im Rechtsschutz für Selbstständige oder Firmen)	2.1.1 (Im Rechtsschutz für Selbstständige oder Firmen)	§ 24 Berufs-Rechtsschutz für Selbstständige, Rechtsschutz für Firmen und Vereine
2.1.1 (Im Privat-Rechtsschutz)	2.1.1 (Im Privat-Rechtsschutz)	§ 25 Privat- und Berufs-Rechtsschutz für Nichtselbstständige
2.1.1 (Im Berufs-Rechtsschutz)	2.1.1 (Im Berufs-Rechtsschutz)	§ 26 Privat-, Berufs- und Verkehrs-, Rechtsschutz für Nichtselbstständige
2.1.1 (Im Rechtsschutz für Landwirte)	2.1.1 (Im Rechtsschutz für Landwirte)	§ 27 Landwirtschafts- und Verkehrs-Rechtsschutz
–	–	§ 28 Privat-, Berufs- und Verkehrs-Rechtsschutz für Selbständige
2.1.1 (Im Wohnungs- und Grundstücksrechtsschutz)	2.1.1 (Im Wohnungs- und Grundstücksrechtsschutz)	§ 29 Rechtsschutz für Eigentümer und Mieter von Wohnungen und Grundstücken
2.1.2 Mitversicherung	2.1.2 Mitversicherung	§ 15 Rechtsstellung mitversicherter Personen sowie §§ 21 ff.
2.2 In welchen Rechtsbereichen sind Sie versichert (Leistungsarten)?	2.2 In welchen Rechtsbereichen sind Sie versichert (Leistungsarten)?	§ 2 Leistungsarten
2.2.1 Schadenersatz-Rechtsschutz	2.2.1 Schadenersatz-Rechtsschutz	§ 2 lit. a) Schadenersatz-Rechtsschutz
2.2.2 Arbeits-Rechtsschutz	2.2.2 Arbeits-Rechtsschutz	§ 2 lit. b) Arbeits-Rechtsschutz
2.2.3 Wohnungs- und Grundstücks-Rechtsschutz	2.2.3 Wohnungs- und Grundstücks-Rechtsschutz	§ 2 lit. c) Wohnungs- und Grundstücks-Rechtsschutz
2.2.4 Rechtsschutz im Vertrags- und Sachenrecht	2.2.4 Rechtsschutz im Vertrags- und Sachenrecht	§ 2 lit. d) Rechtsschutz im Vertrags- und Sachenrecht
2.2.5 Steuer-Rechtsschutz vor Gerichten	2.2.5 Steuer-Rechtsschutz vor Gerichten	§ 2 lit. e) Steuer-Rechtsschutz vor Gerichten
2.2.6 Sozialgerichts-Rechtsschutz	2.2.6 Sozialgerichts-Rechtsschutz	§ 2 lit. f) Sozialgerichts-Rechtsschutz
2.2.7 Verwaltungs-Rechtsschutz in Verkehrssachen	2.2.7 Verwaltungs-Rechtsschutz in Verkehrssachen	§ 2 lit. g) Verwaltungs-Rechtsschutz in Verkehrssachen
2.2.8 Disziplinar- und Standes-Rechtsschutz	2.2.8 Disziplinar- und Standes-Rechtsschutz	§ 2 lit. h) Disziplinar- und Standes-Rechtsschutz

https://doi.org/10.1515/9783110522709-040

ARB 2012	ARB 2021	ARB 2010
2.2.9 Straf-Rechtsschutz	2.2.9 Straf-Rechtsschutz	§ 2 lit. i) Straf-Rechtsschutz
2.2.10 Ordnungswidrigkeiten-Rechtsschutz	2.2.10 Ordnungswidrigkeiten-Rechtsschutz	§ 2 lit. j) Ordnungswidrigkeiten-Rechtsschutz
2.2.11 Beratungs-Rechtsschutz im Familien-, Lebenspartnerschafts- und Erbrecht	2.2.11 Beratungs-Rechtsschutz im Familien-, Lebenspartnerschafts- und Erbrecht	§ 2 lit. k) Beratungs-Rechtsschutz im Familien-, Lebenspartnerschafts- und Erbrecht
2.2.12 Opfer-Rechtsschutz	2.2.12 Opfer-Rechtsschutz	–
–	2.2.13 Aktiver Straf-Rechtsschutz	–
–	2.2.14 Rechtsschutz bei Urheberrechtsverstößen	–
2.3 Leistungsumfang	2.3 Leistungsumfang	§ 5 (Leistungsumfang) Abs. 1 und Abs. 4
2.3.1 Leistungsumfang im Inland	2.3.1 Leistungsumfang im Inland	–
2.3.1.1	2.3.1.1	§ 5 a Einbeziehung des außergerichtlichen Mediationsverfahrens
2.3.1.2	2.3.1.2	§ 5 Abs. 1 lit. a)
2.3.1.3	2.3.1.3	§ 5 Abs. 1 lit. f) aa)
2.3.1.4	2.3.1.4	§ 5 Abs. 6 lit. a) und b)
2.3.2 Leistungsumfang im Ausland	2.3.2 Leistungsumfang im Ausland	§ 5 Abs. 1 lit. b)
2.3.2.1	2.3.2.1	§ 5 Abs. 1 lit. b)
2.3.2.2	2.3.2.2	§ 5 Abs. 1 lit. f) bb)
2.3.2.3	2.3.2.3	§ 5 Abs. 1 lit. g)
2.3.2.4	2.3.2.4	§ 5 Abs. 5 lit. a)
2.3.2.5	2.3.2.5	§ 5 Abs. 6 lit. c)
2.3.2.6	2.3.2.6	§ 5 Abs. 2 lit. b)
2.3.3	2.3.3	§ 5 Abs. 1 lit. c)
2.3.3.1	2.3.3.1	§ 5 Abs. 1 lit. c) und e)
2.3.3.2	2.3.3.2	§ 5 Abs. 1 lit. d)
2.3.3.3	2.3.3.3	§ 5 Abs. 1 lit. h)
2.3.3.4	2.3.3.4	§ 5 Abs. 2 lit. a)
2.3.3.5	2.3.3.5	§ 5 Abs. 5 lit. b)
2.4 Voraussetzungen für den Anspruch auf Versicherungsschutz	2.4 Voraussetzungen für den Anspruch auf Versicherungsschutz	§ 4 Voraussetzung für den Anspruch auf Rechtsschutz
2.4.1	2.4.1	§ 4 Abs. 1 lit. b) und k)
2.4.2	2.4.2	§ 4 Abs. 1 lit. a)
2.4.4	2.4.4	§ 4 Abs. 2
2.4.5	2.4.5	§ 4 Abs. 2

ARB 2012	ARB 2021	ARB 2010
3. Was ist nicht versichert?	3. Was ist nicht versichert?	§ 4 Voraussetzung für den Anspruch auf Rechtsschutz
3.1 Zeitliche Ausschlüsse	3.1 Zeitliche Ausschlüsse	–
3.1.1	3.1.1	§ 4 Abs. 1 letzter Satz
3.1.2	3.1.2	§ 4 Abs. 3 lit. a)
3.1.3	3.1.3	§ 4 Abs. 3 lit. b)
3.1.4	3.1.4	§ 4 Abs. 4
3.2.1	3.2.1	§ 3 Abs. 1 lit. a)–c)
3.2.2	3.2.2	§ 3 Abs. 1 lit. d)
3.2.3	3.2.3	§ 3 Abs. 2 lit. a)
3.2.4	3.2.4	§ 3 Abs. 2 lit. b)
3.2.5	3.2.5	§ 3 Abs. 2 lit. c)
3.2.6	3.2.6	§ 3 Abs. 2 lit. d)
3.2.7	3.2.7	§ 3 Abs. 2 lit. e)
3.2.8	3.2.8	§ 3 Abs. 2 lit. f)
3.2.10	3.2.10	§ 3 Abs. 2 lit. g)
3.2.11	3.2.11	§ 3 Abs. 2 lit. h)
3.2.12	3.2.12	§ 3 Abs. 2 lit. i)
3.2.13	3.2.13	§ 3 Abs. 3 lit. a)–b)
3.2.14	3.2.14	§ 3 Abs. 3 lit. c)
3.2.15	3.2.15	§ 3 Abs. 3 lit. d)
3.2.16	3.2.16	§ 3 Abs. 3 lit. e)
3.2.17	3.2.17	§ 3 Abs. 4 lit. a)
3.2.18	3.2.18	§ 3 Abs. 4 lit. b)
3.2.19	3.2.19	§ 3 Abs. 4 lit. c)
3.2.20	3.2.20	§ 3 Abs. 4 lit. d)
3.2.21	3.2.21	§ 3 Abs. 5
3.2.22	3.2.22	–
3.2.23	3.2.23	–
3.3 Einschränkung unserer Leistungspflicht	3.3 Einschränkung unserer Leistungspflicht	§ 5 Abs. 3
3.3.1	3.3.1	§ 5 Abs. 3 lit. a)
3.3.2	3.3.2	§ 5 Abs. 3 lit. b)
3.3.3	3.3.3	§ 5 Abs. 3 lit. h)
3.3.4	3.3.4	§ 5 Abs. 3 lit. c)
3.3.5	3.3.5	§ 5 Abs. 3 lit. d) und e)
3.3.6	3.3.6	§ 5 Abs. 3 lit. f)

ARB 2012	ARB 2021	ARB 2010
3.3.7	3.3.7	§ 5 Abs. 3 lit. g)
3.4 Ablehnung des Versicherungsschutzes wegen mangelnder Erfolgsaussichten oder wegen Mutwilligkeit/Schiedsgutachter	3.4 Ablehnung des Versicherungsschutzes wegen mangelnder Erfolgsaussichten oder wegen Mutwilligkeit/Schiedsgutachter	§ 3a Ablehnung des Rechtsschutzes wegen mangelnder Erfolgsaussichten oder wegen Mutwilligkeit – Schiedsgutachterverfahren
3.4.1	3.4.1	§ 3a Abs. 1
3.4.1.1	3.4.1.1	§ 3a Abs. 1 lit. a)
3.4.1.2	3.4.1.2	§ 3a Abs. 1 lit. b)
3.4.2	3.4.2	§ 3a Abs. 2
3.4.3	3.4.3	§ 3a Abs. 3
3.4.4	3.4.4	§ 3a Abs. 4
3.4.5	3.4.5	§ 3a Abs. 5
4. Was müssen Sie beachten?	4. Was müssen Sie beachten?	§ 17 Verhalten nach Eintritt des Rechtsschutzfalls
4.1 Verhalten im Versicherungsfall/ Erfüllung von Obliegenheiten	4.1 Verhalten im Versicherungsfall/ Erfüllung von Obliegenheiten	§ 17 Verhalten nach Eintritt des Rechtsschutzfalls
4.1.1	4.1.1	§ 17
4.1.1.1	4.1.1.1	§ 17 Abs. 1 lit. a)
4.1.1.2	4.1.1.2	§ 17 Abs. 1 lit. b)
4.1.1.3	4.1.1.3	§ 17 Abs. 1 lit. c) aa)
4.1.1.4	4.1.1.4	§ 17 Abs. 1 lit. c) bb)
4.1.2	4.1.2	§ 17 Abs. 2
4.1.3	4.1.3	§ 17 Abs. 3 und 4
4.1.4	4.1.4	§ 17 Abs. 5
4.1.5	4.1.5	§ 17 Abs. 6
4.1.6	–	§ 17 Abs. 7
4.1.7	4.1.7	§ 17 Abs. 8
4.1.8	4.1.8	§ 17 Abs. 9
4.1.9	4.1.9	§ 17 Abs. 9
4.2 Weitere besondere Verhaltensregeln/Obliegenheiten	4.2 Weitere besondere Verhaltensregeln/Obliegenheiten	Siehe insbesondere § 21 Abs. 8, § 22 Abs. 5, § 26 Abs. 5, § 28 Abs. 6
4.3 Besonderheiten im Fahrzeug-Rechtsschutz bei Fahrzeugwechsel oder Verkauf	4.3 Besonderheiten im Fahrzeug-Rechtsschutz bei Fahrzeugwechsel oder Verkauf	§ 21 Abs. 9 und 10
5. In welchen Ländern sind Sie versichert?	5. In welchen Ländern sind Sie versichert?	§ 6 Örtlicher Geltungsbereich
5.1 Hier haben Sie Versicherungsschutz	5.1 Hier haben Sie Versicherungsschutz	§ 6 Abs. 1

ARB 2012	ARB 2021	ARB 2010
5.2 Hier haben Sie Versicherungsschutz mit Einschränkungen	5.2 Hier haben Sie Versicherungsschutz mit Einschränkungen	§ 6 Abs. 2
6. Wann beginnt und endet Ihre Rechtsschutzversicherung?	6. Wann beginnt und endet Ihre Rechtsschutzversicherung?	§ 7 Beginn des Versicherungsschutzes, § 8 Dauer und Ende des Vertrages
6.1 Beginn des Versicherungsschutzes	6.1 Beginn des Versicherungsschutzes	§ 7 Beginn des Versicherungsschutzes
6.2 Dauer und Ende des Vertrages	6.2 Dauer und Ende des Vertrages	§ 8 Dauer und Ende des Vertrages
6.2.1 Vertragsdauer	6.2.1 Vertragsdauer	§ 8 Abs. 1 Vertragsdauer
6.2.2 Stillschweigende Verlängerung	6.2.2 Stillschweigende Verlängerung	§ 8 Abs. 2 Stillschweigende Verlängerung
6.2.3 Vertragsbeendigung	6.2.3 Vertragsbeendigung	§ 8 Abs. 3 Vertragsbeendigung
6.2.4	6.2.4	§ 12 Wegfall des versicherten Interesses Abs. 1 und 2
6.2.5 Kündigung nach Versicherungsfall	6.2.5 Kündigung nach Versicherungsfall	§ 13 Kündigung nach Versicherungsfall
6.2.5.1	6.2.5.1	§ 13 Abs. 1
6.2.5.2	6.2.5.2	§ 13 Abs. 2 und 3
6.2.6 Versichererwechsel	6.2.6 Versichererwechsel	§ 4a Versichererwechsel
7. Wann und wie müssen Sie Ihren Beitrag zahlen?	7. Wann und wie müssen Sie Ihren Beitrag zahlen?	§ 9 Beitrag
7.1 Beitragszahlung	7.1 Beitragszahlung	§ 9 A. Beitrag und Versicherungssteuer Abs. 1 Beitragszahlung
7.2 Versicherungsjahr	7.2 Versicherungsjahr	§ 8a Versicherungsjahr
7.3 Versicherungssteuer	7.3 Versicherungssteuer	§ 9 A. Abs. 2 Versicherungssteuer
7.4 Zahlung und Folgen verspäteter Zahlung/Erster Beitrag	7.4 Zahlung und Folgen verspäteter Zahlung/Erster Beitrag	§ 9 B. Zahlung und Folgen verspäteter Zahlung/erster Beitrag
7.4.1 Fälligkeit der Zahlung	7.4.1 Fälligkeit der Zahlung	§ 9 B. Abs. 1 Fälligkeit der Zahlung
7.4.2 Späterer Beginn des Versicherungsschutzes	7.4.2 Späterer Beginn des Versicherungsschutzes	§ 9 B. Abs. 2 Späterer Beginn des Versicherungsschutzes
7.4.3 Rücktritt	7.4.3 Rücktritt	§ 9 B. Abs. 3 Rücktritt
7.5 Zahlung und Folgen verspäteter Zahlung/Folgebeitrag	7.5 Zahlung und Folgen verspäteter Zahlung/Folgebeitrag	§ 9 C. Zahlung und Folgen verspäteter Zahlung/Folgebeitrag
7.5.1 Folgebeitrag	7.5.1 Folgebeitrag	§ 9 C. Abs. 1 Folgebeitrag
7.5.2 Verzug	7.5.2 Verzug	§ 9 C. Abs. 2 Verzug
7.5.3 Zahlungsaufforderung	7.5.3 Zahlungsaufforderung	§ 9 C. Abs. 3 Zahlungsaufforderung
7.5.4 Welche rechtlichen Folgen hat die Fristüberschreitung?	7.5.4 Welche rechtlichen Folgen hat die Fristüberschreitung?	§ 9 C. Abs. 4 Kein Versicherungsschutz und Abs. 5 Kündigung

ARB 2012	ARB 2021	ARB 2010
7.6 Rechtzeitige Zahlung bei Sepa-Lastschriftmandat	7.6 Rechtzeitige Zahlung bei Sepa-Lastschriftmandat	§ 9 D. Rechtzeitigkeit der Zahlung bei Lastschriftermächtigung
7.6.1 Rechtzeitige Zahlung	7.6.1 Rechtzeitige Zahlung	§ 9 D. Abs. 1 Rechtzeitige Zahlung
7.6.2 Beendigung des Lastschriftverfahrens	7.6.2 Beendigung des Lastschriftverfahrens	§ 9 D. Abs. 2 Beendigung des Lastschriftverfahrens
7.7 Beitrag bei vorzeitiger Vertragsbeendigung	7.7 Beitrag bei vorzeitiger Vertragsbeendigung	§ 9 E. Beitrag bei vorzeitiger Vertragsbeendigung
7.8.2.1 Statistische Ermittlung durch einen unabhängigen Treuhänder	7.8.2.1 Statistische Ermittlung durch einen unabhängigen Treuhänder	§ 10 Beitragsanpassung Abs. 1 bis 3
7.8.2.2. Ermittlung aufgrund unternehmenseigener Zahlen	7.8.2.2. Ermittlung aufgrund unternehmenseigener Zahlen	§ 10 Abs. 4
7.8.4 Unterbleiben einer Beitragsanpassung	7.8.4 Unterbleiben einer Beitragsanpassung	§ 10 Abs. 3
7.8.5 Erhöhung oder Senkung des Beitrags	7.8.5 Erhöhung oder Senkung des Beitrags	§ 10 Abs. 3
7.8.6 Wann wird die Beitragsanpassung wirksam?	7.8.6 Wann wird die Beitragsanpassung wirksam?	§ 10 Abs. 5
7.8.7 Ihr außerordentliches Kündigungsrecht	7.8.7 Ihr außerordentliches Kündigungsrecht	§ 10 Abs. 6
7.9 Änderung wesentlicher Umstände der Beitragsfestsetzung	7.9 Änderung wesentlicher Umstände der Beitragsfestsetzung	§ 11 Änderung der für die Beitragsbemessung wesentlichen Umstände
7.9.1	7.9.1	§ 11 Abs. 1
7.9.2	7.9.2	§ 11 Abs. 2
7.9.3	7.9.3	§ 11 Abs. 3 und 4
8. Wann verjähren Ansprüche aus dem Versicherungsvertrag?	8. Wann verjähren Ansprüche aus dem Versicherungsvertrag?	§ 14 Gesetzliche Verjährung
8.1 Gesetzliche Verjährung	8.1 Gesetzliche Verjährung	§ 14 Abs. 1
8.2 Die Verjährung wird ausgesetzt	8.2 Die Verjährung wird ausgesetzt	§ 14 Abs. 2
9. Welches Recht ist anzuwenden und wo ist der Gerichtsstand?	10. Welches Recht ist anzuwenden und wo ist der Gerichtsstand?	§ 20 Zuständiges Gericht. Anzuwendendes Recht
9.1 Anzuwendendes Recht	10.1 Anzuwendendes Recht	§ 20 Abs. 4
9.2 Klagen gegen das Versicherungsunternehmen	10.2 Klagen gegen das Versicherungsunternehmen	§ 20 Abs. 1
9.3 Klagen gegen den Versicherungsnehmer	10.3 Klagen gegen den Versicherungsnehmer	§ 20 Abs. 2 und 3
Anhang: Beitragsfreiheit bei Arbeitslosigkeit (Zahlungspause)	Anhang: Beitragsfreiheit bei Arbeitslosigkeit (Zahlungspause)	§ 9a Beitragsfreiheit bei Arbeitslosigkeit

Spezial-Straf-Rechtsschutzversicherung

Schrifttum

Armbrüster Verteilung nicht ausreichender Versicherungssummen in D&O-Innenhaftungsfällen, VersR **2014** 1; *Becker/Buschbell* Spezial-Straf-Rechtsschutz – eine kaum bekannte Leistungsart der Rechtsschutzversicherung, AnwBl. **2000** 549; *Bruns* Privatversicherungsrecht **(2015)**; *Cornelius-Winkler* Lohnt der Abschluss einer Industrie-Strafrechtsschutz-Versicherung? VP **2016** 22; *Cyrus* Neue Entwicklungen in der D&O-Versicherung, NZG **2018** 7; *Dahnz* Strafrecht und Strafrechtsschutz-Versicherung, VP **2010** 45; *Dahnz/Grimminger* Manager und ihr Berufsrisiko **(2007)**; *Drave* Unzureichende Versicherungssumme und Verteilungsverfahren – Scheinargumente in der Schadenregulierung, VP **2016** 32; *Ehling* Versicherungsschutz im Compliance-Fall, BB **2018** 1610; *Eidam* Industrie-Straf-Rechtsschutzversicherung **(1994)**; *Fassbach/Hülsberg* Die D&O-Versicherung im Gefüge der Compliance Managementsysteme (CMS), CB **2018** 1; *Fortmann* Strafverteidigungskosten in der D&O-Versicherung, RuS **2023** 248; *ders.* Regressansprüche gegen Organmitglieder bei (Kartell-) Geldbußen, RuS **2023** 827; *Gädtke* Das Verteilungsproblem in der D&O-Versicherung, VP **2016** 9; *Ghassemi-Tabar/Cordes* Handbuch Vorstand und Aufsichtsrat **(2023)**; *Grote/Finkel* Rechtsprechungsübersicht zum Versicherungsvertragsrecht im zweiten Halbjahr 2023, NJW **2024** 329; *Guntermann* Das wirtschaftsstrafrechtliche Mandat unter der Strafrechtsschutzversicherung für Unternehmen und Manager **(2021)**; *ders.* Der nachträgliche Ausschluss vom Versicherungsschutz in der Strafrechtsschutzversicherung für Unternehmen und Manager, VP **2016** 28; *ders.* Der nemo-tenetur-Grundsatz und versicherungsrechtliche Anzeige- und Informationspflichten – Konflikte und Lösungsansätze im Strafrechtsschutz, RuS **2022** 442; *ders.* Strafrechtsschutz in der D&O-Versicherung, RuS **2023** 1045; *Hauschka/Moosmayer/Lösler* Corporate Compliance, Handbuch der Haftungsvermeidung im Unternehmen, 3. Aufl. **(2016)**; *Heerspink/Terno* Versicherbarkeit von Haftungsfällen und strafrechtlichen Risiken in der Wirtschaft, ZWH **2016** 55; *Hendricks* Die Vermögensschaden- und Strafrechtsschutzversicherung, eine Antwort auf die Frage der Daseinsberechtigung, VP **2020** 17; *Herdter* Grenzen der Auskunfts- und Belegpflicht in der D&O-Versicherung, ZVersWiss **2011** 655; *Ihlas* D&O Directors & Officers Liability, 2. Aufl. **(2009)**; *Kehrer* Prozessbeobachtung als Werkzeug effektiver Strafverteidigung, NStZ **2023** 139; *Klinkhammer* Vermögensschaden-Rechtsschutz für Manager – Einordnung, Bedeutung und Gestaltungsfragen, VP **2009** 213; *Knöfel* Die „versicherte Tätigkeit" von Organmitgliedern bei der D&O-Versicherung, VersR **2019** 1249; *Koch* Die Auslegung von AVB, VersR **2015** 133; *ders.* Verteilung nicht ausreichender Versicherungssumme in D&O-Innenhaftungsfällen, VersR **2016** 1469; *ders.* Auslegung des Tatbestandsmerkmals „Pflichtverletzung bei Ausübung der versicherten Tätigkeit" im Rahmen der D&O-Versicherung, ZIP **2018** 301; *Küpper* Die Industrie-Straf-Rechtsschutzversicherung, VP **1982** 193; *Lange* D&O-Versicherung und Managerhaftung, 2. Aufl. **(2022)**; *Looschelders* Aktuelle Probleme der Vertrauensschadenversicherung, VersR **2013** 1069; *Lüneborg* Versicherbarkeit der Kosten interner Untersuchungen, AG **2019** 863; *Lüneborg/Resch* Die Ersatzfähigkeit von Kosten interner Ermittlungen und sonstiger Rechtsberatung im Rahmen der Organhaftung, NZG **2018** 209; *Minoggio* Unternehmensverteidigung, 3. Aufl. **(2016)**; *Mückenberger/Ettwig* Strafrechtliche Verantwortung von Managern im Spannungsfeld zum Versicherungsschutz, NZG **2023** 909; *Peppersack* Die Problematik unzureichender Versicherungssummen in der D&O-Versicherung, RuS **2018** 117; *Peukert/Rhein* Strafrechtsschutz in der D&O-Versicherung, NZWiSt **2024** 134; *Rademacher* Die Industrie-Strafrechtsschutz-Versicherung, SpV **2021** 3; *Schimikowski* Versicherungsschutz für Pflichtverletzungen „bei Ausübung der versicherten Tätigkeiten" im Rahmen der D&O-Versicherung, RuS **2017** 589; *Schmuckermeier* Strafrechtsschutz als Bestandteil oder Ergänzung einer D&O-Versicherung, RuS **2019** 131; *Steinkühler* Überraschend ohne Versicherungsschutz: Zustimmungs- und Widerspruchsrecht für die Versicherungsnehmerin in der Industriestrafrechtsschutzversicherung zulasten der versicherten Person, VP **2021** 26; *Thevessen* Leben Manager gefährlich? Die strafrechtliche und zivilrechtliche Verantwortung von Unternehmensleiter, VP **1989** 101; *Ulrich* Die direkte Inanspruchnahme des D&O-Versicherers, **(2021)**; *Verdugo Morales* Regress von Bußgeldern gegen Geschäftsführer, RuS **2023** 681; Wussow AHB **(1976)**.

Übersicht

https://doi.org/10.1515/9783110522709-041

A. Vorbemerkungen

I. Das Versicherungskonzept

1 Hinter der Bezeichnung Spezial-Straf-Rechtsschutzversicherung („SSR“) verbirgt sich ein am Markt etabliertes Versicherungskonzept, welches auf die Versicherung straf- und ordnungswidrigkeitenrechtlicher Risiken im unternehmerischen Bereich ausgerichtet ist. Es wird teilweise auch als

„Industrie-Strafrechtsschutzversicherung" („ISRS")[1] bezeichnet. Konzeptionell stellt die SSR eine, allerdings erhebliche, Erweiterung des Straf- und Ordnungswidrigkeiten-Rechtsschutzes der ARB dar.[2] Unabhängig von der damit einhergehenden Ausweitung des Versicherungsumfangs bleibt die SSR eine reine Kostenversicherung.[3] Versichertes Risiko sind damit die Kosten straf- und ordnungswidrigkeitenrechtlicher Verfahren, nicht die Strafen und Geldbußen.

1. Anforderungen des Marktes

Komplexe Straf- und Ordnungswidrigkeitenverfahren im unternehmerischen Umfeld lösen häufig erhebliche Rechtsverfolgungskosten aus. Das damit einhergehende Kostenrisiko soll durch die SSR vermindert werden. Dieses Interesse besteht gleichermaßen bei Unternehmen, Managern und Mitarbeitern als möglichen VN und versicherten Personen der SSR. Manager und Mitarbeiter erstreben die Sicherstellung der Verteidigung durch auf die jeweilige Materie (z.B. Wirtschaftsstrafrecht, Steuerstrafrecht, Umweltstrafrecht etc.) spezialisierte Verteidiger unabhängig von den Interessen des Unternehmens. Darüber hinaus soll anwaltlicher Beistand im Vor- und Umfeld möglicher Ermittlungsverfahren (z.B. Zeugenbeistand, Haftungsverfahren gem. §§ 69 ff. AO) sichergestellt werden. Auf Seiten der Unternehmen als VN und versicherte Personen ist die Interessenlage komplexer. Denn einerseits kann das Unternehmen selbst Adressat Rechtsverfolgungskosten auslösender strafrechtlicher Sanktionen (z.B. Geldbußen gem. § 30 OWiG, § 81 GWB, Einziehung gem. § 73b StGB) und Maßnahmen (z.B. Durchsuchung gem. § 103 StPO) sein. Ist das Unternehmen dagegen Geschädigter einer Straftat, besteht häufig Interesse daran, das Ermittlungs- und Strafverfahren mit kostenauslösenden Maßnahmen aktiv zu begleiten (z.B. Strafanzeige gem. § 158 StPO, Akteneinsicht gem. § 406e StPO, Nebenklage gem. §§ 395 ff. StPO) um die gewonnenen Erkenntnisse bei der Geltendmachung und Durchsetzung zivilrechtlicher Ansprüche gegen die Täter zu nutzen. Sind Manager und Mitarbeiter Beschuldigte strafrechtlicher Ermittlungen, kann es im eigenen Interesse des Unternehmens liegen, die kompetente Verteidigung der Mitarbeiter sicherzustellen und ggf. zu koordinieren (z.B. Firmenstellungnahmen, Koordination der Sockelverteidigung) um dadurch negative Publizität für das Unternehmen[4] zu vermeiden. 2

Es besteht Einvernehmen darüber, dass auf den Leistungsumfang des Straf- und Ordnungswidrigkeiten-Rechtsschutzes gemäß § 2 lit. i, j ARB beschränkte Versicherungskonzepte diesen Anforderungen bei weitem nicht gerecht werden.[5] Denn alle nichtverkehrsrechtlichen Vergehen, die nur vorsätzlich begangen werden können, sind dort vom Rechtsschutz ausgenommen.[6] Damit besteht z.B. für den größten Teil der in Betracht kommenden wirtschaftsstrafrechtlichen Delikte im Geltungsbereich des § 2 lit. i ARB generell kein Versicherungsschutz, weil es sich bei ihnen um Vorsatztaten handelt.[7] Zudem sind für die VN wesentliche Leistungen (z.B. Zeugenbeistand, Nebenklage, Firmenstellungnahmen) dort nicht vom Leistungsumfang umfasst. Schließlich ist der Leistungsumfang gemäß § 5 Abs. 1 lit. a ARB auf die gesetzliche Vergütung eines Rechtsanwalts 3

1 Die Bezeichnung beruht auf den erstmals am 2.3.1983 durch das BAV genehmigten „Sonderbedingungen für die Industrie-Straf-Rechtsschutzversicherung".

2 Vergleiche dazu im Einzelnen: § 2 ARB Rn. 60 ff.

3 *Eidam* 10; *Thevessen* VP **1989** 105 pointierte dies bereits mit der Aussage: „Stellvertretendes Einsitzen ist leider nicht möglich!".

4 Zu diesem Aspekt bereits *Eidam* 29.

5 *Eidam* 10; *Dahnz/Grimminger* 414; Looschelders/Paffenholz/*Brammsen/Apel* Industrie-Strafrechtsschutzversicherung Rn. 6; Harbauer/*Obarowski* Vor § 1 USRB Rn. 5; *Guntermann* 8; *Dahnz* VP **2010** 45, 46.

6 Vergleiche dazu im Einzelnen: § 2 ARB Rn. 60.

7 *Guntermann* 12.

beschränkt,[8] die, gerade im Wirtschafts-, Steuer- und Umweltstrafrecht, wegen der Komplexität der Verfahren als unzureichend angesehen wird.[9]

2. Historische Entwicklung

4 Die beschriebenen Defizite des Straf- und Ordnungswidrigkeiten-Rechtsschutzes gemäß § 2 lit. i, j ARB veranlassten bereits im Geltungsbereich der ARB 1975 die Genehmigung von den Versicherungsumfang als Ausschnittdeckung erweiternden Klauseln auf der Grundlage von § 24 Abs. 2 Satz 2 lit. c ARB 1975.[10] Im Jahr 1983 genehmigte das BAV sodann die Sonderbedingungen für den Industrie-Straf-Rechtsschutz. („ISRS").[11] Das Versicherungskonzept war ursprünglich für größere Unternehmen zum Schutz ihrer Mitarbeiter vor den Kostenrisiken aus Strafverfahren im Bereich des strafrechtlichen Produktrisikos, Betriebsstättenrisikos und des Umweltstrafrechts gedacht.[12] Eine wesentliche Abweichung zu den ARB bestand darin, dass der Versicherungsschutz auch Vorsatztaten umfasste und erst bei rechtskräftiger Feststellung einer Vorsatztat – dann aber rückwirkend – entfiel (§ 4 Abs. 1 ISRS). Zudem war die Übernahme der Vergütung eines Rechtsanwalts bis zu einem im Versicherungsschein festgelegten Mehrfachen der gesetzlichen Vergütung vorgesehen (§ 2 Abs. 1 lit. a ISRS). Als systemische Abweichung vom Verstoßprinzip gemäß § 4 Abs. 1 lit. c ARB[13] trat der Rechtsschutzfall im System der ISRS mit der Einleitung des Ermittlungsverfahrens ein (§ 6 Abs. 1 ISRS). Den ISRS folgten die im Jahr 1989 genehmigten Sonderbedingungen zu § 24 ARB – Spezial-Straf-Rechtsschutzversicherung für Unternehmen[14] –, welche im Jahr 1990[15] durch eine Klausel zur „Firmenstellungnahme" ergänzt wurden.[16]

5 Nach Wegfall der Genehmigungspflicht für Versicherungsbedingungen im Jahr 1994 gab der GDV im Jahr 2000 schließlich die Spezial-Rechtsschutz-Bedingungen für Unternehmensleiter („USRB") als unverbindliche Empfehlung heraus.[17] Bei den USRB handelt es sich um ein an Manager gerichtetes Versicherungskonzept in dem die für sie relevanten Elemente Vermögensschaden-Rechtsschutz (§ 2 Abs. 1 lit. a USRB) Anstellungsvertrags-Rechtsschutz (§ 2 Abs. 1 lit. b USRB) und Straf-Rechtsschutz für Unternehmensleiter (§ 2 Abs. 1 lit. c USRB) zusammengefasst sind.[18] Eine Aktualisierung der USRB erfolgte seit dem Jahr 2000 nicht mehr.

3. Aktuelle Ausprägungen

6 Die nicht immer deckungsgleiche Interessenlage von Unternehmen einerseits und Managern und (leitenden) Mitarbeitern andererseits spiegelt sich in den aktuellen Gestaltungsformen der SSR wider. Marktüblich sind sowohl Unternehmenslösungen, bei denen das Unternehmen als VN die SSR für sich und seine Mitarbeiter abschließt, als auch Privatlösungen, bei denen Manager und Mitarbeiter selbst als VN eine Eigenversicherung unterhalten.,[19] Bei der Unternehmenslösung ist

---

8 § 5 ARB Rn. 5.

9 *Dahnz/Grimminger* 415; Looschelders/Paffenholz/*Brammsen/Apel* Industrie-Strafrechtsschutzversicherung Rn. 4; Harbauer/*Obarowski* § 5 USRB Rn. 10; *Guntermann* 13.

10 *Eidam* 9; Looschelders/Paffenholz/*Brammsen/Apel* Industrie-Strafrechtsschutzversicherung Rn. 1.

11 VerBAV **1983** 386 ff.

12 *Guntermann* 19; der Text der Veröffentlichung ist wiedergegeben von Harbauer/*Obarowski* Vor § 1 USRB Rn. 18.

13 Vergleiche dazu im Einzelnen § 4 ARB Rn. 20 ff.

14 VerBAV **1989** 272 ff.

15 VerBAV **1990** 131.

16 Harbauer/*Obarowski* Vor § 1 USRB Rn. 19.

17 Rundschreiben Nr. 1451/2000 vom 18.7.2000 – R 34/2000 M.

18 Harbauer/*Obarowski* Vor § 1 USRB Rn. 42.

19 Harbauer/*Obarowski* § 5 USRB Rn. 1; *Guntermann* 102 ff.; *Rademacher* SpV **2021** 3; *Steinkühler* VP **2021** 26, 31; *Schmuckermeier* RuS **2019** 131, 133.

die SSR häufig in ein aus D&O-Versicherung und Vermögensschaden-Haftpflichtversicherung bestehendes Versicherungspaket der Financial Lines eingebunden. Dabei ist die SSR sowohl als Bestandteil, aber auch als Ergänzung einer D&O-Versicherung am Markt vertreten.[20] Zudem wird die SSR bei der Unternehmenslösung teilweise als Zusatzklausel zu bestehenden Rechtsschutzversicherungsverträgen und teilweise als eigenständiger Rechtsschutzvertrag ausgestaltet.[21] Bei der Gestaltung als Privatlösung ist die SSR häufig, angelehnt an die USRB, in ein Versicherungspaket des Manager-Rechtsschutzes eingebunden.[22] Zudem ist die SSR Bestandteil von Versicherungslösungen, die auf besondere Berufsgruppen und Institutionen zugeschnitten sind.[23]

Der Leistungsumfang der SSR unterliegt einer dynamischen Marktentwicklung. Dabei liegt 7 der Schwerpunkt der Leistungen durchgängig bei den Rechtsverfolgungskosten, die den Versicherten in Verfahren wegen der Verletzung von Vorschriften des Straf- und Ordnungswidrigkeitenrechts entstehen. Zu beobachten ist allerdings eine Ausweitung des Leistungsumfangs auf Zusatzleistungen im Umfeld dieses Kernbereichs (z.B. Assistance-Leistungen im Falle der Inhaftierung eines Versicherten[24] die Übernahme von Kosten privater Ermittlungen,[25] Unterstützungsleistungen in Auslieferungsfällen,[26] bis hin zu Auslieferungshafttagegeldern[27] Arzneimittelservice für die Zusendung von Medikamenten während der Inhaftierung[28] oder die Übernahme der Kosten einer Bescheinigung nach § 270 b InsO im Schutzschirmverfahren[29]). Der Umfang dieser Leistungen wird in der Praxis allerdings regelmäßig durch teilweise sehr niedrige Sublimits begrenzt. Das legt den Eindruck nahe, dass diese Entwicklungen manchmal weniger durch den Bedarf der VN und mehr durch das Marketing der VR veranlasst sind.

Die unterschiedlichen Gestaltungsformen der SSR, ihr Verhältnis zu den ARB und zur D&O- 8 Versicherung und die Vorteile und Schwächen der am Markt vertretenen Konzeptionen sollen nachfolgend weiter beleuchtet werden.

II. SSR und ARB

1. Abgrenzung

Der zentrale Unterschied zwischen den Bedingungswerken der SSR und dem Straf- und Ordnungs- 9 widrigkeitenrechtsschutz gemäß § 2 lit. i, j ARB liegt in der Ausgestaltung des Leistungsumfangs. Da sich das Versicherungskonzept der SSR an unternehmerische VN wendet, ist der Leistungsumfang an den Bedürfnissen dieser VN ausgerichtet. Diese Ausrichtung bewirkt gegenüber dem Leistungsumfang der ARB Veränderungen bei der Definition des versicherten Risikos, der Risikoausschlüsse und des konkreten Anspruchsumfangs.

Die abweichende Definition des versicherten Risikos zeigt sich in zwei Gesichtspunkten. Zum 10 einen umfasst der Versicherungsschutz der SSR regelmäßig die Kosten der Wahrnehmung rechtlicher Interessen in allen Verfahren wegen der Verletzung von Vorschriften des Straf- und Ordnungswidrigkeitenrechts. Dies gilt in der SSR unabhängig davon, ob das vorgeworfene Delikt nur vorsätzlich oder auch fahrlässig begangen werden kann bzw. welche Schuldform dem Versicherten konkret vorgeworfen wird. Die in § 2 lit. i ARB für alle sonstigen (d.h. nicht verkehrsrechtli-

20 *Schmuckermeier* RuS **2019** 131; kritisch zur Einbeziehung der SSR in die D&O-Versicherung: *Hendricks* VP **2020** 17.
21 *Cornelius-Winkler* VP **2016** 22.
22 *Klinkhammer* VP **2009** 213.
23 § 2 ARB Rn. 62.
24 *Lange* § 14 Rn. 295; kritisch zu dieser Gestaltung: *Mückenberger/Ettwig* NZG **2023** 909.
25 *Guntermann* 47.
26 *Lange* § 14 Rn. 297 ff.
27 *Lange* § 14 Rn. 299.
28 *Schmuckermeier* RuS **2019** 131, 132.
29 *Guntermann* 50.

chen) Vergehen enthaltene Beschränkung auf den Vorwurf fahrlässiger Tatbegehung[30] entfällt damit in der SSR. Zum anderen umfasst der Leistungsumfang der SSR, anders als in § 2 lit. i ARB, nicht nur die Kosten der Verteidigung[31] des Versicherten, sondern weitere Rechtsverfolgungskosten, auch wenn die Versicherten nicht Beschuldigte des Verfahrens sind (z.B. Zeugenbeistand).

11 Mit der Ausweitung des versicherten Risikos in der SSR korrespondiert eine Reduzierung der Risikoausschlüsse. Die bereits von der Anzahl her umfangreichen Risikoausschlüsse des § 3 ARB[32] gelten in der SSR ganz überwiegend nicht. Soweit diese Risikoausschlüsse auf andere Leistungsarten zugeschnitten sind, ist die Reduzierung zwingend. Aber auch wenn eine Anwendung auf die SSR denkbar wäre (z.B. Recht der Handelsgesellschaften gem. § 3 Abs. 2 lit. c ARB oder Spekulationsgeschäfte und Kapitalanlagen gem. § 3 Abs. 2 lit. f ARB) ist ihre Verwendung in der SSR nicht marktüblich. Umgekehrt wird dagegen in der SSR teilweise ein Risikoausschluss für das Verkehrsstraf- und -bußgeldverfahren vereinbart.[33] Die wenigen in der SSR verwendeten Ausschlussklauseln sind entweder durch ein Regel-Ausnahmesystem oder durch eine Limitierung des Leistungsumfangs gekennzeichnet.[34] Wesentliche Übereinstimmung zwischen den ARB und den Bedingungswerken der SSR ist der Risikoausschluss für das Kartell- und sonstige Wettbewerbsrecht (§ 3 Abs. 2 lit. e ARB), der auch in der SSR marktüblich ist. Dieser Risikoausschluss ist für die Versicherten der SSR wegen der Kostenintensität von Verfahren im Kartellordnungswidrigkeitenrecht von großer wirtschaftlicher Bedeutung.[35]

12 Auch der konkrete Anspruchsumfang ist in der SSR gegenüber § 2 lit. i, j ARB erheblich erweitert. Zum einen ist es in der SSR Standard, die Kostenübernahme nicht auf die gesetzliche Vergütung eines Rechtsanwalts (§ 5 Abs. 1 lit. a ARB) zu beschränken, sondern auch die Vergütung eines Rechtsanwalts auf der Grundlage einer Vergütungsvereinbarung gemäß § 3a RVG einzubeziehen, soweit sie angemessen ist.[36] Zudem umfasst der Leistungsumfang in der SSR auch zahlreiche weitere Kostenpositionen, die von § 5 ARB nicht umfasst sind. Dies gilt gilt insbesondere für die Vergütungen von Sachverständigen, die gemäß § 5 Abs. 1 lit. f aa ARB nur für die Verteidigung in verkehrsrechtlichen Straf- und Ordnungswidrigkeitenverfahren übernommen werden. In der SSR ist es dagegen marktüblich, diese Kosten uneingeschränkt einzubeziehen, soweit das Sachverständigengutachten die Verteidigung maßgeblich fördert.[37] Zudem ist die Einbeziehung weiterer Kostenpositionen (z.B. Kosten der Öffentlichkeitsarbeit[38]) in den Leistungsumfang der SSR marktüblich.

13 Ungeachtet der erheblichen Unterschiede im Leistungsumfang gewähren weder die Rechtsschutzversicherung nach Maßgabe der ARB[39] noch die SSR[40] eine All-Gefahren-Deckung. Es gilt vielmehr in beiden Versicherungskonzepten das Prinzip der Spezialität des versicherten Risikos.[41] Der Leistungsumfang bestimmt sich damit nach der vertraglichen Vereinbarung.[42]

---

30 Vergleiche dazu im Einzelnen § 2 ARB Rn. 60 ff.

31 § 2 ARB Rn. 63.

32 Vergleiche dazu im Einzelnen § 3 ARB Rn. 1 ff.

33 Looschelders/Paffenholz/*Brammsen*/*Apel* Industrie-Strafrechtsschutzversicherung Rn. 57; differenzierend: *Guntermann* 78.

34 *Cornelius-Winkler* VP **2016** 22, 23.

35 *Guntermann* 91 ff.

36 Looschelders/Paffenholz/*Brammsen*/*Apel* Industrie-Strafrechtsschutzversicherung Rn. 61; Harbauer/*Obarowski* § 5 USRB Rn. 10 ff.; *Guntermann* 159 ff.

37 *Guntermann* 168 f.

38 *Guntermann* 167; *Cornelius-Winkler* VP **2016** 22, 23.

39 Langheid/Wandt/*Obarowski* § 125 VVG Rn. 17, *Buschbell*/Hering § 6 Rn. 121.

40 *Guntermann* 28.

41 § 125 VVG Rn. 12; *Looschelders*/Paffenholz § 2 ARB 2010 Rn. 1.

42 § 125 VVG Rn. 18; *Looschelders*/Paffenholz § 2 ARB 2010 Rn. 1.

2. Erweiterter Straf-Rechtsschutz

Auch wenn der Leistungsumfang des Straf- und Ordnungswidrigkeitenrechtsschutzes gemäß § 2 lit. i, j ARB und der SSR, wie gezeigt, deutliche Unterschiede aufweisen, gibt es gleichwohl Versicherungsprodukte, in denen beide Versicherungsformen miteinander kombiniert werden. Manche VR bieten nämlich als *„Erweiterter Straf-Rechtsschutz"* bezeichnete Produkte an, bei denen in der SSR gebräuchliche Klauseln als Standard oder als Premium- bzw. Annexleistung in den Leistungsumfang von ARB-Verträgen integriert werden.[43] Diese Gestaltungsform wird bei Firmenrechtsschutzverträgen[44] und auch in der Vertragsart Privat-Rechtsschutz für Selbstständige gemäß § 23 ARB eingesetzt. Es gelten dann grundsätzlich die Bestimmungen des § 2 lit. i, j ARB, allerdings ergänzt um Bestimmungen, mit denen z.B. Vorsatztaten in den Versicherungsumfang einbezogen werden und der Leistungsanspruch auf anwaltliche Vergütungsvereinbarungen erweitert wird. 14

3. Vorteile und Schwächen

Vorteil des *„Erweiterten Straf-Rechtsschutzes"* ist, dass die außerhalb des Leistungsumfangs zu regelnden Vertragsbedingungen (Vertragsbeginn, Laufzeit, Kündigungsregelungen etc.) vereinheitlicht und übersichtlicher gestaltet werden können. Dem stehen aber in der Praxis häufig erhebliche Nachteile gegenüber. Denn die vielfältigen Abweichungen des Leistungsumfangs der SSR von § 2 lit. i, j ARB führen häufig zu Widersprüchen und Unklarheiten im Gesamtkonzept. So bleibt zuweilen unklar, ob sich der Leistungsumfang bei der Verteidigung gegen den Vorwurf einer Verkehrsstraftat nach § 2 lit. i aa ARB richtet oder ob die in der SSR häufig anzutreffende Risikobeschränkungen für dieses Segment gelten. Zudem ist teilweise nicht widerspruchsfrei geregelt, ob die umfangreichen Risikoausschlüsse gemäß § 3 ARB entgegen der marktüblichen Gestaltung auch auf die SSR anzuwenden sind (Beispiel: Anwendung des insolvenzrechtlichen Risikoausschlusses gemäß § 3 Abs. 3 lit. c ARB auf die in den Leistungsumfang der SSR einbezogene Verteidigung gegen den Vorwurf von Insolvenzstraftaten). Schließlich führt die Anwendung des Verstoßprinzips gemäß § 4 Abs. 1 lit. c ARB bei gleichzeitiger Anknüpfung des Versicherungsfalls an die Einleitung des Ermittlungsverfahrens (SSR) in einem Versicherungsvertrag häufig zu erheblichem Auslegungsbedarf. 15

III. SSR und D&O

1. Abgrenzung

Die D&O-Versicherung ist eine besondere Ausprägung der Haftpflichtversicherung, also eine Schadensversicherung in Gestalt einer Passivenversicherung.[45] Sie soll Organmitglieder (Vorstandsmitglieder, Aufsichtsratsmitglieder, GmbH-Geschäftsführer usw.) und weitere leitende Mitarbeiter von Unternehmensträgern gegen die persönlichen Haftpflichtrisiken absichern, die ihnen aus ihrer unternehmensbezogenen Tätigkeit im Hinblick auf Vermögensschäden erwachsen.[46] Während die Rechtsschutzversicherung eine reine Kostenversicherung darstellt, schuldet der Haftpflichtversicherer neben der Freistellung des VN von unbegründeten Haftungsansprüchen und der Abwehr unbegründeter Ansprüche (§ 100 Alt. 2 VVG) die Tragung gerichtlicher und außergerichtlicher Kosten, die durch die Abwehr entstehen, im gebotenen Umfang (§ 101 Abs. 1 Satz 1 VVG).[47] Rechts- 16

43 Harbauer/*Obarowski* Vor § 1 USRB Rn. 30.
44 *Cornelius-Winkler* VP **2016** 22.
45 Bruck/Möller/*Armbrüster* allg. Einf. AVB D&O Rn. 1; vgl. auch *Ulrich* 61 f. m.w.N.
46 Bruck/Möller/*Armbrüster* allg. Einf. AVB D&O Rn. 1; Looschelders/Pohlmann/*Kreienkamp* D&O-Versicherung Rn. 1.
47 Vor §§ 125–129 VVG Rn. 22.

schutzversicherung und Haftpflichtversicherung schließen sich typologisch im Ausgangspunkt deshalb gegenseitig aus: entweder es handelt sich um eine Rechtsschutzversicherung oder es liegt eine Haftpflichtversicherung vor.[48]

17 Allerdings ergibt sich ein Bindeglied zwischen D&O-Versicherung und SSR aus § 101 Abs. 1 Satz 2 VVG. Danach umfasst die Haftpflichtversicherung die Kosten der Verteidigung in einem Strafverfahren, wenn das Verfahren wegen einer Tat eingeleitet wurde, welche die Verantwortlichkeit des VN gegenüber einem Dritten zur Folge haben könnte. Voraussetzung ist allerdings, dass die Kosten auf Weisung des VR aufgewendet wurden. Das Weisungsrecht des VR wird allerdings im Strafrechtsschutz sehr restriktiv ausgelegt. Die wohl überwiegende Auffassung im Schrifttum verneint ein Weisungsrecht des VR im Strafrechtsschutz als regelmäßig unzumutbar und stellt klar, der Versicherte unterliege im Strafverfahren grundsätzlich keinen Weisungen des VR.[49] Die gesetzliche Regelung in § 101 Abs. 1 Satz 2 VVG aufgreifend sehen die AVB D&O (Ziff. A-6.1 Abs. 4) die Übernahme von Verteidigungskosten der versicherten Personen in einem Strafverfahren durch den VR vor. Die Kostenübernahme ist allerdings daran geknüpft, dass die Bestellung eines Verteidigers für die versicherten Personen von dem VR gewünscht oder genehmigt wird.[50] Zudem fallen weder die Kosten des Strafverfahrens noch Geldstrafen oder -bußen unter den Begriff der Kosten der Verteidigung gemäß § 101 Abs. 1 Satz 2 VVG.[51]

2. Erscheinungsformen

18 Ausgehend von dieser Verbindung zwischen D&O-Versicherung und SSR sind am Markt verschiedene Ausgestaltungen des Strafrechtsschutzes innerhalb der D&O-Versicherung vertreten:

19 **a) Straf-Rechtsschutz gemäß § 101 Abs. 1 VVG.** Beschränkt sich der Strafrechtsschutz innerhalb der D&O-Versicherung auf die Übernahme der Klausel Ziff. A-6.1 Abs. 4 AVB D&O, so besteht kein Anspruch der versicherten Personen darauf, dass der VR ihre Verteidigungskosten übernimmt.[52] Der Strafrechtsschutz dient in dieser Ausgestaltung grundsätzlich den Interessen des VR und allenfalls reflexartig den Interessen der versicherten Personen. Der VR wird die Entscheidung regelmäßig davon abhängig machen, ob er sich von der Strafverteidigung eine Verringerung seiner Schadensaufwendungen verspricht.[53] Allerdings kann die versicherte Person durch den VR auf dieser Grundlage auch nicht zur Bestellung eines Strafverteidigers gezwungen werden.[54] Für die versicherten Personen bietet eine Gestaltung nach der Klausel Ziff. A-6.1 Abs. 4 AVB D&O keinen adäquaten Ersatz zum Versicherungsschutz einer SSR.

20 Es kommt hinzu, dass in der Klausel Ziff. A-6.1 Abs. 4 AVB D&O grundsätzlich nur die Übernahme der gesetzlichen Vergütung eines Strafverteidigers nach dem RVG vorgesehen ist. Höhere Kosten auf der Grundlage einer Vergütungsvereinbarung muss der VR danach nur übernehmen,

48 Vor §§ 125–129 VVG Rn. 22.

49 Bruck/Möller/*Koch* AHB Ziff. 5 Rn. 225; Späte/Schimikowski/*Harsdorf-Gebhard* AHB Ziff. 5 Rn. 56; Langheid/Wandt/*Littbarski* § 101 VVG Rn. 60; *Wussow* AHB § 3 Anm. 12.

50 Überwiegend wird wegen der restriktiven Auslegung des Weisungsrechts des VR im Strafrechtsschutz angenommen, die Begriffe „Wunsch oder Genehmigung" und „Weisung" entsprächen einander weitgehend; siehe dazu: Bruck/Möller/*Armbrüster* AVB D&O A 6 Rn. 45; Späte/Schimikowski/*Harsdorf-Gebhardt* AHB Ziff. 5 Rn. 51; *Wussow* AHB § 3 Anm. 12 zur gleichlautenden Regelung in § 150 Abs. 1 S 3 VVG a.F.

51 Bruck/Möller/*Koch* § 101 VVG Rn. 37; Langheid/Wandt/*Littbarski* § 101 VVG Rn. 53; Späte/Schimikowski/*Harsdorf-Gebhardt* AHB Ziff. 5 Rn. 51.

52 Bruck/Möller/*Armbrüster* AVB D&O A-6 Rn. 48; Prölss/Martin/*Lücke* § 101 VVG Rn. 8; Schwintowski/Brömmelmeyer/Ebers/*Retter* § 101 Rn. 10; BeckOK-VVG/*Ruks* § 101 VVG Rn. 4; *Schmuckermeyer* RuS **2019** 131.

53 Bruck/Möller/*Armbrüster* AVB D&O A-6 Rn. 48; *Schmuckermeyer* RuS **2019** 131, 134.

54 Langheid/Wandt/*Littbarski* § 101 VVG Rn. 60; Rüffer/Halbach/*Schimikowski* § 5 AHB Rn. 10; *Wussow* AHB § 3 Anm. 12; *Guntermann* 22.

wenn dies mit ihm gesondert vereinbart ist. Auch auf den Abschluss einer entsprechenden Vereinbarung haben die versicherten Personen keinen Anspruch, was die Effektivität des Versicherungsschutzes aus der Sicht der versicherten Personen weiter einschränkt.

b) Selbstständiger Straf-Rechtsschutz. § 101 VVG ist abänderlich (§ 112 VVG).[55] Deshalb steht es den Vertragsparteien frei, die Ausgestaltung des Strafrechtsschutzes innerhalb der D&O-Versicherung abweichend zu regeln. Häufig wird auf dieser Grundlage vereinbart, dass im Falle der Einleitung eines Strafverfahrens wegen eines Verhaltens, das einen versicherten Haftpflichtanspruch bereits ausgelöst hat oder zur Folge haben kann, ein Anspruch der versicherten Personen auf Strafrechtsschutz unter der D&O-Versicherung besteht.[56] In diesem Fall enthalten die Bedingungen häufig auch die Erweiterung, dass die Verteidigungskosten im erforderlichen und angemessenen Umfang auch auf der Grundlage einer Vergütungsvereinbarung übernommen werden. Allerdings führt in dieser Gestaltung die Erledigung des Haftpflichtanspruchs, etwa durch Vergleich zwischen VN und VR, zugleich auch zum Wegfall des Strafrechtsschutzes. Denn die Übernahme der Strafverteidigungskosten durch den VR dient in dieser Gestaltung dazu, negative Folgen des Strafverfahrens für den Haftpflichtanspruch zu vermeiden. Deshalb ist es nur folgerichtig, dass der Deckungsanspruch wegfällt, wenn keine negative Beeinträchtigung des Haftpflichtanspruchs mehr zu befürchten ist.[57] 21

In der Ausgestaltung als selbstständiger Straf-Rechtsschutz wird der Versicherungsschutz mit in der SSR üblichen Klauseln als Strafrechtsschutz-Ausschnittdeckung[58] in die D&O-Versicherung integriert. Allerdings bleibt der Leistungsumfang der in die D&O-Versicherung integrierten SSR häufig hinter dem bei einer selbstständigen Police marktüblichen Leistungsumfang zurück. Insbesondere werden über die Verteidigung hinausgehende Rechtsverfolgungskosten (z.B. Zeugenbeistand, Firmenstellungnahmen) in dieser Gestaltung häufig nicht in den Leistungskatalog aufgenommen.[59] 22

3. Vorteile und Schwächen

Die Integration der SSR in das Bedingungswerk der D&O-Versicherung bietet, ähnlich der Gestaltung im *„Erweiterten Straf-Rechtsschutz“*[60], den Vorteil einer einheitlichen und damit übersichtlicheren Vertragsgestaltung. Auch diese Gestaltung hat allerdings in der Praxis teilweise erhebliche Nachteile. Denn über den in dieser Gestaltung zumeist reduzierten Leistungsumfang der SSR hinaus entstehen häufig Widersprüche und Unklarheiten im Gesamtkonzept. Diese entstehen durch das Aufeinandertreffen von Klauseln, die entweder der D&O-Versicherung oder der SSR zuzuordnen sind.[61] So kollidiert, je nach konkreter Vertragsgestaltung, der Ausschluss des Versicherungsschutzes bei vorsätzlicher Schadensverursachung oder wissentliche Pflichtverletzung (Ziff. A-7.1 AVB D&O) in der D&O-Versicherung mit dem Versicherungsschutz für Vorsatztaten in der SSR, welcher erst im Falle rechts- 23

---

55 Prölss/Martin/*Lücke* § 101 Rn. 33.

56 *Lange* § 14 Rn. 289; *Schmuckermeyer* RuS **2019** 131, 132 mit Beispielen zu marktüblichen Klauseln; siehe auch OLG Frankfurt a.M. 7.7.2021 – 7 U 19/21, RuS **2021** 502 ff. zu einer entsprechenden Klausel im Rahmen eines D&O-Versicherung.

57 *Fortmann* RuS **2023** 248, 250; LG Köln 10.4.2014 – 24 O 373/13, RuS **2023** 248 Rn. 35.

58 *Hendricks* VP **2020** 17, 19.

59 *Schmuckermeyer* RuS **2019** 131, 134.

60 Oben Rn. 14.

61 *Guntermann* RuS **2023** 1045, 1054; zu den Möglichkeiten dieses Spannungsfeld aufzulösen: *Grote/Finkel* NJW **2024** 329 Rn. 19.

kräftiger Verurteilung wegfällt.[62] Zudem ergeben sich durch die Kombination von D&O-Versicherung und SSR erhebliche Beschränkungen des Versicherungsumfangs der SSR, wenn die insgesamt vereinbarte Versicherungssumme unzureichend ist. Denn wenn mehrere versicherte Personen anspruchsberechtigt sind oder mehrere Versicherungsfälle in einer Versicherungsperiode entstehen, erweist sich die Versicherungssumme in der D&O-Versicherung häufig als unzureichend. Die bei der Abwehr der Haftungsansprüche entstehenden Abwehrkosten zehren regelmäßig einen erheblichen Teil der Versicherungssumme auf und lassen somit nur noch einen geringen Teil der Versicherungssumme für die möglicherweise notwendige Freistellung begründeter Haftungsansprüche und die entstandenen Verteidigungskosten.[63] Die Frage der Verteilung unzureichender Versicherungssummen in der D&O-Versicherung ist streitig.[64] Dies alles kann im Falle der Integration der SSR in die D&O-Versicherung dazu führen, dass die Verteidigungskosten im Strafverfahren am Ende nicht oder nur teilweise übernommen werden.

IV. Selbstständige Policen

1. Abgrenzung

24 Die dargestellten erheblichen Nachteile bei der Integration der SSR in den allgemeinen Rechtsschutz (*„Erweiterter Straf-Rechtsschutz“*) bzw. in die D&O-Versicherung können durch den Abschluss einer selbstständigen Police der SSR vermieden werden. Bestehen diese selbstständigen Policen neben den vorgenannten Versicherungsformen, können Mehrfachversicherungen entstehen, für die dann, soweit die Parteien nicht anderes vereinbart haben,[65] § 78 VVG gilt.[66]

2. Erscheinungsformen

25 Die in Form einer selbstständigen Police gestalteten SSR treten am Markt sowohl als Unternehmenslösung als auch als Privatlösung in Erscheinung.[67] In der Unternehmenslösung wird die SSR durch das Unternehmen als VN als Kombination aus Eigenversicherung und Fremdversicherung (§ 43 Abs. 1 VVG) abgeschlossen.[68] Die konkrete Ausgestaltung dieser Kombination ist den Parteien des Versicherungsvertrags überlassen.[69] Soweit Risiken des Unternehmens selbst versichert sind, liegt eine Eigenversicherung vor. Im Übrigen liegt bei der Einbeziehung dritter Unternehmen und Personen (Konzerngesellschaften, Organe, Mitarbeiter) als Versicherte eine Fremdversicherung vor. Dabei ist es marktüblich, den Kreis der als versicherte Personen einbezogenen Dritten deutlich weiter zu fassen, als dies in der D&O-Versicherung üblich ist, in der häufig nur Organmitglie-

62 Vgl. OLG Hamm 13.7.2023 – 20 U 64/22, BeckRS **2023** 29459 Rn. 17, wonach die wissentliche Pflichtverletzung in der Strafrechtsschutz-Ausschnittdeckung nur durch die rechtskräftige gerichtliche Entscheidung im Strafverfahren festgestellt werden kann, sodass der VR sich vorher in der SSR nicht auf den Leistungsausschluss wegen wissentlicher Pflichtverletzung berufen kann.

63 *Peppersack* RuS **2018** 117, 118, verweist auf Schätzungen, nach denen allein die Abwehrkosten teilweise etwa 70 % der vorhandenen Deckungssumme in Schadensfällen aufzehren.

64 Zu den in Betracht kommenden Verfahren: *Gädtke* VP **2016** 9 ff.; *Drave* VP **2016** 32 ff.; *Peppersack* RuS **2018** 117 ff.

65 Zu den zwingenden und dispositiven Bestimmungen und zu den zulässigen Klauseln im Einzelnen: Prölss/Martin/*Armbrüster* § 78 VVG Rn. 27 ff.

66 Zu Überschneidungen zwischen Unternehmenslösung und Privatlösung in der SSR: Harbauer/*Obarowski* Vor § 1 USRB Rn. 30; zu Überschneidungen zwischen D&O-Versicherung und Manager-Rechtsschutzversicherung: Langheid/Wandt/*Ihlas* D&O-Versicherung Rn. 560.

67 *Schmuckermeyer* RuS **2019** 131, 133.

68 Looschelders/Paffenholz/*Brammsen*/*Apel* Industrie-Strafrechtsschutzversicherung Rn. 57; *Guntermann* 102.

69 BGH 15.7.2020 – IV ZR 4/19, RuS **2020** 588 Rn. 19.

der und leitende Angestellte mitversichert sind.[70] Eine SSR als Privatlösung liegt vor, wenn die Versicherung durch Manager oder Mitarbeiter als Eigenversicherung abgeschlossen wird.

3. Vorteile und Schwächen

Die Ausgestaltung der SSR als selbstständige Police wird im Schrifttum häufig als die beste Lösung angesehen.[71] Dies gilt jedenfalls uneingeschränkt für die unternehmerischen VN bei Abschluss der SSR in Form der Unternehmenslösung. Für die Manager und Mitarbeiter des Unternehmens dagegen stellt sich die Situation differenzierter dar. Denn für sie ist die Unternehmenslösung nur dann sinnvoll, wenn sie ihnen einen eigenständigen Anspruch auf Versicherungsschutz unabhängig von den Interessen des Unternehmens bietet. Ist dagegen ihr Versicherungsschutz als versicherte Personen in der Unternehmenslösung vom Willen oder der Mitwirkung des Unternehmens als VN abhängig,[72] sollten sie eine SSR in Form der Privatlösung vorziehen.[73] 26

V. Gang der Darstellung

Im Folgenden werden die wesentlichen marktüblichen Bestimmungen der SSR besprochen. Dabei wird zugleich kenntlich gemacht, welche unterschiedlichen Ausgestaltungen bei Unternehmenslösungen und Privatlösungen in der Praxis vorkommenden. 27

Den jeweiligen Ausführungen sind die in den USRB verwendeten Klauseln vorangestellt, soweit sie sich auf den dort enthaltenen Straf-Rechtsschutz beziehen. Diese Gestaltung dient nicht der Besprechung der USRB. Denn zum einen sind die USRB eine Gestaltung des Manager-Rechtsschutzes, sodass die in den am Markt vertretenen Unternehmenslösungen verwendeten Klauseln dort nicht enthalten sind. Zum anderen haben sich die Bedingungswerke seit der letzten Aktualisierung der USRB im Jahr 2000 weiterentwickelt. Allerdings lässt sich feststellen, dass wesentliche Elemente der USRB bis heute in den aktuellen Bedingungswerken der SSR Verwendung finden.[74] Aus diesem Grund erleichtert der Blick auf die dort enthaltenen Klauseln das Verständnis der heute verwendeten Bedingungen. Nachfolgend wird deshalb, ausgehend von den Regelungen der USRB, jeweils einzelnen dargestellt, welche Entwicklungen, Änderungen und Erweiterungen die Klauseln in den heutigen Bedingungswerken erfahren. 28

B. Die Vertragsbeteiligten

Die USRB:

§ 1 Aufgaben der Rechtsschutz-Versicherung und versicherte Personen
(1) Der Versicherer sorgt dafür, dass der versicherte Unternehmensleiter seine rechtlichen Interessen wahrnehmen kann und trägt die für die Interessenwahrnehmung erforderlichen Kosten (Rechtsschutz).
(2) Versicherungsschutz besteht für die im Versicherungsschein aufgeführten Personen in ihrer dort bezeichneten Eigenschaft als
a) Aufsichtsrats- oder Beiratsmitglied

---

70 *Schmuckermeyer* RuS **2019** 131, 133.

71 *Steinkühler* VP **2021** 26, 31; *Hendricks* VP **2020** 17, 19; *Schmuckermeyer* RuS **2019** 131, 134.

72 Zu den möglichen Gestaltungen im Einzelnen nachfolgend Rn. 41.

73 *Steinkühler* VP **2021** 26, 31; *Guntermann* 109 f.; a.A. *Rademacher* SpV **2021** 3 mit dem – durchaus zutreffenden – Hinweis auf den gegenüber den USRB erweiterten Leistungsumfang der marktüblichen SSR, was aber eher für am Markt ebenfalls verfügbare Privatlösungen mit gegenüber den USRB erweitertem Leistungsumfang (vergleiche dazu Rn. 26) spricht.

74 So auch: Harbauer/*Obarowski* Vor § 1 USRB Rn. 40.

b) Vorstandsmitglied
c) Leiter
oder
d) Geschäftsführer

einer genannten juristischen Person oder Personengesellschaft mit Sitz in der Bundesrepublik Deutschland.

...

§ 15 Rechtsschutz für Dritte

(1) Der Versicherungsvertrag kann auch von einem Versicherungsnehmer zugunsten einer nach § 1 Absatz 2 versicherbaren Person abgeschlossen werden. Bei einem solchen Versicherungsvertrag zugunsten einer anderen Person kann nur diese den Versicherungsschutz geltend machen.

(2) Für nach Absatz 1 mitversicherte Personen besteht ... für Vergehen, die nur vorsätzlich begangen werden können, nur dann Versicherungsschutz, wenn der Versicherungsnehmer zustimmt.

...

I. Privatlösung

1. Rechtsstellung VN

29 Die SSR als Privatlösung wird regelmäßig durch Organmitglieder (Vorstände, Geschäftsführer, Aufsichtsräte etc.) oder leitende Mitarbeiter eines Unternehmens als VN in Form einer Eigenversicherung abgeschlossen. Die auf dieses Konzept ausgerichtete Regelung in § 1 USRB wird auch in aktuellen Bedingungswerken des Manager-Rechtsschutzes in vergleichbarer Form verwendet. Davon abweichend sieht § 15 Abs. 1 USRB vor, dass der Versicherungsvertrag auch durch das Unternehmen zugunsten der Organe und leitenden Mitarbeiter abgeschlossen werden kann. Diese Gestaltung darf aber nicht mit den heute marktüblichen Unternehmenslösungen verwechselt werden. Denn die heutigen Unternehmenslösungen stellen eine Kombination aus Eigen- und Fremdversicherung dar.[75] Dagegen ist § 15 USRB darauf ausgerichtet, dass die Versicherung durch das Unternehmen als ausschließliche Fremdversicherung zugunsten der Organe oder leitenden Mitarbeiter abgeschlossen wird. Diese in der D&O-Versicherung übliche Gestaltung[76] ist in den aktuellen Bedingungswerken der SSR nicht anzutreffen. Die in § 15 Abs. 2 USRB enthaltene Klausel sieht vor, dass die versicherten Personen Versicherungsschutz bei Vorwurf einer Vorsatztat nur mit Zustimmung des VN erhalten. Diese Regelung ist nicht aus den Bedingungswerken der D&O-Versicherung übernommen. Denn dort steht regelmäßig die Verfügungsbefugnis entsprechend Ziff. A-8.1 AVB D&O abweichend von §§ 44 Abs. 2, 45 Abs. 1 VVG allein den versicherten Personen zu.[77] Die Anknüpfung des Versicherungsschutzes der versicherten Personen an die Zustimmung des VN gemäß § 15 Abs. 2 USRB wird allerdings teilweise in die Unternehmenslösung der SSR übernommen[78] und führt dort zu erheblichen Unsicherheiten für die betroffenen versicherten Personen.[79]

2. Versicherte Tätigkeiten

30 Der Versicherungsschutz einer beruflichen SSR erstreckt sich nach dem Grundsatz der Spezialität des versicherten Risikos auf die im Versicherungsvertrag genannte berufliche Tätigkeit des VN.

75 Harbauer/*Obarowski* § 1 USRB Rn. 16; Looschelders/Paffenholz/*Brammsen*/*Apel* Industrie-Strafrechtsschutzversicherung Rn. 11; *Guntermann* 102; *Rademacher,* SpV **2021** 3.

76 Bruck/Möller/*Armbrüster* AVB D&O A-1 Rn. 14; Prölss/Martin/*Voit* AVB D&O A-1 Rn. 14.

77 Bruck/Möller/*Armbrüster* AVB D&O A-8 Rn. 6; Prölss/Martin/*Voit* AVB D&O A-8.1 Rn. 1.

78 *Guntermann* 102; *Steinkühler* VP **2021** 26.

79 Zu den möglichen Gestaltungen im Einzelnen nachfolgend Rn. 41.

Risiken aus einer Stellung des VN als Organmitglied eines bestimmten Unternehmens müssen deshalb konkret in den Versicherungsumfang einbezogen werden. Deshalb sind Fremdmandate (sog. *„outside directors"*), die der VN beispielsweise als Aufsichtsrats- oder Beiratsmitglied neben einer versicherten Organtätigkeit ausübt, grundsätzlich nicht in den Versicherungsumfang einbezogen.[80] Häufig wird der Versicherungsschutz in der SSR allerdings, ebenso wie in der D&O-Versicherung,[81] vertraglich auf Fremdmandate erweitert, die der VN im Zusammenhang mit der versicherten Tätigkeit wahrnimmt.[82]

Von der Bestimmung des Versicherungsumfangs zu unterscheiden ist die Frage, ob das dem VN vorgeworfene, den erhobenen Tatvorwurf tragende Verhalten der versicherten beruflichen Tätigkeit zuzuordnen ist. Diese Differenzierung kann relevant sein, wenn Versicherungsschutz nur für den beruflichen, nicht aber für den privaten Bereich vereinbart wurde. Insoweit wird teilweise auf die zur Abgrenzung der §§ 23 Abs. 1, 24 Abs. 1 ARB entwickelten Kriterien[83] zurückgegriffen. Erforderlich ist danach ein innerer sachlicher Zusammenhang zwischen der Wahrnehmung rechtlicher Interessen und der versicherten beruflichen Tätigkeit,[84] der von nicht ganz untergeordneter Bedeutung ist.[85] Relevanz kann die Frage in der SSR u.a. bei Wegeunfällen gewinnen, die strafrechtliche Ermittlungsverfahren gegen den VN wegen des Tatvorwurfs der fahrlässigen Tötung oder Körperverletzung auslösen. Nach einer teilweise vertretenen Auffassung besteht in diesen Fällen kein Versicherungsschutz, weil die betriebliche Fahrt im Vergleich zu einer privaten Fahrt nicht mit einer Gefahrerhöhung einhergeht.[86] 31

II. Unternehmenslösung

1. Rechtsstellung VN

Bei der Unternehmenslösung wird die SSR durch das Unternehmen als VN abgeschlossen. Im 32
Bereich der D&O-Versicherung ist die Zuständigkeit für die Beschaffung des Versicherungsschutzes streitig.[87] Bei der AG wird teilweise angenommen, für den Abschluss[88] einer D&O-Versicherung zugunsten des Vorstands sei der Aufsichtsrat und zugunsten des Aufsichtsrats die Hauptversammlung zuständig.[89] Teilweise wird die Zuständigkeit stets beim Vorstand verortet.[90] Bei der GmbH wiederum wird teilweise angenommen, der Abschluss einer D&O-Versicherung erfordere stets einen Gesellschafterbeschluss.[91] Auf die SSR in Form der Unternehmenslösung ist diese Streitfrage nicht übertragbar, weil es sich bei ihr, im Unterschied zur D&O-Versicherung, stets um eine Kombination aus Eigen- und Fremdversicherung (§ 43 Abs. 1 VVG) handelt. Denn es liegt in Bezug auf die Risiken des Unternehmens selbst eine Eigenversicherung und zugleich in Bezug auf die Risiken der versicherten Personen eine Fremdversicherung vor. Zuständig für die Beschaffung des Versi-

80 Harbauer/*Obarowski* § 1 USRB Rn. 8; zur Einbeziehung von Fremdmandaten durch Auslegung der Versicherungsbedingungen: OLG Köln 28.4.2009 – 9 U 114/08, RuS **2009** 371, 372.

81 Zu den Gestaltungen in der D&O-Versicherung: Bruck/Möller/*Armbrüster* AVB D&O A-1 Rn. 49; Bruck/Möller/*Gädtke* AVB D&O A-7 Rn. 92.

82 Harbauer/*Obarowski* § 1 USRB Rn. 8.

83 Vergleiche dazu im Einzelnen: § 23 ARB Rn. 2 ff., § 24 ARB Rn. 2 ff.

84 BGH 29.10.2008 – IV ZR 128/07, VersR **2009** 216, 217.

85 BGH 12.7.1994 – IV ZR 302/93, VersR **1995** 166, 167.

86 Prölss/Martin/*Piontek* § 24 ARB 2010 Rn. 8; Harbauer/*Obarowski* § 24 ARB 2010 Rn. 33.

87 Zum Meinungsstand: Bruck/Möller/*Armbrüster* allg. Einf. AVB D&O Rn. 98 ff.

88 Bruck/Möller/*Armbrüster* allg. Einf. AVB D&O Rn. 98 differenziert insoweit zwischen dem Abschluss des Versicherungsvertrages, welcher als Geschäftsführungsmaßnahme stets dem Vorstand obliegt, und der Entscheidung über das „Ob" und die Eckdaten der Deckung.

89 MüKoAktG/*Spindler* § 93 Rn. 274.

90 Prölss/Martin/*Voit* AVB D&O Ziff. A-1 Rn. 7.

91 Noack/Servatius/Haas/*Beurskens* § 43 Rn. 169; Beckmann/Matusche-Beckmann/*Beckmann* § 28 Rn. 28.

cherungsschutzes der SSR ist deshalb bei der AG der Vorstand[92] und bei der GmbH der Geschäftsführer.[93]

2. Versicherte Personen

33 In modernen Bedingungswerken in Gestalt der Unternehmenslösung erstreckt sich der Versicherungsschutz nicht nur auf das Unternehmen selbst und die in § 1 Abs. 2 USRB genannten Personen. Wesensmerkmal der SSR ist vielmehr die Einbeziehung einer größeren Anzahl von juristischen und natürlichen Personen als versicherte Personen in den Versicherungsschutz.[94] Dabei wird der Versicherungsschutz an die unternehmensbezogene Funktion angeknüpft, ohne dass es darauf ankommt, welche Person sie ausübt.[95] Als Konsequenz daraus sind nicht nur die Funktionsträger im Zeitpunkt des Vertragsabschlusses, sondern auch zu diesem Zeitpunkt bereits aus der Funktion ausgetretene und künftig eintretende Personen in den Versicherungsschutz einbezogen.[96]

34 **a) Organe.** Versicherungsschutz unter der SSR genießen stets die Organmitglieder des Unternehmens. Versicherte Personen sind deshalb die gesetzlichen Vertreter (Geschäftsführer, Vorstände, Liquidatoren etc.). Im Schrifttum zur D&O-Versicherung wird die Frage diskutiert, ob Organmitglieder auch bei (unerkannt) fehlerhaftem Bestellungsakt in den Versicherungsschutz einbezogen sind.[97] Teilweise wird hervorgehoben, dass Personen, welche die Organstellung ohne Bestellungsakt ausüben (faktische Organe) nicht als solche mitversichert sind.[98] Teilweise enthalten die Bedingungswerke der D&O-Versicherung Klauseln, die faktische Organmitglieder ausdrücklich in den Versicherungsschutz einbeziehen.[99] In der SSR sind faktische Organmitglieder regelmäßig auch ohne besondere Erwähnung in den Bedingungswerken in den Versicherungsschutz einbezogen, weil dort bereits die Ausführung betrieblicher Tätigkeiten im Interesse des Unternehmens für die Einbeziehung ausreicht. Ebenfalls versichert sind die Mitglieder der Kontrollgremien (Aufsichtsräte, Verwaltungsräte, Beiräte etc.). Schließlich werden – anders als in den meisten Bedingungswerken der D&O-Versicherung[100] – häufig auch die Gesellschafter des VN in den Versicherungsschutz der SSR einbezogen.[101]

35 **b) Mitarbeiter.** In den Versicherungskonzept der SSR werden regelmäßig alle Mitarbeiter des VN in den Versicherungsschutz einbezogen.,[102] Die Erstreckung des Versicherungsschutzes auf die gesamte Belegschaft war bereits in den im Jahr 1983 genehmigten ISRS (§ 1 Abs. 1) vorgesehen und ist seitdem die marktübliche Gestaltung. In der D&O-Versicherung sieht dagegen zwar Ziff. A-1 AVB D&O Versicherungsschutz nur für die Mitglieder des Aufsichtsrates, des Vorstands oder der Geschäftsführung des VN vor. In der Praxis findet diese enge Klausel aber keine Verwendung. Vielmehr sehen die am Markt verwendeten Versicherungskonzepte der D&O-Versicherung auch die Einbeziehung leitender

---

92 MüKoAktG/*Kalss* § 116 Rn. 113; *Guntermann* 111.
93 *Guntermann* 111.
94 *Guntermann* VP **2016** 28.
95 Harbauer/*Obarowski* § 1 USRB Rn. 10.
96 Harbauer/*Obarowski* § 1 USRB Rn. 10.
97 bejahend: Bruck/Möller/*Armbrüster* AVB D&O A-1 Rn. 27; Prölss/Martin/*Voit* AVB D&O Ziff. A-1 Rn. 10; zweifelnd: Beckmann/Matusche-Beckmann/*Beckmann* § 28 Rn. 55.
98 Bruck/Möller/*Armbrüster* AVB D&O A-1 Rn. 27.
99 Zu faktische Organmitglieder einbeziehenden Klauseln: *Lange* § 6 Rn. 40.
100 Prölss/Martin/*Voit* AVB D&O Ziff. A-1 Rn. 12; zu die Gesellschafter einbeziehenden Klauseln: *Lange* § 6 Rn. 41.
101 *Guntermann* 27.
102 Harbauer/*Obarowski* § 1 USRB Rn. 1; Looschelders/Paffenholz/*Brammsen*/*Apel* Industrie-Strafrechtsschutzversicherung Rn. 47; *Thevessen* VP **1989** 101, 104; *Küpper* VP **1982** 183; *Eidam* 74; *Guntermann* 26.

Angestellter vor.[103] Darüber hinaus werden dort regelmäßig auch weitere Funktionsträger des Unternehmens in den Versicherungsschutz einbezogen.[104] In der SSR ist es darüber hinaus üblich, den Kreis der versicherten Mitarbeiter nochmals zu erweitern. So werden teilweise auch freie Mitarbeiter[105] Leiharbeitnehmer,[106] externe oder ausgeschiedene Mitarbeiter[107] oder Praktikanten[108] als versicherte Personen mitversichert.

c) Konzernunternehmen. Weiterhin entspricht es marktüblicher Praxis auch rechtlich selbstständige Tochter- und Beteiligungsunternehmen des VN[109] einschließlich erst nach Abschluss des Versicherungsvertrages gegründeter oder erworbener Unternehmen[110] und ihre Belegschaft in den Versicherungsschutz einzubeziehen. 36

3. Versicherte Tätigkeiten

Falls der VN selbst, insbesondere wenn es sich um eine Kapitalgesellschaft handelt, Versicherungsschutz unter der SSR in Anspruch nimmt, indiziert die Existenz des versicherten Risikos zugleich den Unternehmensbezug. Denn Kapitalgesellschaften haben keine Privatsphäre. Sind dagegen Manager oder Mitarbeiter des Unternehmens Beschuldigte strafrechtlicher Ermittlungen, kann auch in der Unternehmenslösung zweifelhaft sein, ob das der versicherten Person konkret vorgeworfene, den Tatvorwurf tragende Verhalten der versicherten Tätigkeit des VN zuzuordnen ist.[111] Im Schrifttum wird teilweise unter Verwendung der zur Abgrenzung der §§ 23 Abs. 1, 24 Abs. 1 ARB entwickelten Kriterien auch in dieser Konstellation ein innerer sachlicher Zusammenhang zwischen dem vorgeworfenen Verhalten und dem Betriebsablauf des VN gefordert.[112] 37

Eine gleichgelagerte Problemstellung gibt es in der D&O-Versicherung. Denn nach Ziff. A-1 Abs. 1 AVB D&O setzt der Versicherungsschutz dort voraus, dass das Organ des VN wegen einer *„bei Ausübung dieser Tätigkeit begangenen Pflichtverletzung"* in Anspruch genommen wird. Nach einer teilweise in Rechtsprechung und Schrifttum vertretenen Auffassung soll dies einen unmittelbaren inneren und äußeren Zusammenhang der versicherten Tätigkeit und der Pflichtwidrigkeit voraussetzen.[113] Die Auslegung des Begriffs *„bei Ausübung"* soll demnach der Auslegung der Tatbestandsmerkmale *„in Ausübung"* (Art. 34 Abs. 1 GG) bzw. *„in Verrichtung"* (§ 831 Abs. 1 Satz 1 BGB) entsprechen.[114] Nach anderer Auffassung ist diese Auslegung der Ziff. A-1 Abs. 1 AVB D&O bereits wegen des Fehlens einer rechtlichen Grundlage abzulehnen.[115] Zudem erfasse das Merkmal *„bei Ausübung"* nach seinem Regelungszweck stets jede Tätigkeit, die geeignet sei, Schadensersatzan- 38

---

103 Bruck/Möller/*Armbrüster* AVB D&O A-1 Rn. 88; Prölss/Martin/*Voit* AVB D&O Ziff. A-1 Rn. 12; Beckmann/Matusche-Beckmann/*Beckmann* § 28 Rn. 59; Staudinger/Halm/Wendt/*Staudinger*/*Friesen* AVB-D&O Rn. 31.

104 Zu den verwendeten Klauseln: *Lange* § 6 Rn. 40.

105 Harbauer/*Obarowski* § 1 USRB Rn. 15.

106 *Guntermann* 27.

107 Looschelders/Paffenholz/*Brammsen*/*Apel* Industrie-Strafrechtsschutzversicherung Rn. 48.

108 *Schmuckermeyer* RuS **2019** 131, 133.

109 Looschelders/Paffenholz/*Brammsen*/*Apel* Industrie-Strafrechtsschutzversicherung Rn. 49; Ghassemi-Tabar/*Cordes* Teil V Rn. 100.

110 *Guntermann* 27.

111 Zur Problematik in der Privatlösung: oben Rn. 31.

112 *Eidam* 79; Looschelders/Paffenholz/*Brammsen*/*Apel* Industrie-Strafrechtsschutzversicherung Rn. 51.

113 OLG München 13.9.2017 – 7 U 4126/13, RuS **2017** 589 Rn. 46; Staudinger/Halm/Wendt/*Staudinger*/*Friesen* AVB-D&O Rn. 35; *Knöfel* VersR **2019** 1249, 1255; *Lange* § 7 Rn. 12.

114 OLG München 13.9.2017 – 7 U 4126/13, RuS **2017** 589 Rn. 45.

115 OLG Frankfurt a.M. 17.3.2021 – 7 U 33/19, BeckRS **2021** 21425 Rn. 94; die Frage offenlassend: OLG Düsseldorf 8.11.2019 – 4 U 182/17, RuS **2020** 451 Rn. 89.

sprüche gegen Organmitglieder und leitende Angestellte auszulösen.[116] Der letztgenannten Auffassung ist zu folgen. Denn die D&O-Versicherung schließt nach allgemeiner Auffassung Innenhaftungsansprüche des VN gegen die versicherten Personen, die dort zudem die Regel bilden,[117] ein.[118] Dies führt bei der D&O-Versicherung regelmäßig zu einer für die Haftpflichtversicherung untypischen Identität von Versicherungsnehmerin und Geschädigter.[119] Damit sind die auf reine Außenhaftungsfälle zugeschnittenen Abgrenzungskriterien des Art. 34 Satz 1 GG i.V.m. § 839 Abs. 1 Satz 1 BGB und des § 831 Abs. 1 Satz 1 BGB auf die D&O-Versicherung nicht übertragbar. Sie sind deshalb auch nicht geeignet, eine Abgrenzung von versicherten und nicht versicherten Innenhaftungsfällen im Bereich der D&O-Versicherung zu tragen.

39 Die vorstehend dargestellten Grundsätze gelten in gleicher Weise in der SSR. Ausreichend ist dort, dass sich die (vermeintliche) Tathandlung nach dem inneren Zusammenhang und äußeren Erscheinungsbild als Tätigkeit darstellt, die einen gesetzlichen Haftpflichtanspruch (z.B. nach § 43 GmbHG) auslösen kann.[120] Auch in der SSR sind die Versicherungsfälle zudem nicht selten „Innenhaftungsfälle“ dergestalt, dass der VN als Geschädigter einer der versicherten Person vorgeworfenen Straftat in Betracht kommt. In der Unternehmenslösung der SSR fallen den versicherten Personen vorgeworfene Handlungen oder Unterlassungen deshalb regelmäßig unter den Versicherungsschutz, wenn sie geeignet sind, haftungs-, ordnungswidrigkeiten- oder strafrechtliche Konsequenzen für das Unternehmen auszulösen.[121]

4. Rechtsverhältnisse der Versicherten

40 **a) Verfügungsmacht.** Gemäß § 45 Abs. 1 VVG ist der VN über die Rechte aus dem Versicherungsvertrag verfügungsbefugt. Prägendes Merkmal der D&O-Versicherung (A-8.1 AVB D&O) ist, dass nicht der VN, sondern die versicherte Person zur Ausübung der Ansprüche aus dem Versicherungsvertrag befugt ist.[122] Diese von § 45 Abs. 1 VVG abweichende Gestaltung ist grundsätzlich auch in der Unternehmenslösung der SSR die marktübliche Gestaltung.[123] Wenn sich mithin ein versichertes Risiko der versicherten Person verwirklicht, ist diese regelmäßig auch Inhaber des Deckungsanspruchs gegen den VR.

41 **b) Zustimmungs- und Widerspruchslösung.** In den Bedingungswerken der SSR finden sich allerdings häufig Klauseln, mit denen dem VN das Recht eingeräumt wird, auf die Gewährung des Rechtsschutzes an die versicherte Person Einfluss zu nehmen. Teilweise greifen die Bedingungswerke die Regelung des § 44 Abs. 2 VVG auf und machen den Versicherungsanspruch davon abhängig, dass der VN der Rechtsschutzgewährung an die versicherte Person zustimmt.[124] Ebenfalls praxisrelevant sind Klauseln, die dem VN das Recht einräumen der Rechtsschutzgewährung an

116 *Koch* ZIP **2018** 301, 305, 308; *Schimikowski* RuS **2017** 589, 593.

117 Rüffer/Halbach/Schimikowski/*Muscher* § 43 VVG Rn. 22; kritisch zu der häufigen vertretenen These, der Anteil der Innenhaftungsfälle läge bei 90 %: *Ihlas* 493.

118 Bruck/Möller/*Armbrüster* allg. Einf. AVB D&O Rn. 7; *Langheid*/Wandt § 44 VVG Rn. 22; Langheid/Wandt/*Ihlas* Directors & Officers-Versicherung Rn. 14; Rüffer/Halbach/Schimikowski/*Muscher* § 43 VVG Rn. 22; Prölss/Martin/*Voit* AVB D&O A-1 Rn. 19.

119 *Herdter* ZVersWiss **2011** 655, 656.

120 Vgl. OLG Hamm 13.7.2023 – 20 U 64/22, BeckRS **2023** 29459 Rn. 17, mit der Ausführung, dass die Abgabe einer Umsatzsteuererklärung unabhängig von dem Tatvorwurf, sie diene der (nicht zu den Geschäftsführeraufgaben gehörenden) Errichtung eines Umsatzsteuerkarussells, die Erfüllung einer solchen Aufgabe darstellt.

121 *Guntermann* 55.

122 Bruck/Möller/*Armbrüster* AVB D&O A-8 Rn. 6; Prölss/Martin/*Voit* AVB D&O A-8.1 Rn. 1; *Ulrich* 84 ff.

123 Looschelders/Paffenholz/*Brammsen*/*Apel* Industrie-Strafrechtsschutzversicherung Rn. 53; *Lange* § 14 Rn. 289; *Guntermann* 107.

124 *Schmuckermeyer* RuS **2019** 131, 133; *Steinkühler* VP **2021** 26; *Guntermann* 108.

die versicherte Person zu widersprechen.[125] Teilweise wird das Widerspruchsrecht im Versicherungsvertrag ausdrücklich auf Fallgestaltungen beschränkt, in denen der versicherten Person strafbare Handlungen oder Unterlassungen vorgeworfen werden, die sich gegen Vermögensinteressen des VN richten.[126] In anderen Fällen erfolgt die Vereinbarung des Widerspruchsrechts durch eine Bezugnahme auf § 15 Abs. 2 Satz 2 ARB 2010.[127] Die Wirksamkeit der Klauseln hängt im Einzelfall davon ab, ob sie einer Inhaltskontrolle gemäß § 307 BGB standhalten. Bei dieser ist zu berücksichtigen, dass zwischen VN und versicherter Person ein gesetzliches Treuhandverhältnis besteht.[128] Für die Auslegung von Klauseln, die den Anspruch auf Versicherungsleistung im Rahmen der Fremdversicherung betreffen, kommt es zudem auf das Verständnis der durchschnittlichen versicherten Person und nicht des durchschnittlichen VN an.[129] Die AGB-rechtliche Wirksamkeit einer Klausel, die es dem VN ermöglicht, der versicherten Person einseitig den Rechtsschutz zu nehmen, kann deshalb im Einzelfall zweifelhaft sein. Für die versicherten Personen erweisen sich die betreffenden Klauseln, soweit sie wirksam sind, jedenfalls dann, wenn Ihnen Straftaten zum Nachteil des VN vorgeworfen werden, als nachteilig[130] Denn in diesen Fällen ist aus naheliegenden Gründen wahrscheinlich, dass der VN die Rechtsschutzgewährung, soweit es ihm möglich ist, verhindert.[131] Deshalb liegt es bei der Gestaltung einer SSR in Form der Unternehmenslösung regelmäßig im Interesse der versicherten Personen einen von Einflussnahmen des VN freien Anspruch auf Rechtsschutzgewährung sicherzustellen.[132]

c) Obliegenheiten. Gemäß § 19 Abs. 1 Satz 1 VVG ist der VN verpflichtet, dem VR die ihm bekannten Gefahrumstände anzuzeigen, die für den Entschluss des VR zum Vertragsabschluss erheblich sind. In allen marktüblichen Bedingungswerken der SSR wird der Versicherungsfall an die Einleitung des Ermittlungsverfahrens angeknüpft, sodass das Verstoßprinzip gemäß § 4 Abs. 1 lit. c ARB in der SSR nicht gilt.[133] Deshalb stellt das Vorliegen einer unentdeckten Straftat in der SSR regelmäßig einen wesentlichen Gefahrumstand dar, den der VN dem VR anzuzeigen hat.[134] Dem steht der nemo-tenetur-Grundsatz nicht entgegen, weil dieser Grundsatz im Zivilrecht keine Anwendung findet.[135] Soweit das jeweilige Bedingungswerk eine § 15 Abs. 2 S. 1 ARB vergleichbare Regelung enthält, trifft die Pflicht zur Erfüllung dieser vorvertraglichen Obliegenheit auch die versicherte Person.[136] Die Zurechnung von Kenntnis und Verhalten der versicherten Personen erfolgt gemäß § 47 Abs. 1 VVG. Danach werden bei einer Kombination aus Eigen- und Fremdversicherung Obliegenheitsverletzungen einer versicherten Person dem VN im Rahmen des Eigenenversicherungsschutzes nicht zugerechnet.[137] Ebenso entfalten sie auch keine Wirkungen zulasten 42

125 Looschelders/Paffenholz/*Brammsen*/*Apel* Industrie-Strafrechtsschutzversicherung Rn. 53; *Cyrus* NZG **2018** 7, 12; *Steinkühler* VP **2021** 26; *Guntermann* 108.

126 *Cyrus* NZG **2018** 7, 12 (Fn. 48); *Steinkühler* VP **2021** 26, jeweils mit der Wiedergabe einer entsprechenden Klausel; *Guntermann* 107.

127 Looschelders/Paffenholz/*Brammsen*/*Apel* Industrie-Strafrechtsschutzversicherung Rn. 53; zu Bedeutung und rechtlicher Konstruktion dieses Widerspruchsrechts im Einzelnen: § 15 ARB Rn. 5.

128 *Langheid*/Wandt, § 43 VVG Rn. 5.

129 *Koch* VersR **2015** 133, 144.

130 Zu ihrer AGB-rechtlichen Wirksamkeit und zu möglichen Ansprüchen der versicherten Person gegen den VN auf Zustimmung/Unterlassung des Widerspruchs: *Steinkühler* VP **2021** 26 ff.

131 *Cyrus* NZG **2018** 7.

132 *Cyrus* NZG **2018** 7, 12; *Heerspink*/*Terno* ZWH **2016** 55, 61; *Steinkühler* VP **2021** 26, 31; *Guntermann* 109.

133 Zur Gestaltung im Einzelnen: nachfolgend Rn. 79 ff.

134 Zum Umfang der Anzeigepflicht und zur Behandlung sogenannter „Generalfragen" des VR bei Abschluss einer SSR im Einzelnen: *Guntermann* RuS **2022** 442, 444 f.

135 *Guntermann* RuS **2022** 442, 445.

136 Looschelders/Paffenholz/*Brammsen*/*Apel* Industrie-Strafrechtsschutzversicherung Rn. 53.

137 Prölss/Martin/*Klimke* § 47 VVG Rn. 10.

der weiteren versicherten Personen.[138] Ist die Verletzung einer Obliegenheit nur einer versicherten Person vorzuwerfen, dann schadet sie grundsätzlich auch nur dieser.[139] Allerdings kann die Obliegenheitsverletzung einer versicherten Person den anderen Versicherten ggf. dann zugerechnet werden, wenn die versicherte Person Repräsentant des VN ist.[140]

43 Teilweise enthalten die Bedingungswerke der SSR § 17 Abs. 1 lit. b ARB vergleichbare Regelungen, mit denen dem VN und den versicherten Personen (§ 15 Abs. 2 Satz 1 ARB 2010) die Pflicht zur vollständigen und wahrheitsgemäßen Unterrichtung des VR über sämtliche Umstände des Rechtsschutzfalls auferlegt wird. Findet § 17 Abs. 1 lit. b ARB Anwendung, so hat der VN diese Verpflichtung auch ohne Verlangen des VR von sich aus zu erfüllen.[141] Die Erfüllung dieser Verpflichtung kann im Bereich der SSR erhebliche Nachteile für die Versicherten mit sich bringen. Denn die Angaben gegenüber dem VR können im Strafverfahren zum Nachteil der Versicherten verwertet werden, soweit die Strafverfolgungsbehörden Kenntnis von ihnen erlangen. Der Verwertung steht insbesondere weder ein Beschlagnahmeverbot von Akten des VR noch ein Zeugnisverweigerungsrecht der Mitarbeiter des VR entgegen.[142] Allerdings finden die Unterrichtungsobliegenheiten ihre Grenze stets im Leistungszweck der SSR.[143] Denn die Informationsobliegenheit stellt keinen Selbstzweck dar.[144] Ob im Einzelfall eine konkrete Auskunftspflicht besteht, ist deshalb durch Abwägung der widerstreitenden Interessen zu bestimmen.[145] Da in der SSR – ebenso wie im Straf-Rechtsschutz nach Maßgabe der ARB – keine Prüfung der Erfolgsaussichten stattfindet, muss der Versicherte dem VR deshalb zu diesem Zweck keine Auskünfte erteilen.[146] Vielmehr erstreckt sich der Auskunftsanspruch des VR nach Erteilung einer Deckungszusage auf die Auskünfte und Unterlagen, die zur Prüfung des Umfangs der Leistungspflicht des VR erforderlich sind. Ist, wie dies in wirtschaftsstrafrechtlichen Verfahren häufig geschieht, ein Zeithonorar vereinbart, sind dies die Auskünfte und Unterlagen, die zur Prüfung des durch den Rechtsanwalt geltend gemachten Zeitaufwands erforderlich sind. Diese Prüfung kann dem VR häufig ermöglicht werden, ohne dass sensible Details der Verteidigungsstrategie offengelegt werden müssen.[147] Zudem besteht auch kein Recht des VR, die versicherte Person selbst zu den gegen sie gerichteten strafrechtlichen Vorwürfen „zu vernehmen".[148] Die dargestellten Grundsätze gelten auch für die Pflicht zur Vorlage von Unterlagen auf Verlangen des VR (§ 17 Abs. 1 lit. b ARB). Der Versicherte ist deshalb in der SSR regelmäßig nicht verpflichtet, dem VR eine Einsichtnahme in die Akte des Ermittlungsverfahrens zu ermöglichen oder ihm die Handakte des Verteidigers zur Einsicht zu überlassen.[149] Sehr zweifelhaft ist schließlich, ob den versicherten Personen entsprechend § 17 Abs. 5 lit. a ARB die Pflicht zur vollständigen und wahrheitsgemäßen Information ihres Verteidigers auferlegt werden kann. Denn eine solche Verpflichtung würde weitreichend in das Vertrau-

138 Prölss/Martin/*Klimke* § 47 VVG Rn. 17; Langheid/*Rixecker* § 47 VVG Rn. 8.

139 BGH 29.1.2003 – IV ZR 41/02, VersR **2003** 445, 446; Langheid/*Rixecker* § 47 VVG Rn. 8.

140 *Langheid*/Wandt § 47 VVG Rn. 11; zu den Grundsätzen der Repräsentantenhaftung im Einzelnen: Bruck/Möller/*Koch* § 103 VVG Rn. 66 ff.

141 § 17 ARB Rn. 5.

142 OLG Hamm 13.7.2023 – 20 U 64/22, BeckRS **2023** 29459 Rn. 37; *Guntermann* RuS **2022** 442, 443.

143 OLG Hamm 13.7.2023 – 20 U 64/22, BeckRS **2023** 29459 Rn. 34.

144 OLG Celle 9.6.2006 – 8 U 159/05, RuS **2007** 57, 58.

145 *Herdter* ZVersWiss **2011** 655, 663 f.

146 Harbauer/*Obarowski* Vorbem. USRB Rn. 45; Looschelders/Paffenholz/*Herdter* § 17 ARB 2010 Rn. 24; *Guntermann* RuS **2022** 442, 446.

147 *Guntermann* RuS **2022** 442, 446; zustimmend: OLG Hamm 13.7.2023 – 20 U 64/22, BeckRS **2023** 29459 Rn. 43. a.A. *Peukert/Rhein* NZWiSt **2024**, 134 Rn. 71, die eine Pflicht zur Erteilung von Auskünften an den VR grundsätzlich verneinen, allerdings ohne aufzuzeigen, wie dem VR dann die erforderliche Prüfung des Zeitaufwands ermöglicht werden soll.

148 OLG Hamm 13.7.2023 – 20 U 64/22, BeckRS **2023** 29459 Rn. 17.

149 OLG Hamm 13.7.2023 – 20 U 64/22, BeckRS **2023** 29459 Rn. 17.

ensverhältnis zwischen dem Mandanten und seinem Verteidiger eingreifen, in dem eine solche Information manchmal nicht erforderlich und manchmal auch nicht sinnvoll ist.[150]

d) Versicherungssummen. Auch in der SSR ist es marktüblich die Ansprüche der Versicherten gegen den VR entsprechend § 5 Abs. 4 ARB auf eine vertraglich vereinbarte Versicherungssumme zu beschränken. Damit gilt auch in der SSR regelmäßig eine doppelte Beschränkung des Versicherungsschutzes: Zum einen werden bei Vorliegen eines Rechtsschutzfalls Zahlungen für den VN und die versicherten Personen zusammengerechnet (§ 5 Abs. 4 Satz 2 ARB). Zum anderen werden Zahlungen aufgrund mehrerer Rechtsschutzfälle zusammengerechnet, wenn diese zeitlich und ursächlich zusammenhängen (§ 5 Abs. 4 Satz 3 ARB).[151] Da der Versicherungsfall in der SSR mit der Einleitung des Ermittlungsverfahrens eintritt,[152] kommt es für das Vorliegen eines zeitlichen und ursächlichen Zusammenhangs nicht auf die vorgeworfenen strafrechtlichen Handlungen, sondern darauf an, ob die Einleitung der einzelnen Ermittlungsverfahren in einem zeitlichen und ursächlichen Zusammenhang steht.[153] **44**

Auch in der SSR kann eine nicht ausreichende Versicherungssumme Konflikte hervorrufen. **45** Da die SSR, anders als die D&O-Versicherung,[154] eine reine Kostenversicherung darstellt, konkurrieren in der SSR nur der VN und die versicherten Personen[155] um die Versicherungssumme. Die Konfliktsituationen sind deshalb auf Fallgestaltungen beschränkt, in denen entweder mehrere versicherte Personen Beschuldigte eines Strafverfahrens sind oder in denen wegen der vorgeworfenen Handlung auch das Unternehmen als VN Versicherungsschutz, etwa für die Verteidigung in einem Verfahren gemäß § 30 OWiG, in Anspruch nimmt. Die marktüblichen Bedingungswerke der SSR enthalten regelmäßig keine Regeln für die Lösung dieses Konflikts. Deshalb muss die Auswahl eines der in Betracht kommenden Verteilungsprinzipien aus einer ergänzenden Vertragsauslegung des Versicherungsvertrages gewonnen werden.[156] Der Konflikt wird durch die VR in der Praxis zumeist nach dem Prioritätsprinzip gelöst.[157] Dieses Prinzip führt allerdings nicht zu angemessenen Ergebnissen, wenn ein einheitlicher Versicherungsfall vorliegt, aus dem mehrere versicherte Person Leistung beanspruchen.[158] Auch eine quotale Aufteilung ist in diesem Fall nicht angemessen, weil nicht einzusehen ist, dass derjenige, der (möglicherweise) den größeren Schaden zu verantworten hat, gegenüber dem (möglicherweise) in geringerem Umfang haftenden Versicherten privilegiert werden soll.[159] Deshalb wird es bei Vorliegen eines einheitlichen Versicherungsfalls als angemessen angesehen, die Versicherungssumme nach Kopfteilen aufzuteilen.[160]

---

150 *Guntermann* RuS **2022** 442, 446.

151 § 5 ARB Rn. 34.

152 Zur Gestaltung im Einzelnen nachfolgend Rn. 79 ff.

153 OLG Köln 8.11.2016 – 9 U 38/16, RuS **2017** 472, 477; *Guntermann* 185; a.A. wohl *Eidam*, der mit dem von ihm gewählten Beispielsfall auf die vorgeworfenen Handlungen abstellt.

154 Zur Problematik in der D&O-Versicherung: oben Rn. 23.

155 Das gilt allerdings nicht, wenn die SSR in das Bedingungswerk einer D&O-Versicherung integriert ist (siehe oben Rn. 23), denn dann gelten zumeist einheitliche Versicherungssummen für das gesamte Vertragswerk.

156 *Armbrüster* VersR **2014** 1, 3; *Koch* VersR **2016** 1469, 1470.

157 Harbauer/*Obarowski* § 5 USRB Rn. 36; *Rademacher* SpV **2021** 3, 5; *Guntermann* 188.

158 OLG Hamm 13.7.2023 – 20 U 64/22, BeckRS **2023** 29459 Rn. 65; *Armbrüster* VersR **2014** 1, 6; *Peppersack* RuS **2018** 117, 121.

159 OLG Hamm 13.7.2023 – 20 U 64/22, BeckRS **2023** 29459 Rn. 66; *Armbrüster* VersR **2014** 1, 6; *Peppersack* RuS **2018** 117, 121.

160 OLG Hamm 13.7.2023 – 20 U 64/22, BeckRS **2023** 29459 Rn. 66; *Armbrüster* VersR **2014** 1, 6; *Peppersack* RuS **2018** 117, 121; *Guntermann* 189.

C. Die versicherten Risiken

Die USRB:

> **§ 2 Leistungsarten**
> *(1)* Je nach Vereinbarung umfasst der Versicherungsschutz
> ...
> c) Straf-Rechtsschutz für Unternehmensleiter
> für die Verteidigung gegen den Vorwurf eines Vergehens, einer Ordnungswidrigkeit oder eines disziplinar- bzw. standesrechtlichen Verstoßes.
> Durch eine besondere Vereinbarung kann der Versicherungsschutz jeweils ausgedehnt werden auf
> aa) die verwaltungsrechtliche Tätigkeit eines Rechtsanwaltes, welche dazu dient, die Verteidigung in eingeleiteten Straf- und Ordnungswidrigkeitenverfahren, die vom Versicherungsschutz umfasst werden, zu unterstützen (Beistand im Verwaltungsrecht);
> bb) die Beistandsleistung durch einen Rechtsanwalt in Straf- und Ordnungswidrigkeitenverfahren, wenn diese versicherte Person als Zeuge vernommen wird und diese die Gefahr einer Selbstbelastung annehmen muss (Zeugenbeistand);
> cc) die Stellungnahme eines Rechtsanwaltes im Interesse des Unternehmens, für das der Versicherte tätig ist, wenn sich das Ermittlungsverfahren auf dieses Unternehmen bezieht und noch keine bestimmten Personen beschuldigt werden, der Versicherte aber mit einer Ausweitung des Verfahrens auf sich persönlich rechnen muss (Firmen-Stellungnahme);
> dd) die Beistandsleistung durch einen Rechtsanwalt für eine dritte Person, die als Zeuge in einem gegen die versicherte Person eingeleiteten Straf- oder Ordnungswidrigkeitenverfahren vernommen wird und dabei die Gefahr einer Selbstbelastung annehmen muss (erweiterter Zeugenbeistand).
> Die Voraussetzungen nach ... c) müssen nach Beginn des Versicherungsschutzes ... und vor dessen Beendigung eingetreten sein.
> ...

I. Verteidigung

46 § 2 Abs. 2 lit. c USRB nennt als zentrales versichertes Risiko die Verteidigung der Versicherten gegen den Vorwurf eines Vergehens, einer Ordnungswidrigkeit oder eines disziplinar- bzw. standesrechtlichen Verstoßes. Die Klausel wird in ähnlicher Form auch in den aktuellen Bedingungswerken der SSR verwendet. Gebräuchlich sind allerdings Formulierungen, in denen der Begriff der *„Verteidigung"* durch den Begriff der *„Wahrnehmung rechtlicher Interessen"*[161] ersetzt wird.[162] Denn der Versicherungsumfang der aktuellen Bedingungswerke erstreckt sich über die Verteidigung hinaus allgemein auf die Kostenrisiken der genannten Verfahren. Findet der Begriff der Verteidigung Verwendung, so ist er im Sinne des Art. 6 Abs. 3 lit. c EMRK zu verstehen, wonach jede angeklagte Person einen Anspruch darauf hat, sich durch einen Verteidiger ihrer Wahl verteidigen zu lassen. Der Begriff der *„Angeklagten Person"* ist dabei nicht wörtlich, sondern autonom zu verstehen.[163] Er umfasst im Anwendungsbereich der EMRK auch Personenvereinigungen und juristische Personen.[164] Zum anderen greift dort die Verfahrensgarantie nicht erst nach Anklageerhebung, sondern bereits dann ein, wenn eine Person Kenntnis von der Einleitung eines gegen Sie gerichteten Ermittlungsverfahrens erlangt.[165] Fest umrissenen Begriffen der Rechtssprache ist in AVB der Bedeutungsgehalt beizumessen ist, den sie in dem betreffenden Gesetz haben.[166] Finden

---

161 Zur Definition des Begriffs vergleiche Vorbemerkungen zu §§ 125–129 Rn. 5, § 125 Rn. 5, 9 ff.
162 *Guntermann* 30.
163 KK-StPO/*Lohse*/*Jakobs* Art. 6 MRK Rn. 11; MüKoStPO/*Gaede* Art. 6 MRK Rn. 55.
164 KK-StPO/*Lohse*/*Jakobs* Art. 6 MRK Rn. 11.
165 KK-StPO/*Lohse*/*Jakobs* Art. 6 MRK Rn. 11; MüKoStPO/*Gaede*, Art. 6 MRK Rn. 55.
166 Zur Auslegung von AVB grundlegend: *Koch* VersR **2015** 133, 139 f.

die Rechtsbegriffe der EMRK in AVB Verwendung, sind sie deshalb entsprechend ihrer Bedeutung im Anwendungsbereich der EMRK auszulegen.

Wenn die Bedingungswerke entsprechend § 2 Abs. 2 lit. c USRB auf die Verteidigung der versicherten Personen *„gegen den Vorwurf"* einer Straftat oder Ordnungswidrigkeit abstellen, ist diese Voraussetzung in der SSR ebenso auszulegen wie die Formulierung der Verteidigung *„wegen eines Vorwurfs"* in § 2 lit. i Teilsatz 1 ARB. Denn soweit kein fest umrissener Begriff der Rechtssprache vorliegt, ist Auslegungsmaßstab das Verständnis des durchschnittlichen und informierten VN.[167] Nach diesem Verständnis haben beide Formulierungen einen identischen Bedeutungsgehalt. Voraussetzung des Deckungsanspruchs im Bereich der Verteidigung ist demnach auch in der SSR, dass die Ermittlungsbehörden bereits einen konkreten Tatvorwurf gegen die versicherte Person erhoben haben und individuelle Ermittlungen gegen sie führen.[168] 47

1. Strafrecht

In den Bedingungen der SSR wird, abweichend von § 2 Abs. 2 lit. c USRB, zumeist nicht auf den Rechtsbegriff des Vergehens abgestellt. Vielmehr wird dort regelmäßig das Strafverfahren als versichertes Verfahren genannt, sodass das versicherte Risiko etwa mit der *„Wahrnehmung rechtlicher Interessen in Verfahren wegen des Vorwurfs der Verletzung von Vorschriften des Strafrechts"* oder ähnlichen Formulierungen[169] umschrieben wird. Durch diese gegenüber den USRB inhaltlich erweiterte Definition des Versicherungsumfangs erstreckt sich der Versicherungsschutz, insbesondere bei der Unternehmenslösung, auch auf die Wahrnehmung rechtlicher Interessen von Unternehmen im Strafverfahren, obwohl sie in Ermangelung eines Unternehmensstrafrechts in Deutschland nicht als Beschuldigte in Betracht kommen. Versicherungsschutz des Unternehmens besteht demnach beispielsweise im Falle einer Durchsuchung, die gemäß § 103 StPO bei nicht tat- oder teilnahmeverdächtigen juristischen Personen[170] erfolgen kann. Eine vergleichbare Fallgestaltung im Bereich der Vermögensabschöpfung ist die Einziehung von Taterträgen bei nicht tatbeteiligten Dritten gemäß § 73b StGB, die auch bei juristischen Personen möglich ist.[171] 48

Durch die Erweiterung des Versicherungsumfang auf die Wahrnehmung rechtlicher Interessen in strafrechtlichen Verfahren wird zugleich deutlich, dass auch Adhäsionsverfahren gemäß §§ 403 ff. StPO, in denen Geschädigte ihre zivilrechtlichen Ansprüche im Strafverfahren geltend machen, in den passiven Versicherungsschutz der SSR einbezogen sind. Allerdings sehen die Bedingungen der SSR in diesen Fällen teilweise vor, dass vorrangig etwaige Haftpflichtversicherer,[172] in Anspruch zu nehmen sind.[173] Ebenfalls unter der SSR gedeckt sind zusätzliche Verteidigungskosten der Versicherten im Strafverfahren, die dadurch entstehen, dass sich Geschädigte dem Strafverfahren als Nebenkläger anschließen. Dies ergibt sich bereits daraus, dass es sich bei der Nebenklage nicht um ein selbstständiges Verfahren, sondern um die Beteiligung des Verletzten mit selbstständigen Rechten am Strafverfahren handelt.[174] Bei den Kosten handelt es sich auch nicht um Verteidigungskosten gemäß § 101 Abs. 1 Satz 2 VVG, sodass ein vorrangiger Anspruch gegen den Haftpflichtversicherer regelmäßig nicht in Betracht kommt.[175] Etwas anderes kann ausnahmsweise dann gelten, wenn der Haftpflichtversiche- 49

167 *Koch* VersR **2015** 133, 134 f.

168 Vergleiche dazu im Einzelnen § 2 ARB Rn. 63.

169 *Guntermann* 30; ebenso die durch Looschelders/Paffenholz/*Brammsen*/*Apel* Industrie-Strafrechtsschutzversicherung Rn. 93 in Bezug genommenen Bedingungen.

170 KK-StPO/*Heinrichs*/*Weingast* § 103 StPO Rn. 1; Meyer-Goßner/Schmitt/*Köhler* § 103 StPO Rn. 1.

171 *Fischer* § 73b StGB Rn. 4; Lackner/Kühl/*Heger* § 73b StGB Rn. 1a.

172 Zum Anspruch auf Erstattung der Kosten eines Adhäsionsverfahrens in der Haftpflichtversicherung: Bruck/Möller/*Koch* § 101 VVG Rn. 38.

173 Looschelders/Paffenholz/*Brammsen*/*Apel* Industrie-Strafrechtsschutzversicherung Rn. 68; *Cornelius-Winkler* VP **2016** 22, 23.

174 KK-StPO/*Allgayer* Vorbem. §§ 395–402 Rn. 1.

175 Bruck/Möller/*Koch* § 101 VVG Rn. 39.

rer die weitere Durchführung des Strafverfahrens gewünscht oder genehmigt hat und deshalb unter dem Gesichtspunkt von Treu und Glauben auch zur Übernahme der Kosten einschließlich der durch die Nebenklage veranlassten Kosten verpflichtet ist.[176]

50 Der Versicherungsschutz der SSR für das Strafverfahren erstreckt sich auch auf das Strafvollstreckungsverfahren als Bestandteil des Strafverfahrens[177] gemäß §§ 449 bis 463e StPO.[178] Zudem besteht unter der SSR auch Versicherungsschutz für die anwaltliche Vertretung des Versicherten im Grundverfahren des Verfahrens über die Entschädigung für Strafverfolgungsmaßnahmen. Denn die Entscheidung über die Entschädigung dem Grunde nach gemäß §§ 8, 9 StrEG ist als Annex zur Sachentscheidung des Strafgerichts ebenfalls Bestandteil des Strafverfahrens.[179]

51 Wenn die Bedingungen an den Begriff des Vergehens anknüpfen, gilt, entsprechend § 2 lit. i ARB,[180] die Legaldefinition des § 12 Abs. 2 StGB mit der das Vergehen vom Verbrechen (§ 12 Abs. 1 StGB) abgegrenzt wird. Bei einer Beschränkung des Versicherungsumfangs auf den Vorwurf eines Vergehens besteht deshalb, ohne dass es eines entsprechenden Risikoausschlusses bedarf,[181] kein Versicherungsschutz, wenn der versicherten Person ein Verbrechen vorgeworfen wird.

2. Ordnungswidrigkeitenrecht

52 Der Vorwurf einer Verletzung von Vorschriften des Ordnungswidrigkeitenrechts ist aus Sicht des Unternehmens eines der zentralen versicherten Risiken der SSR. Besondere Praxisrelevanz hat dabei § 30 OWiG. Nach dieser Zurechnungsnorm[182] können gegen Verbände (Juristische Personen und Personenvereinigungen) Geldbußen verhängt werden, wenn die in § 30 Abs. 1 OWiG enumerativ aufgezählten Organe oder leitenden Mitarbeiter eine Straftat oder Ordnungswidrigkeit begangen haben, hierdurch eine den Verband treffende Pflicht verletzt wurde oder dort eine Bereicherung eingetreten oder beabsichtigt worden ist. Darüber hinaus ist in den letzten Jahren eine stetige Ausweitung des Ordnungswidrigkeitenrechts zu beobachten. Neben die klassischen Risiken für die Unternehmen in den Bereichen Umwelt, Produkt, Betriebsstätte, Verkehrswirtschaft und Verkehr[183] treten dadurch neue Risiken, z.B. in Form der Bußgeldtatbestände der DSGVO.

53 Schließlich bestehen die Risiken des Ordnungswidrigkeitenrechts nicht nur für das Unternehmen selbst als VN in der Unternehmenslösung, sondern auch für die mitversicherten Manager und leitenden Mitarbeiter. Zu nennen ist z.B. das Risiko der Verhängung von Bußgeldern nach § 130 OWiG wegen der Verletzung von Aufsichtspflichten.[184]

3. Disziplinar- und Standesrecht

54 In Anlehnung an § 2 Abs. 2 lit. c USRB bieten die aktuellen Bedingungswerke der SSR auch Versicherungsschutz für die Wahrnehmung rechtlicher Interessen in disziplinar- und standesrechtli-

---

176 Bruck/Möller/*Koch* § 101 VVG Rn. 39; Looschelders/Pohlmann/*Schulze Schwienhorst* § 101 VVG Rn. 6; Prölss/Martin/*Lücke* § 101 VVG Rn. 11; Schwintowski/Brömmelmeyer/Ebers/*Retter* § 101 VVG Rn. 12.

177 MüKoStPO/*Nestler* § 449 Rn. 1.

178 Zu den Voraussetzungen des Versicherungsschutzes im Einzelnen: § 5 ARB Rn. 30.

179 BGH 15.12.1979 – III ZR 164/77, BeckRS **1979** 31116198; OLG Düsseldorf 12.12.2001 – 2 Ws 349/01, NStZ-RR **2002** 109, 110.

180 § 2 ARB Rn. 60.

181 Zum Risikoausschluss des Vorwurfs eines Verbrechens und davon abweichenden Gestaltungen im Einzelnen nachfolgend Rn. 75.

182 Zur im Schrifttum stark umstrittenen dogmatischen Einordnung der Norm im Einzelnen: KK-OWiG/*Rogall* § 30 Rn. 1 ff.; BeckOK-OWiG/*Meyberg* § 30 Rn. 14 ff.

183 *Eidam* 93; Looschelders/Paffenholz/*Brammsen*/*Apel* Industrie-Strafrechtsschutzversicherung Rn. 93.

184 Harbauer/*Obarowski* § 2 USRB Rn. 34.

chen Verfahren. Die tatbestandlichen Voraussetzungen des Versicherungsfalls entsprechen im Wesentlichen § 2 lit. h ARB, sodass auf die dortigen Ausführungen verwiesen werden kann.[185] In der SSR haben die Fälle des Disziplinar- und Standesrechts vornehmlich Praxisrelevanz, wenn der VN selbst dem öffentlichen Dienstrecht oder einem Standesrecht (z.B. als Steuerberater oder Wirtschaftsprüfer) unterliegt. Denkbar sind aber auch Fallgestaltungen, in denen nur einzelne versicherte Personen einen entsprechenden Status haben (z.B. als Betriebsarzt[186]).

II. Erweiterungen

§ 2 Abs. 1 lit. c aa–dd USRB sieht eine optionale Erweiterung des Versicherungsschutzes auf die dort genannten Risiken vor. Es geht in diesen Fällen häufig um rechtliche Unterstützung des VN in einer frühen Ermittlungsphase zur effizienteren Gestaltung der Rechtsverteidigung.[187] Die Erweiterungen gehören in moderner Bedingungswerke der SSR regelmäßig zum Versicherungsumfang, ohne dass es insoweit einer optionalen Ausweitung des Versicherungsschutzes bedarf.[188] 55

1. Beistand im Verwaltungsrecht

Die in § 2 Abs. 1 lit. c aa USRB verwendete Klausel zu Beistandsleistungen im Verwaltungsrecht findet auch in den aktuellen Bedingungswerken der SSR in dieser oder ähnlicher Form Verwendung.[189] Versichert sind danach verwaltungsrechtliche Tätigkeiten eines Rechtsanwalts, insbesondere die Vertretung in verwaltungsrechtlichen Einspruchs- und Klageverfahren, wenn die Tätigkeit dazu dient, die Verteidigung in eingeleiteten Straf- und Ordnungswidrigkeitenverfahren zu unterstützen. Die Anwendungsfälle dieser Erweiterung sind vielfältig und praxisrelevant. Sie haben insbesondere dann besondere Bedeutung, wenn strafrechtliche Tatbestände, wie beispielsweise im Umweltstrafrecht, verwaltungsakzessorisch[190] ausgestaltet sind, sodass der Ausgang eines Verwaltungsverfahrens unmittelbar Einfluss auf die Strafbarkeit haben kann.[191] Voraussetzungen des Versicherungsschutzes ist allerdings, dass bereits ein Straf- oder Ordnungswidrigkeitenverfahren eingeleitet (und noch nicht beendet) worden ist, sodass für das Verwaltungsverfahren nicht in jeder zeitlichen Konstellation Versicherungsschutz in Betracht kommt. 56

Teilweise beziehen die Bedingungswerke der SSR neben dem Verwaltungsrecht auch das Verfassungsrecht mit ein.[192] Hauptanwendungsfälle dieser Erweiterung sind Verfassungsbeschwerden, insbesondere gegen strafprozessuale Entscheidungen (z.B. §§ 94 ff. StPO). 57

2. Zeugenbeistand

Ebenfalls große praktische Relevanz hat die Erweiterung des Versicherungsumfang auf Beistandsleistungen eines anwaltlichen Zeugenbeistand, die in modernen Versicherungskonzepten regelmä- 58

185 § 2 ARB Rn. 55 ff.
186 *Eidam* 92.
187 Harbauer/*Obarowski* § 2 USRB Rn. 35.
188 *Schmuckermeyer* RuS **2019** 131, 133; *Cornelius-Winkler* VP **2016** 22, 23; *Dahnz*, VP **2010** 45, 48; *Becker/Buschbell* AnwBl. **2000** 549, 550.
189 *Guntermann* 63.
190 Vgl. MüKoStGB/*Schmitz* Vorbem. § 324 Rn. 42 zu den unterschiedlichen Formen der Verknüpfung von Strafrecht und Verwaltungsrecht durch Verwaltungsakzessorietät.
191 *Guntermann* 63.
192 *Guntermann* 64.

ßig enthalten ist.[193] Bedeutung gewinnt der Versicherungsschutz insbesondere dann, wenn in Fallgestaltungen der Unternehmenslösung (oftmals zahlreiche) Mitarbeiter des Unternehmens in komplexen Ermittlungsverfahren (Beispiel: Dieselverfahren) als Zeugen vernommen werden. Voraussetzung des Versicherungsschutzes ist auch in der SSR häufig entsprechend § 2 Abs. 1 c bb USRB, dass der Zeuge *„die Gefahr einer Selbstbelastung annehmen muss"*. Diese Voraussetzung ist indes wegen der niedrigen Schwelle des Anfangsverdachts bereits weit im Vorfeld einer direkten Belastung[194] und damit in den meisten Fällen zu bejahen. Fehlt die Erweiterung auf Zeugenbeistände im Einzelfall, so besteht in der SSR kein Versicherungsschutz, weil dann zumeist kein Versicherungsfall im Sinne der vertraglichen Definition[195] vorliegt.

3. Firmenstellungnahmen

59 Auch die Erweiterung des Versicherungsschutzes auf Firmenstellungnahmen entsprechend § 2 Abs. 1 c cc USRB gehört seit langem[196] in der Gestaltungspraxis der SSR zum Standard.[197] Zielrichtung einer solchen durch das Unternehmen im strafrechtlichen Ermittlungsverfahren abgegebenen Stellungnahme ist der Schutz des Unternehmens und der Mitarbeiter.[198] Ausgangspunkt ist dabei stets, dass es sich nicht um ein gegen das Unternehmen gerichtetes Ermittlungsverfahren handeln kann, weil die deutsche Rechtsordnung kein echtes Unternehmensstrafrecht kennt und nur an das individuelle Fehlverhalten der im bzw. für das Unternehmen handelnden natürlichen Personen anknüpft.[199] Gleichwohl können dem Unternehmen wegen der Tatvorwürfe gegen die natürlichen Personen eigene Konsequenzen (z.B. Bußgelder gemäß § 30 OWiG) drohen, sodass die Firmenstellungnahme zumeist auch im Interesse des Unternehmens abgegeben wird. Daneben gilt es häufig, die Ausweitung des Ermittlungsverfahrens auf bestimmte Manager oder weitere Betriebsangehörige zu verhindern.[200]

60 Die in der Praxis verwendeten Klauseln sind allerdings in Bezug auf die Voraussetzungen des Versicherungsschutzes nicht einheitlich. Zum Teil besteht nämlich gerade nur dann Versicherungsschutz, wenn sich das Ermittlungsverfahren noch nicht gegen konkrete Personen (sondern *„gegen Unbekannt"*[201]) richtet (§ 2 Abs. 1 c cc USRB). Dies sind namentlich Fälle, in denen sich der Anfangsverdacht zwar gegen *„Verantwortliche des Unternehmens"*[202] richtet, diese aber durch die Ermittlungsbehörden noch nicht individualisiert werden können. Andere Klauseln beziehen Firmenstellungnahmen auch dann in den Versicherungsschutz ein, wenn bereits konkrete Mitarbeiter Beschuldigte des Ermittlungsverfahrens sind.[203]

193 Looschelders/Paffenholz/*Brammsen*/*Apel* Industrie-Strafrechtsschutzversicherung Rn. 37; *Schmuckermeyer* RuS **2019** 131, 133; *Guntermann* 58 ff.

194 BVerfG 6.2.2002 – 2 BvR1249/01, NJW **2002** 1411, 1412.

195 Zu den Voraussetzungen des Versicherungsfalls im Einzelnen nachfolgend Rn. 79 ff.

196 Zu vergleichbaren Klauseln in den SSR 1989 bereits: *Eidam* 18.

197 *Rademacher* SpV **2021** 3; *Schmuckermeyer* RuS **2019** 131, 133; *Dahnz* VP **2010** 45, 46; *Becker*/*Buschbell* AnwBl. **2000** 549, 550.

198 *Minoggio* § 6 Rn. 48.

199 MAH Wirtschaftsstrafrecht/*Kempf*/*Schilling*/*Oesterle* § 10 Rn. 16.

200 Harbauer/*Obarowski* § 2 USRB Rn. 38.

201 Zu den verfahrensrechtlichen Voraussetzungen: MüKoStPO/*Peters* § 152 Rn. 44.

202 Zu den verfahrensrechtlichen Folgen dieser Einleitungsform: Kindhäuser/Neumann/Paeffgen/*Salinger* § 78c StGB Rn. 13.

203 *Guntermann* 40.

4. Erweiterter Zeugenbeistand

61 Auch die Ausweitung des Versicherungsschutzes unter dem Stichwort *„Erweiterter Zeugenbeistand“* (§ 2 Abs. 1 c dd USRB) ist zumeist im Versicherungsumfang der SSR enthalten.[204] Darunter versteht man die Einbeziehung dritter Personen in den Versicherungsschutz, wenn sie im Strafverfahren gegen Versicherte als Zeugen, insbesondere als Entlastungszeugen, vernommen werden.[205]

III. Marktentwicklungen

62 Die Entwicklung der SSR ist geprägt von einer Ausweitung des Leistungsumfangs. Damit werden zunehmend neben der Wahrnehmung rechtlicher Interessen im Straf- und Ordnungswidrigkeitenverfahren weitere Leistungen in den Versicherungsschutz integriert.[206]

1. Aktive Strafverfolgung

63 Bei der Weiterentwicklung der ARB werden zunehmend Komponenten des aktiven Rechtsschutzes in den Versicherungsumfang integriert. Dies zeigt sich beispielsweise in der Entwicklung des Opfer-Rechtsschutzes (Ziff. 2.2.12 ARB 2012/2021),[207] und in der Aufnahme des aktiven Straf-Rechtsschutzes als neue Leistungsart (Ziff. 2.2.13 ARB 2021).[208] Auch in der SSR werden zunehmend Komponenten der aktiven Strafverfolgung in den Versicherungsumfang einbezogen, wobei sich der Rechtsschutz nach dem Grundsatz der Spezialität des versicherten Risikos zumeist auf konkret bezeichnete Maßnahmen der aktiven Strafverfolgung bezieht.[209] In den Versicherungsumfang einbezogen werden auf diesem Wege beispielsweise die Erstattung von Strafanzeigen und Dienstaufsichtsbeschwerden,[210] Adhäsionsverfahren,[211] Privatklageverfahren[212] und Maßnahmen der Vermögenssicherung.[213]

64 Verschiedentlich wird darauf hingewiesen, dass auch die Nebenklage gemäß §§ 395 ff. StPO als unter der SSR versicherte Maßnahme der aktiven Strafverfolgung in Betracht kommen kann.[214] Zum Teil benennen die Bedingungswerke der SSR das Nebenklageverfahren ausdrücklich als vom Versicherungsschutz umfasste Verfahren.[215] Es darf dabei aber nicht übersehen werden, dass der Anwendungsbereich der Nebenklage für das Unternehmen als VN in der Unternehmenslösung sehr eingeschränkt ist. Denn § 395 Abs. 1 StPO enthält eine abschließende Aufzählung der zur Nebenklage berechtigenden Delikte. Die Nebenklagebefugnis in den Fällen des § 395 Abs. 1 Nr. 1 bis 5 StPO dient dabei ausschließlich dem Schutz höchstpersönlicher Rechtsgüter,[216] deren Träger ein Unternehmen nicht sein kann. Die Nebenklagebefugnis einer juristischen Person beschränkt sich deshalb auf Fälle des gewerblichen Rechtsschutzes und der Urheberrechtsverletzungen ge-

204 *Schmuckermeyer* RuS **2019** 131, 133; *Guntermann* 59.
205 Harbauer/*Obarowski* § 2 USRB Rn. 39.
206 Zur Entwicklung auch: oben Rn. 7.
207 § 2 ARB Rn. 90 ff.
208 § 2 ARB Rn. 105 ff.
209 *Guntermann* 43 f.; a.A. Looschelders/Paffenholz/*Brammsen*/*Apel* Industrie-Strafrechtsschutzversicherung Rn. 20, mit der Aussage, die SSR finanziere lediglich „passiven bzw. negativen Rechtsschutz“.
210 *Guntermann* 43.
211 Harbauer/*Obarowski* § 2 USRB Rn. 40; *Dahnz* VP **2010** 45, 46.
212 *Dahnz* VP **2010** 45, 46.
213 *Guntermann* 43.
214 *Becker*/*Buschbell* AnwBl. **2000** 549, 550.
215 *Guntermann* 44.
216 KK-StPO/*Allgayer* § 395 Rn. 5.

mäß § 395 Abs. 1 Nr. 6 StPO, welche als Fremdkörper in der Systematik der Vorschrift angesehen werden.[217] Zudem enthält § 395 Abs. 3 StPO einen Auffangtatbestand[218] welcher in Ausnahmefällen eine Nebenklagebefugnis einer juristischen Person begründen kann.[219] Schließlich sind Fälle denkbar, in denen mitversicherte natürliche Personen durch eine Tat in höchstpersönlichen Rechtsgütern verletzt und damit nebenklagebefugt sind.[220]

2. Steuerrecht

65 Die Beziehungen zwischen SSR und dem Steuerrecht waren lange Zeit von Klauseln zur Beschränkung des Versicherungsschutzes geprägt. So sahen die ISRS 1983 noch vor, dass Rechtsschutz für die Verteidigung im Steuerstrafrecht nur auf der Grundlage einer optionalen Erweiterung des Versicherungsumfangs gewährt wurde (§ 4 Abs. 2 lit. d ISRS). Die USRB (§ 3 lit. g USRB) schlossen zwar die Verteidigung im Steuerstrafverfahren ein, sahen aber einen Risikoausschluss vor, wenn das Ermittlungsverfahren durch eine Selbstanzeige ausgelöst worden war.[221] Beschränkungen dieser Art sind in den aktuell marktüblichen Bedingungen nicht mehr vorgesehen. Im Gegenteil bieten die Bedingungswerke zum Teil sogenannten *„Erweiterten Steuerstraf-Rechtsschutz“*.[222] Darunter wird eine Erweiterung des Versicherungsumfang auf Steuerstrafverfahren verstanden, die aufgrund von Selbstanzeigen eingeleitet werden. Die Erweiterung trägt dem Umstand Rechnung, dass Selbstanzeigen gemäß § 371 Abs. 1 AO seit dem 1.1.2015 Angaben zu allen durch den Anzeigeerstatter begangenen Steuerstraftaten einer Steuerart der letzten 10 Kalenderjahre enthalten müssen. Damit setzt eine wirksame Selbstanzeige u.U. voraus, dass die versicherte Person auch Steuerstraftaten offenbaren, die nicht im Zusammenhang mit Tätigkeiten für den VN stehen. Dieses Risiko soll durch die Erweiterung abgedeckt werden.[223]

66 Schließlich enthalten die aktuellen Bedingungen der SSR häufig Klauseln, mit denen die anwaltliche Vertretung des Versicherten im Steuerverfahren in den Versicherungsschutz integriert wird,[224] soweit sie der Unterstützung der Verteidigung im Steuerstrafverfahren dient.[225] Die Klauseln sind inhaltlich an die Erweiterung des Beistands im Verwaltungsrecht gemäß § 2 Abs. 1 lit. c aa USRB[226] angelehnt. Eine Beschränkung des Versicherungsschutzes auf das gerichtliche Verfahren entsprechend der Regelung des § 2 lit. e ARB[227] ist dabei nicht gebräuchlich. Wesentliche Anwendungsfälle sind neben dem Besteuerungsverfahren insbesondere das Haftungsverfahren gemäß §§ 191 Abs. 1 Satz 1, 71 AO in dem der Beschuldigte des Strafverfahrens zugleich durch Haftungsbescheid für die (vermeintlich) hinterzogene Steuer in Anspruch genommen werden kann,[228] ohne dass dafür bereits eine strafrechtliche Verurteilung erfolgt sein muss.[229]

---

217 KK-StPO/*Allgayer* § 395 Rn. 5.

218 BGH 28.1.2021 – 3 StR 279/20, BeckRS **2021** 2810 Rn. 9.

219 Zur Zulassung der Nebenklage wegen des Tatvorwurfs der Untreue gemäß § 266 StGB in einem besonderen Ausnahmefall: BGH 9.5.2012 – 5 StR 523/11, NJW **2012** 2601 ff.

220 *Guntermann* 46.

221 Zu diesem Risikoausschluss im Einzelnen nachfolgend Rn. 78.

222 *Guntermann* 67.

223 *Guntermann* 67.

224 Harbauer/*Obarowski* § 2 USRB Rn. 40; *Dahnz* VP **2010** 45, 48.

225 *Guntermann* 43.

226 Zu dieser Erweiterung oben Rn. 56.

227 § 2 ARB Rn. 42 ff.

228 *Guntermann* 65 f.

229 BFH 26.9.2012 – VII R 3/11, wistra **2013** 203, 205.

3. Internal Investigations

Unternehmensinterne Untersuchung zur Aufklärung etwaigen Fehlverhaltens von Mitarbeitern und Managern („*Internal Investigations*")[230] können, je nach Komplexität der Vorgänge, erhebliche Kosten auslösen.[231] Deshalb stellt sich zunehmend die Frage, ob es sich bei den entstehenden Aufwendungen um versicherbare Risiken handelt und welchem Versicherungskonzept die Risiken zuzuordnen ist. Dabei ist zu berücksichtigen, dass die Untersuchungen sowohl mit zivilrechtlichen als auch mit strafrechtlichen versicherten Risiken im Zusammenhang stehen können. Deshalb wird im Schrifttum die Frage erörtert, ob und unter welchen Voraussetzungen die Aufwendungen unter einer bestehenden Vertrauensschadenversicherung[232] oder D&O-Versicherung[233] gedeckt sein können. Häufig besteht unter diesen betrieblichen Versicherungen allerdings kein Deckungsanspruch, weil der in der Vertrauensschadensversicherung zu erbringende Nachweis einer vorsätzlichen unerlaubten Handlung im Einzelfall nur schwer zu erbringen ist.[234] Umgekehrt steht dem Anspruch unter der D&O-Versicherung häufig der Risikoausschluss der wissentlichen Pflichtverletzung[235] entgegen. Zum Teil werden deshalb Überlegungen angestellt, ob in der versicherten Industrie Bedarf für eine spezielle Compliance-Versicherung besteht.[236] 67

In der Diskussion über die Versicherung von Kosten interner Untersuchungen wird häufig auch auf möglichen Deckungsschutz unter einer SSR hingewiesen.[237] Die aktuell marktüblichen Bedingungswerke der SSR sind allerdings regelmäßig nicht geeignet oder darauf angelegt, diese Lücke im Versickerungspaket der Financial Lines effektiv zu schließen.[238] Denn Versicherungsschutz unter der SSR besteht nach dem Grundsatz der Spezialität des versicherten Risikos ohnehin nur für die versicherungsvertraglich vereinbarten Risiken. Zu diesen gehören die Kosten interner Untersuchungen häufig nicht. Wenn im Einzelfall der Versicherungsschutz auf die Kosten interner Ermittlungen erstreckt ist, dann setzt die Deckung häufig die Zustimmung des VR zu kostenauslösenden Maßnahmen voraus.[239] Die Entscheidung darüber wird der VR regelmäßig ausschließlich im eigenen Interesse treffen. Wenn sich der Versicherungsumfang auf die Kosten interner Untersuchungen erstreckt, ist jedenfalls eine Begrenzung des Kostenumfangs durch ein Sublimit üblich.[240] Schließlich ist zu berücksichtigen, dass der Versicherungsfall in der SSR an die Einleitung des Ermittlungsverfahrens anknüpft,[241] sodass Versicherungsschutz für vor diesem Zeitpunkt getätigte Aufwendungen bereits aus diesem Grund ausscheidet.[242] 68

---

230 MünchHdbGesR/*Ghassemi-Tabar/Wenzl* § 107 Rn. 1.

231 *Lüneborg/Resch* NZG **2018** 209 führen unter Berufung auf die Angaben der Siemens AG in der Einladung zur Hauptversammlung 2010 aus, durch die Korruptionsaffäre seien allein für externe Berater Kosten in Höhe von € 857 Mio. entstanden.

232 Zu den Voraussetzungen: Hauschka/Moosmayer/Lösler/*Brieger/Beller* § 8 Rn. 65; *Lüneborg* AG **2019** 863, 868; *Looschelders* VersR **2013** 1069, 1071.

233 Zu den Voraussetzungen: *Lüneborg* AG **2019** 863, 868; *Ehling*, BB **2018** 1610, 1612; *Looschelders* VersR **2013** 1069, 1074.

234 *Lüneborg* AG **2019** 863, 868; *Ehling* BB **2018** 1610, 1612 und *Looschelders* VersR **2013** 1069, 1074, weisen darauf hin, dass die Bedingungswerke häufig das Vorliegen eines zivilrechtlichen Urteils voraussetzen, aus dem sich ein Anspruch wegen vorsätzlicher unerlaubter Handlung ergibt.

235 Dazu im Einzelnen: Bruck/Möller/*Gädtke* AVB D&O A-7 Rn. 51 ff.

236 *Fassbach/Hülsberg* CB **2018** 1, 4; *Lüneborg* AG **2019** 863, 870.

237 *Lüneborg/Resch* NZG **2018** 209, 212 Fn. 46; *Ehling* BB **2018** 1610, 1611; *Lüneborg* AG **2019** 863, 867.

238 *Guntermann* 49.

239 *Guntermann* 47.

240 *Rademacher* SpV **2021** 3, 5; *Guntermann* 47.

241 Zur Gestaltung im Einzelnen nachfolgend Rn. 79 ff.

242 Zur Abgrenzung von Verteidigungskosten und Compliance-Aufwendungen mit präventivem Charakter: *Rademacher* SpV **2021** 3, 5.

4. Sonstige Risiken

69 In den am Markt vertretenen Versicherungskonzepten werden teilweise weitere Risiken in den Versicherungsumfang einbezogen: Zu nennen ist im Bereich der Unternehmenslösung die *„Koordination der Sockelverteidigung"*, worunter die Übernahme der Aufwendungen des VN für einen Unternehmensverteidiger zu verstehen ist, welcher die Verteidigung mehrerer versicherter Personen, in der Regel Mitarbeiter des VN, koordiniert.[243] Ebenfalls zumeist in der Unternehmenslösung angesiedelt sind Klauseln, welche auf die Übernahme von Kosten der Prozessbeobachtung[244] ausgerichtet sind.[245]

D. Die Risikoausschlüsse

Die USRB:

§ 3 Ausgeschlossene Rechtsangelegenheiten
Soweit nichts anderes vereinbart ist, gilt:
Rechtsschutz besteht nicht für die

a) Wahrnehmung rechtlicher Interessen, soweit sie in ursächlichem Zusammenhang damit steht, dass der Versicherte eine Straftat vorsätzlich begangen hat. Im Straf-Rechtsschutz für Unternehmensleiter (§ 2 Absatz 1c) ist davon erst nach rechtskräftiger Verurteilung auszugehen. In diesem Fall hat der Versicherte die vom Versicherer gezahlten Kosten zu erstatten;
b) Verteidigung wegen des Vorwurfs eines Verbrechens;
c) Verteidigung gegen den Vorwurf der Verletzung einer verkehrsrechtlichen Vorschrift des Straf- oder Ordnungswidrigkeitenrechtes als Fahrer eines Motorfahrzeuges;
d) Wahrnehmung rechtlicher Interessen im Zusammenhang mit Kartellverfahren;

...

g) Verteidigung gegen den Vorwurf einer Steuer-Straftat, wenn das Ermittlungsverfahren durch Selbstanzeige ausgelöst wird.

I. Vorsatztaten

70 Ein wesentliches Merkmal der SSR ist die Einbeziehung von Vorsatztaten in den Versicherungsschutz, die in allen am Markt verwendeten Bedingungswerken vorgesehen ist.[246] Dabei finden auch heute in der SSR Klauseln Verwendung, die § 3 lit. a USRB vergleichbar sind. In dieser Hinsicht unterscheiden sich die Bedingungen der SSR grundlegend vom Straf-Rechtsschutz gemäß § 2 lit. i ARB. Denn dort besteht nur bei verkehrsrechtlichen Vergehen gemäß § 2 lit. i aa ARB auch dann Versicherungsschutz, wenn der versicherten Person vorsätzliches Verhalten vorgeworfen wird. Zudem ist der Versicherungsschutz bei sonstigen Vergehen, welche eine vorsätzliche und fahrlässige Begehung vorsehen, im Anwendungsbereich des 2 lit. i bb ARB auf den Vorwurf fahrlässigen Verhaltens beschränkt. Der Vorwurf von sonstigen Vergehen, die nur vorsätzlich begangen werden können, ist dort grundsätzlich und ohne Rücksicht auf die Berechtigung des Vorwurfs vom Versicherungsschutz ausgenommen.[247] Die uneingeschränkte Einbeziehung der Vorsatztaten

---

243 *Guntermann* 41 f.
244 Zur Prozessbeobachtung als Werkzeug effektiver Strafverteidigung: *Kehrer* NStZ **2023** 139.
245 *Guntermann* 68 f.
246 Looschelders/Paffenholz/*Brammsen/Apel* Industrie-Strafrechtsschutzversicherung Rn. 71 ff.; Harbauer/*Obarowski* § 3 USRB Rn. 9 ff.; *Guntermann* 81 ff.; *Dahnz/Grimminger* 418 ff.; *Cornelius-Winkler* VP **2016** 22; *Dahnz* VP **2010** 45, 46; *Becker/Buschbell* AnwBl. **2000** 549.
247 Zum Konzept des § 2 lit. i ARB im Einzelnen § 2 ARB Rn. 60 ff.

in den Versicherungsschutz der SSR stellt damit eine erhebliche Erweiterung des Versicherungsumfangs der ARB dar.

1. Auflösend bedingter Rechtsschutz

Mit der Einbeziehung von Vorsatztaten in den Versicherungsschutz untrennbar verbunden ist die Gewährung des Versicherungsschutzes unter der auflösenden Bedingung einer rechtskräftigen Verurteilung wegen einer Vorsatztat.[248] Auch wenn die SSR als Strafrechtsschutz-Ausschnittdeckung Bestandteil einer D&O-Versicherung ist,[249] tritt die auflösenden Bedingung erst im Falle einer rechtskräftigen strafrechtlichen Verurteilung ein; auf den in der D&O-Versicherung geltenden Leistungsausschluss wegen wissentlicher Pflichtverletzung kann sich der VR gegenüber dem den Vorwurf bestreitenden Versicherten vorher nicht berufen.[250] Die Klauseln zur Ausgestaltung der auflösenden Bedingung in den aktuellen Bedingungswerken entsprechen konzeptionell der Gestaltung in § 3 lit. a USRB und auch in § 2 lit. i aa ARB[251] für verkehrsrechtliche Vergehen. Tritt die auflösende Bedingung ein, so entfällt der Versicherungsschutz rückwirkend und es entsteht zugleich ein vertraglicher Rückzahlungsanspruch des VR hinsichtlich der bereits erbrachten Leistungen. Dieser vertragliche Anspruch geht dem bereicherungsrechtlichen Anspruch gemäß § 812 Abs. 1 S. 2 Alt. 1 BGB vor.[252] 71

In der SSR wird der Eintritt der auflösenden Bedingung regelmäßig an den Begriff der *„rechtskräftigen Verurteilung“* entsprechend § 3 lit. a USRB und nicht der *„rechtskräftigen Feststellung“* (§ 2 lit. i aa ARB) angeknüpft. Ein Urteil in diesem Sinne liegt nur vor, wenn mit der Entscheidung ein Verfahren insgesamt oder eine Instanz beendet wird.[253] Deshalb kann der nur vorläufige Abschluss eines Verfahrens durch einen Beschluss einer Verurteilung nicht gleichstehen.[254] Die Einstellung des Verfahrens gemäß §§ 153, 153a StPO führt damit nicht zum Entstehen des Rückzahlungsanspruchs.[255] Die Entstehung des Anspruchs wird bei der Verwarnung mit Strafvorbehalt gemäß § 59 Abs. 1 StGB unterschiedlich beurteilt. Teilweise wird angenommen, die Verwarnung mit Strafvorbehalt stelle keine Verurteilung dar.[256] Dem wird entgegengehalten, die Verwarnung mit Strafvorbehalt könne nur erfolgen, wenn die Schuld des Versicherten feststehe, sodass sie einer Verurteilung gleichstehe.[257] Dabei wird teilweise nicht ausreichend berücksichtigt, dass die Verwarnung mit Strafvorbehalt bei vorsätzlich und fahrlässig begangenen Vergehen erfolgen kann,[258] sodass aus ihrem Vorliegen allein kein Rückzahlungsanspruch abgeleitet werden kann.[259] Anknüpfungspunkt der auflösenden Bedingung ist zudem stets die Verurteilung wegen einer Straftat. Im Falle der Verurteilung wegen einer Ordnungswidrigkeit besteht deshalb grundsätzlich kein Rückzahlungsanspruch des VR.[260] 72

---

248 Looschelders/Paffenholz/*Brammsen*/*Apel* Industrie-Strafrechtsschutzversicherung Rn. 74; Harbauer/*Obarowski* § 3 USRB Rn. 10; *Guntermann* RuS **2023** 1054; *Dahnz*/*Grimminger* 418; *Cornelius-Winkler* VP **2016** 23; *Dahnz* VP **2010** 45, 46; *Becker*/*Buschbell* AnwBl. **2000** 549.

249 Zu dieser Gestaltung: Oben Rn. 21 f.

250 OLG Hamm 13.7.2023 – 20 U 64/22, BeckRS **2023** 29459 Rn. 17.

251 Vgl. dazu im Einzelnen § 2 ARB Rn. 67 ff.

252 BGH 18.9.1991 – IV ZR 233/90, VersR **1991** 1357.

253 MüKoStPO/*Maier* § 260 Rn. 43.

254 KK-StPO/*Tiemann* § 260 Rn. 15.

255 Looschelders/Paffenholz/*Brammsen*/*Apel* Industrie-Strafrechtsschutzversicherung Rn. 75; *Guntermann* VP **2016** 28, 30.

256 *Eidam* 189.

257 Looschelders/Paffenholz/*Brammsen*/*Apel* Industrie-Strafrechtsschutzversicherung Rn. 75.

258 MüKoStGB/*Groß*/*Kulhanek* § 59 Rn. 11; BeckOK-StGB/*von Heintschel-Heinegg* § 59 Rn. 9.

259 Zu den möglichen Fallgestaltungen: *Guntermann* 85.

260 *Guntermann* 81.

73 Teilweise enthalten die Bedingungswerke der SSR Klauseln, mit denen die Voraussetzungen einer rechtskräftigen Verurteilung modifiziert werden.[261] Eine vielfach vertretene Gestaltung ist, dass die Rückforderung im Falle der Verurteilung durch einen Strafbefehl gemäß §§ 407 ff. StPO ausgeschlossen ist.[262] Nach einer teilweise verwendeten Klausel besteht zudem kein Rückzahlungsanspruch, wenn der Versicherte lediglich wegen Eventualvorsatzes zu einer Geldstrafe verurteilt wird.[263]

2. Folgen des Bedingungseintritts

74 Die marktüblichen Klauseln in der SSR sehen vor, dass im Falle des Bedingungseintritts *„der Versicherte"* zur Rückerstattung der erbrachten Leistungen verpflichtet ist (so bereits § 3 lit. a USRB).[264] Die noch in den ISRS 1983 verwendete Klausel (§ 4 Abs. 1), nach der bei rechtskräftiger Verurteilung des Versicherten der VN zur Rückzahlung verpflichtet war, findet in den aktuellen Bedingungswerken der SSR keine Verwendung. Deshalb richtet sich der Rückzahlungsanspruch in den Gestaltungen der Unternehmenslösung regelmäßig nicht gegen den VN. Denn in Ermangelung eines Unternehmensstrafrechts kommt in Deutschland die Verurteilung eines Unternehmens wegen einer Vorsatztat nicht in Betracht.[265] Vielmehr trifft die Rückzahlungspflicht nur die versicherte Person, wenn und soweit sie wegen einer Vorsatztat verurteilt worden ist. Es besteht daneben auch kein bereicherungsrechtlicher Anspruch des VR gegen den VN.[266] Erfolgt die Verurteilung nicht wegen aller vorgeworfenen Delikte, sondern nur teilweise, so ist die versicherte Person nur zur anteiligen Rückzahlung[267] der durch den VR erbrachten Leistungen verpflichtet.

II. Verbrechen

75 § 3 lit. b USRB sieht einen Risikoausschluss für die Verteidigung wegen des Vorwurfs eines Verbrechens vor. Dieser Risikoausschluss hat im Geltungsbereich der USRB keine eigenständige Bedeutung, weil dort bereits der Versicherungsumfang gemäß 2 Abs. 1 lit. c USRB auf die Verteidigung wegen des Vorwurfs eines Vergehens beschränkt ist.[268] Die aktuellen Bedingungswerke der SSR beziehen teilweise auch die Verteidigung wegen des Vorwurfs eines Verbrechens in den Versicherungsschutz mit ein.[269] Diese Erweiterung des Versicherungsumfang hat durchaus Praxisrelevanz.[270] Denn die in der SSR relevanten Delikten des Wirtschaftsstrafrechts enthalten teilweise Qualifikationstatbestände (§§ 263 Abs. 5, 267 Abs. 4 StGB). Durch sie wird die Deliktsqualität zum Verbrechen hochgestuft,[271] wenn dem Beschuldigten kumulativ gewerbs- und bandenmäßiges Handeln vorgeworfen wird. Zudem ist der Versicherungsumfang in der SSR nicht auf die Tatbestände des Wirtschaftsstrafrechts begrenzt. Der Versicherungsschutz kann sich deshalb auch auf den Vorwurf anderer Verbrechen, z.B. des Meineids (§ 154 StGB), des Totschlags (§ 212 StGB) oder

261 *Guntermann* VP **2016** 28, 30 zu den Folgen für die Verteidigungsstrategie.

262 Looschelders/Paffenholz/*Brammsen*/*Apel* Industrie-Strafrechtsschutzversicherung Rn. 75; *Cornelius-Winkler* VP **2016** 22; *Dahnz* VP **2010**, 45, 46; *Guntermann* VP **2016** 28, 30.

263 Harbauer/*Obarowski* § 3 USRB Rn. 12; *Guntermann* VP **2016** 28, 30.

264 *Guntermann* 81.

265 Zu Ausnahmefällen, in denen der VN im Wege der Eigenversicherung im Rahmen eines Vertrages zugunsten Dritter Versicherungsschutz für einen VP in Anspruch nimmt: *Guntermann* 193.

266 LG Dortmund 13.1.2011 – 2 O 448/08, BeckRS **2011** 08094.

267 Zum Grundsatz der anteiligen Deckung im Einzelnen § 2 ARB Rn. 72 f.

268 oben Rn. 51.

269 Harbauer/*Obarowski* § 3 USRB Rn. 14; *Cornelius-Winkler* VP **2016** 22; *Guntermann* 90.

270 a.A. Harbauer/*Obarowski* § 3 USRB Rn. 14.

271 Schönke/Schröder/*Perron* § 263 StGB Rn. 189a.

der Brandstiftung (§ 306 StGB) erstrecken, wenn sich die vorgeworfenen Taten gleichzeitig als Verletzung betriebsbezogene Pflichten[272] darstellen können.[273]

III. Verkehrsrecht

Der Risikoausschluss für die Verteidigung gegen den Vorwurf der Verletzung einer verkehrsrechtlichen Vorschrift des Straf- oder Ordnungswidrigkeitenrechts gemäß § 3 lit. c USRB findet sich teilweise auch in den Bedingungswerken der SSR. Er beruht darauf, dass die Verkehrssachen zumeist eher dem Bagatellbereich zuzuordnen sind, sodass der Verkehrs-Rechtsschutz nach den ARB insoweit als ausreichend angesehen wird.[274] Wenn die Bedingungen einer SSR einen solchen Risikoausschluss enthalten, dann können die bei § 2 lit. i aa ARB maßgeblichen Abgrenzungskriterien zwischen verkehrsrechtlichen und sonstigen Vergehen[275] allerdings nicht auf die Auslegung des Risikoausschlusses übertragen werden. Denn Risikoausschlüsse sind als Ausnahmetatbestände grundsätzlich eng auszulegen.[276] Beim Vorwurf eines nicht verkehrsrechtlichen Delikts, das in einem inneren Zusammenhang mit einem Verstoß gegen verkehrsrechtliche Normen stehen soll (z.B. fahrlässige Körperverletzung gemäß § 229 StGB, fahrlässige Tötung gemäß § 222 StGB) kann der Risikoausschluss für verkehrsrechtliche Delikte deshalb nicht im Wege der Auslegung auf die nicht verkehrsrechtlichen Delikte erstreckt werden.[277] Vielmehr besteht in diesen Fällen anteiliger Versicherungsschutz.[278] 76

IV. Kartellrecht

Die marktüblichen Bedingungswerke der SSR enthalten regelmäßig[279] einen § 3 lit. d USRB vergleichbaren Risikoausschluss für das Kartellrecht. Zum Teil wird dieser Risikoausschluss in der SSR entsprechend der Regelung in § 3 Abs. 2 lit. e ARB[280] auf das *„Kartell- oder sonstige Wettbewerbsrecht“* erstreckt.[281] Der Risikoausschluss ist für die Versicherten in der SSR wegen der Höhe der drohenden Bußgelder[282] und der damit einhergehenden (Kosten-)Intensität der Verteidigung von erheblicher wirtschaftlicher Bedeutung. 77

V. Selbstanzeigen

§ 3 lit. g USRB sieht einen Risikoausschluss für die Verteidigung gegen den Vorwurf einer Steuer-Straftat vor, wenn das Ermittlungsverfahren durch Selbstanzeige ausgelöst wurde.[283] Dieser Risikoausschluss wird teilweise damit begründet, es widerspreche dem Grundgedanken einer Versicherung Risiken abzudecken, die der Versicherte selbst ausgelöst habe. Anderenfalls könne der Versi- 78

---

272 Vgl. dazu oben Rn. 37 ff.

273 *Guntermann* 91.

274 Harbauer/*Obarowski* § 3 USRB Rn. 14.

275 Vgl. dazu § 2 ARB Rn. 66.

276 Zur Auslegung von Risikoausschlüssen im Einzelnen § 3 ARB Rn. 7.

277 *Guntermann* 77 ff.

278 Zum Grundsatz der anteiligen Deckung im Einzelnen § 2 ARB Rn. 72 f.

279 *Schmuckermeier* RuS **2019** 131, 133, meint dagegen, die VR seien inzwischen zu einem Einschluss des Risikos unter Verwendung von Sublimits übergegangen.

280 Vgl. dazu § 3 ARB Rn. 52.

281 Harbauer/*Obarowski* § 3 USRB Rn. 19.

282 Zum Regress gegen Organmitglieder und zur Versicherbarkeit der Bußgelder in der D&O-Versicherung: LG Dortmund 21.6.2023 – 8 O 5/22, RuS **2023** 681 mit Anmerkungen von *Verdugo Morales*; OLG Düsseldorf 27.7.2023 – 6 U 1/22 (Kart), RuS **2023** 827 mit Anmerkungen von *Fortmann*.

283 Zum Versicherungsumfang im Steuerrecht bereits oben Rn. 66.

cherte den Versicherungsumfang beeinflussen und zulasten der Versichertengemeinschaft verschieben.[284] In den aktuellen Bedingungswerken der SSR findet der Risikoausschluss allerdings nur noch vereinzelt Anwendung. Teilweise wird im Gegenteil sogar im Rahmen des *„Erweiterten Steuerstraf-Rechtsschutzes"* der Versicherungsumfang für die Verteidigung in einem durch Selbstanzeige ausgelösten Steuerstrafverfahren erweitert.[285]

E. Der Leistungsanspruch

Die USRB:

> **§ 4 Voraussetzungen für den Anspruch auf Rechtsschutz**
> *Soweit nichts anderes vereinbart ist, gilt:*
> *(1)* Anspruch auf Rechtsschutz besteht nach Eintritt eines Rechtsschutzfalles
> ...
> c) im Straf-Rechtsschutz für Unternehmensleiter nach § 2 Absatz 1c), wenn ein straf- oder ordnungswidrigkeitenrechtliches Ermittlungsverfahren bzw. ein Disziplinar- oder Standesrechtsverfahren eingeleitet wurde.
> d) Als Rechtsschutzfall für den Zeugenbeistand nach § 2 Absatz 1c) bb) gilt die mündliche oder schriftliche Aufforderung an den Versicherten zur Zeugenaussage.
> ...
> *(4)* Im Versicherungsvertrag kann vereinbart werden, dass für vor Vertragsabschluß eingetretene, aber noch nicht bekannte Rechtsschutzfälle Versicherungsschutz besteht. Ferner kann der Versicherungsschutz gegen Zahlung eines Einmalbeitrages auf Rechtsschutzfälle ausgedehnt werden, die in einem bestimmten Zeitraum nach Beendigung des Versicherungsvertrages eintreten ...

I. Rechtsschutzfall

1. Einleitung des Ermittlungsverfahrens

79 § 4 Abs. 1 lit. c USRB knüpft den Eintritt des Rechtsschutzfalls an die Einleitung des straf- oder ordnungswidrigkeitenrechtlichen Ermittlungsverfahrens an. Diese Gestaltung wird auch in allen marktüblichen Bedingungen der SSR in dieser Form umgesetzt.[286] In dieser Hinsicht unterscheiden sich die Bedingungen der SSR erheblich von der Konzeption des Straf-Rechtsschutzes der ARB. Denn dort gilt gemäß § 4 Abs. 1 lit. c ARB in den sonstigen Leistungsarten grundsätzlich das Verstoßprinzip.[287] Dies bedeutet für den Straf-Rechtsschutz der ARB, dass der Rechtsschutzfall in dem Zeitpunkt eintritt, in dem die versicherte Person die einschlägige Rechtspflicht oder Rechtsvorschrift verletzt hat bzw. verletzt haben soll.[288] Bei Dauerdelikten kommt es dort nach § 4 Abs. 2 Satz 1 ARB auf den Beginn des Delikts an; beim Versuch ist nach §§ 22 StGB, 13 OWiG auf den Zeitpunkt abzustellen, zu dem die versicherte Person nach ihren Vorstellungen unmittelbar zur Verwirklichung des Tatbestands angesetzt hat.[289]

---

284 Harbauer/*Obarowski* § 3 USRB Rn. 26.
285 Zum „Erweiterten Steuerstraf-Rechtsschutz" bereits oben Rn. 65.
286 Looschelders/Paffenholz/*Brammsen/Apel* Industrie-Strafrechtsschutzversicherung Rn. 80; Harbauer/*Obarowski* § 4 USRB Rn. 17; *Eidam* 214; *Guntermann* 126; *Dahnz/Grimminger* 419; *Rademacher* SpV **2021** 3; *Schmuckermeier* RuS **2019** 131, 134; *Cornelius-Winkler* VP **2016** 22, 23; *Dahnz* VP **2010**, 45, 46; *Becker/Buschbell* AnwBl. **2000** 549.
287 Zum Verstoßprinzip im Einzelnen § 4 ARB Rn. 20 ff.
288 § 4 ARB Rn. 20; *Looschelders/Paffenholz* § 4 ARB 2010 Rn. 87 f.
289 *Looschelders/Paffenholz* § 4 ARB 2010 Rn. 87; Harbauer/*Cornelius-Winkler* § 4 ARB 2010 Rn. 138.

Die Anknüpfung des Rechtsschutzfalls an die Einleitung des Ermittlungsverfahrens in der SSR folgt dem auch in der D&O-Versicherung geltenden *„Claims-Made-Prinzip"*.[290] Dort tritt in Anwendung dieses Prinzips der Versicherungsfall gemäß Ziff. A-2 AVB D&O mit der erstmaligen Geltendmachung eines Haftpflichtanspruchs gegen eine versicherte Person ein. Das *„Claims-Made-Prinzip"* dient generell dazu, den Versicherungsfall möglichst klar und eindeutig bestimmen zu können.[291] Es ist grundsätzlich zulässig[292] und mit § 100 VVG vereinbar.[293] **80**

In der SSR wird das Ziel einer möglichst zweifelsfreien Bestimmbarkeit des Versicherungsfalls durch die Anknüpfung an die Einleitung des Ermittlungsverfahrens gegen die versicherte Person grundsätzlich erreicht. Dem Verstoßprinzip immanente Unsicherheiten, wie beispielsweise bei Dauerdelikten und beim Versuch, werden dadurch vermieden. Das gilt ungeachtet der Tatsache, dass die StPO[294] keine ausdrückliche gesetzliche Regelung zur Einleitung des Ermittlungsverfahrens enthält. Denn nach übereinstimmender Auffassung in Rechtsprechung und Schrifttum ist ein Ermittlungsverfahren dann eingeleitet, wenn die Ermittlungsbehörde eine Maßnahme trifft, die nach ihrem äußeren Erscheinungsbild darauf abzielt, gegen jemanden strafrechtlich vorzugehen.[295] Die Beschuldigteneigenschaft als weitere Voraussetzung des Rechtsschutzfalls ist gegeben, wenn die Ermittlungsbehörde tatsächliche Maßnahmen ergreift, die erkennbar darauf gerichtet sind, gegen die versicherte Person vorzugehen.[296] Ein Verfahren gegen „Unbekannt" begründet deshalb regelmäßig auch im Bereich der SSR keinen Rechtsschutzfall.[297] **81**

Die Versicherungsbedingungen der SSR enthalten teilweise Klauseln, nach denen ein Ermittlungsverfahren dann als eingeleitet gilt, wenn es *„bei der (zuständigen) Behörde als solches verfügt wurde"*.[298] Klauseln dieser Art sind zwar grundsätzlich aus AGB-rechtlicher Sicht unbedenklich.[299] Sie dürfen aber nicht in der Weise missverstanden werden, dass der Eintritt des Rechtsschutzfalls damit etwa vom Vorliegen einer schriftlichen Einleitungsverfügung abhängt.[300] Denn eine solche Verfügung mag zwar in der Praxis der Ermittlungsbehörden gebräuchlich sein, sie ist aber gesetzlich nicht verpflichtend vorgesehen.[301] Die Frage, ob und wann gegen einen einzelnen Versicherten ein Ermittlungsverfahren verfügt wurde, betrifft damit nicht die Auslegung einer entsprechenden Klausel, sondern die Subsumtion der konkreten Umstände unter diese Klausel.[302] **82**

2. Abweichende Fallgestaltungen

Nicht in allen Konstellationen der SSR ist die Anknüpfung des Rechtsschutzfalls an die Einleitung eines Ermittlungsverfahrens möglich. Denn manche versicherten Risiken setzen die Existenz eines gegen den Versicherten gerichteten Ermittlungsverfahrens nicht voraus. Dies gilt beispielsweise für die Leistungen eines Zeugenbeistands. Die in § 4 Abs. 1 lit. c USRB für diesen Fall vorgesehene Anknüpfung an die Aufforderung zur Zeugenaussage ist in den marktüblichen Bedingungswerken **83**

---

290 Zur Anwendung des *„Claims-Made-Prinzips"* in der D&O-Versicherung im Einzelnen: Bruck/Möller/*Armbrüster* AVB D&O A-2 Rn. 1 ff.; die Einleitung des Ermittlungsverfahrens ist natürlich kein „claim" im Rechtssinne aber, entsprechend der Geltendmachung des Anspruchs im Zivilrecht, die das Verfahren auslösende Handlung.

291 Bruck/Möller/*Armbrüster* AVB D&O A-2 Rn. 2; Späte/Schimikowski/*v. Rintelen* AHB Ziff. 1 Rn. 104.

292 *Bruns* § 22 Rn. 9, stellt klar, dass das Gesetz grundsätzlich keine Festlegung auf das Verstoßprinzip enthält.

293 Bruck/Möller/*Armbrüster* AVB D&O A-2 Rn. 4; Späte/Schimikowski/*v. Rintelen*, AHB Ziff. 1 Rn. 101.

294 § 397 Abs. 1 AO enthält allerdings eine entsprechende Legaldefinition für das Steuerstrafverfahren.

295 BGH 6.6.2019 – StB 14/19, NStZ **2019** 539, 541 Rn. 30; BGH 30.12.2014 – 2 StR 439/13, NStZ **2015** 291; 292; KK-StPO/*Weingarten* § 160 Rn. 14; MüKoStPO/*Kölbel* § 163a Rn. 3.

296 BGH 29.11.2006 – 1 StR 493/06, NJW **2007** 237, 239 Rn. 23; KK-StPO/*Fischer* Einl. Rn. 251.

297 Vergleiche dazu auch § 2 ARB Rn. 63.

298 Harbauer/*Obarowski* § 4 USRB Rn. 17; *Rademacher* SpV **2021** 3, 4; *Guntermann* 133.

299 OLG Köln 8.11.2016 – 9 U 38/16, RuS **2017** 472, 473; Harbauer/*Obarowski* § 4 USRB Rn. 17.

300 *Rademacher* SpV **2021** 3, 4.

301 In der StPO gibt es keine gesetzliche Regelung; § 397 Abs. 2 AO hat lediglich deklaratorischen Charakter.

302 So ausdrücklich: OLG Köln 8.11.2016 – 9 U 38/16, RuS **2017** 472, 473.

der SSR ebenfalls gebräuchlich.[303] Wenn die SSR im konkreten Fall Versicherungsschutz für die aktive Strafverfolgung bietet,[304] fehlt ein Ansatz für die Anwendung des Claims-Made-Prinzips gänzlich. Die Bedingungswerke der SSR greifen in diese Konstellationen oft ersatzweise auf das Verstoßprinzip zurück, sodass der Rechtsschutzfall durch den Rechtsverstoß der Person ausgelöst wird, gegen die sich die Maßnahme der aktiven Strafverfolgung richten soll.[305]

3. Vorsorglicher Rechtsschutz

84 Manche der am Markt vertretenen Versicherungskonzepte bieten bereits im Vorfeld möglicher Ermittlungen gegen die versicherten Personen vorsorglichen Rechtsschutz.[306] In diesen Fällen deckt die SSR häufig die Inanspruchnahme anwaltlicher Beratung, wenn sie der Vermeidung eines unmittelbar drohenden Ermittlungsverfahrens oder der Vorbereitung der Strafverteidigung in einem solchen Verfahren dient.[307]

II. Versicherter Zeitraum

1. Materielle Versicherungsdauer

85 Voraussetzung des Deckungsanspruchs in der Rechtsschutzversicherung ist stets, dass der Rechtsschutzfall während der materiellen Versicherungsdauer eingetreten ist.[308] Dies bringt § 4 Abs. 1 Satz 2 ARB zum Ausdruck, wonach der Anspruch auf Rechtsschutz voraussetzt, dass der Rechtsschutzfall nach Beginn des Versicherungsschutzes und vor dessen Beendigung eingetreten sein muss. Eine diesen selbstverständlichen versicherungsrechtlichen Grundsatz verdeutlichende Regelung findet sich in § 4 Abs. 1 Satz 2 USRB[309] und auch in den marktüblichen Bedingungswerken der SSR. Die Umsetzung dieses Grundsatzes verursacht indes in der Kombination mit dem Claims-Made-Prinzip Friktionen, welche durch vertragliche Regelungen überwunden werden müssen. Denn theoretisch führt das Claims-Made-Prinzip systematisch zu einer weitestmöglichen Rückwärtsdeckung[310] bei gleichzeitig völlig fehlender Zukunftssicherung.[311] Eben diese Effekte sind der Grund dafür, dass im Schrifttum verschiedentlich AGB-rechtliche Bedenken gegen die Vereinbarung des Claims-Made-Prinzips geäußert worden sind.[312] Diese Bedenken können indes durch die Vereinbarung angemessener Kompensationsregeln ausgeräumt werden.[313] Als solche Kompensationsregeln werden insbesondere die unbegrenzte Rückwärtsdeckung, die (in der SSR nicht gebräuchliche) Umstandsmeldung und die Vereinbarung einer Nachhaftungszeit angesehen.[314]

86 Die vorstehenden Ausführungen gelten auch für die Bedingungswerke der SSR. Danach würde die alleinige Anknüpfung an die Einleitung des Ermittlungsverfahrens dazu führen, dass während

---

303 Looschelders/Paffenholz/*Brammsen*/*Apel* Industrie-Strafrechtsschutzversicherung Rn. 62; Harbauer/*Obarowski* § 4 USRB Rn. 20; *Guntermann* 138.

304 Vgl. dazu oben Rn. 63.

305 *Guntermann* 138 f.

306 Harbauer/*Obarowski* § 2 USRB Rn. 40; *Dahnz*/*Grimminger* 421; *Dahnz*, VP **2010** 45, 48.

307 *Schmuckermeier* RuS **2019** 131, 134; *Guntermann* 139 f.

308 Vergleiche dazu auch § 4 ARB Rn. 20; *Looschelders*/*Paffenholz*/ § 4 ARB 2010 Rn. 89.

309 Harbauer/*Obarowski* § 4 USRB Rn. 21.

310 Bruck/Möller/*Armbrüster* AVB D&O A-5 Rn. 9 weist zutreffend darauf hin, dass es sich um eine Rückwärtsdeckung und nicht um eine Rückwärtsversicherung im Sinne von § 2 VVG handelt.

311 Späte/Schimikowski/*v. Rintelen* AHB Ziff. 1 Rn. 97 f.

312 Zu diesen Bedenken im Einzelnen: Bruck/Möller/*Armbrüster* AVB D&O A-2 Rn. 4 ff.

313 Prölss/Martin/*Voit* AVB D&O A-2 Rn. 2.

314 OLG Frankfurt 5.12.2012 – 7 U 73/11, RuS **2013** 329, 232; OLG München 8.5.2009 – 25 U 5136/09, VersR **2009** 1066, 1067; Prölss/Martin/*Voit* AVB D&O A-2 Rn. 2 f.; Staudinger/Halm/Wendt/*Staudinger*/*Friesen* AVB D&O, Rn. 77 ff.

der materiellen Vertragsdauer eingeleitete Ermittlungsverfahren grundsätzlich den Versicherungsanspruch auslösen, auch wenn die dem Versicherten vorgeworfene Handlung oder Unterlassung vor dem materiellen Vertragsbeginn verwirklicht wurde. Umgekehrt bestünde aber kein Versicherungsschutz, wenn das Ermittlungsverfahren wegen einer innerhalb der materiellen Vertragsdauer verwirklichten Handlung oder Unterlassung erst nach der Vertragsbeendigung eingeleitet wird. Dieses Ungleichgewicht wird im Straf-Rechtsschutz dadurch verstärkt, dass der Beschuldigte eines Ermittlungsverfahrens naturgemäß auf den Zeitpunkt der Einleitung des Verfahrens und auch auf den Zeitpunkt, zu dem ihm die Einleitung des Verfahrens bekannt gemacht wird, keinen Einfluss hat.

2. Rückwärtsdeckung

Die durch die Anknüpfung an die Einleitung des Ermittlungsverfahrens hervorgerufenen Nachteile werden in der SSR dadurch kompensiert, dass die marktüblichen Bedingungswerke regelmäßig eine unbegrenzte Rückwärtsdeckung vorsehen. Dies geschieht teilweise durch ausdrückliche vertragliche Vereinbarung der unbegrenzten Rückwärtsdeckung.[315] Teilweise führt das Fehlen von Begrenzungen des Zeitraums dazu, dass die Anknüpfung an die Einleitung des Ermittlungsverfahrens automatisch zu einer unbegrenzten Rückwärtsdeckung führt.[316] Die Rückwärtsdeckung hat allerdings zur Folge, dass der Leistungsausschluss des § 2 Abs. 2 Satz 2 VVG in der SSR besondere Bedeutung gewinnt. Denn danach ist der VR nicht zur Leistung verpflichtet, wenn der VN bei Abgabe seiner Vertragserklärung Kenntnis davon hat, dass der Versicherungsfall bereits eingetreten ist. In der SSR bedeutet dies, dass der Leistungsausschluss eingreift, wenn und soweit der VN im Zeitpunkt des Vertragsabschlusses Kenntnis von der Einleitung eines Ermittlungsverfahrens gegen versicherte Personen hat.[317] 87

3. Nachhaftung

Wesentliches Merkmal zur Kompensation der durch die Anknüpfung an die Einleitung des Ermittlungsverfahrens hervorgerufenen Nachteile in der SSR ist die Vereinbarung einer beitragsfreien Nachhaftungszeit. Danach besteht regelmäßig Versicherungsschutz auch für die innerhalb eines bestimmten Zeitraums nach Vertragsbeendigung eingeleiteten Ermittlungsverfahren, wenn die dem Tatvorwurf zugrunde liegenden Handlungen oder Unterlassungen während der Vertragslaufzeit begangen worden sein sollen.[318] Zum Teil knüpfen die Bedingungswerke der SSR die Nachhaftung an das Vorliegen weiterer Voraussetzungen an, etwa dass innerhalb eines bestimmten Zeitraums vor der Vertragsbeendigung keine Versicherungsfälle vorlagen oder dass im Zeitpunkt der Vertragsbeendigung keine Beitragsrückstände bestanden.[319] Schließlich sind zum Teil Sonderregeln für den Fall der Insolvenz oder freiwilligen Liquidation des VN vorgesehen.[320] 88

---

315 *Lange* § 10 Rn. 27 mit Beispielen zu marktüblichen Klauseln in der D&O-Versicherung.

316 Harbauer/*Obarowski* § 4 USRB Rn. 42; *Guntermann* 130.

317 *Guntermann* RuS **2022** 442, 444.

318 Harbauer/*Obarowski* § 4 USRB Rn. 50, *Guntermann* 131; *Lange* § 10 Rn. 58 mit Beispielen zu marktüblichen Klauseln in der D&O-Versicherung.

319 *Guntermann* 131.

320 *Guntermann* 131.

F. Der Leistungsumfang

Die USRB:

§ 5 Leistungsumfang
Soweit nichts anderes vereinbart ist, gilt:
(1) Der Versicherer trägt
a) ... die Vergütung eines für den Versicherungsnehmer tätigen Rechtsanwalts bis zur Höhe der gesetzlichen Vergütung ...
...
c) die Gerichtskosten einschließlich der Entschädigung für Zeugen und Sachverständige, die vom Gericht herangezogen werden, sowie die Kosten des Gerichtsvollziehers.
...
g) die angemessenen Kosten der vom Versicherten in Auftrag gegebenen Sachverständigengutachten, die für seine Verteidigung in Straf- und Ordnungswidrigkeitenverfahren erforderlich sind;
h) die gesetzliche Vergütung des für den gegnerischen Nebenkläger tätigen Rechtsanwaltes, soweit der Versicherte durch deren Übernahme eine Einstellung des gegen ihn anhängigen Strafverfahrens erreicht hat, obwohl ein hinreichender Tatverdacht fortbestand.
(2) Der Versicherungsschutz kann für die Rechtsanwaltsgebühren gemäß Absatz 1a) ... auf ein Vielfaches der in der Bundesrechtsanwaltsgebührenordnung festgesetzten Gebühren erweitert werden. ...
(3) Der Versicherer trägt nicht
...
g) Rechtsanwaltskosten, die keine konkrete Anwaltsleistung abgelten. Das betrifft insbesondere die pauschale Vergütung für die bloße Mandatsübernahme oder die Bereitschaft des Betreibens der Angelegenheit (sogenannte Antrittsgelder);
...
(5) Der Versicherer sorgt für
...
b) die Zahlung eines zinslosen Darlehens bis zu der vereinbarten Höhe für die Kaution, die gestellt werden muss, um den Versicherten einstweilen von Strafverfolgungsmaßnahmen zu verschonen.
....

I. Leistungskatalog

1. Rechtsanwaltskosten

89 Die Übernahme der Vergütung eines vom Versicherten im versicherten Verfahren beauftragten Rechtsanwalts ist die zentrale Leistung des VR in der SSR. Dabei besteht grundsätzlich Einvernehmen darüber, dass die gesetzliche Vergütung (§ 5 Abs. 1 lit. a Satz 1 ARB) in den in der SSR versicherten komplexen Verfahren, insbesondere im Wirtschafts- Steuer- und Umweltstrafrecht, nicht ausreichend ist.[321] Deshalb sieht § 1 Abs. 2 USRB die Möglichkeit vor, den Versicherungsschutz auf ein Vielfaches der gesetzlichen Gebühr (§ 1 Abs. 1 a und b) USRB) zu erweitern. Diese als nicht mehr marktkonform angesehene Gestaltung findet in den aktuellen Bedingungswerken der SSR keine Anwendung mehr.[322]

90 Marktüblich sind vielmehr Klauseln, mit denen der Versicherungsumfang auf die *„angemessenen Kosten“* anwaltlicher Vertretung erstreckt wird, was Vergütungen auf der Grundlage einer

321 *Dahnz/Grimminger* 415; Looschelders/Paffenholz/*Brammsen/Apel* Industrie-Strafrechtsschutzversicherung Rn. 4; Harbauer/*Obarowski* § 5 USRB Rn. 10; *Guntermann* 13.
322 Harbauer/*Obarowski* § 5 USRB Rn. 11.

Vergütungsvereinbarung gemäß § 3a RVG einschließt.[323] Mit dem Kriterium der Angemessenheit knüpfen die Bedingungswerke der SSR an die in § 3a Abs. 2 RVG vorgesehene Angemessenheitsprüfung und die dazu ergangene Rechtsprechung des BVerfG[324] und des BGH[325] zur Angemessenheit der Vergütung des Strafverteidigers an. In Bezug auf den Freistellungsanspruch in der SSR gilt damit, dass der Rechtsanwalt von den Versicherten eine unangemessene hohe Vergütung nicht verlangen und der VR die Versicherten von dieser Vergütung auch nicht freistellen muss.[326] Vielmehr sind der Vergütungsanspruch und der auf diesen gerichtete Freistellungsanspruch im Falle der Unangemessenheit gemäß § 3a Abs. 2 RVG auf den angemessenen Betrag beschränkt.

Auf die SSR als Rechtsschutzversicherung findet der Grundsatz der freien Anwaltswahl gemäß 91 § 127 VVG Anwendung. Die marktüblichen Bedingungswerke sehen demgemäß vor, dass der Versicherte den Rechtsanwalt auswählt und beauftragt. Zudem sehen die verwendeten Klauseln häufig vor, dass über § 5 Abs. 1 lit. a Satz 1 ARB hinaus[327] nicht nur anwaltliche Berufsträger gemäß §§ 4, 6 Abs. 1 BRAO, sondern auch Steuerberater oder Hochschullehrer und, soweit dies für die Interessenwahrnehmung sachdienlich ist, auch mehrere Rechtsanwälte beauftragt werden können.[328]

In der SSR ist die für die Wahrnehmung der rechtlichen Interessen erforderlichen Leistung 92 gemäß § 125 VVG regelmäßig vertraglich in der Weise definiert, dass der VR die angemessenen Kosten eines vom Versicherten beauftragten Rechtsanwalts trägt. Damit erstreckt sich der Leistungsumfang auf alle Tätigkeiten eines Rechtsanwalts, die zur Vertretung des Versicherten in dem jeweiligen Verfahren erforderlich sind.[329] Eine Differenzierung zwischen der (versicherten) Besorgung von Rechtsangelegenheiten und (nicht versicherten) sonstigen Tätigkeiten entspricht deshalb in der SSR[330] regelmäßig nicht dem vereinbarten Leistungsumfang. Damit sind auch Tätigkeiten des Rechtsanwalts zur Aufklärung des Sachverhalts in der SSR vom Versicherungsumfang gedeckt.[331] Regelmäßig sehen die Bedingungswerke der SSR schließlich auch die Übernahme der Auslagen des Rechtsanwalts (§ 1 Abs. 1 Satz 1 RVG), insbesondere der Reisekosten in dem vereinbarten Umfang,[332] vor.

Die in § 5 Abs. 3 lit. g USRB geregelte Risikobegrenzung für sogenannte *„Antrittsgelder“* wird 93 weder in die marktüblichen Bedingungswerke der SSR übernommen, noch ist die Vereinbarung solcher nicht leistungsabhängigen Vergütungen üblich.

2. Verfahrenskosten

Zum Versicherungsumfang der SSR gehören nach allen marktüblichen Bedingungswerken die *„Verfahrenskosten der versicherten Verfahren“*.[333] Dies sind die Gebühren und Auslagen der Staatskasse ge- 94

323 Looschelders/Paffenholz/*Brammsen*/*Apel* Industrie-Strafrechtsschutzversicherung Rn. 22; Harbauer/*Obarowski* § 5 USRB Rn. 11; *Dahnz*/*Grimminger* 416; *Guntermann* 159; *Rademacher* SpV **2021** 3, 5; *Schmuckermeyer* RuS **2019** 131, 133; *Cornelius-Winkler* VP **2016** 22, 23; *Dahnz* VP **2010** 45, 46; *Becker*/*Buschbell* AnwBl. **2000** 549, 550.

324 BVerfG 15.6.2009 – 1 BvR 1342/07, NJW-RR **2010** 259 ff.

325 BGH 10.11.2016 – IX ZR 119/14, NJW-RR **2017** 377 ff.; BGH 21.10.2010 – IX ZR 37/10, NJW **2011** 63 ff.; BGH 4.2.2010 – IX ZR 18/09, NJW **2010** 1364 ff.

326 Zur Angemessenheit der Vergütung im Einzelnen: *Guntermann* 159 ff.

327 Vergleiche § 5 ARB Rn. 5.

328 *Guntermann* 164 f.

329 Zur Maßgeblichkeit der vertraglichen Vereinbarung für die Bestimmung des Leistungsumfangs im Einzelnen: § 125 VVG Rn. 18.

330 Zu abweichenden Gestaltungen in den ISRS 1983: *Eidam* 119; Looschelders/Paffenholz/*Brammsen*/*Apel* Industrie-Strafrechtsschutzversicherung Rn. 61.

331 *Guntermann* 162 f.

332 Zur Erstreckung der Vergütungsvereinbarung auf Reisezeiten: OLG München 25.10.2017 – 15 U 889/17 Rae, BeckRS **2017** 129049 Rn. 26.

333 *Guntermann* 148.

mäß §§ 464a Abs. 1 StPO, 107 OWiG einschließlich der in § 5 Abs. 1 lit. c USRB genannten Gerichtskosten und Entschädigungen für Zeugen und Sachverständige. Zu den Verfahrenskosten gehören aber unter anderem auch die Kosten zur Vorbereitung der öffentlichen Klage und die Vollstreckungskosten (§ 464 Abs. 1 Satz 2 StPO). Auf die Benennung einzelner Kostenarten entsprechend §§ 5 Abs. 1 lit. c ARB, 5 Abs. 1 lit. c USRB wird in den aktuellen Klauseln der SSR regelmäßig verzichtet.

3. Sachverständige

95 Gemäß § 5 Abs. 1 lit. g USRB erstreckt sich der Versicherungsumfangs auf die angemessenen Kosten von Sachverständigengutachten, die vom Versicherten in Auftrag gegeben werden und die für seine Verteidigung im Straf- und Ordnungswidrigkeitenverfahren erforderlich sind. Diese Klausel ist in den aktuellen Bedingungswerken der SSR in ähnlicher Form weiterhin vertreten. Sie stellt gegenüber der Regelung in § 5 Abs. 1 lit. f aa ARB[334] eine erhebliche Erweiterung des Versicherungsumfangs dar.[335] Denn dort sind die Kosten privater Sachverständigengutachten nur in verkehrsrechtlichen Straf- und Ordnungswidrigkeitenverfahren vom Versicherungsschutz umfasst.[336] Nicht mehr marktüblich sind die in den ISRS 1983 enthaltene Klauseln (§ 2 Abs. 1 lit. d ISRS), mit denen nur dem VN[337] das Recht zur Beauftragung eines Sachverständigen eingeräumt und der Versicherungsschutz zudem auf maximal zwei Sachverständige je Versicherungsfall beschränkt wurde.[338]

4. Kosten des gegnerischen Nebenklägers

96 Gemäß § 472 Abs. 1 Satz 1 StPO werden die notwendigen Auslagen des Nebenklägers im Falle der Verurteilung dem Angeklagten auferlegt. Im Falle einer Einstellung des Verfahrens nach einer Ermessensvorschrift (z.B. §§ 153, 153a) verbleiben die Kosten grundsätzlich beim Nebenkläger, können aber durch das Gericht gemäß § 472 Abs. 2 StPO aus Gründen der Billigkeit dem Angeschuldigten auferlegt werden. Für eine *„freiwillige Übernahme"* von Anwaltskosten des Nebenklägers durch den Angeklagten bzw. Angeschuldigten bleibt demnach kein Raum. Seit einem durch den BGH mit Urteil vom 20.2.1985[339] abgeschlossenen Verfahren, enthalten die Bedingungswerke der ISRS 1983 (§ 2 Abs. 1 lit. e ISRS), USRB (§ 5 Abs. 1 lit. h USRB) und teilweise auch die aktuelle Bedingungswerke der SSR[340] gleichwohl diese die *„freiwillige Übernahme"* regelnden Klauseln.[341]

334 Vergleiche § 5 ARB Rn. 13.

335 *Eidam* 161; Looschelders/Paffenholz/*Brammsen*/*Apel* Industrie-Strafrechtsschutzversicherung Rn. 63; Harbauer/*Obarowski* § 5 USRB Rn. 7; *Dahnz*/*Grimminger* 416; *Guntermann* 168; *Schmuckermeyer* RuS **2019** 131, 133; *Dahnz* VP **2010** 45, 46; *Becker*/*Buschbell* AnwBl. **2000** 549, 550.

336 Vergleiche § 5 ARB Rn. 13.

337 *Eidam* 163, legt diese Bestimmung so aus, dass der Versicherungsnehmer damit berechtigt sei, den Sachverständigen in einem gegen die versicherte Person gerichteten Verfahren zu dessen Gunsten zu beauftragen.

338 *Guntermann* 169.

339 BGH 20.2.1985 – IV a ZR 137/83, NJW **1985** 1466 ff.: Der Kläger des dort zu entscheidenden Deckungsstreits hatte in einem gegen ihn gerichteten Strafverfahren die „freiwillige Übernahme" der Anwaltskosten des Nebenklägers erklärt, woraufhin das Strafgericht das Verfahren gemäß § 153a StPO einstellte und dem Kläger die notwendigen Auslagen des Nebenklägers auferlegte. Anschließend nahm der Kläger den Rechtsschutzversicherer auf Übernahme dieser Kosten – nach Auffassung des BGH mit Recht – in Anspruch.

340 *Guntermann* 46.

341 Dazu auch: *Eidam* 165; Looschelders/Paffenholz/*Brammsen*/*Apel* Industrie-Strafrechtsschutzversicherung Rn. 63; Harbauer/*Obarowski* § 5 USRB Rn. 7; *Becker*/*Buschbell* AnwBl. **2000** 549, 550.

5. Strafkaution

97 § 5 Abs. 5 lit. b USRB entspricht wortgleich der Regelung in § 5 Abs. 5 lit. b ARB. Danach besteht die Pflicht des VR für die Zahlung eines zinslosen Darlehens zur Gestellung einer Strafkaution zu sorgen. Die Regelung findet in dieser Form auch in den aktuellen Bedingungswerken der SSR Anwendung. Zu den Einzelheiten kann deshalb auf die Ausführungen zu § 5 Abs. 5 lit. b ARB verwiesen werden.[342]

II. Marktentwicklungen

98 Die Marktentwicklung der SSR ist geprägt von der Ausweitung des Leistungsumfangs auf Zusatzleistungen, welche allerdings zumeist durch Sublimits begrenzt werden. Neben bereits erwähnten, teilweise eigentümlich anmutenden Einzelleistungen[343] ist insbesondere die Übernahme von Kosten der Öffentlichkeitsarbeit in den vom Versicherungsschutz umfassten Verfahren zu nennen.[344]

G. Örtlicher Geltungsbereich

Die USRB:

> **§ 6 Örtlicher Geltungsbereich**
> *Soweit nichts anderes vereinbart ist, gilt:*
> Rechtsschutz besteht, soweit die Wahrnehmung rechtlicher Interessen in dem im Versicherungsvertrag festgelegten örtlichen Geltungsbereich erfolgt und ein Gericht innerhalb dieses Geltungsbereiches gesetzlich zuständig ist oder zuständig wäre, wenn ein gerichtliches oder behördliches Verfahren eingeleitet würde.

I. Geographische Risikobegrenzung

99 Gemäß § 6 Abs. 1 ARB besteht Rechtsschutz für die Wahrnehmung rechtlicher Interessen in Europa, den Anliegerstaaten des Mittelmeers, auf den kanarischen Inseln und auf Madeira. Weitere Voraussetzung ist, dass ein Gericht oder eine Behörde in diesem Bereich zuständig ist oder zuständig wäre, wenn ein gerichtliches oder behördliches Verfahren eingeleitet würde.[345] § 6 USRB verzichtet dagegen auf eine geographische Beschreibung des versicherten Risikos und überlässt die Festlegung den Vertragsparteien. Die marktüblichen Bedingungswerke der SSR greifen teilweise die Regelung in § 6 Abs. 1 ARB auf und beschränken den örtlichen Geltungsbereich auf Europa in der Definition des § 6 Abs. 1 ARB.[346] Zum Teil bieten die marktüblichen Bedingungen der SSR aber auch weltweite Deckung.[347] Diese korrespondiert teilweise mit inhaltlichen Einschränkungen.[348]

---

342 Vergleiche § 5 ARB Rn. 36 ff.

343 Vgl. dazu oben Rn. 7.

344 *Guntermann* 167; zu den entsprechenden Entwicklungen in der D&O-Versicherung mit Beispielen zu marktüblichen Klauseln: *Lange* § 14 Rn. 318 ff.

345 Vergleiche § 6 ARB Rn. 1.

346 Looschelders/Paffenholz/*Brammsen*/*Apel* Industrie-Strafrechtsschutzversicherung Rn. 69; Harbauer/*Obarowski* § 6 USRB Rn. 2; *Guntermann* 97.

347 Looschelders/Paffenholz/*Brammsen*/*Apel* Industrie-Strafrechtsschutzversicherung Rn. 70; Harbauer/*Obarowski* § 6 USRB Rn. 4; *Guntermann* 97; *Dahnz* VP **2010** 45, 48.

348 Harbauer/*Obarowski* § 6 USRB Rn. 5 nennt insoweit „Non-admitted-Verbote", „Embargo-Klauseln" und Ausschlüsse für Sachverhalte mit USA-Bezug; *Schmuckermeyer* RuS **2019** 131, 133 beobachtet die Vereinbarung besonderer Deckungssummen für bestimmte Länder – insbesondere die USA –.

II. Beschränkungen des Leistungsumfangs

100 Von der vertraglichen Bestimmung des örtlichen Geltungsbereichs zu unterscheiden ist die vertragliche Bestimmung des Leistungsumfangs im Auslandsfall. Gerade in Verträgen mit weltweitem örtlichem Geltungsbereich sind dabei Leistungsbeschränkungen dem Grunde und der Höhe nach anzutreffen, die zu einer erheblichen inhaltlichen Beschränkung des Leistungsumfangs führen.[349]

101 Als Leistungsbegrenzungen dem Grunde nach kommt die Beschränkung einzelner Risiken auf Verfahren vor deutschen Behörden und Gerichten in Betracht. Gebräuchlich ist dies beispielsweise für die Beistandsleistung im Verwaltungsrecht[350] oder Steuerrecht.[351] Beschränkungen des Leistungsumfangs dieser Art sind für die Versicherten zumeist transparent und vorhersehbar. Weit problematischer sind allerdings Klauseln, in denen der Versicherungsschutz auf ausländische Rechtsvorschriften beschränkt wird, die deutschen Rechtsvorschriften entsprechen.[352] Dies kann zu erheblichen Schwierigkeiten bei der Auslegung der Klausel führen, gerade weil das Unternehmensstrafrecht in Europa sehr unterschiedlich ausgestaltet und in Deutschland nicht kodifiziert ist.[353]

102 Nicht weniger problematisch sind Leistungsbeschränkungen der Höhe nach, mit denen der Versicherungsschutz für ausländische Verfahrenskosten auf die fiktiven deutschen Verfahrenskosten beschränkt wird, die bei Führung des Verfahrens in Deutschland angefallen wären.[354] Denn wenn Gegenstand der Leistung beispielsweise eine Unternehmensverteidigung im Ausland ist, dann fehlt es in Deutschland nicht nur an vergleichbaren Vorschriften des Straf- und Strafverfahrensrechts, sondern auch an den Grundlagen für die Ermittlung der fiktiven Kosten einer solchen Verteidigung in Deutschland.[355]

---

349 *Guntermann* 173 ff.
350 Vgl. dazu oben Rn. 56.
351 Vgl. dazu oben Rn. 66.
352 *Guntermann* 174 zu der am Markt vertretenen Klausel: *„Der Versicherungsschutz erstreckt sich auch auf ausländische Rechtsvorschriften, sofern sie den deutschen Rechtsvorschriften, nach denen sich der Versicherungsschutz dieses Vertrages richtet, entsprechen."*.
353 Looschelders/Paffenholz/*Brammsen*/*Apel* Industrie-Strafrechtsschutzversicherung Rn. 67; *Guntermann* 174.
354 *Guntermann* 176 zu der am Markt vertretenen Klausel: *„In Verfahren außerhalb Europas trägt der VR die Verfahrenskosten bis zur Höhe des Betrages, der entstehen würde, wenn die Verfahren in Deutschland stattfinden und nach den entsprechenden deutschen Kosten- und Gebührensätzen ermittelt würden."*.
355 *Eidam* 154 f.; Looschelders/Paffenholz/*Brammsen*/*Apel* Industrie-Strafrechtsschutzversicherung Rn. 67; *Guntermann* 176.

Sachregister

https://doi.org/10.1515/9783110522709-042

S